AKAL / LINGÜÍSTICA

DIRECTORES

M. V. Escandell Vidal y Manuel Leonetti

ÁNGEL J. GALLEGO (ED.)

Perspectivas de sintaxis formal

akal

ARGENTINA
ESPAÑA
MÉXICO

Diseño interior y cubierta: RAG

© de los textos, los autores, 2015

© Ediciones Akal, S. A., 2015
Sector Foresta, 1
28760 Tres Cantos
Madrid - España
Tel.: 918 061 996
Fax: 918 044 028
www.akal.com

ISBN: 978-84-460-4240-2
Depósito Legal: M-33.047-2015

Impreso en España

Índice general

I. Estructuras y fenómenos sintácticos

II. Relaciones entre la sintaxis y las interfaces

III. La sintaxis y la ciencia cognitiva

1

Introducción a un panorama de la sintaxis formal: antecedentes, logros y perspectivas[1]

ÁNGEL J. GALLEGO
Universitat Autònoma de Barcelona – Centre de Lingüística Teòrica

> For my part, I believe that, partly by means of the study of syntax, we can arrive at considerable knowledge concerning the structure of the world.
>
> Bertrand Russell, *Language and Metaphysics*

1.1. El estudio formal de la sintaxis: antecedentes

El interés por la sintaxis de las lenguas naturales puede remontarse a los primeros estudios de gramática de la Antigüedad, con figuras como Panini, Dionisio de Tracia o Apolonio Díscolo. Hablamos de trabajos de hace miles de años, y desde entonces hasta nuestros días han aparecido muchos gramáticos y escuelas que han manifestado ese mismo interés. Un punto de inflexión clave para comprender la diferencia entre los estudios clásicos y los contemporáneos es la obra de Noam Chomsky *Estructuras Sintácticas* (EESS), un librito de poco más de cien páginas

[1] Este trabajo ha podido realizarse gracias a las ayudas concedidas por el Ministerio de Economía y Competitividad (FFI2014-56968-C4-2-P) y la Generalitat de Catalunya (2014SGR-1013). Me gustaría expresar mi agradecimiento a diferentes personas. En primer lugar, a los autores que aceptaron participar en este volumen, todos ellos expertos de primera línea en su campo. En segundo lugar, a los investigadores y estudiantes que desarrollaron tareas de revisión sin nada a cambio (en orden alfabético, Víctor Acedo-Matellán, Sergio Balari, Maria Bañeras, Tània Bosquet, Naiara Centeno, Alba Cerrudo, Isabel Crespí, Cristina Díaz, Maia Duguine, M. Teresa Espinal, Adriana Fasanella, Javier Fernández, Sheila Gallego, Raquel González, Aritz Irurtzun, Mireia Miramon, Melanie Ortiz, Leticia Pablos, Isabel Pérez, Anna Pineda, Javier Ramírez, Pablo Rico, Mònica Richart, Carlos Rubio, Itziar San Martín y Antonia Tovar). En tercer lugar, a M.ª Victoria Escandell-Vidal y a Manuel Leonetti, pues sin su apoyo, su paciencia y su interés en este proyecto me habría sido imposible llevarlo a cabo. En cuarto lugar, a Jesús Espino, por su inestimable ayuda en el proceso editorial. Finalmente, a Ignacio Bosque, por los comentarios que me hizo de una versión previa de esta introducción. Los errores y descuidos que pueda haber son míos.

publicado en 1957 que desarrolla una teoría científica del lenguaje, entendido como parte de la cognición humana. No digo nada nuevo al afirmar que la obra de Chomsky ha tenido una repercusión crucial en casi todas las ramas de las ciencias cognitivas (psicología, filosofía, neurología, lingüística, etc.) y esa repercusión empezó con EESS.

El mismo año de la publicación de esa obra, una reseña de Robert Lees en *Language* la calificaba como "uno de los primeros intentos serios por parte de un lingüista de construir [...] una teoría abarcadora del lenguaje que pueda ser entendida de la misma manera que una teoría de Biología o Química es entendida por expertos de esos campos" (Lees 1957: 377; la traducción es mía). En EESS, y sobre todo en obras posteriores, Chomsky concibe la sintaxis como parte de la cognición humana, y las palabras de Lees sitúan ese enfoque en el campo de las ciencias naturales, alejándola de disciplinas humanísticas, como la retórica, la sociología o la literatura, con las cuales sigue teniendo un vínculo muy fuerte en muchas tradiciones (la española, sin ir más lejos). Es a partir de ese momento cuando la sintaxis puede considerarse como una disciplina *científica*.

Es importante destacar que EESS se publica en un momento en el que los estudios de psicología tenían como modelo de referencia el conductismo, y los de lingüística el estructuralismo. Los primeros propugnaban que el comportamiento humano (y el lenguaje como parte de él) está basado en mecanismos de aprendizaje y repetición, que en sí mismos niegan la creatividad del ser humano (cf. Chomsky 1966). Por su parte, los estudios estructuralistas habían conseguido buenos resultados a nivel descriptivo, pero centrándose casi exclusivamente en los niveles de la fonología, la morfología y la semántica léxica (donde numerosos trabajos sobre los campos semánticos constituyeron un intento de llevar al estudio del léxico una serie de distinciones que ya se habían aplicado a la fonología). Creo que se puede decir que no había una teoría sintáctica como tal, un terreno en el que la descripción tampoco había sido demasiado fructífera, precisamente por la falta de las herramientas necesarias (pese a intentos como el de la teoría de las funciones informativas, que tuvo su origen en la Escuela de Praga, con autores como Daneš, Firbas, Sgal o Hajičova).

Pondré un ejemplo. Uno de los argumentos más interesantes de EESS proviene de la observación de que las lenguas naturales son sensibles a la estructura jerárquica y no al orden lineal; es decir, que de alguna manera podemos hacer uso de información que no vemos en el habla. Consideremos la oración declarativa de (1) y su contrapartida interrogativa de (2):

(1) Los políticos dicen mentiras.
(2) ¿Dicen los políticos mentiras?

En términos puramente descriptivos, el hablante que produce (2) parece colocar el verbo *dicen* en la primera posición de la oración, como se indica en (3) (señalo la posición con el símbolo ①). Visto así, el fenómeno se limita a un proceso que tiene en cuenta el orden lineal (qué viene antes y qué viene después).

(3) ① Los políticos dicen mentiras.

El proceso de (3) puede resumirse mediante la regla de (4), que rige la formación de estructuras interrogativas (totales):

(4) Colóquese en la posición ① el primer verbo que se encuentre linealmente.

Aunque (4) parece suficiente para dar cuenta de (1)-(2), Chomsky demostró que el hablante, en realidad, hace algo más complicado (y más interesante): no selecciona el primer verbo que encuentra linealmente, sino el primero que encuentra jerárquicamente. Para ver esto, consideremos (5), donde he añadido la oración de relativo especificativa *que trabajan en este país*.

(5) Los políticos [que trabajan en este país] dicen mentiras.

Como el lector puede comprobar, la aplicación de la regla de (4) a (5) no funciona. El resultado es (6), una estructura agramatical en la lectura relevante aquí:

(6) *¿Trabajan los políticos que en este país dicen mentiras?

Todo hablante del español sabe que la oración de (6) no forma parte de la gramática de esa lengua. Una versión mínimamente modificada, como (7), sí es posible, pero aquí lo que movemos no es el primer verbo que encontramos *linealmente,* sino el primer verbo que encontramos *jerárquicamente:*

(7) ¿Dicen los políticos que trabajan en este país mentiras?

Obviamente, para poder reflejar que algo es "jerárquicamente superior", necesitamos una representación como la de (8) o cualquier variante notacional[2]. Pero los métodos del análisis estructuralista, simple y llanamente, carecían de ese nivel de detalle (cf. Hernanz 2002, Bosque y Gutiérrez-Rexach 2009, y las referencias allí citadas):

(8)

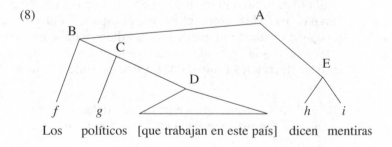

Los   políticos   [que trabajan en este país]   dicen   mentiras

---

[2] Como me hace notar Ignacio Bosque (c. p.), en la tradición sintáctica europea, basada en funciones, no se hablaba de "superior" o "inferior", ya que no se utilizaban gráficos arbóreos, pero sí de "interior" o "exterior" al sujeto o el objeto directo. Este es uno de los (no pocos) casos donde la intuición de los gramáticos tradicionales era correcta, pero se carecía de herramientas de análisis para sacarle todo el partido.

Dejando de lado los detalles de implementación de (8), el lector puede comprobar que hay más distancia entre A (el símbolo que representa la estructura entera) y el verbo *trabajan* que entre A y el verbo *dicen* (la distancia se puede calcular contando los nudos, indicados con letras): en el primer caso, la distancia es de al menos 3 (digo al menos, porque dentro de "D" habría más nudos); en el segundo, es de 2. Lo que resulta interesante es que, de alguna manera, el ser humano es capaz de obtener esa información sin tener acceso explícito a ella.

En EESS, la noción de ESTRUCTURA O POSICIÓN (sintáctica) que acabo de presentar se complementa con los tres niveles de complejidad que, según Chomsky, caracterizan a las lenguas naturales. Estos niveles pertenecen a la llamada *Jerarquía de Chomsky,* la cual establecía el *ranking,* que se ve en (9) (cf. Bosque y Gutiérrez-Rexach 2009, Uriagereka 2008):

(9) La Jerarquía de Chomsky

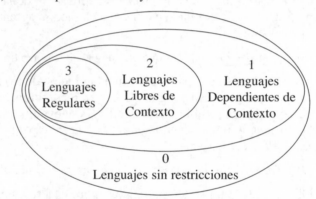

3. Gramáticas de estados finitos
2. Gramáticas independientes del contexto
1. Gramáticas dependientes del contexto
0. Máquina de Turing

El objetivo fundamental de EESS era demostrar que la naturaleza de lenguas naturales, como el inglés, el español o el yoruba, solo puede reflejarse mediante gramáticas dependientes del contexto, que a su vez presuponen a las gramáticas independientes del contexto y a las gramáticas de estados finitos. Las últimas permiten formar listas como las de (10):

(10) a. Rossi, Tassotti, Costacurta, Baresi, Maldini, etcétera.
    b. Pan, tomates, naranjas, carne, mantequilla, etcétera.

Una lengua como el español utiliza el tipo de objetos de (10), pero también otros más complejos. Para ser más concreto, comparemos las representaciones de (11a) y (11b), donde estoy presuponiendo que la segunda es más compleja:

(11) a. [$_1$ Los], [$_2$ políticos], [$_3$ dicen], [$_4$ mentiras]
    b. [$_1$ [$_2$ [$_4$ Los] [$_5$ políticos]] [$_3$ [$_6$ dicen] [$_7$ mentiras]]]

El lector puede preguntarse qué diferencia hay, al fin y al cabo, entre (11a) y (11b), más allá de haber más corchetes. O, con otras palabras, ¿qué nos dan los corchetes superiores (los constituyentes sintácticos)? La diferencia es capital, pues caracteriza el tipo de interpretaciones a las que puede dar lugar una gramática humana[3]. Quizá se vea más claro lo que quiero decir con el ejemplo de (12) (cf. Freidin 2012 para una discusión más pormenorizada de la cuestión):

(12) Fish fish fish

Este dato del inglés me interesa, porque presenta una ambigüedad muy interesante. Concretamente, (12) tiene una interpretación plana (como la de (11a)) y otra articulada (como la de (11b)). O sea, que (12) puede equivaler a (13a) o a (13b):

(13) a. [$_1$ Fish] [$_2$ fish] [$_3$ fish]
   (Esp. 'Pez, pez, pez' / 'Peces, peces, peces' / 'Pescar, pescar, pescar')

   b. [$_5$ [$_1$ Fish] [$_4$ [$_2$ fish] [$_3$ fish]]]
   (Esp. 'Los peces pescan (a los) peces')

Las traducciones que he colocado al lado de cada ejemplo hacen evidente la diferencia de significado –en absoluto trivial– que supone la existencia de constituyentes sintácticos. No se trata, por tanto, de una diferencia de detalle o meramente estética: tener una sintaxis sin jerarquía o una con ella tiene consecuencias importantes[4]. Así, (13a) tiene la interpretación de (14a), mientras que a (13b) le corresponde la de (14b):

(14) a. [$_1$ Fish] [$_2$ fish] [$_3$ fish]   b. [$_5$ [$_1$ Fish] [$_4$ [$_2$ fish] [$_3$ fish]]]

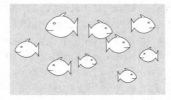   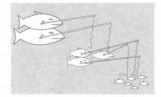

(Tomado de Freidin 2012: 8.)

Para formar estructuras como (14b), necesitamos una operación que no solo combine palabras, sino que, además de combinarlas, cree objetos

---

[3] La noción de estructura que estoy presentando no es exclusiva de (ni aparece por primera vez en) EESS. Los análisis tradicionales, incluyendo los estructuralistas, establecían la diferencia fundamental entre "sujeto" y "predicado", como elementos básicos de la oración (cf. Sandman 1954). Aunque ese es el primer paso para entender la importancia del ajuste entre (11a) y (11b), no es suficiente. Lo que realmente necesitamos es un sistema de análisis que recoja la existencia de unidades intermedias abstractas entre las palabras (en la parte más interna/incrustada), la oración (en la parte más externa/superior) y sujeto y predicado (en un punto intermedio) (cf. Bosque y Gutiérrez-Rexach 2009, Brucart y Gallego 2009, Hernanz 2002).

[4] Dejo de lado la posibilidad de que las estructuras coordinadas (paratácticas) se representen de manera endocéntrica (cf. Kayne 1994, Chomsky 2013).

lingüísticos más complejos: los sintagmas. Podemos llamar a esa operación "Ensamble" (lo que Chomsky 1995 denomina *Merge*), cuyo funcionamiento queda recogido en la regla de (15), donde α y β se combinan para formar el sintagma S.

(15) Ensamble $(\alpha, \beta) \rightarrow [_S \alpha, \beta]$

Tal como se discute en el capítulo 2 de este volumen, la operación de Ensamble es imprescindible sea cual sea nuestra aproximación al lenguaje. Necesitamos un mecanismo que genere sintagmas, y eso es precisamente lo que (15) nos da.

Una gramática equipada con Ensamble es una gramática INDEPENDIENTE DEL CONTEXTO *(context-free)*, pero hace un momento he dicho que las lenguas naturales despliegan una gramática más potente: una gramática DEPENDIENTE DEL CONTEXTO *(context-sensitive)*. Lo que eso quiere decir es que, además de estructuras como (1), nuestras lenguas pueden generar otras como (16), en las que el pronombre interrogativo *qué* se somete a una TRANSFORMACIÓN que lo desplaza al principio de la oración. Este proceso hace que el pronombre se interprete en dos posiciones: una interna al SV (donde establece una relación semántica con el predicado *decir*) y otra externa al SV (donde se comporta como un operador de modalidad interrogativa).

(16) ¿Qué dicen los políticos?

No me interesa entrar en los detalles técnicos de cómo puede llevarse a cabo la dualidad interpretativa de *qué* ni en por qué se pronuncia únicamente en la posición externa al SV (cf. Brucart y Gallego 2012); lo importante es que una gramática independiente del contexto no puede dar cuenta de ninguna de las dos cosas. Una gramática independiente del contexto solo puede generar (1). Lo que la gramática dependiente del contexto hace es tomar (1) y aplicar una transformación que re-ensambla *qué* en la posición en la que se pronuncia, haciendo que *qué* forme un objeto discontinuo (que ocupa dos posiciones) llamado CADENA.

Lo que he presentado hasta este momento es, en mi opinión, la aportación principal de EESS. El tipo de sintaxis formal (o explícita) que nace con EESS ha dado lugar a muchas observaciones y descubrimientos. Algunos de ellos siguen siendo objeto de debate, otros han sido reformulados (o matizados) a lo largo de los años, y otros han sido relegados a un segundo plano. Aunque la lista es larga, creo que hay tres resultados esenciales, que, con independencia del marco teórico adoptado, definen la base de la sintaxis contemporánea. Los presentaré en la siguiente sección.

1.2. El estudio formal de la sintaxis: logros

En el apartado anterior he hablado de SINTAXIS, pero no he dado una definición. No es una tarea fácil, como apuntan Bosque y Gutiérrez-

Rexach (2009: 10 ss.). Las gramáticas tradicionales engloban dentro de la sintaxis un puñado de construcciones, tomando como eje vertebrador la noción de CONSTRUCCIÓN o la de ORACIÓN. Así, hay capítulos enteros dedicados a oraciones pasivas, interrogativas, impersonales, subordinadas, etc. Se trata de una concepción taxonómica de la sintaxis, que se limita a decir qué construcciones constituyen su objeto de estudio. Como indica Bosque (2015), este afán etiquetador es en realidad previo al estudio de la sintaxis estrictamente hablando; esto es, previo al estudio de los mecanismos y principios que rigen la formación de las estructuras que acabo de mencionar:

> En el campo de la medicina, el estadio terminológico corresponde a la anatomía, e incluye, entre otras cuestiones, los nombres de los huesos, los músculos, los órganos o los tejidos. En el ámbito de la arquitectura, el estadio terminológico nos proporciona los nombres de los materiales de construcción y las partes de los edificios. En la geografía, esas informaciones se denominan a menudo *morfológicas,* término que para nosotros adquiere otro significado. Los juegos poseen igualmente un estadio terminológico (en el ajedrez, por ejemplo, no va más allá del nombre de las piezas y de la descripción de sus movimientos). Me interesa mucho resaltar que, cuando superamos el *estadio terminológico,* es cuando empieza verdaderamente la disciplina que nos interesa. [...] Prestamos casi siempre más atención a cómo se llaman las cosas que a lo que son las cosas; nos importa mucho más saber identificarlas que distinguir sus propiedades y sus límites.

> (Tomado de Bosque 2015: 12.)

He dicho que una de las aportaciones de EESS es la discusión de tres tipos de sintaxis: una de dependencias lineales (palabras formando listas), otra de dependencias jerárquicas (palabras formando sintagmas) y otra con transformaciones (palabras [o sintagmas] formando cadenas). La versión más popular de la teoría de las gramáticas (in)dependientes del contexto se llama TEORÍA X', que podemos entender desde el punto de vista de Chomsky (2004), para así incorporar también las transformaciones.

Junto con la Teoría X', ha habido al menos dos grandes teorías en los últimos cincuenta años que constituyen la columna vertebral de la sintaxis contemporánea: (i) la TEORÍA TEMÁTICA y (ii) la TEORÍA DEL CASO (ABSTRACTO). Cada una de esas teorías cubre fenómenos que, en cierto sentido, recuperan la idea aristotélica (adoptada por Saussure para definir el signo lingüístico) de que el lenguaje es "sonido (morfo-fonología) con significado (semántica)".

A grandes rasgos, la Teoría Temática se encarga de aquellos procesos sintácticos implicados en la interpretación de los predicados y sus argumentos. Es la responsable, por tanto, de investigar cómo y por qué el SN *Los estudiantes* se interpreta como un /AGENTE/ (de la acción) en (17a), como un /PACIENTE/ (de la acción) en (17b) y como un /EXPERI-MENTANTE/ (de un estado psicológico) en (17c):

(17) a. Los estudiantes aprobaron el examen.
  b. Los estudiantes fueron aprobados.
  c. Los estudiantes temen el examen.

Buena parte de la tradición gramatical –y muchos libros de texto en la actualidad, un asunto sobre el que volveré– han confundido los PAPELES TEMÁTICOS (O FUNCIONES SEMÁNTICAS) de (17) con las FUNCIONES SINTÁCTI- CAS (O CASOS). Seguramente muchos lectores recordarán que, en el co- legio, el sujeto de la oración se solía definir como la "persona, animal o cosa que realiza la acción del verbo", mientras que el objeto directo se consideraba la "persona, animal o cosa que recibe la acción del ver- bo" (y para identificarlos se preguntaba al verbo "¿Quién?" y "¿Qué?" respectivamente). Eso funciona más o menos bien en oraciones como *César conquistó las Galias*, pero no en *César temía a los bárbaros* (*César* no 'hace' nada), ni en *César tenía ambición* (la *ambición* no 'recibe' nada). Y hay otros problemas.

Seguramente, la noción de "función sintáctica" es una de las más difíciles de entender. De hecho, se puede decir que la definición de las funciones la asimila a los papeles temáticos (el sujeto realiza la acción, el objeto la recibe, etc.), pues de otra manera es complicado caracteri- zarlas de manera natural (aunque se haya trabajado con ellas en toda la tradición, a diferencia de lo que pasaba con los constituyentes). Con 'de manera natural' me refiero a hacerlo de tal forma que se comprenda qué implica ser sujeto, más allá de decir que es el SN que concuerda con el verbo en número y persona. Esto es un poco chocante, pues la noción de "caso" está presente en la gramática tradicional y preocupaba a gra- máticos como Hjelmslev y a otros investigadores del estructuralismo e incluso del primer generativismo, como Charles Fillmore. Pese a todo, la lingüística contemporánea que basaba buena parte de su estudio en el inglés no entendió bien qué era el caso hasta finales de los años se- tenta. Por ejemplo, en Chomsky y Lasnik (1977) se intentaba explicar la agramaticalidad de oraciones como las de (18) mediante FILTROS (mecanismos que bloquean la generación de ciertas secuencias).

(18) a. *Arrived   a letter   (19) a. Filtro 1: *V SN
         llegó   una carta

   b. *He like Mary   b. Filtro 2: *SN V_{INF} SN
      él   gustar Mary

Chomsky y Lasnik (1977) suponían que la gramática del inglés conte- nía los filtros de (19) (que eran, nótese, exclusivos de esa lengua) y que el hablante debía tener acceso (no consciente) a esa información. Una manera mucho más interesante de ver el asunto se debe al lingüista francés Jean-Roger Vergnaud, que escribió una carta a Chomsky y a Lasnik sugiriéndoles que recuperasen la noción tradicional de caso para explicar los datos de (18). Así, para Vergnaud, el inglés sería como el latín en tanto que sus SNs deben recibir caso, pero sería diferente en tanto que no lo manifiestan morfológicamente: es decir, el caso sería *abstracto* en inglés, pero *morfológico* en latín. Adoptando esta idea, los filtros específicos del inglés se podrían reinterpretar como un filtro universal que lo único que establecería es que todo SN con manifestación fonética debe recibir un caso (una marca o exponente de función sintáctica): el conocido FILTRO DE CASO.

La noción de caso, poco o mal entendida hasta entonces en los trabajos generativistas, pasa a adquirir un protagonismo inédito, prediciendo comportamientos no solo como los de (18), sino también los de (20). Naturalmente, uno puede decir que las oraciones de (20) son malas "porque sí", porque lo vemos, o puede tener una teoría que *prediga* (y *explique*) la mala formación de esas estructuras. La propuesta de Vergnaud, con las modificaciones que posteriormente añadirían otros investigadores, lograba eso precisamente[5].

(20) a. *Mis problemas fueron llegados (cf. Mis problemas fueron solucionados).
    b. *Aquí se fueron leídos los libros (cf. Aquí fueron leídos los libros).
    c. *Ellos parecen que lo saben todo (cf. Ellos parece que lo saben todo).

Dejo muchos detalles por el camino, pero la propuesta de Vergnaud equivale, en lo esencial, a decir que un SN debe recibir una función sintáctica porque es una condición impuesta por el componente morfofonológico de las lenguas naturales. Por la misma lógica, los SNs deben recibir un papel temático porque es una condición impuesta por el componente semántico de las lenguas naturales. Es importante subrayar los *porques* de estos enunciados, una palabra que debería estar presente en toda teoría que pretenda *explicar* las cosas.

Acabo ya. Al abrir esta sección me refería a las dificultades que hay al definir sintaxis. Dicha definición puede depender del marco teórico adoptado, del fenómeno sometido a estudio y hasta de la época en la que nos encontremos. En Brucart y Gallego (2012) nos hacemos eco de la propuesta de la RAE (1931) de considerar las transformaciones de movimiento como parte de lo que se llamaba SINTAXIS FIGURADA, una etiqueta que deja ver el valor retórico (literario, si me apuran) de procesos que manipulan el orden básico de la oración:

> *Sintaxis figurada* es aquella que, para mayor energía o elegancia de las expresiones, permite algunas licencias contrarias a la *sintaxis regular,* ya alterando el orden de colocación de las palabras, ya omitiendo unas, ya añadiendo otras, ya quebrantando las reglas de la concordancia. Estas licencias, autorizadas por el uso, se llaman *figuras de construcción.*
>
> (Tomado de RAE 1931: § 471.)

Lo que este pasaje nos dice es que hay una sintaxis canónica (que nos da *Polonia, recibes a un extranjero mal*) y otra que se sitúa cerca

---

[5] Para dar cuenta de (20a), la tradición diría simplemente que el verbo *llegar* es intransitivo y que estos verbos no pueden formar pasivas (en español). Nótese, no obstante, que ciertos verbos igualmente intransitivos (los llamados inergativos) pueden pasivizarse en su diátesis transitiva, pero no otros (los inacusativos, como *llegar*). Es preciso, por tanto, aludir a las propiedades flexivas (de caso) para explicar estos contrastes.

de las licencias literarias que se relacionan con la manipulación de constituyentes sintácticos (con la que obtenemos *¡Mal, Polonia, recibes a un extranjero!*). El criterio para establecer esta distinción no es, como puede verse, gramatical, y seguramente obedece, por un lado, a la falta de un aparato teórico que permitiese analizar las estructuras propias de la sintaxis figurada (el hipérbaton, la anástrofe o el quiasmo) y, por otro, al peso de las disciplinas humanísticas en el estudio de la sintaxis.

Años más tarde, y por motivos diferentes, Noam Chomsky también ha hablado de dos tipos de sintaxis: una sintaxis en un sentido estricto *(narrow syntax)* y una sintaxis en un sentido amplio *(broad syntax)*. Según el mismo lingüista.

> He usado "sintaxis" en un sentido amplio y en otro estricto. El amplio es el tradicional, [que es] el de [filósofos como] Peirce, Frege, Carnap, etc., [...] Así pues, por "sintaxis" me refiero al estudio de los sistemas simbólicos, incluyendo cualquier sistema representacional/computacional que supongamos que es interno a la mente. El sentido estricto es interno a una teoría. Supongamos que una parte –llamémosla "SE"– del sistema computacional/representacional sintáctico del lenguaje construye objetos sintácticos que se envían a la fonética y a la semántica. En ese escenario, la "sintaxis estricta" es el estudio de la SE. Se trata simplemente de un uso, que deja abiertas muchas preguntas importantes (a propósito), que deberán ser respondidas mediante investigación empírica.
>
> (Tomado de Chomsky 1999: 1; la traducción es mía.)

Dicho con otras palabras, lo que Chomsky denomina SINTAXIS ESTRICTA es el estudio de la computación pura y dura: procesos como el ensamble, la concordancia o las transformaciones. La SINTAXIS AMPLIA estaría constituida por cualquier otro componente gramatical que también recurra a mecanismos combinatorios. Desde ese punto de vista, tanto la semántica como la morfología o la fonología son, en el nivel relevante, "un tipo de sintaxis", porque en todos esos componentes hay combinación de unidades (fonemas, sílabas, afijos, prefijos, operadores, predicados, etcétera).

Considerar los fenómenos fonéticos o semánticos como sintácticos (o como fenómenos que presentan propiedades estructurales análogas a las de la sintaxis) ha ayudado a obtener una caracterización más precisa de estos y, por tanto, una mejor comprensión. Ha sido eso lo que ha pasado con el orden lineal (cf. Kayne 1994), la colocación de los afijos en el verbo (cf. Baker 1985), las dependencias anafóricas (cf. Chomsky 1981), la estructura argumental (cf. Hale y Keyser 1993) o la estructura informativa (cf. Rizzi 1997). Con esto no se está diciendo que todos esos fenómenos pertenezcan en exclusiva al dominio de la sintaxis, pero desde luego sí que la sintaxis tiene mucho más que decir sobre ellos de lo que se había pensado hasta los años setenta.

1.3. El estudio formal de la sintaxis: perspectivas

Hasta este punto he hecho un repaso, seguramente incompleto, de cuál es el punto de inflexión entre los estudios tradicionales de sintaxis (en los que destaca el interés por etiquetar, clasificar y describir) y los contemporáneos (que se caracterizan por aportar un carácter científico, con el desarrollo de teorías formales concretas, predicciones y generalizaciones). Sin duda, creo que la aparición de EESS (y, posteriormente, *Aspectos de la Teoría de la Sintaxis;* cf. Chomsky 1965) resultó fundamental en ese cambio de actitud. Ahora bien, los trabajos que se realizaban en sintaxis en aquellos años (las décadas de los sesenta y setenta) eran mucho más restrictivos que los que se han llevado a cabo a partir de los ochenta. Estos últimos se acercan más a la sintaxis amplia de la que hablaba hace un momento.

Es bastante conocido el escaso interés de Chomsky por los fenómenos semánticos que no tienen una base sintáctica sólida –pocas veces ha hablado (al menos de manera técnica, que yo sepa) de nociones como *referencia, Aktionsart, predicados de estadio* o *presuposición*–. Esa postura es clara en Chomsky (1957: cap. 9; 1965: cap. 3), aunque ya en *Aspectos* se empieza a mostrar un interés creciente por temas de semántica, como los rasgos de selección de las palabras. Ese interés ha seguido creciendo para incorporar a la sintaxis aspectos de la semántica léxica (relaciones predicado-argumento), la semántica eventiva (en parte heredada del trabajo de Donald Davidson), las dependencias anafóricas (pronominales y temporales), la estructura informativa (articulación de tópicos y focos), la modalidad y el discurso (fuerza ilocutiva, actos de habla, etc.) y otros. Los cambios en este terreno han sido muchos y me atrevería a decir que sólidos. No tiene sentido afirmar –no a día de hoy– que la sintaxis formal no tiene nada que decir sobre la articulación del discurso o de otros dominios supraoracionales (párrafo, texto, etc.). Esa es una concepción muy extendida dentro de los modelos cognitivos, en la lingüística aplicada, en la gramática basada en el método comunicativo, en la sociolingüística y en la gramática del discurso. Como digo, tal afirmación sería plausible (con matices) en los años sesenta o setenta, pero no en el siglo XXI. Esto también es indicativo de que el estudio de la sintaxis es un campo dinámico, en el que se pueden producir bastantes cambios en poco tiempo. No sucede lo mismo en otras disciplinas, pero no creo que sea algo malo: de hecho, espero que sea algo estimulante.

La organización de este volumen pretende reflejar los avances que ha habido en aquellos dominios en los que la sintaxis es relevante, ya formen parte de la acepción estricta (concordancia, estructura de constituyentes, funciones sintácticas, subordinación, etc.) o de la amplia (predicación, dependencias anafóricas, relaciones temporales, tiempo y aspecto, etc.). He dividido los capítulos en tres secciones:

I. Estructuras y fenómenos sintácticos.

II. Relaciones entre la sintaxis y las interfaces.

III. La sintaxis y la ciencia cognitiva.

Tal división obedece en gran parte al peso que ha ido adquiriendo la noción de INTERFAZ en la lingüística de los últimos años (cf. Chomsky 1995, 2005, Ramchand y Reiss 2007). La idea de fondo, que tiene una base psicológica en la teoría de la modularidad de la mente de Jerry Fodor, es que las propiedades de un nivel lingüístico pueden depender de las restricciones de otros sistemas, externos al que interesa estudiar. Si el lenguaje tiene una base biológica, esta facultad debe estar en contacto con otros sistemas dentro de la biología humana. Podemos suponer que el lenguaje establece comunicación con los sistemas de pensamiento y con los sistemas de materialización (ing. *externalization*). Representaré esta idea mediante la arquitectura de (21):

(21)

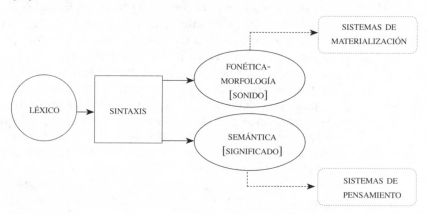

La interfaz semántica y la interfaz fonética/morfológica serían una especie de "peaje" por el que la sintaxis debe cruzar para tener un efecto en los sistemas de pensamiento y para materializarse (de manera oral o signada). Esos sistemas tienen sus propios principios, que imponen restricciones para poder utilizar los objetos generados por la sintaxis. El componente fonético de las lenguas naturales, por ejemplo, no puede interpretar una expresión sintáctica que no se pueda convertir en una cadena de sonidos, mientras que el sistema semántico no puede interpretar símbolos que no hagan ninguna contribución al significado de una expresión, como el pronombre expletivo *it* del inglés en la oración *It seems that a unicorn is in the garden* (esp. 'Parece que hay un unicornio en el jardín'), que es interpretativamente equivalente a *A unicorn seems to be in the garden* (esp. 'Un unicornio parece estar en el jardín').

La primera sección del presente volumen recopila una serie de trabajos que abordan temas más o menos clásicos de una asignatura de sintaxis, como pueden ser la composición interna (los rasgos) de los ítems léxicos (Ignacio Bosque), la estructura de constituyentes de la oración y del SN (José M. Brucart, M. Lluïsa Hernanz, Francesc Roca y Francisco Ordóñez), las funciones sintácticas (Luis López, Javier

Ormazabal y Juan Romero), las funciones semánticas (Jaume Mateu) y la subordinación (Juan Uriagereka).

La segunda sección, que se concentra en las interfaces, explora las relaciones que hay entre los dominios lingüísticos clásicos y su interacción con la sintaxis: la fonología (M.ª Luisa Zubizarreta), la morfología (Antonio Fábregas), la semántica (Javier Gutiérrez-Rexach) y la pragmática (M.ª Victoria Escandell-Vidal y Manuel Leonetti). A estos capítulos deben añadirse los de M.ª Carme Picallo, Hamida Demirdache y Myriam Uribe-Etxebarria, y Violeta Demonte, que discuten fenómenos que se relacionan, además de con la sintaxis, con el léxico, la morfología y la semántica.

La última de las secciones, más corta, contiene los trabajos de José Luis Mendívil e Itziar Laka, que sitúan el estudio del lenguaje en el contexto cognitivo actual, discutiendo la naturaleza biológica de la sintaxis humana y sus relaciones con los estudios de psicología y neurología.

Estamos en un momento de pleno apogeo de los manuales (los llamados *handbooks*), soy consciente. En la última década se han publicado muchísimos, sobre casi cualquier disciplina o tema. La situación no es diferente en el campo de la sintaxis, donde las colecciones de Baltin y Collins (2001), Everaert y Van Riemsdijk (2006), den Dikken (2013) y Carnie *et al.* (2014) ofrecen un panorama minucioso y completo de todos (o casi todos) los temas, fenómenos y enfoques de la sintaxis formal. Algo parecido ocurre con Bosque y Gutiérrez-Rexach (2009), que, sin ser un manual como los que acabo de citar, presenta los aspectos más destacados de la sintaxis formal contemporánea de manera exhaustiva y muy accesible. ¿Qué aporta el presente libro que no esté presente en aquellos? La respuesta es fácil, puesto que concibo estas obras como complementarias –en la mayoría de los casos, los autores son diferentes, y eso siempre determina qué se va a discutir y cómo–. Dicho esto, me parece que hay tres componentes que singularizan este volumen con respecto a los previos. El primero es que se abordan los temas de manera transversal, lo cual ayuda a dar una visión de conjunto. El segundo es la misma organización del volumen, que permite aislar los temas de sintaxis clásicos de aquellos que están a caballo entre la sintaxis y los demás componentes (un enfoque que se adopta parcialmente en los manuales de den Dikken 2013 y Carnie *et al.* 2014, precisamente los más recientes). El tercero es el hecho de que este libro es la primera compilación panorámica de artículos escrita en español sobre sintaxis, sin que por ello se aborden fenómenos que afecten solo a esa lengua[6].

---

[6] En los últimos treinta años pueden encontrarse otros manuales de sintaxis en español (cf. Hernanz y Brucart 1987, Lorenzo y Longa 1996, Demonte 1989, 1991), algunos de ellos con un formato similar al del presente volumen (cf. Demonte y Fernández Lagunilla 1987, Demonte 1994, Brucart y Gallego 2012). Todos ellos son antecedentes de este libro (lo han inspirado, de una u otra manera), pero ninguno posee un carácter panorámico.

Los capítulos que el lector tiene ante sí pretenden, en todos los casos, presentar estados de la cuestión teniendo en cuenta lo que se ha hecho en los últimos treinta o cuarenta años. Obviamente, se trata de un repaso incompleto (es imposible resumir todo lo que se ha escrito sobre concordancia, papeles temáticos o anáfora), pero espero que sea suficiente para ilustrar la dinamicidad de la sintaxis a la que me refería hace unos párrafos. No obstante, aunque los capítulos se han concebido como estados de la cuestión, en muchos de ellos (diría que en todos) se plantean preguntas de investigación que aún no han sido solucionadas. Digo esto último porque los estudiantes pueden tener la impresión de que en el estudio de la sintaxis (o cualquier aspecto del lenguaje) ya está todo dicho, de que no hay nada que investigar.

Creo que esa es la sensación que tienen también los estudiantes de secundaria e incluso de los primeros años de grado universitarios. Esos mismos estudiantes se sorprenden cuando se les argumenta que un sujeto no siempre realiza la acción del verbo, cuando se les pide que formulen una generalización que explique un paradigma determinado o cuando se les ofrece un contraejemplo a un patrón concreto. En definitiva: cuando se les presenta la sintaxis mediante problemas concretos que deben resolver, en vez de comentarios superficiales o ejercicios mecánicos de etiquetaje. Esa era la situación, entre aburrida y desoladora, que Chomsky describe al hablar del panorama de mediados del siglo xx:

> Las preguntas que los estudiantes se están planteando e investigando actualmente, tanto empíricas como teóricas, no podrían haberse planteado, ni siquiera imaginado, cuando yo era un estudiante poco después de la II Guerra Mundial. Una preocupación constante de los estudiantes era que, pese a que lo que se estaba haciendo planteaba retos, no se sabía qué pasaría después de hacer el análisis estructural de las lenguas mediante la aplicación de métodos de análisis de corpus [...] La actitud predominante era que no había preguntas interesantes sobre el lenguaje: el lenguaje no existía como un objeto independiente de estudio serio. El filósofo más influyente que se ocupaba de esos asuntos, W.V. Quine, mantenía que una lengua no es otra cosa que "una fábrica de oraciones asociadas la una a la otra y a estímulos no verbales a través de un mecanismo de respuestas condicionadas", es decir, un constructo accidental que dependía de la experiencia del individuo [...] Entre los lingüistas, era común encontrar actitudes similares. A principios del siglo xx, Ferdinand de Saussure supuso que el lenguaje era una "suma de imágenes de palabras en las mentes de todos los miembros [...] de una comunidad dada", que no es "completa en ningún individuo y existía de manera total solo en una colectividad [...] como un objeto bien definido en la masa heterogénea de actos de habla". Leonard Bloomfield, por su parte, definía el lenguaje como "la totalidad de expresiones hechas en una comunidad de hablantes" [...] La publicación que sirvió de cimiento para el estructuralismo americano (Harris 1951) se llamaba *Métodos* porque parecía haber poco que decir sobre el lenguaje más allá de los procedimientos utilizados para presentar los datos lingüísticos de manera organizada.

(Tomado de Chomsky 2013: 33-34; la traducción es mía.)

La lectura de cualquiera de los capítulos de este libro permite ver que las cosas han cambiado. Ya no solo nos preguntamos cómo se comporta el fenómeno F de una lengua L, sino que nos planteamos por qué lo hace así, si tiene una base puramente gramatical o si obedece a factores de la interfaz fonológica, a leyes no exclusivamente lingüísticas (factores como la economía, el procesamiento, la memoria...), etcétera.

No me gustaría cerrar esta introducción sin hacer hincapié en el hecho, sorprendente a mi entender, de que la mayoría de libros de texto de lengua preuniversitarios no reflejen prácticamente nada de lo que ha sucedido en el campo de la sintaxis desde los años cincuenta. No se trata de que los libros deban discutir las últimas tendencias de la investigación en este campo, pero sí deberían contener resultados sobre los que hay un consenso general, como son los puntos que he discutido en las secciones 1 y 2.

Hay, sin duda, diferentes factores que se han aliado para que eso no haya sido posible. Por un lado, está el peso de la tradición filológica (de corte humanístico), en la que la base principal está constituida por trabajos estructuralistas, que no han desarrollado un estudio formal de la sintaxis; ese peso hace que el estudio de la lengua se relacione más con cuestiones funcionales, estéticas, culturales o sociales, que a su vez están más cerca de la literatura y la sociología. Por otro lado, la aplicación de esa tradición ha hecho que la enseñanza de la sintaxis se haya desarrollado aplicando algunas de las siguientes rutinas o estrategias:

(22) a. Predominio de un aprendizaje memorístico.
      b. Desarrollo de temarios muy complejos en corto espacio de tiempo.
      c. Falta de secuenciación de los contenidos a través de los años.
      d. Consideración de la terminología como un fin y no un medio.
      e. Ausencia de argumentación empírica.
      f. Énfasis en los aspectos comunicativos (funcionales) del lenguaje.

El asunto es complejo y no pretendo abordarlo aquí, pero muchos de los puntos de (22) identifican algunas de las tendencias que habría que modificar. No quiero decir que todo lo que aparece en esa lista sea negativo, pero sí creo que se ha invertido demasiado tiempo en determinadas actitudes que no contribuyen a suscitar el interés de los estudiantes, que típicamente ven el estudio de la sintaxis (de la gramática en general) como algo externo a ellos, que ni les va ni les viene. Ignacio Bosque explica esa sensación con pulso de relojero en el siguiente pasaje (cf. Bosque 2015 para una discusión más detallada de esta situación):

> Todos hemos sido alumnos en [Secundaria y Bachillerato] y [...] en la clase de gramática nos presentaban, como en las demás clases, nociones abstrusas que nos parecían ajenas a nosotros, a nuestros intereses, a nuestras vidas. Estudiarlas no era otra cosa que repetirlas, sabérselas. Cambiaban los profesores, los cursos y los ejercicios, pero siempre permanecía la sensación de que estudiar no era otra cosa que esforzarse obligadamente en memorizar informaciones siempre ajenas, siempre

externas a nosotros. El pequeño placer del estudiante de gramática casi nunca provenía de la comprensión. Procedía más bien de la seguridad que da el haber recitado algo con precisión y firmeza. Aún recuerdo la satisfacción que me producía el tener ocasión de escribir mecánicamente una lista memorizada de tipos de oraciones que casi siempre venían a cuento: "... transitiva, activa, enunciativa, afirmativa...". Analizar una oración consistía [...] en hacer una lista con las palabras que la formaban y etiquetar cada una de ellas por separado con nombres que venían en el libro. Nunca nos dimos cuenta de que dar nombres a las partes no es lo mismo que entender cómo está hecha [la oración] [...] Es evidente que la capacidad de comprender está en relación con la edad, pero en todos los campos del saber se consiguen progresos cuando se fomenta en los estudiantes la inquietud y la curiosidad, dos ingredientes imprescindibles que les facilitarán la comprensión parcial de las nociones que se les vayan presentando. Pero me temo que los hábitos rutinarios siguen demasiado vivos. Muchos años después, ya como profesor universitario, pude comprobar que la pregunta más repetida en las clases de gramática seguía siendo *¿Puede repetir?* o, a lo sumo, *¿Si sale un infinitivo, qué tengo que poner?*

(Tomado de Bosque 2002: 3-4.)

¿Por qué planteo todo esto aquí? Pues porque me parece importante subrayar que los contenidos de este libro no solo deberían servir para estudiantes de sintaxis de los grados y másteres en los que se imparta esa asignatura (aunque sin duda ellos son sus destinatarios principales), sino para reivindicar el giro copernicano que ha habido en el estudio de la sintaxis en las últimas décadas. Hacer que ese cambio de perspectiva tenga trascendencia más allá de las aulas universitarias, transmitir ese conocimiento de manera que sea comprensible, es también uno de los objetivos de este libro y de los autores que participan en él. Con ello no se pretende negar o minimizar el componente social, artístico y funcional del lenguaje (esos componentes existen), sino incorporar la dimensión internalista y científica, que permite ir más allá de la descripción, plantear problemas, postular hipótesis, y otras cosas que puedan hacer del estudio de la sintaxis una experiencia algo más atractiva que la descrita en Bosque (2002).

En el fondo, creo que la cita de Bertrand Russell con la que abro esta introducción plasma la idea que quiero transmitir: que el estudio de la sintaxis no solo sirve para saber qué es un sujeto, una conjunción o un predicado secundario, sino para *entender mejor* (y, por tanto, *utilizar mejor*) una facultad cognitiva que nos permite hacer cosas tan diversas como escribir un poema, redactar un *e-mail,* enviar un *tuit,* expresar sentimientos o simplemente pensar. Puede que el lector no vea de primeras las conexiones que acabo de establecer. Lo comprendo. Pero existen. Existen si se entiende la sintaxis como una oportunidad pedagógica que va más allá de realizar ejercicios memorísticos y de etiquetaje. Existen si se entiende la sintaxis como una capacidad que está dentro de nosotros mismos. Y existen si uno está dispuesto a sorprenderse ante los fenómenos lingüísticos de cada día –de la misma manera que alguien se sorprendió por el hecho de que las manzanas caen de los árboles, las brújulas interactúan con los aparatos eléctricos o las secreciones de ciertos hongos destruyen bacterias–.

Como es sabido, los descubrimientos más importantes a veces nacen de una pregunta inocente, casi involuntaria. Espero que el lector se plantee tantas como pueda, y que disfrute, porque el estudio de la sintaxis también es eso.

■ Bibliografía

BAKER, M. C. (1985), "The Mirror Principle and Morphosyntactic Explanation", *Linguistic Inquiry* 16, pp. 537-576.

BALTIN, M., y C. COLLINS (2001), *The Handbook of Contemporary Syntactic Theory,* Malden, Mass., Blackwell.

BOSQUE, I. (2002), "Prólogo", en L. Gómez Torrego, *Análisis Sintáctico. Teoría y práctica,* Madrid, SM.

— (2015), *Qué debemos cambiar en la enseñanza de la gramática,* ms., UCM.

— y J. Gutiérrez-Rexach (2009), *Fundamentos de sintaxis formal,* Madrid, Akal.

BRUCART, J. M. y Á. J. GALLEGO (2009), "L'estudi formal de la subordinació i l'estatus de les subordinades adverbials", *Llengua & Literatura* 20, pp. 139-191.

BRUCART, J. M. y Á. J. GALLEGO (eds.) (2012), *El movimiento de constituyentes,* Madrid, Visor.

CARNIE, A., Y. SATO y D. SIDDIQI (coords.) (2014), *The Routledge Handbook of Syntax,* Nueva York, Routledge.

CHOMSKY, N. (1957), *Syntactic Structures,* La Haya, Mouton.

— (1964), *Current issues in linguistic theory,* La Haya, Mouton.

— (1965), *Aspects of the theory of syntax,* Cambridge, Mass., MIT Press.

— (1966), *Cartesian linguistics: a chapter in the history of rationalist thought,* Nueva York, Harper & Row.

— (1981), *Lectures on Government and Binding,* Dordrecht, Foris.

— (1995), *The Minimalist Program,* Cambridge, Mass., MIT Press.

— (1999), "Electronic interview. On the nature of pragmatics and related issues". Disponible en http://cogprints.org/126/1/chomsweb_399.html.

— (2004), "Beyond explanatory adequacy", en A. Belletti (ed.), *Structures and beyond. The cartography of syntactic structures* (vol. 3), Oxford y Nueva York, Oxford University Press, pp. 104-131.

— (2005), "Three factors in language design", *Linguistic Inquiry* 36, pp. 1-22.

— (2013), "Problems of Projection", *Lingua* 130, pp. 33-49.

— y H. LASNIK (1977), "Filters and control", *Linguistic Inquiry* 8, pp. 425-504.

DEMONTE, V. (1989), *Teoría Sintáctica: de las Estructuras a la Rección,* Madrid, Síntesis.

— (1991), *Detrás de la palabra. Estudios de gramática del español,* Madrid, Alianza.

— (ed.) (1994), *Gramática del español,* México, El Colegio de México.

— y M. FERNÁNDEZ LAGUNILLA (1987), *Sintaxis de las lenguas románicas,* Madrid, El Arquero.

DEN DIKKEN, M. (2013), *The Cambridge Handbook of Generative Syntax,* Cambridge, Cambridge University Press.

DI SCIULLO, A. M. y C. BOECKX (eds.) (2011), *The Biolinguistic Enterprise. New Perspectives on the Evolution and the Nature of the Human Faculty of Language,* Oxford y Nueva York, Oxford University Press.

EVERAERT, M. y H. VAN RIEMSDIJK (coords.) (2006), *Blackwell Companion to Syntax,* 5 vols., Malden, Mass., Blackwell.

FREIDIN, R. (2012), *Syntax. Basic Concepts and Applications,* Cambridge, Cambridge University Press.

HALE, K. y S. KEYSER (1993), "On the argument structure and the lexical expression of syntactic relations", en K. Hale y S. Keyser (eds.), *The view from building 20: Essays in linguistics in honor of Sylvain Bromberger,* Cambridge, Mass., MIT Press, pp. 53-109.

HERNANZ, M.ª Ll. (2002), "L'oració", en J. Solà *et al.* (eds.), *Gramàtica del Català Contemporani,* Barcelona, Empúries, pp. 993-1.073.

— y J. M. BRUCART (1987), *La sintaxis I. Principios teóricos. La oración simple,* Barcelona, Crítica.

KAYNE, R. (1994), *The antisymmetry of syntax,* Cambridge, Mass., MIT Press.

LEES, R. (1957), "Review of *Syntactic Structures*", *Language* 33, pp. 375-408.

LORENZO, G. y V. M. LONGA (1996), *Introducción a la sintaxis generativa,* Madrid, Alianza.

REAL ACADEMIA ESPAÑOLA (1931), *Gramática de la lengua española,* Madrid, Espasa.

RAMCHAND, G. y Ch. REISS (2007), *The Oxford Handbook of Linguistic Interfaces,* Oxford, Oxford University Press.

RIZZI, L. (1997), "The fine structure of the left periphery", en L. Haegeman (ed.), *Elements of grammar. Handbook in generative syntax,* Dordrecht, Kluwer, pp. 281-337.

SANDMAN, M. (1954), *Subject and Predicate: A Contribution to the Theory of Syntax,* Edimburgo, Edinburgh University Press.

URIAGEREKA, J. (2008), *Syntactic Anchors. On Semantic Structuring,* Cambridge, Cambridge University Press.

Primera parte

Estructuras y fenómenos sintácticos

2 Las posiciones sintácticas[1]

José María Brucart y Maria Lluïsa Hernanz
Universitat Autònoma de Barcelona - Centre de Lingüística Teòrica

2.1. Sintaxis y composicionalidad

La distinción entre léxico y gramática está firmemente arraigada entre los hablantes. Cualquiera que se enfrente al reto de dominar en edad adulta un idioma extranjero sabe de antemano que ese proceso incluye, por una parte, el dominio de un vocabulario suficiente para las necesidades comunicativas que deban atenderse y, por otro, la adquisición de las reglas gramaticales que rigen la combinación de las palabras en esa lengua. La tarea de la sintaxis consiste en combinar unidades léxicas para formar secuencias más complejas, como los sintagmas o las oraciones. En consecuencia, la gramática puede concebirse como un complejo juego de construcciones cuyas piezas se ensamblan en virtud de ciertas reglas y principios. La interpretación de las secuencias así obtenidas se ajusta al *Principio de Composicionalidad,* enunciado por Frege (1892)[2]:

(1) El significado de una expresión compleja viene determinado por su estructura y por el significado de sus elementos constituyentes.

La anterior formulación realza la interacción de léxico y sintaxis, y otorga a la estructura un papel decisivo en los procesos composicionales[3]. La contribución de la estructura en la conformación del significado se evidencia en contrastes como (2):

---

[1] La realización de este capítulo se ha beneficiado de las ayudas concedidas a los proyectos del Ministerio de Ciencia e Innovación FFI2011-29440-C03-01 y de la Generalitat de Catalunya 2014SGR-1013.

[2] También denominado *Principio de Frege.* Sobre el concepto de composicionalidad, cfr. Werning, Hinzen y Machery (eds.) 2012.

[3] Los modismos, las locuciones, los refranes y, en general, todas las construcciones que se engloban en la fraseología incumplen el *Principio de Composicionalidad,* puesto que, a pesar de

(2) a. Su dimisión provocará mi cese.
    b. Mi cese provocará su dimisión.

Pese a que los ejemplos de (2) contienen las mismas palabras, el significado diverge por el hecho de que la secuencia que precede al verbo se interpreta necesariamente como causa y la que lo sigue, como consecuencia[4]. Por lo tanto, la interpretación de (2) obliga a tener en cuenta la posición de las palabras que se combinan.

2.2. La formación de estructura: la operación de ensamble

Podría suponerse que la posición ocupada en la cadena lineal del enunciado es el único criterio estructural necesario para reflejar la composicionalidad del significado. Pero los propios ejemplos de (2) muestran que una oración no es una sucesión lineal ordenada de palabras. Así, para interpretar (2a), es necesario concebir *su dimisión* y *mi cese,* respectivamente, como causa y consecuencia de la implicación expresada por *provocará*. Por lo tanto, existen unidades interpretativas intermedias entre la palabra y la oración, lo que da lugar a la representación de (3), donde los corchetes identifican los constituyentes complejos mencionados hasta ahora (los dos más externos representan la oración, que es el constituyente jerárquicamente superior):

(3) [[su dimisión] provocará [mi cese]]

En (3) se refleja adecuadamente que *dimisión* se relaciona más íntimamente con *su* que con *provocará,* ya que *su dimisión* es un constituyente de esa oración y, en cambio, no lo es *dimisión provocará*. Todo esto significa que las unidades sintácticas complejas no son combinaciones de palabras individuales, sino combinaciones de *constituyentes* jerárquicamente dispuestos, que pueden estar formados por una o varias palabras.

La operación composicional que permite combinar piezas léxicas y formar constituyentes complejos recibe el nombre de *ensamble* o *fusión* ('merge', en inglés)[5]. El ensamble toma siempre dos elementos (un núcleo y un no núcleo) y los combina formando un constituyente complejo que es una proyección categorialmente idéntica al núcleo ensamblado, según el esquema de (4), donde X representa al núcleo, Y al no

---

que sus componentes simples están organizados estructuralmente, su significado no se obtiene composicionalmente. Sobre la sintaxis de esta clase de unidades, véase Mendívil Giró 1999.

  [4] Nos referimos a la pronunciación que corresponde a las aseveraciones no enfáticas del español. Si el elemento preverbal recibiera el refuerzo prosódico característico del énfasis contrastivo *(SU DIMISIÓN provocará mi cese),* este podría interpretarse como consecuencia y el posverbal como causa.

  [5] En lo sucesivo, usaremos el término *ensamble* para evitar su confusión con la operación de *fusión*, postulada en el modelo de la morfología distribuida.

núcleo y X' es la nueva proyección sintáctica creada, categorialmente idéntica a X[6]:

(4)

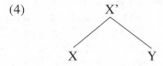

La justificación de la operación de ensamble como elemento básico del sistema computacional lingüístico deriva directamente de la concepción de la lengua como un sistema composicional. En palabras de Chomsky (1995a: 226), "es un componente necesario de cualquier teoría del lenguaje". Su única función es la de enlazar dos elementos para formar otro más complejo que resulta de la proyección de los rasgos de uno de ellos (el núcleo). La aplicación recursiva de este mecanismo sintáctico básico da lugar a la determinación de la estructura que relaciona los distintos componentes de las unidades sintácticas complejas. Veamos cómo operaría para generar la oración de (3).

En primer lugar, es necesario contar con las piezas léxicas que van a combinarse. Antes de iniciar el proceso composicional sintáctico, es necesario acceder al lexicón y tomar las cuatro unidades que forman la *numeración* de (3). Una numeración es una lista no ordenada de unidades del lexicón, cada una de las cuales está dotada de un índice que representa el número de veces que esa unidad se va a combinar en el proceso sintáctico. La necesidad de incluir tal índice se debe a que una misma pieza léxica puede aparecer más de una vez en una construcción sintáctica, como el artículo *la* en *la amiga de la vecina*. En un caso como ese, la numeración incluye el elemento $\{la_2\}$. La numeración de (3) se compone, por lo tanto, de los siguientes elementos:

(5) $\{cese_1, mi_1, su_1, provocará_1, dimisión_1\}$

Los elementos de la numeración se sitúan en la memoria de trabajo como paso previo a su combinación sintáctica. A partir de (5), se producen las siguientes operaciones de ensamble, previa selección de las correspondientes unidades de la numeración:

(6) a. [mi cese]
    b. [provocará [mi cese]]
    c. [su dimisión]
    d. [[su dimisión] [provocará [mi cese]]]

El conjunto de operaciones de ensamble reflejadas en (6) representa la *derivación* de la oración *Su dimisión provocará mi cese*. Una derivación es, por lo tanto, una secuencia de operaciones computacionales de ensamble que dan lugar a una representación sintáctica compleja. Una

---

[6] La representación gráfica de la estructura resultante de las operaciones de ensamble puede expresarse por medio de diagramas arbóreos, como el de (4), o mediante estructuras encorchetadas, como en [$_{X'}$ X Y]. En este capítulo alternaremos ambas clases de representación gráfica.

derivación sintáctica queda completada cuando todas las unidades de la numeración han sido seleccionadas y ensambladas. Es importante señalar que la numeración no determina unívocamente el complejo sintáctico que va a obtenerse, ya que este depende crucialmente del momento en el que los distintos componentes de la numeración entran en la operación de ensamble. Con un ligero cambio en el orden de las operaciones, se podrían haber obtenido igualmente *Mi cese provocará su dimisión* o *Su cese provocará mi dimisión*. Esta es una característica básica de todo sistema de combinaciones: un mismo conjunto de piezas puede dar lugar a diversas construcciones mediante una articulación distinta de sus componentes.

2.3. Ensamble y binarismo

Una característica notable de las operaciones de ensamble es que siempre unen dos elementos (ya sean unidades simples tomadas de la numeración u otras complejas obtenidas previamente). En (7) se refleja la estructura binaria de la anterior derivación:

(7)

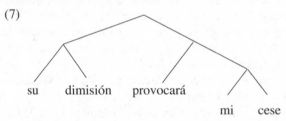

A diferencia de (3), en (7) *provocará mi cese* es también un constituyente, de modo que los constituyentes complejos de (7) corresponden al sujeto *(su dimisión),* al predicado *(provocará mi cese)* y al complemento directo *(mi cese).*

Hay varios argumentos a favor de someter el ensamble a la restricción del binarismo. El primero tiene que ver con los requerimientos de memoria del sistema computacional. Supongamos que el número de elementos susceptibles de combinarse en una sola operación de ensamble fuera ilimitado, de modo que pudiera tomar cualquier valor entre dos e infinito. En tal caso, en cada paso de la derivación el sistema computacional debería contar con un mecanismo de resolución que determinara cuál es el número exacto de elementos que se deben combinar, previa evaluación de las opciones disponibles. Un sistema de este tipo es inasumible para la memoria humana, dada su naturaleza finita. Debe haber, pues, un límite superior al número de elementos susceptibles de ser ensamblados. Imaginemos que es tres. En ese caso, los requerimientos de memoria disminuyen, pero se mantiene la necesidad de un sistema de barrido de opciones que determine en cada estadio la opción adoptada entre las posibles, por lo que el sistema sigue siendo más costoso que uno que cuente solamente con la opción binaria.

Hay también argumentos empíricos para defender la limitación del ensamble a operaciones binarias. Uno de los más convincentes es el que se relaciona con el análisis de estructuras ambiguas como las que corresponden a (8):

(8) intérpretes de rancheras mexicanas

Es posible asignar dos interpretaciones diferentes a la secuencia de (8), ya que el adjetivo relacional *mexicanas* puede concebirse como complemento de *rancheras* o de *intérpretes de rancheras,* lo que da lugar a las dos estructuras de (9), respectivamente:

(9) a. [intérpretes [de [rancheras mexicanas]]]
   b. [[intérpretes [de [rancheras]]] [mexicanas]]

En (9a), *mexicanas* se ha ensamblado con *rancheras* como paso previo a la formación del SP que luego se une al nombre. Por su parte, en (9b) se ha ensamblado antes el constituyente *intérpretes de rancheras* y luego se ha añadido el adjetivo.

La diferencia interpretativa es nítida: (9a) incluye en su denotación intérpretes de cualquier sexo y nacionalidad que hayan cantado rancheras mexicanas. En cambio, (9b) solo denota cantantes mexicanas de rancheras compuestas en cualquier país. Lo relevante es que no existe la posibilidad de asociar la secuencia de (8) a una interpretación en la que el adjetivo se conciba simultáneamente como complemento de *intérpretes* y de *rancheras*, de manera que solo denote artistas mexicanas que cantan rancheras compuestas en México. El análisis binario predice esta restricción, ya que en (9) solo es posible ensamblar el adjetivo con *rancheras* o con *intérpretes de rancheras*. En otras palabras: un complemento solo lo puede ser de un núcleo, no de dos simultáneamente. Y viceversa: un núcleo no puede ensamblarse con varios complementos a la vez, sino que el proceso debe realizarse paso a paso, como en (9b), donde *intérpretes* se combina con dos complementos en estadios sucesivos de la derivación[7].

Una característica del binarismo es que, siendo el sistema más simple en términos de procesamiento, ofrece más información estructural que cualquier otro. En el sistema binario, la estructura de constituyentes de *literatura colonial inglesa* es la de (10a). En cambio, un sistema ternario daría lugar a la representación de (10b):

(10) a.   b.

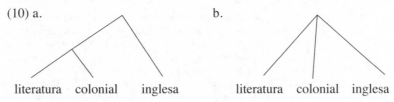

---

[7] La ambigüedad estructural de (8) desaparecería si cambiara la posición del adjetivo: *intérpretes mexicanas de rancheras* solo puede interpretarse en el sentido de (9b). Nótese, no obstante, que la denotación de ambos sintagmas se obtendría mediante secuencias diferentes de ensamblaje.

En (10a) se reconocen cinco constituyentes, tantos como nudos contiene el árbol: los tres terminales que acogen las piezas de la numeración y dos constituyentes complejos: *literatura colonial* y *literatura colonial inglesa*. Por su parte, en (10b) son solo cuatro los constituyentes que se postulan: los tres terminales y el nudo complejo resultado del ensamble de las tres piezas de la numeración. Así pues, (10a) contiene más información que (10b), ya que incluye un constituyente que no es reconocido como tal en el esquema ternario. En conclusión: el binarismo es el sistema que detalla un mayor número de constituyentes, a pesar de ser el que resulta más simple en términos de procesamiento[8]. Parece plausible suponer que *literatura colonial* forma un constituyente sintáctico en (10), ya que es posible elidirlo en una construcción como *la literatura colonial inglesa y la francesa*[9]. Si se supone que solo los constituyente pueden ser recuperados por medio de procesos de elipsis, debemos concluir que (10a) es preferible a (10b)[10].

2.4. Las relaciones horizontales y verticales en la sintaxis

La operación de ensamble crea una estructura bidimensional en la que los nudos, posiciones o constituyentes mantienen entre sí dos clases de relaciones básicas: de precedencia lineal (horizontales) y de jerarquía (verticales). Estas últimas reflejan la existencia de constituyentes complejos que contienen varios elementos de la numeración, como en (11):

(11)
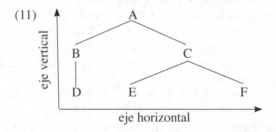

---

[8] Naturalmente, como contrapartida al mayor detalle estructural ofrecido por el modelo binario, el número de pasos derivacionales necesario para obtener la representación final aumenta: mientras que en (10b) solamente opera una instancia de ensamble, en (10a) son necesarias dos para obtener el mismo resultado.

[9] Hay otra posibilidad: suponer que se ha elidido solamente el sustantivo *literatura*, con lo que se denotaría un conjunto formado por la literatura colonial inglesa y toda la literatura francesa.

[10] Kayne (1984, 1994) argumenta que el binarismo constituye una condición necesaria para que puedan actuar los procesos que convierten la estructura sintáctica bidimensional en una cadena fónica lineal. Según este autor, solo las estructuras binarias evitan la ambigüedad a la hora de proceder a la linealización de las unidades sintácticas. Así, por ejemplo, en (10b) los dos complementos mantienen idéntica relación estructural con el nombre, lo que no permitiría su adecuada ordenación lineal.

La restricción del binarismo no descarta *a priori* la posibilidad de que un elemento de la numeración se proyecte sintácticamente sin entrar en una operación de ensamble con otro. En tal caso, se genera una estructura de ramificación unaria como la que relaciona en (11) los nudos B y D. La única diferencia que existe entre ambos es el diferente nivel de proyección (B es una proyección de D), pero no se crea un nuevo segmento sintáctico. Supongamos que queremos diferenciar las categorías sintácticas mínimas (N, V, A) de los correspondientes sintagmas o proyecciones máximas (SN, SV, SA). En ese caso, si tenemos un sintagma que solamente esté formado por una palabra, necesitaremos expresar que tal pieza léxica es a la vez núcleo y sintagma:

(12) a. Juan está *cansado de la situación* $[_{SA} [_A$ cansado$] [_{SP}$ de la situación$]]$
    b. Juan está *cansado* $[_{SA} [_A$ cansado$]]$

En (12a), el adjetivo *cansado* se ensambla con el SP *de la situación* y el resultado es un SA. En cambio, en (12b) el mismo adjetivo se proyecta a SA sin unirse a ningún otro elemento. En este caso, se produce la proyección unaria de A a SA.

La existencia de operaciones unarias solo se justifica por razones internas de la teoría y tiene que ver con el número de grados de proyección que esta postula para cada categoría. En la versión estándar de la *Teoría X'*, ese número se fija en tres niveles: el núcleo (X^o), la primera proyección del núcleo (X') y el sintagma o proyección máxima (SX). En cambio, en otras versiones posteriores que asumen los postulados del programa minimista –como en la *Estructura de Frase Escueta* ('Bare Phrase Structure'), presentada en Chomsky (1995a: 249)[11]–, se propone eliminar toda ramificación que no sea binaria por motivos de economía conceptual, al tiempo que desaparecen las distinciones de nivel entre las proyecciones sintácticas.

Volvamos a (11) para estudiar las relaciones entre los distintos nudos del árbol. La relación básica en el eje horizontal es la de *precedencia*. Si la representamos por medio del símbolo >, las relaciones de precedencia de (11) son las de (13):

(13) a. B > C   d. B > E > F
    b. D > C   e. D > E > F
    c. E > F

La relación de precedencia se da primariamente entre nudos hermanos del árbol –los que forman un par ensamblado–, como (13a, c), y se transmite a sus descendientes, como (13b, d, e), donde B y D preceden a los descendientes de C, dado que B y D preceden a C. Como se observa, las relaciones de precedencia de B y D son idénticas, debido a que representan el mismo elemento terminal. La relación de precedencia es básica a la hora de materializar fónicamente la estructura una cadena lineal.

---

[11] Los principios de la Teoría X' se exponen en el § 6. Para una presentación técnica de los supuestos de la Estructura de Frase Escueta, véase Chomsky 1995b, y más adelante (§ 12).

Por su parte, la relación vertical de *dominio* es complementaria a la de precedencia. Un nudo domina a todos aquellos que contiene –esto es, todos aquellos que han participado en los procesos de ensamble que han contribuido a formarlo–. Así, en (11) el nudo A domina a todos los demás, B domina a D y C domina a E y F. En términos de la estructura arbórea, un nudo domina a otro si en el camino del primero al segundo solo se incluyen ramas descendentes. Así, B no domina a C, porque en el trayecto de B a C la primera rama es ascendente. Como se ha dicho, el dominio y la precedencia son incompatibles: C no precede a F porque lo domina y B no domina a E porque no lo contiene. Tanto la precedencia como el dominio son asimétricos: un nudo no puede preceder y ser precedido simultáneamente por otro, y tampoco dominar y ser dominado por otro. En la realización fónica, las relaciones de dominio, a diferencia de las de precedencia, no se identifican en la cadena sonora más que de forma indirecta[12]. Una consecuencia destacada de la opacidad fónica de las relaciones jerárquicas es la necesidad de habilitar mecanismos morfológicos (como la concordancia, el caso o los nexos de subordinación) que reduzcan la ambigüedad estructural de los enunciados.

Aunque son las relaciones estructurales básicas, la precedencia y el dominio no permiten expresar adecuadamente todos los vínculos existentes entre las posiciones sintácticas. Como ya hemos argumentado, la relación de precedencia, por sí sola, no es capaz de dar cuenta satisfactoriamente del *Principio de Composicionalidad* –recuérdense los casos de ambigüedad estructural de (9)–. Por su parte, la noción de dominio es incapaz de reflejar la relación entre nudos terminales, ya que solo codifica la dependencia vertical entre constituyentes. De ahí que sea necesario recurrir a una tercera noción, que combina las relaciones verticales y horizontales: la de *mando de constituyente* (o *mando-c*), formulada por vez primera en Reinhart (1976), desarrollando propuestas previas de Langacker (1969). Su definición técnica es la siguiente:

(14) Un nudo α manda-c a otro β si y solo si el primer nudo ramificado que domina a α domina también a β y ni α ni β se dominan el uno al otro.

Si tomamos como referencia el esquema de (11) y aplicamos (14), las relaciones de mando-c entre las distintas posiciones quedan como sigue:

(15) a. A no manda-c a ningún constituyente.
   b. B manda-c a C, E y F.
   c. C manda-c a B y D.

---

[12] Nos referimos a casos en que la estructura se trasluce por medio de pausas o inflexiones tonales, como en el contraste entre los complementos especificativos y explicativos del SN:

(i) a. Pedro tiene una hija de su primer matrimonio.   [una [hija [de su primer matrimonio]]]
   b. Pedro tiene una hija, de su primer matrimonio.   [[una hija] [de su primer matrimonio]]

En (i.a), Pedro puede tener otras hijas de otras relaciones. Por el contrario, en (i.b) Pedro tiene una única hija. La inflexión entonacional que marca la coma refleja la diferente estructura de constituyentes.

d. D manda-c a C, E y F.
e. E manda-c a F.
f. F manda-c a E.

De nuevo, B y D se comportan del mismo modo en cuanto al mando-c, puesto que el primer nudo ramificado que los domina es A. Cabe anotar que las instancias de mando-c nunca coinciden con las de dominio. Así, el nudo A, que domina a todos los demás de ese árbol, carece de mando-c en (11) −y tampoco hay elemento alguno que lo mande-c−. Del mismo modo, C no manda-c ni a E ni a F, porque la relación es también de dominio. Por el contrario, el mando-c incluye la relación de hermandad, ya que dos nudos hermanos comparten el primer nudo ramificado, que no es otro que el que resulta del ensamble de ambos. Así, E y F se mandan-c mutuamente (15e, f) y lo mismo sucede con B y C (15b, c). La relación de mando-c incluye, además del nudo hermano, todos los descendientes de este. Por ese motivo, B no manda-c solamente a C, sino también a sus descendientes (E y F). Cuando la relación se da con los descendientes del nudo hermano, el mando-c pasa a ser asimétrico: B manda-c a E, pero E no manda-c a B, porque E solo puede mandar-c a su hermano y a los descendientes de este, si los hay.

Tal como fue originariamente formulada, la relación de mando-c se establece entre dos posiciones sintácticas, pero como el mando-c de una unidad incluye con frecuencia un conjunto de posiciones, como en (15b), se puede hablar también de *dominio de mando-c*, que es el conjunto de estructura englobado en el mando-c de una posición. Así, en (15b), el dominio de mando-c de B incluye toda la estructura encabezada por C, que abarca E y F. Una característica importante del mando-c es que, si bien el límite superior es muy estricto[13], no existe un límite inferior para el dominio de mando-c de una unidad. Eso permite que la noción de mando-c exprese relaciones entre nudos terminales (esto es, los ocupados por las piezas léxicas de la numeración).

El mando-c está involucrado en diversas clases de relaciones sintácticas. Una de ellas es el alcance o ámbito de los cuantificadores y operadores. Así, la diferencia entre *Puede no venir* y *No puede venir* corresponde al distinto dominio de mando-c de la negación y del verbo modal[14]. En el primer caso, se informa de la posibilidad de que no se produzca la venida; en el segundo, se niega tal posibilidad:

(16) a. [puede [no [venir]]]

---

[13] La necesidad de referirse al concepto de "primer nudo ramificado dominante" en la definición del mando-c deriva de la existencia de casos de ramificación unaria, como la que vincula a B y D en (11). Si solo se admitieran estructuras con ramificación binaria, el mando-c podría definirse simplemente como la relación de una categoría con su nudo hermano y con los descendientes de este.

[14] Como se ha señalado en la nota 12, los cuantificadores y operadores incluyen dentro de su dominio a los complementos especificativos y excluyen de él a los explicativos. De nuevo, el contraste se explica por la relación de mando-c, como puede verse en los esquemas de (ii) de la nota referida.

b. [no [puede [venir]]]

El mando-c también participa en los fenómenos de ligamiento, que condicionan las posibilidades de correferencia entre argumentos. Uno de los principios del ligamiento establece que un elemento pronominal no puede ser mandado-c por un antecedente situado en su misma oración. Eso explica que en *Ella la vio* no puedan ser correferentes el sujeto y el complemento directo, ya que este está mandado-c por aquel. En cambio, en *Su hija la vio* es posible suponer que el posesivo *su* es correferente con *la*, de modo que 'su hija' refiera a la hija de la mujer vista:

(17) a. [[ella] [la vio]]
     b. [[[su] [madre]] [la vio]]

En (17a) se ensambla *ella* con el predicado *la vio,* de modo que este queda en el dominio de mando-c del sujeto. Al ser *la* un elemento pronominal, *ella* no puede ser su antecedente. La situación de (17b) es distinta. El posesivo se ensambla con *madre* para formar el sujeto. Luego, ambos se ensamblan con el predicado *la vio.* El sujeto *su madre* manda al predicado, lo que impide que la persona vista sea la misma madre. Pero el posesivo no manda-c a *la,* por lo que puede funcionar como su antecedente. Por supuesto, ambas unidades podrían también denotar personas distintas (por ejemplo, 'la madre de María vio a Luisa'), pero lo único que prohíbe la Teoría del Ligamiento es la correferencia de un pronominal con un elemento que lo mande-c en su misma oración.

2.5. La noción de constituyente

En un modelo que obtiene derivacionalmente las unidades sintácticas complejas mediante operaciones de ensamble, cada posición sintáctica del árbol es un constituyente que abarca todo el material incluido en su dominio. Desde este punto de vista, posición sintáctica y constituyente son conceptos íntimamente relacionados. En un sentido menos técnico y más restringido, no obstante, esta noción se reserva a los constituyentes mayores de la oración. Para detectarlos se suelen usar algunas pruebas de diagnóstico, denominadas *pruebas de constituencia,* que identifican los sintagmas que desempeñan una función respecto del verbo (sujeto, complementos y adjuntos). En cambio, no funcionan tan bien para la detección de otros constituyentes intermedios.

Una prueba tradicional de constituencia es la de *respuesta corta a pregunta*: es constituyente toda secuencia que pueda ser sustituida por un pronombre o adverbio interrogativo y funcionar como respuesta de la correspondiente pregunta. A partir de *El periódico publica esa noticia en la página 3*, podemos obtener[15]:

---

[15] Como muestra (18d), el SV presenta el verbo en infinitivo, mientras que los rasgos flexivos que le corresponden en la oración de base aparecen en el proverbo *hacer.* Este solo puede sustituir predicados dinámicos: *¿Qué hace Argentina? – *Estar en América del Sur.*

(18) a. —¿*Quién* publica esa noticia? —*El periódico*. (Sujeto)

b. —¿*Qué* publica el periódico en la página 3? —*Esa noticia*. (C. directo)

c. —¿*Dónde* publica el periódico esa noticia? —*En la página 3*. (C. circunstancial)

d. —¿*Qué hace* el periódico? —*Publicar esa noticia en la página 3*. (Predicado)

Una prueba equivalente es construir una *oración hendida* (o *escindida*) a partir de un enunciado de base. Así, de *Luis invitó a María al cine ayer*, se obtienen, entre otras:

(19) a. *A quien* Luis invitó al cine ayer fue *a María*. (C. directo)

b. *(A) donde* invitó Luis a María ayer fue *al cine*. (C. de régimen)

c. *Lo que hizo* Luis fue *invitar a María al cine ayer* / *Lo que hizo* Luis ayer fue *invitar a María al cine*. (Predicado)

Otro diagnóstico de constituencia es la *pronominalización:* cualquier secuencia que pueda ser sustituida por un pronombre o adverbio pronominal es un constituyente. Si tomamos como base *Antonio vio a María salir del cine,* podemos tener, por ejemplo:

(20) a. Antonio *la* vio salir del cine. (C. directo: *a María*)

b. Antonio *lo* vio. (Predicación seleccionada por *ver: María salir del cine*)

c. Antonio vio a María salir *de ahí*. (C. de régimen: *del cine*)

También *la elipsis* puede usarse como prueba de constituencia. Si un elemento puede omitirse sin afectar a la gramaticalidad del enunciado, es un constituyente:

(21) a. La casa de campo de María y la Ø de Luis son colindantes. (Ø = *casa de campo*)

b. Luis vive en el campo, pero María no Ø. (Ø = *vive en el campo*)

La prueba de la elipsis permite identificar constituyentes que otras pruebas no aíslan, como en (21a), donde se identifica el grupo formado por el núcleo del SN y su primer complemento, o en (21b), donde se recupera un predicado no dinámico (cfr. *Luis vive en el campo, pero María no lo hace*). No obstante, hay que ser cuidadoso al aplicarla, porque puede ocurrir que lo elidido no sea un constituyente sino varios, como en (22):

(22) Luis viajó en tren el jueves a Málaga y María Ø a Granada.

En (22) se eliden el verbo y dos adjuntos. Pero esa secuencia no forma constituyente unitario, dado que el complemento de régimen aparece explícito. Por lo tanto, en (22) habría tres huecos independientes. Podría argüirse que ha habido reordenación de elementos y que, como resultado, hay alguna proyección sintáctica que domina exactamente la secuencia elidida, pero en tal caso ya no estaríamos identificando los constituyentes básicos de la oración, sino los que resultan de procesos de reordenación.

La última prueba a que nos referiremos es *el movimiento*. Todo elemento que pueda desplazarse a otra posición en el enunciado es un constituyente (si se mantiene la misma función y la misma interpretación):

(23) a. Vimos a María salir del cine / Vimos *salir del cine* a María.
   b. Sirvieron la paella cruda / Sirvieron *cruda* la paella.

2.6. La Teoría X′

2.6.1. *La estructura interna de las categorías sintácticas*

Tal como se ha visto en las secciones anteriores, en la oración conflu-yen unidades léxicas –nombres, verbos, adjetivos, etc.– y una red abstracta de conexiones sintácticas en virtud de las cuales dichas uni-dades se combinan y se agrupan jerárquicamente en complejos estruc-turales dotados de cohesión interna, denominados *constituyentes*. La naturaleza de las reglas que permiten ensamblar unidades, así como el formato que deben adoptar, ha representado una preocupación funda-mental en la gramática. En particular, se hace preciso determinar qué reglas y qué categorías intervienen en la construcción de la arquitectu-ra oracional. Considérese la siguiente oración:

(24) El gato de la vecina cazó un ratón.

La interpretación de (24) como un todo no se obtiene –como ya se ha argumentado en las secciones precedentes de este capítulo– de for-ma meramente lineal, sino agrupando jerárquicamente las ocho pala-bras que integran la oración en sucesivos constituyentes hasta llegar al nivel superior, integrado por dos sintagmas: el SN *el gato de la vecina* y el SV *cazó un ratón*. El diferente etiquetado de estos responde al hecho de que se vertebran en torno a núcleos léxicos distintos: el N *gato* en el caso del SN y el V *cazó* en el del SV. Son los núcleos del sintagma los que prefiguran en buena medida sus propiedades específi-cas. Así, dado que *gato* es un nombre, puede combinarse con determi-nantes (25a), admite modificadores adjetivos (25b), etc. De forma seme-jante, hay que imputar al estatuto verbal de *cazó* el que sea compatible con términos de polaridad (26a) o con diferentes complementos (26b), entre otras características:

(25) a. Este/su gato…
   b. Gato persa…/Hermoso gato…

(26) a. No/nunca cazó...
   b. Cazó un ratón/con gran destreza…

A partir de ahí, es esperable que tanto el SN como el SV puedan adop-tar diferentes manifestaciones, según se ilustra de forma esquemática (e incompleta) en (27):

(27) a. [Este gato] [nunca caza].
   b. [El gato persa de la vecina] [no caza ratones].
   c. [Mi gato] [cazó un ratón con gran destreza].

¿De qué forma cabe dar cuenta de la estructura interna de los diferentes tipos de sintagmas? Debe anotarse, en primer lugar, que la configuración interna de un sintagma puede revestir mayor complejidad que la ilustrada en (24) y (27). Ello se observa en oraciones como las de (28), en las que la estructura del SN se ha visto ligeramente incrementada por la presencia de los elementos subrayados (un SA y un SP):

(28) a. El <u>hermoso</u> gato persa de la vecina cazó un ratón.
    b. El (hermoso) gato <u>con botas</u> de la vecina cazó un ratón.

Resulta, pues, fundamental que los mecanismos destinados a captar la estructura de los constituyentes no estén supeditados mecánicamente a los diferentes formatos sintácticos que estos pueden presentar. Idéntico razonamiento sería válido para el análisis del SV.

Por lo demás, es importante señalar el hecho crucial de que entre la manifestación máxima de un sintagma (SN, SV, etc.) y las categorías léxicas existen niveles intermedios. Considérese a ese respecto el análisis de *El hermoso gato de la vecina* formulado en (29):

(29) $[_{SN} [_{Det}$ El] $[_{SA}$ hermoso] $[_{N}$ gato] $[_{SP}$ de la vecina]]

Como ya expusimos en §3 al tratar del binarismo, existen pruebas sintácticas y semánticas que sugieren claramente que la representación lineal de (29) no refleja adecuadamente la estructura del citado SN. Nótese, en efecto, que en (29) los cuatro nudos integrados por el SN poseen la misma jerarquía estructural. Ello parece poco plausible, entre otras razones porque el significado de este sintagma no se obtiene mecánicamente de la suma de las cuatro categorías Det, SA, N y SP[16]. Así, por ejemplo, la relación "equidistante" que mantiene el adjetivo *hermoso* con los demás nudos dominados por el SN no se aviene con la interpretación de *El hermoso gato de la vecina,* en que el individuo que es calificado de *hermoso* es *gato de la vecina* y no simplemente *gato*. Para reflejar adecuadamente esta lectura en el plano sintáctico, el N *gato* y el SP *de la vecina* deberían formar constituyente, en contra de lo que sucede en (29). Un problema semejante se plantea en el caso del determinante *el,* que dota de referencia no simplemente al N *gato* sino al segmento *hermoso gato de la vecina,* que carece asimismo de estatuto de constituyente en (29). Así las cosas, la representación que captaría las relaciones de constituencia que acabamos de señalar, presentaría el formato (provisional) de (30):

(30)

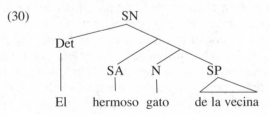

---

[16] Cfr. los §§1-3 de este capítulo, donde hemos presentado la noción de composicionalidad.

En (30) se establecen de forma jerárquica las relaciones entre las categorías (Det, SA, N y SP) que en (29) se formulaban en términos meramente lineales. Consecuencia de ello es la emergencia de niveles intermedios de representación, articulados en torno a N:

(31) a. hermoso gato de la vecina
     b. gato de la vecina

Los problemas reseñados hasta aquí se plantean igualmente en el caso del SV. Considérese a ese respecto la representación errónea de (32), en donde el SN *un ratón* y el SP *con gran destreza* figuran en pie de igualdad:

(32) $[_{SV} [_V$ cazó$]$ $[_{SN}$ un ratón$]$ $[_{SP}$ con gran destreza$]]$

El análisis de (32) no refleja el hecho de que en (27c) el SN *un ratón*, en su calidad de objeto directo regido por *cazó*, mantiene una relación sintáctica y semántica más estrecha con el V que la existente entre este y el SP *con gran destreza*. Tal asimetría sí queda recogida en la representación de (33)[17], en donde el V y el SN forman una unidad que es modificada en su conjunto por el SP:

(33)

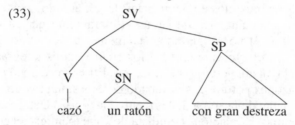

La diferencia fundamental entre ambos análisis reside en que en (33) emerge –como en (30)– un constituyente intermedio *(cazó un ratón)* carente de estatuto sintáctico en (32).

En síntesis, de la discusión precedente se desprenden importantes paralelismos entre el SN y el SV. Por un lado, ambas categorías son *endocéntricas,* esto es, se articulan en torno a un núcleo léxico, N o V, que representa su exponente mínimo. Por otro, entre dicho núcleo y la manifestación –o *proyección*– máxima de la categoría (SN y SV) cabe establecer *niveles intermedios de representación*. Finalmente, la arquitectura de las ramificaciones se formula tanto en (30) como en (33) en términos *binarios*.

Debe tenerse en cuenta, por lo demás, que tales propiedades no son patrimonio exclusivo del SN y del SV; también se hacen patentes en los restantes tipos de constituyentes. Circunscribiéndonos por el momento al requisito de la endocentricidad, cabe reseñar que estamos ante una condición *sine qua non* para "construir" cualquier categoría sintáctica. Si se consideran, por ejemplo, los sintagmas preposicionales de (34) o los sintagmas adjetivos de (35), existen elementos de juicio para supo-

---

[17] En § 10.4 volveremos sobre dicha proyección.

ner que estos se aglutinan en torno a una preposición[18] y un adjetivo, respectivamente:

(34) SP: en el zoológico, casi en el centro de la Tierra, muy de malhumor…
(35) SA: inteligente, apto para competir, poco propenso a los resfriados…

Ahora bien, si toda categoría posee un núcleo, resulta claramente redundante formular de forma independiente esta restricción mediante reglas como las de (36)[19]:

(36) a. SN → … N…   c. SP → … P…
     b. SV → … V…   d. SA → … A…

Alternativamente, (36a-d) pueden subsumirse en una sola regla, mediante el uso de la variable X en sustitución de las diferentes categorías léxicas (N, V, P, A):

(37) SX → … X…

La formulación de (37) presenta dos ventajas respecto de reglas como las de (36). Por una parte, es más simple, ya que capta de forma general una propiedad transcategorial como es la endocentricidad; por otra, es más restrictiva, en tanto que excluye cualquier desarrollo de SX que no se ajuste a dicha propiedad (*SX → … Y…).

Recapitulando: todo apunta a que por debajo de la aparente heterogeneidad de las categorías sintácticas subyacen regularidades que deben ser adecuadamente plasmadas. Se hace preciso, por tanto, formular un modelo reduccionista que pueda acoger de forma elegante esta antinomia. La Teoría X' se encarga de ese cometido.

2.6.2. *La Teoría X': especificadores, núcleos y complementos*

Uno de los supuestos básicos de la Teoría X' es que las categorías sintácticas, a pesar de sus diferencias superficiales, poseen propiedades estructurales semejantes. En realidad, todas ellas son "realizaciones concretas de un esquema abstracto único" (cfr. Rizzi 1988: 5). Así pues, siguiendo las premisas de la citada teoría, toda categoría sintáctica, representada por medio de la variable X –cfr. (37)– se ajustará al patrón de (38), donde α y β son etiquetas genéricas de carácter inherentemente relacional denominadas *especificador* y *complemento*, respectivamente (cfr. Roberts 1997: 20):

---

[18] En el caso del SP, esta afirmación puede parecer problemática, ya que la preposición no admite la supresión de sus complementos. Dicho criterio no resulta determinante, sin embargo, para caracterizar la noción de núcleo y, por ende, la endocentricidad. Véanse al respecto Bosque 1989a: § 3.2, y Bosque y Gutiérrez-Rexach 2009: § 3.3.2.

[19] Véanse Bosque y Gutiérrez-Rexach 2009: 139-140; Carnie 2010: 112-114, y Roberts 1997: 10-14.

(38)

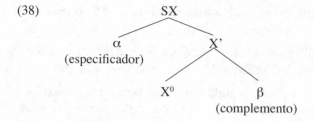

De acuerdo con (38), en efecto, cualquier sintagma SX adoptará la siguiente configuración estructural: un núcleo X^0 vertebrador de la categoría[20], una capa intermedia X', resultante de la combinación del núcleo y los *complementos* seleccionados por este, y finalmente la proyección máxima SX, formada por la suma de X' y un *especificador* que "modifica" en alguna medida a X'. Las reglas para dar cuenta de la estructura interna de los diferentes tipos de sintagmas se reducirían, pues, al esquema indicado en (39):

(39) a. SX → SY, X'
　　 b. X' → X^0, SZ

Tanto el especificador como el complemento se corresponden con proyecciones máximas –SY y SZ en (39)– cuya fisonomía variará en función de la naturaleza de X.

Centrándonos en primer lugar en el caso de los *complementos*, los ejemplos que siguen muestran que el constituyente SZ que aparece en (39b) puede presentar la forma de un SN cuando X es un verbo o una preposición (40); si, por el contrario, el núcleo regente X es un nombre o un adjetivo, SZ deberá ser un SP (41):

(40) a. Cazó [_{SN} un ratón], dijo [_{SN} la verdad]
　　 b. Para [_{SN} la cena], sin [_{SN} ilusiones]

(41) a. Caza [_{SP} de brujas], lucha [_{SP} por la vida]
　　 b. Propenso [_{SP} a los resfriados], conforme [_{SP} con su suerte]

Ahora bien, los verbos y las preposiciones pueden seleccionar también complementos en forma de SP[21]:

(42) a. Hablaban [_{SP} de política], se enfadaron [_{SP} con el alcalde]
　　 b. De [_{SP} entre las matas], para [_{SP} con sus hijos]

---

[20] De entre los diferentes criterios para determinar el núcleo de una categoría, la concordancia resulta una prueba relevante en el caso del SN. Así, en (24), aun cuando dentro del SN *el gato de la vecina* emergen dos nombres –*gato* y *vecina*–, solo el primero puede ejercer como núcleo de la proyección, ya que, a diferencia del segundo, induce la concordancia en número y persona con el verbo en la citada oración (*Los gatos de la vecina cazaron/ *cazó un ratón* frente a *El gato de las vecinas cazó/*cazaron un ratón*).

[21] Otro rasgo en común entre verbos y preposiciones es que ambas categorías pueden construirse con complementos oracionales (*Dijo que Pepe lo sabía; sin/para que Pepe lo supiera*).

Por lo demás, salvo las preposiciones, que exigen la presencia de un complemento SZ, las restantes categorías consideradas hasta aquí pueden seleccionar o no un complemento en función de sus características léxicas. Así, seleccionan complementos los nombres deverbales (*demostración, destrucción, ataque, temor, deseo, ansia, lucha, fotografía,* etc.) y otros de características semejantes (*ganas, miedo, afán, terror,* etc.)[22]. Y lo mismo cabe afirmar de adjetivos como *leal, fiel, partidario, alérgico, proclive, reacio,* etc. Forma parte también de las propiedades léxicas de un X^0 con capacidad para seleccionar un complemento (exceptuando las preposiciones) el que este sea omisible (43) o no (44) (cfr. Bosque y Gutiérrez-Rexach 2009: 145):

(43) a. Este gato nunca caza —
   b. Juan está conforme —

(44) a. *Pepe dijo —
   b. *Mis hijos son propensos —

En síntesis, más allá del formato específico que adopte, la presencia de un complemento (SZ) se halla en buena medida condicionada por las propiedades léxicas de la categoría regente X^0 (cfr. Roberts 1997: 19, y Bosque y Gutiérrez-Rexach 2009: 140). El desarrollo de (39b) ilustrado hasta aquí quedaría reflejado en (45):

(45)

Volviendo a (39), resta por aclarar el estatuto de SY en (39a). Esta posición recibe el nombre de *especificador,* una categoría compleja cuyo denominador común hay que formularlo en términos básicamente configuracionales: "An element that is a sister to an X' level, and a daughter of an XP" (Carnie 2007: 127). A diferencia de los complementos, cuya caracterización se ha mantenido esencialmente uniforme desde los orígenes de la Teoría X', la noción de especificador, carente de un contrapunto claro en la tradición gramatical, ha experimentado cambios importantes desde su concepción temprana como un conjunto heterogéneo de elementos "prenucleares" (cfr. Fukui 2001: 384) hasta otras formulaciones teóricas más recientes, que conciben la citada noción de manera mucho más restrictiva, según se verá enseguida.

---

[22] La posibilidad de extender la noción de "complemento de N" más allá de los casos considerados aquí es una cuestión controvertida que no se abordará en este capítulo. Para una discusión algo más amplia sobre este punto, véase Carnie 2010: § 7.2.4, donde se argumenta que los dos SP que aparecen en (i) poseen diferente estatuto sintáctico –*of groceries* sería complemento y *with a plastic handle* adjunto–:

(i)   a. The bag of groceries ('la bolsa de hortalizas')
   b. The bag with a plastic handle ('la bolsa con un asa de plástico')

De acuerdo con la primera perspectiva esbozada, de carácter inherentemente distribucional, la posición de especificador presentaba manifestaciones diversas en función del valor adoptado por el núcleo X^0. En el caso de que este sea, por ejemplo, un adjetivo o una preposición, los candidatos naturales a aparecer en dicha posición serían los diferentes tipos de modificadores con valor de gradación o cuantificación:

(46) a. Muy [$_{A'}$ propenso a los resfriados], poco [$_{A'}$ conforme con su suerte], terriblemente [$_{A'}$ afectado por la noticia], demasiado [$_{A}$ irascible]

b. Muy [$_{P'}$ en el centro], totalmente [$_{P'}$ a favor del aborto], cinco metros [$_{P'}$ por debajo del nivel del mar], varios kilómetros [$_{P'}$ hacia el sur] [23]

Si X^0 es un nombre, se asumía que el espacio SY en (39a) lo ocupaban los determinantes y los cuantificadores:

(47) La [$_{N'}$ casa de la pradera], estas [$_{N'}$ novelas], sus [$_{N'}$ primos de América], tres [$_{N'}$ lindos cerditos]

Por último, los especificadores del verbo formaban una clase notablemente heterogénea que incluía elementos como los verbos auxiliares, la negación y ciertos tipos de adverbios ubicados en posición preverbal:

(48) a. Siempre [$_{V'}$ madruga]

b. No [$_{V'}$ cantó *La Traviata*]

c. Ha [$_{V'}$ comido sardinas]

Semejante manera de ver las cosas, sin embargo, se fue revelando claramente inadecuada a medida que evolucionaron los planteamientos teóricos sobre la Teoría X'. Una de las causas fundamentales que propiciaron el abandono de la noción de especificador en los términos ilustrados en (47-48) fue la constatación de que gran parte de los elementos subrayados en tales ejemplos encabezan su propia proyección. El caso del SN resulta particularmente relevante al respecto.

Nótese de entrada que, amén de los determinantes, cuantificadores, etc. que anteceden al N en (47), también puede emerger en dicha posición un SN. Así sucede con los denominados genitivos prenominales del inglés *(genitivo sajón)*. Como observa Haegeman (2006: 112ss.), los SN subrayados en los ejemplos de (49a-b) –tomados de la citada autora– pueden ser sustituidos por los pronombres posesivos *his, her* (49c-d):

(49) a. John's teacher of English   'El profesor de inglés de John'

b. Estelle Morris's speech   'El discurso de Estelle Morris'

c. His teacher of English   'Su profesor de inglés (de él)'

d. Her speech   'Su discurso (de ella)'

---

[23]   El último ejemplo procede de Bosque y Gutiérrez-Rexach (2009: 154). Los sintagmas de medida *(cinco metros, cien quilos, varios kilómetros, tres litros, dos veces, cien euros)* poseen la capacidad de funcionar como especificadores de diferentes categorías sintácticas. Cfr. Bosque 1989a: § 10.3.2, Roberts 1997: 20, Brucart 2003, 2009, y Bosque y Gutiérrez-Rexach 2009: 154.

Más aún, los genitivos prenominales no pueden coaparecer con un determinante (50a), situación que dispone de un claro correlato en la agramaticalidad provocada por la iteración de determinantes (50b-c) –cfr. Haegeman (2006: 110ss.), Carnie (2007: 127)–:

(50) a. *The John's teacher of English, *Estelle Morris's the speech
  b. *A this teacher of English, *the these red books
  c. *Las estas novelas, *varios los libros

Como en inglés los genitivos prenominales, los posesivos y los determinantes se hallan en distribución complementaria, cabe suponer que se sitúan en un mismo espacio estructural, correspondiente a la posición de especificador (cfr. Haegeman, 2006: 113):

(51)

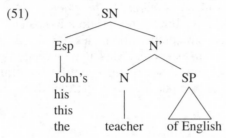

En (51), la posición de especificador domina elementos heterogéneos: una categoría máxima –el SN genitivo *John's*– y determinantes como *this*, *the*, etc. Este análisis, sin embargo, puede ser refinado si se asume que los determinantes, al igual que otras categorías desprovistas de contenido léxico, encabezan su propia proyección, la categoría funcional SD (Sintagma Determinante). En tal caso, el SN pasaría a ser concebido como uno de los posibles complementos del núcleo D^0 de la citada categoría. De esta forma, la representación de (51) se remodelaría de la manera indicada en (52a, b)[24], en donde el núcleo del SD aparece ocupado, bien sea por un determinante, bien por la marca "posesiva" *'s*, cuyo estatuto se asemeja al de las marcas de la flexión oracional[25]:

(52) a. SD   b. SD

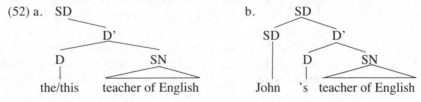

---

[24] Un análisis que postule la existencia de una categoría funcional SD permite, además, captar importantes paralelismos entre estructuras nominales y verbales. Así sucede con los gerundios posesivos del inglés (i. e., *John's building a spaceship,* lit. 'el construir una nave espacial por parte de Juan'), que cabría analizar como categorías nominales en cuyo interior se aloja un SV. Compárese a ese respecto (52b) con la representación de (i) –cfr. Roberts 2007: 24–:

 (i) $[_{SD} [_{SD}$ John$] [_{D'} [_D$'s$] [_{SV}$ building a spaceship$]]]$

[25] Tal como señala Fukui (2001: 390), en virtud de la hipótesis del SD es posible captar de forma unitaria ciertos paralelismos existentes entre estructuras nominales y estructuras oracionales. Véanse también Bernstein 2001, Bosque y Gutiérrez-Rexach 2009: § 4.5.2., y el § 10, más adelante.

La hipótesis del SD da cuenta asimismo de aquellas construcciones nominales en que emerge más de un determinante. Así, la agramaticalidad de (50) contrasta con la buena formación de ejemplos como los de (53):

(53) a. <u>Mis</u> <u>tres</u> lindos cerditos
   b. <u>Estos</u> <u>otros</u> <u>dos</u> participantes
   c. <u>Todos</u> <u>los</u> hombres del presidente
   d. <u>All</u> <u>the</u> nice pictures of John.   (Roberts 2007: 24)
     'Todos los hermosos cuadros de John'

La posibilidad de que coaparezcan diferentes tipos de determinantes dentro de un SN, unida a las restricciones distribucionales que se observan entre estos (cfr. *mis estos tres lindos cerditos, *otros los dos participantes, *los todos hombres del presidente*, etc.), sugiere que el espacio estructural inicialmente reservado a la posición de especificador dentro de las construcciones nominales es más "denso" de lo que a primera vista parecería esperable. Más aún, en (53c, d), el artículo determinado aparece precedido de un cuantificador universal, lo que permite suponer que este puede seleccionar un SD[26]:

(54)

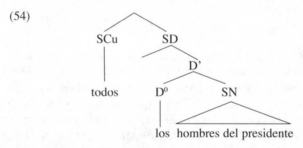

La profunda remodelación experimentada por la noción de especificador en el ámbito del SN dispone de un paralelo importante dentro del SV. Son tres las propiedades básicas que, según ha sido observado (cfr. Fukui 2001: 385, y Haegeman 2006: 110 ss.), caracterizan dicha posición. En primer lugar, se corresponde típicamente con un SN/SD –cfr. (52b)–; por otra parte, mantiene una relación privilegiada –vehiculada en ocasiones por medio de la concordancia– con el núcleo de la proyección; finalmente, aparece estrechamente asociada a la noción de "sujeto". Esta última particularidad tiene un exponente claro en los genitivos prenominales del inglés (55) o en los posesivos (56):

(55) a. <u>The enemy's</u> destruction of the city
     'La destrucción de la ciudad por parte del enemigo'

   b. <u>The enemy</u> destroyed the city   (Fukui 2001: 391)
     'El enemigo destruyó la ciudad'

---

[26] Para un análisis detallado de ejemplos similares a (53), cfr. Bosque y Gutiérrez-Rexach 2009: § 10.2.

(56) a. <u>Su</u> destrucción del inmueble

   b. <u>Ellos</u> destruyeron el inmueble

(Bosque y Gutiérrez-Rexach 2009: 620)

Los segmentos prenominales subrayados en (55-56a) –tal como han anotado diversos autores (cfr. Haegeman, 2006: 113)– se relacionan con los nombres *destruction* y *destrucción* de forma muy similar a como lo hacen los sujetos *the enemy* y *ellos* con sus respectivos verbos en las oraciones de (55-56b). Ello apunta a la existencia de evidentes similitudes entre el SN y la oración, paralelismo que sería plausible extender al dominio del SV. A tal efecto, se hace preciso ahondar en la noción de "sujeto oracional". Este presenta una naturaleza híbrida: en términos estructurales, se relaciona con la oración (concuerda con los rasgos flexivos de esta), mientras que en el plano interpretativo se corresponde con un argumento del V. Una manera de reconciliar ambas facetas –conocida como la "hipótesis del sujeto interno al SV"[27]– consiste en postular que el sujeto se genera en el seno del SV, en donde recibe papel temático, y de ahí asciende hasta su posición superficial dentro de la oración, a fin de ser legitimado con las marcas de caso (cfr. § 10.4). En consecuencia, cabe reformular la estructura del SV de forma que acoja en la posición de especificador al argumento externo del V:

(57)

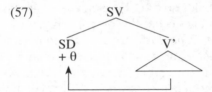

Del análisis presentado se desprende que el sujeto de la oración en (56b) ocupa, en una fase previa de la derivación, la posición de especificador del SV en (58):

(58) [$_{SV}$ [$_{SD}$ Ellos [$_{V'}$ destruyeron el inmueble]]]

Semejante manera de ver las cosas constituye un paso más en la caracterización, cada vez más restrictiva, de la noción de especificador, cuyas propiedades transcategoriales –como señalan Bosque y Gutiérrez-Rexach (2009: 153)– resultan menos diáfanas que las del resto de niveles jerárquicos implicados en (39). Todo ello contribuye asimismo a formular en términos más uniformes, de forma congruente con los principios de la Teoría X', la estructura interna de las diferentes categorías sintácticas.

---

[27] Dicha hipótesis dispone de numerosas variantes dentro del modelo teórico de la GGT. Para un análisis detallado de esta cuestión, véanse, además de Koopman y Sportiche 1991, Roberts 1997: 77 ss., Fukui 2001, Eguren y Fernández-Soriano 2004: 160-164, y Haegeman 2006: 247 ss., entre otros autores.

2.6.3. *Complementos y adjuntos*

Tal como se ha mostrado hasta aquí, la Teoría X' formulada en (39) constituye un sistema en el que cabe distinguir tres niveles: el núcleo (X), una proyección intermedia (X') y la proyección máxima (SX). Esquemáticamente:

(59)

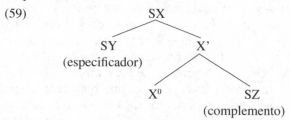

La configuración de (59) no agota, sin embargo, el grado de complejidad que puede adoptar una categoría sintáctica, tal como se observa en (60):

(60) a. El gato [$_{SV}$ cazó un ratón <u>con gran destreza</u>]
  b. Pepe [$_{SV}$ arregló el coche <u>en el jardín</u>]
  c. Los turistas [$_{SV}$ tomaban el sol <u>tranquilamente</u>]

En los sintagmas verbales de (60), los elementos subrayados poseen un estatuto sintáctico diferente del de los constituyentes en posición de especificador *(el gato, Pepe, los turistas)* y de complemento *(un ratón, el coche, el sol)*. Estos, según se ha indicado, forman parte de la estructura argumental del núcleo verbal *(cazar, arreglar, tomar)* y su presencia satura, por así decirlo, la proyección SV. Por el contrario, los sintagmas subrayados en (60a-c), que han recibido la denominación genérica de *adjuntos*, no van seleccionados por el verbo; aportan una modificación periférica que incide sobre el evento de "cazar un ratón", "arreglar el coche" o "tomar el sol", respectivamente. Se trata de elementos cuya presencia, frente a lo que sucede cuando se ensamblan especificadores y complementos, no incrementa la jerarquía estructural. A fin de dar cabida a esa nueva posición, es preciso habilitar más espacio estructural del que proporciona (59), lo que requiere replicar un nudo ya existente, en concreto X'. Ello se consigue merced a la operación de adjunción. Así, en el caso de (60a), la adjunción del constituyente subrayado a V' arrojaría la representación de (61) –en donde se omite la posición de especificador–:

(61)

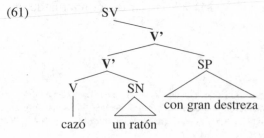

La modificación ejercida por los adjuntos dentro del SV, parangonable en buena medida a la función de los tradicionales complementos circunstanciales, es extensible a las restantes categorías, en particular a los nombres (62) y a los adjetivos (63)[28]:

(62) a. Un estudiante de medicina <u>con gafas de sol</u>
    b. La destrucción del inmueble <u>el verano pasado</u>

(63) a. Fiel a sus principios <u>hasta la muerte</u>
    b. Sumido en la miseria <u>por su mala cabeza</u>

Los elementos subrayados en (62-63), al igual que los de (60), no vienen exigidos por el núcleo nominal o adjetivo de sus respectivas construcciones. Dichos núcleos sí seleccionan, en cambio, su complemento, como se constata en las correspondientes versiones oracionales de los nombres y adjetivos deverbales (i. e., *estudiar <u>medicina</u>, destruir <u>el inmueble</u>, sumir <u>en la miseria</u>*)[29]. Una prueba adicional en esa misma dirección reside en el hecho de que los adjuntos son prescindibles, mientras que la supresión del complemento provoca en ocasiones la agramaticalidad de la secuencia resultante (i. e., *Pepe arregló el coche/*Pepe arregló en el jardín, la destrucción del inmueble/*la destrucción el verano pasado, sumido en la miseria/*sumido por su mala cabeza*, etc.). A partir de ahí, resulta plausible postular para los adjuntos del SN y del SA un análisis semejante al ilustrado en (61) para los adjuntos del SV:

(64) a.   b.

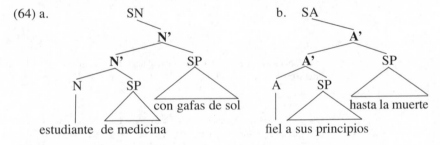

[28] En opinión de Bosque y Gutiérrez-Rexach (2009: 151) –de donde procede el ejemplo de (ia)–, la posición de adjunto es generalizable en algunos casos a los sintagmas preposicionales:

    (i) a. Ante el juez <u>por una orden irrevocable</u>
       b. Sin luz <u>desde ayer</u>

En torno a la estructura de los SP, véase también Radford 1988: § 5.4.

[29] El contraste de (i) en inglés ilustra claramente la diferencia objeto de estudio:

    (i) a. Hamlet is a prince <u>from Denmark</u> = ADJUNTO
       'Hamlet es un príncipe (originario) de Dinamarca.'

      b. Hamlet is a prince <u>of Denmark</u> = COMPLEMENTO
       'Hamlet es príncipe de Dinamarca.'

De acuerdo con Hornstein, Nunes y Grohmann (2005: 187) –de donde proceden los ejemplos de (i)–, (ia) "dice dos cosas acerca de Hamlet: que es un príncipe y que es originario de Dinamarca". Por el contrario, (ib) "dice únicamente una cosa acerca de él: que posee la propiedad de ser un príncipe de Dinamarca".

Los paralelismos reseñados constituyen la base para llegar a una formulación uniforme de la noción de adjunto. Más concretamente, cabe afirmar, en consonancia con los principios de la Teoría X', que las construcciones de (60), (62) y (63) no son sino manifestaciones de un mismo patrón estructural, en que el constituyente no seleccionado se une a X' mediante una operación de adjunción. Por consiguiente, la representación de (65) sustituiría a la de (59)[30]:

(65)

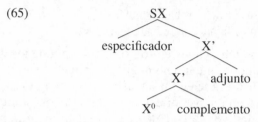

Tal como se desprende de (65), la noción de adjunto, al igual que la de complemento o la de especificador, no se identifica con una categoría concreta[31]: es inherentemente relacional y se define a partir de la jerarquía estructural. De ahí que complementos y adjuntos no puedan intercambiarse libremente ni tampoco coordinarse entre sí, según se muestra en (66a, b), respectivamente[32]:

(66) a. *Un estudiante <u>con gafas de sol</u> de medicina
     b. *Un estudiante de medicina <u>y</u> con gafas de sol

---

[30] La operación de adjunción puede darse también en el nivel de la proyección máxima SX. En tal caso, (65) debería ser sustituida por (i) –cfr. Haegeman 2006 y Adger 2003, entre otros autores–:

(i) [$_{SX}$ SX adjunto]

[31] Además de los SP, pueden funcionar como adjuntos los SAdv (60c), los SN (62b) y los SA (cfr. *Una toma de posesión <u>controvertida</u>*), entre otras categorías.

[32] Véanse al respecto Radford 1988: caps. 4 y 5, y Bosque y Gutiérrez-Rexach 2009: 151-152. Nótese que en español, en donde no cabe hablar de un orden rígido de palabras, los cambios de orden entre complementos y adjuntos no siempre dan lugar a contrastes claros, según se muestra en (i):

(i) a. Fiel a sus principios <u>hasta la muerte</u>
    b. ?Fiel <u>hasta la muerte</u> a sus principios

En inglés, por el contrario, la diferente jerarquía de complementos y adjuntos sí es determinante en su comportamiento distribucional, tal como revela el contraste entre (ii) y (iii):

(ii) a. The prince from Denmark with a nasty temper
     'El príncipe (originario) de Dinamarca de temperamento ruin'
    b. The prince with a nasty temper from Denmark

(iii) a. The prince of Denmark with a nasty temper
      'El príncipe de Dinamarca de temperamento ruin'
     b. *The prince with a nasty temper of Denmark

De acuerdo con Hornstein, Nunes y Grohmann (2005: 187), de quien proceden los ejemplos de (ii)-(iii), los dos SPs pueden intercambiarse libremente en (ii), pues ambos son adjuntos. Esta situación no es extensible a (iii), ya que el sintagma *of Denmark* es un complemento.

La diferente jerarquía estructural de tales elementos permite asimismo dar cuenta, según ha sido frecuentemente observado, de ambigüedades como las de (67), fruto de la posibilidad de interpretar los elementos subrayados como complementos o como adjuntos –cfr. Eguren y Fernández-Soriano 2004: § 2.2.2.2, y Radford 1988: § 4.6–:

(67) a. Los estudiosos <u>de la Luna</u>
     b. Piensa <u>en la cárcel</u>

En la primera de las dos lecturas (i. e., *los estudiosos que estudian la Luna*, *pensar acerca de la cárcel*), la representación estructural que cabría asignar a los ejemplos de (67) es la de (68), mientras que en la segunda lectura (i. e., *los estudiosos que habitan en la Luna*, *pensar dentro de la cárcel*), el análisis que les correspondería es el de (69):

(68) a. Los $[_{N'}$ $[_N$ estudiosos] de la Luna]
     b. $[_{V'}$ $[_V$ piensa] en la cárcel]

(69) a. Los $[_{N'}$ $[_{N'}$ $[_N$ estudiosos]] de la Luna]
     b. $[_{V'}$ $[_{V'}$ $[_V$ piensa]] en la cárcel]

Por último, en una misma proyección puede aparecer más de un adjunto. Así, en (70-71), los elementos subrayados se han unido a una proyección intermedia X', ya incrementada merced a la presencia de un adjunto añadido previamente:

(70) a. Los turistas $[_{V'}$ $[_{V'}$ $[_{V'}$ tomaban el sol] tranquilamente] <u>en la playa</u>]
     b. Un $[_{N'}$ $[_{N'}$ $[_{N'}$ estudiante de medicina] con gafas de sol] <u>muy simpático</u>]

(71) a. Los turistas $[_{V'}$ $[_{V'}$ $[_{V'}$ $[_{V'}$ tomaban el sol] tranquilamente] en la playa] <u>en verano</u>]
     b. Un $[_{N'}$ $[_{N'}$ $[_{N'}$ $[_{N'}$ estudiante de medicina] con gafas de sol] muy simpático] <u>que sabe francés</u>]

Los datos precedentes son congruentes con la intuición de que la capa intermedia X' puede proyectarse tantas veces cuantos adjuntos contenga la proyección, sin que ello suponga un incremento de jerarquía estructural para X'[33]. Por consiguiente, si X' es recursiva –cfr. (72)–, hay que reformular las reglas de (39) de la manera indicada en (73):

(72) X' → X', SW

(73) a. SX → SY, X'
     b. X' → X', SW
     c. X' → X⁰, SZ

---

[33] En el caso del SN, por ejemplo, tal como señalan Hornstein, Nunes y Grohmann (2005: 188), "si bien se podría agregar un número indefinido de SP adjuntos a una proyección N' y obtener otro N', una vez añadido el determinante, se llegaría a un SN, sin que fuera posible crear una proyección adicional a partir del núcleo relevante N".

En conclusión, los principios en que se fundamenta la Teoría X' –la endocentricidad, el binarismo y los distintos niveles de jerarquía estructural– han contribuido a restringir drásticamente las diferencias entre los tipos de categorías, a la vez que han asentado las bases para captar generalizaciones relevantes en el plano de la variación lingüística. Tal como se verá más adelante al hablar de las categorías funcionales (cfr. § 10), los postulados de la Teoría X' son aplicables no solo a las palabras provistas de contenido léxico (nombres, verbos, adjetivos, etc.), sino también a aquellas categorías que expresan contenidos inherentemente gramaticales como sucede con las conjunciones, las marcas de tiempo o la concordancia, entre otras.

2.7. El movimiento sintáctico, una segunda clase de ensamble

Las relaciones sintácticas pueden concebirse como dependencias entre constituyentes o entre posiciones sintácticas. Se trata de dos enfoques relacionados, pero el segundo implica mayor grado de detalle. En la tradición gramatical, la tendencia dominante fue la primera. Desde esta perspectiva, las oraciones que aparecen en cada uno de los pares de (74) tienen idéntica estructura:

(74) a. Un desconocido entró en la sala. / En la sala entró un desconocido.
    b. Dijo algo. / ¿Qué dijo?

Si limitamos el análisis sintáctico al estudio de las funciones gramaticales, los pares de (74) son homólogos: *un desconocido* es el sujeto en (74a), independientemente de su posición con respecto al verbo, y en (74b) tenemos un verbo y su complemento directo, pese a su distinta posición en la oración. Así pues, se pueden expresar las funciones gramaticales sin recurrir a la noción de posición sintáctica. Basta con usar la noción de constituyente. La preponderancia de este enfoque en la tradición gramatical tuvo como consecuencia la falta de desarrollo de una teoría de las posiciones sintácticas. Los primeros intentos de subsanar tal carencia se remontan a mediados del siglo xx, con las gramáticas categoriales y los modelos distribucionalistas.

Posteriormente, la gramática generativa ha desarrollado una teoría sobre las posiciones sintácticas que refleja las relaciones entre los dos ejes de la estructura oracional. En este enfoque, los pares de (74) presentan diferencias que deben reflejarse en el análisis. Pero, a la vez, comparten aspectos sustanciales de su estructura, ya que el esquema predicativo es el mismo. Un modo de reflejar ambos aspectos consiste en suponer que su derivación incluye un trayecto común hasta un cierto estadio, a partir del cual se producen diferencias en las operaciones sintácticas. Así, en (74b) *qué* funciona como complemento directo, pero además es el elemento que marca la oración como interrogativa. Una propiedad de los elementos interrogativos es que deben aparecer al frente de su oración, lo que se relaciona con su condición de operadores que marcan la modalidad de la oración. En consecuencia, la derivación de la interrogativa de (74b) incluiría un estadio más que la de la aseverativa, como se refleja en (75)[34]:

(75) a. [dijo [algo]] / [dijo [qué]]
     b. [qué [dijo [q̶u̶é̶]]]

En el primer estadio derivacional, ambas oraciones tienen idéntica estructura, aunque corresponden a numeraciones distintas. Pero solo en la segunda se aplica una regla transformacional de movimiento que desplaza el pronombre interrogativo a la periferia izquierda de la oración, con lo que se obtiene (75b)[35]. La operación transformacional toma el pronombre interrogativo y lo copia en una posición a la izquierda de la estructura de (75b). Como resultado, aparecen dos instancias distintas de una misma unidad de la numeración[36]. La más baja en el árbol expresa que es el argumento interno del verbo *decir*. La superior se relaciona con su naturaleza de operador interrogativo. El conjunto de copias de un mismo elemento forma una *cadena* cuyos eslabones corresponden a las distintas posiciones ocupadas. Como las copias son segmentos discontinuos de un mismo elemento, las cadenas únicamente están bien formadas si solo una de las posiciones recibe papel temático y solo uno de los eslabones está relacionado con el caso del elemento movido.

Una consecuencia de la operación de copia (o movimiento) es que crea nuevas posiciones sintácticas en la parte superior del árbol. En la tradición generativista, las reglas transformacionales y las de creación de estructura sintagmática se han considerado mecanismos distintos, pero, desde la perspectiva del minimismo, existen vínculos claros entre las operaciones de ensamble y las reglas de movimiento: en ambos casos se unen dos constituyentes para formar una nueva proyección sintáctica en la parte superior del árbol –la *raíz*, en términos técnicos–. Por este motivo, Chomsky (2001) considera que el movimiento es una variante del ensamble. Desde esta perspectiva, se puede distinguir entre el *Ensamble Externo,* en el que se unen dos objetos sintácticos independientes (75a), y el *Ensamble Interno,* en el que se combina una copia de un elemento con un constituyente que contiene otra instancia de esa misma unidad, como sucede en (75b): el constituyente de la derecha del ensamble incluye el pronombre interrogativo cuya copia se sitúa en la nueva posición creada a la izquierda. Para

---

[34] A efectos prácticos, omitimos en (75) los elementos que no se realizan fonéticamente.

[35] Las transformaciones como mecanismos que vinculan estadios sucesivos de una derivación constituyen una de las principales aportaciones de la GGT –no en balde tal teoría recibe la etiqueta de "transformacional"–. Sobre la evolución de estas operaciones en la GGT, cfr. Brucart y Gallego 2012.

[36] Nótese que en (75b) hay un solo ejemplar de la pieza léxica *qué* –es decir, su contador en la numeración es 1 y no 2, ya que solamente se toma una vez de la numeración, al ensamblarse en (75a)–. En cambio, en *¿Qué dijo y qué hizo?* hay dos ejemplares de esa misma unidad (y dos copias de cada una).

diferenciar la copia que se realiza fonéticamente de las demás, se tachan estas últimas[37].

La unificación de las reglas transformacionales con el ensamble simplifica los mecanismos sintácticos, uno de los objetivos fundamentales de la teoría minimista. Cabe plantearse cuál es el motivo de la existencia del Ensamble Interno en las lenguas naturales. Hay varias razones que pueden aducirse a este respecto. La primera es la existencia de piezas léxicas polifuncionales, como *al* y *del* (preposición + artículo), los posesivos prenominales (que marcan adicionalmente la definitud del sintagma al que determinan, frente a los posnominales), los pronombres, adjetivos y adverbios interrogativos y exclamativos (que combinan un cuantificador y un operador de modalidad) o los relativos (pronombres y nexos de subordinación), entre otros. A veces, el doble valor se expresa mediante la flexión, como sucede con el tiempo en los verbos. El movimiento permite reflejar los distintos valores sintácticos de estas unidades.

Otro activador del Ensamble Interno es la estructura informativa de la oración. En las lenguas que no imponen un orden fijo a sus constituyentes, los cambios de orden entre palabras suelen asociarse a diferencias en la relación entre tópico y rema, como en (74a): la posición postverbal del sujeto marca el carácter remático de este, mientras que la preverbal se relaciona con su naturaleza de tópico. Un modo de reflejar estas alternancias consiste en suponer que los emplazamientos superiores se alcanzan por medio de operaciones de Ensamble Interno, a partir de una posición básica más baja. Una característica importante de las lenguas románicas es que poseen una periferia izquierda oracional con posiciones específicas para los tópicos y los focos oracionales[38]:

(76) a. Hace mucho que no vamos al teatro. / Al teatro hace mucho que no vamos.

b. Tu hermano necesita un buen escarmiento. / Un buen escarmiento necesita tu hermano[39].

Las diferencias en los pares de (76) atañen exclusivamente a las funciones discursivas. En (76a), *al teatro* forma parte del rema (o aporte informativo) de la oración en el primer caso, mientras que constituye el tópico (o soporte informativo) en el segundo. En (76b), *un buen escarmiento* es remático en ambas oraciones, pero en la segunda se presenta como foco contrastivo, lo que induce el cambio de posición de los argumentos.

Finalmente, mencionaremos la Teoría del Caso como posible elemento activador del Ensamble Interno. En inglés, el sujeto ocupa usualmente la posición preverbal:

---

[37] Las copias tachadas son las que ocupan las posiciones inferiores en el árbol y corresponden a las *huellas* del modelo generativo de principios y parámetros.

[38] Chomsky (2008: 141) relaciona los dos tipos de ensamble con la naturaleza dual de la semántica de las lenguas naturales: el interno refleja la relación predicado-argumentos y el externo expresa las relaciones discursivas y de alcance de operadores y cuantificadores. Cfr. Rizzi 2013c y el § 11 de este capítulo.

[39] Las versalitas reflejan la entonación enfática que recibe el constituyente contrastivo.

(77) a. John broke the vase. / The vase broke.

      'John rompió el jarrón.'/ 'El jarrón se rompió.'

    b. A man came into the room. / There came a man into the room.

      'Un hombre entró en la habitación.'/ 'Entró un hombre en la habitación.'

El primer par de (77) ejemplifica la alternancia entre las construcciones causativas y las anticausativas. En las últimas no se expresa la causa o agente, por lo que el sujeto es el argumento interno del verbo, que en la otra variante es complemento directo. Al ser idéntico el papel temático de *the vase*, su posición inicial en la derivación debe ser la misma: la de argumento interno. Para explicar su posición preverbal final, hay que postular una operación adicional de Ensamble Interno de ese sintagma:

(78) [the vase [broke [~~the vase~~]]]

Una operación idéntica debe proponerse en (77b): el verbo *to come* es inacusativo y, al carecer de argumento externo, *a man* se proyecta como sujeto a través de una operación de Ensamble Interno. En la segunda variante, tal operación se sustituye por otra de Ensamble Externo que inserta el locativo *there*. Este elemento pasa a funcionar como sujeto expletivo de la construcción, por lo que *a man* permanece en su posición temática de argumento interno, pese a mantener concordancia con el verbo[40].

La operación de Ensamble Interno está sometida a las mismas restricciones que caracterizan al Ensamble Externo, de modo que los elementos desplazados están sujetos a la restricción del binarismo que hemos comentado en § 3, y la copia internamente ensamblada debe ocupar una posición más alta que las copias que la preceden en la derivación, puesto que el ensamble amplía siempre la estructura por la *raíz* del árbol (su extremo superior). Además, cada copia ensamblada internamente debe mandar-c a la instancia idéntica que la precede en la derivación, de manera que, si imaginamos una cadena $\{c_1, c_2, c_3\}$ compuesta por tres copias afectadas por dos operaciones de Ensamble Interno, debe ser el caso que c_1 mande-c a las demás copias y c_2 mande-c a c_3.

2.8. El motor de las operaciones de ensamble: los rasgos y la selección

En este apartado estudiaremos los factores que determinan la sucesión de operaciones de ensamble en una derivación sintáctica. En toda operación de Ensamble Externo participan dos elementos: un núcleo y un no-núcleo, ya sea complemento o especificador de aquel (cfr. el § 6.2).

---

[40] El contenido proposicional de las oraciones de (77b) es idéntico, pero su numeración es distinta, ya que la segunda incluye el elemento expletivo, ausente en la otra. Las diferencias interpretativas atañen al contenido informativo de la oración: *a man* puede ser tópico o rema en el primer caso, mientras que en el segundo se fija su interpretación remática.

Las propiedades selectivas de los núcleos son el motor fundamental de las operaciones de ensamble. Cuando un miembro de la numeración se ensambla con otro, aporta a la derivación la clase categorial a la que pertenece (por ejemplo, N o V), los rasgos formales asociados a él (por ejemplo, sus características flexivas) y sus propiedades selectivas (tales como el número de argumentos seleccionados)[41]. También incluye sus rasgos léxicos no formales, pero se supone que estos no tienen relevancia estructural, aunque puedan condicionar la aceptabilidad o la plausibilidad pragmática de un enunciado. Así, la oración *Este viudo está casado* contiene una contradicción semántica, pero puede ser un enunciado perfectamente informativo en un contexto en el que se descubre que quien se tenía por viudo no lo es. En cambio, forzar un rasgo formal produce una secuencia agramatical, como *Este viudo están casados*.

Así pues, son los núcleos los que dirigen la secuencia de operaciones de ensamble de una derivación, dando lugar a proyecciones estructurales de nivel superior (cfr. § 6). En todo este proceso tiene importancia el tipo semántico asociado a cada sintagma. Por ejemplo, un nombre común *(sonidos),* que designa una clase de entidades, puede ensamblarse con un SA, denotador de una propiedad, para dar como resultado un SN que expresa una subclase de entidades *(sonidos agudos).* Este SN puede ser seleccionado por un verbo para formar un SV *(produce sonidos agudos).* Al incorporar el argumento externo, se obtiene una oración cuyo valor semántico corresponde a un evento proposicional *(Ese aparato produce sonidos agudos)*[42]. Pero la derivación puede continuar. La oración puede ser tomada como complemento por el nexo *que*, componiendo un argumento proposicional *(que ese aparato produce sonidos agudos),* susceptible de funcionar como argumento interno de *saber (sabía que ese aparato produce sonidos agudos),* de manera que, tras ensamblar el argumento externo, se obtenga una nueva oración *(Pedro sabía que ese aparato produce sonidos agudos).*

Las derivaciones no solo están condicionadas por la semántica. También hay requisitos formales que restringen la combinatoria sintáctica, como se observan en (79):

(79) a. Aceptó la propuesta / su aceptación de la propuesta
     b. sobre la mesa / encima de la mesa

---

[41] En este punto del capítulo, tomamos como base de la presentación el enfoque proyeccionista que asigna a las propiedades léxicas un papel fundamental en la formación de las estructuras sintácticas. En los enfoques neoconstruccionistas, se da más relevancia a la estructura y a las posiciones sintácticas en la interpretación de los enunciados, como se verá al tratar de las categorías funcionales (§§ 10 y 11).

[42] Por motivos operativos, simplificamos la derivación, ya que el verbo contiene dos tipos de información que requieren de proyecciones sintácticas separadas: la representada por la raíz léxica verbal y la temporal, que aporta la flexión. Trataremos en detalle la importancia de esta última en el § 10.1.

En (79a) alternan el verbo *aceptar* y su derivado *aceptación*. Sus propiedades léxicas de selección son idénticas, pero la diferencia categorial provoca importantes cambios en la derivación. El argumento interno *la propuesta* puede combinarse directamente con el verbo y desempeñar la función de complemento directo. Por el contrario, los nombres no tienen complementos directos, sino preposicionales, por lo que se debe formar un SP antes del ensamble del nombre y su complemento (cfr. § 6). También es diferente la manera de realizar el argumento externo. Al ser el español una lengua de sujeto tácito, los rasgos de persona y número del verbo pueden representarlo directamente. Pero los nombres no tienen esa información, lo que obliga a expresar el argumento externo por medio de un posesivo. En (79b), el contenido de la preposición *sobre* y del adverbio *encima* es equivalente, pero solo la primera puede combinarse directamente con el SD *la mesa*. Los adverbios necesitan un complemento preposicional. En resumen: los procesos de Ensamble Externo deben respetar las dependencias que imponen los núcleos.

Como se ha mencionado anteriormente (cfr. la nota 38), la función básica del Ensamble Externo es satisfacer los requisitos asociados a la estructura argumental de los predicados. Pero no todas las operaciones de este tipo se realizan entre predicados y argumentos. También los adjuntos –sean especificativos o explicativos– deben entrar en la derivación por medio de operaciones de Ensamble Externo. Para reflejar esta diferencia, Chomsky (2000: 133) propone distinguir entre dos variantes del Ensamble Externo: el *ensamble conjuntivo* ('set merge'), que se encarga de proyectar la estructura argumental de los predicados, y el *ensamble de pares* ('pair merge'), que introduce los adjuntos en la derivación. La diferencia entre ambos atañe fundamentalmente a la naturaleza del elemento resultante. En el ensamble conjuntivo, se forma un constituyente cuya etiqueta hereda las propiedades del núcleo y cuyo contenido resulta de la combinación de los dos elementos ensamblados (permitiendo la saturación argumental progresiva de los predicados). En las variantes de la Teoría X' que postulan diferentes niveles de proyección (cfr. § 6), el ensamble conjuntivo aumenta el grado de proyección del núcleo[43]. En cambio, el ensamble de pares da como resultado un elemento idéntico a aquel que funciona como núcleo, ya que el otro componente de la operación se adjunta al primero ocupando un plano separado, sin modificar ninguna de las propiedades del núcleo y sin haber sido seleccionado por este, como en (80):

(80)   a. $[_{SV} [_{SV} [_{SV}$ publicó su novela] $[_{SP}$ en Francia]] $[_{SP}$ en 2008]]
         b. $[_{SD} [_{SD}$ ella], $[_{SA}$ principal sospechosa de todo aquello]], ...

En (80a), el predicado *publicó su novela* entra en dos operaciones sucesivas de ensamble de pares con adjuntos. La etiqueta de las proyec-

---

[43] Según lo dicho en § 4, en las versiones minimistas de la Teoría X' se intenta prescindir del concepto de nivel de proyección en todas las operaciones de ensamble. Véase § 12.2, más adelante.

ciones obtenidas es idéntica a la del núcleo, de modo que SV es un constituyente que consta de tres segmentos. Nótese que las operaciones de ensamble que dan lugar a los adjuntos de (80a) son de carácter conjuntivo, ya que en tales casos se están satisfaciendo los rasgos selectivos de las preposiciones correspondientes. Por lo que respecta a (80b), se produce un ensamble de pares entre el pronombre personal y un SA en aposición explicativa[44].

El ensamble de pares corresponde en el modelo minimista a las operaciones de adjunción de estadios anteriores de la teoría. Su importe semántico es el de facilitar operaciones de composición de predicados, uniéndolos en planos paralelos.

2.9. Las condiciones del Ensamble Interno

El Ensamble Interno debe estar sometido a restricciones más estrictas que el externo, dado que la posibilidad de desplazar unidades en una derivación sintáctica es limitada. En primer lugar, es necesario plantearse cómo se activa una operación de esta clase. Chomsky (2000) defiende la idea de que el movimiento no es propiamente un proceso de cotejo de rasgos por identidad, sino más bien de valoración entre una *sonda* ('probe') que contiene rasgos formales pendientes de valorar, situada en el núcleo de la proyección más alta en el árbol, y una *meta* ('goal'), colocada en el dominio de mando-c de aquella[45] y dotada de rasgos que pueden valorar los de la sonda. En (81) se ejemplifica este proceso para el caso del *movimiento qu-*, característico de las oraciones interrogativas y exclamativas parciales y de las relativas[46]:

(81) a. $[_{C'}$ C$_{[uqu]}$ $[_{ST}$ vas a hacer qué$_{[iqu]}$]]

   b. $[_{SC}$ qué$_{[iqu]}$ $[_{C'}$ C$_{[\checkmark qu]}$ $[_{ST}$ vas a hacer ~~qué~~$_{[iqu]}$]]]

En (81a), la sonda C incluye un rasgo no valorado [*u*qu], asociado con una modalidad no aseverativa. La presencia de *qué* como argumento interno permite valorar ese rasgo. A esta operación se la denomina

---

[44] Sobre la distinción entre el ensamble conjuntivo y el de pares, cfr. Rubin 2003, Irurtzun y Gallego 2007 y Richards 2009.

[45] Pesetsky y Torrego (2006) proponen que el mecanismo sonda-meta no se limite al Ensamble Interno, sino que se generalice a todos los casos de ensamble. Para una presentación de los fenómenos que permiten diagnosticar la existencia de movimiento sintáctico, véase Pesetsky 2013.

[46] En (81), C es el núcleo del *sintagma complementante* (SC), la proyección sintáctica que selecciona una oración (ST, *sintagma de tiempo*). En (81), C contiene un rasgo [qu-] no valorado (*u* = 'unvalued'). El pronombre interrogativo contiene el mismo rasgo en su versión interpretable (*i*). Pese a no realizarse fonéticamente, C forma parte de la numeración, ya que contiene información sobre la modalidad oracional. Los rasgos interpretables son los que aportan información semántica (como el plural en los nombres), mientras que los no interpretables son rasgos formales que se valoran por operaciones de concordancia y que no aportan contenido interpretativo independiente (como el plural de los adjetivos y los verbos). Una vez valorado, el rasgo [qu-] de C es no interpretable. Sobre ST y SC, cfr. §§ 10 y 11.

concordancia ('agree') en el minimismo. Las operaciones de concordancia de rasgos no implican necesariamente movimiento[47], aunque en algunos casos la valoración exige que la meta se sitúe en el Esp de la proyección ocupada por la sonda, creándose una nueva proyección, como en (81b).

Un aspecto debatido en la bibliografía es el motivo de que una operación de valoración de rasgos pueda desencadenar el Ensamble Interno. Algunos autores han propuesto que ello se debe a que los rasgos sometidos a valoración pueden ser fuertes o débiles. En el primer caso, el proceso exige que la relación sea local, por lo que se debe producir el Ensamble Interno. En caso contrario, la valoración puede efectuarse a distancia. El carácter fuerte o débil de un rasgo estaría sometido a variación paramétrica entre las lenguas: así, a diferencia del español, en chino los elementos *qu-* no se desplazan sintácticamente y en inglés el sujeto precede por lo común al verbo. La segunda opción, actualmente preferida, atribuye la operación de Ensamble Interno a un rasgo adicional que obliga a proyectar la posición de Esp de la sonda. Este rasgo se denomina PPA (*Principio de proyección ampliado,* EPP en inglés) y se propuso inicialmente para las lenguas que sitúan obligatoriamente el sujeto en posición preverbal, incluso cuando se realiza como un expletivo. La generalización del PPA a otros núcleos funcionales, como C en (81), permite distinguir entre la concordancia a distancia y la asociada al movimiento. En este enfoque, la variación interlingüística depende de la presencia o ausencia del rasgo PPA en el correspondiente núcleo.

El mecanismo descrito corresponde a las operaciones de movimiento que proyectan un sintagma a la posición de Esp del núcleo que actúa como sonda. El proceso cumple el requerimiento de ciclicidad que rige todas las clases de ensamble, conocido como *Condición de Extensión.* Esta restricción impone que toda operación de ensamble dé lugar a una nueva proyección sintáctica en la raíz del árbol.

Además del traslado a la posición de especificador, en los modelos anteriores al minimismo existían operaciones de movimiento de núcleos, como el ascenso del verbo desde V a la posición T, en la que se legitiman los rasgos flexivos de tiempo y concordancia que aquel lleva afijados[48]. Sin embargo, la inclusión de esta segunda clase de traslados en el mecanismo del Ensamble Interno es problemática, puesto que el ascenso de núcleos parece incumplir la condición de extensión, como se muestra en (82), donde el núcleo funcional T contiene un rasgo V que debe valorarse mediante el Ensamble Interno de un elemento verbal. Tal operación se justifica porque los rasgos flexivos de tiempo requieren una raíz verbal para poder materializarse[49]:

---

[47] Un ejemplo es la existencia en español de sujetos posverbales *(Llegaron a la estación trenes cargados de pasajeros)*. En estos casos, se produce concordancia a distancia sin que se desencadene una operación de Ensamble Interno que sitúe la meta en una posición adyacente a la de la sonda.

[48] Sobre el movimiento del verbo y su relación con la flexión, véase Depiante y Vicente 2012.

[49] Los puntos suspensivos de (82) reflejan la posibilidad de que haya categorías funcionales intermedias o bien material léxico ajeno a la operación de Ensamble Interno. Como se verá en § 10.4,

(82) a. $[_{T'}\ T_{[uV]} \cdots [_{SV} \cdots V_{[iV]} \cdots]]$

   b. $[_{T'}\ [_T\ V_{[iV]} + T_{[\checkmark V]}]\ [_{SV} \cdots \cancel{V}_{[iV]} \cdots]]$

En (82b), V se adjunta a T, creando una estructura binaria en el núcleo de esta última:

(83)

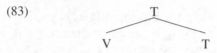

De la comparación de (82a, b) se deduce que la operación de movimiento no cumple la condición de extensión, dado que el nudo raíz de (82b), que es T', es el mismo que existía ya en (82a). Por otra parte, el elemento trasladado (V) no manda-c a su copia, ya que su nudo hermano es el nudo terminal T, según se observa en (83).

Como indica Citko (2008: 123), las propuestas para solventar el problema que plantea el ascenso de núcleo en el modelo minimista adoptan tres estrategias distintas. La primera, sugerida en Chomsky (2000), consiste en suponer que el Ensamble Interno afecta únicamente al movimiento de proyecciones máximas a especificador y que el movimiento de núcleos no forma parte del sistema computacional sintáctico, sino que es una operación morfofonológica. No obstante, diversos autores han señalado que las condiciones de esta clase de movimiento parecen ser sintácticas o semánticas más que propiamente fonológicas. Así, por ejemplo, en español V asciende a C en las construcciones *qu-* que están relacionadas con una modalidad no aseverativa, dando lugar a oraciones en las que el verbo es obligatoriamente el segundo constituyente de la oración. En cambio, cuando el movimiento *qu-* no está asociado a la modalidad, como sucede con los relativos, el ascenso no se produce, como muestra el contraste de (84):

(84) a. ¿Qué dijo María? / *¿Qué María dijo?

   b. ¡Qué cosas dice María! / *¡Qué cosas María dice!

   c. lo que dice María / lo que María dice

Si el ascenso de V a C en los casos anteriores está relacionado con la modalidad, resulta inadecuado asignar a tal operación naturaleza morfofonológica.

Las otras dos opciones parten de la idea de que el ascenso de núcleo es una operación sintáctica. La diferencia entre ellas radica en la estrategia usada para solventar el problema. Koopman y Szabolcsi (2000) consideran que el ascenso de núcleo es tan solo aparente: es toda una proyección máxima la que se ensambla internamente por *movimiento de residuo*[50], después de que algún elemento se haya extraído de su interior. Tomemos por ejemplo el ascenso del verbo a T en (85):

---

entre T y V se sitúa un núcleo funcional intermedio (v), en cuyo especificador se ensambla el argumento externo. En su ascenso a T, el núcleo V debe recalar en el núcleo funcional intermedio v.

   [50] El *movimiento de residuo* ('remnant movement') consiste en el ascenso de una proyección máxima de cuyo interior se ha extraído previamente algún elemento por Ensamble Interno. El resi-

(85) a. [$_{SV}$ salió de la casa]

    b. [$_{SX}$ [$_{SP}$ de la casa] X [$_{SV}$ salió ~~de la casa~~]] (Extracción del SP)

    c. [$_{ST}$ [$_{SV}$ salió ~~de la casa~~] T [$_{SX}$ [$_{SP}$ de la casa] X [$_{SV}$ ~~salió de la casa~~]]] (Movimiento de residuo)

En (85c), el SV que contiene el núcleo verbal se ha situado en el especificador de ST. Previamente, el SP había sido internamente ensamblado en el especificador de una categoría funcional intermedia entre SV y ST, que etiquetamos SX. Este análisis cumple estrictamente la condición de extensión, pero al precio de multiplicar las operaciones de movimiento y de crear nuevas proyecciones funcionales sin justificación clara.

Finalmente, la tercera opción, defendida en Matushansky (2006) y Citko (2008), consiste en mantener la idea de que lo que se mueve es un núcleo, pero la posición a la que se traslada la meta no es la de la sonda T, sino otra nuclear inmediatamente superior. El esquema de la subida de V a T sería como se indica en (86):

(86) [$_{ST}$ [$_V$ V [$_{T'}$ T [$_{SV}$ ... [$_V$ ~~V~~ ...]]]]

En (86), el Ensamble Interno de V cumple la condición de extensión. No obstante, se plantea el problema de explicar por qué es ST la proyección más alta y no SV. La cuestión se solventa de modo distinto en las diversas propuestas. En Citko (2008) se propone que esta operación da lugar a una proyección compleja de ambos núcleos {V, T}. Por su parte, Matushansky (2006) habilita una operación de fusión morfológica de los dos núcleos colindantes de (30), lo que produce una estructura de adjunción con proyección de T:

(87) [$_{ST}$ [$_{T'}$ V+T [...]]]

2.10. Las categorías funcionales

Desde la formulación de la Teoría X', el cambio más sustancial en la manera de concebir la estructura de los constructos sintácticos ha sido la aparición y eclosión del concepto de categoría funcional. Como señalan den Dikken y Tortora (2005: 1),

> La sintaxis de las palabras gramaticales y de las proyecciones funcionales ha dominado la investigación de la gramática generativa en las últimas

---

duo incluye, por lo tanto, la copia del elemento previamente extraído. La secuencia a la que dan lugar estas dos operaciones transformacionales coloca el residuo por delante del elemento inicialmente extraído. Esta clase de movimiento se propuso originariamente para explicar algunos tipos de reordenamiento de constituyentes ('scrambling') del alemán (Thiersch 1985), pero su principal valedor ha sido Kayne (1998), en el marco de su modelo de linealización de la estructura sintáctica. En español, Etxepare y Uribe-Etxebarria (2005) han propuesto aplicar esta clase de movimiento a las oraciones interrogativas de eco (*¿Ha venido quién?*).

dos décadas, debido quizás sobre todo al impulso de la hipótesis de Borer (1984), según la cual toda la variación paramétrica se limita a las propiedades morfoléxicas de las categorías funcionales –una hipótesis que se ha convertido desde entonces en el programa de trabajo sobre la variación paramétrica en varios paradigmas de investigación distintos, incluyendo el que Chomsky (1995a *et passim*) llama programa minimista.

La idea de diferenciar dos tipos de unidades –las léxicas y las funcionales (o gramaticales)– cuenta con una larga tradición en la lingüística y su origen se remonta a la distinción entre palabras llenas y vacías de la tradición gramatical china o al contraste entre partes mayores y menores de la oración en la gramática occidental:

> La dicotomía léxico/funcional se basa en la distinción, tomada de los gramáticos descriptivos, [...] entre dos tipos distintos de palabras –a saber, (i) *las palabras con contenido* (que tienen significado descriptivo idiosincrásico o propiedades de sentido) y (ii) *las palabras funcionales* (o *funtores*), es decir, palabras que sirven básicamente para aportar información sobre las propiedades gramaticales de las expresiones en el interior de la oración, por ejemplo información sobre el número, el género, la persona, el caso, etc.– (Radford 1997: 45).

Las palabras léxicas (nombres, verbos, adjetivos y una parte de los adverbios) tienen contenido descriptivo y vehiculan el significado proposicional de las oraciones mediante la articulación de predicados y argumentos. En cambio, las categorías funcionales (ya sean palabras, morfemas o rasgos) aportan la información gramatical que permite asignar anclaje temporal a las proposiciones y establecer su fuerza ilocutiva, determinar las propiedades referenciales y cuantificacionales de los argumentos o establecer las condiciones del embalaje informacional de los enunciados. Travis (2014: 47) enumera las principales propiedades de las categorías funcionales:

(a) Seleccionan funcionalmente a su complemento.

(b) Forman clases cerradas.

(c) Son morfológicamente más débiles que los elementos léxicos (a menudo son unidades dependientes [afijos, clíticos] y en ocasiones son nulas).

(d) Por lo general, son inseparables de su complemento.

(e) Carecen de "contenido descriptivo" y su contribución a la interpretación de su complemento consiste en aportar rasgos gramaticales o relacionales.

La aparición de las categorías funcionales en el modelo generativo tiene relación con el intento de determinar la estructura de la oración, una proyección tradicionalmente considerada como exocéntrica (esto es, sin un núcleo estructural), ya que su buena formación no depende meramente de las propiedades léxicas de selección del verbo:

(88) Los niños {jugaban/*jugar} al parchís.

En (88) se da la misma selección de argumentos por el verbo, a pesar de lo cual solamente la primera variante conforma una oración gramatical. De este contraste se deduce la importancia de la flexión verbal en la correcta configuración de las oraciones.

Travis (2014) señala tres etapas en la evolución de las categorías funcionales en el modelo generativo: integración, proliferación y expansión. El primer estadio (integración) culmina con la plena inclusión de estas unidades en el sistema X', atribuyéndoles las mismas propiedades que a las categorías léxicas. La segunda etapa (proliferación) incluye el periodo en que se multiplica el número de estas unidades para lograr un análisis más granular de la estructura oracional. En la tercera, las categorías funcionales pasan a considerarse el elemento configurador de la estructura sintáctica, hasta el punto de que en algunas propuestas las propias categorías léxicas se conciben como la combinación de un núcleo estructural funcional y una raíz léxica acategorial.

Desde la perspectiva actual, las categorías funcionales forman el esqueleto estructural de las construcciones sintácticas y su contribución consiste en mediar en la relación que establecen las categorías léxicas entre sí. Así, por ejemplo, Wiltschko (2014: 78) propone un esqueleto universal ('universal spine') para las estructuras sintácticas que consta de cuatro dominios paralelos para la oración y para los sintagmas nominales, cada uno de los cuales tendría como núcleo una categoría funcional:

(89) a. Esqueleto verbal   b. Esqueleto nominal

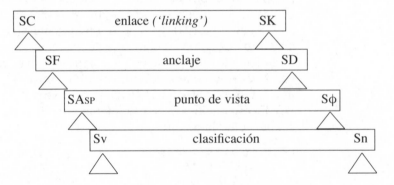

Los cuatro niveles de (89) están situados por encima de las correspondientes proyecciones léxicas (SV y SN, respectivamente). En el esqueleto oracional, el nivel Sv, que estudiaremos más adelante, clasifica el tipo de evento expresado por el predicado verbal. En el especificador de esta proyección se genera el argumento externo[51]. El dominio del SAsp está relacionado con el aspecto externo o punto de vista, y está asociado con la valoración del caso acusativo y con la diátesis pasiva. El nivel inmediatamente superior (SF, también denominado ST) ancla temporalmente el evento en relación con el momento del enunciado. En

---

[51] Chomsky (1995a) unifica SAsp y Sv en una única proyección Sv, lo que obliga a atribuirle a esta dos especificadores (uno en el que se origina el argumento externo y otro en el que se valora el caso acusativo). Cfr. § 10.4.

el Esp de esa proyección se coteja el caso nominativo cuando el sujeto es preverbal. Finalmente, la proyección SC se encarga de establecer el tipo de acto de habla de la oración (esto es, su modalidad), su engarce con el discurso previo (por medio de la estructura informativa) y su dependencia de otro elemento superior, si la oración es subordinada. Las proyecciones del esqueleto nominal reflejan las capas de un argumento: Sn establece su categoría y propiedades selectivas, $S\phi$ refleja los rasgos flexivos que inciden en su interpretación (la flexión de número y la persona, entre otras)[52], SD ancla la interpretación del argumento deíctica o anafóricamente, y SK expresa la marca de caso (morfológica o abstracta) que indica su función gramatical.

En los próximos apartados, revisaremos las principales categorías funcionales en el modelo generativo. Como se verá, pese a que el término *categoría funcional* no aparece explícitamente usado hasta Fukui (1986), la utilización de esta clase de unidades en el análisis sintáctico se remonta a las primeras obras de Chomsky. No obstante, hasta la década de 1980 no se formula una teoría explícita para ellas.

2.10.1. *Los antecedentes de las categorías funcionales: de Aux a Flex*

El primer antecedente de lo que después serían las categorías funcionales en la GGT se remonta a las reglas que Chomsky (1957: 39) propone para la estructura oracional. Al tratar del predicado verbal (SV), distingue dos constituyentes verbales diferentes: el de los verbos léxicos (V) y el del auxiliar (Aux), como se observa en (90a). Este último se concibe a su vez como un complejo de opciones (90b) que incluye obligatoriamente los rasgos de conjugación −C, aunque en obras posteriores pasará a denominarla como tiempo (T, 'tense')− y opcionalmente los modales (M) y auxiliares (*have* perfectivo y *be* progresivo o perfectivo). La escasa flexión verbal del inglés facilita una descripción de C tan simple como la de (90c):

(90) a. Verbo → Aux + V
  b. Aux → C (M) (*have+en*) (*be+ing*) (*be+en*)
  c. C → $\begin{cases} s \_\_\_ SN_{sing} \\ \emptyset \_\_\_ SN_{pl} \\ pasado \end{cases}$

La formulación de (90b) permite generar las secuencias complejas de modales y auxiliares del inglés, como *She must have been being followed* ('Ella ha tenido que estar siendo seguida', literalmente: 'Ella tiene que haber estado siendo seguida').

El enfoque anterior dista mucho del que treinta años más tarde llevará a proponer que la flexión verbal es el núcleo de la oración, pero en

---

[52] La denominación $S\phi$ ('sintagma fi') alude a los rasgos morfosintácticos de los nombres y pronombres (persona, género y número, principalmente). Su conexión con el aspecto tiene que ver con la distinción de número y con el contraste entre nombres continuos y discontinuos.

él se ponen de manifiesto algunas características que anticipan los pasos sucesivos; por una parte, la importancia otorgada a las formas modales y auxiliares en la configuración del SV; por otra, la flexión y la concordancia como elementos estructuralmente relevantes para la buena formación oracional. En Chomsky (1965: 68) se otorga mayor protagonismo al nudo Aux, que queda desgajado del SV y da lugar a una estructura oracional tripartita[53]:

(91) O → SN$^\cap$Aux$^\cap$SV

Con la formulación de la Teoría X' y la generalización del endocentrismo se plantea la cuestión de cuál es exactamente la naturaleza estructural del nudo Aux. Bresnan (1976) propone considerar que V es el núcleo de la oración y que Aux ocupa la posición de especificador de esa misma proyección (O). El mismo tratamiento otorga esta autora a la otra gran categoría funcional de nivel oracional: Comp (complementante), que se concibe como especificador de O', la proyección superior de O[54]. En tal enfoque (1976), así pues, todas estas categorías se analizan como especificadores de las proyecciones de otros núcleos[55]. Esta opción era acorde con la tradicional prioridad otorgada a las categorías léxicas mayores (V y N).

En el manifiesto fundacional del modelo de principios y parámetros (Chomsky 1981: 52), las reglas que reflejan la estructura de la oración son las de (92):

(92) a. O' → Comp O
　　 b. O → SN Flex SV

Como puede verse, para la oración se adopta la misma estructura tripartita de (91), con el cambio, meramente terminológico, de Aux por Flex (*flexión*, 'inflection' en inglés). Por lo que respecta a (92a), O' se concibe como una proyección de O, lo que supone adoptar el mismo análisis de Bresnan (1976), que situaba Comp en el especificador de O'. Los aspectos problemáticos de (92) con respecto a la Teoría X' explican que en la misma obra se mencionen de pasada las opciones que se acabarán consolidando poco más tarde. Así, al presentar las reglas de (92), Chomsky (1981: 51) indica que está en debate si O' y O deben considerarse proyecciones de V o si forman un sistema distinto, del que tal vez Flex funcionaría como núcleo. Una página después, en referencia a O', señala que Comp puede ser el especificador de O, o tal vez el núcleo de O'.

Al redactar las líneas anteriores, Chomsky tenía en mente a Stowell (1981), un trabajo que considera las categorías funcionales como elementos conformadores de la estructura sintáctica. Frente a Bresnan

---

[53] Más adelante (Chomsky 1965: 106), se propone reunir los nudos Aux y SV en un nudo superior, denominado sintagma predicado (SPred), volviendo así a la organización bipartita de la oración. El símbolo $\cap$ de (91) expresa concatenación de elementos.

[54] La primera mención de Comp aparece en Rosenbaum (1967).

[55] Lo mismo sucede en el dominio nominal, donde el determinante se analiza como especificador del SN. Véase § 6.2.

(1976), que las trataba como especificadores de núcleos léxicos, o Grimshaw (1991), que les otorgaba el papel de proyecciones ampliadas de aquellos[56], Stowell propone que las categorías funcionales se proyecten sintácticamente como las léxicas, de modo que funcionen como núcleos a todos los efectos. El argumento principal para defender este enfoque se basa en la selección: *believe* ('creer') selecciona subordinadas introducidas por *that* ('que'), mientras que *wonder* ('preguntarse') no admite el nexo anterior y selecciona, en cambio, interrogativas indirectas encabezadas por *whether* ('si') o por un elemento interrogativo:

(93) a. I think {that/*whether} he is a good candidate.
      'Creo que es un buen candidato.'
    b. I wonder {whether/*that} he is a good candidate.
      'Me pregunto si es un buen candidato.'

La única diferencia entre las dos subordinadas de (93) atañe al complementante. En cuanto a la selección del SF por Comp, el par de (94) confirma la misma relación:

(94) a. It is not good that he is alone.
      'No es bueno que él esté solo.'
    b. It is not good for him to be alone.
      'No es bueno que él esté solo.'

Mientras que *that* selecciona verbos finitos, *for* impone el infinitivo en la subordinada[57]. De lo anterior, Stowell (1981) concluye que Flex es el núcleo de la oración (convertida, por lo tanto, en SF) y que Comp es el núcleo de O' (etiquetada ahora como SC)[58].

2.10.2. *Los componentes de F y las propuestas de escisión de SF*

El establecimiento de las proyecciones SC y SFlex (en adelante, SF) da lugar a una estructura como la de (95):

---

[56] La idea de que las categorías funcionales forman proyecciones extensas de los núcleos léxicos (Grimshaw 1991) refleja el hecho de que las propiedades de selección afectan usualmente a los núcleos léxicos y no a los funcionales, como se muestra en el contraste *Juan presenció {el accidente/*el camión}*. *Presenciar* selecciona argumentos internos eventivos y rechaza los que representan individuos. Si se supone que entre el verbo y el SN se interpone una proyección funcional SD, las propiedades de selección no se ejercen entre sintagmas colindantes. Por el contrario, si las categorías funcionales forman una proyección ampliada de los núcleos léxicos, la relación sigue siendo local. Como se verá, existen también argumentos para defender que la selección afecta a los núcleos funcionales.

[57] En (94a), el sujeto de la subordinada valida el caso nominativo con los rasgos de flexión de la cópula. En cambio, en (94b) el elemento que legitima el caso de tal argumento –que ya no es nominativo sino oblicuo– es el complementante preposicional *for* (cfr. § 11.3).

[58] La importante contribución de Stowell (1981) fue completada en el dominio nominal por Abney (1987). Basándose en la correspondencia existente entre oraciones y SN (puesta de manifiesto, por ejemplo, en las nominalizaciones deverbales, como *el descubrimiento del radio por Marie Curie*), Abney propone considerar los determinantes como núcleos de una proyección funcional SD.

(95)

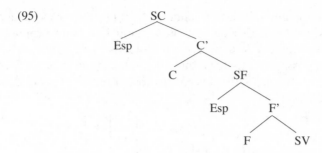

En Chomsky (1981) se supone que F está compuesta de dos conjuntos de rasgos que pueden estar marcados positiva o negativamente: Conc (concordancia) –Agr ('agreement'), en inglés– y T ('tiempo') –Tns ('tense')–. Se trata de dos componentes distintos: Conc tiene naturaleza pronominal y manifiesta rasgos de persona y número (a veces también género, como en los participios), mientras que T ancla deícticamente el enunciado en relación con el momento del habla o con algún punto de referencia establecido discursivamente. Las combinaciones posibles de T y Conc son las siguientes:

(96) a. [+T, +Conc] = formas verbales finitas.

    b. [–T, –Conc] = formas verbales no finitas.

    c. [+T, –Conc] = formas verbales no concordantes con variación temporal, como el infinitivo latino (*amare,* infinitivo de presente, frente a *amavisse,* infinitivo de pasado): *Amavisse bene est, melius amare* ('Está bien haber amado, pero es mejor amar')[59].

    d. [–T, +Conc] = formas concordantes no finitas, como el infinitivo personal del portugués: *Depois de termos conhecido melhor a sua vida...* ('Después de haber conocido mejor nosotros su vida...'), donde la terminación de primera del plural *-mos* del infinitivo *ter* permite interpretar el sujeto de la oración de infinitivo.

La concepción de F como amalgama de dos conjuntos de rasgos llevó pronto a plantearse si no convendría representar cada uno de ellos independientemente, desgajando F en dos categorías funcionales distintas (Conc y T). La evidencia empírica en favor de esta opción la aportó Pollock (1989), contrastando la posición del verbo en inglés y francés y desarrollando ideas previas de Emonds (1978). En (97) se muestran dos de las asimetrías existentes entre ambas lenguas:

(97) a. Jean n'aime *pas* Marie. / John does *not* like Mary.
      'Juan no quiere a María.'

    b. Jean voit *souvent* Marie. / John *often* sees Mary.
      'Juan ve a menudo a María.'

Para comparar la posición del verbo en las dos lenguas, Pollock (1989) supone que la negación y el adverbio de (97) ocupan idéntica

---

[59] También podrían vincularse a este marcaje las diferencias aspectuales que se dan entre los infinitivos simple y compuesto en español o entre el gerundio y el participio.

posición en ambas. Siguiendo a Rizzi (1990), propone que la negación se sitúa en el Esp de una proyección funcional propia (SNEG)[60]. Del mismo modo, de acuerdo con Emonds (1978), trata los adverbios de (97b) como elementos adjuntados a la izquierda del SV. Una vez situados los correspondientes elementos, el resultado es el de (98):

(98) a. Francés:

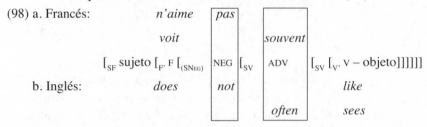

b. Inglés:

De (98) se deduce que el verbo en francés asciende a F desde V, mientras que en inglés el verbo se mantiene en su posición originaria y los rasgos flexivos se le afijan en ella[61]. Si se interpone una negación, esta última operación no es posible, por lo que se inserta la proforma verbal *do* como mero soporte de los rasgos de flexión. Para explicar la distribución de los datos de (97), no es necesario apelar al desdoblamiento de F. El contraste es más complejo si se tienen en cuenta los verbos copulativos:

(99) a. Jean n'est pas contrarié. / John is not upset.
     'Juan no está molesto.'
   b. Jean est souvent contrarié. / John is often upset.
     'Juan está a menudo molesto.'

La cópula del inglés[62] se antepone a los adverbios y a la negación, lo que indica que ocupa F en la sintaxis, como en francés. Si se toma en cuenta el funcionamiento de los infinitivos, las cosas se complican. En francés, *avoir* ('haber, tener') y *être* ('ser, estar') pueden situarse delante o detrás de la negación. Los demás infinitivos deben seguirla:

(100) a. {Ne pas être heureux/n'être pas heureux} est une condition pour consulter un psychiatre.
      'No ser feliz es una condición para consultar al psiquiatra.'

---

[60] Pollock (1989) sitúa *pas* en el Esp de SNEG, mientras que el clítico *ne* se afija al verbo por motivos morfofonológicos. Un argumento a favor de este análisis es la frecuente omisión de la negación átona en francés coloquial.

[61] Para explicar el descenso de los rasgos de flexión del verbo en la oración inglesa de (97b) existen varias opciones. Una supone que esos rasgos se generan en F y que una regla morfofonológica los adjunta a V. La otra inserta en V la forma ya flexionada y supone que la valoración de los rasgos de flexión se efectúa por medio de un mecanismo de concordancia a distancia o a través del ascenso en la Forma Lógica del verbo flexionado a F (Chomsky 1995a: 139). En este último caso, la diferencia entre el francés y el inglés sería el diferente nivel derivacional en el que se produciría el ascenso de V a F (Chomsky 1995a: 134).

[62] También se sitúan por encima de la negación los auxiliares *be* y *have*: *The question was not answered* ('La pregunta no fue contestada'); *The train has not arrived yet* ('El tren no ha llegado todavía'). Se supone que los verbos modales se generan directamente en F, siguiendo la tradición del nudo AUX.

b. Pourquoi {ne pas aller au cinéma/*n'aller pas au cinéma}?
   '¿Por qué no ir al cine?'

Los datos del inglés son idénticos: *have* y *be* pueden anteponerse a la negación, pero los demás infinitivos deben ir pospuestos a ella. La novedad que aportan estos datos con respecto a la estructura de (98) es que los infinitivos franceses e ingleses se quedan en V, excepto *avoir-have* y *être-be,* que pueden ascender a F. En consecuencia, tampoco es necesario modificar la estructura para acoger estas construcciones.

El argumento que obliga a considerar la existencia de un tercer enclave para los verbos en francés deriva de la interacción de los infinitivos con los adverbios. Como todos los infinitivos del francés pueden permanecer en V, el esquema de (98) predice que el orden *Adv – Inf* siempre será gramatical, a diferencia de lo que sucede con los verbos finitos. La predicción se cumple: *C'était presque vivre encore avec lui* ('Era casi vivir todavía con él'). En cuanto al orden *Inf – Adv,* lo esperable sería que solamente se diera con *avoir* y *être,* que son los únicos infinitivos que pueden preceder a la negación. Pero no es así: todos los infinitivos franceses pueden aparecer ante adverbios como *souvent* o *presque: Il est possible de vivre presque sans souvenir* ('Es posible vivir casi sin recuerdos'). Como esos verbos deben situarse detrás de la negación (*Le propre de l'homme est de ne voir souvent que ce qu'il souhaite voir* 'Lo característico del hombre es no ver a menudo más que lo que desea ver'), se necesita un núcleo funcional intermedio de naturaleza verbal entre F y V para emplazar los infinitivos que se sitúan delante de los adverbios en francés. Pollock (1989) propone, en consecuencia, dividir SF en dos proyecciones funcionales distintas: ST *(sintagma de tiempo)* y SCONC *(sintagma de concordancia),* con lo que la estructura de la oración sería la de (101):

(101)

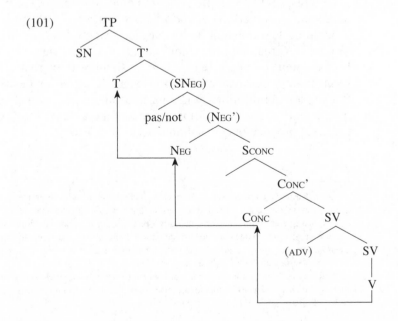

En V se sitúan los verbos finitos del inglés (excepto la cópula y los auxiliares *be* y *have*) y los infinitivos del francés, que pueden igualmente aparecer en Conc. En T se emplazan los verbos finitos y los infinitivos *avoir* y *être* del francés, así como la cópula, los modales, los auxiliares *have* y *be,* y el *do* de soporte en inglés. El ascenso de las formas verbales a T debería pasar por Neg cuando esta proyección estuviera activada, pero debe descartarse que esa posición sea la tercera ubicación para los verbos, dado que el orden *Inf – Adv* puede darse en francés sin que la oración sea negativa.

2.10.3. *La concordancia de objeto*

Como se observa en (101), Pollock (1989) sitúa ST por encima de SConc. Belletti (1990) aporta argumentos morfológicos en favor del orden inverso. En español, italiano y alemán, los morfemas de concordancia son más externos que los de tiempo:

(102)	V		VT		T		Conc	
	cant	–	á	–	ba	–	mos	
	legg	–	e	–	va	–	no	it. 'leían'
	werk	–	Ø	–	t	–	en	al. 'trabajaron'

Según el *Principio del espejo* ('Mirror Principle') de Baker (1985), la posición de los morfemas respecto de la raíz refleja el orden de los procesos de afijación. En (102), primero se une la vocal temática a la raíz, luego se añaden los morfemas temporales y, finalmente, los de concordancia. Eso implica que Conc debe estar por encima de T, dado que V es la posición más baja en la estructura. Por lo tanto, la secuencia de proyecciones debe ser, en orden descendente, SConc > ST > SV.

Chomsky (1991) acepta los argumentos de Belletti, pero defiende la necesidad de situar un segundo SConc entre ST y SV para unificar el proceso de legitimación de los casos estructurales (nominativo y acusativo)[63]. Al más alto lo denomina concordancia de sujeto (SConcS). En las lenguas en las que el sujeto es siempre preverbal, ese elemento sería fuerte y desencadenaría el ascenso de aquel a su especificador[64]. Por su parte, el inferior se encargaría de la legitimación del caso acusativo, por lo que se le denomina concordancia de objeto (SConcO). El orden de proyecciones resultante sería el de (103):

---

[63] La distinción entre casos estructurales e inherentes alude a los diferentes procesos de valoración de uno y otro. En los estructurales, es la configuración sintáctica la que legitima tal marca. Eso explica que entre nominativo y acusativo pueda haber alternancias (como sucede en el par activa-pasiva) y que no haya una correspondencia directa entre el papel temático y el caso. En los inherentes (por ejemplo, el que asignan las preposiciones), la correspondencia entre papel temático y función gramatical no puede ser alterada.

[64] Recuérdese que, en las versiones más actuales del minimismo, el carácter fuerte o débil de los rasgos de las proyecciones funcionales ha sido sustituido por la presencia o ausencia del *rasgo de filo* PPA. Cfr. §9.

(103) [$_{SC}$ C [$_{SCONC-S}$ CONCS [$_{ST}$ T [$_{SCONC-O}$ ConcO [$_{SV}$ V ...]]]]]

Kayne (1989) presenta datos que avalan la existencia de la concordancia de objeto. En francés y en catalán, el argumento interno puede concordar con el participio:

(104) a. Combien de tables Paul a {repeintes/repeint}?   (francés)
           '¿Cuántas mesas ha repintado Paul?
       b. Paul a {repeint/*repeintes} les tables.
           'Paul ha repintado las mesas.'

(105) a. La Maria l'he {vista/vist} aquest matí.   (catalán)
           'A María la he visto esta mañana.'
       b. He {vist/*vista} la Maria aquest matí.
           'He visto a María esta mañana.'

En francés, si el objeto directo experimenta movimiento *qu-*, como en (104a), el participio puede concordar con el elemento extraído. Si no hay movimiento, la concordancia no es posible (104b). En catalán, el fenómeno es idéntico, aunque se da en condiciones distintas: no lo desencadena el movimiento *qu-*, sino la presencia de un clítico acusativo afijado al verbo, como muestra (105). El fenómeno recibe una explicación satisfactoria si se supone que el elemento *qu-* y el clítico, en el ascenso hacia sus respectivas posiciones, pueden pasar opcionalmente por el especificador de SConcO, como se muestra en (106):

(106)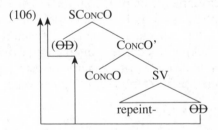

El objeto de (104) tiene dos posibles caminos en su ascenso al especificador de SC. Si accede al Esp de SConcO, concuerda con el participio. Si no pasa por esa posición (debido tal vez a que auxiliar verbal y participio se pueden reanalizar como un verbo complejo, lo que neutraliza la flexión de este último[65]), el participio mantiene su forma no marcada (masc., sing.). En (105), la misma posición solo puede ser activada por pronombres clíticos. La concordancia del argumento interno del verbo con el participio se detecta también en las oraciones inacusativas del francés y del italiano, que toman *être* y *essere* como auxiliar, respectivamente (fr. *Les voitures sont arrivés,* it. *Le macchine*

---

[65] Ese es el proceso que se ha llevado a cabo en español. En la época antigua, la concordancia del participio era posible, como muestra el siguiente ejemplo, obtenido del corpus CORDE de la RAE: *Mas han los puestos sinplement segunt que los han fallados escriptos en el latin* (*Libro de Palladio*, 1380-1385).

sono arrivate 'Han llegado los coches'), en las construcciones pasivas perifrásticas (*Las cartas fueron repartidas* frente a *Se han repartido las cartas*) y en las construcciones de participio absoluto *(Salvados estos escollos, todo fue bien)*.

2.10.4. *La reorientación de las proyecciones de concordancia en el minimismo: el Sv*

El programa minimista ha potenciado la importancia de las categorías funcionales, pero también ha supuesto la reconsideración de las relacionadas con la concordancia (ConcS y ConcO). En Chomsky (1995a: 349-367) se cuestiona la legitimidad de estas proyecciones desde los postulados minimistas. A diferencia del resto de las proyecciones funcionales, que están dotadas de rasgos interpretables y contribuyen, por lo tanto, a la semántica de la oración (cfr. la nota 46), la concordancia es una relación formal entre categorías. Las proyecciones de concordancia hacen de intermediarias entre el verbo y sus argumentos (sujeto y objeto). Desde esta perspectiva, no se ajustan al *Principio de Interpretación Plena* ('Full Interpretation'), que prohíbe que en los niveles de interfaz haya elementos superfluos. Por ello, en las últimas versiones del minimismo se ha prescindido de ellas. La función que desempeñaba SConcS se asigna ahora a ST: son los rasgos flexivos de tiempo los que pueden legitimar el caso nominativo. En las lenguas en las que el sujeto se emplaza obligatoriamente en posición preverbal, T está dotado de un rasgo PPA que obliga al Ensamble Interno del sujeto en la posición de Esp de ST. Por lo que respecta a SConcO, su función ha sido reemplazada por Sv, una categoría independientemente justificada y que ha aparecido esporádicamente en la primera parte de este capítulo. De este modo, las proyecciones de la oración se articulan como sigue:

(107) $[_{SC}$ C $[_{ST}$ T $[_{Sv}$ v $[_{SV}$ V ...]]]]

Los antecedentes de la proyección Sv se hallan en Larson (1988), que estudia la estructura de los verbos ditransitivos (los que cuentan con dos argumentos internos, como en *María dio un abrazo a Antonia*). Larson (1988) representa en dos capas sucesivas (Sv>SV) la relación del verbo con sus argumentos:

(108) $[_{Sv}$ María dio $[_{SV}$ un abrazo $[_{V'}$ ~~dio~~ $[_{SP}$ a Antonia]]]]

En (108), el objeto indirecto se genera como complemento de SV y el objeto directo ocupa el especificador de esa misma proyección. El verbo asciende desde V a v para legitimar la aparición del argumento externo en el especificador de Sv. Posteriormente, el sujeto y el objeto directo deberán validar su caso con las correspondientes proyecciones funcionales. Pese a que el sistema de capas de Larson (1988) se propuso inicialmente para los predicados ditransitivos, enseguida se vio que la generalización de Sv a todas las clases de oraciones tenía ventajas. Por una parte, permite situar el argumento externo fuera del SV, sin perder su relación con el verbo[66]; por otra, localiza el punto de la estructura oracional en el que se plasma la generalización de Burzio:

(109) *Generalización de Burzio* (Burzio 1986: 178)
Solo los verbos que pueden asignar papel temático al sujeto pueden asignar caso acusativo al objeto.

En (109) se refleja el contraste entre los predicados transitivos, que cumplen las dos características, y los inacusativos, que carecen de argumento externo y no pueden asignar caso acusativo a su argumento interno[67]. Tal como está formulada, (109) es meramente una generalización, ya que no tiene una traducción estructural directa. Chomsky (1995a) propone caracterizar *v* como una unidad susceptible de contar con dos especificadores: en uno, se sitúa por Ensamble Externo el argumento externo y, en el otro, el elemento que permite valorar el caso acusativo por medio de Ensamble Interno. Para ello usa la teoría de los especificadores múltiples (cfr. § 12.2, más adelante). Con esta propuesta, (109) encuentra una traducción estructural unitaria, ya que las características que en ella se formulan dependen directamente de las propiedades del núcleo *v*.

Las propiedades de *v* sitúan este elemento en la frontera entre categorías léxicas y funcionales. Por una parte, en su proyección se genera el argumento externo, lo que resulta singular entre las categorías funcionales, que no suelen seleccionar argumentos. Por otra, frente a las categorías léxicas, *v* valora el caso acusativo, lo que la convierte en una categoría funcional típica (como T, que valora el caso nominativo). Por todo ello, en la bibliografía se la ha tildado de categoría semiléxica. Autores como Wiltschko (2014) consideran poco deseable esta caracterización híbrida y proponen desligar la generación del argumento externo de la valoración del caso acusativo, incorporando para esta última función una proyección funcional más alta: el SAsp que aparece en (89).

Una importante ventaja que aporta el nudo Sv tiene que ver con la unificación de los patrones estructurales a los que quedan sometidas todas las clases de predicaciones. Stowell (1983) demostró que cualquier categoría léxica puede encabezar una predicación secundaria: *Considero a Luis {honesto/un caballero/de total confianza/fuera de toda duda}*. En este ejemplo, el predicado *considerar* selecciona una predicación secundaria formada por un argumento externo *(Luis),* y un complemento predicativo que es un SA, un SD, un SP y un SADV,

---

[66] Algunos autores, como Bowers (1993), habían argumentado anteriormente la conveniencia de incorporar una proyección SPRED para expresar la relación entre el argumento externo y el predicado.

[67] La correlación de (109) es robusta y tiene muy pocas excepciones. La más importante la constituyen las oraciones de *haber* impersonal, en las que no hay argumento externo y, sin embargo, el argumento interno parece recibir caso acusativo: *Hay niños en el patio*. No obstante, cabe señalar que en catalán los clíticos que se asocian a ese argumento son los partitivos, no los acusativos: *N'hi ha al pati*. Belletti (1988) propone que los nominales escuetos reciben caso partitivo, lo que evitaría el conflicto con (109).

respectivamente. Podemos suponer que las predicaciones secundarias cuentan con un núcleo funcional:

(110) Considero [$_{Sa}$ Luis [$_{a'}$ honesto [$_{SA}$ ~~honesto~~]]]

Luis, en el especificador del Sa, depende temáticamente del adjetivo *honesto,* pero su caso acusativo está relacionado con el verbo *considerar*. En *Tengo a Luis por honesto,* el núcleo funcional de la predicación secundaria estaría ocupado por una preposición seleccionada por el verbo *(por),* lo que haría innecesario el ascenso del SA. La estructura de la predicación secundaria de (110) es la misma que caracteriza las predicaciones verbales, salvadas las diferencias categoriales correspondientes. Por lo tanto, el patrón de (111) se aplica a toda clase de predicaciones, donde X es la categoría del predicado:

(111) [$_{Sx}$ Esp [$_{x'}$ x [$_{SX}$ X...]]]

2.11. La categoría funcional Sintagma Complementante (SC)

2.11.1. *Caracterización general*

Tal como hemos señalado, en los desarrollos tempranos de la Teoría X' solo las categorías léxicas (nombres, verbos, adjetivos, etc.) podían erigirse en núcleos de un sintagma. A partir de 1980, paralelamente a la propuesta de considerar los rasgos de flexión como el núcleo de la oración, se postula que C(OMP) es el núcleo de una proyección oracional "ampliada" que finalmente derivará en la categoría funcional SC. En su concepción originaria, el nudo C va asociado a la clase de palabras denominada *complementizers* por la gramática generativa –cfr. Bresnan (1970)–. La función de estos elementos es posibilitar la inserción de una oración dentro de una estructura oracional más amplia. En concreto, C es el *locus* en que se ubican las tradicionales conjunciones subordinantes y elementos afines. Así sucede con *que* y *si* en los ejemplos de (112):

(112) a. Los científicos aseguran *que* la tierra es redonda.
      b. Los periodistas preguntaron *si* había agua en Marte.

Los complementantes forman constituyente con el SF que encabezan, según muestra el hecho de que el conjunto integrado por la subordinada y el nexo pueda desplazarse (113a), ser pronominalizado (113b) y coordinarse con otra oración (113c):

(113) a. [Que la tierra es redonda] todo el mundo lo sabe.
      b. Dicen [que hay agua en Marte] pero yo no me lo creo.
      c. Preguntaron [*si* había agua en Marte] y [*si* había atmósfera en Júpiter].

El SF, por su parte, constituye una unidad independiente de C, ya que es posible pronominalizarlo sin C (114a) y también coordinar dos SF dejando al margen C (114b):

(114) a. We expect there to be trouble, but we are not hoping *for* it.
'Contamos con que haya problemas, pero deseamos que no sea así.'
b. *Como* [hacía frío y se puso a llover], se suspendió el concierto.

([114a], en Newson [2006: 244])

De las pruebas precedentes se desprende la existencia de dos niveles de jerarquía sintáctica dentro del dominio oracional, que en el caso de (112) vienen ilustrados en (115):

(115) a. [La Tierra es redonda], [había agua en Marte]
b. [Que la Tierra es redonda], [si había agua en Marte]

Los segmentos encorchetados en (115b), resultado de la suma de C y SF, se etiquetaron en un principio como O', esto es, como una versión más amplia de O –cfr. Bresnan (1970) y el § 10.1–:

(116) O' → Comp O

La adecuación de (116) al formalismo de la Teoría X' nos lleva a la estructura de (117):

(117)

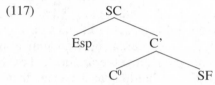

De acuerdo con (117), SC es la proyección de un núcleo C que rige un nudo SF. De este modo, las subordinadas de (112) pasan a analizarse como un SC regido por un V:

(118) Aseguran [$_{SC}$ [$_{C'}$ [$_C$ que] [$_{SF}$ la Tierra es redonda]]]

Una propiedad básica de los complementantes estrechamente asociada a su carácter nuclear[68] es su naturaleza dual, en tanto que elementos seleccionados (119a) y asimismo selectores (119b) –cfr. Roussou 2010–. En ambos casos se da una relación prototípica de núcleo-complemento:

(119) a.   b.

En lo que respecta al estatuto selector de C, es importante señalar que los rasgos del nudo Flex de la subordinada se hallan condicionados por el tipo de complementante que la rige. Así, por ejemplo, la conjunción *que* selecciona en español subordinadas con un verbo finito, mientras que el nexo *si* es compatible con subordinadas finitas o no:

---

[68] Como afirma Travis (2014: 45-46) siguiendo una observación originaria de Stowell (1981), supuesto que los verbos especifican qué tipo de subordinada seleccionan y dado que dicha selección ha de ser local, tanto los elementos seleccionadores como los seleccionados deben ser identificados como núcleos.

(120) a. El inspector pretende que la Castafiore cante *La Traviata*.
   b.*El inspector pretende que la Castafiore cantar *La Traviata*.

(121) a. El inspector no sabe si la Castafiore cantará *La Traviata*.
   b. La Castafiore no sabe si cantar *La Traviata* (o no).

En cuanto al carácter seleccionado de C, dicha propiedad tiene un claro exponente en la alternancia entre *que* y *si* en español. En efecto, es un hecho bien conocido que, cuando los citados complementantes emergen al frente de una subordinada, la presencia de uno u otro es fruto de las exigencias léxicas de un núcleo, que habitualmente coincide con el predicado matriz. Así se aprecia en (112) con *que* (declarativo) y *si* (interrogativo), cuya legitimación sintáctica viene determinada por *asegurar* y *preguntar,* respectivamente. De forma similar, la agramaticalidad de (122) se explica como el resultado de infringir las mencionadas restricciones de selección[69]:

(122) a. *Los científicos aseguran si la Tierra es redonda.
   b. *Los periodistas preguntaron que había agua en Marte[70].

La categoría funcional SC, según hemos visto, vehicula la relación de dependencia sintáctica de una subordinada respecto de la principal. De este modo, en (118) cabe diferenciar netamente el nivel jerárquico del SF *la Tierra es redonda* del nivel jerárquico del SC *que la Tierra es redonda*. Ahora bien, si las subordinadas deben analizarse como un SC, ¿qué sucede con las oraciones radicales (o independientes)? En dichas oraciones no existen indicios evidentes de la existencia de un complementante. Así se observa en el contraste entre (115a) y (115b), reproducido en (123a)-(123b):

(123) a. La Tierra es redonda, Había agua en Marte
   b. Que la Tierra es redonda, Si había agua en Marte

Aunque a las oraciones de (123a) no las precede complementante alguno, cabe destacar que su fisonomía varía radicalmente cuando adoptan la forma de una interrogativa parcial:

(124) a. *¿Cómo* es la Tierra?
   b. *¿En qué planeta* había agua?

En (124) los sintagmas *qu- cómo* y *en qué planeta* se han desplazado desde su posición básica en la oración –la que ocupan el SA *redonda* y

---

[69] Un análisis algo más profundo del que podemos ofrecer aquí demuestra que, aparte del verbo principal, existen otros factores responsables de la alternancia entre *si* y *que* ante subordinada en español. Véase al respecto Hernanz (2012) y las referencias allí citadas.

[70] Sobre la gramaticalidad de (122b) cuando concurren *que* y *si* (i. e., *Los periodistas preguntaron que si había agua en Marte*), cfr. Brucart (1993), Suñer (1999) y Demonte y Fernández Soriano (2009). Véase también § 11.6.

el SP *en Marte* en (123)– a la izquierda de esta. Esa misma situación es extensible a las oraciones exclamativas[71]:

(125) a. ¡*Qué bien* cantaba la Callas!
    b. ¡*Cuánto dinero* tiene Pepe!

De la comparación de las construcciones de (124)-(125) con las de (123b) se desprende la existencia de ciertos paralelismos entre los complementantes y los elementos *qu-:* unos y otros se sitúan en el margen izquierdo de la oración. Ello convierte a estos últimos en candidatos a ocupar un espacio dentro de SC. Dado que los elementos *qu-*, a diferencia de los complementantes, son proyecciones máximas, la posición que les corresponde dentro de SC es la de especificador. Gráficamente:

(126)

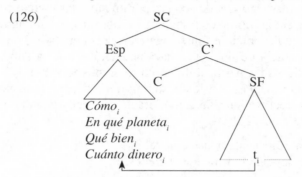

En síntesis, la categoría funcional SC constituye un dominio sintáctico en el que no solo se alojan los complementantes prototípicos (que nacen *in situ* en C[0]), sino también los sintagmas *qu-* desplazados a la posición de especificador como consecuencia de una operación de movimiento relacionada con la expresión de la modalidad[72]. Si ello es así, se puede concluir, a la vista de la representación de (126), que las oraciones independientes de (124)-(125) poseen la misma arquitectura sintáctica (SC) que las oraciones subordinadas. Tal como ha sido frecuentemente observado, el elemento *qu-* desplazado a Esp de SC en las oraciones interrogativas y exclamativas es el responsable de su fuerza ilocutiva[73]. Cuando

---

[71] Nótese que es la propia naturaleza de los elementos *qu-* la que avala la existencia de movimiento en ambos tipos de construcciones. Así, por ejemplo, tales elementos no pueden permanecer *in situ* dentro de la oración (salvo en el caso de las interrogativas de eco):

    (i) a. ??¿La Tierra es <u>cómo</u>?
        b. *¡La Callas cantaba <u>qué bien</u>!

Por lo demás, si en (124)-(125) sustituyéramos los sintagmas interrogativos y exclamativos por sus equivalentes desprovistos de morfología *qu-*, no aparecerían en posición prominente:

    (ii) a. ??<u>Redonda</u> es la Tierra.
        b. *<u>Muy bien</u> la Callas cantaba.

[72] Por claridad expositiva, presentamos de forma esquemática este proceso. Para un análisis más detallado de la cuestión, cfr. Bosque y Gutiérrez-Rexach (2009: § 4.4). Véase también § 9.

[73] Si bien la noción de "fuerza ilocutiva" debería asociarse en rigor a los actos de habla, aquí se emplea en un sentido sintáctico. Sobre este punto, véase Escandell (1999).

no figura un elemento *qu-* explícito en una oración, como sucede en (123a), esta adopta valor declarativo. Por consiguiente, resulta plausible asumir que también en las oraciones de modalidad no marcada se activa la proyección SC. En palabras de Haegeman (2012: 5-6), esta posición "se puede generalizar a todas las oraciones independientes siempre y cuando se asuma que, si no aparece ocupado por un elemento explícito, el nudo abstracto COMP recibe valor declarativo por defecto". A partir de ahí, cabe proponer la siguiente representación para las oraciones de (123a):

(127) $[_{SC} [_{C'} [_{C} \emptyset] [_{SF}$ La Tierra es redonda]]]

El despliegue de una capa funcional prominente en la jerarquía estructural susceptible de acoger, por un lado, las marcas tradicionalmente concebidas como conjunciones y, por otro, los sintagmas *qu-* desplazados en las oraciones interrogativas y exclamativas pone de manifiesto la existencia de una estrecha vinculación entre la subordinación y la modalidad. La permeabilidad entre ambos fenómenos resulta particularmente evidente en los casos en que un complementante carece de núcleo rector y encabeza una oración independiente, como en (128) – cfr. Hernanz (2012)–:

(128) a. ¡*Que* tengas mucha suerte!
     b. ¡*Si* tendrá suerte este hombre!

Los complementantes *que* y *si*, en efecto, si bien actúan como nexos subordinantes en (112a) y (112b), respectivamente, funcionan en las oraciones de (128) como meras marcas de modalidad. Prueba de ello es la interpretación marcada, de carácter no aseverativo, que adoptan las citadas oraciones[74].

2.11.2. *Focalización, topicalización y SC*

Hasta aquí hemos visto que el análisis tanto de la subordinación como de la modalidad exige el concurso de una categoría funcional –SC– que provea espacio estructural adicional por encima de SF. Además de estos fenómenos, existen otras construcciones, como la focalización y la topicalización (o tematización), que se relacionan con la estructura informativa de la oración (cfr. § 7) y cuyo denominador común consiste en la presencia de material en el margen izquierdo de la oración. En efecto, los elementos subrayados en (129)[75] y (130) –al igual que los sintagmas

---

[74] Un caso no menos interesante en esa misma dirección nos lo suministran las interrogativas totales del catalán, que con frecuencia pueden ir precedidas por el complementante *que*:

    (i) a. *Que* plou?   [lit. ¿Que llueve?]
       b. *Que* no et trobes bé? [lit. ¿Que no te encuentras bien?]

[75] Los ejemplos de (129) solo son gramaticales si los constituyentes subrayados experimentan un realce prosódico, lo que se suele representar por medio de versalitas.

qu- en (124) y en (125)– no figuran en la posición básica que les corresponde:

(129) a. LA TRAVIATA cantó la Castafiore en París (y no *Aida*).
  b. CERVEZA toma Pepito (y no vino tinto).

(130) a. *La Traviata* la Castafiore la cantó en París.
  b. A la Castafiore el inspector le pidió que se callara.

Focalización (129) y topicalización (130) presentan propiedades divergentes. Desde una perspectiva informativa, la característica fundamental de los procesos de focalización (contrastiva) consiste en poner de relieve un constituyente oracional que se interpreta como información nueva (cfr. Zubizarreta 1999). Tal como ha sido señalado por Bosque y Gutiérrez-Rexach (2009: 692), un constituyente focalizado contrasta con otros elementos alternativos posibles. De ahí que las oraciones de (129) –a diferencia de las de (130)– sean parafraseables por medio de oraciones escindidas:

(131) a. Fue *La Traviata* lo que cantó la soprano en París (y no *Aida*).
  b. Es cerveza lo que toma Pepito (y no vino tinto).

Por el contrario, mediante la topicalización se establece una partición entre el elemento en posición periférica, que expresa la información dada, y el resto de la oración, que se interpreta como la información nueva[76]. En el plano sintáctico, la focalización de un constituyente comporta –frente a la topicalización– la anteposición obligatoria del verbo al sujeto. Por otra parte, los constituyentes topicalizados, a diferencia de los focos, se asocian con un duplicado pronominal –los clíticos *la* en (130a) y *le* en (130b)– con el que concuerdan en género, número y caso. De ahí la denominación *Dislocación a la izquierda con clítico ('Clitic Left Dislocation')*[77] que se aplica a estas construcciones.

Dejando de lado un análisis pormenorizado de los dos procesos mencionados[78], la cuestión crucial que aquí se plantea en relación con la estructura del SC presentada en (117) es determinar qué espacio estructural corresponde en la periferia oracional a los elementos subrayados en (129) y (130). Una respuesta a primera vista plausible sería suponer que estos, dado que emergen en el margen izquierdo de la oración, se alojan en el especificador de SC. Así, por ejemplo, en el caso de la topicalización recogida en (130a), ello arrojaría una representación aproximada a la indicada en (132):

---

[76] De forma congruente con lo que se acaba de exponer, en un ejemplo como (130a), sería el objeto directo topicalizado *La Traviata* y no el SN *la Castafiore* el que se erigiría en "tópico" (o *tema*) del que se predicaría el *comentario,* esto es, que "la Castafiore la cantó en París".

[77] Debe señalarse, sin embargo, que tales construcciones solo representan una de las diferentes manifestaciones de la topicalización. Cfr. Bosque y Gutiérrez-Rexach (2009: § 11.3).

[78] Para un estudio más detallado de las diferencias sintácticas entre focos y tópicos, véanse Rizzi 1997, 2013a, Zubizarreta 1999, Benincà y Poletto 2003, y Bosque y Gutiérrez-Rexach 2009.

(132)

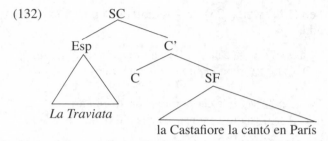

El análisis de (132), que coincide básicamente con el asignado a los elementos *qu-* en (126), presenta, no obstante, varios problemas. En primer lugar, no proporciona espacio estructural suficiente para albergar un tópico y un elemento *qu-* en los casos en que estos coaparecen, como en (133):

(133) a. *La Traviata*, ¿quién la cantó?
b. A la Castafiore, ¿quién le pidió que se callara?

Si los tópicos y los elementos *qu-*, según podría desprenderse de (132), ocuparan la misma posición en la jerarquía sintáctica, sería esperable que unos y otros fueran mutuamente incompatibles, contrariamente a lo que sucede en (133).

En segundo lugar, el análisis de (132), y, por ende, la propuesta de (117), no captan una propiedad característica de los tópicos como el hecho de que estos, a diferencia de los focos, pueden iterarse libremente. Así se observa en (134), en donde aparecen topicalizados simultáneamente el objeto directo y el indirecto, sin que entre ambos se den restricciones distribucionales:

(134) a. *La Traviata*, al inspector, la Castafiore se la cantó ayer.
b. Al inspector, *La Traviata* la Castafiore se la cantó ayer.

Finalmente, dado que los tópicos, al igual que los elementos *qu-*, ocupan una posición periférica, cabría suponer que unos y otros pueden aparecer en un orden indistinto. Sin embargo, no es así. Cuando ambos coaparecen en una oración, el primero debe preceder necesariamente al segundo, según se muestra en (135):

(135) a. Concedieron una medalla a la Castafiore.
b. A la Castafiore, ¿qué le concedieron?
c. *¿Qué a la Castafiore le concedieron?

El contraste entre (135b) y (135c) exige no solo "ensanchar" una configuración para SC como la postulada en (117), sino también establecer el orden relativo entre las proyecciones de los tópicos y las de los elementos *qu-*. Todo parece indicar, pues, que nos hallamos ante una categoría cuya naturaleza es considerablemente más compleja de lo que se había asumido hasta fechas relativamente recientes.

2.11.3. *La expansión de SC: la propuesta de Rizzi (1997)*

La zona izquierda de la oración aglutina, según hemos visto, un vasto conjunto de elementos –complementantes *(que, si)*, sintagmas *qu-* (operadores interrogativos, exclamativos), constituyentes focalizados, constituyentes topicalizados, etc.– cuya heterogeneidad excede con mucho las dimensiones de la proyección funcional SC –cfr. (117)–. Es a Rizzi (1997) a quien se debe la propuesta de descomponer el SC en diferentes nudos funcionales y con ello vertebrar el análisis de una variada gama de fenómenos cuyo denominador común consiste en su estatuto periférico dentro de la estructura de la oración[79]. Rizzi (1997) postula que el espacio correspondiente al SC consiste en la articulación de dos niveles fijos: la *Fuerza* (ilocutiva) y la (in)*Finitud* de una oración (SF). Por otra parte, SC puede integrar dos niveles adicionales: la capa de *Tópico* y la de *Foco*. De este modo, el nudo SC deja de ser una única categoría monolítica y se despliega en cuatro categorías funcionales:

(136) SFᴜᴇʀᴢᴀ ... (STóᴘɪᴄᴏ) ... (SFᴏᴄᴏ) ... SFɪɴɪᴛᴜᴅ   SF (Rizzi 1997: 288)

Así concebido, el dominio del SC constituye la interfaz entre un contenido proposicional (expresado por SF) y un nivel superordinado (representado por una oración dominante o bien la articulación del discurso en el caso de las oraciones principales). De las dos fronteras –externa e interna– del SC, la primera (SFᴜᴇʀᴢᴀ) aloja los complementantes responsables de expresar que una oración es una pregunta, una declarativa, una exclamativa, una relativa, una adverbial, etc., y que puede ser seleccionada como tal por un rector más alto en la jerarquía (cfr. Rizzi 1997: 283).

La información relacionada con la frontera interna del SC viene expresada a través del nudo SFɪɴɪᴛᴜᴅ, que es el que codifica la información relativa al carácter finito o no finito de la oración encabezada por el complementante. Ello tiene un claro exponente en la interdependencia de los complementantes y las propiedades flexivas de la oración, fenómeno que en inglés se manifiesta en la coocurrencia de *that* con un verbo finito y de *for* con un infinitivo –cfr. Rizzi (1997: 283) y § 10.1–:

(137) a. ... *that* John will leave tomorrow
        'que John se marchará mañana'

---

[79] La iniciativa del lingüista italiano constituye el punto de partida del denominado *modelo cartográfico*. Dicho modelo persigue elaborar mapas lo más precisos y detallados posible de las configuraciones sintácticas –cfr. Cinque y Rizzi (2010)–. En palabras de Rizzi (2013a: 435),

> una idea rectora inicial fue intentar complementar la orientación *de abajo arriba (bottom-up)*, es decir, el establecimiento de la estructura funcional a partir de los datos empíricos que se había iniciado con Pollock (1989), con una perspectiva más global *de arriba abajo (top-down)*, a fin de intentar formular una estimación aproximada del límite superior de la complejidad estructural (como en Rizzi 1997 para el dominio de SC y Cinque 1999 para el dominio de SF).

Para una visión de conjunto de esta línea de investigación, cfr. Cinque y Rizzi, 2010, Shlonsky 2010, y Rizzi 2013a, 2013b, entre otros autores.

b. ... *for* John to leave tomorrow
[C John marcharse mañana]

(Rizzi 1997: 301)

Algo semejante sucede en italiano con los complementantes *che* y *di*, que seleccionan rasgos flexivos finitos y no finitos, respectivamente:

(138) a. Ho deciso *che* partirò.
'He decidido que partiré.'
b. Ho deciso *di* partire.
'He decidido partir.'

(Rizzi 2013a: 441)

Esa misma alternancia se mantiene todavía en catalán, si bien se trata de un fenómeno menos productivo que en italiano o en francés:[80]

(139) a. Em fa por *que* el trobin.
'Me da miedo que lo encuentren.'
b. Em fa por (*de*) trobar-lo.
'Me da miedo encontrarlo.'

([139b] en Fabra 1956: § 95)

En cuanto al español, el complementante *que* selecciona, como sus correlatos en inglés y en otras lenguas románicas, rasgos finitos de flexión, por lo que es incompatible con las formas no finitas:

(140) a. Ha decidido *que* se <u>compraría</u> una moto.
b. Ha decidido <u>comprarse</u> una moto.
c. *Ha decidido *que* <u>comprarse</u> una moto.

Las alternancias entre complementantes ilustradas en (138)-(140) podrían inducir a suponer que *che* y *di* en italiano, *que* y *de* en catalán, etc. poseen la misma jerarquía estructural. Sin embargo, tal como se mostrará más adelante (cfr. § 11.5), el comportamiento de dichos elementos ante tópicos y focos demuestra que semejante supuesto es erróneo. Antes de proseguir en esta dirección, es preciso detenerse brevemente en el estatuto sintáctico que poseen los nudos funcionales STópico y SFoco.

2.11.4. *Las proyecciones funcionales STópico y SFoco*

En el espacio estructural delimitado por SFuerza y SFinitud emergen en (136) dos proyecciones funcionales, STópico y SFoco, encargadas de articular las relaciones discursivas de tópico-comentario y foco-presuposición, respectivamente. La caracterización de tales categorías,

---

[80] La aparición del complementante *de* ante infinitivo en español era frecuente en la lengua antigua tras algunos predicados, si bien en la actualidad tales construcciones resultan escasamente productivas. Sobre esta cuestión, véanse Fernández Ramírez 1986 y Bosque 1989b.

de forma congruente con el modelo cartográfico, se establece en virtud de un *sistema de criterios* ('criterial approach'). De acuerdo con esta manera de ver las cosas, las citadas relaciones discursivas no divergen sustancialmente de la vinculación que se establece entre un elemento-*qu* y la posición ligada por este:

(141) a. ¿Qué opera cantó la Castafiore en París?
      b. *La Traviata*, la Castafiore la cantó en París.   = (130a)
      c. LA TRAVIATA cantó la Castafiore en París (y no *Aida*).   = (129a)

Según observa Rizzi (2013a, 2013b), el mismo constituyente (subrayado) que en cada una de las oraciones de (141) se interpreta como un argumento (con papel temático de "tema") del verbo *cantar*, se erige en portador de una función discursiva específica: operador interrogativo en (141a), tópico en (141b) y foco en (141c)[81]. Por consiguiente, las oraciones de (141) poseerían la representación ilustrada en (142), "con un núcleo funcional apropiado en calidad de mediador entre el especificador (el operador *qu-*, el tópico, el foco) y un complemento (el ámbito del operador, el comentario, la presuposición, respectivamente)" (cfr. Rizzi, 2013a: 446):

(142) a. ¿Qué opera   Q   cantó la Castafiore ~~qué ópera~~ en París?
      b. *La Traviata* TÓP la Castafiore la cantó ~~la Traviata~~ en París.
      c. LA TRAVIATA FOC cantó la Castafiore ~~la Traviata~~ en París (y no *Aida*).

La función sintáctica de los núcleos funcionales Q, TÓP y FOC sería en rigor activar el movimiento del constituyente provisto del rasgo relevante ([+*qu*], [+tópico], [+foco]) a la posición de especificador de sus respectivas proyecciones (Rizzi 2013a, 2013b). A partir de ahí, resulta plausible suponer que los citados núcleos pueden manifestarse de forma explícita en algunas lenguas. Los ejemplos de (143) –procedentes de Rizzi (2013a: 446)– confirman esta expectativa:

(143) a. ik weet niet [wie   *of* [Jan ___ gezien heeft]]
       [yo sé no quién Q Jan   visto ha]
                           (variedades del holandés: Haegeman 1996)

      b. ùn sè [dò [dàn   ló *yà* [Kòfí hù ì]]]
        [yo oí que serpiente-la TÓP Kofi mató-la]
                                 (gungbe: Aboh 2004a)

      c. ùn sè [dò [dàn   ló *wè* [Kòfí hù ___]]]
        [yo oí que serpiente-la FOC Kofi mató]
                                 (gungbe: Aboh 2004a)

---

[81] Como señala Rizzi (2013a: 446), en virtud del denominado sistema de criterios, tales funciones discursivas "se expresan mediante núcleos funcionales específicos, que asignan a los elementos que de ellos dependen roles interpretativos tales como topicidad, foco, etc. (de forma similar a como las propiedades temáticas son asignadas por parte de las unidades léxicas a los elementos dependientes de estas)".

Así, en (143a) Q se realiza como *of*, la misma partícula que aparece en las interrogativas totales de algunas variantes dialectales del holandés; en cuanto al nudo Tóp, se materializa mediante la forma *yà* en gungbe (143b), lengua que posee a su vez la partícula *wè* para marcar Foc (143c).

A la vista de todo ello, cabe concluir que los constituyentes topicalizados y los focalizados se ajustan a la siguiente representación (cfr. Rizzi, 2012: 447):

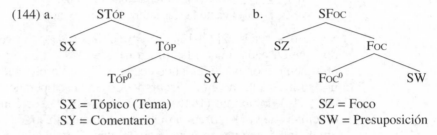

(144) a.   STóp   b.   SFoc

        SX   Tóp   SZ   Foc

            Tóp⁰   SY   Foc⁰   SW

        SX = Tópico (Tema)   SZ = Foco
        SY = Comentario   SW = Presuposición

La propuesta recogida en (144), con la inclusión de las proyecciones funcionales STópico y SFoco dentro del dominio de SC, contribuye a arrojar luz sobre la compleja fenomenología asociada a la periferia izquierda de la oración. A ese respecto, cabe señalar, en primer lugar, la posibilidad de coaparición de un tópico y de un foco, siempre y cuando el primero preceda al segundo:

(145) a. Al inspector, *LA TRAVIATA* (no *Aida*) le cantó la Castafiore.
    b. **LA TRAVIATA* (no *Aida*) al inspector le cantó la Castafiore.

La oración bien formada de (145a) refleja, en efecto, la disposición postulada en (146):

(146) [$_{SFu}$ [$_{STóp}$ Al inspector [$_{SFoc}$ *La Traviata*$_i$ [$_{SFin}$ la Castafiore le cantó t$_i$]]]]

La ordenación tópico-foco se materializa asimismo en las construcciones del inglés sometidas a la denominada *Inversión Negativa* (cfr. Haegeman 2000, 2012). Así, en (147) el segmento subrayado no puede anteceder al tópico *(beans)*:

(147) a. [$_{Tóp}$ Beans], <u>never in my life</u> will I eat.
        'Alubias, nunca en mi vida comeré.'
    b.*<u>Never in my life</u> [$_{Tóp}$ beans] will I eat.

(Haegeman 2012: 38)

En segundo lugar, la menor prominencia estructural de los focos respecto de los tópicos es extensible a los elementos *qu-* –cfr. (135)–. El contraste de (148) sugiere, en efecto, que el constituyente topicalizado *al inspector* debe anteceder al interrogativo *qué*:

(148) a. Al inspector, ¿<u>qué</u> le dijo la Castafiore?
    b.*¿<u>Qué</u> al inspector le dijo la Castafiore?

De la agramaticalidad de (145b), (147b) y (148b) parece derivarse que los sintagmas focalizados y los elementos *qu-* poseen una distribución semejante. Si esta generalización es adecuada, no es previsible que unos y otros puedan coaparecer en una misma oración. La mala formación de (149) corrobora este supuesto:

(149) a. *¿A quién La Traviata (no *Aida*) cantó la Castafiore?
     b. *La Traviata (no *Aida*), ¿a quién cantó la Castafiore?

El constituyente focalizado *La Traviata* y el sintagma interrogativo *a quién* son, en efecto, mutuamente incompatibles porque compiten por la misma posición estructural, la de especificador de SFoco[82]:

(150) $[_{SFu} [_{SFoc} [_{Esp}$ *La Traviata*$_i$ / a quién$_i]$ $[_{Foc'}$ Foc $[_{SFin}$ la Castafiore cantó t$_i]]]]$

En tercer lugar, según se ha señalado previamente, la capacidad de iteración es una propiedad característica de los tópicos, lo que de entrada representa un potencial problema para la formulación de (136). A fin de dar cuenta de este fenómeno, Rizzi (1997) propone que la proyección STópico sea recursiva[83]:

(151) ... C⁰ (Tópico*) (Foco) (Tópico*)...

(Rizzi 1997: 296)

La aplicación de (151) a los casos de libre recursividad de (134) arrojaría (152):

(152) a. $[_{SFu} [_{STóp}$ *La Traviata* $[_{STóp}$ al inspector $[_{SFin}$ la Castafiore se la cantó...]]]]$
     b. $[_{SFu} [_{STóp}$ Al inspector $[_{STóp}$ *La Traviata* $[_{SFin}$ la Castafiore se la cantó...]]]]$

Finalmente, la propuesta de (136) proporcionaría la representación de (154) para la oración de (153), en la que, además de aparecer activadas las posiciones de STópico y de SFoco, se da recursividad de tópicos:

(153) *La Traviata,* al inspector, ¿quién se la cantó?
(154) $[_{SFu} [_{STóp}$ *La Traviata* $[_{STóp}$ al inspector $[_{SFoc}$ quién$_i$ $[_{SFin}$ t$_i$ se la cantó]]]]]$

2.11.5. *La jerarquía de los complementantes: SFuerza y SFinitud*

La expansión de la estructura del SC en diferentes proyecciones funcionales formulada en (136) define para los complementantes dos espacios sintácticos, SFuerza y SFinitud, cuya diferente jerarquía sintáctica solo se hace patente si se activan entre ambas categorías las proyeccio-

---

[82] Las semejanzas existentes entre los focos y los elementos interrogativos dimanan en buena medida de su naturaleza cuantificacional. Véase al respecto Rizzi 1997. En torno a la expresión enfática en español, cfr. Hernanz 2007, 2010.

[83] Rizzi (1997: 295-296) considera que la recursividad de los tópicos (indicada mediante el símbolo*) puede darse indistintamente a derecha e izquierda de la posición de SFoco. En español es dudoso que la secuencia foco-tópico arroje habitualmente resultados satisfactorios. Véase, sin embargo, Haegeman 2012: 20ss. y referencias allí citadas. En opinión de Benincà y Poletto (2004), la posición de Tópico "bajo" (a la derecha de SFoco) no se corresponde con un verdadero tópico, sino que debe analizarse como una extensión de lo que las autoras denominan el área de foco ('Focus field'). Cfr. también Rizzi 2013a.

nes STÓPICO y SFOCO. Así se observa, por ejemplo, con los complementantes *che* y *di* del italiano –cfr. (138)–, *que* y *de* del catalán –cfr. (139)–, cuando interactúan con los tópicos. Nótese, en efecto, que los complementantes finitos *che* del italiano, *que* del catalán (y del español), etc., situados en SFUERZA, tienen que preceder a los tópicos:[84]

(155) a. Credo che [$_{TÓP}$ il tuo libro], loro lo apprezzerebbero molto.
         'Creo que tu libro ellos lo apreciarían mucho.'
      b. *Credo, [$_{TÓP}$ il tuo libro], che loro lo apprezzerebbero molto.

                                                            (Rizzi 1997: 288)

(156) a. Em fa il·lusió que [$_{TÓP}$ La Traviata] la Castafiore la canti al Liceu.
         'Me hace ilusión que *La Traviata* la Castafiore la cante en el Liceu.'
      b. *Em fa il·lusió, [$_{TÓP}$ La Traviata], que la Castafiore la canti al Liceu.

(157) a. El inspector cree que [$_{TÓP}$ La Traviata] la Castafiore la cantó en París.
      b. *El inspector cree, [$_{TÓP}$ La Traviata], que la Castafiore la cantó en París.

La propuesta de (136) permite derivar la secuenciación correcta Fuerza–Tópico de (155a), (156a) y (157a), al tiempo que excluye la ordenación anómala de (155b), (156b) y (157b):

(158) a. Credo [$_{SFU}$ che [$_{STÓP}$ il tuo libro, [$_{SFIN}$ loro lo apprezzerebbero molto]]]
      b. El inspector cree [$_{SFU}$ que [$_{STÓP}$ La Traviata [$_{SFIN}$ la Castafiore la cantó...]]]

Por el contrario, la distribución de los complementantes situados en SFIN diverge de forma significativa de la reseñada para los complementantes finitos. Así, *di* en italiano debe seguir y no preceder a los constituyentes topicalizados. Nótese a ese respecto el contraste entre (155) y (159):

(159) a. Credo, [$_{TÓP}$ il tuo libro], di apprezzarlo molto.
         'Creo, tu libro, apreciarlo mucho.'
      b.*Credo di, [$_{TÓP}$ il tuo libro], apprezzarlo molto.

                                                            (Rizzi 1997: 288)

Esa misma situación es extensiva al complementante *de* en catalán, tal como evidencian los ejemplos de (160), que se contraponen a los de (156):

(160) a. A la soprano li fa il·lusió, [$_{TÓP}$La Traviata], de cantar-la al Liceu.
         'A la soprano le hace ilusión, *La Traviata*, cantarla en el Liceu.'
      b. *A la soprano li fa il·lusió de, [$_{TÓP}$ La Traviata], cantar-la al Liceu.

El orden adecuado {Tóp-Fin} reflejado en (159a) y (160a) deriva asimismo de (136):

(161) a. Credo [$_{SFU}$ [$_{STÓP}$ il tuo libro, [$_{SFIN}$ di apprezzarlo molto]]]
      b. A la soprano li fa il·lusió [$_{SFU}$ [$_{STÓP}$ La Traviata, [$_{SFIN}$ de cantar-la...]]]

---

[84] Lo mismo se aplica a los operadores relativos, también situados en SFUERZA:

   (i) a. Una soprano que, [$_{TÓP}$ esta ópera], la detesta
       b. *Una soprano, [$_{TÓP}$ esta ópera], que la detesta

Finalmente, la distribución del complementante no finito *for* del inglés –cfr. (137)–, que aparece precedido en (162) por un SP adjunto, pone también de manifiesto –como señala Radford (2006: 9)– que la categoría SF<small>IN</small> que alberga a aquel es la proyección funcional más baja de la periferia izquierda de la oración:

(162) a. We would not want [in a game like the one tomorrow], <u>for</u> any spectators to get hurt.

      Lit. 'No quisiéramos, en un juego como el de mañana, C ningún espectador resultar herido.'   (Radford 2006: 9)

En síntesis, la activación del dominio Tópico/Foco manifiesta claramente que los complementantes no poseen un estatuto jerárquico homogéneo, sino que se ubican en diferentes proyecciones dentro de la jerarquía estructural, tal como se recoge en (163):

(163) F<small>UERZA</small> T<small>ÓP</small>* F<small>OC</small> T<small>ÓP</small>* F<small>IN</small>
     que/che   *di/de*
     that   *for*

2.11.6. *Otras posiciones periféricas: SInterrogativo y SModificador*

El desarrollo del SC ha experimentado sucesivos refinamientos desde la formulación originariamente propuesta por Rizzi (1997) hasta la actualidad. Los más importantes se han traducido en la inclusión de dos nuevas categorías funcionales de naturaleza muy distinta, las proyecciones SI<small>NT(ERROGATIVO)</small> y SM<small>OD(IFICADOR)</small>.

La motivación inicial que conduce a postular una categoría SI<small>NT</small> en la periferia izquierda oracional reside fundamentalmente en la distribución del complementante que introduce las interrogativas indirectas totales (*si* en español, *se* en italiano, etc.). Dicha distribución parece, de entrada, similar a la de los complementantes ubicados en SF<small>UERZA</small>:

(164) a. El inspector no sabe <u>si</u> la Castafiore cantó *La Traviata* en París.

      b. El inspector no sabe <u>que</u> la Castafiore cantó *La Traviata* en París.

Sin embargo, a diferencia de *que*, *si* puede aparecer indistintamente seguido o precedido por un tópico. Compárese a ese respecto (165) con (157):

(165) a. El inspector no sabe <u>si</u> [<small>TÓP</small> *La Traviata*] la Castafiore la cantó en París.

      b. El inspector no sabe, [<small>TÓP</small> *La Traviata*], <u>si</u> la Castafiore la cantó en París.

Y lo mismo sucede en italiano, según muestra el contraste entre (155) y (166):

(166) a. Mi domando <u>se</u>, [<small>TÓP</small> questi problemi], potremo mai affrontarli.

      'Me pregunto si estos problemas podremos afrontarlos alguna vez.'

      b. Mi domando, [<small>TÓP</small> questi problema], <u>se</u> potremo mai affrontarli.

                                   (Rizzi 2001: 289)

Por consiguiente, la distribución de los tópicos contribuye, una vez más, a desvelar la existencia de divergencias jerárquicas entre los complementantes. Estas quedarían plasmadas, en el caso del italiano, de la forma indicada en (167) –cfr. Rizzi (2013b)–[85]:

(167) a. *Che*   Tóp   …
   b. …   Tóp   *se*   Tóp   …
   c. …   …   Tóp   *di*

Además de los complementantes situados en posiciones extremas, existiría, pues, una tercera posición intermedia, ocupada por *se* (*si* en español), etiquetada como INT. Ello lleva a Rizzi a remodelar la fórmula de (163) de la manera indicada en (168):

(168) FUERZA TÓP* INT TÓP* FOC TÓP* FIN
    che/que   *se/si*   *di/de*

(Rizzi 2001: 289)

Según esta manera de ver las cosas, el nudo INT se analiza como una proyección en la que se aloja el operador de polaridad de las interrogativas totales[86] y cuya estructura, de forma congruente con el formalismo de la Teoría X' –cfr. (144)–, dispone de un núcleo reservado para el complementante interrogativo y una posición de especificador en la que se generan *in situ* un reducido número de elementos *qu-* (i. e., *perché* en italiano, etc.) con propiedades divergentes respecto de las que poseen el resto de elementos pertenecientes al citado paradigma (cfr. Rizzi 2001, 2013a, 2013b).[87]

Un argumento adicional a favor de situar FUERZA e INT en niveles jerárquicos diferentes lo proporcionan aquellos casos, como sucede en español, en que ambos nudos aparecen ocupados simultáneamente (cfr. Rizzi 2001, 2013b)[88]:

(169) a. Me preguntaron que *si* la cena estaba preparada.
    b. Luis dijo que *cuándo* vendrías.

([169b] en Brucart 1993: 89)

Las construcciones de (169) no pueden analizarse como meras variantes de sus respectivos correlatos desprovistos del nexo *que*, por cuanto

---

[85]   De acuerdo con Rizzi (2013b: 206), un modelo basado en la adjunción difícilmente podría dar cuenta de restricciones como las reflejadas en (167), ya que la selección léxica por parte de C no puede determinar sobre qué categoría –SC, SF o ambas– opera aquella. Por el contrario, "las restricciones de orden entre tópicos y partículas C derivan de forma natural de una visión articulada del dominio de C".

[86]   En opinión de Rizzi, el nudo INT no debe ser confundido con el marcador de fuerza interrogativa, que lógicamente debe aparecer en la posición jerárquica más prominente del dominio de SC, esto es, la proyección FUERZA (cfr. Rizzi 2001, 2013b).

[87]   La distribución de ciertos elementos *qu-*, como *perché* en italiano, *por qué* en español, etc., que no requieren obligatoriamente la inversión (i. e., *¿Por qué Juan lee novelas?* frente a **¿Qué Juan lee?*) –cfr. Torrego (1984)–, ha llevado a suponer que tales elementos no se desplazan a SFoco, sino que se generan directamente en la posición de especificador de una proyección más alta (SINT). Para un análisis más detallado de esta cuestión, cfr. Rizzi 2001, 2013a, y Shlonsky y G. Soare 2011.

[88]   Sobre la coaparición de complementantes ilustrada en (169), que afecta en español a ciertos verbos declarativos y de "manera de decir" (*repetir, susurrar, gritar,* etc.), véanse Brucart 1993, Suñer 1999 y Demonte y Fernández Soriano 2009, entre otros autores.

ambos tipos de estructuras poseen diferente interpretación semántica. Tal como señalan, en efecto, Brucart (1993: 89-90) y Suñer (1999: 2155ss.), solo cuando coaparecen los dos complementantes la interrogativa indirecta expresa un discurso indirecto. Si, por el contrario, únicamente emerge el nexo *que*, la subordinada posee un valor simplemente asertivo. Esa asimetría sería imputable –según observa Rizzi (2013b: 208)– al diferente valor semántico codificado por cada uno de los complementantes. Así, en (169a), *si* marca el estatuto de la subordinada como interrogativa total, mientras que el nexo *que* aporta su valor asertivo. De ahí que los verbos no declarativos que seleccionan interrogativas indirectas sean incompatibles con la doble complementación –cfr. Rizzi (2013b)–:

(170) a. Pedro ha olvidado *dónde* tenía las llaves.
     b. *Pedro ha olvidado que *dónde* tenía las llaves.

Por lo demás, los dos complementantes que figuran en (169) no son reanalizables como una única unidad. Prueba de ello es que entre ambos pueden interpolarse otros elementos (cfr. Rizzi 2013b: 208):

(171) a. Luis dijo que a Juan *dónde* lo operaban.
     b. Me preguntaron que los lunes *si* abrían los museos.

   Juntamente con los tópicos, los focos y los diversos tipos de complementantes, la periferia izquierda constituye un espacio en el que confluye una variada gama de elementos –SPs, adverbios o incluso oraciones– cuyo estatuto sintáctico sería asimilable en lo esencial al de un adjunto o modificador adverbial. Los ejemplos ingleses de (172) y sus correlatos españoles de (173) ilustran esta situación:

(172) a. I have heard that tomorrow he will fly to Paris.
     b. I know that occasionally he plays poker.
     c. I would suggest that if it rains we should abandon the game.

                                 (Radford 2006: 7)
(173) a. He oído que mañana (él) volará a París.
     b. Sé que ocasionalmente (él) juega al póquer.
     c. Yo sugeriría que, si llueve, suspendiéramos el juego.

A la vista de ello, cabe preguntarse qué posición ocupan dentro de la jerarquía sintáctica los elementos subrayados en (172)-(173). Abstracción hecha de la heterogeneidad que estos presentan, parece posible afirmar que, a pesar de la libertad posicional de que disfrutan en sus respectivas oraciones, los modificadores adverbiales antepuestos no ocupan el espacio correspondiente a la proyección de STópico. Ello es así por diferentes razones. En primer lugar, desde una perspectiva semántico-interpretativa, la relación existente entre los citados modificadores y la oración en que se integran dista de ser la existente entre un tópico y un comentario. Nótese, a ese respecto, que una construcción como (173b) no admite una paráfrasis en la que el adverbio *ocasionalmente* se interprete como un tópico (i. e., "Sé que, en cuanto a los eventos ocasionales...”). Una forma clara –señala Rizzi (2004: 238)– de poner de manifiesto el diferente estatuto informativo de los tópicos canónicos y de los modificadores adverbiales antepuestos consiste en comparar el comportamiento de ambos en las configuraciones denominadas *out of the blue* (sin contexto previo), como la pregunta de (174a), que induce a interpretar la respuesta como información nueva:

(174) a. A. ¿Qué ha pasado?
     b. B. Que la policía ha detenido al ladrón.
     c. B. #Que al ladrón la policía lo ha detenido.
     d. B. ?Que, rápidamente, la policía ha detenido al ladrón.

Según se muestra en (174c), en efecto, la presencia del sintagma topicalizado *al ladrón* inhabilita dicha oración –a diferencia de lo que sucede con el adverbio antepuesto *rápidamente* en (174d)– para funcionar como una respuesta adecuada a (174a).

En segundo lugar, las propiedades distribucionales de los tópicos y de algunos modificadores adverbiales parecen igualmente divergir si se toma en consideración su comportamiento respecto de los elementos *qu*-[89]:

(175) a. ??Rápidamente, ¿*quién* ha detenido al ladrón?
     b. Al ladrón, ¿*quién* lo ha detenido?

(176) a. ??Improvvisamente, *chi* è tornato a casa?
       'Repentinamente, ¿quién ha vuelto a casa?'
     b. Il mio libro, *chi* lo ha preso?
       'Mi libro, ¿quién lo ha cogido?'

(Rizzi 2004: 239)

Si los adverbios antepuestos en (175a) y (176a) ocuparan la posición de STÓP, como sucede con los sintagmas topicalizados en (175b) y (176b), los contrastes de (175) y de (176) serían del todo inesperados, dada la jerarquía establecida en (136).

Finalmente, cabe destacar que los modificadores adverbiales, al contrario que los tópicos, no inducen efectos de intervención. Semejante diferencia, si bien resulta poco perceptible en italiano o en español[90], da lugar a contrastes claros en inglés:

(177) a. The book that, tomorrow, I will give to Mary.
       'El libro que mañana (le) daré a Mary.'

---

[89] Los resultados que arroja esta prueba resultan poco concluyentes, como muestra la gramaticalidad de (i):

    (i) a. Mañana ¿*quién* volará a París?
      b. Durante las vacaciones, ¿*a qué hora* coméis?

El contraste entre los ejemplos de (175a), (176a) y los de (i) podría muy bien imputarse al hecho de que los adverbios de manera ocupan una posición más baja que los adverbios temporales en la arquitectura oracional (cfr. Cinque 1999).

[90] Para una discusión más detallada de este problema, véase Rizzi 2004.

b. ??The book that, <u>to Mary</u>, I will give tomorrow.
'El libro que a Mary (le) daré mañana.'

(Rizzi 2013a: 453)

Como señala Rizzi (2013a: 453), los elementos subrayados en (177) interactúan de forma diferente con el movimiento del pronombre relativo. Si bien la presencia del adverbio antepuesto en (177a) no induce efecto de intervención alguno sobre dicho movimiento, no sucede lo mismo con el constituyente topicalizado, según prueba la marginalidad de (177b). La ausencia de efectos de intervención se hace patente también, según observa Radford (2006), en (178):

(178) I must say that *the government's response*, <u>in the present crisis</u>, I find wholly unacceptable.
'Debo decir que la respuesta del gobierno, en la crisis actual, (la) considero totalmente inaceptable.'

(Radford 2006: 9)

En opinión del citado lingüista, en efecto, el modificador adverbial subrayado en (178) no bloquea el movimiento de los constituyentes topicalizados (en cursiva) a una posición superior a la que aquellos ocupan en la periferia izquierda[91].

El análisis de las propiedades de los modificadores adverbiales sugiere que la posición sintáctica que estos ocupan en su desplazamiento a la periferia izquierda no puede corresponderse con la de STópico. Cabe descartar asimismo que la proyección que los acoja sea SFoco, ya que dichos modificadores carecen habitualmente del relieve prosódico propio de los constituyentes focalizados[92]. A partir de ahí, resulta plausible postular la existencia de una categoría específica para alojar a los modificadores adverbiales. Semejante posición, que Rizzi (2004) etiqueta como MOD(IFICADOR), se halla situada entre Fuerza y Finitud, por debajo de SFoco:

(179) FUERZA TÓP* INT TÓP* FOCO **MOD*** TÓP* FIN

(Rizzi 2004: 242)

En palabras del lingüista italiano:

[...] Asumimos que la periferia izquierda puede contener núcleos MOD específicos cuya posición de especificador puede alojar adverbios; la justificación funcional de tales núcleos es que otorgan prominencia al adverbio desplazado, una propiedad que el nudo de la periferia izquierda MOD comparte con TÓP; diverge de este, sin embargo, en que no requie-

---

[91] Resulta particularmente controvertida la cuestión de si los constituyentes topicalizados se generan *in situ* en el especificador de STópico o bien ocupan dicha posición como consecuencia de una operación de movimiento. Véanse al respecto Cinque 1990, Rizzi 1997 y Rubio Alcalá 2014, entre otros autores.

[92] Los modificadores adverbiales pueden moverse también, obviamente, al especificador de SFoco, y en tal caso se comportarán como cualquier otro elemento *qu-* desplazado a dicha posición. Cfr. Rizzi 2004.

re conexión con el contexto discursivo; y diverge del Foco en que no requiere la interpretación focal contrastiva propia de la posición Foc de la periferia izquierda en Romance (Rizzi 2004: 242).

Con la representación de (179) culmina en sus aspectos esenciales el proceso de ensanchamiento de la estructura sintáctica de SC, desde su configuración originaria, básicamente asociada a las marcas de subordinación, hasta su concepción actual como espacio sintáctico que permite vertebrar las relaciones entre una amplia gama de fenómenos de la periferia izquierda de la oración, a la vez que arrojar luz sobre la interfaz entre sintaxis y pragmática.

2.12. La estructura de frase escueta

2.12.1. *Los primitivos de la Teoría X' clásica*

La presentación de la Teoría X' efectuada hasta aquí corresponde a su versión clásica, desarrollada a partir del modelo de principios y parámetros (Chomsky 1981). Más recientemente, con la adopción de los postulados minimistas a partir de Chomsky (1995a), se han replanteado algunos de sus supuestos iniciales con el objeto de derivarlos de requisitos independientes impuestos por los sistemas de interfaz. La nueva versión se conoce como *Estructura de frase escueta* ('Bare phrase structure').

Esta trayectoria es idéntica a la experimentada en otros ámbitos y representa un paso más en la simplificación del utillaje formal de la teoría. El paso del sistema irrestricto de reglas de reescritura del modelo estándar a los principios de la Teoría X' clásica que las derivaban y constreñían, supuso un impulso decisivo en esa dirección. El nuevo estadio trata de vincular tales principios a mecanismos independientes que dimanan de la función de la gramática como vínculo de conexión entre los sistemas sensomotores y de pensamiento. En (180) se reflejan los principios básicos de la Teoría X' (cfr. Fukui 2011):

(180) *Principios básicos de la Teoría X'*
    a. Estructura jerárquica
    b. Binarismo
    c. Endocentricidad
    d. Recursividad
    e. Dualidad semántica (estructura eventiva y relaciones de ámbito y estructura informativa)
    f. Niveles de proyección
    g. Etiquetado categorial

Las propiedades (180a-d) derivan de los requerimientos de la operación de ensamble y son, por lo tanto, especificaciones de diseño del sistema computacional y no propiedades específicas de la Teoría X'. A su vez, (180e) refleja una condición de los sistemas de interfaz: la de ordenar linealmente la señal fónica a partir de una estructura bidimensional que refleja tanto las dependencias predicado-argumentos-adjuntos (semántica proposicional) como las relaciones de ámbito necesarias para la interpretación de cuantificadores y operadores, así como la articulación entre tópicos y remas y focos y presuposiciones (condiciones relacionadas con la interfaz interpretativa). Antes del minimismo, la articulación entre ambos niveles se obtenía mediante dos mecanismos distintos: las reglas de estructura de frase y las transformaciones. La estructura obtenida de la aplicación de estas últimas, sin embargo, debía ajustarse al esquema X', algo que no estaba independientemente motivado. En el minimismo, todos los procesos de formación de estructura se vinculan a la operación de ensamble (en cualquiera de sus dos variantes), de modo que se unifica el procedimiento de creación de estructura.

2.12.2. *Los niveles de proyección*

Frente a la posibilidad de derivar (180a-e) de la operación de ensamble, los dos últimos apartados de (180) parecen indisolublemente ligados a especificaciones internas de la Teoría X'. Pero, desde la perspectiva minimista, (180f) resulta problemático, ya que viola la *Condición de inclusión* ('Inclusiveness Condition'), que prohíbe añadir en la derivación cualquier rasgo o información que vaya más allá de la creación de estructura por medio del ensamble[93]. Es obvio que el sistema de tres niveles impuesto por la Teoría X' clásica choca con esta restricción, ya que las proyecciones de los elementos de la numeración no forman parte de ella, sino que se añaden derivacionalmente:

(181) $[_{N'} [_N \text{esfera}] [_{SA} [_{A'} [_A \text{armilar}]]]]$

En (181), las etiquetas de las proyecciones (N', SA y A') se añaden después de que las correspondientes piezas léxicas hayan entrado en la derivación, lo que contraviene claramente la condición de inclusión. La propuesta que aporta el análisis de estructura de frase escueta es prescindir de los niveles de proyección, de modo que la etiqueta de las proyecciones reitere la información categorial del núcleo, como en (182):

(182) $[_N [_N \text{esfera}] [_A \text{armilar}]]$

En (182), el ensamble entre una pieza nominal y otra adjetival da como resultado una proyección nominal. La noción de proyección pasa a derivarse directamente de la estructura creada por el ensamble: el sintagma es el grado más alto de proyección de un núcleo y las proyecciones intermedias son los niveles existentes entre el núcleo y el sintagma. El adjetivo entra en la derivación y no se proyecta posteriormente. Por lo tanto, la etiqueta A representa a la vez un núcleo y un sintagma. En cambio, como el nombre se proyecta tras su ensamble con el adjetivo,

---

[93] En palabras de Chomsky (2000: 113), "C_{LH} no introduce rasgos nuevos", donde C_{LH} representa el sistema computacional del lenguaje humano.

el núcleo y el sintagma no coinciden, como se deduce de la existencia de dos etiquetas N. En este enfoque, la noción de proyección es relacional y se obtiene de la propia estructura, una idea que se remonta a Muysken (1982). Además, se eliminan por completo las ramificaciones unarias que se producían en el modelo anterior cuando un núcleo era el único representante del sintagma, como sucede en (182) con el adjetivo. También desaparece la fijación del número de proyecciones, que en la Teoría X' clásica está limitado a tres (X, X' y SX). Pero el establecimiento de un número rígido de niveles plantea problemas en el caso de los SN o en el de los SV encabezados por verbos ditransitivos, que admiten dos argumentos internos[94]:

(183) a. $[_D [_D la] [_N [_N [_N entrega] del diploma] a los premiados]]$
      b. $[_V [_V [_V invitó] músicos] a la fiesta]$

Lo mismo puede decirse de los especificadores si se acepta la posibilidad de que una proyección cuente con varios, siempre que el núcleo coteje los rasgos correspondientes a las unidades situadas en ellos (Chomsky 1995a)[95].

La definición relacional de las proyecciones resulta problemática en el caso de los adjuntos, ya que estos no modifican el nivel de proyección de la unidad con la que se ensamblan (normalmente un sintagma, aunque algunos autores abogan también por la posibilidad de adjuntar sintagmas a proyecciones intermedias, como se ha explicado en el § 6.3). La estructura a la que dan lugar en el sistema X' clásico es la de (184), donde SY representa la proyección categorial del adjunto:

(184) $[_{SX} SX [_{SY} Adjunto]]$

En (184), SX consta de dos segmentos (el más alto, que incluye a SY, y el inferior, que lo excluye). Esto explica la diferencia entre los adjuntos y los complementos. Los últimos están obligatoriamente incluidos en la proyección del núcleo que los selecciona. Sin embargo, en el sistema de la *Estructura de frase escueta*, resulta difícil reflejar la configuración de (184), ya que, al adoptar una definición meramente relacional de las proyecciones sintácticas, no hay modo de señalar la naturaleza de proyección máxima del elemento al que se adjunta SY. En términos de esta teoría, la estructura sería la de (185), donde solamente la proyección más alta de X se interpretaría como máxima:

---

[94] Algunos enfoques, no obstante, proponen limitar a uno el número de complementos seleccionables por un núcleo. Tal es el caso de la *sintaxis léxica* de Hale y Keyser (2002) o del modelo de la antisimetría de Kayne (1994). En estas teorías, el argumento interno de las construcciones de (183) sería un SP encabezado por *a* y esta preposición seleccionaría un especificador y un complemento. La estructura de (183b), usando el formato de frase escueta, sería la de (i):

(i) $[_V [_V invitó] [_P [_N músicos] [_P a [_D la fiesta]]]]$

En (i), el argumento interno de *invitar* denota la trayectoria del complemento directo *músicos* (figura o trayector) al complemento de régimen *la fiesta* (el fondo o punto de referencia de la relación). En este capítulo no usamos esta variante de análisis.

[95] Grohmann (2001) argumenta en contra de los especificadores múltiples. La evidencia a favor de estos atañe a los núcleos funcionales Sv –como lugar en el que se plasma la Generalización de Burzio–, ST –para las construcciones de sujeto múltiple del japonés o el hebreo– y SC –para el ascenso múltiple de elementos interrogativos de las lenguas eslavas–.

(185) [$_X$ X [$_Y$ Adjunto]]

Para resolver el problema, se han propuesto diversas estrategias. Chomsky (1995b) remite a la diferencia existente entre el ensamble conjuntivo ('set merge'), que crea posiciones de especificador y complemento bajo requisitos de selección, y el ensamble de pares ('pair merge'), que crea estructuras de adjunción (cfr. § 8). En el último caso, la estructura de (185) sería la de (186), donde <X, X> es una proyección bisegmental creada por adjunción. Eso permitiría interpretar X como proyección máxima:

(186) [$_{<X, X>}$ X [$_Y$ Adjunto]]

Nótese que la etiqueta <X, X> de (186) es meramente un recurso notacional para señalar la clase de operación computacional que ha dado lugar a esa proyección. No puede ser propiamente una etiqueta creada derivacionalmente, ya que en tal caso violaría la *Condición de inclusión* (cfr. Irurtzun y Gallego 2007). Por su parte, Hornstein y Nunes (2008: 66) abogan por un doble análisis estructural de los adjuntos. Su particularidad sería que son elementos que se concatenan a una proyección sin proyectar una etiqueta, como se representa en (187), tomado de estos autores:

(187) a. [$_V$ [$_V$ eat^the-cake]^in-the-yard]
    'comer el pastel en el patio'
    b. [$_V$ eat^the-cake]^in-the-yard

La falta de etiquetado de los adjuntos les impide entrar en operaciones de valoración de rasgos, lo que explica su particular naturaleza. Además, la proyección con la que se ensamblan puede o no incluirlos, dando lugar respectivamente a (187a) y (187b). Su integración o no en la proyección del elemento con el que se ensamblan predice el peculiar comportamiento sintáctico de los adjuntos[96].

2.12.3. *El etiquetado*

Como se ha visto, la *Estructura de frase escueta* supone un cambio importante en lo referente a los niveles de proyección del núcleo. En este apartado examinaremos las consecuencias que implica para otro de los supuestos básicos de la X': el etiquetado de las proyecciones. Dada la condición de inclusión, no resulta claro qué mecanismo permite proyectar la información categorial como resultado de las operaciones de ensamble. Si la información de entrada para el primer ensamble es la correspondiente pieza léxica tomada de la numeración, debería prescindirse

---

[96] Por ejemplo, la extracción o la elipsis permiten incluir o no el adjunto en la operación. Hornstein y Nunes (2008: 66) contrastan la buena formación de *Eat the cake he did in the yard* ('Comer el pastel es lo que él hizo en el patio') y *Eat the cake in the yard he did* ('Comer el pastel en el patio es lo él que hizo') con *Eat he did the cake in the yard* (*'Comer es lo que él hizo el pastel en el patio').

de cualquier otra información no presente en ese estadio inicial. Chomsky (1995b) propone sustituir las etiquetas categoriales por la de la unidad léxica. Así, por ejemplo, la representación de (183b) sería (188):

(188)

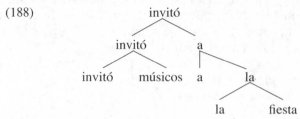

En (188) se refleja cuál es el núcleo de cada operación de ensamble, sin información categorial añadida[97]. La posibilidad de eliminarla se debe a que el núcleo determina en cada caso el tipo de proyección obtenida: así, en (188) el resultado es un predicado verbal (SV), compuesto por el núcleo y los dos complementos internos seleccionados.

Un aspecto especialmente debatido en la bibliografía es si las operaciones de ensamble actúan de manera espontánea o si hay algún elemento que las desencadena. En la presentación fundacional del minimismo (Chomsky 1995a) se opta por la primera variante, bajo el supuesto de que el ensamble es una operación sin coste e imprescindible en un sistema composicional. Sin embargo, al incorporarse a esta operación las variantes internas de ensamble, que suponen la existencia de un mecanismo de valoración de rasgos entre una sonda y una meta, algunos autores han abogado por concebir también el Ensamble Externo como una operación sujeta a la selección y la valoración de rasgos[98]. En consonancia con esta tendencia, Chomsky (2008: 139) propone asignar a todas las piezas léxicas susceptibles de entrar en operaciones de ensamble un rasgo no interpretable de *filo* ('edge feature'), que funcionaría como sonda en las operaciones de Ensamble Externo, del mismo modo que un rasgo idéntico rige los procesos de movimiento. No obstante, tal rasgo presenta algunas características peculiares. En primer lugar, disponen de él prácticamente todas las piezas léxicas (con la sola excepción de las que no entran en operaciones de ensamble, como ciertas interjecciones). Por otra parte, pese a ser no interpretable, el rasgo de filo no debe eliminarse en la primera operación de ensamble, dado que los núcleos pueden ensamblarse externamente más de una vez, como sucede en (188) con el verbo *invitó*. Ello convierte este rasgo en controvertido. En palabras de Fukui (2011: 86), "parece natural concluir que el rasgo de filo no es en sí mismo un rasgo léxico, sino más bien un término que describe las propiedades generales del ensamble".

---

[97] En el modelo de la Morfología Distribuida (Harley y Noyer 1999), la información categorial de las piezas léxicas se obtiene sintácticamente: la etiqueta categorial, que funciona como un núcleo funcional, se ensambla a una raíz léxica. El repertorio de piezas que pueden entrar en la derivación se compone de las etiquetas categoriales, los elementos funcionales y las raíces. En este modelo, por lo tanto, la presencia de la información categorial no plantea problemas para la condición de inclusión.

[98] Véase Fukui (2011) para una exposición detallada de esta controversia.

En el contexto de estas discusiones no es de extrañar que algunos autores hayan propuesto la eliminación de las etiquetas resultantes del ensamble. Collins (2002) argumenta que un modelo estrictamente derivacional puede prescindir de los mecanismos de etiquetado, más propios de modelos representacionales que deben retener información de estadios anteriores de la computación. Su propuesta consiste en eliminar la noción categorial de núcleo sintagmático y sustituirla por las propiedades de selección y subcategorización que caracterizan a las sondas. La secuencia de operaciones de ensamble se deduce de aquellas: mientras una pieza léxica tenga algún rasgo que cotejar, actuará como sonda, y solamente cuando hayan sido satisfechas todas sus propiedades selectivas, será susceptible de funcionar como meta de otras operaciones de ensamble. Por lo tanto, en este modelo es crucial suponer que las operaciones de Ensamble Externo están desencadenadas por procesos de valoración de rasgos. Para Narita (2014), que también prescinde de los procesos de etiquetado, es el *rasgo de filo* propuesto en Chomsky (2008) el que activa las operaciones de ensamble. Frente a estas versiones, Boeckx (2008) y Hornstein (2009) defienden el carácter primitivo del etiquetado como mecanismo que asegura la naturaleza asimétrica de las operaciones de ensamble, que siempre concatenan un núcleo y un no núcleo. Para una revisión de las distintas propuestas en torno al etiquetado de los constituyentes sintácticos, véase Fukui y Narita (2014).

Finalmente, abordaremos la posibilidad de que en ciertos casos el núcleo que se proyecta pueda variar. Donati y Cecchetto (2011) presentan un caso de conflicto de etiquetado que afecta a construcciones como las de (189):

(189) a. I read [$_{SD}$ what you read ~~what~~]
 'Leí lo que tú léiste.'

 b. I wonder [$_{SC}$ what you read ~~what~~]
 'Me pregunto qué léiste.'

En (189) se ha producido el Ensamble Interno de *what* al especificador de la cláusula subordinada –una relativa libre en (189a) y una interrogativa indirecta en (189b)–. Una vez formada la subordinada, el verbo matriz *read* de (189a) activa la selección de su argumento interno, que debe ser un SD (cfr. *Leí un libro*). La posibilidad de que la relativa libre satisfaga tales requisitos la explican estos autores por el hecho de que, una vez ensamblado el relativo en la posición de especificador de SC, sus rasgos pronominales pueden proyectarse en la etiqueta del constituyente así formado, de modo que el valor que adquiere la subordinada es el de SD[99]. Por el contrario, el verbo *wonder* selecciona subordina-

---

[99] En el análisis clásico de estas construcciones, la naturaleza nominal de la construcción se explica proponiendo la existencia de un antecedente pronominal vacío *(pro)*, de modo que la estructura sería (i):

(i) [$_{SD}$ pro [$_{SC}$ what you read ~~what~~]]

En la propuesta de Donati y Cecchetto (2011) se prescinde del pronominal vacío.

das interrogativas indirectas, por lo que lo que se proyecta en (100b) es la etiqueta SC correspondiente a una subordinada.

Como colofón sumario a esta presentación de las ideas que subyacen a la *Estructura de frase escueta,* cumple mencionar la conclusión a la que llega Chomsky en un trabajo dedicado a revisarla (1995b: 101): "Parece que podemos tener la esperanza de eliminar casi por completo la teoría de la estructura sintagmática y derivar sus propiedades de supuestos firmemente asentados".

■ Bibliografía

ABNEY, D. (1987), *The English noun phrase in its sentential aspect,* tesis doctoral, MIT.

ADGER, D. (2003), *Core syntax. A minimalist approach,* Oxford, Oxford University Press.

BAKER, M. (1985), «The Mirror Principle and Morphosyntactic Explanation», *Linguistic Inquiry* 16, 3, pp. 373-415.

BELLETTI, A. (1988), «The Case of Unaccusatives», *Linguistic Inquiry* 19, 1, pp. 1-35.

— (1990), *Generalized verb movement: aspects of verb syntax,* Turín, Rosenberg y Sellier.

BENINCÀ, P. y C. POLETTO (2004), «Topic, Focus, and V2. Defining the CP sublayers», en L. Rizzi (ed.), *The Structure of CP and IP,* Oxford, Oxford University Press, pp. 52-75.

BERNSTEIN, J. (2001), «The DP hypothesis», en M. Baltin y C. Collins (eds.), *The handbook of contemporary syntactic theory,* Oxford y Malden, Mass., Blackwell, pp. 536-561.

BOECKX, C. (2008), *Bare Syntax,* Oxford, Oxford University Press.

BORER, H. (1984), *Parametric Syntax,* Dordrecht, Foris.

BOSQUE, I. (1989a), *Las categorías gramaticales,* Madrid, Síntesis.

— (1989b), «Clases de sujetos tácitos», en J. Borrego *et al.* (eds.), *Philologica, II. Homenaje a D. Antonio Llorente,* Salamanca, Ediciones Universidad de Salamanca, pp. 91-111.

— y J. GUTIÉRREZ-REXACH (2009), *Fundamentos de sintaxis formal,* Madrid, Akal.

BOWERS, J. (1993), «The syntax of predication», *Linguistic Inquiry* 24, pp. 591-656.

BRESNAN, J. (1970), «On complementizers: towards a syntactic theory of complement types», *Foundations of Language* 6, pp. 297-321.

— (1976), «Nonarguments for raising», *Linguistic Inquiry* 7, pp. 485-501.

BRUCART, J. M. (1993), «Sobre la estructura de *SCOMP* en español», en A. Viana (ed.), *Sintaxi. Teoria i perspectives,* Lleida, Pagès editors, pp. 59-102.

— (2003), «Adición, sustracción y comparación: un análisis composicional de las construcciones aditivo-sustractivas del español», en F.

Sánchez Miret (ed.), *Actas del XXIII Congreso Internacional de Lingüística y Filología Románica,* vol. I, Tübingen, Max Niemeyer, pp. 11-60.

— (2009), «Patrones formales e interpretación: el funcionamiento de *más* en español», en J. L. Jiménez Ruiz y L. Timofeeva (eds.), *Estudios de Lingüística: Investigaciones Lingüísticas del siglo XXI,* Alicante, Universidad de Alicante, pp. 13-43.

— y Á. J. GALLEGO (eds.) (2012), *El movimiento de constituyentes,* Madrid, Visor.

BURZIO, L. (1986), *Italian syntax: A government-binding approach,* Dordrecht, Reidel.

CARNIE, A. (2007), *Syntax: A Generative Introduction,* Oxford, Blackwell.

— (2010), *Constituent Structure, 2nd edition,* Oxford, Oxford University Press.

CHOMSKY, N. (1957), *Syntactic structures,* La Haya, Mouton.

— (1965), *Aspects of the theory of syntax,* Cambridge, Mass., MIT Press.

— (1981), *Lectures on government and binding,* Dordrecht, Foris.

(1995a), *The minimalist program,* Cambridge, Mass., MIT Press.

— (1995b), «Bare phrase structure», en H. Campos y P. Kempchinsky (eds.), *Evolution and Revolution in Linguistic Theory,* Washington DC, Georgetown University Press, pp. 51-109.

— (2000), «Minimalist Inquiries: The framework», en R. Martin, D. Michaels, y J. Uriagereka (eds.), *Step by step: Essays on minimalist syntax in honor of Howard Lasnik,* Cambridge, Mass., MIT Press, pp. 89-156.

— (2001), «Derivation by phase», en M. Kenstowicz (ed.), *Ken Hale: a life in language,* Cambridge, Mass., MIT Press, pp. 1-52.

— (2008), «On Phases», en R, Freidin, C. P. Otero y M. L. Zubizarreta (eds.), *Foundational Issues in Linguistic Theory. Essays in Honor of J.-R. Vergnaud,* Cambridge, Mass., MIT Press, pp. 133-166.

CINQUE, G. (1990), *Types of A'-dependencies,* Cambridge, Mass., MIT Press.

— (1999), *Adverbs and functional heads: a cross-linguistic perspective,* Oxford, Oxford University Press.

y L. RIZZI (2010), «The cartography of syntactic structures», en B. Heine y H. Narrog (eds.), *The Oxford handbook of linguistic analysis,* Oxford, Oxford University Press, pp. 51-65.

CITKO, B. (2008), «Missing labels», *Lingua* 118, pp. 907-944.

COLLINS, C. (2002), «Eliminating labels», en S. D. Epstein y T. D. Seely (eds.), *Derivation and explanation in the minimalist program,* Malden, Mass., Blackwell, pp. 42-64.

DE VRIES, M. (2005), «Merge: Properties and Boundary Conditions», en J. Doetjes y J. van de Weijer (eds.), *Linguistics in the Netherlands,* pp. 219-230.

DEMONTE, V. y O. FERNÁNDEZ-SORIANO (2009), «Force and finiteness in the Spanish complementizer system», *Probus* 21, pp. 23-49.

DEN DIKKEN, M. y C. TORTORA (eds.) (2005), *The function of function words and functional categories,* Amsterdam, John Benjamins.

DEPIANTE, M. y L. VICENTE (2012), «El movimiento y la morfología del verbo», en J. M. Brucart y Á. J. Gallego (eds.), *El movimiento de constituyentes,* Madrid, Visor, pp. 95-106.

DONATI, C. y C. CECCHETTO (2011), «Relabeling Heads. A Unified Account for Relativization Structures», *Linguistic Inquiry* 42, pp. 519-560.

EGUREN, L. y O. FERNÁNDEZ SORIANO (2004), *Introducción a una sintaxis minimista,* Madrid, Gredos.

EMONDS, J. (1978), «The verbal complex V'-V in French», *Linguistic Inquiry* 8, pp. 151-175.

ETXEPARE, R. y M. URIBE-ETXEBARRIA (2005), «*In situ* wh-phrases in Spanish: locality and quantification», *Recherches Linguistiques de Vincennes* 33, pp. 9-34.

FABRA, P. (1956), *Gramàtica Catalana,* Barcelona, Teide.

FERNÁNDEZ RAMÍREZ, S. (1951), *Gramática española,* Madrid, Revista de Occidente [reed. crítica y ampliada a cargo de I. Bosque y J. Polo, Madrid, Arco Libros 4, *El verbo y la oración* (1986)].

FREGE, G. (1892), «Über Sinn und Bedeutung», *Zeitschrift für Philosophie und philosophische Kritik* 100, pp. 25-50 [trad. inglesa: «On sense and reference», en P. T. Geach y M. Black (eds.), *Translations from the Philosophical Writings of Gottlob Frege,* Oxford, Blackwell, 1952, pp. 56-78].

FUKUI, N. (1986), *A theory of category projection and its applications,* tesis doctoral, MIT.

— (2001), «Phrase Structure», en M. Baltin y C. Collins (eds.), *The handbook of contemporary syntactic theory,* Oxford, Blackwell, pp. 374-406.

— (2011), «Merge and Bare Phrase Structure», en C. Boeckx (ed.), *The Oxford Handbook of Linguistic Minimalism,* Oxford, Oxford University Press, pp. 73-95.

— y H. NARITA (2014), «Merge, labeling, and projection», en A. Carnie, Y. Sato y D. Siddiqi (eds.), *The Routledge Handbook of Syntax,* Londres, Routledge, pp. 3-23.

GRIMSHAW, J. (1991), *Extended Projection,* manuscrito no publicado, Brandeis University, Waltham, Mass.

GROHMANN, K. K. (2001), «"Natural relations": A Note in X'-Structure», *ZAS Papers in Linguistics* 21, pp. 67-87.

HAEGEMAN, L. (2000), «Negative preposing, negative inversion, and the split CP», en L. Horn y Y. Kato (eds.), *Negation and polarity,* Nueva York, Oxford University Press, pp. 21-61.

— (2006), *Thinking Syntactically. A Guide to Argumentation and Analysis,* Oxford, Blackwell.

— (2012), *Adverbial Clauses, main clause phenomena and the composition of the left periphery, The cartography of syntactic structures,* 8, Oxford, Oxford University Press.

HALE, K. y S. K. KEYSER (2002), *Prolegomenon to a Theory of Argument Structure,* Cambridge, Mass., MIT Press.

HARLEY, H. y R. NOYER (1999), «Distributed morphology», *GLOT International* 4, pp. 3-9.

HERNANZ, M. L. (2007), «From Polarity to Modality. Some (a)symmetries between *bien* and *sí* in Spanish», en L. Eguren y O. Fernández Soriano (eds.), *Coreference, modality, and focus,* Amsterdam, John Benjamins, pp. 133-169.

— (2010), «Assertive *bien* in Spanish and the left periphery», en P. Benincà y N. Munaro (eds.), *Mapping the Left Periphery,* Oxford, Oxford University Press, pp. 19-62.

— (2012), «Sobre la periferia izquierda y el movimiento: el complementante *si* en español», en J. M. Brucart y Á. J. Gallego (eds.), *El movimiento de constituyentes,* Madrid, Visor, pp. 151-171.

HORNSTEIN, N. (2009), *A Theory of Syntax: Basic Operations and the Minimalist Program,* Cambridge, Cambridge University Press.

— y J. NUNES (2008), «Adjunction, labeling and bare phrase structure», *Biolinguistics* 2, 1, pp. 57-86.

—, J. NUNES y K. K. GROHMANN (2005), *Understanding Minimalism,* Cambridge, Cambridge University Press.

IRURTZUN, A. y Á. J. GALLEGO (2007), «Consequences of Pair-Merge at the Interfaces», *ASJU: International Journal of Basque Linguistics and Philology* XLI, 2, pp. 179-200.

KAYNE, R. S. (1984), *Connectedness and binary branching,* Dordrecht, Foris.

— (1989), «Facets of Romance Past Participle Agreement», en P. Benincà (ed.), *Dialect Variation and the Theory of Grammar,* Dordrecht, Foris, pp. 85-103.

— (1994), *The antisymmetry of syntax,* Cambridge, Mass., MIT Press.

— (1998), «Overt vs. covert movement», *Syntax* 1, 2, pp. 128-191.

KOOPMAN, H. y D. SPORTICHE (1991), «The position of subjects», *Lingua* 85, pp. 211-258.

KOOPMAN, H. y A. SZABOLCSI (2000), *Verbal complexes,* Cambridge, Mass., MIT Press.

LANGACKER, R. (1969), «Pronominalization and the chain of command», en D. Reibel y S. Schane (eds.), *Modern studies in English: Readings in transformational grammar,* Englewood Cliffs, NJ, Prentice Hall, pp. 160-200.

LARSON, R. K. (1988), «On the double object construction», *Linguistic Inquiry* 19, pp. 335-391.

MATUSHANSKY, O. (2006), «Head movement in linguistic theory», *Linguistic Inquiry* 37, pp. 69-109.

MENDÍVIL GIRÓ, J. L. (1999), *Las palabras disgregadas. Sintaxis de las expresiones idiomáticas y los predicados complejos,* Zaragoza, Prensas Universitarias.

NARITA, H. (2014), *Endocentric Structuring of Projection-Free Syntax,* Amsterdam, John Benjamins.

NEWSON, M. *et al.* (2006), *Basic English syntax with exercises,* Budapest, Bölcsész Konzorcium [http://mek.oszk.hu/05400/05476/05476.pdf]

PESETSKY, D. (2013), «Phrasal Movement and Its Discontents: Diseases and Diagnoses», en L. L.-S. Cheng y N. Corver (eds.), *Diagnosing Syntax,* Oxford, Oxford University Press, pp. 123-157.

PESETSKY, D. y E. TORREGO (2001), «T-to-C movement: Causes and consequences», en M. Kenstowicz (ed.), *Ken Hale: A life in language,* Cambridge, Mass., MIT Press, pp. 355-426.

POLLOCK, J.-Y. (1989), «Verb movement, Universal Grammar, and the structure of IP», *Linguistic Inquiry* 20, pp. 365-424.

RADFORD, A. (1988), *Transformational grammar,* Cambridge, Cambridge University Press.

— (1997), *Syntactic Theory and the Structure of English. A Minimalist Approach,* Cambridge, Cambridge University Press.

RADFORD, A. (2006), *Minimalist syntax revisited* [http://courses.essex.ac.uk/lg/lg514].

REINHART, T. M. (1976), *The Syntactic Domain of Anaphora,* tesis doctoral, MIT.

RICHARDS, M. (2009), «Internal Pair-Merge: The Missing Mode of Movement», *Catalan Journal of Linguistics* 8, pp. 55-73.

RIZZI, L. (1988), «Acerca de la uniformidad estructural de las categorías sintácticas», *Revista Argentina de Lingüística* 4, 1-2, pp. 3-23.

— (1990), *Relativized Minimality,* Cambridge, Mass., MIT Press.

— (1997), «The fine structure of the left periphery», en L. Haegeman (ed.), *Elements of grammar. Handbook in generative syntax,* Dordrecht, Kluwer, pp. 281-337.

— (2001), «On the position *Int(errogative)* in the left periphery of the clause», en G. Cinque y G. Salvi (eds.), *Current studies in Italian syntax. Essays offered to Lorenzo Renzi,* Amsterdam, Elsevier, pp. 287-296.

— (2004), «Locality and left periphery», en A. Belletti (ed.), *Structures and beyond,* Oxford, Oxford University Press, pp. 223-251.

— (2013a), «The functional structure of the sentence, and cartography», en M. den Dikken (ed.), *The Cambridge Handbook of Generative Syntax,* Cambridge, Cambridge University Press, pp. 425-457.

— (2013b), «Notes on cartography and further explanation», *Probus* 25, pp. 197-226.

— (2013c), «Introduction: Core Computational Principles in Natural Language Syntax», *Lingua* 130, pp. 1-13.

ROBERTS, I. (1997), *Comparative Syntax,* Londres, Arnold.

ROUSSOU, A. (2010), «Selecting complementizers», *Lingua* 120, pp. 582-603.

ROSENBAUM, P. (1967), *The Grammar of English Predicate Complement Constructions,* Cambridge, Mass., MIT Press.

RUBIN, E. (2003), «Determining pair-merge», *Linguistic Inquiry* 34, 4, pp. 660-668.

RUBIO ALCALÁ, C. (2014), *Syntactic Constraints on Topicalization Phenomena,* tesis doctoral, UAB.

SHLONSKY, U. (2010), «The cartographic enterprise in syntax», *Language and Linguistics Compass* 4, 6, pp. 417-429. También en http://dx.doi.org/10.1111/j._

SHLONSKY, U. y G. SOARE (2011), «Where's *why?*», *Linguistic Inquiry* 42, pp. 651-669.

STOWELL, T. (1981), *Origins of Phrase Structure,* tesis doctoral, MIT.

— (1983), «Subjects across categories», *The Linguistic Review* 2, pp. 285-312.

SUÑER, M. (1999), «La subordinación sustantiva: la interrogación indirecta», en I. Bosque y V. Demonte (eds.), *Gramática descriptiva de la lengua española,* Madrid, Espasa, pp. 2.149-2.195.

THIERSCH, D. (1985), *VP and Scrambling in the German Mittelfeld,* ms., Universität Köln y University of Connecticut.

TORREGO, E. (1984), «On inversion in Spanish and some of its effects», *Linguistic Inquiry* 15, pp. 103-129.

TRAVIS, L. de M. (2014), «The integration, proliferation, and expansion of functional categories: an overview», en A. Carnie, Y. Sato y D. Siddiqi (eds.), *The Routledge Handbook of Syntax,* Londres, Routledge, pp. 42-64.

WERNING, M., W. HINZEN y E. MACHERY (eds.) (2012), *The Oxford Handbook of Compositionality,* Oxford, Oxford University Press.

WILTSCHKO, M. (2014), *The Universal Structure of Categories. Towards a Formal Typology,* Cambridge, Cambridge University Press.

ZUBIZARRETA, M. L. (1999), «Las funciones informativas: Tema y Foco», en I. Bosque y V. Demonte (eds.), *Gramática Descriptiva de la Lengua Española,* Madrid, Espasa, pp. 4.217-4.242.

3

La estructura argumental[1]

Jaume Mateu
Universitat Autònoma de Barcelona - Centre de Lingüística Teòrica

3.1. Introducción. La estructura argumental y la interfaz léxico-sintaxis

La estructura argumental se ha concebido a menudo como un nivel de interfaz entre la semántica léxica y la sintaxis en el que se codifican el número de argumentos que selecciona el predicado y la jerarquía que se establece entre ellos. De acuerdo con la concepción clásica, un predicado es una función que necesita saturarse mediante uno o más argumentos, los cuales tendrán que recibir los papeles temáticos o roles semánticos correspondientes. Un argumento es un constituyente que requiere un papel temático y que ocupa una posición argumental en la sintaxis. La lista habitual de papeles temáticos suele rondar la docena, llegando incluso a veces a superarla: p. e., *agente, causa, paciente, tema, experimentante, destinatario, beneficiario, origen, meta, locativo, vía, cantidad, instrumento* y *comitativo*. No es fácil proporcionar una lista finita ni tampoco una definición precisa de cada uno de ellos (p. e., cfr. Gruber 1965/1976, Fillmore 1968, 1977, Gràcia 1989, y Bosque y Gutiérrez-Rexach 2009, entre otros).

Según el número de argumentos seleccionados, se suele proponer que los predicados pueden clasificarse en Ø-argumentales o avalentes (p. e., [1a]), monoargumentales o monovalentes (p. e., [1b]), biargumentales o bivalentes (p. e., [1c]) y triargumentales o trivalentes (p. e.,

[1] La elaboración de este trabajo se ha beneficiado de los proyectos de investigación FFI2011-23356, FFI2014-56968-C4-1P (Ministerio de Economía y Competitividad) y 2014SGR1013 (Generalitat de Catalunya). Estoy en deuda con dos revisores anónimos por haberme ayudado a mejorar el presente capítulo con sus sugerencias, opiniones y comentarios constructivos. Quiero agradecer también a Ángel J. Gallego su constante apoyo así como su inestimable confianza.

[1d])[2]. Los elementos que no son seleccionados semánticamente por el predicado son considerados *adjuntos* (p. e., cfr. [1d]: <u>*Ayer* Pedro metió la mesa en el maletero *con fuerza/con la ayuda de Pepe/voluntariamente/porque se lo dijo su padre*/…</u>).

(1) a. Nevó. Tronó.

b. [Pedro]$_{AGENTE}$ trabajó; [Pedro]$_{PACIENTE}$ nació.

c. [El viento]$_{CAUSA}$ abrió [la puerta]$_{TEMA}$; [Pedro]$_{AGENTE}$ insistió [en su propuesta]$_{TEMA}$

d. [Pedro]$_{AGENTE}$ metió [la mesa]$_{TEMA}$ [en el maletero]$_{LOCATIVO}$; [Pedro]$_{AGENTE}$ regaló [flores]$_{TEMA}$ [a María]$_{META}$

Aunque la estructura argumental se ejemplifica a menudo con predicados de naturaleza verbal, se suele proponer que el concepto de predicado es una noción *transcategorial,* por lo que no solo los verbos tienen estructura argumental sino que también pueden tenerla, por ejemplo, los adjetivos o los sustantivos[3]. Así, Bosque y Gutiérrez-Rexach (2009: 268) proponen que hay predicados avalentes como *(estar) oscuro* (cfr. [2a]), predicados monovalentes como *constante* y *risa* (cfr. [2b]), predicados bivalentes como *contento* y *búsqueda* (cfr. [2c]), y predicados trivalentes como *superior* y *reparto* (cfr. [2d]).

(2) a. Era de noche y estaba *oscuro*.

b. [La velocidad]$_{TEMA}$ es *constante*; La *risa* [de los dioses]$_{AGENTE}$

c. [Juan]$_{EXPERIMENTANTE}$ estaba *contento* [con su trabajo]$_{TEMA}$; [Nuestra]$_{AGENTE}$ *búsqueda* [de alguna solución]$_{TEMA}$

d. [Pepito]$_{TEMA}$ era *superior* [a todos nosotros]$_{LOCATIVO}$ [en los cien metros lisos]$_{CANTIDAD}$; [Su]$_{AGENTE}$ particular *reparto* [de la ayuda recibida]$_{TEMA}$ [entre las personas necesitadas]$_{META}$

Vale la pena apuntar también que hay autores que defienden incluso la existencia de predicados tetravalentes. Así, por ejemplo, Bosque y Gutiérrez-Rexach (2009: 268) proponen que los predicados *comprar* en (3a), *transportable* en (3b) y *viaje* en (3c) son tetravalentes.

(3) a. [Juan]$_{AGENTE}$ le *compró* [a Pedro]$_{ORIGEN}$ [su actual coche]$_{TEMA}$ [por un precio muy razonable]$_{CANTIDAD}$

b. [Esta mercancía]$_{TEMA}$ no es *transportable* [desde Cádiz]$_{ORIGEN}$ [hasta Barcelona]$_{META}$ [por carreteras secundarias]$_{VÍA}$

c. [Tu]$_{AGENTE}$ *viaje* [de París]$_{ORIGEN}$ [a Moscú]$_{META}$ [por Frankfurt]$_{VÍA}$

Probablemente, otros autores propondrían que son adjuntos algunos de estos sintagmas preposicionales (p. e., *por un precio muy razonable* en [3a], *desde Cádiz, hasta Barcelona* y *por carreteras secundarias* en [3b] y *de París, a Moscú* y *por Frankfurt* en [3c]). No obstante, si se asume que los predicados seleccionan sus argumentos en función de su signi-

---

[2] Cfr. Tesnière 1959, para la noción originaria de valencia verbal.

[3] Espinal (1988) propone también que adverbios como *voluntariamente* son predicados que seleccionan un agente. De acuerdo con esta autora, los papeles temáticos adjuntos no son incompatibles con los papeles temáticos argumentales (cfr. también Zubizarreta 1987).

ficado, la propuesta de Bosque y Gutiérrez-Rexach (2009: 270) de considerar no adjuntos los susodichos SSPP parece coherente con la idea de que, sin tales argumentos, la acción que expresan sus respectivos predicados tetravalentes no se puede *concebir* (véase Jackendoff 1990, 2002, para una discusión del significado como una representación *conceptual*)[4].

En efecto, tal debate se relaciona con el hecho de si hay que considerar argumento o adjunto el SP en ejemplos tales como los de (4) (cfr. la distinción entre complemento de régimen verbal y complemento circunstancial de la gramática tradicional; véase Gallego 2010a, b).

(4) a. Juan llenó el depósito *de agua*.
    b. Chomsky habló *de lingüística*.

Una vez más, si consideramos que la estructura argumental es un reflejo de la estructura lógica o conceptual (cfr. Bosque y Gutiérrez-Rexach 2009: 270: "el conjunto de argumentos de un predicado –esto es, su estructura argumental– representa un esqueleto de su propia definición"), no parece que exista inconveniente alguno a la hora de proponer que los SSPP de (4a) y (4b) sean argumentos, puesto que se puede defender que las acciones de *llenar* y de *hablar* en (4) no se pueden concebir sin ellos[5].

Llegados a este punto, la cuestión es si la estructura argumental se tiene que definir sobre la base de los participantes implicados en la escena conceptual asociada al predicado o más bien hay que definirla

---

[4] No obstante, Bosque y Gutiérrez-Rexach (2009: 269) insisten en que la distinción entre argumento y adjunto no es meramente conceptual, sino que forma parte de la sintaxis. Así, por ejemplo, según estos autores, la diferencia entre (ia) y (ib) tiene que ver con el hecho gramatical de que *foto,* como nombre de representación (ingl. *picture noun*), posee un argumento interno, mientras que *reloj* no es un predicado, por lo que no tiene argumentos.

    (i) a. La mujer de la que vi una foto.
       b. *La mujer de la que vi un reloj.

En efecto, aunque la distinción entre argumento y adjunto pueda tener una base conceptual (véase Jackendoff 1990), parece claro que en muchos casos tal distinción tiene repercusiones sintácticas. Así, por ejemplo, es sabido también que las extracciones desde adjuntos no son posibles porque estos se comportan como islas sintácticas: p.e., cfr. el contraste siguiente de (iia)-(iib), extraído de Bosque y Gutiérrez-Rexach 2009: 286, que demuestra que el verbo *vivir* tiene un argumento interno locativo, mientras que *almorzar* va seguido de un adjunto. Dicho en términos tradicionales: *cerca de esta calle* es un complemento de régimen verbal en (iia) pero un complemento circunstancial de lugar en (iib).

    (ii) a. La calle de la que vivíamos cerca. Cfr. *Vivíamos cerca de esta calle*.
       b. *La calle de la que almorzábamos cerca. Cfr. *Almorzábamos cerca de esta calle*.

[5] En coherencia con la propuesta de considerar triargumental el verbo deadjetival *llenar,* Bosque y Gutiérrez-Rexach (2008: 268) proponen que el adjetivo *lleno* es un predicado biargumental. En efecto, es difícil *concebir* este predicado adjetival sin la existencia de un contenedor y un continente. No obstante, como veremos en el siguiente apartado, este hecho conceptual no determina la estructura argumental básica del adjetivo *lleno,* que no es diferente de la de otro adjetivo como *gordo,* que, conceptualmente, se puede definir, a diferencia de *lleno,* como un predicado monoargumental.

en relación con los sintagmas que ocupan posiciones argumentales en la codificación sintáctica de la estructura eventiva (cfr. Hale y Keyser 1993, 2002; Harley 1995, 2011; Mateu 2002; Marantz 2013, o Acedo Matellán y Mateu 2014, entre otros). Tal como propone Mateu (2002), de acuerdo con la primera visión, se puede considerar que los SSPP de (4) son argumentos, mientras que, de acuerdo con la segunda, no lo son. Así, por ejemplo, se puede argumentar que los SSPP de (4) son adjuntos en el sentido de que no forman parte de las estructuras argumentales básicas de los verbos *llenar* y *hablar*. En efecto, como veremos en el siguiente apartado, la estructura argumental básica de estos dos verbos no es diferente de la de los verbos *engordar* y *trabajar,* respectivamente[6].

No obstante, antes de concentrarnos en la visión sintáctica de la estructura argumental que se expone en algunos trabajos recientes basados en el influyente programa haleykeyseriano[7], es conveniente revisar, aunque sea brevemente, algunas nociones preliminares sobre la estructura argumental. Así, para empezar, de acuerdo con la Teoría Temática clásica, cabe decir que los núcleos léxicos predicativos seleccionan los papeles temáticos en sus entradas léxicas correspondientes. Por ejemplo, en la entrada léxica del predicado biargumental *abrir,* ejemplificada (y simplificada) en (5), se codifica la siguiente información idiosincrásica: si se quiere saturar el significado de este predicado biargumental, se tendrá que especificar que el evento expresado por el predicado implica una causa (el elemento que provoca el cambio de estado) y también un tema (el elemento que padece el cambio).

(5)
    abrir
    V
    ___ SDet
    {causa, tema}

---

[6] Como veremos más adelante, la descomposición léxico-sintáctica de un verbo causativo de cambio de estado (e. g., *llenar, engordar,* etc.) puede dar cuenta del hecho de que el SP *de agua* en (4a) es un adjunto bajo que modifica solo el estado resultante *(lleno),* mientras que el SP *con agua* en *Juan llenó el depósito con agua* es un adjunto más alto que modifica el evento causativo en el que participa el agente. Tal diferencia explica, por ejemplo, por qué el ejemplo de (ia) es ambiguo pero el de (ib) no: (ia) permite tanto la lectura anticausativa (sin agente) como la lectura de pasiva refleja/pronominal (con agente implícito), mientras que (ib) solo permite esta segunda lectura (véase Mateu 2002: 217-218, y Lewandowski 2014).

    (i) a. El depósito se llenó de agua.
       b. El depósito se llenó con agua.

Para las distintas posiciones sintácticas que pueden ocupar los diferentes tipos de adjuntos, cfr. Ernst 2001, Rigau 2002, Gallego 2010a y Hernanz y Brucart (en este volumen), entre otros. Finalmente, véase también Grimshaw y Vikner 1993 y Goldberg y Ackerman 2001, para dos propuestas diferentes sobre los denominados *adjuntos obligatorios* (p. e., *Estos caballos se ensillan* ⁇*[fácilmente]*).

[7] En palabras de Marantz (2013: 153), «el enfoque de Hale y Keyser ha resultado ser quizás el más influyente en la investigación actual sobre la estructura argumental».

La especificación de los papeles temáticos del predicado biargumental *abrir,* esto es, su marco de *selección semántica,* corresponde a la *red temática* de (5)[8]. Por otra parte, el argumento subrayado en (5) indica que se trata de un argumento externo, i. e., que se proyectará fuera del SV (cfr. Williams 1980, entre otros)[9]. Como decíamos más arriba, la estructura argumental debe dar cuenta no solo del número de argumentos que selecciona el predicado, sino también de la jerarquía que se puede establecer entre ellos: p. e., argumento externo vs. argumento(s) interno(s); argumento interno directo vs. argumento interno indirecto. Así, por ejemplo, *abrir* e *insistir* son predicados biargumentales (cfr. [1c]): ambos seleccionan un argumento externo y otro interno (externo e interno en el sentido de que estos argumentos se proyectarán fuera y dentro del SV, respectivamente). El segundo argumento de *abrir* es interno directo, mientras que el de *insistir* es interno indirecto: esto es, mientras que en el primer caso la relación entre el verbo y el argumento interno es directa, en el segundo caso interviene una preposición en tal relación.

Como es bien sabido, uno de los problemas empíricos típicos que se analizan en los estudios de la Teoría Temática y la estructura argumental es el que afecta a las denominadas *alternancias de la estructura argumental.* La alternancia de la estructura argumental consiste en asociar un mismo papel temático de una misma red temática con dos posiciones sintácticas distintas: por ejemplo, considérese la denominada *alternancia causativa,* ejemplificada en (6a) y (6b)[10]. En (6a), el tema del verbo *abrir* ocupa la posición de complemento directo, mientras que en (6b) ocupa la de sujeto.

(6) a. El viento abrió la puerta.
　　b. La puerta se abrió.

La posibilidad de enlazar un mismo papel temático con más de una posición sintáctica supone un problema importante para la denominada *Hipótesis de la uniformidad en la asignación de papeles temáticos,* propuesta por Baker (1988: 48)[11]:

---

[8] En el marco de selección categorial de (5) no aparece representado el sintagma que corresponde al sujeto, ya que se considera que tal información no es idiosincrásica o particular de esta entrada léxica, sino que se deduce de un principio general de la gramática según el cual todas las oraciones tienen sujeto (cfr. el denominado *Principio de Proyección Ampliado*).

[9] Véase, sin embargo, Koopman y Sportiche 1991, para argumentos a favor de la propuesta de que el sujeto o argumento externo se proyecta también dentro del SV, hipótesis conocida con el nombre de *Hipótesis del sujeto interno.*

[10] Véanse Demonte 1994; Levin y Rappaport Hovav 1995; Mendikoetxea 1999, 2000; Masullo 1999, o Schäfer 2009, entre otros, para la denominada *alternancia causativa,* ejemplificada en (6a, b).

[11] Para una crítica de la llamada UTAH *(Uniformity of Theta Assignment Hypothesis),* pueden consultarse Jackendoff 1990, 2002; Bresnan 2001, y Culicover y Jackendoff 2005, entre otros. Para el estatus que pasa a tener la UTAH en el programa minimista de Chomsky (1995), véase Baker 1997.

(7) Unas relaciones temáticas idénticas entre los elementos se representan mediante unas relaciones estructurales idénticas entre tales elementos en el nivel inicial de representación sintáctica (la denominada *Estructura profunda*).

De acuerdo con la hipótesis de (7), cada papel temático se proyectará siempre en una misma posición sintáctica: p. e., el agente o la causa se proyectará siempre como sujeto, el paciente o el tema se proyectará siempre como objeto directo, y la meta o el locativo se proyectará siempre como complemento indirecto o complemento oblicuo.

El hecho de asumir como válida la hipótesis de (7) obliga a proponer un proceso sintáctico no trivial en la variante intransitiva de *abrir* ejemplificada en (6b). En efecto, en virtud del principio de (7), el SDet *la puerta* se tiene que generar en la misma posición sintáctica en (6a) y en (6b), puesto que tiene el mismo papel temático en ambos ejemplos: el de tema. Asumir, pues, tal propuesta restrictiva en lo que concierne a la proyección de los argumentos en la sintaxis conlleva asumir que en (6b) hay un movimiento del SDet *el vaso* desde la posición de objeto directo a la de sujeto.

Sin embargo, algunos autores que no simpatizan con el postulado de (7) argumentan que no hay necesidad de proponer tal movimiento en la sintaxis, ya que consideran que el enlace entre los papeles temáticos y las funciones sintácticas no viene regido por la hipótesis de (7) sino más bien por un sistema de *ranking* que proporciona la denominada *jerarquía temática,* que da cuenta de la prominencia de los papeles temáticos: por ejemplo, dada una estructura con causador y tema (cfr. [6a]), el argumento causador será el sujeto; dada una estructura con solo tema (cfr. [6b]), el argumento tema será *directamente* el sujeto, etc. Entre otras propuestas que se encuentran en bibliografía, una versión típica de la jerarquía temática es la de (8). Por ejemplo, véase Bresnan y Kanerva 1989, entre otros; véase también Levin y Rappaport Hovav 2005, para una revisión detallada de los enfoques basados en (distintas versiones de) la jerarquía temática.

(8) agente/causador > beneficiario > destinatario/experimentante > instrumento > paciente/tema > locativo

Otros ejemplos típicos de alternancias de la estructura argumental son los siguientes de (9) y (10): por un lado, en la denominada *alternancia locativa,* ejemplificada en (9a) y (9b), el sintagma locativo *el carro* es complemento oblicuo en (9a) y complemento directo en (9b); por otro, en la alternancia de caso que muestra un verbo psicológico como *asustar,* el sintagma experimentante tiene caso dativo en (10a) y caso acusativo (es, pues, complemento directo) en (10b)[12].

---

[12] Véanse Jackendoff 1990, Demonte 1991, Dowty 1991, Goldberg 1995, Di Tullio 2002, Mateu 2002, Moreno Cabrera 2003, Beavers 2006, Iwata 2008, Mayoral Hernández 2008 o Lewandowski 2014, entre otros, para la denominada *alternancia locativa*. Véanse Franco 1990, González 1997, Parodi y Luján 2000, Vanhoe 2002, Mendívil Giró 2005, Landau 2010 o Acedo-

(9) a. Juan cargó heno en el carro.
   b. Juan cargó el carro de heno.

(10) a. A Juan le asusta la demencia senil.
    b. Los fantasmas lo asustaron.

Muchos autores que analizan alternancias tales como las de (6), (9) o (10) han propuesto que la cara semántica de la estructura argumental se relaciona con la estructura de los eventos, esto es, con la semántica de los esquemas o patrones eventivos, los cuales expresan nociones tales como las de Iniciación o Causa, Transición o Proceso y Resultado o Estado resultante (cfr. Dowty 1979; Jackendoff 1987, 1990, 2002; Pustejovsky 1991; Rappaport Hovav y Levin 1998; Moreno Cabrera 2003, o Ramchand 2008, 2011, entre otros). Así, por ejemplo, siguiendo a Dowty (1979), Levin y Rappaport Hovav (2005) proponen que un predicado verbal como *abrir* se descompone en la estructura eventiva compleja de (11) cuya paráfrasis es: 'la acción de *x* causa que *y* pase a estar abierto', en la que las variables *x* e *y* se asocian con el argumento externo y el argumento interno directo, respectivamente. En sintonía con lo que propone Jackendoff (1987, 1990), los papeles temáticos no hay que considerarlos como entidades primitivas de la teoría lingüística, sino que se pueden derivar de las posiciones argumentales de estructuras semánticas como la de (11): así, por ejemplo, uno podría derivar los papeles temáticos de causa(dor) y tema de las posiciones estructurales que en la representación semántica de (11) ocupan *x* e *y*, respectivamente[13].

(11) [[x ACTUAR] CAUSAR [DEVENIR [y <ABIERTO>]]]

Levin y Rappaport Hovav (1995, 2005) y Rappaport Hovav y Levin (1998) consideran también poco precisa la teoría clásica de los papeles

---

Matellán y Mateu (en prensa), entre otros, para la alternancia dativo-acusativo típica de ciertos verbos psicológicos.

[13] La propuesta de Jackendoff (1987, 1990) es bastante más compleja, ya que este autor propone un desdoblamiento de la estructura semántica/conceptual en dos niveles de representación: el nivel temático (ingl. *thematic tier*) y el nivel de la acción (ingl. *action tier*). Papeles temáticos como los de causa, tema, meta o locativo se derivan de posiciones estructurales que ocupan los argumentos en el nivel temático, mientras que los roles de agente/actor, paciente, experimentante o beneficiario se derivan de posiciones del nivel de la acción. Es precisamente este segundo nivel *(action tier)* el que, según Jackendoff, está más directamente implicado en el enlace con las funciones sintácticas básicas de sujeto y complemento directo. Así, por ejemplo, para Jackendoff, la similitud semántica de los ejemplos de la alternancia locativa de (9a) y (9b) se puede explicar a partir de la propuesta de que ambos tienen, esencialmente, una misma representación conceptual de nivel temático (p. e., 'x causa que y pase a estar en tal lugar'), mientras que la diferencia semántica se explica proponiendo un diferente nivel de acción para ambos ejemplos: el rol paciente lo asume *heno* en (9a) y *el carro* en (9b), lo que conlleva a su vez que la función sintáctica de complemento directo sea también distinta. En cambio, Levin y Rappaport Hovav (2005), entre otros autores, proponen un análisis diferente para la alternancia locativa, basado en la diferencia que existe entre el *cambio de lugar* expresado en (9a) y el *cambio de estado* expresado en (9b). Véase también Pinker 1989, para una propuesta parecida a la de estas autoras.

temáticos a la hora de dar cuenta de la realización de los argumentos en la sintaxis y, en consecuencia, proponen una teoría más estructurada de la interfaz léxico-sintaxis. Así, por ejemplo, estas dos lingüistas proponen que la entrada léxica de (5) sea reemplazada por la entrada más estructurada de (12):

(12)
$$
\begin{bmatrix}
abrir \\
V \\
\_\_\_ \text{ SDet} \\
x \quad <y> \\
[[x \text{ ACTUAR}] \text{ CAUSAR } [\text{DEVENIR } [y <ABIERTO>]]]
\end{bmatrix}
$$

Levin y Rappaport Hovav (1995, 2005) proponen que la estructura eventiva es una representación léxico-*semántica,* mientras que la estructura argumental es una representación léxico-*sintáctica* que solo debe dar cuenta de: (i) el número de argumentos que selecciona un predicado y (ii) la jerarquía que se puede establecer entre ellos. Así, por ejemplo, la información sintáctica que contiene la estructura argumental de un predicado biargumental como *abrir* es la siguiente: *{x <y>}*, en la que *x* es el argumento externo e *y,* el argumento interno directo[14]. Más concretamente, Levin y Rappaport Hovav (1995) proponen que la variante causativa de (6a) *El viento abrió la puerta* y la anticausativa de (6b) *La puerta se abrió* comparten la misma estructura léxico-semántica (a saber, la estructura eventiva de [11]) y que la diferencia básica entre ellas se codifica solo en el nivel léxico-sintáctico de la estructura argumental: mientras que la estructura argumental de la variante transitiva contiene dos argumentos (*x, <y>*), la de la variante intransitiva contiene solo uno (*<y>*). En esta segunda variante, se ha aplicado una regla de absorción léxica del argumento externo, lo que se refleja de manera explícita en castellano con la aparición del pronombre reflexivo. Nótese además que, en un sistema en el que no se asuma la hipótesis de (7), no hay problema para que la única variable presente en la variante intransitiva de (6b), esto es, la que representa al argumento interno directo, se pueda enlazar *directamente* con la posición de sujeto por el hecho de que solo hay un argumento proyectable. En cambio, en la variante transitiva de (6a), el argumento externo *x* se enlaza con la posición de sujeto, mientras que el argumento interno directo *y* lo hace con la posición de objeto.

Por razones de espacio, en este capítulo no tratamos en detalle los enfoques de la estructura argumental según los cuales la estructura argumental se proyecta a partir de propiedades semánticas codificadas en la entrada léxica del predicado. Estas propiedades léxico-semánticas se pueden entender, o bien en términos de (proto)papeles temáticos (Dowty 1991), o bien en términos de estructuras eventivas (Levin y Rappaport

---

[14] Véanse también Grimshaw 1990, Mohanan 1994 o Alsina 1996, entre otros, para la propuesta de que, *stricto sensu,* la estructura argumental no contiene información temática o semántica sobre los argumentos sino solo su organización o jerarquía.

Hovav 1995, 2005)[15]. En contraste con tales propuestas, en el siguiente apartado veremos que lingüistas más afines al programa minimista de Chomsky (1995 ss.) consideran que los primitivos y principios de combinación que forman las estructuras argumentales son los mismos que dan cuenta de la formación de estructuras sintácticas (p. e., cfr. Hale y Keyser 1993, 2002; Mateu 2002; Marantz 2005, 2013; Zubizarreta y Oh 2007; Acedo-Matellán 2010; Harley 2011, 2012a, b, o Real-Puigdollers 2013, entre otros). Así, por ejemplo, según Hale y Keyser (1993, 2002), la estructura argumental de un predicado causativo como *abrir* se puede identificar con la estructura sintagmática compleja de (13), en la que el V superior se interpreta como *causar* y el V inferior, como *devenir*[16]. En cierto sentido, pues, la estructura de (13) representa una codificación sintáctica de la estructura eventiva compleja de (11) (cfr. Ramchand 2008, 2011, entre otros, para una elaboración de esta propuesta)[17].

(13)

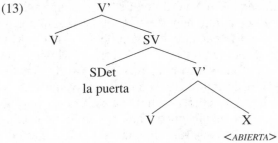

Concluido este apartado introductorio, a continuación expondremos algunas de las principales aproximaciones generativistas a la estructura argumental que son más afines al programa minimista, y comentaremos también algunas de las generalizaciones empíricas más importantes en este ámbito de investigación[18]. De acuerdo con este objetivo, en el apar-

---

[15] Véanse Demonte 2006 y Mendikoetxea 2007, para una exposición detallada y una revisión crítica de ambas concepciones proyeccionistas.

[16] El argumento externo, esto es, el argumento causador/agente, no aparece en (13), ya que se asume que está introducido por una categoría funcional superior (cfr. Hale y Keyser 1993, Kratzer 1996 y Harley 2012b, entre otros).

[17] Véanse Hale y Keyser 1992; Mateu 2002; Borer 2005; Marantz 2005, 2013; Hinzen 2006; Ramchand 2008; Acedo-Matellán 2010, y Harley 2012a, entre otros, sobre la necesidad de distinguir entre el significado estructural, relevante para la sintaxis, y el significado enciclopédico o meramente conceptual, que no es relevante para la sintaxis. Así, por ejemplo, según Hale y Keyser, dada una representación como la de (13), el significado causativo emerge de subordinar en la sintaxis-l (sintaxis-l[éxica], para ellos) un V(erbo) a otro V(erbo). Esto es, en (13) el significado de *CAUSAR* se puede considerar estructural en la medida en que interviene la sintaxis, mientras que el significado de *ABIERTO* es meramente conceptual/enciclopédico, esto es, no emerge de relaciones sintácticas. Nótese que, en algunos enfoques sintáctico-céntricos de la estructura argumental, *estructural* es a menudo sinónimo de *sintáctico*.

[18] No trataremos, pues, aquí aproximaciones generativistas no minimistas como las de Bresnan 2001 o Rappaport Hovav y Levin 1998, entre otras, ni tampoco propuestas cognitivistas como, por ejemplo, la de Goldberg 1995, 2006, o aproximaciones funcionalistas como la de Van Valin 2005. Véanse Mairal y Cortés 2008 y Mateu 2008b, para una revisión de los modelos funcionales y cognitivos, respectivamente.

tado siguiente ofrecemos un resumen detallado de la propuesta fundamental de Hale y Keyser (2002), según la cual la estructura argumental
es una configuración sintáctica. A diferencia de lo que pasa en modelos
semántico-céntricos como el de Rappaport Hovav y Levin (1998), en la
propuesta sintáctico-céntrica de Hale y Keyser (1993, 2002) la semántica de la estructura eventiva no determina la sintaxis de la estructura
argumental, sino que, en todo caso, sucede más bien lo contrario: la
semántica asociada a la estructura eventiva, así como el significado
estructural asociado a los papeles temáticos gramaticalmente relevantes
(Baker 1997), dependen en parte de las configuraciones sintácticas de
la estructura argumental. Después de presentar el programa de Hale y
Keyser, trataremos una corriente influyente de las aproximaciones *neoconstruccionista* y *constructivista,* que pueden considerarse una extensión y a la vez modificación del programa haleykeyseriano de la estructura argumental. De acuerdo con estas propuestas, la construcción de
las estructuras argumentales está también regida por principios sintácticos, pero, a diferencia de lo que proponen Hale y Keyser, la codificación de tales estructuras no tiene lugar en el léxico. Según los partidarios de los enfoques neo-construccionistas (cfr. Acedo Matellán 2010,
Harley 2011 o Marantz 2013) o constructivistas (cfr. Ramchand 2008,
2011), no hay estructuras argumentales léxicas, sino que todo el poder
generativo recae en la sintaxis, que se convierte en el único componente responsable de construir el significado estructural de las representaciones gramaticales. Finalmente, en el apartado 3.3. se apuntan algunas
observaciones a modo de conclusión[19].

3.2. La estructura argumental en modelos sintác-
tico-céntricos

En este apartado ofrecemos una visión panorámica de la teoría de la
estructura argumental propuesta por Hale y Keyser (2002). Como veremos, su teoría ha ejercido una notable influencia en otras aproximaciones sintáctico-céntricas a la estructura argumental: así, por ejemplo,
además de la influencia ejercida en trabajos como los de Mateu (2002
ss.), Zubizarreta y Oh (2007) o Ramchand (2008), entre otros, cabe
destacar el merecido reconocimiento que le otorgan los partidarios del
enfoque neo-construccionista de la estructura argumental que asumen el
marco teórico de la denominada *Morfología Distribuida* (véanse Marantz 1997, 2005, 2013; Acedo Matellán 2010, y Harley 2011, 2012b,
entre otros; véase también Fábregas en este volumen)[20].

---

[19] Por razones de espacio, en este capítulo trataremos solo la estructura argumental *verbal*.
Véanse Grimshaw 1990; Picallo 1991, 1999; Marantz 1997; Alexiadou 2001, y Oltra-Massuet
2014, entre otros, para diferentes análisis de la estructura argumental en contextos ya sean nominales o adjetivales.

[20] A pesar de la gran influencia que la teoría de Hale y Keyser (1993, 2002) ha ejercido en el
programa minimista (véase, sobre todo, Harley 2011), vale la pena mencionar otra propuesta

3.2.1. *Hacia una concepción minimista de la estructura argumental: la propuesta de Hale y Keyser (2002)*

Uno de los logros más importantes de la teoría de Hale y Keyser es que consigue relacionar dos cuestiones aparentemente distintas como son las de (14):

(14) a. ¿Por qué el número de papeles temáticos (sintácticamente relevantes; cfr. Baker 1997) es tan limitado?
   b. ¿Por qué el número de categorías léxico-sintácticas es tan limitado?

La respuesta que ofrecen Hale y Keyser a la pregunta de (14a) es la siguiente: el número de papeles temáticos que son sintácticamente relevantes es limitado porque el número de posiciones de especificador y complemento de las estructuras argumentales sintácticas también es limitado. Como veremos a continuación, el número limitado de papeles temáticos está también relacionado con el número limitado de las categorías léxico-sintácticas. Tanto los primeros como las segundas son susceptibles de recibir una definición configuracional basada en los tipos básicos de la estructura argumental. Veamos, pues, por qué Hale y Keyser (1993: 65-66) llegan a la conclusión de que las preguntas de (14a) y (14b) comparten una misma respuesta.

Hale y Keyser (2002) conciben la estructura argumental como aquella configuración sintáctica que es proyectada por un elemento léxico: la estructura argumental es el sistema de relaciones estructurales que se pueden establecer entre los núcleos y los argumentos que dependen de estos. Según estos lingüistas, la estructura argumental se puede definir con respecto a dos posibles relaciones sintácticas entre un núcleo y sus argumentos: la relación núcleo-complemento y la relación núcleo-especificador. Un determinado núcleo (x en [15]) puede entrar en las siguientes combinaciones estructurales: en (15a) x selecciona solo un complemento, en (15b) x selecciona un complemento y un especificador, en (15c) x selecciona un especificador z gracias a una categoría de apoyo α que le proporciona tal posición y, finalmente, en (15d) x no selecciona ni complemento ni especificador.

---

minimista alternativa al programa haleykeyseriano como la de Hornstein (2001), que no revisaremos en este capítulo. Así, por ejemplo, Hornstein no adopta la propuesta configuracional de los papeles temáticos propuesta por Hale y Keyser, sino que para este autor tales roles se conciben más bien como rasgos de predicados que son chequeados por SSDD: un SDet puede ensamblarse con un predicado chequeando su rasgo temático y moverse (esto es, copiarse y re-ensamblarse) para chequear el rasgo temático de otro predicado. En su enfoque basado en rasgos, las representaciones en las que un solo SDet chequea más de un rol temático son las de control obligatorio y ligamiento de anáfora. Para una propuesta diferente basada también en rasgos, consúltese asimismo Reinhart 2002. Finalmente, para una crítica de la teoría sintáctico-céntrica de Hale y Keyser, pueden consultarse los siguientes trabajos: Bresnan 2001, Jackendoff 1997, 2002, y, sobre todo, Kiparsky 1997.

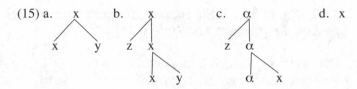

(15) a.   b.   c.   d.

Según Hale y Keyser (2002), las realizaciones morfosintácticas no marcadas del núcleo x en inglés son las siguientes: V en (15a), Prep en (15b), Adj en (15c) y N en (15d). De esta manera los tipos básicos de estructura argumental representados en (15) proporcionan también una definición configuracional de tales categorías.

Uno de los postulados fundamentales de su teoría léxico-sintáctica de la estructura argumental es que los verbos *siempre* seleccionan un complemento, sea nominal, preposicional o adjetival. Tal propuesta lleva a estos lingüistas a fundamentar y poner a prueba su teoría partiendo de un conjunto de datos aparentemente limitado pero teóricamente coherente: básicamente, en sus trabajos sobre la sintaxis léxica de la estructura argumental, Hale y Keyser examinan verbos denominales inergativos que expresan hacer una acción como *trabajar* en (16a)[21], verbos denominales transitivos locativos (p. e., cfr. verbos de locación como *embotellar* en [16b] o verbos de objeto colocado –ingl. *locatum verbs*– como *ensillar* en [16c]) y verbos deadjetivales causativos y anticausativos (inacusativos 'nucleares') como *engordar* en (16d) y (16d'), respectivamente[22].

---

[21]   Los verbos intransitivos se pueden clasificar sintácticamente en dos grandes grupos: los denominados verbos *inergativos* tienen argumento externo, mientras que los *inacusativos* carecen de él. Existen algunos diagnósticos o pruebas para distinguirlos. Así, por ejemplo, en las construcciones de participio absoluto pueden aparecer verbos transitivos (p. e., *abrir* o *asesinar;* cfr. [ia] y [ib]) e inacusativos (p. e., *abrirse* o *llegar;* cfr. [ic] y [id]) pero no los inergativos (*bailar* o *sonreír;* cfr. [ie] y [if]), lo que apunta al hecho de que el complemento directo de verbos transitivos y el sujeto de verbos inacusativos comparten ambos la propiedad de ser argumentos internos.

    (i) a. Una vez abierta la puerta (<por alguien>; cfr. *una vez alguien abrió la puerta*), pudimos entrar.

       b. Una vez asesinado el dictador, ya no hubo más represión policial.

       c. Una vez abierta la puerta (p. e., *una vez se abrió la puerta por sí sola/a causa del viento*), pudimos entrar.

       d. Una vez llegado el mal tiempo, ya no pudimos disfrutar más de la piscina.

       e. *Una vez bailado Luis, salimos de la discoteca.

       f. *Una vez sonreído Luis, lo hizo María.

Véase Mendikoetxea 1999, entre otros, para una revisión de algunos diagnósticos o pruebas que avalan la denominada *Hipótesis de la inacusatividad,* atribuida originalmente a Perlmutter (1978). Cfr. *infra* nota 48. Semánticamente, los verbos inergativos suelen expresar una acción (p. e., *bailar, jugar, llorar, sonreír, trabajar,* etc.), mientras que los inacusativos suelen expresar cambio de lugar o de estado (p. e., *entrar, engordar, nacer, abrirse, hundirse,* etc.). En términos de Dowty (1991), los primeros seleccionan un proto-agente, mientras que los segundos seleccionan un proto-paciente. Véanse Van Valin 1990, Cifuentes 1999 o Aranovich 2000, entre otros, para una crítica de la hipótesis sintáctica de la inacusatividad.

[22]   Para una discusión de la sintaxis y semántica de las clases de (16) y de otras en castellano, se pueden consultar los siguientes trabajos, todos influidos en mayor o menor medida por la teoría

(16) a. Juan trabajó.
   b. Juan embotelló el vino.
   c. Juan ensilló el caballo.
   d. Juan engordó los pollos.
   d'. Los pollos engordaron.

Adoptando la propuesta minimista de la estructura sintagmática simplificada (ingl. *Bare Phrase Structure*), Hale y Keyser proponen que los verbos inergativos tienen una estructura transitiva subyacente cuya formación implica ensamblar (ingl. *merge*) un elemento no relacional (normalmente, una categoría nominal) con un núcleo verbal: véase (17a). La formación sintáctica de los verbos transitivos denominales (de locación como *embotellar* o de objeto colocado como *ensillar*) implica ensamblar la combinación estructural de (15a) con la de (15b): véase (17b). Finalmente, proponen que la formación de los verbos inacusativos deadjetivales implica el tipo estructural de (15c); la formación de su correlato causativo implica añadirle una capa verbal, esto es, los verbos transitivos causativos se forman a partir del ensamble de la combinación de (15a) con la inacusativa de (15c): véase (17c).

(17) a.   b.

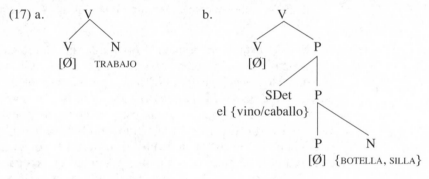

c.

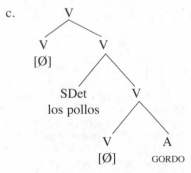

En las estructuras léxico-sintácticas de (17) no aparece el argumento externo. En efecto, para Hale y Keyser (2002), este argumento es externo

---

de Hale y Keyser: Demonte 1994, 2006, Romero 1997, Bosque y Masullo 1998, Gumiel, Nieto y Pérez 1999, Masullo 1999, Moreno y Romero 2000, Mateu 2002, Mateu y Rigau 2002, Fábregas 2003, Pérez Jiménez 2003, Simoni 2005, Gallego e Irurtzun 2006, Zubizarreta y Oh 2007, o Armstrong 2011, entre otros.

con respecto a la representación léxico-sintáctica de la estructura argumental: según estos autores, esta propuesta da cuenta de por qué las estructuras inacusativas se pueden causativizar (p. e., *Los pollos engordaron* → *Luis engordó los pollos*)[23], mientras que las estructuras inergativas no pueden ser causativizadas de la misma manera (p. e., *Juan trabajó* → **María trabajó a Juan;* cfr. *María hizo trabajar a Juan*). Tal diferencia los lleva a proponer que el argumento externo no está presente en la *sintaxis léxica* (en la estructura argumental básica), sino que aparece en la denominada *sintaxis oracional*[24], ya sea ocupando una posición de especificador de la proyección funcional relevante (p. e., SFlexión/ STiempo o, según Kratzer [1996], SVoz), ya ocupando la posición de *adjunto distinguido (sic)* al SV (cfr. Koopman y Sportiche 1991[25]).

Hale y Keyser (2002) proponen que los verbos denominales de (16 a, b, c) y el verbo deadjetival de (16d-d') se forman a partir de las estructuras de (17) mediante una operación fonológica de *conflación*, definida en (18).

(18) *Conflación* (ingl. *Conflation*)

La conflación consiste en el proceso de copiar la matriz fonológicamente llena del complemento en la matriz fonológicamente vacía del núcleo que lo selecciona.

Gracias a esta operación, en (17a) la matriz fonológica del N *trabajo,* que ocupa la posición de complemento, se copia en la matriz vacía del verbo que lo selecciona. En (17b), esta operación fonológica se aplica dos veces: la matriz del N *{botella/silla}* se copia en la matriz vacía de una Preposición y, una vez saturada esta, se copia de nuevo en la matriz vacía del verbo superior. Finalmente, en (17c) la matriz del Adj *gordo* se copia en la matriz vacía de un verbo inacusativo y, una vez saturada esta, se copia de nuevo en la matriz vacía del verbo causativo superior.

Tal como se puede apreciar a partir de las representaciones de (17), Hale y Keyser (2002) defienden que la estructura implicada en la for-

---

[23] Véase Hale y Keyser 2002: cap. 6, para una propuesta de por qué verbos inacusativos como *llegar* (ingl. *arrive*) no se pueden causativizar (véase también Zubizarreta y Oh 2007: 192, nota 14): cfr. *Juan llegó tarde* vs. **María llegó a Juan tarde.* En efecto, la causativización de estos verbos pasa necesariamente por el uso de un verbo ligero causativo como *hacer: María hizo llegar a Juan tarde.* Véanse Zubizarreta 1985, Alsina 1996, Folli y Harley 2007 y Torrego 2010, entre otros, para algunos análisis de la construcción causativa analítica.

[24] Según Hale y Keyser, el término *sintaxis oracional* (ingl. *s[entential]-syntax*) se usa para referirse a la estructura sintáctica que implica no solo el elemento léxico y sus argumentos sino también lo que Grimshaw (1991, 2005) denomina su *proyección extendida.* Incluye, pues, toda la gama de categorías y proyecciones funcionales implicadas en la formación de una oración.

[25] Hale y Keyser no discuten el estatus de los *adjuntos,* puesto que tales constituyentes no forman parte de las estructuras argumentales básicas de los predicados (véase nota 5). En este sentido, véase Gallego 2010a, para una interesante extensión de la teoría de Hale y Keyser. En cuanto a la sintaxis léxica del denominado *complemento {preposicional/de régimen verbal}* (p. e., cfr. los datos de [ia, ib]), véanse Simoni 2005 y Gallego 2010b. Cfr. también Demonte 1991: cap. 2.

(i) a. Juan insistió (en hacerlo).

b. Su trabajo consiste *(en corregir pruebas).

mación de verbos complejos denominales o deadjetivales se puede expresar en términos l(éxico)-sintácticos[26]. Así, por ejemplo, estos autores defienden que los ejemplos sintéticos de (16a, b) y los analíticos de (19) tienen una misma estructura argumental sintáctica, lo que *no* significa que tengan una interpretación semántica idéntica (véase Hale y Keyser 1992, sobre este punto).

(19) a. Juan hizo un buen trabajo.
　　 b. Juan puso el vino en una botella.

Una de las ventajas más comentadas de la teoría de Hale y Keyser tiene que ver con su nueva reformulación de un viejo tema que ya fue tratado por algunos lingüistas de la denominada *Semántica Generativa* (p. e., véase McCawley 1973): las palabras imposibles. Según Hale y Keyser, son principios sintácticos los encargados de dar cuenta de por qué secuencias como las de (20) son agramaticales: mientras que es posible saturar mediante conflación la matriz fonológica de un elemento desde la posición de complemento a la de núcleo, no es lícita tal operación cuando el elemento fusionado procede de una posición de especificador (p. e., nótese que *vino* y *pollo[s]* ocupan la posición de especificador interno en las estructuras léxico-sintácticas de [17b] y [17c], respectivamente)[27].

(20) a. *Juan envinó en una botella.   (Cfr. [16b] *Juan embotelló el vino*.)
　　 b. *Juan empolló gordos.　　　 (Cfr. [16d] *Juan engordó los pollos*.)

---

[26] Véase también Marantz 1997, entre otros, para una propuesta explícita de por qué las estructuras de la morfología derivativa son sintácticas (véase Fábregas en este volumen).

[27] La propuesta sintáctica de Hale y Keyser ha sido duramente criticada por Kiparsky (1997). Por ejemplo, según este lingüista, la malformación de secuencias como las de (i) no se explica por razones sintácticas sino por motivos semánticos: concretamente, los ejemplos de (i) transgreden la denominada *Restricción de Uso Canónico* (ingl. *Canonical Use Constraint: CUC*). Concretamente, según Kiparsky (1997: 482-483), «la razón por la que no podemos *(en)arbustear fertilizante* (ingl. *to bush fertilizer*) o *(en)casar pintura* (ingl. *to house paint*) es que no es un uso canónico de los arbustos el ponerles fertilizante y tampoco es un uso canónico de las casas el ponerles pintura encima (mientras que sí es un uso canónico del fertilizante el echárselo a los arbustos <cfr. *fertilizar los arbustos*: JM> o un uso canónico de la pintura el ponerla en las casas <cfr. *pintar las casas*>)».

(i) a. #I bushed some fertilizer. (Cfr. *I put some fertilizer on the bush*.)
　 b. #I housed a coat of paint. (Cfr. *I put a coat of paint on the house*.)

No obstante, cabe notar que la explicación sintáctica de Hale y Keyser no es incompatible con la propuesta de que la malformación de una secuencia como la de (iia), en la que *house* 'casa' proviene de la posición de complemento de P, se deba a la intervención de la CUC. En efecto, este hecho no es relevante para Hale y Keyser. Lo que sí es relevante para ellos es que la malformación de una secuencia como la de (iib), en la que *house* ocupa una posición de especificador (cfr. *[PROVIDE [_phouse [_p WITH a coat of paint]]]*), se debe a que este nombre ocupa tal posición sintáctica, por lo que desde ahí no puede fusionarse con el verbo. En definitiva, parece que Kiparsky no tiene en cuenta que la malformación de una secuencia como la de (ii) *I housed a coat of paint* lit. 'Encasé una capa de pintura' puede tener *dos* explicaciones: una semántica (basada, por ejemplo, en la CUC) y otra sintáctica (la que proponen Hale y Keyser). De ahí el uso de dos símbolos diferentes: #, que indica anomalía semántica, y *, que indica agramaticalidad, respectivamente.

(ii) a. #I housed a coat of paint. (Cfr. *I put [_p a coat of paint [_p on the house]]*)
　 b. *I housed a coat of paint. (Cfr. *I gave [_p the house [_p P a coat of paint]]*)

Antes de pasar a comentar algunos aspectos del significado estructural asociado a las estructuras argumentales que proponen Hale y Keyser, cabe aclarar previamente dos cuestiones: por un lado, es importante tener en cuenta que las categorías de las estructuras léxico-sintácticas de (17) no tienen por qué coincidir con sus correspondientes categorías morfológicas. Así, por ejemplo, el hecho de que todos los verbos inergativos seleccionen un complemento no relacional (donde *no relacional* equivale a no seleccionar complemento ni especificador alguno: cfr. [15d]) no significa que tal complemento tenga que ser siempre de la categoría nominal. Así, por ejemplo, si bien uno puede defender que verbos inergativos como *trabajar* o *caminar* son denominales, no parece viable proponer tal correspondencia con respecto a verbos también inergativos como *dormir*. En estos casos, la estructura inergativa sería *[$_v$ V X]*, donde *X* significa elemento no relacional que no está especificado categorialmente (cfr. vasco: *lo egin* 'hacer sueño', *dormir*)[28].

Por otro lado, aunque las estructuras de los verbos denominales o deadjetivales ejemplificadas en (17) sean sintácticas, esto no significa que la codificación de estos verbos no sea a la vez un proceso léxico. Tal como apuntan Hale y Keyser (1999), es fácil darse cuenta de que no todos los resultados posibles del proceso de conflación se dan en el lexicón real de una lengua. Así, por ejemplo, estos autores comentan que el lexicón del inglés contiene un verbo inergativo denominal como *foal* (cfr. ingl. *foal* 'potro'), pero no contiene otro como *kitten* (cfr. ingl. *kitten* 'gatito'): cfr. (21a) y (21b).

(21) a. The mare foaled.   (inglés)
        'La yegua parió un potro'.
     b. *The cat kittened.
        'La gata tuvo gatitos'.

De contrastes como los ejemplificados en (21), Hale y Keyser (1999: 453) concluyen lo siguiente: «aunque su formación tenga un carácter sintáctico, los verbos forman parte del inventario léxico de la lengua. Las dos características, la sintáctica y la léxica, no son en ningún sentido incompatibles». Así pues, según estos lingüistas, las estructuras argumentales son representaciones *léxico-sintácticas,* ya que estas estructuras tienen ambas características[29].

---

[28] Como prueba de la naturaleza transitiva subyacente de los verbos inergativos del inglés (o del castellano), Hale y Keyser apuntan a menudo en sus trabajos que (muchos de) estos verbos son superficialmente transitivos en vasco. Según estos autores, los siguientes ejemplos de (i) hay que considerarlos como el correlato analítico de la variante sintética típica del inglés o del castellano: esto es, tienen la misma estructura argumental sintáctica (cfr. [17a]: *[$_v$ V N]*), con la diferencia obvia de que solo los ejemplos del castellano (o del inglés) implican la operación de conflación de (18).

   Vasco: *lo egin* 'sueño hacer' *(dormir); zurrunga egin* 'ronco hacer' *(roncar); lan egin* 'trabajo hacer' *(trabajar); negar egin* 'llanto hacer' *(llorar); iolas egin* 'juego hacer' *(jugar);* etcétera.

[29] Véanse Mateu 2002 y Acedo-Matellán 2010, entre otros, para otras precisiones o modificaciones sobre esta doble naturaleza de la estructura argumental que proponen Hale y Keyser (1993, 1999, 2002).

A la hora de comentar los elementos del significado asociados a las estructuras argumentales que proponen Hale y Keyser, algunos críticos de su teoría han puesto de manifiesto que su propuesta sintáctico-céntrica implica un retorno a la Semántica Generativa, puesto que también convierte en sintaxis la semántica léxica (cfr. Jackendoff 1997, Kiparsky 1997 y Fodor y Lepore 1999, entre otros críticos)[30]. No obstante, tal comparación es errónea en dos sentidos. Por un lado, a diferencia de lo que pasaba en la Semántica Generativa, en la teoría modular de Hale y Keyser la pragmática y el conocimiento enciclopédico/conceptual no intervienen en los procesos gramaticales. Por otro, nótese la incompatibilidad de lo que dicen sus críticos con la siguiente afirmación de Hale y Keyser (1999: 465): «el hecho de que las estructuras puedan acarrear significado es irrelevante (ingl. *orthogonal*) para nuestro programa». Es cierto que Hale y Keyser (1992, 1993) establecen algunas correspondencias interesantes entre aspectos de la estructura argumental sintáctica y aspectos de la estructura eventiva (p. e., cfr. las propuestas de Erteschik-Shir y Rapoport 1997, Ramchand 2008 y Mateu 2002, cuyos trabajos suponen una elaboración de tales correspondencias). Sin embargo, una cosa es decir que ejemplos como *Juan puso el vino en la botella* y *Juan embotelló el vino* comparten esencialmente un mismo significado estructural que se puede leer a partir de la misma estructura argumental sintáctica implicada en los dos casos, y otra muy distinta es decir que tales ejemplos tienen una misma interpretación semántica (véanse Hale y Keyser 1992, 1999; Mateu 2005b, y Harley 2012a, para más aclaraciones al respecto).

Según Mateu (2002), cuatro son los papeles temáticos estructurales básicos que se pueden leer o interpretar a partir de las configuraciones sintácticas de la estructura argumental: *Originador* es el especificador de la proyección funcional relevante que introduce el argumento externo[31]; *Figura* es el especificador del predicado interno, preposicional o adjetival[32]; *Fondo* es el complemento de P[33]; finalmente, *Tema Incremental* es el complemento del V inergativo/transitivo[34].

---

[30] Véanse Hale y Keyser 1992; Mateu 2002: cap.1, 2005b; Ramchand 2008; Harley 2012a, y Marantz 2013, para una discusión de algunos puntos fundamentales que separan la denominada *Semántica generativa* (p. e., cfr. los trabajos de Lakoff 1971 y McCawley 1968, 1973, entre otros) de las más recientes teorías sintácticas de la estructura argumental.

[31] Como ya vimos antes, según Hale y Keyser, el argumento externo no forma parte de la estructura argumental y se introduce en el nivel que estos autores denominan la *sintaxis-o(racional)*. Véanse Kratzer 1996 y Harley 2012b, entre otros, para la propuesta de que este argumento se introduce en la posición de especificador de SVoz (ingl. *VoiceP*).

[32] Véanse Mateu 2002 y Kayne 2009, entre otros, para la propuesta de que el Adjetivo no es un categoría primitiva, sino que puede descomponerse en un elemento no relacional que se fusiona/confla con un elemento de naturaleza adposicional. Compárese tal propuesta reduccionista con la de Baker 2003, para quien el adjetivo sí es una categoría primitiva de la gramática.

[33] Figura y Fondo son términos adaptados de Talmy 2000. Véanse Mateu 2002 y Acedo Matellán 2010, para una discusión detallada de esta adaptación.

[34] El objeto seleccionado por el verbo ligero inergativo de (17a) se puede interpretar como un tema *creado* por el evento de acción (cfr. *[V N]* / *[HACER N]*). En este sentido, Harley (2005,

En cuanto a los valores eventivos que se pueden asociar con el elemento verbal (esto es, con V), cabe destacar los siguientes: por un lado, *HACER* puede leerse tanto a partir del verbo inergativo como a partir del verbo transitivo que subcategoriza un predicado interno de cambio de lugar o de estado[35]; por otro, *CAMBIAR* y *SER* pueden leerse a partir de los verbos inacusativos que seleccionan una Prep con valor dinámico o estático, respectivamente[36].

La teoría restrictiva de Hale y Keyser puede dar la impresión de que tiene en cuenta pocos datos empíricos (esto es, solo algunos verbos denominales y deadjetivales). No obstante, cabe tener presente que su objetivo, compatible con el programa minimista chomskiano, no es describir el mayor número de datos posible, sino más bien proporcionar vías de entendimiento a preguntas fundamentales como, por ejemplo, las de (14)[37]. Hale y Keyser (1993, 2002) se concentran, básicamente, en el estudio de las siguientes clases verbales: los verbos que seleccionan un complemento nominal (los inergativos) y los que seleccionan una predicación interna, sea esta de naturaleza preposicional o adjetival. Los primeros se corresponden con dos clases léxico-semánticas bien conocidas cuyo argumento interno directo es un Tema Incremental: los predicados de creación (p. e., [22a]) y los de consumición (p. e., [22b]). Ya que estos verbos llevan fusionado/conflado su complemento, la predicción que hacen Hale y Keyser es que su objeto pueda ser nulo (véase también Volpe [2004] para una propuesta explícita de que los

---

2011) lo considera también un tema incremental (cfr. Dowty 1991 para otra visión). Para una interpretación sintáctica de lo que expresan estructuralmente las raíces de los predicados, véase también Acedo-Matellán y Mateu 2014.

[35] No es necesario, pues, proponer que en la sintaxis haya un núcleo eventivo específico para causar. La interpretación causativa surge de combinar un predicado dinámico *hacer* con una O(ración) R(educida) que contiene una relación predicativa entre una Figura y un Fondo. Véanse Marantz 2005 y Zubizarreta y Oh 2007, para dos elaboraciones de esta propuesta.

[36] Las estructuras argumentales de los predicados estativos generan mucha controversia. Por ejemplo, Hale y Keyser (2002: 214-221) proponen que verbos estativos como *pesar* o *costar* se pueden analizar a partir de la configuración sintáctica inacusativa implicada en el verbo copulativo *ser*: p. e., cfr. *[v Este toro pesa una tonelada]* y *[v Este toro es bravo]*. Cfr. Real-Puigdollers 2008, para una revisión crítica de este análisis. Véanse también Rigau 1997, 2001; Mateu y Rigau 2002, y Fernández-Soriano y Rigau 2009, entre otros, para una aproximación sintáctica a las construcciones existenciales basada en la relación de *coincidencia central* de Hale 1986. Véanse también Hale y Keyser 2002: cap. 7, y Mateu 2002, para un análisis de los correlatos aspectuales de las relaciones de coincidencia terminal y central. Las nociones terminal y central aluden de manera transparente al hecho de si la coincidencia entre la Figura y el Fondo/Lugar tiene lugar en un extremo (inicial o final) o en el centro, respectivamente. Según Hale y Keyser, las relaciones de coincidencia terminal y central son las que representan, por ejemplo, las preposiciones inglesas *to* y *with*, respectivamente.

[37] Nótese a este respecto que no parece tener demasiado sentido pretender comparar una teoría sintáctica restrictiva de la estructura argumental como la de Hale y Keyser (2002) con propuestas semánticas dotadas de una gran maquinaria descriptiva como las de Jackendoff (1990) o Goldberg (1995), puesto que las preguntas que se formulan y los objetivos que persiguen unos y otros son bastante distintos: por ejemplo, para estos últimos autores, no parece tener sentido alguno relacionar las cuestiones fundamentales de (14).

verbos de consumición son inergativos)[38]. En cambio, el sujeto interno de una predicación de cambio de lugar/estado no se puede omitir fácilmente (cfr. [22c, d]). Nótese que tal diferencia se explica en el sistema haleykeyseriano por el hecho de que solo se pueden fusionar/conflar los complementos, no así los especificadores. He ahí, pues, una diferencia sintáctica fundamental entre el Tema Incremental (el complemento de un verbo inergativo) y la Figura (el sujeto interno o especificador de una predicación locativa o estativa).

(22) a. Juan pintó (un cuadro).
     b. Juan comió (una pizza).
     c. Juan embotelló ??(el vino).
     d. Los fuertes vientos rompieron ??(la ventana).

3.2.2. *La estructura argumental en algunos modelos minimistas constructivistas*

La característica definitoria de los denominados modelos neo-construccionistas o constructivistas de la estructura argumental es que tal estructura no es una representación léxico-sintáctica sino meramente sintáctica (véanse Marantz 2005, 2013; Ramchand 2008, 2011; Acedo Matellán 2010, o Harley 2011, entre otros)[39]. El prefijo *neo-* identifica los enfoques generativistas y los separa de los enfoques cognitivistas (p. e., el de Goldberg 1995, 2006, o el de Croft 2001), que se basan a su vez en los trabajos ya clásicos de la denominada *Gramática de Construcciones* de Fillmore y sus colegas (p. e., Fillmore *et al.* 1988, entre otros). Para distinguir los enfoques generativistas de los cognitivistas, Ramchand (2008: 11) pone de manifiesto que «la razón por la que las construcciones sintácticas tienen significado es porque se construyen sistemáticamente como parte de un sistema generativo que tiene correlatos predictibles de significado[40]».

---

[38] Normalmente, el objeto directo de las estructuras inergativas se puede, pues, interpretar, bien como un objeto hipónimo del elemento hiperónimo fusionado o conflado en el verbo (p. e., en [22a] *un cuadro* es un objeto hipónimo de algo pintado y en [22b] *una pizza* lo es de algo comido), bien como un objeto cognado (p. e., *bailó (un baile); cantó (una canción)*). Véanse Hale y Keyser 2002: cap. 3, y Haugen 2008, 2009, para una discusión detallada de los problemas que plantea la formación de estos verbos.

[39] Véase también Borer 2005, para una aproximación neo-construccionista que no participa del programa haleykeyseriano de la estructura argumental al no proponer una descomposición sintáctica del SV (o del Sv; cfr. *infra*). Véase Acedo Matellán 2010: 43-49, para una revisión crítica del enfoque de Borer, una autora que considera que la estructura argumental tiene, de hecho, una naturaleza epifenoménica, derivable, en buena parte, de la estructura eventiva y sus propiedades cuantificacionales.

[40] Véase también a este respecto Marantz 1997: «Estoy de acuerdo con la Gramática de Construcciones (e. g., Goldberg 1995) en su propuesta de que las estructuras tienen significado. Sin embargo, niego la propuesta importante de la Gramática de Construcciones de que tales significados sean específicos de cada estructura, sino que son más bien generales para una lengua y generalmente universales».

La propuesta neo-construccionista de Marantz (2005, 2013), Harley (2011) o Acedo Matellán (2010), entre otros, se caracteriza por situar el programa haleykeyseriano de la estructura argumental en un contexto más propiamente minimista: de acuerdo con estos partidarios del modelo de la Morfología Distribuida (véase también Fábregas en este volumen), la estructura argumental no está codificada en la entrada léxica del predicado (verbal), sino que se construye en la sintaxis propiamente dicha. Esto es, la estructura argumental no es una estructura *léxico*-sintáctica, tal como proponen Hale y Keyser, sino sintáctica sin más. Al no ser, pues, la estructura argumental una representación basada en categorías léxico-sintácticas, el evento no se codifica en un verbo léxico (*V*) sino en la categoría funcional denominada *v* (ingl. *little v* 'verbo pequeño'; cfr. Chomsky 1995 y Harley 1995, 2011, 2012b, entre otros), que es la categoría encargada de verbalizar la estructura argumental.

Así, por ejemplo, en su aproximación minimista al programa haleykeyseriano de la estructura argumental, Harley (2011) propone que tanto los verbos transitivos locativos del tipo *embotellar, enlatar* o *ensillar* como los verbos transitivos causativos del tipo *romper, envejecer* o *engordar* se forman en la sintaxis propiamente dicha (y no en una sintaxis dentro del léxico) a partir de un *v* funcional causativo que selecciona como complemento lo que, en teoría sintáctica generativa, se ha denominado una *Oración Reducida* (OR; ingl. *SC: Small Clause*): véase (23)[41]. Básicamente, una OR implica una relación entre un SDet sujeto y un predicado sin que intervenga el nudo flexivo Tiempo (de tal carácter defectivo proviene el calificativo de reducida; cfr. Stowell 1981 y Hoekstra 2004, entre muchos otros): así, por ejemplo, en (23) el complemento directo *los pollos* sería el sujeto interno de la OR, cuyo predicado de estado resultante sería, en este caso, de naturaleza adjetival[42].

---

[41] Siguiendo a Chomsky (1995), Harley (2011) asume que el argumento externo ocupa la posición de especificador de *Sv* (véase, sin embargo, Harley 2012b, para la propuesta de que tal argumento ocupa la posición superior de especificador de SVoz [ingl. *VoiceP*]).

[42] Según Heidi Harley (comunicación personal), el hecho de proponer una Oración Reducida como complemento de verbos transitivos que no expresan cambio de lugar/estado como *push* 'empujar', puede ser adecuado para la lectura puntual de (ia) (cfr. ingl. *give him a push* 'darle un empujón' en [ib]; [ic] podría ser, pues, un análisis adecuado de [ia]/[ib]), pero tal propuesta no parece viable para el sentido durativo que este verbo tiene en (iia). Así, por ejemplo, Harley (2005: ej. [25], p. 52) analiza el verbo *push* 'empujar' de (iia) como se representa en (iib), donde la raíz conceptual √*empujón* selecciona el SDet *el carro* como complemento:

(i) a. María pushed Juan.

  b. María gave Juan a push.

  c. $[_{Sv}$ (María) $[_v$ PROVIDED $[_{OR}$ Juan WITH {√PUSH/ a push}]]].

(ii) a. Juan pushed the cart for hours ('Juan empujó el carro durante horas').

  b. $[_{Sv}$ Juan $[_v$ HACER $[_{Sv}$ √EMPUJÓN el carro]]]

Sin embargo, según Mateu (2002) y Acedo-Matellán y Mateu (2014), estructuras argumentales como la de (iib) no son posibles, ya que las raíces son elementos no relacionales, lo que significa

(23) Juan engordó los pollos.

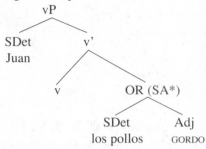

Según Harley (2011, 2012a), los verbos causativos no contienen dos capas verbales sino solo una. Esta autora defiende que no hay evidencia teórica ni empírica suficiente para defender la propuesta de Hale y Keyser según la cual la descomposición sintáctica de los verbos causativos (cfr. [17c]) contiene dos capas verbales (cfr. Larson 1988, 1990): recuérdese que en (17c) el verbo superior se interpreta como causativo y el verbo inferior como predicado de cambio. Harley propone, en cambio, que la estructura causativa tiene un único elemento verbalizador: *v* en (23)[43]. La intepretación de la función semántica *CAUSAR* se puede inferir al combinar un evento dinámico codificado en *v (HACER)* con una eventualidad de estado resultante codificada en el núcleo del predicado de la OR (véase también Marantz 2005, 2013, para una propuesta similar). En cambio, en (24) emerge la interpretación de predicado de cambio (*DEVENIR* –ingl. *become*– al no haber argumento externo en la posición de especificador de *v*. En este caso, pues, la configuración es inacusativa.

---

que no pueden seleccionar complementos. Solo los elementos relacionales implicados en preposiciones, adjetivos o verbos pueden hacerlo. No obstante, es interesante apuntar que la propuesta de Harley de (iib) tiene un precedente destacado en la bibliografía: en efecto, Rappaport Hovav y Levin (1998) establecen una distinción semántica importante entre los argumentos del patrón de estructura eventiva y los participantes de la constante/raíz. Por ejemplo, según estas lingüistas, (iia) tendría la estructura eventiva de (iii), en la que *Juan* es el argumento del patrón de la estructura eventiva (según estas autoras, las actividades solo requieren un argumento obligatorio: el argumento de la función semántica ACT 'actuar'), mientras que *the cart* 'el carro' sería un argumento legitimado por la constante o raíz √PUSH (en [iii] √PUSHING se codifica como un subíndice de la función semántica ACT, ya que, según las autoras, no es un argumento sino un modificador). Al ser monoeventiva la estructura semántica de (iii), solo un argumento es requerido: el argumento externo *Juan*. El subrayado es una notación que utilizan Levin y Rappaport Hovav para discriminar estos participantes, que, según ellas, son optativos (al menos desde el punto de vista de la estructura eventiva).

     (iii) [Juan [ACT$_{<√PUSHING>}$ the cart]]

No obstante, tal como observa Marantz (2005), no está claro cuál puede ser el estatus sintáctico del argumento subrayado en estructuras léxico-semánticas como la de (iii). Para este autor, estructuras eventivas como la de (iii) se tienen que codificar en términos sintácticos. Concretamente, Marantz propone que el paciente de predicados verbales como el de (iii) está introducido por una preposición vacía que es la encargada de vincular el argumento *the cart* 'el carro' con el evento de actividad expresado por el verbo *push*.

[43] Según Harley (2012a), para evitar algunos de los argumentos de Fodor (1970) contra la descomposición léxica, es necesario también renunciar a una estructura sintáctica biverbal para los predicados causativos.

(24) Los pollos engordaron.

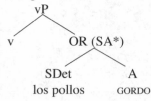

Siguiendo a Von Stechow (1995, 1996), Harley (2011, 2012a) y Marantz (2013: 161) ponen énfasis en que no hay evidencia directa para
separar CAUSAR *(cause)* y DEVENIR *(become)* en la representación sintáctica de los verbos causativos: por ejemplo, según estos autores, el famoso
test que comentamos a continuación solo proporciona evidencia a favor
de distinguir la unión eventiva causar/devenir, por un lado, y el estado
resultante, por otro. Así, por ejemplo, de acuerdo con Harley (2011,
2012a), la estructura sintáctica de (23), que corresponde a verbos causativos como *engordar* o *abrir,* da cuenta de la ambigüedad a la que da
lugar la expresión adverbial *de nuevo* en un enunciado como el de (25).

(25) Juan abrió la puerta de nuevo.

(25) tiene una doble interpretación: (26a) ejemplifica la lectura repetitiva, mientras que (26b) expresa la lectura restitutiva. La lectura repetitiva equivale a una situación en la que previamente Juan realizó la
acción de abrir la puerta: es decir, su acción de abrir la puerta fue repetida. En cambio, la lectura restitutiva es aquella en la que Juan no está
necesariamente implicado en la apertura original o previa de la puerta:
Juan simplemente restituyó la puerta a su estado de abierta.

(26) a. Juan abrió la puerta antes y ahora ha vuelto a hacerlo.
     b. La puerta estaba abierta antes y ahora vuelve a estarlo.

Según Harley (2011, 2012a), la ambigüedad de un enunciado como el
de (25) se debe a que *de nuevo* puede modificar, bien la eventualidad
codificada en el verbo, bien la que está codificada en la OR: cfr. (27a)
y (27b), respectivamente.

(27) a. [$_{Sv}$ Juan [$_v$ HACER [$_{OR}$ la puerta abierta]] de nuevo]
     b. [$_{Sv}$ Juan [$_v$ HACER [[$_{OR}$ la puerta abierta] de nuevo]]]

En la lectura repetitiva, *de nuevo* modifica la parte estructural que incluye el subevento de la actividad, esto es, la acción de Juan de abrir la
puerta tuvo lugar, como mínimo, dos veces. En cambio, en la lectura
restitutiva, esta expresión adverbial modifica la parte estructural que
solo incluye el estado resultante de abrir la puerta. Nótese que en esta
segunda lectura no queda implicado que, en ambas ocasiones, fuera
Juan el causante de la apertura de la puerta[44].

---

[44] No obstante, véanse Jäger y Blutner 2000 y Wunderlich 2001, 2012, entre otros, para una
crítica de este enfoque sintáctico. Cfr. Von Stechow 2003, para una réplica al primer trabajo crítico.

Finalmente, otro argumento que esgrime Harley (2011) a favor de la denominada *Hipótesis del v pequeño,* que, aplicada a la estructura sintáctica de (23), consiste en separar la capa verbal que introduce el argumento externo de la capa del estado resultante que contiene el argumento interno, proviene del estudio de las construcciones idiomáticas. Según esta lingüista, las frases hechas proporcionan evidencia empírica para distinguir la proyección verbal funcional que introduce el agente externo *(v)* de otra proyección inferior que introduce los argumentos internos. Basándose en los trabajos previos de Marantz (1984) y Kratzer (1996), Harley pone de manifiesto que hay muchas construcciones idiomáticas que afectan al verbo y al objeto directo (p. e., *matar el tiempo, meter la pata,* etc.), pero no parecen existir construcciones idiomáticas que afecten al verbo y al sujeto y que excluyan el objeto directo. Tal como propone Kratzer (1996), esta generalización se puede derivar de manera directa si el argumento externo (el agente) es un argumento de una proyección funcional superior. Esta semantista propone que sea la categoría funcional *Voz* (ingl. *Voice*) la que introduzca este argumento y que dé cuenta de su independencia semántica con respecto al resto de la predicación.

Para concluir este subapartado dedicado a una visión minimista de la estructura argumental, cabe destacar también el hecho de que algunos partidarios de enfoques neo-construccionistas de la estructura argumental suelen basar sus propuestas en datos como los de (28), que ejemplifican la denominada *polisemia regular* (véase Mateu 2002, para una propuesta de extensión del programa haleykeyseriano para dar cuenta de estos datos). Así, por ejemplo, según Acedo Matellán (2010), el hecho de que un verbo como *dance* 'bailar' pueda usarse como inergativo (p. e., 28a), inacusativo (p. e., 28c)[45] o transitivo causativo (p. e., 28e) parece explicarse mejor en un enfoque en el que la estructura argumental no esté determinada léxicamente por el verbo. No es, pues, extraño que Hale y Keyser (1993, 2002), quienes asumen un enfoque *léxico*-sintáctico de la estructura argumental (recuérdese que, según ellos, la estructura argumental está codificada *dentro de la entrada léxica* del verbo), no traten este tipo de polisemia, ya que la formación de estructuras argumentales como las de (28c) a (28j) no está claro que tenga lugar en el léxico[46]. En efecto, desde un punto de vista meramen-

---

[45] Por ejemplo, en alemán los verbos auxiliares seleccionados en (28a) y (28c) son *haben* 'haber' y *sein* 'ser', respectivamente, lo que prueba que la primera construcción es inergativa mientras que la segunda es inacusativa.

[46] No obstante, Sorace (2004) y Levin y Rappaport Hovav (2005) recuerdan que uno de los problemas más importantes a que deben enfrentarse los partidarios del neo-construccionismo es el de la sobregeneración: al desprenderse de las restricciones léxicas típicas de los enfoques lexicalistas, no parece que estos puedan dar cuenta de la malformación de construcciones tales como, por ejemplo, ingl. **John laughed into the room* (cfr. [28c] *John danced into the room*, it. **Gianni ha morto* (cfr. *Gianni è morto / Gianni ha lavorato*), o, por poner un ejemplo más cercano, **Juan llenó agua en el vaso* (cfr. *Juan puso agua en el vaso / Juan llenó el vaso con agua*). Proponer, como hace Borer (2005), que la malformación de *Juan llenó agua en el vaso* es de naturaleza conceptual y no lingüística (cfr. *#Las ideas verdes incoloras duermen furiosamente*) no parece

te intuitivo, si bien podría parecer razonable marcar un verbo como *dance* 'bailar' como inergativo, no parece adecuado, por ejemplo, codificarlo también léxicamente como verbo causativo (p. e., cfr. [28e])[47].

(28) a. John danced.
　　b. John danced a polka.
　　c. John danced into the room.
　　d. John danced away.
　　e. John danced the puppet across the stage.
　　f. John danced the night away.
　　g. John outdanced Mary.
　　h. John danced his butt off.
　　i. John danced his feet sore.
　　j. John danced his way into a wonderful world

En las lenguas romances podemos encontrar también ejemplos interesantes de polisemia regular como los siguientes: en (29a) el verbo *trabajar* tiene un uso inergativo, mientras que en (29b) tiene uno inacusativo[48], siendo obligatorio en este caso un elemento locativo (véanse Torrego 1989, Rigau 1997, Mateu y Rigau 2002 y Mendikoetxea 2006, entre otros). Si bien parece intuitivo proponer que el verbo *trabajar* esté marcado léxicamente como inergativo, ya no está tan claro que su uso inacusativo también se tenga que marcar en su correspondiente entrada léxica.

(29) a. Los niños trabajan (en esta fábrica).
　　b. *(En esta fábrica) trabajan niños.

Datos como los de (28c) a (28j) o (29b) han llevado a algunos investigadores a considerar que la estructura argumental no está determinada por la entrada léxica del verbo sino por la construcción sintáctica en la que este aparece. Así pues, en modelos neo-construccionistas de la estructura argumental no hay que hablar propiamente de *verbos* inergativos, inacusativos o transitivos, sino más bien de *construcciones* o *estructuras* inergativas, inacusativas o transitivas. En otras palabras, la

---

resolver el problema, entre otros motivos porque *Juan llenó agua en el vaso* es perfecta en alemán, pero no lo es en ninguna lengua el famoso ejemplo de Chomsky. Para los lexicalistas, Borer confunde, pues, malformación léxica con malformación conceptual. No obstante, sea cual sea la solución a este problema, como recuerda Marantz (2013), la existencia de la sobregeneración no pone en peligro el programa neo-construccionista de la estructura argumental. Lo que sí sería letal para tal programa, argumenta este autor en este excelente artículo, es que hubiera correspondencias especiales entre la sintaxis y los significados que se derivan de la estructura argumental.

[47] La polisemia ejemplificada en los datos de (28c) a (26j) se encuentra típicamente en las lenguas germánicas pero no en las romances (e. g., véanse Talmy 2000; Snyder 2001, 2012; Mateu y Rigau 2002, 2010; Mateu 2002, 2005a, 2008a, 2012; McIntyre 2004; Zubizarreta y Oh 2007; Acedo Matellán 2010; Beavers *et al.* 2010, y Real Puigdollers 2013, entre otros, para diferentes análisis de este tipo de variación). Cfr. la excelente revisión de Demonte en este volumen.

[48] Una prueba o diagnóstico que distingue los verbos inacusativos de los inergativos es que solo los primeros admiten un sujeto posverbal sin determinante: cfr. *Llegan aviones* vs. *Trabajan niños*. Véase también la nota 21.

estructura argumental no es una cuestión del verbo sino de la construcción sintáctica.

Así, por ejemplo, tal como propone Acedo Matellán (2010), no es tanto que un verbo como *dance* 'bailar' sea básicamente (esté léxicamente marcado como) inergativo y pase a ser inacusativo ante la presencia de un SPrep que marque telicidad (p. e., cfr. Levin y Rappaport Hovav [1995]), sino más bien que la raíz √*dance* se puede insertar, ya sea en una estructura sintáctica inergativa como complemento de *v* (cfr. [30a]), ya en una estructura inacusativa como adjunto a *v* (cfr. [30b][49]).

(30) a. [$_{Sv}$ John [$_v$ *v* √*DANCE*]]   (cfr. [28a])
    b. [$_{Sv}$ [[$_v$√*DANCE*]-*v*] [$_{OR/SP}$ *John into the room*]]   (cfr. [28c])

Siguiendo una distinción que trata Haugen (2008, 2009), Mateu (2012) propone que las operaciones implicadas en la formación del verbo *dance* 'bailar' en (30a) y (30b) son distintas: mientras que el verbo en (30a) se forma a través de una operación que consiste en copiar (esto es, mover) la matriz fonológica del complemento en la matriz vacía del núcleo verbal, el verbo en (30b) se forma a través de una operación que consiste en adjuntar directamente una raíz al verbo inacusativo vacío que expresa cambio. Dicho en términos minimistas, se puede argumentar que la formación del verbo en (30a) implica Ensamble Interno (ingl. *Internal Merge*), mientras que la de (30b) implica Ensamble Externo (*External Merge*). Véase también Acedo Matellán (2013) para más discusión relevante sobre esta distinción en el contexto de la estructura sintagmática simplificada (ingl. *Bare Phrase Structure*).

3.2.3. *Estructura argumental y estructura eventiva: hacia una descomposición sintáctica del* Sv

La influencia del programa haleykeyseriano de la estructura argumental es también clara en la propuesta constructivista de Ramchand (2008), según la cual la descomposición sintáctica del S*v* tiene que dar cuenta de una semántica eventiva todavía más explícita que la que se propone, por ejemplo, en el trabajo pionero de Hale y Keyser (1993). Ramchand defiende que los primitivos de combinación sintáctica implicados en la descomposición del S*v* se corresponden con primitivos del significado de la estructura eventiva (cfr. Travis [2000], entre otros). Concretamente, la propuesta de Ramchand es que los verbos se pueden descomponer como máximo en tres núcleos sintácticos: *Inic*(iación), *Proc*(eso) y *Res*(ultado), cada uno de los cuales proyecta un sintagma en la descomposición del S*v*. Estos tres núcleos eventivos, ejemplificados en (31), se

---

[49] En castellano y en otras lenguas romances, tal adjunción no tiene lugar en construcciones télicas de movimiento direccional (cfr. [30b]), ya que el núcleo verbal se ha saturado fonológicamente con la matriz correspondiente al *Trayecto* (ingl. *Path*) preposicional (Talmy 2000), que es el núcleo relacional superior de la Oración Reducida: cfr. *John entró bailando en la habitación*. Cfr. las referencias bibliográficas que aparecen en la nota 47.

definen de la siguiente manera: *Inic* expresa un estado inicial que implica causalmente a otra eventualidad y su sujeto se denomina el Iniciador (ingl. *Initiator*); *Proc* expresa un subevento dinámico y su sujeto se denomina el Paciente (ingl. *Undergoer*). Finalmente, *Res* expresa un estado final que está causalmente implicado por el subevento de proceso y su sujeto es denominado el Resultante (ingl. *Resultee*)[50]. Así, por ejemplo, en la representación sintáctica de la estructura eventiva compleja de (31), sus argumentos se corresponden con los especificadores de los tres núcleos eventivos. En este sentido hay, pues, una unificación de la estructura argumental con la estructura eventiva.

(31) El viento rompió el cristal.

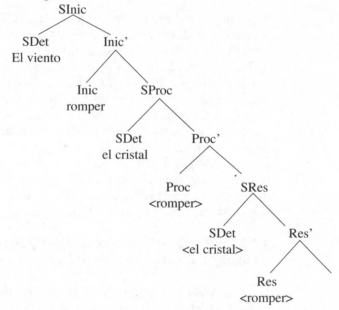

Nótese que el hecho de proponer una representación sintáctica de la estructura eventiva como la de (31) es incompatible con mantener el denominado *criterio temático*[51]. Así, por ejemplo, en (31) *el cristal* tiene dos roles: el de Paciente (o 'sujeto' del proceso, el cual ocupa la posición de especificador del subevento dinámico *Proc*) y el de Resultante (o 'sujeto' del resultado, el cual ocupa la posición de especificador del subevento del estado final *Res*). En cambio, *el viento* solo tiene un rol eventivo (y/o argumental): el de Iniciador (o 'sujeto' del inicio, el cual ocupa la posición de especificador del subevento de estado inicial *Inic*).

---

[50] Véase Moreno Cabrera 2004, para una división de la estructura eventiva que resulta parecida a la que propone posteriormente Ramchand (2008, 2011).

[51] Una versión informal de este principio gramatical clásico es la siguiente: un argumento tiene que recibir un solo papel temático y cada papel temático se tiene que asignar a un solo argumento. Véanse Jackendoff 1990, Hornstein 2001 y Ramchand 2008, 2011, entre otros, para una crítica del criterio temático.

Vale la pena mencionar también el hecho de que el enfoque constructivista de Ramchand se separa de propuestas neo-construccionistas más radicales como las de Borer (2005) o Acedo Matellán (2010) y se acerca a propuestas lexicalistas como la de Levin y Rappaport Hovav (2005) en el sentido de que los verbos tienen léxicamente especificada en forma de rasgos su selección semántica. Así, por ejemplo, Ramchand argumenta que, en inglés, un verbo como *break* ('romper') tiene el rasgo *Res*(ultado) especificado en su entrada léxica, mientras que tal rasgo no aparecería en la entrada léxica del verbo *wipe* ('fregar'), lo que podría dar cuenta de la flexibilidad sintáctica superior de este segundo verbo (p. e., cfr. la explicación lexicalista de Rappaport Hovav y Levin [1998], según la cual los verbos de manera como *wipe* toleran la omisión del complemento directo, mientras que los verbos de resultado como *break* no). No obstante, la propuesta constructivista de Ramchand se separa de la de Levin y Rappaport Hovav y se encuadra en los enfoques neo-construccionistas generativistas en el sentido de que las estructuras argumentales o eventivas no se construyen en el léxico sino que lo hacen en la sintaxis (en lo que Ramchand denomina la sintaxis de la primera fase [ingl. *first phase syntax*]), por lo que su relación con sus correspondientes significados estructurales es predictible y no sujeta a idiosincrasia (véanse, en cambio, Goldberg 1995 y Jackendoff 1990, 2002, según los cuales sí puede ser idiosincrásica tal relación).

3.2.4. *Algunas extensiones de la estructura argumental: los núcleos aplicativos*

En este último subapartado vale la pena tratar, aunque sea someramente, un tema que ha recibido una notable atención por parte de algunos autores que defienden un enfoque neo-construccionista de la estructura argumental: la sintaxis de los denominados *aplicativos*, que son unos elementos sintácticos que añaden un objeto *extra* a la estructura argumental verbal (véase Ormazabal y Romero en este volumen). Como veremos a continuación, objetos *dativos* como los de (32) representan ejemplos de objetos *añadidos* a la estructura argumental sintáctica básica mediante la intervención de los núcleos aplicativos (véanse Cuervo 2003, 2010; Marantz 2005, 2013; McGinnis 2008; Pylkkänen 2008, y Pineda 2013, entre otros). De hecho, tal como recuerda Marantz (2013), cabe considerar también el argumento externo como un segundo tipo de argumento añadido en cuanto que no forma parte tampoco de la estructura argumental básica. Para este autor, pues, el argumento externo no está introducido por *v* (cfr. Chomsky 1995 y Harley 2011, entre otros) sino por el núcleo funcional superior *Voz* (véanse Kratzer 1996, Pylkkänen 2008 y Harley 2012b, entre otros).

(32) a. A Juan le interesa la política.
     b. María le dio un susto a Juan.

Supongamos que las estructuras argumentales básicas asociadas a la construcción inacusativa estativa de (32a) y a la construcción transitiva agentiva de (32b) se corresponden con las estructuras de (33a) y (33b), respectivamente.

(33) a. La política interesa.
  b. (María) dio un susto.

A las estructuras argumentales básicas de (33) se les ha añadido en (32) un objeto dativo mediante la intervención sintáctica de un núcleo *Apl*(icativo). No obstante, tal introducción del objeto dativo se ha realizado de manera distinta en los dos casos: según Cuervo (2003), los dos objetos dativos de (32) tienen propiedades diferentes y ejemplifican de manera paradigmática la distinción que se ha establecido en la bibliografía entre los dos tipos de núcleos aplicativos (a saber, los aplicativos *altos* y los *bajos*). Tal como se puede apreciar en las estructuras sintácticas de (34), mientras que el *Apl*(icativo) alto relaciona un individuo (p. e., *Juan*) con un evento (p. e., la eventualidad estativa de *interesar*), el *Apl*(icativo) bajo relaciona dos objetos en el interior del S*v*: *Juan* y un *susto*. De acuerdo con Cuervo, en ambos casos se puede suponer que el núcleo aplicativo está ocupado por el clítico dativo *le*. Finalmente, cabe notar que en (34a) asumimos que el verbo inacusativo *interesar* se forma a partir de la conflación de una estructura estativa analítica de carácter posesivo: 'la política ser-con *(tener)*[52] *interés*' (cfr. *La política {tiene interés/es interesante}*).

(34) a.

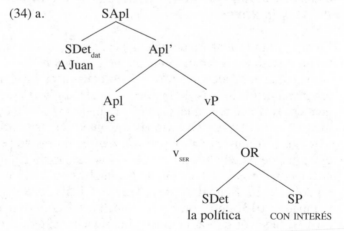

[52] Sobre la descomposición léxica implicada en las construcciones posesivas, véanse Hale y Keyser 2002, Kayne 2009 y Harley 2012a, entre otros. Así, por ejemplo, de acuerdo con estos autores, el verbo *tener* (ingl. *have*) se puede analizar como el resultado de la conflación del verbo *ser* con un elemento de naturaleza preposicional, que en (34a) sería el núcleo del predicado interno de la O(ración) R(educida).

b.

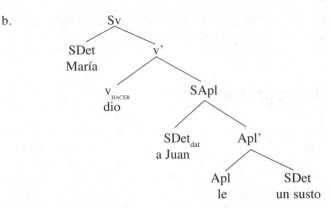

Para más discusión sobre los dos tipos de elementos aplicativos en castellano, véase Cuervo (2003). Véase también Acedo Matellán y Mateu (en prensa) para un enfoque neo-construccionista de la estructura argumental de predicados *psicológicos* como los de (32) (cfr. Belletti y Rizzi 1988, Bouchard 1995, Pesetsky 1995, Pylkkänen 2008 y Landau 2009, entre otros).

3.3. Observaciones finales

Siguiendo el modelo de Harley (2011), en este capítulo hemos puesto un énfasis especial en la propuesta de que las diferentes configuraciones sintácticas de la estructura argumental (p. e., cfr. las estructuras inergativas, inacusativas, transitivas y causativas que proponen Hale y Keyser [2002]) se pueden asociar de manera sistemática con diferentes significados estructurales, que conviene separar de los significados conceptuales/enciclopédicos que proporcionan las raíces (véanse Mateu 2002, Mateu y Espinal 2007, Ramchand 2008, 2011, y Acedo Matellán y Mateu 2014, entre otros, para la distinción fundamental entre estos dos tipos de significado). Como hemos visto, al asumir tal responsabilidad, la sintaxis de la estructura argumental se hace más abstracta de lo que se defiende en algunos enfoques críticos del programa minimista de Chomsky (1995 ss.). Así, por ejemplo, de acuerdo con la concepción de una sintaxis más simple *(Simpler Syntax)* de Culicover y Jackendoff (2005), ni la estructura argumental ni la estructura eventiva dependen de la sintaxis, sino que ambas se basan en la *estructura conceptual* (véase Jackendoff 1990, 1997, 2002). Como consecuencia, según estos autores, no hay necesidad, por ejemplo, de proponer una estructura sintáctica abstracta, p. e., con diferentes *capas* en el SV, ya que, en todo caso, tal descomposición tiene lugar en la estructura conceptual. Como contrapartida, estos autores defienden que la interfaz entre la sintaxis y la semántica es mucho más compleja –y menos uniforme– de lo que asumen muchos lingüistas sintáctico-céntricos (cfr. Baker 1988, 1997). Sin duda, la respuesta a cuál es el papel que hay que asignar a la estructura argumental en la arquitectura de la facultad del lenguaje está en parte influida por este importante debate actual en la lingüística teórica.

■ Bibliografía

ACEDO MATELLÁN, V. (2010), *Argument Structure and the Syntax-Morphology Interface. A Case Study in Latin and other Languages*, tesis doctoral, Universitat de Barcelona [http://hdl.handle.net/10803/21788].

— (2013), «Merging Roots in Bare Phrase Structure and the Conflation/Incorporation Distinction», *NELS* 42, pp. 1-14.

— y J. MATEU (2014), «From syntax to roots: a syntactic approach to root interpretation», en Artemis Alexiadou *et al.* (eds.). *The Syntax of Roots and the Roots of Syntax*. Oxford y Nueva York, Oxford University Press.

— y J. MATEU (en prensa), «Los verbos psicológicos: raíces especiales en estructuras corrientes», en Rafael Marín (ed.). *Los verbos psicológicos*, Madrid, Visor.

ALEXIADOU, A. (2001), *Functional Structure in Nominals: Nominalization and Ergativity*, Amsterdam, John Benjamins.

ALSINA, À. (1996), *The Role of Argument Structure in Grammar: Evidence from Romance*, Stanford, CA, CSLI Publications.

ARANOVICH, R. (2000), «Split intransitivity and reflexives in Spanish», *Probus* 12, pp. 165-186.

ARMSTRONG, G. (2011), *Two classes of transitive verbs: Evidence from Spanish*, tesis doctoral, Georgetown University.

BAKER, M. (1988), *Incorporation: A theory of grammatical function changing*, Chicago, The University of Chicago Press.

— (1997), «Thematic roles and syntactic structure», en Liliane Haegeman (ed.), *Elements of Grammar*, Dordrecht, Kluwer, pp. 73-137.

— (2003), *Lexical categories*, Cambridge, Cambridge University Press.

BEAVERS, John (2006), *Argument/oblique alternations and the structure of lexical meaning*, tesis doctoral, Stanford University.

—, S. W. THAM y B. LEVIN (2010), «The typology of motion expressions revisited», *Journal of Linguistics* 46, pp. 331-377.

BELLETTI, A. y L. RIZZI (1988), «Psych-verbs and Theta-theory», *Natural Language & Linguistic Theory* 6, pp. 291-352.

BORER, H. (2005), *Structuring sense II: The normal course of events*, Oxford, Oxford University Press.

BOSQUE, I. y J. GUTIÉRREZ-REXACH (2009), *Fundamentos de sintaxis formal*, Madrid, Akal.

BOSQUE, I. y P. J. MASULLO (1998), «On verbal quantification in Spanish», en Olga Fullana y Francesc Roca (eds.), *Studies on the syntax of central Romance languages*, Girona, Publicacions de la Universitat de Girona, pp. 9-64.

BOUCHARD, D. (1995), *The Semantics of Syntax. A Minimalist Approach to Grammar*, Chicago, The University of Chicago Press.

BRESNAN, J. (2001), *Lexical-Functional Syntax,* Wiley, Blackwell.
— y J. M. KANERVA (1989), «Locative inversion in Chichewa: A case study of factorization in grammar», *Linguistic Inquiry* 20, pp. 1-50.
CHOMSKY, N. (1995), *The Minimalist Program,* Cambridge, Mass., MIT Press.
CIFUENTES, J. L. (1999), «Inacusatividad y movimiento», *Revista Española de Lingüística* 29, pp. 35-61.
CROFT, W. (2001), *Radical Construction Grammar. Syntactic Theory in Typological Perspective,* Oxford y Nueva York, Oxford University Press.
CUERVO, C. (2003), *Datives at large,* Cambridge, Mass., MIT dissertation.
— (2010), «Against ditransitivity», *Probus* 22, pp. 151-180.
CULICOVER, P. y R. JACKENDOFF (2005), *Simpler Syntax,* Oxford, Oxford University Press.
DEMONTE, V. (1991), *Detrás de la palabra. Estudios de gramática del español,* Madrid, Alianza.
— (1994), «La semántica de los verbos de cambio», en Alonso Alegría, Beatriz Garza y José A. Pascual (eds.), *II Encuentro de Lingüistas y Filólogos de España y México,* Salamanca, Junta de Castilla y León/ Universidad de Salamanca, pp. 535-563.
— (2006), «Qué es sintáctico y qué es léxico en la interficie entre sintaxis y léxico-semántica», *Signo y Seña* 15, pp. 17-42.
— (en este volumen), «Parámetros y variación en la interfaz léxico-sintaxis».
DI TULLIO, A. (2002), «Los difusos límites de la alternancia locativa en español», en Alexandre Veiga y M.ª Rosa Pérez (eds.), *Lengua española y estructuras gramaticales,* anexo 38 de *Verba,* Santiago de Compostela, Universidade de Santiago de Compostela, pp. 131-140.
DOWTY, D. (1979), *Word meaning and Montague Grammar,* Dordrecht, Reidel.
— (1991), «Thematic proto-roles and argument selection», *Language* 67, 3, pp. 547-619.
ERNST, Th. (2001), *The Syntax of Adjuncts,* Cambridge y Nueva York, Cambridge University Press.
ERTESCHIK-SHIR, N. y T. RAPOPORT (2007), «Projecting argument structure. The grammar of *hitting* and *breaking* revisited», en Eric Reuland, Tanmoy Bhattacharya y Giorgos Spathas (eds.), *Argument Structure,* Amsterdam, John Benjamins, pp. 17-35.
ESPINAL, M. T. (1988), *Significat i interpretació,* Barcelona, Publicacions de l'Abadia de Montserrat.
FÁBREGAS, Antonio (2003), «Los verbos de realización gradual: estructura léxica», *Revista de la Sociedad Española de Lingüística* 32, 2, pp. 475-506.
— (en este volumen), «Los límites entre sintaxis y morfología».
FERNÁNDEZ SORIANO, O. y G. RIGAU (2009), «On certain light verbs in Spanish: The case of temporal *tener* and *llevar*», *Syntax* 12, 2, pp. 135-157.
FILLMORE, Ch. (1968), «The Case for Case», en Emmon Bach y Robert T. Harms (eds.), *Universals in Linguistic Theory,* Nueva York, Holt, Rinehart and Winston, pp. 1-88.

— (1977), «The Case for Case Reopened», en Peter Cole y Jerrold Sadock (eds.). *Syntax and Semantics 8: Grammatical Relations,* Nueva York, Academic Press Inc., pp. 59-81.

— *et al.* (1988), «Regularity and idiomaticity in grammatical constructions: The case of *let alone*», *Language* 64, pp. 501-538.

FODOR, J. (1970), «Three reasons for not analyzing *kill* as *cause to die*», *Linguistic Inquiry* 1, pp. 429-438.

— y E. LEPORE (1999), «Impossible words?», *Linguistic Inquiry* 30, 3, pp. 445-453.

FOLLI, R. y H. HARLEY (2007), «Causation, Obligation, and Argument Structure: On the Nature of Little v», *Linguistic Inquiry* 38, 2, pp. 197-238.

FRANCO, J. (1990), «Towards a typology of psych verbs: Evidence from Spanish», *MIT Working Papers in Linguistics (MITWPL)* 12, pp. 46-62.

GALLEGO, Á. J. (2010a), «An l-syntax for adjuncts», en Maia Duguine, Susana Huidobro y Nerea Madariaga (eds.), *Argument structure and syntactic relations,* Amsterdam y Filadelfia, John Benjamins, pp. 183-202.

— (2010b), «El complemento de régimen verbal», *LEA: Lingüística española actual* 32, 2, pp. 223-258.

y A. IRURTZUN (2006), «La estructura subléxica del Sv*: Cuantificación y Aktionsart», *Actes del VII Congrés de Lingüística General,* Universitat de Barcelona, Barcelona.

GOLDBERG, A. (1995), *Constructions. A Construction Grammar Approach to Argument Structure,* Chicago y Londres, The University of Chicago Press.

— (2006), *Constructions at Work. The Nature of Generalization in Language,* Oxford, Oxford University Press.

— y F. ACKERMAN (2001), «The Pragmatics of Obligatory Adjuncts», *Language* 77, 4, pp. 798-814.

GONZÁLEZ, L. H. (1997), *Transitivity and Structural Case Marking in Pysch Verbs. A Fragment of an HPSG Grammar of Spanish,* tesis doctoral, University of California at Davis.

GRÀCIA, Ll. (1989), *La teoria temàtica,* tesis doctoral, Bellaterra, Servei de Publicacions de la Universitat Autònoma de Barcelona.

GRIMSHAW, J. (1990), *Argument Structure,* Cambridge, Mass., MIT Press.

— (1991), «Extended projection», ms., Brandeis University [versión revisada en Jane Grimshaw (2005), *Words and Structure,* Stanford, CA, CSLI Publications, pp. 1-71].

— y S. VIKNER (1993), «Obligatory Adjuncts and the Structure of Events», en E. Reuland y W. Abraham (eds.), *Knowledge and Language: Lexical and Conceptual Structure,* vol. 2, Dordrecht, Kluwer, pp. 143-155.

GRUBER, J. (1965), *Studies in Lexical Relations,* tesis doctoral, MIT [consultable en http://hdl.handle.net/1721.1/13010]. Revisada en 1976 como parte de *Lexical Structures in Syntax and Semantics,* Amsterdam, North Holland.

GUMIEL MOLINA, S., I. NIETO e I. PÉREZ JIMÉNEZ (1999), «Some remarks on deadjectival verbs and resultative secondary predicates», *Catalan Working Papers in Linguistics* 7, pp. 107-124.

HALE, K. L. (1986), «Notes on World View and Semantic Categories: Some Warlpiri Examples», en P. Muysken y H. van Riemsdijk (eds.), *Features and Projections,* Dordrecht, Foris, pp. 233-254.

— y S. J. KEYSER (1992), «The syntactic character of thematic structure», en I. M. Roca (ed.), *Thematic Structure: Its Role in Grammar,* Berlín y Nueva York, Foris, pp. 107-144.

— y S. J. KEYSER (1993), «On argument structure and the lexical expression of syntactic relations», en K. L. Hale y S. J. Keyser (eds.), *The view from building 20: Essays in linguistics in honor of Sylvain Bromberger,* Cambridge, Mass., MIT Press, pp. 53-109.

— y S. J. KEYSER (1999), «A response to Fodor & Lepore. Impossible primitives?», *Linguistic Inquiry* 30, pp. 453-466.

— y S. J. KEYSER (2002), *Prolegomenon to a theory of argument structure,* Cambridge, Mass., MIT Press.

HARLEY, H. (1995), *Subjects, events, and licensing,* tesis doctoral, MIT.

— (2005), «How do verbs get their names? Denominal verbs, manner incorporation, and the ontology of verb roots in English», en N. Erteschik-Shir y T. Rapoport (eds.), *The syntax of aspect. Deriving thematic and aspectual interpretation,* Oxford y Nueva York, Oxford University Press, pp. 42-64.

— (2011), «A Minimalist Approach to Argument Structure», en Cedric Boeckx (ed.), *The Handbook of Linguistic Minimalism,* Oxford y Nueva York, Oxford University Press, pp. 427-448.

— (2012a), «Lexical decomposition in modern syntactic theory», en M. Werning, W. Hinzen y E. Machery (eds.), *The Oxford Handbook of Compositionality,* Oxford, Oxford University Press, pp. 328-350.

— (2012b), «External arguments and the Mirror Principle: On the distinctness of Voice and v», *Lingua* 125, pp. 34-57.

HAUGEN, J. D. (2008), *Morphology at the Interfaces,* Amsterdam y Filadelfia, John Benjamins.

— (2009), «Hyponymous objects and Late Insertion», *Lingua* 119, pp. 242-262.

HERNANZ, M. Ll. y J. M.ª BRUCART (en este volumen), «Las posiciones sintácticas».

HINZEN, W. (2006), *Mind Design and Minimal Syntax,* Nueva York, Oxford University Press.

HOEKSTRA, T. (2004), «Small clauses everywhere», en R. Sybesma *et al.* (eds.), *Arguments and Structure,* Berlín y Nueva York, Mouton de Gruyter, pp. 319-390.

HORNSTEIN, N. (2001), *Move! A Minimalist Theory of Construal,* Malden, Mass., y Oxford, Blackwell.

IWATA, S. (2008), *Locative alternation: A lexical-constructional approach,* Amsterdam y Filadelfia, John Benjamins.

JACKENDOFF, R. (1987), «The status of thematic relations in linguistic theory», *Linguistic Inquiry* 18, pp. 369-412.

— (1990), *Semantic structures,* Cambridge, Mass., MIT Press.

— (1997), *The Architecture of the Language Faculty,* Cambridge, Mass., MIT Press.

— (2002), *Foundations of Language. Brain, Meaning, Grammar, Evolution,* Oxford, Oxford University Press.

Jäger, G. y R. Blutner (2000), «Against lexical decomposition in syntax», en A. Z. Wyner (ed.), *Proceedings of the Fifteenth Annual Conference IATL 15,* Universidad de Haifa, Israel.

Kayne, R. (2009), «Antisymmetry and the lexicon», *Linguistic Variation Yearbook* 8, pp. 1-31.

Kiparsky, P. (1997), «Remarks on Denominal Verbs», en À. Alsina *et al.* (eds.), *Complex Predicates,* Stanford, CA, CSLI Publications, pp. 473-499.

Koopman, H. y D. Sportiche (1991), «The position of subjects», *Lingua* 85, pp. 211-258.

Kratzer, A. (1996), «Severing the external argument from its verb», en J. Rooryck y L. Zaring (eds.), *Phrase structure and the lexicon,* Dordrecht, Kluwer, pp. 109-137.

Lakoff, G. (1971), «On Generative Semantics», en D. Steinberg y L. Jakobovits (eds.), *Semantics. An Interdisciplinary Reader,* Nueva York, Cambridge University Press, pp. 232-296.

Landau, I. (2010), *The locative syntax of experiencers,* Cambridge, Mass., MIT Press.

Larson, R. (1988), «On the double object construction», *Linguistic Inquiry* 19, pp. 335-391.

— (1990), «Double objects revisited: reply to Jackendoff», *Linguistic Inquiry* 21, pp. 589-632.

Levin, B. y M. Rappaport Hovav (1995), *Unaccusativity. At the syntax-lexical semantics interface,* Cambridge, Mass., MIT Press.

Levin, B. y M. Rappaport Hovav (2005), *Argument realization,* Cambridge, Cambridge University Press.

Lewandowski, W. (2014), *La alternancia locativa en castellano y polaco: un análisis tipológico-construccional,* tesis doctoral, Universitat Autònoma de Barcelona [http://hdl.handle.net/10803/275948].

Mairal, R. y F. Cortés (2008), «Modelos funcionales», en E. de Miguel (coord.), *Panorama de la lexicología,* Barcelona, Ariel, pp. 247-279.

Marantz, A. (1984), *On the Nature of Grammatical Relations,* Cambridge, Mass., MIT Press.

— (1997), «No escape from syntax: don't try morphological analysis in the privacy of your own lexicon», *University of Pennsylvania Working Papers in Linguistics* 4, pp. 201-225.

— (2005), «Objects Out of the Lexicon! Argument Structure in the Syntax», ms., MIT [disponible en http://web.mit.edu/marantz/Public/UConn/UConnHOApr05.pdf].

— (2013), «Verbal argument structure: Events and participants», *Lingua* 130, pp. 152-168.

Masullo, P. J. (1999), «La interfaz léxico-sintaxis. Presencia y ausencia del clítico *se* en construccions inacusativas», ms., Universidad Nacional de Comahue y University of Washington.

Mateu, J. (2002), *Argument structure. Relational construal at the syntax-semantics interface,* tesis doctoral, Universitat Autònoma de Barcelona [http://hdl.handle.net/10803/4828].

— (2005a), «Arguing our way to the Direct Object Restriction (DOR) on English resultatives», *Journal of Comparative Germanic Linguistics* 8, pp. 55-82.

— (2005b), «Impossible primitives», en M. Werning, E. Machery y G. Schutz (eds.), *The Compositionality of Meaning and Content: Foundational Issues,* Frankfurt, Ontos Press, pp. 213-229.

— (2008a), «On the lexical syntax of directionality/resultativity: the case of Germanic preverbs», en A. Asbury, J. Dotlačil, B. Gehrke y R. Nouwen (eds.), *Syntax and Semantics of Spatial P*, Amsterdam y Filadelfia, John Benjamins, pp. 221-250.

— (2008b), «Modelos cognitivos», en E. de Miguel (coord.), *Panorama de la lexicología,* Barcelona, Ariel, pp. 281-300.

— (2010), «On the lexical syntax of manner and causation», en M. Duguine, Susana Huidobro y Nerea Madariaga (eds.), *Argument structure and syntactic relations*, Amsterdam y Filadelfia, John Benjamins, pp. 89-112.

— (2012), «Conflation and incorporation processes in resultative constructions», en V. Demonte y L. McNally (eds.), *Telicity, Change, and State. A Cross-Categorial View of Event Structure*, Oxford y Nueva York, Oxford University Press, pp. 252-278.

— y M.ª T. ESPINAL (2007), «Argument structure and compositionality in idiomatic constructions», *The Linguistic Review* 24, pp. 33-59.

— y G. RIGAU (2002), «A minimalist account of conflation processes: Parametric variation at the lexicon-syntax interface», en A. Alexiadou (ed.), *Theoretical approaches to universals,* Amsterdam y Filadelfia, John Benjamins, pp. 211-236.

— y G. RIGAU (2010), «Verb-particle constructions in Romance: a lexical-syntactic account», *Probus* 22, pp. 241-269.

MAYORAL HERNÁNDEZ, R. (2008), *The locative alternation: Unaccusative constructions and subject position,* tesis doctoral, University of Southern California.

McCAWLEY, J. (1968), «The Role of Semantics in a Grammar», en E. Bach y R. T. Harms, *Universals in Linguistic Theory,* Nueva York, Holt, Rinehart y Winston, pp. 125-170.

— (1973), «Syntactic and logical arguments for semantic structures», en O. Fujimura (ed.), *Three dimensions in linguistic theory,* Tokio, TEC Corp, pp. 259-376.

McGINNIS, M. (2008), «Applicatives», *Language and Linguistics Compass* 2, 6, pp. 1.225-1.245.

McINTYRE, A. (2004), «Event paths, conflation, argument structure, and VP shells», *Linguistics* 42, pp. 523-571.

MENDÍVIL GIRÓ, J. L. (2005), «El comportamiento variable de *molestar: A Luisa le molesta que la molesten*», en G. Wotjak *et al.* (eds.), *Entre semántica lexica, teoría del léxico y sintaxis,* Frankfurt, Peter Lang, pp. 261-272.

MENDIKOETXEA, A. (1999), «Construcciones inacusativas y pasivas», en I. Bosque y V. Demonte (dir.), *Gramática descriptiva de la lengua española,* vol. 3, Madrid, RAE, Espasa-Calpe, pp. 1.575-1.629.

— (2000), «Relaciones de interficie: los verbos de cambio de estado», *Cuadernos de Lingüística del IUOG* 7, pp. 125-144.

— (2006), «Unergatives that become unaccusatives in English locative inversion: a lexical-syntactic approach», en C. Copy y L. Gournay (eds.), *Points de Vue sur l'Inversion. Cahiers de Recherche en Grammair Anglaise de l'Énonciation,* París, Editions Orphys, pp. 133-155.

— (2007), «En busca de los primitivos léxicos y su realización sintáctica: del léxico a la sintaxis y viceversa», en T. Cabré (ed.), *Lingüística teòrica: anàlisi i perspectives II,* monografías de *Catalan Journal of Linguistics,* Servei de Publicacions de la Universitat Autònoma de Barcelona, Bellaterra, pp. 55-102.

MOHANAN, T. (1994), *Argument Structure in Hindi,* Stanford, CA, CSLI Publications.

MORENO CABRERA, J. C. (2003), *Semántica y gramática: sucesos, papeles semánticos y relaciones sintácticas,* Madrid, Antonio Machado.

MORENO, N. y J. ROMERO (2000), «On the syntax of *locatio* and *locatum* verbs», *Cuadernos de Lingüística del IUOG* 7, pp. 145-155.

MULDER, R. (1992), *The aspectual nature of syntactic complementation,* tesis doctoral, Universidad de Leiden, Holanda.

OLTRA-MASSUET, I. (2014), *Deverbal Adjectives at the Interface: A Crosslinguistic Investigation into the Morphology, Syntax and Semantics of -ble* (Interface Explorations, 28), Berlín y Nueva York, Mouton de Gruyter.

ORMAZABAL, J. y J. ROMERO (en este volumen), «Argumentos añadidos y restricciones de concordancia».

PARODI, C. y M. LUJÁN (2000), «Aspect in Spanish Psych Verbs», en H. Campos (ed.), *Hispanic Linguistics at the Turn of the Century,* Somerville, Mass., Cascadilla Press, pp. 210-221.

PÉREZ JIMÉNEZ, I. (2003), «Algunas consideraciones sobre los verbos inacusativos atélicos en español», *Cuadernos de Lingüística del IUOG* 10, pp. 65-83.

PERLMUTTER, D. M. (1978), «Impersonal passives and the Unaccusative Hypothesis», *Proceedings of the 4th Annual Meeting of the Berkeley Linguistics Society,* pp. 157-189.

PESETSKY, D. (1995), *Zero Syntax. Experiencers and Cascades,* Cambridge, Mass., MIT Press.

PICALLO, C. (1991), «Nominals and nominalizations in Catalan», *Probus* 3, 3, pp. 279-316.

— (1999), «La estructura del sintagma nominal: las nominalizaciones y otros sustantivos con complementos argumentales», en I. Bosque y V. Demonte (eds.), *Gramática Descriptiva de la Lengua Española,* Madrid, Espasa, pp. 363-393.

PINEDA, A. (2013), «Double object constructions and dative/accusative alternations in Spanish and Catalan: A unified account», *Borealis. An International Journal of Hispanic Linguistics* 2, 1, pp. 57-115.

PINKER, S. (1989), *Learnability and Cognition. The Acquisition of Argument Structure,* Cambridge, Mass., MIT Press.

Pustejovsky, J. (1991), «The Syntax of Event Structure», *Cognition* 41, pp. 47-81.

Pylkkänen, L. (2008), *Introducing arguments,* Cambridge, Mass., MIT Press.

Ramchand, G. C. (2008), *Verb meaning and the lexicon. A first phase syntax*, Cambridge, Cambridge University Press.

— (2011), «Minimalist Semantics», en Cedric Boeckx (ed.), *The Handbook of Linguistic Minimalism,* Oxford y Nueva York, Oxford University Press, pp. 449-471.

Rappaport Hovav, M. y B. Levin (1998), «Building verb meanings», en Myriam Butt y Wilhelm Geuder (eds.), *The projection of arguments*: *Lexical and compositional factors,* Stanford, CA, CSLI Publications, pp. 97-134.

Real Puigdollers, C. (2008), «Mesurant els verbs de mesura: reflexions al voltant de les nocions de transitivitat i complement», *Llengua & Literatura* 19, pp. 269-298.

— (2013), *Lexicalization by phase: The role of prepositions in argument structure and its cross-linguistic variation,* tesis doctoral, Universitat Autònoma de Barcelona.

Reinhart, T. (2002), «The Theta System: An Overview», *Theoretical Linguistics* 28, pp. 229-290.

Rigau, G. (1997), «Locative sentences and related constructions in Catalan: *ésser/haver* alternation», en Amaya Mendikoetxea y Myriam Uribe-Etxebarria (eds.), *Theoretical issues at the morphology-syntax interface,* Bilbao y Donostia-San Sebastián, Euskal Herriko Unibertsitatea / Gipuzkoa Foru Aldundia, pp. 395-421.

— (2001), «Temporal existential constructions in Romance», en Yves D'Hulst, Johan Rooryck y Jan Schroten (eds.), *Romance Languages and Linguistic Theory 1999,* Amsterdam y Filadelfia, John Benjamins, pp. 307-333.

— (2002), «Els complements adjunts», en Joan Solà, Maria Rosa Lloret, Joan Mascaró y Manuel Pérez Saldanya, (dir.). *Gramàtica del català contemporani*, Barcelona, Empúries, 2002, pp. 2047-2114.

Schäfer, F. (2009), «The causative alternation», *Language and Linguistics Compass* 3, pp. 641-681.

Simoni, M.ª E. (2005), «Una clase de verbos preposicionales en la interficie léxico-sintaxis», *Cuadernos de Lingüística del IUOG* 12, pp. 77-88.

Snyder, W. (2001), «On the nature of syntactic variation: Evidence from complex predicates and complex word-formation», *Language* 77, pp. 324-342.

— (2012), «Parameter theory and motion predicates», en Violeta Demonte y Louise McNally (eds.), *Telicity, Change, and State. A Cross-Categorial View of Event Structure*, Oxford y Nueva York, Oxford University Press, pp. 279-299.

Sorace, A. (2004), «Gradience at the Lexicon-Syntax Interface: Evidence from Auxiliary Selection and Implications for Unaccusativity», en Artemis Alexiadou *et al.* (eds.), *The Unaccusativity Puzzle*.

Explorations of the Syntax-Lexicon Interface, Oxford, Oxford University Press, pp. 243-268.

STOWELL, T. (1981), *Origins of phrase structure,* Cambridge, Mass., MIT dissertation.

TALMY, L. (2000), *Toward a cognitive semantics. Typology and process in concept structuring,* Cambridge, Mass., MIT Press.

TESNIÈRE, L. (1959), *Éléments de syntaxe structurale,* París, Klincksieck. [ed. cast.: *Elementos de sintaxis estructural,* Madrid, Gredos, 1994].

TORREGO, E. (1989), «Unergative-unaccusative alternations in Spanish», *MIT Working Papers in Linguistics* 10, pp. 253-272.

— (2010), «Variability in the Case Patterns of Causative Formation in Romance and Its Implications», *Linguistic Inquiry* 41, pp. 445-470.

TRAVIS, L. (2000), «Event structure in syntax», en Carol Tenny y James Pustejovsky (eds.), *Events as grammatical objects,* Stanford, CA, CSLI Publications, pp. 239-282.

VAN VALIN, Robert. D. Jr. (1990), «Semantic parameters of split intransitivity», *Language* 66, pp. 221-260.

— (2005), *Exploring the Syntax-Semantics Interface,* Cambridge: Cambridge University Press.

VANHOE, H. (2002), *Aspectos de la sintaxis de los verbos psicológicos en español. Un análisis léxico funcional,* tesis doctoral, Universiteit Gent

VOLPE, M. (2004), «Affected object unergatives», *Snippets* 8, pp. 12-13.

VON STECHOW, A. (1995), «Lexical decomposition in syntax», en Urs Egli, Peter E. Pause, Christoph Schwarze, Arnim von Stechow y Götz Wienold (eds.), *Lexical Knowledge in the Organization of Language,* Amsterdam y Filadelfia, John Benjamins, pp. 81-118.

— (1996), «The different readings of *wieder* 'again': A structural account», *Journal of Semantics* 13, pp. 87-138.

— (2003), «How are results represented and modified? Remarks on Jäger & Blutner's anti-decomposition», en Ewald Lang, Claudia Maienborn y Cathrine Fabricius-Hansen (eds.), *Modifying Adjuncts,* Berlín, Mouton de Gruyter, pp. 417-451.

WILLIAMS, E. (1980), «Predication», *Linguistic Inquiry* 11, pp. 203-238.

WUNDERLICH, D.(2001), «Prelexical syntax and the Voice hypothesis», en Caroline Féry y Wolfgang Sternefeld (eds.) *Audiatur Vox Sapientiae. A Festschrift for Arnim von Stechow,* Berlín, Akademie Verlag, 487-513.

—(2012), «Lexical Decomposition in Grammar», en Markus Werning, Wolfram Hinzen y Edouard Machery (eds.). *The Oxford Handbook of Compositionality,* Oxford y Nueva York, Oxford University Press, pp. 307-327.

ZUBIZARRETA, M.ª L. (1985), «The Relation between Morphophonology and Morphosyntax: The Case of Romance Causatives», *Linguistic Inquiry* 16, pp. 247-289.

—(1987), *Levels of representation in the lexicon and in the syntax,* Dordrecht, Foris.

— y E. OH (2007), *On the syntactic composition of manner and motion,* Cambridge, Mass., MIT Press.

4 Caso Abstracto y dependencias sintácticas[1]

LUIS LÓPEZ
University of Illinois at Chicago

4.1. Motivación

La Teoría del Caso tuvo su origen en una carta que Jean-Roger Vergnaud escribió a Noam Chomsky y Howard Lasnik con una sugerencia para mejorar el modelo que estos habían presentado en el artículo «Filters and Control» (Chomsky y Lasnik 1977). Esa sugerencia ha resultado ser una de las ideas más fértiles de la historia de la gramática generativa. El éxito de la famosa carta se debe a que daba una pista hacia el Santo Grial de los lingüistas: reducir las restricciones gramaticales a unos principios abstractos que tengan consecuencias empíricas muy generales[2].

El problema empírico que «Filters and Control» intentaba resolver es una serie de contrastes de gramaticalidad en cláusulas de infinitivo. Algunos son realmente sorprendentes (los que no se dejan traducir fácilmente al castellano los dejo en inglés):

(1) a. Pedro no sabe qué traer.
   b. *Pedro no sabe qué Juan traer.

(2) a. I   believe Donald Duck to   be   a pantless cartoon   character.
      yo creo   Donald Duck INF ser un pantalón.sin dibujos personaje
      'Creo que DD es un personaje de dibujos animados sin pantalones.'

---

[1] Querría agradecer a los dos evaluadores anónimos sus numerosos y constructivos comentarios a una versión anterior de este capítulo. Todos los errores que quedan son responsabilidad mía. También quiero agradecer a Ángel Gallego su amable invitación a contribuir a este volumen.

[2] Aprovecho la ocasión para enviarle un homenaje póstumo al recientemente fallecido Jean-Roger Vergnaud, quien tanto contribuyó a nuestro conocimiento del lenguaje humano. La carta que menciono en el capítulo aparece publicada como Vergnaud 2006 y puede descargarse de *LingBuzz* (ling.auf.net/lingbuzz/000461).

b. I want for Donald Duck   to   wear pants   already.
yo quiero C Donald Duck INF llevar pantalones ya
'Quiero que DD ya se ponga pantalones.'

(3) a. *It   is certain John to   arrive.
EXPL es cierto   John INF llegar
b. John is certain to   arrive.
John es cierto   INF llegar
'Seguro que Juan llegará.'
c. *Who is it   certain to   arrive?
quién es EXPL cierto   INF llegar
d. Who is certain to   arrive?
quién es cierto   INF llegar
'¿Quién es seguro que llegará?'

En líneas generales, podríamos resumir lo que implican los datos en (1)-(3) de la siguiente manera: Los datos de (1) llevan a la conclusión de que los infinitivos no aceptan sujetos (o, al menos, sujetos fonéticamente visibles). Sin embargo, en (2) vemos que los infinitivos a veces sí pueden tener sujetos: se trata de contextos en los que la cláusula subordinada es el complemento de ciertos verbos como *believe* 'creer' o el complementante *for*. El paradigma de (3) es aún más complicado. (3a) confirma que los infinitivos no aceptan sujetos. Pero si tomamos el sujeto del infinitivo y lo desplazamos al principio de la oración, el resultado resulta gramatical, como se ve en (3b). (3c) es la excepción de la excepción: si el elemento desplazado es un sintagma interrogativo, la oración sigue siendo agramatical. Finalmente, (3d) es la excepción de la excepción de la excepción. Y esto está empezando a parecerse a las leyes tributarias.

Chomsky y Lasnik (1977) intentaron acercarse al problema mediante una teoría gramatical en la cual (i) el sistema computacional genera oraciones sin restricciones y (ii) una serie de filtros eliminan los *outputs* agramaticales. Por ejemplo, proponen el siguiente filtro:

(4) *[$_\alpha$ NP to VP]   (Chomsky y Lasnik 1977: 93)

(La versión de este filtro para el castellano sería aproximadamente:
*[$_\alpha$ SN SV$_{INF}$])

El filtro (4) dice que la secuencia de constituyentes descrita es agramatical. Esto da cuenta sin problemas de (1) y (3a, b, d), pero no de (2) o de (3c). Por ejemplo, (4) elimina correctamente (3a) porque (3a) incluye la secuencia *[John to arrive]*. Pero (4) también elimina (2) porque *[Donald Duck to wear]* entra en la descripción de (4), pero este resultado es indeseable porque la oración es gramatical. Para dar cuenta de (2) y de (3c) necesitamos añadirle apéndices a (4) o crear filtros nuevos de abarque muy limitado.

Además, para la persona con mentalidad científica, (4) es muy insatisfactorio. En primer lugar, (4) es de muy poco alcance, pues elimina solamente un conjunto muy específico de casos; podría decirse que (4) simplemente reformula el problema de una manera aparentemente formal. En segundo lugar, si entendemos que la gramática es un sistema de constituyentes organizados jerárquicamente que entran en ciertas relaciones o dependencias entre sí, deberíamos esperar que las restricciones gramaticales sean formulables en términos de estructuras y dependencias entre constituyentes. Pero (4) se aplica a una *secuencia* de constituyentes, no a una estructura, y llama la atención del lector de 2012 que en todo el artículo de Chomsky y Lasnik (1977) no haya mención alguna de que los constituyentes de la oración puedan estar relacionados entre sí mediante dependencias. En tercer lugar, (4) es arbitrario: ¿por qué existe este filtro y no otros como los que pongo en la lista en (5)? Los filtros de (5) han sido inventados por el que suscribe y, que yo sepa, no han sido propuestos nunca. La pregunta es, ¿por qué existe un filtro *[NP to VP] y no un filtro *[AP to VP]? Si no tenemos una teoría de lo que es un filtro posible, los filtros son puras creaciones *post hoc*.

(5)   *Filtro*   *Oración erróneamente prohibida por el filtro*
   a. *[$_\alpha$ to VP NP]   John wanted to buy a comic book.
                                'Juan quería comprar un cómic.'
   b. *[$_\alpha$AP to VP]   John wanted sincerely to buy a comic book.
                                'Juan quería sinceramente comprar un cómic.'
   c. *[$_\alpha$NP AP VP]   John quickly turned off the stove.
                                'Juan rápidamente apagó la cocina.'
   d. *[$_\alpha$V NP PP]   John read a comic book in the afternoon.
                                'Juan leyó un cómic por la tarde.'

El mérito de la contribución de Vergnaud fue precisamente abrir el camino hacia una teoría de la gramática en la que filtros puntuales como (4) fueran reemplazados por principios de más largo alcance.

4.2. El Filtro de Caso

4.2.1. *La teoría*

El punto de partida de Vergnaud es el caso morfológico en los nombres. El caso es un afijo que los nombres o los sintagmas nominales llevan en muchas lenguas y que puede desempeñar varios papeles en la estructura de la oración. De momento, nos interesa un cierto tipo de caso morfológico que indica la función gramatical del sintagma nominal (esto es una simplificación; un análisis más profundo revela que la conexión no es así de directa, pero de momento vale con esta descripción). A este tipo de caso lo llamamos *estructural*. En (6)-(9) presento algunos ejemplos:

(6) a. Domin-us   puell-am   amat.   (latín)
       señor-NOM niña-ACU ama
       'El señor ama a la niña.'

b. Domin-um puell-a   amat.
Señor-ACU niña-NOM ama
'La niña ama al señor.'

(7) Jon-ga   hon-o   watasita.   (japonés)
John-NOM libro-ACU entregó
'John entregó el libro.'

(8) Edu-k   liburu-a   erosi du[3].   (euskera)
Edu-ERG libro-ABS comprar ha
'Edu ha comprado el libro.'

(9) Si-yang humiram ng-pera.   (tagalo)
NOM-él pidió   ACU-dinero
'El pidió dinero.'

La glosa NOM significa *nominativo* y se refiere al caso del sujeto. La glosa ACU significa *acusativo* y se refiere al caso del objeto directo. Fíjese el lector que la morfología de caso es un sufijo en latín y japonés y un prefijo en tagalo (la lengua nacional de Filipinas). En euskera se usan los términos *ergativo* y *absolutivo* porque en esta lengua el sistema de casos es diferente, como explico más adelante.

En castellano, el caso estructural es aparente sólo en algunos pronombres *(la/le)* y quizás en los objetos, dependiendo de cómo se interprete la *a* personal de los objetos directos o la *a* que precede a los objetos indirectos. En muchas lenguas no hay caso morfológico alguno.

Sin embargo, Vergnaud sugirió que los sintagmas nominales en *todas* las lenguas llevan una marca *sintáctica* de caso. Esta marca puede tener un exponente morfológico explícito (como en latín, japonés, tagalo, euskera y muchas lenguas amerindias y australianas) o puede no tenerlo (como en chino, vietnamita o las lenguas subsaharianas). A esta forma de caso le llamamos *Caso Abstracto* o Caso, en mayúscula, para distinguirlo del caso morfológico, que ponemos en minúscula.

A esta hipótesis del Caso Abstracto vamos a añadir una más. Los componentes de la oración pueden encontrarse en varios tipos de *dependencias sintácticas* visibles a veces mediante la covaloración *(covaluation)* de rasgos: la concordancia. Vamos a suponer que el Caso Abstracto es una marca morfosintáctica que se asigna (Chomsky 1981). Es decir, cuando un SN está en una dependencia sintáctica con un cierto tipo de núcleo, este núcleo *asigna* Caso al SN. Por ejemplo, considérese el ejemplo en latín de (6). El Caso nominativo del sujeto es un reflejo del hecho de que el sujeto está en una dependencia sintáctica con el tiempo (T) de la cláusula. Esta dependencia se observa también

---

[3] El lector conocedor del euskera probablemente objetará que le ponga la etiqueta de absolutivo al sufijo [-a]. La mayoría de los especialistas consideran que [-a] es un determinante y el caso absolutivo es silente. Las glosas de este capítulo con frecuencia incluyen simplificaciones.

en la concordancia (y otros rasgos menos obvios que no menciono). El Caso acusativo del objeto se debe a que el objeto está en una relación morfosintáctica con el predicado verbal. Y lo mismo se extiende a los ejemplos con preposición.

¿Y cuáles son esos "ciertos núcleos" que tienen la capacidad de establecer dependencias con SSNN y asignarles Caso? La siguiente es una lista incompleta:

(10) 1. Tfinito.
     2. El predicado verbal (o quizás algunos, no todos)[4].
     3. La preposición.

Y la siguiente lista, también incompleta, muestra los núcleos que no asignan Caso[5]:

(11) 1. T infinitivo.
     2. El participio del verbo pasivo.

T infinitivo tiene muy poca presencia en la gramática debido a su falta de rasgos morfosintácticos (no tiene persona, número, etc.). De hecho, en las lenguas románicas tiende a "comprimirse" en el fenómeno que se suele llamar *reestructuración* (Rizzi 1982, Wurmbrand 2001). En algunas lenguas, no existe T infinitivo (en su lugar, aparecen nominalizaciones o cláusulas con Tfinito, como en griego moderno). Dada su falta de rasgos morfosintácticos, es plausible asumir que la capacidad del infinitivo de establecer dependencias sintácticas está muy disminuida y, por tanto, que no puede asignar Caso. El participio del verbo pasivo es un caso interesante que comento más abajo.

Finalmente, podemos reemplazar el filtro (4) (y varios otros) por el siguiente filtro:

(12) Filtro de Caso
     * $NP(SN)_{[-Caso]}$

(Véase Chomsky 1981, i. m. a.)

En otras palabras, una representación gramatical que incluya un SN está bien formada solo cuando ese SN está en una relación sintáctica con un núcleo asignador de Caso. El Filtro de Caso no sólo da cuenta de los datos para los que se diseñó el filtro (4), sino también muchos otros que parecen, en principio, no tener relación, como vamos a ver en seguida.

---

[4] Hasta los años 90 se suponía que el mismo verbo léxico asignaba Caso. Por influencia del trabajo de Hale y Keyser 1992, se suele asumir hoy en día que los predicados verbales son complejos, compuestos de dos núcleos, un núcleo léxico y un núcleo funcional, llamado *v* o "pequeño v" (véase el capítulo 3). El núcleo funcional es el encargado de asignar Caso y establecer dependencias morfosintácticas (Chomsky 1995).

[5] La presentación de estos párrafos sigue la versión clásica de la Teoría del Caso. El papel del T infinitivo recibió una revisión radical a partir de Chomsky y Lasnik 1993.

4.2.2. *El sujeto de T infinitivo*

Veamos una primera aproximación descriptiva a cómo funciona el Filtro de Caso. Considere el lector el siguiente ejemplo:

(13) El niño trajo un balón para su hermanito.

En (13) hay tres SSNN y cada uno ha de recibir Caso de un asignador de Caso. El sujeto lo recibe de su asignador más cercano, el T; la concordancia de persona y número revela que hay una dependencia entre el Tfinito y el sujeto. El objeto recibe Caso del predicado verbal y *su hermanito* lo recibe de la preposición *para*. Nótese que hay una relación monógama entre asignadores y receptores de Caso. Nótese también que la asignación se hace al más cercano: por ejemplo, T no asigna Caso al complemento de la preposición, se limita al SN que tiene al lado, mientras que la preposición sólo asigna Caso a su complemento y a nadie más.

Volvemos ahora a los datos de (1)-(3). (1b) no es gramatical porque *Juan* necesita Caso y no hay ningún asignador de Caso accesible. Vamos a seguir suponiendo que los núcleos asignadores de Caso pueden asignar Caso a un solo constituyente. Si ese es el caso, el Tfinito de la cláusula matriz no puede asignar Caso a un SN en la cláusula subordinada porque su caso nominativo ha sido tomado por el sujeto de la cláusula matriz *Pedro*. En los ejemplos de (2), *Donald Duck* está en una relación con un constituyente que puede asignarle Caso. En (2a) es el verbo *believe,* uno de los pocos verbos en inglés que tienen la propiedad de asignar Caso al sujeto del infinitivo complemento del verbo. En (2b) es el complementante *for* el que asigna Caso. En inglés, *for* es el único complementante que asigna Caso, sin duda un remanente de su otra función como preposición.

Considere ahora el lector los ejemplos de (3). En (3a), *John* no tiene asignador de Caso. El T infinitivo no puede asignar caso y el Tfinito de la cláusula matriz está ocupado con el expletivo *it*. En cambio, en (3b) no hay expletivo y, por tanto, el Tfinito puede asignar Caso a *John*. Observamos que *John* aparece como sujeto de la cláusula principal: en inglés el establecimiento de una dependencia sintáctica mediante asignación de Caso lleva aparejado el desplazamiento del SN al especificador del núcleo asignador. Podríamos decir que el núcleo asignador *atrae* al SN asignado. En este y en todos los ejemplos sucesivos utilizo corchetes angulados para representar constituyentes silentes:

(14) $T^{[+finito]}$ be certain $[_{ST} \, T^{[-finito]}$ John arrive] $\rightarrow$
    John $T^{[+finito]}$ be certain $[_{ST} \, T^{[-finito]}$<John> arrive]

El análisis de (3c) y (3d) va en perfecto paralelo a (3a, b). *Who* entra en la derivación inicialmente como un argumento de *arrive* en la cláusula infinitiva. La presencia de *who* al principio de la oración se debe al movimiento *qu-:*

(15) $T^{[+finito]}$ (it) be certain $[_{ST} \, T^{[-finito]}$ who arrive] $\rightarrow$
    who $T^{[+finito]}$(it) be certain $[_{ST} \, T^{[-finito]}$ t(who) arrive]

En (3c), *who* no recibe Caso, el único Caso disponible es el de la matriz Tfinito, pero este está ocupado de nuevo por el expletivo. En (3d), sin expletivo, no hay obstáculo para que el Tfinito le asigne Caso al sintagma interrogativo.

En resumen, y a pesar de que la base de datos constituida por (1)-(3) es mínima, podemos ver de inmediato que el Filtro de Caso supone un avance enorme hacia una teoría explicativa de la sintaxis. Pero el abarque explicativo del Filtro de Caso llega a otras áreas. Aquí comento tres: la adyacencia de verbos y objetos, los complementos de nombres y adjetivos, y la pasivización.

4.2.3. *Otras áreas empíricas*

Empiezo con la primera. En muchas lenguas (aunque no en castellano), el verbo y el objeto directo necesitan estar en una posición adyacente. El inglés es una de estas lenguas: la agramaticalidad de (16b) se debe a la presencia del adverbio entre el verbo y el objeto directo. Pero si el complemento del verbo es un SP, tal adyacencia no es necesaria:

(16) a. John observed Mary attentively.
  b. *John observed attentively Mary.
  c. John looked at Mary attentively.
  d. John looked attentively at Mary.
    'Juan observó atentamente a María.'

Stowell (1981) propuso una solución basada en el Filtro de Caso. Podemos actualizar lo que dijo de la manera siguiente: la asignación de Caso en inglés desencadena una operación de *Atracción* del SN al núcleo asignador de Caso, como ya vimos en el caso de los sujetos (3b). Por lo tanto, el predicado verbal atrae al SN al que asigna Caso, de ahí que aparezcan adyacentes. Como los SPs no necesitan Caso, no hay Atracción y pueden aparecer a la derecha o a la izquierda del adverbio.

¿Y qué pasa con esas lenguas como el castellano en que la adyacencia entre el verbo y el objeto directo no es requisito? Se trataría de lenguas en que el establecimiento de una relación sintáctica no conlleva atracción obligatoria.

Pasemos ahora a la segunda cuestión: los complementos de nombres y adjetivos. El patrón que se muestra en (17) y (18) es muy común en las lenguas del mundo:

(17) a. César destruyó la ciudad.
  b. *La destrucción la ciudad.
  c. La destrucción de la ciudad.

(18) a. Ángel enorgullece a su padre.
  b. *El orgullo (a) su padre.
  c. El orgullo de su padre.

(17) y (18) nos dicen que los nombres y adjetivos no pueden tener SSNN como complementos. Los complementos de nombres y adjeti-

vos son siempre un SP. Obsérvese que la preposición *de* no tiene contenido alguno y, por lo tanto, su presencia obligatoria se debe a un requisito formal. El Filtro de Caso nos viene a propósito: si clasificamos nombres y adjetivos como núcleos que no asignan Caso, se sigue directamente la agramaticalidad de (17b) y (18b). Por ejemplo, (17b) es agramatical porque *la ciudad,* un SN que necesita Caso, no tiene un asignador de Caso. Esta situación se corrige en (17c), donde la preposición *de* asigna caso a su complemento.

Hay un acercamiento alternativo a (17) y (18). En muchas lenguas, los argumentos de un nombre o un adjetivo son SSNN con un caso morfológico especial, llamado caso genitivo– sirvan como ejemplos: latín, húngaro, esquimal, euskera etc.–. En base a este dato, podríamos asumir que los nombres y adjetivos en castellano sí tienen capacidad de asignar Caso y considerar la "preposición" *de* como la expresión del caso genitivo en castellano.

La tercera cuestión es la de las oraciones pasivas. Es también la que más literatura ha suscitado (y suscita). El ejemplo (19a) es una oración transitiva activa y (19b) es su forma en pasiva:

(19) a. Juanito rompió la ventana.
    b. La ventana fue rota.

La primera oración tiene un argumento externo, "el que hace la acción", *Juanito,* el cual desaparece en (19b). *La ventana* es el argumento interno del verbo en ambas oraciones, la ventana es la "cosa que se rompe". Sin embargo, la función gramatical es distinta: es un objeto directo en la primera oración y un sujeto en la segunda. La pregunta que se hace un lingüista es la siguiente: ¿por qué la desaparición del agente tiene que traer este cambio en la función gramatical del argumento interno? ¿Por qué *la ventana* no puede quedarse tranquilamente como objeto directo del verbo? El Filtro del Caso puede de nuevo ayudarnos a entender este fenómeno. Supongamos que la morfología verbal en pasiva impide que el predicado verbal asigne Caso. Se sigue que el único asignador de Caso de la oración es el Tfinito. El Tfinito y el SN establecen una dependencia sintáctica que le da al argumento interno las características de un sujeto.

Con estos ejemplos queda claro el abarque empírico del Filtro del Caso – y lo rápidamente que nos permite alejarnos de filtros como (4) hacia una teoría de la gramática con capacidad de explicar fenómenos lingüísticos. Pero, además, el Filtro de Caso nos ha proporcionado datos que nos han ayudado a entender cómo funciona la sintaxis general. Considere el lector el siguiente ejemplo:

(20) a. *The boys seem that <the boys> are going home.
    b. *Los chicos parecen que <los chicos> están yendo a casa.

En este ejemplo, *the boys* y *los chicos* se inician como argumento del predicado subordinado (lo cual indico poniendo *the boys* y *los chicos* entre ángulos en la posición inicial) y aparecen en superficie como sujetos del predicado principal. Sabemos que *the boys* establece una dependencia sintáctica con el Tfinito subordinado y otra con el Tfinito de la cláusula principal porque concuerda con ambos. ¿Por qué es agramatical esta oración? El problema es que este segundo paso es innecesario: el SN ya tiene Caso en la cláusula subordinada y, por tanto, no necesita establecer otra dependencia con el Tfinito de la principal. Este ejemplo lleva a la conclusión de que, si una operación sintáctica es innecesaria, está prohibida. Se puede decir que hay un *Principio de Economía* que permite que sólo tengan lugar operaciones necesarias (Chomsky 1993). La postulación de un Principio de Economía es una hipótesis sustantiva sobre cómo está estructurado el sistema computacional del lenguaje humano. Un principio que sólo pudo proponerse como consecuencia de haber incorporado el Filtro del Caso a la teoría de la gramática.

4.3. Las dependencias de tipo A

La concepción del modo en que se establecen las dependencias sintácticas ha cambiado mucho en los últimos 30 años. Aquí presento una versión basada en un artículo muy influyente (Chomsky 2000). El punto de partida es la suposición de que los núcleos sintácticos incluyen conjuntos de rasgos, algunos valorados, otros sin valorar. La diferencia entre rasgos valorados y no valorados se puede entender intuitivamente: por ejemplo, el pronombre *yo* tiene un rasgo valorado de primera persona singular, mientras que la raíz adjetival *inteligent-* tiene un rasgo no valorado de número, el cual sólo se valorará en concordancia con un nombre.

Veamos cómo funcionan los mecanismos propuestos en Chomsky (2000). Tenemos en (21) el Tfinito, a *v* y un nombre:

(21) a. $T^{[+finito]}${[T: Pasado], [C: Nominativo], [P: uPerson], [N: uNúmero]}
     b. *v* {[C: Acusativo], [P: uPerson], [N: uNúmero]}
     c. N {[P: Tercera], [N: Plural], [C: uCaso]…}

El Tfinito tiene un valor temporal. En este ejemplo, he escogido aleatoriamente que sea pasado. El Tfinito también tiene un valor de Caso, el cual es siempre nominativo. El Tfinito también tiene rasgos de persona y número sin valorar (de ahí la *u* minúscula, del inglés *unvalued*); estos rasgos solo se pueden valorar en concordancia con un constituyente que tenga rasgos de persona y número valorados. *v* tiene asimismo un valor de Caso y también rasgos de persona y número sin valorar. El verbo léxico en español nunca expresa estos valores de persona y número (excepto en la morfología de participio), pero otras lenguas sí los expresan abundantemente (euskera, suajili, etc.). Por último, el nombre tiene rasgos de persona y número –en este ejemplo, le he atribuido los valores de tercera persona plural–. Pero el nombre también tiene un valor de Caso sin valorar. Obsérvese que hay una complementariedad de rasgos: las categorías que asignan Caso tienen rasgos de persona y número sin valorar, y viceversa. Pesetsky y Torrego (2001, 2004) simplifican y fundamentan estos conjuntos de rasgos mediante la postulación de que lo que llamamos [uCaso] en los nombres deberíamos llamarlo [uTiempo/Aspecto]. La asignación de Caso es entonces una relación entre el valor temporal de T o aspectual de *v* y el rasgo sin valorar del nombre. Con esta suposición podemos eliminar el rasgo [C: Nominativo] en el núcleo temporal, así como el rasgo [C: Acusativo] en *v*:

(22) Rasgos según Pesetsky y Torrego (2001, 2004)

    a. $T^{[+finitivo]}${[T: Pasado], [P: uPerson], [N: uNúmero]}
    b. v {[Asp: Perfecto], [P: uPerson], [N: uNúmero]}
    c. N {[P: Tercera], [N: Plural], [T/Asp: uT/Asp]…}

Hagamos, pues, que los rasgos sin valorar de persona y número de Tfinito, *v* y P conviertan estas categorías en *Sondas*, con la capacidad de iniciar una búsqueda en su dominio de mando-C. La búsqueda acaba cuando la Sonda encuentra un *Objetivo*, es decir, un constituyente que tiene los rasgos de persona y número valorados. En este momento, se produce una operación de *Concordancia* en que la Sonda y el Objetivo intercambian rasgos de manera que ambos quedan con todos sus rasgos valorados.

Vamos a empezar con un ejemplo sencillo. Obsérvese que (23) asume que el argumento externo es introducido inicialmente dentro del Sv, como argumento de *v* (véase el capítulo 3):

(23) a. El niño trajo un balón para su hermanito.
    b. $[_{ST}$ $T^{[pas]}$ $[_{Sv}$ el niño *v* $[_{SV}$ trajo un balón] $[_{SP}$ para $[_{SN}$ su hermanito]]]]

Tfinito tiene rasgos de persona y número sin valorar que lo convierten en una Sonda. Al encontrar el SN *el niño,* se produce una Concordancia entre ellos, con el resultado de que Tfinito copia los rasgos de persona y número del SN al tiempo que este recibe el Caso nominativo de Tfinito. Lo mismo sucede entre el verbo y la preposición y sus respectivos complementos.

Nótese que, en este modelo, la sintaxis manipula haces de rasgos sin contenido fonológico. Asumimos que en FF hay unas reglas llamadas de *Inserción de Vocabulario* (IV) que se encargan de fonetizar estos haces de rasgos (Halle y Marantz 1993).

Observamos que los SSNN frecuentemente no se quedan in situ, sino que se desplazan. Considérese (23b). Dando por supuesto que el verbo asciende a T, el orden de palabras resultante puede ser VSO (sin movimiento del sujeto a espec,T) o SVO (con el sujeto en espec,T, como se muestra en [23a]). En inglés, este movimiento es obligatorio y los sujetos siempre aparecen en espec,T, a la izquierda del verbo y de todos los auxiliares en cláusulas declarativas.

Al principio que desencadena el desplazamiento de SSNN se le suele denominar Principio de Proyección Extendido (PPE). La mayoría de los lingüistas consideran que hay una relación entre el Caso Abstracto y el PPE, en el sentido de que el desplazamiento de SSNN los lleva a la posición de especificador del constituyente que les asigna Caso. Podemos postular, pues, que los asignadores de Caso contienen un rasgo formal que desencadena una operación de *Atracción* en la que la Sonda atrae al Objetivo. En algunas lenguas, la presencia de este rasgo atractor es obligatoria (inglés); en la mayoría es opcional (castellano).

A este conjunto de rasgos y operaciones –Sonda, Concordancia, Atracción, PPE– que establecen una relación entre un núcleo y un SN, se le suele llamar una dependencia de tipo A.

4.4. ¿Por qué existe el Caso Abstracto?

Desde que se propuso el Filtro de Caso, muchos lingüistas se han preguntado por qué la gramática de las lenguas humanas incluye una restricción de este tipo. Aunque el Filtro de Caso es superior a (4) y otras formas de restringir la gramática, algunos lingüistas encuentran que desprende un cierto tufillo de arbitrariedad. La sintaxis es un módulo lingüístico que permite emparejar significados complejos con expresiones fonéticas o visuales. La hipótesis nula es que las propiedades de la sintaxis estén relacionadas con este emparejamiento. Pero el Filtro de Caso, tal como aparece formulado más arriba, parece un requisito puramente interno, sin conexión con la semántica o la fonología. Para eliminar esta aparente arbitrariedad se han propuesto varias hipótesis que conecten el Filtro de Caso con las interfaces entre la sintaxis y los otros módulos lingüísticos. Es decir, se parte de la idea de que podemos motivar el Filtro de Caso en la teoría de la gramática si mostramos que cumple alguna función interpretativa en la semántica o en la fonología. En esta sección vamos a ver que los intentos en esta dirección han sido medio fallidos, medio acertados. Al final, voy a concluir que no podemos decir que haya una función específica para la cual existe el Filtro de Caso, sino más bien que es una herramienta de varios usos posibles. Si concebimos el lenguaje y cada uno de sus componentes como un mecanismo biológico producto de la selección natural, esta conclusión no nos debe sorprender.

4.4.1. *Caso y Forma Fonética*

Un primer intento consiste en ligar el Filtro de Caso con el nivel de interfaz llamado Forma Fonética (FF) (Chomsky 1981, resucitado brevemente en Chomsky 1993). La idea sería que los SSNN no pueden ser interpretados por FF a menos que tengan Caso. En su versión más simple, esta hipótesis debería poder comprobarse fácilmente: los SSNN que no tienen representación fonética deberían ser inmunes al Filtro de Caso. En un principio, parecía que sí había evidencia en esta dirección. Considérese de nuevo el ejemplo (1), repetido aquí:

(1) a. Pedro no sabe qué traer.
    b. *Pedro no sabe qué Juan traer.

Tanto en (1a) como en (1b) tenemos el verbo *traer,* el cual requiere un sujeto y un objeto. (1b) muestra que un sujeto explícito no es gramatical, pero uno debería preguntarse si es posible que en (1a) haya un sujeto sin expresión fonética. Muchos lingüistas concluyen que, efectivamente, en (1a) hay un sujeto silente que llamamos PRO y que cumple con la función semántica de ser el agente de *traer.* Quizás la existencia de PRO se deriva directamente del Filtro de Caso: PRO existe precisamente en el contexto –sujeto de T infinitivo– en que se requiere la presencia de un constituyente que sirva de argumento al verbo y en el que al mismo tiempo está prohibida la presencia de un SN explícito (Chomsky 1981).

Sin embargo, en seguida se vio que hay SSNN sin contenido fonético que requieren caso. Como revela el contraste entre (3c) y (3d), repetido aquí, los sintagmas *qu-* necesitan Caso. En (3c), el expletivo se lleva el Caso nominativo asignado por T, con lo que *who* se queda sin Caso. En (3d), *who* recibe Caso nominativo:

(23) c. *Who is it certain to arrive?
     quién es EXPL cierto INF llegar
    d. Who is certain to arrive?
     quién es cierto INF llegar
     '¿Quién es seguro que llegará?'

El siguiente ejemplo lo ilustra de nuevo, con un sintagma *qu-* de relativo:

(24) a. I talked to the man who seems to be a nice fellow.
     Yo hablé a el hombre quien parece INF ser un agradable tipo
     'He hablado con el hombre que parece ser un buen tipo.'
    b. *I talked to the man who it seems to be a nice fellow.

Como en el ejemplo anterior, la presencia del expletivo impide que *who* reciba Caso de Tfinito. En muchas lenguas, incluyendo el inglés, los sintagmas *qu-* de relativo son o pueden ser silentes. Cuando se da el caso, el contraste entre (24a) y (24b) se repite paralelamente (como vieron Lasnik y Freidin 1981). En el ejemplo siguiente, el sintagma *qu-* de relativo silente aparece entre ángulos:

(25) a. I talked to the man <who> that seems to be a nice fellow.
    b. *I talked to the man <who> that it seems to be a nice fellow.

En (25) podemos ver que el sintagma *qu-* silente necesita Caso.

Al entrar la teoría de *pro* en el panorama lingüístico (Chomsky 1982), encontramos una categoría silente que, sin embargo, se comporta en todos los aspectos como un pronombre normal –incluida su dependencia del Filtro de Caso–. Finalmente, incluso la teoría de PRO y el papel de T infinitivo entró en crisis en los años 90 (Chomsky y Lasnik 1993), llegándose a la conclusión de que PRO también necesita Caso –aunque es un Caso especial, que solo T infinitivo puede asignar y solo PRO puede recibir (véase el capítulo 12)–.

Así pues, conceptualizar el Filtro de Caso como una restricción de FF no parece un camino muy prometedor, a no ser que se adopten algunas suposiciones nada triviales sobre la FF.

Si abandonamos la idea de concebir el Filtro de Caso como una restricción de carácter fonético, ¿podríamos, pues, concebirla como una restricción relacionada con las interficies semánticas? Ha habido por lo menos tres hipótesis por este camino y las tres tienen algo de acertado.

4.2. *Caso y papeles temáticos*

Aoun (1979) propuso una *Condición de Visibilidad*, que relaciona el Filtro de Caso con la Teoría de los Papeles Temáticos (sobre papeles temáticos y estructura argumental, véase el capítulo 3 de este volumen). La idea de Aoun es que el Caso es necesario para que el papel temático de un SN sea visible para los mecanismos interpretativos. Esta hipótesis predice que si un SN no tiene papel temático –un pleonástico o expletivo– no va a ser sensible a los efectos del Filtro de Caso. En castellano no hay pleonásticos visibles, pero sí en otras lenguas, así que podemos utilizarlos para comprobar las predicciones de la Condición de Visibilidad. El resultado no es favorable: los pleonásticos requieren Caso. Como ejemplo, utilizamos el inglés nuevamente:

(26) a. *It   is certain it   to   rain.
          EXPL es seguro EXPL INF llover
    b. It is certain it will rain.
       'Es seguro que lloverá.'
    c. *It   is certain there to   be a man   here.
          EXPL es seguro EXPL INF ser un hombre aquí
    d. It is certain there is a man here.
       'Es seguro que hay un hombre aquí.'

El ejemplo (26a) es agramatical porque el pleonástico de la oración subordinada no tiene Caso. En contraste, el pleonástico en (26b) se encuentra en una oración con Tfinito y recibe caso. Lo mismo puede decirse de los ejemplos (26c, d), en los que podemos ver que el pleonástico *there* necesita estar habilitado por un núcleo que le asigne Caso.

Sin embargo, creo que hay un retazo de verdad en la propuesta de Aoun si la consideramos desde una perspectiva más abstracta. Considere el lector el siguiente ejemplo (véase López 2009 y las referencias incluidas en este trabajo):

(27) Buf, Juan, ni me hables, hace tiempo que el pobre hombre no sabe nada de Carla.

En (27), *Juan* está dislocado y no está en ninguna dependencia con un constituyente de la oración. Ejemplos parecidos pueden construirse en muchas lenguas. Es decir, los SSNN dislocados no reciben asignación de Caso de ningún núcleo asignador y, sin embargo, no llevan el discurso a la agramaticalidad. La morfología que adoptan es una forma "por defecto", nominativo en castellano, acusativo en inglés (Schütze

2001 contiene una discusión de los casos por defecto). Los SSNN dislocados llevan a concluir que el filtro de Caso se aplica sólo a SSNN
que están integrados en la oración propiamente dicha o, dicho de otro
modo, que el recibir Caso es un requisito para que un SN se integre
como constituyente de una oración.

4.4.3. *Caso y Forma Lógica*

Hornstein (1994) propuso ligar el sistema de dependencias de tipo A al
fenómeno del abarque (ingl. *scope*). El abarque se ha tratado desde los
años 70 mediante Ascensión de Cuantificadores, una operación sintáctica independiente de las dependencias de tipo A que comentamos aquí
(véase el capítulo 12). Por tanto, la propuesta de Hornstein prometía
unir dos módulos de la teoría que se habían considerado hasta el momento separados. El fenómeno del abarque se puede explicar con el
siguiente ejemplo:

(28) Todos los hombres leyeron un libro.
    a. = Hay un libro tal que todos los hombres lo leyeron.
    b. = Todos los hombres leyeron un libro u otro (potencialmente, puede
       haber un emparejamiento de hombres y libros).

En la lectura (28a) se dice que *un libro* toma abarque sobre *todos los
hombres*. En la lectura (28b), el abarque es el opuesto. La teoría lingüística contemporánea ha tomado el abarque como un resultado del
mando-c, lo cual implica que en (28a) el objeto directo tiene que ascender por encima del sujeto para tener abarque sobre él. Esta ascensión
tiene lugar en un nivel sintáctico que no alimenta a la FF y que, por
tanto, no es aparente –la llamada Forma Lógica (de nuevo, me remito
al capítulo 12 para más detalles)–.

    En el modelo gramatical de principios de los 90 (véase en particular
Chomsky 1993), el Caso nominativo era asignado mediante una categoría funcional llamada AgrS (concordancia de sujeto), mientras que el
caso acusativo era asignado por AgrO (concordancia de objeto). La
AgrS seleccionaba el ST y la AgrO seleccionaba el SV. La estructura
de la que se partía era la siguiente:

(29) AgrS$_{[nom]}$ T AgrO$_{[acu]}$ [$_{SV}$SN V SN]

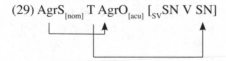

AgrS establece una dependencia con el argumento externo formando
una cadena en la que AgrS es la cabeza y la posición base del argumento externo es la cola. En FL, el sujeto acaba en espec,AgrS. Lo mismo
vale para AgrO: AgrO es la cabeza de una dependencia con el objeto,
el cual acaba en espec,AgrO. Obsérvese que las dependencias del sujeto y del objeto están cruzadas (al contrario del modelo contemporáneo
representado en [23b]).

La idea de Hornstein es la siguiente: los argumentos del verbo pueden interpretarse en la cabeza de la cadena o en la cola, y esto da lugar a la variación de abarque. Si un argumento se interpreta en la cabeza de la cadena, tendrá abarque amplio; si se interpreta en la cola, tendrá abarque estrecho. Se darían los siguientes casos:

(30) a. Sujeto en espec,AgrS: el sujeto toma abarque sobre el objeto.
    b. Sujeto en espec,V, objeto en compl,V: el sujeto toma abarque sobre el objeto.
    c. Sujeto en espec,V, objeto en espec,AgrO: el objeto toma abarque sobre el sujeto.

De esta manera, la teoría de Hornstein (1994) liga el sistema de dependencias de tipo A a los aspectos de la interpretación semántica que dependen de la estructura.

El acercamiento de Hornstein tiene su punto de verdad. El movimiento A sí parece tener consecuencias para la Forma Lógica. Considere el lector el siguiente par de ejemplos:

(31) a. Some applicants seem to each other to be eligible for the job.
      Algunos solicitantes parecen a RECIP INF ser elegibles para el trabajo
      'El solicitante *x* piensa que el solicitante *y* es elegible para el trabajo y viceversa.'
    b. *There seem to each other to be some applicants eligible for the job.

(den Dikken, 1995)

El punto crucial de este par de ejemplos es la relación entre la anáfora *each other* y su antecedente *some applicants*. Es una condición de las anáforas que su antecedente debe mandarles-c (véase el capítulo 10). El antecedente manda-c a la anáfora en (31a) pero no en (31b), de ahí la agramaticalidad de (31b). Esto muestra que las dependencias de tipo A tienen repercusión en la Forma Lógica.

Pero, por otro lado, los fenómenos de abarque involucran constituyentes que no son sujeto u objeto, o incluso constituyentes que no son SSNN. Por ejemplo, en el siguiente ejemplo, el SN del SP puede tener abarque sobre el sujeto, con la lectura resultante de que hay una compañía tal que todos los hombres trabajan para ella:

(32) Todos los hombres trabajan para una compañía.

Sin embargo, el SN *una compañía* recibe Caso de la preposición *para,* así que no hay motivación para que ascienda a AgrO. Los fenómenos de abarque afectan a muchos tipos de constituyentes y no sólo sujetos y objetos, así que la idea de Hornstein tiene un alcance muy limitado.

4.4.4. *Caso y estructura de la información*

El intento más reciente –por lo menos de momento– de ligar el Filtro de Caso a una condición de interficie es lo que Chomsky llama "propiedades semánticas de superficie" (Chomsky 2000, 2001) y el resto de los lingüistas llama "estructura de la información". Para entender a qué se refiere esto, considere el lector estas dos oraciones:

(33) a. En esta oficina trabaja Juan.
     b. Juan trabaja en esta oficina.

Las dos oraciones "significan" lo mismo, en el sentido de que en todas las situaciones en que una es cierta, la otra también lo es. La diferencia está en cómo se integran en el contexto. (33a) encajaría bien en un contexto en que el tópico de la conversación es esta oficina y se menciona una característica de esta oficina: que en ella trabaja Juan. (33b) podría decirse en un contexto en el que estamos hablando de Juan y decimos una propiedad de Juan, que trabaja en esta oficina. En (33a) Juan permanece in situ, en espec,Sv, mientras que en (33b) Juan aparece en espec,ST. Puede postularse que el reflejo interpretativo de la ascensión del sujeto a esp,ST sea convertirlo en el tópico de la oración. Desde este punto de vista, se concibe el sistema de asignación de Caso, Concordancia y PPE como una estructura añadida al sistema computacional de la lengua humana precisamente para dotar de flexibilidad a la estructura oracional y allanar la construcción y procesamiento de discursos.

Efectivamente, el movimiento de SSNN que va ligado al Caso y PPE tiene efectos en la estructura de la información, tanto en sujetos como en objetos, pero solo cuando es opcional. El siguiente es un ejemplo del islandés con movimiento del objeto (López 2009: 207):

(34) a. Hann las ekki bækurnar.
        Hann leyó no libros.def
        'Hann no leyó los libros.'
     b. Hann las bækurnar ekki.

El objeto directo puede aparecer a la derecha o a la izquierda de la negación y el efecto está relacionado con la estructura del discurso de la misma manera que en el ejemplo anterior: cuando el objeto está a la izquierda de la negación, es el tema del que hablamos; cuando está a la derecha, es una propiedad que añadimos a un referente del discurso.

Pero el PPE no siempre es opcional. En algunas lenguas, como el inglés, el sueco y el francés, el movimiento del sujeto a espec,ST es obligatorio, en cuyo caso el PPE no cumple ninguna función semántica. Podemos especular que el Filtro de Caso y las dependencias de tipo A son un componente añadido al sistema gramatical humano por la función "semántica de superficie" que acabo de explicar, pero en algunos núcleos funcionales el rasgo atractor, el PPE, se ha fosilizado y vuelto obligatorio, y, por lo tanto, ahora sobrevive como un puro rasgo formal sin una función en particular. Es decir, aunque la evolución del lenguaje humano haya efectivamente seleccionado las dependencias de tipo A por la ventaja que aportan a la construcción de discursos, la función puede perderse en una lengua en particular dejando solo la propiedad formal. La función que inicialmente se supone que cumplen el Filtro de Caso y el movimiento de SSNN puede cumplirse por otros medios —esencialmente, la entonación—.

Así pues, ¿por qué hay Caso y dependencias de tipo A? ¿Para integrar los SSNN en la oración? ¿Para crear estructuras interpretables por la Forma Lógica? ¿Para facilitar la semántica de superficie? No sabemos por qué, y quizás no sea un problema tan importante. Sabemos que el sistema de dependencias de tipo A abre un conjunto de posibilidades expresivas a varios niveles y –aunque las lenguas humanas actuales no siempre explotan esas posibilidades expresivas– podemos suponer que por eso fue seleccionado durante la evolución del lenguaje humano. Aunque hoy en día resulte difícil detectar cuál fue el factor o factores que sellaron el Filtro de Caso al sistema computacional del lenguaje humano, esto no es inusual o preocupante. Los simios tenemos un pulgar que se opone a los demás dedos. Podemos suponer que el pulgar fue seleccionado para poder sujetarse a las ramas, pero, por otro lado, también resulta muy útil para sacarse parásitos de la piel y el cabello. Los homínidos descendieron de los árboles hace 2 millones de años y aún tenemos pulgares, sin los cuales no podríamos coger una sartén o un lápiz.

4.5. Casos morfológicos

4.5.1. *Variedades de caso morfológico*

Empezamos explorando en más detalle los tipos de casos morfológicos que se encuentran en las lenguas del mundo (para más detalles, véanse Dixon 1994, Woolford 2006 y Legate 2008). El llamado *caso estructural* es el caso al que nos hemos referido a lo largo de este capítulo y el que tiene más interés en la teoría de la sintaxis. Tradicionalmente, se lo define como un caso que se añade a un nombre según su función gramatical. Por ejemplo, el caso nominativo es el caso del sujeto –con independencia de su papel semántico–:

(35) *Casos gramaticales en latín*
   a. Dominus labōrat.
      Señor-NOM trabaja
   b. Dominus puellam amat.
      Señor-NOM niña-ACU ama
   c. Dominus amatur.
      Señor-NOM es amado

En (35a), el SN en caso nominativo es un agente, en (35b) es un experimentante, mientras que en (35c) es un tema o paciente. El caso estructural nominativo no es ni más ni menos que la expresión gramatical de una relación entre el núcleo Tfinito y el SN.

El otro caso estructural interesante es el acusativo, que se suele definir como el caso del objeto directo. El sufijo latino -*m* es el exponente fonológico del caso acusativo, el cual es la expresión gramatical de la relación entre *v* y el SN.

Algunas lenguas tienen lo que puede llamarse *caso semántico,* en el que el afijo de caso determina directamente el papel semántico del SN. El finlandés es una lengua con mucha variedad de casos semánticos:

(36) *Casos locativos en finlandés*
  talo: casa (raíz)
  talossa: en casa
  talostani: fuera de casa
  taloonsa: dentro de casa

El caso semántico se comporta como una preposición. Aunque interesante por muchos aspectos –la teoría de papeles temáticos, por ejemplo–, aquí no lo voy a comentar más. En particular, los SSNN que se ven en (37) no se encuentran en ninguna relación sintáctica con un núcleo de la oración.

Un tipo de caso que sí nos vamos a encontrar en este capítulo es el *caso inherente*. Un ejemplo de caso inherente sería el dativo que vemos en (37) (Demonte 1995 presenta argumentos de que la *a* de *a María* es un afijo de caso y no una preposición):

(37) A María le gustan los bombones.

Típicamente, el caso dativo aparece en los objetos indirectos de verbos ditransitivos y tiene un papel semántico de Meta. Pero también aparece como experimentante en algunos verbos de estado psicológico como 'gustar' (pero no en todos; con el verbo 'amar' no hay caso dativo). Se suele definir el caso inherente como un caso asociado a un papel temático o, más generalmente, a una posición temática. En el ejemplo (37), el caso dativo está asociado al papel temático de experimentante. ¿Y de dónde viene este caso dativo? Fíjese el lector que la oración en (37) sería agramatical sin el clítico:

(38) *A María gustan los bombones.

Podemos, pues, proponer un análisis como sigue: el clítico asociado a *v* asigna Caso al argumento externo de *v* (López 2007). Este Caso asignado por *v* a su espec se fonetiza como 'a'. Obsérvese que *los bombones* recibe un papel temático de Paciente/Tema pero recibe Caso Nominativo de Tfinito:

(39) T$^{[+finito]}$[$_{vP}$ A María le+*v* [$_{VP}$ gustan los bombones]]

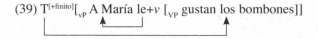

Por último, mencionaremos el caso *léxico*. El caso léxico es asignado por un núcleo asignador de una forma completamente idiosincrática. Considere el lector el ejemplo alemán (40).

(40) a. Mit dem Mann
      con el hombre
   b. Für den Mann
      para el hombre

En alemán, el caso morfológico es visible en los determinantes. En el ejemplo (40a), el determinante lleva el sufijo -*m* porque el SN es complemento de la preposición *mit*. En el ejemplo (40b), el determinante lleva el sufijo -*n* porque el SN es complemento de *für*. Este es un aspecto arbitrario de la lengua alemana, no hay un motivo semántico o gramatical para esta distribución de casos.

4.5.2. *Nominativo-acusativo y ergativo-absolutivo*

Hay un subconjunto de lenguas con caso morfológico que distribuyen los casos estructurales de modo diferente a como lo hacen el latín y el japonés. Utilizando la terminología de Dixon (1994), llamemos A al sujeto de los predicados transitivos, O al objeto de los predicados transitivos y S al único argumento de los predicados intransitivos. En las lenguas de sistema nominativo-acusativo, S funciona como A, y los dos reciben caso nominativo. En las lenguas de sistema ergativo-absolutivo, S funciona como O. Al caso de A se lo llama ergativo, mientras que al caso que reciben S y O se lo llama absolutivo. Esquemáticamente:

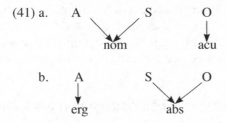

(41) a.   A   S   O
                    nom   acu

     b.   A   S   O
             erg   abs

El siguiente es un ejemplo del euskera. Obsérvese que el segmento /a/ se afija al objeto del verbo transitivo y al sujeto del intransitivo:

(42) a. Gizon-a   etorri da.
        hombre-ABS llegado ha
     b. Gizon-ak   mutil-a   ikusi du.
        hombre-ERG chico-ABS visto ha

El análisis más extendido hoy en día consiste en considerar el caso ergativo como un caso inherente asignado por *v* a su especificador mientras que el caso absolutivo es asignado por Tfinito (véase Woolford 2006, entre muchos otros):

(43) *Asignación de casos ergativo y absolutivo*

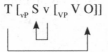

T [$_{vP}$ S v [$_{VP}$ V O]]

Obsérvese que la configuración de las dependencias sintácticas en (43) es muy parecida a la de (39). Añado también que la descripción que presento aquí de "lengua ergativa" sería la de una lengua ergativa digamos canónica, representada por la familia de lenguas esquimales. En realidad, hay muchas variantes de lenguas ergativas que aquí no voy a tratar (Dixon 1994 presenta un visión panorámica de la ergatividad).

4.6. La relación entre el Caso Abstracto y el caso morfológico

4.6.1. *El problema empírico*

En la primera presentación del Filtro de Caso (Chomsky 1981) había una suposición de que la relación entre Caso y caso era directa. La podemos escribir así (y dejamos de lado en esta discusión las preposiciones):

(44) Relación con: Caso Abstracto   caso morfológico
    Tfinito   Nom   nom
    v   Acu   acu

Esta suposición simple funciona en muchas lenguas. Sin embargo, al ir ampliando la base de datos, los lingüistas en seguida descubrieron que hay algunas lenguas en que la relación no es tan directa. Tanto es así que algunos han llegado a la conclusión de que el Caso Abstracto no tiene ninguna conexión con el caso morfológico, e incluso que el Caso Abstracto debería abandonarse en la teoría de la gramática. En esta sección evaluamos estas propuestas y llegamos a la conclusión de que hay buenos motivos para mantener el Caso Abstracto como herramienta explicativa.

4.6.2. *El caso inherente excéntrico* (quirky) *del islandés*

En islandés, como en castellano, muchos verbos psicológicos tienen un argumento externo en caso dativo (entre otras muchas características que hacen que el islandés sea una de las lenguas más entretenidas de estudiar para el lingüista):

(45) Henni   leiddust strákanir.
    ella-DAT   aburren los chicos-NOM
    'A ella le aburren los chicos.'

(Sigurðsson 1996: 25; López 2007: 140)

A primera vista, esto parece idéntico a los verbos *gustar* o *aburrir* en español. Pero si exploramos la estructura en más detalle las diferencias saltan a la vista. Veamos una diferencia particularmente interesante. En castellano, si ponemos el verbo *gustar* en una oración en infinitivo, el paciente desaparece:

(46) a. Juan quiere gustarle a María.
    b. *Juan quiere gustar María.
    c. *Juan quiere gustarle María a Ana.

El segundo y tercer ejemplos pueden expresarse de modo gramatical con una oración con Tfinito: *Juan quiere que María le guste* y *Juan quiere que a Ana le guste María*. ¿Por qué son (46b) y (46c) agramaticales? Por lo mismo que las oraciones en (1)-(3) son agramaticales: porque el argumento en Caso nominativo tiene que estar en una relación con un Tfinito. En una oración con T infinitivo, el Caso nominativo desaparece y, como resultado, (46b) y (46c) resultan agramaticales. En cambio, (46a) es gramatical porque el Caso dativo de *a María* no depende de T, así que podemos cambiar el tipo de T sin alterar el experimentante. Así pues, el castellano funciona como predice el Filtro del Caso.

En islandés es justo lo contrario. Cuando ponemos el verbo psicológico en una oración infinitiva, el argumento dativo desaparece, mientras que el argumento nominativo permanece. En el siguiente ejemplo, preste el lector atención a la cláusula infinitiva que pongo entre corchetes:

(47) a. *[Að fólki   líka   hestar]   er ekkert að skammast
         C   gente-DAT gustar-INF caballos-NOM es nada para avergonzar
         sin fyrir.
         se por

     b. [Að líka   hestar]   er ekkert að skammast sin fyrir.
         C   gustar-INF caballos-NOM es nada para avergonzar se por
         'Que le gusten a uno los caballos no es motivo para avergonzarse.'

                                    (Taraldsen 1995: 323; López 2007: 137)

Obsérvese que si dejamos en argumento nominativo *hestar* en la cláusula de infinitivo, esta sigue siendo gramatical. En cambio, un argumento experimentante dativo como *fólki* la hace agramatical. Así pues, el SN con Caso dativo en (47) está legitimado mediante una dependencia con Tfinito, mientras que el Caso nominativo está legitimado mediante una dependencia con *v*. La relación entre Caso Abstracto y caso morfológico deviene opaca:

(48) *Predicados psicológicos en islandés*

Relación con:	Caso Abstracto	caso morfológico
Tfinito	Nom	dat
v	Acu	nom

Ante este problema empírico, caben dos maneras de intentar solucionarlo. Uno puede asumir que la relación entre Caso abstracto y caso morfológico es indirecta, que hay o puede haber un paso intermedio que puede alterar la conexión. Alternativamente, uno puede simplemente argumentar que el Caso Abstracto es un espejismo: lo único que hay en la gramática es un conjunto de reglas que insertan matrices fonológicas como afijos de SSNN que se encuentran en ciertos contextos. No existiría el Caso Abstracto como un principio regulador de la sintaxis.

4.6.3. ¡Muerte al Filtro de Caso!

En esta segunda clase se encuentran Marantz (1991) y McFadden (2004), entre otros. Marantz (1991) propone sustituir el Filtro de Caso por el siguiente principio:

(49) Un SN es PRO si y solo si no está regido en estructura-S por un ítem lé-
      xico o Tfinito.

(Marantz 1991: 245; la traducción y adaptación son mías.)

El principio (49) incluye el término *regido*. El concepto de rección hace
referencia a una configuración muy local, i. e., la que hay entre un núcleo
y su complemento o entre un núcleo y el especificador de su complemento.

La propuesta resumida en (49) basta para asegurarse de que no va a
haber SSNN explícitos como sujetos de T infinitivo. EL SN en una posición espec,v de un Tfinito está regido por el Tfinito y, por tanto, no
puede ser PRO. Igualmente, el complemento del verbo está regido por
el verbo y, por tanto, tampoco puede ser PRO. En cambio, el SN en el
espec,v regido por un T infinitivo necesariamente habrá de ser PRO. El
complemento de un participio pasivo no puede ser PRO, pero fíjese el
lector que en la teoría de Marantz no hay Filtro de Caso que impida que
un SN explícito aparezca en esta posición. ¿Y cómo garantizamos que
el complemento del participio pasivo no recibe caso acusativo? La distribución de casos morfológicos la resuelve Marantz mediante el concepto de *caso dependiente*. En pocas palabras, la idea es que los casos
acusativo y ergativo aparecen cuando los asignadores de estos casos se
encuentran en una cadena que rige dos posiciones argumentales. Formalmente, lo define aproximadamente así (de nuevo, traducido y adap-
tado por el que suscribe):

(50) 1. V, v y T forman la cadena {V,v,T} mediante movimiento de núcleos.
     2. La cadena {V,v,T} rige al menos dos posiciones argumentales: la del
        argumento externo y la del argumento interno. Represento las dos po-
        siciones con [...]:
        $$[_{TP} \text{T+v+V} [_{vP} [...] <v> [_{VP} <V> [...]]]]$$
     3a. Parámetro 1 → el argumento interno recibe caso dependiente
                          (lengua nominativa-acusativa).
     3b. Parámetro 2 → el argumento externo recibe caso dependiente
                          (lengua ergativa-absolutiva).

Los casos nominativo y absolutivo se asignan por defecto una vez que
el caso dependiente ha sido asignado. Si el verbo es intransitivo o pasivo, la cadena <V,v,T> solo rige una posición argumental y, por tanto,
no se da el contexto para que pueda asignarse un caso dependiente. El
resultado es que S recibe el caso por defecto: nominativo o absolutivo,
según el parámetro.

Este acercamiento no proporciona un análisis directo del caso excén-
trico del islandés. En una oración del tipo de (45) la cadena {V,v,T}
rige dos posiciones temáticas y, por tanto, se da el contexto para que se
asigne caso dependiente sobre el argumento interno. En consecuencia,
deberíamos tener una estructura dativo-acusativo en vez de dativo-no-
minativo. Para marear este problema, Marantz (1991) añade una estipulación: el caso dependiente se cancela si hay un caso inherente en la
estructura. De esta manera, el parámetro 1 no se aplica y el argumento
interno recibe el caso por defecto, el nominativo.

Para evaluar las predicciones del sistema de Marantz, considérense estos ejemplos:

(51) a. Three men arrived.
  'Tres hombres llegaron.'
  b. *It   arrived   three men.
     EXPL   llegó/llegaron tres hombres
  c. There   arrived   three men.
     EXPL   llegaron   tres hombres

Supongamos que, al contrario de Marantz, nosotros adoptamos el Filtro de Caso. La explicación para la agramaticalidad de (51b) es que no hay Caso para *three men,* pues los verbos intransitivos no tienen un Caso acusativo que asignar y el Caso nominativo está ocupado por el expletivo *it.* Como Marantz no dispone del Filtro de Caso, propone algo diferente, un Principio de Economía que privilegia el ascenso de SSNN por encima de la intrusión de expletivos. Por lo tanto, (51a) actúa como un filtro que impide (51b). Este análisis de Marantz tiene un problema empírico en (51c). (51c) muestra que la posibilidad de ascensión del SN no impide que haya un expletivo –en realidad, el problema de (51b) no es la presencia de un expletivo sino la elección del expletivo incorrecto–. Siguiendo un modelo que incluya el Filtro de Caso, el contraste entre (51b) y (51c) se puede explicar en términos de las propiedades de los expletivos, algunos de los cuales pueden entrar en dependencias con un SN, otros en cambio no (véase López 2007, para una investigación de las propiedades de los expletivos en varias lenguas). *There* puede entrar en una dependencia con *three men* con el resultado de que este último recibe Caso. Pero, según Marantz (1991), (51c) debería ser tan agramatical como (51b); de hecho, Marantz predice que no debería haber expletivos.

Finalmente, el caso dependiente también aparece cuando la cadena {V,v,T} rige solo una posición argumental. Considere el lector los ejemplos en (52) (de López 2007):

(52) a. Es   gibt einen   Mann   hier.   (alemán)
     EXPL   da   un-ACU hombre aquí
     'Hay un hombre aquí.'
  b. Se vio a una mujer salir del restaurante.

En (52a), *es* es un expletivo y, por lo tanto, no hay una posición argumental en espec,v. En (52a) no se da el contexto descrito en (50) y, sin embargo, el objeto recibe el caso dependiente acusativo, contrariamente a lo que predice Marantz (1991). Lo mismo cabe decir de la construcción con *se* impersonal en castellano en (52b): no hay argumento externo, pero el argumento interno recibe caso acusativo, como revela el uso de *a* personal.

McFadden (2004: 188-210) resuelve el problema planteado por (52) alterando la teoría de Marantz mínimamente, de manera que el caso acusativo se asigna cuando la posición espec,v es ocupada, sea por un argumento, sea por un expletivo. Pero este tipo de solución deja fuera ejemplos como el siguiente (López 2007):

(53) Ci   sono soltanto io.   (italiano)
     EXPL soy sólo   yo
     'Sólo quedo yo.'

Siguiendo las asunciones de McFadden, la posición espec,v está ocupada por el expletivo *ci*. McFadden predice que el argumento interno debería ser acusativo. Pero *io* es claramente nominativo. Así pues, concluimos que la cuestión de los expletivos no puede resolverse mediante la Teoría del Caso Dependiente, ni en la versión de Marantz ni en la de MacFadden. En realidad, una teoría realista de los expletivos en las lenguas naturales requiere un análisis más profundo que el que ofrecen estos lingüistas. Finalmente, vale la pena añadir que McFadden tampoco proporciona una solución satisfactoria a la cuestión de los objetos nominativos: como Marantz, se ve obligado a asumir que la presencia del caso inherente inhibe la regla de asignación de caso dependiente.

4.6.4. ¡Que viva el Caso Abstracto!

Si asumimos la existencia del Caso Abstracto, el fenómeno de los casos en islandés se puede plantear así. Podría asumirse que hay una jerarquía de Casos Abstractos y otra jerarquía de casos morfológicos, y un mecanismo que nos permite emparejarlas. El resultado es el siguiente:

(54) Caso Abstracto   Tfinito> v
     Caso morfológico   inherente > nominativo > acusativo

Si *v* no ha asignado caso inherente, entonces el Caso Abstracto asignado por el Tfinito se empareja con el caso morfológico nominativo y el Caso Abstracto asignado por *v* se empareja con el caso acusativo. Si *v* asigna caso inherente (quizás porque lleve incorporado un verbo psicológico), entonces el Caso Abstracto asignado por Tfinito se empareja con el argumento que lleva caso inherente y el Caso Abstracto asignado por *v* se empareja con el caso nominativo. Desde un punto de vista formal, este emparejamiento de jerarquías puede implementarse mediante "Alineación Armónica", tal como se desarrolla para otros propósitos en el marco teórico de la Teoría de la Optimidad (Prince y Smolensky 1993). Pero no necesitamos desarrollar formalmente la jerarquía para ver que sin una Teoría del Caso Abstracto no podemos ni siquiera llegar al nivel descriptivo representado en (54): el Caso Abstracto nos permite concluir que un argumento que aparece en caso dativo pero que no puede aparecer explícitamente en cláusulas de infinitivo está en una dependencia con un Tfinito.

Además, una teoría gramatical en que el caso sea un fenómeno puramente morfológico sin participación de la sintaxis, como la que defienden Marantz y MacFadden, hace que IV se convierta en algo muy complicado si tenemos en cuenta el movimiento de constituyentes. Considérese, por ejemplo, (55). En el ejemplo (55), el sintagma *qu- a quién* se ha desplazado de la posición original (mostrada entre ángulos como de costumbre) al frente de la oración:

(55) A quién dijo José que María quiere gustar <a quién>.

El sintagma *qu- a quién* está en caso dativo. Este caso dativo le viene de ser el argumento externo de *gustar*. Si la sintaxis no juega ningún papel en el caso, vamos a necesitar una regla de IV que de algún modo pueda "ver" a *a quién* y darle la morfología requerida: necesitaremos un concepto de cadena que una a un constituyente con su huella, un sistema de transmisión de rasgos entre los elementos de una cadena, etc. Por otro lado, si la sintaxis está involucrada en la asignación de Caso, la morfología de dativo de *a quién* no presenta problema: *gustar* (o, mejor dicho, el clítico *le*) asigna Caso dativo a *a quién* antes de que el movimiento *qu-* lo desplace. La IV simplemente fonetiza un rasgo asignado en la sintaxis.

Legate (2008) presenta un argumento complejo y convincente a favor de la existencia del Caso Abstracto en la sintaxis. El argumento se basa en un subconjunto de lenguas ergativas en las que, según muestra Legate, el caso absolutivo funciona como un caso por defecto. Las reglas de IV de una de estas lenguas funcionarían como se muestra en (56):

(56) [erg]   ⟷   [rlu]
    [dat]   ⟷   [ku]
    [case] ⟷   Ø

Es decir, IV tiene un exponente para el caso ergativo y otro para el dativo. El caso absolutivo no tiene exponente. En vez de una regla de caso absolutivo tenemos una regla que asigna el morfema cero a un morfema de caso que no esté contemplado por las otras reglas.

Tomamos como ejemplo de la argumentación lo que pasa en estas lenguas en cláusulas infinitivas:

(57) Warlpiri (Australia)

Tfinito	T infinitivo
S abs	S dat
O abs	O abs
A erg	A erg

Dada la exposición de las lenguas ergativas presentada más arriba, el comportamiento de A no es sorprendente. Como el caso ergativo es habilitado por *v*, es de esperar que no se altere en cláusulas infinitivas. De la misma manera, si el caso absolutivo de S está habilitado por Tfinito, es también de esperar que este caso desaparezca en cláusulas infinitivas y tenga que ser reemplazado por un caso oblicuo. El misterio es por qué se mantiene el caso absolutivo en O. La respuesta es que el caso absolutivo de O es realmente un caso acusativo asignado por *v* y, por tanto, no es afectado por el cambio de T. La teoría de Caso Abstracto nos puede dar una explicación de la distribución de caso morfológico en warlpiri: S es habilitado mediante una dependencia con Tfinito, mientras que O es habilitado por *v*. Es decir, desde el punto de vista del Caso Abstracto, el warlpiri es una lengua nominativa-acusativa. El resultado de que S y O tengan la misma morfología es debido a que el morfema cero se aplica por defecto. Es importante mantener la noción de Caso Abstracto. Si no hay Caso Abstracto, la diferencia de comportamiento entre el morfema cero de O y el de S resulta incomprensible. Nótese, por ejemplo, que la Teoría del Caso Dependiente no dice nada sobre el contraste entre el comportamiento de S y el de O.

En opinión del que suscribe, no cabe duda de que existe el Caso Abstracto –el sistema de dependencias de tipo A– como componente regulador del sistema computacional del lenguaje humano, y tampoco hay duda de que el sistema de Caso Abstracto se proyecta en el sistema de casos morfológicos, a veces de un modo indirecto o quizás mediante Alineación Armónica. Eso no quiere decir que el fenómeno de caso dependiente que describe Marantz sea una fantasía. De hecho, Baker y Vinokurova (2010) argumentan que en sakha (Siberia) coexisten dos sistemas de caso: un sistema de casos de tipo sintáctico asignados por categorías funcionales y un sistema de casos dependientes.

4.7. Conclusión

En este capítulo he argumentado que la Teoría del Caso Abstracto es el componente central de la Teoría de las dependencias de tipo A, las cuales están involucradas en fenómenos de interficie, sobre todo en lo que se refiere a la estructura de la información. Sin embargo, la conexión entre las dependencias de tipo A y los módulos lingüísticos extrasintácticos es todavía un tema que requiere mucha investigación. Nos encontramos en una situación interesante, aunque común en la historia de las ciencias. Hemos identificado un componente del lenguaje humano y, por ende, de la mente humana. Hemos desarrollado un sistema de tests empíricos para detectar este componente y entendemos cómo funciona mecánicamente, pero no sabemos muy bien "qué" es y no estamos muy seguros de por qué existe. Así pues, tenemos aún un buen camino por recorrer.

Bibliografía

AOUN, J. (1979), *On government, Case-marking and clitic placement,* ms., Department of Linguistics and Philosophy, MIT.

BAKER, M. y N. VINOKUROVA, (2010), «Two modalities of case assignment: case in Sakha», *Natural Language and Linguistic Theory* 28, pp. 593-642.

CHOMSKY, N. (1981), *Lectures on Government and Binding*, Berlín, Mouton de Gruyter

— (1982), *Some concepts and consequences of the Governement and Binding theory,* Cambridge, Mass., MIT Press.

— (1993), «A Minimalist Program for Linguistic Theory», en K. Hale y J. Keyser (eds.), *The view from building 20,* Cambridge, Mass., MIT Press, pp. 1-45.

— (1995), «Categories and Transformations», en *The Minimalist Program,* Cambridge, Mass., MIT Press, pp. 219-394

— (2000), «Minimalist Inquiries: The Framework», en R. Martin, D. Michaels y J. Uriagereka (eds.), *Step by Step: Essays on Minimalist Syntax in Honor of Howard Lasnik,* Cambridge, Mass., MIT Press, pp. 89-155

— (2001), «Derivation by Phase», en M. Kenstowicz (ed.), *Ken Hale: a Life in Language,* Cambridge, Mass., MIT Press, pp. 1-52

— y H. LASNIK (1977), «Filters and Control», *Linguistic Inquiry* 11, pp. 425-504.

— y H. LASNIK (1993), «The theory of Principles and Parameters», en J. Jacobs, A. von Stechow, W. Sternefeld y T. Venneman (eds.), *Syntax: An international handbook of contemporary research,* vol. 1, Berlín, Walter de Gruyter, pp. 506-569.

COLLINS, C. (1997), *Local Economy,* Cambridge, Mass., MIT Press.

DEMONTE, V. (1995), «Dative Alternation in Spanish», *Probus* 7, pp. 5-30.

DEN DIKKEN, M. (1995), *Particles,* Oxford, Oxford University Press.

DIXON, R. M. W. (1994), *Ergativity,* Cambridge, Cambridge University Press.

HALE, K. y J. KEYSER (1993), «On Argument Structure and the Lexical Expression of Syntactic Relations», en K. Hale y J. Keyser (eds.), *The view from building 20,* Cambridge, Mass., MIT Press, pp. 53-109.

HALLE, M. y A. MARANTZ (1993), «Distributed Morphology and the Pieces of Inflection», en K. Hale y J. Keyser (eds.), *The view from building 20,* Cambridge, Mass., MIT Press, pp. 111-176.

HORNSTEIN, N. (1994), «An Argument for Minimalism: The Case of Antecedent Contained Deletion», *Linguistic Inquiry,* pp. 455-480.

LASNIK, H. (2008), «On the development of Case Theory: Triumphs and challenges», en R. Freidin, C. P. Otero y M.-L. Zubizarreta (eds.), *Foundational issues in linguistic* theory: *Essays in honor of Jean-Roger Vergnaud,* Cambridge, Mass., MIT Press, pp. 17-41.

— y R. FREIDIN (1981), «Core grammar, Case Theory and markedness», en A. Belletti, L. Brandi y L. Rizzi (eds.), *Theory of markedness in generative gramar: Proceedings of the 1979 GLOW conference,* Pisa, Scuola Normale Superiore, pp. 407-421.

LEGATE, J. A. (2008), «Morphological and abstract Case», *Linguistic Inquiry* 39, pp. 55-101.

LÓPEZ, L. (2007), *Locality and the architecture of syntactic dependencies,* Londres, Palgrave-McMillan.

—(2009), *A derivational syntax for information structure,* Oxford, Oxford University Press.

MARANTZ, A. (1991), «Case and licensing», en G. Westphal, B. Ao y H.-R. Chae (eds.), *Proceedings of the Eighth Eastern States Conference on Linguistics,* Columbus, Ohio State University, Department of Linguistics, pp. 234-253.

McFADDEN, J. (20014), *The position of morphological case in the derivation: A study of the syntax-morphology interface,* tesis doctoral, University of Pennsylvania.

PESETSKY, D. y E. TORREGO (2001), «T-to-C Movement: Causes and Consequences», en M. Kenstowicz (ed.), *Ken Hale: A Life in Language,* Cambridge, Mass., MIT Press, pp. 355-426.

PESETSKY, D. y E. TORREGO (2004), «Tense, Case and the nature of syntactic categories», en J. Guéron y J. Lacarme (eds.), *The syntax of time,* Cambridge, Mass., MIT Press, 2004, pp. 495-538.

PRINCE, A. y P. SMOLENSKY (1993), *Optimality theory: Constraint interaction in generative grammar,* Technical Report TR-2, Rutgers University Cognitive Science Center, New Brunswick, NJ.

RIZZI, L. (1982), *Issues in Italian syntax,* Dordrecht, Foris.

SIGURÐSSON, H. A. (1991), «Icelandic Case Marked Pro and the Licensing of Lexical Arguments», *Natural Language and Linguistic Theory* 9, pp. 327-363.

STOWELL, T. (1981), *Origins of phrase structure,* tesis doctoral, MIT.

WOOLFORD, E. (2006), «Lexical case, inherent case and argument structure», *Linguistic Inquiry* 37, pp. 111-130.

WURMBRAND, S. (2001), *Infinitives: Restructuring and clause structure,* Berlín, Mouton de Gruyter.

5 Determinación y estructura del sintagma nominal[1]

Francesc Roca
Universitat de Girona

5.1. Introducción

En este capítulo se estudia la construcción sintáctica que se articula alrededor del nombre y que, tradicionalmente, se ha denominado sintagma nominal. Describiremos las características de las piezas léxicas y de los constituyentes que la forman, y explicaremos las relaciones que establecen entre sí de acuerdo con aportaciones teóricas recientes. Tomando como punto de partida el nombre (§ 2), avanzaremos en una línea de investigación que ha supuesto un reto para el análisis sintáctico: el paralelismo entre la construcción nominal y la oracional. Tras presentar el carácter global y la conexión del nombre con sus modificadores y complementos (§ 3), descubriremos la existencia de categorías funcionales relacionadas con los rasgos gramaticales nominales y con la ubicación de los adjetivos (§ 4), y analizaremos las propiedades sintácticas y semánticas de los determinantes (§ 5). Veremos así cómo la estructura sintáctica nominal se va construyendo desde el nivel léxico hasta las capas funcionales más altas. Concluiremos con algunos datos y propuestas recientes que abren nuevas líneas de investigación (§ 6).

Uno de nuestros objetivos es mostrar que una estructura como (1) no basta para recoger todos los elementos y relaciones que intervienen en las construcciones nominales:

[1] Este trabajo forma parte de los proyectos FFI2012-31415, FFI2014-56968-C4-4-P y 2014 SGR 1511. Agradezco a Ekaterina Chernova, Ricardo Etxepare, Lluïsa Gràcia, Marta Vilosa y al editor y a los revisores del volumen su ayuda y sus comentarios en diversas fases del trabajo.

(1)

Esta estructura sigue el esquema de la Teoría X' del modelo generativista de Principios y Parámetros (véase Chomsky 1981, 1986) y cuenta con N' como constituyente intermedio que agrupa al nombre y sus complementos (adjetivos, sintagmas preposicionales, oraciones) y con una posición de especificador para determinantes y cuantificadores. Las limitaciones de (1) quedan de manifiesto si intentamos aplicarla a esta serie de ejemplos:

(2) a. esa fantástica novela que me recomendaste el año pasado
     b. esa novela fantástica, que me recomendaste el año pasado,
     c. tu nuevo vecino, a quien han arrestado varias veces,
     d. la nueva presentación del proyecto por (parte de) María
     e. Ana
     f. ella
     g. ese
     h. ese desbarajuste de ciudad
     i. ese retrato de Juan

Hay diferencias importantes entre cada una de estas expresiones nominales. Si comparamos (2h) y (2i), que, en principio, podrían ajustarse por igual a la representación de (1), advertimos que en (2h) el referente corresponde al nombre *(ciudad)* que sigue a la preposición *de,* mientras que en (2i) es el nombre *(retrato),* el que la precede; que la secuencia '*de* + N' es sustituible por un posesivo en un caso *(su retrato),* pero no en el otro *(*su desbarajuste);* o que el demostrativo aislado *ese* de (2g) puede servir para retomar (2i), pero no (2h): *no me gusta ese (ese = ese retrato de Juan; ese ≠ ese desbarajuste de ciudad).* Este comportamiento indica que, a pesar de las coincidencias superficiales, el análisis de (2h) debe ser diferente al de (2i). Fijándonos en las oraciones de relativo de (2b-c), advertimos que la de (2b) se puede convertir en especificativa, como en (2a), pero no la de (2c): **/?tu nuevo vecino a quien han arrestado varias veces.* Tal imposibilidad es atribuible a que, aunque ambos introduzcan la construcción y ocupen, según (1), la posición de especificador, la sintaxis de los posesivos no es la misma que la de los demostrativos (y otros determinantes). En (2d), el nombre se combina con elementos (complementos y modificadores) que no se encuentran en casos como los de (2e, f). Asimismo, el nombre propio *(Ana)* y el pronombre *(ella),* que coinciden en muchos aspectos y, en el contexto adecuado, podrían referir al mismo individuo, difieren en la posibilidad de ser introducidos por un artículo definido: *la Ana* (español coloquial), **la ella.* Finalmente, el adjetivo *fantástica* puede ser interpretado como relacional en (2b), pero no en (2a), hecho que indica que el orden refleja aspectos importantes de la combinación entre nombre y adjetivo.

Estas divergencias son una muestra de la diversidad existente entre las construcciones etiquetadas, de manera general, como 'sintagma nominal', por lo que ya podemos intuir que su análisis va a resultar complejo. En los apartados que siguen se analizarán las características de ejemplos semejantes y se subrayará su relevancia para el análisis sintáctico de las expresiones nominales.

5.2. El núcleo nominal: lo que el nombre lleva y conlleva

Todos los ejemplos de (2) contienen un nombre o un pronombre, por lo que podemos deducir que su presencia es una condición necesaria para obtener una construcción sintáctica nominal. La cuestión que planteamos es si, además, es condición suficiente.

5.2.1. *Mejor acompañado que solo*

En la tradición gramatical hay un cierto consenso acerca de la existencia de entidades sintácticas formadas alrededor de un nombre o sustantivo y etiquetadas como *grupo nominal, frase sustantiva* o *sintagma nominal*. Las definiciones siguientes lo ilustran adecuadamente:

- Los *grupos nominales* se construyen en torno a un sustantivo, sobre el que pueden incidir varios modificadores y complementos. (RAE/ASALE 2009: 847)
- Un sustantivo con las modificaciones que lo especifican o explican forma una *frase sustantiva*, a la cual es aplicable todo lo que se dice del sustantivo. (Bello 1847 [1984]: § 83)
- Entendemos por *sintagma nominal* todas aquellas construcciones que se basan en un elemento léxico perteneciente a la categoría de nombre o sustantivo. Dicho de otro modo, cuyo núcleo es un nombre o sustantivo. (Moreno 1991: 167)
- Los sintagmas son constituyentes sintácticos con una estructura interna articulada que podemos reconocer [...] Denominaremos SINTAGMA NOMINAL (SN) al constituyente que se agrupa o articula en torno a un nombre. (Bosque y Gutiérrez-Rexach 2008: 137)

Las dos últimas definiciones aluden a la existencia de una estructura bien definida y de un núcleo que determina las propiedades formales de la construcción, una observación que también está en la definición de Bello y que se comprueba con relativa facilidad. En lenguas como el español o el ruso, que tienen una flexión nominal rica, los rasgos morfológicos del nombre permiten, a través de la concordancia, identificar todo el constituyente nominal:

(3) a. Javstrétil   [odnú   mojú   horóšuju   podrúgu]$_{SN}$
    yo encontrar.PAST.M.SG un+F.SG.ACC mi+F.SG.ACC bueno+F.SG.ACC amigo+

                                                                F.SG.ACC

    'Me encontré con una buena amiga mía.'   (ruso)

b. [Esos amigos tuyos argentinos]$_{SN}$ han llegado muy tarde.

No hace falta saber ruso para darse cuenta de que las palabras de la secuencia *odnú mojú horóšuju podrúgu* acaban en *-(j)u,* un final que, como indica la glosa, se asocia a los rasgos de género (femenino), número (singular) y caso (acusativo). Lo mismo sucede en (3b) con el final *-os,* que contiene los morfemas de género masculino *(-o)* y de número plural *(-s)* del español. Deducimos así que las palabras de (3) con estas coincidencias formales constituyen grupos sintácticos de los cuales decimos que están en acusativo femenino singular o en masculino plural de acuerdo con, respectivamente, los rasgos de los nombres *podrúgu* o *amigos.* La estructura de (3b) sería:

(4)

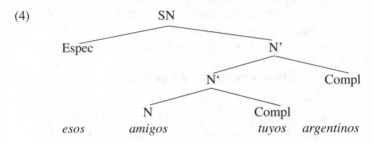

La repetición del nivel intermedio N' permite ubicar los dos complementos del núcleo nominal *amigos* preservando el requisito de ramificación binaria de las estructuras sintácticas de Kayne (1984), que regía en la Teoría X' y que se mantiene en la operación Ensamble del modelo minimista (véase Chomsky 1995). Las construcciones con elisión y con coordinación confirman la existencia de constituyentes intermedios con ramificación binaria:

(5) a. Esa amiga tuya argentina y profesora de lingüística en Madrid se llama Violeta.

b. Han venido unos amigos tuyos argentinos y otros mexicanos.

En (5a) no se coordinan dos sintagmas enteros, sino dos agrupaciones de nombre y complemento (*amiga tuya argentina* y *profesora de lingüística en Madrid*). Si la coordinación se produjese en el nivel sintagmático, habría dos referentes y la concordancia con el verbo debería ser en plural: *esa amiga tuya argentina y esa profesora de lingüística en Madrid se llaman/*llama…*). Dado que no es así, debemos considerar que se están coordinando estructuras de un nivel inferior, concretamente dos N'. Lo mismo sucede en (5b), donde el segmento elidido no se interpreta como el nombre *amigos* sino como *amigos tuyos,* es decir, como el nombre y uno de sus complementos. La elisión está condicionada por factores sintácticos y semánticos (véanse Brucart 1987 o Gallego 2011), entre los que está el de actuar sobre constituyentes sintácticos bien delimitados como, en este caso, N':

(6) a. [$_{SN}$ Esa [$_{N'}$ amiga tuya argentina] y [$_{N'}$ profesora de lingüística en Madrid]] se llama Violeta

b. Han venido [unos [$_{N'}$ amigos tuyos] argentinos]$_{SN}$ y [otros [$_{N'}$ Ø] mexicanos]$_{SN}$

$$Ø = [amigos\ tuyos]_{N'}$$

Concluimos así que los SN existen y que son construcciones complejas organizadas en estructura binaria y con rasgos gramaticales propios del nombre que, en algunas lenguas, se reflejan mediante relaciones formales como la concordancia. El esquema de (1) lo refleja adecuadamente: N es el núcleo, fija la especificación categorial de las proyecciones superiores (N' y SN) y contiene los rasgos de género, número, etc. pertinentes en la sintaxis y en la semántica del sintagma. El acuerdo al respecto es bastante general entre los gramáticos.

Este consenso acerca del SN contrasta con el hecho de que no esté tan claro lo que es un nombre, que es el elemento sobre el cual gira toda la construcción. Si bien se suele aceptar que las lenguas naturales tienen dos grandes clases de palabras, nombres y verbos[2], las propiedades que los definen no son constantes. Observemos los ejemplos siguientes:

(7) a. mojú   horóšuju   podrúgu   (ruso)
     mi+F.SG.ACC   bueno+F.SG.ACC   amigo+F.SG.ACC
     'mi buena amiga'

b. esos amigos tuyos argentinos

c. my friends   (inglés)
     mi amigo+PL
     'mis amigos/amigas'

d. nire lagunak   (vasco)
     mi   amigo+ART.PL
     'mis amigos/amigas'

En ruso, los nombres presentan rasgos de caso, género y número *(podrúgu)*, en español rasgos de género y de número *(amigos)*, y en inglés solo de número *(friends)*. La coincidencia entre las tres lenguas es el número, por lo que se podría pensar que este es el rasgo característico de los nombres. Sin embargo, tal afirmación no es válida para el vasco. El vasco es una lengua con distinción de caso, pero los nombres no se flexionan ni en caso ni en género ni en número: los rasgos de caso y de número están en el determinante *-ak,* que en (7d) es enclítico al nombre *lagun* 'amigo/a'. Observando solo estas cuatro lenguas, nos damos cuenta de que el nombre no se puede caracterizar como la pieza léxica que se flexiona específicamente en alguno de estos rasgos, pero ello no implica que los rasgos citados no sean relevantes. Como veremos, el caso, el género y el número son propiedades formales que nos permitirán explicar las características de los nombres y de su proyección sintáctica.

---

[2] No obstante, se ha considerado que hay lenguas (tagalo, fiyi, nootka) que no distinguen entre nombre y verbo (véase Dixon 2010: cap. 11, sobre lo acertado o no de tal consideración).

Dixon (2010: 39) da unos criterios mínimos, de base funcional y semántica, que caracterizarían el nombre frente a otras categorías (especialmente el verbo):

- *Function*. [The noun] Can always occur in an NP, which is an argument of a predicate. In some languages it has a secondary function as head of a predicate.
- *Semantics*. The class of nouns always includes words referring to concrete objects (and their parts), such as 'tree', 'stone', 'star', 'woman', 'foot', 'water', 'axe'.

Una definición como esta tiene los problemas siguientes: a) no especifica qué es una 'función secundaria' ni las consecuencias que implica; b) no precisa qué sucede con piezas léxicas que parecen nombres, pero no identifican objetos concretos[3]; c) es circular en la medida en que el nombre se define como integrante de SN (*NP*), que se supone que es una construcción formada sobre un N. No obstante, resulta útil porque nos permite plantear las cuestiones principales sobre las que debe partir el análisis de los nombres y de las construcciones nominales:

a) los nombres tienen rasgos y propiedades diversas, pero denotar un objeto o un individuo no es más que una de ellas;
b) los nombres tienen características que les permiten desempeñar las dos funciones básicas (ser argumento y ser predicado);
c) los nombres fijan características de los SN;
d) ser argumento es una función propia del SN, pero no del nombre.

Hay que descubrir, pues, qué rasgos nominales son pertinentes para la sintaxis de las construcciones nominales, qué propiedades de predicado tiene el nombre y qué factores determinan que la construcción actúe como argumento. La intuición es que algo debe de haber en lo que, de momento, llamamos SN que no está en N. Pero antes nos conviene saber qué hay en N.

5.2.2. *Los rasgos de los nombres*

Los nombres se suelen clasificar como contables/incontables, abstractos/concretos, comunes/propios, colectivos/individuales, etc., pero no todas estas especificaciones tienen la misma incidencia en la sintaxis. La Teoría Estándar de la gramática generativa (véase Chomsky 1965) caracterizaba los elementos léxicos mediante rasgos categoriales, rasgos de subcategorización y selección, y rasgos sintáctico-semánticos, de manera que, por ejemplo, la diferencia entre el nombre propio de mujer *Marta* y el nombre común *marta* se encontraría en la posibilidad

---

[3] Por ejemplo, el fragmento entre corchetes en *[El hecho de que llegues tarde] me molesta* se califica normalmente como argumento y como SN formado a partir de *hecho*, pero expresa una acción y no un objeto, igual que *que llegues tarde* en *[Que llegues tarde] me molesta*, que ni es un SN ni contiene ningún nombre.

de combinarse con un determinante y en los valores [±humano] y [±co-mún]:

Marta = [+N]; –[Det __]; [+animado], [+humano], [–común]
marta = [+N]; +[Det __]; [+animado], [–humano], [+común]

Esta caracterización nos permite describir gran parte de las propiedades gramaticales de los nombres en inglés o en español, pero implica, por un lado, tener que delimitar bien la naturaleza y cantidad de los rasgos sintáctico-semánticos para adecuarlos a lenguas donde propiedades como el género, el caso, el tamaño, etc. son muy pertinentes, y, por otro lado, tiene el inconveniente de que no expresa correlaciones como, por ejemplo, el carácter [±común] y la combinación con un determinante.

La especificación categorial de las piezas léxicas es fundamental, ya que decide el tipo de construcción (N proyecta SN, V proyecta SV, etc.), pero ¿qué significa realmente ser [+N]? Chomsky (1970, 1986) propone dos rasgos [±N] y [±V] de cuya combinación resultan cuatro categorías: [+N, –V] → N (nombre), [–N, +V] → V (verbo), [+N, +V] → A (adjetivo) y [–N, –V] → P (preposición)[4]. Estos dos rasgos se parecen a la distinción de Dixon entre nombres/argumentos [+N] y verbos/predicados [+V], pero hay diferencias muy importantes, ya que en el planteamiento chomskyano la naturaleza de la especificación es morfosintáctica, no semántica o funcional. Los valores [+N] y [–V] del nombre se vinculan con características formales como poder llevar, en algunas lenguas, marcas de caso y/o de género, o con la imposibilidad de asignar caso y precisar una preposición (marcador de caso) para introducir los complementos (véanse Stowell 1981, Aoun 1981 o Radford 1988, 2004).

El Programa Minimista profundiza en la idea de que las propiedades gramaticales de las palabras se siguen de los conjuntos de rasgos que las forman. Las piezas léxicas se conciben como agrupaciones de rasgos idiosincrásicos e intrínsecos entre los cuales ya no hay información acerca de cómo se combina la palabra en un sintagma o en una oración (rasgos de subcategorización y selección como +[Det__]). Toda pieza léxica contiene rasgos fonéticos (relevantes para la interpretación fonética), semánticos (relevantes para la interpretación semántica) y formales (relevantes en la sintaxis). Los rasgos formales de los nombres son el rasgo categorial nominal, los rasgos intrínsecos de género y de persona, y los rasgos opcionales de número y de caso. Los rasgos de número y de caso son opcionales porque dependen de la derivación sintáctica y se diferencian entre sí en el hecho de que el número es interpretable en Forma Lógica (tiene consecuencias semánticas), pero el caso no (solo cumple un papel sintáctico y debe ser cotejado a lo largo de la deriva-

---

[4] Chomsky (1970) solo reconocía las tres primeras combinaciones. La última, que se aplicaba a ciertas preposiciones y adverbios, se incluyó a raíz de Jackendoff (1977), que propuso, además, rasgos como [±sujeto], [±determinante], [±complemento], etc., que permitían derivar más categorías.

ción sintáctica). Los rasgos formales de piezas léxicas nominales como las siguientes son[5]:

mujer → [N], [+fem], [–pl], [3p]
Marta → [N], [+fem], [–pl], [3p]
ellas → [PRN], [+fem], [+pl], [3p]
yo   → [PRN], [αfem], [–pl], [1p], [Nom]

Estos rasgos constituyen el punto de partida para el análisis y, en la medida en que son responsables tanto de las propiedades formales como de la interpretación y comportamiento en la oración, desempeñarán un papel importante en la proyección sintáctica nominal. En el § 4 retomaremos estos rasgos formales; ahora es momento de analizar el comportamiento de nombres y pronombres preservando la idea de que los rasgos intrínsecos que conllevan inciden en su proyección sintáctica.

5.2.3. *Hay nombres y nombres*

Una de las distinciones más conocidas entre tipos de nombres es la que contrapone los nombres comunes a los propios. Bosque (1999: 5) la describe así:

> El sustantivo llamado 'común' o 'apelativo' es la categoría gramatical que expresa la pertenencia de las cosas a alguna clase. El 'nombre propio' es la categoría que distingue o identifica una cosa entre los demás elementos. En la tradición lógica moderna, el nombre propio denota un individuo, mientras que el común denota un conjunto o una clase de individuos.

Sin embargo, el calado de la distinción va mucho más allá de la denotación y afecta tanto a la distribución sintáctica en la oración como a la combinación con unos u otros elementos dentro de la propia construcción nominal. Como el mismo autor indica, "los nombres comunes se diferencian de los propios en que no desempeñan funciones sintácticas oracionales" (Bosque 1999: 6). Observemos el contraste siguiente:

(8) a. *Marta* vendrá mañana.
   b. Este verano visitaremos *Barcelona*.
   c. Le dejaré los libros a *Juan*.

(9) a. **Amiga* vendrá mañana.
   b. *Este verano visitaremos *ciudad*.
   c. *Le dejaré los libros a *profesor*.

Los nombres propios pueden desempeñar, por sí solos, las funciones sintácticas de sujeto (8a), objeto directo (OD) (8b) u objeto indirecto

---

[5] No entramos en la consideración de la tercera persona como 'no persona' o 'falta de rasgos de persona', que simplificaría los tres primeros ejemplos. El rasgo [PRN] (pronombre) de *ellas* o *yo* se podría relacionar con un rasgo funcional [+F] conectado a [N] como el que propone Radford (2004: 60) para los determinantes.

(OI) (8c), pero los nombres comunes no, como muestra la agramaticalidad de las secuencias de (9). Los nombres comunes necesitan combinarse con otros elementos para poder aparecer en estas posiciones[6]:

(10) a. *Tu amiga* vendrá mañana.
   b. Este verano visitaremos *una ciudad mediterránea*.
   c. Le dejaré estos libros a *ese profesor*.

Dado que la diferencia entre los dos tipos de nombres es la capacidad para denotar individuos o entidades (piezas léxicas como *tu, una* o *ese* contribuyen a ello), podríamos pensar que el requisito es que las funciones sintácticas en cuestión sean realizadas por expresiones nominales capaces de describir inequívocamente una entidad del mundo. Esta explicación es inadecuada. Si tal fuese el requisito, no habría razón para la agramaticalidad de los ejemplos de (11):

(11) a. **Amiga tuya* vendrá mañana.
   b. **Este verano visitaremos *ciudad mediterránea situada geográficamente a 41° 23' latitud N y 2° 9' longitud E.*
   b'. **Este verano visitaremos *ciudad elegida como sede de los juegos olímpicos de 1992.*
   c. **Le dejaré estos libros a *profesor que está ahí.*

Las expresiones en cursiva de (11) aluden inequívocamente a una entidad: en (11a) bastaría con saber que el interlocutor solo tiene una amiga; en (11b, b') se proporcionan datos geográficos e históricos que, en el mundo actual, solo se pueden aplicar a una ciudad (Barcelona, Cataluña), y en (11c) la oración de relativo con el adverbio deíctico *ahí* identifica un único profesor/individuo. Por tanto, no es el requisito semántico lo que entra en juego; lo que indican los ejemplos de (9)-(11) es que en español los nombres comunes necesitan ser introducidos por piezas como *tu, una* o *ese* (determinantes y cuantificadores) para poder ser sujeto, OD u OI, es decir, para funcionar como argumentos. Así, las diferencias entre nombres propios y nombres comunes son:

   (i) semánticamente, los nombres propios denotan individuos, pero los nombres comunes no;
   (ii) sintácticamente, los nombres propios funcionan como argumentos por sí mismos, pero los comunes no.

Una manera de unificar (i) y (ii) es postular que ambas se siguen de una misma propiedad sintáctico-semántica (que, tentativamente, etiquetaremos como [±d]) y que la diferencia entre nombres propios y comunes es la especificación en este sentido:

---

[6]   Bajo determinadas circunstancias (plural, tipo de verbo, etc.) estas funciones pueden ser desempeñadas por nombres comunes sin determinante: *Vendrán turistas, Darán libros a alumnos que no tengan,* etc. Dejaremos de lado estos casos y nos centraremos en la situación general de (8)-(10).

Marta   → [N], [+fem], [3p], [–pl], [+d]
Barcelona → [N], [+fem], [3p], [–pl], [+d]
amiga   → [N], [+fem], [3p], [–pl], [–d]
ciudad   → [N], [+fem], [3p], [–pl], [–d]

Como los nombres comunes se combinan con determinantes y cuantificadores para actuar como argumentos e identificar referentes, podemos concluir que estas piezas léxicas también tienen, entre otros, el rasgo [+d]. Con la incorporación de este rasgo, la representación de las construcciones sintácticas con nombres comunes y propios queda así:

(12) a.   SN   b.   SN *[+d]*   c.   SN *[+d]*

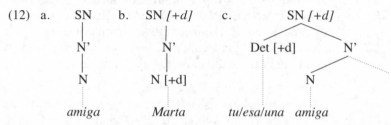

El SN del nombre propio (12b) y el del nombre común con un determinante (12c) contienen [+d] y pueden funcionar como argumentos e identificar un referente, pero (12a) no. Si el núcleo N no contiene este rasgo y no hay ningún determinante que lo aporte, el SN no podrá ser argumento ni identificar ningún referente. La conclusión es que solo los SN [+d] son argumentos; un SN que no es [+d] es una construcción nominal, pero no un argumento.

5.2.4. *Y hay pronombres*

Los pronombres no son unidades que sustituyen a los nombres (para evitar repeticiones); los pronombres son, en sí mismos, sintagmas o, por circunscribirlo a los casos que nos ocupan ahora, sintagmas nominales (véanse Fernández Soriano 1999 o Todolí 2002). Más concretamente, son sintagmas nominales como los de (12b,c), ya que sirven para identificar referentes y desempeñan funciones sintácticas de argumento:

(13) a. *Tú* vendrás mañana.
    b. Este verano la visitarán a *ella*.
    c. Le dejaré los libros a *ese*.

Dado que no están introducidos por ningún determinante, deducimos que los pronombres son piezas léxicas que contienen inherentemente el rasgo [+d]. Fernández Soriano (1999) indica que los pronombres se comportan como los nombres propios, ya que aparecen solos y admiten el mismo tipo de complementos (oraciones de relativo no restrictivas [14a], complementos apositivos [14b] y adjetivos como *mismo, solo* o *juntos* [14c, d]):

(14) a. *Ana/Ella,* que tiene más tiempo libre, se encargará de ir a comprarlo todo.
    b. Se lo hemos dado a *Luis/aquel,* el estudiante de lingüística.

   c. *María/Ella* misma se presentará.

   d. Lo ha hecho *Juan/él* solo.

Este paralelismo apunta hacia un mismo análisis de pronombres y nombres propios como ocupantes del núcleo N, pero en realidad no es así. En catalán, los nombres propios de persona son introducidos por un determinante (15), que puede coincidir o no con el artículo definido, pero los pronombres son incompatibles con cualquier determinante (16)[7]:

(15) a. en Pere, el Pere   (catalán)

     b. na Maria, la Maria

(16) a. *en ell, *el ell

     b. *na ella, *la ella

     c. *aquest ell, *una ella

Basándonos en esta incompatibilidad, podemos considerar que los pronombres se disputan la posición en la estructura sintáctica con los determinantes, y no con los nombres propios. Ambas categorías tendrían el rasgo [+d] y lo transmitirían al SN. Entonces, las cuatro representaciones nominales que obtendríamos son:

(17) a.

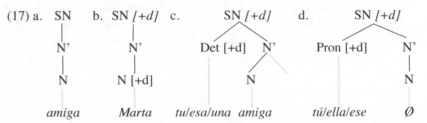

En este apartado se ha planteado el problema de encontrar las propiedades gramaticales que caracterizan inequívocamente los nombres. De acuerdo con la perspectiva generativista, se ha considerado que los nombres están formados por rasgos formales que, como veremos en los próximos apartados, intervienen en la configuración de la construcción sintáctica nominal. A partir de la capacidad para funcionar como argumento y de identificar referentes se han distinguido tres tipos de elementos nominales: nombres propios, nombres comunes y pronombres. La intuición de que los nombres propios y los pronombres son "algo más" que los nombres comunes ha sido formalizada, provisionalmente, mediante el rasgo [+d], un valor inherente a nombres propios y pronombres del cual carecen los nombres comunes y que también está en los determinantes. En los próximos apartados refinaremos esta distinción, así como el tipo de estructura que se proyecta.

---

[7] En el español coloquial, los nombres propios también pueden ir introducidos por el artículo definido (*el Juan, la María*). El comportamiento de los pronombres es el mismo del catalán: **el él, *la ella, *este él, *una ella*.

▬▬▬▬ 5.3. La proyección sintáctica del nombre: paralelismo entre oración y expresión nominal I

La pregunta que nos formulamos ahora es: si no es un argumento, ¿qué es un SN sin el rasgo [+d]? Rigau (1999) señala que el SN es una agrupación con propiedades intensionales y que existe una agrupación mayor que habilita como argumento y que está encabezada por elementos (determinantes y cuantificadores) que fijan las propiedades extensionales. Esta agrupación se corresponde con la 'Hipótesis del SD' de Abney (1987), que establece que las construcciones nominales son proyecciones de un núcleo funcional D (determinante) que toma como complemento el SN:

(18)

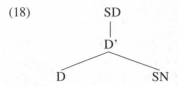

Si las propiedades extensionales (identificación de referentes) son necesarias para que la construcción funcione como argumento y están codificadas en D, el rasgo [+d] anterior en realidad no es más que la presencia de la proyección SD:

(19) a.   b.   c.   d.

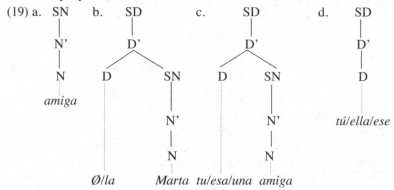

El nombre propio, a diferencia del común, implica siempre un SD, cuyo núcleo puede ser explícito o vacío (19b), y los pronombres son núcleos D sin complemento (19d). Se explican así dos características que ya hemos visto: la posibilidad de que un nombre propio sea introducido por un determinante y la imposibilidad de que determinantes y pronombres coaparezcan.

En este enfoque, el SN es una proyección no referencial que incluye el nombre con los modificadores intensionales, pero no los extensionales. Desde el punto de vista de la lógica formal, esto supone que el SN es una entidad predicativa que solo se convertirá en expresión referencial si se combina con un núcleo D y se proyecta un SD. Los ejemplos siguientes ilustran bien este carácter:

(20) a. Juan será *profesor de lingüística*.
    b. Nombraron a Juan *profesor de lingüística*.

(21) a. **Profesor de lingüística* llegó tarde.
    b. *El profesor de lingüística* llegó tarde.

Al ser predicado, y no argumento, el SN *profesor de lingüística* puede aparecer en posiciones propias de predicados nominales como la de atributo (20a) o la de complemento predicativo del OD (20b), pero no puede ser sujeto de la oración (21a), a no ser que lo introduzca un determinante (21b) y pase a ser parte de un SD.

Los elementos que actúan como modificadores intensionales del nombre son los adjetivos (22a), los sintagmas preposicionales (22b), las oraciones de relativo (22c) y las oraciones completivas (22d):

(22) a. una [$_{SN}$ fotografía nueva]
    b. la [$_{SN}$ fotografía de Juan]
    c. la [$_{SN}$ idea de que me hablaste ayer]
    d. la [$_{SN}$ idea que reprenguessis el projecte]   (catalán)
      'la idea de que retomases el proyecto'

La siguiente cuestión es dilucidar si todos los elementos que se combinan con el nombre para formar el SN mantienen con este la misma relación sintáctica y semántica.

5.3.1. *Complementos y modificadores: ¿dentro o fuera de SN?*

La capacidad para admitir complementos y modificadores diferencia los nombres propios de los nombres comunes:

(23) a. *La profesora americana* llegará mañana.
    b. *La profesora de lingüística* llegará mañana.
    c. *La profesora que dará el curso de lingüística* llegará mañana.

(24) a. **María americana* llegará mañana.
    b. **María de lingüística* llegará mañana.
    c. **María que dará el curso de lingüística* llegará mañana.

Cuando van con complementos y modificadores, los nombres propios son recategorizados como nombres comunes y, consecuentemente, necesitan ir introducidos por un determinante y pueden flexionarse en plural. En los ejemplos siguientes presuponemos la existencia de varias personas que se llaman María (25a, b) y distinguimos varias Barcelonas, ya sea por tipo de arquitectura, ya por época (25c, d):

(25) a. *La María americana* llegará mañana.
    b. *Varias Marías* preguntaron por ti, pero ninguna era profesora de lingüística.
    c. Este verano visitaremos *la Barcelona modernista*.
    d. *La Barcelona de mi niñez* ya no existe.

La diferencia entre el SN de un nombre común y el de un nombre propio es que el del común puede ser una estructura compleja que agrupe complementos y modificadores (26a), pero el del nombre propio no, es un SN simple (26b) que no habilita más posiciones:

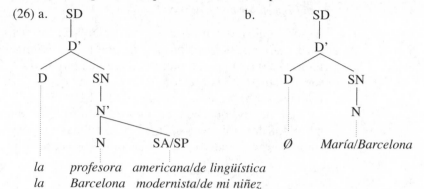

(26) a.
la   profesora   americana/de lingüística
la   Barcelona   modernista/de mi niñez

Hay un tipo de complemento que aparece tanto con nombres comunes como con nombres propios sin que las propiedades denotativas de estos queden afectadas. Se trata de los complementos apositivos no restrictivos:

(27) a. La profesora, *que tiene coche,* nos llevará.
   b. Tu amiga, *la nueva profesora,* aún no ha llegado.

(28) a. María, *que tiene coche*, nos llevará.
   b. Marta, *la nueva profesora*, aún no ha llegado.

Para analizar este tipo de complementos es útil la comparación con los pronombres. Los pronombres personales se comportan como los nombres propios y no admiten los complementos de (23), pero sí los de (27) y (28):

(29) a. *Ella americana* llegará mañana.
   b. *Ella de lingüística* llegará mañana.
   c. *Ella que dará el curso de lingüística* llegará mañana.

(30) a. Ella, *que tiene coche,* nos llevará.
   b. Ella, *la nueva profesora,* aún no ha llegado.

Observamos, pues, que hay dos grandes tipos de complementos en las construcciones nominales: los restrictivos, que se construyen solo con nombres comunes, y los no restrictivos, que se aplican sobre construcciones con nombres comunes, nombres propios y pronombres. La estructura de las construcciones nominales que estamos manejando nos permite explicarlo: los complementos no restrictivos actuarán sobre el SD, que es la proyección común a los dos tipos de nombres y a los pronombres (19b, c, d), y los restrictivos, por el contrario, se relacionarán con el SN. Solo los nombres comunes tienen una proyección SN que permite ubicar complementos (26a); los nombres propios son simples y no proyectan tal estructura (26b), y el SD de los pronombres no contiene un SN (19d), por lo que no hay lugar para complementos restrictivos. Podemos reflejar la diferencia entre complementos considerando que los no restrictivos son adjuntos al SD:

(31)

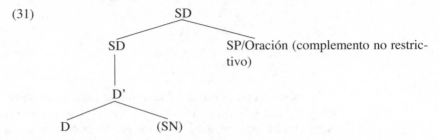

La posición adjunta es consistente con el carácter apositivo del complemento (aparece entre pausas) y con su interpretación, que no afecta ni a la extensión, codificada en D, ni a la intensión, relacionada con SN.

5.3.2. *Los nombres y sus argumentos*

Chomsky (1970) advirtió que derivados deverbales como *destruction* 'destrucción' tienen los mismos argumentos que los verbos de los que proceden (*Caesar destroyed the city* 'César destruyó la ciudad', *Caesar's destruction of the city* 'la destrucción de la ciudad por César') y apuntó la idea de que la proyección sintáctica de las nominalizaciones contenía posiciones para estos argumentos de la misma manera que las contienen la oración o la proyección del verbo. En términos más actuales, la representación de estos argumentos y su inclusión en la estructura nominal siguen el razonamiento siguiente (basado en Adger 2003):

(32) a. Caesar destroyed the city.   (inglés)
     'César destruyó la ciudad.'
   b. Caesar's   destruction of the city
     César-GEN destrucción de la ciudad
     'La destrucción de la ciudad por César'

Los argumentos AGENTE *(Caesar)* y TEMA *(the city)* están tanto en la construcción verbal (32a) como en la nominal (32b), y el orden respecto al núcleo verbal o nominal es el mismo. La diferencia es que, en un caso, los argumentos reciben caso nominativo y acusativo (*he destroyed it* 'él la destruyó') y, en el otro, se realizan como genitivo y como complemento preposicional con *of* 'de' (*his destruction of the city* 'su destrucción de la ciudad'). Esto sugiere que en la construcción nominal hay posiciones para estos argumentos igual que en las oraciones, y que la derivación sintáctica sigue unas pautas similares. Si los argumentos TEMA y AGENTE de los verbos se generan, respectivamente, dentro del SV y en el especificador de S*v* (véase el capítulo 3 de este volumen), podemos suponer que sucede lo mismo con los nombres, con S*n* por encima de SN:

(33)

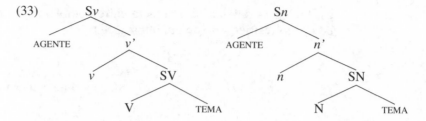

Sn se encuentra en todos los nombres, sean o no derivados deverbales y haya o no un AGENTE (si la red argumental no lo incluye, no hay
nada en el especificador). Se hace así un poco más compleja la estructura de las construcciones nominales, con dos categorías funcionales
por encima de la proyección léxica del nombre: SD > Sn > SN. Adger
(2003: cap. 7) da la siguiente derivación (paralela a la de la oración):

(34)

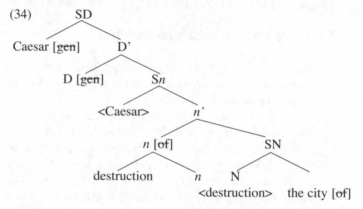

El nombre (núcleo N) se traslada al núcleo n superior (igual que V a
v) y el argumento AGENTE se desplaza desde espec,Sn hasta espec,SD,
donde se realiza como genitivo sajón y satisface el rasgo [gen] (véase
§ 5.2). El argumento TEMA se queda en su posición porque n tiene un rasgo *[of]* débil que se comprueba en el SN (el complemento de n) y da lugar
a la realización como 'of + SD'. Con este análisis, Adger explica una serie
de propiedades sintácticas de las nominalizaciones del inglés, como el
hecho de que el genitivo aparece a la izquierda del núcleo D y solo hay
un argumento en esta posición, que un AGENTE nunca es 'of + SD', o que
un TEMA pueda realizarse como genitivo solo si no hay un AGENTE.

En inglés, los poseedores también aparecen en genitivo, por lo que
también se desplazarán a espec,SD. Adger considera que los poseedores conllevan una proyección SPos que se combina con Sn y que expresa la relación de posesión entre el poseedor (generado en espec,SPos)
y la entidad poseída (el SN)[8]:

---

[8] Mantenemos la etiqueta Pos de Adger, pero en realidad esta proyección puede vehicular
diversos matices semánticos (posesión, locación, etc.), de manera que expresaría una relación
semántica genérica entre un nombre y un complemento. En este sentido, correspondería a la rela-
ción-R de Higginbotham (1983).

(35) a. Jenny's   cat   (inglés)
    Jenny-GEN gato
    'el gato de Jenny'

b.

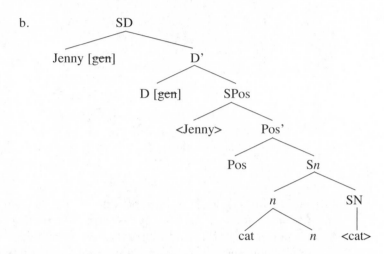

El análisis de las construcciones nominales con los argumentos dispuestos en proyecciones sucesivas también es aplicable a lenguas como el español, pero con diferencias importantes (véanse, entre otros, Ormazabal 1991, Lorenzo 1995, Ticio 2003, 2010). El español, a diferencia del inglés, no tiene genitivo sajón y realiza los argumentos del nombre mediante SPs con *de* que aparecen siempre a la derecha del nombre y que admiten variaciones de orden entre sí:

(36) a. el retrato [TEMA de *Las Meninas*] [AG de Velázquez] [POS/LOC del Museo del Prado]
    b. el retrato de *Las Meninas* de Velázquez
    c. el retrato de Velázquez de *Las Meninas*

Ticio (2003) considera que las variaciones de orden entre complementos obedecen a una regla estilística y, basándose en propiedades de ligamiento, extracción y sustitución por un posesivo, propone que los complementos nominales están organizados jerárquicamente en una estructura como la siguiente, con los tres complementos a la derecha del nombre[9]:

---

[9] La posición de OBJETO sirve para el argumento TEMA y también para SPs como los de *una mesa de madera* (materia), *varias chicas de Madrid* (origen), etc. Esta estructura difiere de la de Adger en la etiqueta general SConc de la proyección del poseedor y en que los especificadores se ubican a la derecha. Como la misma autora advierte, esto último es incompatible con el Axioma de Correspondencia Lineal de Kayne (1994) y con la idea, generalmente asumida, de que los especificadores están a la izquierda (véase Ticio 2003: cap. 2, n. 24).

(37)

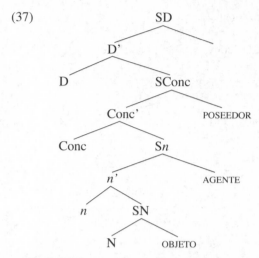

El análisis de Ticio es bastante diferente al de Adger, debido, en gran medida, a que se analizan lenguas (español e inglés) cuyas construcciones nominales exhiben diferencias sintácticas importantes entre sí. No argumentaremos a favor de una u otra opción y nos limitaremos a subrayar lo que constituye la base común para la investigación, aludiendo a las ventajas o inconvenientes de cada propuesta solo si es necesario.

La posición de los argumentos en la estructura nominal es la misma en ambos enfoques: 'POSEEDOR > AGENTE > TEMA'. Este orden jerárquico cuenta con un amplio apoyo empírico basado en fenómenos de ligamiento y en restricciones sobre la extracción de complementos fuera del SD y sobre la sustitución por un posesivo (véanse, entre otros, Ormazabal 1991, Giorgi y Longobardi 1991, Picallo 1999, Picallo y Rigau 1999, Longobardi 2001 o Alexiadou *et al.* 2007), pero aquí la ejemplificaremos a partir de la ambigüedad a que dan pie nombres como *fotografía* o *retrato* en ejemplos como los siguientes:

(38) a. la fotografía de María
    b. su fotografía
    c. su fotografía de María

En (38a), el complemento *de María* se puede interpretar como TEMA (María es la persona fotografiada), como AGENTE (María es quien hizo la fotografía) o como POSEEDOR (María es quien tiene la fotografía). Lo mismo sucede con el posesivo *su* en (38b). Sin embargo, en (38c) *de María* solo puede ser TEMA (con el posesivo interpretado como AGENTE o como POSEEDOR) o AGENTE (y entonces *su* expresa el POSEEDOR)[10]. Dicho de otro modo, en (38c) el posesivo no puede ser TEMA y el SP no puede ser POSEEDOR. La jerarquía 'POSEEDOR > AGENTE > TEMA' explica estos hechos. Empecemos por los casos en que todas las interpretacio-

---

[10] Esta interpretación resulta clara si el SP con *de* introduce un referente que, por nuestro conocimiento del mundo, identificamos fácilmente como AGENTE (o autor): en *mi libro de Eduardo Mendoza* la interpretación 'el libro escrito por E. Mendoza que yo poseo' es transparente.

nes son posibles. En (38a), el SP puede ser cualquiera de estos argumentos y estar dentro del SN (TEMA), en el especificador de S*n* (AGENTE) o en el de SPos/SConc (POSEEDOR). Estas tres mismas posiciones de origen están disponibles para el posesivo *su* de (38b), que se generaría en la posición argumental pertinente y se desplazaría hasta el SD[11].

Las restricciones interpretativas surgen cuando coaparecen dos complementos: el posesivo y el SP *de María* en (38c). El problema es que un complemento en una posición que manda-c asimétricamente a otro bloquea el desplazamiento del complemento en la posición inferior (véanse Kayne 1994 y Rizzi 1990). Las consecuencias de este requisito son (i) que el TEMA nunca se realizará como posesivo si también hay un SP (AGENTE o POSEEDOR) y (ii) que el POSEEDOR nunca será un SP si la construcción es encabezada por un posesivo. En el primer caso, el TEMA no puede desplazarse a SD y realizarse como posesivo porque el SP le bloquea el paso, y, en el segundo, el SP del POSEEDOR bloquearía cualquier traslado de AGENTE o TEMA hasta SD (es decir, el POSEEDOR tiene preferencia absoluta en cualquier traslado). Por tanto, las únicas posibilidades para (38c) son que el posesivo sea el POSEEDOR, trasladado desde espec,SPos, y el SP sea AGENTE o TEMA (39a), y que el posesivo sea el AGENTE, originado en espec,S*n*, y el SP sea TEMA (39b):

(39) a. [$_{SD}$ su [$_{SPos/Conc}$ <su>POS [$_{Sn}$ [de María]AG [$_{SN}$ N [de María]TEMA]]]]

    b. [$_{SD}$ su [$_{SPos/Conc}$ ... [$_{Sn}$ <su>AG [$_{SN}$ N [de María]TEMA]]]]

La conclusión principal de este apartado es que las propiedades léxicas de los nombres condicionan las características de la agrupación nominal en que se produce la modificación intensional. La distinción entre complementos restrictivos y no restrictivos se refleja en la estructura: la posición de los últimos es más externa (adjuntados a SD) que la de los primeros, que, respetando la relación temática (POSEEDOR, AGENTE, TEMA), dan lugar a una estructura compleja con las proyecciones SN, S*n* y SPos/Conc. La representación de los argumentos, junto a la existencia de la categoría funcional superior SD, configura el primer paralelismo entre la construcción sintáctica nominal y la oracional.

---

[11] El estatus gramatical del posesivo prenominal del español es controvertido, ya que, por un lado, tiene propiedades pronominales (rasgos de persona, sustituye a un argumento) y, por otro, es correlativo con la interpretación [+definida] de la construcción nominal. Por ello, se ha analizado tanto como núcleo D, como especificador de SD (o de otra proyección funcional) o como clítico adjuntado a D (véanse Picallo 1991, Cardinaletti 1998, Escandell 1999 o Picallo y Rigau 1999). En el análisis de Ticio, el posesivo prenominal debe estar en el núcleo D, pero en el de Adger ocuparía el especificador de SD.

5.4. Categorías funcionales nominales: paralelismo entre oración y expresión nominal II

En este apartado se analizan los modificadores y complementos que no mantienen una relación argumental con el nombre (son adjuntos) y no se realizan como genitivos.

5.4.1. *Los adjetivos: ¿argumentos o adjuntos?*

En general, los adjetivos suelen ser modificadores opcionales que no desempeñan un papel temático concreto. Como en inglés aparecen entre el determinante y el nombre, Adger (2003) los sitúa como adjuntos a la izquierda al nivel S*n*:

(40) a. a *very interesting new*   book on linguistics   (inglés)
    un muy interesante nuevo libro sobre lingüística
    'un libro nuevo de lingüística muy interesante'

b.

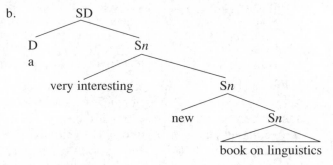

En la medida en que son adjuntos, se añaden libremente y no crean una proyección diferente (sigue siendo S*n*). También hay complementos preposicionales que son adjuntos, pero en este caso siguen al nombre y la adjunción se produciría a la derecha:

(41) a. that   new   book on linguistics   *in the upper   shelf*   (inglés)
    ese   nuevo libro sobre lingüística en el superior estante
    'ese libro nuevo de lingüística del estante superior'

b.

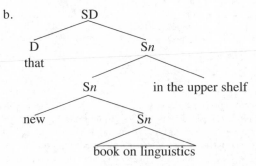

Los datos del español plantean problemas para este análisis. Por un lado, los adjetivos suelen seguir al nombre y, normalmente, preceden a los complementos preposicionales (42a), y, por otro, hay adjetivos que tienen la misma carga argumental que los complementos con *de* (42b, c) pero la posición que ocupan es diferente:

(42) a. ese libro *nuevo* de lingüística

    b. las reivindicaciones *catalanas*   [= las reivindicaciones *de los catalanes*]

    c. la invasión *estadounidense* de Iraq   [= la invasión de Iraq *de EEUU*]

El orden 'nombre-adjetivo' implica, manteniendo el análisis de (40), trasladar el nombre a una posición superior a la del adjetivo (en el § 4.2 describimos tal posición). La conexión del adjetivo argumental con la posición temática (especificador o complemento) también es problemática: en (42c) el AGENTE precede al TEMA cuando es adjetivo *(estadounidense),* pero no cuando es SP *(de EEUU).* El análisis de Ticio recoge esta situación. Según esta autora, el adjetivo se genera en la misma posición que el SP (43a) y, posteriormente, una regla estilística de variación del orden da lugar a la pronunciación del adjetivo *estadounidense* antes que el SP *de Iraq* (43b):

(43) a. $[_{SD} [_{D}$ la] $[_{Sn} [_{n'} [n] [_{SN}$ invasión de Iraq] *estadounidense/de EEUU*]]

    b. Regla estilística → la invasión *estadounidense* de Iraq

Este análisis es más simple porque prescinde del traslado del nombre y facilita que el adjetivo preceda o siga al SP *(ese libro nuevo de lingüística, ese libro de lingüística nuevo).* No obstante, hay que tener presente que ciertos órdenes entre complementos son aceptables pero otros no (*ese libro del estante de arriba nuevo, */?el libro de Juan nuevo, */?la invasión de Iraq estadounidense*) y que la alteración de orden puede conllevar cambios de significado (como veremos en el § 4.3.2), hecho que requeriría una explicación adicional. La existencia de restricciones y de alteraciones de significado en función del orden lineal reclama una explicación que vaya más allá de una mera cuestión estilística y sugiere que en las construcciones nominales hay procesos gramaticales que operan por encima de S*n* y por debajo de SD. El reto es descubrir dónde y cómo.

5.4.2. *Los adjetivos y la estructura funcional: una cuestión de número*

En un análisis como el de (40b), el orden 'nombre-adjetivo' del español se obtiene trasladando el núcleo N a una posición superior a S*n* (o SPos, si está presente). Esta derivación es paralela a la que se aplica al verbo con el traslado a los núcleos funcionales de la oración (véase el capítulo 2 de este volumen). Si el adjetivo está adjuntado a S*n*, el nombre se trasladaría al núcleo de una proyección funcional que en (44) representamos como X:

(44) $[_{SD} [_{D}$ el] $[_{SX} [_{X}$libro+X] $[_{SN}$ nuevo $[_{SN} [_{n}$ <libro>] $[_{SN} [_{N}$ <libro>] de lingüística]]]]]

El siguiente paso es averiguar qué es X y cuántas categorías funcionales similares más podrían existir. La primera propuesta en este sentido es el SNú(mero) de Ritter (1991), que es consistente con la semántica y la morfología de las expresiones nominales, ya que el número es un factor muy relevante en su interpretación y en muchas lenguas los nombres y/o determinantes se flexionan en número[12]. Bernstein (1991, 2001) sigue esta línea y propone, además, que el traslado del núcleo nominal refleja diferencias paramétricas entre lenguas. El español sería una lengua en la que el nombre comprueba los rasgos de número desplazándose hasta Nú en la sintaxis explícita, pero el inglés no:

(45) a. $[_{SD}$ $[_D$ el$]$ $[_{SNú}$ $[_{Nú}$ libro$]$ $[_{SN}$ $[_n$ <libro>$]$ $[_{SN}$ $[_N$ <libro>$]$ de lingüística$]]]]$
b. $[_{SD}$ $[_D$ the$]$ $[_{SNú}$ $[_{Nú}$ $]$ $[_{SN}$ $[_n$ book$]$ $[_{SN}$ $[_N$ <book>$]$ on linguistics$]]]]$

Se predice así que en español el nombre precederá a más elementos que en inglés: todos los constituyentes por debajo de SNú aparecerán detrás del nombre en español, mientras que en inglés solo lo harán aquellos que queden por debajo de S*n*. Esta sería la diferencia entre *un libro nuevo de lingüística* y *a new book on linguistics*.

5.4.3. *No es solo cuestión de número*

5.4.3.1. También hay clases

La proyección SNú no es la única categoría funcional que se puede relacionar con los rasgos morfológicos y semánticos de los nombres. Picallo (1991) amplió la idea de Ritter y, basándose en los rasgos flexivos nominales del catalán, propuso una categoría funcional de género por debajo de SNú. Según este análisis, enmarcado en el modelo de rección y ligamiento, el nombre se desplazaría a los núcleos Gé y Nú para recoger los afijos correspondientes de manera paralela a como el verbo lo hacía a los núcleos de tiempo y de concordancia en persona y número. Posteriormente, Bernstein (1993) etiquetó esta categoría como marcador de palabra y Picallo (2008) la reformuló, ya en términos minimistas, como clasificador nominal, una proyección que, de manera diferente, también ha defendido Guéron (2003). La existencia del clasificador permite relacionar los sufijos de género de las lenguas románicas con los marcadores de clases de palabras en lenguas mayas y bantúes, donde son, respectivamente, piezas independientes y prefijos. Con esta nueva categoría, la estructura es:

---

[12] La existencia de SNú también es defendible desde un punto de vista estrictamente teórico, considerando que, de manera general, los rasgos de la morfología flexiva deben estar representados en la estructura sintáctica o que un núcleo con un rasgo no interpretable debe mandar-c la versión interpretable del mismo rasgo: como el número es no interpretable en D, deberá estar en algún núcleo inferior (véase Alexiadou *et al.* 2007: 234-235).

(46) [$_{SD}$ D [$_{SNú}$ Nú [$_{SGé/Cl}$ Gé/Cl [$_{Sn}$ *n* [$_{SN}$ N]]]]]
    [$_{SD}$ [$_{D}$ los] [$_{SNú}$ [$_{Nú}$ libros] [$_{SGé/Cl}$ [$_{Gé/Cl}$ <libros>] [$_{Sn}$ [$_{n}$ <libros>] [$_{SN}$ [$_{N}$ <libros>] de lingüística]]]]]

5.4.3.2. Y valoraciones

La posición de los adjetivos en inglés y en español nos ha revelado la existencia de categorías funcionales en la estructura nominal. Si profundizamos en el caso del español, advertimos que pueden aparecer en varias posiciones, pero con diferencias significativas:

(47) a. una novela *fantástica* muy larga
    b. una novela muy larga *fantástica*
    c. una *fantástica* novela (muy larga)

(48) a. las reivindicaciones *catalanas*
    b. *las *catalanas* reivindicaciones

(49) a. mi *nuevo* coche/mi coche *nuevo*
    b. la *nueva* invasión de Iraq/*la invasión *nueva* de Iraq

El adjetivo *fantástico* puede ser interpretado como calificativo (similar a 'muy bueno, excelente') o como relacional (designa un género). La posición es crucial para interpretarlo de una u otra manera: si es posnominal, ambas interpretaciones son posibles *(una novela fantástica),* pero, si coaparece con *muy larga*, se prefiere la interpretación relacional cuando es adyacente al nombre (47a) y la calificativa cuando está separado (47b); si, por el contrario, es prenominal (47c), la única interpretación posible es la valorativa o calificativa. El contraste de (48) confirma esta restricción: *catalán* es un adjetivo relacional y solo resulta admisible en posición posnominal. Finalmente, adjetivos como *nuevo*, que no son relacionales, pueden ser prenominales o posnominales, pero el significado que aportan varía hasta el punto de que, con ciertos nombres, resultan inadecuados en ciertas posiciones. En (49a) mantiene su valor prototípico de 'opuesto a viejo' en las dos posiciones, pero en la prenominal puede adquirir, preservando el matiz de 'más reciente', un valor cercano al de *otro* en el sentido de que presupone la existencia de más de un coche. Este es el valor que tiene al combinarse con el nombre deverbal *invasión* en (49b): denota la existencia de otro evento de este tipo y, en consecuencia, resulta inadecuado como modificador posnominal.

Estas diferencias se relacionan con las tres grandes clases de adjetivos que distingue Demonte (1999a): los calificativos (asignan propiedades a los nombres; pueden preceder o seguir al nombre, pero, si lo preceden, añaden algún matiz semántico: valoración, énfasis, etc.), los relacionales (designan propiedades con las que el nombre establece una estrecha relación semántica, incluida la argumental; son posnominales) y los adverbiales (modifican la intensión del nombre o dan apreciaciones temporales o aspectuales sobre el evento designado por el nombre; suelen ser prenominales). Si seguimos el análisis con traslado del nombre, podemos concluir lo siguiente:

    (i)   los adjetivos relacionales están siempre a la derecha del nombre porque ocupan una posición de argumento (interna a SN o a Sn);

   (ii) los adjetivos calificativos son, habitualmente, posnominales porque el nombre se desplaza a una posición superior a la del adjetivo;

 (iii) los adjetivos calificativos prenominales y los adjetivos adverbiales (habitualmente prenominales) ocupan una posición superior a la del núcleo funcional al que se desplaza el nombre.

Estas conclusiones no cubren la posibilidad de que algunos adjetivos adverbiales puedan ser posnominales *(tus quejas reiteradas, su reivindicación constante)* ni ejemplos como el de (47a) con el adjetivo relacional por delante del adjetivo calificativo, pero ponen de manifiesto que por encima de la categoría funcional a la que se desplaza el nombre, debe haber un espacio estructural lo suficientemente complejo como para albergar adjetivos que expresan valores muy diferentes. En otras palabras, hay algo entre SD y SNú.

Demonte (1999b, 2000, 2008) nos ofrece una respuesta bien fundamentada al respecto. Según esta autora, los adjetivos calificativos son predicados (SA) de una oración reducida (OR) (véase el capítulo 3 de este volumen) y se pueden generar con un rasgo de grado [+Gr] que provoca el traslado a una proyección funcional de grado SGr (foco en Demonte 2008) interna al SD y da la interpretación valorativa o intensificada propia de estos adjetivos en posición prenominal. Los adjetivos adverbiales que solo son prenominales (modales) se generan como adjuntos a SGr, mientras que los que pueden ser posnominales (intensionales y circunstanciales) se adjuntan a Sn/SN. La estructura que se deduce es:

(50) $[_{SD}$ D $[_{SGr/Fo}$ (Adj modal) $[_{SGr/Fo}$ Gr/Fo ... $[_{Sn}$ (Adj intens/circ) $[_{Sn}$ n $[_{SN}$ (Adj intens/circ) $[_{SN}$ $[_{OR}$ SA (Adj calificativo) SN]]]]]]]]

El adjetivo calificativo con el rasgo [+Gr] se traslada al núcleo Gr (aunque también podría ser al especificador; véase Roca 2012). Así, se explican órdenes como: (i) el de *el presunto delgado asesino,* con un adjetivo modal y uno calificativo; (ii) el de *los supuestos frecuentes viajes de Luis*, con un adjetivo modal y uno circunstancial (aspectual), y (iii) el de los adjetivos adverbiales como *reiteradas* o *constantes,* que, si se adjuntan a SN, quedan en posición posnominal después del traslado del nombre a n[13]. Demonte no considera que haya más proyecciones entre SGr y Sn; si hubiere alguna (SNú, por ejemplo), el análisis se mantendría, considerando que los adjetivos se adjuntan a SNú y a Sn.

En este apartado hemos presentado una serie de categorías funcionales ubicadas entre SD y SPos/Sn. La posición de los adjetivos es un

---

[13] El orden de (47a), con el adjetivo relacional por delante del calificativo, se puede explicar suponiendo que el nombre y el adjetivo relacional (generado dentro de SN) se desplazan formando una unidad.

indicio importante para descubrir estas categorías, que están vinculadas a rasgos gramaticales como el número, el género o la gradación. La estructura nominal "completa" sería:

(51) $[_{SD}$ D $[_{SGr/Foc}$ Gr/Fo $[_{SNú}$ Nú $[_{SGé/Cl}$ Gé/Cl $[_{SPos}$ Pos $[_{Sn}$ n $[_{SN}$ N]]]]]]]

Esta estructura es, en gran medida, paralela a la de las oraciones: un dominio de dependencias léxicas con las relaciones temáticas entre el nombre y sus complementos (SN-SPos), un dominio de tipo funcional donde se expresan rasgos y relaciones gramaticales (SGé/Cl-SGr/Fo) y una última capa funcional (SD) que cierra la construcción[14].

La existencia de las tres proyecciones de (51) ha resultado bastante controvertida en la bibliografía generativista y, a menudo, se ha planteado la supresión de alguna de ellas. Así, algunos autores consideran que Nú no existe como categoría funcional específica para el rasgo nominal de número y que este rasgo se valida en categorías como D o n (Dobrovie-Sorin 2012) o en una categoría general de concordancia (Ticio 2010), pero otros lo tratan como un núcleo vinculado a la cuantificación, ya sea albergando cuantificadores (Heycock y Zamparelli 2003) o actuando como un divisor (Borer 2005). La aceptación de Gé siempre fue menor, porque, a diferencia de Nú, no es crucial en la interpretación del sintagma, pero su asimilación a clasificador permite incorporar al análisis partículas nominales (marcadores de clase de palabra) presentes en muchas lenguas. Asimismo, cabe precisar el estatus de la proyección SGr/Fo, que provoca el traslado de constituyentes, y la relación con el nivel SD, cuyas características exploramos en el próximo apartado.

5.5. La determinación: paralelismo entre oración y expresión nominal III

Los determinantes y cuantificadores han pasado a desempeñar un papel central en la sintaxis de las construcciones nominales a raíz de la generalización de la hipótesis del SD (véase § 3), que prevé una posición de núcleo y una de especificador:

(52) a. $[_{SD}$ $[_{D'}$ $[_{D}$ the/these/some] $[_{SN}$ books (on   linguistics)]]]
          los/estos/algunos   libros sobre lingüística
     b. $[_{SD}$ [my new   neighbour's] $[_{D'}$ $[_{D}]$ $[_{SN}$ books (on   linguistics)]]]
          mi nuevo vecino-GEN   libros sobre lingüística

En Abney (1987), el SD se concibe como el paralelo nominal de SFlexión (actualmente ST), pero trabajos posteriores han planteado la conveniencia de asimilarlo a SC. A continuación examinaremos con

---

[14] La diferenciación de tres dominios (temático, gramatical y discursivo) fue formulada originalmente por Platzack (2001). Hay análisis que, siguiendo la propuesta de Cinque (1994), postulan la existencia de más categorías funcionales entre SD y SPos.

detalle las características del SD y discutiremos los paralelismos con ST o con SC.

5.5.1. *El núcleo D*

5.5.1.1. La importancia de ser D

Ya hemos señalado (véanse §§ 2 y 3) que el determinante convierte una estructura de naturaleza predicativa (el SN) en un argumento y que es necesario cuando la expresión nominal desempeña una función como la de sujeto (53), pero no cuando es predicado (54):

(53) a. *Hermano de Juan* está jugando en el jardín.
 b. *El/un hermano de Juan* está jugando en el jardín.

(54) a. Luis es *(el/un) hermano de Juan*.
 b. Nombraron a Juan *ministro de Economía*.
 c. Llamaron *ladrón* a Juan.

Esto sugiere que D es un elemento que coloca la expresión nominal en la posición adecuada en la oración; es decir, es un subordinador. La conveniencia de analizar las expresiones nominales con un SD y con D como subordinador es clara en vasco. Artiagotia (2012) destaca que en esta lengua los sintagmas nominales se construyen siempre con un determinante o un cuantificador (excepto si son nombres propios):

(55) a. Gezurti*ak*   gorroto ditut.   (vasco)
        mentiroso.ART.PL detestar AUX
        'Detesto a los mentirosos.'
 b. Mirenek   te*(-a)* edaten du   gosaltze-ko   eta nik   kafe*(-a)*.
        Miren.ERG té.ART beber AUX desayunar-para y yo.ERG café.ART
        'Miren toma té para desayunar y yo café.'
 c. Mirenek   kruasan*(-ak)* hartu ditu gaur gosaltze-ko.
        Miren.ERG cruasán.ART.PL tomar AUX hoy desayunar-para
        'Miren comió cruasanes para desayunar hoy.'

El artículo *(a, ak)* es enclítico y aparece siempre a la derecha del sintagma[15]: en (55a) corresponde al artículo definido del español, pero también está en contextos donde los nombres aparecen sin determinante. La presencia de -*a(k)* no implica, pues, que el sintagma se interprete como

---

[15] La aparición en posición final es consistente con el orden 'complemento-núcleo' del vasco (lengua SOV). El núcleo C de oraciones de relativo -*(e)n* y de subordinadas sustantivas -*ela* también aparece al final:

 (i) a. [Ikusi duzu-*n*] neska nire arreba   da.   (vasco)
        ver   AUX.REL chica mi hermana es
        'La chica que has visto es mi hermana.'
  b. [Eurea egingo   du-*ela*] esan dute.
        lluvia hacer.FUT AUX.que decir AUX
        'Han dicho que va a llover.'

definido: en (55b, c) *tea, kafea* o *kruasanak* se interpretan igual que *té, café* o *cruasanes* en las traducciones del español, y no como *el té, el café* o *los cruasanes*. El determinante aparece solo para cumplir el requisito sintáctico de subordinación o inserción de la expresión nominal.

En otras lenguas, el determinante se relaciona sistemáticamente con ciertos aspectos de la interpretación de la expresión nominal como la identificación de referentes o el carácter definido. Por ello, se ha propuesto que D codifica estos valores. Longobardi (1994) defiende la conexión entre determinantes y referencialidad con ejemplos como los siguientes:

(56) a. La mia   segretaria e tua   collaboratrice sta/*stanno uscendo.(italiano)
     la 1P.POS secretaria y 2P.POS colaboradora está/están saliendo
     'Mi secretaria y colaboradora tuya está/*están saliendo.'
   b. La mia   segretaria e la tua   collaboratrice *sta/stanno uscendo.
     la 1P.POS secretaria y la 2P.POS colaboradora   está/están saliendo
     'Mi secretaria y tu colaboradora *está/están saliendo.'

En (56b), cada miembro de la coordinación incluye un determinante *la* y el sujeto es plural, como indica la concordancia con el verbo. En (56a), por el contrario, se coordinan los constituyentes *[mia segretaria]* y *[tua collaboratrice]* por debajo del único determinante *la,* y la interpretación del sujeto es singular. La presencia de uno o dos determinantes es claramente correlativa con la designación de uno o dos referentes. Sin embargo, esto se produce solo cuando el sintagma es un argumento; si es un predicado, la coordinación de (56b) no da lugar a la interpretación de plural:

(57) Maria è *la mia segretaria e la tua collaboratrice*.   (italiano)
     'María es mi secretaria y tu colaboradora.'

Por tanto, D es fundamental para identificar referentes y decidir el carácter singular o plural, pero solo cuando introduce argumentos.

También se ha considerado que, dado que los determinantes delatan el carácter definido o no de la construcción, el núcleo D codifica el rasgo [±def(inido)] (véase el capítulo 14 de este volumen). Los valores [+def] y [−def] son pertinentes para la distribución sintáctica de las expresiones nominales, como revelan los ejemplos siguientes:

(58) a. En el jardín hay *un hermano de Juan*.
   b. En el jardín hay *varios hermanos de Juan*.
   c. *En el jardín hay *el/aquel/su hermano de Juan*.

En español, las oraciones existenciales con *haber* están sometidas al llamado efecto de definitud y no admiten expresiones nominales introducidas por un determinante definido. El núcleo D [±def] sería el responsable de que el sintagma se inserte o no en estos contextos[16].

---

[16] Leonetti (1999) observa que es posible encontrar sintagmas con el artículo definido en contextos con *haber: No hay el menor indicio de culpabilidad, Antes había la conciencia de que alcanzar algo exige un esfuerzo*. Según este autor, las restricciones de definitud no dependen

De todo lo anterior podemos concluir que D es una pieza básica de las expresiones nominales cuya función primordial consiste en introducirlas en el lugar adecuado dentro de la oración. Valores como la referencialidad, la definitud, etc., son comunes a todas las lenguas, están asociados al SD y pueden verse reflejados en los determinantes o cuantificadores, pero hay que tener en cuenta que son valores que se gramaticalizan mediante elementos diferentes en cada lengua: así, la forma *a(k)* del vasco es un determinante general que no expresa valores de definitud, como sí hace el artículo *el* del español; los artículos *el* y *the* del español y del inglés son ambos definidos, pero no son equivalentes del todo; etc. Parece, pues, que D es, esencialmente, un subordinador que puede ligarse (o no) a valores sintáctico-semánticos[17].

5.5.1.2. Núcleos D vacíos

Comparando ejemplos del vasco y del español, podemos dudar de la idoneidad del requisito de que los argumentos sean siempre SD:

(59) a. Mirenek *tea* edaten du gosaltzeko eta nik *kafea*.   (vasco)
    b. Mirenek *kruasanak* hartu ditu gaur gosaltzeko.

(60) a. María toma *té* para desayunar, pero yo tomo *café*.
    b. Esta mañana María ha comido *cruasanes* para desayunar.

En (60), *té*, *café* y *cruasanes* son argumentos de los verbos *tomar* y *comer,* y funcionan como OD, pero no llevan ningún determinante (a diferencia de *tea, kafea* y *kruasanak*). La cuestión es dilucidar si en los ejemplos del español hay o no hay D. La comparación con lenguas románicas cercanas nos ofrece una pista importante:

(61) a. J'ai   mangé *des cacahuètes*.   →   Je *n'*ai   mangé.   (francés)
      yo-he comido DET cacahuetes   yo PART-he comido
      'He comido cacahuetes.'   'He comido.'

    b. Ho visto *dei   libri*. →   *Ne* ho visti   (due).   (italiano)
      he visto de+los libros   PART he visto.M.PL dos
      'He visto libros.'   'He visto (dos).'

    c. He pres   *café*.   →   (De cafè), ja *n'*he   pres.   (catalán)
      he tomado café   de café   ya PART-he tomado
      'He tomado café.'   '(Café,) ya he tomado.'

En las tres lenguas, el OD se pronominaliza con el clítico partitivo *en*, como muestran las frases de la derecha. En francés se emplea el artículo partitivo *des* (un tipo de determinante indefinido que incorpora

---

tanto de la distinción formal 'definido/indefinido' como del reparto de la información o de la especificidad, factores que también se relacionan con el SD.

[17] La controversia entre considerar D como subordinador (Abney 1987, Stowell 1991, Szabolcsi 1994), portador de valores semántico-pragmáticos (Longobardi 1994, Lyons 1999) o elemento relacionado con rasgos formales, especialmente de caso (Giusti 1993, 1997, 2002), se recoge con detalle en Alexiadou *et al*. (2007: parte I).

la preposición *de;* véase Rowlett 2007) y en italiano se combina *de* con el artículo definido plural. El caso del catalán es interesante, porque, aparentemente, es como el español y no usa ningún determinante, pero pronominaliza mediante *en* (como en francés e italiano) y recurre a *de* cuando el sintagma está dislocado. De acuerdo con estos datos, se puede proponer que hay un núcleo D con un rasgo [part(itivo)] responsable de la interpretación partitiva de los nombres no contables y de los nombres contables en plural. Este D[part] se realizará de maneras diferentes en cada lengua: *des* en francés, *dei* en italiano, *de* o Ø en catalán y Ø en español.

El contraste siguiente entre el inglés y el español respecto al uso o no del artículo definido se puede analizar en términos parecidos:

(62) a. María adora **(el) té* y yo odio **(el) café.*

    b. Mary loves *tea* and I hate *coffee.*   (inglés)

La interpretación de *el té/tea* y de *el café/coffee* en (62) es la misma (el té y el café en general). El determinante definido de (62a) no alude a ningún referente previo y parece funcionar solo como introductor de la construcción nominal genérica en este contexto (OD de *adorar, odiar*)[18]. Si aplicamos el mismo razonamiento anterior, podemos considerar que existe un núcleo D Ø genérico en inglés, pero no en español, donde se recurre al artículo definido, el determinante de uso más general. Entonces, *tea* y *coffee* en (62b) son también SD y no constituyen contraejemplos a la idea de que los argumentos son SD, y no SN.

Si se admite que, bajo condiciones e interpretaciones concretas, el núcleo D puede ser vacío fonológicamente, se preserva la idea de que los argumentos son SD y las diferencias entre lenguas se pueden atribuir, además de a las propiedades de los elementos en D, a las condiciones bajo las cuales se admite un D vacío en cada una: interpretación partitiva y genérica en inglés, solo interpretación partitiva en español, etcétera.

5.5.1.3. Los nombres propios

Los nombres propios aparecen sin determinante y en posiciones argumentales en muchas lenguas (63), pero en otras (64) son introducidos por un determinante:

(63) a. *Juan* ha llegado tarde.

    b. *John* has arrived late.   (inglés)
      'John ha llegado tarde.'

    c. *Jon* berandu etorri da.   (vasco)
      Jon   tarde   venir AUX
      'Jon ha venido tarde.'

---

[18] El contraste entre inglés y lenguas románicas en el uso del artículo para sintagmas genéricos se produce también en la posición de sujeto: *cats are mammals* vs. **(los) gatos son mamíferos* (véase Longobardi 1994).

(64) a. *En Joan* ha arribat tard.   (catalán)
     DET Joan ha llegado tarde
     'Joan ha llegado tarde.'

   b. *O   Giorghos* ephuge.   (griego)
     DET Giorghos marchó
     'Giorghos se fue.'

En § 2.3 hemos visto que los nombres propios son intrínsecamente referenciales. Si la interpretación referencial está relacionada con el SD, debemos suponer que el uso de los nombres propios también implica un SD. Longobardi (1994, 1996) propuso un análisis en esta línea que recoge la variación interlingüística. Según este autor, una construcción con nombre propio es un SD cuyo núcleo puede ser vacío o estar ocupado por un artículo:

(65) a. $[_{SD} [_{D'} [_D \varnothing] \ldots [_{SN} [_{N'} [_N \text{Juan}]]]]]$ (español)
   b. $[_{SD} [_{D'} [_D \text{en}] \ldots [_{SN} [_{N'} [_N \text{Joan}]]]]]$ (catalán)

Si D está vacío, el nombre propio se desplazará hasta este núcleo para fijar la interpretación referencial. Cuando D está ocupado por un determinante, como sucede en catalán o en griego, los requisitos sintácticos de referencialidad son satisfechos por el propio determinante, que, en este caso, Longobardi analiza como un expletivo (el superíndice indica la conexión entre el expletivo y el nombre)[19]:

(66) a. $[_{SD} [_{D'} [_D \text{Juan}] \ldots [_{SN} [_{N'} [_N \text{<Juan>}]]]]]$ (español)
   b. $[_{SD} [_{D'} [_D \text{en}^i] \ldots [_{SN} [_{N'} [_N \text{Joan}^i]]]]]$ (catalán)

La combinación del nombre propio con el adjetivo enfático o identificativo *mismo* proporciona un apoyo adicional para este análisis:

(67) a. *El mismo Juan* presentará los papeles.
   b. *Juan mismo* presentará los papeles.

Si el adjetivo está en una proyección funcional (SF) entre SD y S*n* (véase § 4), el orden respecto al nombre y la presencia o ausencia del artículo se siguen del traslado o no del nombre propio hasta D:

(68) a. $[_{SD} [_{D'} [_D \text{el}] \ldots [_{SF} \text{mismo} \ldots [_{SN} [_{N'} [_N \text{Juan}]]]]]]$
   b. $[_{SD} [_{D'} [_D \text{Juan}] \ldots [_{SF} \text{mismo} \ldots [_{SN} [_{N'} [_N \text{<Juan>}]]]]]]$

---

[19] La aparición del expletivo y el traslado a D dependen de las propiedades de cada lengua respecto a la especificación fuerte o débil de los rasgos del núcleo D ([±R], [±δ] o el rasgo no interpretable [propio] según, respectivamente, Longobardi 1994, 1996 y Adger 2003). Más adelante (§ 6.2) propondremos un análisis diferente del artículo personal del catalán, pero manteniendo la presencia del núcleo D. El traslado de N a D se ha propuesto también, dentro de las lenguas románicas, para los nombres comunes del rumano que preceden al artículo definido (véanse Dobrovie-Sorin 1987 y Cornilescu 1995):

   (i) baiat-ul   frumos   (rumano)
     muchacho-el hermoso
     'el muchacho hermoso'

5.5.2. *El especificador del SD*

La estructura con SD habilita una posición de especificador que puede albergar constituyentes de nivel sintagmático. Para acabar de definir el paralelismo con la oración es importante descubrir si este especificador es como el de ST o como el de SC. Abney (1987) propuso que espec,SD albergaba los posesivos del yupí o los genitivos sajones del inglés:

(69) a. *angute-t*   kuiga-t   (yupí)
         hombre-ERG.PL río-ERG.PL
         'el río de los hombres'

   b. *John's*   analysis of the problem   (inglés)
       John-GEN análisis de el problema
       'el análisis de John del problema'

En yupí, el posesivo y el nombre concuerdan en el morfema *-t* (plural), que también se emplea para la concordancia entre el sujeto y el verbo (70a, a'). Esta coincidencia apoya la idea de que SD y ST son paralelos. En el caso del inglés, el paralelismo se ve en los papeles temáticos, ya que tanto el genitivo *John's* como el sujeto *John* son AGENTE (70b, b')[20]:

(70) a. $[_{SD}$ angute-t $[_{D'}$ $[_D$ -t] $[_{SN}$ kuiga]]]   (yupí)
      a'. $[_{SF/T'}$ angute-t $[_{F/T'}$ $[_{F/T}$ -t] $[_{SV}$ kiputa-a]]]
         angute-t   kiputa-a-t
         hombre.ERG.PL comprar-OBJ-ERG.PL
         'Los hombres lo compraron.'

   b. $[_{SD}$ John's(AG) $[_{D'}$ $[_D$] $[_{SN}$ analysis of the problem(TEMA)]]]   (inglés)
   b'. $[_{SF/T'}$ John(AG) $[_{F/T'}$ $[_{F/T}$] $[_{SN}$ analyzed the problem(TEMA)]]]
       John analyzed the problem.
       John analizó el problema.

Adger (2003) actualiza el análisis señalando que el constituyente en espec,SD puede expresar diversos papeles temáticos (POSEEDOR, AGENTE, TEMA) y que se desplaza debido a la presencia de un rasgo fuerte de caso [gen(itivo)] en D[21]:

(71) $[_{SD}$ [John's] $[_{D'}$ $[_{D[gen]}$] ... $[_{Sn}$ <John's> $[_{n'}$ $[_n$ analysis] $[_{SN}$ <analysis> (of) the problem]]]]]

Según estos análisis, el especificador de SD se asimila a la posición de sujeto de la oración y, consecuentemente, es una posición adecuada

---

[20] Las formas *kuigat* y *kiputaat* se obtienen trasladando el nombre y el verbo a los núcleos D y T. El análisis de (70b) se aplicaría también a las construcciones con gerundio del inglés: *John's analyzing the problem*.

[21] Este traslado es como el del sujeto a espec,ST para satisfacer el rasgo [nom]. La diferencia es que T siempre tiene el rasgo [nom] y en D el rasgo [gen] de D es opcional.

para el traslado A. Sin embargo, autores como Szabolcsi (1987, 1994) y Horrocks y Stavrou (1987) ponen en entredicho tal conclusión. Horrocks y Stavrou (1987) advierten que en griego los complementos del nombre pueden ser posnominales (72a) o bien preceder al artículo definido (72b). La diferencia entre una y otra ubicación es que, cuando encabezan la construcción, los complementos se interpretan como foco (ejemplos de Alexiadou *et al.* 2007: 80):

(72) a. to vivlio *tu*   *Chomsky*   (griego)
     el libro el-GEN Chomsky
     'el libro de Chomsky'

   b. *tu chomsky* to vivlio
     'el libro DE CHOMSKY'

Este proceso de focalización es como el que se produce en las oraciones:

(73) a. Edhose to vravio *tis*   *Aphroditis.*   (griego)
     dio   el premio la.GEN Afrodita.GEN
     'Le dio el premio a Afrodita.'

   b. *Tis Aphroditis* edhose to vravio.
     'A AFRODITA le dio el premio.'

Dado que la focalización es un tipo de movimiento a SC, la posición de especificador de SD sería como la de SC. Algunos ejemplos del inglés apuntan en la misma dirección:

(74) *How important* a   decision is this?   (inglés)
     cuán importante una decisión es esta

El sintagma *qu- how important* está en el especificador de SD (*a* 'una' es el núcleo D). Como en la oración los sintagmas *qu-* se desplazan al especificador de SC, cabe suponer que las características de ambos especificadores son las mismas, por lo que el especificador de SD aparece ahora como posición apta para el traslado A', que es el tipo de traslado de los sintagmas interrogativos y focalizados.

Szabolcsi (1987, 1994) llega a la misma conclusión estudiando los posesivos del húngaro. En esta lengua, los posesivos pueden estar en nominativo o en dativo; si van en nominativo (75a), siguen al artículo definido, pero cuando van en dativo (75b), lo preceden:

(75) a. a *Mari*   kalapja   (húngaro)
     el Mari.NOM sombrero.POS
     'el sombrero de Mari'

   b. *Marinak* a kalapja
     Mari.DAT el sombrero.POS
     'el sombrero de Mari'

El poseedor solo puede ser extraído fuera de la construcción nominal cuando es dativo (75b) y, dado que precede al determinante *a*, está en espec,SD, una posición que, igual que espec,SC, facilitaría la extracción de constituyentes internos. Este carácter del especificador sirve para explicar también la extracción de sintagmas interrogativos:

(76) a. He leído [$_{SD}$ muchos libros *de Chomsky*]

    b. *¿De quién* has leído [$_{SD}$ muchos libros]?

    ¿[$_{SC}$ [De quién] has leído [$_{SD}$ <de quién> [$_{D'}$ [$_{D}$ muchos] ... [S*n* <de quién> libros]]]]?

El traslado de los interrogativos es cíclico. En (76b), el sintagma con el interrogativo se genera dentro del S*n* (en la posición de AGENTE) y se desplaza primero a espec,SD y después a espec,SC. El paso intermedio responde a restricciones de localidad y facilita el traslado desde el interior de dominios complejos (véase Brucart y Gallego 2012).

Los ejemplos y argumentaciones que hemos presentado muestran, en conjunto, que el especificador de SD es una posición sintácticamente activa capaz de albergar constituyentes sintagmáticos desplazados desde el interior de la construcción. A tenor de las características observadas, esta posición parece tener una doble naturaleza A y A', pues en unos casos (69)-(71) expresa propiedades relacionadas con concordancia y rasgos-Ø de caso, y en otros (72)-(76) se relaciona con la focalización, con rasgos *qu-* o con la extracción. Esta doble naturaleza nos lleva a cuestionar si conviene refinar el análisis de la capa funcional más alta.

5.5.3. *Dos niveles de determinación*

Una manera de resolver el problema del doble carácter de espec,SD consiste en considerar que hay dos categorías funcionales sucesivas de tipo SD y que solo una de ellas da lugar a las propiedades A'. Esto permite acomodar los datos del húngaro en que el posesivo en dativo precede al artículo definido y el posesivo en nominativo lo sigue pero precede a otros determinantes como el demostrativo (ejemplos de Kiss 2004: 157-158, 161):

(77) a. *Jánosnak* a könyve   (húngaro)
      Janos.DAT el libro.POS
      'el libro de Janos'

    b. a *Janos*   könyve
      el Janos.NOM libro.POS
      'el libro de Janos'

    c. *János*   ezen szavai
      Janos.NOM este palabra.POS.PL
      'estas palabras de Janos'

Asumiendo que el constituyente en nominativo y el artículo definido están siempre en las mismas posiciones, una estructura con dos SD proporciona el espacio estructural necesario. El posesivo en dativo y el artículo definido estarían en el SD superior y el posesivo en nominativo y el demostrativo en el inferior:

(78) $[_{SD1} [_{D1}] [_{SD2} [_{D2}] \ldots [_{SPos} [_{Pos}] [_{Sn} [_{n}] [_{SN} N]]]]]$

a. $[_{SD1} [Janosnak] [_{D1} a] [_{SD2} [_{D2'} [_{D2}] \ldots [_{SPos} <Janosnak> könyve]]]]$

b. $[_{SD1} [_{D1} a] [_{SD2} [Janos] [_{D2'} [_{D2}] \ldots [_{SPos} <Janos> könyve]]]]$

c. $[_{SD1} [_{D1}] [_{SD2} [Janos] [_{D2'} [_{D2} ezen] \ldots [_{SPos} <Janos> szavai]]]]$

La existencia de dos niveles de determinación permite, además, explicar casos de coaparición de dos determinantes:

(79) a. *los dos* libros de Juan

b. *esos pocos* libros

c. *el* libro *este*

d. *un* libro *cualquiera*

Cualquiera de las piezas en cursiva de (79) puede introducir por sí sola el sintagma nominal y habilitarlo como argumento: *He comprado los libros/dos libros/pocos libros/este libro/un libro/cualquier libro*. Si dos elementos que se caracterizan como determinantes pueden coaparecer en una misma construcción nominal con el valor que les es propio (definitud, deixis, cuantificación, etc.), la estructura sintáctica debe prever una posición para cada uno de ellos. Una estructura con dos niveles es un paso en esta línea y ha sido propuesta por varios autores (véanse Cornilescu 1992, Sánchez López 1993, Roca 1997, Zamparelli 2000, Heycock y Zamparelli 2003, Laenzlinger 2005 o Ihsane 2008).

Si se admite la existencia de dos SD, hay que definir la naturaleza de cada D. Si bien hay un cierto consenso en el sentido de que D1 alberga el artículo definido o determinantes fuertes, las hipótesis sobre D2 son diversas y dependen, en gran medida, de la construcción analizada. Se ha propuesto que es un SQ para los numerales y cuantificadores vagos como *pocos, muchos,* etc. (Sánchez López 1993), un SDet o SDem para los demostrativos (Cornilescu 1992, Roca 1997), un SDP(redicativo) en contraposición al SDF(uerte) superior (Zamparelli 2000), un SNú con una categoría funcional SPl por debajo (Heycock y Zamparelli 2003), etc. Los ejemplos de (79) han recibido análisis como los siguientes[22]:

(80) a. $[_{SD} [_{D'} [_{D} los] [_{SQ} [_{Q'} [_{Q} dos] \ldots$ libros de Juan]]]]

b. $[_{SD} [_{D'} [_{D} esos] [_{SQ} [_{Q'} [_{Q} pocos] \ldots$ libros]]]]

c. $[_{SD} [_{D'} [_{D} el] [_{SDem} [libro] [_{Dem'} [_{Dem} este] \ldots <libro> \ldots]]]]$

d. $[_{SD} [_{D'} [_{D}] [_{SNú} [_{Nú'} [_{Nú} un] [_{SPl} [libro] [_{Pl'} [_{Pl} cualquiera \ldots <libro> \ldots]]]]]]]]$

Al margen de la etiqueta que se asigne a la segunda categoría funcional, este tipo de estructura tiene la virtud de acomodar más datos. Junto a casos como los citados (coaparición de determinantes, naturaleza A o A' del especificador), están también las diversas posiciones de los posesivos en las lenguas románicas. Los posesivos pueden encabe-

---

[22] Cada análisis parte de mecanismos y presupuestos diferentes, especialmente en los casos que, como (80c, d), implican traslados (remitimos a 1997, Brugè 1996, 2002, o Roca 1997, 2009, 2012).

zar la construcción nominal, aparecer entre el determinante y el nombre o ser posnominales:

(81) a. *ma* germana   (catalán)
       mi hermana

   b. les *meves* dues germanes
      las mías   dos   hermanas

   c. (les) dues germanes *meves*
      las   dos hermanas mías

El posesivo prenominal de (81a) es incompatible con el artículo definido (*la ma germana) y conlleva la interpretación definida de todo el sintagma, por lo que se puede considerar que está en el SD superior (ya sea en espec,SD o en el núcleo D; véase la nota 11). El posesivo *meves* de (81b) está en una posición inferior al D del artículo definido: el especificador del SD2/SQ cuyo núcleo es el numeral *dos*. Finalmente, el posesivo posnominal ocuparía una posición más baja en la estructura: la de la relación temática con el nombre (SPos, S*n* o SN).

En este apartado se ha completado el paralelismo entre la estructura oracional y la nominal con la caracterización de la capa funcional más alta. Hemos presentado la estructura básica del SD de Abney (1987) repasando las bases empíricas que la sustentaron y discutiendo el paralelismo con ST o con SC. También se ha subrayado la importancia del SD para habilitar como argumento las expresiones nominales y se ha defendido la existencia de núcleos D vacíos fonológicamente. Para acabar, se ha planteado la posibilidad de que haya más de una proyección de tipo SD.

5.6. Aplicaciones y desarrollos de la hipótesis del SD

A lo largo de los apartados precedentes hemos comprobado que el paralelismo entre oración y construcción nominal produce un incremento progresivo de las proyecciones sintagmáticas por encima de SN. La estructura resultante es:

(82) $[_{SD}$ D $[_{SD/Q}$ D/Q $[_{SGr/Fo}$ Gr/Fo $[_{SNú}$ Nú $[_{SGé/Cl}$ Gé/Cl $[_{SPos}$ Pos $[_{Sn}$ *n* $[_{SN}$ N]]]]]]]]

Así podemos describir muchas propiedades de las expresiones nominales en varias lenguas, pero también conviene valorar hasta qué punto esta proliferación de categorías es compatible con un diseño mínimo de la gramática y comprobar si algunas de ellas podrían ser redundantes. En este último apartado apuntamos algunas precisiones al respecto.

5.6.1. *La formación de fases*

Las fases son dominios estructurales complejos que resultan inaccesibles, en parte, a operaciones externas (véase el capítulo 9 de este volumen). Las proyecciones que se consideran fases son SD en las construcciones nominales y SC y Sv (o Sv*, donde v* incluye el complejo v+T; véase Gallego 2007, 2010) en la oración. Svenonius (2004) aplica la formación de fases a las construcciones nominales y, ahondando en el paralelismo entre los dos tipos de estructuras, propone que también hay dos fases:

(83) a. [Op [$_{SQ}$ Q [K [Nú [$_{Sn}$ n [N $\rightarrow$ estructura nominal
      b. [Top [$_{SC}$ C [T [Asp [$_{Sv}$ v [V $\rightarrow$ estructura oracional

En la oración, Sv y SC se convierten en fases cuando se combinan con los núcleos Asp y Top. Paralelamente, en la estructura nominal los núcleos desencadenantes de la fase serán Nú y Op, que convierten a Sn y a SQ en las fases de las construcciones nominales. Este análisis distingue entre procesos que establecen relaciones de atracción-movimiento de tipo A (fase inferior) y de tipo A' (fase superior), una distinción que ya hemos planteado anteriormente, pero atribuyéndola a categorías diferentes.

La cuestión que deberán afrontar futuros trabajos es concretar la existencia de una o dos fases dentro de las expresiones nominales, las categorías funcionales con que se asociarían y las consecuencias para los traslados internos al SD. Asimismo, conviene definir las posibles correspondencias entre proyecciones. Según Svenonius, la proyección superior (Op) es para el artículo definido, Q sirve para determinantes interrogativos (*qué libro*) y K(ase) es una proyección relacionada con el caso, pero el propio autor señala que la morfología de caso afecta a Q, K y Nú. Entonces Op y Q serían los equivalentes de D y D/Q en (82) y quedaría por explorar la naturaleza de una posible correlación entre K y Nú o Gén/Cl. El paralelismo entre Top (oracional) y Op (nominal) tiene que ver con planteamientos como el del próximo apartado.

5.6.2. *La división del SD*

La asimilación de SD a SC abre la puerta a aplicar al SD la división del SC de Rizzi (1997) (véase el capítulo 2 de este volumen). Esta división tiene puntos de contacto claros con la identificación de dos niveles de determinación, por lo que no se tardó demasiado en aplicarla a las construcciones nominales (véanse Aboh 2004; Haegeman 2004; Giusti 2005; Ticio 2003, 2010; Laenzlinger 2005; Ihsane 2008 o Roca 2009, entre otros). El resultado de dividir SD y SC es[23]:

(84) a. [$_{SDfu}$ Dfu [$_{SDtóp}$ Dtóp [$_{SDfo}$ Dfo [$_{SDfin}$ Dfin [$_{SNú}$ ... $\rightarrow$ estructura nominal
      b. [$_{SFu}$ Fu [$_{STóp}$ Tóp [$_{SFo}$ Fo [$_{SFin}$ Fin [$_{SF/T}$ ... $\rightarrow$ estructura oracional

---

[23] Es importante señalar que, a pesar de ciertas coincidencias, las proyecciones nominales de foco y de tópico no tienen las mismas consecuencias semánticas que las oracionales, por lo que es conveniente diferenciarlas de algún modo (véanse Bernstein 1999, Eguren 2009 o Roca 2009, 2012).

Aboh (2004) aplica esta estructura a las expresiones nominales del gunbe, que cuenta con marcadores nominales diferentes para valores como la definitud, la especificidad, el foco o el carácter interrogativo:

(85) a. àkwékwè àtón *lé*   (gunbe)
      plátano   cinco DEF.PL
      'los cinco plátanos'

   b. àkwékwè àtón *ló*   *(lé)*
      plátano   cinco DET DEF.PL
      'los citados cinco plátanos'

   c. [Tavò xóxó *té*] wé Kofi xò
      mesa vieja INT FOC Kofi comprar
      '¿Qué mesa vieja ha comprado Kofi?'

La forma *lé* marca el número plural y el carácter definido (es [+def, +pl]); *ló* indica que ya se ha aludido al referente del nombre y puede coaparecer o no con *lé*, por lo que se puede caracterizar como [+espec(ífico), +def], y *té* marca el carácter interrogativo (rasgo [+qu]) del sintagma. Aboh trata estos marcadores como núcleos e identifica la categoría Nú con finitud, por lo que la ubicación en la estructura es:

(86) $[_{SDfu} [_{Dfu}] [_{SDtóp} [_{Dtóp} ló] [_{SDfo} [_{Dfo} té] [_{SDfin} [_{Dfin} lé]$

En este análisis, la especificidad queda codificada en la parte alta, la definitud en la proyección más baja y el foco en la intermedia. En Roca (2009, 2012) se propone un análisis similar, según el cual la interpretación definida, específica, genérica, etc. de las expresiones nominales depende del núcleo funcional que ocupa el determinante: la definitud, la genericidad o el rasgo [+humano] se relacionarían con DFin (que también se podría asimilar a un clasificador), los valores interrogativos, exclamativos, enfáticos, expresivos, etc. lo harían con Dfoco, el carácter específico con DTóp y el núcleo superior DFu estaría vacío de contenido semántico y sería simplemente el subordinador. Sin entrar en los detalles del análisis, subrayaremos que los determinantes se diferenciarían en la capacidad para aparecer en una o varias de estas categorías funcionales. Así, en una lengua románica como el catalán, el artículo definido, que es el determinante con más usos, podría aparecer en cualquiera de ellas, a diferencia del artículo personal, que solo lo haría en la más baja (Dfin):

(87) $[_{SDfu} [_{Dfu} —] [_{SDtóp} [_{Dtóp} —] [_{SDfo} [_{Dfo} —] [_{SDfin} [_{Dfin} —] ...$
          el   *el*   *el*   *el*
                                                                en

Este análisis es adecuado para ciertos usos de los determinantes con nombres propios. En catalán, los nombres propios de persona pueden ir precedidos por el artículo personal *en/na* y por un demostrativo:

(88) a. *en* Pere   b. *aquest en* Pere   (catalán)
     ART Pere   este   ART Pere
     'Pere'   'este Pere'

En (88b) no se discrimina una entre varias personas llamadas Pere (en tal caso se emplearía solo el demostrativo: *aquest Pere*), sino que refiere a la persona añadiendo un matiz valorativo que en la traducción española se expresa mediante una entonación especial (casos como *Este Pedro… siempre gastando bromas*). Esta construcción pone en entredicho el análisis del artículo personal como expletivo de § 5.1.3, porque lo que haría el expletivo ya lo hace el demostrativo. La propuesta de (87) lo recoge fácilmente si, de acuerdo con el matiz valorativo, el demostrativo se sitúa en SDfo. Otra construcción interesante es la siguiente:

(89) a. Ho farà [*en*   Pere mateix].   (catalán)
      lo   hará   ART Pere mismo
      'Lo hará Pere mismo.'

    b. Ho farà [*el* mateix Pere]
      lo   hará el mismo Pere

La alternancia *Juan mismo*/*el mismo Juan* se suele emplear para ilustrar el traslado del nombre propio al núcleo D. El problema de (89a) es que el nombre propio precede al adjetivo, pero no sube hasta D porque ahí ya está *en*, y el de (89b) es el uso de *el* en lugar de *en* (*en mateix Pere*), que no es esperable si existe el artículo personal. Los problemas se resuelven si consideramos que en (89b) el adjetivo se traslada a SDfo (un traslado similar al de SGr/Fo de § 4.3.2), donde expresa un cierto énfasis (*el mismo Juan = el propio Juan*). Esta activación de Dfo bloquea el traslado del nombre a posiciones superiores y será necesaria la inserción de un determinante expletivo, que, según (87), tiene lugar en DFu y solo puede ser el artículo definido.

La división del SD permite describir de manera refinada el uso de diversos tipos de determinantes y su interpretación (definitud, especificidad, énfasis, etc.), pero supone un incremento de categorías funcionales. La identificación de Dfin con Nú o con un clasificador es un avance en el sentido de reducirlas unificando algunas de ellas.

5.6.3. *Oraciones de relativo*

Las oraciones de relativo resultan difíciles de acomodar en análisis que organizan los complementos y modificadores a partir de relaciones temáticas y de la conexión con proyecciones funcionales. Hay dos grandes tipos de oraciones de relativo, las especificativas y las explicativas (véase Brucart 1999):

(90) a. Los estudiantes *que han suspendido el examen* deben permanecer en el aula.
    b. Los estudiantes, *que han suspendido el examen*, deben permanecer en el aula.

La diferencia más notoria es que la especificativa restringe la intensión de la entidad denotada por el nombre, pero la explicativa no. Así, en (90a) se espera que algunos estudiantes salgan del aula porque no han suspendido el examen, pero no en (90b). Este comportamiento se explica si las especificativas, que afectan solo al nombre y sus complementos, se adjuntan a una proyección inferior a SD (S*n*, SPos, SNú, etc.) y las explicativas, que afectan a toda la construcción, lo hacen al SD (o a la proyección más alta):

(91) a. $[_{SD} [_D$ los] ... $[_{SN} [_{SN}$ ... estudiantes ...] $[_{SC}$ que han suspendido el examen]]]

b. $[_{SD} [_{SD} [_D$ los] ... $[_{SN}$ ... estudiantes ...]] $[_{SC}$ que han suspendido el examen]]

Kayne (1994) da un análisis muy diferente de las oraciones de relativo especificativas. Este autor analiza el SC de la relativa como complemento del núcleo D y con el antecedente dentro del SC (constituyente trasladado a espec,SC):

(92) Los libros que compraste ayer están encima de la mesa.
  i. $[_{SD} [_D$ los] $[_{SC} [_{C'} [_C$ que] $[_{SF/T}$ compraste [libros] ayer]]]] están
  ii. $[_{SD} [_D$ los] $[_{SC}$ [libros] $[_{C'} [_C$ que] $[_{SF/T}$ compraste <libros> ayer]]]] están

El antecedente *libros* se genera como OD del verbo *compraste* y se desplaza a espec,SC, donde queda entre el determinante *los,* externo al SC, y el núcleo C[24]. Lo más relevante, respecto a la estructura de las construcciones nominales, es que el complemento de D es un SC y no una categoría con rasgos nominales como SNú o SGé/Cl. Este planteamiento supuso un cambio radical para la derivación sintáctica de las construcciones nominales y, si bien no ha estado exento de críticas, ha abierto nuevas vías para tratar construcciones difíciles de analizar, como las que exponemos a continuación.

5.6.4. *SDs con predicación interna*

Las tres expresiones nominales de (93) presentan la secuencia 'Det + N + SP' característica de las configuraciones en las que un nombre es modificado por un SP, pero no se interpretan según esta relación, sino que son parafraseables como 'el alcalde es burro', 'ese doctor es idiota' o 'esta ciudad es una maravilla'[25]:

(93) a. el burro del alcalde
  b. ese idiota de doctor
  c. una maravilla de ciudad

---

[24] Esta es solo la esencia del análisis; para el detalle de las operaciones de traslado y su interacción con preposiciones, pronombres de relativo y ciertos determinantes, véanse Kayne 1994 y Bianchi 1999.

[25] De hecho, (93a) es ambigua y admite también la lectura 'el alcalde tiene un burro'. En este caso, el SP es complemento del nombre y es sustituible por un posesivo: *su burro*. Con las interpretaciones que damos, ningún ejemplo de (93) admite tal sustitución. Véanse Suñer 1999 y Español-Echevarría 1998, para una descripción y un análisis detallados de la sintaxis y semántica de este tipo de construcción.

La interpretación de los ejemplos refleja, por un lado, que el SD contiene una relación predicativa y, por otro, que el núcleo semántico de la construcción y que fija el tipo de referente es el nombre que va tras la preposición: *alcalde, doctor* y *ciudad*. La estructura anterior con SC por debajo de SD nos proporciona un marco adecuado para analizar estas construcciones. La preposición *de* encabeza constituyentes con características formales y semánticas muy diferentes, de manera que su función principal parece ser la de subordinador[26]. Siendo así, tiene muchos puntos de contacto con C o D y se puede ver como el núcleo de la proyección inferior a SD que introduce una estructura predicativa SF en la que el sujeto es el referente de la expresión nominal (preservamos las etiquetas de Kayne 1994):

(94) $[_{SD} [_D] [_{SD/P} [_{D/P}$ de$] [_{SF} [SD/SN]$SUJETO $[_{F'} [_F] [SN]$PREDICADO$]]]]]$

El núcleo F es fonológicamente vacío y expresa una relación predicativa como la de las construcciones copulativas. El orden final se obtiene mediante el traslado del SNPREDICADO al especificador de SD/P. Sería un caso de inversión del predicado inducido por el carácter valorativo o expresivo de estas construcciones:

(95) a. $[_{SD} [_D$ el$] [_{SD/P} [_{D/P'} [_{D/P}$ de$] [_{SF} [_{SD}$ el alcalde$] [_{F'} [_F] [_{SN}$ burro$]]]]]]$
   $[_{SD} [_D$ el$] [_{SD/P} [_{SN}$ burro$] [_{D/P'} [_{D/P}$ de$] [_{SF} [_{SD}$ el alcalde$] [_{F'} [_F]$ <burro>$]]]]]$

 b. $[_{SD} [_D$ ese$] [_{SD/P} [_{D/P'} [_{D/P}$ de$] [_{SF} [_{SD/N}$ doctor$] [_{F'} [_F] [_{SN}$ idiota$]]]]]]$
   $[_{SD} [_D$ ese$] [_{SD/P} [_{SN}$ idiota$] [_{D/P'} [_{D/P}$ de$] [_{SF} [_{SD/N}$ doctor$] [_{F'} [_F]$ <idiota>$]]]]]$

 c. $[_{SD} [_D] [_{SD/P} [_{D/P'} [_{D/P}$ de$] [_{SF} [_{SD/N}$ ciudad$] [_{F'} [_F] [_{SN}$ una maravilla$]]]]]]$
   $[_{SD} [_D] [_{SD/P} [_{SN}$ una maravilla$] [_{D/P'} [_{D/P}$ de$] [_{SF} [_{SD/N}$ ciudad$] [_{F'} [_F]$ <una maravilla>$]]]]]$

De nuevo, nos limitamos a apuntar los aspectos esenciales. En el análisis detallado de las tres construcciones y de otras similares intervienen factores como restricciones sobre los tipos de nombres, determinantes y cuantificadores, relaciones de concordancia, la naturaleza de F y D/P, etc., que reclaman una atención que excede los límites de este capítulo (véanse Kayne 1994, Español-Echevarría 1998, den Dikken 2006 o Villalba y Bartra 2010).

5.7. Conclusión

En este capítulo hemos visto que la agrupación habitualmente conocida como sintagma nominal es una construcción sintáctica muy compleja que resulta de la interacción entre rasgos particulares de los nombres y

---

[26] Como muestra de los múltiples usos de *de*, podemos citar complementos del nombre sustituibles por un posesivo (*la moto de Ana*) o no (*la clase de ayer, la casa de madera*), oraciones subordinadas a un nombre (*el rumor de que la empresa había cerrado*) u oraciones en infinitivo con valor condicional (*De haberlo sabido, no habríamos ido*).

propiedades generales de la gramática. Hemos seguido un camino que enfatiza los paralelismos entre construcciones nominales y oracionales, y que, a través de la descripción de todos sus componentes, nos ha de conducir a un punto en que podamos aislar las diferencias sintácticas precisas entre los dos tipos de enunciados. Muchas de las propiedades, relaciones y rasgos que se emplean para caracterizar las oraciones también están presentes en las construcciones nominales, por lo que es difícil emplearlos como elementos distintivos. Secuencias como *la cuestión de cuándo conviene hacerlo* y *¿Cuándo conviene hacerlo?* expresan la misma idea y comparten distribución sintáctica en posición subordinada. Los mismos modificadores (adverbios y sintagmas preposicionales) que aportan especificaciones temporales, modales, aspectuales, etc. en la oración también acompañan a nombres: *el todavía entonces secretario, el con toda certeza próximo presidente del gobierno,* etc. En una lengua como el español, los rasgos de tiempo y aspecto aparecen como típicamente verbales, pero, dejando aparte la posible existencia de un rasgo de tiempo en D (véase Pesetsky y Torrego 2001, 2004), en otras lenguas los nombres se flexionan en tiempo (véanse Lecarme 1996, 2004; Nordlinger y Sadler 2004). Finalmente, junto a oraciones interrogativas, exclamativas y negativas tenemos expresiones nominales con estos mismos rasgos: *¿qué/cuántos libros?*, *¡qué/menudo/vaya libro!*, *ningún libro, nada,* etcétera.

Como indica Svenonius (2004), hay una fuerte correlación entre categorías oracionales y nominales que facilita la atracción de unas por las otras. Los rasgos como [+qu] o [+neg], que se asocian a elementos funcionales tanto de la oración como de la proyección nominal, sirven para expresar esta conexión, pero deben combinarse con otras propiedades formales que expliquen por qué en un caso una construcción con estos rasgos es oración, pero no en el otro. La existencia en las construcciones nominales de una estructura funcional compleja iniciada por SD y capaz de recoger las diversas posiciones e interpretaciones de complementos y modificaciones, así como los valores de los determinantes y los rasgos y relaciones gramaticales vinculados con los nombres, es una herramienta útil para avanzar en esta línea y descubrir la sintaxis de las construcciones nominales.

■ Bibliografía

ABNEY, S. (1987), *The English noun phrase in its sentential aspect,* tesis doctoral, MIT.

ABOH, E. O. (2004), «Topic and focus within DP», *Linguistics in the Netherlands* 21, pp. 1-12.

ADGER, D. (2003), *Core syntax. A minimalist approach,* Oxford, Oxford University Press.

ALEXIADOU, A., L. HAEGEMAN y M. STAVROU (2007), *Noun Phrase in the generative perspective,* Berlín/Nueva York, Mouton de Gruyter.

AOUN, Y. (1981), «Parts of speech: a case of redistribution», en A. Belletti (ed.), *Theory of markedness in generative grammar,* Pisa, Scuola Normale Superiore, pp. 3-24.

ARTIAGOITIA, X. (2012), «The DP hypothesis in the grammar of Basque», en U. Etxeberria, R. Etxepare y M. Uribe-Etxebarria (eds.), *Noun phrases and nominalization in Basque. Syntax and semantics,* Amsterdam, John Benjamins, pp. 21-77.

BELLO, A. (1847 [1984]), *Gramática de la lengua castellana,* Madrid, EDAF.

BERNSTEIN, J. (1991), «DPs in French and Walloon: evidence for parametric variation in nominal head movement», *Probus* 3, pp. 1-26.

— (1993), «The syntactic role of word markers in null nominal constructions», *Probus* 5, pp. 5-38.

— (1997), «Demonstratives and reinforcers in Romance and Germanic languages», *Lingua* 102, pp. 87-113.

— (1999), «Focusing the "right" way in Romance determiner phrases», *Probus* 13, 1, pp. 1-29

— (2001), «The DP hypothesis», en M. Baltin y C. Collins (eds.), *The handbook of contemporary syntactic theory,* Oxford, Blackwell, pp. 537-561.

BIANCHI, V. (1999), *Consequences of antisymmetry: headed relative clauses,* Berlín, Mouton de Gruyter.

BORER, H. (2005), *Structuring sense volume I. In name only,* Oxford, Oxford University Press.

BOSQUE, I. (1999), «El nombre común», en I. Bosque y V. Demonte (dirs.), *Gramática Descriptiva de la Lengua Española,* Madrid, Espasa, pp. 3-75.

— y J. GUTIÉRREZ-REXACH (2008), *Fundamentos de sintaxis formal,* Madrid, Akal.

BRUCART, J. M.ª (1987), *La elision sintáctica en español,* Bellaterra, Servei de Publicacions de la Universitat Autònoma de Barcelona.

— (1999), «La estructura del sintagma nominal: las oraciones de relativo», en I. Bosque y V. Demonte (dirs.), *Gramática Descriptiva de la Lengua Española,* Madrid, Espasa, pp. 395-522.

— y Á. GALLEGO (2012), «El movimiento de constituyentes: los límites entre la rigidez y el desorden en sintaxis», en J. M.ª Brucart y Á. Gallego (eds.), *El movimiento de constituyentes,* Madrid, Visor, pp. 15-46.

BRUGÈ, L. (1996), «Demonstrative movement in Spanish: a comparative approach», *University of Venice Working Papers in Linguistics* 6, 1.

— (2002), «The positions of demonstratives in the extended nominal projection», en G. Cinque (ed.), *Functional structure in DP and IP,* Oxford, Oxford University Press, pp. 15-53.

CARDINALETTI, A. (1998), «On the strong/deficient opposition in possessive systems», en A. Alexiadou y C. Wilder (eds.), *Possessors, predicates, and movement in the Determiner Phrase,* Amsterdam, John Benjamins, pp. 17-53.

CHOMSKY, N. (1965), *Aspects of the theory of syntax,* Cambridge, Mass., MIT Press.

— (1970), «Remarks on nominalization», en R. Jacobs y P. Rosenbaum (eds.), *Readings in English Transformational Grammar,* Waltham, Mass., Ginn, pp. 184-221.

— (1981), *Lectures on government and binding,* Dordrecht, Foris.

— (1986), *Knowledge of language. Its nature, origin, and use,* Nueva York, Praeger.

— (1995), *The minimalist program,* Cambridge, Mass., MIT Press.

CINQUE, G. (1994), «On the evidence for partial N-movement in the Romance DP», en G. Cinque, J. Koster, J-Y. Pollock, L. Rizzi y R. Zanuttini (eds.), *Paths towards universal grammar,* Washington DC, Georgetown University Press, pp. 85-110.

CORNILESCU, A. (1992), «Remarks on the determiner system of Romanian: the demonstratives *al* and *cel*», *Probus* 4, pp. 189-260.

— (1995), «Romanian Genitive Constructions», en G. Cinque y G. Giusti (eds.), *Advances in Romanian Linguistics,* Amsterdam, John Benjamins, pp. 1-54.

DEMONTE, V. (1999a), «El adjetivo: clases y usos. La posición del adjetivo en el sintagma nominal», en I. Bosque y V. Demonte (dirs.), *Gramática descriptiva de la lengua española,* Madrid, Espasa, pp. 129-215.

— (1999b), «Spanish adjective position and interpretation», en J. Franco, A. Landa y J. Martín (eds.), *Grammatical analyses in Basque and Romance linguistics,* Amsterdam, John Benjamins, pp. 45-75.

— (2000), «Configuración e interpretación de los adjetivos del español: un enfoque minimista», en G. Wotjak (ed.), *En torno al sustantivo y al adjetivo en el español actual,* Frankfurt, Vervuert, pp. 261-274.

— (2008), «Meaning-form correlations and adjective position in Spanish», en L. McNally y C. Kennedy (eds.), *Adjectives and adverbs,* Oxford, Oxford University Press, pp. 71-100.

DEN DIKKEN, M. (2006), *Relators and linkers,* Cambridge, Mass., MIT Press.

DIXON, R. M. W. (2010), *Basic linguistic theory 2. Grammatical topics,* Oxford, Oxford University Press.

DOBROVIE-SORIN, C. (1987), «A propos de la structure du group nominal en roumain», *Rivista de Grammatica Generativa* 12, pp. 123-152.

— (2012), «Number as a Feature», en L. Brugè, A. Cardinaletti, N. Munaro, G. Giusti y C. Poletto (eds.), *Functional Heads,* Oxford, Oxford University Press, pp. 304-324.

EGUREN, L. (2009), *Contrastive focus in nominal ellipsis in Spanish,* ms., Universidad Autónoma de Madrid.

ESCANDELL, V. (1999), «Notas sobre la gramática de los posesivos», en P. Carbonero Cano, M. Casado Velarde y P. Gómez Manzano (eds.), *Lengua y discurso. Estudios en honor del profesor Vidal Lamiquiz,* Madrid, Arco Libros, pp. 265-277.

ESPAÑOL-ECHEVARRÍA, M. (1998), «N/A of a N DPs: predicate raising and subject licensing», en A. Schwegler, B. Granel y M. Uribe-Etxebarria (eds.), *Romance linguistics: theoretical perspectives,* Amsterdam, John Benjamins, pp. 67-80.

FERNÁNDEZ SORIANO, O. (1999), «El pronombre personal. Formas y distribuciones. Pronombres átonos y tónicos», en I. Bosque y V.

Demonte (dirs.), *Gramática descriptiva de la lengua española*, Madrid, Espasa, pp. 1.209-1.273.

GALLEGO, Á. (2007), *Phase theory and parametric variation,* tesis doctoral, Universitat Autònoma de Barcelona.

— (2010), *Phase theory,* Amsterdam, John Benjamins.

— (2011), *Sobre la elipsis,* Madrid, Arco Libros.

GIORGI, A. y G. LONGOBARDI (1991), *The syntax of noun phrases: configuration, parameters and empty categories,* Cambridge, Cambridge University Press.

GIUSTI, G. (1993), *La sintassi dei determinanti,* Padua, UniPress.

— (1997), «The categorial status of determiners», en L. Haegeman (ed.), *The new comparative syntax,* Londres, Longman, pp. 95-123.

— (2002), «The functional structure of noun phrases. A bare phrase structure approach», en G. Cinque (ed.), *Functional structure in DP and IP,* Oxford, Oxford University Press, pp. 54-90.

— (2005), «At the left periphery of Romanian noun phrase», en M. Coene y L. Tasmowski (eds.), *On space and time in language,* Cluj, Clusium.

GUÉRON, J. (2003), «Inalienable possession and the interpretation of determiners», en M. Coene e Y. D'Hulst (eds.), *From NP to DP: the expression of possession in noun phrases,* Amsterdam, John Benjamins, pp. 189-220.

HAEGEMAN, L. (2004), «DP-periphery and clausal periphery: possessor doubling in West Flemish», en D. Adger, C. de Cat y G. Tsoulas (eds.), *Peripheries: syntactic edges and their effects,* Dordrecht, Kluwer, pp. 211-240.

HEYCOCK, C. y R. ZAMPARELLI (2003), *Friends and colleagues: plurality, coordination, and the structure of DP,* ms., University of Edinburgh y Università di Bergamo.

HIGGINBOTHAM, J. (1983), «Logical Form, binding, and nominals», *Linguistic Inquiry* 13, pp. 395-420.

HORROCKS, G. C. y M. STAVROU (1987), «Bounding theory and Greek syntax: evidence from *wh*-movement in NP», *Journal of Linguistics* 23, pp. 79-108.

IHSANE, T. (2008), *The layered DP. Form and meaning of French indefinites,* Amsterdam, John Benjamins.

JACKENDOFF, R. S. (1977), *X' syntax: a study of phrase structure,* Cambridge, Mass., MIT Press.

KAYNE, R. S (1994), *The antisymmetry of syntax,* Cambridge, Mass., MIT Press.

— (1984), *Connectedness and binary branching,* Dordrecht, Foris.

KISS, K. E. (2004), *The syntax of Hungarian,* Cambridge, Cambridge University Press.

LAENZLINGER, C. (2005), «French adjective ordering: perspectives on DP-internal movement types», *Lingua* 115, pp. 645-689.

LECARME, J. (1996), «Tense in the nominal system: the Somali DP», en J. Lecarme, J. Lowenstamm y U. Shlonsky (eds.), *Studies in Afroasiatic syntax,* La Haya, Holland Academic Graphics, pp. 159-178.

— (2004), «Tense in nominals», en J. Guéron y J. Lecarme (eds.), *The syntax of time*, Cambridge, Mass., MIT Press, pp. 441-475.

LEONETTI, M. (1999), «El artículo», en I. Bosque y V. Demonte (dirs.), *Gramática descriptiva de la lengua española*, Madrid, Espasa, pp. 787-890.

LONGOBARDI, G. (1994), «Reference and proper nouns», *Linguistic Inquiry* 25, pp. 609-665.

— (1996), «The syntax of N-raising: a minimalist theory», Utrecht, OTS Working Papers.

— (2001), «The structure of DPs», en M. Baltin y C. Collins (eds.), *The handbook of contemporary syntactic theory*, Oxford, Blackwell, pp. 562-603.

LORENZO, G. (1995), *Geometría de las estructuras nominales*, Oviedo, Universidad de Oviedo.

LYONS, C. (1999), *Definiteness*, Cambridge, Cambridge University Press.

MORENO CABRERA, J. C. (1991), *Curso universitario de lingüística general, volumen I*, Madrid, Síntesis.

NORDLINGER, R. y L. SADLER (2004), «Nominal tense in crosslinguistic perspective», *Language* 80, pp. 776-806.

ORMAZABAL, J. (1991), «Asymmetries on wh-movement and specific DPs», *ASJU Geh* 27, pp. 273-294.

PESETSKY, D. y E. TORREGO (2001), «T-to-C movement: causes and consequences», en M. Kenstowicz (ed.), *Ken Hale: a life in language*, Cambridge, Mass., MIT Press, pp. 355-426.

PESETSKY, D. y E. TORREGO (2004), «Tense, case, and the nature of syntactic categories», en J. Guéron y J. Lecarme (eds.), *The syntax of time*, Cambridge, Mass., MIT Press, pp. 495-537.

PICALLO, C. (1991), «Nominals and nominalizations in Catalan», *Probus* 3, 3, pp. 279-316.

— (1999), «La estructura del sintagma nominal: las nominalizaciones y otros sustantivos con complementos argumentales», en I. Bosque y V. Demonte (dirs.), *Gramática descriptiva de la lengua española*, Madrid, Espasa, pp. 363-393.

— (2008), «Gender and number in Romance», *Lingue e linguaggio* 7, pp. 47-66.

— y G. RIGAU (1999), «El posesivo y las relaciones posesivas», en I. Bosque y V. Demonte (dirs.), *Gramática descriptiva de la lengua española*, Madrid, Espasa, pp. 973-1.023.

PLATZACK, C. (2001), «Multiple interfaces», en U. Nikkane y E. van der Zee (eds.), *Cognitive interfaces. Constraints in linking cognitive information*, Oxford, Oxford University Press, pp. 21-53.

RADFORD, A. (1988), *Transformational grammar. A first course*, Cambridge, Cambridge University Press.

— (2004), *Minimalist syntax*, Cambridge, Cambridge University Press.

RAE/ASALE (2009), *Nueva gramática de la lengua española*, Madrid, Espasa.

RIGAU, G. (1999), «La estructura del sintagma nominal: los modificadores del nombre», en I. Bosque y V. Demonte (dirs.), *Gramática descriptiva de la lengua española*, Madrid, Espasa, pp. 311-362

RITTER, E. (1991), «Two functional categories in noun phrases: evidence from Modern Hebrew», en S. Rothstein (ed.), *Syntax and semantics 25. Perspectives on phrase structure: heads and licensing*, San Diego, CA, Academic Press, pp. 37-62.

RIZZI, L. (1990), *Relativized minimality*, Cambridge, Mass., MIT Press.

— (1997), «The fine structure of the left periphery», en L. Haegeman (ed.), *Elements of grammar*, Dordrecht, Kluwer, pp. 281-337.

ROCA, F. (1997), *Determinación y modificación nominal en español*, tesis doctoral, Universitat Autònoma de Barcelona.

— (2009), «The left periphery of nominal constructions and the evolution of definite determiners in Romance», en J. Rafel Cufí (ed.), *Diachronic linguistics*, Girona, Documenta Universitaria, pp. 495-551.

— (2012), «Procesos de movimiento internos a las construcciones nominales», en J. M.ª Brucart y Á. Gallego (eds.), *El movimiento de constituyentes*, Madrid, Visor, pp. 125-149.

ROWLETT, P. (2007), *The syntax of French*, Cambridge, Cambridge University Press.

SÁNCHEZ LÓPEZ, C. (1993), *La cuantificación flotante y estructuras conexas*, tesis doctoral, Universidad Complutense de Madrid.

STOWELL, T. (1981), *Origins of phrase structure*, tesis doctoral, MIT.

— (1991), «Determiners in NP and DP», en K. Leffel y D. Bouchard (eds.), *Views on phrase structure*, Dordrecht, Kluwer, pp. 37-56.

SVENONIUS, P. (2004), «On The Edge», en D. Adger, C. de Cat y G. Tsoulas (eds.), *Peripheries: syntactic edges and their effects*, Dordrecht, Kluwer, pp. 259-287.

SZABOLCSI, A. (1987), «Functional categories in the noun phrase», en I. Kenesei (ed.), *Approaches to Hungarian 2*, Szged, JATE, pp. 167-189.

— (1994), «The noun phrase», en K. É. Kiss y F. Kieffer (eds.), *Syntax and semantics 27. The syntactic structure of Hungarian*, San Diego, CA, Academic Press, pp. 179-275.

TICIO, E. (2003), *On the structure of DPs*, tesis doctoral, University of Connecticut.

— (2010), *Locality domains in the Spanish determiner phrase*, Londres, Springer.

TODOLÍ, J. (2002), «Els pronoms», en J. Solà (dir.), *Gramàtica del català contemporani*, Barcelona, Empúries, pp. 1.337-1.433.

VILLABA, X. y A. BARTRA-KAUFMAN (2010), «Predicate focus fronting in the Spanish determiner phrase», *Lingua* 120, pp. 819-849.

ZAMPARELLI, R., (2000), *Layers in the determiner phrase*, Nueva York, Garland.

6 Argumentos añadidos y restricciones de concordancia[1]

JAVIER ORMAZABAL
Universidad del País Vasco - Euskal Herriko Unibertsitatea

JUAN ROMERO
Universidad de Extremadura

6.1. Introducción: condiciones formales sobre los SSNN

Las lenguas naturales disponen de una cierta variedad de procedimientos morfosintácticos para representar las relaciones entre el verbo y los sintagmas nominales. Estos procedimientos son cruciales para determinar tanto el significado de la oración (1) como las relaciones entre los propios sintagmas (2).

(1) a. El policía golpeó al manifestante.
    b. Al manifestante lo golpeó el policía.
    c. El manifestante golpeó al policía.
    d. Al policía lo golpeó el manifestante.

[1] Los dos autores, presentados en orden alfabético, son responsables del contenido íntegro del artículo. Este artículo recoge en parte una investigación desarrollada a lo largo de un dilatado periodo de tiempo, durante el cual hemos recibido comentarios y apoyo de un gran número de colegas y amigos. Agradecemos especialmente a Pablo Albizu, Milan Rezac, Francesc Roca, Mark Baker, Ricardo Etxepare, Violeta Demonte, Maia Duguine, Antonio Fábregas, Olga Fernández Soriano, Bryan Leferman, Jairo Nunes, Peter Svenonius, Myriam Uribe-Etxebarria, Vidal Valmala. Nuestro agradecimiento, igualmente, al editor de este volumen, Ángel Gallego, y a dos revisores anónimos por sus comentarios y críticas. Esta investigación ha sido financiada en parte por las instituciones que apoyan la actividad investigadora del Grupo Vasco de Lingüística Teórica (HiTT): la acción IT769-13 del Gobierno Vasco/Eusko Jaurlaritza, dentro del programa de ayudas para apoyar las actividades de Grupos de investigación del sistema universitario vasco; el proyecto de investigación FFI2011-29218 del Ministerio de Economía e Innovación del Gobierno de España, y la ayuda a la Unidad de Formación e Investigación UFI-11/14 de la Universidad del País Vasco (UPV/EHU), así como el proyecto «La phrase dans la langue basque et les langues voisines: approche comparative, 2012», concedido por la Euro-región Aquitania-Euskadi al consorcio de grupos de investigación coordinado por IKER-CNRS (UMR 5478) y HiTT.

(2) a. El policía se golpeó a sí mismo.
    b. A sí mismo se golpeó el policía.
    c. *Sí mismo (se) golpeó al policía.
    d. *Al policía (se) golpeó sí mismo.

En (1a, b) identificamos de manera no ambigua a *el policía* como el elemento que realiza la acción de golpear y a *al manifestante* como el que recibe los golpes, independientemente de cuál aparezca delante o detrás del verbo. En (1c, d) estas relaciones se invierten. Una inspección superficial de estas oraciones muestra que los SSNN exhiben rasgos morfosintácticos distintos que determinan cuál va a ser su interpretación. De este modo, la preposición *a* precede al SN que se interpreta como el *golpeado* en todos los casos y, cuando se encuentra en posición preverbal, obligatoriamente debe aparecer *doblado* por el pronombre átono *lo*. El SN que identifica al *golpeador,* por su parte, debe establecer una relación de concordancia con el verbo (*los policías golpe-aron*, *el manifestante golpe-ó*).

Las oraciones de (2) ejemplifican la relación anafórica. El contraste entre (2a, b) y (2c, d) muestra que se trata de una relación asimétrica en la que, independientemente del orden lineal, uno de los constituyentes actúa de antecedente, el sujeto, y el otro de anáfora, el objeto.

Los sistemas de representación morfosintáctica pueden ser, *grosso modo,* de dos tipos. Por un lado, puede marcarse el SN, ya sea morfológicamente, ya por medio de adposiciones. A este tipo de marcado nos referiremos genéricamente como Caso estructural. Dependiendo de la lengua, se pueden codificar tres Casos: nominativo, acusativo y dativo (en las lenguas nominativas como el latín o el español) o ergativo, absolutivo y dativo (en las lenguas ergativas como el euskera o el dyirbal); o dos Casos, nominativo-acusativo o ergativo-absolutivo (para más detalles sobre estos sistemas de representación, véase el capítulo 6).

Por otro lado, estas relaciones también pueden representarse morfosintácticamente por medio de relaciones de concordancia. Las lenguas que disponen de sistemas de flexión verbal pueden identificar uno, dos o tres argumentos. En (3) se ejemplifican ambos sistemas de marcación en euskera. Los sustantivos portan marcas de Caso (ergativo y absolutivo) y el verbo concuerda con el sujeto y con el objeto directo.

(3) Zuk   ni   jo   nin.du.zu.n
    tú.erg   yo.abs pegar 1abs.Aux.2erg.past
    'Tú me pegaste.'

Desde un punto de vista gramatical, uno de los problemas más interesantes que plantean estas relaciones es que no se circunscriben necesariamente a los argumentos del verbo. Pueden marcar también elementos expletivos (4), argumentos de otros predicados (5) o adjuntos (6).

(4) a. It rains.
    exp llueve
    b. Lo flipas.

(5) a. Las niñas parecían haberse acostado tarde.

  Parecía que las niñas se habían acostado tarde.

  b. Le hizo repetir el examen.

  Hizo que él repitiera el examen.

(6) Le preparó un pastel a Sara.

  Preparó un pastel para Sara.

Así, en (4) *it* y *lo* aparecen en nominativo y acusativo respectivamente, pero no reciben ninguna interpretación argumental del verbo. En (5a), *las niñas* es un argumento del verbo *acostarse,* pero establece una relación de concordancia con el verbo *parecer*, y en (5b) el pronombre dativo *le* es el argumento externo del verbo *repetir*, pero recibe caso del verbo causativo *hacer*. Finalmente, el benefactivo que expresa la construcción dativa *le – a Sara* no forma parte de la red argumental del verbo *preparar*.

Por otro lado, el número de marcadores morfosintácticos puede ser inferior al de los argumentos. Así, las lenguas como el inglés o el mohicano, que tienen un sistema de dos Casos, carecen de una marca específica para uno de los argumentos de los verbos ditransitivos, ya sea el complemento directo (7b) o el indirecto (7a), lo que, como veremos, en muchas oraciones plantea intrincados problemas de representación.

(7) a. John gave a book to Mary.

  John_{Nom} dio un libro_{Ac} a Mary

  b. John gave Mary a book.

  John_{Nom} gave Mary_{Ac} a book

  'John le dio un libro a Mary.'

En consecuencia, dados los desajustes entre la representación morfosintáctica y las relaciones temáticas, no se puede determinar la noción de argumento sintáctico a partir de la de argumento semántico.

Por último, la autonomía de las representaciones morfosintácticas se manifiesta también en el hecho de que están sujetas a restricciones totalmente independientes de las relaciones funcionales que satisfacen los argumentos: tanto el Caso como la concordancia pueden verse afectados por rasgos como la definitud, la especificidad, el número o la persona. La complejidad de estos sistemas es tal que para ciertas combinaciones no existe una solución formal. De este modo, la necesidad de establecer estas relaciones limita la funcionalidad comunicativa de nuestra competencia lingüística.

En este trabajo analizaremos las condiciones que operan sobre la representación morfosintáctica de los SSNN en español. Mostraremos que el verbo solo puede codificar como máximo dos relaciones formales, lo que provoca que la marcación de Caso en los SSNN y la de concordancia en el núcleo verbal estén desacopladas. En esta falta de isomorfismo radica el germen de numerosos conflictos gramaticales. En este trabajo nos centraremos en dos de ellos. En primer lugar (sección 2) trataremos la Restricción de Persona-Caso (Bonet 1991) o Restricción de la Concordancia de Objeto (Ormazabal y Romero 2007). Esta restricción describe la imposibilidad de que el verbo establezca relaciones formales en una misma oración con el Objeto Directo y el Objeto Indirecto cuando el OD no es de tercera persona (8).

(8) a. *Me le enviaron (= me enviaron a él, fui enviado a él).
   b. *Te le enviaron (= te enviaron a él, fuiste enviado a él).
   c. Se lo enviaron.

En la sección 3 trataremos los sistemas de marcado nominal. En lenguas como el latín, el inglés o el alemán existe, en general, un isomorfismo entre las nociones tradicionales de sujeto y objeto en una oración transitiva y el marcado casual. En estas lenguas, el sujeto recibe caso nominativo y el objeto caso acusativo. Sin embargo, existe una gran cantidad de lenguas en las que la situación es más compleja. Los objetos aparecen marcados o no en función de sus características formales. Así, existen lenguas como el turco, el hebreo o el persa en las que el objeto lleva marca de Caso cuando es específico, *kitab-i* (9a), pero no lleva ninguna marca cuando su interpretación es inespecífica (9b) (Aissen 2003, Glushan 2010).

(9) a. Ali bir kitab-i   aldi.   (turco)
       Ali un libro.acc compró
       'Ali compró el libro.'

   b. Ali bir kitap aldi.
      Ali un libro compró
      'Ali compró algún libro.'

En otras lenguas como el español, el hindú o el sardo, cuando el objeto es específico y animado/humano se marca en dativo (según la descripción de Bossong 1991).

(10) a. A mortu a Serbadore.   (sardo)
        'Ha matado *a* Serbadore'

    b. A mortu su lupu.
       'Ha matado el lobo.'

Finalmente, otras lenguas como el finés, el ruso o el rumano distinguen sus objetos en función de otras variables y los marcan como genitivos, partitivos o locativos (véase Glushan 2010, para una revisión completa de los sistemas de Marcado Diferencial de Objeto [MDO]). Este tipo de marcado que hemos ejemplificado en (9) y (10) no es un simple aderezo morfológico. El MDO distingue distintos tipos de complementos directos en función de propiedades como la animacidad o la especificidad, y, como veremos más adelante, su presencia denota la existencia de relaciones sintácticas específicas que no pueden explicarse con la terminología tradicional.

Estas diferencias se derivan de las condiciones formales específicas que impone cada lengua y que no solo son ajenas a cualquier consideración de naturaleza funcional, sino que, como veíamos en la Restricción de Persona-Caso, en muchas ocasiones dificultan la comunicación al imposibilitar la construcción de ciertos mensajes.

En la sección 4 se describe el uso no canónico de las relaciones de Caso/concordancia: la adición de argumentos como el benefactivo, los expletivos y su utilización para otros propósitos como el marcado aspectual.

Finalmente, en la sección 5 se propondrá un sistema unificado para el sistema de Caso/concordancia. Las restricciones analizadas conllevan la posibilidad de distintas soluciones que, a su vez, provocan la aparición de múltiples variedades dialectales (Kayne 2012). En la sección 6 trataremos algunas de las soluciones que los distintos dialectos del español han desarrollado alrededor de estos problemas.

6.2. Restricciones sobre la concordancia

En el caso del español, las restricciones a las que nos referimos en la sección anterior afectan a la combinatoria de los clíticos. Los ejemplos en (11)-(12) ilustran casos simples en los que aparecen clíticos aislados de objeto (11) y de dativo (12).

(11) a. Nora lo dejó en casa.
    b. Nora te dejó en casa.

(12) Nora me dejó el libro en casa.

Sin embargo, cuando los combinamos en una única oración, los resultados difieren en función de las especificaciones de los clíticos. Así, mientras que la combinación de un clítico de dativo y uno de tercera persona de objeto produce una oración gramatical (13a), en ningún dialecto del español se acepta la combinación cuando el clítico de objeto es de segunda persona (13b).

(13) a. Nora me lo dejó en casa.
    b. *Nora me te dejó en casa.

El contraste de gramaticalidad entre (13a) y (13b) ilustra una restricción general en el tipo de combinaciones de clíticos posibles en español; una restricción que distingue entre la primera y la segunda persona de objeto, por un lado, y la tercera, por otro. El lector puede comprobar que las combinaciones sombreadas en la Tabla 1 no son aceptables en español:

OD / OI	1.ª me	2.ª te	3.ª le
1.ª me	*me me	*me te	*me le
2.ª te	*te me	*te te	*te le
3.ª lo	me lo	te lo	se lo

Tabla 1. Combinaciones de clíticos en español.

El análisis comparado de esta restricción nos muestra, en primer lugar, que no se trata de una propiedad excepcional del español y, segundo, que no está tampoco constreñida a los sistemas de clíticos. Esta restricción se manifiesta en términos casi idénticos en todas las lenguas que poseen un sistema de clíticos para representar morfológicamente los argumentos sintácticos internos, esto es, los SSNN que establecen relaciones de Caso/concordancia con el verbo (véase Bonet 1991). De hecho, las observaciones originales de Perlmutter (1971) y Hale (1973) se referían al francés y al walpiri respectivamente. Idénticas observaciones pueden hacerse, en mayor o menor medida, en todas las lenguas con sistemas complejos de clíticos[2]. El par de (15) ilustra el contraste en francés (véase Rezac 2010 y las referencias en esa obra para una discusión muy detallada de la restricción y las estrategias para circundarla):

(15) a. Maddi la   leur   présentera.
       Maddi la-ac les-dat presentará
       'Maddi se la presentará (a ellos).'

     b. *Maddi te   leur   présentera.
        Maddi te-ac les-dat presentará

Como hemos dicho, esta restricción no está limitada a las combinaciones de clíticos. Así, en el estudio de las lenguas con una concordancia rica es habitual toparse con huecos en el paradigma de las formas conjugadas. En particular, solamente la tercera persona de concordancia de objeto (ya sea de acusativo o absolutivo) puede aparecer junto a la concordancia de dativo. El paradigma del español en (11)-(13) se puede replicar en vascuence (16)-(17) con idénticos resultados. En (17a), la concordancia de absolutivo es de tercera persona y la oración es gramatical, mientras que la presencia de una concordancia de objeto de primera da como resultado una oración agramatical (17b).

(16) a. Mateok   (liburua) etxean utzi d- -u -Ø
       Mateo-erg (libro-abs) casa-loc dejar *pres*-Aux-*3erg*
       'Mateo ha dejado el libro en casa.'

     b. Mateok   (ni)   etxean utzi na -u -Ø
       Mateo-erg (me-abs) casa-loc dejar *1abs*-Aux-*3erg*
       'Mateo me ha dejado en casa.'

(17) a. Mateok   (zuri)   (liburua)   etxean utzi d- -i -zu -Ø
       Mateo-erg (tú-dativo) (libro-el-abs) casa-loc dejar *pres*-Aux-*2dat-3erg*
       'Mateo te ha dejado el libro en casa.'

---

[2] La bibliografía sobre este asunto ha crecido desmesuradamente en los últimos quince años y es imposible hacer justicia en este artículo a todas las propuestas que se han formulado en este tiempo. Por citar algunas, véanse Albizu 1997; Ormazabal y Romero 1998, 2007; Boeckx 2000; Anagnostopoulou 2002; Adger y Harbour 2004, o, más recientemente, Béjar y Rezac 2009 y el volumen de Rezac 2010.

b. *Mateok (zuri)   (ni)   etxean utzi na- -i -zu -Ø
Mateo-erg (tú-dativo) (yo-abs) casa-loc dejar *1abs*-Aux-*2dat-3erg*

Bonet (1991) y, especialmente, Albizu (1997) analizan una lista considerable de lenguas tipológicamente muy diferentes que, con un cierto grado de variación, muestran las mismas restricciones. Bonet propone la generalización de (18) para describir su funcionamiento en los sistemas de clíticos y en los de concordancia[3]:

(18) Restricción de Persona-Caso (RPC): si hay un DATIVO, entonces AC/ABS = 3.ª persona.

El interés por esta restricción ha ido aumentando desde el momento de su formulación a medida que también crecía el interés por elaborar una teoría general de la concordancia, tanto desde el punto de vista morfológico como sintáctico, una cuestión central en el desarrollo del Programa Minimalista. Como es habitual, son precisamente las restricciones de esta naturaleza las que aportan la información crucial para estudiar los límites de la teoría.

La formulación de la restricción en (18) –así como en la gran mayoría de los trabajos que han intentado derivarla de condiciones generales de la sintaxis– implica una concepción en términos de intervención, en la que la presencia del elemento dativo bloquea la presencia del objeto. En concreto, la RPC nos dice por qué es agramatical (13b), que repetimos como (19a), pero no nos dice nada acerca de la agramaticalidad de (19b) y (19c); esto es, por qué, a diferencia de lo que ocurre cuando los objetos son de tercera persona (19d), estas oraciones son agramaticales si alguno de los argumentos no establece una relación de concordancia.

(19) a. *Nora me te dejó en casa.
    b. *Nora te dejó a mí en casa.
    c. *Nora me dejó a ti en casa.
    d. Nora me dejó a la niña en casa.

Para dar cuenta de los casos de (19b) y (19c) necesitamos una restricción adicional. Por ejemplo, la Condición de Legitimación de la Persona (Béjar y Rezac 2003):

(20) Condición de Legitimación de la Persona (CLP): los rasgos interpretables de 1.ª y 2.ª persona deben legitimarse por medio de una relación de concordancia con una categoría funcional.

De este modo, la RPC excluye (19a) porque contiene una combinación de clíticos que no es admisible, y la CLP excluye (19b) y (19c) porque hay rasgos de persona que no se han legitimado por medio de la operación de concordancia correspondiente. Desde un punto de vista teó-

---

[3] Nótese que la restricción de Bonet está específicamente formulada sobre los sistemas de marcación formal de la concordancia, ya se satisfaga por medio de clíticos (español) o de morfología flexiva (vascuence).

rico, el hecho de que sean necesarias dos condiciones independientes para dar cuenta del paradigma de la RPC muestra que la formulación probablemente no es la apropiada.

En Ormazabal y Romero (2007), se extiende de manera muy notable el alcance empírico de la RPC, añadiendo otros contextos que muestran que las condiciones generales que restringen la coaparición de clíticos o de concordancias no están exclusivamente vinculadas ni a la persona del objeto ni a las propiedades casuales del dativo. Así, observan que, independientemente de su manifestación morfosintáctica superficial, una restricción muy similar la encontramos en las lenguas que tienen un mecanismo de incorporación sintáctica productivo. Consideremos el caso del mohicano, que es una lengua amerindia de Norteamérica. En esta lengua, los objetos animados mantienen obligatoriamente concordancia explícita con el auxiliar, como en (21a), y, si dicha relación de concordancia falla, el resultado es agramatical (21b)[4].

(21) a. Shako   -núhwe'- s   (ne owirá'a)
     sgmasc/3plO - gustar -hab ne niño
     'Le gustan (los niños).'

     b. *Ra   -núhwe'- s   ne owirá'a
     sgmasc - gustar -hab ne niño

Por el contrario, los objetos no animados pueden incorporarse (22a) o mantenerse en su posición original (22b), pero no pueden concordar con el auxiliar.

(22) a. Wa' -k -hnínu-'   ne   ka -nákt -a'
     fact-*1sS*-comprar-puntual ne NsS-cama-nsf
     'He comprado la/una cama.'

     b. Wa' -ke -nákt -a' -hnínu-'
     fact -*1sS* -cama- Ø -comprar-puntual
     'He comprado la/una cama.'

Consideremos ahora el caso de las construcciones aplicativas, que son el equivalente a las construcciones dativas del español o a las cons-

---

[4] Todos los ejemplos en la discusión del mohicano proceden de Baker (1996: 21-22, 193-194, 206-207). Es necesario precisar que la incorporación de argumentos animados está fuertemente restringida en todas las lenguas que disponen de incorporación (Mithun 1984, Evans 1997, Baker 1996). En mohicano, solamente una media docena de objetos animados, léxicamente marcados, pueden incorporarse productivamente (ia), por lo que la opción general para los argumentos animados es la de mantener concordancia con el auxiliar (21a). Obsérvese que, en el primer caso, el objeto incorporado no puede simultáneamente concordar con el verbo (ib).

(i) a. Ra   - wir - a -núhwe'-s
       sgmasc-*niño*-Æ- gusta   -hab
       'Le gustan los niños.'

    b. *?Shako   - wir - a   -núhwe'-s
       sgmasc3plO-niño-Æ- gusta -hab

trucciones de doble objeto en inglés[5] (véanse Masullo 1992, Demonte 1995 y Romero 1997; para una propuesta en distinto sentido véase Pineda 2012). En estas construcciones, el argumento aplicado debe concordar obligatoriamente con el verbo (Baker 1996):

(23) a. *t - a' - k   -athΛnó -tsher - u - '   ne owirá'a
           cis-fact-*1sgA*- bola   - nom   -dar-puntual ne niño

    b. t - a' -   khey   -athΛnó -tsher - u - '   ne owirá'a
       cis-fact-*1sgA/sgfemO*- bola   - nom   -dar-puntual ne niño
       'Le di la pelota al niño.'

En (23a), el complemento indirecto, *ne owira* 'el niño', no concuerda con el verbo. El morfema de concordancia, *k,* refiere únicamente al sujeto de la oración y el resultado es, por tanto, agramatical. Por el contrario, en (23b), el morfema de concordancia, *khey*, refiere a ambos argumentos. Por su parte, el complemento directo, *athΛnó* 'la pelota', está incorporado en el verbo.

Lo interesante de estas construcciones es que, cuando combinan un argumento aplicativo con un objeto animado, salvo en los pocos casos en los que el objeto animado puede incorporarse (véase la nota 4), el resultado es uniformemente agramatical, con independencia de que la concordancia se realice con el objeto aplicado (24) o con el objeto directo (25).

(24) *káskare' Λ -   hi   - tshΛ́ry -a -'s - e'
       novia   fut-*1sA/MsO*-encontrar-Ø-ben-puntual
       'Le encontraré una novia.'

(25) *Érhar Λ - kú   - nut   - e'
       perro fut-*1sA/2sO*-alimentar-puntual
       'Te daré como comida al perro.'

Si el argumento aplicativo concuerda con el verbo (24), el objeto pierde la posibilidad de concordar. Como es animado, tampoco puede incorporarse, por lo que la oración viola las condiciones de legitimación sobre los objetos animados (que puede concebirse como una extensión de la CLP). Por el contrario, si el objeto animado concuerda con el verbo (25), es ahora el argumento aplicativo el que no puede establecer la concordancia a la que está obligado, por lo que el resultado es igualmente agramatical. Si abstraemos las características específicas de las construcciones aplicativas, este paradigma guarda una gran semejanza

---

[5] Denominamos construcciones dativas exclusivamente a aquellas en las que el complemento indirecto aparece representado por un clítico dativo, esté doblado por un SN o no. La relación entre estas construcciones se apoya en sus propiedades sintácticas (en concreto, su comportamiento con respecto a las pruebas de mando observadas por Barss y Lasnik 1986), en sus propiedades morfosintácticas (RPC) y en sus propiedades semánticas (como la sujeción de las construcciones dativas, de doble objeto y aplicativas a la restricción de animacidad sobre las metas [*Le$_i$ envié una carta a París$_i$]). Para una discusión completa, véanse las referencias citadas en el texto.

con los casos de la Restricción de Persona-Caso y, más específicamente, con los ejemplos de (19b) y (19c).

Sin embargo, hay dos diferencias importantes entre el mohicano y el español o el euskera. En primer lugar, los ejemplos del mohicano son sensibles a la animacidad de los argumentos y no a la persona: la incorporación discrimina entre argumentos animados y no animados (en las secciones 3 y 6 se observarán efectos similares en español). Y en segundo lugar, el mohicano carece de caso dativo. Gran parte de las lenguas del mundo carecen de una marca específica para el dativo, de forma que, cuando el SN que establece una relación de Caso/concordancia con el verbo es el complemento indirecto, el marcado morfológico es exactamente el mismo que aparece con los objetos (26).

(26) a. I gave him the book
　　　 Yo di él-ac el libro
　　　 'Yo le di el libro.'

　　 b. I saw him.
　　　 Yo vi él-ac
　　　 'Yo lo vi.'

La situación de lenguas como el español o el vascuence, en las que existe un sistema tripartito de marcado, produce la falsa apariencia de que existen dos concordancias de objeto diferentes, una acusativa y otra dativa. Como veremos en la sección 5, en realidad el sistema de concordancia del español tiene un único sistema de marcado –el correspondiente a los clíticos típicamente considerados "dativos"–, mientras que los objetos específicamente acusativos no establecen ninguna relación de concordancia.

En consecuencia, los datos del mohicano ponen claramente de manifiesto que estamos ante una competición entre dos argumentos que tienen que establecer una relación para la que sólo existe una posición de concordancia en el sistema verbal (véase Ormazabal y Romero 2013 para lós detalles). Esta explicación puede extenderse automáticamente a los casos estándar de la RPC/CLP si partimos del supuesto de que tanto el objeto indirecto (el argumento aplicado) como los objetos de primera y segunda persona tienen obligatoriamente que concordar con el verbo, sea por medio de un sistema de concordancia, como en euskera, sea con un sistema de clíticos, como en español.

Así pues, las únicas derivaciones en las que se satisfacen todas las condiciones son aquellas en las que el objeto no necesita mantener una relación de concordancia con el verbo –como, por ejemplo, los objetos inanimados del mohicano o los de tercera persona del español en (27a)–, o aquellas en las que el objeto no compite con un argumento dativo o aplicativo, como en el caso de (27b), en el que el segundo argumento aparece dentro de un sintagma preposicional.

(27) a. Nora me dejó el libro en casa.
　　 b. Sara te llevó al médico.

Esta explicación se extiende de manera automática a un fenómeno que ha recibido cierta atención en los últimos años: la Restricción de la Persona sobre el Agente-Foco *(Agent-Focus Person Restriction)*. Se trata de un caso superficialmente muy distinto, pero que Preminger (2011) ha relacionado con la RPC. De acuerdo con Preminger, podemos ejemplificar esta restricción en cakchiquel, una lengua quiché (maya) de Guatemala[6]. En las construcciones transitivas, esta lengua tiene un sistema de doble concordancia ergativa-absolutiva, similar a la de otras lenguas ergativas como el vascuence.

(28) a. rat x - ∅ - aw -axa -j ri achin
       tú prfv-*3sgabs-2sgerg*-oír -act el hombre
       'Tú escuchaste al hombre.'

b. ri achin   x - a - r -axa -j rat
   el hombre prfv-*2sgabs-3sgerg*-oír -act tú
   'El hombre te escuchó a ti.'

Existe, sin embargo, en esta lengua una construcción, denominada de Agente-Foco, en la que, entre otros efectos, se pierde una de las dos concordancias posibles y solamente un argumento puede establecer concordancia con el verbo. Aunque morfológicamente la marca de concordancia que aparece es la del paradigma de absolutivo, en realidad puede representar tanto una relación con el sujeto (29a) como con el objeto (29b)[7].

(29) a. ja rat x   -at -axa-n   ri chin
       foc tú prfv-*2sg* -oír -af el hombre
       'Eres tú el que escuchó al hombre'

b. ja ri achin   x -at   -axa-n rat
   foc el hombre prfv-*2sg*-oír -af tú
   'Es el hombre el que te escuchó.'

El interés de esta construcción para nuestra discusión es que, cuando tanto el sujeto como el objeto corresponden a la primera o la segunda persona, el resultado es agramatical (30), independientemente de que el elemento que concuerda sea uno u otro (31).

(30) Restricción de la Persona sobre el Agente-Foco (RPAF): como máximo, uno de los argumentos puede ser de primera o segunda persona.

(31) a. *ja rat x   - in / at / ∅ -axa-n yin
        foc tú   prfv-*1sg/2sg/3sgabs*-oír-af me
        'Eres tú quien me escuchó.'

---

[6] Todos los ejemplos del cakchiquel proceden de Preminger 2011: capítulo 2.

[7] Obsérvese de nuevo la falta de isomorfismo entre la marca de concordancia y la relación funcional del SN: la concordancia verbal pueden satisfacerla tanto el sujeto como el objeto. Efectos similares se dan en otras lenguas como el hindú.

b. *ja yin x - in / at / Ø -axa-n rat
foc yo prfv-*1sg/2sg/3sgabs*-oír-af te
'Soy yo quien te escuchó.'

Preminger extiende la propuesta de Béjar y Rezac (2003) para el RPC a estos casos y atribuye los efectos de la restricción al requisito que obliga a los argumentos de primera y segunda persona a explicitar su concordancia. Como se pone de manifiesto en la explicación de Preminger, la Construcción de Agente-Foco es un caso especial del RPC y, como es de esperar, recibe una explicación natural dentro del marco propuesto: cuando se da la circunstancia de que ambos argumentos, al ser de primera o segunda persona, tienen que legitimarse, el resultado es uniformemente agramatical.

En suma, la restricción sobre la formación de grupos de clíticos en español, el punto de partida de nuestra discusión, es un caso de un fenómeno más general que se deriva de la arquitectura de la estructura sintáctica. Todas las restricciones presentadas en esta sección, así como otras que presentan propiedades diferentes (véase la discusión en la siguiente sección y las referencias allí mencionadas), encuentran una explicación natural si consideramos que existe una única relación de Caso/concordancia entre el verbo y sus argumentos internos, y asumimos, de acuerdo con sus propiedades semánticas y morfosintácticas, que los objetos de 3.ª persona inanimados tienen propiedades distintas a las del resto de los objetos. En la siguiente sección extendemos el ámbito de análisis al denominado Marcado Diferencial de Objeto del español. Finalmente, en la última parte del artículo retomaremos la cuestión de los grupos de clíticos en español para presentar un análisis que deriva el carácter especial de los de tercera persona y su habilidad para formar combinaciones de clíticos, así como algunas diferencias dialectales que añaden interés a la propuesta.

6.3. El Marcado Diferencial de Objeto

Una de las cuestiones más estudiadas en la gramática del español es el hecho de que ciertos objetos aparecen precedidos por el marcador preposicional *a*, un fenómeno que se denomina Marcado Diferencial de Objeto (MDO) y que se manifiesta de distintas formas en la gramática de numerosas lenguas. En el caso del español, el MDO se asigna a los objetos directos animados y específicos (32a), a los complementos doblados por un clítico dativo (32b) (Demonte 1987), a los sujetos de cláusulas mínimas (32c, d) y a los objetos desplazados desde una oración subordinada (32e) (Ascenso de Objeto) (véase la colección de ensayos en Pensado 1995).

(32) a. Oía *a* la niña por la calle.
    b. Le cortaron la pata *a* la mesa.
    c. Por eso, s0lo por eso, prefiero llamar "historia" y no "novela" *a* esta obra mía
                                    (Roegiest 1980: 145, *apud* Laca 1995)

d. La tormenta dejó sin hojas *a* los árboles.

e. Emergiendo sobre una ola, veo *a* la avioneta caer envuelta en llamas
(Laca 1995).

Por el contrario, el MDO resulta agramatical sobre objetos directos inanimados (33a) y sobre objetos necesariamente inespecíficos (33b).

(33) a. *Observaban *a* la mesa.

b. *Oía *a* niñas por la calle.

Cuando el objeto de algunos verbos es ambiguo en cuanto a su especificidad, opcionalmente puede recibir MDO (34) (véanse Torrego 1998; Leonetti 2004, 2008; Rodríguez-Mondoñedo 2007 y las referencias allí citadas para una caracterización detallada de los contextos semánticos y pragmáticos de inserción de MDO).

(34) a. María escondió *(a)* un prisionero.

b. Busca *(a)* una enfermera que hable español.

En los ejemplos de (34), la ausencia de MDO fuerza la interpretación inespecífica, pero la presencia de la preposición no garantiza su especificidad. Por otro lado, los elementos *nadie* y *alguien,* necesariamente inespecíficos, hacen imprescindible la aparición de MDO (35).

(35) a. María no vio *(a) nadie.

b. María vio *(a) alguien.

Para estos casos, asumiremos que se trata de un comportamiento excepcional que está léxicamente determinado al tratarse de elementos con una morfología compleja (Rodríguez-Mondoñedo 2007). En concreto, Rodríguez-Mondoñedo propone que el elemento *ie(n)* actúa como restrictor de la variable, dado que, de hecho, restringe el alcance de la variable a objetos humanos. En cierto modo se trata de un caso similar al de los complementos de nominales desnudos: *vimos a hombres *(enfermos)*. Nótese que estos cuantificadores inespecíficos también pueden actuar de sujetos oracionales *(nadie vio a María),* otra posición en principio incompatible con la interpretación inespecífica[8].

Aunque existen estudios muy detallados sobre las condiciones semánticas para la inserción de *a* en los objetos directos, lo cierto es que no se ha llegado a un consenso sobre el tema, básicamente por tres motivos. En primer lugar, las nociones que se utilizan para definir estas condiciones (especificidad, topicalidad) no están lo suficientemente bien definidas, y el hecho de que un SN se interprete de una manera u otra puede depender de factores muy heterogéneos. En segundo lugar, no existe una correlación entre las unidades de análisis morfosintáctico y

---

[8] Los hechos descritos sugieren que hay un desajuste entre las propiedades formales y las interpretativas: los SSNN inespecíficos no pueden actuar como sujetos no por ser semánticamente inespecíficos, sino porque esta clase de elementos carece de alguna propiedad formal F necesaria para la relación de sujeto. Cuando por algún motivo un elemento inespecífico posee esta propiedad, entonces puede actuar como sujeto.

las nociones semántico-pragmáticas mencionadas. El caso más claro es el del determinante indefinido *un,* que puede ser específico o inespecífico. Finalmente, como muestran Heusinger y Kaiser (2005), el MDO no es un proceso estático en la lengua, sino que se encuentra en permanente evolución, aparentemente extendiéndose cada vez a más contextos, lo que asimismo genera una considerable variación dialectal (Leonetti 2008).

Por otro lado, como correctamente se señala en Torrego (1998), el MDO no depende únicamente de la interpretación del objeto, sino que también intervienen otros factores como el tipo de verbo, el aspecto interno de la oración o que el sujeto sea agentivo o causativo. Dado que en este trabajo consideraremos que los objetos directos con MDO son solo un subcaso del fenómeno más general que hemos ejemplificado en (32), no indagaremos más en esta cuestión y asumiremos las siguientes generalizaciones de Rodríguez-Mondoñedo (2007):

(36) 1. Los objetos animados sin MDO no pueden ser específicos.
    2. Los objetos que necesariamente son específicos (partitivos, cuantificadores fuertes, adjetivos prenominales, nombres propios, pronombres) deben llevar MDO.
    3. El resto lleva *a* opcionalmente.

Obviamente, son los elementos de esta última categoría los que han centrado toda la discusión acerca de la naturaleza semántica de los SSNN con MDO.

Respecto a las propiedades sintácticas del MDO, probablemente el único caso que se ha estudiado con detalle es su relación con las estructuras de doblado de clíticos (Suñer 1988, 2000; Leonetti 2008; Zdrojewski 2008; Ormazabal y Romero 2013). La Generalización de Kayne establece que el doblado de clíticos solo es posible cuando el SN recibe MDO. La idea original es que el clítico absorbe el caso acusativo y, por tanto, el SN requiere de un asignador independiente para satisfacer el Filtro de Caso. El problema teórico más importante para esta generalización es que la asignación de MDO no requiere de doblado de clítico, por lo que en las oraciones de (32a, c, d, e) el caso acusativo queda sin asignar (en [32b] el MDO se asigna a un SN doblado por un clítico que absorbería el caso dativo). Por otro lado, como han observado muchos investigadores (véase, por ejemplo, Bleam 1999 o Leonetti 2008, y las referencias allí citadas), las condiciones que determinan la asignación del MDO son distintas a las que permiten el doblado de clíticos, por lo que no puede establecerse una dependencia entre las dos nociones (véanse, asimismo, los ejemplos de [32c, d y e]).

Desde un punto de vista sintáctico, hay dos aspectos del MDO que son especialmente interesantes. En primer lugar, al igual que veíamos con los grupos clíticos, solo un SN puede recibir este marcado en cada oración. Considérense las oraciones de (37).

(37) a. Enviaron a los estudiantes que habían hecho pellas al director.
    b. Describió al sospechoso del asalto al dibujante de la policía.

En estas oraciones, los dos argumentos internos aparecen precedidos de la preposición *a*. Sin embargo, como han señalado numerosos autores desde Demonte (1987), hay razones para pensar que, mientras que la primera es un ejemplo de MDO, la segunda es una auténtica preposición con valor direccional. Por el contrario, cuando el OI aparece en una estructura de doblado de clítico, las oraciones se vuelven agramaticales[9]:

(38) a. *Le enviaron a los estudiantes que habían hecho pellas al director.
    b. *Le describió al sospechoso del asalto al dibujante de la policía.

Como ocurría en el caso del mohicano (véase la nota 4), con algunos SSNN la oración se puede salvar suprimiendo el MDO en el objeto (39a), pero esta posibilidad sólo se da para un grupo reducido de sustantivos y siempre y cuando el SN no esté demasiado individualizado (39b); por ejemplo, no es posible en absoluto ni para pronombres ni para nombres propios (véase Rodríguez-Mondoñedo 2007: cap. 3 y las referencias allí citadas para una discusión completa de los datos).

(39) a. ?Le enviaron los estudiantes al director.
    b. *Le describió el sospechoso del asalto al dibujante de la policía.

En consecuencia, podemos decir que la inserción del MDO sigue pautas similares a las de la RPC. Del mismo modo que cuando hay un OI doblado por un clítico dativo (*le – al director*) no podemos tener un clítico de objeto de primera o segunda persona, tampoco podemos tener un complemento directo con MDO.

La segunda cuestión sintáctica importante acerca del MDO tiene que ver con las estructuras sin doblado. Hemos visto que, cuando hay una estructura de doblado, el SN que recibe MDO debe estar coindizado con el clítico. De hecho, esta es la base de la Generalización de Kayne. Sin embargo, cuando el clítico no está doblando a un SN (40), el MDO aparece sobre el OD y, en consecuencia, cualquier SN, incluyendo nombres propios, puede actuar como objeto directo.

(40) a. Le describió a los estudiantes.
    b. Les enviaron al Sr. Lobo.

Por tanto, no es solo que el clítico y el objeto con MDO estén disociados, sino que uno y otro deben hacer referencia a propiedades distintas. Si entendemos el MDO como una relación de Caso, podemos ver que, igual que el verbo únicamente puede establecer una relación de concor-

---

[9] Autores como Strozer (1976), Torrego (1988) o Aranovich (2011) y los revisores anónimos de este artículo cuestionan la gramaticalidad de las oraciones de (37) y, en consecuencia, el contraste entre (37) y (38). Creemos que realmente no se trata de un problema de gramaticalidad sino de procesamiento (como sugiere Aranovich). Por ejemplo, (37b) empeora considerablemente si se eliminan los complementos nominales: *describió al sospechoso a la policía*. Obsérvese, en este mismo sentido, que la agramaticalidad de los ejemplos de (38) no se debe a un problema de ambigüedad semántica, ya que, si este fuera el caso, su estatus de gramaticalidad sería el mismo que el de las oraciones de (37).

dancia, del mismo modo solo puede establecer una relación de Caso. Si esto es correcto, esperamos que el comportamiento sintáctico de los argumentos con MDO sea distinto al de los que carecen de este marcado. Esto es, el objeto directo en (39a), *los estudiantes,* y en (40a), *a los estudiantes,* tiene propiedades sintácticas diferentes.

Efectivamente, esta predicción se cumple. Las llamadas construcciones con *se* en español se caracterizan por la supresión del sujeto en voz activa, que se interpreta de manera genérica o arbitraria. En las oraciones transitivas, se establece una relación de concordancia entre el verbo y el objeto (pasivas reflejas) (41a). Sin embargo, cuando el objeto recibe MDO, el verbo aparece en forma impersonal (3.ª persona del singular) (41b).

(41) a. Se *envió/enviaron cartas al director.

b. Se envió/*enviaron a los estudiantes que habían hecho pellas al director.

Consideremos el caso de los SSNN que permiten la supresión del MDO. Si no hay ningún SN que compita por el marcado de objeto, estos SSNN reciben obligatoriamente MDO (42a). No obstante, cuando aparece un clítico dativo y el objeto pierde el MDO, la concordancia con el verbo en las construcciones con *se* es obligatoria (42b).

(42) a. Se envió/*enviaron a los niños al director.

b. Se le *envió/enviaron los niños al director.

Al igual que veíamos en (40), cuando no aparece el Objeto Indirecto doblando al clítico dativo, reaparece el MDO y se pierde la posibilidad de concordancia (43).

(43) a. Se le envió/*enviaron a los niños.

b. *Se le envió/enviaron los niños.

Estos ejemplos muestran claramente que el MDO no es simplemente una marca morfológica que identifica ciertos valores semánticos o pragmáticos, sino que refleja la existencia de relaciones sintácticas específicas. De algún modo, esto es precisamente lo que esperamos dados los ejemplos de (32), que, en gran medida, son contextos típicos de movimiento, lo que sugiere que la aparición del MDO es el reflejo de una operación sintáctica.

En suma, los ejemplos que hemos visto muestran que el MDO y el doblado de clíticos comparten la propiedad de poder establecerse con un único SN, lo que sugiere que, incluso en las lenguas que representan morfológicamente de manera distinta el objeto y el complemento dativo, el verbo únicamente puede establecer la relación de concordancia y la que subyazga al MDO, probablemente Caso, con uno de ellos. El hecho de que en contextos como (40) o (43a) cada una de las relaciones se establezca con un SN distinto, muestra que, aunque en la mayoría de los casos coincidan en un mismo SN, se trata de relaciones independientes.

6.4. Argumentos añadidos y relaciones no argumentales

En las secciones anteriores hemos visto que tanto los pronombre átonos como los sintagmas nominales están sujetos a condiciones sintácticas como el Caso (o MDO) y la concordancia que son independientes de su interpretación semántica o su funcionalidad comunicativa. En esta sección veremos que la autonomía sintáctica manifestada por estas relaciones permite también la introducción en la oración de argumentos que no forman parte de la red temática del predicado (sec. 4.1) u otros usos que se detallan en la sección 4.2.

6.4.1. *Argumentos añadidos*

El uso de los sistemas de Caso/concordancia para añadir elementos a la oración se puede ejemplificar tanto para el sujeto (44a) como para el complemento directo (44b) o el indirecto (44c).

(44) a. Todas las incoherencias de los sistemas electorales parecían haber salido a la palestra.
  b. Lo hizo volver.
  c. Le preparó un pastel a Mateo.

En (44a) y (44b) la función de sujeto de *parecer* y objeto de *hacer* las ocupan argumentos de un predicado distinto (*salir* y *volver* respectivamente). En (44c), por su parte, el dativo introduce un argumento nuevo, un benefactivo, que no está seleccionado por el verbo *preparar*. Esta posibilidad de añadir nuevos argumentos parece, en principio, estar únicamente limitada por la disponibilidad de la relación, esto es, por que no la haya satisfecho previamente un argumento del predicado. Por ejemplo, en (45) la adición de un benefactivo provoca la agramaticalidad de la oración por cuanto la relación de Caso/concordancia ya está ocupada por el OD (45a) o por el OI (45b).

(45) a. me preparó para Mateo ↛ *me le preparó a Mateo
  b. me envió una carta para Sara ↛ *me le envió una carta a Sara

En (45a), el benefactivo puede aparecer como un adjunto *(para Mateo)*, pero no como un argumento, dado que su introducción provocaría una violación de la RCP. En (45b), por su parte, la relación dativa ya está satisfecha por el OI *(me)* y, por tanto, el benefactivo solo puede aparecer como un adjunto preposicional *(para Sara)* (véase, sin embargo, la sección 4.2.2 sobre los dativos éticos). Asimismo, no es posible forzar la adición del benefactivo a costa de ninguno de los argumentos seleccionados del verbo. En cuanto al OD, ya hemos visto que tiene preferencia para tomar la relación de objeto (46a) (véase sec. 2). En cuanto al OI, en español no se puede sacrificar su relación de Caso/concordancia en favor del benefactivo (46).

(46) a. *Le preparó a mí a Mateo.

    b. Le envió una carta a mí a Sara[10].

En consecuencia, en español es posible añadir un argumento siempre que haya una relación de Caso/concordancia vacante. Existen distintas hipótesis acerca de la forma en que se introducen estos argumentos en la oración. Esencialmente responden a dos modelos: o bien se introducen directamente como argumentos, por ejemplo mediante un núcleo específico que aporta un cierto valor semántico al evento oracional, o bien adquieren su valor argumental derivativamente. Este segundo procedimiento es el más común y el que se ha adoptado tradicionalmente en la gramática generativa para los casos de sujeto y complemento directo, que suelen tratarse en términos de *ascenso*. Por el contrario, el primer procedimiento es el más común para tratar los dativos (Pylkkänen 2008), aunque también existen hipótesis derivacionales (Ormazabal y Romero 2010).

6.4.2. *Relaciones no argumentales*

Por lo que respecta a la reutilización de estas funciones o a un uso no argumental, existen al menos tres situaciones distintas: los expletivos, el dativo ético y los marcadores aspectuales de naturaleza reflexiva.

6.4.2.1. Los expletivos

A diferencia de otras lenguas como el francés o el inglés, el español carece de expletivos de sujeto del tipo que se ejemplifica en (47) (aunque véase Torrego 1989). Probablemente la ausencia de este tipo de expletivos se deba a que el español posee una concordancia de sujeto muy rica (Koeneman y Zeijlstra 2011).

(47) a. It rains.

    b. Il pleut.

      'Llueve.'

Sin embargo, existen ciertos elementos que aparentemente actúan como expletivos de objeto. Al igual que los de sujeto, carecen de valor referencial y la única justificación para su inserción parece ser la de manifestar una relación que, de otro modo, quedaría insatisfecha. Estos elementos están muy poco estudiados (véase García Page 2010) y, en consecuencia, nos limitaremos a presentarlos de manera muy sucinta. Pueden aparecer en tres variedades, la más antigua es la forma de femenino plural que aparece en bastantes expresiones idiomáticas (48). También es extraordinariamente común, especialmente en el ha-

---

[10] Obsérvese que en (46b) el problema no radica en la falta de doblado del OI, ya que es posible no doblarlo cuando el OD es pronominal para evitar la RCP:

    (i) te enviaron a mí

bla vulgar, la forma en femenino singular (49). Finalmente, en los últimos años está haciendo su aparición con este mismo valor la forma de masculino singular. Aunque hay ejemplos como *llevarlo crudo* (García Page 2010) o *llevárselo muerto,* pero el único caso que nos parece completamente claro es (50).

(48) a. dárselas de, apañárselas, arreglárselas, habérselas con, etcétera

   b. Así se las ponían a Fernando VII.

   c. Ahí me las den todas.

(49) a. armarla, agarrarla, cagarla, etcétera

   b. Te la estás buscando.

(50) Lo flipas.

   Por lo que sabemos, no existe ninguna explicación sistemática que prediga su aparición ni ninguna descripción completa para esta clase de expletivos. En algunos casos, tienen valor idiomático, pero, en otros, alternan con argumentos referenciales sin modificar su significado. Merece la pena señalar que adoptan en todos los casos la forma de acusativo; evidentemente, sin valor animado.

6.4.2.2. El dativo ético

Este elemento se utiliza para indicar que el evento descrito en la oración afecta de algún modo al hablante, al oyente o a un tercero. Se trata de un elemento extraoracional, como se manifiesta claramente en el hecho de que no afecta a las condiciones de verdad de la oración (Bosse, Bruening y Yamada 2012) o de que puede coaparecer en contextos de RPC (51).

(51) a. Me le trajo el coche antes de que se diera cuenta de que se lo había llevado.

   b. —¿Me le trajeron el coche?

   —No (#te le trajeron el coche).

La oración de (51a) constituye un ejemplo típico de RPC y, sin embargo, la oración es gramatical. En (51b), la respuesta a la pregunta no se ve afectada por la presencia del dativo ético, a diferencia de lo que ocurre con otros dativos. Del mismo modo, tampoco se puede preguntar por el dativo ético: para la interrogativa *¿A quién te trajeron el coche?,* si es que se puede formular, no parece que *te me trajeron el coche* sea una respuesta apropiada. Finalmente, los dativos éticos no admiten el doblado con un pronombre *(*me le trajo el coche a mí).* De acuerdo con Jouitteau y Rezac (2008), estos elementos se generan por encima del dominio temático, análisis que resulta compatible con la posición que ocupan este tipo de elementos en lenguas como el euskera. Oyarzabal (1990) propone que la concordancia del dativo ético está por encima de la estructura, integrando información discursiva o performativa (52).

(52) a. Hire anaia   etorri duk
       Tu hermano-abs venir *pres-Aux-2erg.masc*
       'Me ha venido tu hermano' (interlocutor masculino)

   b. Hire anaiak   (ni)   etxean   utzi   na- -i -k -   Ø
      Tu hermano-erg (yo-abs) casa-la-loc dejar *1abs-Aux-2dat.masc-3erg*
      'Mateo te$_{ético}$ me$_{OD}$ ha dejado en casa' (interlocutor masculino)

                                                    (compárese con [17b])

Sin embargo, hay que hacer constar que existen dos diferencias entre el español y el vascuence. En primer lugar, en esta última lengua estos elementos no son siempre dativos: si el verbo es intransitivo (incluye los verbos intransitivos con dativo), el ético aparece en ergativo (52a); si es transitivo, lo hace en dativo (incluidos los verbos ditransitivos, en los que se añade un segundo dativo). Además, en vascuence este tipo de elementos está restringido a la segunda persona.

6.4.2.3. Marcadores aspectuales

Por último, la serie de pronombres reflexivos se utiliza con muy variados propósitos y, en algunos casos, están lexicalizados (*desmayarse, arrepentirse*, etc.). Se denominan marcadores aspectuales porque existe una relación entre el uso de estos pronombres y la telicidad de la oración, lo que se manifiesta, por ejemplo, en la exigencia de que el complemento directo sea específico (53).

(53) a. María (*se) bebió cerveza.
    b. María (se) bebió la cerveza.

Estos elementos no son argumentales y, por tanto, no es posible doblarlos. Dada su complejidad, resulta imposible analizarlos en el espacio de este trabajo; el lector interesado puede acudir a Sanz (1995), Romero y Teomiro (2012) y las referencias allí citadas.

6.5. Las relaciones de objeto en español

Asumiendo que la explicación para las restricciones de concordancia que hemos expuesto en § 2 y 3 va en la dirección adecuada, se nos plantea la cuestión de por qué razón el clítico de tercera persona de objeto en español no se comporta como el resto respecto a dichas restricciones. Recordemos que las únicas combinaciones posibles de clíticos son aquellas en las que el clítico de objeto es de tercera persona *lo(s)/la(s)* (54), mientras que las combinaciones formadas por dos clíticos de concordancia son completamente agramaticales (Tabla 1):

OI \ OD	1.ª me	2.ª te	3.ª le
1.ª me	*me me	*me te	*me le
2.ª te	*te me	*te te	*te le
3.ª lo	me lo	te lo	se lo

(54) a. Nora nos lo dejó en casa.

    b. Sara te la llevó a casa.

En las secciones anteriores hemos observado que, tanto en la Restricción de Persona-Caso como en la asignación de Marcado Diferencial de Objeto, únicamente puede legitimarse un elemento nominal; en consecuencia, hemos asumido que solo existe una relación de objeto. Por otro lado, la existencia de oraciones como le describió a los estudiantes, en la que tanto el complemento dativo, le, como el complemento directo con MDO, a los estudiantes, establecen una relación formal con el verbo, sugiere que se trata de una relación compleja. Esta relación estaría compuesta de rasgos de concordancia y de Caso, que en la mayoría de las ocasiones se asignan sobre un mismo elemento, pero que en ciertas situaciones pueden disociarse.

En esta sección analizaremos la peculiaridad de los clíticos de tercera persona de objeto y propondremos que no se trata de pronombres, sino de determinantes incorporados al verbo.

6.5.1. *El doblado de clíticos*

La diferencia más evidente entre los pronombres de objeto de 3.ª persona y el resto de los clíticos argumentales se encuentra en el hecho de que en muchos dialectos del español, incluido el español normativo, los primeros no toleran el doblado de clíticos (55).

(55) a. *Lo vi al médico.

    b. Nos vio a los estudiantes.

Dejando de lado el caso de los pronombres personales, existen dos excepciones a esta generalización. En primer lugar, cuando el SN objeto precede al verbo, el doblado no solo es posible, sino que es obligatorio. Este tipo de estructuras se conocen como dislocaciones a la izquierda (56).

(56) a. El coche *(lo) compraron en esa tienda.

    b. A María *(la) interrogaron en la comisaría central.

Esta propiedad se manifiesta igualmente con el resto de los clíticos, y los estudiosos del tema están de acuerdo en que el SN se genera en una posición extra-argumental, por lo que, estrictamente hablando, no se trata de una construcción de doblado. Sin embargo, aquí también existen diferencias entre los clíticos de 3.ª persona de objeto y el resto. Considérese el contraste en (57).

(57) a. A ninguna estudiante le han dado el título.

    b. A ninguno de los estudiantes nos han dado el título.

    c. *Ningún libro lo han vendido.

Cuando el elemento dislocado es un SD cuantificado negativamente, no es posible doblar el objeto de tercera persona (57c); sin embargo, el doblado del resto de los clíticos no plantea ningún problema (57a, b).

Dado que, por un lado, en las construcciones de dislocación a la izquierda, los objetos deben doblarse (56) y que, por otro, en el caso de (57a, b), es posible doblar el SD negativo, la única conclusión que podemos extraer del paradigma de (57) es que el problema se encuentra en la conexión entre el SD dislocado y el clítico de objeto. Se trata de una conclusión coherente con la observación de Roca (1996) de que el rango semántico de los pronombres átonos de 3.ª persona de objeto coincide con el del determinante definido, por lo cual no es viable su conexión con un sintagma indefinido (57c).

Por otro lado, los objetos de 3.ª persona puede, además, doblar el cuantificador universal *todos* (58). Este cuantificador es, a su vez, el único que coaparece con el determinante definido en los SSNN (59), lo que subraya la relación entre el clítico y el determinante definido.

(58) a. *Las* seguimos *todas*.
  b. *Los* estudiamos *a todos*.

(59) a. Seguimos *todas las* pistas.
  b. Estudiamos a *todos los* candidatos.

Considérense ahora las oraciones de (60)-(61), en las que el cuantificador universal se combina con un pronombre personal.

(60) a. (Los) he comprado todos (los = los libros).
  b. (*Los) he comprado todos ellos.

(61) (Los) vimos a todos ellos.

El ejemplo de (60b) tiene un interés especial, porque es el único contexto en el que el pronombre personal puede utilizarse para referir a un objeto inanimado y en el que se viola, por tanto, la Generalización de Montalbetti. Esta generalización recoge el hecho de que los pronombres de tercera persona en posición argumental únicamente pueden tener referencia animada; no así cuando aparecen como complementos preposicionales (*ella se rompió* vs. *salí sin ella*, ella = la silla). El ejemplo de (61), por su parte, es el único en el que no solo no es obligatorio doblar el pronombre personal con referencia animada (véase § 2), sino que, además, existe una clara tendencia a no hacerlo[11]. De nuevo, la estructura de (60b) contrasta con la de los complementos indirectos, en la que la versión con doblado es obligatoria (62a), así como con la de los complementos directos de primera y segunda persona (62b).

(62) a. *(Les) he puesto adhesivos a todos ellos (les = a los libros).
  b. *(Nos) han visto a todos nosotros.

En suma, las estructuras de doblado de clítico nos muestran que los clíticos de objeto de 3.ª persona se alinean con los determinantes defi-

---

[11] Una búsqueda en Google muestra que el ejemplo de (61) da 10 resultados con doblado y casi 4.500 sin doblado.

nidos, mientras que el resto de los clíticos responden a los mismos criterios que las relaciones de concordancia.

6.5.2. *Las combinaciones de clíticos: conclusión*

En la sección anterior hemos visto que el comportamiento sintáctico y semántico del sistema pronominal nos fuerza a hacer un corte que separa, a un lado, los pronombres de objeto de 3.ª persona y, al otro, el resto de los clíticos argumentales. Los clíticos dativos de 3.ª persona y los de 1.ª y 2.ª persona se comportan esencialmente como marcas de concordancia, no solo por el hecho de que permiten el doblado y tienen el mismo rango semántico que las concordancias morfológicas de sujeto, sino también porque, al igual que la concordancia, no distinguen género. Estas diferencias se sustentan sobre la idea original de Postal (1966) de que los pronombres de tercera persona son determinantes.

En consecuencia, teniendo en cuenta la distinta naturaleza de la concordancia, por un lado, y los determinantes de 3.ª persona *lo(s)/la(s)*, por otro, podemos explicar el comportamiento asimétrico entre los clíticos de tercera persona de objeto y los demás. En este sentido, aunque no exista una solución completamente satisfactoria, no debe sorprendernos que, en el caso de las restricciones de concordancia, las combinaciones mixtas concordancia-determinante den resultados gramaticales, tal como se muestra en la Tabla 1.

6.6. La variación dialectal

A partir de las distintas formas de representar los argumentos internos del verbo, en las siguientes secciones analizaremos brevemente la variación dialectal que encontramos en algunos de los dialectos peninsulares y en el porteño. Resulta interesante observar, a la luz del análisis de los clíticos de objeto de 3.ª persona que acabamos de ver, que prácticamente toda la variación dialectal se concentra, precisamente, en esos objetos. No se ha descrito una variación semejante para ninguno de los otros pronombres, más allá de la de base puramente fonológica. En primer lugar, describiremos el español del País Vasco y el porteño como ejemplos en los que es posible el doblado de clíticos de objeto. Después, analizaremos los dialectos leístas y, finalmente, haremos alguna observación sobre los dialectos laístas.

6.6.1. *El español del País Vasco*

Si observamos la Tabla 2, y asumiendo que, tal como hemos visto, los objetos inanimados no entran en relaciones de concordancia de objeto, es evidente que hay un hueco en el espacio que debería corresponder a los objetos de 3.ª. En el español del País Vasco (EPV) este hueco lo llena el pronombre *le*.

Este pronombre se comporta a todos los efectos como una marca de concordancia. No solo permite el doblado de los objetos con MDO, sino que, además, el doblado es posible en los mismos contextos semánticos que en el caso del complemento dativo (contra Bleam 1999).

	Concordancia de Objeto Directo		Concordancia de Objeto Indirecto	
	Singular	Plural	Singular	Plural
1.ª	me	nos	me	nos
2.ª	te	os	te	os
3.ª	—	—	le	les

Tabla 2.

(63) a. Les he visto a algunos.
    b. No le he visto a ninguno.

En los ejemplos de (63) podemos ver que en el EPV el doblado de clítico con objetos de 3.ª persona se comporta igual que los clíticos dativos y los de 1.ª y 2.ª persona. En consecuencia, podemos afirmar que se trata de un morfema de concordancia. En favor de esta idea se pueden aducir dos tipos más de evidencia. En primer lugar, se trata de un clítico que, al igual que el resto del sistema de concordancia de persona, no es sensible al género. Y, en segundo lugar, no puede formar un grupo clítico con un dativo (64), esto es, a diferencia de *lo/la,* es sensible a la Restricción de Caso Persona.

(64) *me le enviaron (= él fue enviado a mí)

Resulta interesante observar que este contexto es, en el español del País Vasco, el único en el que los pronombres *los/las* pueden tener referencia animada, es decir, la construcción gramatical para (64) en el EPV será *me lo enviaron.* Así, merece la pena señalar que oraciones como (65b), en las que el objeto tiene referencia animada, resultan perfectamente aceptables en el EPV. Sin embargo, en los dialectos que carecen de concordancia de 3.ª persona, como el español estándar, una oración como (65b) con la interpretación de (65a) produce, cuando menos, extrañeza. En este caso, el dialecto estándar prefiere claramente (65c)[12].

(65) a. Mandé a tu hermano al director.
    b. Se lo mandé.
    c. Lo mandé al director.

---

[12] Obsérvese que, por el contrario, cuando el referente del clítico de objeto es inanimado, digamos *un jamón* en lugar de *tu hermano,* entonces la inserción del clítico dativo es prácticamente obligatoria (ib).

    (i) a. Mandé un jamón al director.
       b. ??Lo mandé al director.
       c. Se lo mandé (al director).

Este comportamiento diverso encuentra fácil acomodo en el modelo propuesto en § 5. Aunque el EPV dispone de una concordancia de 3.ª persona, se trata de una concordancia restringida a referentes animados. Para el resto de los objetos, el clítico se forma igual que en español estándar, mediante la incorporación del determinante. Así pues, el clítico de (65b) en EPV no es más que un determinante incorporado y como tal está infraespecificado: no distingue entre animados e inanimados.

6.6.2. *El español porteño*

El español porteño difiere del dialecto que acabamos de ver en, al menos, tres aspectos. En primer lugar, el doblado es considerablemente más opcional en el porteño, en el que incluso los nombres propios pueden aparecer sin doblar (66) (Zdrojewski 2008).

(66) a. Juan (la) vio a María.
   b. María (lo) vio a Juan.

En segundo lugar, acepta únicamente un subconjunto de los casos que en la subsección anterior hemos visto que se pueden doblar en el español del País Vasco. Por ejemplo (ejemplos de Zdrojewski 2008):

(67) a. *No lo oyeron a ningún ladrón.
   b. *Juan la vio a una maestra.

Finalmente, como se ejemplifica en (67), presenta moción de género.

Dadas estas propiedades, el español porteño parece representar un estadio intermedio entre el español estándar y el EPV. Estos datos han recibido distintas explicaciones a lo largo de los años, fundamentalmente para intentar dar cuenta del problema de asignación de Caso. Así, por ejemplo, Hurtado (1989) propone que los SSNN están en realidad dislocados a la derecha en una posición A-barra. Suñer (1988), por su parte, argumenta que se trata de una estructura de concordancia en la que el rasgo de especificidad desempeña un papel crucial. Desde una perspectiva completamente distinta, y en muchos sentidos muy próxima a la que hemos mostrado aquí, Uriagereka (1995) sostiene que el clítico de 3.ª persona es un determinante en cuyo especificador se encuentra el SN doblado. Para terminar, más recientemente, dentro del marco de la morfología distribuida, Zdrojewski (2008) propone que se trata de morfemas disociados que no están presentes en la sintaxis.

Excepto para Suñer, parece existir un acuerdo general en que este doblado debe respetar al menos las siguientes dos condiciones: (i) el objeto debe recibir MDO y (ii) debe tener una interpretación, digamos, específica. Como hemos visto, se trata, a su vez, de dos condiciones íntimamente relacionadas. El problema más grave es la opcionalidad. Sin embargo, Sánchez (2010) observa que hay sutiles diferencias interpretativas en función de que haya o no doblado. Considérense las oraciones de (68).

(68) a. (La) vi la foto de los dos niños.
  b. ¿A quién (la) viste?

En (68a), la versión con doblado de clítico implica que únicamente vi una foto y que en esa foto aparecen los dos niños. Por el contrario, la versión sin doblado de clítico es ambigua: se trata, o bien de una foto con los dos niños, o bien de una foto de cada niño. El mismo contraste podemos observarlo en español estándar entre el sujeto y el objeto:

(69) a. La madre de los dos alumnos de sexto vino al colegio.
  b. Vimos a la madre de los dos alumnos de sexto.

En (69a), la única lectura posible es aquella en la que los dos alumnos son hermanos, mientras que (69b) es ambigua. Esto sugiere que en (68a) hay un rasgo extra en la versión con doblado que produce una copia del determinante. Del mismo modo, en (68b) la estructura con doblado de clítico se correlaciona con un contexto de foco contrastivo. Una forma de explicar este contraste es pensar que el verbo codifica un rasgo de número, esto es, que hay una concordancia empobrecida como la que aparece en muchos dialectos con el verbo *haber* o, de manera general, en las construcciones con *se*[13]. En este sentido, es sabido que en muchas lenguas la concordancia de número se manifiesta de manera independiente a la concordancia de persona. Es el caso en el ejemplo del vascuence. En (70), la desinencia en posición inicial marca la concordancia con el objeto de 1.ª persona, y el infijo a la derecha de la raíz, el número (plural) del mismo. Incluso en aquellos contextos especiales en los que no existe ningún morfema manifestando la concordancia de persona, la concordancia de número se mantiene.

(70) Gobernu   honen   politikak   (gu)   hondamendira ga-   -rama-
    Gobierno este.gen política.erg 1plAbs perdición.alat 1plAbs-llevar-
    tza -Ø
    plAbs-3erg
    'La política de este gobierno nos lleva a la perdición.'

En cualquier caso, el alto grado de opcionalidad muestra que probablemente nos encontremos ante un dialecto de transición.

6.6.3. *Laísmo*

Aunque tradicionalmente se ha asumido que los dialectos laístas son simplemente dialectos en los que el dativo presenta moción de género, cuando consideramos el conjunto de los datos es fácil ver que se trata de una idea cuando menos extraña: el dativo es típicamente una marca

---

[13] En las construcciones existenciales, *haber* solo aparece en tercera persona. En algunos dialectos, este verbo admite formas en plural *(habían muchas personas)*. En el caso de las construcciones con *se*, el verbo solo establece concordancia de número *(se dijo eso, se dijeron muchas cosas,* pero **se dije)*. Nótese, finalmente, que hay un puñado de verbos, como *ocurrir* o *acaecer*, que únicamente presentan moción de número.

de concordancia y en español, como hemos visto, la concordancia no expresa género. Un análisis detallado de este fenómeno muestra que el asunto es más complejo de lo que parece a primera vista; así, el uso de la forma femenina está restringido a aquellos contextos en los que se puede asignar acusativo. Por ejemplo, el laísmo es incompatible con las construcciones pasivas (71) o con adjetivos en construcciones copulativas (72).

(71) a. La entregaron el premio.
     b. *La fue entregado el premio.

(72) a. *A Sara la resulta familiar.
     b. *A mis estudiantes las resulta fácil resolver ese problema.

De acuerdo con lo que hemos estado viendo, estos dialectos resultan muy interesantes por cuanto, si el pronombre es acusativo, eso implica que no se trata de una relación de concordancia sino de un determinante. Esto es precisamente lo que se propone en Romero (2012) y lo que sugiere la clara degradación de oraciones como *a ninguna de ellas la entregaron el premio,* en la que el clítico dobla un cuantificador negativo, en la línea de lo que ocurría con los pronombres de objeto referidos a un OD (57c). No obstante, si algo se puede concluir del análisis del sistema pronominal en español es que siempre queda más trabajo por hacer: cada nueva propiedad que se descubre, como la ejemplificada en (71)-(72), requiere de una nueva descripción de los datos.

6.7. Conclusión

En este capítulo hemos observado con detalle la naturaleza de las relaciones que se codifican por medio del sistema de Caso/concordancia. Hemos visto que pueden ser de dos tipos distintos: una básica de concordancia, que cubre todos los casos de 1.ª y 2.ª persona y los de dativo, y otra específica de los objetos de 3.ª persona, que constituyen el ámbito en el que se acumula la mayor parte de la variación dialectal.

Bibliografía

ADGER, D. y D. HARBOUR (2007), «Syntax and Syncretisms of the Person Case Constraint», *Syntax* 10, 1, pp. 2-37.

AISSEN, J. (2003), «Differential Object Marking: Iconicity vs. Economy», *Natural Language & Linguistic Theory* 21, pp. 435-483.

ALBIZU, P. (1997), *The syntax of person agreement,* tesis doctoral, University of Southern California, Los Ángeles.

ANAGNOSTOPOULOU, E. (2003), *The Syntax of Ditransitives. Evidence from Clitics,* Berlín y Nueva York, Mouton de Gruyter.

BLEAM, T. (1999), *Leísta Spanish and the Syntax of Clitic Doubling,* tesis doctoral, University of Delaware.

BONET, E. (1991), *Morphology after Syntax: Pronominal Clitics in Romance Languages,* tesis doctoral, MIT.

BAKER, M. (1996), *The Polysynthesis Parameter,* Oxford, Oxford University Press.

BÉJAR, S. y M. REZAC (2003), «Person Lincensing and the Derivation of PCC Effects», en A. T. Pérez-Leroux e Y. Roberge (eds.), *Romance Linguistics: theory and acquisition,* Amsterdam, John Benjamins, pp. 49-62.

BÉJAR, S. y M. REZAC (2009), «Cyclic Agree», *Linguistic Inquiry* 40, pp. 35-73.

BOECKX, C. (2000), «Quirky Agreement», *Studia Linguistica* 54, pp. 451-480.

BOSSE, S., B. BRUENING y M. YAMADA (2012), «Affected experiencers», *Natural Language and Linguistic Theory* 30, 4, pp. 1.185-1.230.

BOSSONG, G. (1991), «Differential object marking in Romance and beyond», en D. Wanner y D. Kibbee (eds.), *New Analyses in Romance Linguistics, Selected Papers from the XVIII Linguistic Symposium on Romance Languages 1988,* Amsterdam, John Benjamins, pp. 143-170.

DEMONTE, V. (1987), «C-command, Prepositions and Predication», *Linguistic Inquiry* 18, 1, pp. 147-157.

— (1995), «Dative Alternation in Spanish», *Probus* 7, pp. 5-30.

GARCÍA PAGE, M. (2010), «Locuciones verbales con clítico en español del tipo *dársela*», *Verba hispanica* 18, pp. 135-145.

GLUSHAN, Z. (2010), «Deriving Case Syncretism in Differential Object Marking Systems», ms., University of Connecticut.

HURTADO, A. (1989), «Las cadenas clíticas», *Revista Argentina de Lingüística* 5, 1-2, pp. 77-133.

KAYNE, R. (2013), «Comparative Syntax», *Lingua* 130, pp. 132-151.

HEUSINGER, K. VON y G. A. KAISER (2005), «The evolution of Differentiated object Marking in Spanish», en E. Stark, K. von Heusinger y G. A. Kaiser (eds.), *Specificity and the Evolution/Emergence of Nominal Determination Systems in Romance,* Arbeitspapier, Fachbereich Sprachwissenschaft, Universität Konstanz, pp. 33-69.

JOITTEAU, M. y M. REZAC (2008), «The French ethical dative, 13 syntactic tests», *Bucharest Working Papers in Linguistics* 9, pp. 97-108.

KOENEMAN, O. y H. ZEIJLSTRA (2011), «One law for the rich and another for the poor: The rich agreement hypothesis resurrected», comunicación presentada en la Brussels Conference on Generative Linguistics 6.

LACA, B. (1995), «Sobre el uso del acusativo personal en español», en C. Pensado (ed.), *El complemento directo preposicional,* Madrid, Visor, pp. 61-91.

LEONETTI, M. (2004), «Specificity and Object Marking: the case of Spanish *a*», en K. von Heusinger y G. A. Kaiser (eds.), *Proceedings of the Workshop «Semantic and Syntactic Aspects of Specificity in Romance Languages»,* Fachbereich Sprachwissenschaft, Universität Konstanz, pp. 67-101.

— (2008), «Specificity in Clitic Doubling and in Differential Object Marking in Spanish», *Probus* 20, pp. 33-66.

Masullo, P. J. (1992), *Incorporation and Case Theory in Spanish. A Cross-linguistic Perspective,* tesis doctoral, University of Washington.

Ormazabal, J. y J. Romero (1998), «On the syntactic nature of the *melui* and the Person-Case Constraint», *Anuario del Seminario Julio de Urquijo* 32, pp. 415-434.

Ormazabal, J. y J. Romero (2007), «The Object Agreement Constraint», *Natural Language and Linguistic Theory* 25, pp. 315-347.

Ormazabal, J. y J. Romero (2010), «The derivation of dative alternations», en M. Duguine *et al.* (eds.), *Argument Structure and Syntactic Relations,* Amsterdam, John Benjamins, pp. 203-232

Ormazabal, J. y J. Romero (2013), «Objects Clitics, Agreement, and Dialectal Variation», *Probus* 25, pp. 301-344.

Pineda, A. (2012), «Double Object Constructions in Spanish (and Catalan) Revisited», en Frank A. C. Drijkoningen (ed.), *Romance Languages and Linguistic Theory 2011,* Amsterdam, John Benjamins.

Postal, P. (1966), «On so-called 'pronouns' in English», en F. Dinneen (ed.), *19th Monograph on Languages and Linguistics,* Washington DC, Georgetown University Press.

Preminger, O. (2011), *Agreement as a fallible operation,* tesis doctoral, MIT.

Pylkkänen, L. (2008), *Introducing arguments,* Cambridge, Mass., MIT Press.

Rezac, M. (2010), *Phi-features and the Modular Architecture of Language,* Dordrecht, Springer.

Roca, F. (1996), «Morfemas objetivos y determinantes: los clíticos del español», *Verba* 23, pp. 83-119.

Rodríguez-Mondoñedo, M. (2007), *The Syntax of Objects: Agree and Differential Object Marking,* tesis doctoral, University of Connecticut.

Romero, C. e I. Teomiro (2012), «La relación entre estructura eventiva y rasgos temáticos: el *se* aspectual del español», *Revista de Filología Románica* 29, 2, pp. 223-233.

Romero, J. (1997), *Construcciones de doble objeto y gramática universal,* tesis doctoral, UAM.

— (2012), «Accusative Feminine Datives», en B. Fernández y R. Etxepare (eds.), *Variation in Datives,* Oxford, Oxford University Press, pp. 283-300.

Sánchez, L. (2010), «La aparente opcionalidad del doblado de clíticos en el español limeño», *Cuadernos de la ALFAL. Nueva Serie* 1, pp. 94-105.

Sanz, M. (1995), *Telic clitics in Spanish,* ms., University of Rochester.

Suñer, M. (1988), «El papel de la concordancia en las construcciones de reduplicación de clíticos», en O. Fernández Soriano (ed.), *Los pronombres átonos,* Madrid, Taurus.

— (2000), «Object shift: comparing a Romance language to Germanic», *Probus* 12, pp. 261-289.

Torrego, E. (1989), «Unergative-unaccusative alternations in Spanish», *MIT Working Papers in Linguistics,* pp. 253-272.

— (1998), *The dependencies of objects,* Cambridge, Mass., MIT Press.

URIAGEREKA, J. (1995), «Aspects of the Syntax of Clitics Placement in Western Romance», *Linguistic Inquiry* 26, pp. 79-123.

ZDROJEWSKI, P. (2008), *¿Por quién doblan los clíticos?,* tesis de maestría, Universidad Nacional de Comahue.

7 Los clíticos

Francisco Ordóñez
Stony Brook University

7.1. Caracterización

Los clíticos suelen ser formas fonológicamente átonas y morfológicamente mínimas que deben apoyarse en otra palabra para poder formar parte de una oración o secuencia. De hecho, el término *clítico* procede del griego κλίνω, que significa 'apoyo'. En la gramática tradicional, el término usado para referirse a estos elementos cuando son de naturaleza pronominal es el de pronombre *átono* o pronombre *débil*, que es el caso de las lenguas románicas como el español. Los clíticos también pueden pertenecer a otras categorías gramaticales, como, por ejemplo, auxiliares, e incluso complementantes en otros grupos de lenguas.

Los clíticos son un perfecto laboratorio para estudiar la interacción de tres componentes fundamentales de la gramática: el fonológico, ya que son elementos que dependen de otros y no pueden aparecer aislados fonológicamente; el morfológico, ya que tienen una morfología muy reducida, y el sintáctico, ya que en muchas ocasiones tienen una distribución especial y diferente con respecto a otras categorías sintácticas.

El primer objetivo marcado en los estudios de estos elementos es el taxonómico. Así se ha intentado determinar qué criterios distinguen un clítico de un afijo y de una palabra. La distinción entre clítico o afijo, por una parte, y palabra, por otra, es obvia, puesto que la palabra tiene una independencia fonológica de la cual el clítico o afijo carecen. Además, la palabra muestra una mayor distribución sintáctica que el clítico y está sujeta a diferentes procesos fonológicos que los clíticos o afijos. Para distinguir clíticos y afijos, Anderson (2005) hace una revisión bastante exhaustiva de los criterios clásicos propuestos por Zwicky y Pullum (1983), entre los que destacaremos aquí el criterio de selección. Según ese criterio, los afijos tienen una distribución mucho más restringida que los clíticos. Asimismo, el elemento clítico puede aparecer antes o después de la categoría verbal, como vemos en (1):

(1) a. Lo quiere ver.
   b. Quiere verlo.

Sin embargo, los afijos, ya sean flexivos o derivativos, son inamovibles cuando aparecen con una base. Es decir, los afijos están *ligados* a una base, mientras que los clíticos no lo están. De hecho, Zwicky y Pullum (1983) proponen una taxonomía de clíticos que depende en gran medida de la flexibilidad que muestran con respecto a una categoría huésped o anfitrión. Así, tanto los clíticos como el marcador de posesión, el llamado genitivo sajón en inglés *'s*, muestran un nivel de flexibilidad muy grande con respecto a la categoría en la que se apoyan, como ponen de manifiesto los siguientes ejemplos:

(2) Mary*'s* hat.
   Mary POSS sombrero
   'El sombrero de Mary.'

(3) The person you talked to*'s* hat.
   La persona tú hablaste a POSS sombrero
   'El sombrero de la persona con la que hablaste.'

También muchos clíticos de segunda posición de las lenguas eslavas muestran tal flexibilidad respecto al elemento en el que se apoyan, siempre y cuando obedezcan la restricción de segunda posición. Sin embargo, los clíticos pronominales de las lenguas romances son mucho más restrictivos y solo pueden aparecer como satélites de elementos verbales.

Otra distinción importante entre los afijos y los clíticos es que los afijos no son sensibles a ninguna regla sintáctica, mientras que los clíticos sí lo son. Por ejemplo, la subida del clítico delante del verbo *saber* puede quedar bloqueada por una negación, como muestran los contrastes de (4) y (5). Tal bloqueo sensible a la estructura sintáctica no lo encontramos en el caso de los afijos, puesto que una negación oracional no bloquea la afijación de los prefijos negativos *des-* o *in-* en las bases a las que se afijan:

(4) Juan lo sabe hacer.

(5) *?Juan lo sabe no hacer/Juan sabe no hacerlo.

(6) Juan no lo *des*hizo/Juan no lo *in*capacitó.

No obstante, la distinción entre afijos y categorías clíticas no ha sido siempre aceptada por todos. En los años 80, algunos autores proponen que los clíticos son afijos de concordancia (véanse Borer 1984 y Suñer 1988). Como contrapunto, están aquellos que han propuesto que las concordancias pueden ser tratadas como clíticos (véanse Rizzi 1982 y Ordóñez y Treviño 1998).

Dejando de lado la distinción entre afijos y clíticos, los investigadores, sobre todo los morfólogos, han realizado diferentes clasificaciones de los tipos de clíticos. Así, Zwicky (1977) y Halpern (2001) distinguen entre clíticos simples y clíticos especiales. Los clíticos simples son aquellos que no muestran ningún tipo de sintaxis especial y comparten la misma posición con respecto al huésped o anfitrión que las formas no clíticas. Por ejemplo, ciertos auxiliares y modales del inglés tienen una forma clítica que simplemente co-varía con la forma no clítica sin acento:

(7) You will go / You'll go.
　Tú　Aux ir / Tú'Aux ir
　'Tú irás.'

Los clíticos especiales como los de las lenguas romances aparecen en posiciones diferentes de la correspondiente forma no clítica. Así, en español, los clíticos pronominales de objeto aparecen delante del verbo flexionado, como se ve en (8), contrariamente a la posición canónica de los objetos, que se sitúan después del verbo, como se ejemplifica en (9). De hecho, la posición posverbal de los clíticos en estos contextos es imposible:

(8) a. Mara lo vio.
　　b.*Mara vio lo.

(9) Mara vio el iceberg.

Desde un punto de vista sintáctico, nuestra atención recaerá sobre los clíticos especiales. En los siguientes apartados discutiremos los diferentes análisis que se han realizado de los clíticos en la gramática generativa, empezando por los primeros análisis de movimiento en 2.1, seguido del análisis de las concordancias en 2.2 , el análisis de movimiento de núcleo en 2.3 y finalmente el análisis de los clíticos como sintagmas determinantes en 2.4. En el apartado 3 discutiremos las diferencias sintácticas entre próclisis o énclisis. En el apartado 4 discutiremos los clíticos en combinación y finalizaremos con el análisis de los clíticos en el marco del minimismo en el apartado 5.

7.2. Análisis de los clíticos en la gramática generativa

7.2.1. Clíticos y diagnósticos de movimiento

Dentro de la perspectiva generativista, el primer tratamiento influyente transformacional lo plantea Kayne (1975). Kayne propone una transformación en la colocación del clítico para explicar las diferencias existentes entre la distribución del clítico pronominal y su correspondiente SN en una lengua como el francés. Según este análisis, los clíticos y los sintagmas SN se originarían igualmente como objetos a la derecha del verbo; sin embargo, la transformación en la colocación del clítico consistiría en el movimiento de dicho elemento, previamente definido, a una posición por delante de la forma temporal del verbo en cuestión, como muestran los ejemplos de (10) y (11). El análisis transformacional, por consiguiente, da cuenta de una propiedad muy importante de los clíticos en estas construcciones: su complementariedad en distribución con el correspondiente SN como vemos en[1] (12).

(10) a. Vi lo (colocación de clítico =>)
      b. Lo vi.

(11) a. Había visto lo (colocación de clítico =>)
      b. Lo había visto.

(12) a. *Lo vi el libro.
      b. *Lo había visto el libro.

El análisis transformacional se ha ido modificando a medida que se han afinado las teorías sobre el movimiento. Aparte de la complementariedad capturada por el análisis de Kayne, hay otras razones empíricas importantes que abogan por tal análisis. Una de ellas es el fenómeno de la subida del clítico (i. e., *clitic climbing*). Como se muestra en (13), el clítico puede aparecer lejos del verbo que lo subcategoriza. Este tipo de ejemplo muestra que el movimiento puede darse más allá del verbo con el que el clítico tiene una dependencia sintáctica. Los ejemplos en (14) muestran que el movimiento del clítico puede detenerse en cualquiera de los infinitivos intermedios. El hecho de que se pueda parar en cualquiera de los infinitivos invita a pensar en la ciclicidad del movimiento o el movimiento en términos de fases (véase Chomsky 2001).

(13) Lo debería poder querer leer.

(14) a. Debería poder querer leerlo.
      b. Debería poder quererlo leer.
      c. Debería poderlo querer leer.

Pero, quizás, donde más claramente se haya mostrado que los clíticos conllevan movimiento es en el hecho observable de que los clíticos obedecen muchas de las restricciones atribuibles a otros tipos de movimiento, ya sea movimiento A o A'. A continuación destacamos los paralelismos.

7.2.1.1. La condición del sujeto especificado

Según Kayne (1975) y Sportiche (1996), la subida de clítico del francés en las causativas con *dejar* obedece a tal restricción. El verbo *dejar* en

---

[1] Hay variabilidad dialectal respecto de que el clítico y SN co-aparezcan en los diferentes dialectos del español con objetos precedidos con la preposición *a*. Los ejemplos de (12) reflejan los juicios del español peninsular estándar. También véase nota 6.

francés admite el sujeto de la subordinada de infinitivo en posición preverbal en (15a). Como se ve en (15b), el clítico que corresponde al sujeto del verbo de infinitivo sube por encima del verbo causativo. Sin embargo, cualquier clítico que corresponda a un complemento del verbo en infinitivo no puede subir al verbo de la principal por encima del sujeto de la oración de infinitivo, ya sea este sujeto un SN (15c) o un clítico (15d). Es decir, no hay subida de clítico cuando hay un sujeto especificado[2].

(15) a. Jean a laissé Pierre parler à Marie.
　　　　Juan ha dejado Pierre hablar a María
　　b. Jean l_i'a laissét_i lui$_j$ parler t$_j$.
　　　　Juan lo ha dejado le hablar
　　c. *Jean lui$_j$ a laissé Pierre parler t$_j$.
　　　　Juan le ha dejado Pierre hablar
　　d. *Jean le$_i$ lui$_j$ a laissé t$_i$ parler t$_j$
　　　　Juan lo le ha dejado hablar

7.2.1.2. Las islas *qu-* (Kayne 1989)

Si bien los clíticos pueden subir por encima de un verbo que los subcategoriza, tal movimiento puede quedar bloqueado por la presencia de un elemento interrogativo, como vemos a continuación (véanse Luján 1980, Rizzi 1982 y Kayne 1989) y como muestran los contrastes de (16) y (17):

(16) a. No lo sé leer. / No sé leerlo.
　　b. No me sé callar. / No me sé callar.

(17) a. *No lo sé *cómo* leer. / No sé cómo leerlo.
　　b. *No me sé *cómo* callar. / No sé cómo callarme.
　　c. *No lo sé *si* leer. / No sé si leerlo.
　　d. *No me sé *si* callar. / No sé si callarme.

7.2.1.3. Islas factivas (Luján 1980)

Otro elemento que parece restringir la posibilidad de movimiento del clítico lo constituyen los verbos factivos (véase Luján 1980). Como es sabido, los verbos factivos también constituyen islas débiles para la extracción de ciertos elementos *qu-* (véase Cinque 1990):

(18) a. *Lo lamentó leer.
　　b. *Lo deploró hacer.

---

[2] Tal restricción no ocurre con el verbo causativo *faire*, ya que el sujeto de la causativa no interviene en la posición preverbal de infinitivo (Kayne 1975).

7.2.1.4. Extracción de SP (Sportiche 1996)

Los clíticos no pueden ser extraídos cuando se originan dentro de un SP, de la misma manera que los elementos *qu-* (19):

(19) a. *¿Qué votó Juan por?
      b. *Juan lo votó por.

7.2.1.5. Extracción de SD (Sportiche 1996)

Las lenguas que tienen clíticos partitivos, como el catalán, el francés o el italiano, muestran paralelismos entre la extracción del clítico partitivo y la extracción de elementos *qu-* dentro de ese SD. En ambos casos la extracción no está permitida cuando el SD está encabezado por un posesivo, un artículo definido o un demostrativo, como vemos en el ejemplo del catalán paralelo al ejemplo del español:

(20) a. La persona de la qual en Joan *n'*ha vist [una foto/la foto/*la meva/*aquesta foto].
      b. La persona de la que Juan vio [una foto/*la foto/*mi/*esta foto].

7.2.1.6. Negación (Kayne 1989)

La negación puede bloquear la subida del clítico[3], como se puede apreciar en el ejemplo de (21):

(21) a.*Lo intentó *no* hacer.
      b.*La quiso *no* leer.

7.2.1.7. La concordancia (Kayne 1986 y Sportiche 1996)

Otro diagnóstico a favor de la Teoría del Movimiento lo aportan los procesos de concordancia. En primer lugar, igual que los SD sujetos pueden mantener una relación con el cuantificador flotante *todos*, los clíticos pueden estar relacionados de la misma manera, como vemos en (22):

(22) a. [Los estudiantes] salieron [todos] antes del fin de la clase.
      b. [Los] vi [a todos] antes del fin de la clase.

Sportiche (1988) propone que los sujetos forman una unidad compleja con el cuantificador flotante en el especificador SV, como en (23a). Esa unidad inicial queda deshecha una vez el sujeto SN se mueve a una posición más alta para adquirir los rasgos EPP correspondientes. De la misma manera, el clítico y el cuantificador flotante pueden formar una unidad, pero en este caso es el clítico el único elemento que se mueve a una posición preverbal, como se observa en (24):

---

[3] Para algunos casos excepcionales, véase Treviño 1993.

(23) a. [$_{SV}$ [[todos] [los estudiantes]] salieron] antes de acabar la clase.
SN Movimiento de Sujeto =>
b. [$_{ST}$ [los estudiantes]$_i$ salieron [$_{SV}$ [todos] t$_i$] antes de acabar la clase]

(24) a. Vi [[a todos] [Los]] antes del fin de la clase.
Movimiento de clítico =>
b. [Los]$_i$ vi [[a todos t$_i$]] antes del fin de la clase.

La concordancia con los clíticos también se da en los participios pasados en varias lenguas románicas, como el francés. Kayne (1986) propone un análisis en el cual el clítico entra en concordancia solo cuando se ha movido a una posición intermedia en la posición de espec, como en el caso de movimiento *qu-* de (25b) y (25c). Si no hay movimiento, como en (25a), la concordancia es imposible:

(25) a. Jean a peint(*e) la porte.
Juan ha pintad-a la puerta
b. La porte que Jean a peint*(e).
La puerta que Juan ha pintad-a
c. Jean l'a peint*(e).
Juan la ha pintad-a

7.2.2 El análisis de las concordancias y el doblado

Las razones aducidas anteriormente indican que hay paralelismos entre la distribución de clíticos y otros tipos de movimiento. Sin embargo, no todos los sintactistas están de acuerdo con la idea de movimiento. En el doblado, el clítico coaparece con el SN que lo dobla, como se observa en (26) y (27). Este fenómeno está muy extendido y muestra que la propuesta de la complementariedad del clítico y XP debe ser revisada y matizada.

(26) Les di el libro a los niños

(27) Los vi a ellos.

Borer (1984) y Suñer (1988), entre otros, abogan por la idea de que los clíticos deben ser considerados como concordancias. En este análisis se asume que los clíticos serían como afijos que aparecen junto al verbo e identifican a un SN doblado. La relación es la misma que se da entre la concordancia verbal de persona y el sujeto en una lengua con concordancia de persona fuerte. Los clíticos ya vienen con la forma verbal desde léxico, de la misma manera que otros tipos de concordancias. Borer propone, además, una regla de *Spell Out* de los clíticos que difiere paramétricamente dependiendo de si la concordancia es solo parte del verbo, como en las lenguas romances, o si las concordancias se exhiben en otras proyecciones léxicas ya sea N o P, como en hebreo.

(28) Regla de Spell Out de Borer (1986)
[$_x$X, α case] → [$_x$X [α caso, β género, γ número, δ persona]]
X = [+V] en lenguas románicas
X = V, P, N en lenguas semíticas

Además, el doblado en estas lenguas conlleva otras consecuencias sintácticas, tanto en las lenguas románicas como en las semíticas: el doblado debe aparecer precedido de una preposición. La correlación entre el doblado y la aparición de la preposición se denomina Generalización de Kayne:

(29) La vi *(a) ella.

Para explicar esta generalización, Borer (1984) y Jaeggli (1982) asumen que el clítico absorbe el caso. Así, el SN doblado debe encontrar su caso de manera alternativa. La inserción de la preposición salva la configuración al funcionar como marcador[4].

Uno de los problemas de asimilar el clítico a la concordancia es el hecho de que las concordancias son necesarias, es decir, el SN sujeto en español debe tener necesariamente una concordancia de persona y número en la forma verbal. Sin embargo, no todo SN objeto en español exige que aparezca el clítico que lo doble. De hecho, mientras muchos casos requieren doblado obligatorio, hay muchos SN que no pueden ser doblados en ningún caso en muchos dialectos:

(30) Los niños compra*(n).

(31) (*Los) vi a los niños.

A finales de los años 80 y principios de los 90 hubo un cambio fundamental en la concepción de las concordancias y de las categorías no léxicas como la flexión. En *Barriers* (Chomsky 1986) se asume por primera vez que la oración es una proyección del nudo *flexión*. Pollock (1989) propone además que el nudo *flexión* debe ser desglosado en dos nudos diferentes: uno de concordancia de persona AGRS y otro de tiempo T. Por consiguiente, el nudo oracional se compone en realidad de diferentes proyecciones funcionales de tiempo y persona. Este primer paso llevó a la proliferación del número de proyecciones funcionales, cuyas últimas consecuencias llevan a una visión cartográfica de la oración en Rizzi (1997) y Cinque (2006). Sportiche (1996) extiende esta visión y propone que los clíticos tengan sus propias proyecciones, que él denomina *voces clíticas* (i. e., *Clitic voices*). Las voces clíticas están situadas por encima del verbo y otras proyecciones funcionales, como vemos en el siguiente esquema de (32):

(32) $[_{NOMV} XP_1 \wedge NOM^0 [_{ACCV} XP_2 \wedge ACC^0 [_{DATV} XP_3 \wedge DAT^0 [XP_1 \wedge XP_2 \wedge XP_3 \wedge]]]]$

Estas ideas *per se* no son incompatibles con la hipótesis del movimiento si asumimos una tipología más elaborada de categorías varias como la de los años 80-90. Según esa tipología, la categoría vacía que identifican los sujetos es *pro* en las lenguas pro-drop. Sportiche cree que la misma relación que hay entre una concordancia rica de persona

---

[4] Para una valoración más detallada de la generalización de Kayne, véase Anagnostopoulou 2006.

para identificar a *pro* sujeto se puede extender a los clíticos y asumir que tienen un correlato nulo, como mostramos a continuación en (33):

(33) pro$_i$ lo$_j$ vim-os$_i$ pro$_j$

Sportiche concretamente propone que, al igual que hay movimiento de *pro* sujeto a AGRS o T, también hay un *pro* objeto que se origina en una posición dentro del SV y luego se mueve al especificador de la voz clítica, como se observa en el siguiente esquema:

(34) [$_{Agrs}$ pro$_i$ AGRS [$_{Acc}$ pro$_j$ ACC [$_{VP}$ t$_i$ [$_{VP}$ t$_j$]]]]

Con una visión más articulada de proyecciones funcionales y de categorías vacías, Sportiche propone una serie de parámetros que intentan dar cuenta de la variabilidad con respecto al doblado. Cuando el XP relacionado con la voz clítica es nulo, obtenemos la apariencia de no doblado; cuando el XP está realizado fonéticamente, obtenemos el efecto del doblado:

(35) Lo vi [a Juan / pro]

Desde esta perspectiva, el doblado se da en todas las lenguas, y el parámetro que las diferencia es si el XP objeto está realizado fonéticamente o no. Esta relación del XP y el clítico que lo identifica es similar a la relación que hay entre un XP, *qu-* y el núcleo C⁰. Lo que motiva en un caso y en el otro el movimiento es una relación de criterio (véase Rizzi 1996). En el caso de las palabras *qu-*, es el *criterio qu-*; en el caso de los clíticos, Sportiche propone que sea el *criterio clítico*. Estas ideas dan una visión parametrizada de las diferentes construcciones clíticas en las lenguas en general. Quedan por resolver, entonces, otras cuestiones, como la de explicar la correlación entre doblado de clítico y la generalización de Kayne, o la correlación que existe entre doblado de clítico y la especificidad. En ese sentido, Sportiche hace un paralelismo entre los efectos de especificidad del doblado de OD en lenguas como el español rioplatense (Suñer 1988) y los efectos de especificidad como *scrambling* (véase Suñer 2009).

En conclusión, Sportiche da por primera vez una visión articulada y amplia de las diferencias paramétricas que pueden distinguir las lenguas con respecto al doblado. El objetivo es ampliar esta visión a otros tipos de construcciones y a más grupos tipológicos de lenguas. Otro aspecto interesante de esta propuesta es que muestra que las dos posiciones sobre la distribución de clíticos, movimiento y concordancia no son irreconciliables.

7.2.3. El análisis de movimiento de núcleo

Otro avance teórico vino de la mano de la introducción del movimiento de núcleo de Chomsky (1986). La idea, ya aplicada a los verbos (véase Pollock 1989, entre otros), pasa a ser extendida a los clíticos. Los clíticos son elementos deficientes morfológicamente que se adjuntan a otros núcleos a través de la incorporación (véase Kayne 1989, 1991). En las lenguas como el francés o español se adjuntan al elemento verbal que esté en el nodo tiempo:

(36) $CL_i+V+T[_{VP} V t_i]$

Según Kayne (1991), estos dos tipos de movimiento nuclear –movimiento del clítico y movimiento del verbo– interactúan para darnos las posibles posiciones de los clíticos con respecto a los verbos y de otros elementos como la negación, elementos adverbiales, etc. Las posibilidades de crear un contexto de proclisis (clítico delante del huésped o anfitrión) o enclisis (clítico después del huésped o anfitrión) se pueden solucionar si se propone que el verbo se ha movido por encima del punto de llegada de los clíticos en enclisis pero no en proclisis. Según Kayne (1991), la adjunción del clítico se da a la izquierda del verbo como en (37a) y el verbo se ha movido por encima en enclisis como en (37b) en las lenguas románicas:

(37) a. CL+T V   (proclisis)   Lo compro
     b. V+CL+T   (enclisis)   Comprarlo

El movimiento de núcleo es una pieza fundamental en la subida de los clíticos (i. e., *clitic climbing*). Kayne (1989) asume que la proyección CL+T se puede mover como una unidad nuclear por las diferentes proyecciones por las que pasa en su ascenso, tal como presentamos en (38) y (39). Obsérvese que este movimiento nuclear del complejo CL+T se produce a través del núcleo del complementante que aparece al frente de la subordinada de infinitivo. En este sentido, se trataría de un movimiento nuclear que va más allá de su propia cláusula:

(38) $Lo+T_i$ quiso+T $[_{CP} t_i [_{SFlex}$ comprar $t_i]]$
(39) $CL+T_i$ V+T $[_{CP} t_i[_{SFlex}$VINF $t_i]]$

El movimiento nuclear a la proyección superior queda bloqueado en el caso de que el núcleo del complementante ya esté ocupado. Los elementos *qu-* que ocupan el núcleo de SComp serían bloqueadores de la subida del complejo nuclear CL+T[5]:

(40) *No lo + sé $[_{SComp}$ si $[_{SFlex}$ comprar]]

La negación tendría el mismo efecto, desde esta perspectiva[6]:

(41) *Lo + quiere $[_{SComp} [_{Neg P}$ no $[_{SV}$ comprar]]]

Según esta hipótesis, la adjunción del clítico a T es un prerrequisito para la posterior subida del complejo nuclear a T. Kayne propone que

---

[5] En el caso de los sintagmas *qu-* situados en el especificador de SComp, debemos asumir que el núcleo de esa proyección está ocupado por un núcleo *qu-* vacío que bloquea igualmente el movimiento del verbo.

[6] Kayne articula este bloqueo en términos de rección por antecedente dentro del modelo de las *Barreras* de Chomsky (1986). Obviamente, la hipótesis tendría que actualizarse en términos minimistas a través del mecanismo de concordancia a larga distancia (Chomsky 2001).

el movimiento del clítico por SComp solo se produce en aquellas lenguas en que T sea lo suficientemente robusto para hacer que el SV no sea una barrera para el movimiento del clítico hacia C. La robustez está basada en la correlación con la capacidad de tener sujetos nulos. Lenguas como el catalán, el español y el italiano, que son lenguas con sujetos nulos, tienen un T robusto dada su riqueza flexional (véase Rizzi 1982) y, por consiguiente, permiten la subida de los clíticos por encima de su SV. Por otro lado, las lenguas con T débil que no son lenguas de sujeto nulo, como el francés actual, no permitirían esa subida de los clíticos por encima de su SV a la oración matriz. De esta manera se capta la distinción paramétrica de que solo las lenguas con sujeto nulo permiten la subida de clíticos con los verbos modales y de percepción:

(42) No lo + T quiere [SComp [T fuerte [SV hacer]]

(43) *Jean le + T veut [SComp [T débil [SV faire]]

Además de la diferencia paramétrica que se acaba de señalar, se da en estas construcciones otro tipo de correlación: los verbos que admiten la subida de los clíticos son fundamentalmente los de control de sujeto, ya que apenas hay verbos de control de objeto que lo permitan, como muestran los datos de (44). Según Kayne, esta situación es debida a que, en los verbos de control de sujeto, el tiempo de la oración principal y el de la subordinada comparten el mismo sujeto, mientras que eso no es así con los verbos de control de objeto:

(44) a. *Me los sugirieron leer pronto.
    b. *Me los suplicaron dejar en mi maleta.

En conclusión, pueden mencionarse tres consideraciones: (a) existe una correlación clara entre la subida de clíticos con verbos modales y la posibilidad de tener sujetos nulos; (b) la negación y los elementos interrogativos en SComp ejercen un efecto de bloqueo en el ascenso de clíticos, y (c) la falta de subida de clíticos con los verbos de control de objeto parece indicar que, efectivamente, el movimiento de los clíticos debe tratarse como movimiento de un núcleo a una proyección superior. Otros lingüistas como Sportiche (1996) y Belletti (1999) presentan una visión más articulada del movimiento de los clíticos. Si bien aceptan que el movimiento final donde se adjunta el clítico debe ser considerado movimiento de núcleo, observan que debe haber un paso anterior en el que el movimiento sea el de una proyección sintagmática máxima que contiene al clítico como único elemento realizado fonéticamente. Prueba de ello es que el clítico, como XP puede llevar a la concordancia con el participio pasivo en francés como en (45), como lo haría una palabra interrogativa XP en (46). El clítico con su proyección se mueve como categoría máxima en (47b) y luego se adjunta como núcleo en (47c):

(45) Je l´ai offertE t.   (francés)
    Yo la he dad-a.

(46) L'écharpe$_i$ que tu as offertE t$_i$.   (francés)
      La bufanda(FEM) que tú has regalad-a(FEM) t.

(47) a. Ho visto [$_{XP}$ li] → movimiento de XP al especificador del participio
       pasado.
     b. Ho [$_{XP}$ li] visti → movimiento del núcleo clítico y adjunción a tiempo
     c. Li + T ho [$_{XP}$ t] visti   (italiano)

7.2.4 . El análisis de clíticos como SD

El español, aunque no presente pruebas de la existencia de este movimiento a una proyección intermedia con participios pasados sí que da
pruebas de una proyección máxima al inicio del movimiento: el doblado de los clíticos como vemos en (48)[7].

(48) a. Le di el libro a Juan.
     b. La vi a ella

El caso de doblado es paralelo a los ejemplos que vimos en el apartado anterior con el análisis de cuantificadores flotantes y pronombres
discordantes. Según aquel análisis, el elemento doblado y el clítico
formarían una proyección máxima única[8]. Uriagereka (1995) y Torrego
(1995) proponen, siguiendo la idea originaria de Postal (1969), que el
clítico es el núcleo de un SD y el doblado se origina en el especificador
de este:

(49)

Como en los ejemplos del análisis de los cuantificadores de Sportiche (1988), el doblado quedaría detrás cuando se produce el movimiento del núcleo. Por lo tanto, en algún punto de la derivación debe producirse esta separación. La separación del núcleo del resto del SD puede
producirse al principio o en algún punto intermedio[9]. Esto llevaría a la

---

[7] Hay variación dialectal en español sobre si OD y OI permiten doblado. El dialecto del Río
de la Plata permite el doblado con OD nominales y específicos, lo cual no está permitido en muchos otros dialectos (véase Suñer 1988). Por razones de tiempo y de espacio, no voy a tratar aquí
de dar cuenta de las restricciones del doblado en estas lenguas ni de otros posibles análisis que se
puedan ofrecer al respecto.

[8] Este análisis de clíticos como SD no dice mucho sobre las condiciones que propician el
doblado, ya sea especificidad o animalidad. En caso de que el clítico no sea doblado, se asume
que existe un equivalente vacío del SD doblado. Por ejemplo, Sportiche (1996) propone que sea
pro. En todo caso, parece claro que podríamos concebir que sea un pronombre vacío.

[9] Cechetto (1999), Villalba (2000) y Kayne (1994) adoptan un análisis de las dislocaciones en
el cual el clítico y el elemento dislocado forman una unidad única que queda separada posteriormente con el movimiento del clítico y del elemento dislocado respectivamente.

conclusión de que parte del movimiento de clíticos es movimiento de proyecciones máximas. La idea de que los clíticos son el núcleo de un sintagma determinante da cuenta de varios factores fundamentales. En primer lugar, en la mayoría de las lenguas románicas la categoría de clítico y determinante es la misma o muy parecida. Este dato es de especial interés ya que, si se tratase de categorías totalmente distintas, es decir, una categoría clítico y una categoría determinante, no esperaríamos tal paralelismo. La descomposición de los clíticos en lenguas como el español muestra que la composición morfológica es paralela de manera clara:

(50) l-o-s niñ-o-s

(51) l-a-s niñ-a-s

(52) l-a-s noch-e-s

Harris (1996) propone que los clíticos de tercera persona deben ser analizados de la misma manera:

(53) l-o-s, l-a-s, l-e-s

Si bien la idea de que los clíticos son determinantes parece capturar tal paralelismo entre ambas categorías, la hipótesis no está exenta de problemas. El paralelismo parece funcionar muy bien para los clíticos de tercera persona acusativos; sin embargo, la identidad es siempre parcial e idiosincrática en muchos casos. Por ejemplo, tal identidad no se da en lenguas en las que el sistema de clíticos y determinantes ha derivado de diferentes pronombres, como, por ejemplo, el catalán baleárico o el sardo. En estas lenguas los determinantes proceden del *ipse* del latín y no del *ille*.

Por otro lado, la hipótesis de que hay un SD que contiene una estructura más compleja con el clítico y el SD doblado ha sido extendida de manera plausible al análisis de las dislocaciones a la derecha y dislocaciones a la izquierda con clítico. Eso ha permitido adoptar teorías de movimiento con respecto a las dislocaciones a la izquierda y a la derecha en las cuales los clíticos aparecen junto al elemento dislocado en una posición inicial y luego se da el movimiento del SD dislocado asociado con el clítico a una posición de la periferia izquierda (véanse los trabajos de Cecchetto 1999, Kayne 1994 y Villalba 2000).

7.3. Enclisis y proclisis

Dentro de la tradición que asume que los clíticos son núcleos, otro punto de interés ha sido la dirección de adjunción de los clíticos a las diversas proyecciones funcionales. Hasta finales de los años 80 se asumía que proclisis era adjunción a la izquierda y enclisis era adjunción a la derecha con respecto a un huésped o anfitrión. Sin embargo, tal teoría resulta demasiado permisiva, ya que asume que proclisis y enclisis tienen el mismo comportamiento sintáctico. Benincà y Cinque (1993) observaron que los dos tipos de relaciones son asimétricas. Por ejemplo, la coordinación de verbos con bases similares con proclisis está permitida pero la coordinación con enclisis no lo permite:

(54) Lo lee y relee sin cesar.

(55) *Para poder leer y releerlo.

Benincà y Cinque (1993) también observan que algunas lenguas permiten la coordinación de ciertos clíticos en proclisis, como el francés. Sin embargo, tal coordinación es imposible en enclisis:

(56) Je lui et vous rendras un service.
   Yo le y te haría un favor.

(57) *Écrit-nous et lui!
   Escríbenos y le.

Los datos sobre la coordinación muestran que la relación entre clítico y anfitrión es más estrecha con enclisis que con proclisis. También la fonología nos lleva a la misma conclusión. Así, Ordóñez y Repetti (2006) muestran que solo la enclisis produce desplazamiento del acento verbal en ciertas variedades romances, pero en ningún caso encontramos desplazamiento del acento verbal con proclisis. Estos datos, donde indicamos el patrón acentual con una tilde, sugieren que la relación de clítico y anfitrión es más estrecha con enclisis que con proclisis.

(58) La compra   (catalán de Menorca)

(59) Comprá-la   (catalán de Menorca)

Finalmente, Kayne (1992) muestra que desde un punto comparativo hay asimetrías entre formas finitas, no finitas e imperativos. Así, en tiempos finitos la proclisis es predominante, mientras que la enclisis aparece en una distribución sintáctica y discursiva marcada y especial. La enclisis en cláusulas principales finitas está ligada a la ley Tobler-Mussafia, que evita los clíticos al principio de la oración. A eso hay que añadir que todas las lenguas románicas con una marca de imperativo especial son consistentemente enclíticas. Todas estas consideraciones llevan a suponer a Kayne (1992) que no hay libre opción de adjunción a la derecha y a la izquierda del clítico al verbo. De hecho, Kayne prohíbe la adjunción de clíticos a la derecha y concluye que en proclisis el clítico no está adjuntado al mismo núcleo que el verbo, sino que, contrariamente a lo que se había asumido hasta entonces, el hecho de que un clítico esté en proclisis y sea fonológicamente adyacente al verbo no indica necesariamente que el clítico y el verbo formen una misma unidad sintáctica nuclear (véase Kayne 1994). La alternativa propuesta es que el clítico, el verbo y la proclisis están en diferentes proyecciones sintácticas adyacentes una a otra. Tal idea no es tan descabellada si pensamos en los ejemplos de interpolación en lenguas como el portugués y el francés. Como es bien sabido, la llamada interpolación permite que ciertos adverbios y la negación puedan aparecer entre el verbo y el clítico, como en (60) y (61), si bien este fenómeno no lo encontramos en la enclisis.

(60) En bien parler.   (francés)
     Cl bien hablar
     Hablar bien de alguien o de algo.

(61) Que ele o não viu.   (portugués europeo)
     Que él lo no vio.

Así, Kayne propone que todos los casos de proclisis sean casos en los que el clítico no está adjuntado directamente al verbo, como la interpolación. Desde esta perspectiva y asumiendo una rica estructura de proyecciones funcionales, se llega a la conclusión de que los clíticos están adjuntados a una proyección superior a la proyección en la que se encuentra el verbo y no forman ninguna unidad nuclear con él. El clítico se adjunta a una posición funcional vacía por encima del verbo, como indicamos a continuación:

(62) Cl+X^0 V^0+T^0 (proclisis)

Por el contrario, los datos de enclisis parecen indicar que sí (que) se puede obtener esa unidad nuclear requerida, ya sea a nivel prosódico o sintáctico. El verbo constituye otro aspecto fundamental de la diferencia entre enclisis y proclisis. Como ya dijimos anteriormente, es más lógico pensar que los verbos se han movido a proyecciones funcionales más altas en los casos de enclisis que en los casos de proclisis. La conclusión a la que llegamos desde esta perspectiva es que la proclisis y la enclisis no son procesos simétricos sino procesos totalmente asimétricos en su distribución morfológica, fonológica y sintáctica. De hecho, Kayne (1994) toma una posición más radical y asume que toda adjunción a la derecha del núcleo no está permitida para ningún proceso en la Gramática Universal.

7.4. Combinaciones

El hecho de que la adyacencia fonológica del verbo y del proclítico no sea adyacencia sintáctica, abre la posibilidad de que las combinaciones de clíticos puedan ser de dos tipos. Por un lado, la adjunción de un clítico a otro puede darse cuando un clítico se adjunta inmediatamente a la izquierda del otro en lo que Kayne llama combinación amalgamada, como en (63); por otro, la adjunción puede darse separada o que cada clítico esté adjuntado a una proyección sintáctica adyacente pero diferente en lo que Kayne llama combinación partida, como en (64). En todos los casos, los clíticos se adjuntan a proyecciones funcionales vacías que aquí denominamos X^0 e Y^0:

(63) Cl_1+Cl_2+X^0V^0+T^0 (combinación amalgamada)

(64) $Cl_1 + Y^0$ $Cl_2 + X^0 V^0 + T^0$ (combinación partida)

Como consecuencia, las combinaciones de clíticos pueden ser de dos tipos: combinaciones amalgamadas o combinaciones partidas. Tanto Cardinaletti (2008) como Kayne (1994), Ordóñez (2000) y Terzi (1999) sugieren que ambos tipos pueden ser realizados en varias lenguas y que la existencia de uno u otro determina la distribución de cada tipo de combinación. La conclusión a la que llegan todos los autores anteriores es que las combinaciones partidas tienen una distribución más restringida. Así, Terzi (1999) muestra que la combinación partida no puede aparecer en proclisis en griego. Por el contrario, la combinación amalgamada puede aparecer tanto en proclisis como en enclisis. Por el contrario, Ordóñez (2000) muestra que la combinación amalgamada es la de (65) en español estándar y la combinación partida es la de (66) en español no estándar. De esta manera, la combinación partida no puede realizarse en enclisis en los dialectos que la permiten en proclisis como en (67). El análisis propuesto para los diferentes órdenes *se me* y *me se* queda reflejado en (68) y (69) respectivamente:

(65) Se me escapó.

(66) Me se escapó. (no estándar)

(67) *Podría escapármese.

(68) $Se + me + X^0$ $V^0 + T^0$ (combinación amalgamada)

(69) $Me + Y^0 se + X^0 V^0 + T^0$ (combinación partida)

7.5. Los clíticos y el minimismo

En los apartados anteriores hemos visto que los clíticos pueden ser tratados como proyecciones máximas y que finalizan como proyecciones nucleares que se adjuntan a otro núcleo; esa proyección final es, por lo general, otra proyección funcional. En Chomsky (2001) se pone en duda que el movimiento de núcleo sea una operación que se dé en la sintaxis en el sentido estricto. Desde la perspectiva de Chomsky (2001), el movimiento de núcleo es una operación de la FF (Forma Fonética), ya que no tiene ninguna repercusión en la interfaz Conceptual-Intencional. Tal es la postura también defendida por Matushansky (2006), quien asume que los clíticos se mueven como proyecciones máximas/mínimas a una posición del especificador del núcleo en el que se hospedan. En el caso de los clíticos verbales, la posición que ocuparían sería en el especificador de la proyección funcional donde se halla el verbo, el auxiliar, etc. En esa estructura se produce lo que ella denomina la operación morfológica de *M-merger*. Esta es una operación que ocurre en el componente morfológico y fusiona el clítico como proyección máxima con el núcleo funcional de la proyección funcional en la que se encuentra. Es fundamental que, para que se produzca tal operación, deba haber una relación de núcleo-especificador. Como consecuencia, el movimiento del clítico como categoría máxima-mínima a esta proyección donde está el verbo o auxiliar es necesario. La operación de *M-merge* es una operación del componente morfológico y relega al final de la derivación el punto en que el clítico se une morfológicamente al huésped. Aquí presentamos el esquema:

(70) $[_{GP}$ H $[_{G'}$ G HP]] $\rightarrow$ $[_{GP}$ H G $[_{G'}$ HP]]

Roberts (2010), por el contrario, da razones para asumir que el movimiento de núcleo debe pertenecer a la sintaxis en el sentido estricto. Roberts adopta el modelo minimista de sondas y metas en el que núcleos de fase actúan como sondas para otras categorías en la fase correspondiente. La sonda entra en la operación CONCUÉRDESE y conlleva o no el movimiento de la meta. Roberts propone que los clíticos son categorías mínimas defectivas que tienen rasgos puramente gramaticales de número y persona, y que ni siquiera tienen rasgos de caso. Lo que caracteriza las lenguas con clíticos es que tienen estas categorías especiales, cuyos rasgos son siempre un subconjunto de los rasgos contenidos en la sonda. Roberts argumenta que la incorporación a la sonda solo se da si la meta tiene un número de rasgos no distintos de la meta. Bajo estas circunstancias especiales, sonda y meta entran en una relación de CONCUÉRDESE. Después, la operación de reducir cadenas de Nunes (2004) se encarga de que solo la sonda sea la parte que quede en la FF. En el siguiente esquema la sonda iϕ concuerda con la categoría defectiva ϕ en V:

(71)

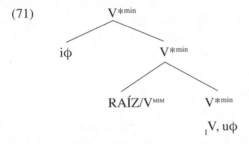

Una de las consecuencias más interesantes de esta hipótesis es que las sondas de los clíticos coinciden con las de las fases. Roberts incorpora de este modo la cliticización a la Teoría de las Fases de Chomsky (2001): si la sonda está en v, entonces los clíticos son verbales; si la sonda está en C, entonces los clíticos son los clíticos de segunda posición que encontramos en muchas de las lenguas eslavas en la actualidad y que era un patrón requerido en estadios anteriores de muchas lenguas románicas[10].

---

[10] Véase Matushanksy 2011, para una visión crítica de esta hipótesis.

7.6. Conclusiones

Las conclusiones a las que podemos llegar es que hay bastante consenso en que los clíticos constituyen categorías defectivas morfológicamente que deben apoyarse en un huésped, como mostramos en nuestra caracterización inicial (sección 1). Los dos análisis que habían sido considerados irreconciliables, el de movimiento (sección 2.1) y el de concordancias (sección 2.2), no son incompatibles desde una concepción más articulada del movimiento y del conjunto de proyecciones funcionales, como vimos en los análisis de Sportiche. La idea de movimiento de núcleo (sección 2.3) se puede adaptar al fenómeno del doblado si tenemos en cuenta el análisis de clíticos como SD de la sección 2.4. De particular interés para la teoría de los clíticos es el análisis de las diferencias entre proclisis y enclisis en la sección 3 y el análisis de combinaciones de clíticos en la sección 4. Con el minimismo y la cartografía se han abierto nuevos puntos de interés, investigación y debate en todos estos puntos anteriores. Desde el punto de vista minimista se busca llegar a un sistema simple que imponga un número mínimo de operaciones y que dé explicación de este fenómeno. La eliminación de movimiento de núcleo ha sido el tema más debatido con respecto a la incorporación de la teoría de los clíticos a este respecto, como vimos en la sección 5. Hace falta más investigación para dar cuenta de toda la gama de cuestiones que plantean los clíticos respecto, a su distribución y propiedades morfológicas. Queda sobre la mesa una cuestión fundamental: cuál es la razón que motiva tal movimiento en la sintaxis. Por otro lado, desde el punto de vista cartográfico la cuestión fundamental que se plantea es llegar a describir todas las posibles posiciones a las que los clíticos pueden acceder en las diferentes lenguas románicas.

Bibliografía

ANAGNOSTOPOULOU, E. (2006), «Clitic doubling», en M. Everaert y H. van Riemsdijk (eds.), *The Blackwell Companion to Syntax*, Malden, Mass., Blackwell, pp. 519-581.

ANDERSON, S. R. (2005), *Aspects of the theory of clitics*, Oxford, Oxford University Press.

BELLETTI, A. (1999), «Italian/Romance clitics: structure and derivation», en H. van Riemsdijk (ed.), *Clitics in the Languages of Europe*, Berlín, Mouton de Gruyter.

BENINCÀ, P. y CINQUE, G. (1993), «Su alcune differenze fra enclisi e proclisi», en *Omaggio a Gianfranco Folena*, Padua, Programma, pp. 2.313-2.326.

BONET, E. (1991), *Morphology after syntax: Pronominal clitics in Romance*, tesis doctoral, MIT.

— (1995), «Feature structure of Romance clitics», *Natural Language and Linguistic Theory* 13, pp. 607-647.

BORER, H. (1984), *Parametric Syntax,* Dordrecht, Foris.

CARDINALETTI, A. (2008), «On different types of clitic clusters», en C. de Cat y K. Demuth (eds.), *The Bantu-Romance Connection: A comparative investigation of verbal agreement, DPs, and information structure*, Amsterdam, John Benjamins, pp. 41-82.

CECHETTO, C. (1999), «A comparative analysis of left and right dislocation in Romance», *Studia Linguistica* 53, 1, pp. 40-67.

CHOMSKY, N. (1986), *Barriers,* Cambridge, Mass., MIT Press

— (1995), *The minimalist program,* Cambridge, Mass., MIT press.

— (2001), «Derivation by Phase», en M. Kenstowicz (ed.), *Ken Hale: A Life in Language,* Cambridge, Mass., MIT Press, pp. 1-52.

CINQUE, G. (2006), *Restructuring and Functional Heads,* Oxford, Oxford University Press.

HARRIS, J. (1995), «The morphology of Spanish clitics», en H. Campos y P. Kempchinsky (eds.), *Evolution and Revolution in Linguistic Theory,* Washington DC, Georgetown University Press, pp. 168-197.

HALPERN, A. (2001), «Clitics», en Andrew Spencer y Arnold M. Zwicky (eds.), *Handbook of Morphology,* Londres, Blackwell.

JAEGGLI, O. (1982), *Topics in Romance syntax,* Dordrecht, Foris.

KAYNE, R. (1975), *French Syntax,* Cambridge, Mass., MIT Press.

— (1986), «Facets of Past participle agreement», en P. Benincà (ed.), *Dialect Variation and theTheory of Grammar,* Dordrecht, Foris, pp. 85-103.

— (1989), «Null subjects and clitic climbing», en O. Jaeggli y K. Safir (eds.), *The Null Subject Parameter,* Springer, pp. 239-261.

— (1991), «Romance Clitics, Verb Movement and PRO», *Linguistic Inquiry* 22, 4, pp. 647-686.

— (1994), *The Antisymetry of Syntax,* Cambridge, Mass., MIT Press.

LUJÁN, M. (1980), «Clitic promotion and mood in Spanish verbal complements», *Linguistics* 18, pp. 381-484.

MATUSHANSKY, M. O. (2006), «Head-movement in linguistic theory», *Linguistic Inquiry* 37, pp. 69-109.

— (2011), «Review article: Ian Roberts' Agreement and head movement: Clitics, incorporation, and defective goals», *Journal of Linguistics* 47, pp. 538-545.

NUNES, J. (2004), *Linearization of chains and Sidewards movement,* Cambrige, Mass., MIT Press.

ORDÓÑEZ, F. (2002), «Some Clitic Combinations in the Syntax of Romance Catalan», *Journal of Catalan Linguistics* 1, pp. 201-224.

— y E. TREVIÑO (1999), «Left Dislocated Subjects and the Pro-drop Parameter: A Case Study of Spanish», *Lingua* 107, pp. 39-68.

— y L. REPETTI (2006), «Stressed Enclitics?», en J.-P. Montreuil (ed.), *New Analyses on Romance Linguistics: Volume II: Phonetics, Phonology and Dialectology (Selected Papers from the 35th LSRL 35),* Amsterdam/Filadelfia, John Benjamins, pp. 167-181.

POLLOCK, J.-Y. (1989), «Verb Movement, Universal Grammar, and the Structure of IP», *Linguistic Inquiry* 20, 3, pp. 365-424.

POSTAL, P. (1969), «On so-called "pronouns" in English», en D. Reibel y S. Schane (eds.), *Modern studies in English,* Englewood Cliffs, NJ, Prentice-Hall, pp. 201-224.

RIZZI, L. (1982), *Issues in Italian syntax,* Dordrecht, Foris.

— (1990), *Relativized minimality,* Cambridge, Mass., MIT Press.

— (1996), «Residual verb second and the wh-criterion», en A. Belletti y L. Rizzi, *Parameters and functional heads,* Oxford, Oxford University Press, pp. 63-91.

— (1997), «The Fine Structure of the Left Periphery», en L. Haegeman (ed.), *Elements of Grammar,* Dordrecht, Kluwer, pp. 281-337.

ROBERTS, I. (2010), *Agreement and Head Movement: Clitics, Incorporation, and Defective Goals,* Cambridge, Mass., MIT Press.

SPORTICHE, D. (1988), «A Theory of floating quantifiers and its corollaries for constituent structure», *Linguistic Inquiry* 19, 2, pp. 425-451.

— (1996), «Clitic constructions», en J. Rooryck y L. Zaring (eds.), *Phase Structure and the Lexicon,* Bloomington, IULC, pp. 213-236.

— (1998), *Partitions and Atoms of Clause Structure: Subjects, Agreement, Case and Clitics,* Routledge Leading Linguists, 2, Londres, Routledge.

SUÑER, M. (1988), «The role of agreement in clitic-doubled constructions», *Natural Language & Linguistic Theory* 6, 3, pp. 391-434.

— (2009), «Object-shift: Comparing a Romance Language to Germanic», *Probus* 12, pp. 261-289.

TERZI, A. (1999), «Clitic combinations, their hosts and their ordering», *Natural Language & Linguistic Theory* 17, 1, pp. 85-121.

TORREGO, E. (1995), «On the nature of clitic doubling», en H. Campos y P. Kempchinsky (eds.), *Evolution and revolution in linguistic theory,* Washington DC, Georgetown University Press, pp. 399-418.

— (1996), «On Quantifier Float in Control Clauses», *Linguistic Inquiry* 27, pp. 111-126.

URIAGEREKA, J. (1995), «Some Aspects of the Syntax of Clitic Placement in Western Romance», *Linguistic Inquiry* 26, pp. 79-123.

VILLALBA, X. (2000), *The syntax of sentence periphery,* tesis doctoral, Universitat Autònoma de Barcelona.

ZWICKY, A. N. (1977), *On Clitics,* Indiana Linguistcs Club, Indiana University.

— y G. K. PULLUM (1983), «Cliticization vs. Inflection: English N'T», *Language* 59, 3, pp. 502-513.

8 Subordinación: indicativos y subjuntivos[1]

JUAN URIAGEREKA
University of Maryland

8.1. Introducción[1]

Una distinción clásica separa las oraciones en simples y complejas (o compuestas; cf. RAE-ASALE 2009: §§1.13.l-1.13.u.; Hernanz 2002; Bosque y Gutiérrez-Rexach 2009, entre otros). Las primeras se caracterizan por contener una relación predicativa (un único verbo) y por su independencia sintáctica; las segundas, por la presencia de más de una predicación verbal, siendo una dependiente de la otra. Según este criterio, el ejemplo de (1) ilustra una oración simple y los de (2) contienen la misma oración, pero como subordinada[2]:

(1) [$_{SC}$ Los políticos dicen chorradas]

(2) a. [$_{SC}$ Que los políticos dicen chorradas] ... lo sabe todo el mundo
b. Me pregunto ... [$_{SC}$ si los políticos dicen chorradas]

La palabra *subordinación* (del griego, *hipotaxis*) alude a un tipo de dependencia –una relación estructural– cuya fenomenología va más allá del ámbito oracional: no solo se aplica a oraciones, como la de (3a), sino también al SN de (3b), el SA de (3c) o el SAdv de (3d):

(3) a. [$_{SC}$ María sabe [$_{SC}$ que tienes razón]]
b. [$_{SC}$ María sabe [$_{SN.}$ la verdad]]

---

[1] Este capítulo forma parte de una investigación más amplia desarrollada con Ángel Gallego, a quien agradezco que me haya invitado a participar en este volumen. Gracias también a dos revisores anónimos, cuyos comentarios me han ayudado a mejorar diferentes aspectos del trabajo.

[2] Para las oraciones utilizaré la etiqueta "SC" (Sintagma Complementante; cf. Chomsky 1986). No es necesario asumir una representación cartográfica para el SC (cf. Rizzi 1997).

c. [$_{SC}$ Estoy [$_{SA}$ cansado de hacer lo mismo]]

d. [$_{SC}$ Lo dejé [$_{SAdv}$ encima de la mesa]]

La clave de las representaciones de (3) es que una de las estructuras se encuentra dentro de (es subordinada a) la otra.

Además de la subordinación, los manuales y gramáticas suelen mencionar la existencia de modos de combinación que establecen una dependencia menos estrecha entre los elementos que se combinan: coordinación y yuxtaposición (cf. Etxepare 2012).

(4) a. Pienso, luego existo.   COORDINACIÓN

b. Llegó, vio, venció.   YUXTAPOSICIÓN

Formalmente, las dependencias de (4) se reducen a una misma configuración, en la cual no hay la relación de inclusión del estilo de (3), tal como se indica en (5):

(5) a. [$_{SC}$ Pienso], [$_{SC}$ luego existo]

b. [$_{SC}$ Llegó], [$_{SC}$ vio], [$_{SC}$ venció]

El objetivo de este capítulo es revisar los aspectos más importantes de la subordinación, de la cual existen tres tipos bien definidos, si se adopta el criterio funcional de la tradición (cf. RAE 1931, 1973): sustantiva (o completiva), adjetiva (o de relativo) y adverbial (o circunstancial)[3]. Por motivos de espacio me centraré en la subordinación sustantiva, prestando especial atención a la diferencia entre las oraciones en indicativo y en subjuntivo. Discutiré cómo esos dos tipos de dependientes oracionales presentan propiedades que van más allá de aspectos meramente morfológicos: solo el subjuntivo manifiesta características genuinas de subordinación, mientras que el indicativo se comporta en muchos aspectos como un dominio más opaco, más cercano al de la coordinación.

La distinción entre indicativo y subjuntivo plantea preguntas de diferente naturaleza. Algunas tienen que ver con la variación lingüística, sobre todo si comparamos las lenguas románicas con aquellas en las que no hay manifestación morfológica equivalente (p. e., inglés), o con aquellas en las que el indicativo manifiesta un comportamiento radical, más propio de la coordinación (p. e., el ruso). Otras preguntas son más teóricas y requieren plantearse cuál es la relación entre los diferentes tipos de complementos nominales (SNs con determinante, SNs sin determinante, singulares escuetos, pronombres átonos, etc.; cf. Bosque 1996) y oracionales (indicativos, subjuntivos, infinitivos, etc.; cf. Hernanz 1999, RAE-ASALE 2009, Etxepare 2012) que puede seleccionar un verbo.

---

[3] Cf. Brucart 1999, para las oraciones de relativo, y Brucart y Gallego 2009 y Bosque y Gutiérrez-Rexach 2009, para las adverbiales (o circunstanciales). Según Brucart y Gallego 2009, las llamadas oraciones adverbiales no tienen un estatus independiente y deben analizarse, bien como completivas (en el caso de las condicionales, finales y causales), bien como relativas enfáticas (en el caso de las concesivas), bien como relativas (en el caso de las de lugar, tiempo y modo). Por motivos de espacio, no consideraré el análisis de estas estructuras.

(6) *Tipología de complementos nominales*
　a. Michael Corleone tiene [$_{SN}$ los mejores negocios]
　b. Michael Corleone tiene [$_{SN}$ muchos negocios]
　c. Michael Corleone tiene [$_{SN}$ negocio]

(7) *Tipología de complementos oracionales*
　a. Michael Corleone dice [$_{SC}$ que no es nada personal]
　b. Michael Corleone desea [$_{SC}$ que no sea personal]
　c. Michael Corleone quiere [$_{SC}$ ser profesional]

Varios factores determinan la selección de unos argumentos u otros (cf. Mateu en este volumen). Solo determinados predicados verbales pueden seleccionar el modo subjuntivo (cf. Bosque 2012 y Quer 1998, 2006) y la selección de SNs sin determinante obedece igualmente a restricciones semánticas específicas (cf. Bosque 1996), como se ve en (8):

(8) a. A Churchill le gustaban [$_{SN}$ {los puros/*puros}]
　　b. Carlos I quería [$_{SC}$ que {saqueasen/*saquearon} Roma]

Dentro de los marcos teóricos generativistas, en general se supone que la selección de un argumento se realiza mediante Ensamble Externo (cf. Hale y Keyser 1993 y capítulo 3). El Ensamble Interno (o Movimiento) se reserva para fenómenos que tienen que ver con la estructura informativa y el discurso (tópicos, focos, etc.) (cf. Rizzi 1997 y capítulo 2). En el ejemplo de (9a), la selección de los argumentos *el barco* y *al puerto*, por parte del verbo *llegar*, tiene lugar por ensamble directo del verbo con cada uno de ellos; en (9b), el proceso de focalización requiere aplicar una transformación de movimiento del SP *a las ocho*.

(9) a. Llegó el barco al puerto a las ocho.
　　b. ¡A LAS OCHO llegó el barco al puerto!

En este capítulo defenderé la hipótesis de que la sintaxis de los complementos en indicativo puede recurrir a una combinación de Ensamble Externo y Ensamble Interno, de manera similar a lo que pasa en los casos de doblado pronominal (cf. Torrego 1995 y Uriagereka 2001, 2005) o incorporación (cf. Baker 1988 y Hale y Keyser 1993). Esta doble opción parece estar relacionada con el tipo de Caso que recibe el argumento interno de un verbo transitivo (acusativo o partitivo; cf. Belletti 1988 y Uriagereka 1988, 2006).

La idea de que estos dependientes se construyen de manera diferente tiene su origen en Davidson (1969) y se remonta a una intuición de Andrés Bello (cf. Bello 1847). Rivero (1971) y Torrego y Uriagereka (1992) proponen que la sintaxis de los indicativos es, en realidad, similar a la de los dominios radicales (es decir, la de las oraciones matrices o principales), sin que haya en ellos auténtica subordinación, como se puede ver en las siguientes representaciones:

(10) a. El caballero [$_{SV}$ dijo [$_{SN}$ pro]] [$_{SC}$ que la batalla ES mañana].
　　b. El caballero [$_{SV}$ quiere [$_{SC}$ que la batalla SEA mañana]].

(10a) intenta reflejar que las oraciones indicativas no son, realmente, subordinadas: el auténtico argumento interno del verbo *decir* es un pronominal nulo (un *pro*), que estaría modificado por una oración apositiva (la supuesta subordinada).

El capítulo se divide de la siguiente manera. En la sección 2 revisaré una serie de asimetrías que han sido observadas en la bibliografía en relación a la distinción indicativo/subjuntivo. La sección 3 presenta las propuestas teóricas más influyentes para dar cuenta del comportamiento más transparente de los subjuntivos. En la sección 4 discutiré una nueva propuesta de análisis, según la cual la opacidad de los indicativos debería atribuirse a los mismos factores que son responsables de la opacidad de los SNs doblados. La sección 5 hace un resumen de las ideas principales del capítulo.

8.2. Indicativo y subjuntivo: las asimetrías

En lenguas como el español, la flexión modal subjuntiva aparece ligada a configuraciones sintácticas muy diversas (cf. Bosque 1990, 2012): como complemento de verbos volitivos (en [11a]), como complemento de verbos factivos (en [11b]), en casos de supleción (en [11c]), inducida por determinados adjetivos o sustantivos (en [11d, e]), inducida por la negación o por predicados de duda (en [11f, g, h, i]), en oraciones de relativo (en [11j]), en oraciones finales (en [11k]), en oraciones interrogativas en algunos dialectos del norte peninsular y de América (en [11l]), inducida por gerundios e imperativos (en [11m]), y en contextos imperativos (en [11n]).

(11) a. Quiero [$_{SC}$ que {vengas/*vienes}]

    b. Lamento [$_{SC}$ que {vengas/*vienes}]

    c. Me iré [$_{SC}$ cuando {vengas/*vendrás}]

    d. La idea de [$_{SC}$ que {vengas/vienes}]

    e. Deseoso de [$_{SC}$ que {vengas/vienes}]

    f. No creo [$_{SC}$ que {vengas/vienes}]

    g. Dudo [$_{SC}$ que {vengas/*vienes}]

    h. Quizá [$_{SC}${vengas/vienes}]

    i. ¿(Acaso) dijo Juan [$_{SC}$ que María {fuera/era} la responsable]?

    j. Busco una casa [$_{SC}$ que {tenga/tiene} cuatro habitaciones]

    k. Lo hice [$_{SP}$ para [$_{SC}$ que {vengas/*vienes}]]

    l. No sé [$_{SC}$ qué {te diga/debo decirte}]

    m. {*Supongo/Suponiendo/Supón(te)} [$_{SC}$ que {vengas/vienes}]

    n. ¡Que {vengas/*vienes}! / {Pasen/*Pasan} ustedes

La tradición gramatical asociaba la alternancia indicativo/subjuntivo al grado de compromiso del hablante con la verdad de aquello que dice (la distinción *realis/irrealis*). Desde tal perspectiva, el hablante usa el indicativo cuando su compromiso con la veracidad de lo que decía es alto, y el subjuntivo cuando es bajo. Aunque tal hipótesis funciona en los casos más simples, es insuficiente para describir los usos ilustrados en (11) (cf. Giannakidou 1998, 1999, Quer 1998 y Tsoulas 1994).

Como se argumenta en Bosque (2012), la legitimación del modo subjuntivo tiene lugar en tres contextos básicos:

(12) a. Bajo el alcance de un núcleo léxico o funcional específico.

   b. Bajo el alcance de un operador de modalidad o polaridad.

   c. En oraciones matrices.

(tomado de Bosque 2012: 374)

Es posible obtener una caracterización restrictiva del subjuntivo si observamos que los contextos de (i) y (ii), que cubren la mayoría de casos relevantes, son de subordinación. Bosque (2012) subraya que tales manifestaciones del subjuntivo tienen en común el "introducir estados de cosas que se conciben a través de algún tipo de evaluación, posibilidad, necesidad, emoción, intención, causa o en otros términos no factuales o veritativo-condicionales" (p. 379; la traducción es mía) (la idea de *irrealis*). Puesto que una caracterización unitaria de todas las manifestaciones del subjuntivo merecería un estudio más profundo, en este trabajo me concentraré en el análisis de una variedad de (a), dejando de lado tanto (b) (subjuntivos inducidos por polaridad/modalidad) como (c) (imperativos, etc.). Siguiendo a Kempchinsky (1986) y Picallo (1985), asumiré que los subjuntivos pueden ser seleccionados léxicamente por dos tipos de predicados verbales: verbos volitivos o directivos (*querer, desear, obligar, mandar,* etc.) y verbos de duda o negación (*dudar, ignorar, negar,* etcétera)[4].

Más arriba indiqué que la distinción morfológica entre indicativo y subjuntivo implica una relación de subordinación (hipotaxis) genuina. Repasemos las principales diferencias entre indicativos y subjuntivos, para entender qué criterios utilizar para identificar la subordinación (cf. Dobrovie Sorin 2001, Farkas 1982, Ledgeway 2005, Khomitshevi 2007, Quer 2006, Roberts 2007, San Martin 2004, Torrego y Uriagereka 1992).

8.2.1. *Complementantes subjuntivos*

En muchas lenguas, el tipo de nexo subordinante (complementante) que introduce la oración subordinada viene determinado por el modo verbal: en su totalidad (como en latín o salentino antiguo, en [13]), mediante un morfema que se adjunta a este (como en ruso o vasco, en

---

[4] Kempchinsky (1987) también añade los verbos factivos (*lamentar, alegrarse, sentir,* etc.) a esta lista. Los dejo a un lado, puesto que manifiestan un comportamiento sintáctico que difiere del de los otros dos grupos. Para discusión relevante sobre los verbos factivos, cf. Ormazabal 1995, 2007, así como el trabajo clásico de Kiparsky y Kiparsky 1970.

[14]), o mediante una partícula modal independiente (como en rumano o serbo-croata, en [15])[5].

(13) a. Volo   [$_{SC}$**ut**   mihi respondeas   tu]   (latín)
querer-1.SG que-SUBJ a.mí responder-SUBJ.2.SG tú
'Quiero que me respondas.'

b. Commandao [$_{SC}$**cu**doy   fossero   uno] (salentino antiguo)
ordenar-3.SG que-SUBJ dos ser-SUBJ.2.PL uno
'Él ordenó que dos deberían ser uno.'

(14) a. Ivan xočet,   [$_{SC}$ čto**by**   Maša ljubila Petr]   (ruso)
Ivan querer-3.SG   que-subj Masha amar   Petr
'Iván quiere que Masha ame a Petr.'

b. Jonek   ez   du esan [$_{SC}$ Bilbora joango **denik**]   (vasco)
Jon-ERG no AUX decir   Bilbao-a ir-FUT AUX-enik
'Jon no dice que fuese a Bilbao.'

(15) a. Am   început [$_{SC}$**să**   citesc   Cei trei muşchetari]
haber-1.SG empezado SUBJ leer-1.SG Los tres mosqueteros
'He empezado a leer *Los tres mosqueteros*.'   (rumano)

b. Ana je   naterala   Marijui [$_{SC}$ **da**   dodge] (serbo-croata)
Ana AUX obligar-3.SG María   SUBJ venir
'Ana obligó a María a venir.'

Otro efecto de la flexión subjuntiva tiene que ver con la capacidad de los predicados de seleccionar más de un tipo de complementante. En español, algunos predicados que seleccionan indicativo pueden opcionalmente seleccionar el complementante *como*, una opción imposible para los predicados que requieren el subjuntivo[6]:

(16) a. Los pitagóricos demostraron [$_{SC}${que/como}$\sqrt{2}$ es irracional]
b. Los pitagóricos querían [$_{SC}${que/*como}$\sqrt{2}$ fuese irracional]

Una última diferencia atañe a la posibilidad restringida de borrar el complementante. Generalmente tal opción se analiza como un caso de movimiento del mismo verbo al nudo C, convirtiéndose el modo subjuntivo en la marca de subordinación (cf. Bosque 1999)[7].

---

[5] Los datos de (13) han sido tomados de diferentes trabajos (cf. Dobrovie Sorin 2001, Farkas 1982, Ledgeway 2005, Khomitshevich 2007, Roberts 2007 y San Martín 2004).

[6] Los predicados que permiten seleccionar el complementante *como* están restringidos léxicamente a verbos que despliegan propiedades evidenciales (*probar, descubrir, asegurar, ver, oír,* etc.). En Uriagereka y Torrego (2002) se indica que las oraciones introducidas por *como* no pueden ser sujetos (cf. Piera 1979).

(i) [$_{SC}$ {Que/*Como} la tierra es redonda] es verdad.

(tomado de Uriagereka y Torrego 2002: 253)

[7] Como es sabido, los ejemplos de (17b, c, d, e) son agramaticales si entre el predicado matriz y el subordinado se interpone un sujeto o un adverbio (cf. Bosque 1999 y Etxepare 2012).

(i) Esperamos [$_{SC}$ vuelvan los niños a casa pronto]

(17) a. Dicen [$_{SC}$ *(que) han pasado una buena tarde]
 b. Esperamos [$_{SC}$ (que) hayan pasado una buena tarde]
 c. Les rogamos [$_{SC}$ (que) se abrochen los cinturones]
 d. Deseamos [$_{SC}$ (que) sepa usted la verdad]

En resumen, la presencia del subjuntivo tiene efectos claros en la morfología del nudo C en la oración subordinada.

8.2.2. Aspectos de selección

Aunque se trata de un fenómeno sujeto a variación dialectal (cf. Suñer 1999), el modo subjuntivo parece incompatible con el movimiento *qu-*, por lo que los predicados que seleccionan subjuntivo rechazan las interrogativas indirectas, como se ve en (18)[8].

(18) a. Me pregunto [$_{SC}$ qué libros$_i$ han premiado t$_i$]
 b. *Deseo [$_{SC}$ qué libros$_i$ han premiado t$_i$]

Otro aspecto relacionado con la selección atañe al tiempo verbal. A diferencia del de los indicativos, el tiempo de los subjuntivos no es interpretable: siempre depende del tiempo codificado en el predicado matriz. Esto puede comprobarse si consideramos las restricciones de selección del tiempo del verbo matriz sobre el tiempo de la oración subordinada.

(19) a. Platón quiere [$_{SC}$ que Aristóteles {lea/*leyera} a Sócrates]
    PRESENTE/*PASADO
 b. Platón quería [$_{SC}$ que Aristóteles {*leyera/lea} a Sócrates]
    *PRESENTE/PASADO
 c. Platón dice [$_{SC}$ que Aristóteles {lee/leía} a Sócrates] PRESENTE/PASADO
 d. Platón decía [$_{SC}$ que Aristóteles {lee/leía} a Sócrates] PRESENTE/PASADO

Como puede verse en (19), el tiempo de los subjuntivos debe ser concordante con respecto al tiempo de la oración principal ("secuencia de tiempos" [SOT]; cf. Enç 1987 y Carrasco 1999). Esto indica que el subjuntivo toma su referencia temporal del verbo de la oración matriz, de manera similar a como una anáfora toma su referencia de su antecedente en casos como *El ministro se subió el sueldo,* donde el morfema *se* es interpretado como correferente con el SN *El ministro* (cf. Picallo 1984, 1985).

Por último, consideremos las oraciones subordinadas precedidas de un artículo definido, opción limitada a lenguas como el español y, como se ve en el contraste de (20a, b), normalmente en posiciones de sujeto (cf. Leonetti 1999, Picallo 2002, Uriagereka 1988). Algunos predicados

---

(ii) *Esperamos [$_{SC}$ los niños vuelvan a casa pronto]

(iii) *Esperamos [$_{SC}$ pronto vuelvan los niños a casa]

[8] En algunos casos, esta restricción parece desvanecerse, como nos hace notar Ignacio Bosque (c. p.):

(i) Depende de [$_{CP}$ cuándo vayas]

Nótese que el caso de (i) contiene un predicado que no selecciona un OD, sino un dependiente oblicuo, lo cual puede ser determinante en legitimar este tipo de estructuras.

que seleccionan subjuntivo pueden legitimar la presencia del artículo definido delante de una oración subordinada en posición de objeto (cf. Serrano 2010):

(20) a. [$_{SC}$ (El) que vengas les impresiona]
  b. *Quieren [$_{SC}$ el que vengas]
  c. La empresa evitó [$_{SC}$ (el) que fuéramos arrestados]
  d. María cuestionó [$_{SC}$ (el) que hubieran regresado por problemas]
  e. Esa actitud fomenta [$_{SC}$ (el) que haya más injusticias]

8.2.3. *Estructura de constituyentes*

Hay algunas diferencias aparentes en la estructura de constituyentes a que dan lugar las clases que estamos estudiando. Consideremos (21) a este respecto, donde uso el símbolo α para indicar un constituyente que incluye a la oración subordinada.

(21) a. Sócrates dijo [α{lo/esto} de que el filósofo no sabe nada]
  b. *Socrates quería [α {lo/esto} de que la verdad triunfara]

La presencia de "lo/esto ..." es evidencia de que un elemento nominal puede aparecer como complemento de predicados declarativos o epistémicos. Curiosamente, la secuencia "lo/esto de que..." es un constituyente, como se ve en los ejemplos de (22):

(22) a. ?[α Lo/esto de que el filósofo no sabe nada], dijo Sócrates.
  b. [α Lo/esto de que el filósofo no sabe nada] lo dijo Sócrates.
  c. [α Lo/esto de que el filósofo no sabe nada] y [α lo/esto de que ... ... los sofistas mienten] lo dijo Sócrates.
  d. Sócrates dijo [α esto (*en varias ocasiones) de que el filósofo no sabe nada].
    (cf. Sócrates dijo en varias ocasiones esto de que el filósofo no sabe nada.)

En estos ejemplos se presentan pruebas de movimiento (22a), pronominalización (22b), coordinación (22c) e interpolación de adjuntos (22d), y todas indican que el complejo "lo/esto de + [$_{SC}$ ...]" forma una unidad sintáctica. Este patrón recuerda a otro tipo de estructura en la que la preposición *de* no es necesaria[9]:

(23) ¡Ya lo creo (*de) que Sócrates ha dicho eso!

La estructura de (23), a su vez, se relaciona con un tipo de construcción controvertida, en la que parece haber un pronombre *it* pleonástico (cf. Postal y Pullum 1988), que sería la versión del *lo* que aparece en el ejemplo español.

(24) I   take   it[$_{SC}$ that Socrates has said that]   (inglés)

---

[9] A diferencia de lo que sucede en los contextos de "dequeísmo", que dejo de lado en este trabajo (cf. Gómez Torrego 1999, Demonte y Fernández-Soriano 2005, Torrego 2011).

yo   coger-1.SG ello que   Sócrates ha   dicho eso
'Entiendo que Sócrates ha dicho eso.'

Una manera de analizar ejemplos como (24) pasa por suponer que la estructura en cuestión manifiesta un formato paratáctico y el elemento nominal es el sujeto de una estructura en la que la oración es un predicado. Un argumento en favor de esta idea nos lo proporciona la predicación secundaria.

(25) a. Aristoteles creía [$_{PREDICACIÓN}$ cierto [$_{SC}$ que los elementos son cuatro]]
    b. Aristoteles quería [$_{PREDICACIÓN}$ (*cierto) [$_{SC}$ que los elementos fueran cuatro]]

La oración de (25b), si bien agramatical con *cierto,* es interpretable y parece relativamente aceptable en inglés[10], lo cual sugiere variación sistemática de una lengua a otra. En Torrego y Uriagereka (1992) se conjetura que el contraste se sigue del hecho de que los SCs no pueden combinarse con predicados en español. Si eso es correcto, el hecho de que (25a) sea gramatical indica que *cierto* predica de algún elemento que no es la oración subordinada –idealmente, de un pronominal como *lo, eso, it* en inglés, o un pronominal nulo–.

8.2.4. *Propiedades paratácticas*

Como observábamos en (12c), el modo subjuntivo es propio de los contextos de subordinación, a no ser que aparezca bajo el alcance de algún operador, como en (26c), donde un operador de modalidad (asociado a la orden dada por el hablante) desencadena la presencia del subjuntivo.

(26) a. Dice la verdad.
    b. ?*Diga la verdad. (entonación declarativa)
    c. ¡Diga la verdad ahora mismo!

Existen otros indicios que sugieren la naturaleza 'matriz' de los indicativos. Uno de ellos tiene que ver con la posibilidad, restringida a los indicativos, de construirse con tópicos introducidos por la expresión *En cuanto a...* ("tópicos colgantes"; cf. Cinque 1990):

(27) a. Aristóteles creía [$_{SC}$ que, en cuanto a la tragedia, debía haber tres unidades]
    b. Aristóteles quería [$_{SC}$ que (,*en cuanto a la tragedia,) hubiera tres unidades]

Los operadores polares enfáticos como *sí* (cf. [28a-b]) y el movimiento focal (cf. [28c-d]) son tambien relevantes para esta prueba. Por lo general, están limitados a las oraciones principales; lo interesante es que, en contextos de subordinación, pueden aparecer sin problemas con

---

[10] Por ejemplo, en *Aristotle wanted it certain that the elements should be four ('Aristóteles lo quería cierto que los elementos fuesen cuatro').*

los indicativos, pero no con los subjuntivos:

(28) a. Aristóteles creía [$_{SC}$ que sí que la tierra era plana]
     b. Aristóteles quería [$_{SC}$ que (*sí que) la tierra fuera plana]
     c. El replicante dijo [$_{SC}$ que muchas cosas había visto en su vida]
     d. *El replicante quería [$_{SC}$ que muchas cosas viera en su vida]

No está del todo claro cuál es el problema con (28b) y (28d), pero los datos no dejan lugar a dudas: los elementos afectivos y enfáticos necesitan anclarse a un dominio matriz para poder expresar un punto de vista (alternativamente, la fuerza ilocutiva), algo que parece imposible en contextos de subordinación auténtica con subjuntivos.

Otro argumento en la misma dirección tiene que ver con la posición de los pronombres átonos. Por un lado, como señala San Martín (2004), en lenguas como el serbo-croata, las oraciones en subjuntivo permiten el ascenso de clítico –más o menos como lo permiten los verbos modales en español (p. e., *María puede verlo* / *María lo puede ver*)–:

(29) a. Milan **gai** želi   [$_{SC}$ da vidi   t$_i$]   (serbo-croata)
     Milan lo querer-3.SG C ver-3.SG
     'Milan lo quiere ver,'

     b. *Milan **gai** kaže $_{SC}$ da vidi   t$_i$]   (serbo-croata)
     Milan lo decir-3.SG C ver-3.SG
     'Milan lo dice ver.'

Además de los datos de ascenso, los clíticos son también relevantes para diferenciar oraciones subordinadas y matrices, si tenemos en cuenta su posición. Como ha sido señalado en la abundante bibliografía (cf. Raposo y Uriagereka 2005, para un repaso), en lenguas como el portugués, los pronombres son obligatoriamente enclíticos en las oraciones matrices –algo que también se daba en estadios anteriores del español–. En términos puramente descriptivos, el patrón general es el siguiente: los clíticos aparecen después del verbo (son enclíticos) en oraciones principales sin énfasis, operadores interrogativos, negación u otros operadores, y van delante del verbo (son proclíticos) en oraciones subordinadas y otras construcciones hipotácticas. Lo que nos interesa es que los clíticos pueden opcionalmente aparecer tras el verbo en construcciones paratácticas, especialmente si hay dislocación a la izquierda:

(30) a. El Quijote dijo [$_{SC}$ que, por no ser propia de hidalgos la huida, …
     … **le** restaba tan solo la opción de batirse hasta morir].
     … restába**le** tan solo la opción de batirse hasta morir].

     b. El Quijote esperaba [$_{SC}$ que, al no ser propia de hidalgos la huida, …
     … **le** restase al menos la opción de batirse hasta morir].
     … *restáse**le** al menos la opción de batirse hasta morir].

Más allá de cuál sea la explicación de este contraste, lo que nos concierne aquí es que vuelve a resaltar una distinción entre indicativos y subjuntivos.

8.2.6. *Procesos de Forma Lógica*

Una observación tradicional para distinguir estructuras hipotácticas y paratácticas tiene que ver con el llamado *ascenso de la negación* (del inglés *Neg-raising;* cf. Bosque 1980 y Laka 1990). Consideremos los ejemplos de (31).

(31) a. Sancho no decía [$_{SC}$ que Don Quijote desvariaba]
  b. Sancho no quería [$_{SC}$ que Don Quijote desvariara]

La oración de (31a) no significa que Sancho dijo que Don Quijote no actuó locamente, pero (31b) sí significa que Sancho deseaba que Don Quijote no actuase así. O sea, la negación, aunque aparezca en la oración principal, se interpreta en la oración subordinada en (31b). En los años sesenta, ejemplos como este se utilizaban como prueba de la existencia de un proceso sintáctico por el cual la negación ascendía desde la oración subordinada hasta la matriz, algo que es imposible en el caso de (31a), donde el indicativo determina un dominio opaco que bloquea tal opción. Un caso similar atañe a contrastes como el de (32):

(32) a. *El Cid no dijo [$_{SC}$ que lo vio moro ni cristiano]
  b. El Cid no quería [$_{SC}$ que lo viese moro ni cristiano]

Los términos de polaridad negativa, como *(ni) moro ni cristiano (nadie, ni un duro, ni dios,* etc.), se legitiman mediante un operador negativo a través de un contexto volitivo, pero no a través de uno epistémico. Dejando de lado los detalles técnicos (cf. Kayne 1984, Laka 1990, Uribe-Etxebarria 1994), podemos concluir, una vez más, que el indicativo, a diferencia del subjuntivo, crea algún tipo de barrera sintáctica para este tipo de procesos.

Un tercer fenómeno que resulta de interés tiene que ver con el ascenso de cuantificadores. Considérense los ejemplos de (33):

(33) a. Alguien piensa [$_{SC}$ que ha sido solucionado todo problema]
  b. Alguien piensa [$_{SC}$ que solucionamos todo problema]
  c. Alguien desea [$_{SC}$ que sea solucionado todo problema]
  d. Alguien desea [$_{SC}$ que solucionemos todo problema]

La lectura interesante es aquella en la que *todo problema,* de la oración subordinada, tiene alcance sobre el indefinido *alguien,* de la oración principal. Mientras que esta lectura, aunque difícil, es posible en (33c, d) con la entonación apropiada, parece ser imposible en (33a, b)[11]. Esto indica

---

[11] Parece que la lectura relevante es más fácil si el complementante no está presente –en aquellos dialectos que pueden prescindir de este elemento–. Además, la interpretación que hemos subrayado desaparece si el cuantificador que se encuentra en una posición más incrustada ocupa la posición de sujeto preverbal, como se ve en (i), una observación que se remonta a Jaeggli (1985).

  (i) Alguien desea [$_{SC}$ que todo problema sea solucionado]

Es posible que esto se deba a un efecto de desactivación que reciben los elementos desplazados a una posición A' ("efectos de parálisis" para Rizzi 2006), parecido al efecto asociado al filtro "*que*-huella" (cf. Pesetsky y Torrego 2001).

que el nudo SC indicativo genera una opacidad que imposibilita que el SN cuantificado *todo problema* tome alcance sobre el indefinido *alguien*.

Veamos ahora qué sucede con la legitimación de sintagmas interrogativos *in situ*. El paradigma básico es el de (34):

(34) a. ¿Quién dice [$_{SC}$ que llega quién]?

　　 b. ¿Quién quiere [$_{SC}$ que llegue quién]?

La frase interrogativa *in situ* puede interpretarse como una "pregunta eco", donde, estrictamente hablando, no hay pregunta, sino la expresión de una sorpresa o una petición (de repetición de la información anteriormente proporcionada). La lectura que nos interesa no es esa, sino la de una "pregunta múltiple", en la que el hablante espera una respuesta en la que se den pares ordenados de decidores/deseadores y llegadores (p. e., *Juan {dice/quiere} que María, Pedro {dice/quiere} que Carlos,* etc.). La semántica de este tipo de preguntas requiere el movimiento del pronombre interrogativo *in situ* en Forma Lógica, para acabar teniendo la respresentación adecuada. Una vez más, tal mecanismo es posible a través de los subjuntivos, pero no de los indicativos.

Debo dejar claro que no estoy intentando proporcionar una explicación de por qué algunas lecturas no son posibles, tema complejo y controvertido. Lo que quiero es destacar un patrón: existen determinadas lecturas que requieren una conexión entre dos posiciones estructurales que, sintácticamente, no son cercanas, pero que, cuando se interpone un predicado que selecciona indicativo, son imposibles.

Antes de concluir esta sección, es importante indicar que no todos los procesos que se establecen en la Forma Lógica son imposibles con los indicativos –ni todos son posibles con los subjuntivos–. Por ejemplo, el ligamiento de pronombres como variables es ciertamente posible con indicativos:

(35) a. Quien$_i$ dice [$_{CP}$ que le$_i$ sobran faltas], que tire la primera piedra.

　　 b. Quien$_i$ espere [$_{CP}$ que le$_i$ sobren faltas], que tire la primera piedra.

El dato de (35) se ve reforzado con datos de ligamiento. Como es sabido, solo los subjuntivos (al menos los seleccionados por predicados volitivos, como *querer*) dan lugar a un efecto de referencia disjunta ("obviación no local"; cf. Kempchinsky 1987 y Picallo 1985):

(36) a. Ana$_i$ quiere [$_{SC}$ que pro$_{\{*i/j\}}$ ayude a los refugiados].

　　 b. Ana$_i$ duda [$_{SC}$ que pro$_{\{i/j\}}$ sea la persona más apta para el proyecto].

El comportamiento del subjuntivo para bloquear la correferencia entre el sujeto de la principal y el de la subordinada en lenguas como el español es interesante, puesto que no sucede lo mismo con las anáforas en lenguas como el latín o el islandés: en esas lenguas la correferencia a distancia es posible con el subjuntivo.

(37) a. Caesar$_i$ vult 　　　　 Phaedram$_k$ [$_{SC}$se$_{i/k}$ amare]　　 (latín)

　　　 César　querer-3.SG　Fedra　　　ANAF amar

　　　 'César quiere que Fedra se ame a sí misma/a él.'

b. Socrates$_i$ inhonestam sibi   credidit   orationem...   (latín)
Sócrates deshonor   para-él   creer-3.SG discurso
... [$_{SC}$ quam ei$_i$/*se$_i$ Lysias reo composuerat]
       el-cual a él/sí mismo Lysias había compuesto
'Sócrates creía que el discurso que Lysias había compuesto para él le deshonraba.'

(38) a. Jón$_i$ seguir   [$_{SC}$að Pétur$_j$ raki   sig$_{\{i/j/*k\}}$ á hverjum degi]
     Jon decir-3.SG que Peter afeitar-SUBJ.3.SG ANAF cada   día
     'Jon dice que Peter se afeita a sí mismo cada día.'   (islandés)

b. Jón$_i$ veit   [$_{SC}$að Pétur$_j$ rakar   sig$_{\{*i/j/*k\}}$ á hverjum degi]
     Jon saber-3.SG   que Peter afeitar-IND.3.SG ANAF cada   día
     'Jon sabe que Peter se afeita a sí mismo cada día.'   (islandés)

8.2.7. Procesos de extracción

Curiosamente, ejemplos estándar de movimiento *qu-* desde oraciones en indicativo, como los de (39), parecen desmentir el estatus de isla de estos dependientes:

(39) a. ¿Qué soneto$_i$ dices [$_{SC}$ que sor Juana escribió t$_i$]?
    b. ¿Quién$_i$ dices [$_{CP}$ que t$_i$ escribió *Detente sombra*]?
    c. ¿Por qué$_i$ dices [$_{CP}$ que sor Juana escribió ese soneto t$_i$]?

Al observar los datos de (39), resulta particularmente interesante que lenguas eslavas como el ruso o el polaco bloqueen la extracción desde las oraciones cuyo verbo está flexionado en modo indicativo, tal como se indica en (40) y (41):

(40) a. ?*Kogo$_i$ ty dumaeš, [$_{SC}$ čto Maša   ljubit t$_i$]?   (ruso)
     a-quién   tú creer-2.SG que Masha amar-3.SG
     '¿A quién crees que ama Masha?'

b. Kogo$_i$ ty xočeš',   [$_{SC}$ čtoby   Maša   poljubila t$_i$]?   (ruso)
     a-quién tú querer-2.SG   que-SUBJ Masha amar-3.SG
     '¿A quién quieres que Masha ame?'

(41) a. *Co$_i$ mówi   Ana, [$_{SC}$ że   Celia czyta t$_i$]?   (polaco)
     qué decir-3.SG Ana   que   Celia leer.IND.3.SG
     '¿Qué dice Ana que lee Celia? '

b. Co$_i$ chce   Ana, [$_{SC}$ żeby Celia przeczytala t$_i$]?   (polaco)
     qué querer-3.SG Ana   que   Celia lee-SUBJ.3.SG
     '¿Qué quiere Ana que lea Celia?'

Aunque estoy traduciendo los complementantes como *que,* su morfología evidencia elementos diferentes en cada caso (cf. sección 2.1.). Supongamos que, mientras que *żeby* y *čtoby* se puede glosar como *que,* *że* y *čto* son más bien equivalentes a *como* (en una interpretación no interrogativa). Incluso el inglés manifiesta una distinción similar (cf. Legate 2010)[12]:

(42) a. What$_i$ did   Maria prove   [$_{SC}$ that John bought t$_i$]?   (inglés)
    qué   AUX   Maria probó-3.SG que John compró-3.SG
    '¿Qué probó María que Juan había comprado?'

    b. ?*What$_i$ did   Maria prove   [$_{SC}$ how John bought t$_i$]?   (inglés)
    qué   AUX   Maria probó-3.SG como John compró-3.SG
    '¿Qué probó María como Juan había comprado?'

En estos ejemplos ignoramos la lectura en la que *how* se interpreta como operador interrogativo (i. e., 'de qué manera'). El contraste de (42) aparece replicado en español[13].

(43) a. María demostró {que/como} Juan había comprado un cuadro.
    b. ¿Qué$_i$ demostró María [$_{SC}$ que Juan había comprado t$_i$]?
    c. ?*¿Qué$_i$demostró María [$_{SC}$ como Juan había comprado t$_i$]?

Curiosamente, lenguas como el griego y el rumano permiten que un argumento de la oración subordinada en subjuntivo ascienda a la oración matriz para recibir Caso nominativo (cf. Alexiadou y Anagnostopoulou 1999, Gallego 2009, Quer 2005, Rivero 1989, Torrego 1996, entre otros):

(44) a. Ta pedhia$_i$ arxisan   [$_{SC}$ t$_i$ na   trexun]   (griego)
    los niños empezar-3.PL   SUBJ correr-3.PL
    'Los niños empezaron a correr.'

    b. Studentii$_i$ trebuiau [$_{SC}$ t$_i$ să   plece]   (rumano)
    estudiantes-los deben-3.PL   SUBJ irse-3.PL
    'Los estudiantes deben haberse ido.'

En base a esto, uno podría argumentar que el movimiento es posible porque la oración subordinada está desprovista de alguna capa funcional que participa en la asignación de nominativo (el SC, en principio; cf. Kempchinsky 1998), lo cual implicaría que las partículas *na* y *să* deberían ser tratadas como manifestaciones de T o de algún otro núcleo modal, pero crucialmente no C. Esta posibilidad encuentra apoyo en los datos del rumano, donde la presencia del complementante *ca* junto con el elemento *să* bloquea el ascenso:

---

[12] Legate (2010) prueba que, a diferencia de *cómo*, *how* puede ser complemento de una preposición. Es interesante que este comportamiento sea diferente si utilizamos *that*:

    (i) Juan se creyó el chisme de [$_{SC}$ {que/*como} mi hermano era famoso]
    (ii) They told   me about [$_{SC}$ {how/*that} the tooth fairy doesn't   really   exist]   (inglés)
    ellos dijeron mí sobre   como/que   el diente hada AUX-no realmente existe
    'Me dijeron que el ratoncito Pérez no existe de verdad.'

[13] Para un análisis de *como* basado en la etimología de esta unidad (que proviene del latín *quod modo*), puede verse Uriagareka y Torrego (2002).

(45) Toţi   doctorii$_i$ s-au   nimerit [$_{SC}$ (*ca) să   fie t$_i$ de acord]
todos doctores REF-haber-3.PL sucedido   que SUBJ estar de acuerdo
'Todos los doctores resultaron estar de acuerdo.'   (rumano)

Podemos acabar la discusión aquí. En los apartados anteriores hemos visto que existen numerosas pruebas a favor de la hipótesis de que los indicativos y los subjuntivos manifiestan una serie de asimetrías que trascienden la morfología. En las siguientes páginas discutiré algunas de las ideas que han sido exploradas para dar cuenta de estos datos.

8.3. Algunas propuestas previas

Los indicativos se comportan como dominios más opacos que los subjuntivos; la cuestión es qué quiere decir eso en términos formales. En la bibliografía de los años 80 fueron particularmente relevantes las propuestas de Picallo (1985) y Kempchinsky (1987) sobre la naturaleza de los subjuntivos. Más allá de los aspectos teóricos, que consideraré a continuación, lo que resulta interesante es que en esos trabajos se intentaba establecer una correlación entre los complementos oracionales y los complementos nominales.

Por ejemplo, en Picallo (1984, 1985) se defiende la posibilidad de que el nudo Flexión (*Inflection* en inglés) de la oración pueda estar especificado de tres maneras, dependiendo del valor de sus rasgos [±TIEMPO] y [±CONC(ORDANCIA)]

(46) *Especificaciones del nudo Flexión*
　　a. [+TIEMPO], [+CONC(ORDANCIA)]　　→　INDICATIVO
　　b. [+TIEMPO], [−CONC(ORDANCIA)]　　→　INFINITIVO[14]
　　c. [−TIEMPO], [+CONC(ORDANCIA)]　　→　SUBJUNTIVO
　　d. [−TIEMPO], [−CONC(ORDANCIA)]　　→　INFINITIVO

Si (46) es correcto, el tiempo de los subjuntivos es comparable a la morfología nominal de los adjetivos o los verbos (es "no interpretable"). Lo que nos interesa aquí es la conexión que Picallo (1984, 1985) establece entre el subjuntivo y las anáforas, un tipo de expresiones nominales que, como el subjuntivo, carecen de capacidad referencial, por lo que deben tomarla de otro elemento. En el caso de los subjunti-

---

[14] Picallo (1985) no atribuye una manifestación concreta para (46b). Es posible suponer que esta opción se corresponda con los infinitivos de control (como [i]), que, a diferencia de los infinitivos de elevación (como [ii]), parecen manifestar propiedades temporales (cf. Martin 1996 y San Martín 2004).

　　(i) El rey no quiere [$_{SC}$ PRO entender lo que pasa]
　　(ii) El rey$_i$ no parece [$_{SC}$ t$_i$ entender lo que pasa]

La idea de que los infinitivos de control son diferentes de los de elevación es, sin embargo, controvertida, por lo que no la puedo abordar en este trabajo (cf. Wurmbrand 2001, 2004).

vos, ese otro elemento es el verbo matriz; en el caso de las anáforas, el antecedente[15]. Como afirma Picallo (1984):

> La relación entre la especificación de tiempo de una oración en subjuntivo y la de su oración principal puede compararse con la relación entre una anáfora y su antecedente. La flexión subjuntiva, al no denotar tiempo [independiente], recibe un valor en relación a la especificación temporal del predicado selector. El valor del tiempo de la oración en subjuntivo puede, por tanto, verse como una consecuencia sintáctica del tiempo de la oración subordinante, y el valor del rasgo [TIEMPO] en las oraciones en subjuntivo es análogo en algún sentido al morfema -*self* de las anáforas [en inglés] (Picallo 1984: 88; la traducción es mía).

Kempchinsky (1987) llegó a una conclusión similar al considerar las relaciones de ligamiento de oraciones en subjuntivo. Ya mencioné en el apartado 2.6 que los sujetos de las oraciones en subjuntivo no pueden ser correferentes con el sujeto de la oración matriz ("obviación"), algo que no sucede con las oraciones en indicativo[16]. Veamos el dato de (36a) repetido como (47):

---

[15] Esta hipótesis ha sido cuestionada por diferentes autores (cf. Laca 2008, Quer 1998, Suñer y Padilla-Rivera 1990, entre otos). Según Quer (1998), quien se centra en subjuntivos intensionales (aquellos seleccionados por predicados volitivos, directivos y causativos) la única restricción temporal operativa es la que se indica en (i):

(i) *[V[−PAST] . . . [V[+PAST]]]

La restricción por la que aboga Quer (1998) es semántica: ya que los verbos intensionales implican una interpretación prospectiva (orientada al futuro), la denotación del evento de la oración subordinada debe situarse antes que la del de la oración matriz. Laca (2008) añade ejemplos como los de (ii) y (iii) a este paradigma, arguyendo que los subjuntivos pueden dar lugar a lecturas de doble acceso en algunos casos (cf. Enç 1987 y Giorgi y Pianesi 1997).

(ii) Querría [$_{SC}$ que te {fueras/?vayas}]
(iii) Preferiría [$_{SC}$ que te {fueras/?vayas}]

(tomados de Laca 2008: 17)

En cualquier caso, para invalidar la idea de Picallo (1985) no es suficiente con mostrar que la concordancia de tiempos puede romperse (Laca 2008, Bosque 2012), sino que es necesario demostrar que los tiempos del subjuntivo pueden anclarse al tiempo de la enunciación, lo cual es dudoso.

[16] Los objetos no se comportan de la misma manera. Como se ve en (i) y (ii), los objetos de verbos directivos como *animar* o *aconsejar* pueden ser correferentes con el sujeto de la oración en subjuntivo:

(i) Animé a Elisa$_i$ a [$_{SC}$ que pro$_{\{i/*j\}}$ estudiara en el extranjero]
(ii) Le$_i$ aconsejé (a Pedro$_i$) [$_{SC}$ que pro$_{\{i/*j\}}$ cambiara de carrera]

(tomados de Kempchinsky 2009: 1.789)

La falta de obviación se da con estos verbos, independientemente de que el objeto reciba Caso dativo (con *ordenar*, *prometer* o *prohibir*) o acusativo (con *instar*, *obligar* o *invitar*). En Kempchinsky (2009) se observa que estos datos son preocupantes si los objetos *a Elisa* y *a Pedro* mandan-c a la oración subjuntiva. Creo, pese a todo, que estos datos no constituyen un problema si se asumen dos supuestos independientes: uno, que el ligamiento es una consecuencia de la concordancia abstracta (cf. Gallego 2010b) y, dos, que los objetos directo e indirecto participan en un proceso de concordancia complejo con el verbo (cf. Ormazabal y Romero 2007, en este volumen).

(47) Ana$_i$ quiere [$_{SC}$ que pro$_{\{*i/j\}}$ ayude a los refugiados]

Para entender bien la situación, los datos de (47) deben compararse con los de (48), que ilustran un caso de obviación local (cf. Uriagereka 1997):

(48) *Ana$_i$ la$_i$ vio.

La imposibilidad de que el pronombre *la* tenga a *Ana* como antecedente era explicado en la *Teoría del Ligamiento* (cf. Chomsky 1981) suponiendo que los elementos [+pronominales] no pueden tener su antecedente dentro de un mismo dominio D (normalmente, dentro de la misma oración; cf. Picallo en este volumen). Esta hipótesis daba cuenta de (48) y también de (49), donde *la* y *Ana* pueden ser correferentes porque están en oraciones independientes:

(49) Ana$_i$ dice [$_{SC}$ que la$_i$ ayudaron]

Ejemplos como (47), por tanto, planteaban una dificultad evidente para la formulación original de la *Teoría del Ligamiento,* puesto que era inesperado que un pronombre pueda bloquear la correferencia desde otra oración. Para solventar ese problema, Kempchinsky (1987) propuso que los subjuntivos se ven sometidos a un proceso sintáctico por el cual el dominio que definen se amplía hasta la oración matriz, de manera que las oraciones matriz y subordinada acaban dentro del mismo dominio a efectos de los procesos de ligamiento. Kempchinsky propuso que la ampliación o extensión de dominio se lleva a cabo mediante el movimiento del nudo Flex (el nudo T, en análisis actuales) a C en la Forma Lógica, donde se supone que estaría el operador subjuntivo:

(50) [$_{SC}$ Ana quería [$_{SC}$ C ... [$_{ST}$ ... T ...] ...]]   EXTENSIÓN DE DOMINIO

La idea de que las oraciones subjuntivas son más "transparentes" que las indicativas recuerda al fenómeno de *Marcaje Excepcional de Caso* (MEC) de lenguas como el inglés, en las que el sujeto de la subordinada recibe caso acusativo del verbo matriz[17]:

(51) a. John believes   Mary to be clever   (inglés)
        John creer-3.SG Mary ser   inteligente
        'John cree que Mary es inteligente,'

    b. Peter wants   John to work harder   (inglés)
        Peter querer-3.SG   John trabajar más duro
        'Peter quiere que John trabaje más duro.'

Ejemplos como estos han sido analizados suponiendo que estas oraciones subordinadas no proyectan el nudo SC, por lo que el V matriz

---

[17] Con los términos *opaco* y *transparente* me refiero al hecho de que ciertos procesos gramaticales, como la concordancia o el movimiento, puedan darse de una oración a otra. Sucede lo mismo en el ámbito nominal, donde ciertos SNs (indefinidos) son más transparentes que otros SNs (definidos).

puede penetrar en dicho dominio y asignar acusativo al sujeto (cf. Lasnik y Saito 1991 y Lasnik 2003):

(52) Análisis de MEC: [$_{SV}$ V ... [$_{ST}$ Mary/John $_{ACUSATIVO}$ ...]]

Resulta un tanto inesperado que las lenguas románicas no manifiesten casos prototípicos de MEC, como se observa en (53)[18]:

(53) a. *?Gianni riteneva   [$_{ST}$ Mario essere una brava persona] (italiano)
Gianni considerar-3.SG Mario ser   una buena persona
'Gianni considera a Mario ser una buena persona.'

b. *Jean croit   [$_{ST}$ Robert être stupide]   (francés)
Jean creer-3.SG Robert ser estúpido
'Jean cree a Roberto ser estúpido.'

c. *Vaig   demanar [$_{ST}$ la Maria anar-se'n]   (catalán)
AUX-1.SG ask-inf   la Maria irse-CL
'Pedí a María irse.'

A pesar de los datos de (53), el fenómeno de MEC existe en las lenguas románicas. Además de en las estructuras causativas y de percepción (nota 17), podemos ver casos de MEC en contextos como los de (54):

(54) Considero [$_{OR}$ tu decisión acertada]

(53) indicaría, entonces, un vacío léxico que afecta a los verbos volitivos, epistémicos y directivos en las lenguas románicas, los cuales, a diferencia de los causativos y de percepción, no pueden seleccionar un ST. Precisamente son esos verbos los que seleccionan subjuntivo en la oración subordinada[19].

Gallego (2010a) propone que los subjuntivos románicos son una manifestación de MEC, suponiendo que el sujeto de la oración en subjuntivo recibe acusativo (de manera abstracta) del verbo matriz, a pesar de manifestarse como nominativo. Esto último se atribuye al hecho de que el sujeto aparece en el contexto [C ... T], que fuerza la presencia del nominativo morfológico. Para Gallego (2010a), lo único que hace dife-

---

[18] El patrón de MEC sí se da, no obstante, con los verbos causativos y de percepción (cf. Guasti 2005, Treviño 1994 y referencias allí citadas), además de con predicaciones secundarias:

(i) El Ministro hizo [$_{ST}$ a las autonomías recortar el déficit]
(ii) El Ministro vio [$_{ST}$ a los españoles protestar] / [$_{OR}$ a los representantes preocupados]

[19] Esta idea aparece también en Kayne (2008), quien supone que los subjuntivos seleccionados por verbos volitivos deben compararse con los infinitivos encabezados por *for* en inglés, como (i):

(i) I   want   [$_{SC}$ for Mary to be here at ten]   (inglés)
yo querer-1.SG   para Mary estar aquí a diez
'Quiero que María esté aquí a las diez.'

Para Kayne (2008), el complementante *for* en inglés desempeña un papel similar al de la flexión modal de las lenguas románicas.

rir estos verbos en español con respecto a verbos como *believe* o *want* en inglés es la imposibilidad de que el sujeto de la subordinada ascienda. Si esta idea es correcta, la distinción indicativo/subjuntivo podría representarse de la siguiente manera (donde C* indica un tipo de C que asigna nominativo; cf. Chomsky 2001):

(55) a. [$_{SV}$ V ... [$_{SC*}$ C* ... [$_{SC}$ María$_{NOMINATIVO}$ T ...]]]   INDICATIVO

b. [$_{SV}$ V ... [$_{SC}$ C ... [$_{SC}$ María$_{ACUSATIVO}$ T ...]]]   SUBJUNTIVO

Esta discusión se relaciona de manera natural con la controvertida cuestión de si, como los SNs, los SCs reciben Caso (cf. Stowell 1981). En Uriagereka (2006, 2008) propongo que una variedad de Caso, que Chomsky y Lasnik (1995) denominan "Caso Nulo", puede ser asignada a las oraciones en posición de complemento de ciertos verbos. Tal posibilidad depende del tipo de v (verbo ligero) que tengamos. En esos trabajos sugiero que el tipo de v que selecciona oraciones en indicativo activa los sistemas de Caso y concordancia regulares: V asigna Caso Nulo al SC, y el C subordinado asigna Nominativo al sujeto, como se indica en (56):

(56) [$_{Sv}$ v ... [$_{SC}$ V ... [$_{SC-NULO}$ C ... [$_{SC}$ María$_{NOMINATIVO}$ T ...]]]]   INDICATIVO

Por su parte, el tipo de v que participa en la selección de oraciones en subjuntivo no activaría los sistemas de Caso y concordancia regulares, lo que hace que el SC subordinado reciba Caso inherente de V –y el sujeto de la oración, Caso acusativo abstracto de v, como indicábamos más arriba–. Esta opción aparece representada en (57):

(57) [$_{Sv}$ v ... [$_{SC}$ V ... [$_{SC-NULO}$ C ... [$_{SC}$ María$_{ACUSATIVO}$ T ...]]]]   SUBJUNTIVO

Hay ciertos indicios, que deberían añadirse a los que hemos visto en la sección 1, para pensar que el complementante de los subjuntivos es diferente del de los indicativos y que eso determina la asignación de Caso al sujeto. En vasco, la morfología subjuntiva hace que C manifieste un morfema locativo, *-ik* y *-n* (una marca de Caso inherente, en el sentido de Chomsky 1986; cf. López en este volumen, Uribe-Etxebarria 1994 y San Martín y Uriagereka 2002):

(58) a. Jonek   ez du   esan [$_{SC}$ Bilbora joango den**ik**]   (vasco)
       Jon-ERG no AUX decir   Bilbao-a ir-FUT AUX-enik
       'Jon no dijo que fuera a Bilbao.'

b. Jon   [$_{SC}$ Mirenek   pisua   gal   zeza**n**]
   Jon-ABS   Miren-ERG   peso-ABS perder haber-SUBJ.LOC
   saiatu   zen
   intentar-PART ser-3.SG
   'Jon intentó que Miren perdiese peso.'

La conversión Nominativo → Acusativo propuesta en Gallego (2010a) para el sujeto de las oraciones en subjuntivo de las lenguas románicas se parece mucho a otras alternancias que han sido identificadas en las oraciones subordinadas en el japonés y el turco, para las cuales se han propuesto análisis de MEC (cf. Hiraiwa 2000, Miyagawa 1993, Ochi 1999, Sener 2008, Ura 1993). Considérese, por ejemplo, la conversión "Nominativo → Acusativo" del japonés (también llamada conversión "GA → NO"), en la que el sujeto subordinado puede recibir caso genitivo, como el morfema -*no* indica.

(59) a. John wa [$_{SC}$kinoo Mary **ga**kita   koto/no]   wo   sira-nakatta
John-TOP ayer   Mary-NOM   venir-PAS.ADN n/C ACU saber-no-PAS
'John no sabía que María vino ayer.'

b. John wa [$_{SC}$kinoo Mary **no**   kita koto/no]   wo   sira-nakat-ta
John-TOP ayer   Mary-GEN   venir-PAS.ADN n/C ACU saber-no-PAS
'John no sabía que María viniese ayer.'   (japonés)

(tomado de Hiraiwa 2000: 73)

De manera similar, el turco manifiesta una conversión "Nominativo → Acusativo" cuando una oración es seleccionada por verbos epistémicos como *creer* (cf. Sener 2008):

(60) a. Pelin   [$_{SC}$ ben-**ø**   Cibuti-ye   git-ti-m/(*ø)] san-ıyor   (turco)
Pelin-NOM   I-NOM Djibuti-DAT ir-PAS.1.SG creer-3.SG
'Pelin cree que fui a Djibuti.'

b. Pelin   [$_{SC}$ sen-**i**   Timbuktu-ya   git-ti-n/ø]   san-ıyor
Pelin-NOM tú-ACU Timbuktu-DAT ir-PAS.2.SG creer-3.SG
'Pelin cree que tú fuiste a Tombuktú.'

(tomado de Sener 2008: 5)

La idea de que el sujeto de una oración en subjuntivo recibe acusativo recoge la intuición de que ese tipo de obviación (no local) se puede explicar de la misma manera que se explica la obviación local: suponiendo que dos SNs no son correferentes si reciben diferente Caso, como defiendo en Uriagereka (1997). Una prueba adicional de que este análisis puede ser adecuado nos lo proporcionan datos como el de (61), donde vemos que un SN en posición de sujeto de una oración en subjuntivo puede ser ligado si recibe Caso por un elemento independiente (la preposición *a*). Gallego (2010a) defiende que la preposición *a* evita que el SN reciba Caso acusativo del verbo principal:

(61) a. Juan$_i$ desea [$_{SC}$ que él$_{\{*i/j\}}$ admire a Charlie Mingus]
b. Juan$_i$ desearía [$_{SC}$ que a él$_{\{i/j\}}$ le gustase Charlie Mingus]

El mismo contraste parece estar presente en ruso (cf. Avrutin y Babyonyshev 1997), con la única diferencia de que el sujeto de la oración subordinada es morfológicamente acusativo en el ejemplo con obviación:

(62) a. Volodja$_i$ xočet   [$_{SC}$ čtoby on$_{\{*i/j\}}$ počeloval   Nadju] (ruso)
Volodya querer-3.SG   que   él-ACU besar-SUBJ.3.SG Nadju
'Volodya quiere que él bese a Nadju.'

b. Volodja   xočet   [$_{SC}$ čtoby emu$_{\{i/j\}}$ počeloval   Nadju]
Volodya querer-3.SG   que   él-DAT besar-SUBJ.3.SG Nadju
'Volodya quiere que él bese a Nadju.'

(tomado de Kempchinsky 1998: 150)

Es tentador relacionar la naturaleza oblicua (preposicional) de C en estas lenguas con el análisis de las pasivas de Collins (2005), según el cual la preposición *por* (*by* en inglés) es la materialización del v defectivo (pasivo). De hecho, me gustaría ir todavía más lejos y relacionar estos datos con la intuición de que el modo subjuntivo es la contrapartida clausal del Caso inherente (partitivo) de los SNs:

> El modo subjuntivo es una marca de Caso partitivo: una oración que recibe Caso partitivo muestra modo subjuntivo. Esto no implica, por supuesto, que, siempre que una oración sea subjuntiva, esta deba recibir Caso partitivo. La intuición es, de hecho, la contraria: el partitivo requiere indefinitud, y el equivalente oracional de esta noción es la propiedad irrealis del modo subjuntivo (Uriagereka 1988: 43; la traducción es mía).

En Uriagereka (1988: 41-43) se sugería que los SCs subjuntivos se comportan como SNs que han recibido Caso partitivo (Belletti 1988). Esto es consistente con los datos del vasco que hemos observado si el morfema locativo que aparece afijado a C es una especie de D débil (o D indefinido; cf. Adger y Quer 1997, Giannakidou 1996, Kayne 1994 y Tsoulas 1994, 1995, para más similitudes entre los determinantes y las preposiciones).

La idea de que el C subjuntivo es o contiene una preposición no es del todo nueva: Hwang (1997) sigue a Roberts (1985, 1993) al asumir que los subjuntivos desencadenan la presencia de un verbo modal encubierto, una intuición a la que ya apuntaron Culicover (1976) y Emonds (1976). Una ventaja de la comparación entre SNs indefinidos/subjuntivos y SNs definidos/indicativos es que nos permite explicar la imposibilidad de extraer de los indicativos en las lenguas eslavas, puesto que, como es sabido, los SNs definidos suelen comportarse como islas para la extracción (cf. Fiengo y Higginbotham 1981):

(63) a. ¿De quién$_i$ viste [$_{SN}$ {unas/muchas/Ø} fotografías t$_i$]?
    b. *¿De quién$_i$ viste [$_{SN}$ {las/esas/mis} fotografías t$_i$]?

La plausibilidad de que los subjuntivos puedan ser equivalentes a un verbo en infinitivo y un modal cobra fuerza si tenemos en cuenta los siguientes datos, tomados de la nueva gramática del español, RAE-ASALE (2009: §25.2c):

(64) a. La gerencia no ordena que {debemos quedarnos/nos quedemos}.
    b. Le ordenaba que {tenía que caminar/caminase} más deprisa
    c. Nos dijo que {debíamos prepararnos/nos preparáramos}.

Si los modales/auxiliares se analizan como T, y si esta categoría es una variedad de P (como argumentan Pesetsky y Torrego 2004), entonces tenemos una manera de relacionar los datos del vasco (donde el nudo C tiene naturaleza preposicional) con el de Roberts (1985, 1993).

El objetivo de estas páginas ha sido revisar algunas de las propuestas que han sido ofrecidas en la bibliografía para analizar las oraciones en subjuntivo. Como hemos visto, todas ellas asumen que un SC subjuntivo es un dominio sintáctico transparente, ya sea porque no se proyecta un SC, porque hay un proceso de extensión mediante el ascenso de T a C en FL o porque el tipo de C es defectivo (como el v de las oraciones pasivas). En la siguiente sección presentaré un análisis alternativo que intentará reflejar la naturaleza de la dicotomía indicativo/subjuntivo comparándola con la sintaxis de los SNs.

8.4. Estrategias para seleccionar argumentos

En esta sección me gustaría relacionar la distinción indicativo/subjuntivo no solo con los sistemas de Caso y concordancia (una opción que, como hemos visto, tiene solidez empírica), sino también con las estrategias de selección de argumentos que adoptan los verbos. Para contextualizar la discusión, consideremos los ejemplos de (64):

(65) a. Obama dice [$_{SC}$ que Gaddafi debe ser detenido]
     b. Obama quiere [$_{SC}$ que Gaddafi sea detenido]

Las gramáticas tradicionales han tratado los indicativos y los subjuntivos como meros argumentos internos (oracionales) de la acción denotada por el verbo. Sin embargo, autores como Rivero (1971) y Torrego y Uriagereka (1992) cuestionaron este tratamiento unitario para poder dar cuenta de las asimetrías discutidas en este capítulo. Desde esta perspectiva las indicativas no son oraciones subordinadas sino independientes (es decir, paratácticas), adjuntas a un pronominal nulo en posición de objeto directo. Esta idea había sido expresada ya por gramáticos como Andrés Bello, quien proponía que la oración de (66a) debía analizarse como se indica en (66b), siendo el *que* una especie de pronombre catafórico.

(66) a. [$_{SC}$Que la Tierra se mueve alrededor del Sol] es cosa probada.
     b. [$_{SN}$Esto, [$_{SC}$que la Tierra se mueve alrededor del Sol]], es cosa probada.
                                    (adaptado a partir de Bello 1847: §§ 316-319)

Supongamos que, tal como proponen Torrego y Uriagereka (1992), hay dos maneras de seleccionar argumentos internos:

(67) a. [$_{SV}$ V [$_{SC}$ …]]   SUBJUNTIVOS
     b. [$_{SV}$ V [$_{SN}$ pro]] [$_{SC}$ …]   INDICATIVOS

Lo interesante de esta posibilidad es que se parece mucho a la idea, expresada por autores como Hale y Keyser (1993), de que hay dos tipos de verbos transitivos: los transitivos puros y los inergativos (o transitivos ocultos). Las estructuras de estos dos tipos de verbo transitivo reflejan dos patrones sintácticos, uno en el que el verbo toma un único argumento y otro en el que el verbo selecciona una predicación. El primer patrón, monádico, se corresponde aproximadamente con los verbos denominales (*bailar, gritar, hablar, caminar, toser*, etc.), mientras que el patrón diádico, más complejo, es el utilizado por los verbos deadjetivales (*romper, oscurecer, suavizar, desmontar*, etc.) y por los verbos locativos (*embotellar, ensillar, pintar, enjaular*, etc.)[20].

(68) a. [$_{SV}$ V N]   PATRÓN MONÁDICO
     b. [$_{SV}$ V [$_{OR}$SNSX]]   PATRÓN DIÁDICO

La estructura diádica de (68b) es sospechosamente similar a la de los verbos que presentan argumentos indirectos (cf. Kayne 1994, Anagnostopoulou 2003 y referencias allí citadas), los cuales se relacionan con el verbo a través de un morfema clítico o aplicativo. La clave, en este caso, es que hay una relación directa entre el núcleo de la predicación seleccionada por el verbo (el SX de [68b]) y este último, que desencadena un proceso de incorporación. De esta manera, el SN se convierte en el único argumento directo, como se indica en (69) (cf. Uriagereka 2008):

(69)

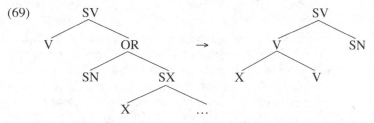

La distinción entre (68a) y (68b) es crucial, puesto que solo hay una dependencia *directa* (mediante la operación de Ensamble Externo) entre el verbo y su argumento interno en el primero. En el patrón diádico, el Ensamble Externo tiene lugar entre el verbo y la predicación.

La bibliografía sobre las oraciones subordinadas ha hecho hincapié en la existencia de dos patrones, pero la distinción normalmente se expresa en el número de capas funcionales que una oración posee: una (ST) o dos (SC y ST) (cf. Chomsky 2000, 2001, Lasnik 2003, Ormazabal 1995). Aquí exploraré la posibilidad de que los dos tipos de verbos transitivos discutidos por Hale y Keyser (1993) en el caso de los argumentos nominales tengan una contrapartida a nivel oracional. Si esta idea es correcta, esperamos que los subjuntivos entrañen menos estructura, comportándose más o menos como lo hacen los inergativos. Los indicativos deberían tener más estructura, siendo análogos a los verbos de locación o deadjetivales. Curiosamente, tanto los verbos volitivos

---

[20] Represento la predicación del patrón diádico mediante la etiqueta OR (de "oración reducida", *small clause* en inglés).

como los inergativos rechazan ciertos tipos de dativos añadidos (70a, 71a), pueden aparecer en una forma absoluta (intransitiva, 70b, 71b) y rechazan predicativos secundarios orientados al objeto (70c, 71c).

(70) *Verbos monádicos (inergativos)/diádicos (transitivos)*
    a. *Marta **le** bebió. / Marta **le** rompió el cuaderno.
    b. Marta bebió **(un refresco)**. / Marta rompió *(**el cuaderno**).
    c. Marta bebió **(*frío)**. / Marta rompió el libro **(en pedazos)**.

(71) *Verbos volitivos (subjuntivo)/epistémicos (indicativos)*
    a. *Marta **le** quiere que venga. / Marta **le** {cree/dice} que viene.
    b. Marta quiere **(eso)**. / Marta {cree/dice} *(**eso**).
    c. Marta quiere **(*cierto)** que venga. / Marta cree **(cierto)** que viene.

Si el patrón monádico no implica la asignación de Caso acusativo, y el argumento interno es legitimado mediante incorporación (o simplemente mediante Caso partitivo), también esperamos que los clíticos acusativos sean excluidos de los contextos volitivos. Los datos de (72) parecen indicar que tal predicción es correcta:

(72) a. Que dijiste la verdad, lo he dicho.
    b. ?*Que digas la verdad, lo quiero.

Además de la distinción estructural de (68), es muy posible que la elección indicativo y subjuntivo tenga un reflejo semántico. En la bibliografía es frecuente encontrar una distinción entre diferentes argumentos internos (generados dentro del SV), unos que miden o calculan la duración del evento (llamados "temas incrementales", como *el café* en *Juan se bebió el café*) y otros que no lo hacen (llamados "argumentos añadidos", como *a los necesitados* en *Robin Hood daba el dinero a los necesitados;* cf. Borer 2005, Kratzer 2003, Tenny 1994, Pietroski 2007). La cuestión que es relevante para la discusión que nos ocupa es si los argumentos internos son especiales en su manera de relacionarse con el verbo o son como cualquier otro argumento. Para algunos autores (como Borer 2005), los temas se generan siempre en posiciones de especificador, por lo que no deberían desplegar ningún tipo de propiedad especial. Veamos el ejemplo de (73) para investigar este aspecto:

(73) Los Montesco asesinaron a los Capuleto.

Una oración como (73) solo es verdadera si los Montesco eliminaron a la familia Capuleto, uno a uno, de manera que el evento de asesinar se acabó cuando ya no hubo Capuletos que matar. La intuición de Kratzer (2003) es que el argumento interno del verbo *asesinar* (el "tema incremental") articula el evento de manera especial, haciéndolo durar de tal manera que no se agota hasta que el tema también se agota. En el caso de otros argumentos internos, como el objeto indirecto *a los Capuleto* de (74), se sabe que no miden el evento —el evento de *enviar* dura hasta que se agotan las cartas, no hasta que se agotan los Capuleto—.

(74) Los Montesco enviaron cartas a los Capuleto.

En términos sintácticos, la cuestión se reduce a si hay alguna correlación entre estos dos tipos de argumentos internos y las dos operaciones básicas: Ensamble (Ensamble Externo) y Movimiento (Ensamble Interno). Si, para ser un tema incremental, un SN tiene que ser ensamblado con el verbo, el resto de argumentos no podrían introducirse de esa manera, teniendo que recurrir a un proceso alternativo. Supongamos, para ser precisos, que los papeles temáticos configuracionales (basados en el Ensamble Externo) se limitan a una situación de tema incremental, mientras que el resto de papeles temáticos se introducen como especificadores del núcleo verbal, como se ve en (75)[21]. Utilizando la terminología de Kratzer (2003), llamemos a los primeros "articuladores del evento" (AEv) y a los segundos "participantes del evento" (PEv).

(75)

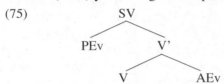

La visión de Kratzer (2003), junto con la sintaxis que acabamos de indicar, soluciona un viejo rompecabezas de lenguas como el español. Consideremos las oraciones de (76), donde tenemos dos posibles argumentos seleccionados por el verbo *cazar:* uno de ellos es un SN regular (*patos*) y otro es un SN doblado por el pronombre *lo*.

(76) a. Juan cazaba **patos** cuando era joven.

b. Juan **(lo)** cazó **ese pato** cuando era joven.

Podríamos suponer que el contraste de (76) refleja el contraste, todavía más familiar, entre SNs definidos y SNs indefinidos.

(77) a. Juan cazó **(algunos) patos** cuando era joven.

b. Juan cazó **este pato** cuando era joven.

Aunque pareciera intuitivamente correcta, una comparación directa entre (76) y (77) plantea dudas, al menos por dos motivos. En primer lugar, hay muchas más maneras de expresar SNs indefinidos en la posición de OD que en la de sujeto (u OI, para el caso):

(78) a. Juan cazaba **pato** cuando era joven (cf. *Pato* es un ave acuática).

b. Juan cazaba **patos** cuando era joven (cf. *Patos* son aves acuáticas).

c. Juan cazaba **algunos patos** cuando era joven (cf. *Algunos patos* son acuáticos).

---

[21] Esta afirmación debe matizarse. Los argumentos que se generan como especificadores (ya sean argumentos externos o dativos) también están 'en una configuración' (sobre todo si aplicamos el enfoque de Hale y Keyser 1993). Sin embargo, es sabido que los especificadores presentan problemas (de concordancia, extracción, etc.), que nunca han manifestado los complementos. Cf. Uriagereka 1999, Starke 2004 y referencias allí citadas.

Mientras que es plausible analizar (78c) como un indefinido, no es tan claro qué quiere decir eso para (78a). El plural escueto de (78b), por su parte, plantea peculiaridades específicas en una lengua que restringe tales expresiones a los temas incrementales.

En segundo lugar, las expresiones definidas, en el caso de los objetos del español, también se pueden manifestar, dialectalmente, de diferentes maneras:

(79) a. Juan cazó **el pato** que yo dije.
    b. Juan **lo** cazó **el pato** que yo dije.

Nuevamente, creo que es fácil analizar (79a) como un SN definido, pero no lo es tanto en el caso de (79b), donde el clítico doblado da lugar a una semántica bastante diferente (Uriagereka 2001, 2005). Es aquí donde la idea de Kratzer (2003) es relevante: al menos (78a) y (78b) son casos genuinos de temas incrementales en una configuración creada mediante Ensamble Externo, dando lugar a una semántica similar a "Juan empezó a cazar patos cuando era joven". En cuanto a (79b), una aproximación que implique una sintaxis no configuracional es más directa, y predice las complicaciones sintácticas que acompañan a este tipo de argumentos.

Por tanto, desde esta perspectiva, lo que estoy diciendo es que los argumentos internos pueden expresarse mediante dos estrategias: Ensamble Externo (siendo "articuladores del evento") o Ensamble Externo y Ensamble Interno (o Movimiento; siendo meros "participantes del evento"). La primera estrategia no merece demasiado comentario: el verbo y el SN se ensamblan, punto. La segunda, sí. En el caso del Ensamble Interno, sabemos qué debe suceder: (i) el SN debe convertirse en una isla sintáctica (como lo son los SNs definidos doblados en el español y los indicativos en las lenguas eslavas), (ii) esa isla no debe ser absoluta (es decir, debe parametrizarse) y (iii) la isla debe relacionarse con el evento. Una posibilidad de formalizar esta doble sintaxis aparece en (80):

(80) a. Argumentos legitimados mediante *Ensamble Externo*

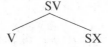

   b. Argumentos legitimados mediante *Ensamble Externo* y *Ensamble Interno*

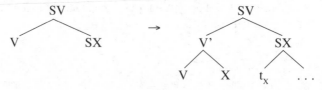

La transición que se ve en (80b) se llevaba a cabo, en el modelo de *Rección y Ligamiento* (cf. Chomsky 1981, 1986), mediante el movimiento de núcleos, ejecutado como una adjunción de X a V. Sin embargo, nunca ha estado claro cómo reformular el movimiento de núcleos en el sistema de estructura de frase de Chomsky (1995) (cf. Harley 2004, Donati 2006, Vicente 2007 para discusión). En el caso de las oraciones subordinadas, suponiendo que C es el núcleo del complemento del verbo matriz, el escenario que debemos considerar aparece en (81). Aquí propondré que el núcleo C se mueve al núcleo V matriz en el caso de los indicativos, como se indica en (81)[22]:

(81) a. $[_{SV} V [_{SC} C ...]]$ INDICATIVO (C-V INCORPORACIÓN)

   b. $[_{SV} [_{V'} V C_i] [_{SV} t_i ...]]$

Lo interesante de (81) es que crea una posición de primer ensamble (es decir, una posición de "complemento"). Esta opción estaba prohibida en modelos que asumían la *Teoría X'* (Chomsky 1981: 38, 108), ya que tal paso implica permitir procesos de movimiento a posiciones argumentales. Sin embargo, no sé de nada que prohiba (81) en un modelo como el de Chomsky (1994), donde las restricciones y estipulaciones de la *Teoría X'* han sido abandonadas. En Uriagereka (2009) se propone el nombre "Sub-Ensamble" *(Sub-Merge)* para denominar casos como el que nos ocupa, en los que el movimiento crea posiciones de complemento (cf. Pesetsky 2007). La consecuencia más directa del Sub-Ensamble es que, una vez C se ha incorporado a V, el SC se convierte en un dependiente más externo –técnicamente, en un especificador–, lo cual debería tener repercusiones para la extracción de cualquier elemento interno a ese dominio. Antes de que C se mueva a V, el SC es un complemento, pero, después de ese proceso, el SC se vuelve un especificador, heredando todos los problemas que tienen estos dependientes (cf. Huang 1982 y Uriagereka 1999)[23].

Supongamos ahora que los "participantes del evento" son legitimados mediante Sub-Ensamble. En otras palabras, supongamos que, en primer lugar, un tema incremental se ensambla directamente con V, convirtiéndose así en un "articulador del evento" –un subjuntivo, en el caso de las oraciones–. Si no pasa nada más, el argumento seguirá siendo un complemento, con todas sus consecuencias. Pero consideremos un escenario en el que, a continuación, el tema incremental puede relacionarse con V otra vez, esta vez mediante Sub-Ensamble. La intuición, en el caso de los argumentos nominales, es que esto es precisamente lo que pasa con los clíticos. Como consecuencia, el SD en el que el clítico se ha originado (asumiendo el análisis de Uriagereka 1988, 1995) se convierte en un especificador de V, que a su vez toma el clítico como su argumento directo (su hermano estructural). Esto explicaría que la extracción sea imposible en los casos de argumentos doblados:

---

[22] Chomsky y Lasnik (1995: 85) descartan que C pueda moverse a V por argumentos que no están en absoluto claros. En este trabajo, supondré que tal proceso es en principio legítimo, tanto como lo es la incorporación de N o de D en V (cf. Uriagereka 1988, 1995).

[23] Las consecuencias del Sub-Ensamble son análogas a lo que en Hornstein y Uriagereka (2002) denominamos "Reproyección".

(82) a. Los chicos [$_{SC}$ de los cuales$_i$ mataron [$_{SN}$ varios parientes t$_i$]]

 b. *Los chicos [$_{SC}$ de los cuales$_i$ los mataron [$_{SN}$ a varios parientes t$_i$]]

El caso de las oraciones sería análogo:

(83) a.

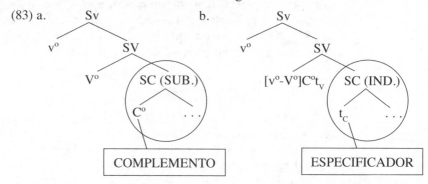

Obviamente, hay que relativizar las consecuencias de este proceso, puesto que ni todas las lenguas manifiestan argumentos doblados, ni todos los casos de doblado dan lugar a efectos de isla sintáctica. Concretamente, el proceso de Sub-Ensamble:

(84) a. Puede no ocurrir (en el caso de los "articuladores del evento").

 b. El hecho de que haya condiciones morfofonológicas no quiere decir que estas deban ejecutarse mediante Sub-Ensamble.

 c. Incluso si ha habido Sub-Ensamble de un núcleo Y° a un núcleo X°, con el resultado de que SY se convierta en el especificador de X°, los constituyentes de SY pueden ser extraídos en algunas lenguas (en el español, por ejemplo).

La opción de (84c) requiere de un parámetro (cf. Gallego 2011). Es decir, de alguna manera debemos explicar que sean islas las oraciones en indicativo del ruso, pero no las del español. Para ello, el constituyente extraído debe moverse antes de que el núcleo Y° lo haga, lo cual sugiere algún parámetro similar a los que se exploraban en Chomsky (1993), suponiendo que determinados procesos (aquí, el movimiento de C° a V°) ocurren antes o después de la operación de Transferencia *(Spell-Out)*.

Esta propuesta sigue el espíritu del análisis de Kempchinsky (1987) e incorpora observaciones de Picallo (1984, 1985) sobre la relación entre subjuntivo y anáfora. En resumen, lo que he hecho es plantear los paralelismos que existen entre los complementos nominales y los oracionales. En el tratamiento, los subjuntivos se asemejarían más a los complementos nominales que no presentan un determinante (o al menos no uno fuerte) y los indicativos a los que sí lo presentan (con la posibilidad de que haya doblado de clíticos, con las restricciones dialectales que han sido observadas en la bibliografía). Sin duda hay varios detalles que deben matizarse en este acercamiento, pero en esencia vengo a sugerir que las peculiaridades que se observan a nivel nominal son replicadas a nivel oracional.

8.5. Conclusiones

El objetivo de este capítulo ha sido abordar la noción de "subordinación" desde una perspectiva formal, centrándonos en la distinción indicativo/subjuntivo manifestada en diferentes (familias de) lenguas. Como hemos visto, existen diferencias entre estos tipos de dependientes que van más allá de la mera flexión de modo que acompaña a un verbo o a una determinada marca de subordinación (una partícula o una conjunción).

Autores como Rivero (1971) o Torrego y Uriagereka (1992) fueron los primeros en plantearse la posibilidad de que tal distinción reflejase una asimetría más profunda, de tipo sintáctico, que tendría que ver con dos estrategias para seleccionar argumentos internos: parataxis e hipotaxis, como se indicaba en (67), que repito aquí como (85):

(85) a. $[_{SV}\ V\ [_{SC}\ ...\ ]]$ S<small>UBJUNTIVOS</small>
      b. $[_{SV}\ V\ [_{SN}\ pro]]\ [_{SC}\ ...\ ]$ I<small>NDICATIVOS</small>

En la última sección he reconsiderado la propuesta de (85), añadiendo observaciones hechas en Uriagereka (1988, 2009), que apuntan a la existencia de repercusiones adicionales en la asimetría indicativo/subjuntivo, como las que afectan al tipo de Caso que recibe la oración subordinada (Acusativo o Partitivo) en la legitimación formal a que se ve sometida (Ensamble Externo o Interno). En ese tratamiento, los indicativos se parecen a los objetos nominales que presentan un clítico asociado (como en *La leí (a) la novela*), mientras que los subjuntivos estarían más cerca de los complementos nominales escuetos (en ejemplos como *Leí novelas*).

El planteamiento va en el espíritu de otras propuestas de la bibliografía y hace predicciones interesantes. Una tiene que ver con las asimetrías de extracción, que son evidentes al considerar, por ejemplo, las lenguas eslavas (en la sección 2.7). Estas y otras cuestiones quedan pendientes de una investigación más pormenorizada. Espero, en todo caso, que abran vías de análisis en las que se aborde una distinción aparentemente morfológica como un fenómeno gramatical más general.

Bibliografía

A<small>DGER</small>, D. y J. Q<small>UER</small> (1997), «Subjunctives, Unselected Embedded Questions, and Clausal Polarity Items», *Proceedings of the North East Linguistic Society* 27, pp. 1-15.

A<small>LEXIADOU</small>, A. y E. A<small>NAGNOSTOPOULOU</small> (1999), «Raising without infinitives and the nature of agreement», en *Proceedings of WCCFL 18*, Somerville, Mass., Cascadilla Press, pp. 14-26.

A<small>NAGNOSTOPOULOU</small>, E. (2003), *The Syntax of Ditransitives: Evidence from Clitics*, Berlín, Mouton de Gruyter.

AVRUTIN, S. y M. BABYONYSHEV (1997), «Obviation in Subjunctive Clauses and AGR: Evidence from Russian», *Natural Language and Linguistic Theory* 15, pp. 229-262.

BAKER, M. C. (1988), *Incorporation: A theory of grammatical function changing,* Chicago, University of Chicago Press.

BELLETTI, A. (1988), «The Case of Unaccusatives», *Linguistic Inquiry* 19, pp. 1-34.

BELLO, A. (1847), *Gramática de la lengua castellana, destinada al uso de los americanos, edición con notas de Rufino José Cuervo,* 2 vols., ed. Ramón Trujillo, Madrid, Arco/Libros.

BORER, H. (2005), *Structuring sense: the normal course of events,* Oxford, Oxford University Press.

BOSQUE, I. (1980), *Sobre la negación,* Madrid, Cátedra.

— (1990), *Indicativo y subjuntivo,* Madrid, Taurus.

— (1996), *El sustantivo sin determinación,* Madrid, Visor.

— (1999), «Sobre la estructura sintáctica de una construcción focalizadora», en *Estudios en honor de Ambrosio Rabanales con motivo de los 80 años de su nacimiento,* en *Boletín de Filología,* Chile, Universidad de Chile, pp. 207-231.

— (2012), «Mood. Indicative vs. Subjunctive», en J. I. Hualde *et al.* (eds.), *Handbook of Hispanic Linguistics,* Malden, Mass., Blackwell, pp. 373-394.

— y J. GUTIÉRREZ-REXACH (2009), *Fundamentos de sintaxis formal,* Madrid, Akal.

BRUCART, J. M. (1999), «La estructura del sintagma nominal: las oraciones de relativo», en I. Bosque y V. Demonte (dirs.), *Gramática descriptiva de la lengua española,* Madrid, Espasa, pp. 395-522.

— y Á. J. GALLEGO (2009), «L'estudi formal de la subordinació i l'estatus de les subordinades adverbials», *Llengua & Literatura* 20, pp. 139-191.

CHOMSKY, N. (1981), *Lectures on government and binding,* Dordrecht, Foris.

— (1993), «A Minimalist Program for Linguistic Theory», en K. Hale y S. Keyser (eds.), *The View from Building 20: Essays in Linguistics in Honor of Sylvain Bromberger,* Cambridge, Mass., MIT Press, pp. 1-52.

— (2000), «Minimalist Inquiries: The Framework», en R. Martin *et al.* (eds.), *Step by Step. Essays on Minimalist Syntax in Honour of Howard Lasnik,* Cambridge, Mass., MIT Press, pp. 59-85.

— (2001), «Derivation by Phase», en M. Kenstowicz (ed.), *Ken Hale: A Life in Language,* Cambridge, Mass., MIT Press, pp. 1-52.

— y H. LASNIK (1995). «The theory of principles and parameters», en N. Chomsky, *The minimalist program,* Cambridge, Mass., MIT Press, pp. 13-127.

CINQUE, G. (1990), *Types of A'-bependencies,* Cambridge, Mass., MIT Press.

COLLINS, C. (2005), «A smuggling approach to the passive in English», *Syntax* 8, pp. 81-120.

CULICOVER, P. (1976), *Syntax*, Nueva York, Academic Press.

DEMONTE, V. y O. FERNÁNDEZ-SORIANO (2005), «Features in comp and syntactic variation: the case of '(de)queísmo' in Spanish», *Lingua* 115, pp. 1.063-1.082.

DOBROVIE-SORIN, C. (2001), «Head-to-Head Merge in Balkan Subjunctives and Locality», en M. L. Rivero y A. Ralli (eds.), *Comparative syntax of Balkan languages*, Oxford, Oxford University Press, pp. 44-73.

DONATI, C. (2006), «On wh-head movement», en L. Cheng y N. Corver (eds.), *Wh-movement: moving on*, Cambridge, Mass., MIT Press, pp. 21-46.

EMONDS, J. (1976), *A Transformational Approach to English Syntax*, Nueva York, Academic Press.

ENÇ, M. (1987), «Anchoring conditions for tense», *Linguistic Inquiry* 18, pp. 633-657.

ETXEPARE, R. (2012), «Coordination and Subordination», en J. I. Hualde *et al*. (eds.), *Handbook of Hispanic Linguistics*, Malden, Mass., Blackwell, pp. 503-532.

FARKAS, D. (1992), «On the semantics of subjunctive complements», en P. Hirschbueler y K. Koerner (eds.), *Romance Languages and Modern Linguistic Theory*, Amsterdam, John Benjamins, pp. 69-104.

FIENGO, R. y J. HIGGINBOTHAM (1981), «Opacity in NP», *Linguistic Analysis* 7, pp. 395-422.

GALLEGO, Á. J. (2009), «Defective C-T in Romance», *Probus* 21, pp. 163-215.

— (2010a), *Phase Theory*, Amsterdam, John Benjamins.

— (2010b), «Binding through Agree», *Linguistic Analysis* 34, pp. 163-192.

— (2011), «Parameters», en C. Boeckx (ed.), *Hanbook of Linguistic Minimalism*, Oxford, Oxford University Press, pp. 523-550.

GIANNAKIDOU, A. (1996), *The Landscape of Polarity Items*, tesis doctoral, Universidad de Groningen.

— (1998), *Polarity sensitivity as (non)veridical dependency*, Amsterdam, John Benjamins.

GIORGI, A. y F. PIANESI (1997), *Tense and Aspect. From Semantics to Morphosyntax*, Oxford, Oxford University Press.

GÓMEZ TORREGO, L. (1999), «La variación en las subordinadas sustantivas: dequeísmo y queísmo», en I. Bosque y V. Demonte (eds.), *Gramática descriptiva de la lengua española*, Madrid, Espasa, pp. 2.105-2.148.

GUASTI, M.ª T. (2005), «Analytic causatives», en M. Everaert y H. van Riemsdijk (eds.), *The Blackwell companion to syntax*, Oxford, Blackwell, pp. 142-172.

HALE, K. y S. J. KEYSER (1993), «On the argument structure and the lexical expression of syntactic relations», en K. Hale y S. Keyser (eds.), *The view from building 20: Essays in linguistics in honor of Sylvain Bromberger*, Cambridge, Mass., MIT Press, pp. 53-109.

HARLEY, H. (2004), «Merge, conflation, and head movement: The first sister principle revisited», en K. Moulton y M. Wolf (eds.), *Proceedings of NELS 34*, Amherst, Mass., GLSA, pp. 239-254.

HERNANZ, M. L. (2002), «L'oració», en J. Solà *et al.* (eds.), *Gramàtica del català contemporani,* Barcelona, Empúries, pp. 993-1.073.

— (1999), «El infinitivo», en I. Bosque y V. Demonte (eds.), *Gramática descriptiva de la lengua española,* Madrid, Espasa, pp. 2.197-2.356.

HIRAIWA, K. (2000), «On Nominative-Genetive Conversion», *MIT WPL* 39, pp. 66-124.

HWANG, K.-H. (1997), «The English Present Subjunctive and Case Checking of Its Subject», *Studies in Generative Grammar* 7, pp. 93-123.

HORNSTEIN, N. y J. URIAGEREKA (2002), «Reprojections», en S. Epstein y D. Seely (eds.), *Derivation and explanation in the minimalist program,* Malden, Mass., Blackwell, pp. 106-132.

HUANG, J. (1982), *Logical relations in Chinese and the theory of grammar,* tesis doctoral, MIT.

JAEGGLI, O. (1985), «On Certain ECP Effects in Spanish», ms., University of Southern California.

KAYNE, R. S. (1984), *Connectedness and Binary Branching,* Dordrecht, Foris.

— (1994), *The antisymmetry of syntax,* Cambridge, Mass., MIT Press.

— (2008), «Comparative Syntax and the Lexicon», charla invitada en la Universitat Autònoma de Barcelona, Bellaterra, 22-23 octubre, 2009.

KEMPCHINSKY, P. (1986), *Romance Subjunctive Clauses and Logical Form,* tesis doctoral, University of California.

— (1987), «The Subjunctive Disjoint Reference Effect», en C. Neidle y R. Núñez-Cedeño (eds.), *Studies in Romance Languages,* Dordrecht, Foris, pp. 123-140.

— (2009), «What Can the Subjunctive Disjoint Reference Effect Tell Us About the Subjunctive?», *Lingua* 119, pp. 1.788-1.810.

KHOMITSEVICH, O. (2007), *Dependencies across phases,* tesis doctoral, Universidad de Utrecht.

KIPARSKY, P. y C. KIPARSKY (1970), «Fact», en D. Steinberg y L. Jakobovits (eds.), *Semantics,* Cambridge, Cambridge University Press, pp. 345-369.

KRATZER, A. (2003), «The event argument Chapter 3». Disponible en [http://www.semanticsarchive.net].

LACA, B. (2008), «The Puzzle of Subjunctive Tenses», ms., Université Paris 8/CNRS UMR 7023.

LAKA, I. (1990), *Negation in syntax: On the nature of functional categories and projections,* tesis doctoral, MIT.

LASNIK, H. (2003), *Minimalist investigations in linguistic theory,* Londres, Routledge.

— y M. SAITO (1991), «On the subject of infinitives», en L. Dobrin *et al.* (eds.), *Papers from the 27th Regional Meeting of the Chicago Linguistic Society,* Chicago, Chicago Linguistic Society, pp. 324-343.

LEDGEWAY, A. (2005), «Moving through the left periphery: the dual complementiser system in the dialects of southern Italy», *Transactions of the Philological Society* 103, pp. 336-396.

LEGATE, J. A. (2010), «On how *how* is used instead of *that*», *Natural Language and Linguistic Theory* 28, pp. 121-134.

LEONETTI, M. (1999), «El artículo», en I. Bosque y V. Demonte (eds.), *Gramática descriptiva de la lengua española,* Madrid, Espasa, pp. 787-890.

MARTIN, R. (1996), *A minimalist theory of PRO and control,* tesis doctoral, University of Connecticut.

MIYAGAWA, S. (1993), «LF Case-checking and minimal link condition», *MIT WPL,* pp. 213-254.

OCHI, M. (1999), «Move-F and ga/no conversion in Japanese», ms., University of Connecticut.

ORMAZABAL, J. (1995), *The syntax of complementation: on the connection between syntactic structure and selection,* tesis doctoral, University of Connecticut.

— (2005), «The syntactic distribution of factive complements», *Recherches linguistiques de Vincennes* 33, pp. 91-110.

— y J. ROMERO (2007), «The Object Agreement Constraint», *Natural Language and Linguistic Theory* 25, pp. 315-347.

PESETSKY, D. (2007), «Undermerge... and the Secret Genitive Inside Every Russian Noun», charla invitada en FASL 17, Stonybrook University.

— y E. TORREGO (2001), «T-to-C Movement: Causes and Consequences», en M. Kenstowicz (ed.), *Ken Hale: A Life in Language,* Cambridge, Mass., MIT Press, pp. 355-426.

— y E. TORREGO (2004), «Tense, Case, and the Nature of Syntactic Categories», en J. Guéron y J. Lecarme (eds.), *The Syntax of Time,* Cambridge, Mass., MIT Press, pp. 495-537.

PICALLO, M. C. (1984), «The Infl node and the null subject parameter», *Linguistic Inquiry* 15, pp. 75-102.

— (1985), *Opaque Domains,* tesis doctoral, CUNY.

— (2002), «Abstract agreement and clausal arguments», *Syntax* 5, pp. 116-147.

PIETROSKI, P. (2007), «Systematicity via Monotonicity», *Croatian Journal of Philosophy* 7, pp. 343-374.

POSTAL, P. M. y G. K. PULLUM (1988), «Expletive noun phrases in subcategorized positions», *Linguistic Inquiry* 19, pp. 635-670.

QUER, J. (1998), *Mood at the Interface,* La Haya, Holland Academic Graphics.

— (2006), «Subjunctives», en M. Everaert y H. van Riemsdijk (eds.), *The Blackwell Companion to Syntax,* Oxford, Blackwell, pp. 660-684.

RAE (1931), *Gramática de la lengua española,* Madrid, Espasa-Calpe.

— (1973), *Esbozo de una nueva gramática de la lengua española,* Madrid, Espasa.

RAE-ASALE (2009), *Nueva Gramática de la Lengua Española,* Madrid, Espasa.

RAPOSO, E. y J. URIAGEREKA (2005), «Clitic Placement in Western Iberian: A Minimalist View», en G. Cinque y R. Kayne (eds.), *The*

Oxford Handbook of Comparative Syntax, Oxford/Nueva York, Oxford University Press, pp. 639-697.

RIVERO, M. L. (1971), «Mood and presupposition in Spanish», *Foundations of Language* 7, pp. 305-336.

— (1989), «Barriers and Rumanian», en C. Kirschner y J. De Cesaris (eds.), *Studies in Romance Linguistics,* Amsterdam, John Benjamins, pp. 271-294.

RIZZI, L. (2006), «On the form of chains: Criterial positions and ECP effects», en L. Cheng y N. Corver (eds.), *Wh-movement: Moving on,* Cambridge, Mass., MIT Press, pp. 97-133.

— (1997), «The fine structure of the left periphery», en L. Haegeman (ed.), *Elements of grammar. Handbook in generative syntax,* Dordrecht, Kluwer, pp. 281-337.

ROBERTS, I. (1985), «Agreement parameters and the development of English modal auxiliaries», *Natural Language and Linguistic Theory* 4, pp. 21-58.

— (1993), *Verbs and Diachronic Syntax: A Comparative History of English and French,* Dordrecht, Kluwer.

— (2007), *Diachronic Syntax,* Oxford, Oxford University Press.

SAN MARTÍN, I. (2004), *On Subordination and the Distribution of PRO,* tesis doctoral, University of Maryland.

— y J. URIAGEREKA (2002), «Infinitival Complementation in Basque», en X. Artiagoitia *et al.* (eds.), *Erramu Boneta: Festschrift for Rudolf P. G. de Rijk,* San Sebastián, Universidad del País Vasco, pp. 597-609.

SENER, S. (2008), «Non-Canonical Case Licensing is Canonical: Accusative Subjects of CPs in Turkish», ms., University of Connecticut.

SUÑER, M. (1999), «La subordinación sustantiva: la interrogación indirecta», en I. Bosque y V. Demonte (eds.), *Gramática descriptiva de la lengua española,* Madrid, Espasa, pp. 2.149-2.195.

— y J. PADILLA RIVERA (1990), «Concordancia temporal y subjuntivo», en I. Bosque (ed.), *Indicativo y Subjuntivo,* Madrid, Taurus, pp. 185-201.

STARKE, M. (2004), «On the inexistence of specifiers and the natures of heads», en A. Belletti (ed.), *Structures and beyond. The cartography of syntactic structures (vol. 3),* Oxford, Oxford University Press, pp. 252-268.

TENNY, C. (1994), *Aspectual roles and the syntax-semantic interface,* Dordrecht, Kluwer.

TORREGO, E. (1995), «On the nature of clitic doubling», en H. Campos y P. Kempchinsky (eds.), *Evolution and revolution in linguistic theory,* Washington DC, Georgetown University Press, pp. 399-418.

— (1996), «Experiencers and raising verbs», en R. Freidin (ed.), *Current issues in comparative grammar,* Dordrecht, Kluwer, pp. 101-120.

— (2011), «Marcadores de fase en el Dequeísmo», charla invitada en la Universitat Autònoma de Barcelona, Bellaterra, 26 de mayo de 2011.

— y J. URIAGEREKA (1992), «Indicative Dependents», ms., University of Massachussetts, Boston/UMD.

— y J. URIAGEREKA (2002), «Parataxis», en J. Uriagereka, *Derivations. Exploring the Dynamics of Syntax,* Londres, Routledge, pp. 253-265.

TREVIÑO, E. (1994), *Las causativas del español con complemento infinitivo,* México, El Colegio de México.

TSOULAS, G. (1994), «Subjunctives as Indefinites», en G. Borgato (ed.), *Teoria del Linguaggio e Analisi Linguistica: XX Incontro di Grammatica Generativa,* Padua, Unipress, pp. 387-407.

URIAGEREKA, J. (1988), *On Government,* tesis doctoral, University of Connecticut.

— (1995), «An F Position in Western Romance», en K. Kiss (ed.), *Discourse configurational languages,* Oxford, Oxford University Press, pp. 153-175.

— (1997), «Formal and substantive elegance in the minimalist program», en M. Bierwisch *et al.* (eds.), *The role of economy principles in linguistic theory,* Berlín, Akademie Verlag, pp. 170-204.

— (1999), «Multiple spell-out», en N. Hornstein y S. Epstein (eds.), *Working minimalism,* Cambridge, Mass., MIT Press, pp. 251-282.

— (2001), «Doubling and possession», en B. Gerlach y J. Grijzenhout (eds.), *Clitics in phonology, morphology and syntax,* Amsterdam, John Benjamins, pp. 205-431.

— (2005), «On the Syntax of Doubling», en L. Heggie y F. Ordóñez (eds.), *Clitic and Affix Combinations,* Amsterdam, John Benjamins, pp. 343-374.

— (2006), «Complete and Partial Infl», en C. Boeckx (ed.), *Agreement Systems,* Amsterdam, John Benjamins.

— (2009), «To Escape an Island: Submerge and Resurface», charla invitada en FASL 19.

— (2008), *Syntactic anchors. On semantic structuring,* Cambridge, Cambridge University Press.

URIBE-ETXEBARRIA, M. (1994), *Interface licensing conditions on negative polarity items: A theory of polarity and tense interactions,* tesis doctoral, University of Connecticut.

WURMBRAND, S. (2001), *Infinitives: Restructuring and clause structure,* Berlín, Mouton de Gruyter.

— (2004), «Two types of restructuring – Lexican vs. Functional», *Lingua* 114, pp. 991-1.014.

9 Los rasgos gramaticales

IGNACIO BOSQUE
Universidad Complutense, Madrid

9.1. Introducción[1]

Se cuenta que un lexicógrafo pidió una vez a un gramático que le explicara la diferencia que veía él entre una silla y un sillón. El gramático se quedó pensando un rato y dijo: «Por más vueltas que le doy, no consigo encontrar más que una: el género».

Como todas las caricaturas, también esta encierra algo de verdad. El gramático quería decir que entre la palabra *silla* y la palabra *sillón,* el género es la única diferencia que afecta propiamente a la gramática, en concreto a la sintaxis (dejando de lado la posible estructura morfológica de *sillón*). Existen, sin duda, otras diferencias lingüísticas entre esas dos palabras, pero no corresponde establecerlas al gramático, sino más bien al lexicógrafo y al lexicólogo, además de al fonólogo. Aunque es sumamente relevante la cuestión de hasta dónde debemos perseguir en la gramática (por oposición a la lexicología o la lexicografía) las informaciones relativas a las características semánticas de las palabras, por el momento aceptaremos, junto con el gramático del chiste, que el género de los sustantivos es uno de los RASGOS con los que debe operar el sistema gramatical. Entendemos, pues, los rasgos como PIEZAS BÁSICAS O ELEMENTALES DE INFORMACIÓN, sea esta fonológica, morfológica, sintáctica o léxica, que se combinan de manera restrictiva y articulada y dan lugar a segmentos lingüísticos de diversa complejidad.

[1] Muchas gracias a Ángel Gallego por sus valiosos comentarios a este trabajo en los varios estadios por los que ha pasado, a Juana Gil por su inestimable ayuda en la información relativa a los rasgos fonéticos y fonológicos, y también a dos revisores anónimos que hicieron observaciones y sugerencias muy útiles a la primera versión del presente texto. Ni que decir tiene que yo soy el único responsable de los errores que pudiera contener. Algunos fragmentos fueron presentados en Bosque 2013.

¿Cuáles son, entonces, los demás rasgos?; ¿cómo se establecen y se clasifican?; ¿de dónde se obtienen?; ¿cómo se relacionan unos con otros?; ¿cómo intervienen exactamente en la forma y el significado de las expresiones sintácticas? Todas estas preguntas forman parte del trabajo cotidiano de los gramáticos teóricos. Existen muchas respuestas a ellas en el campo, cada vez más variado y multiforme, de la lingüística contemporánea. En este capítulo solo podré esbozar de manera sumamente esquemática algunas de las respuestas que se consideran más firmes a unas pocas de esas preguntas. A pesar de ello intentaré, en la medida de lo posible, no evitar las cuestiones polémicas, y trataré, además, de no dirigir las respuestas en una sola dirección excluyendo todas las demás.

Podría decirse que la búsqueda de los rasgos básicos o elementales es una característica universal de las disciplinas de naturaleza intrínsecamente combinatoria, como son la arquitectura, la química o la música, entre otras. En este sentido, cabe pensar que la reflexión de los lingüistas sobre los rasgos esenciales de las palabras que intervienen en la gramática es, en cierto modo, similar a la que puede hacer un arquitecto sobre las propiedades básicas de los materiales de construcción (la resistencia, por ejemplo, es una de ellas) y las formas en que se ven condicionadas por leyes físicas; la que puede hacer un químico sobre las características de los elementos de la tabla periódica, o tal vez la que puede hacer un músico sobre las propiedades de las notas y sus agrupaciones (o, en último extremo, sobre los sonidos y su relación con el tiempo, los dos únicos elementos indispensables en la definición misma de *música*).

En este capítulo, que constituye una introducción breve al concepto de 'rasgo' en la sintaxis, intentaré explicar por qué esta noción representa un valioso instrumento de análisis gramatical. En el § 2 introduciré los componentes de la noción de rasgo, así como algunas consideraciones sobre la forma en que los rasgos se ordenan (con particular atención al concepto de 'infraespecificación') y también sobre la forma en que se agrupan. En el § 3 mencionaré las principales clasificaciones de rasgos en función de su relevancia gramatical, con especial atención a los rasgos categoriales y a los selectivos. En el § 4 describiré brevemente las principales operaciones sintácticas en las que intervienen los rasgos, y en el § 5 recapitularé las principales conclusiones.

9.2. El concepto de 'rasgo' en la sintaxis

9.2.1. *Rasgo, atributo y valor*

A pesar de que parece demasiado abierta, podemos tomar la pregunta (1) como punto de partida:

(1) ¿Son las palabras conjuntos de rasgos?

Esta pregunta recibe hoy una respuesta afirmativa en la mayor parte de las teorías formales de la gramática, así como respuestas negativas en buena parte de las no formales. Lo que (1) pregunta puede entenderse en un sentido amplio y en otro más restrictivo. En el primero, la respuesta es trivialmente afirmativa, puesto que nadie negaría que las palabras poseen propiedades gramaticales. En el segundo, que tiene más interés, la pregunta alude a una lectura más específica de la noción de 'rasgo'. En esta segunda interpretación, los rasgos no constituyen solo informaciones mínimas, sino que, además, se suponen extraídas de algún conjunto finito, están presentadas en términos jerárquicos (lo que da lugar a relaciones de dependencia entre ellas) y están sujetas a algún sistema de cómputo, comprobación o evaluación formal. Estos componentes del concepto de 'rasgo' –que se agregan al más general de 'información', 'característica' o 'propiedad'– se consideran hoy esenciales, puesto que implican que los rasgos condicionan las operaciones formales. Como consecuencia de todo ello, la sintaxis viene a ser, en lo fundamental, el resultado de poner en relación los rasgos gramaticales de las palabras.

Es difícil aceptar la existencia de la sintaxis como parte de la gramática sin responder a la vez afirmativamente a (1), en alguno de los sentidos que la pregunta admite. Es controvertido, en cambio, el lugar específico que se asigne en el sistema gramatical a cada uno de los rasgos que podrían introducirse de acuerdo con (1), y también lo es la medida en que responder afirmativamente a (1) condiciona la arquitectura de la gramática que se quiera defender. Lo cierto es que las reflexiones sobre los rasgos gramaticales como instrumentos analíticos en la morfología y en la sintaxis han dado lugar a una ingente bibliografía en los últimos años[2].

El papel de los rasgos gramaticales de las palabras en una teoría lingüística puede oscilar desde la casi total irrelevancia hasta la casi absoluta ubicuidad. Como cabe esperar, los rasgos apenas desempeñan papel alguno en las concepciones más extremas del cognitivismo, en las que la gramática se concibe, como explica Newmeyer (2003), como una entidad fluida e inestable en la que las generalizaciones son escasas, y casi siempre de naturaleza estadística o estocástica. Existen, por

---

[2] Las aproximaciones de conjunto más recientes, como las antologías reunidas por Harbour *et al.* 2008 y Kibort y Corbett 2010, proporcionan muy abundante información. Esta última obra colectiva contiene a su vez estados de la cuestión muy útiles, tales como Kibort 2010 y Corbett 2010. A estos dos autores pertenece la página web *Grammatical features,* que contiene mucha información sobre los rasgos gramaticales: http://www.grammaticalfeatures.net/. Entre los numerosos estudios sobre el concepto de rasgo en la sintaxis, o sobre la organización del sistema de rasgos, destacan Noyer 1992, Béjar 2003, Manzini y Savoia 2008 y Rezac 2011, además de Harley y Ritter 2000, 2002, Adger 2010, Adger y Svenonius 2011 y Sigurðsson 2004, entre otros muchos. Existen asimismo presentaciones minuciosas de varias categorías morfológicas y sintácticas que constituyen rasgos, como las publicadas sobre el número (Corbett 2000), el género (Corbett 1991), la persona (Siewierska 2004) o el caso (Blake 2001). Añadiré otros títulos a lo largo del capítulo. En relación con la categoría de caso, la serie CAGRAL (Case and Grammatical Relations across Languages) de la editorial John Benjamins ha publicado recientemente volúmenes monográficos sobre algunos casos (genitivo, dativo y nominativo) y ha anunciado otros que se publicarán próximamente.

otro lado, propuestas que otorgan gran relevancia a las operaciones formuladas con rasgos, que pueden llegar a articular no solo los procesos sintácticos, sino también los significados de las piezas léxicas y los de las oraciones. En Chomsky (1995a), por ejemplo, se entiende que «los niveles de interfaz no contienen más que series de rasgos léxicos en cierta disposición» (traducción mía, IB). En la llamada «conjetura Borer-Chomsky» (término acuñado por Baker 2008), los rasgos de las palabras constituyen el lugar en el que reside la variación, sea sintáctica o léxica. Se analizan en este mismo volumen (capítulo 10) otros aspectos de la variación sintáctica.

El creciente interés que el concepto de 'rasgo' ha adquirido en las teorías gramaticales contemporáneas tiene al menos tres fuentes. La primera es la fonología estructural europea. Roman Jakobson y sus colaboradores (Jakobson, Fant y Halle, 1952; Jakobson y Halle, 1956) concibieron los rasgos como un conjunto cerrado y limitado de propiedades distintivas de los sonidos con correlatos acústicos. Los rasgos eran binarios, puesto que marcaban la presencia o la ausencia de una propiedad, y formaban a la vez un conjunto universal. En Chomsky y Halle (1968) se sustituyen en gran medida los rasgos acústicos por los articulatorios y se limita el carácter universal y cerrado del sistema que estos conforman. En Gil (1989) se encontrará un análisis detallado de las controversias que ha suscitado la hipótesis binarista en la fonología.

La segunda fuente es el conjunto de teorías formales de la gramática, surgidas sobre todo en los años 80, que se asientan en rasgos sintácticos. Así, en la Gramática Léxico-Funcional (LFG en inglés; véanse las introducciones de Dalrymple 2001 y Asudeh y Toivonen 2010), se postulan dos estructuras gramaticales paralelas: la estructura categorial *(c-structure)* y la estructura funcional *(f-structure)*. Esta última está enteramente formada por el conjunto de rasgos gramaticales que corresponde a cada pieza léxica[3].

La tercera fuente es el resultado de la evolución de la gramática generativa desde un modelo formal de naturaleza modular, sin reglas y sin construcciones sintácticas, como era el marco de Principios y Parámetros, a otro aún más abstracto en el que no solo se prescinde de los módulos, junto con las reglas y las construcciones, sino que se intenta además dar respuestas a preguntas de alcance más general. Destaca entre todas ellas, como es sabido, la cuestión de hasta qué punto el lenguaje constituye un sistema óptimo para relacionar sonidos y significados, más exactamente los resultados del funcionamiento de un determinado aparato articulatorio con las propiedades de un sistema de informaciones de naturaleza conceptual e intencional. Es razonable

---

[3] En el modelo llamado *Head-Driven Phrase Structure Grammar* (HPSG; véanse las presentaciones de Pollard y Sag 1994 y de Sag *et al.* 2003), desarrollo de la denominada *Gramática de estructura sintagmática generalizada* (*Generalized Phrase Structure Grammar*, GPSG; Gazdar *et al.* 1985), los rasgos desempeñan también un papel esencial, ya que las estructuras sintácticas pueden copiarlos o heredarlos. Existen otras teorías gramaticales basadas en sistemas formales de rasgos que han recibido muy diversas aplicaciones en la lingüística computacional.

suponer que cuanto menores sean las unidades de información lingüística con las que se opere en la gramática, menos estipulativo resultará el aparato formal que se maneje, y mayores serán las garantías de alcanzar los objetivos previstos en esa dirección.

En los últimos treinta o cuarenta años se aceptó demasiadas veces entre nosotros una interpretación irrestricta de la noción de 'rasgo' –hoy casi abandonada, afortunadamente–, que solo tomaba de ese concepto sus aspectos externos. Parecía seguirse implícitamente lo que podríamos llamar «estrategia de la chistera»: se daba por supuesta la existencia de una chistera de la que salen tantos rasgos como sea necesario. De hecho, a lo largo de medio siglo se han encerrado entre corchetes, precedidas de los signos '+' o '–', toda suerte de informaciones imaginables, sin excluir algunas casi estrambóticas (como, por ejemplo, la propuesta de Nique 1974: 130, de que los complementos directos del verbo *mirar* están marcados con el rasgo [+visible]). En muchos textos de los años setenta y ochenta se percibe un notable desinterés por extraer las consecuencias de los supuestos rasgos introducidos *ad hoc*, o siquiera por examinar su naturaleza o su propia viabilidad.

Frente a esta CONCEPCIÓN IRRESTRICTA de la noción de rasgo, predomina hoy la INTERPRETACIÓN RESTRICTIVA de este concepto. En la actualidad se acepta como evidente que por el solo hecho de anteponer los signos '+' o '–' a cierta información y encerrarla entre corchetes no obtendremos un rasgo. Postular el valor [+] de un rasgo implica, en efecto, tener presentes los casos en que la misma información estaría marcada con el rasgo [–], y considerar también el lugar que ocupa el rasgo postulado en el conjunto de rasgos que caractericen el sistema o subsistema que se proponga.

Para ilustrar la estrategia restrictiva podemos acudir al rasgo [± específico]. Aunque ha sido propuesto –o al menos aceptado– en un buen número de trabajos gramaticales, Leonetti (2004, 2012) presenta varios argumentos en contra de que tal rasgo exista, por oposición a [± definido]. Como es lógico, el no aceptar tal rasgo –si Leonetti está en lo cierto– no implica que la especificidad no sea una noción semántica o pragmática relevante en la gramática, sino más bien que no se codifica como propiedad de las piezas léxicas de manera que pueda entrar en algún sistema objetivo de cómputo o evaluación. Nos faltan estudios que sigan la estrategia restrictiva, es decir, estudios que traten de eliminar algunos de los muchos rasgos que se han propuesto (por no emplearla), pero también estudios que justifiquen otros rasgos que no se han propuesto, pero que cabe pensar que existen.

En la concepción hoy predominante, al menos en las diversas orientaciones de la gramática formal, se considera que los rasgos son VALORES de PROPIEDADES, más comúnmente llamadas ATRIBUTOS. El esquema general en el que se basan es el de (2):

(2) [ATRIBUTO: valor],

donde el atributo corresponde a la propiedad que se caracteriza, y el valor, al elemento que le corresponde en un determinado paradigma previamente establecido, como, por ejemplo, [GÉNERO: femenino], [CATEGORÍA: N], [TIEMPO: pretérito], [NÚMERO: plural] o [CASO: genitivo]. Como se ve, la pertenencia a una clase de palabras (nombre, adjetivo, etc.) es también un rasgo. El ser nombre una palabra es, en efecto, un RASGO CATEGORIAL suyo y, como tal, condiciona buena parte de su sintaxis. Aunque tienen un encaje más difícil en (2), también se consideran hoy rasgos las propiedades relativas a la VALENCIA o ESTRUCTURA ARGUMENTAL de los predicados (llamada SUBCATEGORIZACIÓN ESTRICTA en el modelo estándar: Chomsky 1965), por ejemplo, el hecho de que *comer* sea un verbo transitivo que se construye con objetos directos nominales (no oracionales) y el que *dar* tenga dos argumentos nominales y uno preposicional.

Con los atributos de VALOR BINARIO se forman los RASGOS PRIVATIVOS, concepto que procede de la fonología. Por ejemplo, el rasgo [SONORIDAD: +] expresa la presencia de la propiedad «sonoridad», mientras que el rasgo [SONORIDAD: −] determina su ausencia, sin que existan valores intermedios. Algunos rasgos sintácticos son también binarios (por ejemplo, [REFLEXIVIDAD: ±], pero −como acabamos de comprobar al ilustrar (2)− otros muchos no pueden serlo. Así, el NÚMERO se marca con dos únicas opciones en español, pero se especifica entre más alternativas en las lenguas que reconocen el dual o el trial, o incluso el paucal, rasgo de número que en walpiri y en otras lenguas oceánicas marca en la morfología los grupos reducidos o escasos, por oposición a los numerosos (Corbett 2000).

Tampoco es binario el género de los sustantivos en las lenguas en las que este rasgo se elige entre tres opciones, como el alemán, o entre casi media docena, como sucede en algunas lenguas africanas, caucásicas o australianas[4]. Para incorporar algunos de estos sistemas, se han desarrollado en los últimos años varias propuestas en las que las nociones de GRUPO y de INDIVIDUO son elementos constitutivos de los rasgos de número (Harley y Ritter 2000, 2002, Cowper 2005, McGinnis 2005, Harbour 2011, entre otros). A su vez, los rasgos de PERSONA (en principio, ternarios) se convierten en binarios en estos sistemas si se entiende que constituyen valores de la noción de PARTICIPANTE, cuyas opciones son EMISOR y RECEPTOR[5]. Estos análisis desarrollan, pues, la antigua idea de Benveniste (1956) de que la tercera persona es «la no persona», por lo que implica la ausencia de tal rasgo.

No siempre es fácil dar nombre al atributo. Se acepta generalmente que los nombres comunes pueden ser contables o no contables, pero no

---

[4] Según Corbett (2010), en yingulu (lengua hablada en el norte de Australia) se distinguen cuatro géneros: masculino, femenino, vegetal y neutro. A su vez, algunas lenguas caucásicas con ese mismo número de géneros los distribuyen de otra manera: para hombres, para mujeres, para animales y para el resto de los seres. Las opciones son mayores en las lenguas bantúes (Maho 1999) y en otras familias. Aikhenvald (2003) proporciona una detallada visión de conjunto.

[5] De hecho, [PERSONA: 1] no denota sino «referencia al emisor», o [PARTICIPANTE: E]. Si suponemos que [PERSONA: 2] es, paralelamente, [PARTICIPANTE: R], cabe pensar que [PERSONA: 3] será [PARTICIPANTE: -E, -R]. Existen otros recursos formales similares para dar cabida a estas informaciones.

es frecuente dar nombre a la propiedad misma que caracteriza el atributo (tal vez NUMERABILIDAD O CONTABILIDAD). En la práctica, los gramáticos que trabajan con rasgos omiten el atributo y encierran entre corchetes únicamente el valor; es decir, usan [no contable] como rasgo, en lugar de la variante que distinguiría el atributo del valor, como sería [NUMERABILIDAD: –]. Tampoco es sencillo dar nombre al atributo que distingue un nombre propio de un nombre común (valores ambos), o un sustantivo individual de uno colectivo, entre otros muchos casos similares. Aun así, cabe pensar que el hecho de que no tengamos un buen nombre para identificar los atributos que caracterizan ciertos rasgos no es óbice para entender que el atributo debe suponerse también en esos casos.

Cuando decimos que las palabras están MARCADAS para ciertos rasgos, entendemos que lo están para alguno de los valores de los atributos que los designan. No resulta especialmente pedagógico ni transparente el hecho de que la noción de MARCA se use simultáneamente en varios sentidos en la lingüística contemporánea (al menos en doce, según Haspelmath 2006), aun cuando no todas las interpretaciones posibles de esta noción tengan el mismo interés. En su sentido más común, la *marca* es la especificación de la presencia o la ausencia de una propiedad, como sucede en los rasgos privativos. También es, como hemos visto, la asignación de un valor no binario a un atributo. Sin embargo, *marcado* significa otras veces 'codificado gramatical o léxicamente'. Por ejemplo, el español no marca (es decir, no codifica) en la concordancia verbal el hecho de que el sujeto se refiera o no a un objeto largo o flexible, a diferencia de lo que sucede en navajo y en otras lenguas amerindias. En español no se altera tampoco la relación formal del verbo con el objeto directo por el hecho de que este designe algo comestible, a diferencia de lo que es común en las lenguas australianas. En Baker (2001) se proporcionan numerosos ejemplos de estas diferencias.

También se usa *marcado* para hacer referencia a las DEPENDENCIAS jerárquicas: las lenguas pueden marcar el género en los verbos solo si marcan también el número (universal 36 de Greenberg 1963), luego el género es una noción *marcada* (en otro sentido de *marca* que apunta a la dependencia o la jerarquía), en relación con el número. Entre los lexicólogos es habitual entender el término *no marcado* de una oposición semántica como aquel que la puede abarcar completamente[6]. Se ha usado de otras formas la noción de MARCA en la psicolingüística, en la lingüística de corpus (especialmente en los estudios sobre la frecuencia) y en otras disciplinas.

---

[6] Por ejemplo, la pregunta *¿Cómo es de largo?* (*¿Qué tan largo es?* en algunos países americanos) puede equivaler a *¿Qué longitud tiene?* y admitir respuestas como *Bastante corto,* ya que *largo* es el TÉRMINO NO MARCADO de la oposición *largo/corto* y, como tal, abarca toda la dimensión. Por el contrario, las preguntas *¿Cómo es de corto?* o *¿Qué tan corto es?* solo tienen sentido si se formulan en relación con algo que sabemos que es corto (*corto* es, por consiguiente, el TÉRMINO MARCADO).

9.2.2. *Jerarquías de rasgos. La infraespecificación*

El estudio de la manera en que se organizan jerárquicamente los rasgos tiene una larga tradición en fonología. La llamada GEOMETRÍA DE RASGOS (Clements 1985; Clements y Hume 1995; Archangeli 1988; etc.) estudia esas jerarquías, así como sus consecuencias para el análisis de los procesos fonológicos. Los lingüistas que trabajan en ese campo analizan la forma en que los rasgos fonológicos se subordinan unos a otros estableciendo dependencias entre ellos, lo que implica que ciertas distinciones solo tengan sentido cuando antes se han establecido otras. Así, el rasgo [± REDONDEADO] tiene sentido aplicado a un segmento fonológico si se ha postulado antes el rasgo [LABIAL] (no, en cambio, [± LABIAL], puesto que este rasgo no es binario). Análogamente, el rasgo [± DISTRIBUIDO] puede caracterizar un segmento si este ha sido marcado antes como [CORONAL], no en caso contrario. Existen otros muchos casos similares.

No es habitual proceder de esta manera en sintaxis, pero no es del todo evidente si evitamos hacerlo porque entendemos que las clasificaciones gramaticales no admiten jerarquías de rasgos como estas, o más bien porque no estamos acostumbrados a establecerlas. En efecto, los sustantivos no son simplemente comunes o propios, contables o no contables, individuales o colectivos, etc., ya que la división «contable /no contable» se establece entre los nombres comunes, no entre los propios, de forma paralela a como la distinción «individual/colectivo» se establece entre los contables, no entre los no contables. Estas JERARQUÍAS DE RASGOS (en este caso, «COMÚN > CONTABLE > INDIVIDUAL») no siempre se tuvieron en cuenta en la tradición, en la que es frecuente omitirlas y presentar indirectamente como paralelas tales clasificaciones. Otras veces, las jerarquías parecían establecerse de manera implícita. Así, si hablamos del «presente del modo subjuntivo» en lugar de hablar del «subjuntivo del tiempo presente», es porque suponemos implícitamente que entre los modos se distinguen tiempos (por tanto, MODO > TIEMPO) y no al contrario (*TIEMPO > MODO).

¿Puede pensarse en una GEOMETRÍA DE RASGOS GRAMATICALES paralela a la de rasgos fonéticos y fonológicos? La extensión parece natural, pero lo cierto es que los proyectos encaminados a obtenerla (como buena parte de los títulos citados en la nota 2) han sido más tardíos en los dominios de la morfología y la sintaxis que en los de la fonética o la fonología. Consideremos, a título de ilustración, la noción de dependencia aplicada al rasgo [REFLEXIVIDAD]. Por un lado, la reflexividad se subordina al caso, ya que solo se marca en los pronombres que no están en nominativo[7]. Pero, por otro, la reflexividad está también subordinada

---

[7] Podría pensarse que esta dependencia se deduce del principio A de la Teoría del Ligamiento, pero no siempre resulta imprescindible que el antecedente de un reflexivo lo mande-c dentro de su ámbito de rección (capítulo 12). Existen, sin embargo, lenguas (incluso románicas, como el italiano) que poseen *anáforas de larga distancia* (ingl. *long distance anaphora*), en particular reflexivos cuyo antecedente puede ser externo a su oración.

a la persona. De hecho, es razonable suponer que el rasgo [REFLEXIVIDAD] solo se marca en los pronombres personales (en español y en las demás las lenguas romances) si estos han sido marcados antes con el rasgo [PERSONA: 3].

Esta jerarquización de los rasgos PERSONA y REFLEXIVIDAD en español (es decir, «si [PERSONA: 3], entonces [REFLEXIVIDAD: ±]», nos permite no tener que especificar como reflexivos o no reflexivos los pronombres de primera y segunda persona). No tenemos, pues, que postular que los pronombres *te* y *ti* son reflexivos en *Te peinas* o en *Lo guardas para ti*, pero no reflexivos en *Te peino* y en *Lo guardo para ti*. La relación de dependencia 3.ª PERSONA > REFLEXIVIDAD no se da en inglés, donde los pronombres de objeto de 1.ª y 2.ª persona poseen formas distintas según sean reflexivos *(myself, yourself)* o no lo sean *(me, you)*. La jerarquía 3.ª PERSONA > REFLEXIVIDAD nos dice que los pronombres de primera y segunda persona están INFRAESPECIFICADOS en relación con la reflexividad, lo que significa que no están marcados para ella o que no son sensibles a la información que esa noción aporta. Más aún, tal como señala Faltz (1985), las lenguas que marcan la reflexividad en los pronombres de 3.ª persona podrán marcarla o no a su vez en los de 1.ª y 2.ª, pero la dependencia no se establece en sentido contrario: no hay lenguas que marquen la reflexividad en las personas 1.ª y 2.ª y no lo hagan en la 3.ª.

El concepto de INFRAESPECIFICACIÓN DE RASGOS, que guarda relación con el de SINCRETISMO[8], tiene sentido en una concepción jerarquizada de la información que estos aportan, especialmente si tenemos en cuenta que esta noción nos permite anular en unos contextos las distinciones que son pertinentes en otros. Así, las consonantes oclusivas están infra-especificadas en posición implosiva para la distinción «sorda-sonora», ya que en esa posición pueden realizarse de varios modos. Como sabemos, *digno* puede pronunciarse ['dik.no], con oclusiva, pero también

---

[8] El SINCRETISMO designa la indistinción morfológica entre dos o más nociones, por ejemplo el caso acusativo y el dativo en *me, te, nos*, etc., o la 1.ª y la 3.ª persona en el imperfecto *(cantaba)*. Sin embargo, el sincretismo apunta a la indistinción de formas, no tanto a la de rasgos. Así, el gran número de participios del español *(helado, pasada, cuidado, sentada, hecho, vuelta*, etc.) que pueden usarse como sustantivos presentan una situación de sincretismo entre esas dos categorías léxicas, pero no muestra una situación de infraespecificación. No es sencillo decidir, en cambio, si el hecho de que el subjuntivo introduzca menos distinciones temporales que el indicativo cons-tituye o no una muestra de infraespecificación de rasgos. Así parece suceder, por ejemplo, en los usos americanos en los que el presente de subjuntivo cubre todos los valores de los tiempos simples de dicho modo, como en *Yo quería que llueva* (NGLE, § 24.1b). En cambio, parece más bien sincretismo que infraespecificación la AMBIGÜEDAD temporal a la que da lugar el presente de subjuntivo (del español estándar) en oraciones como (i), que pueden interpretarse como la nega-ción de (iia) o como la de (iib):

(i) No creo que se entere.

(ii) a. Creo que no se entera.

  b. Creo que no se enterará.

En Stark y Pomino (2011) se encontrará un conjunto de estudios recientes sobre el sincretismo en la gramática española.

['diɣ.no], con aproximante, o ['dix.no], con fricativa. En lo esencial, la noción tradicional de ARCHIFONEMA (Davidsen-Nielsen 1978, Akamatsu 1998) recogía la misma información.

El concepto de infraespecificación admite diversas variantes en la gramática. De hecho, podemos intentar deducir sus clases a partir de la información que aportan los dos componentes con los que hemos caracterizado la noción de rasgo: el atributo y el valor. Si usamos este criterio, obtendremos tres variantes de la infraespecificación:

PRIMER TIPO. SIN ATRIBUTO NI VALOR. En esta forma de infraespecificación no se introduce el atributo del rasgo y, por tanto, no se le asigna ningún valor. Como hemos visto, los pronombres de 1.ª y 2.ª persona no están marcados para el rasgo [REFLEXIVIDAD], lo que es muy distinto de decir que están marcados para cualquier valor del rasgo [± reflexivo]. No se hace, pues, referencia alguna a esta noción, de forma parecida a como para caracterizar la vocal /a/ tampoco se hace referencia al rasgo [± redondeado].

A cada paso se encuentran diferencias entre las lenguas naturales en relación con conceptos que han de marcarse en unas, pero no en otras. Esas diferencias se extienden muy a menudo de la morfología al léxico[9]. Así, la preposición española *sobre* es insensible a la noción de CONTACTO, que se da en *El libro está sobre la mesa,* pero no se da en *La lámpara cuelga sobre la mesa.* Nótese que en inglés se usaría la preposición *on* en el primer caso y *over* en el segundo. De manera análoga, la preposición española *en*, en su uso espacial, es insensible a diversas formas de localización, entre ellas la ubicación en el interior de algo *(El libro está en el cajón)* o el contacto con la superficie de otra cosa *(El libro está en la mesa),* entre otras variantes que se corresponden con preposiciones distintas en muchas lenguas. Podemos, pues, pensar que en español no se codifican esas distinciones léxicas en la preposición *en* porque esta preposición está infraespecificada para ellas (en el sentido 1 del término *infraespecificación*). Razonando de esta manera podemos, pues, concluir que en español no existe un pronombre reflexivo *te* y otro pronombre homónimo no reflexivo, de la misma forma que no existe una preposición *sobre* que denote contacto y otra homónima que no aporte ese significado. Es oportuno recordar en este punto que en la gramática generativa se asumió durante un tiempo que las distinciones que una lengua no marca de manera manifiesta, por oposición a otros idiomas, las marca de manera encubierta. Desde la propia teoría se han alzado algunas voces en contra de esa conclusión (muy explícitamente en Ramchand y Svenonius 2006, y menos explícitamente en otros estudios). No parece, en efecto, haber razones para pensar que las múltiples clases nominales de las lenguas bantúes estén presentes tácitamente en las lenguas indoeuropeas; que las marcas léxicas o morfológicas de dual

---

[9] En Luque Durán (2001) se proporciona un amplio panorama de las distinciones léxicas que hacen las lenguas de determinadas familias, pero que están ausentes en otras.

están presentes de manera encubierta en las lenguas que carecen de dual, o que la elección de un verbo de movimiento distinto en función de las propiedades formales de cada objeto directo (característica de ciertas lenguas amerindias: Baker 2001) haya de darse también en español. De hecho, a la concepción que fue habitual en la gramática generativa durante muchos años («Lo que no está presente expresamente en una lengua está presente en ella tácitamente») suele oponerse hoy un planteamiento más restrictivo —en particular desde Chomsky (1995a) en adelante—, según el cual las lenguas eligen un conjunto particular de opciones de entre un conjunto universal de ellas.

Pero, si bien esa conclusión es correcta, especialmente en lo relativo a la morfología y al léxico, se ha probado repetidamente la existencia de procesos de movimiento sintáctico manifiesto en unas lenguas, pero encubierto en otras, y sometidos ambos a restricciones similares. Huang (1982) es un estudio ya clásico sobre este punto; véanse también May (1985), Pesetsky (2000) y Simpson (2000), entre otros muchos trabajos en la misma dirección. Por otra parte, un rasgo determinado, por ejemplo el de DUAL, puede no estar marcado en la morfología de una lengua, sin que ello le impida tener alguna consecuencia indirecta en otro aspecto de su gramática[10]. Aun así, nada impide, en principio, que una determinada noción esté marcada morfológica o sintácticamente en una lengua, a la vez que está completamente ausente de otra.

SEGUNDO TIPO. CON ATRIBUTO Y VALOR ALTERNANTE. Si introducimos el atributo de un rasgo, quedará abierto su valor, que habrá de determinarse contextualmente. En efecto, el adjetivo *contenta* habrá de concordar en género con su antecedente, el pronombre *te* en (3):

(3) Te veo muy contenta.

Como es obvio, si este pronombre átono no tuviera rasgos de género, no podría realizarse la concordancia. Es lógico concluir que el pronombre *te* está marcado para alguno de los valores del atributo [GÉNERO], como en [GÉNERO: {masculino, femenino}], entre los que habrá que elegir uno (VALOR ALTERNANTE). Nótese que se obtienen situaciones similares en fonología. Por ejemplo, si consideramos la asimilación de la zona de articulación de las nasales implosivas, necesitaremos el rasgo [NASAL], pero nos hace falta otro rasgo, concretamente [ZONA DE ARTICULACIÓN: {labial, coronal, dorsal}]. Si elegimos [labial], tendremos *cambio;* si elegimos [coronal], tendremos *antes,* y, si optamos por [dorsal], tendremos *angustia.* Como es lógico, el contexto fonológico se determina por CONTIGÜIDAD, mientras que, en el caso del pronombre,

---

[10] En Bosque (2012) sugiero que el hecho de que el llamado *Principio de integridad léxica* se infrinja flagrantemente en secuencias como *Muchos matrimonios son felices aunque ella sea mucho mayor que él* está relacionado con la naturaleza dual de los sustantivos *matrimonio* o *pareja,* que también pueden ser (frente a otros sustantivos en singular) antecedentes de sintagmas recíprocos. Todo ello es plenamente compatible con que el sistema flexivo del español no sea sensible a la noción de 'dual'.

el contexto es CONFIGURACIONAL. El adjetivo femenino *contenta* aparece, en efecto, en una configuración particular en la que se predica de *te*. La sintaxis COTEJA y EVALÚA (§ 4.1) el rasgo GÉNERO en función de las opciones mencionadas y, al hacerlo, elige una de ellas. Si la sintaxis no sanciona la configuración obtenida, el valor del rasgo no podrá ser cotejado y el resultado será anómalo. Por ejemplo, no podrá elegirse la opción [femenino] correspondiente al pronombre *me* para concordar con el adjetivo *contenta* en (4):

(4) María y Luisa me invitaron al cine muy {*contenta/contentas},

ya que el verbo transitivo *invitar* no admite complementos predicativos del objeto directo. Así pues, el proceso de elección es el resultado de una OPERACIÓN SINTÁCTICA que se realiza en un entorno local, como sucede, en general, con todas las relaciones de concordancia.

El género ALTERNANTE de los pronombres personales de primera y segunda persona del español, como en *Yo soy {moreno/morena}*, se extiende a los sustantivos llamados tradicionalmente COMUNES EN CUANTO AL GÉNERO *(turista, estudiante)*, así como a los llamados ADJETIVOS DE UNA TERMINACIÓN *(inteligente, feliz)*, además de a diversas clases de pronombres (*Usted está bien preparada, Quienes estén dispuestas*, etcétera)[11].

En la gramática estructural era frecuente asociar los rasgos morfológicos de las palabras a los segmentos que los manifiestan, y acudir a SEGMENTOS NULOS cuando estos rasgos no están expresos (por ejemplo, Ø para el plural en *los lunes-Ø*). Aunque los segmentos nulos se siguen empleando en la morfología contemporánea, su estatus es polémico, puesto que no siempre queda claro si reflejan alguna realidad mental o cognoscitiva o, por el contrario, tan solo constituyen recursos *ad hoc* para forzar regularidades en la segmentación. Una forma habitual de evitarlos, al menos en alguna medida, es distinguir entre RASGOS MANIFIESTOS y RASGOS ENCUBIERTOS. En efecto, no hemos de suponer que al rasgo [femenino] en *te* corresponda algún segmento morfológico (no tenemos, por tanto, *te-Ø*), sino que entendemos que esta información está ENCUBIERTA (ingl. *covert*) en dicho pronombre, al igual que en todos los pronombres átonos de primera y segunda persona. Podemos usar la letra griega α para hacer referencia a un paradigma de rasgos alternantes. En nuestro ejemplo, «si [CATEGORÍA: pron. pers], [PERSONA: {1/2}] y [TONICIDAD: –], entonces [GÉNERO: α]». Como hemos visto, los rasgos alternantes están presentes en el léxico, pero solo pueden ser ACTIVADOS en función de las propiedades particulares de las configuraciones sintácticas.

---

[11] Aun así, la elección de una clase de palabras para el rasgo alternante de GÉNERO no tiene por qué reducirse necesariamente a su capacidad para inducir algún segmento flexivo. En efecto, los pronombres del inglés pueden tener género, mientras que los sustantivos a los que hacen referencia no lo tienen, en principio. Pero, aunque el sustantivo *student* ('estudiante') no posea en inglés rasgos de género, son posibles las dos opciones que aparecen en *Every student in my class voted for {himself /herself}*, ejemplo de Heim (2008: 39).

TERCER TIPO. CON ATRIBUTO E INDETERMINACIÓN DEL VALOR. En esta tercera opción, introducimos el atributo del rasgo, pero no podemos elegir su valor porque confluyen varios. En fonología se obtiene esta situación típica de indeterminación entre la rótica simple o percusiva y la vibrante en voces como *carta, arma* o *amor*. El atributo pertinente ahora es TENSIÓN, y los valores entre los que no es posible elegir son «tenso» y «relajado». ¿Tenemos situaciones similares a estas en la sintaxis? En mi opinión, proporcionan un buen candidato los contextos de infraespecificación de rasgos de caso (Silverstein 1986, Noyer 1992, Darlymple y Kaplan 2000). En principio, y por estrictas razones de localidad, no deberían existir conflictos de caso entre varios asignado-res, pero lo cierto es que estos conflictos se dan. Nótese que el hecho de que el relativo complejo del español *al que* contenga la preposición de acusativo *a* no le impide ser sujeto de *ha llegado* en (5):

(5) a. He reconocido *al que* ha llegado.
    b. *Ich habe erkannt, *wen* [acus.] gekommen ist.
    c. ?Ich habe erkannt, *wer* [nom.] gekommen ist.
    d. Ich habe *den* [acus.] erkannt, *der* [nom.] gekommen ist.

El equivalente alemán de este SN no es (5b), con relativo en acusativo, y tampoco es enteramente aceptable (5c), con relativo en nominativo. De hecho, los hablantes nativos prefieren deshacer el relativo complejo y construir esta expresión como en (5d), donde aparece un demostrativo en acusativo (*den* 'ese, aquel') y un relativo en nominativo *(der)*. Sin embargo, el conflicto desaparece cuando el caso no ha de estar marcado morfológicamente. Resulta enteramente natural (6):

(6) Ich habe gegessen, was übrig blieb,
    'Me comí lo que sobró'

ya que el pronombre neutro *was* 'lo que' es compatible con el nomina-tivo y con el acusativo, de forma que sus rasgos de caso quedan infra-especificados. Nótese que el español no está libre de este problema en las oraciones coordinadas. De hecho, no existe solución tradicional para el hecho de que el único relativo que aparece en el SN (7) sea a la vez, aparentemente, el complemento directo de *despidió* y el comple-mento indirecto de *agradeció*[12]:

(7) El funcionario al que la empresa despidió y agradeció los servicios prestados.

El SN de (7), inanalizable en términos tradicionales, deja de ser pro-blemático si suponemos que la compatibilidad de la preposición *a* con el dativo y el acusativo da lugar a una situación de infraespecificación

---

[12] Nótese que no es posible postular aquí una elipsis de relativo en el segundo término de la coordinación, puesto que los relativos no se eliden en español. Cuando se sustituyen por operado-res nulos, como en Brucart (1992), permanece el subordinante, pero este no está presente ante *agradeció* en (7).

de rasgos de caso (del tipo 3) en el relativo complejo *al que*[13]. Para ello necesitamos, como es obvio, un modelo teórico en el que los rasgos sintácticos puedan estar infraespecificados en las condiciones que se establezcan.

Los tres tipos de infraespecificación introducidos se resumen en (8):

(8) Tres tipos de infraespecificación de rasgos (resumen):

	ATRIBUTO	VALOR
Tipo 1	no	no
Tipo 2	sí	sí (elección contextual)
Tipo 3	sí	no (indeterminación)

Como hemos visto, los tres tipos de infraespecificación se aplican a la fonética-fonología, además de a la sintaxis. No siempre es fácil, sin embargo, decidir entre ellos. En efecto, al examinar las dos versiones españolas de la oración francesa (9),

(9) Vous avez raison.
    'Usted tiene razón.' / 'Ustedes tienen razón.'

podemos preguntarnos qué rasgos gramaticales posee exactamente el pronombre *vous*. Estamos, en efecto, ante un tipo de infraespecificación. Si elegimos el tipo 1, diremos que la distinción de número será irrelevante, ya que no la marca el pronombre ni el verbo. Si elegimos el tipo 2, entenderemos que el pronombre *vous* poseerá [NÚMERO {sing., pl.}], y tal vez también [GÉNERO: {masc., fem.}]. Si elegimos 3, estaremos diciendo que el pronombre *vous* poseerá el atributo [NÚMERO] y que no elegimos su valor porque la gramática no nos lo permite. Todo parece indicar que la opción correcta es la segunda, puesto que los adjetivos concuerdan en número con el pronombre *vous* en estos casos (Wechsler 2004). En realidad, también concuerdan en género, si bien la pronunciación no siempre refleja estas diferencias ortográficas. En francés es posible decir, en efecto, *Vous* [masc. sing.] *êtes très radical* [masc. sing.], pero también, *Vous êtes très radicale* [fem. sing.], *Vous êtes très radicales* [fem. pl.] y *Vous êtes très radicaux* [masc. pl.].

El concepto de infraespecificación es asimismo relevante en el estudio de los rasgos semánticos que restringen la selección léxica (§ 3.3.1). Tal como hace notar Jackendoff (2011: 601), siguiendo a Weinreich, los pronombres suelen estar infraespecificados para tales rasgos. Así, ante oraciones tan simples como *Juan lo bebió* o *¿Qué bebió Juan?*, no solo tenemos que explicar por qué son gramaticales, a pesar de la ausencia de cualquier información semántica relativa a los líquidos en los pronombres que contienen, sino también el hecho mismo, un tanto paradójico, de que esos pronombres se refieren a ciertos líquidos en dichas secuencias. Jackendoff entiende que estos hechos tienen cabida

---

[13] Como me hace notar Á. Gallego, la base gramatical del leísmo puede radicar precisamente en la infraespecificación de los rasgos de caso.

en su sistema de *unificación de rasgos,* al que llama también *fusión argumental.* Conviene recordar que los pronombres y adverbios pronominales están marcados para un número muy restringido de informaciones semánticas, por ejemplo 'persona' *(nadie, quién),* 'lugar' *(cuándo, dónde, allí),* 'cosa' *(qué, nada),* etc., de forma que quedan infraespecificados (en el sentido 1) para otras informaciones, que serán o no compatibles con las anteriores en función de las exigencias de cada predicado. Así, el pronombre *nada* hará referencia a cierta información escrita en *No he leído nada este verano;* el pronombre *quién* se referirá a un monarca en *¿Quién abdicó?,* etcétera.

En buena medida, las jerarquías de rasgos con las que se trabaja actualmente desarrollan los universales propuestos por Greenberg (1963), sometidos a riguroso escrutinio en los últimos treinta años. Los proyectos que aspiran a construir una geometría de los rasgos morfológicos acometen, en efecto, una tarea ingente, ya que las palabras gramaticales, que se forman mediante la conjunción de rasgos, pueden elegir conjuntos mayores o menores de un depositario probablemente universal de ellos. Se trata de determinar qué rasgos exactamente se eligen en cada caso y qué propiedades adquiere cada uno de los sistemas así formados. Entre los múltiples ejemplos que podríamos elegir para ilustrar este punto, consideraré uno de los más simples: los pronombres personales con rasgos de plural y nominativo en inglés. Estos pronombres son solo tres. La distribución más evidente de los rasgos que no comparten es la siguiente:

(10) [PERSONA: 1]: *we;* [PERSONA: 2]: *you;* [PERSONA: 3]: *they.*

Pero esta información tiene algo de engañoso. La razón radica en que la primera persona, que designa al hablante, puede incorporar o no en su designación al oyente o a un tercer participante. Parecería, pues, más apropiada esta otra variante del rasgo PERSONA:

(11) [PERSONA: 1+1/2]: *we*
　　[PERSONA: 2+2/3]: *you*
　　[PERSONA: 3+3]: *they*

La barra (/) denota aquí alternativas, de forma que el rasgo [PERSONA: 1+1/2] hace referencia a un hablante junto con otros emisores, presentes o no (por tanto, "1+1")[14], como cuando alguien usa *we* para referirse a todos los que comparten un grupo, una propiedad, un territorio, etc. Tendremos "1+2" cuando el plural *we* involucra a algún receptor (como cuando *nosotros* en español se refiere a "tú + yo"). Cualquiera de estas informaciones puede aparecer repetida, de modo que caben igualmente las opciones "1+1+1+2"; "1+1+2+2", "3+3+3" etc. Pero nótese ahora que esta descripción, más adecuada que la anterior, tiene algo de redundante: las distinciones de persona que hemos establecido incluyen táci-

---

[14] Cuando el que habla representa a otros, presentes o no, no se obtiene la pauta «1+3», sino una variante de «1+1».

tamente el número, ya que el signo +, que suma diversos participantes, lo incorpora en su mismo significado.

La idea de que el número está subordinado a la persona se defiende con diversos argumentos en Noyer (1992), Wechsler (2004) y Harley y Ritter (2002), entre otros trabajos[15]. El segundo de estos autores entiende asimismo que el género se subordina al número. El universal 32 de Greenberg (1963) reflejaba también esta dependencia, ya que estipulaba que el verbo solo refleja los rasgos de género del sujeto en las lenguas en las que refleja también los rasgos de número. Por otra parte, la subordinación del caso al número y la persona se recogía formalmente en Chomsky (1981), donde eran los rasgos [+tense, +agreement] los que asignaban caso nominativo al SN situado en el especificador de la flexión verbal.

Si intentamos ahora establecer el sistema de los pronombres personales con rasgos de plural en el español americano, veremos que es más complejo que el anterior, ya que añade el rasgo de GÉNERO, ausente (para el plural) en el sistema del inglés:

(12) [PERSONA: 1+1/2]; [GÉNERO: masc.]: *nosotros*.

   [PERSONA: 1+1/2]; [GÉNERO: fem.]: *nosotras*.

   [PERSONA: 2+2/3]; [GÉNERO:α]: *ustedes*[16].

   [PERSONA: 3+3]; [GÉNERO: masc.]: *ellos*.

   [PERSONA: 3+3]; [GÉNERO: fem.]: *ellas*.

El cuadro de (12) no refleja el rasgo [NÚMERO: pl.] y tampoco [CASO: nom.], que consideramos comunes a todos esos pronombres. El sistema del español europeo es todavía más complejo, ya que a los cuatro rasgos mencionados (NÚMERO, PERSONA, GÉNERO y CASO) agrega otro, de naturaleza sociolingüística, que podríamos llamar [FAMILIARIDAD], lo que da lugar a dos nuevos pronombres *(vosotros, vosotras)* y a cambiar los rasgos de uno de los anteriores *(ustedes)*[17]. En cualquier caso, el resultado es sumamente simple, comparado, por ejemplo, con el de algunas lenguas de Oceanía. Así, en nogugu (lengua de la Melanesia),

---

[15] Además del citado Siewierska 2004, pueden verse, en relación con la articulación interna de la noción de PERSONA, Zwicky 1977, Cysouw 2003, Bianchi 2006 y Alexiadou y Anagnostopoulou (2006). El estudio de Bianchi y Safir (2004) introduce el volumen monográfico 16.1 (2004) de *Italian Journal of Linguistics,* dedicado a los rasgos de persona.

[16] *Usted* es un pronombre de 3.ª persona de acuerdo con la concordancia, pero de 2.ª persona si la noción de PERSONA codifica la referencia al interlocutor. Véase, sin embargo, la nota siguiente.

[17] Aun así, existen razones de peso para poner en duda que *usted* sea un pronombre personal, sobre todo porque mantiene en gran medida las propiedades gramaticales de la expresión nominal para el tratamiento de respeto *(vuesa merced)* de la que procede. Entre otras propiedades, concuerda en tercera persona con el verbo: *Como usted {sabe/*sabes};* puede usarse, aunque sea únicamente en la lengua formal, como objeto indirecto sin duplicación, propiedad inusitada en un pronombre personal tónico de dativo *(Ruego a usted que…/*Ruego a ti que…)*; no da lugar a la lectura contrastiva en los imperativos *(Siéntese usted,* como en *Pase el señor),* a diferencia del pronombre *tú (Siéntate tú),* etc. Nótese que nadie situaría expresiones como *su señoría* o *sus majestades* en el grupo de los pronombres personales del español. Si se aceptara que *usted* no es un pronombre personal, sino una expresión nominal para el trato de cortesía, el cuadro de (12) debería alterarse consiguientemente.

existen, según Zwicky (1977), doce pronombres personales con rasgos de pluralidad, sin mencionar sus posibles variantes de género o caso, ya que el sistema pronominal con el que se constituyen incorpora más rasgos de persona y de número. En esta lengua se distingue, por un lado, el plural de primera persona INCLUSIVO, es decir, el que incluye al oyente (por tanto, "1+2") del EXCLUSIVO (es decir, "1–2", con el signo *menos*). Si a eso se añade que en nogugu se distingue el dual, el trial y el plural (este último, para cantidades mayores de tres), se obtienen, en efecto, doce pronombres personales con rasgos de pluralidad.

Pues bien, tanto en inglés como en español (sea europeo o americano), en nogugu o en cualquier otra lengua, el segundo segmento de la suma "x+y" (donde x e y son rasgos de persona) ha de reproducir el primero, o bien seguirlo en la jerarquía "1 > 2 > 3". El signo "–", que usábamos en el plural exclusivo, está asimismo fuertemente restringido en estos sistemas (de hecho existe "1– 2" [con *menos*], pero se duda de que exista "2–3"). Las propiedades que "1" y "2", pero no "3", comparten en relación con otros rasgos (por ejemplo, la infraespecificación para la reflexividad, como hemos visto) se atestiguan igualmente en un gran número de lenguas.

Las consecuencias de la jerarquía son mayores: las lenguas que marcan morfológicamente el número en los pronombres personales lo hacen en la primera persona, o bien en la primera y la segunda, o bien en las tres, pero no, por ejemplo, en la primera y la tercera. En el caso del género, la jerarquía se mantiene, pero invertida. Por defecto, el género se marca en los pronombres personales de tercera persona, pero puede marcarse además en los de segunda (como en árabe), o bien en las tres personas, pero –de nuevo– no, por ejemplo, en los de primera y segunda excluyendo los de tercera.

9.2.3. *Haces de rasgos*

En las páginas anteriores he introducido algunas consideraciones sobre la forma en que se jerarquizan los rasgos. En esta sección haré, en cambio, algunas observaciones sobre la manera en que se agrupan.

Las palabras no están marcadas individualmente para ciertos rasgos, sino que estos forman grupos, conglomerados, racimos o HACES (ingl. *bundles*). Los haces de rasgos constituyen, pues, agrupaciones particulares de ellos y varían en función de diversos factores, que a menudo también están sujetos a jerarquías. Tales agrupaciones dan lugar, en efecto, a múltiples clases de palabras. En el apartado anterior hemos comprobado, por ejemplo, que los pronombres personales se suelen construir con un determinado haz de rasgos (generalmente jerarquizados): PERSONA, GÉNERO, NÚMERO y CASO, a los que es posible añadir otros, como REFLEXIVIDAD[18].

---

[18] Lo que no quiere decir que algunos de ellos no se puedan descomponer. La reflexividad, en concreto, no es más que una relación de correferencia entre argumentos en algún contexto local, aunque no necesariamente el mismo en todas las lenguas. Véase § 5.

De manera similar a como los fonemas se conciben como conjuntos de rasgos, tiende igualmente a pensarse que al menos las palabras gramaticales pueden ser también concebidas enteramente de esa forma. El adverbio *enteramente* es aquí importante, ya que las informaciones que las palabras gramaticales aportan, por oposición a la que expresan las léxicas, no tiene vinculación con la cultura enciclopédica de los hablantes ni parece que remita tampoco a realidades de la experiencia. De hecho, el que resulte tan difícil definirlas lexicográficamente no es más que la consecuencia directa de tal propiedad. Sin embargo, y a pesar de que este razonamiento no se suele poner hoy en duda, no tenemos todavía una descripción de las palabras gramaticales del español (o de cualquier otra lengua) establecidas mediante la presencia o ausencia de cierto número finito de rasgos, junto con las marcas de infraespecificación que les correspondan. Podemos pensar, por ejemplo, que el pronombre personal *sí* del español está formado por los siguientes rasgos sintácticos (uso α para hacer referencia a un paradigma de rasgos alternantes, como he explicado antes):

(13) 1. [CATEGORÍA: pron. pers.]
    2. [PERSONA: 3]
    3. [GÉNERO: α]
    4. [NÚMERO: α]
    5. [CASO: oblicuo]
    6. [REFLEXIVIDAD: +]

A estos rasgos sintácticos hay que añadir los fonológicos, entre los que está el de TONICIDAD, con consecuencias patentes en la sintaxis. Así pues, el rasgo 3 nos permite explicar combinaciones como *sí mismo/sí misma*. El rasgo 4 es más interesante: no solo nos permite explicar combinaciones como *sí mismos* (donde el adjetivo copia el género y el número del pronombre *sí*, como hace en *estos mismos*), sino también otras como *entre sí*, que serían absurdas si el rasgo de plural no estuviera presente tácitamente en el pronombre *sí*. El rasgo 5 nos dice que el pronombre *sí* es, necesariamente, el término de una preposición (*a sí, de sí, para sí,* etc.), sea esta la que fuere. Finalmente, el rasgo 6 nos permite explicar contrastes como *Lo quiero para {ti/*sí}*, frente a *Lo quiere para {ti/sí}*.

Se espera que los haces o racimos de rasgos varíen en función de cada clase de palabras, pero también que algunos se deduzcan de la presencia de otros: del rasgo categorial [CAT: N] deducimos la presencia de género, número, caso, etc. Es de esperar también que los rasgos que constituyen cada clase gramatical (relativos, interrogativos, demostrativos, indefinidos, conjunciones, determinantes, etc.) sean similares. Estas informaciones tienen a menudo correlato formal en unas lenguas o estados de lengua, pero otras veces carecen de tales correspondencias en la morfología o en el léxico, a pesar de lo cual suponemos que los rasgos están igualmente presentes.

Consideremos, a título de ejemplo, las series de los indefinidos y los interrogativos, ambos cuantificadores. Resulta en cierta forma sorprendente que las palabras *qué*, *algo* y *nada* sean tan distintas entre sí. Esta serie de interrogativos e indefinidos de cosa mantiene cierto paralelismo morfológico con la serie correspondiente a los pronombres de persona (*quién*, *alguien*, *nadie*), pero, de nuevo, los elementos de esta otra serie tampoco se parecen entre sí. Comparemos ahora estas palabras con las voces equivalentes en japonés (ejemplos de Deguchi 1980).

(14)

	COSA		PERSONA	
	ESPAÑOL	JAPONÉS	ESPAÑOL	JAPONÉS
INTERROGATIVO	*qué*	*nani*	*quién*	*dare*
INDEFINIDO POSITIVO	*algo*	*nani-ka*	*alguien*	*dare-ka*
INDEFINIDO NEGATIVO	*nada*	*nan-mo*	*nadie*	*dare-mo*
INDEFINIDO INESPECÍFICO	*cualquier cosa*	*nan-demo*	*cualquiera*	*dare-demo*

El indefinido negativo al que se hace referencia aquí es el correspondiente al término de polaridad negativa (por tanto, como el inglés *anybody;* no en cambio como *nobody,* ambos equivalentes a nuestro *nadie*). Como vemos en la tabla, el paralelismo del español se reduce a los elementos de cada serie gramatical (los interrogativos entre sí, los indefinidos negativos entre sí, etc.), pero en japonés el paralelismo es doble, ya que a la correspondencia anterior se añade otra: los equivalentes de *qué, algo, nadie* y *cualquier cosa* tienen, como vemos, una base léxica en común: el interrogativo parece representar el restrictor del cuantificador en estado puro, lo que recuerda en alguna medida el italiano *cosa*, que se usa como pronombre interrogativo (*Cosa vuoi?* '¿Qué quieres?'). Las partículas que siguen a estos representantes léxicos de la variable cuantificada son las que aportan la información mínima necesaria para determinar de qué cuantificador se trata. Así, *nan-mo* equivale a *nada* en contextos negativos (como el ingl. *anything*), de manera que combina la información negativa que aporta *-mo* y la correspondiente a la noción de 'cosa', que aporta *nan(i)*. El resultado expresa de manera composicional la misma información que nuestro pronombre *nada* integra en su significado: 'cosa ninguna'. Por otra parte, el hecho de que los interrogativos sean la base de los indefinidos en japonés no resulta un hecho tan sorprendente si pensamos que los relativos son la base a la que se añade el afijo *-quiera* en español para construir indefinidos inespecíficos: *quienquiera, cuandoquiera, comoquiera,* etcétera.

Los componentes de los interrogativos y los exclamativos del español pueden tener o no manifestación morfológica en función de variables históricas y geográficas. Estos elementos poseen un rasgo cuantificativo, llamémosle [Q], que alude al tipo de enunciado que forman, y otro rasgo que denota la entidad semántica cuantificada; [persona] en *quién*, [lugar] en *dónde*, [cantidad] en *cuánto*, etc. En el caso de las cantidades, este segundo rasgo se expresa a veces en la sintaxis mediante cuantificadores indefinidos evaluativos, que pueden ser no contables, como el inglés *much*, o contables, como *many*. Se forman así expresiones equivalentes a «cuán mucho» (ingl. *how much*) o a «cuán muchos» (ingl. *how many*). Estas expresiones eran comunes en el español antiguo, sobre todo en los contextos exclamativos:

(15) a. [...] mirad <u>cuán mucha</u> agua lleva este río por aquí (Juan de Pineda, *Diálogos familiares de la agricultura cristiana*, 1589, CORDE).

   b. ¡Ay Dios y Señor mío, <u>cuán muchos</u> hay que andan a buscar en ti consuelo y gusto! (san Juan de la Cruz, citado en la NGLE, p. 1.648).

Cabe pensar, en efecto, que nuestro *cuánto(s)* AMALGAMA (ingl. *conflates*) dos informaciones: la interrogativa-exclamativa (Q) y la que aporta el indefinido como restrictor del cuantificador interrogativo para materias o entidades ('mucho').

Los demostrativos ilustran una situación muy similar. El demostrativo *este* no está restringido para las personas, sino en función del género de los nombres, pero el demostrativo *tanto* lo está para las cantidades. El antiguo *tan mucho*, paralelo al inglés *so much*, muestra separados los dos rasgos esenciales (demostrativo y cuantificativo) que componen esa palabra: *tan mucho dañarme quieres* (Torres Naharro, *Comedia Aquilana*, 1524, CORDE), es decir, *tanto quieres dañarme*. Esta DISGREGACIÓN DE COMPONENTES se extendía al cuantificador *demasiado*, que integra en su significado el indefinido *mucho*, al igual que lo hacen los anteriores. En el español de hoy se oponen, en efecto, *demasiado* (que amalgama la noción de exceso y la de cantidad) y *demasiado poco*, que las separa. En la lengua antigua se usaba *demasiado mucho*, forma paralela a la inglesa *too much*, como en *las palabras demasiado mucho deshazen la auctoridad de las personas* (Fr. Luis de Granada, *Reloj de príncipes*, CORDE), con lo que a cada una de las dos nociones expresadas correspondía una forma distinta[19].

Los cuantificadores interrogativos se construían también con un componente demostrativo cuantitativo en el español antiguo: *tan, tanto*. Así pues, *cuántos vasallos* era «qué tantos vasallos», como en *¿Qué tenía de rrenta el Maestre don Alonso de Cárdenas, e qué tantos vasallos?* (G. Fdez. de Oviedo, *Batallas y quincuagenas*, CORDE). Este sistema se mantuvo en buena medida en el español americano, aunque con menor incidencia en los países del Cono Sur[20]. En las variantes del español en las que estos dos componentes no se separan sintácticamente, aparecen integrados en el cuantificador *cuánto* y su variante apocopada

---

[19] La disgregación de componentes se da igualmente en otros dominios de la gramática. Es clásico el caso del tiempo, el aspecto, el modo y los elementos básicos que integran esas informaciones verbales. Giorgi y Pianesi (1997) presentan una buena visión de conjunto, entre otros muchos estudios que analizan la forma en que esas informaciones se pueden segmentar y agrupar.

[20] En efecto, la combinación QUÉ TAN(TO) se aplica hoy a la cuantificación nominal (ia), la adjetival (ib) o la adverbial (ic):

   (i) a. ¿Y <u>qué tantas</u> repercusiones puede tener esa angustia en el desarrollo del sector? (*El Tiempo* [Colombia], 15/04/1997, CREA)

      b. ¿<u>Qué tan</u> caro resulta?

      c. ... no sé qué <u>tan legítimamente</u> (G. Celorio, *Ensayo de contraconquista*, CREA).

cuán. Todas estas combinaciones ponen de manifiesto que las palabras que expresan cantidad o grado están formadas por piezas de información semejantes, aun cuando no todas estas piezas tengan la misma manifestación formal. Sobre la estructura léxica composicional de las palabras de grado pueden verse Corver (1997, 1981) y Kennedy (1999), entre otros estudios.

La idea de que los rasgos gramaticales se agrupan en haces tiene otras muchas consecuencias en la sintaxis. La búsqueda de estos rasgos ha sido una constante en la gramática generativa a lo largo de su historia, pero la tarea se ha abordado con recursos y objetivos diferentes en los distintos modelos que se han ido sucediendo. Algunos de los intentos más notables de establecerlos son Klima (1964), Postal (1966), Hale y Keyser (2002) y Kayne (2005), a los que se pueden añadir otras investigaciones.

Una de las razones principales de que no tengamos descripciones exhaustivas de las palabras gramaticales, entendidas como conjuntos de rasgos, es el hecho de que, a diferencia de lo que sucede en fonología, solo poseemos un INVENTARIO parcial de los rasgos gramaticales. Aun así, el plantear el estudio de las palabras gramaticales como conjuntos de rasgos posee numerosas ventajas. Destaca entre ellas el simple hecho de que, cruzando los rasgos, podemos obtener tantos paradigmas como sea necesario, en cierta forma como sucede con los campos de una base de datos. Por ejemplo, si cruzamos los rasgos gramaticales de la preposición *sin,* obtendremos un paradigma gramatical para cada uno. Ello es la consecuencia natural de que cada rasgo de la preposición sea compartido por otras expresiones, que pueden ser o no preposicionales. El cuadro siguiente da una idea parcial de estas agrupaciones:

(16)

Rasgo de la preposición *sin*	Forma paradigma con
P (rasgo categorial)	*a, ante, bajo, cabe…*
Inductor negativo *(sin decir nada)*	*no,* cuantificadores comparativos, verbos y adjetivos de duda, rechazo, etc.; interrogación retórica, entre otros.
Induce subjuntivo en su complemento *(sin que lo supiera)*	La preposición *para*, los predicados psicológicos, etcétera.
Admite complementos de infinitivo *(sin saberlo)*	Gran número de adjetivos, verbos, sustantivos y preposiciones.
Valor cuasiprefijal *(los sin techo)*	Prefijos separables *(ex, pro…).*

También en este caso podemos comprobar que algunos de estos rasgos se deducen de otros: el tener complemento se deduce, en efecto, del hecho de ser preposición. Por otra parte, de la misma existencia de tales rasgos se siguen propiedades que no es preciso especificar como particularidades de *sin*. Por ejemplo, del rasgo categorial se deduce que *sin* será un núcleo sintáctico; del cuarto rasgo se seguirá que son esperables las relaciones de control características de los infinitivos, etcétera.

Las generalizaciones pertinentes no siempre se obtienen, sin embargo, a través de esos PARADIGMAS CATEGORIALES. De hecho, conviene tener presente que los rasgos categoriales dificultan u oscurecen a menudo en la tradición otras agrupaciones posibles de las palabras. En efecto, la base estrictamente categorial del análisis tradicional clásico nos lleva a asociar el adverbio *aquí* con el también adverbio *lentamente* (lo que en sí mismo tiene escaso interés), en lugar de con el pronombre *esto* y con el adjetivo *actual,* con los que comparte rasgos deícticos de tipo transcategorial. El mismo fundamento nos impide asociar el pronombre *todos* y el adverbio *siempre,* a pesar de que buena parte de sus propiedades (relativas al ámbito, la genericidad, etc.) se deducen de la naturaleza cuantificativa de ambos. Finalmente, si queremos explicar por qué la gramática del adverbio *después* y la del adjetivo *mayor* tienen varios puntos en común, estudiaremos los rasgos comparativos de ambas palabras (*mucho después, mucho mayor; después que..., mayor que...*), y no nos resultarán, en cambio, demasiado útiles otras propiedades, entre ellas sus rasgos categoriales.

Las agrupaciones de rasgos son también importantes en el estudio de la semántica léxica. Una de sus ventajas es el simple hecho de que nos ayuda a caracterizar la selección léxica, como veremos en el § 3.3. Otra ventaja de agrupar rasgos semánticos es que nos permite definir los llamados TIPOS COMPLEJOS en el Léxico Generativo (LG) de Pustejovsky (1995, 1998, 2013 y referencias allí citadas) y –de manera más general– caracterizar los GRUPOS DE ACEPCIONES de las palabras, en lugar de describir las acepciones aisladamente. Así, la agrupación OBJETO FÍSICO • CONTENIDO es característica de los sustantivos que denotan soportes de información (*libro, película, conferencia, pizarra,* etc.), de modo que los dos sentidos de *pizarra* en *Moví la pizarra* vs. *Borré la pizarra* no deben ser estipulados como particularidad de este sustantivo, sino más bien como efecto sistemático de un grupo de nombres. El tipo complejo EDIFICIO • GRUPO HUMANO es característico de los sustantivos que designan conjuntos de personas a la vez que instituciones (*congreso, hospital,* etc.), por lo que los dos sentidos de *congreso* en *El congreso está cerrado* vs. *El congreso rechazó la ley* también se extienden a un paradigma de nombres. Existen muchas agrupaciones similares a estas, que en buena medida dan lugar, como se piensa hoy, a una teoría general de la metonimia. Algunos de estos DOBLES USOS SISTEMÁTICOS son clásicos (como ACCIÓN • EFECTO, característico de toda la tradición lexicográfica), pero otros, como CUALIDAD • HECHO O DICHO (*estupidez* en *Su estupidez congénita* vs. *Hizo una estupidez*), no suelen analizarse sistemáticamente en los diccionarios, aunque sí en los estudios morfológicos.

9.2.4. *Los rasgos en contigüidad. Restricciones de interfaz y de sistema*

Aunque no sean las únicas, la fonética y la fonología son las partes de la gramática en las que más claramente se percibe la posible influencia de un rasgo en sus vecinos. De hecho, fenómenos como la asimilación, la disimilación, la metátesis o la coarticulación, entre otros, muestran que un segmento puede alterarse en función de otro que aparece contiguo a él, pero también a cierta distancia, sujeta siempre a algún límite. Las restricciones fonéticas relativas a la incompatibilidad de segmentos son de dos tipos: las primeras (llamadas a veces MECÁNICAS por los fonetistas) están justificadas por las características anatómicas de nuestro aparato fonador (RESTRICCIONES DE INTERFAZ); las segundas, en cambio, están excluidas en función de las características particulares de una lengua o un grupo de lenguas (RESTRICCIONES DE SISTEMA). Así, el que no existan nasales faringalizadas, pero sí velarizadas, en las lenguas del mundo es un ejemplo del primer tipo; el que en español no tengamos los grupos /xr/ o /pf/ es un ejemplo del segundo tipo de restricción, ya que tales combinaciones son naturales en otras lenguas, además de perfectamente pronunciables por los hispanohablantes.

Estas dos clases de restricciones se extienden a la sintaxis. Las restricciones de interfaz excluirán secuencias imposibles de interpretar, mientras que las restricciones de sistema darán lugar a secuencias anómalas en función de algún principio que habremos de investigar. En (16) veíamos que el hecho de admitir subordinadas sustantivas como complemento es un rasgo de la preposición *sin,* como en *sin tener noticias.* Si intentamos asignarlo a la preposición *durante,* obtendremos secuencias anómalas, como **durante hablar con María.* Es razonable suponer que, si esta oración resulta ininterpretable, es porque el complemento de *durante* designa un periodo *(durante dos horas)* o un evento *(durante la guerra),* mientras que los infinitivos designan hechos o situaciones, pero no periodos o eventos. Esta no parece ser una característica particular del español, por lo que podemos suponer que constituye una restricción *de interfaz,* no *de sistema.*

Las restricciones de sistema tienen particular interés aplicadas a los contextos de contigüidad sintáctica. De hecho, varias de las que afectan a la morfología y a la sintaxis han sido estudiadas con detalle en los últimos años. Han llamado, por ejemplo, tradicionalmente la atención de los gramáticos las numerosas restricciones que existen para formar GRUPOS CLÍTICOS (ingl. *clitic clusters*) con pronombres átonos. Así, no parece tener base conceptual el hecho de que ninguna oración del español pueda contener un grupo de pronombres átonos idénticos y contiguos, incluso si uno de ellos es una variante morfológica de otro pronombre, como cuando *se* sustituye a *le.* Podemos convertir *Le prometí cuidarlo* en *Se lo prometí cuidar,* pero no podemos convertir *Me prometió cuidarme* en **Me me prometió cuidar,* sin que parezcan existir razones semánticas o conceptuales que lo impidan. De forma similar a como podemos convertir *Le hizo verlo* en *Se lo hizo ver,* podríamos pensar en pasar de *Le hizo comprarle una bicicleta* a **Le le hizo comprarla* o a *#Se le hizo comprarla* (el signo # indica aquí que esta oración se salva como pasiva refleja, pero se excluye si *se* es un clítico dativo). Como se ve, en ninguno de estos casos existen razones semánticas que expliquen las anomalías.

En los últimos años se ha estudiado con sumo detalle la llamada RESTRICCIÓN DE PERSONA Y CASO, que excluye del español y de otras lenguas las secuencias en las que los dativos preceden a cualquier acusativo que no esté en 3.ª persona, como en *Le me confiaron* o *Te me recomendaron* (frente a *Te recomendaron a mí*) o *Te me enviaron* (frente a *Te enviaron a mí*). Aun así, la restricción posee excepciones y se han propuesto numerosos análisis de los factores esenciales que la sustentan: Bonet (1991, 1994), Ormazabal y Romero (2007), Bianchi (2006), Rezac (2011), etc., además del capítulo 6 de esta obra. Para un repaso de las restricciones combinatorias de los pronombres átonos del español, véase Ordóñez (2012) y el cap. 7 de este libro.

Los clíticos afectados por las restricciones de contigüidad no son solo pronominales. Manzini y Savoia (2008) muestran el efecto de los rasgos de persona en los pronombres que aparecen junto a adverbios clíticos en italiano. Así, *ce* ('allí') precede a *lo* (3.ª persona) en *Ce lo mando* ('Lo envío allí'), pero el orden es el inverso si en lugar de *lo* tenemos *mi* (1.ª pers.) o *ti* (2.ª pers.), como en *Ti ci mando* ('Te envío allí').

Junto a las restricciones de PERSONA y CASO en contextos de contigüidad, existen otras de ANIMACIDAD. En efecto, si el pronombre átono de acusativo *lo* designa una cosa (por ejemplo, un acuerdo) en *Le obligaron a respetarlo,* podemos anteponerlo y formar *Se lo obligaron a respetar,* pero si el pronombre *lo* designa a una persona (por ejemplo, un juez), la anteposición ya no será posible. Lo mismo sucede en *Le hice saludarlo* (hablando de cierta persona) > **Se lo hice saludar.* Las formas en que el rasgo de ANIMACIDAD interactúa con otros en diversas lenguas han sido analizadas en un gran número de trabajos, entre los que cabe destacar los reunidos en el número 118 (2008) de *Lingua,* dedicado monográficamente a este rasgo. Véanse también Dahl (2000) y Dahl y Fraurud (1996), entre otros estudios.

Los pronombres átonos constituyen sin duda una parte esencial de la sintaxis, pero la propiedad que los caracteriza (PROCLISIS O ENCLISIS, según los contextos) es morfofonológica. La pregunta natural es, en consecuencia, si las RESTRICCIONES DE CONTIGÜIDAD se asocian siempre a la morfología. La respuesta es negativa. En efecto, el rechazo de los gerundios contiguos (**Lo vi saliendo haciendo eses,* frente a *Salió haciendo eses*) puede constituir un ejemplo de que la concurrencia de dos segmentos idénticos no está constreñida por razones morfológicas. Neeleman y Van de Koot (2006) sugieren que el concepto morfológico de HAPLOLOGÍA podría extenderse a la sintaxis. Según este punto de vista, contracciones morfológicas conocidas en la morfología sincrónica, como *permanecer* > *perman-encia* (no **permanec-encia*), son paralelas a otras, como la que lleva a algunos hablantes a omitir una de las dos conjunciones subordinantes contiguas en oraciones como *Es mejor que vaya yo que* (por *que que*) *vayas tú.* Las relativas libres encabezadas por una preposición que seleccionan a la vez el verbo principal y el subordinado, como en *Yo hablaré de lo que hables tú,* constituyen un ejemplo aún más claro, sobre todo porque en estos casos no existen hablantes que eviten el solapamiento y construyan oraciones como **Yo hablaré de de lo que hables tú.*

Se estudian con detalle numerosas restricciones de contigüidad de naturaleza categorial en Richards (2010). Este autor entiende que el rechazo de dos grupos nominales contiguos en inglés, como en (17b), por oposición a (17a), se debe a un principio de DISTINTIVIDAD que rechaza categorías sintácticas contiguas en una relación configuracional asimétrica:

(17) a. Into the room walked a man in the afternoon.
　　 b. *Into the room kicked a man a ball.

Nótese que los complementos predicativos nominales del español, por oposición a los adjetivales, ponen de manifiesto una restricción similar, ya que muestran cierta resistencia a combinarse con objetos directos nominales (no introducidos por la preposición *a*), como se observa en (18b). En cambio, los pronombres clíticos no son sintagmas nominales, luego es esperable que no muestren tal incompatibilidad, como se ve en (19):

(18) a. Considero necesarios nuevos políticos.
　　 b. ??Considero una necesidad nuevos políticos.

(19) Los considero una necesidad.

La noción de DISTINTIVIDAD pone de manifiesto, además, que una distinción categorial pertinente en una lengua puede no ser relevante en otra. Así, las formas verbales contiguas (participio e infinitivo) que se rechazan en la oración inglesa *John was seen leave* no son anómalas en su traducción española *Juan fue visto salir*, acaso como consecuencia de la flexión participial. El español no muestra tampoco rechazo a las combinaciones «P + C» (donde C es una conjunción subordinante), como en *Confío en que…; por si hace frío; para mientras vivas aquí*. El hecho de que ninguna de estas combinaciones se admita en inglés *(*I rely on that...; *for if it is cold; *for while you live her*e) podría quizá sugerir que P y C se consideran variantes de una misma categoría en esa lengua, de forma que están sujetas a restricciones de coaparición similares a las que dan lugar a otros fenómenos de distintividad. En general, las relaciones de selección (un verbo auxiliar pide un verbo auxiliado, una preposición pide un término, etc.) pueden verse como un subgrupo de restricciones de contigüidad de naturaleza categorial. Las abordaremos brevemente en la sección siguiente.

9.3. Clases de rasgos sintácticos

En las páginas precedentes hemos introducido la noción de 'rasgo' como concepto sintáctico restrictivo; hemos presentado esquemáticamente las formas en las que los rasgos se jerarquizan y hemos introducido algunas variantes del concepto fundamental de infraespecificación. También hemos visto que los rasgos se agrupan en haces y que son a menudo sensibles a otros rasgos vecinos o contiguos.

Hemos de abordar ahora una pregunta esencial: ¿cómo se clasifican los rasgos sintácticos? Como es lógico, buena parte de sus propiedades particulares dependerán de su contenido específico: estarán en función de si denotan categorías gramaticales, propiedades relativas al contexto sintáctico de una palabra o informaciones reflejadas por la morfología, entre otras opciones. También dependerán en gran medida de los haces de rasgos que se constituyan. Por razones de espacio, cada uno de estos factores solo podrá ser presentado esquemáticamente en las páginas que siguen.

9.3.1. *Rasgos manifiestos y rasgos encubiertos*

Como se recordará, los rasgos de género de los pronombres *me* o *te* son IMPLÍCITOS O ENCUBIERTOS, en el sentido de que carecen de manifestación formal. A pesar de ello, pueden hacerse visibles en la sintaxis a través de la concordancia *(Te veo contenta),* pero también pueden no hacerse visibles en absoluto *(Te veo feliz)*[21]. Al comparar *mayor* con *después* (§ 2.3), hicimos notar que estas palabras comparten un rasgo comparativo, asociado a un atributo de grado. Este rasgo, probablemente el mismo que distingue el adverbio *más* del adverbio *muy,* está ausente en *superior* (*mucho superior, *superior que…*), lo que implica que no podemos asociarlo con el segmento *-or,* que ni siquiera constituye un morfema. En español existen rasgos léxicos de pluralidad en los sustantivos no contables y en los colectivos. Aun así, no parecen existir rasgos morfológicos de plural que no sean segmentales (cf. el inglés *mice,* plural de *mouse*). Sin embargo, podrían suponerse en *crisis* o *lunes* como alternativa al segmento $\emptyset$ como exponente del plural. Como vemos, la expresión de un rasgo manifiesto no tiene por qué llevarse a cabo necesariamente a través de un segmento.

Los rasgos morfológicos de las palabras son encubiertos en un gran número de situaciones. Si nos preguntan a qué se debe la anomalía del SN *gente que no está contento*, diremos probablemente que radica en que el sustantivo *gente,* femenino, no concuerda con el adjetivo *contento,* masculino. La respuesta es incorrecta, ya que la expresión que debe concordar en género con *contento* es el sujeto de *estar*, es decir, el pronombre *que.* Así pues, es razonable suponer que este pronombre posee rasgos encubiertos de género y número que copia de su antecedente *(gente)* y que refleja en su complemento predicativo *(contento)*[22]. Esta parcelación o descomposición de los procesos sintácticos está

---

[21] Aunque a veces se identifican los conceptos de RASGO MANIFIESTO y RASGO SEGMENTAL, no son necesariamente equivalentes. Así, el rasgo [TIEMPO: pretérito] está presente en *fui* (sea forma del verbo *ser* o del verbo *ir*), aun cuando no podamos estar seguro de que esa información corresponde al segmento *-i*. No hay duda, en cambio, de que el segmento *-s* representa el plural en *libros,* es decir, sabemos que este rasgo MANIFIESTO es además SEGMENTAL.

[22] No tengo aquí en cuenta el análisis de los relativos como operadores nulos en proyecciones que tienen conjunciones subordinantes como núcleo, como en Brucart 1992, ni tampoco el análisis de las relativas en las que el antecedente nominal equivale al operador, como en Kayne 1994.

forzada por razones de LOCALIDAD, noción esencial en las teorías formales de la gramática, a la vez que raramente resaltada en las no formales.

Una característica particularmente interesante de los rasgos sintácticos encubiertos es el hecho de que a menudo están presentes en unidades que carecen de rasgos fonológicos. Esta asimetría, que posee gran número de consecuencias, fue analizada con particular atención en el modelo de Principios y Parámetros (Chomsky 1981). Los ejemplos que podrían ilustrarla son incontables, así que tan solo señalaré algunos de los más claros. Si en inglés es posible decir *The man I saw* ('El hombre que yo vi'), no es porque las oraciones de relativo inglesas se puedan construir sin relativos, lo que resultaría más que paradójico, sino porque, en función de sus rasgos de CASO (cuando son objetos directos o términos de preposición, por ejemplo, pero no sujetos), los relativos pueden carecer de rasgos fonológicos, a la vez que mantienen plenamente los morfológicos y los sintácticos.

Para ilustrar en español la idea de que los rasgos morfológicos pueden no estar asociados a los fonológicos basta acudir al concepto de 'sujeto tácito'. En efecto, en la oración *El padre de María le permitió ir sola al concierto*, no concuerdan en género femenino el sustantivo *María* y el adjetivo *sola* (frente a lo que parece dictar el sentido común), sino este último adjetivo y el sujeto tácito de *ir,* del que *sola* se predica en el interior de la subordinada de infinitivo. El antecedente de este sujeto nulo (llamado convencionalmente PRO) es el pronombre *le,* lo que se establece en función de las propiedades semánticas del verbo principal, consideradas en el seno de una teoría general del CONTROL (capítulo 12). Así pues, este elemento nulo PRO, que no posee rasgos fonológicos, posee en cambio rasgos encubiertos de género y número, que el adjetivo copia[23].

Los rasgos de género que caracterizamos en el § 2.2 como ALTERNANTES son a menudo rasgos encubiertos (como en *Quien esté dispuesta a ir*). Los procesos de doblado muestran que también son encubiertos los rasgos alternantes de género y número de los posesivos prenominales (*su casa de ella, de ellos,* etc.) o del reflexivo *se* (*Se vieron a sí mismas).* Poseen asimismo rasgos encubiertos de género y número los sujetos tácitos (pro, PRO), entre otras categorías.

Como vemos, los rasgos sintácticos pueden estar presentes en expresiones que carecen de rasgos fonológicos. El papel de estos últimos en la sintaxis es complejo, hasta el punto de que condicionan un buen número de procesos. Como hemos recordado, la oposición TÓNICO-ÁTONO es a la vez morfofonológica y sintáctica, aplicada al sistema de los pronombres personales. Los pronombres átonos (propiedad fonológica) son clíticos (propiedad morfosintáctica) y a la vez poseen rasgos de género, número y caso, como otras piezas léxicas plenamente sin-

---

[23] Es importante hacer notar que el sustantivo *María* y el adjetivo *sola* COINCIDEN en rasgos en la oración propuesta, pero no CONCUERDAN, ya que la concordancia, a diferencia de la coincidencia, es una relación restrictiva que solo se obtiene si se dan las configuraciones sintácticas adecuadas (más detalles en el § 4.1).

tácticas. Están sujetos, además, a una morfología POSTSINTÁCTICA, ya que no siempre se pueden reconocer como segmentos. Un caso muy conocido en este sentido es el del pronombre *los* en oraciones como *Se los dije*, comunes en el español americano, en el sentido de 'Se lo dije a ustedes o a ellos'. Como el pronombre *se* no puede hacer expresos los rasgos de plural que le corresponden, y los hablantes desean que estos rasgos no sean encubiertos sino manifiestos, los trasladan al pronombre acusativo *los*, que se interpreta paradójicamente como singular[24].

Es de esperar que los rasgos fonológicos interactúen con los morfológicos, pero quizá no lo es tanto que también lo hagan con los sintácticos. Existen, sin embargo, muestran objetivas de que la relación entre fonología y sintaxis no está necesariamente mediada por la morfología. Es natural preguntarse, por ejemplo, si se da alguna relación entre rasgos fonológicos y los rasgos categoriales. En principio, sería de esperar que la respuesta fuera negativa, pero existen argumentos en sentido contrario. Así, los posesivos prenominales del francés poseen rasgos de género: *ma mére* ('mi madre') contrasta con *mon pére* ('mi padre'), pero también con *mon amie* ('mi amiga'), con artículo masculino porque el sustantivo *amie* comienza por /a/. Para elegir la forma del artículo determinado femenino en español es asimismo indispensable mirar la estructura fonológica del sustantivo sobre el que este incide, y comprobar si comienza o no por /a/ tónica (*la mesa* frente a *el hacha*). Podría parecer que este proceso es estrictamente fonológico, en cierta forma similar al que distingue en inglés *a man* ('un hombre') de *an arm* ('un brazo'), donde la elección entre *a* y *an* está condicionada por rasgos fonológicos. Sin embargo, la analogía no es correcta, ya que en inglés basta la ADYACENCIA para obtener la alternancia que se menciona. Un adjetivo interpuesto que empiece por vocal forzará a elegir la variante *an (an old man)* en inglés. En español, por el contrario, un adjetivo interpuesto que comience por vocal no llevará a la elección del artículo femenino *el*: *el ala* contrasta, en efecto, con *la ágil ala*[25]. Así pues, para determinar si se elige la variante *el* del artículo femenino es preciso la CONCURRENCIA de rasgos fonológicos (/a/ tónica inicial) y rasgos categoriales (adyacencia de artículo y sustantivo).

Una categoría sintáctica nula puede carecer por completo de rasgos fonológicos, como la proyección nominal vacía que suponemos en *el Ø de María*, o bien puede poseer rasgos suprasegmentales, como la breve pausa que corresponde a *Ø* en *declaraciones pro-Ø y antiabortistas*. Como se ve, las ventajas de aceptar que los rasgos morfológicos y sintácticos no tengan correlato fonológico son considerables. Entre otras

---

[24] En Bonet 1995, se encontrará un análisis detallado de este proceso. Véase asimismo Harris y Halle 2005. Tampoco es posible segmentar formas verbales antiguas como *decilde* (por *decidle*), muy comunes en el español medieval, en las que la metátesis facilita considerablemente la articulación, pero impide a la vez la segmentación de morfemas.

[25] Normativamente se rechaza *el ágil ala*, pero, como es sabido, la extensión del artículo *el* ante nombres femeninos que comienzan por /a/ tónica va ganando extensión y se registra también con adjetivo interpuesto, como *el mismo agua* (por *la misma agua*).

consecuencias, esta opción permite que se respeten las condiciones de localidad esperables (los segmentos aparecen allá donde la sintaxis los sitúa); permite asimismo que los contenidos no expresados se identifiquen contextualmente (elipsis recuperable) y que las piezas léxicas puedan contrastar en rasgos mínimos, sin excluir los fonológicos, al compararse interlingüísticamente.

9.3.2. *Los rasgos categoriales*

9.3.2.1. Categorías léxicas y funcionales. Criterios de clasificación

Como hemos visto, el que *casa* sea un sustantivo es una propiedad gramatical de esa palabra, concretamente un RASGO CATEGORIAL suyo. Las CLASES DE PALABRAS O CATEGORÍAS GRAMATICALES, llamadas tradicionalmente *partes de la oración,* han constituido la columna vertebral de las descripciones gramaticales en los últimos veinticinco siglos, al menos. Las clasificaciones a las que han dado lugar han sido revisadas una y otra vez en las gramáticas clásicas y modernas, y se han publicado un gran número de estudios sobre su origen y su naturaleza, así como sobre los criterios con los que se han ido estableciendo[26]. Quizá el aspecto más llamativo de esas clasificaciones es el hecho de que el término *oración* se use en ellas a la vez en el sentido latino clásico (lat. *oratio* 'discurso') y en el moderno, es decir, como equivalente aproximado de *discurso* y como unidad de predicación. El uso de *discurso* por *oración,* característico de la tradición francesa *(les parties du discours),* tampoco resulta enteramente satisfactorio, ya que se espera que las partes del discurso sean unidades argumentativas o textuales, entre las que no parecen encajar exactamente los artículos o las preposiciones.

A lo largo de los años se han observado otros problemas de las clasificaciones clásicas (artículo, adjetivo, pronombre, verbo, etc.). Entre ellos destacan especialmente dos. El primero es el hecho conocido de que esas listas contienen unidades demasiado abarcadoras. El caso prototípico es el del adverbio, término que supuestamente cubre la gramática de palabras tan diferentes como *antes, aquí, casi, cómo, lentamente, mucho, no, tampoco* y *tan.* El segundo es el hecho de que las listas tradicionales de clases de palabras forman un único paradigma, por lo que no reconocen jerarquías internas entre sus componentes. Lo cierto es que estas unidades se integran en grupos sintácticos (el artículo en el SN, el verbo en el SV, etc.), de forma que resulta poco clarificador concebirlas como un solo paradigma de unidades paralelas[27].

---

[26] Entre otros muchos, cabe destacar (menciono solo los más recientes en orden cronológico) Lemaréchal 1989, Hengeveld 1992, Colombat 1992, Brown y Muller 1999, Emonds 2000, Baker 2003 y Ansaldo *et. al.* 2010. Una introducción sencilla a los límites entre las clases de palabras en español es Bosque 1989. Sobre la historia de estas clasificaciones en la gramática española, véase Gómez Asencio 1981.

[27] Usando una analogía, repárese en que nadie diría que las partes de un edificio son las plantas, las columnas, las ventanas, los picaportes, los enchufes y el tejado, ya que esa lista no está confeccionada aplicando un solo criterio.

Tampoco es habitual incluir en ellas las informaciones flexivas, por su carácter ligado, a pesar de que ejercen un papel tan central como el de las partículas, que sí aparecen en esos paradigmas.

Es igualmente clásica, pero está a la vez viva en la investigación actual, la distinción entre UNIDADES GRAMATICALES O FUNCIONALES Y UNIDADES LÉXICAS. Las primeras se han llamado también *menores,* además de *palabras sin contenido,* por oposición a las segundas (unidades *mayores* o *con contenido*). Lo cierto es que estas etiquetas resultan –se piensa hoy– poco clarificadoras. La sintaxis constituye, en buena medida, el estudio de las unidades léxicas supuestamente *menores* (determinantes, preposiciones, auxiliares, conjunciones, etc.), junto con el de las informaciones flexivas y el de las posiciones que las palabras ocupan. Se ha señalado en muchas ocasiones que las unidades funcionales forman paradigmas CERRADOS (demostrativos, conjunciones, etc.), mientras que las léxicas constituyen paradigmas ABIERTOS (sustantivos, verbos, etc.). Los primeros paradigmas se caracterizan, además, por el hecho de que raramente pierden miembros, mientras que los segundos están sujetos a considerable variación en la conciencia lingüística de los hablantes. Las palabras funcionales no pueden definirse propiamente en los diccionarios, como ya vimos, lo que no quiere decir que carezcan de significado.

Desde el punto de vista semántico, las clases de palabras se suelen asociar con determinados contenidos. Aun así, lo hacen más claramente las léxicas que las funcionales; y, en el caso de las primeras, de manera poco precisa y sistemática. Paradójicamente, algunas de las distinciones más usadas en las clasificaciones tradicionales de los sustantivos, como "abstracto-concreto", resultan ser las menos útiles por su naturaleza inestable y escurridiza (Bosque 1999).

Aunque las clases de palabras se pueden asociar con grupos semánticos, estos paradigmas raramente resultan comprehensivos. Un verbo puede designar, en efecto, una acción *(viajar),* un estado *(peligrar),* una propiedad *(merecer)* o un proceso *(aumentar),* pero no un resultado, a menos que sea participio *(dañado).* Un sustantivo podría designar, entre otras nociones, una acción *(lucha),* un estado *(sueño),* una propiedad *(altura),* un proceso *(aumento),* un suceso *(caída),* una materia o sustancia *(agua),* un resultado *(daño),* una persona *(niña)* o una cosa material *(mesa),* entre otras posibilidades. Las opciones son mucho menores en los adjetivos, que designan fundamentalmente estados *(quieto),* propiedades *(inmune),* clases o tipos *(civil)* y ciertas relaciones *(telefónico),* pero no en cambio acciones *(activo* no denota una acción, sino una propiedad). En su exhaustivo estudio de las clases de palabras, Baker (2003) entiende que la existencia de tal diversidad no oculta cierta unidad conceptual. Este autor entiende, por ejemplo, que los nombres poseen «un índice referencial» que comparten con los pronombres, pero no con los verbos.

Las palabras funcionales no admiten caracterizaciones conceptuales porque los significados que aportan se definen en los términos de la propia gramática, en lugar de remitir a algún sistema nominal de nociones abstractas. No es pues, correcto, postular que la conjunción *y* expresa 'adición' como el verbo *sumar;* que la palabra *como* expresa 'comparación' como lo hace el verbo *comparar,* o que la conjunción *que* introduce una relación de dependencia como hace el verbo *subordinar*. El hecho de que algunos contenidos típicos de las palabras funcionales puedan ser expresados también por unidades léxicas (como el artículo *el* en relación con voces como *específico, conocido, concreto,* etc.) no implica en absoluto que las categorías funcionales posean CONTENIDO DESCRIPTIVO. La sintaxis codifica, en suma, una serie de nociones (referencia, determinación, modificación, comparación, negación, predicación, persona, número, reflexividad, tiempo, perfectividad, etc.) y acuña diversos recursos léxicos y gramaticales para darles cabida, pero siempre dentro del sistema composicional en el que adquieren significado.

Como vemos, es difícil reducir las categorías gramaticales, sean léxicas o funcionales, a términos semánticos. ¿Pueden analizarse entonces como conjuntos de rasgos sintácticos? Lo cierto es que esta opción tampoco parece sencilla. El intento más conocido de llevarla adelante es el de Chomsky (1970), que proponía el siguiente sistema, en el que N remite a nombre, V a verbo, A a adjetivo y P a preposición:

(20) N = [+N, –V]
　　 V = [–N, +V]
　　 A = [+N, +V]
　　 P = [–N, –V]

La propuesta no cuajó, y no solo porque los rasgos [±N] y [±V] no se definían o se caracterizaban en ella, sino sobre todo porque el número de generalizaciones que la teoría permitía era reducido. Si bien las categorías [–N] admiten un complemento al que asignan caso directamente (como en *see him, for him,* en inglés), las expresiones [+V] no caracterizan adecuadamente los predicados, ya que excluyen las preposiciones (cf. *Esto es para Juan*), e incluso los sustantivos, que también pueden ser elementos predicativos. Nótese, además, que quedan excluidas de (20) las lenguas en las que los adjetivos pueden asignar caso directamente, como el latín. Por otra parte, los modificadores nominales se construyen típicamente con P y A, pero estas dos clases de palabras no comparten ningún rasgo en este sistema. Aunque cabe pensar que las conjunciones se asimilan en (20) a las preposiciones, y que los pronombres lo hacen a los sustantivos, el esquema de (20) no tiene cabida para los artículos (o, en general, los determinantes) ni para los adverbios. Aun así, se han propuesto algunos sistemas de rasgos como alternativas al de Chomsky, entre ellos el de Reuland (1986) y el de Baker (2003).

Las categorías léxicas pueden también concebirse como haces de rasgos en un sentido algo diferente. Si una palabra X tiene un SN como complemento, estará infraespecificada categorialmente, pero si además sabemos que posee flexión de número o persona (o, en términos sintácticos, que es complemento de una proyección con esos rasgos), será sin duda un verbo, como en *duró dos años*. Si sabemos, en cambio, que posee dicho complemento nominal pero carece de flexión, será una preposición, como en *durante dos años*. Se pueden imaginar otros haces de rasgos similares para las demás categorías, y hasta cabe pensar que los rasgos categoriales son nombres para conjuntos de propiedades gramaticales ("Si tienes persona, número y tiempo, eres verbo", etcétera)[28].

¿Podría reducirse a rasgos la distinción clásica entre categorías léxicas y funcionales? Parece difícil hacerlo por dos razones. La primera es el hecho conocido de que esta oposición está sujeta a grados; la segunda es el hecho de que la división es transcategorial. Algunas clases de palabras se asocian con uno de los dos polos de la distinción «léxico vs. funcional» (N con las léxicas y P con las funcionales, por ejemplo), pero lo cierto es que la distinción se puede aplicar en alguna medida a todas ellas. Una de las causas del carácter transversal de la división es el hecho de que las LOCUCIONES que constituyen las preposiciones, las conjunciones y otras clases de palabras funcionales forman paradigmas abiertos, al contrario de lo que sería de esperar. En la tabla que sigue se incluyen locuciones preposicionales y conjuntivas en la columna izquierda, pero también verbos auxiliares y sustantivos cuantificativos en la columna derecha:

(21)

CLASE DE PALABRAS	COMO CATEGORÍA LÉXICA	COMO CATEGORÍA FUNCIONAL
V	*comer, vivir*	*ser, poder*
N	*mesa, idea*	*montón, parte*
A	*inicuo, verde*	*mismo, cierto*
P	*gracias a, a juzgar por*	*de, a*
Adv.	*deprisa, fácilmente*	*no, aquí*
Conj.	*en el supuesto caso de que*	*si, que*

La naturaleza gradual o escalar de la división entre categorías léxicas y funcionales se comprueba asimismo en otros dos aspectos de su gramática. El primero es el concepto de PERMEABILIDAD. Lo pospondré hasta el § 3.3.2, ya que antes he de introducir las proyecciones sintácticas como unidades composicionales. El segundo, y no menos importante, hace referencia a los procesos de GRAMATICALIZACIÓN. Este término designa la evolución de una categoría léxica a una funcional en la historia de la lengua, por ejemplo la conversión del sustantivo latino *mentis* ('intención') en un elemento compositivo en las lenguas romances (*-ment, -mente*) o la del antiguo verbo inglés *willan* ('querer') en auxiliar de futuro *(will)*. Pero los procesos de la gramaticalización pueden convertir una categoría funcional en otra también funcional,

---

[28] No podré abordar aquí la cuestión de si es posible o no deducir las etiquetas que dan nombre a las proyecciones sintácticas. Véanse, entre otros trabajos, Collins 2002, Chomsky 2008, Gallego 2008 y Cecchetto y Donati 2010, así como el capítulo 5 de este volumen.

como el paso de un modal de obligación (lat. *amare habeo*) a una desinencia temporal de futuro *(amar-é)*[29].

Los procesos de gramaticalización se caracterizan por ser graduales y avanzar progresivamente hacia significados cada vez más abstractos, de modo que no constituyen exactamente traslaciones binarias de elementos léxicos a funcionales. Así, en el paso, estudiado en Rigau (2005), del latín *calere* 'calentar, hacer calor' al catalán *caldre* 'hacer falta', no se obtiene exactamente una categoría funcional a partir de una categoría léxica, pero sí es cierto que *caldre* forma parte de un paradigma breve de predicados modales en el que en español situaríamos *convenir, ser preciso, urgir* y otros similares. En el mismo sentido, los nombres con los que se construyen los SNs de estructura pseudopartitiva *(un grupo de alumnos, un montón de ideas)* no forman una serie cerrada, al contrario de lo que se esperaría de un paradigma funcional. De hecho, integran este paradigma un número variable de unidades que conservan en buena medida su sentido original como piezas léxicas, en lugar de funcionales, como en *un aluvión de palabras, un rosario de incidentes, un catálogo de buenas intenciones, una sarta de memeces*, entre otras muchas similares. En relación con este último punto en la gramática española, puede verse NGLE: § 12.6, además de Bosque (2007) y Verveckken (2012). Resulta, pues, difícil afirmar que todos los nombres cuantificativos son categorías funcionales, por oposición a léxicas, o que lo son todos los predicados de sentido modal. Corvert y Van Riemdsijk (2001) acuñaron el término SEMILÉXICAS para referirse a categorías como las que menciono, entre otras similares que parecen compartir propiedades de los dos grupos.

9.3.2.2. Categorías y proyecciones

Las categorías funcionales suelen depender de las léxicas desde tres puntos de vista. Lo hacen, en primer lugar, desde el FONOLÓGICO, ya que se suelen apoyar fónicamente en ellas. En español no son solo términos PROCLÍTICOS los pronombres átonos, sino también las preposiciones, los relativos y casi todos los determinantes, entre otras voces. Las categorías funcionales también son dependientes desde el punto de vista MORFOLÓGICO, al menos muchas de ellas. Así, todos los determinantes que admiten flexión copian sus rasgos morfológicos de los núcleos nominales a los que modifican. Finalmente, las palabras funcionales dependen SINTÁCTICAMENTE de las léxicas en el sentido de que encabezan proyecciones que toman a estas últimas como complemento. Veamos esta última propiedad con más detalle.

---

[29] El lector encontrará panoramas muy completos sobre la gramaticalización en el número 23 (2001) de *Language Sciences* y en las antologías, más recientes, de Narrog y Heine 2011 y Girón y Sáez 2014, en ambos casos con mucha bibliografía. Como en otros ámbitos de la sintaxis, también en este pueden distinguirse las aproximaciones funcionales de las formales. Sobre las primeras puede obtenerse una buena perspectiva de conjunto a través de Traugott y Heine 1991 y Traugott y Trousale 2010. En relación con las segundas, puede verse Roberts y Roussou 2003.

En el modelo clásico de la gramática generativa (Chomsky 1965), llamado habitualmente Teoría Estándar, se postulaban reglas de rees-critura (es decir, de sustitución) para la mayor parte de las informaciones gramaticales. Estos esquemas (como A → B o A → B + C) se usaban tanto para establecer subclases léxicas (por ejemplo, para dividir los sustantivos en comunes y propios, como en N → [± común]) como para especificar la constitución interna de cualquier grupo sintáctico, como en SV → V + (SN) o en O → SN + SV (de hecho, en Chomsky 1965 alternan *rasgo* y *regla*, a diferencia de lo que sucede en trabajos posteriores).

Pronto se vio que la información que contenían las reglas de reescritura era, por una parte, redundante, y, por otra, estipulativa. Consideremos, por ejemplo, la información contenida en la regla de reescritura (22):

(22) SV → V + (SN)

Esta sencilla regla presenta, al menos, cuatro problemas:

1. Es redundante, ya que a SV sigue V (como a "SN →" seguirá N). Estipula, pues, para cada caso particular que los sintagmas mantienen la categoría de su núcleo.
2. Marca entre paréntesis cierta información relativa al léxico (unos verbos tienen complementos directos y otros no), no propiamente a la estructura sintáctica.
3. Especifica que el SN aparecerá tras V, no delante. Esa información corresponde a un parámetro general (también SN seguirá a P en las mismas lenguas en las que esto ocurra, pero precederá a P en las lenguas en las que el SN objeto precede a V). Así pues, esta información se especifica indebidamente en (22).
4. El resto de la información que podría completar (22), como la posible adición de SPs, verbos auxiliares, etc., se agregaría de forma enteramente estipulativa.

La opción simplificadora surge en Chomsky (1970). Es simplificadora porque no integra en la sintaxis la información que pertenece a otros componentes, se trate del léxico o de los parámetros que organizan de forma general la distribución de las categorías léxicas (en cierta medida, como desarrollos de las antiguas generalizaciones de Greenberg 1963). La llamada Teoría X-barra (X') es un modelo formal de la endocentricidad[30] que busca generalizaciones transcategoriales. Se propuso en Chomsky (1970) y se desarrolló en Jackendoff (1977), Stowell

---

[30] Una construcción endocéntrica es la que tiene núcleo, por oposición a las exocéntricas, que carecen de él (Bloomfield 1933). A partir de Chomsky (1970) se defiende en la gramática generativa que todas las categorías sintácticas son endocéntricas, pero en la morfología formal se habla a menudo de compuestos exocéntricos. Por otra parte, es clásica la polémica de si las llamadas *cláusulas mínimas* tienen o no núcleo. Recientemente, Chomsky (2013) ha puesto en cuestión la respuesta afirmativa que suele darse a esta pregunta, al menos desde Stowell (1983).

(1981), Fukui y Speas (1986), Fukui (1995) y otros trabajos (en Chametzky 2000 se presenta un panorama muy completo de estos desarrollos). En esta teoría se postula el esquema general de (23), que se lee como en (24):

(23) $[_{SX}$ SZ $[_{X'}$ X° SY]]

(24) a. Los núcleos (X°, donde X corresponde a cualquier categoría) se PROYEC-TAN, donde *proyectarse* significa 'expandirse'. Las proyecciones son sintagmas: unidades sintácticas complejas que mantienen las propiedades categoriales esenciales de los núcleos[31].

b. Los núcleos tienen complementos (SY). Los valores de Y estarán en función de las propiedades de X en el léxico.

c. La proyección X', formada por el núcleo X° y su complemento (SY) admite un especificador (SZ), cuyas características variarán asimismo en función de propiedades léxicas.

De entre los desarrollos fundamentales de la endocentricidad en la gramática generativa solo me es posible aludir someramente a los dos fundamentales: la EXTENSIÓN GENERALIZADA DE LA X-BARRA A LAS PROYEC-CIONES FUNCIONALES y la llamada ESTRUCTURA SINTAGMÁTICA ESCUETA. El primero de estos dos desarrollos se sigue del hecho de considerar que X° se aplica tanto a las categorías léxicas como a las funcionales. Las preposiciones ya se consideraban núcleos en modelos anteriores, pero las categorías funcionales no recogían tradicionalmente las informaciones flexivas porque no corresponden a piezas léxicas. Como la regla de reescritura clásica O → SN + SV no tiene cabida en (23), puesto que no respeta la endocentricidad, se sustituyó por una variante en la que las proyecciones que suelen reflejar los rasgos flexivos del verbo (en particular, los que muestra el sujeto: número y persona, pero también el tiempo, el aspecto o el modo) forman una proyección funcional SINTAG-MA FLEXIVO O INFLEXIONAL (SF; ingl. *Inflexional Phrase* o IP) cuyo núcleo F° es un conjunto de rasgos flexivos:

(25) $[_{SF}$ SN [F°... [SV [V' SN]]]]

Las demás proyecciones siguen en los años siguientes la misma vía, es decir, el esquema de (23) (Fukui y Speas 1986 constituye una de las defensas más claras de esa extensión). Pasan, pues, a ser núcleos las conjunciones coordinadoras y subordinantes (C°), la negación (NEG°) o los determinantes (D°), entre otras unidades, lo que da lugar a representaciones como las de (26), todas endocéntricas[32]:

---

[31] Y, en ciertos casos, también las semánticas. Nótese que la expresión *Si regresas* no denota un regreso sino una condición; *excepto la niña* no denota una persona, sino una excepción. Los núcleos de estas construcciones son, pues, *si* y *excepto* respectivamente.

[32] Lo que no quiere decir que esta extensión esté libre de polémica. Por ejemplo, el análisis del determinante como núcleo, propuesto en Abney 1987, se ha admitido de forma general durante más de veinte años, pero recientemente ha sido puesto en cuestión (Bruening 2009).

(26) a. Juan [$_{\text{SNEG}}$ [$_{\text{NEG'}}$ [$_{\text{NEG}°}$ no [$_{\text{SV}}$ [$_{\text{V'}}$ dijo nada]]]]]

   b. [$_{\text{SC}}$ lo que [$_{\text{C'}}$ [$_{\text{SF}}$ Juan [$_{\text{SV}}$ [V' dijo__]]]]]

   c. María cree [$_{\text{SC}}$ [$_{\text{C'}}$ [$_{\text{C}°}$ [que] [$_{\text{SF}}$ su profesor la odia]]]]

   d. [$_{\text{SD}}$ [$_{\text{D}°}$ el] [$_{\text{SN}}$ libro de Luis]]

En las páginas siguientes volveremos sobre la estructura de SF en (26c). De estas representaciones se deduce que las categorías léxicas pasan a tener una CAPA FUNCIONAL por encima de ellas, es decir, una proyección encabezada por un núcleo funcional: la capa correspondiente a V es la constituida por la flexión verbal (F°); la de N es la que encabeza D°, si bien se han propuesto varios análisis que contienen capas flexivas nominales entre D° y N°, por ejemplo «sintagma de número». En cualquier caso, la relación sintáctica no es siempre NÚCLEO LÉXICO-NÚCLEO FUNCIONAL, ya que algunos núcleos funcionales, como C°, seleccionan otros que también lo son (F°).

El segundo de los desarrollos a los que he hecho referencia es la noción de estructura sintagmática ESCUETA (ingl. *bare phrase structure*). Esta propuesta, introducida en Chomsky (1995b), se basa en la idea de que buena parte de las estructuras sintácticas que se ajustan a la Teoría de la X' contienen información que no debería postularse como primitiva, ya que se deduce de forma natural. En efecto, una proyección máxima (SX o X^{max}) es una categoría que no se sigue proyectando, mientras que X° es una categoría que no se ha proyectado. De cualquier esquema simple del tipo [A [B [C]]] en el que se mantengan los rasgos categoriales, podríamos deducir que A es la proyección máxima, C la mínima y B la intermedia, definida por exclusión de las otras dos. La proyección intermedia se representa igualmente, pero no se suele tener en cuenta a efectos de la computación sintáctica, ya que las operaciones sintácticas hacen referencia a X° y a SX, pero no a X'.

El concepto de 'rasgo', que apenas desempeñaba papel alguno en las primeras teorías formales de la sintaxis, fue adquiriendo una importancia cada vez más relevante en los sucesivos desarrollos de la gramática formal. Cuando se dice en el programa minimista que la operación sintáctica más simple consiste en ensamblar dos unidades y formar una proyección encabezada por una de ellas, se describe en realidad una operación forzada por los rasgos categoriales de la palabra proyectada. El resto de sus rasgos siguen existiendo y les corresponderá algún papel en el curso de la derivación, pero el papel inicial de los categoriales es esencial, ya que estos rasgos proporcionan el armazón arquitectónico de todo el conjunto. Los rasgos categoriales intervienen, además, de manera crucial en las operaciones de movimiento (capítulos 1 y 2 de este volumen) y, en general, en las relaciones a distancia que tienen lugar en la gramática (anáfora, ámbito de los operadores, etcétera).

La interpretación de las palabras como conjuntos de rasgos encaja mucho mejor en los modelos más recientes de la gramática formal de lo que lo hacía en los modelos precedentes, ya que los rasgos categoriales de las palabras nos ayudan fundamentalmente a establecer el diseño estructural de las construcciones. Los rasgos flexivos, junto con otros rasgos encubiertos que se les asimilan, condicionan los procesos de concordancia, sea con operaciones de movimiento o sin ellas. Por otra parte, estas operaciones tienen lugar en la sintaxis con el solo propósito de cotejar rasgos en entornos locales (§ 4). Si en la tradición era habitual identificar segmentos y asignar cada uno a una categoría o a una clase flexiva, en la actualidad se considera más importante aislar los rasgos de las palabras y preguntarse de qué aspectos de la gramática de estas podemos hacer responsable a cada uno de ellos.

9.3.2.3. Infraespecificación categorial y categorización múltiple. Las categorías híbridas

Señala correctamente Baker (2003: 267) que la tradición gramatical se caracteriza por una visión MORFOCÉNTRICA de las clases de palabras: los verbos poseen morfemas de tiempo y modo, los pronombres los tienen de número y persona, etc. De hecho, la tan repetida división de las *partes de la oración* en VARIABLES (nombres, adjetivos, verbos, etc.) e INVARIABLES (preposiciones, conjunciones, etc.) no es sino la consecuencia más inmediata de tal división. Aunque esta conocida clasificación solía aparecer –gramática tras gramática– en términos descriptivos neutros, lo cierto es que apunta, en un sentido algo más teórico, a la estrecha relación que existe entre propiedades morfológicas y propiedades categoriales en latín, en griego y en las lenguas romances. En estos idiomas es sumamente extraño, por ejemplo, que un palabra pueda ser verbo o adjetivo (como el inglés *dry* 'secar o seco') sin que la morfología lo ponga de manifiesto, y tampoco existe en ellos nada parecido al extenso paradigma de sustantivos ingleses que pueden usarse como verbos sin marca morfológica alguna en el infinitivo. A ese paradigma pertenecen los sustantivos de (27), entre otros muchos:

(27) *dog* ('perro' o 'perseguir'); *lunch* ('almuerzo' o 'almorzar'); *paint* ('pintura' o 'pintar'); *phone* ('teléfono' o 'telefonear'); *table* ('mesa' o 'presentar'); *trend* ('tendencia' o 'cambiar'); *water* ('agua' o 'regar').

La ausencia de MARCAS MORFOLÓGICAS CATEGORIALES en (27) parece tener algún peso en propuestas como las de Marantz (1997, 2007) o Harley (2005) (véase también Panagiotidis 2011), según las cuales existe un nivel del análisis gramatical en el que estas palabras están INFRAESPECIFICADAS CATEGORIALMENTE, de forma que pasarán a estar plenamente especificadas cuando entren en los contextos sintácticos particulares. Tiene, pues, pleno sentido suponer que el que la palabra *phone* sea sustantivo o verbo depende enteramente de la sintaxis. Marantz la introduce en el léxico sin sus rasgos categoriales, para lo que usa el símbolo "√" (marca de infraespecificación categorial), que se asocia a la noción de 'raíz': √PHONE. Esta marca es característica de las palabras con contenido descriptivo (nombres, verbos, adjetivos, ciertos adverbios; recuérdese el § 3.2.1), de forma que no se aplica a las palabras funcionales. La proyección sintáctica obtenida podrá ser a la vez el complemento de una proyección categorial abstracta verbal o nominal:

(28) a. $[_{SV} [V] \sqrt{\text{PHONE}}]$
     b. $[_{SN} [N] \sqrt{\text{PHONE}}]$

Lo que nos dice esencialmente (28) es que cabe pensar que la información categorial no tiene por qué excluirse del conjunto de informaciones morfológicas de las palabras que poseen efectos patentes en la sintaxis. Los rasgos de tiempo, aspecto, número, persona (incluso de género) se asocian con proyecciones funcionales que dominan inmediatamente las proyecciones léxicas, como hemos visto, de modo que con los rasgos categoriales se podría proceder de la misma forma.

Tal asociación presenta, sin embargo, algunas dificultades. Unas son de orden general: en sí mismo, el hecho de que desgajemos un rasgo categorial "X" del núcleo léxico al que corresponde y lo proyectemos en la sintaxis no nos ayuda a entender la naturaleza gramatical de "X". Otras afectan especialmente a las lenguas romances, y quizá a otras similares, como consecuencia inmediata del carácter morfocéntrico –aprovechando el oportuno término de Baker– de nuestras distinciones categoriales.

No es fácil, en efecto, encontrar en español términos sujetos a doble o triple categorización, y los pocos que se encuentran no parecen someterse a pautas estables o productivas: *militar* (verbo, adjetivo o sustantivo), *ejemplar* (sustantivo o adjetivo), *placer* (verbo o sustantivo). Nótese que, si se propusiera para el español una estructura como $[_{SV} [V] \sqrt{\text{SUSPIRAR}}]$, podría afirmarse dos cosas. Una es que el hablante archiva en su léxico mental la palabra *suspirar* sin marca categorial alguna, junto con el sustantivo *collar* o el adjetivo *similar,* de forma que será la sintaxis la que le aporte propiamente esa información. Aunque esta es, efectivamente, una opción, existe otra interpretación, más restrictiva, según la cual esa estructura sería una variante de la propuesta (estándar en el modelo de Principios y Parámetros) que sitúa la información de infinitivo (también categorial) en una determinada proyección funcional que domina inmediatamente a la proyección léxica. Ciertamente, no parece que el hispanohablante haya de «mirar a la sintaxis» para que esta le diga que en español no existen adjetivos terminados en *-ir* o verbos que acaben en *-or,* pero a la vez es difícil pensar en el verbo *suspirar* sin hacerlo en el infinitivo *suspirar,* es decir, en una forma particular de su paradigma flexivo abstrayendo cualquier información categorial.

A diferencia del anglohablante, el hispanohablante llega a un buen número de propiedades categoriales de las palabras a través de su morfología. Ha de marcar en su léxico mental que los verbos medios no pronominales de cambio de estado forman un paradigma reducido (*aumentar, adelgazar, crecer, enrojecer,* etc.), ya que el hispanohablante espera, por defecto, que estos verbos sean pronominales. Análogamente, el hispanohablante sabe que una parte importante del significado de la palabra *ensuciarse* (así como lo que la distingue de *ensuciar* y de *sucio*) forma parte de su morfología. La relación entre RASGOS CATEGORIALES y ESTRUCTURA MORFOLÓGICA es, en suma, variable y resulta ser mucho más marcada, además de previsible, en unas lenguas que en otras.

Vale la pena resaltar que la información categorial situada en una proyección funcional propia no determina el significado de la palabra, sino tan solo sus propiedades combinatorias. El verbo *peligrar* significa, en efecto, 'estar en peligro' (es, por tanto, un verbo de estado, como *bordear:* 'estar al borde'), mientras que *telefonear* es un verbo de acción: 'llamar por teléfono'. De hecho, este último verbo pertenece, junto con *peinar, abanicar, bombear* y otros muchos VERBOS INSTRUMENTALES, al grupo de los verbos que contienen en su estructura léxica un SP que denota medio o instrumento («por teléfono, con peine, con abanico, etc.»). Es necesario, desde luego, establecer las pautas que permiten agrupar los verbos derivados en varios grupos, en los que el sustantivo que contienen ejerce papeles (sintácticos y semánticos) diferentes, pero estas pautas no tienen relación directa con el hecho de que la información categorial de las palabras constituya una proyección sintáctica independiente que domine los radicales no categorizados. Así pues, las informaciones semánticas mencionadas no podrían derivarse directamente de estructuras sintácticas como $[_{SV} [v] \sqrt{\text{PELIGRAR}}]$ o $[_{SV} [v] \sqrt{\text{TELEFONEAR}}]$, a menos que otorgáramos a la proyección [V] contenidos léxicos diversos relativos a acciones o estados (aproximadamente, como en los verbos de apoyo[33]), por tanto mucho más que rasgos categoriales.

Pero, junto a los problemas que plantea la INFRAESPECIFICACIÓN CATEGORIAL en las lenguas románicas, esta noción posee también ventajas notables, se represente con el símbolo √ o con cualquier otro. En efecto, la importancia de los rasgos categoriales radica, como vimos, en que articulan las proyecciones sintácticas y en que fijan los límites de localidad en relación con el movimiento, el ámbito, las relaciones anafóricas y otros procesos fundamentales de la sintaxis. A la vez, los rasgos categoriales nos ocultan a menudo (§ 2.3) ciertas relaciones semánticas objetivas que existen entre las palabras. En realidad, también nos ocultan las que se dan entre las oraciones. El siguiente ejemplo puede ayudarnos a comprender esa idea. Las dos oraciones siguientes (una en español y otra en francés, dos lenguas de la misma familia) tienen poco en común desde el punto de vista categorial, a pesar de que expresan exactamente el mismo significado:

(29) a. María sigue sin llegar.

b. Marie n'est toujours pas arrivée.

---

[33] LOS VERBOS DE APOYO (también llamados *verbos ligeros, verbos livianos* y *verbos soporte*) son verbos de escaso contenido léxico cuyos complementos nominales aportan la carga predicativa en sintagmas verbales como *dar un paseo, hacer mención, echar una carrera, pegar un salto,* etc. Estas construcciones se confunden a veces indebidamente con las locuciones verbales (*tomar el pelo, meter la pata*), que poseen propiedades gramaticales diferentes. Las construcciones de verbo de apoyo tienen a menudo equivalentes aproximados en una sola pieza léxica (*pasear, mencionar, correr, saltar,* etcétera).

El verbo *seguir* y la preposición *sin* aparecen en (29a) pero no en (29b), mientras que el adverbio *toujours* (aproximadamente, 'siempre') aparece en (29b) pero no en (29a). Como es evidente, no hay ningún participio en (29a) y ningún infinitivo en (29b). El que existan tantas diferencias formales en dos expresiones sinónimas pertenecientes a lenguas cercanas es un hecho generalmente aceptado (de manera no poco sorprendente) entre los gramáticos, sean tradicionales o modernos. La pregunta de si podemos alcanzar un nivel de representación que evite tantas particularidades categoriales fue planteada en los años setenta y ochenta por la semántica generativa, pero fue pronto abandonada como consecuencia de la desaparición misma de aquella teoría. En la actualidad, las preguntas de esta naturaleza se plantean de nuevo en algunas teorías gramaticales, entre las que están la llamada *Nanosintaxis* (Svenonius *et al.* 2009 y referencias allí mencionadas) y la *Morfología Distribuida* (Harley y Noyer 1999 y trabajos allí citados).

Para evitar que los rasgos categoriales nos oculten, como antes, las relaciones semánticas entre las expresiones lingüísticas, podemos pensar que, en casos como (29), las dos oraciones están compuestas de las mismas piezas, que se arman de manera diferente. Desde este punto de vista, tendríamos rasgos idénticos ensamblados o amalgamados categorialmente de manera distinta. Podemos pensar en dos series de unidades. La forma en que se muestran en (30) es algo tosca, pero recoge la idea fundamental:

(30) a. Piezas de información: [*María*], [√LLEGAR], [negación], [continuidad], [presente].

b. Rasgos categoriales (entendidos como envoltorios formales de los anteriores): [V: infinitivo], [V: participio], [P], [N], [adv.].

En efecto, el español amalgama [continuidad], [presente] y [V] en la forma *sigue;* empaqueta, a su vez, los rasgos [negación] y [P] en la forma *sin,* al igual que agrupa [√LLEGAR] y [V: infinitivo] para dar lugar a *llegar*. El francés, en cambio, amalgama [negación] y [adv.] en la expresión discontinua *ne... pas,* pero también ensambla [continuidad] y [adv.] en *toujours,* así como [presente], [√LLEGAR] y [V: participio] en la perífrasis *est... arrivée*. Como es lógico, estos rasos están ordenados en las dos lenguas (aproximadamente, [presente] > [continuidad] > [negación] > [√LLEGAR]). Las proyecciones sintácticas se deducirán de las propiedades selectivas de las *piezas léxicas: sin* toma infinitivo; *être* toma participio, etcétera.

Existen manifestaciones más evidentes de la infraespecificación categorial en las lenguas románicas. Es nutrido, por ejemplo, el paradigma de adjetivos que admiten usos adverbiales (*volar alto, hablar claro, sonar raro, agradecer infinito,* etc.). Aun así, los contextos verbales que acepta cada uno de estos adjetivos no es tan amplio como el de los adverbios correspondientes (NGLE: § 30.3), lo que hace pensar que las estructuras obtenidas están parcialmente lexicalizadas. No lo están, en cambio, algunos términos que se caracterizan por no aportar información morfológica alguna, de forma que no dan lugar a ninguna relación posible entre rasgos categoriales y estructura morfológica. Por ejemplo, *gratis* se diferencia de *gratuito* (solo adjetivo) en que puede usarse tanto en contextos adverbiales *(Pude entrar gratis)* como adjetivales *(Había entradas gratis),* aunque no nominales. El hecho de que muchas locuciones adverbiales (p. e., *de farol* en *jugar de farol)* sean simultáneamente locuciones adjetivales *(de farol* en *el juego de farol)* es un problema tradicional de las descripciones lexicográficas que no ha recibido solución satisfactoria en los diccionarios, ya que, por lo general, estos estipulan una y otra vez dicha coincidencia en cada expresión que presenta el doble comportamiento.

Se llaman a menudo CATEGORÍAS HÍBRIDAS las que muestran criterios sintácticos cruzados, es decir, las que cumplen rasgos definitorios de más de una clase. El participio de presente pertenecía a este grupo en latín y en el español medieval[34]. Sigue perteneciendo a él en italiano actual, en el que combina propiedades de los adjetivos (es un modificador nominal, presenta flexión de género y número) y de los verbos (admite objeto directo o indirecto, entre otros complementos verbales). El ejemplo (31a) pertenece a Díaz Padilla (1993); el de (31b) ha sido obtenido de Internet y verificado por hablantes nativos:

(31) a. Passavano le carrozze scoperte recanti le signore.
     'Pasaban las carrozas descubiertas que llevaban a las señoras.'
    b. Lavorano con clienti aventi culture simili.
     'Trabajan con clientes que tienen culturas parecidas.'

Como se ve, en (31a) se dice en realidad «llevantes las señoras» y en (31b) «tenientes culturas parecidas», como en los ejemplos de Cuervo citados en nota. Se trata, pues, de formas aparentemente adjetivales que se construyen con verdaderos objetos directos.

Relativamente similar es el caso de los infinitivos españoles en usos como el que ilustra el ejemplo de Unamuno citado en la NGLE (§ 26.3r) *Este resucitar a conciencia todo lo que alguna vez fue,* donde el infinitivo *resucitar* aparece con demostrativo (propiedad nominal) y con objeto directo (propiedad verbal). Las nominalizaciones del inglés formadas con el afijo *-ing* admiten también esta propiedad, mientras que las que se forman con el sufijo *-ion* la rechazan:

(32) a. *His construction bridges.
     'Su construcción de puentes'

---

[34] Pero no en el contemporáneo. Cuervo (1910: nota 135) cita un gran número de ejemplos extraídos de textos medievales, entre los que están los de (i):

(i) Opiniones implicantes contradicción; Mujer casta e temiente a Dios; Guiñante el ojo; Dante muchas gracias a Dios; Él e los otros esto sabientes; Sufrentes coytas mortales; La multitud de centauros trayentes armas.

Los antiguos participios de presente son hoy adjetivos, como en *una persona influyente.* Algunos pueden heredar los complementos preposicionales de los verbos de los que se derivan, como en *candidatos aspirantes a funcionarios.* En Bosque (1989) se explica que el adjetivo *distante* admite en la lengua actual un complemento directo como herencia de su origen participial: *un pueblo distante dos kilómetros de la ciudad.*

b. His constructing bridges.
'Su construir puentes'

Las categorías híbridas plantean retos interesantes a la teoría sintáctica. Su misma existencia suele considerarse hoy un argumento de peso a favor de que los rasgos de las palabras están organizados jerárquicamente en las estructuras configuracionales. En efecto, los participios de presente poseen una CAPA ADJETIVAL superior y una CAPA VERBAL inferior (por tanto, A–V, no V–A). Si fuera al contrario, esperaríamos que tuvieran flexión verbal, o que los formados con verbos transitivos introdujeran complementos con la preposición *de,* a diferencia de lo que ocurre. Si el sufijo participial ocupa una posición de núcleo adjetival (o se asocia con esos rasgos), podrá seleccionar una proyección verbal como complemento.

Aunque los análisis que se han presentado para las formas híbridas como (32b) presentan diferencias, la mayoría comparten la idea de que estas formas verbonominales han de asociarse con proyecciones distintas que acogen los rasgos (nominales y verbales) relevantes en capas diferentes. No es, pues, de extrañar que, cuando los derivados en *-ing* se comportan plenamente como sustantivos *(his singing of the song),* reciban típicamente interpretaciones de manera ('su forma de cantar la canción'), mientras que, cuando contienen una capa verbal *(his singing the song),* reciban interpretaciones eventivas ('el hecho de que cantara la canción'). Entre los muchos estudios que existen sobre estas cuestiones pueden verse Grimshaw (1990), Koptjevskja-Tamm (1993), Siloni (1997) y Alexiadou (2001). En Pena y Rodríguez Espiñeira (2008) se reúnen varios trabajos sobre categorías híbridas y límites entre clases de palabras en español.

9.3.3. *Los rasgos selectivos*

9.3.3.1 Su naturaleza. Relación entre rasgos-c y rasgos-s

Como hemos visto, el hecho de que *sin* sea una preposición constituye un RASGO CATEGORIAL de esa palabra. El hecho de que pida un nombre (más exactamente, un SN) como complemento es un RASGO SELECTIVO (también *seleccional* o *de selección*) de esa misma voz. Como se ve, la relación entre estos dos rasgos es estrecha, hasta el punto de que los rasgos selectivos constituyen información crucial para comprobar la existencia de determinados rasgos categoriales en las palabras.

En cierto sentido, los rasgos selectivos no son sino rasgos categoriales de naturaleza distribucional. En las primeras etapas de la gramática generativa (en particular, en Chomsky 1965) estas informaciones se denominaban *rasgos de subcategorización estricta,* por oposición a los entonces llamados *rasgos de subcategorización selectiva,* de naturaleza semántica. Así pues, el hecho de que el verbo *comer* tome un objeto directo nominal se consideraba un *rasgo de subcategorización estricta,* mientras que el hecho de que ese complemento designe cierto alimento se consideraba un *rasgo de subcategorización selectiva.*

Años más tarde, Chomsky (1986) introdujo la distinción entre SELEC-CIÓN CATEGORIAL (O SELECCIÓN-C) Y SELECCIÓN SEMÁNTICA (O SELECCIÓN-S). Como indica su nombre, la primera informa sobre la categoría que corresponde a un determinado complemento (nominal, preposicional, etc.), mientras que la segunda nos proporciona la noción semántica que denota. La cuestión de en qué medida están relacionadas ambas informaciones es, desde luego, central. En general, se asume que han de estarlo de alguna manera (Grimshaw 1979, Pesetsky 1982), e incluso que la selección-c debe deducirse de la selección-s (Chomsky y Lasnik 1995). Chomsky (1995a: 31) es más rotundo, ya que entiende que la selección-c es «artificiosa» (ingl. *artifactual*), en el sentido de «no genuina», en tanto en cuanto no constituye más que un correlato formal de la selección-s.

Las dos informaciones (-c y -s) son complementarias, y ambas resultan esenciales para restringir la VALENCIA O ESTRUCTURA ARGUMENTAL DE LOS PREDICADOS (capítulo 3), es decir, el conjunto de posiciones o huecos que cada uno proporciona para que sean saturados por los PARTICIPANTES en la situación que denoten. A cada uno de estos participantes, llamados generalmente ARGUMENTOS, corresponden, pues, dos clases de informaciones que, como en el resto de la gramática, también podemos considerar rasgos: RASGOS-C Y RASGOS-S. Los rasgos-c son, como hemos visto, categoriales; los rasgos-s pueden corresponder a los llamados PAPELES TEMÁTICOS (agente, tema, etc.), pero también a contenidos proposicionales (aseveraciones, preguntas, hechos, etc.) y eventivos (acciones, estados, etc.), así como a diversos tipos de entidades individuales (lugares, tiempos, etcétera).

Aunque se acepte, como vemos, que existe relación entre los rasgos-s y los rasgos-c, no es sencillo llegar de los primeros a los segundos. Si nos dicen que un verbo selecciona complementos que denotan destino (rasgos), haremos bien en suponer que serán preposicionales (rasgo-c); más aún, es más que probable que estén encabezados por las preposiciones *a, hacia* o tal vez *para*. Estos razonamientos se extienden a otros muchos casos, incluso más complejos. Si las llamadas cláusulas reducidas son proyecciones de su núcleo, será este el que resulte seleccionado semánticamente. El verbo *notar* las admite, en efecto, si designan predicados de estadio (*Te noto cansado* vs. **Te noto australiano*); el verbo *considerar* las acepta si denotan predicados de individuo (*Te considero inteligente* vs. **Te considero cansado*), y el verbo *oír* lo hace si denotan acciones, en concreto SVs como manifestaciones de la selección-c (*Te oí llegar* vs. **Te oí astuto*).

A la vez que existen numerosas generalizaciones que nos permiten relacionar la información categorial y la semántica, también se da considerable variación interlingüística en la selección-c que no parece deducirse directamente de la selección-s. Las argumentaciones que relacionan los dos tipos de selección podrían tener, por otra parte, algo de circular: si contrastes del tipo de ingl. *depend {on/*of}* vs. esp. *depender {*en/de}*, o esp. *carecer {de algo/*algo}* vs. ingl. *to lack (of) something* son consecuencias directas de la selección-s, habremos de postular nociones semánticas diferentes para cada uno de estos complementos nominales y preposicionales, pero el único efecto de tales etiquetas sería el de predecir las diferencias que se mencionan.

Tampoco parece evidente que todas las subordinadas sustantivas en subjuntivo (selección-c) correspondan en español o en otras lenguas romances a un único tipo de selección-s (si así fuera, sería mucho más sencillo de lo que resulta determinar su distribución), ni mucho menos que los diccionarios de valencia existentes aporten informaciones redundantes, en el sentido de que todo lo que nos dicen ya esté contenido en los diccionarios comunes. En general, la principal dificultad para deducir la selección-c de la selección-s radica en que esta última es mucho más rica y variada que la anterior. Como no existe isomorfismo entre una y otra, el número de distinciones semánticas que pueden introducirse a través del léxico será siempre mayor que el número de marcas formales (categoriales, flexivas, etc.) que las puedan poner de manifiesto. Estas y otras razones similares llevan hoy a pensar que entre selección-c y selección-s existe un vínculo deseable, además de plausible, pero no inmediato, automático o verificado en todos sus extremos.

Se conocen desde hace tiempo ciertos DESAJUSTES entre la selección-c y la selección-s. Son particularmente notables cuando los SNs ocupan el lugar en el que esperamos oraciones interrogativas indirectas. Entre ellos están los que ilustran estos pares:

(33) a. Analizó sus planes.
　　 b. Averiguó sus planes.

(34) a. No me prestó su teléfono.
　　 b. No me dijo su teléfono.

(35) a. No he visitado la capital de Eslovenia.
　　 b. No recuerdo la capital de Eslovenia.

(36) a. Manolo depende de su jefe.
　　 b. La temperatura depende de la humedad.

Los SNs de las oraciones (b) de (33) a (36) se suelen denominar IN-TERROGATIVAS ENCUBIERTAS (ingl. *concealed questions*), ya que, a diferencia de sus correlatos en las oraciones (a), no denotan entidades individuales sino funciones proposicionales. En (33b) se dice que alguien averiguó cuáles eran los planes de cierta persona; en (36b) se dice que cuál sea la temperatura dependerá de cuál sea la humedad, mientras que en (36a) no se dice, ciertamente, que quién sea Manolo depende de quién sea su jefe. Como es esperable, (35b) tiene dos sentidos, según se hable de recordar un lugar o el nombre de ese lugar (es decir, «cuál es»). Algunas propiedades de estos complementos nominales son inesperadas de acuerdo con la selección-c, por ejemplo el que se admitan objetos directos de persona sin la preposición *a*, y hasta que se rechacen estos complementos, como sucede en (37b)[35]:

---

[35] Las interrogativas encubiertas dan lugar asimismo a situaciones de DISCORDANCIA de número entre sujeto y verbo en la lengua coloquial, como en *Es increíble las cosas que dicen algunos*. La discordancia se debe a que las oraciones concuerdan en singular con el predicado cuando

(37) a. He contratado {*el/al} autor del libro.

   b. He averiguado {el/*al} autor del libro.

Véase Bosque (1989) sobre otros aspectos de esta diferencia. El estudio de las interrogativas encubiertas ha dado lugar a una copiosa bibliografía en los últimos años, ya que, como hemos visto, presentan la forma de un SN (selección-c), pero aportan un significado proposicional (selección-s). Entre las muchas investigaciones existentes sobre ellas, cabe destacar Heim (1979), Lahiri (2002), Romero (2005) y Nathan (2006).

Las interrogativas encubiertas no son las únicas estructuras con complementos nominales sujetos a una INTERPRETACIÓN PROPOSICIONAL. Los complementos del verbo *querer* se han considerado también candidatos a este grupo, en el sentido de que *querer algo* es 'querer tenerlo' (sobre esta relación, véanse McCawley 1974 y Harley 2003). Los contrastes del estilo de (38), estudiados en López Palma (1999), poseen asimismo gran interés,

(38) a. Muchas personas son imprescindibles.

   b. Son imprescindibles muchas personas.

ya que no es la concordancia sujeto-verbo, sino la posición del sujeto, la que parece favorecer la interpretación proposicional de este en (38b) –es decir, 'que haya muchas personas'–, por oposición a (38a), donde se predica cierta propiedad de cada elemento de un conjunto de individuos.

El que la selección-s haya sido mucho menos estudiada que la selección-c se debe, en buena medida, a que los rasgos semánticos sensibles a la selección léxica no se conocen tan bien como los sintácticos. Aun así, las clases semánticas de subordinadas sustantivas se corresponden con tipos semánticos bien definidos (Grimshaw 1979). Las interrogativas indirectas, por ejemplo, denotan proposiciones con una variable abierta que debe ser satisfecha, como en *Depende de cómo lo hagas* o en *No sé si me han llamado o no*. El hecho de que el verbo *creer*, por ejemplo, no la satisfaga (*Creo si me han llamado o no*) confirma, en efecto, que no solo existe relación estrecha entre rasgos-s y rasgos-c, sino también entre los constituyentes oracionales que manifiestan estos rasgos y el significado mismo del predicado que los selecciona como argumentos. Los predicados que seleccionan interrogativas indirectas se agrupan en nueve clases semánticas en la NGLE (§ 43.7j.). La tradición las reducía a tres (entendimiento, lengua y sentido), pero otras tipologías postulan cifras intermedias, o bien desdoblan los grupos anteriores para obtener clasificaciones más complejas.

Las informaciones requeridas por un predicado pueden ser satisfechas por rasgos que se manifiestan gramaticalmente de varias formas:

---

ejercen la función de sujeto. Aun así, cabe pensar que en algunos de estos casos al sujeto le corresponde una ESTRUCTURA oracional (Brucart 1993), no solo una INTERPRETACIÓN oracional:

(i) Es increíble [$_{SC}$ las cosas [$_{C'}$ que [$_{SF}$ [dicen algunos_]]]] no solo pueden ser, como ya vimos, explícitos o encubiertos, sino que los explícitos pueden expresarse morfológica o sintácticamente sin que ello cambie, en lo fundamental, la naturaleza de la selección. Así, el rasgo de pluralidad que demandan el verbo *reunir*, la preposición *entre* y otros predicados colectivos puede ser satisfecho en la sintaxis por la conjunción *y* (como en *entre un libro y otro/*entre un libro*)[36]. El requisito de selección también puede ser satisfecho por un morfema de plural *(entre los libros)*. Podría ser satisfecho incluso por un rasgo léxico del sustantivo, en concreto por los rasgos [colectivo] *(entre el ejército)* y [no contable] *(entre el dinero)*. Como se ve, los rasgos léxicos encubiertos tienen el mismo efecto sintáctico que si fueran manifiestos.

La expresión *el mismo efecto* debe, sin embargo, matizarse. En las lenguas romances existe cierta tendencia a que la selección sea más permisiva que la concordancia en la satisfacción de los rasgos-s relativos a la pluralidad. Se rechazan, pues, *La familia lo sabían* o *La familia se reunieron* (concordancia sujeto-verbo), frente a *Reunieron a la familia* (selección) (véase Bosque 2000, Bosque y Gutiérrez-Rexach 2009, § 8.11 en relación con estas diferencias). En las lenguas germánicas, en cambio, es habitual que los nombres colectivos concuerden con el verbo en plural cuando son sujetos:

(39) a. People are friendly.
    'La gente es [*lit*. son] amistosa.'
  b. Die Leute sind freundlich.
    'La gente es [*lit*. son] amistosa.'
  c. *La gente son amistosas.

La concordancia sujeto-verbo distingue, en inglés británico, la interpretación distributiva de estos plurales (*The committee are old* 'Los miembros del comité son viejos') de la colectiva (*The committee is old* 'El comité es viejo'). En den Dikken (2001) se analizan algunas consecuencias teóricas de esta diferencia.

¿Cuál es la naturaleza gramatical de los rasgos-s? Lo cierto es que las respuestas que se han dado a esta pregunta son, por el momento, solo parciales. Sabemos que algunos de ellos son de naturaleza aspectual. Así, denotan sucesos o eventos el complemento directo de *narrar o presenciar,* el sujeto de *tener lugar* y de *ocurrir,* o el complemento preposicional de *asistir a* o de *con motivo de.* Aun así, se admite a menudo más de un rasgo-s en muchos de estos casos: el complemento de *asistir a,* por ejemplo, puede denotar también un lugar, el de *durante* puede denotar un evento o un periodo, etcétera:

---

[36] La conjunción puede ser seleccionada porque constituye un núcleo sintáctico, como se defiende, entre otros muchos estudios, en Zoerner 1995, Johannessen 1998 y Camacho 2003. En Borer 2005 se encontrará un estudio detallado de la relación que existe entre las manifestaciones sintácticas y léxicas de los rasgos de número.

(40) a. Presenciar {un eclipse de sol/*el sol}.
　　b. Narrar un {partido/*estadio} de fútbol.
　　c. Asistir a un {partido/estadio} de fútbol.
　　d. Con motivo {del cumpleaños de Juan/*de Juan}.
　　e. Durante {la guerra/el verano/*la ciudad}.

Es hoy habitual que los proyectos que persiguen un (todavía inexistente) léxico de la selección-s se enmarquen en alguna rama de la lingüística computacional, ya que, como es obvio, cualquier programa de procesamiento del lenguaje natural que aspire a construir o interpretar textos ha de hacer explícitas estas informaciones contextuales. Aunque existen otras aplicaciones posibles de tales descripciones (muy destacadamente, la enseñanza de segundas lenguas), no debe pasarse por alto que el dar con los rasgos relevantes que hacen posible la selección léxica tiene, en sí mismo, un indudable interés teórico.

El *Corpus Pattern Analysis* (CPA), dirigido por Patrick Hanks (cf. Jezek y Hanks 2010, Hanks 2012 y referencias allí indicadas), proporciona buen número de estos rasgos léxicos de manera sucinta. Así, en la entrada correspondiente al verbo *amputate* ('amputar') aparece un rasgo selectivo que nos indica que su objeto directo designa una parte del cuerpo (con buen criterio, se dejan fuera expresiones equivalentes a *amputar la conciencia, amputar la libertad* y otras propias de la lengua literaria). En la entrada correspondiente a *attend* ('atender, asistir, visitar') se seleccionan dos rasgos selectivos que restringen el objeto directo; [activity] y [location]; en la correspondiente a *ring* ('llamar') se indica que su complemento posee uno de estos tres rasgos: [human], [institution] y [location]. En el equivalente español, tenemos, efectivamente, contrastes como *Llamé a {un amigo/un hospital/París}*, si bien solo en el primer caso estamos ante un objeto directo.

Aunque tales informaciones son necesarias, es probable que deban completarse con otras más sutiles. Las clases semánticas que se proporcionan en el diccionario REDES (Bosque 2004a) no están concebidas allí como rasgos, pero pueden replantearse como tales. Los paradigmas semánticos que se proporcionan en este proyecto son algo más complejos que los mencionados hasta ahora, y también es más numeroso el conjunto de informaciones que allí se muestran como compatibles con un solo predicado. Así, los adverbios de la siguiente lista son compatibles con los verbos de influencia (*afectar a, influir en, repercutir en*, etc.). Cabe pensar, por tanto, que los seleccionan-s, ya que los adverbios de modo o manera son predicados de eventos:

(41) *artísticamente, políticamente* (otros adverbios de punto de vista); *considerablemente; decisivamente; directamente* (o *indirectamente*); *débilmente* (o *fuertemente*); *en mucho* (también *en poco, en algo...*); *favorablemente* (o *desfavorablemente*); *poderosamente; positivamente* (o *negativamente), inevitablemente; irremediablemente; sustancialmente*.

A su vez, cada uno de estos adverbios selecciona-s otros predicados, lo que da lugar a nuevos paradigmas que se cruzan en la forma que se sugería en (16)[37].

9.3.3.2. Selección y localidad

Un núcleo (X°) selecciona otro núcleo (Y°). Cuando la unidad seleccionada es una categoría funcional, el núcleo Y° contendrá los rasgos requeridos y no será necesaria ninguna otra condición. Por ejemplo, el verbo *seguir* selecciona gerundios *(Siguió fumando),* no infinitivos *(*Siguió fumar),* al contrario que la preposición *sin (sin hablar/*sin hablando).* Como la información desinencial ocupa una posición más alta que la léxica, tal como hemos visto, será accesible directamente al predicado seleccionador. Los requisitos de localidad plantean, sin embargo, una serie de problemas en contextos similares. El más conocido es el hecho de que la flexión verbal no es la entidad contigua al predicado seleccionador si aparece una proyección C entre ambos:

(42) a. Sin [$_{SC}$ que [$_{SF}$María [$_{T'}$ hable [$_{SV}$_ de ello]]]]
 b. Sin [$_{SC}$ [$_{SF}$ hablar [$_{SV}$ María [$_{V'}$ _ de ello]]]]

El problema no es solo que los rasgos del subjuntivo hayan de ser visibles en C° para que la preposición *sin* tenga acceso a ellos, sino también que lo sean los del infinitivo. Una opción que se considera plausible es que el infinitivo sea seleccionado por un C° nulo, en el sentido de carente de rasgos fonológicos. Por otra parte, si está en lo cierto Chomsky (1995a) al sugerir que los rasgos no interpretables de la flexión verbal se heredan de C° (§ 4.4), cabe pensar que son visibles igualmente en la proyección más alta, tal como la selección requiere. En cuanto

---

[37] Por ejemplo, el adverbio *sustancialmente,* que aparece al final de la lista, selecciona-s los siguientes grupos de predicados (nótese que los tres primeros aluden a cambios de estado, no así los demás):

1. Verbos que denotan incremento: *ampliar(se), apreciar(se), aumentar, crecer, elevar, incrementar(se), mejorar, progresar,* etcétera.
2. Verbos que denotan disminución: *acortar, atenuar, bajar, disminuir, mermar, rebajar, recortar,* etcétera.
3. Verbos que denotan el concepto de cambio: *alterar, cambiar, modificar, reescribir, transformar, trastocar, variar,* etcétera.
4. Verbos que denotan igualdad o diferencia: *diferenciar(se), coincidir, equivaler, estar de acuerdo,* etcétera.
5. Verbos de influencia: *afectar, condicionar, incidir, influir, repercutir,* etcétera.
6. Adjetivos que denotan igualdad o diferencia: *diferente, distinto, idéntico, igual, similar,* etcétera.
7. Adjetivos y grupos adjetivales con núcleo comparativo *(mayor, más caro, menor, peor, mejor).*

No puedo abordar ahora la cuestión de si es posible reducir estas listas o simplificar el número de grupos que contienen (abordo brevemente la cuestión en Bosque 2004b). Cabe pensar que el punto de contacto entre 1-2-3, por un lado, y 6-7, por otro, radica en que los llamados VERBOS DE CAMBIO GRADUAL (ingl. *gradual completion verbs)* contienen un componente comparativo, lo que explica en parte la posible opcionalidad, en ciertos contextos, del adverbio *más* en oraciones como *Hay que agrandarlo (más)* y otras semejantes. Véase Bosque 2011 sobre esta conexión.

a (42a), se han propuesto varias opciones, entre las que está el movimiento encubierto del subjuntivo de F° a C° (como en Kempchinsky 1986)[38]. Otra solución es la noción de *proyección ampliada* (ingl. *extended projection*), presentada en el § 4.4.

¿Cómo afecta la localidad a la selección-s? Como es lógico, los rasgos-s de una unidad léxica han de ser visibles para el núcleo sintáctico que la selecciona, de modo que resulta natural preguntarse cómo los encuentra. Suele entenderse que las categorías funcionales son PERMEABLES a la selección léxica, en el sentido de que no intervienen en ella. Cabe, pues, pensar que podemos omitirlas en dicho proceso de selección. En efecto, tiene sentido suponer que el predicado *leer* selecciona y restringe léxicamente a su complemento nominal. Si buscamos en (43a) la primera categoría léxica nominal dominada por el verbo *leí*, encontraremos el nombre *libros,* que constituye su complemento:

(43) a. Leí algunos de los otros tres magníficos libros que trajiste.

b. Me trajo un enorme montón de regalos.

c. Ayer conocí al jefe de tu amigo.

En (43b), encontramos el sustantivo *montón,* pero esta es una palabra funcional –así aparecía en la tabla de (21)–, de modo que podemos saltarla y pasar al siguiente sustantivo *(regalos),* que nos proporciona, en efecto, el complemento seleccionado por *trajo*. El predicado verbal busca, pues, a modo de SONDA, su argumento interno entre las unidades marcadas como léxicas, ya que las funcionales son permeables a esta relación selectiva. Este hecho predice correctamente que es el sustantivo *jefe,* y no *amigo,* el que proporciona la meta adecuada de la búsqueda en (43c).

Pero como la distinción entre categorías léxicas y funcionales es gradual, como veíamos en el § 3.2.1, no es de extrañar que surjan algunos problemas en el sencillo sistema de búsqueda que acabamos de describir. Así, el sustantivo *fragmento* constituye una categoría léxica, no funcional. El sistema entenderá, equivocadamente, que este sustantivo es el que proporciona en (44a) la unidad que *leí* restringe semánticamente, e interpretará que *libro* no constituye el objeto de la sonda, como tampoco lo constituía *amigo* en (43c):

(44) a. Leí tan solo los primeros fragmentos del libro que me prestaste.

b. Había contraído cierta variedad, poco común, de una extraña enfermedad tropical.

De manera análoga, nuestra sonda elegirá probablemente el sustantivo *variedad* en (44b) como complemento de *contraído,* pero la relación semántica que deseamos es la que se da entre el verbo *contraer* y el

---

[38] En Bosque y Gutiérrez-Rexach 2009, se sugiere que este movimiento es explícito cuando falta el subordinante, lo que explica que nada pueda separar el verbo principal del subordinado:

(i) a. Espero sepan ustedes comprender la situación.

b. *Espero ustedes sepan comprender la situación.

sustantivo *enfermedad*. Si bien estos problemas (característicos, aunque no exclusivos, de las relaciones partitivas y pseudopartitivas) no han recibido todavía una solución completamente satisfactoria, se ha estudiado su naturaleza desde varios puntos de vista. Se ha observado, por ejemplo, que los sustantivos llamados TRANSPARENTES por Fillmore y otros (2002) y por Alonso Ramos y Wanner (2007), y LIGEROS por Bosque (2001) y Koike (2003) presentan problemas similares a los descritos, que se extienden a las relaciones de selección. Todos los contrastes que siguen muestran, en lo fundamental, el mismo fenómeno:

(45) a. Estamos atravesando un momento crítico.
     b. *Estamos atravesando un momento[39].
     c. Estamos atravesando una crisis.

(46) a. La policía los golpeó contundentemente.
     b. La policía los golpeó de una manera contundente.
     c. *La policía los golpeó de una manera.

(47) a. Se hallaban al borde de una situación peligrosa.
     b. *Se hallaban al borde de una situación.
     c. Se hallaban al borde de un peligro.

En estas oraciones aparece seleccionado semánticamente cierto adjetivo *(crítico, contundente, peligroso)* que modifica a un sustantivo abstracto *(momento, manera, situación)*. Los requisitos de la selección-s no se cumplen, como vemos, si los rasgos-c detectados por el verbo son los rasgos nominales de este sustantivo transparente o ligero, sino que han de ser percibidos en los adjetivos que los modifican. El término *ligero* sugiere un paralelismo con los verbos ligeros o de apoyo (recuérdese la nota 33), sobre todo porque estos verbos vienen a ser receptáculos categoriales de nociones abstractas, tales como HACER en *dar un paseo, echar una carrera, pegar un salto*, etc. Los verbos de apoyo carecen propiamente de estructura argumental (el que pega un salto no pega «cierta entidad, por oposición a otras»). En su lugar, acogen los argumentos del nombre que toman como complemento, además de los rasgos flexivos que les corresponden[40].

Es probable que la solución a los problemas de desajuste entre rasgos-c y rasgos-s a los que apuntan los contrastes de (44)-(47) haya de encontrarse en una teoría articulada de los PREDICADOS COMPLEJOS, es decir, los formados por la integración de dos núcleos predicativos sim-

---

[39] Se descarta, como es lógico, la variante con entonación suspendida que da lugar a la lectura consecutiva, ya que *un* se interpreta como *tal* en dichos casos.

[40] Los problemas de selección y transparencia mencionados pueden abordarse desde otro ángulo. Los sustantivos que expresan relaciones «parte-todo» dan lugar a configuraciones AXIALES que pueden constituir proyecciones sintácticas, como en Svenonius y Pantcheva 2006 o, para el español, en Fábregas 2007 (véase también Uriegereka 1994 sobre estas relaciones en español). De esta forma, sin ser propiamente categorías funcionales, comparten algunas de las propiedades fundamentales de estas.

ples. Los más conocidos entre estos predicados[41] son las PERÍFRASIS VERBALES (Vaux + V), las CONSTRUCCIONES CAUSATIVAS (*hacer* o *dejar* + Vinf) y las ya citadas construcciones de verbo ligero o de apoyo. Es característico de los predicados complejos que se dé en ellos cierto «reparto de tareas» entre los elementos que los constituyen[42].

Es bien sabido que los complementos del nombre pueden dar lugar a construcciones apositivas o pseudoapositivas introducidas por sustantivos evaluativos, como en *Ayer vi un absoluto desastre de película*. El predicado principal (*ver* en este caso) no selecciona semánticamente en ellas el primer sustantivo (*desastre* en nuestro ejemplo) sino el complemento aparente de este *(película)*. Se han desarrollado numerosos análisis de estas construcciones paradójicas, entre otros los de Roca (1997), Español-Echevarría (1998), Di Tullio y Saab (2005), Bartra-Kauffman y Villalba (2006) y Villalba (2007). Aunque se perciben diferencias notables entre ellos, comparten la idea de que la estructura nominal contiene alguna forma de anteposición o INVERSIÓN DEL PREDICADO (ingl. *predicate inversion*) que se puede articular a partir de una estructura predicativa básica, tenga o no la forma de una oración reducida (ingl. *small clause*).

Nótese ahora que existe relación entre estos fenómenos y las diversas formas de selección que describíamos en la sección anterior. En efecto, si combinamos la estructura apositiva que acabamos de considerar con la idea (§ 3.3.1) de que la conjunción *y* puede ser seleccionada como un núcleo sintáctico, podremos explicar de manera simple los contrastes de (48), ya que el sustantivo *mezcla* selecciona sintagmas coordinados como una de sus opciones y es, a la vez, el predicado de la construcción apositiva binominal a la que nos referíamos:

(48) a. Sintió una extraña mezcla de gratitud e incomodidad.

   b. *Sintió una extraña mezcla.

   c. Sintió gratitud e incomodidad.

El verbo *sentir* y el sustantivo *mezcla* son dos predicados que han de satisfacer ciertos rasgos en sus argumentos. Los rasgos-s que *mezcla* selecciona los podría aportar un plural *(una mezcla de factores)*, pero en (48a) los aporta la proyección sintáctica encabezada por la conjunción copulativa *e* (variante de *y*). Son también, por tanto, rasgos-c.

---

[41] Abeillé y Godard 2010 proporcionan un excelente panorama de los predicados complejos en las lenguas romances, con bibliografía reciente. Pueden verse también Cattell 1984, Ackerman y Webelhuth 1998 y Koopman y Szabolcsi 2000, entre otros muchos estudios monográficos sobre ellos.

[42] Por ejemplo, los verbos auxiliares de las perífrasis acogen información temporal y aspectual, además de los rasgos de concordancia, y dejan a los verbos principales toda la información semántica relativa a la estructura argumental. Al mismo tiempo, las perífrasis no dejan de ser consideradas unidades sintácticas en lo relativo a ciertos procesos, como la anteposición de los clíticos. El «reparto de tareas» es distinto en las construcciones de nombre ligero o transparente que hemos descrito brevemente, ya que involucra también a los rasgos categoriales, pero se basa en un principio similar.

A la vez, *sentir* no puede satisfacer en (48b) los rasgos-s que selecciona en su complemento, ya que el sustantivo *mezcla* no denota sensaciones ni sentimientos. Lo hace, en cambio, en (48c), y también en (48a), como lo haría cualquier otro verbo en una estructura apositiva similar *(Contrataron a una maravilla de ingeniero)*.

Estos no son, desde luego, los únicos problemas de localidad que se pueden reconocer en relación con la proyección sintáctica de los rasgos-c y los rasgos-s[43]. Aun así, creo que ilustran en lo fundamental la idea de que los rasgos categoriales y semánticos que los predicados han de saturar no siempre parecen estar presentes en los entornos locales en los que se los espera. El trabajo del gramático consiste, en buena medida, en proporcionar y justificar estructuras sintácticas que los hagan visibles en esos contextos.

9.4. Operaciones con rasgos

En el § 2.1 vimos que la interpretación restrictiva de la noción de 'rasgo gramatical' nos exige considerar algún sistema de corroboración formal, es decir, un mecanismo que nos permita precisar la manera en que los rasgos interactúan. Para ello, habremos de detallar las OPERACIONES en las que participan, así como los procesos que los relacionan. En esta sección introduciré, de manera sumamente esquemática, los mecanismos fundamentales que intervienen en algunas de esas operaciones. Solo mencionaré aquellas que suelen aceptarse generalmente, aun cuando se formulen de manera diferente en diversos análisis: cotejo, evaluación, borrado, reconstrucción, resolución y herencia[44].

---

[43] He aquí otro: por razones de localidad, los adjetivos no deberían ser sensibles a los predicados que toman como argumentos los SNs en los que aquellos se incluyen como modificadores. Tenemos, pues, un problema de localidad en (i), donde es evidente que el adjetivo *anterior* está en relación con el verbo *había:*

(i) María me había escrito la semana {anterior/*próxima}.

No conozco ningún análisis formal de esta paradoja para las relaciones de localidad, pero cabe pensar que su solución radica en que estos adjetivos no son calificativos. Tal vez a la *semana anterior* corresponde una estructura invertida similar a las que parecen necesarias en (45)-(48), Los hechos de (i) no son tan sorprendentes si pensamos que *la semana anterior* significa aproximadamente en (i) 'antes en una semana', donde *en una semana* se comporta sintácticamente como si fuera un modificador de *antes.*

[44] No incluyo como proceso la amalgama de rasgos, ya que en realidad no se distingue de la formación de haces, presentada antes. Tampoco me es posible extender la presentación a otras operaciones, en particular la de MOVIMIENTO DE RASGOS. En Chomsky (1995a: 262 ss.) se introduce la idea de que las operaciones de movimiento afectan solo a los rasgos, de forma que las expresiones movidas de manera manifiesta se ven arrastradas por ellos por razones morfofonológicas. La llamada Forma Lógica o Sintaxis Encubierta (ingl. *covert syntax*) podría reducirse de esta forma al movimiento exclusivo de ciertos rasgos a las posiciones desde las que han de ejercer su efecto. Entre otros autores, se muestra a favor Lasnik 2002 y en contra Boeckx 2002. Adger y Svenonius 2011 presentan un balance de los argumentos que apoyan y desestiman esta teoría.

9.4.1. *Cotejo, evaluación y borrado. Interpretabilidad de los rasgos*

Tanto el SN *los niños* como el verbo *cantan* poseen rasgos de número y persona en *Los niños cantan*. Existe, no obstante, una diferencia esencial entre ellos: los rasgos mencionados se interpretan una sola vez. Su aportación al significado se mide en el SN sujeto *los niños*, no en el verbo *cantan*. Análogamente, tenemos cuatro manifestaciones del plural en el SN *Aquellas otras margaritas amarillas*, pero solo una de ellas nos permite entender que hablamos de cierto conjunto de flores: el plural en el sustantivo *margaritas*. Los demás plurales no son, pues, INTERPRETABLES, en el sentido de INFORMATIVOS. Su carácter no interpretable tiene una correlación gramatical inmediata: aparecen en la oración por razones formales, concretamente para marcar la concordancia de género, número y persona. Los rasgos no interpretables de una palabra suelen manifestarse, en efecto, en contextos de concordancia con verbos o adjetivos, pero el concepto de CONCORDANCIA adquiere en la gramática formal un sentido más abarcador, como veremos en este apartado. Comparemos las secuencias siguientes:

(49) a. Juan no me dijo nada.

     b. Ninguno de nosotros nos iremos hasta que no nos digan la verdad.

Cabe pensar que en (49a) la negación es interpretable en *no*, pero no lo es en *nada*, que aparece en este contexto por CONCORDANCIA NEGATIVA. Así pues, el pronombre *nada* en (49a) consta de un componente indefinido y de otro negativo, pero solo el primero se tiene en cuenta en la interpretación semántica de la oración, que contiene una sola expresión negativa: $\sim\exists x(x = algo)$ & *(Juan me dijo x)*. El adverbio *no* es plenamente informativo (por tanto, interpretable) en (49a), pero no lo es en (49b), donde puede ser omitido sin afectar al sentido. De hecho, ilustra la llamada NEGACIÓN EXPLETIVA. Como *no* carece de interpretación semántica en (49b), no puede inducir un indefinido negativo posverbal:

(50) Ninguno de nosotros nos iremos hasta que no nos digan {algo/*nada}.

No siempre es tan sencillo distinguir la información interpretable de la no interpretable (o CONCORDANTE). En Bosque y Gallego (2011) se explica que en alternancias como las de (51), características del español, la pasiva aparece en el auxiliar en (51b), pero no se interpreta en este verbo sino en el principal *(construir)*, lo que puede probarse con varios recursos sintácticos, tal como allí se muestra. Ello significa, en lo esencial, que cuando pronunciamos (51b) interpretamos en realidad (51a):

(51) a. La ermita empezó a ser construida en el siglo XII.

     b. La ermita fue empezada a construir en el siglo XII.

La distinción entre rasgos interpretables y no interpretables constituye uno de los caballos de batalla de la sintaxis formal contemporánea, ya que se entiende (especialmente a partir de Chomsky 2000, 2001a, b) que el papel de los rasgos no interpretables es activar los procesos de concordancia. Como estos rasgos no tienen más función en la gramática que establecer tales procesos, deben borrarse una vez han cumplido su función. Consideremos un caso sencillo de concordancia sujeto-verbo:

(52) La niña mira al gato.

Rasgos gramaticales de *la niña:* [PERSONA: 3]; [NÚMERO: sing.]; [GÉNERO: fem.].

Rasgos gramaticales de *mira*: [PERSONA: 3]; [NÚMERO: sing.]; [TIEMPO: pres.]; [MODO: ind.]

Como es lógico, además de los rasgos gramaticales que se mencionan en (52), el SN *la niña* tendrá otros rasgos, procedan del artículo (como la definitud) o del sustantivo (la denotación de cierto tipo de persona). También *mirar* posee rasgos léxicos, sea como verbo de percepción o como predicado que selecciona determinados argumentos. El proceso de concordancia sujeto-verbo no es sensible a los rasgos léxicos, sino únicamente a algunos de los gramaticales. Centrémonos, pues, en ellos.

El verbo español no posee flexión de género, ni el nombre flexión de tiempo. Así pues, los únicos rasgos comunes de *la niña* y *mira* en (52) son el número y la persona. Llamemos [R] a este conjunto. Vimos en el § 3.2.2 que en el modelo de Rección y Ligamiento, así como en sus desarrollos, la flexión verbal encabeza una proyección sintáctica (Sintagma Flexivo o Inflexional). Tal como suele hacerse hoy, los rasgos de tiempo (T) suelen dar nombre a esa proyección (por tanto, ST, aunque abarque también otros rasgos[45]), de forma que no se confunda con otras proyecciones flexivas.

Si situamos en el núcleo de ST los rasgos que manifiesta el verbo *mira,* hallaremos [R] en dos unidades: *la niña* y el núcleo del sintagma ST (es decir, T°), tal como se observa en (53). Omito aquí, para simplificar el análisis, la proyección Sv, cuyo núcleo toma SV como complemento (véanse los capítulos 1 y 3):

(53) $[_{ST} [_{T'} [_{T°} [R]] [_{SV} la\ niña\ [R] [_{V'} [_{V°} mira\ al\ gato]]]]]$

Así pues, los rasgos [R] no se interpretan en el verbo, sino en el SN, de forma que su única función en *mira* es establecer la relación de concordancia. Se dice que el núcleo $[_{T°} [R]]$ ejerce el papel de SONDA (ingl. *probe,* recuérdese [43]), ya que busca el primer SN (la META, ingl. *goal*) al que mande-c, siempre que contenga estos mismos rasgos. Este proceso de RECONOCIMIENTO DE RASGOS IDÉNTICOS en un entorno local se denomina COTEJO (ingl. *matching*). Ciertamente, el SN *el gato* también contiene [R], pero no es el primer SN que se halla en el camino de la sonda, de modo que no resulta afectado por ella. Tal como decíamos en el § 3.1, la coincidencia de rasgos no implica la relación de concordancia.

---

[45] Curiosamente, en la tradición se elige la persona, en lugar del tiempo, como representante de ese conjunto de rasgos. Las llamadas *formas personales del verbo* no tienen solo rasgos de persona, sino también de número, de tiempo y de modo.

Una vez que hemos COTEJADO los rasgos [R] presentes en T°, hemos de EVALUARLOS, es decir, hemos de hacer operativo su efecto en la sintaxis. Tenemos varias formas de hacerlo. La primera es el movimiento. Como efecto de la sonda $[_{T°}$ [R]], la meta (el SN *la niña*) es atraída al especificador de T°, de modo que obtenemos (54) (se tacha la copia de base de la expresión desplazada):

(54) $[_{ST}$ *La niña* [R] $[_{T'}$ $[_{T°}$ [R]] $[_{SV}$ ~~la niña [R]~~ $[_{V'}$ *mira* al gato]]]]

Como se ve, ahora tenemos [R] tanto en T°como en su especificador. El rasgo queda así EVALUADO. El paso siguiente es anular [R] en T°, puesto que ya ha ejercido su papel:

(55) $[_{ST}$ *La niña* [R] $[_{T'}$ $[_{T°}$ ~~[R]~~]] $[_{SV}$ ~~la niña [R]~~ $[_{V'}$ *mira* al gato]]]]

Ahora solo nos queda una manifestación de [R] en (55): *la niña* [R]. Los rasgos [R] de *la niña* son necesarios en la gramática, puesto que han de interpretarse: la tercera persona nos indica que no se trata del hablante ni del oyente, y el número hace referencia a una sola entidad. En general, se espera que los rasgos gramaticales no borrados de una pieza léxica desempeñen algún papel en la interpretación semántica. Así, los posesivos pospuestos *(ideas tuyas)* deberán eliminar a través de la concordancia con la flexión nominal el género y el número, pero mantendrán la persona (2.ª en este ejemplo), que aporta información esencial para identificar al poseedor. Se aplican razonamientos análogos a otros muchos casos.

Fijémonos ahora en *mira* en (55). Algunos gramáticos sostienen que, en realidad, deberíamos tener únicamente *mir-* en esa posición, ya que sus rasgos ocupan, como hemos visto, una posición sintáctica propia. Sin embargo, la información verbal flexiva no es siempre segmentable en español (cf. *soy, fui, es*, etc.). Así pues, necesitamos una operación (de naturaleza morfofonológica, se piensa hoy) que una los núcleos V° y T°, dado que la información flexiva y la léxica aparecen juntas en *mira*[46]. En efecto, el verbo *mira* ejerce dos funciones. Por un lado, satura sus argumentos *(la niña* y *el gato)* en la capa léxica más baja (SV); pero, por otro, no puede saturar sus rasgos flexivos en esa misma capa, puesto que su papel afecta a toda la oración. Como la flexión verbal tiene carácter afijal en las lenguas romances, suponemos que el núcleo V° se traslada al núcleo T°. Dicho de otra forma, la flexión no tiene entidad sintáctica, por lo que ha de aparecer como morfema ligado. Fuerza, pues, al segmento léxico del que no puede separarse a que ocupe su mismo lugar:

(56) $[_{ST}$ *La niña* [R] $[_{T'}$ $[_{T°}$ $[_{V°}$ *mira*] $[_{SV}$ ~~la niña [R]~~ $[_{V'}$ ~~mira~~ al gato]]]]]

En español existe una segunda forma de evaluar un rasgo cotejado en la concordancia sujeto-verbo. Como las lenguas romances de sujeto

---

[46] Como es sabido, [R] no es necesariamente afijal en inglés ni en otras lenguas. En la versión inglesa de la oración *¿Mirará la niña al gato?*, el sujeto separa [R] del verbo: *Will the girl look at the cat?*

nulo son también lenguas de sujeto posverbal, el movimiento del SN concordante no se hace imprescindible. La sonda coteja [R] como en la situación anterior, pero la evaluación se realiza ahora *in situ,* es decir, sin desplazamiento. Este es solo uno de los muchos casos en los que un X° tiene algún efecto sobre el especificador de la proyección máxima que selecciona: (57a). A la vez, las condiciones morfofonológicas que fuerzan la anteposición del verbo no han cambiado, por lo que obtenemos (57b) tras dicho proceso:

(57) a. $[_{ST} [_{T'} [_{T°} [\mathbf{R}]] [_{SV} $ *la niña* $[R] [_{V'}$ *mira* al gato]]]]

b. $[_{ST} [_{T'} [_{T°} [\mathbf{R}]$ *mira*$] [_{SV}$ *la niña* $[R] [_{V'} $ ~~mira~~ al gato]]]]

El análisis formal de los procesos de cotejo y evaluación se ha desarrollado en varias direcciones interesantes en los últimos años. Una de ellas es el estudio de relación que existe entre los rasgos no interpretables y la noción de 'fase' (las fases son las proyecciones sintácticas en las que los rasgos gramaticales relevantes quedan saturados y dejan de ser activos, por lo que puede ser transferida a las interfaces). La cuestión de si los rasgos evaluados se eliden o no necesariamente al final de cada fase es hoy controvertida y no podrá ser analizada aquí[47]. Otra dirección interesante es el examen atento del concepto mismo de 'interpretablidad'. En los últimos años se ha observado repetidamente que la oposición entre rasgos interpretables y no interpretables se torna a veces escurridiza, especialmente si la aplicamos a algunos de ellos. Así, Chomsky (2000) entiende que el caso no es interpretable, mientras que Svenonious (2007) argumenta que puede serlo en ciertos contextos. Surge una cuestión en cierta forma paralela en relación con el tiempo: el tiempo verbal en las subordinadas no debería ser interpretable si está inducido por concordancia *(consecutio temporum),* pero la existencia del llamado *doble acceso,* entre otros factores, pone en cuestión que sea así en todos los casos (von Stechow y Grønn 2009).

La controversia se extiende a otros rasgos, entre ellos los de género. En efecto, en las lenguas romances los rasgos de género informan del sexo del referente en los pronombres personales (recuérdese el análisis de *Te veo contenta* en el § 2.2) y en los nombres de persona, como *niña*[48]. Pero, aunque el género no tiene consecuencias informativas en los demás nombres comunes, ni tampoco en los propios que no designan personas, la concordancia con el verbo no muestra diferencia en función de que el género del nombre o el pronombre tenga efectos interpretativos *(niña, te, María)* o carezca de ellos *(casa, esta, Polonia).* La cuestión es hoy controvertida. Cabe pensar, en la línea de Svenonious (2007) o Picallo (2008) (cf. también Pesetsky y Torrego 2007), que la interpretabilidad de un rasgo no debe medirse necesariamente por su efecto

---

[47] Véanse, entre otros muchos trabajos, Chomsky (2008), Pesetsky y Torrego (2004, 2007, 2009), Gallego (2010, 2012) y Adger y Svenonius (2011).

[48] Aun así, no en todos, como muestran *bebé* y otros sustantivos. En cuanto al género en los nombres de animales, es bien sabido que informa sobre el sexo unas veces *(gata)*, pero no otras *(jirafa).*

informativo. En efecto, el género en los sustantivos marca su pertenencia a una clase nominal, por lo que en ciertas lenguas existen tres, cuatro, cinco o más géneros con efectos en la concordancia, y a menudo sin correlatos semánticos claros. Por otra parte, el género tiene en español consecuencias sintácticas patentes en la morfología derivativa (por ejemplo, son femeninos los sustantivos terminados en *-ción*), es decir, ejerce un determinado papel gramatical incluso en los casos en los que no aporta información relativa a la identificación del sexo de personas o animales.

Tampoco el número es siempre informativo, sin que la concordancia lo ponga sistemáticamente de manifiesto. La ausencia de información semántica en los rasgos de número es característica de los llamados *pluralia tantum*, así como de los llamados *plurales estilísticos* (NGLE, § 3.8), entre los que a menudo se sitúa el plural no informativo de ciertos nombres de objetos dobles. Podemos comprobar, en efecto, que las oraciones de (58) hablan de uno o de varios objetos[49]:

(58) a. Los pantalones que están sobre la cama.

b. María no se ponía los pantalones rojos.

Así pues, fuera de contexto no es posible saber de cuántos pantalones situados sobre una cama se habla en (58a), y tampoco de (58b) podemos deducir si nos referimos a uno o a varios pares de pantalones rojos. Ahora bien, los cuantificadores *(todos, algunos)* solo seleccionan plurales informativos, de modo que se habla necesariamente de varios objetos en (59).

(59) a. Todos los pantalones que están sobre la cama.

b. María no se ponía algunos pantalones rojos.

Pero nótese –y esto es ahora lo crucial– que la concordancia sujeto-verbo que muestra (58a) es compatible tanto con el plural que informa sobre el número de las entidades denotadas (por tanto, *interpretable* o *informativo*) como con el que no proporciona ninguna información. Si ello es así, no podemos concluir que, una vez evaluados los rasgos de número de un verbo (*están*, en este caso), los que permanezcan en el SN identificarán alternativamente uno o varios referentes. De hecho, la identificación de un conjunto de entidades en los plurales está asociada típicamente a los contextos de selección (como en *reunir pantalones*: varios objetos), no necesariamente a los de concordancia. Al igual que sucedía con el género, estos hechos ponen de manifiesto que el sentido estricto de la noción de INTERPRETABILIDAD (esto es, 'informatividad', 'aportación semántica a la identificación de las entidades denotadas') no es necesariamente la que los rasgos de género y número ponen de manifiesto en los procesos de concordancia.

---

[49] No todos los nombres de este grupo (*pantalones, tijeras, pinzas, gafas, narices,* etc.) denotan objetos dobles, ya que pertenecen a él sustantivos como *murallas* (*Destruyeron las murallas de la ciudad*) o *escaleras* (*Subí las escaleras*), entre otros.

Uno de los aspectos más interesantes del estudio de la concordancia en la gramática formal es el hecho de que tiende a generalizarse a relaciones sintácticas que el término *concordancia* no abarcaba tradicionalmente. Así, la anteposición de los términos de polaridad negativa (TPN) al especificador de una proyección encabezada por un núcleo negativo (Longobardi 1991, Haegeman 1995; para el español, Bosque 1994) reproduce los dos procesos descritos: cotejo y evaluación:

(60) a. No dijo nada.

    b. Nada dijo.

(61) a. $[_{SF} [_{SNEG} [_{Neg°} \text{no} [_{Sv} [_{SV} \text{dijo nada}]]]]]]$

    b. $[_{SF} [_{SNEG} \text{nada} [_{Neg°} \text{no} [_{Sv} [_{SV} \text{dijo nada}]]]]]]$

El cotejo se produce cuando la sonda Neg° busca un TPN con sus mismos rasgos. La situación es algo distinta de la analizada en (49), en cuanto que los rasgos negativos se interpretan ahora en *no* (que actúa como sonda) en lugar de en *nada* (que se comporta como meta). Se sabe que los rasgos fonológicos de *no* en (61b) están sometidos a gran variación interlingüística. De hecho, en el equivalente de (61b) en francés o en rumano se requiere la presencia de *no,* a diferencia del español o el italiano. Cabe, pues, pensar que los rasgos semánticos de esta partícula se interpretan, estén o no presentes los fonológicos.

También los sintagmas interrogativos o relativos (sintagmas *qu-* o SQu-) muestran un proceso de concordancia relativamente similar. En el caso de los interrogativos cabe pensar que la sonda es un rasgo situado en C° y vinculado a las propiedades ilocutivas de la oración. La anteposición del SQu- se produce, como antes, al especificador de la proyección que proporciona la sonda. En Brucart y Gallego (2012) se explican con detalle las características de este proceso y sus numerosas consecuencias.

El cotejo de rasgos afecta igualmente a las relaciones de selección, que presentan notables semejanzas con las de concordancia. Como se recordará, las relaciones de concordancia se descomponen en dos procesos (cotejo y evaluación), el segundo de los cuales es local. Pues bien, las relaciones de selección son siempre locales, más exactamente de núcleo (X°) a núcleo (Y°). Cuando decimos que *sin* selecciona infinitivos *(sin solucionar el problema)* u oraciones de subjuntivo *(sin que solucionaran el problema),* estamos diciendo que el núcleo *sin* posee, además de un rasgo categorial como preposición, un rasgo selectivo (selección-c, recuérdese el § 3.3.1) que habrá de ser satisfecho por el núcleo de su complemento. Como el núcleo de su complemento es la flexión de infinitivo o la de subjuntivo, el cotejo del rasgo en el entorno local conlleva de forma inmediata su evaluación.

Cabe pensar que las analogías entre selección y concordancia son mayores, especialmente si tenemos en cuenta que las categorías seleccionadas reproducen a menudo información presente en las que las seleccionan. Es lo que sucede en (62):

(62) a. La situación <u>duró por</u> algún tiempo.

    b. El balón le <u>pasó por</u> debajo de las piernas.

c. <u>Atravesamos por</u> un mal momento.

d. Nada se <u>interponía entre</u> ellos.

La pauta (62a) es característica del español americano; (62b) y (62d) son generales, mientras que (62c) es más frecuente en el español americano que en el europeo, aunque se registra en ambos. Nótese que la preposición *por* aporta en (62 a, b y c) información que está ya presente en el verbo que la introduce. De hecho, la preposición se puede omitir en estos casos. El contenido léxico reproducido por la preposición no tiene manifestación morfológica en dichas oraciones, pero sí la tiene en (62d), que da lugar a una situación similar de redundancia. Cabe, pues, pensar que existe alguna relación entre la variación que se observa en la presencia o ausencia de la negación preverbal con movimiento de TPN a su especificador (entorno de concordancia) y la presencia o ausencia de preposición en (62) (entorno de selección[50]).

9.4.2. *Reconstrucción de rasgos*

Las llamadas CATEGORÍAS VACÍAS no son más que piezas léxicas o funcionales (o proyecciones suyas) sin rasgos fonológicos. Su identificación constituye otra parte de la sintaxis en la que los rasgos ejercen un papel fundamental. Uno de los aspectos más notables de estas relaciones es el hecho de que los rasgos de las unidades que participan en ellas han de ser RECONSTRUIDOS, lo que constituye una forma de IDENTIFICACIÓN sujeta a ciertas particularidades. En efecto, al interpretar el contenido 'sombrero' en el sustantivo $[_N \emptyset]$ que aparece en (63), no estamos suponiendo que existan categorías nominales nulas en español a las que corresponde el contenido 'sombrero', sino que –como es obvio–, entendemos que podemos asignárselo de forma parecida a como asignamos el antecedente a un pronombre:

(63) El sombrero de María y el $[_N \emptyset]$ de Luisa.

Los rasgos de género y número de $[_N \emptyset]$ se reconstruyen a través de los de su antecedente *sombrero*[51], así como de los que corresponden a su contenido léxico. En uno y otro caso, los rasgos obtenidos son rasgos copiados de algún elemento que los posee. Pero no siempre sucede así. De hecho, los rasgos gramaticales que participan en estos procesos de identificación local pueden dividirse en RECONSTRUIBLES Y NO RECONSTRUIBLES. En el primer caso, y a diferencia del segundo, podemos obtener un rasgo determinado modificando el valor de un atributo de ese

---

[50] En sentido estricto, *durar* no introduce *por* en (62a) como régimen. Los complementos temporales con *por* son adjuntos que seleccionan predicados de actividad como argumento externo. Aunque la relación de selección sea, por tanto, inversa en (62a), la redundancia observada persiste, ya que la preposición *por* y el verbo *durar* comparten en buena medida su contenido a pesar de la diferencia categorial que los separa.

[51] Y no necesariamente, en cambio, a través del artículo que lo precede, tal como ponen de manifiesto contrastes como *El habla de Toledo y {*el/la} de Guadalajara*.

mismo rasgo, introducido en el contexto previo. Así, el número se diferencia del género en que es reconstruible (en los sustantivos: Masullo y Depiante 2004). A su vez, la persona y el modo son también reconstruibles, mientras que el tiempo no lo es:

(64) a. El vecino de Juan y los de Pedro. [Se interpreta *vecinos*. El número es reconstruible.]

b. *El vecino de Juan y la de Pedro. [No se interpreta *vecina*. El género no es reconstruible.]

c. Juan viajará mañana, y yo, pasado mañana. [Se interpreta *viajaré*. La persona es reconstruible.]

d. *Juan viajará mañana, y yo ayer. [No se interpreta *viajé*. El tiempo no es reconstruible.]

e. Juan dice que se va de la ciudad. Confío en que no por mucho tiempo. [Se interpreta *se vaya*. El modo es reconstruible.]

Como se ve, en (64a) reconstruimos[52] el plural (que no ha aparecido en el fragmento precedente) a partir del singular, es decir, a partir de un valor distinto del atributo NÚMERO, asignado a *vecino*. En cambio, en (64b) no podemos reconstruir el femenino a partir del masculino. La reconstrucción no es más que una forma de identificar los rasgos omitidos en una determinada pieza léxica a partir de los proporcionados en el contexto inmediato, pero –como vemos– el proceso es o no posible en función de las particularidades de cada rasgo.

Existe cierta relación entre la reconstrucción de rasgos y el proceso de CONTROL (cap. 12). Por otra parte, los rasgos reconstruibles no coinciden exactamente con los que están sujetos a concordancia, pero existe alguna relación entre estas nociones[53]. Es lógico que los rasgos de género no sean reconstruibles, puesto que se asignan individualmente a los nombres como propiedades inherentes suyas (recuérdese que en los diccionarios se especifica el género de los sustantivos, no así su número). El género de los adjetivos, por el contrario, es un rasgo no interpretable y, por tanto, sujeto a concordancia. No sorprende, en consecuencia, que pueda reconstruirse en los procesos de elisión, como se comprueba en (65):

(65) Ella es aficionada al baloncesto, y yo, al fútbol. [Se entiende *soy aficionado*. El género de los adjetivos es reconstruible.]

---

[52] En la sintaxis formal se utiliza también el término *reconstrucción* en otro sentido, no relevante para analizar el contenido de los rasgos omitidos. En efecto, para interpretar ciertos elementos anafóricos en secuencias que resultan de algún movimiento es preciso retrotraerse a un estadio anterior al resultado de ese movimiento. En este estadio anterior se da, por ejemplo, la relación de mando-c entre antecedente y reflexivo en oraciones como *¡Qué increíbles elogios de sí mismos nos lanzan algunos políticos!* En Sportiche (2006) se encontrará un completo panorama sobre este otro sentido del término *reconstrucción*. Véase también el capítulo 12.

[53] La distinción es cercana asimismo a la que establece Chomsky (1995a: 231ss.) entre RASGOS INTRÍNSECOS y RASGOS OPTATIVOS. Los primeros, como el género, son inherentes a las piezas léxicas, mientras que los segundos, como el número o el caso, se añaden en el curso de la derivación. Aun así, las dos distinciones no son exactamente equivalentes.

En cuanto a la diferencia observada entre el tiempo y el modo, es también esperable, ya que el segundo, a diferencia del primero, está sujeto a selección. Sobre los rasgos gramaticales de los elementos omitidos en estas construcciones y otras similares puede obtenerse una buena visión de conjunto a través de Lobeck (1995), Ticio (2005), Johnson (2006), Merchand (2001), Brucart (2004), Eguren (2010) y Sáez (2011), así como de las referencias mencionadas en esos trabajos[54].

9.4.3. Resolución de rasgos

Hemos visto que la concordancia es una operación basada en la repetición de rasgos que persigue la desactivación de un miembro de cada par. La selección, más restrictiva en sus contextos sintácticos, posee propiedades en común con la concordancia, ya que en un gran número de casos los rasgos relevantes están a la vez en el núcleo seleccionador y en el seleccionado. En cuanto a la reconstrucción, hemos comprobado que proporciona valores para atributos ya introducidos, unas veces copiándolos de un antecedente, y otras aportándolos, puesto que pueden ser nuevos.

La RESOLUCIÓN implica contextos de concordancia o de selección, pero añade a estos procesos un cálculo que nos lleva a elegir entre varias opciones situadas en una jerarquía. Esta operación es característica de las construcciones coordinadas, y sus aspectos teóricos se han desarrollado sobre todo en los modelos formales dirigidos al procesamiento del lenguaje natural, como en Dalrymple y Kaplan (2000) o Dalrymple (2001). En efecto, ante oraciones tan sencillas como (66)

(66) Juan y María están contentos,

hemos de preguntarnos cómo consigue el sujeto los rasgos de plural que el verbo y el adjetivo reflejan. Si entendemos que la suma de informaciones es una operación que pertenece a la aritmética, y no propiamente a la sintaxis, podríamos evitarla en (66) asignando el rasgo de plural a la conjunción *y,* de forma que los elementos que coordina podrían mostrarlo si están habilitados para el atributo NÚMERO[55].

---

[54] Como cabe esperar, los fenómenos de anáfora pronominal están también sujetos a procesos similares. Por ejemplo, la llamada IDENTIDAD IMPRECISA de los pronombres (ingl. *sloppy identity*) requiere procesos de reconstrucción análogos a los mencionados. Nótese que el pronombre *lo* no se refiere al trabajo de María, sino al del hablante en (i):

   (i) María entregó su trabajo el martes, pero yo lo entregaré mañana.

[55] En Bosque 2006, se explica que la situación es un poco más complicada, ya que los adjetivos de relación, por oposición a los calificativos, pueden determinar el valor de cardinalidad de una expresión coordinada. Así pues, en (ia), con tres singulares coordinados que dan lugar a un plural, se habla de tres literaturas (lo que da a entender que los rasgos de número son interpretables en esos adjetivos), mientras que (ib), con adjetivos calificativos, es agramatical:

   (i) a. Las literaturas española, francesa y alemana.
      b. *Las películas apasionante, divertida y aburrida (respectivamente) que acabo de ver.

Por otra parte, el adjetivo *contentos* está en masculino en (66), así que el sujeto de la oración (*Juan y María*) también debe poseer ese rasgo. Ello exige algún principio que obtenga los rasgos de género de las expresiones coordinadas cuyos miembros no lo compartan. Será, pues, precisa alguna generalización basada en una jerarquía de rasgos (tal como "Elíjase el masculino si difieren los rasgos de género de los sustantivos que forman un SN coordinado"). Este es, en efecto, un principio relativo a la resolución de rasgos en conflicto, por tanto un principio que nos dice qué valor elegir a partir de cierta ordenación independiente de los valores de un atributo.

Necesitamos un principio similar para elegir los rasgos de persona de las expresiones coordinadas. En las opciones gramaticales de (67), el verbo concuerda con el sujeto, y los pronombres átonos lo hacen a su vez con los tónicos que los duplican:

(67) a {Podríamos/*podríais} ir Manuel, tú y yo.
  b. Ni a él ni a ti ni a mí {*les/*os/nos} interesa el asunto.

Para elegir los rasgos de persona de las expresiones coordinadas, reflejados en los pronombres átonos o en la flexión verbal, hemos de aplicar la jerarquía "1 > 2 > 3", que se lee así: "Elíjase el rasgo situado más a la izquierda, entre los que poseen los miembros de la expresión coordinada, y asígnese a todo el sintagma coordinado" (cf. Martínez 1999). Así pues, como el sintagma coordinado *ni a él ni a ti ni a mí* contiene [PERSONA: 1] en el pronombre *mí*, este es el rasgo de persona que caracteriza a todo el sintagma en (67b) y que refleja el pronombre *nos*. La jerarquía se extiende a los posesivos si la posesión es inalienable, como en *Tanto tú como yo tenemos {nuestras/*vuestras} razones*. Sin embargo, en el español de América no existe morfología verbal diferenciada para la segunda persona del plural (recuérdese [12]), ni se usan tampoco los posesivos correspondientes. Así pues, como solo se consideran ahora los rasgos de plural, la jerarquía para los rasgos de persona en las expresiones coordinadas del español americano es 1 > 3, lo que da lugar a diferencias de gramaticalidad como las que se muestran en (68):

(68) a. {Podrían/*podríais} ir tú y él.   (español americano)
  b. {*Podrían/podríais} ir tú y él.   (español europeo)

Los procesos de resolución aplicados a la selección son característicos de los rasgos de caso en entornos preposicionales. Se esperaría, por ejemplo, que los grupos pronominales coordinados en caso oblicuo se admitieran como complemento de una preposición, pero el español actual los rechaza (*para ti y mí), a diferencia del antiguo (NGLE, § 16.3d). Esto hace pensar que existe un factor morfofonológico sujeto a variación cronológica (y tal vez geográfica): la necesidad de adyacencia entre el segmento que muestra el caso oblicuo y el núcleo que lo asigna. En la *Teoría de la Optimidad* (McCarthy 2002) es habitual establecer jerarquías entre los principios fonológicos, morfológicos o sintácticos que se consideran pertinentes en la explicación de un fenómeno, de forma que la variación se obtiene del hecho de modificar el orden en que esos principios se tienen en cuenta o se aplican. Ello da lugar a diversas formas de RESOLUCIÓN, interpretada, como se ve, como la elección entre alternativas en función de opciones ordenadas. Todo parece indicar, sin embargo, que los procesos de resolución, así entendidos, desempeñan un papel relativamente marginal entre los que articulan las estructuras sintácticas, quizá por oposición a las fonológicas.

La elección de los rasgos de género, número y persona en español está sujeta a otras variables en las construcciones coordinadas (NGLE, § 33.7), pero también en las copulativas y en las partitivas, entre otras (véase NGLE, § 33.6 a 33.10, además del citado Martínez 1999).

9.4.4. *Herencia y filtrado de rasgos. Memoria de los cómputos*

Es tradicional en la gramática formal la pregunta de dónde exactamente son visibles los rasgos que caracterizan un determinado núcleo. El hecho de que las categorías funcionales tengan categorías léxicas como complemento, de forma que se da entre ellas cierto "reparto de papeles", llevó a Grimshaw (2000) a proponer el concepto de PROYECCIÓN AMPLIA-DA (ingl. *extented projection*). Entendía esta autora que las categorías léxicas se proyectan hasta las funcionales que proporcionan las capas superiores, siempre y cuando no intervenga una proyección léxica entre ambas. De esta forma, los rasgos de V° serían visibles no solo en T°, sino también en C°, que serían así las proyecciones ampliadas de V (recuérdense en este sentido los problemas de localidad mencionados en el § 3.3.2).

El FILTRADO ASCENDENTE de rasgos (ingl. *percolation*) es un recurso sintáctico muy potente, lo que –tiende a pensarse hoy– lo convierte en poco restrictivo. Aun así, parece claro que se da en algunas construcciones. Ante todo, el simple hecho de que una proyección posea los rasgos de su núcleo es ya una manifestación de sus efectos en la sintaxis. Es obvio que en la oración *Estos libros tratan de anatomía* existe cierta relación entre *libros* y *estos libros* (concordancia de género y número), pero también entre esta última expresión y *tratan* (concordancia de número y persona), además de entre *tratan* y *libros*. Esta última relación es de naturaleza semántica o temática, ya que afecta a la restricción que el verbo *tratar* impone a su sujeto. Estas relaciones ponen de manifiesto de manera sencilla que ciertas propiedades de las proyecciones son mera extensión de las propiedades de sus núcleos.

El filtrado ascendente se obtiene también en otros contextos. Así, los sintagmas *qu-* que se anteponen al especificador de SC no siempre muestran el rasgo [qu-] en su núcleo, sino que este aparece a menudo en su complemento, y hasta en un complemento de su complemento: *detrás de los cuales; un hermano de cuyo novio; visto y oído lo cual; con la inestimable ayuda de la cual,* etc. Parece lógico suponer, por tanto, que, si el elemento atraído posee la propiedad *qu-*, la hereda de alguno de sus componentes, o –dicho más exactamente– que el rasgo se filtra hacia arriba para caracterizar proyecciones superiores a la de la palabra que lo contiene. En Pérez Ocón (2012: § 3.2) se encontrará un resumen de las principales propuestas sobre el filtrado de rasgos *qu-*, con ejemplos en español.

Otros procesos de movimiento de sintagmas muestran variantes de esta misma herencia. Por ejemplo, el adverbio *no* se rechaza en la oración exclamativa (69), con foco inicial:

(69) ¡En la mesa de ningún restaurante (*no) he visto yo que se pongan cubiertos como estos!

Intuitivamente, el sintagma antepuesto es negativo, lo que reduce el problema a *Nada (*no) dije*. Pero nótese que, para que esta respuesta sea correcta, necesitamos que el rasgo negativo del cuantificador *ningún* (el modificador del complemento de *mesa*) se filtre hacia arriba y caracterice como negativo todo el sintagma que lo contiene.

El filtrado de rasgos resulta asimismo necesario en la morfología derivativa. De hecho, se piensa hoy que buena parte de las propiedades de las palabras derivadas se heredan de las bases léxicas de las que se obtienen (capítulo 15), lo que requiere un procedimiento restrictivo que las filtre. Cabe pensar que lo requieren también algunos de los procesos de resolución mencionados en el apartado precedente (§ 4.3). En efecto, el sujeto de *conocéis* en la oración *Tanto tú como ella conocéis la situación mejor que yo* debe aportar los rasgos que el verbo refleja: [PERSONA: 2] y [NÚMERO: plural]. Como vimos, la resolución es el proceso de obtener dichos rasgos a través de cierta jerarquía. A la vez, es preciso que el SN *tanto tú como ella* adquiera tales rasgos. Podríamos pensar, en la línea de Zoerner y los demás autores mencionados en el § 3.3.1, que el núcleo de ese sintagma es la conjunción *como,* y que *tanto SN* es su especificador. Los rasgos de persona que caracterizan el sintagma coordinado se habrían de filtrar hacia arriba desde el especificador *(tanto tú como ella)* o desde el complemento *(tanto ella como tú).* Aun así, no debe ocultarse que un aspecto poco atractivo de este filtrado es el hecho de que nos obliga a otorgar rasgos morfológicos a las conjunciones, palabras que, por definición, carecen de morfología.

El concepto de HERENCIA DE RASGOS se usa en un sentido laxo y en otro restrictivo. En el primero equivale a FILTRADO; en el segundo se interpreta como FILTRADO DESCENDENTE. Este segundo sentido ha desempeñado un papel importante en los desarrollos actuales del programa minimista, en particular desde que Chomsky (2001, 2008 este último trabajo, escrito y difundido tres años antes) propusiera un mecanismo de herencia de rasgos según el cual los presentes en el núcleo de una proyección que constituye una fase (C, v) son heredados por su complemento. Ello implica que los rasgos de T son herencia de C y que los de V lo son de v. Este filtrado descendente podría tener un papel crucial en la resolución de problemas de localidad como los detectados en (44) y ss., y estructuras similares. Sobre los desarrollos y las consecuencias de esta hipótesis, intensamente analizados en los últimos años, pueden verse Richards (2007), Gallego (2010, 2012) y Obata (2010).

Se ha planteado numerosas veces en la sintaxis formal el problema que conlleva el establecer el CÓMPUTO PROGRESIVO de los rasgos que intervienen en una derivación cualquiera. En español coloquial se usa la expresión *llevar la cuenta* para la acción de anotar, sea material o mentalmente, una serie sucesiva de cómputos. Aplicada la expresión al problema que nos ocupa, la cuestión –hoy en día ya clásica en la sintaxis formal– es cómo se las ingenia el mecanismo computacional para «llevar la cuenta» de los rasgos activos e inactivos en cada estadio de la derivación. En el modelo de Rección y Ligamiento existía un recurso formal ideado para este propósito particular: las CADENAS eran registros de las posiciones asociadas en el conjunto de pasos de una derivación, con mención expresa de los rasgos que corresponde a cada uno. Así, la irregularidad de la oración (70)

(70) *Tus hijos* parecen [que [*h* están contentos]]

radicaba en que la cadena {*tus hijos, h*} es ilegítima, ya que contiene dos marcas de Caso: una asignada a *tus hijos* por la flexión de *parecen* y otra asignada a *h* por la de *están*. Con la desaparición de las cadenas, desaparecen también los recursos para guardar la memoria de los cómputos de rasgos: si suponemos tan solo que los movimientos han de estar justificados, el de *tus hijos* no lo está en (70), puesto que no puede cotejarse un rasgo ya cotejado. Dicho de una manera más simple, si la legitimidad de cada paso se enjuicia independientemente, no hacen falta mecanismos que nos muestren el balance resultante de haber dado cada uno de ellos.

Este importante cambio teórico no hace desaparecer por completo la cuestión de si la gramática requiere, en alguno de sus componentes o de sus estadios, de tales cómputos, sean parciales o globales. Por ejemplo, las estructuras argumentales, que suponemos descritas en el léxico, son propiedades distribucionales de los predicados. Cabe pensar que en algún momento de la derivación será preciso mirar la estructura argumental del predicado para comprobar si estamos asignando o no dos veces el mismo papel temático o si nos queda alguno por asignar. Operemos con rasgos-c o rasgos-s, la derivación irá proporcionando proyecciones sintácticas que SATUREN o DESCARGUEN localmente los argumentos de los predicados, de lo que se deduce que debiera existir algún cómputo progresivo del conjunto de tales procesos[56].

---

[56] También la asignación de caso necesita a veces de un "mecanismo de recuerdo" en ciertos contextos particulares. Proporcionan uno de los más conocidos los contrastes de (i):

    (i) a. Hizo a María dormir. > La hizo dormir. [sin laísmo]

       b. Hizo a María dormir. > Le hizo dormir. [con leísmo]

       c. Hizo a María leer la novela. > Le hizo leer la novela. [sin leísmo]

       d. Hizo a María leer la novela. > *La hizo leer la novela. [salvo laísmo]

El problema –tradicional, por lo demás– es el de explicar la irregularidad que supone elegir el clítico acusativo *la* en (id) (o en *La hizo leerla*), pero no en (ia). Una explicación conocida de estos contrastes, aunque implementada de varias formas en la bibliografía a lo largo de los años, consiste en suponer que, al formarse el predicado complejo *hizo leer*, el acusativo asignado por

9.5. Conclusiones y perspectivas

Como este capítulo empezó con una caricatura, tal vez deba terminar con otra. Seguramente hay algo de cierto en la antigua idea de que los científicos se esfuerzan por encontrar lo simple en el interior de lo complejo, mientras que los humanistas lo hacen para mostrar en qué radica la complejidad de lo complejo. En cuanto que las teorías que desarrollan la noción de 'rasgo' son reduccionistas, podemos decir que están más cerca de la primera actitud que de la segunda. En cualquier caso, el solo hecho de asumir que los rasgos son las propiedades de las piezas léxicas que desempeñan algún papel en la arquitectura de la gramática nos lleva a postularlos en cualquiera de sus dominios. En consecuencia, analizar en profundidad los rasgos gramaticales no es otra cosa que abordar en su conjunto los elementos constitutivos del sistema gramatical mismo. Como esta es una tarea ingente, el objetivo de esta esquemática presentación no puede ir más allá de mostrar la relevancia del concepto de 'rasgo' en la interpretación que he llamado *restrictiva* (por tanto, 'operativa'). A modo de recapitulación, resaltaré aquí algunas ideas que me parecen centrales en los desarrollos de esa noción.

a. En un sentido amplio, pero no por ello irrelevante, es un rasgo cualquier propiedad léxica o sintáctica de una palabra que sea sensible a una relación o un proceso gramatical determinado, sin excluir la selección y la predicación. En un sentido más estricto, el término *rasgo* abarca las nociones sintácticas necesarias para caracterizar las unidades funcionales (sean palabras o morfemas), y muy especialmente las relevantes para dar cuenta de los procesos de concordancia y movimiento, junto con los que permiten establecer relaciones de cuantificación, referencia, subordinación, determinación, etc. Ambos sentidos de la noción de rasgo, el amplio y el estricto, dejan fuera de la gramática (no así de la lexicología) los numerosos aspectos semánticos y enciclopédicos de las piezas léxicas que no poseen consecuencias sintácticas ni morfológicas.

b. Son comunes a la sintaxis y a la fonología los componentes básicos de la noción de 'rasgo' (atributo y valor), así como la manera en que los rasgos aparecen infraespecificados y amalgamados en conjuntos (llamados aquí *haces*). Son también paralelos, aunque no enteramente idénticos, los entornos locales en los que los rasgos son efectivos. Estamos, en cambio, en clara desventaja ante

---

leer es incompatible con el que asignaría *hacer*, ya que en español un predicado no puede asignar el mismo caso a dos argumentos diferentes. La solución de asignar dativo al complemento de *hizo*, manteniendo el acusativo que *leer* ha asignado, como en (ic), no deja de ser peculiar, puesto que *hizo* no asigna este caso en (ia). El recurso requiere, pues, cierta «memoria» de los casos asignados conforme procede la derivación.

fonetistas y fonólogos en cuanto que solo poseemos un inventario parcial de los rasgos gramaticales. Conocemos buena parte de los rasgos de las categorías funcionales sujetas a paradigmas (interrogativos, indefinidos, determinantes, etc.), pero solo algunos de los que caracterizan las demás (preposiciones, conjunciones subordinantes, ciertos adjetivos y adverbios, etc.). Algunas generalizaciones bien conocidas sobre las relaciones entre rasgos (por ejemplo, los rasgos-c se deducen de los rasgos-s) son por el momento hipótesis deseables y plausibles, pero no enteramente verificadas.

c. La naturaleza elemental de los rasgos no es una noción absoluta. De forma un tanto paradójica, la información que aportan los rasgos gramaticales (considerados generalmente unidades mínimas) es casi siempre descomponible en nociones más elementales, lo que no impide que tales contenidos puedan ser considerados rasgos en algún nivel del análisis. En efecto, el rasgo [persona] se puede descomponer en informaciones relativas al emisor y al receptor; la reflexividad en los pronombres puede reducirse, con pocas excepciones, a la correferencia de argumentos; [demostrativo] puede ser un rasgo, aunque involucre nociones más elementales, como definitud y deixis, etc. Los rasgos categoriales mismos pueden ser vistos como conjuntos de informaciones, como se ha explicado, lo que no impide que [CAT: V] o [CAT: P] puedan ser rasgos que la sintaxis necesita como tales. En cualquier caso, sería más que deseable poder contar con un análisis composicional en rasgos de todas las piezas funcionales, lo que implicaría un proceso de deconstrucción similar al que se conoce desde hace años en el ámbito de los tiempos verbales a partir de la labor de Bello, Reichenbach y sus numerosos continuadores.

d. La forma en que los rasgos se amalgaman es esencial en el análisis de la variación. La sencilla comparación entre dos oraciones simples en español y francés introducida en (29) mostraba considerable variación entre los rasgos categoriales de dos lenguas muy próximas, así como en las proyecciones sintácticas construidas con ellos. La inserción léxica tardía que caracteriza la Morfología Distribuida, la Nanosintaxis y, en general, los modelos llamados CONSTRUCCIONISTAS permite analizar la variación como resultado de las diferencias en la lexicalización de segmentos sintácticos de mayor o menor complejidad interna, pero armados con piezas semejantes. Sabemos que las causas de la variación gramatical son, sin duda, mayores (ya que incorporan variables de naturaleza paramétrica, cartográfica e histórica, entre otras), pero estas diferencias son enteramente compatibles con la idea de que en la arquitectura interna de las piezas elementales radica buena parte de las diferencias sintácticas que se reconocen entre las lenguas.

e. Algunas operaciones con rasgos (cotejo, evaluación y borrado, fundamentalmente) han sido mucho más estudiadas que otras (resolución y reconstrucción, por ejemplo). Sería improbable que la definitud o el tiempo fueran rasgos reconstruibles en alguna lengua (en el sentido explicado en el texto), pero la cuestión es sin duda empírica. Los haces posibles de rasgos y su papel en la sintaxis merecen asimismo mayor atención, por no hablar del problema mismo de la universalidad de los rasgos, íntimamente ligado al de su inventario. Se dice a veces que los fonetistas y los fonólogos nos llevan ventaja en el estudio de los rasgos porque trabajan con menos unidades que los sintactistas. En realidad, también nos la llevan porque empezaron a comprender mucho antes que nosotros que el análisis sistemático y articulado de las unidades más simples constituye la mejor estrategia para llegar a entender las complejas.

◼ Bibliografía

ABEILLÉ, A. y D. GODARD (2010), «Complex predicates in the romance languages», en Godard (ed.) (2010), pp. 107-171.

ABNEY, S. P. (1987), *The English noun phrase in its sentential aspect,* tesis doctoral, MIT.

ACKERMAN, F. y G. WEBELHUTH (1998), *A theory of predicates,* Stanford, CA, CSLI Publications.

ADGER, D. (2010), «A minimalist theory of feature structure», en Kibort y Corbett (eds.) (2010), pp. 185-218.

—y P. SVENONIUS (2011), «Features in minimalist syntax», en Boeckx (eds.) (2011), pp. 27-51.

AIKHENVALD, A. (2003), *Classifiers. A typology of noun categorization devices,* Oxford, Oxford University Press.

AKAMATSU, T. (1998), *The theory of neutralization and the archiphoneme in functional phonology,* Amsterdam, John Benjamins.

ALEXIADOU, A. (2001), *Functional structure in nominals: nominalization and ergativity,* Amsterdam, John Benjamins.

— (ed.) (2002), *Theoretical approaches to universals,* Amsterdam, John Benjamins.

— y E. ANAGNOSTOPOULOU (2006), «From hierarchies to features: person splits and direct-inverse alternations», en Boeckx (ed.) (2006), pp. 41-62.

— *et al.* (eds.) (2002), *Dimensions of movement,* Amsterdam, John Benjamins.

ALONSO RAMOS, M. y L. WANNER (2007), «Collocation chains: how to deal with them?», en *Proceedings of the 5th International Conference on Meaning-Text Theory, Wiener Slawistischer Almanach,* Sonderband 69, pp. 11-20.

ANSALDO, U. *et al.* (eds.) (2010), *Parts of speech. Empirical and theoretical advances,* Amsterdam, John Benjamins.

ARCHANGELI, D. (1988), «Underspecification in phonology», *Phonology* 5, pp. 183-207.

ASUDEH, A. y I. TOIVONEN (2010), «Lexical functional grammar», en Haine y Narrog (eds.), pp. 425-458.

BAKER, M. (2003), *Lexical categories,* Cambridge, Cambridge University Press.

— (2001), *The atoms of language,* Nueva York, Basic books.

— (2008), *The syntax of agreement and concord,* Cambridge, Cambridge University Press.

BARTRA-KAUFFMAN, A. y X. VILLALBA (2006), «Agreement and predicate inversion in Spanish DP», en Doetjes y González (eds.) (2006), pp. 23-41.

BAUERLE, R. *et al.* (eds.) (1979), *Semantics from different points of view,* Berlín, Springer.

BÉJAR, S. (2003), *Phi-syntax: A theory of agreement,* tesis doctoral inédita, University of Toronto, accesible en línea.

BENVENISTE, E. (1956), «La nature des pronoms», en Halle *et al.* (eds.), pp. 34-37.

BIANCHI, V. (2006), «On the syntax of personal arguments», *Lingua* 116, pp. 2.023-2.067.

— y K. SAFIR (2004), «Introduction: the syntax and interpretation of person features», *Italian Journal of Linguistics* 16, pp. 35-61.

BLAKE, B. J. (2001), *Case,* Cambridge, Cambridge University Press.

BLOOMFIELD, L. (1933), *Language,* Nueva York, Henry Holt.

BOECKX. C. (2002), «Agree or attract? A relativized minimality solution to a proper binding condition puzzle», en Alexiadou (ed.) (2002), pp. 41-64.

— (ed.) (2006), *Agreement systems,* Amsterdam, John Benjamins.

— (ed.) (2011), *The Oxford handbook of linguistic minimalism,* Oxford, Oxford University Press.

BOGUSLAVSKY, I. y L. WANNER (eds.) (2011), *Proceedings of the 5th International conference on Meaning-Text Theory,* Barcelona, Universidad Pompeu Fabra.

BONAMI, O. y P. CABREDO HOFHERR (eds.) (2004), *Empirical issues in syntax and semantics 5. On-line proceedings of the fifth syntax and semantics conference in Paris,* accessible en línea.

BONET, E. (1991), *Morphology after syntax. Pronominal clitics in Romance,* tesis doctoral, MIT.

— (1994), «The person-case constraint: A morphological approach», *MIT Working Papers in Linguistics 22,* pp. 33-52.

— (1995), «Feature structure of Romance clitics», *Natural Language and Linguistic Theory 13,* pp. 607-647.

BORER, H. (2005), *In name only,* vol. 1 de *Structuring sense,* Oxford, Oxford University Press.

BOSQUE, I. (1989), *Las categorías gramaticales,* Madrid, Síntesis.

— (1994), «La negación y el principio de las categorías vacías», en Demonte (ed.), pp. 167-199.

— (1999), «El nombre común», en Bosque y Demonte (ed.), cap. 1, pp. 3-75.

— (2000), «Reflexiones sobre el plural y la pluralidad. Aspectos léxicos y sintácticos», en Casas y Torres (eds.), pp. 5-37.

— (2001), «On the weight of light predicates», en Herschensohn *et al.* (eds.) (2001), pp. 23-38.

— (dir.) (2004a), *REDES. Diccionario combinatorio del español contemporáneo,* Madrid, SM.

— (2004b), «Combinatoria y significación. Algunas reflexiones», en Bosque (dir.), pp. lxxvii-clxxiv.

— (2006), «Coordinated adjectives and the interpretation of number features», en Brugè (ed.), pp. 47-60.

— (2007), «Procesos de abstracción en los paradigmas léxicos abiertos», en Litvan y López Izquierdo (eds.), pp. 189-198.

— (2011), «Deducing collocations», en Boguslavsky y Wanner (eds.), pp. vi-xxiii.

— (2012), «On the lexical integrity hypothesis and its (in)accurate predictions», en *Festschrift to Andrew Radford,* volumen especial de *Iberia* 4, 1, pp. 140-173.

— (2013), «Las palabras como conjuntos de rasgos. Ventajas, inconvenientes y perspectivas», ponencia plenaria, Madrid, XLII Simposio de la Sociedad Española de Lingüística, enero de 2013.

—y V. DEMONTE (eds.) (1999), *Gramática descriptiva de la lengua española,* 3 vols., Madrid, Espasa.

—y Á. GALLEGO (2011), «Double passives and related structures», *Linguística. Revista de Estudos Linguísticos da Universidade do Porto* 6, pp. 9-50.

—y J. GUTIÉRREZ-REXACH (2009), *Fundamentos de sintaxis formal,* Madrid, Akal.

BROWN, K. y J. MILLER (eds.) (1999), *Concise encyclopaedia of grammatical categories,* Nueva York, Elsevier Science.

BRUCART, J. M. (1992), «Some asymmetries in the functioning of relative pronouns in Spanish», *Catalan Working Papers in Linguistics* 2, pp. 113-143.

— (1993), «Sobre la estructura de SCOMP en español», en Viana (ed.), pp. 59-102.

— (2004), «Entre el borrado y la reconstrucción: nuevos enfoques en el tratamiento gramatical de la elipsis», en Cabré (ed.), pp. 159-189.

— y Á. GALLEGO (eds.) (2012), *El movimiento de constituyentes,* Madrid, Visor Libros.

BRUENING, B. (2009), «Selectional asymmetries between CP and DP suggest that the DP hypothesis is wrong», *UPenn Working Papers in Linguistics* 15, 1, pp. 26-35.

BRUGÈ, L. (ed.), *Studies in spanish Syntax,* Venecia, Università Ca' Foscari.

CABRÉ, T. (ed.) (2004), *Lingüística teòrica: anàlisi i perspectives I, Catalan Journal of Linguistics Monography,* Bellaterra, Universitat Autònoma de Barcelona.

CAMACHO, J. (2003), *The structure of coordination. Conjunction and agreement phenomena in Spanish and other languages,* Dordrecht, Kluwer.

CASAS, M. y TORRES, M. A. (eds.) (2000), Universidad de Cádiz, *Actas de las V Jornadas de Lingüística*.

CATTELL, R. (1984), *Composite predicates in English*, Sidney/Nueva York/Londres, Academic Press.

CECCHETTO, C. y C. DONATI (2010), «On labeling: Principle C and head movement», *Syntax* 13, pp. 241-278.

CHAMETZKY, R. (2000), *Phrase structure. From GB to minimalism*, Oxford, Blackwell.

CHOMSKY, N. (1965), *Aspects of the theory of syntax*, Cambridge, Mass., MIT Press.

— (1970), «Remarks on nominalization», en Jacobs y Rosenbaum, pp. 184-221.

— (1981), *Lectures on goverment and binding*, Dordrecht, Foris.

— (1986), *Knowledge of language. Its nature, origins, and use*, Nueva York, Praeger.

— (1995a), *The minimalist program*, Cambridge, Mass., MIT Press.

— (1995b), «Bare phrase structure», en Webelhuth (ed.), pp. 385-439.

— (2000), «Minimalist inquiries: the framework», en Martin *et al.* (eds.), pp. 89-155.

— (2001a), «Beyond explanatory adequacy», *MIT Working papers in Linguistics* 20, pp. 1-28.

— (2001b), «Derivation by phase», en Kenstowicz (ed.), pp. 1-52.

— (2008), «On phases», en Freidin *et al.* (eds.), pp. 133-166.

— (2013), «Problems of projection», *Lingua* 130, pp. 33-49.

— y M. HALLE (1968), *The sound pattern of English*, Nueva York, Harper and Row.

— y H. LASNIK (1995), «The theory of principles and parameters», incluido en Chomsky (1995a), pp. 13-127.

CINQUE, G. y L. RIZZI (eds.) (2010), *The cartography of syntactic structure*, vol. 6, Oxford, Oxford University Press.

CLEMENTS, G. N. (1985), «The geometry of phonological features», *Phonology Yearbook* 2, pp. 225-252.

— y E. HUME (1995), «The internal organization of speech sounds», en Goldsmith (ed.), pp. 245-306.

COLLINS, C. (2002), «Eliminating labels», en Epstein y Seely (eds.), pp. 42-61.

COLOMBAT, B. (ed.) (1992), *Les parties du discours*, Langages n.º 92, París, Armand Colin.

COOPMANS, P. *et al.* (eds.) (2000), *Lexical specification and lexical insertion*, Amsterdam, John Benjamins.

CORBETT, G. (1991), *Gender*, Cambridge, Cambridge University Press.

— (2000), *Number*, Cambridge, Cambridge University Press.

— (2010), «Features: essential notions», en Kibort y Corbett (eds.), pp. 17-36.

CORDE, REAL ACADEMIA ESPAÑOLA, *Corpus diacrónico del español*, accesible en línea.

CORVER, N. (1997), «The internal syntax of the Dutch extended adjectival projection», *Natural Language and Linguistic Theory* 15, pp. 289-368.

— (1981), «Getting the (syntactic) measure of measure phrases», *The Linguistic Review* 26, pp. 67-134.

— y H. VAN RIEMDSIJK (eds.) (2001), *Semilexical categories*, Berlín, Mouton de Gruyter.

COWPER, E. (2005), «The geometry of interpretable features: Infl in English and Spanish», *Language* 81, pp. 10-46.

CREA, REAL ACADEMIA ESPAÑOLA, *Corpus de referencia del español actual,* accesible en línea.

CUERVO, R. J. (1910), *Notas a la gramática de la lengua castellana de don Andrés Bello;* cito por la edición de I. Ahumada, Bogotá, Instituto Caro y Cuervo, 1981.

CYSOUW, M. (2003), *The paradigmatic structure of personmarking,* Oxford, Oxford University Press.

DAHL, O. (2000), «Animacy and the notion of semantic gender», en Unterbeck y Rissanen (eds.), pp. 99-116.

— y K. FRAURUD (1996), «Animacy in grammar and discourse», en Fretheim y Gundel (eds.), pp. 47-64.

DALRYMPLE M. (2001), *Lexical functional grammar,* San Diego, CA, Academic Press.

— y R. M. KAPLAN (2000), «Feature indeterminacy and feature resolution», *Language* 76, pp. 759-798.

DAVIDSEN-NIELSEN, N. (1978), *Neutralization and archiphoneme. Two phonological concepts and their history,* Copenhague, Akademisk Forlag/Wilhem Fink.

DEGUCHI, A. (1980), «Proformas y variable lógica», *Lingüística Hispánica* 8, pp. 1-12.

DEMONTE, V. (ed.) (1994), *Gramática española,* publicaciones de la *Nueva Revista de Filología Hispánica* VI, El Colegio de México.

DEN DIKKEN, M. (2001), «"Pluringulars", pronouns and quirky agreement», *The Linguistic Review* 18, pp. 19-41.

DINNEEN, F. (ed.) (1966), *19th Monograph on Languages and Linguistics,* Washington DC, Georgetown University Press.

DI TULLIO, A. y A. SAAB (2005), «Dos clases de epítetos en el español. Sus propiedades referenciales y distribución sintáctica», *XIV congreso internacional de ALFAL,* Monterrey, disponible en línea.

DÍAZ PADILLA, F. (1993), «El participio italiano. Estructura y funciones», *Verba* 20, pp. 275-292.

DOETJES, J. y P. GONZÁLEZ (eds.) (2006), *Selected papers from Going Romance 2004,* Amsterdam, John Benjamins.

EDDINGTON, D. (ed.) (2005), *Selected Proceedings of the 7th Hispanic Linguistics Symposium,* Somerville, Mass., Cascadilla Proceedings Project.

EGUREN, L. (2010), «Contrastive focus and nominal ellipsis in Spanish», *Lingua* 120, pp. 435-457.

EMONDS, J. (2000), *Lexicon and grammar. The English syntacticon,* Berlín, Mouton de Gruyter.

EPSTEIN, S. y D. SEELY (eds.) (2002), *Derivation and explanation in the minimalist program,* Oxford, Blackwell.

ERTESCHIK-SHIR, N. y T. RAPOPORT (eds.) (2005), *The syntax of aspect,* Oxford, Oxford University Press.

ESPAÑOL-ECHEVARRÍA, M. (1998), «N/A of a N DP's: Predicate raising and subject licensing», en Schwegler *et al.* (eds.), pp. 67-80.

EVERAERT, M. y H. VAN RIEMSDIJK (eds.) (2006), *The Blackwell companion to syntax,* 5 vols., Oxford, Blackwell.

FÁBREGAS, A. (2007), «(Axial) parts and wholes», *Nordlyd* 34, pp. 1-32.

FALTZ, L. (1985), *Reflexivization: A study in universal syntax,* Nueva York, Garland.

FILLMORE, C. J. *et al.* (2002), «Seeing arguments through transparent structures», *Proceedings of the third international conference on language resources and evaluation* (LREC), Las Palmas, pp. 787-791.

FODOR, J. A. y J. KATZ (eds.) (1964), *The structure of language: Readings in the philosophy of language,* Englewood Cliffs, Prentice Hall.

FORTESCUE, M. *et al.* (eds.) (1992), *Layered structure and reference in a functional perspective,* Amsterdam, John Benjamins.

FREIDIN, C. *et al.* (eds.) (2008), *Foundational issues in linguistic theory. Essays in honor of Jean-Roger Vergnaud,* Cambridge, Mass., MIT Press.

FRETHEIM, T. y J. GUNDEL (eds.) (1996), *Reference and referent accessibility,* Amsterdam, John Benjamins.

FUKUI, N. (1995), *Theory of projection in syntax,* Stanford, CA, Center for the Study of Language and Information.

— y M. SPEAS (1986), «Specifiers and projection», *MIT working papers in linguistics* 8, pp. 128-172.

GALLEGO, Á. (2008), «Label-free bare phrase structure. Some consequences for Hale y Keyser's lexical-syntax», presentado en *Merge: the derivation of structure and order,* Groninga, University of Groningen.

— (2010), *Phase theory,* Amsterdam, John Benjamins.

— (ed.) (2012), *Phases. Developing the framework,* Berlín, Mouton de Gruyter.

GAZDAR. G. *et al.* (1985), *Generalized phrase structure grammar,* Oxford, Blackwell.

GIL, J. (1989), «The binarity hypothesis in phonology», *Historiographia Linguistica* XVI, 1-2, pp. 61-88.

GIORGI. A. y F. PIANESI (1997), *Tense and aspect. From semantics to morphosyntax,* Oxford, Oxford University Press.

GIRÓN, J. L. y D. M. SÁEZ (eds.) (2014), *Procesos de gramaticalización en la historia del español,* Madrid, Iberoamericana.

GODARD, D. (ed.) (2010), *Fundamental issues in the Romance Languages,* Stanford, CA, CSLI Publications.

GOLDSMITH, J. (ed.) (1995), *The handbook of phonological theory,* Londres, Blackwell.

GÓMEZ ASENCIO, J. J. (1981), *Gramática y categorías verbales en la tradición española (1771-1847),* Salamanca, Ediciones de la Universidad.

GREENBERG, J. H. (1963), «Some universals of grammar with particular reference to the order of meaningful elements», en Greenberg (ed.), pp. 73-113.

— (ed.) (1963), *Universals of language,* Cambridge, Mass., MIT Press.

GRIMSHAW, J. (1979), «Complement selection and the lexicon», *Linguistic Inquiry* 10, pp. 279-326.

— (1990), *Argument structure,* Cambridge, Mass., MIT Press.

— (2000), «Locality and extended projections», en Coopmans *et al.* (eds.), pp. 115-133.

HAEGEMAN, L. (1995), *The syntax of negation,* Cambridge, Cambridge University Press.

HAINE, B. y H. NARROG (eds.), *The Oxford handbook of linguistic analysis,* Oxford, Oxford University Press.

HALE, K. y S. J. KEYSER (2002), *Prolegomenon to a theory of argument structure,* Cambridge, Mass., MIT Press.

HALLE, M. *et al.* (eds.) (1956), *For Roman Jakobson. Essays on the occasion of his sixtieth birthday,* La Haya, Mouton.

HANKS, P. (2012), «Corpus Pattern Analysis», en http://nlp.fi.muni.cz/projects/cpa/.

HARBOUR, D. (2011), «Valence and atomic number», *Linguistic Inquiry* 42, pp. 561-594.

— *et al.* (eds.) (2008), *Phi-theory: phi-features across modules and interfaces,* Oxford, Oxford University Press.

HARLEY, H. (2003), «Wanting, having and getting: a note on Fodor and Lepore 1998», *Linguistic Inquiry* 35, pp. 255-267.

— (2005), «How do verbs get their names? Denominal verbs, manner incorporation and the ontology of verb roots in English», en Erteschik-Shir y Rapoport (eds.), pp. 42-64.

— y R. NOYER (1999), «State-of-the-article: Distributed morphology», *Glot* 4, pp. 3-9.

— y E. RITTER (2000), «Structuring the bundle: a universal morphosyntactic feature geometry», en Simon y Weise (eds.), pp. 23-39.

— y E. RITTER (2002), «Person and number in pronouns: A feature geometric analysis», *Language* 78, pp. 82-526.

HARRIS, J. y M. HALLE (2005), «Unexpected plural inflections in Spanish: Reduplication and metathesis», *Linguistic Inquiry* 36, pp. 195-222.

HASPELMATH, M. (2004). «Against markedness (and what to replace it with)», *Journal of Linguistics* 42, pp. 25-70.

HEIM, I. (1979), «Concealed questions», en Bauerle *et al.* (eds.), pp. 51-60.

— (2008), «Features on bound pronouns», en Harbour *et al.* (eds.), pp. 35-56.

HEINE, B. y H. NARROG (eds.) (2010), *The Oxford handbook of linguistic analysis,* Oxford, Oxford University.

HENGEVELD, K. (1992), «Parts of speech», en Fortescue *et al.* (eds.), pp. 29-56.

HERSCHENSOHN, J. *et al.* (eds.) (2001), *Features and Interfaces in Romance. Essays in honour of Heles Contreras,* Amsterdam, John Benjamins.

— (ed.) (2011), *Romance Linguistics 2010: Selected papers from the 40th Linguistic Symposium on Romance Languages (LSRL)*, Seattle, Washington.

HUALDE, J. I. *et al.* (eds.), *Handbook of Spanish linguistics*, Oxford, Blackwell.

HUANG, C. (1982), *Logical relations in Chinese and the theory of grammar*, tesis doctoral, MIT.

— y R. MAY (eds.) (1991), *Logical structure and linguistic structure*, Dordrecht, Kluwer.

JACKENDOFF, R. (1977), *X syntax: A study of phrase structure*, Cambridge, Mass., MIT Press.

— (2011), «What is the human language faculty?: Two views», *Language* 87, pp. 586-624.

— y P. ROSENBAUM (eds.) (1970), *Readings in English Transformational Grammar*, Ginn, Waltham,

JAKOBSON, R., C. FANT y M. HALLE (1952), *Preliminaries to speech analysis: the distinctive features and their correlates*, Cambridge, Mass., MIT Acoustics Laboratory Technical Report 13.

— y M. HALLE, (1956), *Fundamentals of language*, La Haya, Mouton.

JEZEK, E. y P. HANKS (2010), «What lexical sets tell us about conceptual categories», *Lexis* 4, pp. 7-22.

JOHANNESSEN, J. B. (1998), *Coordination*, Oxford, Oxford University Press.

JOHNSON, K. (2006), «Gapping», en Everaert y Van Riemsdijk (eds.), vol. 1, cap. 26, pp. 407-435.

KARIMI, S. *et al.* (eds.) (2007), *Phrasal and clausal architecture: Syntactic derivation and interpretation*, Amsterdam, John Benjamins.

KAYNE, R. S. (1994), *The antisymmetry of syntax*, Cambridge, Mass., MIT Press.

— (2005), *Movement and silence*, Oxford University Press.

KEMPCHINSKY, P. (1986), *Romance subjunctive clauses and Logical Form*, tesis doctoral, University of California, Los Ángeles.

KENNEDY, C. (1999), *Projecting the adjective: the syntax and semantics of gradability and comparison*, Nueva York, Garland.

KENSTOWICZ, M. (ed.) (2001), *Ken Hale: A life in language*, Cambridge, Mass., MIT Press.

KIBORT, A. (2010), «Towards a typology of grammatical features», en Kibort y Corbett (eds), pp- 64-106.

— y G. CORBETT (eds.) (2010), *Features. Perspectives on a key notion in linguistics*, Oxford, Oxford University Press.

KLIMA, E. (1964), «Negation in English», en Fodor y Katz (eds.), pp. 246-323.

KOIKE, K. (2003), «Sustantivos "ligeros"», *Moenia* 9, pp. 9-20.

KOOPMAN, H. y A. SZABOLCSI (2000), *Verbal complexes*, Cambridge, Mass., MIT Press.

KOPTJEVSKJA-TAMM, M. (1993), *Nominalizations*, Londres, Routledge.

LAHIRI, U. (2002), *Questions and answers in embedded contexts*, Oxford, Oxford University Press.

LASNIK, H. (2002), «Feature movement or agreement at a distance?», en Alexiadou *et al*. (eds.), pp. 189-208.

LEMARÉCHAL, A. (1989), *Les parties du discours: sémantique et syntaxe,* París, Presses Universitaires de France.

LEONETTI, M. (2004), «Specificity and differential object marking in Spanish», *Catalan Journal of Linguistics* 3, pp. 75-114.

— (2012), «Indefiniteness and specificity», en Hualde *et al*. (eds.), cap. 15, pp. 285-305.

LITVAN, M. y M. LÓPEZ IZQUIERDO (eds.) (2007), *Répertoire(s). Pandora,* Université Paris 8, vol. 7.

LOBECK, A. (1995), *Ellipsis: Functional heads, licensing, and identification,* Nueva York, Cambridge University Press.

LONGOBARDI, G. (1991), «In defense of the Correspondence Hypothesis; island effects and parasitic gaps constructions in Logical Form», en Huang y May (eds.), pp. 149-196.

LÓPEZ PALMA, E. (1999), *La interpretación de los cuantificadores: aspectos sintácticos y semánticos,* Madrid, Visor.

LUQUE DURÁN, J. D. (2001), *Aspectos universales y particulares del léxico de las lenguas del mundo,* Granada, Granada Lingüística.

MAHO, J. (1999), *A comparative study of Bantu noun classes*, Gotemburgo, Acta Universitatis Gothoburgensis.

MANZINI, M. R. y L. M. SAVOIA (2008), *A unification of morphology and syntax,* Cambridge, Cambridge University Press.

MARANTZ, A. (1977), «No escape from syntax: Don't try morphological analysis in the privacy of your own lexicon», *University of Pennsylvania Working Papers in Linguistics* 4, pp. 201-225.

— (2007), «Phases and words», en Sook-Hee (ed.), pp. 191-222.

MARTIN, R. *et al*. (eds.) (2000), *Step by step; Minimalist essays in Honor of Howard Lasnik,* Cambridge, Mass., MIT Press.

MARTÍNEZ, J. A. (1999), «La concordancia», en Bosque y Demonte (eds.), cap. 42, pp. 2.695-2.786.

MASULLO, P. y M. DEPIANTE (2004), «Gender is in the lexicon, number is in the syntax. Evidence from nominal ellipsis in Spanish», presentado en GLOW 27, Tesalónica, abril de 2004.

MAY, R. (1985), *Logical form. Its structure and derivation,* Cambridge, Mass., MIT Press.

McCARTHY, J. (2002), *A thematic guide to Optimality Theory,* Cambridge, Cambridge University Press.

McCAWLEY, J. (1974), «On identifying the remains of deceased clauses», *Language Research* 9, pp. 73-85.

McGINNIS, M. (2005), «On markedness asymmetries in person and number», *Language* 81, pp. 699-718.

MERCHANT, J. (2001), *The syntax of silence: Sluicing, islands, and the theory of ellipsis,* Oxford, Oxford University Press.

MUYSKEN, P. y H. VAN RIEMSDIJK (eds.) (1986), *Features and projections,* Dordrecht, Foris.

NARROG, H. y B. HEINE (2011), *The Oxford handbook of grammaticalization,* Oxford, Oxford University Press.

NATHAN, L. (2006), «The interpretation of concealed questions», en *Proceedings of the 24th West Coast Conference on Formal Linguistics*, Somerville, Mass., Cascadilla Proceedings Project, pp. 290-298.

NEELEMAN, A. y H. VAN DE KOOT (2006), «Syntactic haplology», en Everaert y Van Riemsdijk, (eds.), vol. 4, pp. 685-710.

NEWMEYER, F. J. (2003), «Grammar is grammar and usage is usage», *Language* 79, pp. 682-707.

NGLE, REAL ACADEMIA ESPAÑOLA Y ASOCIACIÓN DE ACADEMIAS DE LA LENGUA ESPAÑOLA, *Nueva gramática de la lengua española,* 2 vols., Madrid, Espasa, 2009.

NIQUE, C. (1974), *Introducción metódica a la gramática generativa,* Madrid, Cátedra.

NOYER, R. (1992), *Features, positions and affixes in autonomous morphological structure,* tesis doctoral, MIT.

OBATA, M. (2010), *Root, successive-cyclic and feature-splitting internal merge: Implications for feature-inheritance and transfer,* tesis doctoral, The University of Michigan, accessible en línea.

ORDÓÑEZ, F. (2012), «Clitics in Spanish», en Hualde *et al.* (eds.), pp. 423-451.

ORMAZABAL, J. y J. ROMERO (2007), «Object agreement restrictions», *Natural Language and Linguistic Theory* 25, pp. 315-347.

OTSU, Y. (ed.) (2009), *Proceedings of the Seventh Tokyo Conference on Psycholinguistics,* Amsterdam, John Benjamins.

PANAGIOTIDIS, E. P. (2011), «Categorial features and categorizers», *The Linguistic Review* 28, pp. 365-386.

PENA, J. y M.ª J. RODRÍGUEZ ESPIÑEIRA (eds.) (2008), *Categorización lingüística y límites intercategoriales,* Anexo 61 de *Verba,* Universidad de Santiago de Compostela.

PÉREZ OCÓN, P. (2012), «El arrastre de constituyentes», en Brucart y Gallego (ed.), pp. 173-189.

PESETSKY, D. (1982), *Paths and categories,* tesis doctoral, MIT.

— (2000), *Phrasal movement and its kin,* Cambridge, Mass., MIT Press.

— y E. TORREGO (2004), «Tense, case and the nature of syntactic categories», en J. Guéron y J. Lecarme (eds.), *The syntax of time,* Cambridge, Mass., MIT Press, pp. 495-537.

— y E. TORREGO (2007), «The syntax of valuation and the interpretability of features», en Karimi *et al.* (eds.), pp. 262-294.

— y E. TORREGO (2009), «Probes, goals and syntactic categories», en Otsu (ed.), pp. 262-294.

PICALLO. C. (2008), «Gender and number in Romance», *Lingue e Linguaggio* 7, pp. 47-66.

POLLARD, C. e I. SAG (1994), *Head-driven phrase structure grammar,* Chicago, University of Chicago Press.

POSTAL, P. (1966), «On so-called 'pronouns' in English», en Dinneen (ed.), pp. 201-224.

PUSTEJOVSKY, J. (1995), *The generative lexicon,* Cambridge, Mass., MIT Press.

— (1998), «The semantics of lexical underspecification», *Folia Linguistica* 33, pp. 323-348.

— *et al.* (2013), *Advances in the generative lexicon theory,* Dordrecht, Springer.

RAMCHAND, G. y P. SVENONIUS (2006), «Mapping a parochial lexicon onto a universal semantics», CASTL, University of Tromsø, accesible en línea.

RAMCHAND, G. y P. SVENONIUS (2013), «Deriving the functional hierarchy», presentado en GLOW 36, Universidad de Lund, Suecia.

REULAND, E. (1986), «A feature system for the set of categorial heads», en Muysken y Van Riemsdijk (eds.), pp. 41-88.

REZAC, M. (2011), *Phi-features and the modular architecture of language,* Dordrecht, Springer.

RICHARDS, M. (2007), «On feature inheritance: An argument from the phase impenetrability condition», *Linguistic Inquiry* 38, pp. 563-572.

RICHARDS, N. (2010), *Uttering trees,* Cambridge, Mass., MIT Press.

RIGAU, G. (2005). «Estudi microsintàctic del verb *caldre* en el català antic i en l'actual», *Caplletra* 38, pp. 241-258.

ROBERTS, I. y A. ROUSSOU (2003), *A minimalist approach to grammaticalization,* Cambridge, Cambridge University Press.

ROCA, F. (1997), *La determinación y la modificación nominal en español,* tesis doctoral, Universitat Autònoma de Barcelona.

ROMERO, M. (2005), «Concealed questions and specificational subjects», *Linguistics and Philosophy* 25, pp. 687-737.

SÁEZ, L. (2011), «Peninsular Spanish pre-nominal possessives in ellipsis contexts. A Phase-based account», en Herschensohn (ed.), pp. 155-176.

SAG, I. *et al.* (2003), *Syntactic theory: A formal introduction,* Stanford, CA, CSLI Publications.

SCHWEGLER, A. *et al.* (eds.) (1998), *Romance linguistics: Theoretical perspectives,* Amsterdam, John Benjamins.

SIEWIERSKA, A. (2004), *Person,* Cambridge, Cambridge University Press.

SIGURÐSSON, H. A. (2004), «The syntax of person, tense, and speech features», *Italian Journal of Linguistics* 16, pp. 219-251.

SILONI, T. (1997), *Noun phrases and nominalizations: the syntax of DPs,* Dordrecht, Kluwer.

SILVERSTEIN, M. (1986), «Hierarchy of features and ergativity», en Muysken y Van Riemsdijk (eds.), pp. 163-232.

SIMON, H. y H. WEISE (eds.) (2000), *Pronouns: Features and representation,* Amsterdam, John Benjamins.

SIMPSON, A. (2000), *Wh-movement and the theory of feature-checking,* Amsterdam, John Benjamins

SOOK-HEE, C. (ed.) (2007), *Phases in the theory of grammar,* Seúl, Dong In Publisher.

SPORTICHE, D. (2006), «Reconstruction, binding, and scope», en Everaert y Van Riemsdijk (eds.), vol. 4, cap. 54, pp. 35-93.

STARK, E. y N. POMINO (2011), *El sincretismo en la gramática del español,* Madrid/Frankfurt, Iberoamericana.

STOWELL, T. (1981), *Origins of phrase structure*, tesis doctoral, MIT.

— (1983), «Subjects across categories», *The Linguistic Review* 2-3, pp. 285-312.

SVENONIUS, P. (2007), «Interpreting uninterpretable features», *Linguistic Analysis* 33, pp. 375-413.

— y M. PANTCHEVA (eds.) (2006), *Adpositions*, número especial de *Nordlyd*, *Tromsø Working Papers in Linguistics*, 33, 1.

— *et al.* (2009), *Nanosyntax*, número especial de *Nordlyd*, *Tromsø Working Papers in Linguistics*, vol. 36.

TICIO, E. (2005), «NP-Ellipsis in Spanish», en Eddington (ed.), pp. 128-141.

TRAUGOTT, E. C. y B. HEINE (eds) (1991), *Approaches to grammaticalization*, Amsterdam, John Benjamins.

TRAUGOTT. E. C. y G. TROUSDALE (eds.) (2010), *Gradience, gradualness and grammaticalization*, Amsterdam, John Benjamins.

UNTERBECK, B. y M. RISSANEN (eds.) (2000), *Gender in grammar and cognition*, Berlín, Mouton de Gruyter.

URIAGEREKA, J. (1994), «Hacia un tratamiento general de las relaciones parte-todo», en Demonte (ed.), pp. 267-300.

VERVECKKEN, K. (2012), *The binomial quantifier construction in Spanish and conceptual persistence*, tesis doctoral, Universidad de Lovaina.

VIANA, A. (ed.), (1993), *Sintaxi: teoria i perspectives*, Lleida, Publicacions de la Universitat de Lleida.

VILLALBA, X. (2007), «True and spurious articles in Germanic and Romance», *Cuadernos de Lingüística del I. U. I. Ortega y Gasset* 14, pp. 121-134.

VON STECHOW, A. y A. GRØNN (2009), «The (non-)interpretation of subordinate tense», estudio inédito, Universität Göttingen, accessible en línea.

WEBELHUTH, G. (ed.) (1995), *Government and binding theory and the minimalist program*, Oxford, Blackwell.

WECHSLER, S. (2004), «Number as person», en Bonami y Cabredo Hofherr (eds.), pp. 255-274.

ZOERNER, E. (1995), *Coordination: The syntax of &P*, tesis doctoral, University of California, Irvine.

ZWICKY, A. (1977), «Hierarchies of person», *Papers from the thirteenth annual meeting of the Chicago Linguistic Society*, pp. 714-733.

Segunda parte

Relaciones entre la sintaxis y las interfaces

10 Parámetros y variación en la interfaz léxico-sintaxis[1]

VIOLETA DEMONTE
Universidad Autónoma de Madrid

10.1. Introducción: la variación en la lingüística formal. Breve visión panorámica

Las lenguas humanas difieren entre sí e internamente de manera considerable, al menos en apariencia. La variación es una propiedad constitutiva de las lenguas. En una aproximación general, podemos decir que la variación lingüística es la diferencia sistemática (es decir, no arbitraria) y extendida (no un hecho individual) entre entidades similares en muchos respectos. Es de relativo consenso el que hay un hecho de variación cuando en un determinado componente del análisis lingüístico (fonología, sintaxis, morfología, léxico) se encuentra una diferencia específica y analizable entre dos estructuras que, grosso modo, tienen el mismo significado y se usan en los mismos contextos (esto es lo que suele denominarse una "alternancia"). Hay variación si hablantes de una zona del español dicen ['sija] y otros ['siʎa]. Hay variación si una lengua, el inglés por ejemplo, tiene construcciones resultativas (*John hammered the metal* flat 'Aplanó el metal martillándolo') –así como algunas otras construcciones paralelas a esta– y otras lenguas, todas las románicas, carecen de esas construcciones, pero dicen lo mismo expresando la acción indicada en el verbo principal de la oración

[1] Estoy sinceramente agradecida a Ángel Gallego y a dos revisores anónimos por el detallado análisis crítico de una versión inicial de este capítulo. Esther Hernández Hernández, Isabel Pérez-Jiménez y muy especialmente Olga Fernández Soriano miraron también con paciencia y tino las varias versiones de este texto. Elena Castroviejo Miró y Norberto Moreno me ayudaron con buenas preguntas y apoyo material. Los errores que persistan solo son atribuibles a mí. La investigación que subyace a este trabajo ha sido parcialmente financiada por los proyectos Micinn (Ministerio de Ciencia e Innovación) FFI2009-07114 y Mineco (Ministerio de Economía y Competitividad) FFI2012-32886

inglesa por medio de un adjunto, y, a la vez, lexicalizando el resultado en el verbo conjugado, como se advierte en la traducción anterior. Hay variación si una lengua expresa tiempo o número por medio de marcas morfológicas, y otra no las tiene y formaliza estos aspectos centrales de la estructura oracional mediante otros recursos gramaticales (el caso de la lengua china). Se han buscado, se buscan y se seguirán buscando los ejes y las razones de la variación lingüística; a mi juicio, las respuestas son aún insuficientes, si bien las investigaciones de las últimas décadas parecen comenzar a abrir caminos explicativos prometedores.

Ya en el comienzo mismo de la lingüística como disciplina independiente, en la segunda mitad del siglo XIX, se formularon preguntas como cuáles son las leyes de la evolución de las lenguas y del cambio lingüístico, o qué lenguas tienen un origen histórico común, son por ello similares y constituyen grupos o familias, y en qué aspectos difieren unos grupos de otros. La primera pregunta es la que ocupó a los neogramáticos, que prestaron atención sobre todo al cambio fonológico; la segunda es el germen de la gramática o lingüística comparatista, rama de la lingüística histórica más centrada en el léxico y la morfología.

La pregunta de qué es la variación y en qué difieren unas lenguas de otras resurge con vigor en el seno de la lingüística teórica de la segunda mitad del siglo XX. En la *lingüística formal* o *gramática generativa* (Chomsky 1965, 1981, 1986a y b, 2005, entre otros trabajos), la caracterización de la gramática universal [GU] –llamada también teoría del estado inicial o del instinto para el lenguaje (Pinker 1994)– y la de la variación translingüística son indisociables y fundacionales[2]. El programa de trabajo de esta lingüística consiste en la búsqueda de una explicación *biolingüística* de la facultad del lenguaje (el lenguaje como un órgano de la mente) y de las propiedades de las lenguas en general. En otra rama actual de estudio formal de la variación, la *lingüística tipológica* (Comrie 1989, Croft 2003, entre otros) –que retoma algunas de las caracterizaciones de los estudios del siglo XIX–, se formulan nuevas generalizaciones morfosintácticas que sirven para clasificar las lenguas. La explicación tipológica busca regularidades de la variación a partir de patrones sintácticos superficiales, visibles, mientras que la gramática generativa busca encontrar los factores profundos (internos y externos a la GU) que subyacen a la variación entre las lenguas. Si bien son dos modelos con objetivos y alcance distintos, las metas de la lingüística formal y de la lingüística tipológica parecen converger en algunas propuestas actuales: el llamado *proyecto cartográfico* (Rizzi 1997, Cinque 1999) y los análisis macroparamétricos de Baker (1996, 2001) incorporan importantes distinciones de la lingüística tipológica[3]. El

[2] En realidad, como hace notar Irurtzun (2012), en el momento actual la GU constituye una explicación unitaria para tres preguntas que requieren respuesta científica: la variación, el cambio lingüístico y la adquisición del lenguaje.

[3] Para dos reflexiones sobre las posibles relaciones entre la lingüística formal y la lingüística tipológica, véanse Cinque 2007 y Baker y McCloskey 2007.

primero lo hace a través de la descomposición en categorías funcionales de algunas categorías gramaticales (fundamentalmente C(omp), Adv y A) y el segundo a través de la formalización paramétrica de la noción clásica de polisíntesis. Menciono esta convergencia por mor de presentar líneas generales influyentes, pero también porque reaparecerá en el estudio paramétrico de las construcciones de meta y resultativas con verbos de movimiento que expondré en la tercera sección de este capítulo.

Las distinciones conceptualmente necesarias sobre las que se funda la teoría de la variación en la lingüística formal son tres. En primer lugar, la distinción entre *principios y parámetros* (de la variación) establecida en *Lectures on Government and Binding* [LGB] (Chomsky 1981), a la que volveremos; en segundo lugar, la reformulación (en Chomsky 1986b) de la distinción clásica entre *competencia* y *actuación* en términos de dos nociones de lengua: *Lengua-I y Lengua-E;* la Lengua-I, un objeto mental, el conocimiento lingüístico interiorizado, es lo que estudia la lingüística formal. En tercer lugar, estas distinciones cobran mejor sentido en la más reciente propuesta, estrictamente biolingüística (Chomsky 2005), de que existen *tres factores* que explican la evolución (el crecimiento) del lenguaje en el individuo *(three factors in language design)* y dan razón, por lo tanto, de la diversidad lingüística: a) la dotación genética, b) la experiencia o entorno lingüístico, el *input,* y c) ciertos principios no específicos de la facultad del lenguaje, por ser "propiedades generales de los sistemas orgánicos" (Chomsky 2004: 1) (véase *infra* 2.3). ¿De dónde sale la variación en este marco con una lengua interiorizada que se corporeiza en una sintaxis mínima o estricta *(narrow syntax),* en contacto con un *input,* y está restringida en su crecimiento por principios no específicos como los de análisis de datos? No hay aún respuestas suficientes para esta pregunta; algunos se fijan en el papel que a este respecto podría desempeñar la "periferia" de las lenguas –préstamos, excepciones, irregularidades (Uriagereka 2007)–, otros, en lo que sucede en la fase de "materialización": en la formación de un léxico en un modelo distribuido (Gallego 2011), o en lo que sucede en la interfaz entre la sintaxis y el componente fonológico (Boeckx 2011), etc. En un primer momento de la historia de la lingüística formal, estas distinciones conceptuales marcan el paso de una lingüística basada exclusivamente en reglas y construcciones (Chomsky 1965) al estudio de principios generales sobre propiedades específicas de la facultad del lenguaje que están vinculados a opciones de variación denominadas *parámetros*. Indica Chomsky que este enfoque "proposes a way to resolve the tension between explanatory and descriptive adequacy" 'propone una manera de resolver la tensión entre adecuación explicativa y adecuación descriptiva' (Chomsky 2000: 15). Si tanto los principios como sus parámetros configuran la GU, entonces la variación está autocontenida en la GU. Esta es una propuesta poderosa: el estado inicial (GU), estable y uniforme por naturaleza, pues constituye el equipamiento que como especie traemos con nosotros para reconocer y adquirir la lengua que tenemos a mano, es un conjunto amplio de principios, con sus parámetros que deben ser fijados mediante la experiencia: varias "cajas", cada una con un "interruptor" que se puede situar en una de dos posiciones, como se ha sugerido en una analogía hace ya tiempo formulada. No obstante, es también una propuesta inquietante, ya que en esta visión la GU sería una entidad cargada de especificaciones[4]. En el momento actual, el de la consideración de la adquisición y evolución del lenguaje como confluencia de los tres factores recién mencionados, la GU se concibe como simple y mínima ("minimista") y adquiere así vigor una hipótesis que parece tener mayor alcance teórico, a la vez que muchas restricciones (y consecuencias) empíricas, a saber, la variación intra/interlingüística no es parte de la especificación genética sino fruto de la interacción, en un ámbito de experiencia adecuado, entre lo que realizan/ejecutan los mecanismos computacionales básicos de la GU (Ensamble *['Merge]*, principios de localidad, Inclusividad) y ciertos principios no específicos de la facultad del lenguaje, (factores de eficiencia computacional y restricciones impuestas por las interfaces con el sistema fonológico –el sistema sensorio-motor– y el sistema semántico –el sistema conceptual-intencional–, entre otros posibles condicionantes[5]). Nos habríamos situado así, en palabras de Chomsky, "beyond explanatory adequacy" 'más allá de la adecuación explicativa': nos estaríamos preguntando no solo cuáles son las propiedades del lenguaje sino por qué el lenguaje tiene las propiedades que tiene. Estaríamos también, como veremos, haciendo más difícil la tarea de responder a la pregunta de qué es la variación.

Tanto el programa de Principios y Parámetros como sus revisiones han suscitado múltiples formulaciones que esbozaré primero de manera general y ejemplificaré luego parcialmente. En la sección 2 trataré de la noción de parámetro, de la distinción entre macroparámetros y microparámetros: de los parámetros dentro de la GU o como efectos de rasgos de las piezas léxicas, y/o como subproductos de la materialización en las interfaces de los objetos de la sintaxis estricta. Veremos someramente los problemas que suscitan cada uno de estos enfoques y la formulación de ellos que parece más adecuada para el programa actual de la lingüística teórica: el Programa Minimista [PM]. En la sección 3 ilustraré las opciones o tipos de explicación de una léxico-sintaxis paramétrica a través del examen de algunas de las soluciones que se

---

[4] Gracias a un(a) amable revisor(a) por esta precisión.

[5] El factor tercero incluye otros mecanismos, como he adelantado; uno de ellos podría ser un principio general de análisis de datos. Yang (2002, 2010), en un trabajo de mucho relieve dentro de la línea de Principios y Parámetros, orientado sobre todo a explicar la adquisición del lenguaje, ha explorado exhaustivamente este principio y propone e ilustra un modelo de adquisición en el que la experiencia lingüística haría escoger entre los parámetros delimitados por la GU, a partir de generalizaciones estadísticas/probabilísticas. "The mechanism which selects among alternatives in the core parameter system [...] is probabilistic in nature and apparently operates in other cognitive and perceptual systems [...]" 'El mecanismo que selecciona entre alternativas en el sistema nuclear de parámetros [...] es probabilístico por naturaleza y parece operar en otros sistemas cognitivos y perceptivos [...]' (Yang 2010: 1.161).

han ofrecido para explicar la distinción tipológica entre lenguas de marco verbal *(verb framed languages)* y lenguas de marco satelital *(satellite framed languages)* (Talmy 1985, 2000): distinguiré entre soluciones que tienden a ser macroparamétricas (principios y operaciones) y soluciones microparamétricas, todas ellas soluciones (neo)construccionistas (Hale y Keyser 1993, Borer 2005, Ramchand 2008). En la sección 4 resumiré las conclusiones. En términos generales, en las secciones 2 y 3 procuro dirigirme tanto a quien quiera acercarse por vez primera a estos enfoques como a un lector algo más especializado; por ello, en cada apartado hago al comienzo una especie de mapa general con indicaciones bibliográficas especializadas y procuro luego detallar los análisis, en la medida en que las restricciones de espacio me lo permiten.

10.2. Los *parámetros* y la variación translingüística sintáctica y léxico-sintáctica[6]

Como acabo de indicar, las nociones de parámetro y de variación paramétrica tienen ya un considerable camino recorrido, que en buena medida refleja los giros en la concepción de la teoría de la facultad del lenguaje dentro del paradigma generativista. Resumiendo y anticipando, la evolución de la subteoría de los parámetros se expresa principalmente en dos hipótesis sobre por qué y de qué manera son diferentes las lenguas si todas son materializaciones de una hipotética gramática universal. Esas dos hipótesis pueden denominarse de varias formas: los parámetros como modulaciones de principios de la sintaxis frente a los parámetros como diferencias en los rasgos léxicos de las categorías funcionales; o, en otra manera de expresarlo, los macroparámetros frente a los microparámetros: los macroparámetros sintácticos distinguen entre tipos de lenguas y tienen un alcance muy general (Baker 2008), los microparámetros son parámetros de la interfaz léxico-sintaxis, o de la interfaz con la FF (basados en ambos casos en rasgos mínimos). Hay aún una tercera formulación: los parámetros entendidos como parte de la GU frente a los parámetros/la variación paramétrica como resultado de la interacción entre GU y operaciones sintácticas sobre rasgos y basadas en principios de eficiencia computacional (Roberts y Holmberg 2010). Por supuesto, los tres pares de denominaciones no se excluyen entre sí, pero expresan énfasis diferente y dan lugar a formalizaciones algo distintas. Mi exposición de estas dos hipótesis será simplificadora, pues estos apartados son sobre todo el punto de partida para la sección tercera de este capítulo, y porque la distinción entre

---

[6] Para una sólida exposición del desarrollo, contenido y alcance de la teoría y las subteorías de los parámetros, desde Principios y Parámetros hasta el Programa Minimista, es un texto fundamental Gallego 2011. Este apartado es deudor de esa reflexión.

estos dos tipos de parámetros no es sencilla y tiene muchos flancos abiertos. Será también selectiva, pues destacaré aquellos aspectos de las teorizaciones que tienen eco, directa o indirectamente, en los análisis léxico-sintácticos de las construcciones de la tipología de Talmy. Como veremos, todas las subteorías de la variación paramétrica (salvo acaso las que asientan la variación paramétrica en la interfaz con la FF, véase § 2.3) se manifestarán de una forma u otra en el análisis de las lenguas de marco verbal y las de marco satelital.

10.2.1. *Los (macro)parámetros de la sintaxis: discreción y efectos en racimo* [clustering effects]

Lectures on government and binding representa el paso de una arquitectura gramatical con un sistema de reglas y construcciones a un sistema fundado sobre principios/operaciones de origen y alcance más general. Los subsistemas de principios de la GU especifican la manera de formar constituyentes, el orden entre ellos y su régimen (*Teoría de la X-barra* y *Teoría de la Rección*); predicen las relaciones predicado-argumento y su proyección en la sintaxis *(Teoría de los papeles temáticos);* establecen la identificación flexiva y posicional de los sintagmas nominales *(Teoría del Caso Abstracto);* regulan los dominios de asignación de referencia/correferencia a las expresiones (pro)nominales (*Teoría del Control* y *Teoría del Ligamiento*), y definen el movimiento de elementos/constituyentes, sus efectos y sus límites *(Muévase-α)*. En esta arquitectura, como dice atinadamente Gallego (2011: 525), se armonizan puntos de invarianza (principios) con puntos de variación (parámetros).

En efecto, estos subsistemas de principios de la gramática nuclear *(core grammar)* –que son transversales a las reglas y las construcciones– se denominan (algo metafóricamente) "módulos", seguramente para dar razón de su independencia, de su condición de entidades pre-organizadas y, por ello, de su posibilidad de "fijarse" *(map),* parametrizarse, en interacción con los datos lingüísticos primarios. Así, si la Teoría de la X-barra regula la relación núcleo-complemento como una relación de hermandad configuracional bajo el nudo X', las lenguas pueden diferir en cuanto a si ese núcleo precede o sigue al complemento. Este es el *Parámetro del Núcleo,* establecido por Travis (1984)[7], que permite distinguir entre lenguas de núcleo inicial (lenguas SVO; el verbo precede al objeto en el SV), como el español o el inglés, y lenguas de núcleo final (lenguas SOV; el objeto precede al verbo), como el árabe, el japonés o el quechua. Que una lengua aplique o no el Principio de proyección [PP] en la estructura sintáctica e indirectamente,

---

[7] Para Koopman (1984), este posible parámetro de la posición del núcleo sería una emergencia de otros dos parámetros independientes, uno sobre la asignación de caso y otro sobre la asignación de papel temático. En realidad, el parámetro del núcleo ha tenido numerosas versiones y reformulaciones.

por lo tanto, se atenga a las jerarquías de la X-barra, llevó a postular el *Parámetro de la configuracionalidad* (Hale 1983)[8], que distingue el español o el inglés (lenguas configuracionales) frente al warlpiri (lengua no configuracional); las lenguas no configuracionales, como el warlpiri, se caracterizan por hacer un uso abundante de las anáforas "nulas" o tácitas, por tener numerosos constituyentes discontinuos y, en términos generales, por presentar un orden de constituyentes muy libre. La *Aplicación explícita o encubierta de 'Muévase a' (Move a)* (véanse capítulos 2 y 4) podría ser también una cuestión paramétrica. Estos son algunos de los parámetros de mayor repercusión. Asimismo, Baker (1996) analizó extensamente el *Parámetro de la polisíntesis,* que tipifica las lenguas como el mohawk o el náhuatl (frente al inglés o el español) en que "cada argumento de un núcleo Y debe estar relacionado con un morfema en la palabra que contiene al núcleo Y" (1996: 14), donde "estar relacionado" significa ser un morfema de concordancia o una raíz incorporada en Y. Por poner un ejemplo aproximado, el español no es una lengua polisintética, pero tendría un rasgo propio de esas lenguas si analizamos el clítico dativo obligatorio coexistente con un argumento de meta –*(Le) regalé el coche a Juan*– como marca morfológica de ese argumento de meta.

Tal como se conciben en LGB, los parámetros –más adelante llamados *macroparámetros* (Baker 1996) por contraposición a los *microparámetros* (mencionados originalmente en Baker 1996, y justificados en Kayne 1984 y 2000)– son enunciados universales que, en términos simples, podrían definirse del modo siguiente:

(1) Postulados que expresan opciones abiertas, discretas (generalmente dobles o binarias), finitas, mutuamente excluyentes, entre valores infradeterminados asociados a principios de la GU.

Como señala Longobardi (2003), la sintaxis paramétrica establece un modelo de variación potente, con tres características fundamentales: a) el carácter discreto de sus términos (en la situación ideal solo hay dos alternativas, complementarias pero distintas), b) su finitud (habrá tantos como permitan los principios, pero no más) y c) su asociación con una serie limitada de variaciones superficiales (un racimo *[cluster]* de propiedades que, sea en realización positiva o negativa, binaria, definen disjuntamente a las lenguas que pertenecen a cada opción del parámetro). Estos parámetros, además, vienen infradeterminados y se "fijan" a través de la experiencia lingüística. Sin embargo, este modelo tan atractivo explicativamente, pues establece universales sostenidos sobre otros universales –por ello más fuertes explicativamente que los de Greenberg (1963)–, suscitará problemas al aplicarse. Su aparente debilidad derivará de varias causas: los parámetros difícilmente podrán presumir

---

[8] El PP (Chomsky 1981: 29) establece que las representaciones de cada nivel sintáctico (estructura-P y estructura-S) son proyecciones del léxico, i. e., observan las restricciones de subcategorización y la estructura argumental de las piezas léxicas (véase capítulo 3).

de alcance universal (habrá que justificar muchos contraejemplos aparentes); las propiedades externas concomitantes asociadas (el racimo) podrán derivarse también de otros parámetros (ciertas correlaciones no se sostendrán; Gilligan 1987); el número de parámetros podría llegar a ser muy grande según cómo caractericemos los principios. Se ha señalado también que algunos principios no son fácilmente parametrizables, por ejemplo la condición C de la Teoría del Ligamiento (Gallego 2011: 532). Por último, no resulta claro cuál sería el correlato biológico/cognitivo de una GU con tanto contenido como los principios y los parámetros. Con otras palabras, la visión inicial de la variación paramétrica parece difícil de mantener en el contexto más amplio del PM tanto por razones teóricas como empíricas. No obstante, esta primera teorización explícita de la variación dentro de la gramática generativa no solo abre el camino hacia una nueva visión de la variación interlingüística, concebida como parte sustancial de la capacidad lingüística humana y no como un conjunto de arbitrariedades o de efectos de factores aleatorios, sino que su análisis crítico ha llevado a importantes modificaciones de las hipótesis sobre la variación y también a una revisión de la propia noción de parámetro. Intentaré concretar.

El parámetro quizá más conocido y el que ha alcanzado mayor desarrollo, crítica y reformulación (véase Biberauer *et al.* 2009) es el *Pro-drop Parameter* o Parámetro del sujeto nulo o tácito [PSN] (Rizzi 1982, 1986, adoptado por Chomsky 1981): el que distingue entre tipos de lenguas según permitan o no la omisión de los sujetos pronominales. Las lenguas que la permiten (opción positiva del parámetro), como el español, deben tener las propiedades concomitantes que se enumeran en (2)[9]; en cambio, las que no la permiten (opción negativa del parámetro), el inglés o el francés, por ejemplo, no las tienen:

(2) (i)   sujeto omitido
    (ii)   libre inversión del sujeto en oraciones simples
    (iii) "movimiento-CU largo" del sujeto
    (iv)   infracciones aparentes del filtro *[*that*-t]
    (v)   posibilidad de pronombres expletivos nulos

(Chomsky 1981: 240)

En (2') ejemplifico escuetamente estas propiedades a través de pares formados por una oración española y la correspondiente oración inglesa; esta segunda oración es siempre agramatical:

(2') (i)   Omisión del sujeto:
         a. He llegado tarde.
         b. *Have arrived late vs. I have arrived late.
     (ii)   Inversión libre del sujeto:
         a. Bailó Juan.
         b. *Danced John vs. John danced.

---

[9] La mayoría de estas propiedades habían sido señaladas previamente por Perlmutter (1971).

(iii) Movimiento-Cu largo del sujeto:
   a. La chica que no sabemos cómo t canta.
   b. *The girl that we do not know how t sings.

(iv) Violación aparente del filtro *[that-t]:
   a. ¿Quién crees que t ganará?
   b. *Who do you think that t will win.

(v) Pronombres expletivos nulos:
   a. (*Ello) es tarde.
   b. *Is late vs. It is late.

La motivación del PSN es la presencia, en el nudo relevante, de una rica información flexiva (de concordancia), o mejor: de "some abstract property of AGR" 'alguna propiedad abstracta de CONC(ordancia)' (Chomsky 1981: 241), que puede actuar como controladora/legitimadora local del sujeto suprimido. Por ello suele decirse que en estas lenguas el sujeto está expresado en el verbo. Desde los primeros análisis en profundidad de las predicciones de los parámetros se advirtió que estos tendían a despiezarse y dividirse en parámetros más pequeños.

Recordemos sucintamente los principales problemas que se le plantearon al PSN. Rizzi (1982) ya señaló que había dos tipos de lenguas de sujeto nulo; en realidad, hay más: están las lenguas que permiten omisiones de todos los sujetos pronominales (español o italiano), las que solo admiten la omisión de expletivos (alemán), las lenguas como el chino, el japonés o el coreano que tienen "omisión radical" (lenguas de sujeto nulo sin ningún tipo de marca de concordancia en el verbo), y las que admiten omisión dependiendo de la persona del verbo, como el finés. Naturalmente la existencia de estos (sub)casos no tenía por qué llevar a la extinción del parámetro: las buenas teorías no se eliminan de un plumazo, aunque dé trabajo mantenerlas y hayan de hacerse revisiones profundas en las mismas. Por el contrario, las críticas han permitido refinar las teorías de la concordancia, aumentar la comprensión de la morfología flexiva o la teoría de las extracciones desde islas, y establecer mejor los subtipos de elementos pronominales, entre muchas otras consecuencias.

Más perturbador para la viabilidad del PSN fue el examen exhaustivo de cien lenguas llevado a cabo por Gilligan (1987) para determinar si, en efecto, las propiedades en racimo se satisfacían en las lenguas con rica flexión y sujetos nulos. No hay espacio para entrar en detalles, pero el examen mostró que, al menos superficialmente, la correlación entre sujeto nulo/concordancia rica y las cinco propiedades de (2) no se obtenía siempre, a menos que se formularan numerosas hipótesis auxiliares y se eliminaran las posibles contradicciones (si no hay inversión, puede deberse, por ejemplo, a que el sujeto es un tópico; el *that-trace filter no es universal, etc.). Esta falta de correlación sucedía más en algunas familias de lenguas (celtas, escandinavas, africanas), aunque el parámetro distinguía bastante bien entre lenguas germánicas y románicas[10]. Estos hechos y la proliferación de propuestas sobre parámetros hipotéticos orientaron el debate sintáctico tipológico en otras direcciones, a partir, entre otras, de preguntas del estilo de ¿es posible que las variaciones de "tipo de lengua" sean el efecto de variaciones más pequeñas?, ¿cuáles son las unidades mínimas de la variación?, ¿deben los parámetros correlacionarse con principios de la GU?, o ¿dónde está localizada la variación?

10.2.2. *La restricción de los parámetros. Microparámetros y la Conjetura de Borer-Chomsky*

Los parámetros de gran alcance (macroparámetros), al igual que las generalizaciones de Greenberg (1963), establecen universales sintácticos; sin embargo, parecen tener mayor capacidad explicativa que aquellas. Ello es así porque las generalizaciones greenbergianas son enunciados condicionales estadísticos (implicaciones, tendencias) –si una lengua es VO, entonces probablemente P precederá a N–, mientras que los macroparámetros aspiran a establecer relaciones bicondicionales –si una lengua omite el sujeto, entonces permite la inversión del sujeto, y viceversa[11]–, y, lo que es muy importante, tanto el parámetro como las propiedades se derivan de un sistema sintáctico general. Un proyecto de este tipo puede, sin duda, revisarse, y así ha sucedido.

Baker (especialmente 1996, 2001 y 2008), por un lado, y Biberauer *et al.* (2009) y los numerosos trabajos de Ian Roberts y su equipo, por otro, representan dos vías paralelas de reformulación de la teoría de los macroparámetros. Baker concibe los macroparámetros como entidades irrenunciables que no necesariamente se sostienen sobre los rasgos léxicos de las categorías funcionales sino básicamente sobre las operaciones de la sintaxis, y que definen grandes diferencias tipológicas entre lenguas a veces muy remotas; Baker sostiene que los macroparámetros deben coexistir con los microparámetros. Roberts, Holmberg o Biberauer proponen en este momento un modelo muy ambicioso, con una estructura jerárquica de macro- y microparámetros que actúan de forma concertada y configuran un proceso sucesivo, binario, de decisión *(a decision tree)* hasta llegar a la fijación de la propia lengua[12]. Su programa

---

[10] Roberts y Holmberg 2009 discuten extensamente el análisis de Gilligan y no están de acuerdo en que sus resultados sean concluyentes en lo que se refiere a la viabilidad del parámetro, si no se controlan otros rasgos tipológicos de esas lenguas. A su juicio, para entender mejor los parámetros "what seems to be required is a radical increase in theoretical abstraction" 'lo que se requiere es un aumento sustancial de la abstracción teórica' (Roberts y Holmberg 2010: 3).

[11] El requisito de que las propiedades de (2) estén relacionadas bicondicionalmente constituye la versión fuerte del PSN, pues, como he dicho, solo se satisface en lenguas muy próximas. Por ello, se requieren muchos supuestos intermedios para poder evaluar esas relaciones. Ahora bien, esta dificultad puede ser también una virtud, pues ha llevado a precisar mucho más los análisis y a pensar seriamente en las implicaciones de cada principio o regla que se formula.

[12] En particular, lo que defienden estos autores (véase también Roberts 2012) es la existencia de jerarquías de parámetros, en cuya raíz está la distinción más amplia o macroparámetro, generalmente referido a los rasgos de las categorías funcionales. Según se desciende en la jerarquía,

es superar las consecuencias indeseadas tanto de los macroparámetros iniciales como de la *Conjetura de Borer-Chomsky* [CBC] (véase *infra*):

> This involves retaining a formally "microparametric" view of macroparameters, i. e. seeing macroparameters as aggregates of microparametric settings, but as proposing that these aggregate settings are favoured by markedness considerations. ['Esto supone admitir una visión de los macroparámetros formalmente microparamétrica, es decir, concebir los macroparámetros como agregados de ajustes microparamétricos, proponiendo a la vez que esos valores agregados se ven favorecidos por consideraciones de "marcado".'] (Roberts y Holmberg 2010: 66)

Para los efectos de este capítulo es especialmente relevante que repasemos ahora otra importante línea de análisis de la variación, a la que ya venimos aludiendo, la que se sigue de la hipótesis kayneana de los *microparámetros* –variaciones de pequeña escala entre lenguas o dialectos próximos, ligadas a pocas construcciones–, así como de la denominada *Conjetura de Borer-Chomsky,* según la cual la variación translingüística consiste en las diferencias en los rasgos formales de las categorías léxicas (V, N, A, P), expresados en las categorías funcionales asociadas a ellas, que determinan variaciones de alcance más corto. Ambas, hipótesis y conjetura, se formularon de manera independiente; no obstante, se presuponen y deducen una de otra.

En la visión de Kayne (1984 y 2000), los microparámetros son en buena medida una estrategia metodológica y, si se quiere, terapéutica, que se enmarca en una perspectiva que este lingüista siempre sostuvo: toda la sintaxis debe ser comparativa si queremos ir más allá de la pura descripción, y el mejor experimento de partida es un examen de grano fino de relaciones entre propiedades observables respecto de las cuales determinadas lenguas o dialectos vecinos covarían. Como indica este lingüista:

> In addition to facilitating the accurate individuation of parameters and of the principles of Universal Grammar required to interact with them, the technique of examining very closely related languages promises to provide a broad understanding of parameters at their finest-grained (micro parameters), that is, to provide a handle on the question What are the minimal units of syntactic variation? ['La técnica de examinar lenguas muy cercanas entre sí –además de facilitar una cuidadosa identificación de los parámetros y de los principios de la GU requeridos por ellos– podría proporcionar una comprensión más amplia de los parámetros en su

---

los parámetros son más específicos (microparámetros). En concreto, en el caso del parámetro pro-drop el macroparámetro sería que los rasgos-phi (de concordancia) estén o no presentes en los núcleos funcionales relevantes (si no lo están, se obtiene el pro-drop "radical"). Alternativamente se da la posibilidad de que esos rasgos estén especificados en *todos* los núcleos (como en las lenguas polisintéticas) o no. La opción negativa permite a su vez que *ninguna* categoría esté especificada para los rasgos-phi (como el inglés o las lenguas no-pro-drop en general), o que lo estén pero solo en *algunos* casos. Aquí el parámetro se hace cada vez más micro, según qué núcleos estén especificados para los rasgos-phi y, por tanto, permitan la omisión de pronombres (el pro-drop) en distintas situaciones y con distintas consecuencias.

granularidad más fina (microparámetros), esto es, proporcionar un aside-
ro para la pregunta ¿Cuáles son las unidades mínimas de la variación?']
(Kayne 2000: 6)

La búsqueda de microparámetros es, pues, un intento de refinar los
procedimientos para establecer parámetros, prestando atención a diferencias de pequeña escala; por ejemplo, a la concordancia o no concordancia entre el sujeto y el participio pasivo en ciertas lenguas o dialectos románicos, a las diferencias de caso de los clíticos o a su posición
en las construcciones causativas también románicas, a la presencia o
ausencia de rasgos de concordancia en los complementantes de los
dialectos del holandés, etc. Un ejemplo de microparámetro es también
el relativo al movimiento del verbo (propuesto por Pollock 1989): en el
francés, a diferencia del inglés, el verbo se mueve a una proyección
funcional más alta; por eso en francés la posición del adverbio (que
debe quedar más abajo tras la subida del verbo) marca un contraste de
gramaticalidad entre *Jean embrasse souvent Marie* 'J. besa con frecuencia a M.' frente a **Jean souvent embrasse Marie* 'J. con frecuencia
besa a M.'; este contraste de gramaticalidad es inverso al que tiene lugar en inglés: **John kisses often Mary* frente a *John often kisses Mary*.

Esta manera de enfocar los análisis es ya general en la lingüística
formal actual. La generalización de Borer (1984), adoptada por Chomsky (1995, 2000, 2001) y por ello denominada por Baker (2001) la
Conjetura de Borer-Chomsky, promueve el mismo tipo de análisis,
pero tiene mayores implicaciones teóricas, por cuanto delimita dónde
han de buscarse esas diferencias, que no se situarán ya ni en los principios ni en las operaciones de la sintaxis. En efecto, la CBC sitúa la
variación en el contenido, los rasgos y la realización o no realización
de las proyecciones funcionales (p. e., Comp, Conc, T, v, Asp, Num,
Gen, Quant...) que extienden las categorías léxicas (V, N, P y A) y que,
por definición, son universales:

(3) CBC (tomada de Baker 2008: 355)

> Todos los parámetros de la variación son atribuibles a diferencias en los
> *rasgos* de elementos específicos del léxico (p. e., los núcleos funcionales).

Una primera consecuencia interesante de la CBC es que la vinculación
de los parámetros con los rasgos de algunos elementos del léxico los
sitúa en la zona del lenguaje que debe ser aprendida, los reduce en última instancia al hecho de que las lenguas tienen lexicones diferentes.
Asimismo, al localizarse la variación en los rasgos de las piezas léxicas
asociados a las categorías funcionales proyectadas encima de ellas y
que, valga la redundancia, las categorizan, resulta imprescindible establecer adecuadamente el inventario de estas categorías. La CBC encau-
za el giro metodológico dominante en la lingüística formal en la última
década. Algunas de las líneas de trabajo derivadas de (3) son los numerosos análisis basados en la distinción entre rasgos fuertes y débiles, o
entre rasgos valorados y no valorados, de los núcleos funcionales; los
análisis léxico-sintácticos composicionales y microparamétricos de ti-

pos de verbos y tipos de oraciones (de los que hablaremos en la siguiente sección), y, muy importante, la justificación de la presencia transcategorial de las categorías funcionales, entre otras cuestiones.

Se trata de un programa fértil, pero del cual hay, no obstante, aspectos que podrían ser problemáticos. El primero de ellos deriva de que la variación translingüística continúa en alguna medida siendo materia de la sintaxis, ya que las categorías funcionales están en la numeración y se insertan por Ensamble *(Merge)*, o, más estrictamente: los rasgos que componen las piezas léxicas (formales, semánticos y fonológicos) deben ser proporcionados por la GU. En respuesta a esta objeción podría afirmarse que las unidades del modelo "exoesquelético" (Borer 1984, 2005) –raíces léxicas sin categoría (racimos de rasgos) que deben situarse en el contexto de una categoría funcional categorizadora– y de la sintaxis-léxica (Hale y Kayser 1993) (veáse capítulo 3), dan forma en realidad a una sintaxis que es fruto de un "lexicón estructurante", puesto que la motivación de muchas categorías funcionales reside en que las requieren la interfaz léxico-sintaxis-semántica y/o el principio de composicionalidad. Por otra parte, algunas visiones del léxico, como el influyente proyecto de sintaxis-léxica de Hale y Kayser recién aludido, conciben un léxico con operaciones sintácticas tales como Fusión *(conflation)*, concomitante con la operación Ensamble (véanse capítulo 3 en este volumen e *infra* § 3.1); sin embargo, si la variación es solo materia del léxico, es problemático que se asiente sobre esas operaciones, en la medida en que ellas sean puramente sintácticas[13]. Una posible consecuencia problemática de esta hipótesis es también la proliferación de categorías funcionales y de rasgos y distinciones binarias asociados a ellas, con el consiguiente riesgo de declive de la adecuación explicativa. Naturalmente, la CBC marca una línea de trabajo, una red desde la que formular hipótesis, y son los resultados de las investigaciones sobre diversas lenguas los que pueden conducir a la restricción de la CBC y a su armonización con los objetivos generales del programa minimista.

10.2.3. *El papel de las interfaces en un modelo minimista. Variación paramétrica fuera de la GU*

Como he adelantado, según Chomsky (2004, 2005 y 2006), hay tres factores implicados en el desarrollo del lenguaje en el individuo:

i.   La dotación genética (GU, concebida como simple y reducida en el PM).
ii. Los datos externos (Lengua-E, el entorno lingüístico).
iii. "Propiedades generales de los sistemas orgánicos" (restricciones físicas en la forma y desarrollo de los organismos vivos).

(Chomsky 2004: 1)

---

[13] Véase la novedosa tesis de Acedo-Matellán 2010, para una articulación de estas operaciones en el nivel de la Forma Fonética.

En el caso del lenguaje, el "tercer factor" incluye principios generales de computación eficiente y condiciones de interfaz impuestas desde fuera por los componentes semántico y fonológico. En trabajos recientes, esta posición se glosa señalando que la variación está restringida al léxico y se relaciona con la interacción entre la sintaxis estricta y el componente morfofonológico; Chomsky (2007 y 2010) se refiere a esta interacción como "materialización" (Gallego 2011: 536-537). El tercer factor es, pues, clave para la nueva visión de la variación, si bien no es él mismo parametrizable por su propia naturaleza. Esta vía está en este momento en fase de exploración.

Me limitaré a dar algunas pinceladas sobre los dos enfoques recientes en esta línea más prometedores, a mi juicio. Gallego (2011, §§ 23.4.1 y 23.4.2) desarrolla una reflexión aquilatada sobre cuáles serían las restricciones computacionales eficientes ya conocidas (condición de inclusividad, principio de interpretación completa, minimalidad relativizada, etc.) que junto a Ensamble constituirían la GU. Se plantea también cómo debe entenderse la noción de "rasgo implicado en la variación", teniendo en cuenta que tanto los rasgos semánticos como los formales parecen estables. En este contexto, con apoyo teórico adicional y en la línea de Berwick y Chomsky (2011), se razona por qué un modelo adecuado debería entender la variación como determinada por la realización fonológica de los rasgos formales: los rasgos fonológicos se añaden después de la computación. La variación sería así un aspecto de la materialización de la computación, en el bien entendido de que el diseño de la facultad del lenguaje es asimétrico respecto de las dos interfaces: es perfecto para la interfaz C-I, mientras que el emparejamiento con el sistema S-M es un proceso secundario (Berwick y Chomsky 2011), o, mejor, la sintaxis no está bien diseñada para el componente FF. Más concretamente, según Gallego, si por materialización se entiende solo procesos morfofonológicos, es difícil que se pueda dar cuenta de toda la variación; ahora bien, si por materialización se entiende la formación de un léxico en un modelo distribuido, entonces el camino de explicación de la variación quedaría más expedito. Esto supone que debe de haber no solo variación postsintáctica sino también presintáctica.

Bajo supuestos teóricos similares, Richards (2008) intenta construir un modelo de la variación muy complejo, basado también en el tercer factor, que dé cuenta tanto de los macro- como de los microparámetros. La variación se podría deber a dos razones: a que la relación sintaxis-FF es imperfecta o a que la infraespecificación de la GU da lugar a muchas opciones que no afectan al significado. Es difícil calibrar en este momento las consecuencias concretas de este modelo para el análisis de la variación y no hay aún suficiente masa crítica de soluciones como para evaluar sus potencialidades. La pregunta que surge es cómo se articula técnicamente la relación entre materialización y procesos sintácticos, unidas además a la interacción con procesos cognitivos generales de análisis de datos, similares a los que analiza Yang (véase *supra* nota 5).

Dejamos aquí las consideraciones sobre los parámetros y vamos a revisar los análisis paramétricos y no paramétricos de la variación tipológica entre "lenguas de marco verbal" *(verb-framed languages)* y "lenguas de marco satelital" *(satellite-framed languages),* uno de los lugares más visitados por los léxico-sintactistas estudiosos de la variación en las últimas décadas, por ello un buen laboratorio para examinar cómo se analiza la variación léxico-sintáctica en el modelo generativista.

10.3. Las hipótesis paramétricas: los análisis macroparamétricos, construccionistas y microparamétricos de las construcciones resultativas con verbos de movimiento

10.3.1. *La tipología de Talmy (1985, 2000): contenido y consecuencias*

Talmy (1985), en un análisis tipológico ya clásico, estableció la composición semántica básica de los eventos de movimiento. Estos actos constan de cuatro *componentes internos*: un *Movimiento*, expresado en una raíz verbal, una *Trayectoria (Path),* la ruta o dirección que sigue una *Figura*, esto es, el elemento que se mueve desde un origen hasta una meta en su traslado hacia o respecto de un *Fondo (Ground)* (el marco u objeto de referencia para la trayectoria). Un evento de movimiento puede tener (Talmy, 1985: 61) una *Manera* o una *Causa* que constituyen *eventos externos* o coeventos (Talmy, 2000); estos coeventos se fusionan (*conflate* en su terminología) con la raíz que constituye el verbo principal. La Manera se refiere a factores como el patrón de movimiento de la Figura, la velocidad, el grado de esfuerzo implicado, etc. Así en (4) *el lápiz* es la Figura, *la mesa* el Fondo, la Trayectoria es de salida hacia fuera y el movimiento de desplazamiento lleva asociado, como manera, un patrón de rotación:

(4) *The pencil rolled off   the table.*
    el   lápiz   rodó   fuera   la   mesa
    'El lápiz se cayó de la mesa rodando'.

(Talmy 1985: 61)

Permítasenos un inciso para definir Fusión/*Conflation,* operación que será mencionada varias veces en lo que queda de este capítulo (véase también el capítulo 3). En una visión relativamente estándar (Mateu y Rigau 2002), *Fusión* es equivalente a *Ensamble* –la operación básica de formación de estructuras–, más específicamente a Ensamble Interno *(Internal Merge)* de un componente determinado (manera, trayectoria) con un verbo (generalmente) vacío (en ello reside la peculiaridad de *fusión*) al que este elemento fusionado da contenido fonológico. Esta última es la concepción estricta de esta operación en Talmy (quien no partía de ninguna noción técnica previa), y también en Hale y Kayser (2002). Acedo-Matellán (2010: 252) define adecuadamente esta operación, tal como se la entiende en los estudios léxico-sintácticos, como un proceso mediante el cual una pieza léxica proporciona contenido fonológico a una categoría hermana:

> [...] fusión es la interpretación fonológica de un nudo sintáctico basada en la matriz fonológica de su nudo hermano. La asignación de matrices fonológicas mediante Fusión se *decide* antes de la FF, puesto que fusión es concomitante del ensamble, aunque se *implemente* en la FF. Así pues, fusión se aplica como una estrategia de reparación por defecto en el caso de que un nudo funcional determinado haya recibido una matriz fonológica incompleta en (el momento de) la inserción de vocabulario, o no haya recibido matriz alguna.

Continuando con la hipótesis talmyana, este lingüista propuso que las lenguas del mundo se sitúan en dos grupos tipológicamente diferentes, dependiendo de cómo codifican sintáctica y léxicamente estos cuatro constituyentes básicos y, específicamente, de cómo y dónde expresan la dirección del movimiento: de cuál es el *marco* de la dirección[14].

En las *lenguas de marco verbal* [LMV] –el español y las lenguas románicas en general, las lenguas semíticas, el japonés, el coreano, el turco, el tamil, el bantú–, la *Trayectoria* está codificada (fusionada/*conflated*) en el verbo de movimiento, y la manera se expresa en un satélite adjunto.

En las *lenguas de marco satelital* [LMS] –las indoeuropeas excepto las románicas, el latín, el chino, el ruso (y quizá otras lenguas eslavas) o el warlpiri–, el verbo de movimiento codifica la *Manera*, también por *fusión,* y la *Trayectoria* se expresa en un satélite, que no es un simple adjunto, como veremos; por eso estas lenguas se denominan de marco satelital. Otra manera de glosar estos dos tipos es afirmar que en las LMV la trayectoria se expresa en el verbo, mientras que en las LMS la trayectoria se expresa en un elemento asociado con el verbo.

En (5) ilustramos esa diferencia: (5a) es un evento que fusiona Manera con Movimiento en una LMS, y la partícula satélite (en cursiva) expresa la dirección de la trayectoria; (5b) es su versión en una LMV en la que la raíz verbal lexicaliza la dirección del movimiento y la manera se expresa mediante un adjunto:

(5) a. The bottle floated *out* of the cave. [LMS]
    b. 'La botella *salió* de la cueva *flotando*'. [LMV]/ *La botella flotó fuera de la cueva.

Esta variación ha recibido un muy amplio tratamiento en la lingüística tipológica (Croft *et al.* 2008), en la lingüística cognitiva (Slobin 2004, entre otros) y en la gramática formal (véase § 3.2). Este último enfoque ha permitido establecer un conjunto de propiedades léxico-sintácticas

---

[14] Un tercer tipo de lengua descrito someramente por Talmy, que tiene una extensión mucho menor (atsugewi), es el de las que fusionan en el verbo principal el Movimiento con la Figura.

características de cada uno de estos dos tipos de lengua[15]. En esta línea, los estudios son abundantes y la tipología de Talmy enlaza directamente con el establecimiento de parámetros.

10.3.2. *Propiedades que diferencian las LMV de las LMS: propiedades externas y propiedades internas que covarían*

Una característica externa de las LMS, por ejemplo el inglés, es que tienen numerosas partículas-satélite (en cursiva en los ejemplos de [6]) que se combinan con verbos básicos de dirección –*go, get, come*– para expresar entrada y salida, subida y bajada, etc., ([6a] y [6b]). Estas formas complejas equivalen a verbos simples en las lenguas románicas, en los cuales la dirección forma parte de su significado (han lexicalizado la trayectoria) (véanse las equivalencias españolas de los verbos con partícula de [6]):

(6) a. go *down*, go *up*,   get *out*, get *off*,   get *in*
   baja, sube, sal, sal (bajando), entra

  b. come right *back* / *down* / *out* (*from up in there!*)
   ven   regresa / baja / sal de ahí arriba

                 (Talmy 1985: 102)

Una segunda diferencia superficial es que los verbos con raíces que significan manera de moverse son abundantes en las LMS y escasos en las LMV. Los siguientes verbos ingleses, entre otros muchos, no tienen un equivalente directo en castellano:

(7) *John* 1. *stumbled* / 2. *tiptoed* / 3. *shrunk* / 4. *staggered* into/out *of the room*
  1. John entró/salió de la habitación tropezando (*(se) tropezó a la habitación).
  2. John entró/salió de la habitación de puntillas (*puntilleó a la habitación).
  3. John entró/salió de la habitación encogiéndose (*(se) encogió a...).
  4. John entró/salió de la habitación tambaleándose (*(se) tambaleó a...).

Las dos características anteriores reflejan tendencias más que distinciones categóricas. La cuestión de relieve para poder hablar de variación tipológica/paramétrica es si existen restricciones léxico-sintácticas exclusivas de cada tipo. En estudios de estas construcciones dentro de la gramática formal se señalan, en efecto, varias propiedades que aparecen juntas en algunas lenguas y no se dan en otras. Escuetamente: las LMV, además de no tener verbos con partícula, no parecen admitir nin-

---

[15] A diferencia de los enfoques generativistas, los estudios tipológicos señalan, por lo general, tendencias y grandes marcos, y los estudios cognitivistas se centran en buscar continuos entre los dos tipos de lenguas. Dentro de estos últimos, Slobin (2004), por ejemplo, habla de lenguas marcadamente de marco verbal o marcadamente de marco satelital, más un tercer grupo de lenguas mixtas como podría ser el tzotzil, donde la trayectoria está lexicalizada en el verbo pero hay una gran disponibilidad de morfemas direccionales (del tipo de *up, upwards, towards*) que se combinan con el verbo para proporcionar una información más específica sobre trayectorias.

guna de las construcciones de (8), que pueden caracterizarse uniformemente como construcciones en las que se expresa un resultado, un *te-
los,* y donde la combinación del constituyente que expresa el resultado
con el verbo principal (de manera y actividad) es lo que genera la lectura resultativa y/o causativa télica. Así, (8a) es un ejemplo clásico de
predicado secundario resultativo añadido a una oración transitiva con
un verbo de actividad (Ritter y Rosen 1998); (8b) es un resultativo que
requiere la adición de un objeto directo no presente en la estructura
argumental del predicado de actividad –por ello la oración sin ese objeto directo es agramatical–; (8c) y (8d) contienen verbos intransitivos
atélicos (de actividad) que se hacen télicos (realizaciones) al combinarse con una cláusula mínima resultativa (una trayectoria télica); (8e)
muestra que la partícula de los verbos complejos puede aparecer separada del verbo, y (8f) ejemplifica el fenómeno de "varamiento" de la
preposición *(preposition stranding)* que, según una clásica generalización translingüística (Stowell 1981), es posible solo en las lenguas que
permiten (8e), es decir, construcciones verbo transitivo-partícula. Todos estos ejemplos muestran que los verbos de movimiento de las LMS
tienen una "elasticidad" de la que carecen los de las LMV[16]. (8g) es un
caso distinto, ya que ilustra la productividad de los compuestos formados por dos raíces nominales; esta productividad es característica de las
LMS frente a las LMV (volveremos sobre este caso):

(8) a. *Mary   wiped   the   table   clean.*
      Mary   frotó   la   mesa   limpia
      'Mary (dejó) limpia la mesa frotándola.'

   b. *John   wiped   the   crumbs   off   the   table.*
      John   frotó   las   migas   fuera (de) la   mesa
      **John wiped the crumbs*.*
      'John mandó las migas fuera de la mesa frotándolas.'

   c. *Ian   ran   his   barefoot   sore.*
      Ian   corrió   sus   pies-descalzos   llagados
      **Ian ran his barefoot.*
      'Ian se hizo llagas en sus pies descalzos corriendo.'

   d. *Sue   danced   the   night   away.*
      Sue   bailó   la   noche   fuera
      **Sue danced the night.*
      'Sue (dejó) pasar la noche bailando.'

---

[16] Forman parte también de este grupo, y son características de las LMS, las construcciones
con *verbos de movimiento causativizados con un SP de meta* (Folli y Harley 2006) como *John
waltzed Matilda into the bedroom* 'John metió a Matilda en el dormitorio (bailando) un vals', o
su similar *The soldiers marched to the tents* 'Los soldados marcharon a sus tiendas/fueron a sus
tiendas marchando' / *The general marched the soldiers to the tents* '*El general marchó los soldados hacia sus tiendas / El general hizo ir a los soldados hacia sus tiendas marchando'.

e. *Mary   pulled   the   lid   off.*
   Mary tiró   la   tapa afuera
   'Mary quitó la tapa (tirando de ella).'

f. *Who was Mary dancing with?*
   *Quién Mary bailaba con? / Esp.: ¿Con quién bailaba Mary?

g. *frog man* 'buceador' / 'hombre que colecciona ranas' / hombre que se
   parece a una rana / el que hace (juguetes) ranas, etcétera.

Ninguno de estos ejemplos es posible en español, ni en general en las
lenguas románicas. En el caso de (8g), conviene precisarlo, el compuesto similar *hombre rana* posee un único significado; en general, en las
lenguas románicas los compuestos de este tipo son expresiones conge-
ladas o préstamos léxicos. Por lo tanto, las LMS tienen muchas más
construcciones que las caracterizan, más allá de los verbos con partículas satélites. En términos de Levin y Rapoport (1988), todas estas construcciones (incluso [8g] si la interpretamos como una operación de
composición semántica, como luego veremos) ejemplifican la *subordinación léxica* donde un solo verbo expresa una actividad y un resultado
(o una actividad y una trayectoria).

Hay dos preguntas que deseamos contestar, aunque sea esquemáticamente: la primera es si hay, en efecto, una estricta correlación entre este
grupo de propiedades y los dos tipos de lengua; la segunda es cuál o
cuáles han sido los análisis de esta diferenciación en una teoría que
aspira no solo a describirla sino a explicar su génesis y sus implicaciones, esto es, a resolver la cuestión paramétrica. Adviértase asimismo
que esta distinción proporciona un terreno fértil para contrastar la CBC,
pues estamos frente a diferencias derivadas de ciertas propiedades léxicas que se asocian a categorías funcionales. Estos datos, por otra parte,
nos llevan también a los macroparámetros, a los conjuntos de propiedades tipificadoras compartidos por lenguas que pueden estar muy aleja-
das genéticamente.

10.3.3. *Líneas generales de análisis de las lenguas de marco sateli-tal y de marco verbal en la gramática generativa. Un resumen previo*

Para empezar a hablar del análisis de esta distinción en la gramática
formal es oportuno recordar que las explicaciones ofrecidas se han articulado teóricamente a través de tres marcos teóricos generales. Así, se
han empleado mecanismos de la semántica léxico-conceptual (Jackendoff 1990, Rappaport Hovav y Levin 1998) –ya aludidos–, de la semántica de estructura de evento (den Dikken 2010, Folli y Ramchand 2005,
Gehrke 2008) y, por último, de la sintaxis léxico-relacional/sintaxis-L
(L-syntax) en el marco de Hale y Keyser (1993, 1997), extendido con
unidades léxicas abstractas tomadas de la semántica léxico-conceptual
y activas en operaciones léxico-sintácticas –fusión, 'fusión-m' *(m-con-
flation),* incorporación de la manera *(manner incorporation)*–. Dentro
de estas tres líneas de explicación hay a su vez diferencias. La semán-

tica conceptual de Jackendoff es, como sabemos, notablemente distinta de la de Levin y Rappaport-Hovav. Asimismo, como antes sugería, la variedad técnica de los análisis situados, *grosso modo*, dentro de la sintaxis-L[17] (Acedo-Matellán 2010, Demonte 2011, Harley 2005, Mateu 2002, Mateu y Rigau 2002, Mateu 2012, McIntyre 2004, Mendívil 2003, Ritter y Rosen 1998, Zubizarreta y Oh 2007, entre otros) es considerable. Para ser más precisos, los mecanismos formales desarrollados en la gramática generativa para dar razón de las dos clases de lenguas suelen estructurarse conforme a dos modelos que resumo muy escuetamente a continuación.

En los modelos *lexicistas,* que asumen un componente léxico independiente, los significados de los predicados se representan mediante estructuras conceptuales que pueden combinarse entre sí (Jackendoff 1990), o mediante estructuras léxico-semánticas que representan significados básicos de los verbos y pueden extenderse de manera monotónica: "aumentarse" (Rappaport Hovav y Levin 1998). La relación con la sintaxis se establece usando *reglas de correspondencia,* en el primer caso, y *reglas de enlace,* en el segundo. No me extenderé sobre estos enfoques lexicistas, ya que sus propuestas no alcanzan directamente a la cuestión paramétrica y porque se tratan más extensamente en el capítulo 3 de este volumen. Solo quiero poner de relieve que algunos de ellos han proporcionado las "unidades conceptuales sustantivas": GO, v(Cause), COME (Jackendoff 1990), que, al concebirse como raíces vacías que pueden introducirse en las representaciones, intervienen en las estructuras básicas de la sintaxis-L.

Un segundo tipo de tratamiento lo constituyen los *modelos construccionistas*[18] (véase capítulo 3) o de relación sistemática entre estructura conceptual/eventiva y "constructo"; estos segundos son modelos sintácticos, mientras que los anteriores son básicamente semánticos. La esencia de este segundo tipo de modelo puede resumirse en la suposición de que las estructuras léxico-conceptuales/eventivas relevantes pueden "descomponerse" en una estructura sintáctica con significado. En algunas implementaciones de esta hipótesis se toma como idea eje la de que la estructura argumental en su expresión sintáctica está determinada por el aspecto (Borer 2005, Folli y Harley 2006, Folli y Ramchand 2005, Ramchand 2008, Ritter y Rosen 1998). En otras, las de la sintaxis léxico-relacional, se entiende que la proyección de la estructura argumental está determinada parcialmente por el léxico: ciertas propiedades léxicas de los predicados se codifican sintácticamente, se sintactizan. Las configuraciones de la estructura sintáctica léxico-relacional tienen, pues, contenido y son responsables de la realización de las es-

---

[17] Utilizo indistintamente sintaxis-l(éxica) y léxico-sintaxis.

[18] Algunos los llaman *neoconstruccionistas* para distinguirlos de los modelos de la gramática de construcciones. En realidad *neoconstruccionista* se ha usado (Ramchand 2008) para designar a los análisis construccionistas más puramente sintácticos (donde las piezas léxicas son raíces desprovistas de contenido) frente a los de la Sintaxis-L.

tructuras argumentales. En el caso que nos ocupa, podemos decir que la "subordinación léxica" a la que antes aludía se expresa en estos análisis mediante estructuras sintácticas que "construyen" los patrones de lexicalización que ejemplificaba en 3.1. Asimismo, los análisis fundados en la idea de que la construcción sintáctica define el "tipo" de la lengua y el significado aspectual de sus construcciones, tienen variantes. Por ejemplo, en algunos análisis (neo)construccionistas los parámetros seleccionan estructuras y/o operaciones (incorporación de manera, p. e.) que son posibles –o no son posibles– en una u otra de las opciones paramétricas (volveremos sobre estos análisis –Mateu 2012, Zubizarreta y Oh 2007– en § 3.4.2).

Las explicaciones basadas en los modelos construccionistas son numerosas y constituyen un canon para el análisis de todas las construcciones (causativas, incoativas, inergativas, resultativas, etc.) y clases de predicados que ocupan a la léxico-sintaxis. ¿Son estos análisis macro- o microparámetricos? Como veremos, no es fácil responder a esta pregunta. En tanto en cuanto hacen girar las diferencias sobre las propiedades de v, parecen ser microparámetros; en la medida en que se centran sobre la disponibilidad de ciertas operaciones *(conflation, incorporation),* parecen ser macroparámetros.

Por último, en lo que se refiere a la diferencia entre lenguas de marco verbal y satelital, hay que destacar otras dos líneas de explicación que guardan relación directa con la parametrización. En primer lugar, Snyder (1995, 2001), basándose no solo en datos translingüísticos sino también de adquisición del lenguaje, deriva las diferencias entre estos dos tipos de lenguas del macroparámetro TCP *(The Compounding Parameter),* reformulado luego por él mismo (Snyder 2012) como la disponibilidad o no disponibilidad de una regla de composición semántica que denomina *Generalized Modification* 'Modificación generalizada' (volveré sobre este enfoque en § 3.4.1). En segundo lugar, si los análisis hasta aquí mencionados centran la variación en las propiedades léxicas del verbo y en las de las categorías funcionales correspondientes, han surgido más recientemente otros análisis, estos sí microparámetricos, que hacen girar la distinción entre estos dos tipos de lenguas en las propiedades de la Trayectoria. Más explícitamente, la hacen girar sobre las propiedades de las preposiciones y las complejas proyecciones funcionales asociadas a ellas: sobre la estructura léxico funcional de los sintagmas preposicionales [SP] de trayectoria (Beavers, Levin y Tham 2010, den Dikken 2010, Folli 2001, Gehrke 2006, 2008, Real Puigdollers 2010, Son 2007, Son y Svenonius 2008, etc.). Estos microparámetros serían deudores de los recursos independientes, léxicos y gramaticales, que estén disponibles en la lenguas.

Analizaré en § 3.4 estas tres formas de parametrización de la distinción entre LMS y LMV: a) un macroparámetro morfológico/semántico, b) micro/macro distinciones basadas en rasgos léxicos y operaciones léxico-sintácticas asociados a V/v, y c) microparámetros de la Trayectoria y sus preposiciones. Al hilo de esta presentación esbozaré los problemas empíricos que surgen ante la distinción entre LMS y LMV, y la generalización de que estas dos clases de lenguas tienen o no tienen, respectivamente, las propiedades que se asocian a las construcciones de (8). Al igual que sucedía con las lenguas asociadas con el Parámetro del Sujeto Nulo o Tácito [PSN], nada es perfecto. Los datos problemáticos más conocidos que ponen en cuestión la viabilidad del posible parámetro son los siguientes:

a) Hay construcciones propias de las LMS que aparecen en las LMV; por ejemplo, parece haber lecturas direccionales con verbos de manera de moverse en una LMV como el italiano (*Gianni é corso a casa* 'G. corrió a casa'), y más restringidamente en el español *(Juan voló a Mallorca)* (cfr. Levin y Rappaport-Hovav 1995 y muchos otros).

b) Se ha notado (Son 2007: 214-215) que hay lenguas que poseen características de las dos opciones: el javanés, por ejemplo, igual que el español (LMV), no tiene construcciones resultativas del tipo de *John hammered the metal flat* (cf. [8a]), pero sí admite construcciones direccionales de manera del movimiento *(directional resultatives)* del tipo de *John walked into the room* (cfr. también [5]) con la lectura significativa: 'Juan entró en la habitación caminando'.

c) En sentido inverso, el coreano y el japonés, que también se clasifican como LMV, admiten diversos tipos de adjetivos resultativos: la oración coreana *Inho-ka kkangthong-ul napcakha-key twutulki-ess-ta* es sintáctica y semánticamente 'Inho pounded the can flat', en apariencia igual que el inglés y el alemán (Son y Svenonius 2008: 391), pero tanto en coreano como en japonés son imposibles oraciones como *John danced into the room*.

d) En línea similar, el español, que se caracteriza como una indudable LMV, parece tener predicativos resultativos en casos como *Pintó la casa roja* o *Cepilló el traje bien cepillado* (Demonte 1988 y 1991), aunque no acepte *John hammered the metal flat,* como ya hemos indicado.

e) El ruso permite prefijos verbales direccionales que Talmy consideraba como un tipo de satélite, pero no admite, en cambio, oraciones transitivas resultativas.

Al enfrentarse con estos problemas, las perspectivas de análisis se enriquecerán; algunos autores distinguirán entre varios tipos de resultativos, los fuertes y los débiles (Washio 1997); o se razonará que una determinada lengua en realidad pertenece a otro tipo: Snyder (2012), por caso, contra la clasificación típica, afirma que el japonés es en realidad una LMS, y es la interacción con otros parámetros lo que explicaría algunas aparentes anomalías. Mateu, a la vista de las construcciones prefijadas del ruso (más otros detalles), seguirá considerando esta lengua como LMS, frente a Snyder, que también la retipifica como LMV. Zubizarreta y Oh (2007: 47-48), por otra parte, considerarán que estos prefijos se ensamblan con un verbo vacío (no serían, por lo tanto, satélites) y, luego, tras el ensamble, se unen por composición raíz-raíz con la raíz verbal de manera del movimiento, como en las LMV. Otros autores, ante estos datos y análisis aparentemente contradictorios, se orientarán hacia explicaciones microparamétricas. Veamos ahora con algo más de detalle los tres enfoques paramétricos de la variación entre LMV y LMS.

10.3.4. *Tres enfoques de una variación paramétrica*

10.3.4.1. El macroparámetro de la composición [TCP]/cuantificación generalizada [GQ] de Snyder (2001, 2012). De la morfología a la semántica

Las teorizaciones al uso caracterizan los parámetros como opciones sobre valores (véase *supra* la definición de [1]), sea de los principios sintácticos (macroparámetros), sea de los rasgos asociados a las proyecciones funcionales (microparámetros). La definición de parámetros fundados en principios semánticos es menos frecuente. Sin embargo, Chierchia (1998), en un trabajo influyente, defiende que, para entender la variación entre gramáticas, puede también hacerse uso de primitivos semánticos. Su *Nominal Mapping Parameter* 'Parámetro de la Proyección Nominal' [NMP] se basa en los tipos de denotación de los SN, esto es, en la posibilidad de que en algunas lenguas (el chino) estos sean argumentos, en otras (el francés, por ejemplo) solo predicados (frente a los SD, que, en cambio, son argumentales) y, en un tercer grupo, de ambos tipos semánticos. El NMP actúa en la interfaz sintaxis-semántica.

Aunque sin invocar a Chierchia, este es el camino tomado por Snyder (2001, 2012). Este último autor propone que las lenguas difieren paramétricamente respecto de si forman o no con completa productividad compuestos endocéntricos –compuestos de raíces escuetas *(bare-roots)*– del tipo de *frog man*[19]. Como ya hemos dicho, este parámetro se denomina de la composición: *The compounding parameter* [TCP][20]. A partir de estudios de adquisición del lenguaje y de comparación entre patrones morfosintácticos de diversas lenguas, Snyder propuso asimismo que la fijación positiva de este parámetro es la razón de que las lenguas con compuestos endocéntricos dispongan también de construcciones con "predicados complejos", a saber, construcciones adjetivales resultativas *(Mary wiped the table clean, John painted the house red),* verbos de manera de moverse causativizados *(The general*

---

[19] Advertíamos ya respecto de (8g) que este compuesto tiene múltiples acepciones; es, además, una formación abundante en inglés. Por el contrario, las formaciones similares en las lenguas romances: *hombre rana, capo stazione* 'jefe de estación' en italiano, son expresiones lexicalizadas, con un significado fijo, y son escasas.

[20] Más explícitamente, el TCP o parámetro de composición morfológica, se formula así:

"(i) COMPOUNDING PARAMETER: The grammar {disallows*, allows} formation of endocentric compounds during the syntactic derivation [*unmarked value]" ['La gramática {no permite*/ permite} la formación de compuestos endocéntricos durante la derivación'] (Snyder 2001: 328).

marched the soldiers into the tent), construcciones causativas con *make (John made Peter leave)*, construcciones de doble objeto *(Alice sent Sue the letter)* o construcciones de verbos con partículas separables; estas serían las 'propiedades asociadas' al macroparámetro (véase *supra* [2], y también los ejemplos [8] y la nota 15 para las traducciones). Esto implica que las lenguas con la versión positiva del TCP tienen muchas de las propiedades que caracterizan a las LMS. El TCP (Snyder 2001) puede considerarse un parámetro (sintáctico-)morfológico si suponemos que los procesos de formación de palabras tienen lugar debido a procesos sintácticos de combinación de núcleos[21] (por ejemplo, movimiento de núcleo a núcleo, como sugiere Snyder 2001: 328). Este parámetro así concebido recibió críticas, debidas sobre todo a que en muchas lenguas no coexisten este tipo de composición y las diversas construcciones propias de las LMS (véase también *supra* [8]) como predice el TCP (Acedo Matellán 2010, Mateu 2008), pero también ha recibido apoyo (McIntyre 2004, Zubizarreta y Oh 2007).

No obstante, en su trabajo de 2012, Snyder reformula el TCP como un macroparámetro cuya fijación depende de la disponibilidad en las lenguas [+TCP] de una regla específica de composición semántica, la "Modificación generalizada", que actúa en el nivel de la interfaz sintaxis-semántica:

(9) The compounding parameter (TCP) (Snyder 2012: 285):
   The language (does/does not) permit Generalized Modification. 'La lengua permite/no permite la Modificación generalizada.'

(10) Generalized Modification [GM]:
   If α and β are syntactic sisters under the node γ, where α is the *head* of γ, and if α denotes a kind, then interpret γ semantically as a *subtype* of α's kind that stands in a pragmatically suitable *relation* to the denotation of β. 'Si α y β son hermanos sintácticos dominados por el nudo γ, donde α es el *núcleo* de γ, y si α denota una clase, entonces interprétese semánticamente γ como un *subtipo* de la clase α que mantiene una relación pragmáticamente adecuada con la denotación de β'.

Omitiendo muchos detalles, asumiendo (9)-(10) y si tanto los nombres como los eventos pueden considerarse clases *(kinds)*, una oración como (8a) *(Mary wiped the table clean* 'Mary dejó limpia la mesa frotándola') recibiría la interpretación semántica (11b), una vez establecida su configuración como en (11a):

(11) a. [*wipe* [$_{AP}$ *clean*]] (Snyder 2012)
   b. A subtype of the "wiping" kind of event, that stands in a pragmatically suitable relation to the "clean" kind of state. 'Un subtipo de la clase de evento (de) "wiping" que mantiene una relación pargmáticamente adecuada con la clase de estado "clean".'

---

[21] Estos núcleos serían raíces morfológicas.

b'. A kind of accomplishment event, with "wiping" as its *development* and "clean" as its *culmination*. 'Un tipo de evento de *realización* con "wiping" como su *desarrollo* y "clean" como su *culminación*.'

Esta propuesta suscita preguntas que seguramente podrán responderse en un análisis más robusto de las implicaciones de la regla (10) y en una comprobación efectiva de la relación de dependencia entre los dos postulados de (9). Por ejemplo, debería establecerse con mejor precisión si (9)-(10) es un parámetro sintáctico o semántico; de ser semántico, como parece, ¿cómo distinguiría (10) entre palabras y construcciones? Si bien es posible, aunque no seguro, dada la supuesta universalidad de las reglas de la semántica, que las lenguas puedan variar en cuanto a la presencia de subtipos de la composición (es decir, puedan tener [o no tener] reglas similares a [10]), la cuestión relevante es qué significa que un parámetro sintáctico dependa de que la lengua disponga o no de una regla de composición semántica. Una pregunta posible es también: ¿en qué otros casos se daría esta dependencia entre una regla morfológica y su concomitante regla semántica? Otra cuestión de debate es la afirmación de Snyder (2012) de que la interacción entre el TCP y otros posibles parámetros, no suficientemente contrastados (*Parámetro de la incrementalidad de P,* por ejemplo), explicaría la ausencia de ciertas propiedades en lenguas que deberían tenerlas (véase § 3.3). Esta afirmación será más sólida cuanto más se especifiquen esos parámetros en interacción y se justifiquen por razones independientes.

10.3.4.2. Análisis paramétricos construccionistas de la distinción entre LMV y LMS[22]

Las propuestas que esbozaremos a continuación consideran que la información contenida en las piezas léxicas es el eje fundamental de la variación sintáctica. Esta suposición tiene un sentido restringido. Cuando se habla de información contenida en las piezas léxicas, no se hace referencia a la información enciclopédica que se asocia a cada palabra en las entradas de diccionario sino a los rasgos semánticos/léxico-conceptuales de los que se derivan categorías sintácticas (Hale y Keyser, 1993). Así, en (12), el significado propio del verbo inacusativo de cambio de estado *destrozarse* ('hacer que algo pase a estar en trozos') se caracteriza como el resultado de la fusión sintáctica del adjetivo léxico que expresa ese contenido con un predicado abstracto de cambio que está disponible en el lexicón para los verbos de cambio de estado; (12) es la representación de *El embarcadero se destrozó:*

---

[22] En esta subsección daré por supuestos algunas definiciones y conceptos, pues el lector encontrará también desarrollos de estas cuestiones en el capítulo 3.

(12)

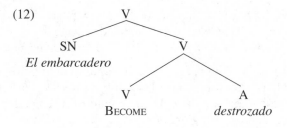

(Hale y Keyser 1993)

De modo similar, un verbo inergativo como *dance* 'bailar' en *Mary danced into the room* 'Mary entró en la habitación bailando' tendrá un rasgo con significado de *actividad/transición (go)* que se realiza cuando se le adjunta por fusión el nombre *dance* 'baile', que implica *manera* o *causa;* el cambio de estado y la transición con manera de moverse son, pues, significados configuracionales. Pero ¿cómo se explica la variación paramétrica en los modelos léxico-sintácticos construccionistas?

10.3.4.2.1 Mateu y Rigau (2002), Mateu (2012): procesos de fusión en la interfaz léxico-sintaxis

Los diversos trabajos de Mateu –en el tema que nos concierne, en varias ocasiones en colaboración con Rigau– trazan una línea influyente de análisis translingüístico comparativo de los procesos de fusión en la interfaz léxico-sintaxis. Esta línea aspira a explicar la génesis léxico-sintáctica de varias construcciones: verbos con partículas, compuestos, expresiones idiomáticas y la llamada *way construction,* y, en general las construcciones causativas/de trayectoria con verbos de movimiento. Simplificando mucho un recorrido complejo, podemos decir que su teoría comienza en una línea próxima a Hale y Keyser (aunque con muchos elementos propios, puesto que dará cuenta de más cuestiones que de los tipos básicos de predicados léxico-sintácticos) y se amplía más recientemente con la adición de la operación de *Incorporación* (en el sentido de Haugen 2009), como alternativa a la de fusión, para distinguir entre las LMV y las LMS.

Mateu (2002) postuló que la diferencia entre estos tipos se debe a que las LMV como el español no tienen "elasticidad", y esta falta de elasticidad proviene de que el elemento eventivo de la estructura verbal lexicaliza la preposición y queda así saturado, mientras que en el inglés una estructura inergativa creada independientemente puede fusionarse en un núcleo eventivo insaturado de una estructura inacusativa (cfr. Mateu, 2002, p.161). (13) es la estructura propuesta por Mateu y Rigau (2002) para caracterizar las oraciones de LMS similares a las de (8), concretamente *John danced Sue into the room* 'John metió a Sue en la habitación bailando':

(13) (= MyR [23])

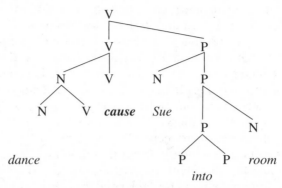

En este caso, el verbo principal es un núcleo causativo vacío (*cause* indica el significado de un elemento verbal abstracto, no es una pieza léxica real) que selecciona una Trayectoria

P contiene un sujeto y un complemento locativo-direccional. El verbo causativo vacío, para saturarse, para tener una realización fonológica, se fusiona[23] con un verbo inergativo *(dance)* formado independientemente a partir de una base nominal.

Si (13) es la estructura característica de las lenguas germánicas, es decir, de las LMS, (14) es la propia de las lenguas románicas y de las LMV.

(14) (= MyR [29])

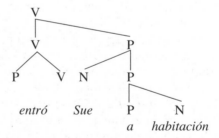

Obsérvese que en (14) V es P–V, estructura que indica que se trata de un verbo inacusativo en el que la trayectoria, el elemento direccional, está lexicalizada *(fusionada)* dentro de un verbo de movimiento (GO). Tanto Mateu y Rigau (2002) como Zubizarreta y Oh (2007) suponen que tal lexicalización es una propiedad "fósil", sin operatividad sintáctica.

La diferencia paramétrica se asienta para Mateu y Rigau (2002) en la articulación sintáctica de la idea de coevento de Talmy (véase § 3.1). En las LMS se pueden combinar dos verbos formados independiente-

___
[23] McIntyre (2004) empleará un similar procedimiento de *(morphological) conflation* de un verbo vacío (denominado INIT) con una raíz verbal para estructuras causativas del estilo de *Ethel danced herself sore* 'Ethel se hizo llagas bailando'. La operación se lleva a cabo sobre una estructura de SV en capas *(VP shells)* con rótulos aspectuales, en la zaga de Ritter y Rosen 1998, y antes de Ramchand 2008.

mente: un inacusativo abstracto fonológicamente nulo y un ergativo fonológicamente pleno como evento subordinado, dando lugar a la construcción resultativa. Este proceso no es posible en las LMV porque el verbo fonológicamente pleno ha incorporado ya una preposición. Si bien Mateu y Rigau no hacen explícita la formulación del parámetro, parecen hacerlo depender de la posibilidad o imposibilidad de fusionar dos elementos léxicos independientes mediante una determinada operación; podría tratarse, pues, de un macroparámetro; ahora bien, al hacer intervenir rasgos léxicos de categorías, podría ser también un microparámetro. Su conclusión es que "la variación paramétrica no puede confinarse a la inflexión" (2002: 26). Otra posibilidad que este autor planteará posteriormente (Mateu 2011) es que la variación paramétrica podría depender de que las lenguas puedan habilitar categorías vacías.

Más recientemente, Mateu (2012) sostiene que la distinción tomada de Haugen (2009) entre los procesos de fusión (composición de una raíz verbal con un verbo ligero implícito o nulo)[24] e incorporación (movimiento de un núcleo [raíz] verbal a un núcleo verbal vacío) es la clave para entender muchas de las diferencias que hay entre las LMV y las LMS, y para resolver algunos de los datos problemáticos que enumerábamos al final de § 3.3. Si tenemos en cuenta los ejemplos anteriores, en (13) *dance* se fusionaría, mientras que en (14) la P se incorporaría. A juicio de este autor, aunque no tendremos tiempo de detenernos aquí en los detalles de su argumentación, esta diferenciación entre dos operaciones/procesos permite entender mejor las aparentes propiedades mixtas de lenguas como el japonés (véase § 3.3, dato problemático [c]). Contra la retipificación de Snyder (véase § 3.3), mantiene que el japonés es una LMV con construcciones resultativas simples formadas mediante incorporación[25]. En sentido similar, los ejemplos problemáticos del español (véase § 3.3, dato problemático [d]: *Pintó la casa roja*) se derivarían mediante el mismo proceso que produce *John hammered the metal flat*. Tras esta distinción, la tipología de Talmy podría formularse diciendo que las lenguas de marco verbal son lenguas con incorporación, mientras que las de marco satelital tendrían fusión. No obstante, quedan algunas cuestiones pendientes: una es, como antes señalábamos, si estos dos procesos guardan o no relación con formas de realización del léxico; otra pregunta de relieve es por qué en las lenguas solo puede haber un solo proceso, o fusión o incorporación, y de qué se sigue esta distribución complementaria.

---

[24] Al igual que en el modelo de (2002), Mateu asume una dependencia entre *Merge* y *Conflation*. Zubizarreta y Oh (2007: 56) hacen notar que estas operaciones son "lógicamente independientes".

[25] Asimismo, los aparentes datos problemáticos para la condición de LMV de algunas lenguas romances como *Il bambino è corso a casa* 'El niño corrió a la casa' dejan de serlo si *correre* es un verbo que ha incorporado (no fusionado) una trayectoria.

10.3.4.2.2. Zubizarreta y Oh (2007): tres tipos de lenguas, tres posibles (micro)parámetros y tres derivaciones

Los ladrillos teóricos de Zubizarreta y Oh son, *grosso modo*, los de todos los enfoques léxico-sintácticos: la hipótesis de Hale y Keyser de que las categorías predicativas se asocian a estructuras léxicas específicas, la afirmación de que estas configuraciones-L están especificadas como rasgos de las piezas léxicas, y la suposición de que, en mayor o menor grado, la estructura eventiva se genera también en la estructura sintáctica. Así, el cambio de lugar y el cambio de estado, por ejemplo, están representados mediante verbos ligeros implícitos como *go, come, become* (como en los trabajos descritos en § 3.2.2.1). No obstante, el hecho de asumir que la sintaxis-L es simplemente una parte de la sintaxis estricta (la causatividad no se asocia con ítems léxicos abstractos sino con la presencia de vP por encima de una estructura inacusativa), siendo su operación básica Ensamble/*Merge*, y, por otra parte, la comparación que estas autoras establecen entre las lenguas romances y el coreano, tienen interesantes implicaciones para la tipificación de las lenguas.

En lo que se refiere a la combinación de la *manera* con el *movimiento dirigido,* las lenguas parecen atenerse a tres modelos o tipos: el del coreano, el de las lenguas germánicas y el caso de las construcciones inacusativas del italiano con verbos como *correre* y *volare* (véase § 3.3, caso [a]) ([15] está tomado de Zubizarreta y Oh 2007: 40):

(15) John-*i*   hoswu hancock-phyen- *ey*   eyemchi-e ka-ss-ta.
     John-Nom lago   un lado- lado   Loc   nadar L ir-Pas-Decl
     'Juan nadó a uno de los lados del lago.'

(16) Juan swam to the other side of the lake in 10 minutes.
     'Juan nadó al otro lado del lago en diez minutos.'

(17) María é corsa a casa.
     'Maria corrió a la casa.'

En el análisis razonado de estas autoras, el coreano, (15), combina la manera con el movimiento haciendo uso de una *Transformación generalizada* [TG] que ensambla una estructura verbal-L con otra estructura verbal-L –la Manera se adjunta al verbo ligero ir/*go* "extendiendo" así la proyección–, operación que da lugar a una construcción de verbo serial *(serial verb construction)* en la que hay una sola marca temporal (Zubizarreta y Oh 2007: 34 y 40) y dos verbos fonológicamente realizados. En (16), el segundo caso, una regla de composición cuya legitimación, según Zubizarreta y Oh, la concede el TCP, fusiona la Manera con una posición verbal vacía. En (17), el V de movimiento se extiende con un V auxiliar y se crea una estructura similar a las de reestructuración. Se supone, por lo tanto, que las tres clases de lenguas se siguen de propiedades independientes de sus estructuras-L (2007: 54-55). Zubizarreta y Oh (2007: 54) indican explícitamente que estos tres modelos o tipos de procesos (TG, "Regla de Composición" y "Asunción de una posición específica para el verbo de manera") son los "parámetros relevantes" de los que hacen uso las gramáticas de las tres lenguas en cuestión. Siendo estrictos, esta diversidad estriba, en realidad, en el uso de tres estrategias sintácticas, distintas en cada lengua, para fusionar manera y movimiento dirigido. Para traducir este análisis, tipológico en un sentido general, a una teoría microparamétrica deberíamos saber si las piezas léxicas tienen especificaciones o valores que de alguna manera subyazcan a esas operaciones y, si este fuera el caso, si se trata de tres caminos dentro de un parámetro mayor.

10.3.4.3. Breves consideraciones sobre los análisis microparamétricos de las lenguas de la tipología de Talmy

En § 3.1 caractericé en términos muy generales los acercamientos microparamétricos afirmando que hacían distinciones de grano más fino: despiezaban un macroparámetro, diversificaban los ejes de la tipología talmyana, basándose sobre todo en el escrutinio de los rasgos léxicos de las categorías implicadas; la variación se hace depender de las especificaciones de categorías funcionales como preposiciones y afijos. El desarrollo de esta línea paramétrica es consustancial con el desarrollo de los análisis cartográficos de los SP (Noonan 2010; Svenonius 2010). Noonan propone una arquitectura universal, invariante, de los SP direccionales, a saber, $V_{dir} > Rel_{path} > (Mod_{path}) > Path > P_{loc} > Rel_{place} > (Mod_{place}) > Place$. La variación translingüística se atribuye a la opción de las lenguas de pronunciar o no pronunciar esas categorías funcionales, con consecuencias para su licenciamiento. El parámetro de la (no) pronunciación, por lo tanto, se asocia a categorías funcionales individuales.

La hipótesis cartográfica se ha aplicado también, en combinación con estructuras sintáctico-aspectuales, como vía para resolver el hecho de que en ciertos casos no haya correlación entre el tipo de lengua y las propiedades esperables. Son y Svenonius (2008) justifican una explicación microparamétrica porque en el coreano (y en el japonés) no hay correlación entre la disponibilidad de construcciones adjetivas resultativas, (18b), y la no disponibilidad, en cambio, de las construcciones con verbos de movimiento que se combinan con una preposición de meta *(directed manner of motion constructions)* (18a); como hemos dicho, ambas deberían ser imposibles si el coreano fuera una LMV[26].

(18) a. *Mary-ka   cip-ey   {ttwi/kel}-ess-ta[27].
        Mary-NOM   casa-LOC   corrió/caminó-PAS-DECL
        'Mary corrió/caminó a la casa.'

---

[26] Ciertamente, como señala Son 2007, la correlación entre construcciones con adjetivos resultativos y construcciones télicas con SP de meta parece sostenerse sobre todo en las lenguas germánicas y románicas. Asimismo, algunas lenguas tienen un patrón de no-correlación inverso al que acabamos de señalar; el hebreo o el indonesio, por ejemplo, admiten construcciones atélicas con SP, pero los adjetivos resultativos son imposibles (véase § 3.3).

[27] Conviene observar que la diferencia entre esta oración y la de (15) *supra,* gramatical, es que en aquella está presente el verbo ligero *ka,* adjunto al verbo de manera de moverse. Esta diferencia es básica justamente para sustentar la tesis de Zubizarreta y Oh (2007) de que el coreano es una lengua de verbo serial.

b. Inho-ka   kkangthong-ul napcakha-*key* twutulki-ess-ta.
Inho-NOM lata-AC   plana-*key*   aporreó-PAS-DECL
'Inho aporreó la lata plana.'

(Son y Svenonius 2008: 388 y 391)

Para ello, Son y Svenonius (2008) adoptan en primer lugar una estructura conforme al modelo de Ramchand (2008), en el que los componentes eventivos del significado se representan en la estructura sintáctica:

(19) $[_{\text{InitP}} [_{\text{ProcP}} [_{\text{ResP}} [_{\text{PredP}}]]]]^{28}$

Aceptan también la idea de la nanosintaxis de que un solo morfema pueda lexicalizar varios nudos terminales; estas lexicalizaciones tienen lugar tanto en los verbos como en las preposiciones. Con estos supuestos, y omitiendo muchos detalles, las construcciones resultativas del coreano serían equivalentes a las del inglés, y se deberían a que en coreano existe un morfema -*key* que lexicaliza Res y Pred a la vez y que, por ser el complemento de un verbo Proc, da lugar a una estructura como (18b): "This allows Korean to form resultative constructions involving verbs which do not independently lexicalize Res" 'Este permite al coreano formar construcciones resultativas que contienen verbos que no lexicalizan Res de manera independiente' (2008: 394) (a diferencia, por ejemplo, del japonés). Con otras palabras, -*key* es el responsable de la semántica télica de la trayectoria. Lo que está en liza no es, entonces, que el coreano sea LMV sino la composición eventiva de morfemas resultativos explícitos (Res+Pred vs. Res) con distintos tipos de verbos[29].

Son y Svenonius (2007) establecen cuatro subtipos de lenguas conforme a este esquema:

(20) a.   [PROC PRED RES]   A
    Español   *hacer*   *peligroso*

b.   [PROC RES]   PRED   A
    Japonés   *nobasu*   -*ku*   *usu*
                 'distribuir delgado'

c.   PROC   [RES PRED]   A
    Coreano   *twutul*   -*key*   *yalp*
                 'aporrear plano'

d.   PROC   [RES PRED]   A
    Inglés   *pound*   Ø   *flat*
                 'aporrear plano'

(Son y Svenonius 2007: 394)

---

[28] InitP = Initiator phrase, ProcP = Process phrase, ResP = Result phrase, PredP =Predicative Phrase.

[29] Acedo Matellán (2010) argumenta que -*key* no es un verdadero predicado secundario, generado dentro de Sv, sino un adjunto a SV; el coreano no tendría por qué dejar de ser una LMV y simplemente habría distintos tipos de "complementos resultativos", como han señalado también Washio (1997) y otros autores.

Por otra parte, la falta de (21a), la ausencia de construcciones direccionales de manera de moverse, se explica bajo supuestos similares: las preposiciones espaciales del coreano solo lexicalizan *Lugar*[30], mientras que las del inglés y otras lenguas lexicalizan a la vez, o por separado, *Trayectoria* y *Lugar* (Jackendoff 1990). (21) especifica la diferencia entre el coreano y el inglés conforme a este supuesto:

(21) a.

	[PROC DIR PATH]	PLACE	DP
Coreano	ka -ey		cip
	fue LOC	casa	

'fue/caminó a la casa'

b.

	PROC	DIR	PATH	PLACE	DP
Inglés	dance	Ø	to	behind	the curtain

'bailar hacia detrás (de) la cortina'

(Son y Svenonius 2007: 395)

Hemos tomado como eje de esta sección Son y Svenonius (2007) en particular, porque constituye una propuesta sucinta y bien articulada de lo que podría ser un microparámetro. Pero hay más, aunque no haya espacio aquí para extenderse. A propósito de Zubizarreta y Oh (2008), habíamos visto distinciones finas y subtipos de lenguas teniendo en cuenta las estructuras léxico-sintácticas posibles y las operaciones a que dan lugar[31]. Real Puigdollers (2010), siguiendo una propuesta de den Dikken (2010), compara los verbos de manera y direccionales germánicos con los románicos. Explica las diferencias tipológicas con un modelo cartográfico en el que P_{dir} y P_{loc} pueden, bien proyectar estructuras funcionales completas, bien ser defectivas. Dependiendo de estas propiedades y de la semántica del verbo, las P se incorporarán al verbo, podrán moverse, etc., y se derivarán así las diferencias entre las lenguas germánicas y las románicas.

Hay varios posibles corolarios de estos enfoques. En primer lugar, las visiones microparamétricas parecen en principio más leales que otras perspectivas al espíritu de la CBC: la variación translingüística se basa en las propiedades morfofonológicas de las piezas léxicas; es decir, los rasgos formales de las piezas léxicas son los responsables de las diferencias posibles. Asimismo, la excesiva especificación que suponen los microparámetros se intenta minimizar abogando (en la mayoría de los casos) por la universalidad del equipamiento, de modo que la variación no vendrá de que una categoría funcional esté o no, sino de que se ma-

---

[30] En un enfoque parecido, para el caso del español, se ha afirmado (Fábregas, 2007) que la razón de la imposibilidad de *Juan bailó a la ventana* es que la *a* del español es una preposición puramente locativa, equivalente a *at* del inglés, y no una de Trayectoria+Lugar como *to*. Véase Demonte (2011, § 4.2) para una propuesta alternativa.

[31] Véase también Lim y Zubizarreta (2012) para el análisis de predicados adjetivos resultativos coreanos similares a (18a), pero que llevan *-eci* en el verbo y dan lugar a lecturas atélicas cuando se combinan con verbos como *pound*. Las analizan como construcciones de verbo serial que denotan dos actividades diferentes que suceden a la vez.

terialice o no se materialice. No obstante, la fragmentación de los parámetros podría abocarnos a una especie de nuevo descriptivismo si los análisis en los que se basan no se extienden a muchas lenguas y si no se asientan en enfoques y teorías sólidamente establecidos por razones independientes. También es cierto que las propuestas que replican la tipología de Talmy en términos sintácticos o que aducen (sub)tipos basados en operaciones deben explicar las variantes que surgen cuando las lenguas tienen un rico inventario de afijos, como en el caso del coreano o el indonesio[32]. No debe perderse de vista tampoco que el enfoque teórico adoptado condiciona la visión. Los modelos cartográfico-eventivos invitan a la especificación y posterior combinación de rasgos, las estructuras sintácticas convencionales $[_{Flex} [_{Sv} [_{SV} [_{SC/SA}]]]]$ invitan a las operaciones al uso: movimiento de núcleos, adjunción, *spell out* (simple o múltiple), etc. La pregunta que debe responderse es en qué medida estas propuestas, bastante diversas desde un punto de vista técnico, al menos en apariencia, son conceptualmente equivalentes, o no lo son.

10.4. Conclusiones

Este capítulo ha tratado de la variación translingüística, principalmente léxico-sintáctica, y de su explicación por parte de una disciplina que aspira a caracterizar las lenguas como parte de los sistemas cognitivos y, a partir de ahí, entender la génesis de las diferencias entre las lenguas y dialectos. Hay otros enfoques de la variación que quedan naturalmente fuera de esta visión. Otras ramas de la lingüística estudian la variabilidad sintáctica en tanto que opciones o alternancias: por qué se puede decir algo de varias formas, o cómo se marcan en las lenguas pautas geográficas, sociales o generacionales. Las explicaciones en estas líneas suelen ser generalmente multifactoriales.

En este capítulo hemos presentado las grandes líneas de la teoría de los parámetros y hemos ilustrado luego su relieve para la explicación de una diferencia tipológica muy conocida relativa a la interfaz léxico-sintaxis: la que distingue entre lenguas de marco verbal y lenguas de marco satelital (Talmy).

El modelo paramétrico de la GG que aquí hemos esbozado y ejemplificado es paralelo a los enfoques clásicos de la lingüística comparativa y de la tipología lingüística, pero va más allá de ellos por varias razones. En primer lugar, porque sitúa la génesis de la variación (o al menos de una parte de ella) en el seno de la propia arquitectura del sistema lingüístico, en una visión más cercana, por lo tanto, a la biología que a las humanidades. En segundo lugar, porque considera la teoría de la variación como una cuestión empírica: a medida que entendemos mejor la naturaleza del sistema lingüístico, podemos modificar

---

[32] Véase también Son 2007: 147.

la propia teoría de la variación. En tercer lugar, el surgimiento de esta área de análisis en el seno de la lingüística teórica ha permitido la incorporación al análisis lingüístico generativista de numerosas lenguas que quedaban fuera del abanico inicial de las lenguas indoeuropeas; con ello esta disciplina se abre también al diálogo con la tipología lingüística que desde siempre ha prestado atención a numerosas familias de lenguas. La evolución de la teoría de los parámetros nos muestra, ante todo, un modelo fuerte porque puede cuestionarse a sí mismo en función de los datos y porque va más allá del mero análisis de las lenguas. Esta teoría, por último, ha tenido un avance progresivo desde una mirada hacia los grandes grupos de lenguas (los macroparámetros) a una preocupación por las diferencias pequeñas (los microparámetros) que luego, actuando conjuntamente, explicarían esas diferencias mayores. El hecho de que se trate de una teoría sólidamente establecida (si bien cambiante) y no simplemente de una metodología de análisis de datos la hace susceptible de mejor confrontación con otras explicaciones. Por supuesto, quedan muchas cuestiones abiertas, tanto internas a la disciplina como en relación con otros enfoques de la variación lingüística.

■ Bibliografía

ACEDO-MATELLÁN, V. (2010), *Argument Structure and the Syntax-Morphology Interface. A Case Study in Latin and Other Languages,* tesis doctoral, Universitat de Barcelona.

ASBURY, A., J. DOTLAČIL, B. GEHRKE y R. NOUWEN (eds.) (2008), *Syntax and Semantics of Spatial P,* Amsterdam, John Benjamins, Linguistik Aktuell/Linguistics Today 120.

BAKER, M. (1996), *The Polysynthesis Parameter,* Nueva York, Oxford University Press.

— (2001), *The Atoms of Language,* Nueva York, Basic Books.

— (2008), «The Macroparameter in a microparametric world», en T. Biberauer (ed.), *The limits of syntactic variation,* Amsterdam, John Benjamins, pp. 351-373.

BAKER, M. y J. MCCLOSKEY (2007), «On the relationship of typology to theoretical syntax», *Linguistic Typology* 11, pp. 273-284.

BEAVERS, J., B. LEVIN y S.-W. THAM (2010), «The typology of motion expressions revisited», *Journal of Linguistics* 46, pp. 331-377.

BERWICK, R. y N. CHOMSKY (2008), «The biolinguistics program: The current state of its development», en A.-M. di Sciullo y C. Boeckx (eds.), pp. 19-41.

BOECKX, C. (2011) «Approaching parameters from below», en A.-M. di Sciullo y C. Boeckx (eds.), pp. 42-64.

BORER, H. (1984), *Parametric Syntax: Case Studies in Semitic and Romance Languages,* Dordrecht, Foris.

— (2005), *The Normal Course of Events* (*Structuring sense,* vol. 2), Oxford, Oxford University Press.

CHIERCHIA, G. (1998), «Reference to kinds across languages», *Natural Language Semantics* 6, pp. 339-405.

CHOMSKY, N. (1965), *Aspects of the Theory of the Syntax,* Cambridge, Mass., MIT Press [ed. cast.: *Aspectos de la teoría de la sintaxis,* Madrid, Aguilar, 1971].

— (1981), *Lectures on Government and Binding,* Dordrecht, Foris.

— (1986a), *Knowledge of Language. Its nature, Origin and Use,* Nueva York, Praeger [ed. cast.: *El conocimiento del lenguaje,* Madrid, Alianza, 1998].

— (1986b), *Barriers,* Cambridge, Mass., MIT Press.

— (1995), *The Minimalist Program,* Cambridge, Mass., MIT Press [ed. cast.: *El programa minimalista,* Madrid, Alianza, 1999].

— (2001), *The Architecture of Language* (N. Mukherji, B. Narayan Patnaik, R. Kant Agnihotri [eds.]), Oxford, Oxford University Press.

— (2004), «Beyond explanatory adequacy», en A. Belletti (ed.), *Structures and Beyond: The Cartography of Syntactic Structures,* vol. 3, Oxford, Oxford University Press, pp. 104-131.

— (2005), «Three factors in language design», *Linguistic Inquiry* 16, pp. 1-22.

— (2007), «Approaching UG from below», en U. Sauerland y H.-M. Gärtner (eds.), *Interfaces+Recursión = Language? Chomsky's Minimalism and the View from Syntax-Semantics,* Berlín, Mouton de Gruyter, pp. 1-18.

CINQUE, G. (1999), *Adverbs and Functional Heads: a Cross Linguistic Perspective,* Nueva York, Oxford University Press.

— (2007), «A note on linguistic theory and typology», *Linguistic Typology* 11, pp. 93-107.

— y RIZZI, L. (eds.) (2010), *Mapping Spatial PPs. The Cartography of Syntactic structures,* vol. 6, Oxford, Oxford University Press.

COMRIE, B. ([2]1989), *Language Universals and Linguistic Typology: Syntax and Morphology* [1981], Oxford/Chicago, Blackwell University of Chicago Press.

CROFT, W. (2002), *Typology and Universals,* Cambridge, Cambridge University Press

—, J. BARDDAL, W. HOLLMANN, V. SOTIROVA y C. TAOKA (2010), «Revising Talmy's typological classification of complex events», en H. Boas (ed.), *Contrastive Construction Grammar,* Amsterdam, John Benjamins, pp. 201-235.

DEMONTE, V. (1988), «Remarks on secondary predicates: C-command, extraction and reanalysis», *The Linguistic Review* 6, pp. 1-39.

— (1991), «Temporal and aspectual constraints on predicative AP's», en H. Campos y F. Martínez-Gil (eds.), *Current Studies in Spanish Linguistics,* Washington, Georgetown University Press, pp. 1-34.

— (2011), «Los eventos de movimiento en español: construcción léxico-sintáctica y microparámetros preposicionales», en J. Cuartero Otal, L. García Fernández y C. Sinner (eds.), *Estudios sobre perífrasis y aspecto,* Munich, Peniope, pp. 16-42.

— y L. McNally (eds.) (2012), *Telicity, Change, and State: A Cross-Categorial View of Event Structure,* Oxford, Oxford University Press.

den Dikken, M. (2010), «Directions from the GET-GO: on the syntax of manner-of-motion verbs in directional constructions», *Catalan Journal of Linguistics* 9, pp. 23-53.

di Sciullo, A.-M. y C. Boeckx (eds.) (2011), *The Biolinguistics Enterprise: New Perspectives on the Evolution and the Nature of the Human Language Faculty,* Oxford, Oxford University Press.

Fábregas, A. (2007), «An exhaustive lexicalisation account of directional complements», en M. Bašić *et al.* (eds.), *Tromsø Working Papers on Language and Linguistics: Nordlyd 34, Special issue on Space, Motion, and Result,* Tromsø, CASTL, pp. 165-199.

Folli, R. (2002), *Constructing Telicity in English and Italian,* tesis doctoral, University of Oxford.

— y G. Ramchand (2005), «Prepositions and results in Italian and English: an analysis from event decomposition», en H. Verkyul y J. Zwarts (eds.), *Perspectives on Aspect,* Dordrecht, Springer, pp. 81-105.

— y H. Harley (2006), «Syntactic and semantic conditions on the licensing of directed motion resultatives», *Studia Linguistica* 60, pp. 121-155.

Gallego, Á. (2011), «Parameters», en C. Boeckx (ed.), *Handbook of Linguistic Minimalism,* Oxford, Oxford University Press, pp. 521-550.

Gehrke, B. (2008), *Ps in Motion: On the Semantics and Syntax of P Elements and Motion Events,* tesis doctoral, Universidad de Utrecht.

Gilligan, G. (1987), *A Cross-Linguistic Approach to the Pro-drop Parameter,* tesis doctoral, University de Southern California.

Greenberg, J. (1963), *Universals of language,* Cambridge, Mass., MIT Press.

Hale, K. (1983), «Warlpiri and the grammar of non-configurational languages», *Natural Language and Linguistic Theory* 1, pp. 5-47.

— y S. J. Keyser (1993), «On argument structure and the lexical expression of syntactic relations», en K. Hale y S. J. Keyser (eds.), *The view from Building 20: Essays in Honor of Sylvain Bromberger,* Cambridge, Mass., MIT Press, pp. 53-109.

— (1998), «The basic elements of argument structure» en H. Harley (ed.), *Papers from the UPenn/MIT Roundtable on Argument Structure and Aspect, MIT Working Papers in Linguistics* 32, pp. 73-118.

— (2002), *Prolegomenon to a Theory of Argument Structure,* Cambridge, Mass., MIT Press.

Harley, H. (2005), «How do verbs get their names? Denominal verbs, manner incorporation and the ontology of verb roots in English», en N. Erteschik-Shir y T. Rapoport (eds.), *The syntax of Aspect,* Oxford, Oxford University Press, pp. 42-64.

Haugen, J. (2009), «Hyponymous objects and late insertion», *Lingua* 119, pp. 242-262.

IRURTZUN, A. (2012), «The present of UG», *Biolinguistics* 61, pp.112-123.

JACKENDOFF, R. (1990), *Semantic Structures*, Cambridge, Mass., MIT Press.

KAYNE, R. (1984), *Connectedness and binary branching*, Dordrecht, Foris.

— (2000), *Parameters and universals*, Oxford, Oxford University Press.

KOOPMAN, H. (1984), *The Syntax of Verb-Movement: From Verb Movement Rules in the Kru Language to Universal Grammar*, Dordrecht, Foris.

LEVIN, B. y T. RAPOPORT (1988), «Lexical Subordination», en D. Brentari, G. Laron y L. MacLeod (eds.), *Papers from the 24th annual regional meeting of the Chicago Linguistic Society*, vol. 1, Chicago, Chicago Linguistic Society, pp. 275-289.

LEVIN, B. y M. RAPPAPORT-HOVAV (1995), *Unaccusativity*, Cambridge, Mass., MIT Press.

LIM, D. y M. L. ZUBIZARRETA (2012), «On the Syntactic Composition of Korean Resultatives and Related Constructions», en *Proceedings of Workshop on Verbal Elasticity*, Barcelona, Universitat Autònoma de Barcelona.

LONGOBARDI, G. (2003), «Methods in parametric linguistics and cognitive history», *Linguistic Variation Yearbook* 3, pp. 101-138.

McINTYRE, A. (2004), «Event paths, conflation, argument structure and VP shells», *Linguistics* 42, pp. 523-571.

MATEU, J. (2002), *Argument Structure. Relational Construal at the Syntax-Semantics Interface*, tesis doctoral, Universitat Autònoma de Barcelona.

— (2008), «On the lexical syntax of directionality/resultativity: the case of germanic preverbs», en A. Asbury *et al.* (eds.), *Syntax and Semantics of Spatial P*, Amsterdam, John Benjamins, pp. 221-250.

— (2012), «Conflation and incorporation processes in resultative constructions», en Demonte y McNally (eds.), pp. 252-278.

— y G. RIGAU (2002), «A minimalist account of conflation processes: parametric variation at the lexicon-syntax interface», en A. Alexiadou (ed.), *Theoretical Approaches to Universals*, Amsterdam, John Benjamins, pp. 211-236.

MENDÍVIL, J. L. (2003), «Construcciones resultativas y Gramática Universal», *Revista de la Sociedad Española de Lingüística* 33, pp. 1-28.

NOONAN, M. (2010), «À to Zu», en Cinque y Rizzi (eds.), pp. 161-195.

PERLMUTTER, D. (1971), *Deep and Surface Constraints in Syntax*, Nueva York, Holt, Rinehart and Winston.

RAMCHAND, G. (2008), *Verb Meaning and the Lexicon*, Cambridge, Cambridge University Press.

RAPPAPORT HOVAV, M. y B. LEVIN (1998), «Building verb meanings», en M. Butt y W. Geuder (eds.), *The Projection of Arguments: Lexical and Compositional Factors*, Stanford, CA, CSLI Publications, pp. 97-134 .

REAL PUIGDOLLERS, C. (2010), «A microparametric approach on goal of motion constructions: properties of adpositional systems in Romance and Germanic», *Catalan Journal of Linguistics* 9, pp. 125-150.

RICHARDS, M. D. (2008), «Two kinds of variation in a minimalist system», en F. Heck *et al.* (eds.), *Varieties of competition*, Linguistische Arbeitsberichte 87, pp. 133-162.

RITTER, E. y S. T. ROSEN (1998), «Delimiting events in syntax», en M. Butt y W. Geuder (eds.), *The Projection of Arguments: Lexical and Compositional factors*, Stanford, CA, CSLI Publications, pp. 134-164.

RIZZI, L. (1982), *Issues in Italian Syntax,* Dordrecht, Foris.

— (1997), «The fine structure of the left periphery», en L. Haegeman (ed.), *Elements of Grammar: Handbook in Generative Syntax*, Dordrecht, Kluwer, pp. 281-337.

ROBERTS, I. (2012), «Macroparameters and minimalism. A programme for comparative research», en C. Galves, S. Cirino, R. Lopes, F. Sandalo y J. Alvear, *Parameter Theory and Lingusitic Change,* Oxford, Oxford University Press, pp. 320-336.

ROBERTS, I. y A. HOLMBERG (2010), «Introduction: parameters in minimalist theory», en T. Biberauer, A. Holmberg, I. Roberts y M. Sheehan (eds.), *Parametric Variation: Null Subjects in Minimalist Theory,* Cambridge, Cambridge University Press, pp. 1-57.

SLOBIN, D. (2004), «The many ways to search for a frog: linguistic typology and the expression of motion events», en S. Strömqvist y L. Verhoeven (eds.), *Relating Events in Narrative: Typological and Contextual Perspectives,* vol. 2, Mahwah, Lawrence Erlbaum, pp. 219-225.

SNYDER, W. (1995), *Language Acquisition and Language Variation: the Role of Morphology,* tesis doctoral, MIT.

— (2001), «On the nature of syntactic variation: evidence from complex predicates and complex word-formation», *Language* 77, pp. 324-342.

— (2012), «Parameter Theory and Motion Predicates», en Demonte y McNally (eds.), pp. 279-295.

SON, M. (2007), «Directionality and resultativity: The cross-linguistic correlation revisited», en M. Bašić *et al.* (eds.), *Tromsø Working Papers on Language and Linguistics: Nordlyd 34, Special issue on Space, Motion, and Result,* Tromsø, CASTL, pp. 126, en Cinque y Rizzi (eds.), pp. 161-195.

SON, M. y P. SVENONIUS, (2008), «Microparameters of cross-linguistic variation: Directed motion and resultatives», en N. Abner y J. Bishop (eds.), *Proceedings of the 27th West Coast Conference on Formal Linguistics,* Somerville, Mass., Cascadilla, pp. 388-396.

STOWELL, T. (1981), *Origins of Phrase structure,* tesis doctoral, MIT.

SVENONIUS, P. (2010), «Spatial P in English», en Cinque y Rizzi (eds.), pp. 161-195.

TALMY, L. (1985), «Lexicalization patterns: Semantic structure in lexical forms», en T. Shopen (ed.), *Language Typology and Syntactic Description, III: Grammatical Categories and the Lexicon,* Cambridge, Cambridge University Press, pp. 57-149.

— (2000), *Towards a Cognitive Semantics,* Cambridge, Mass., MIT Press.

URIAGEREKA, J. (2007), «Clarifying the Notion 'Parameter'», *Biolinguistics* 1, pp. 99-113.

WASHIO, R. (1997), «Resultatives, Compositionality and Language Variation», *Journal of East Asian Linguistics* 6, pp. 1-49.

YANG, C. (2002), *Knowledge and learning in natural language,* Oxford, Oxford University Press.

— (2010), «Three factors in language variation», *Lingua* 120, pp. 1.160-1.177.

ZUBIZARRETA, M. L. y E. OH (2007), *On the Syntactic Composition of Manner and Motion,* Cambridge, Mass., MIT Press.

11 La interfaz sintaxis-semántica

Javier Gutiérrez-Rexach
The Ohio State University

11.1. Sintaxis y semántica

Parece obvio que hay numerosos puntos de convergencia entre la sintaxis –el estudio de la combinatoria de las palabras– y la semántica –el estudio de su significado–. Sin embargo, el cómo caracterizarlos es un asunto que ha sido tradicionalmente muy debatido y que en las últimas décadas ha cristalizado como un importante campo de investigación. De hecho, en algunos textos recientes se incluyen aspectos de la semántica dentro de la definición de sintaxis. Por ejemplo, en Bosque y Gutiérrez-Rexach (2009) se define la sintaxis como "la parte de la gramática que estudia la forma en que se combinan las palabras y los significados a los que dan lugar esas combinaciones". Así, se incluirían como parte de la sintaxis, o, de forma más específica, como parte del dominio del que debe ocuparse la sintaxis, los aspectos del significado de las expresiones sintácticas derivados de su combinatoria. En este capítulo se explora la conexión entre sintaxis y semántica, sus consecuencias teóricas y la forma en que se ha caracterizado en la lingüística formal contemporánea. Nos centraremos sobre todo en la caracterización que se ha apoyado en la hipótesis de que existe una conexión real o interfaz entre sintaxis y semántica. Se considerarán también varios enfoques posibles sobre este tema. La piedra angular de las investigaciones sobre la relación entre sintaxis y semántica reside en el estudio de la cuantificación, que tiene numerosas ramificaciones empíricas en temas conexos. Por ello, se revisarán brevemente algunas de las perspectivas más prometedoras en esta dimensión.

La noción de INTERFAZ (ing. *interface*) tiene su campo originario de aplicación en las ciencias de la computación. Son de peculiar importancia las interfaces con el usuario (ing. *user interface*), como punto o componente de contacto entre un mecanismo computacional y el individuo que lo utiliza. Por ejemplo, en un teléfono móvil o una tableta, se dice que la pantalla táctil es la interfaz entre el sistema operativo y el usuario, ya que es a través de ese dispositivo como las instrucciones de dicho usuario se transmiten y codifican para poder ser ejecutadas por el mecanismo computacional en cuestión. Esta metáfora de trabajo que toma las interfaces como puntos o componentes de contacto entre dominios con reglas y principios diferentes se empezó a usar en las ciencias cognitivas a partir de los años ochenta (Card, Moran y Newell 1986). Se refiere en este caso a los dominios o campos que actúan como mediadores o interlocutores entre componentes cognitivos diferentes. A diferencia de la aplicación de esta noción en las ciencias aplicadas de la computación, en el dominio cognitivo en general el énfasis no está en el diseño de interfaces (ing. *interface design*) sino en el descubrimiento de dichos dominios fronterizos y en el estudio de su funcionamiento.

(1) COMPONENTE 1 ⟵⟶ INTERFAZ ⟵⟶ COMPONENTE 2

La noción de INTERFAZ LINGÜÍSTICA no es algo que parezca natural o inmediatamente obvio desde la perspectiva del análisis gramatical. Mientras que la intuición de que los fenómenos gramaticales deben caracterizarse de manera diferente en función del ámbito empírico o teórico al que pertenecen ha estado presente en la teoría gramatical desde hace tiempo, la idea de que hay una conexión o interfaz entre dichos ámbitos parece ser más difícil de caracterizar adecuadamente. Así, se pueden encontrar en las consideraciones de las gramáticas pedagógicas y clásicas, desde los gramáticos griegos a Andrés Bello y Salvador Fernández Ramírez, numerosas intuiciones sobre las categorías y los objetos lingüísticos que pertenecen a los territorios o dominios del sonido y el significado o del significado y la estructura, tanto en su instanciación conjunta como por separado. Por otro lado, la idea de que ciertos fenómenos pertenecen a más de uno de estos dominios, aunque no del todo infrecuente, es probablemente más difícil de intuir o describir. Esto podría explicar por qué varios fenómenos que no tienen una adscripción clara o tienen características que pertenecen a más de un dominio de investigación han recibido menos atención en la tradición gramatical. Tal es el caso, por ejemplo, de las construcciones de foco. Las nociones de énfasis, prominencia y acento se han caracterizado tradicionalmente de manera más o menos exacta, pero la caracterización de la relación entre varias características prosódicas y de entonación y sus correlatos sintácticos, semánticos y pragmáticos, es más difícil y se ha resistido a un análisis unificado.

Esta dificultad intrínseca en la caracterización de los fenómenos que pertenecen a más de un dominio es en parte la razón principal por la que ciertas clases de palabras, construcciones o fenómenos han recibido escasa atención en la literatura gramatical. Por ejemplo, el análisis de los términos cuantificacionales (*algunos, muchos, todo,* etc.), las construcciones de grado (*más alto, qué tonto*) o las oraciones no declarativas (*¡vete!, ¿cuándo llegas?*) no ha gozado de una atención generalizada dentro de las teorías lingüísticas formales hasta hace relativamente poco. Esta consideración ha de ser entendida en términos relativos, pero parece justo hacerla, especialmente si comparamos la situación con otros dominios de investigación bien establecidos dentro de la morfosintaxis o la semántica propiamente dichas, tales como el análisis del tiempo, el aspecto, las extracciones, la posición de los adjetivos, etcétera.

11.2. La arquitectura de la gramática y sus interfaces

Intuitivamente parece que podría resultar beneficioso el tener teorías, herramientas heurísticas o hipótesis que aplicar a los fenómenos cuyo análisis, o bien no se ajusta a dominios establecidos de la investigación lingüística, o bien parecen ocupar una posición intermedia y pertenecer a más de un dominio. Sin embargo, tenemos que preguntarnos si estos dispositivos no son más que artefactos útiles o convenientes pero sin mucho fundamento para proveer una verdadera explicación, es decir, algo que necesitamos pero no sabemos cómo definir. Creo que la respuesta a esta objeción es negativa. Las interfaces y sus propiedades tienen una fundamentación psicológica y computacional evidente, como hemos visto en el apartado anterior, y han sido objeto de interés creciente en la lingüística y las ciencias cognitivas en general, por lo que sus fundamentos empíricos y teóricos son adecuadamente fuertes (Haugeland 1998, Clark 2007).

El periodo inicial de la gramática generativa, durante los años cincuenta y sesenta del siglo pasado, fue dominado por modelos generativo-transformacionales en los que había varios supuestos de partida que hacían difícil comprender o concebir la existencia misma de fenómenos genuinos en la interfaz sintaxis-semántica y de los dominios de dicha interfaz en sí. El obstáculo más importante para esta distinción fue la hipótesis prevalente en aquella época, que postulaba que la sintaxis es un componente gramatical completamente independiente o autónomo. La hipótesis de la AUTONOMÍA DE LA SINTAXIS ha sido importante, si no esencial, para el desarrollo de la gramática generativa hasta mediados de los años 90. En su formulación inicial y más estricta (Chomsky 1957, 1965) implicaba lo siguiente: las reglas y principios de la sintaxis deben formularse sin referencia alguna al sonido, significado o uso que los hablantes hagan de los objetos sintácticos. Metodológicamente, esta tesis implica el supuesto de que los fenómenos sintácticos tenían que ser tratados dentro de la teoría sintáctica *per se*. De ahí que podamos decir que oraciones como las siguientes son sintácticamente regulares o "bien formadas":

(2) a. Las ideas verdes incoloras duermen furiosamente.

    b. El océano habló con voz de trueno.

La sintaxis no se ocuparía de si dichas oraciones son anómalas, inapropiadas o entendibles solo en el discurso literario o poético, etc. Únicamente nos ayudaría a determinar su buena formación. Más adelante, sobre todo a partir de finales de los años sesenta del siglo pasado, empezó a entenderse dicha hipótesis en un sentido más abarcador, aproximándose a lo que podemos denominar "primacía" explicativa de la sintaxis: no solo las propiedades y fenómenos sintácticos, sino también otros fenómenos vecinos, como los relacionados con la morfología (la formación de palabras) o la semántica (la interpretación de las palabras y de los constituyentes), deben recibir una explicación sintáctica. Por lo tanto, en estos marcos teóricos los fenómenos de interfaz se explicaban mediante la reducción a una explicación estrictamente sintáctica.

Aunque esta estrategia ha tenido indudables ventajas y ha permitido introducir en el análisis gramatical datos no considerados hasta entonces, ha tenido también el inconveniente de que, a la par, causó un aumento tal vez innecesario en la complejidad del diseño del modelo teórico. El modelo de derivación sintáctica de los años cincuenta y sesenta era un MODELO LINEAL que propiciaba explicaciones en que los distintos fenómenos se caracterizaban estructuralmente de forma diferenciada mediante procesos operacionales que derivaban una (o más) ESTRUCTURAS PATENTES o de superficie (ing. *surface structure*) a partir de una ESTRUCTURA SUBYACENTE o "profunda" (ing. *deep structure*) que se postulaba.

(3) E. SUBYACENTE ⟶ E. PATENTE

Estos procesos derivacionales se denominaban TRANSFORMACIONES y su naturaleza era altamente específica. Cada construcción intuitivamente diferencial en el plano estructural o, en menor medida, en el del significado iba asociada con reglas transformacionales específicas: reflexivización, formación de preguntas, desplazamiento de pronombres débiles, etc. Por ejemplo, la transformación de reflexivización requería postular una estructura subyacente con dos sintagmas nominales idénticos refiriéndose al mismo individuo, de la que se derivaría la estructura patente mediante el borrado o elisión de la segunda aparición de dicho nombre y la inserción del pronombre reflexivo *se* (4a). De igual forma, los sujetos lógicos profundos de las cláusulas de infinitivo se eliminan por una transformación de borrado similar, como en (4b):

(4) a. Juan$_i$ odia a Juan$_i$ ⟹ Juan se odia
b. Juan$_i$ quiere [Juan$_i$ ir al cine] ⟹ Juan quiere [PRO ir al cine]

Se postularon más adelante, a partir de mediados de los años sesenta, varios modelos alternativos dentro de la denominada SEMÁNTICA GENERATIVA (Lakoff 1971), que fueron diseñados precisamente para mejorar el potencial explicativo de las teorías que pretendían dar cuenta de fenómenos que se consideraban de naturaleza predominantemente semántica. Para la semántica generativa, la estructura profunda no era tal, sino una representación de carácter semántico. A partir de dichas representaciones semánticas se derivaban, por medio de reglas, las estructuras de superficie deseadas. Por ejemplo, se descomponía el significado de los verbos en primitivos semánticos (CAUSAR, DEJAR, VOLVER-

SE), y así el verbo *matar* se derivaba de CAUSAR [*morir*] o *emborracharse* de CAUSAR [VOLVERSE [*borracho*]]:

(5) a. [Pepe [PASADO [CAUSA [morir (Alfredo)]]]] ⇒ Pepe mató a Alfredo.

   b. [Pepe [CAUSA [VOLVERSE [borracho (Pepe)]]]] ⇒ Pepe se emborrachó.

Frente a la semántica generativa surgió la denominada semántica interpretativa (Chomsky 1971, Jackendoff 1972), que mantenía el modelo basado en la derivación de una estructura profunda a otra patente de naturaleza sintáctica y postulaba que la interpretación semántica tenía lugar a partir de la estructura patente o de superficie. Consideremos el siguiente contraste:

(6) a. Pepe no visita a su abuela por la dichosa herencia.

   b. Por la dichosa herencia, Pepe no visita a su abuela.

La oración de (6a) tiene dos interpretaciones: 'A causa de la herencia, Pepe ha dejado de visitar a su abuela' o 'Pepe visita a su abuela, pero por un motivo distinto de heredar de ella, i. e., no es por la herencia'. Sin embargo, en (6b) la segunda interpretación deja de ser posible. Si adoptáramos un modelo basado en la generación de estructuras patentes a partir de representaciones semánticas subyacentes, no quedaría claro por qué existe dicha asimetría. En cambio, si asumimos que la interpretación semántica debe partir de la linealización patente, resulta obvio que el desplazamiento del sintagma preposicional al margen izquierdo de la oración hace imposible que quede bajo el ámbito de la negación, eliminándose la segunda lectura.

La denominada "guerra lingüística" entre semántica generativa y semántica interpretativa (Harris 1993) se resolvió con una aparente victoria del campo interpretativo, en tanto que a partir de la mitad de los años setenta quedaban ya muy pocos lingüistas que mantuvieran la derivación a partir de representaciones semánticas. Los modelos de corte chomskyano que se desarrollaron durante los años ochenta, es decir, el modelo de la TEORÍA DE RECCIÓN Y LIGAMIENTO (TRL) (ing. *Government & Binding* o GB) (Chomsky 1981), adoptaron una nueva estrategia para hacer frente a los problemas de interfaz. Esta estrategia consistía en compartimentar lo que hasta entonces era una derivación uniforme y rígida dentro de un solo componente. Esta división del trabajo se fundamentaba en la hipótesis de la modularidad de la mente humana (Fodor 1983), es decir, en la propuesta de que las capacidades cognitivas no constan de un solo procesador central, sino que se dividen en distintos módulos que realizan tareas cognitivas independientes. El paradigma de la TRL proponía un modelo radicalmente modular de la gramática. Dicha modularidad, en combinación con la hipótesis de la autonomía de la sintaxis, implicaba la suposición de que el componente sintáctico de la gramática se dividía en varios módulos de naturaleza heterogénea. Algunos módulos eran claramente sintácticos (la Teoría del Movimiento o del desplazamiento de constituyentes), otros tenían un carácter de interfaz (la Teoría del Ligamiento o de interpretación de los elementos anafóricos y pronominales) o una base semántica (la Teoría Temática o de los participantes verbales).

La Teoría del Ligamiento (ing. *Binding Theory*) –véase el capítulo 12 de este volumen para más detalles– establece tres principios (A, B y C) que restringen las posibilidades de asignación de índices de referencia a distintos tipos de expresiones en función de su naturaleza y del entorno local en que se encuentren. Así, las expresiones anafóricas deben quedar ligadas (co-indizadas con un elemento co-referente) en el dominio proposicional (oracional) mínimo al que pertenecen (Principio A). Por tanto, *Pepe* puede ser el antecedente de la anáfora *sí mismo* en (7a) pero no en (7b):

(7) a. [Pepe$_i$ se adora a sí mismo$_i$]
   b. [Pepe$_i$ piensa que [Juan$_j$ se adora a sí mismo$_{*i/j}$]]

Por contra, los pronombres deben estar libres en el dominio oracional mínimo al que pertenecen (Principio B), y las denominadas "expresiones referenciales" deben quedar siempre libres (Principio C). En los ejemplos siguientes, el pronombre *lo* puede quedar ligado por *Pepe* pero no por *Juan,* que estaría en su dominio proposicional mínimo (8a). Por contra, *este señor* carece de antecedente tanto en la oración matriz como en la incrustada (8b):

(8) a. [Pepe$_i$ piensa que [Juan$_j$ lo$_{i/*j}$ adora]]
   b. [Pepe$_i$ piensa que [Juan$_j$ adora a este señor$_{*i/*j/k}$]]

La Teoría Temática o de los papeles temáticos (ing. *thematic-role theory*) caracteriza los requerimientos semánticos que los verbos imponen a los sintagmas con los que se combinan. Por ejemplo, el verbo *matar* requiere un Agente y un Paciente, como en (9a), mientras que *doler* requiere un Experimentante y una fuente o Causa del dolor (9b):

(9) a. [Luis]$_A$ mató a [Harry]$_P$
   b. [A Luis]$_E$ le duelen [las muelas]$_C$

Las conexiones e interrelaciones entre estos módulos no se llegaron a elaborar con sumo detalle, a pesar de que varias restricciones se veían como aplicables en todos los ámbitos (localidad, la configuración de rección, etc.). Los fenómenos de interfaz se analizaban a menudo de forma mixta. Algunos se consideraban pertenecientes a un módulo sintáctico, y otros se atribuían a la semántica o a un nuevo componente denominado Forma Lógica (May 1977, 1985), del que hablaremos a continuación. Por ejemplo, la Teoría del Ligamiento nos habla de relaciones de co-referencia, la cual es evidentemente una propiedad semántica. Pero dichas relaciones se restringen o determinan unívocamente por principios de naturaleza sintáctica, dependientes de la localidad o proximidad estructural relativa de las expresiones involucradas, y que se aplican en la representación patente. La Teoría Temática, por contra, se atribuye a la representación subyacente, ya que las propiedades temáticas se proyectan siempre, con independencia de las reglas que se hayan aplicado a posteriori. Por ejemplo, en (10) entendemos que el Agente implícito de *fue hundido* controla o determina el sujeto del infinitivo *cobrar:*

(10) El barco fue hundido A$_i$ para PRO$_i$ cobrar el dinero del seguro.

Resulta también importante resaltar que hay un giro cognitivista en la concepción de los eductos estructurales de las distintas reglas u operaciones sintácticas. La estructura patente o de superficie (EPA) y la estructura subyacente o "profunda" (ESU) de una oración son niveles de representación, en el sentido cognitivo del término. Se supone que se corresponden con representaciones mentales o internas dentro de la facultad lingüística, y no con meras estructuras etiquetadas resultantes de un proceso de derivación mecánico, como sucedía en la Teoría Estándar y sus sucesores inmediatos. En este sentido, la teoría gramatical se torna ciertamente más ambiciosa, en tanto que no le compete solo postular hipótesis sobre cómo se generan las secuencias gramaticales y se bloquean las agramaticales, sino explicar cómo dichas secuencias se representan en un modelo dinámico y modular de la computación lingüística. El diseño de la gramática que resulta de estos presupuestos es el siguiente: hay dos niveles de representación sintácticos (EPA y ESU), y dos niveles de interfaz (Forma Lógica y Forma Fonética). Estos niveles son elementos de interfaz en tanto que sirven de mediación entre los módulos gramáticales propiamente dichos y el módulo sensori-motor (SM) o el conceptual-intencional (CI).

(11)

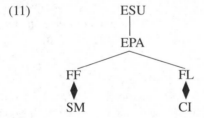

11.3. De la Forma Lógica al minimismo

La Forma Lógica (FL) se considera en los modelos generativos desde los años setenta hasta los noventa como la interfaz genuina o auténtica entre la sintaxis y la semántica. Se entiende también como un componente o nivel de representación sintáctica distinto del componente semántico propiamente dicho. Su génesis tiene lugar a través de un mecanismo transformacional, es decir, la representación en Forma Lógica de una secuencia determinada se hace a partir de su representación patente (estructura patente o de superficie). La propuesta de May (1977) es que la derivación de FL también tiene lugar mediante la aplicación uniforme de la regla u operación de Muévase-α, donde α es un constituyente sintáctico. Esta derivación es post-sintáctica en tanto que postula la necesidad de que la derivación sintáctica no termina con el educto visible, sino que continúa, tomando como punto de partida la representación patente de dicho educto hasta llegar a la representación que sirve de *input* al componente "conceptual-intencional", i. e., al conjunto de instrucciones sobre cómo asociar estados o actitudes mentales de tipo semántico con los objetos sintácticos propiamente dichos. Sin embargo, esta última parte de la derivación no es completamente post-sintáctica, en tanto que las operaciones que se aplican son las mismas que se aplican para derivar la representación patente de la subyacente. Este equilibrio entre operaciones sintácticas asociadas a parámetros semánticos es lo que convierte a la FL en un nivel de representación altamente idiosincrático, ya que la aplicación de Muévase-α no tiene repercusión fonética, a diferencia de lo que ocurre cuando dicha regla se aplica en los niveles de estructura subyacente o patente. Es, pues, un nivel de interfaz genuino, es decir, un nivel que no es reducible a un dominio específico por sí mismo, sino que cobra carta de naturaleza solamente en tanto que ejerce de mediador entre la sintaxis y la semántica.

Los elementos que participan en esta derivación en FL son aquellos cuya posición visible no se corresponde con la posición en que deben ser interpretados. El caso más significativo lo constituyen, evidentemente, los cuantificadores, pero también otros elementos que obtienen alcance o ámbito en una posición distinta de la que ocupan en superficie, o bien interaccionan con otros elementos: la negación, adverbios de foco, palabras interrogativas, verbos modales y ciertas expresiones temporales, etc. A todos estos elementos, que no constituyen una categoría sintáctica homogénea, pero que comparten la propiedad de establecer dependencias de ámbito, se los denomina OPERADORES. Por ejemplo, el adverbio de foco *solo* en (12a) puede asociarse con distintos constituyentes en el sintagma verbal y dar así lugar a distintas interpretaciones, representadas en (12b-d):

(12) a. Luis solo lee libros de Faulkner.
　　 b. Luis [solo [lee libros de Faulkner]] (no hace otra cosa).
　　 c. Luis lee [solo [libros de Faulkner]] (no lee revistas o comics).
　　 d. Luis lee libros [solo [de Faulkner]] (no lee libros de otros autores).

Decimos que un elemento tiene alcance o ámbito sobre otro cuando la interpretación de este último resulta dependiente del primero, como se muestra a continuación –véase Bosque y Gutiérrez-Rexach 2009: cap. 8, para más detalles–. La regla Muévase-α, que, como dijimos, actúa también en el componente estrictamente sintáctico, en el componente de FL pasa a convertirse en una operación específica y denominarse operación de Ascenso de Operador en general, en tanto que son los elementos cuyo ámbito o alcance lógico no se corresponde con su posición patente los que deberán desplazarse hasta situarse en la posición en la que lo tienen. Por ejemplo, los sintagmas interrogativos aparecen en chino o japonés en su posición originaria, a diferencia del español, en donde aparecen desplazados a la izquierda en la representación o linealización patente. En lenguas como el chino, el japonés o el coreano, el elemento *qu-* permanece *in situ,* es decir, en la posición canónica que le corresponde como argumento o adjunto de algún predicado. En los ejemplos de (13a) –de una lengua de orden Sujeto-Verbo-Objeto (SVO) como el chino– y (13b) –de una lengua SOV como el japonés–, los SQus permanecen en la posición canónica de objeto.

(13) a. Juan mai   le   shenme.   (chino)
        Juan comprar ASP. qué
        'Qué compró Juan'

     b. Juan-wa   nani-o   kaimasita ka.   (japonés)
        Juan-tema qué-acusativo compró   INT
        'Qué compró Juan'

En estas lenguas debemos suponer que el sintagma *qu-* (SQu) se desplaza en la FL a la periferia izquierda de la oración (al Sintagma Complementante o SComp) para obtener ámbito (Huang 1982). En otras palabras, la representación en la FL de las oraciones de (13a-b) y su correlato en español o en inglés sería idéntica. Esta conclusión es, desde luego, deseable, ya que en todas estas lenguas se hace en realidad la misma pregunta, de modo que la única diferencia es la posición visible del cuantificador interrogativo.

De forma más especializada, cuando el elemento afectado por la regla de movimiento es un cuantificador, la operación o regla Muévase-α se denomina operación de ASCENSO DEL CUANTIFICADOR (AC) (ing. *quantifier raising* o QR), ya que los términos que están sujetos a ella son de naturaleza cuantificacional y el propósito por el que se desplazan es para obtener ámbito o alcance sobre otros cuantificadores, es decir, situarse en la posición en la que se interpretan. El lugar al que se desplazan o adjuntan los términos por efecto de AC es el nudo oracional, al ser este el nudo sobre el que tienen ámbito –cf. González 2012 para más detalles–. Por tanto, la aplicación de AC es uniformemente un caso de movimiento A', es decir, movimiento a una posición periférica o no argumental (López 2012), como ilustraba también el ejemplo anterior sobre el desplazamiento encubierto de los SQus en chino o japonés. La diferencia es que, en el caso de los cuantificadores en general, la operación se aplica también en lenguas como el español o el inglés. En estas lenguas, los cuantificadores tienen ámbito lógico en una posición distinta de su posición patente y, por tanto, debemos suponer que una operación los ha desplazado a dicha posición. Un ejemplo paradigmático de la actividad de este tipo de operación viene dado por las necesidades de desambiguación de secuencias como (14):

(14) Alguien debe leer todos los libros.

Esta secuencia puede interpretarse de tres maneras distintas. En una primera interpretación, nos referimos a un individuo que debe leer todos los libros en cuestión. La segunda interpretación es que para todos los libros en cuestión se requiere que haya alguien (no necesariamente la misma persona) que los lea. La tercera interpretación, un poco más sutil, es que, en general, se requiere que todos los libros (cualesquiera que sean) han de ser leídos por alguien. La hipótesis básica que se asume en la propuesta del nivel de FL es que a estas tres lecturas o interpretaciones les corresponden tres representaciones o FLs distintas, que se detallan a continuación:

(15) a. [alguien$_i$ [todos los libros$_j$ [h$_i$ debe [leer h$_j$]]]]
    b. [todos los libros$_j$ [alguien$_i$ [h$_i$ debe [leer h$_j$]]]]
    c. [debe [todos los libros$_j$ [alguien$_i$ [h$_i$ leer h$_j$]]]]

La primera lectura, representada en (15a), se obtiene desplazando primero el término en posición de objeto *(todos los libros)* al nudo oracional superior y, a continuación, desplazando el sujeto. Obtenemos entonces el orden de alcance *alguien > todos los libros* en FL, que es un reflejo del que se obtiene en la cadena de superficie. Nótese que el desplazamiento, aunque no altere la jerarquía de dominio, es obligatorio, porque los cuantificadores deben estar en una posición adjunta al nudo oracional (sobre el que tienen ámbito) para poder ser interpretados como tales en FL. En cambio, la segunda interpretación en (15b) es el resultado del orden de desplazamiento o aplicación de AC inverso. Primero se desplaza el cuantificador sujeto adjuntándose al nudo oracional y a continuación lo hace el de objeto, obteniéndose la secuencia de ámbito *todos los libros > alguien*. En la tercera interpretación (15c), la operación AC desplaza los cuantificadores al nudo oracional subordinado (oración de infinitivo), con lo que se obtiene el orden *debe > todos los libros > alguien*. Como vemos, los cuantificadores nominales interactúan entre sí y también con el verbo modal, que es asimismo un operador con alcance oracional. El nivel de FL es, pues, un nivel de desambiguación, ya que las distintas lecturas o interpretaciones se asocian con representaciones distintas. Al ser FL parte de la dotación genética de los hablantes y, por tanto, de la Gramática Universal, se entiende que las operaciones y restricciones que operan en este nivel son también universales. En otras palabras, con independencia de la linealización u orden patente de los constituyentes de (14) en cualquier lengua, en principio deben ser posibles las representaciones de FL de (15) y sus interpretaciones asociadas.

El PROGRAMA MINIMISTA (Chomsky 1995) ha provocado una transformación radical en la concepción y el análisis de las interfaces y los fenómenos de interfaz. En primer lugar, la estructura de múltiples niveles de representación de los modelos anteriores se descarta en favor de un sistema completamente derivacional con solo dos representaciones o puntos terminales de derivación: Forma Lógica (FL) y la Forma Fonética (FF). Estos niveles son vistos como los niveles de interfaz genuinos, en el sentido de que solo aportan condiciones de "legibilidad" o instrucciones para los sistemas cognitivos externos. Recordemos que estos sistemas son el sistema conceptual-intencional, que interactúa con la Forma Lógica, y el sistema sensori-motor, la interfaz con la Forma Fonética. Esta visión restringida de los sistemas de interconexión refleja con claridad la postura radicalmente internalista de Chomsky sobre la semántica. Se postula que la interpretación semántica debe quedar expresada en términos conceptuales o internos, por lo que la semántica referencial o externalista, común en la filosofía analítica, se considera como escasamente apropiada desde un punto de vista lingüístico, ya que parece que hay menos pruebas cognitivas que la apoyan (Pietroski 2008). La semántica internalista postula que los objetos gramaticales, ya sean elementales o con complejidad sintáctica (sintagmas u oraciones), se asocian con contenidos mentales, es decir, con objetos semánticos "internos" en la mente del hablante. Estos objetos internos han de representarse en un lenguaje conceptual, que Lewis (1970) caracterizó de manera crítica como "mentalés". Filósofos como Fodor (1975), que, por el contrario, sí consideran válida la hipótesis internalista, han definido dicho lenguaje como un "lenguaje del pensamiento", cuyos primitivos están sujetos a arduo debate. Por el contrario, los defensores de la semántica externalista asumen que el contenido de los objetos gramaticales es intrínsecamente referencial externo. En otras palabras, los sintagmas u oraciones se profieren para hacer referencia a entidades, relaciones entre dichas entidades o asertos sobre ellas que pueden ser verdaderos o falsos en función de cómo se ajusten o correspondan con la realidad. Se puede establecer entonces una asociación sistemática entre las expresiones del lenguaje y las entidades externas que denotan. La versión más precisa de la semántica externalista es la formulada por Tarski (1944) y sus seguidores, principalmente Montague (1974). La noción de "satisfacción" de una estructura en un modelo resulta clave, en tanto que permite realizar de manera recursiva la computación del contenido semántico de expresiones de diferente complejidad. Un modelo es un conjunto de entidades y una función que asocia los miembros de dicho conjunto con los términos básicos de un lenguaje determinado. Decimos que la denotación de una expresión simple o compleja se satisface en un modelo si encontramos una denotación para ella en dicho modelo.

Sin embargo, una hipótesis sobre la conexión entre la sintaxis y la semántica basada en la noción de interfaz no necesariamente favorece o excluye un punto de vista interno o externo sobre la semántica, pese a la postura un tanto rígida de Chomsky a este respecto. Es posible en este sentido defender una visión internalista o conceptual del significado en combinación con una sintaxis construccionista, como sucede en el modelo sobre la facultad del lenguaje de Jackendoff y colaboradores (Jackendoff 2002, Culicover y Jackendoff 2005), que, por tanto, prescinde de la noción de nivel derivacional de representación o interfaz. Uno de los postulados principales de la gramática de construcciones es que no hay derivación sintáctica propiamente dicha, sino que los objetos sintácticos se montan directamente como construcciones (de mayor o menor complejidad). Nótese que se consideran construcciones tanto las locuciones o colocaciones idiomáticas (*tomar el pelo*, *salirse por la tangente*, etc.) como aquellas que en principio parecen menos estables (*beber una cerveza*, *comprar un libro*, etc.). A cada construcción se le asocia un objeto semántico diferenciado. Por tanto, en estos modelos se combina una semántica internalista con una sintaxis no derivacional o plana.

Por otra parte, Heim y Kratzer (1998) presentan un modelo que combina una sintaxis derivacional que tiene el nivel de Forma Lógica como punto de interfaz con una semántica externalista. Más en concreto, su propuesta se basa estrictamente en la visión externalista de la semántica de los filósofos Frege y Tarski, pero prestando mucha atención a las cuestiones relativas a la interfaz con la sintaxis. Se asume la importancia de la derivación sintáctica para la interpretación semántica, abogando por una conexión entre referencia semántica externa y una propiedad cognitiva interna (la computación sintáctica). En otras palabras, las representaciones sintácticas sirven como *input* para el establecimiento de la referencia o denotación de los términos. En suma, la cuestión de la naturaleza exacta de la interfaz sintaxis-semántica y su lugar en la gramática no parecen favorecer decididamente un punto de vista sobre la semántica de un tipo u otro –cf. Gutiérrez-Rexach 2004, para una extensa recopilación de textos fundamentales desde diversas perspectivas–.

La conclusión anterior no es completamente exacta, sin embargo. Un supuesto que parece ser compartido por varios enfoques actuales sobre las interfaces es la centralidad de la derivación composicional en el proceso de interpretación. El principio de composicionalidad, o principio de Frege, establece que el significado de una expresión es una función de los significados de sus componentes y del modo en que se combinan. Se sigue entonces que la combinatoria sintáctica debe tener un papel esencial en la determinación del significado. El modelo de la TRL se basa en una derivación con un punto final o de terminación, la representación final en FL, al que se asigna entonces la interpretación semántica correspondiente. Es, en cierto sentido, un modelo serial, en tanto que las derivaciones tienen un punto fijo de comienzo y terminación y las representaciones actúan como aductos o *inputs* de otras representaciones. La derivación de la FL solo puede tener lugar tomando como punto de partida la representación patente, y esta a su vez parte del punto final (educto o *output*) de la representación subyacente. Se le denomina el "modelo Y", en tanto que el proceso serial semeja una Y invertida, bifurcándose a partir de la estructura patente en las representaciones de Forma Fonética y Forma Lógica, como mostraba el esquema de (11). Esto no solo permite derivaciones no-composicionales, sino que también elude el tema de la composicionalidad en cierto sentido, ya que la computación semántica comienza solo después de que la derivación sintáctica patente haya terminado, es decir, cuando el objeto sintáctico se proyecta en el componente semántico. Este modelo mantiene la sintaxis como un componente autónomo, y las derivaciones o procesos sintácticos no tienen repercusión semántica directa; solo la tienen de manera indirecta, a través del nivel mediador de FL. La eliminación del sistema multi-modular basado en múltiples niveles de representación y la reducción que lleva a cabo el Programa Minimista ponen en cuestión este modelo serial y compartimentado.

En el Programa Minimista, la visión serial ha sido cuestionada progresivamente, aunque se presupone todavía en los primeros modelos dentro de esta tendencia (Chomsky 1995). Lo que ha surgido posteriormente es la idea de que la estructura sintáctica es el resultado de "proyecciones al *output* múltiples" (ing. *multiple spell-out*) (Uriagereka 1999), que se corresponden con las diferentes etapas o "fases" de la derivación (Chomsky 2001). Dicho de otro modo, los objetos sintácticos que son el producto de las derivaciones sintácticas se interpretan en diferentes puntos. No hay necesidad de esperar a un punto terminal con el fin de lograr una estructura interpretable. Las operaciones computacionales que restringen estructura y significado siguen viéndose como procedimientos universales, pertenecientes a la facultad del lenguaje (Chomsky 2007). La idea de proyección al *output* múltiple se entiende también en el marco de la TEORÍA DE LAS FASES (Chomsky 2001, 2008; Gallego 2008). De acuerdo con esta propuesta, las derivaciones sintácticas se clausuran en torno a objetos completos denominados fases.

(16) Fase 1 ⟶ Objeto sintáctico 1 ⟶ Representación semántica 1
     Fase 2 ⟶ Objeto sintáctico 2 ⟶ Representación semántica 2
     Fase 3 ⟶ Objeto sintáctico 3 ⟶ Representación semántica 3

Dichas fases están cerradas en cuando a su accesibilidad externa (extracción), pero pueden fusionarse con términos sintácticos que las seleccionen. En este sentido, un objeto sintáctico constituye una fase cuando es "completamente interpretable", sin que ello sea problema para que pueda seguir fusionándose con otros elementos léxicos. Por ejemplo la oración interrogativa (estructuralmente un Sintagma Complementante o SComp) de (17a) ejemplifica una fase completa, semánticamente autónoma y que puede ensamblarse con un verbo que seleccione preguntas como *preguntarse* (17b); en cambio, el objeto sintáctico de (17c) no ejemplifica una fase completa y, por tanto, el sujeto puede extraerse y aparecer asociado a la oración matriz (17d).

(17) a. ¿Quién dijo qué?
     b. Me pregunto quién dijo qué.
     c. dijo qué
     d. ¿Quién dices que dijo qué?

En la sección 6 daremos más ejemplos similares. Una idea muy parecida sería afirmar que las derivaciones sintácticas y semánticas van en paralelo. Esta idea ha tenido varias ejemplificaciones (Gutiérrez-Rexach 2000, Kobele 2006, González-Rivera 2010). El Ensamble (ing. *Merge*) de dos o más elementos puede asociarse directamente con un objeto semántico. Veamos un ejemplo, en el que omitiremos ciertos detalles técnicos. El Ensamble de una secuencia como *Juan compró el libro* en tres pasos derivacionales (tres aplicaciones de la operación μ de Ensamble) se corresponde con tres pasos en la computación semántica (tres aplicaciones de la operación φ de aplicación funcional de funciones a argumentos semánticos):

(18) μ(el, libro) ⟶ el libro ⟶ ϕ(**el, libro**) = **el** (**libro**)
     μ(compró, el libro) ⟶ compró el libro ⟶ ϕ(**compró, el libro**)
     = compró (**el**(**libro**))

$$\mu(\text{Juan, compró el libro}) \longrightarrow \text{Juan compró el libro} \longrightarrow \phi(\textbf{Juan, compró el libro}) = \textbf{compró (el(libro)) (Juan)}$$

Por lo tanto, si en los modelos anteriores los fenómenos y asimetrías de interfaz surgen como consecuencia de los desajustes entre las derivaciones o computaciones y el resultado semántico, en un modelo de interfaz paralela dichos fenómenos o propiedades surgen como consecuencia de la interacción de las dos computaciones (sintáctica y semántica). La noción de "nivel de representación" queda, pues, debilitada, en tanto que no es necesario asociar la interpretación semántica a un nivel determinado. Esto permite una perspectiva más abstracta sobre la naturaleza de las invariantes gramaticales, es decir, sobre las expresiones que tienen "fijeza" sintáctica y semántica (Keenan y Stabler 2003, 2009). Decimos que una expresión es invariante si su interpretación permanece constante bajo cualquier operación. Keenan y Stabler prueban que los elementos funcionales en general, y los cuantificacionales en particular, son invariantes gramaticales. Lo que esto quiere decir es que un determinante, por ejemplo, no cambia su significado en función de que esté sujeto a una operación sintáctica u otra, o de que aparezca en una posición sintáctica u otra. El determinante *todos* no puede pasar a significar *muchos* y viceversa en función de su posición sintáctica, y tampoco puede pasar de ser un determinante a ser una conjunción en función de la construcción en que se use o el hablante que lo haga. Lo que no cambia, en suma, es su contenido categorial y funcional. Sin embargo, ha de matizarse que ciertos rasgos, como los relacionados con la estructura informativa, sí que son sensibles a las distintas operaciones sintácticas y cambian en función de la posición estructural que ocupe un elemento. Dichos rasgos no serían parte del contenido invariante de la expresión. Una predicción interesante de este enfoque es que los elementos invariantes en la interfaz estarán sujetos a menor variación diacrónica y sincrónica, ya sea esta dialectal o idiolectal.

11.4. El vínculo sintaxis-semántica desde otros puntos de vista

En otros marcos teóricos, las ideas de que la sintaxis y la semántica han de ir en paralelo o que el punto o conexión de "interfaz" se produce de forma continua no son nuevas y, hasta cierto punto, se puede afirmar que han existido hace ya bastante tiempo. Por ejemplo, el denominado isomorfismo de Curry-Howard en la Gramática Categorial (Carpenter 1998, Morrill 2012) explícitamente demuestra la equivalencia entre derivaciones categoriales (sintácticas) y el cálculo del significado a través de la derivación de la fórmula correspondiente en un lenguaje lógico (Dowty, Wall y Peters 1981). En las teorías de la sintaxis que conciben los objetos sintácticos como signos o conjuntos de propiedades o rasgos de varios tipos (morfo-fonológicos, sintácticos y semánticos), como por ejemplo en la Gramática Sintagmática Nuclear (ing. *Head-Driven Phrase Structure Grammar* o HPSG) (Sag, Wasow y Bender 2003), la sintaxis y la semántica son parte integral de las especificaciones de rasgos de un signo.

$$(19) \begin{vmatrix} \text{PHON} \\ \\ \text{SYN} \\ \\ \text{SEM} \end{vmatrix}$$

La composición construccional de significado y forma, a través de la unificación de rasgos, afecta a los rasgos sintácticos de un signo y también a su especificación semántica, formulada por medio del formalismo de la semántica de situaciones en las versiones iniciales de la teoría o en la semántica de recursión mínima en los últimos modelos (Copestake *et al.* 2006). Una teoría más reciente, que asume de forma directa la computación paralela de sintaxis y semántica siguiendo el isomorfismo de Curry-Howard, es la gramática convergente de Pollard (2008). Como sucedía en el caso de los marcos derivacionales, es extremadamente difícil evaluar si habría una ventaja real en función de la elección de un marco semántico de uno u otro tipo. Estas mismas consideraciones pueden aplicarse a los modelos surgidos dentro de la Gramática de Construcciones (ing. *Construction Grammar;* cf. Goldberg 1995). En estos modelos, las secuencias de objetos sintácticos se conciben como constructos o construcciones que no son el resultado de una derivación o proceso sintáctico sino que se aprenden como tales. La negación de la existencia de un proceso derivacional niega también implícitamente la necesidad de una interfaz composicional con la semántica ya que el significado debe asociarse directamente con el constructo.

En los modelos funcionalistas de la sintaxis y en los marcos basados en las teorías de la Gramaticalización (Hopper y Traugott 2003), los investigadores se centran en cambios en la estructura o el uso de la construcción. Este "cambio en progreso" al que están sujetas las distintas construcciones se analiza como un subproducto del aumento de la frecuencia de uso de un determinado patrón. El cambio está asociado con el mecanismo de gramaticalización en que los patrones que son más frecuentes tienden a convertirse en parte de la gramática, es decir, se gramaticalizan. En la mayoría de los casos, los procesos de gramaticalización se ven impulsados por motivaciones pragmáticas, por lo que parece justificado dentro de esta perspectiva concluir que las actitudes de los hablantes y sus intenciones expresadas lingüísticamente tienen un papel fundamental en la conformación de las construcciones gramaticales. Por tanto, se eliminan los fenómenos y propiedades de interfaz y se sustituyen por contenidos pragmáticos de tipo intencional, es decir, se persigue describir qué pretenden los hablantes al usar cierta construcción.

Otras teorías de carácter semántico o pragmático también poseen supuestos implícitos o explícitos acerca de la interfaz de la semántica o la pragmática con la sintaxis. Por ejemplo, en la Teoría de Representación del Discurso (Kamp y Reyle 1993), las reglas de construcción de las Estructuras de Representación del Discurso (ERDs) operan sobre y se basan en estructuras sintácticamente analizadas. Los problemas de interfaz se pueden abordar en el nivel de representación de las ERDs en el que las propiedades de las palabras y las construcciones son capaces de activar o bloquear la aplicación de una determinada regla de construcción de ERD (Lascarides, Calder y Stenning, 2006). Las ERDs, pues, actuarían como un interfaz genuino entre la sintaxis y la asignación de condiciones veritativas.

(20) Sintaxis ⟶ ERD ⟶ Semántica

Por último, la Teoría de la Relevancia y otros enfoques pragmáticos que se asientan sobre la base de puntos de vista similares, trabajan sobre la hipótesis de partida de que las representaciones lógicas deben estar cognitivamente motivadas o fundamentadas. Tales representaciones se enriquecen pragmática o contextualmente para obtener las denominadas "explicaturas" (Sperber y Wilson 2004). Una explicatura es una representación enriquecida del contenido lógico o semántico de una oración, añadiendo elementos pragmáticos y contextuales que contribuyen a establecer la referencia de las expresiones (Carston 2012). En general, el nivel de compromiso con la importancia de los mecanismos sintácticos y la metodología de composición varía mucho entre estos distintos enfoques, que tampoco tienen como objetivo el explorar propiedades sintácticas, lo cual explica en parte por qué han sido menos productivos en la investigación de las zonas de interfaz.

11.5. Cuantificación y Forma Lógica

De la discusión anterior puede inferirse que la naturaleza de la interfaz sintaxis-semántica y su lugar en la gramática han sido objeto de intenso debate en las teorías gramaticales más recientes. Una consecuencia inmediata ha sido no solo la mayor atención a temas que se trataron en su mayoría dentro de la teoría semántica anteriormente, sino también la incorporación de sus propiedades como un elemento central en el diseño de la gramática. Este ha sido el caso en el plano teórico y también en el análisis empírico de las lenguas románicas. Tradicionalmente, el dominio empírico que parece más consustancial y central para la discusión de la interfaz sintaxis-semántica es la cuantificación. Esto es así porque los cuantificadores tienen características sintácticas y semánticas muy precisas con conexiones indudables entre ellas. Los términos cuantificacionales son palabras o sintagmas funcionales y están sujetos a restricciones estrictas de aparición conjunta o co-ocurrencia. Se comportan, además, como elementos lógicos, es decir, expresiones con una interpretación invariante que contribuyen sustancialmente al contenido lógico (semántico) de una proposición. En este sentido, su contenido tiene que ser separado del de otros elementos léxicos. Por ejemplo, el significado de los nombres o adjetivos pertenece al dominio léxico (el diccionario o el estudio de la competencia léxica) y está sujeto a un proceso de adquisición gradual. El significado de los cuantificadores es puramente lógico (invariante bajo permutaciones, cf. Keenan 1996). La adquisición de estos contenidos está ligada a la de otros elementos funcionales (Grinstead 2009) y es considerablemente más estable en el tiempo y en los distintos dialectos de una misma lengua, como observamos anteriormente.

El estudio de los cuantificadores ha recibido la atención de lógicos y filósofos desde Aristóteles y, sobre todo, a partir de las contribuciones de Frege, Russell y Tarski a finales del siglo XIX y comienzos del XX, con una sofisticación creciente. Este no ha sido el caso en la ciencia lingüística hasta un periodo más reciente, más en concreto con las contribuciones seminales de Richard Montague y seguidores a comienzos de los años setenta –véase Szabolcsi (2010), para un estudio exhaustivo–. Hay varios ingredientes que están en el origen de este aparente desfase. En primer lugar, la categoría funcional de los cuantificadores no es una clase de expresiones que esté marcada morfológica o sintácticamente de manera uniforme. Se considera normalmente a determinantes y artículos (*todos, muchos, unos, los*, etc.) como los elementos cuantificacionales estándar, pero otras expresiones desempeñan también un papel cuantificacional, como hemos señalado anteriormente: las expresiones *qu- (quién, cuál, cómo, cuándo)*, las palabras y sintagmas de grado y medida (*más, menos*, etc.), y ciertos adverbios con carácter cuantificacional (*normalmente, siempre, a veces*, etc.). En el ámbito nominal, se dice que el determinante encabeza el Sintagma Cuantificacional correspondiente y el nombre es la restricción que indica el dominio sobre el que cuantifica dicho determinante. Por tanto, en la literatura y en este trabajo, al hablar de un cuantificador, podemos referirnos solo al determinante que encabeza el sintagma o a todo el sintagma, incluyendo la restricción nominal.

Aunque es discutible que los cuantificadores sean una clase de palabras uniforme o una categoría gramatical propiamente dicha, se pueden de hecho tratar como una categoría uniforme en la interfaz sintaxis-semántica (Bosque y Gutiérrez-Rexach 2009). La propiedad más importante que unifica todas estas expresiones es que participan en las interacciones con otros elementos y dan lugar a los fenómenos de ámbito o alcance cuantificacional.

(21) Algún estudiante compró (todos) los libros.

Los elementos cuantificacionales *todos los* y *algún* interactúan cuantificacionalmente y dan lugar a dos interpretaciones distintas. Notacionalmente, indicamos $Q_1 > Q_2$ cuando Q_1 tiene alcance o ámbito sobre Q_2.

(22) algún > todos los: 'Un estudiante en concreto compró todos los libros del curso'.
  todos los > algún: 'Todos los libros del curso fueron comprados por algún estudiante u otro'.

Este tipo de interacción es el que se estudia en los manuales introductorios de lógica y, en cierta manera, el que se considera más incuestionable. Sin embargo, el territorio de las interacciones de ámbito es más amplio de lo esperado. Un cuantificador nominal interactúa no solo con otros cuantificadores del mismo tipo, es decir, con otros cuantificadores nominales, sino también con otros operadores, como los verbos, expresiones modales –como ilustraba el ejemplo de (14) con respecto a *deber*–, etc. Por lo tanto, hay dependencia cuantificacional entre términos que designan individuos, y también de dichos términos con elementos cuantificacionales con diversos dominios denotativos (con referencia a tiempos, eventos, etc.). Por ejemplo, la oración (23) se entiende en el sentido de que en la tienda ya no hay libros (*no > un libro*), mientras que en (24) hablamos de un libro en concreto del que no quedan ejemplares (*un libro > no*).

(23) No queda un libro en la tienda.

(24) No queda un libro que buscaba en la tienda.

En este ejemplo vemos que la negación interactúa con los cuantificadores nominales. También los cuantificadores interrogativos tienen interacciones de ámbito con los nominales. En la oración de (25), podemos entender que la pregunta versará sobre un único autor que ha escrito los libros en cuestión (*qué autor > los libros*) o también sobre los distintos autores de cada libro (*los libros > qué autor*).

(25) Te preguntará qué autor ha escrito los libros asignados.

Las interacciones de alcance son muy comunes. Desempeñan, además, un papel muy destacado en la interpretación de una oración y, lo que es más importante, en la aparición de ambigüedades oracionales (la asociación de más de un significado a una expresión dada). Hay ciertas ambigüedades típicas que se han tratado en la literatura lógica de modo exhaustivo, tales como las que surgen de la interacción de cuantificadores existenciales y universales (*unos, todos,* etc.). En la tradición semántica, estas ambigüedades se han explicado como una diferencia en la representación o traducción lógica de las expresiones afectadas. Una interpretación o sentido de la expresión oracional ambigua se corresponde con una traducción determinada (traducción 1) en un lenguaje lógico, y la otra interpretación se corresponde con una diferente (traducción 2). Lo que hace las traducciones 1 y 2 distintas desde un punto de vista lógico es el orden de los cuantificadores involucrados en la interacción de ámbito. La puesta en práctica de esta idea dentro de la gramática ha sido objeto de amplio debate (cf. López Palma 1999). En los modelos generativos de los años sesenta y setenta, estas diferencias se analizaban a partir de un contraste en el nivel de la estructura profunda (en el modelo inicial), en la representación semántica de origen (en el marco de la semántica generativa) o como resultado de varias transformaciones diferentes (la posición de la semántica interpretativa). Se postulaban así reglas de ascenso o descenso de la negación para dar lugar a las distintas asimetrías entre orden lógico y orden patente. Por ejemplo, intuitivamente, (26a) implica (26b), pero esto no sucede en (26c, d), es decir, (26c) no implica lógicamente (26d).

(26) a. Pepe no piensa que Juan está aquí.
  b. Pepe piensa que Juan no está aquí.
  c. Pepe no dijo que Juan estaba aquí.
  d. Pepe dijo que Juan no estaba aquí.

Una explicación (Fillmore 1963, Ross 1973) del fenómeno del desplazamiento lógico de la negación y del contraste subsiguiente fue proponer que *pensar* es un verbo que permite la regla de ascenso de la negación desde la posición subordinada hasta la posición matriz. Por contra, *decir* no lo permitiría. Es obvio que dicha solución, pese a asociar las dos posibilidades mediante una operación, no nos explica qué hay de distinto en dichos verbos para que se comporten de manera diferente.

En los años setenta, a partir del momento en que se postula el nivel de representación lingüístico de la Forma Lógica, que es diferente de la estructura subyacente y de la patente, el alcance o ámbito entre dos términos cuantificacionales se explica como el resultado del orden de mando-c en el nivel de Forma Lógica, donde decimos que un nudo manda-c a otro si el primer nudo ramificado que domina o es superior al primero domina también al segundo (véase Bosque y Gutiérrez-Rexach 2009). Si un cuantificador Q_1 manda-c de forma asimétrica a otro cuantificador Q_2 en FL, entonces Q_1 tiene que ser interpretado con alcance o ámbito mayor sobre Q_2 (May 1977). El siguiente esquema muestra las dos posibilidades de alcance para un cuantificador (ámbito amplio o reducido):

(27) a. $Q_1 > Q_2$: $[Q_1 \ldots [Q_2 \ldots [h_1 \ldots h_2]]]$
  b. $Q_2 > Q_1$: $[Q_2 \ldots [Q_1 \ldots [h_1 \ldots h_2]]]$

Las huellas del desplazamiento de los términos cuantificacionales en FL están sujetas a las mismas restricciones y condiciones de buena formación que las huellas del movimiento patente. Por ejemplo, todas las huellas deben estar asociadas de forma apropiada con un término en una posición designada. Estructuralmente, la huella ocupa la posición argumental originaria ocupada por el SD. En cambio, el cuantificador se ha desplazado a una posición no argumental (posición A'), concretamente a una posición de adjunto. Desde esa posición, el cuantificador manda-c asimétricamente a la huella (28a). Semánticamente, la huella se corresponde con una variable, que es el término que liga el cuantificador y que nos indica el rango sobre el que cuantifica el término en cuestión, como se muestra en (28b).

(28) a. $[_{SX} Q_i [_{SX} \ldots h_i \ldots]]$
  b. $[Q_x [\ldots x \ldots]]$

Para que una variable esté ligada de forma apropiada, se ha de satisfacer la denominada CONDICIÓN DE LIGAMIENTO APROPIADO (Fiengo 1977) (ingl. *Proper Binding Condition*), que requiere que la huella de movimiento correspondiente a dicha variable esté ligada por un cuantificador que ocupe una posición A'. Se excluye así una FL como (29b), donde hemos desplazado el cuantificador en posición de objeto para luego coindizar de forma ilegítima su huella con el sujeto.

(29) a. Juan ha visto a todos sus familiares.

    b. *[Todos sus familiares$_i$ [Juan$_i$ ha visto h$_i$]]

La FL de (29b) está mal formada en tanto que la variable no queda propiamente ligada, ya que se ha coindizado con un SD en posición de argumento. Este modelo se refina posteriormente (May 1985), lo que permite una relajación de este requisito de mando-c estricto. May (1985) considera que en FL todos los cuantificadores se asocian mediante la adjunción al nudo oracional con el fin de tener alcance sobre la cláusula. Los cuantificadores adjuntados forman un prefijo cuantificacional y están en una relación de mando-m dentro de su dominio de ámbito, donde decimos que un nudo manda-m a otro si la primera categoría máxima (sintagma o proyección máxima) que domina al primero domina también al segundo. Las asimetrías de alcance se derivan después, y no como un producto de la relación de mando-c, como sucedía en el modelo anterior, ya que el requisito de mando-m hace que tanto Q$_1$ como Q$_2$ tengan en principio el mismo ámbito. Por ejemplo, en un ejemplo elemental como (30a) se predicen tantas lecturas como permutaciones posibles haya de los miembros de la secuencia cuantificacional (30b).

(30) a. Todos alaban a alguien.

    b. <todos$_i$, alguien$_j$> [h$_i$ alaban h$_j$]

A partir de (30b), podemos derivar dos lecturas: *todos* > *alguien* ('todos alaban a una persona, no necesariamente la misma') y *alguien* > *todos* ('hay una persona en concreto a la que todos alaban'). Lo que crea las asimetrías de alcance sería el que distintos cuantificadores aterricen en dominios diferentes o que se infrinjan otros principios generales (rección de huellas, etc.). Por ejemplo, si un cuantificador se adjunta a una oración subordinada, estará obligatoriamente dentro del ámbito de otro que se adjunte a la oración matriz, como sucede en (31a), donde el orden de ámbito *algunos estudiantes* > *todos los libros* es el único posible. Este hecho se explicaría a partir de la FL de (31b), donde los cuantificadores se adjuntan a dominios diferentes, por lo que no forman una secuencia con mando-m mutuo.

(31) a. Algunos estudiantes piensan que todos los libros son aburridos.

    b. [Algunos estudiantes$_i$ [h$_i$ piensan que [todos los libros$_j$ [h$_j$ son aburridos]]]]

Este último modelo, aunque es técnicamente más complicado que el anterior, surge también como respuesta a la necesidad de explicar las interacciones entre términos que no dan lugar a relaciones de alcance, y en las que hay independencia de ámbito y, por tanto, no son reducibles a un determinado orden de aplicación de los términos cuantifica-cionales. Tal es el caso de ciertas lecturas colectivas y ramificadas (Gutiérrez-Rexach 2012). Por ejemplo, en (32) hablamos del total de empresas y ordenadores, por lo que no hay interacción o dependencia entre los numerales.

(32) Veinte empresas han comprado cuarenta ordenadores este año.

En la interrogativa indirecta de (33) se pide una lista de empareja-mientos de diseñador y actriz, lo cual no se corresponde con el orden de ámbito *qué modisto* > *qué actriz* o viceversa.

(33) Dime qué modisto viste a qué actriz.

Esta oración es un ejemplo de cuantificación sobre pares, es decir ten-dríamos un cuantificador binario *<qué, qué>*. Este tipo de cuantificado-res son muy comunes cuando tenemos dos términos idénticos, como también sucede en (34) y (35):

(34) Nadie conoce a nadie.

(35) Dos presos conocen a dos agentes.

En estos ejemplos, la interpretación más prominente es aquella en la que, en una situación dada, hacemos un emparejamiento de individuos que no se conocen (34) o pensamos en dos pares de preso y agente (35). En ambos casos no hay dependencia de un cuantificador con respecto a otro, sino un único cuantificador binario o secuencia cuantificacional sobre pares $<Q_i, Q_j>$. Dicho cuantificador binario es el resultado de un proceso de ABSORCIÓN de los miembros de la secuencia cuantificacional en un solo cuantificador (Higginbotham y May 1981).

(36) Operación de Absorción: dados n términos cuantificacionales Q, en la secuencia $<Q_1... Q_n>$, la operación de Absorción da lugar a un cuantifica-dor n-ario.

11.6. La cuantificación desde una perspectiva minimista

En el Programa Minimista, como se ha señalado anteriormente, la Forma Lógica se convierte en la interfaz lingüística central en la interacción entre la estructura y el significado. Sin embargo, la eliminación del mo-delo representacional y de las ideas concomitantes de rección, mando-c o mando-m, y de las nociones basadas en la Teoría de la X-barra (o cual-quier otra representación jerárquica arbórea), requiere una modificación de la forma en que se representan las relaciones de alcance. Para Horn-stein (1995), las asimetrías de alcance son el resultado del movimiento asimétrico de los cuantificadores a ciertas proyecciones, en concreto las de concordancia de sujeto y objeto o sus sucesoras, STiempo (ST) y S*v*

–véase el capítulo 2 de este volumen–. El movimiento que crea relaciones de ámbito, no se trataría de un movimiento no argumental (A') de adjunción a una proyección, ya que este es un movimiento irrestricto en tanto que en principio es posible adjuntar a una posición un número indeterminado de elementos siempre que ello sea necesario. En otras palabras, nada en la operación de adjunción restringe el origen o destino de tal operación. Se trata, por el contrario, de un movimiento A o movimiento a posición argumental (cf. Ausín 2012) desde una posición interna dentro del SV a la posición de ST o Sv. Este movimiento está independientemente motivado por necesidades de cotejo de rasgos. Dicho de otro modo, los sintagmas nominales deben desplazarse a ciertas proyecciones designadas para cotejar sus rasgos de caso y concordancia, y por otros requisitos de tipo semántico como la situación de los individuos con respecto a un parámetro eventivo-temporal. Sin embargo, el movimiento de AC de los modelos anteriores no tenía una motivación independiente en términos de cotejo de rasgos, sino que se motivaba a sí mismo para derivar una configuración de interfaz determinada. Esta nueva preferencia por las operaciones que siguen el principio de AVARICIA (ing. *Greed*) es característica del Minimismo. Un sintagma SX se desplazará solo si dicho desplazamiento está activado por la necesidad de cotejo de un rasgo gramatical. La hipótesis de Hornstein es que, como consecuencia de este movimiento, se derivan también ciertas relaciones de ámbito. La conclusión es, pues, que la FL no se necesita como un nivel independiente, sino que las configuraciones de ámbito se derivan dinámicamente dentro del proceso general de cotejo de los rasgos gramaticales.

Ilustremos este modelo con un ejemplo. Suponiendo que tanto los objetos como los sujetos se generan en el SV, de acuerdo con la hipótesis del sujeto interno en el SV (Koopman y Sportiche 1991, entre otros), tendríamos la representación de (37) en (38):

(37) Todos los alumnos admiran a un profesor.

(38) [$_{ST}$ todos los alumnos$_i$ [$_T$, admiran$_v$ [$_{Sv}$ a un profesor$_j$ [$_{Sv}$ h$_i$ [$_{SV}$ h$_v$ h$_j$]]]]]

La representación de (38) entraña que el sujeto se ha desplazado a ST y el objeto a Sv para identificarse gramaticalmente como tales (nominativo frente a acusativo, etc.). La disposición resultante se correspondería con la lectura de ámbito amplio del sujeto. Como hemos visto, esta no es la única posibilidad. Hornstein asume que las relaciones de ámbito estrecho de un cuantificador se obtienen también mediante la reconstrucción o desplazamiento inverso de dicho elemento a su posición originaria. Siguiendo las ideas minimistas, podemos concebir las huellas que deja un cuantificador al que se le aplica la operación de movimiento como "copias" de ese elemento a efectos semánticos, entendiéndose que solo se pronuncia una de estas copias. Por tanto, podremos interpretar un elemento, bien en su posición desplazada, bien en su posición "reconstruida", es decir, podemos interpretar la copia que aparece en el lugar de origen de movimiento. La interpretación en la que el cuantificador universal tiene ámbito estrecho se deriva interpretando no su aparición desplazada en ST sino la copia en la posición inicial. La copia no interpretada se "borra" al proyectarse a la interfaz y, por tanto, no da lugar a ninguna interacción semántica:

(39) [$_{ST}$ (todos los alumnos)$_i$ [$_{T'}$ admiran$_v$ [$_{Sv}$ a un profesor$_j$ [$_{Sv}$ (todos los alumnos)$_i$ [$_{SV}$ h$_v$ h$_j$]]]]]

Además de las ventajas teóricas generales dentro de los postulados minimistas, uno de los atractivos empíricos potenciales de la teoría que hace depender la representación de ámbito del movimiento A para cotejar los rasgos de concordancia y caso está en ciertas asimetrías de ámbito que pueden observarse en las construcciones de marcado excepcional de caso. Se denominan así las estructuras en las que un sujeto lógico o temático es marcado gramaticalmente, de forma excepcional, como un complemento directo. Así, *Pedro* es el sujeto temático de *trabajar duro,* pero aparece marcado como complemento de *hacer.*

(40) El jefe hizo a Pedro trabajar duro.

Las construcciones de marcado excepcional de caso dan lugar a asimetrías de ámbito como las ejemplificadas en el contraste siguiente:

(41) Una promesa hizo a todos los atletas prepararse bien para el torneo.

(42) Una promesa hizo que todos los atletas se preparasen bien para el torneo.

La oración (41) puede tener la interpretación en la que el cuantificador existencial tiene ámbito amplio (la misma promesa forzó a todos los atletas: *una promesa > todos los atletas*), o bien la que se obtiene cuando es el cuantificador universal el que tiene ámbito amplio (cada atleta hizo una promesa diferente: *todos los atletas > una promesa*). En cambio, esta última interpretación no es posible en (42). En esta oración se entiende que es la misma promesa la que hizo que todos los atletas se preparasen bien. Así pues, la única interpretación posible de esta oración es aquella en la que el cuantificador existencial tiene ámbito amplio. Podemos analizar (41) como una construcción de marcado excepcional de caso, en la que el cuantificador universal depende en cierto modo del verbo matriz para recibir caso:

(43) [$_{ST}$ Una promesa [hizo [$_{Sv}$ todos los atletas [prepararse bien para el torneo]]]]

Podemos suponer entonces que, en términos de ámbito, el cuantificador universal en posición de Sv puede interactuar con el sujeto en ST. Esto no sería posible en (42) porque los cuantificadores estarían en posiciones de ST independientes, donde tiene lugar la concordancia sujeto-flexión, esto es, en oraciones distintas que no serían relacionables por ámbito o alcance.

Stowell y Beghelli (1997) proponen un modelo minimista basado en el cotejo de rasgos en distintas proyecciones funcionales. Coinciden con Hornstein en ver el desplazamiento de términos cuantificacionales como movimiento-A y no como un proceso de adjunción. Los distintos cuantificadores se desplazan a una proyección u otra como resultado de sus necesidades de cotejo de rasgos, de acuerdo con la hipótesis minimista de que es el cotejo de rasgos lo que activa o bloquea las operaciones de movimiento. Por ejemplo, un cuantificador distributivo como *cada* coteja el rasgo [+distr] en un Sintagma Distributivo (SDist); un cuantificador referencial como un término de interpretación específica *(este libro)* o un nombre propio cotejan el rasgo [+ref] en un sintagma referencial (SRef), etc. Lo mismo se aplica a las expresiones focales, que se desplazarían al Sintagma Foco. Los elementos con alcance limitado por ser obligatoria u ocasionalmente dependientes, como los plurales escuetos y los numerales, se desplazan a un sintagma designado de dependencia cuantificacional (SDep), etc. Esta proliferación de proyecciones funcionales para el cotejo de rasgos semánticos tiene como objetivo linealizar las relaciones de alcance pertinentes, que se entienden como el resultado de las distintas necesidades de diversos términos cuantificacionales a partir de su especificación de rasgos. Las distintas proyecciones funcionales se jerarquizan, pues, para establecer las relaciones de alcance resultantes. Por ejemplo, SRef y SDist son jerárquicamente más prominentes que SDep, con lo que predecimos que la oración (44) tenga la FL (45) y se interprete con el orden de alcance *un estudiante > tres pizzas*.

(44) Un estudiante ha comido tres pizzas.

(45) [$_{SRef}$ Un estudiante$_i$ ... [$_{SDep}$ tres pizzas$_j$ [h$_i$ ha comido h$_j$]]]

Algunos estudiosos han criticado la proliferación de proyecciones e intentado ofrecer soluciones más globales. Un enfoque alternativo es el propuesto por Fox (2000), que deriva el alcance de los cuantificadores del principio minimista de Economía: cada cuantificador debe moverse solo a la posición más cercana en que debe ser interpretado. Esto implicaría por defecto que el cuantificador que aparece en la posición de objeto siempre tomaría alcance en una posición cercana al SV, es decir, se prediciría erróneamente que los cuantificadores de objeto nunca tendrían alcance amplio. Para explicar los casos en que ello es así, Fox recurre a una operación de Cambio de Alcance que, o bien hace ascender al cuantificador en posición de objeto por encima del que aparece en la posición sujeto, o bien "reconstruye" el cuantificador en la posición de sujeto a su posición de base. Esta operación adicional se activaría, siguiendo un criterio de economía aplicado al ámbito de los cuantificadores, solo cuando se producen diferencias interpretativas. Por ejemplo, en la oración (46a) la interpretación básica se derivaría aplicando las operaciones estándar de ascenso del sujeto a ST y adjunción del objeto a SV (46b):

(46) a. Tres estudiantes leyeron algunos libros.
      b. [$_{ST}$ tres estudiantes$_i$ [$_{SV}$ algunos libros$_j$ [$_{SV}$ h$_i$ leyeron h$_j$]]]

La interpretación de alcance amplio del objeto requeriría, o bien desplazar *algunos libros* a una posición adjunta al ST, como en (47a), o bien reconstruir *tres estudiantes* (47b):

(47) a. [$_{ST}$ algunos libros$_j$ [$_{ST}$ tres estudiantes$_i$ [$_{SV}$ h$_j$ [$_{SV}$ h$_i$ leyeron h$_j$]]]]

     b. [$_{ST}$ [$_{SV}$ algunos libros$_j$ [$_{SV}$ tres estudiantes leyeron h$_j$]]]

Estos movimientos adicionales no violarían el Principio de Economía de Alcance porque tendrían una motivación semántica, es decir, el obtener una interpretación diferencial. El mecanismo propuesto por Fox ha sido criticado, sobre todo, por proponer una visión excesivamente global del Principio de Economía, una visión en la que prácticamente tenemos que saber el resultado final de antemano (ing. *look ahead*) para predecir si habrá un movimiento o no, en contradicción con postulados derivacionales más básicos (cf. Gutiérrez-Rexach 2013).

Estos y otros enfoques, todavía sujetos a debate, abren el camino para futuros modelos que integren las versiones más recientes del Minimismo, como la Teoría de las Fases o la eliminación de etiquetas categoriales en la derivación (Collins 2002), de lo cual hemos dado ejemplos anteriormente. En estos modelos, la interpretación semántica se derivaría en paralelo con los procesos u operaciones de ENSAMBLE (ing. *Merge*) y concordancia. Una vez terminada una fase o ciclo computacional, este elemento sería inaccesible a manipulaciones sintácticas o semánticas a posteriori. Así se explicarían los ejemplos de marcado excepcional de caso estudiados *supra* (40-43). La asimetría entre ellos se seguiría del hecho de que, en el segundo caso, el SComp forma una fase completa a efectos semánticos, por lo que no sería accesible para derivar una interpretación en la que un cuantificador interactuase con el cuantificador en posición matriz. Esquemáticamente:

(48) [QP [$_{FASE}$ QP]]

Una situación similar se produce en el caso de las oraciones interrogativas indirectas, como (49):

(49) Todos me dijeron quién había leído algunos libros.

En (49), ni el SQu- *quién* ni el SQ *algunos libros* interactúan con el cuantificador matriz *todos*. Por ello la única interpretación posible es la de (50a), y la de (50b) es imposible.

(50) a. todos > quien > algunos: 'Todos me revelaron la persona que había leído algunos libros, por ejemplo, Juan'

     b. *algunos > todos > quien: 'Hay algunos libros de los que todos me han dicho quién los ha leído, por ejemplo, me han dicho que *Guerra y paz* lo ha leído Pepe y *Anna Karenina,* Luisa'

Este contraste es explicable si entendemos el SComp incrustado como una fase completa a efectos de interfaz y, por tanto, inaccesible a interacciones de alcance con elementos con los que se ensamble posteriormente. Dentro de una misma fase, las interacciones son posibles en función de la interacción de rasgos que se produzca, en la línea de lo sugerido por Hornstein (1995) o Beghelli y Stowell (1997).

11.7. Perspectivas de futuro

El problema principal del que adolece un enfoque en que se generaliza la jerarquización o asimetría de proyecciones sintácticas como reflejo de las asimetrías de alcance es que hay elementos que parecen tener alcance o ámbito de una manera diferente, es decir, no reducible a una jerarquización sintáctica o a una interacción de rasgos aparente. Un caso fundamental lo constituyen los indefinidos, que no solo pueden tener lecturas de ámbito amplio o estrecho, sino también lecturas intermedias. Veamos el siguiente ejemplo:

(51) Todo periódico dominical lleva varios artículos de opinión sobre un tema candente.

El sintagma nominal indefinido *un tema candente* en (51) puede interpretarse como dependiente de *todo*s y, a su vez, con alcance sobre *varios* (*todo* > *un* > *varios*), es decir, en todo periódico hay un tema sobre el que se escriben varios artículos de opinión. De acuerdo con esta interpretación, el indefinido tiene alcance intermedio, ya que tiene alcance amplio con respecto a un término y alcance estrecho con respecto a otro. Representar este tipo de ejemplos resulta problemático. Tomemos como ejemplo la teoría de Stowell y Beghelli (1997). El indefinido tendría que cotejar al tiempo un rasgo como término dependiente (Dep) y otro como término no dependiente, lo cual sería contradictorio. Estas expresiones indefinidas deberían tener dos rasgos diferenciales a la vez, ya que el indefinido puede depender de un término, pero, sin ser referencial, tiene a otro término dependiendo de él. Esto nos tendría que llevar a multiplicar las proyecciones y, de forma más problemática, a decir que un mismo término puede llevar un rasgo en un caso y otro rasgo diferente en otro caso.

La asignación de alcance mediante el cotejo de un rasgo en una proyección determinada parece problemática en este caso, a menos que se propongan mecanismos de codificación variable en el léxico o la sintaxis. Así, algunos autores han propuesto que a tales elementos se les asigna alcance a través de diferentes mecanismos (cf. Gutiérrez-Rexach 2003). Se ha propuesto que los indefinidos se asocian con una función de elección en FL, con lo que las opciones de ámbito se multiplican en función de dónde se cuantifique dicha función (i. e., el ámbito de la función). Una función de elección es un mecanismo que asocia elementos de un dominio determinado –el acotado por la denotación del nombre que encabeza la descripción indefinida– con otros de los que depende cuantificacionalmente. Por ejemplo, la oración (52a) se representaría como (52b) usando este mecanismo:

(52) a. Todos los estudiantes compraron un libro.

b. Un f [todos los estudiantes x compraron f(libro(x))]

Lo que (52b) viene a expresar, pues, es que hay una asociación (función) entre estudiantes y libros que vincula cada estudiante con el libro que este compró. Desafortunadamente, esto no puede ser una solución general, ya que los indefinidos tienen aún más variedades en diversas lenguas y su alcance es también el resultado de la interacción con otras categorías y rasgos.

Recientemente se ha sostenido que hay otros factores que interactúan con el alcance de los indefinidos, como las relaciones informativas, el foco y los entrañamientos de distributividad o colectividad (Gutiérrez-Rexach 2012). Otros enfoques, no solo dentro del Minimismo sino en el marco de propuestas semánticas más generales, defienden prescindir del nivel de Forma Lógica, ya sea como un nivel de representación gramatical o como una representación semántica asociada en un lenguaje lógico. Aquellos que defienden la interpretación en la superficie y la denominada composicionalidad directa (Barker y Jacobson 2007) postulan que el alcance se asigna normalmente en el lugar en que aparece el término sintáctico en la sintaxis visible. No hay operaciones de desplazamiento ni se requieren o postulan niveles adicionales de representación. Las asimetrías de ámbito de los cuantificadores se derivan a partir de operaciones de cambio de tipo (Montague 1974) o mediante la asociación de los cuantificadores con extensiones diferentes en función de su papel gramatical (sujeto/objeto, nominativo/acusativo) (cf. Keenan 1989). Finalmente, ciertos desarrollos recientes en la semántica de los lenguajes de programación se han aplicado a la interpretación del ámbito mediante el uso de las continuaciones (Barker 2002).

Un problema que hace que las cosas sean aún más complejas es la influencia de ciertos factores epistémicos en la interpretación de los indefinidos (Alonso-Ovalle y Menéndez Benito 2003), así como las implicaturas o inferencias asociadas (Chierchia 2004). Hay un intenso debate en la actualidad sobre el estado de dichas implicaturas, es decir, sobre si son independientes y pertenecen exclusivamente a la pragmática o si son procesadas de forma incremental y, por tanto, dependen de la computación gramatical. Vargas Tokuda, Grinstead y Gutiérrez-Rexach (2009) muestran que la última hipótesis es la correcta y que diferencias en la especificación de los elementos léxicos, como los indefinidos *unos* y *algunos,* se corresponden con diferencias mensurables en la adquisición de las distintas interpretaciones, y la generación o bloqueo de las implicaturas. Estas propiedades se adquieren en un periodo relativamente temprano, junto con otras características de la interfaz.

En el Programa Minimista, la Teoría del Ligamiento y la Teoría Temática desaparecen como subcomponentes autónomos al estar vinculados respectivamente a componentes representacionales. Se entiende que los únicos elementos cuya vinculación referencial está determinada sintácticamente son los anafóricos y se relaciona dicha vinculación con las necesidades de cotejo de rasgos de las anáforas. En otras palabras, las anáforas deben tener un 'sujeto', y dicho rasgo lo coteja o valúa un sintagma nominal disponible localmente. En cuanto a las propiedades temáticas, se entiende que son rasgos de los verbos que se cotejan o valúan también por sintagmas de tipo nominal. En suma, dichas teorías o módulos pueden reinterpretarse en términos del cotejo de rasgos y carecen de existencia individualizada.

La interpretación del foco también resulta fundamental para la interfaz sintaxis-semántica. Jackendoff (1972) presentó varios argumentos basados en datos sobre el foco para defender sus ideas sobre la interpretación semántica. Más recientemente, Reinhart (2006) aborda la importancia de la computación de los rasgos de foco dentro de un análisis minimista. De forma similar, Zubizarreta (1998) concibe el foco como una categoría sincrética, que puede computarse en asociación con otros rasgos o proyecciones. López (2009) también aborda la importancia del foco en la computación sintáctica, a partir de ciertos rasgos primitivos.

La referencia y la cuantificación sobre grados o magnitudes también ha sido un tema muy debatido, desde la discusión sobre la naturaleza y determinación de lo que es un grado o magnitud, hasta su instanciación en distintas categorías gramaticales (Kennedy 2007). La expresión de grado es evidente en las estructuras comparativas *(Pedro bebe más que Juan)*, las oraciones de relativo libre *(Come cuanto quiere)*, las estructuras correlativas (Gutiérrez-Rexach 2009) *(Cuanto más tiene, más quiere)*, las estructuras predicativas y adjetivos graduables (Pastor 2008), y las oraciones exclamativas (Castroviejo 2008, Gutiérrez-Rexach 2008). Se necesita más investigación para determinar si se puede llegar a alcanzar una explicación única o integrada para todas estas construcciones.

11.8. Conclusión

La interfaz sintaxis-semántica es un territorio fronterizo de difícil delimitación y difícil análisis, con numerosos aspectos teóricos y empíricos de carácter problemático. Esto nos permite entender no solo por qué ha sido objeto de debates críticos que han dado forma al desarrollo de la teoría gramatical, sino también por qué muchos problemas siguen sin explicarse, independientemente de su estatus en la teoría gramatical. En las dos últimas décadas se ha llevado a cabo una amplia gama de perspicaces y fructíferas investigaciones sobre fenómenos que no se pueden reducir a la sintaxis o a la semántica de forma independiente y que parecen imbricarse intrínsecamente en las dos áreas, como hemos argumentado a lo largo de este trabajo. Véase también Suñer (2009), para una visión general de varios temas adicionales, que pertenecen al dominio de la sintaxis de manera más estricta.

■ Bibliografía

ALONSO-OVALLE, L. y P. MENÉNDEZ-BENITO (2003), «Some epistemic indefinites», *Proceedings of the North East Linguistic Society* 33, pp. 1-12.

Ausín, A. (2012), «El movimiento A en español y sus condiciones de localidad», en José M. Brucart y Ángel Gallego (eds.), *El movimiento de constituyentes,* Madrid, Visor, pp. 49-70.

Barker, C. (2002), «Continuations and the natural of quantification», *Natural Language Semantics* 10, pp. 211-242.

— y P. Jacobson (2007), *Direct compositionality,* Oxford, Oxford University Press.

Bosque, I. y J. Gutiérrez-Rexach (2009), *Fundamentos de sintaxis formal,* Madrid, Akal.

Card, S., T. Moran y A. Newell (1983), *The psychology of human-computer interaction,* LEA.

Carpenter, B. (1998), *Type-logical semantics,* Cambridge, Mass., MIT Press.

Carston, R. (2012), «Implicature and explicature», en H. J. Schmid (ed.), *Cognitive pragmatics* (vol. 4), Berlín, Mouton de Gruyter.

Castroviejo, E. (2008), «Deconstructing exclamations», *Catalan Journal of Linguistics* 7, pp. 41-90.

Chierchia, G. (2004), «Scalar implicatures, polarity phenomena, and the syntax/pragmatics interface», en Adriana Belletti (ed.), *Structures and beyond,* Oxford, Oxford University Press, pp. 39-103

Chomsky, N. (1957), *Syntactic structures,* La Haya, Mouton.

— (1965), *Aspects of the theory of syntax,* Cambridge, Mass., MIT Press.

— (1971), «Deep structure, surface structure and semantic interpretation», en Danny Steinberg y Leon Jakobovits (eds.), *Semantics. An interdisciplinary reader in philosophy, linguistics, and psychology,* Cambridge, Cambridge University Press, pp. 183-217.

— (1981), *Lectures on government and binding,* Dordrecht, Foris.

— (1995), *The minimalist program,* Cambridge, Mass., MIT Press.

— (2001), «Derivation by phase», en Michael Kenstowicz (ed.), *Ken Hale: A life in language,* Cambridge, Mass., MIT Press, pp. 1-52.

— (2007), «Approaching UG from below», en U. Sauerland y H.-M. Gärtner (eds.), *Interfaces + recursion = language? Chomsky's minimalism and the view from syntax-semantics,* Berlín, Mouton de Gruyter, pp. 1-29.

— (2008), «On phases», en Carlos Otero *et al.* (eds.), *Fundational issues in linguistic theory,* Cambridge, Mass., MIT Press, pp. 134-166.

Clark, A. (2007), «Re-inventing ourselves», *Journal of medicine and philosophy* 32, pp. 263-282.

Collins, C. (2002), «Eliminating labels», en Samuel Epstein y Daniel Seely (eds.), *Derivation and explanation in the minimalist program,* Oxford, Blackwell.

Copestake, A., D. Flickinger, C. Pollard e I. Sag (2006), «Minimal recursion semantics: An Introduction», *Research on Language and Computation* 3, pp. 281-332.

Culicover, P. y R. Jackendoff (2005), *Simpler syntax,* Oxford, Oxford University Press.

Dowty, D., R. Wall y S. Peters (1981), *Introduction to Montague semantics,* Dordrecht, Reidel.

FIENGO, R. (1977), «On trace theory», *Linguistic Inquiry* 8, pp. 35-62.

FILLMORE, C. (1963), «The position of embedding transformations in grammar», *Word* 19, pp. 208-231.

FODOR, J. (1975), *The Language of thought,* Nueva York, Crowell.

— (1983), *The modularity of mind,* Cambridge, Mass., MIT Press.

GALLEGO, Á. (2010), *Phase theory,* Amsterdam, John Benjamins.

GOLDBERG, A. (1995), *Constructions,* Chicago, University of Chicago Press.

GONZÁLEZ, R. (2012), «El movimiento encubierto: el ascenso de cuantificador», en José M. Brucart y Ángel Gallego (eds.), *El movimiento de constituyentes,* Madrid, Visor, pp. 235-250.

GONZÁLEZ-RIVERA, M. (2010), *Verbless sentences in generalized minimalist grammar,* tesis doctoral, OSU.

GRINSTEAD, J. (ed.) (2009), *Hispanic child languages: Typical and impaired development,* Amsterdam, John Benjamins.

GUTIÉRREZ-REXACH, J. (2000), «Generalized minimalist grammars», en Carlos Martín-Vide (ed.), *Issues in mathematical linguistics,* Amsterdam, John Benjamins, pp. 19-52.

— (2003), *La semántica de los indefinidos,* Madrid, Visor.

— (2004), *Semantics: Critical concepts,* 8 vols., Londres, Routledge.

— (2008), «Spanish root exclamatives at the syntax-semantics interface», *Catalan Journal of Linguistics* 7, pp. 117-133.

— (2009), «Correlativization structures and degree quantification in Spanish», en Pascual Masullo, Erin O'Rourke y Chia-Hui Huang (eds.), *Romance linguistics 2007: Structure, interfaces, and microparametric variation,* Amsterdam, John Benjamins, pp. 121-141.

— (2010), «Varieties of indefinites in Spanish», *Language & Linguistics Compass* 4, pp. 680-693.

— (2012), «Quantification», en J. I. Hualde, A. Olarrea y E. O'Rourke (eds.), *Handbook of Spanish linguistics,* Oxford, Blackwell, pp. 307-332.

— (2013), *Interfaces and domains of quantification,* Columbus, The Ohio State University Press.

HARRIS, R. (1993), *The linguistic wars,* Oxford, Oxford University Press.

HAUGELAND, J. (1998), *Having thought,* Cambridge, Mass., MIT Press.

HEIM, I. y A. KRATZER (1998), *Semantics and generative grammar,* Oxford, Blackwell.

HIGGINBOTHAM, J. y R. MAY (1981), «Questions, quantifiers and crossing», *The Linguistic Review* 1, pp. 41-80.

HOPPER, P. y E. TRAUGOTT (2003), *Grammaticalization,* Cambridge, Cambridge University Press.

HORNSTEIN, N. (1995), *Logical form: from GB to minimalism,* Oxford, Blackwell.

HUANG, J. (1982), *Logical relations in Chinese and the theory of grammar,* tesis doctoral, MIT.

JACKENDOFF, R. (1972), *Semantic interpretation in generative grammar,* Cambridge, Mass., MIT Press.

— (2002), *Foundations of language,* Oxford, Oxford University Press.

KAMP, H. y U. REYLE (1993), *From discourse to logic,* Dordrecht, Kluwer.

KEENAN, E. (1989), «Semantic case theory», en Renate Bartsch, Johan van Benthem y Peter van Emde Boas (eds.), *Semantics and contextual expression,* Dordrecht, Foris, pp. 33-57.

— (1996), «The semantics of determiners», en Shalom Lappin (ed.), *The handbook of contemporary semantic theory,* Oxford, Blackwell, pp. 41-63.

— y E. STABLER (2003), *Bare grammar: Lectures on invariants,* Stanford, CA, CSLI Publications.

— y E. STABLER (2009), *Language variation and linguistic invariants,* ms., UCLA.

KENNEDY, C. (2007), «Vagueness and grammar: The semantics of relative and absolute gradable adjectives», *Linguistics and Philosophy* 30, pp. 1-45.

KOBELE, G. (2006), *Generating copies. An investigation into structural identity in language and grammar,* tesis doctoral, UCLA.

KOOPMAN, H. y D. SPORTICHE (1991), «The position of subjects», *Lingua* 85, pp. 211-258.

LAKOFF, G. (1971), «On generative semantics», en Danny Steinberg y Leon Jakobovits (eds.), *Semantics. An interdisciplinary reader in philosophy, linguistics, and psychology,* Cambridge, Cambridge University Press, pp. 232-296.

LASCARIDES, A., J. CALDER y K. STENNING (2006), *Introduction to cognition and communication,* Cambridge, Mass., MIT Press.

LEWIS, D. (1970), «General Semantics», Synthese 22, pp. 18-67.

LÓPEZ, L. (2009), *A derivational syntax for information structure,* Oxford, Oxford University Press.

— (2012), «El movimiento A'», en José M. Brucart y Ángel Gallego (eds.), *El movimiento de constituyentes,* Madrid, Visor, pp. 71-94.

LÓPEZ PALMA, E. (1999), *La interpretación de los cuantificadores. Aspectos sintácticos y semánticos,* Madrid, Visor.

MAY, R. (1977), *The grammar of quantification,* tesis doctoral, MIT.

— (1985), *Logical form,* Cambridge, Mass., MIT Press.

MONTAGUE, R. (1974), *Formal philosophy,* New Haven, Yale University Press.

MORRILL, G. (2012), «Logical grammar», en R. Kempson, T. Fernando y N. Asher (eds.), *Handbook of philosophy of linguistics,* Nueva York, Elsevier, pp. 63-92.

PASTOR, A. (2008), «Split analysis of gradable adjectives in Spanish», *Probus* 20, pp. 257-299.

PIETROSKI, P. (2008), «Minimalist meaning, internalist interpretation», *Biolinguistics* 2, pp. 317-341.

POLLARD, C. (2008), *An introduction to convergent grammar,* OSU.

REINHART, T. (2006), *Interface strategies,* Cambridge, Mass., MIT Press.

ROSS, J. R. (1973), «Slifting», en M. Halle *et al.* (eds.), *The formal analysis of natural language,* La Haya, Mouton, pp. 133-169.

SAG, I., T. WASOW y E. M. BENDER (2003), *Syntactic theory: A formal introduction, 2nd edition,* Stanford, CA, CSLI Publications.

SPERBER, D. y D. WILSON (2004), «Relevance theory», en Greg Ward y Laurence Horn (eds.), *Handbook of Pragmatics,* Oxford, Blackwell, pp. 607-632.

STOWELL, T. y F. BEGHELLI (1997), «Distributivity and negation: The syntax of each and every», en Anna Szabolcsi (ed.), *Ways of scope taking,* Dordrecht, Kluwer, pp. 71-108.

SZABOLCSI, A. (2010), *Quantification,* Cambridge, Cambridge University Press.

SUÑER, M. (2009), «Formal linguistics and the syntax of Spanish: Past, present and future», en Joseph Colentine *et al.* (eds.), *Selected Proceedings of the 11th Hispanic Linguistic Symposium,* Sommerville, Mass., Cascadilla Press, pp. 9-26.

TARSKI, A. (1944), «The semantic conception of truth», *Philosophy and Phenomenological Research* 4, pp. 341-376.

URIAGEREKA, J. (1999), «Multiple spell-out», en Samuel D. Epstein y Norbert Hornstein (eds.), *Working minimalism,* Cambridge, Mass., MIT Press, pp. 251-282.

VARKAS-TOKUDA, M., J. GRINSTEAD y J. GUTIÉRREZ-REXACH (2009), «Context and the scalar implicatures of indefinites in Spanish», en John Grinstead (ed.), *Hispanic child languages: Typical and impaired development,* Amsterdam, John Benjamins, pp. 93-116.

ZUBIZARRETA, M.ª L. (1998), *Prosody, focus, and word order,* Cambridge, Mass., MIT Press.

12 Ligamiento y control

M. CARME PICALLO
Universitat Autònoma de Barcelona - Centre de Lingüística Teòrica

12.1. Introducción

Todas las lenguas del mundo tienen categorías gramaticales que toman valores referenciales de Persona, Género y Número para denotar entidades, bien sea de forma deíctica y por ostensión en el entorno físico, como en el enunciado (1), bien en relación con una expresión del contexto lingüístico, como en las oraciones (2a, b):

(1) "*Tú* ☞ y ☞*tú*, podéis salir a dar un paseo."

(2) a. *Juan* no podía imaginarse que *él* ganaría la carrera.
　　b. *El escritor se* mandaba cartas *a sí mismo*.

La cursiva con la que se realzan las expresiones *Juan* y *él* en (2 a) indica que estas pueden compartir un mismo referente. Nótese que el pronombre tónico, como *él* en la oración subordinada (2 a), puede aportar un matiz enfático o contrastivo a la interpretación correferencial (i. e., *Juan no podría imaginarse que él*$_{(= Juan)}$ [y no otro] *ganaría la carrera*). Cuando en español no se intenta expresar tal matiz, se suele recurrir a la estrategia de utilizar un pronombre tácito –i. e., fonológicamente nulo– cuyo contenido referencial puede inferirse, en cuanto a persona y número, gracias a la flexión verbal, como ejemplifica la frase (3):

(3) Juan no podía imaginarse que ganaría la carrera.

[1] Agradezco los comentarios y sugerencias de dos revisores anónimos, así como los de E. Bonet, A. Fasanella-Seligrat, M. L. Hernanz, J. Martorell y G. Rigau. La investigación se ha llevado a cabo bajo los proyectos FF2011-29440-C03-03/FILO (Ministerio de Economía y Competitividad) y 2014SGR-1013 (AGAUR, Generalitat de Catalunya).

Absteniéndonos del posible matiz contrastivo aportado por el pronombre tónico, las oraciones (2a) y (3) no presentan diferencia alguna en lo tocante a contenido proposicional, por cuanto se entiende que en ambos casos la oración subordinada tiene un sujeto temático. Ello indica que, aunque tal argumento de predicación pueda carecer de expresión fonológica, está presente en el cálculo sintáctico y semántico de expresiones como (3). Para indicar la presencia de sujetos tácitos de las oraciones con flexión temporal se utiliza el símbolo pro, como en las representaciones sintácticas (4a, b). Este símbolo señala que, a pesar de no tener contenido fonológico, un sujeto tácito forma parte del cómputo sintáctico e interpretativo:

(4) a. *Juan* no podía imaginarse que pro ganaría la carrera.   (cf. [3])

   b. *El escritor* no podía imaginarse que un día pro se mandaría cartas *a sí mismo*.

Este capítulo se ocupará principalmente del valor referencial de las expresiones en cursiva ejemplificadas en (2a, b) y (4a, b): los SSNN cuyo núcleo es un nombre propio, como *Juan* en (2a) y (4a), los SSNN con nombres comunes como *el escritor* en (2b) y (4b), y otras categorías de tipo nominal, que tienen denotación variable, ejemplificadas en las construcciones (2a, b) y (4a, b) como *él*, pro y *se ... sí mismo*. El denominador común de dichas categorías de referencia variable es la ausencia de otro contenido que no sea básicamente sus rasgos de caso (sea explícito o fonológicamente nulo) y un conjunto de rasgos formales de Persona, Género y Número[2]. Se puede observar que para algunas de las categorías gramaticales de denotación variable la dependencia referencial en relación con otro elemento del contexto lingüístico es obligatoria, como es el caso de (2b) y (5), mientras que para otras la correferencia es opcional aunque pudiera inferirse por el contexto, como se muestra en (6a, b):

(5) *Juan se* admira *a sí mismo*.

(6) a. *Juan* escribió una carta a *su* madre.
   b. *María* habló a *Juana* de *su* hermano.

En el caso de (5), se interpreta que la entidad que causa la admiración de *Juan* es su propia persona. En el ejemplo (6a), el adjetivo posesivo *su*, o bien puede tener al SN *Juan* como antecedente (i. e., Juan escribió una carta a su propia madre), o bien *su* tiene una denotación libre, pudiendo interpretarse que denota a un individuo –*Pedro*, por ejemplo– que pudiera haberse mencionado en el contexto discursivo (i. e., Juan escribió una carta a su$_{(= de\ Pedro)}$ madre). El ejemplo (6b) tiene cuatro interpretaciones posibles con respecto a la denotación de *su:* el antecedente puede ser *María,* o bien *Juana,* o bien el conjunto formado

---

[2] Este conjunto de rasgos flexivos de contenido referencial se denomina técnicamente *rasgos Phi* (o *rasgos φ*).

por Juana y María (i. e., María habló a Juana del hermano de ambas), o bien puede tener una denotación libre, como en el caso anterior. Considérense ahora los siguientes ejemplos:

(7) a. Juan creía que Pedro se admiraba (a sí mismo).
   b. Luis y Antonio creían que Juan y Pedro estaban de acuerdo el uno con el otro.

(8) a. Juan estaba seguro de que Pedro lo buscaba.
   b. Juan lo consideraba un buen compañero de viaje.

En la frase (7a), el clítico anafórico *se*, que puede co-aparecer con la expresión anafórica reflexiva *sí mismo*, sólo puede recibir obligatoriamente el valor referencial adscribible al SN *Pedro*, pero no el que corresponde al SN *Juan*. La frase (7b) contiene la anáfora recíproca *el uno con el otro* y solo puede interpretarse en relación al conjunto formado por los SSNN coordinados *Juan y Pedro*, pero no al conjunto de los SSNN coordinados *Luis y Antonio*. En la frase (8a), el valor atribuible al pronombre átono *lo* no puede tener la misma denotación que el SN *Pedro*, sino que debe denotar cualquier otra entidad del contexto discursivo que se pueda nombrar con una expresión nominal de género gramatical masculino, como podría ser *el catalejo*, *el perro* o el individuo conocido como *Juan*, que se nombra en la oración precedente. En (8b), *lo* puede referirse a cualquier entidad u objeto (gramaticalmente masculino y singular), con excepción de *Juan*. Ahora bien, si este SN se sustituye por la expresión compleja *el amigo de Juan*, el pronombre átono ya podría entonces correferir opcionalmente con *Juan*, tal como se ejemplifica en (9):

(9) El amigo de *Juan lo* consideraba un buen compañero de viaje.

Los patrones de distribución de los posibles valores referenciales de las expresiones nominales y su adquisición han sido uno de los temas más estudiados en lingüística, filosofía y psicología. La discusión se limitará aquí a las propuestas que, en lingüística, se enmarcan en el modelo teórico general llamado Principios y Parámetros. En la sección siguiente se revisará sucintamente la propuesta clásica de dicho modelo para los principios que rigen las relaciones referenciales[3]. En secciones posteriores se mencionarán revisiones más recientes de esta propuesta en el marco del llamado Programa Minimista (Chomsky 1993, 1995 ss.). La discusión se ilustrará con construcciones del español y se utilizarán ocasionalmente datos de otras lenguas cuando sea imprescindible.

---

[3] Los antecedentes de la propuesta que se discutirá en la sección siguiente se hallan principalmente en Chomsky 1973, 1976, 1980, y las referencias allí citadas. Lasnik 1989 ofrece una excelente discusión de dichos antecedentes.

12.2. La Teoría de la Rección y Ligamiento en el marco de Principios y Parámetros

En el presente contexto es importante hacer hincapié en la necesaria distinción que ha de establecerse entre modelos teóricos generales y las teorías particulares o hipótesis que se proponen dentro de estos modelos teóricos. Mientras los primeros demuestran ser o no ser productivos, en tanto que permitan el desarrollo de hipótesis de trabajo y el planteamiento de agendas de investigación, las teorías específicas que se enmarcan en ellos evolucionan gracias a la reinterpretación o a la reformulación de supuestos asumidos y a descubrimientos empíricos que permiten establecer nuevas generalizaciones. Esto es especialmente pertinente en el caso del marco teórico general de Principios y Parámetros, que ha dado muestras de gran productividad a lo largo de los años por permitir el desarrollo y la reformulación de diversas hipótesis para responder a las cuestiones básicas planteadas[4]. Este modelo general tiene dos "etapas", la primera de las cuales se discutirá a continuación, en relación al tema específico que nos ocupa.

En su versión clásica, iniciada a principios de la década de los años 80 del pasado siglo, el modelo de Principios y Parámetros (PP de ahora en adelante) propone un módulo gramatical específico para el cálculo de las relaciones referenciales conocido como la Teoría de la Rección y el Ligamiento, a la que nos referiremos de ahora en adelante como RL/PP[5]. En esta teoría, en la que el concepto de rección toma un papel central, se distinguen tres tipos de expresiones lingüísticas con capacidad de tomar valores referenciales:

  i. Las anáforas léxicas, que no tienen intrínsecamente capacidad referencial y precisan de un antecedente lingüístico (*se, sí mismo, uno* PREP *otro*).

  ii. Los pronombres (tónicos, átonos o tácitos) que tienen un valor denotativamente variable y pueden recibir valor referencial en el contexto lingüístico o extralingüístico.

  iii. Las expresiones inherentemente referenciales, como los SSNN construidos con nombres propios o nombres comunes[6].

---

[4] Véase Chomsky 1981, así como Chomsky y Lasnik 1993, para mencionar tan solo dos de las numerosas obras que explicitan las metas científicas que este sistema teórico aspira a alcanzar. En español véanse, a este respecto, Eguren y Fernández-Soriano 2004 y Uriagereka 1998 [2005], entre otros.

[5] Tras la primera hipótesis se han sucedido diversos ajustes a lo largo de los años. Para una discusión general de dichas variantes en el modelo clásico RL/PP, véanse Chomsky 1986 y Haegeman 1994, con todas las referencias citadas en estas obras.

[6] Nótese que la utilización de un nombre propio no queda limitada a la denotación de entidades o personas físicas. Sirve también para nombrar objetos o representaciones relacionados con estas, como muestran los ejemplos (i)-(iii):

  (i)   Han puesto a *Mies van der Rohe* en el escaparate (= muebles diseñados por este arquitecto).

  (ii) *Colón* lleva la camiseta de un club de fútbol (= estatua).

  (iii) He marcado la *Casa Blanca* con rotulador amarillo (= localización en un plano).

La Teoría RL/PP da cuenta de los patrones que se han ejemplificado en (2)-(9), atribuyendo un principio gramatical para cada uno de los tres tipos de elementos en relación a un dominio sintáctico local. En la versión clásica RL/PP, este dominio local se denomina técnicamente *categoría rectora* porque se define a partir del concepto de rección. Tal dominio es el SN u oración que mínimamente contiene una expresión nominal β –del tipo que sea, (i), (ii) o (iii)– y el núcleo rector de la misma[7]. Los tres principios gramaticales que afectan a anáforas, pronombres y SSNN se especifican en (10):

(10) Sea α una *categoría rectora* para β. Entonces,
    A) si β es una anáfora, ha de estar ligada en α.
    B) si β es un pronombre, ha de estar libre en α.
    C) si β es una expresión referencial, ha de estar siempre libre.

Las nociones *ligado* o *libre* que aparecen en los principios (10 A, B, C) en RL/PP, presuponen que a cada elemento nominal se le asigna un índice que indica su valor denotativo. El índice asignado a los nominales sometidos a los principios (10 A, B o C) se concibe como parte del complejo de rasgos, interpretativos o formales, atribuibles a una determinada expresión. Así, si dos o más expresiones lingüísticas comparten un mismo índice, se interpretarán, bien como simplemente correferentes, bien como relacionadas por dependencia referencial una de otra. El antecedente de una expresión dependiente (anáfora o pronombre) debe configurar con respecto a esta una relación estructural asimétrica de *mando de constituyentes* (mando-c). Se define como (11a) y corresponde a la representación abstracta (11b):

(11) a. α manda-c β si y solo si: α no domina (i. e., no contiene) a β y el primer nudo ramificante que domina a α también domina a β (Reinhart 1981: 612)[8].
    b. ... $[_{SX}\,α\,[_{X'}\, ...\, β\, ...]]$ ...

En la estructura abstracta (12), que ilustra con un diagrama arbóreo una configuración como (11b), el nudo X no manda-c a ningún otro nudo de la estructura porque los domina a todos, y el nudo Y manda-c a todos los que penden de X: a Z y a todos los que Z domina (Q, R y los que a su vez pueda dominar R). El nudo Z manda-c a Y pero no manda-c a los nudos que domina (Q y R). Finalmente, los nudos Q y R se mandan-c mutuamente, pero no mandan-c a Y, dado que Y no está dominado por el primer nudo ramificante Z que domina a Q y R:

---

[7] En el presente contexto podemos caracterizarlo sucintamente como el núcleo léxico o funcional capaz de asignar caso estructural a un argumento de predicación.

[8] El concepto de mando-c se define en relación con la configuración X-barra (Chomsky 1970). Alternativamente, la condición de mando-c también se puede definir como sigue:

    (i) α manda-c β si β está dominada por un nudo hermano de α.

(12)

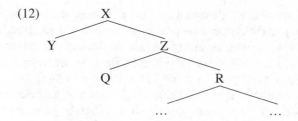

Los principios y la definición de (10) y (11a) respectivamente dan cuenta del patrón ejemplificado en las construcciones anteriores. Dichos ejemplos se repiten a continuación utilizando ahora los índices referenciales posibles o imposibles atribuibles a las expresiones nominales:

(13) a. *Juan*$_i$ creía que *Pedro*$_j$ *se*$_{*i/j}$ admiraba *(a sí mismo).*   (cf. [7a])

b. [*Luis y Antonio*]$_i$ creían que [*Juan y Pedro*]$_j$ estaban de acuerdo *el uno con el otro*$_{*i/j}$ (cf. [7b])

(14) a. *Juan*$_i$ estaba seguro de que *Pedro*$_j$ *lo*$_{i/*j/h}$ buscaba.   (cf. [8a])

b. *Juan*$_i$ *lo*$_{*i/j}$ consideraba un buen compañero de viaje. (cf. [8b])

(15) [El amigo de *Juan*$_j$]$_i$ *lo*$_{*i/j/h}$ consideraba un buen compañero de viaje.
(cf. [9])

En (13a, b) los sujetos respectivos de las oraciones (*Juan … Pedro* en la principal y la subordinada de [13a] o [*Luis y Antonio*] … [*Juan y Pedro*] en [13b]) mandan-c a las correspondientes anáforas, las cuales solo pueden interpretarse como dependientes del sujeto de su propia oración (por el principio [10 A]). La misma relación de mando-c se obtiene entre los sujetos principal y subordinado de (14a) (*Juan … Pedro*) y el pronombre átono *lo,* que puede opcionalmente interpretarse como correferente con el sujeto de la oración principal (i. e., como indica el índice *i*), aunque no obligatoriamente (i. e., como indica el índice *h*); dicho pronombre no puede ser, sin embargo, correferente con el sujeto de su propia oración, *Pedro* (por el principio [10 B]). Este mismo principio asegura que el pronombre átono no puede ser correferente con el sujeto de su oración *Juan* en (14b), como indica la agramaticalidad del índice *i*. Finalmente, *lo* podría opcionalmente tener el valor referencial atribuido al SN *Juan* en (15), ya que ninguna de estas expresiones está en una relación de mando-c una con otra. El principio (10 B) asegura que este pronombre átono, a su vez, no puede ser correferente con la expresión nominal compleja *el amigo de Juan* en (15), ya que esta expresión compleja manda-c al pronombre y es el sujeto de la oración que mínimamente lo contiene.

Del principio (10 A) se puede deducir que, en español, las anáforas léxicas no pueden ejercer la función de sujeto sintáctico en una oración con marcas temporales, ya que los sujetos de las oraciones quedan regidos en este dominio local y ocupan una posición de mando-c con respecto a las expresiones nominales que ejercen de objeto, como muestra la agramaticalidad de (16a). En español, las anáforas no pueden aparecer tampoco incrustadas en un SN si carecen de antecedente en el mismo, como se ejemplifica en (16b). Recuérdese que las oraciones y los SSNN constituyen categorías rectoras o 'islas interpretativas' que demarcan el dominio en que una anáfora ha de estar ligada:

(16) a. *Juan* creía que [*sí mismo* admiraba a Pedro].

   b. *María miraba [tu fotografía de *sí misma*].

El principio (10 C) indica que las expresiones inherentemente referenciales deben estar siempre libres y no pueden tener un antecedente que las mande-c, como se muestra en el ejemplo siguiente, que es agramatical si a las dos expresiones se les atribuye el mismo índice referencial[9]:

(17) *Ella/<u>pro</u>$_i$ admira a Luisa$_i$

Los elementos de tipo nominal ejemplificados hasta ahora no agotan la nómina de elementos susceptibles de recibir valores referenciales. Otro elemento de comportamiento mixto, al cual se atribuyen características pronominales y anafóricas al mismo tiempo, es el sujeto tácito de las oraciones sin rasgos temporales, como es el caso del sujeto de las oraciones subordinadas de infinitivo que se ejemplifican en (18):

(18) a. Juan te prometió [subir al autobús].

   b. Juan te obligó a [subir al autobús].

El sujeto del predicado en infinitivo en la oración subordinada se interpreta semánticamente. En los ejemplos anteriores se interpreta como la entidad implicada en el movimiento direccional del predicado *subir al autobús,* pero dicho sujeto debe ser fonológicamente vacío en estas construcciones (cf. *Juan te prometió [él subir al autobús], *Juan te obligó a [tú subir al autobús], *Es necesario [alguien/nosotros/ella subir al autobús]). Nótese que el valor referencial de tal sujeto tácito parece depender de las características léxicas del predicado principal en este tipo de construcciones. En (18a), el SN que asigna valor referencial al sujeto subordinado tácito es el sujeto de la oración principal *Juan,* pero en (18b) es el pronombre átono *te.* Este tipo de construcciones reciben el nombre de *estructuras de control,* porque la denotación del sujeto de la oración en infinitivo está controlada por (o depende de) un argumento explícito de la oración en la que se legitima la oración subordinada. Se discuten las características de este tipo de sujeto tácito en el apartado siguiente.

12.3. La anáfora pronominal PRO

En esta sección se tratará del elemento nominal fonológicamente vacío que, con actividad sintáctica e interpretación semántica, ostenta la fun-

---

[9] Aparentemente, no hay ninguna lengua con contraejemplos a la agramaticalidad de (17) que, como se ha indicado, se sigue de la violación del principio (10 C).

ción de sujeto en las oraciones subordinadas de infinitivo de los ejemplos (18a, b). La distribución y propiedades de este argumento de predicación en el marco RL/PP se regulan por la llamada Teoría del Control. Esta constituye un módulo independiente del de Rección y Ligamiento, discutido en el apartado anterior, porque los postulados que determinan la Teoría del Control se derivan de la ausencia de relación de rección. La principal diferencia entre los elementos cuya distribución y características se subsumen bajo los principios del ligamiento (10 A, B, C) y el elemento fonológicamente vacío del que se hablará en este apartado, cuyas propiedades referenciales se regulan por la Teoría del Control, es que los primeros están regidos y reciben caso estructural, mientras que el segundo carece de elemento rector. Al no ser un nominal regido, no se puede definir para el mismo un dominio interpretativo o categoría rectora en la cual deba quedar libre o ligado por los principios (10 A y B).

El sujeto tácito de las oraciones de infinitivo que se ejemplifican en (18a, b) tiene características distintas a las del sujeto nulo pro que se ha ejemplificado anteriormente en (4a, b). El sujeto de infinitivo no está regido debido a la ausencia de marcas temporales de la oración y no puede recibir caso estructural nominativo. Como ya se ha indicado, debe ser obligatoriamente vacío[10], aunque es interpretable porque recibe un papel temático de un predicado. Además, debe formar parte del cómputo oracional porque puede ser el antecedente de una anáfora. Esta capacidad de ejercer de antecedente y el ser portador de un papel temático hacen imprescindible asumir su presencia sintáctica. Así, la distribución de *sí mismo* es posible en los ejemplos (19a, b) porque el principio (10 A) requiere que el antecedente de una anáfora esté en la oración que inmediatamente la contiene. Dada la gramaticalidad de este tipo de construcciones, debe asumirse, pues, la presencia de un sujeto tácito en las oraciones en infinitivo que sirva de antecedente sintáctico a la anáfora. Se utiliza el símbolo PRO para designar dicho sujeto y distinguirlo por sus propiedades del elemento nulo pro de las oraciones con marcas temporales. Como en las ocasiones anteriores, mostraremos el valor referencial de PRO mediante un índice compartido con el argumento que lo controla referencialmente, el mismo índice que corresponderá a la anáfora a la que sirve de antecedente:

(19) a. *Juan*$_i$ te prometió [PRO$_i$ ocuparse de *sí mismo*$_i$].

　　b. Juan persuadió a *los candidatos*$_i$ de [PRO$_i$ no discutir *unos con otros*$_i$].

El sujeto fonológicamente vacío de una oración en infinitivo no tiene siempre un antecedente explícito que controle su valor referencial. Se

---

[10] No consideramos en este contexto las oraciones en infinitivo introducidas por una preposición y que muestran un sujeto posverbal, como en los ejemplos (i a, b, c):

　　(i) a. Con salir yo de la reunión, evitaríamos problemas.

　　　b. Al llegar Juan, se levantó Pedro.

　　　c. Para levantarte tú del sillón, se requiere una instancia.

Véase Hernanz 1999, y referencias allí citadas, para una caracterización de estas construcciones.

interpreta en este caso como un nominal indefinido que denota en general a seres humanos y recibe interpretación arbitraria (i. e., *alguien, cualquiera, uno*, etc.), como en el ejemplo (20):

(20) Es necesario [PRO subir al autobús].

La interpretación arbitraria de PRO es posible también en complementos interrogativos en infinitivo (21a), en adjuntos de finalidad de una oración en pasiva en ausencia del agente (21b) o en una construcción en la que el posible antecedente no sea estrictamente local y no se encuentre en la oración inmediatamente subordinante, como en (21c):

(21) a. *Juan*$_i$ preguntó [cómo [PRO$_{i/j}$ ocuparse de *sí mismo*$_i$/*uno mismo*$_j$ en tales circunstancias]].
   b. Los víveres fueron repartidos para [PRO ayudar a los refugiados]
   c. *Juan*$_i$ dice [que es posible [que sea necesario [PRO$_{i/j}$ ocuparse de *sí mismo*$_i$/*uno mismo*$_j$]]].

La interpretación arbitraria de PRO será, pues, posible si no existe un antecedente explícito, como en (20), o este no es estrictamente local, como los ejemplos de (21). Debido a las características descritas, PRO se caracteriza como una anáfora pronominal. Su interpretación anafórica se produce si hay un controlador referencial adecuado en la oración que inmediatamente subordina la oración en infinitivo. Nótese que, al contrario de las anáforas léxicas reflexivas o distributivas, la expresión nominal controladora de PRO no necesita aparentemente mandar-c a dicho sujeto nulo:

(22) [PRO$_i$ ocuparse de *sí mismo*$_i$] será bueno para el desarrollo de *Juan*$_i$.

Como se ha dicho, el elemento PRO tiene la característica de ser una anáfora pronominal y no está sometido a los principios definidos en (10 A, B, C). Al no ser un nominal regido, no se puede delimitar el dominio local (i. e., *categoría rectora*) donde deba quedar libre –como en la interpretación arbitraria del ejemplo (20)– o ligado –como en las estructuras de control obligatorio (19a, b)–. Se propone una condición que da cuenta de la distribución de dicho elemento:

(23) *Teorema de* PRO: una anáfora pronominal (i. e., PRO) no puede estar regida.

Así, todas las posiciones sintácticas no regidas serían susceptibles de alojar este elemento. En Chomsky (1981), se concluye que muchos factores pragmáticos o discursivos parecen incidir en la interpretación de PRO[11]. Nótese que el teorema (23) únicamente se deduce de una serie de razonamientos basados en otros principios aceptados en la Teoría RL/PP, como son el criterio temático, las condiciones de localidad aplicadas a pronombres y anáforas en general, y las nociones derivadas de la rela-

---

[11] Para un estudio detallado de la distribución de este elemento en el marco de la Teoría de Principios y Parámetros en su versión RL/PP, véase Manzini 1983.

ción de rección, una de las cuales es la asignación de caso. Más reciente-mente se han propuesto otros análisis para dar cuenta de la distribu-ción del elemento PRO, que se discutirán en secciones posteriores[12].

12.4. Los problemas del modelo RL/PP desde las propuestas de Ligamiento y Control

La versión clásica del modelo RL/PP, que explicitaba los principios o condiciones que se aplicaban a los módulos gramaticales correspon-dientes a las teorías de Ligamiento y del Control presentadas en apar-tados anteriores, da cuenta de un buen número de fenómenos, pero muestra algunos desajustes y genera diversos problemas, tanto empíri-cos como conceptuales, que se ilustrarán brevemente en esta sección.

12.4.1. *Problemas empíricos: no complementariedad*

Centrándonos en datos del español, una observación obvia es el com-portamiento de los pronombres átonos de primera y segunda persona, en los que la misma forma explícita regida (*nos,* por ejemplo) puede ejercer en un mismo dominio local tanto de anáfora como de pronombre, como se ejemplifica respectivamente en (24a, b)[13]:

(24) a. *Nosotros*/pro$_i$ *nos*$_{i/*j}$ mandaremos un paquete por correo postal desde París.

   b. *Tú*/pro$_i$ *nos*$_{*i/j}$ mandarás un paquete por correo postal desde París.

Los ejemplos (24a, b) del español, así como los similares en otras len-guas, cuestionan la complementariedad que, según los principios (10 A, B), está previsto que se obtenga entre anáforas y pronombres. La com-plementariedad podría asumirse bajo el supuesto (discutible) de que el español tiene dos formas homófonas para los átonos de primera y se-gunda persona: una entraría en el léxico como pronombre y otra como anáfora. Las frases (25) y (26) del inglés, tomadas de Lasnik (1989: 31), ejemplifican también la falta de complementariedad que puede ob-tenerse entre anáforas y pronombres en algunas construcciones. Para una discusión más detallada de este tipo de casos, véanse asimismo Choms-ky (1986) y Huang (1983), entre otros:

(25) a. The children like   [each other's friends]
      los niños   gustan unos de otros amigos
      'A los niños les gustan los amigos unos de otros.'

---

[12] El análisis de las propiedades y la distribución del sujeto nulo de las oraciones sin marcas temporales tiene una larga historia en la gramática generativa. Véanse, a este respecto, las refe-rencias citadas en Hernanz 1982, 1999, y Landau 1999, entre muchos otros.

[13] Este comportamiento doble para una misma forma desaparece si el pronombre átono apa-rece doblado por una anáfora léxica (cf. *Nos mandaremos un paquete a nosotros mismos/el uno al otro desde París; Nos mandarás un paquete a nosotros (*mismos) desde París*).

b. The children like   [their friends]
los niños   gustan sus amigos
'A los niños les gustan sus amigos.'

(26) a. The children thought   [that [pictures of each other]   were on sale]
los niños   pensaron que fotografías de unos con/de otros estaban en
venta

b. The children thought   [that [pictures of them]   were on sale]
los niños   pensaron que fotografías de ellos   estaban en venta

Una excepción al principio (10 B), que, como se recordará, regula la distribución de la interpretación referencial de los pronombres, concierne a las oraciones subordinadas en subjuntivo. En las lenguas románicas occidentales como son el catalán, el español, el francés y el italiano, el sujeto de la oración subordinada no puede correferir en algunos casos con un argumento de la oración subordinante:

(27) a. *María*$_i$ desea que ella/<u>pro</u>$_{*i/j}$ hable con Juan.
b. *A Juan*$_i$ le gusta que él/<u>pro</u>$_{*i/j}$ hable con María.
c. *Pedro*$_i$ cantaba para que él/<u>pro</u>$_{*i/j}$ estuviera contento.

La categoría rectora del pronombre en función de sujeto de la oración subordinada es, como en las oraciones en indicativo, la oración que mínimamente contiene dicho pronombre nominativo. Por tanto, este debería poder ser libremente correferente con un argumento de la oración principal con el que concuerde. Sin embargo, dicho pronombre adquiere una interpretación obviativa (o disjunta) con respecto a un argumento en la oración principal en esta clase de ejemplos. El efecto de interpretación disjunta que se obtiene es similar al que ocurriría al aplicar el principio (10 B) a un pronombre en función de objeto con respecto al sujeto de su propia oración (cf. *Juan*$_i$ lo teme a *él*$_{*i/j}$ / *Pedro*$_i$ canta con *él*$_{*i/j}$)[14]. En el marco de la Teoría RL/PP y para las lenguas románicas, se ha dado cuenta de este efecto por medio de diversos mecanismos. Kempchinsky (1986, 1987) asume la existencia de un operador imperativo abstracto en un Complementador legitimado por predicados volitivos, Padilla-Rivera (1985) centra el efecto de referencia disjunta en las propiedades léxicas del predicado subordinante y Picallo (1984, 1985) apela a la dependencia en cuanto a rasgos temporales que presentan las oraciones en subjuntivo con respecto a los de la oración principal[15]. Otra cuestión pendiente de resolver en dicho modelo concierne al

---

[14] Nótese que una anáfora en función de sujeto tampoco es gramatical en las oraciones de subjuntivo, lo cual parece cuestionar también la asumida complementariedad de los principios (10 A) y (10 B):

(i) a. *María desea que sí misma hable con Juan.

b. *A Juan le gusta que sí mismo hable con María.

c. *Pedro cantaba para que sí mismo estuviera contento.

[15] Véase también Quer 1998 y referencias allí citadas, para un análisis sintáctico y semántico del modo subjuntivo y los diversos efectos interpretativos a que da lugar en diversas construcciones y en distintas lenguas.

nivel de representación al que se aplican las relaciones referenciales que regulan los principios (10 A, B, C). A ello dedicamos el siguiente apartado.

12.4.2. *Problemas teóricos: los niveles de representación*

En el modelo clásico RL/PP se proponen cuatro niveles de representación gramatical. A grandes rasgos, se puede decir que en la *estructura-D* se aplica el cómputo correspondiente a la asignación de papeles temáticos y en la *estructura-S* se efectúan las operaciones o cálculos sintácticos derivados de la relación de rección (traslado explícito y asignación de caso, entre otros). Los niveles de representación denominados *Forma Lógica* y *Forma Fonética* constituyen los niveles de interficie entre la gramática y los sistemas externos a la misma, que proveen la información lingüística requerida para asignar, respectivamente, la representación semántica y la representación fonológica a una oración. Una propiedad del modelo RL/PP es el papel central asignado a la estructura-S como el único nivel gramatical que directamente se relaciona con todos los demás, como se ilustra en (28):

(28)   Estructura-D

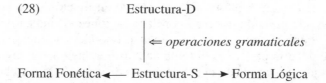

$\Leftarrow$ *operaciones gramaticales*

Forma Fonética ◄—— Estructura-S ——► Forma Lógica

Los ejemplos propuestos en las secciones anteriores nos hubieran permitido asumir que los principios (10 A, B, C) se pueden aplicar en cualquiera de los niveles de representación y no solo en la estructura-S, como se ha indicado en el parágrafo anterior. Sin embargo, los contrastes siguientes parecen sugerir que no pueden aplicarse en la estructura-D:

(29) a. <u>Pro</u>$_i$ saludó a Juan antes de que *María*$_{*i/j}$ saliera de paseo.
  b. Antes de que *María*$_i$ saliera de paseo, <u>pro</u>$_{i/j}$ saludó a Juan.

La agramaticalidad de la interpretación correferencial entre el sujeto tácito <u>pro</u> y *María* en (29a) se sigue de la aplicación del principio (10 C), que establece que las expresiones referenciales han de ser libres, es decir, que no pueden tener un antecedente. La situación del adjunto temporal en una posición periférica ejemplificada en (29b) extrae la expresión referencial *María* –incrustada en el adjunto temporal– del dominio de mando-c del pronombre tácito, haciendo posible la correferencia entre ambos. Esto sugiere que la aplicación del principio (10 C) tiene lugar, bien en la estructura-S, bien en la Forma Lógica, si se asumiera que el adjunto temporal ha sido sometido a una operación sintáctica de traslado a una posición periférica. Otro dato que apoyaría la conclusión de que los principios relativos al cálculo referencial se aplican en la estructura-S es la gramaticalidad de las construcciones de elevación en inglés que, como (30a, b), contienen una anáfora. El antecedente de la anáfora se genera en una posición temática argumental en la oración subordinada –marcada en (30a, b) por medio de una huella[16]– y se eleva, por razones de asignación de caso estructural, a la posición de sujeto de la oración principal[17].

(30) a. *John*$_i$ seems to *himself* [t_i to be loyal]
        John parece a sí mismo ser leal

   b. *They*$_i$ seem to *each other* [t_i to be loyal]
        ellos parecen unos (a) otros ser leales

Otro tipo de datos parecen, sin embargo, apuntar en otras direcciones acerca de los niveles de representación en que se aplican estos principios. Considérese los tipos de oración siguientes:

(31) ¿Qué opinión sobre *sí mismo*$_i$ tiene *Juan*$_i$?

La gramaticalidad de la construcción (31), donde la anáfora se relaciona referencialmente con un SN que no la manda-c en la estructura-S, cuestiona la conclusión anterior de que los principios (10 A y B) se aplican a este nivel de representación[18]. Obsérvese, por otra parte, el patrón que se obtiene en la pareja de ejemplos (32 a, b) con respecto a los índices referenciales asignables:

(32) a. ¿Qué mentiras acerca de *su*$_{i/j}$ hermano divulgó *Juan*$_i$?

   b. ¿Qué mentiras acerca del hermano de *Juan*$_i$ divulgó <u>pro</u>/*él*$_{*i/j}$?

En (32a) es posible interpretar correferencialmente el posesivo *su* y el SN *Juan* en función de sujeto, de lo cual da cuenta el principio (10 C), ya que el posesivo incrustado en el sintagma interrogativo no manda-c dicha expresión referencial[19]. El caso problemático lo presen-

---

[16] Utilizamos el símbolo *t* (siguiendo la nomenclatura en inglés correspondiente a "trace") para indicar la posición sintáctica desde la que se traslada un elemento. Algunos autores utilizan el símbolo *h* (de "huella") para marcar dicha posición (capítulo 1 de este volumen).

[17] El equivalente aproximado a esta construcción es agramatical en las lenguas románicas:

    *Juan se parece leal.

La agramaticalidad observada se produce con los sujetos derivados a una posición no temática que se relacionan con un pronombre átono anafórico. Este es el caso de las estructuras de elevación ejemplificadas en (i) o las pasivas: *Ellos se fueron presentados (los unos a los otros)*. Se han aducido diversos motivos para dar cuenta de este tipo de agramaticalidades inducidas exclusivamente por la presencia del clítico anafórico y no por la simple presencia una anáfora o de un clítico pronominal, que no inducen este efecto (cf. *Juan parece leal a sí mismo / Ellos fueron presentados los unos a los otros / Juan me/te/le parece leal a sí mismo*). Véanse Epstein 1986, Picallo 1990 y Rizzi 1986, que ofrecen diversas explicaciones para este fenómeno en términos de localidad.

[18] El sintagma interrogativo [qué opinión sobre sí mismo] es complemento del verbo *tener* en (31). En esta posición temática de la estructura-D, el antecedente *Juan* manda-c la anáfora *sí mismo* incrustada en la construcción nominal compleja que forma el objeto directo (i. e., Juan tiene [qué opinión sobre sí mismo]).

[19] La inversión sujeto/verbo observable en las construcciones interrogativas ejemplificadas en (31) y (32a, b) es un efecto sintáctico provocado por la presencia de los rasgos del operador interrogativo. En español, dicho operador atrae los sufijos que expresan los rasgos temporales de la frase, con el subsecuente arrastre de la raíz verbal que los acoge. El verbo cruza así la posición

ta (32b) en relación a este último, dado que la frase interrogativa en función de objeto directo se ha trasladado a una posición periférica. La elevación del sintagma interrogativo, por tanto, habría extraído la expresión referencial *Juan* del dominio de mando-c del pronombre y, sin embargo, la correferencia entre ambas expresiones es imposible. Estos casos sugieren que, o bien los principios (10 A, B, C) se pueden aplicar en diversos niveles de representación, según convenga, o bien el SN periférico que contiene un operador interrogativo se 'reconstruye' en el componente interpretativo a la posición que en la estructura-S ocupa su huella, representada en (33a, b) para los ejemplos anteriores[20]:

(33) a. [Qué mentiras acerca de su hermano]$_i$ divulgó Juan t_i ESTRUCTURA-S
     b. [Qué mentiras acerca del hermano de Juan]$_i$ divulgó pro/él t_i

La reconstrucción de estas estructuras a su posición temática inicial se representa en (34 a, b) e indica que un SN interrogativo se interpreta en la Forma Lógica en la posición de la huella con la que se había coindizado como resultado de su traslado en el componente sintáctico:

(34) a. *Juan*$_i$ divulgó [qué mentiras acerca de *su*$_{i/j}$ hermano]   FORMA LÓGICA
     b. pro/él$_{*i/j}$ divulgó [qué mentiras acerca del hermano de *Juan*$_i$]

Las representaciones reconstruidas (34a, b) pueden dar cuenta de la distribución de los índices referenciales de los ejemplos objeto de discusión. El posesivo de (34a) queda regido dentro del SN complejo que lo contiene y puede ser correferente con el sujeto de la oración. En cambio, la expresión referencial *Juan* en (34b) no puede relacionarse referencialmente con el sujeto pronominal que la manda-c una vez reconstruido. Por tanto, debe quedar libre según el principio (10 C).

12.4.3. *Rasgos léxicos de contenido referencial y su representación: el problema de los índices*

El lector habrá observado que a la indización se le han atribuido diversas funciones. Así, se ha visto en representaciones anteriores que, en el marco de la Teoría RL/PP, se asignan índices a las huellas que señalan la ejecución de una operación de traslado, comparten también índices los argumentos de predicación que puedan establecer opcionalmente relaciones anafóricas, y, asimismo, se recurre a la indización para señalar la relación de estricta dependencia referencial que puede producirse entre un elemento y su antecedente. En esta sección se mostrará que

---

que ocupa el sujeto. Omitimos en este capítulo cualquier discusión sobre este fenómeno y sus posibles variantes o consecuencias sintácticas. Para un estudio reciente con datos sobre el español, véase Gallego 2010 y las numerosas referencias allí citadas.

[20] La operación de reconstrucción de frases interrogativas se propone en Chomsky 1977b. Los efectos interpretativos de esta operación alcanzan una variedad de construcciones sintácticas que se recogen y discuten en numerosos estudios. Véanse, dentro de la Teoría RL/PP, entre muchos otros, Barss 1986, Freidin 1986, Higginbotham 1983, Hornstein 1984, Lebeaux 1988 y May 1985, con todas las referencias citadas en estas obras.

acudir a un único mecanismo de indización para expresar relaciones de índole distinta es metodológicamente cuestionable. Los índices asignados a las huellas obtenidas por traslado expresan la relación de dependencia asimétrica de mando-c que debe existir entre la posición que ocupa en la estructura-S un elemento trasladado con respecto a las posiciones sucesivas que este va ocupando estructuralmente a lo largo de una derivación, señaladas por una huella. Es una relación sintáctica que se establece entre las distintas posiciones de una cadena de derivación, posiciones que están sujetas a principios de localidad estricta. Estos principios se pueden ilustrar con el ejemplo (35) y su agramaticalidad, entre otros muchos[21]. En (35), el sujeto *Juan* se ha trasladado 'a larga distancia', cruzando el sujeto tácito de tipo expletivo de la oración que se halla en la posición intermedia de la secuencia:

(35) *$Juan_i$ parece [que *pro_{EXPL}* resulta [t_i estar poco contento]]

Además de asignarse a las huellas resultantes de las operaciones de traslado, los índices sirven también para indicar relaciones interpretativas entre argumentos al señalar los posibles valores referenciales de las expresiones, como ya se ha visto. Con respecto a la correferencia opcional entre pronombres y otras expresiones nominales, se puede observar que en este tipo de relación –al contrario de las estructuras de elevación de (35)– la correferencia opcional no está sujeta a condiciones de localidad estricta:

(36) a. $Juan_i$ dice [que María cree [que Pedro $lo_{i/j}$ admira]]
  b. $Luis_i$ cree [que María dijo [que Juana subió al estrado antes de [PRO $saludarlo_{i/j}$]]]
  c. Ana_i dice [que la situación sugiere claramente [que $pro_{i/j}$ tendrá problemas]]

Los procesos de indización generalizada propuestos en la Teoría RL/PP, que sirven tanto para relacionar posiciones sintácticas obtenidas por traslado como para indicar las relaciones denotativas obligatorias o posibles entre dos expresiones léxicas distintas, no parecen, pues, constituir una clase natural. Además, la asignación general de índices referenciales a las expresiones nominales como propiedad inherente de las mismas se puede cuestionar también por diversas razones. Una de ellas es que el supuesto de que las expresiones nominales deban incluir índices referenciales como parte de su matriz de rasgos no es gramaticalmente adecuado, porque la atribución de una denotación a una expresión nominal puede depender de diversos factores, no necesariamente gramaticales, como se ha ejemplificado ya en los casos de deixis del ejemplo (1), o como se deduce del posible índice de referencia libre *j* atribuido a los pronombres *lo* y *pro* en los ejemplos (36 a, b, c). Los índices de referencia libre no relacionan, pues, entidades sintácticas.

---

[21] Véase Rizzi 1990, para una discusión extensa sobre la noción de localidad y los elementos a los que afecta.

Otro aspecto problemático es que la indización aplicada como proceso general para relacionar valores referenciales no permite distinguir entre la posible correferencia libre entre dos argumentos de predicación que puedan compartir rasgos formales de persona, número (y género), y la estricta dependencia entre dos expresiones nominales. La simple correferencia, que es opcional, podría considerarse una relación interpretativa relativamente simétrica y no requiere necesariamente una relación de mando-c entre dos expresiones, como muestran los siguientes ejemplos:

(37) a. Los aficionados que $la_{i/j}$ admiran mandan flores a *la famosa soprano*$_i$ todos los días.

b. La madre de *este chico*$_i$ pretende casar*lo*$_{i/j}$ con María.

Por el contrario, los casos de estricta dependencia requieren invariablemente una relación estructural de mando-c entre el antecedente y el elemento ligado a este, lo cual indica que la dependencia obligatoria es una relación asimétrica. Así, una anáfora en español –una expresión marcada léxicamente como dependiente– debe tener su antecedente no solo en la misma oración que la contiene, sino que además dicho antecedente debe mandar-c a la anáfora, como muestran las agramaticalidades de (38 a, b, c) bajo cualquier índice referencial que se quiera asignar a esta:

(38) a. *$Juan_i$ creía que *sí mismo*$_{i/j/h}$ admiraba *a Pedro*$_j$.

b. *$Luis\ y\ Antonio_i$ creían que *el uno con el otro*$_{i/j/h}$ estaban de acuerdo con Juan y Pedro$_j$.

c. *Una amiga de $Juan_i$ pretende casar *a sí mismo*$_i$ con María.

En (38a, b) las anáforas en la oración subordinada (*sí mismo/el uno con el otro* respectivamente) no están contenidas en la misma oración que contiene los SSNN que las mandan-c (*Juan/Luis y Antonio* en las oraciones principales respectivas). Por otra parte, las frases incrustadas *a Pedro/Juan y Pedro* en estos mismos ejemplos sí se hallan en la misma oración que contienen las respectivas anáforas, pero son estas las que mandan-c a los complementos incrustados, por ocupar las anáforas la posición de sujeto. Tales complementos no mandan-c a las anáforas, como debería ocurrir. Así, los complementos incrustados *a Pedro/Juan y Pedro* en (38a, b) no pueden ejercer de antecedentes de las anáforas de sus oraciones. Las relaciones aludidas y las posiciones de los elementos se muestran muy esquemáticamente en (39) para la oración (38 a):

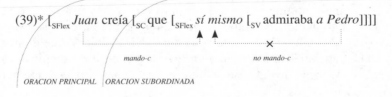

(39)* [$_{SFlex}$ *Juan* creía [$_{SC}$ que [$_{SFlex}$ *sí mismo* [$_{SV}$ admiraba *a Pedro*]]]]

mando-c   no mando-c

ORACION PRINCIPAL   ORACION SUBORDINADA

En cuanto a (38c), nótese que el SN *Juan* no manda-c a la anáfora *sí mismo* por estar incrustado en el SN complejo *una amiga de Juan*. La frase *(de) Juan* depende del SN *amiga,* un sintagma que no domina directa ni indirectamente la frase *(a) sí mismo.* No se dan, pues, las condiciones para el mando-c. Adicionalmente, el dominio de rección de la anáfora es la oración subordinada en infinitivo en (38c), con lo cual esta carece de antecedente en su propia oración. Nótese que PRO está referencialmente controlado por el SN complejo *una amiga de Juan.* Considérese la representación esquemática (40) que muestra la situación que acabamos de describir:

(40)* [$_{SFlex}$ [$_{SD}$ Una amiga [$_{SP}$de *Juan*]]$_i$ pretende [[PRO$_i$ casar *a sí mismo* con María]]]

no mando-c

ORACIÓN PRINCIPAL   *ORACIÓN SUBORDINADA*

En resumen, la agramaticalidad de los ejemplos (38a, b, c) es debida a que las anáforas quedan libres y no ligadas, contraviniendo así el principio (10 A), que establece, como se recordará, que una anáfora debe tener su antecedente (i. e., una frase con la que concuerde en rasgos y que la mande-c) en la misma oración o SN que la contiene. El mismo tipo de dependencia asimétrica de mando-c debe obtenerse cuando un pronombre se interpreta como variable lógica, es decir, cuando está propiamente ligado a una expresión cuantificada u operador. Nótese que, en los ejemplos (41a, b), la interpretación del pronombre átono ha de ser libre (i. e., valor referencial asignado por contexto discursivo) y no es posible interpretarlo como ligado, es decir, con valor dependiente de las expresiones cuantificadas que lo preceden en la secuencia, pero no lo mandan-c:

(41) a. La norma de que *todo conductor* debía pagar una tasa adicional *lo* puso de mal humor.

b. La creencia generalizada de que *cualquier lingüista* era políglota *le* causó sorpresa.

Los ejemplos (41a, b) contrastan con los de (42a, b), que no contienen una expresión cuantificada y sí permiten una interpretación opcionalmente correferencial:

(42) a. La norma de que *los conductores* debían pagar una tasa adicional *los* pone de mal humor.

b. La creencia generalizada de que *los lingüistas* eran políglotas *les* causó sorpresa.

Las expresiones cuantificadas como *todo estudiante* o *cualquier lingüista* en (41a, b) no denotan individuos o entidades específicas. En caso de que el valor atribuible a un pronombre dependa de una expresión cuantificada, tal pronombre carece propiamente de referencia, como se muestra más claramente en ejemplos como (43a, b):

(43) a. ¿*Quién* dijo que pro ama a María?

b. *Ningún alumno* cree que el profesor *le* tiene manía.

En definitiva, un pronombre interpretado como variable lógica (i. e., un pronombre ligado y no opcionalmente correferente) debe quedar bajo el alcance del cuantificador u operador del que depende. A esta condición debe añadirse, además, la de que un cuantificador no puede ligar una variable pronominal intraoracionalmente, como muestra el contraste entre (44a) y (44b). En el primer caso, al sujeto tácito <u>pro</u> se le podría atribuir el mismo valor referencial que el sujeto de la oración independiente que lo precede, pero en (44b) la dependencia entre el sujeto pronominal y el SN cuantificado de la oración precedente es imposible[22].

(44) a. *El/este/un estudiante* entra en el aula. <u>Pro</u> se sienta en la primera fila.

b. *Ningún/todo/cualquier* estudiante entraba en el aula. *<u>Pro</u> se sentaba en la primera fila.

A los ejemplos anteriores, que muestran la distinción entre simple correferencia y dependencia referencial, pueden añadirse los casos de elipsis (45a, b) que muestran el contraste entre SSNN con determinante y SSNN cuantificados respecto a los pronombres relacionados con ellos. Considérese el siguiente par de ejemplos, adaptados de Safir (2004b: 35):

(45) a. Juan ama a su madre y Pedro también.

b. Todo niño ama a su madre y todo marido también.

El ejemplo (45a) es ambiguo entre la interpretación estricta del posesivo *Juan ama a su propia madre y Pedro también ama a la madre de Juan* y la interpretación llamada 'negligente' del mismo, según la cual cada posesivo (explícito en la primera oración y elidido junto con el predicado en la segunda) es correferente con el sujeto de su propia oración: *Juan ama a su propia madre y Pedro también ama a su propia madre*. En (45b), en cambio, solo la interpretación negligente es posible: *Todo niño ama a su propia madre y todo marido también ama a su propia madre*. El contraste se debe a que la hipotética interpretación estricta para (45b) –según la cual todos los niños amarían a sus propias madres y todos los maridos amarían también a las madres de los niños– requeriría que la frase cuantificada *todo niño* pudiera tener alcance no solo en su propia oración sino también sobre la otra oración indepen-

---

[22] Los ejemplos de (44a, b) son la adaptación al español de los propuestos en Heim 1982: 13, y Reuland 2011: 28. Hay excepciones a esta generalización, pero están sujetas a diversas restricciones. Una de ellas es que la secuencia bioracional debe expresar continuidad narrativa, de tal manera que la segunda oración se interpreta como si estuviera introducida por una coordinación o por el adverbio temporal *entonces,* como en la frase (i):

(i) *Todos los estudiantes* entraron en el aula, entonces/y pro se sentaron en la primera fila.

Dos oraciones contiguas no siempre pueden mostrar tal propiedad, en cuyo caso la construcción resultante es agramatical:

(ii) *Todos los estudiantes* entraron en el aula, entonces/y pro eran oriundos del Brasil.

Véanse Keshet 2008 y Sportiche 2013, con las referencias allí citadas, que muestran asimismo que solo un tipo de cuantificadores puede admitir un pronombre intepretado como ligado en oraciones independientes e interpretadas como narrativamente contiguas.

diente con predicado elidido y coordinada a la primera[23]. En resumen, la simple correferencia –que no implica nada más que poder asignar opcionalmente un mismo valor referencial a dos o más expresiones, según el contexto lo aconseje– y la dependencia estricta, o ligada, son dos procesos interpretativos distintos y parecen obedecer a condiciones estructurales diferentes[24]. Los pronombres ligados, al igual que las anáforas, no se interpretan directamente por sus rasgos morfológicos, sino que su posible interpretación se infiere en relación a las características del antecedente del que estrictamente dependen. Casos ilustrativos de ello lo constituyen dos clases de ejemplos. Uno de ellos es el tipo de construcción ambigua (46) que involucra el uso de pronombres de 1.ª persona[25]:

(46) *Todas nosotras* creemos que <u>pro</u> somos listas.

Una de las posibles lecturas de (46) podría parafrasearse como *Cada una de nosotras cree que nosotras somos listas*. Esta paráfrasis corresponde a la interpretación correferencial e ilustra el hecho de que los rasgos del sujeto vacío <u>pro</u>, recuperables gracias a la flexión verbal, denotan una pluralidad de individuos y como tal pluralidad se interpretan. La interpretación de variable ligada de este sujeto nulo se reflejaría con la paráfrasis *Cada una de nosotras cree que es lista,* donde el sujeto <u>pro</u> adquiere el estatus de variable individual, distributivamente ligada a la expresión cuantificada, y la pluralidad de este pronombre y del adjetivo concordante es interpretativamente irrelevante, aunque sea morfológicamente explícita[26]. Otro caso similar al anterior, por cuanto se relaciona con las expresiones explícitamente dependientes y sus antecedentes, lo constituyen las llamadas *discordancias de reflexividad* ejemplificadas en (47), características de la lengua hablada[27]:

---

[23] Nótese que en los ejemplos (45a, b) también es posible la interpretación libre del posesivo. Esta interpretación libre, no correferente ni ligada, se obtendría bajo una interpretación en la que *su* denota a la madre de un tercero mencionado en el contexto del discurso. Sería relativamente similar a la que recibiría la siguiente frase: *A la madre del Rey del Mambo, Juan/todo niño la ama y Pedro/todo marido también la ama*. Esta interpretación libre del posesivo es irrelevante en el contexto de este apartado sobre interpretaciones correferentes *versus* variables ligadas.

[24] Hay una extensa bibliografía sobre la diferencia entre la simple correferencia y la interpretación dependiente o ligada. Véanse, entre muchos otros, Evans 1980, Heim 1982, Reinhart 1983, 1986, Fiengo y May 1994, y Safir 2004a, b, que discuten la cuestión bajo prismas y análisis distintos.

[25] Una discusión sobre las propiedades de los pronombres de 1.ª y 2.ª persona interpretados como variables puede encontrarse en Rullmann 2004 y Kratzer 2009, entre otros.

[26] La interpretación de variable para el sujeto tácito se resalta si el predicado de (46) se sustituye por un predicado de individuos (i. e., *Todas nosotras creemos que somos la más lista*). El lector habrá observado quizá que invariablemente se utilizan pronombres átonos o pronombres vacíos para ejemplificar la interpretación de variable ligada. Ello se debe a que en español los pronombres tónicos no pueden ejercer de variables ligadas más que indirectamente, pudiendo adquirir esta función cuando un sujeto tácito, un pronombre átono o un posesivo en posición prenominal no pueden utilizarse. Véase Montalbetti 1984, para un estudio sobre esta cuestión dentro de la Teoría RL/PP, y Fernández Soriano 1993, 1999.

[27] Ejemplos extraídos de RAE (2009: 16.4d). El símbolo + que los precede indica su estatus no normativo.

(47) a. ⁺Tardé unos minutos en volver en sí.

    b. ⁺Tenéis que valeros por sí mismos.

    c. ⁺Yo ya no era dueño de sí.

En (47) se establece una relación de dependencia referencial entre la anáfora y el sujeto (tácito o explícito) a pesar de la falta de concordancia entre dicho antecedente y los rasgos de persona y número que exhibe la anáfora. Ello indica que el hablante que usa estas expresiones discordantes no interpreta los rasgos de la anáfora a pesar de su explicitud morfológica, al igual que ocurre con los pronombres ligados a cuantificadores examinados anteriormente. En resumen, los ejemplos precedentes muestran que un modelo gramatical para la asignación de valor denotativo a las expresiones nominales tiene que reflejar la diferencia entre dos procesos distintos: la posible correferencia, que puede establecerse en virtud de varias razones, a veces pragmáticas, y la dependencia estricta o ligada, que obedece a condiciones sintácticas. La asignación generalizada de índices correferentes, dependientes o por traslado, propuesta en el modelo RL/PP tiene, pues, un estatus híbrido, conceptual y metodológicamente desaconsejable[28]. Independientemente de lo expuesto hasta ahora, una última reflexión para cerrar esta sección debe aludir a la especificidad de las condiciones o principios gramaticales que restringen el funcionamiento, la posición o el valor referencial de cada una de las categorías nominales. Algunas cuestiones que plantea el modelo RL/PP a este respecto son las siguientes:

(i)   Los principios abstractos que rigen las lenguas naturales, ¿deben formularse en relación a una taxonomía específica de elementos léxicos (pronombres, anáforas, etcétera)?

(ii) ¿Es teóricamente deseable asumir el supuesto de que existe un módulo gramatical particularmente diseñado para un solo elemento, como es el sujeto tácito PRO de las oraciones de infinitivo?

(iii) ¿Es posible que muchos patrones gramaticales observados y la distribución de expresiones susceptibles de tomar valor referencial sean simplemente el producto derivado de cómputos gramaticales mucho más elementales?

El Programa Minimista, que se presenta muy sucintamente en el siguiente apartado, ofrece diversas hipótesis para dar solución a alguna de las cuestiones planteadas.

---

[28] Véase Higginbotham 1983, 1985, para una propuesta inicial de eliminación del uso de índices en este modelo a favor de una notación que refleje más adecuadamente las relaciones de estricta dependencia delimitadas por la sintaxis. Para una discusión más reciente, véase Safir 2004b.

12.5. El Programa Minimista

En el apartado anterior se ha señalado que la aplicación de la hipótesis RL/PP revela una serie de problemas conceptuales y empíricos[29]. A principios de los años 90 del pasado siglo, se planteó la necesidad de un cambio de perspectiva dentro del modelo PP con la idea de que su poder explicativo y su alcance descriptivo podían mejorar si se prescindía de parte del complejo aparato teórico asumido y si algunos de sus supuestos se sometían a un exhaustivo escrutinio metodológico. El cambio de perspectiva llegó con el Programa Minimista dentro del marco general de PP, al que nos referiremos de ahora en adelante como M/PP. Este sugiere diversos procedimientos que permiten reformular algunas hipótesis asumidas en la Teoría RL/PP con la intención de reducirlas a principios más elementales y de más largo alcance explicativo. En esta sección se presenta una visión muy general de sus objetivos en relación a los temas objeto de discusión. Las secciones posteriores se dedicarán a discutir hipótesis concretas dentro de este marco. Una primera revisión que aligera notablemente el anterior aparato teórico RL/PP es la de examinar el postulado de que hay diversos niveles abstractos de representación sintáctica. La revisión se plantea en la hipótesis M/PP al cuestionar si la teoría gramatical necesita asumir cuatro niveles de representación (véase [28]) o debe postular únicamente aquellos que relacionan la sintaxis con otros sistemas, como son los sistemas interpretativo y fonológico. Se propone que las construcciones y representaciones sintácticas deben prescindir de descripciones estructurales que no sean otras que las correspondientes a los niveles de Forma Fonética y Forma Lógica, que son los únicos imprescindibles para que la capacidad lingüística se pueda relacionar con otros sistemas externos a ella. El intento es el de proporcionar un modelo gramatical menos complejo, como en el diagrama (48), que satisfaga las condiciones de legibilidad impuestas por dichos sistemas externos de una forma simple, óptima, eficiente y necesaria, con los mínimos recursos computacionales posibles[30]:

(48)

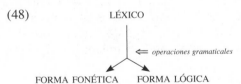

El formato que se propone es muy restringido, al determinar qué puede –y qué no puede– formar propiamente parte de la sintaxis o

---

[29] Véase una discusión extensa sobre ellos en Boeckx 2006, 2010, Bošković y Lasnik 2006, Chomsky 1995, 2004, 2005, y Eguren y Fernández Soriano 2004, entre muchos otros.

[30] Véanse, entre muchos otros, Boeckx 2006, 2008, 2010, Chomsky 1995, 2000a, b, 2002, 2004, 2005, Eguren y Fernández Soriano 2004, Hornstein *et al.* 2005, Piatelli-Palmarini *et al.* (eds.) 2009, y Reuland 2001a, b.

componente computacional. Dicho componente se reduce a tres tipos de operaciones:

(49) (i) Procesos de ensamble, bien sea de unidades léxicas en los primeros estadios de la derivación (técnicamente *Ensamble Externo*), bien procesos de (re)ensamble sucesivos de elementos afectados por operaciones de traslado a las posiciones periféricas de objetos sintácticos ya formados (técnicamente *Ensamble Interno*).

(ii) Mecanismos de concordancia local de rasgos formales (técnicamente *Acuerdo*) que pueden, según condiciones, causar desplazamiento sintagmático (i. e., Ensamble Interno) hacia la periferia de la estructura.

(iii) Operaciones de elisión, sujetas a recuperabilidad, que se producen bajo concordancia de rasgos idénticos, unos interpretables y otros no. La elisión es producto de la operación de *Acuerdo* a la que hemos aludido en (ii), por cuanto los rasgos no interpretables son elididos por inoperantes en la Forma Lógica de la oración, aunque en la interfaz correspondiente a la Forma Fonética puedan ser explícitos[31].

Otra revisión del aparato teórico que promueve M/PP afecta al mecanismo de indización. Se aduce que el cómputo sintáctico debe únicamente incluir los rasgos formales o léxicos de los elementos con los que se construye la estructura, excluyendo así la asignación de índices de cualquier tipo como elementos con entidad gramatical. En M/PP, la operación de traslado se concibe como un proceso de copia y Ensamble Interno de una unidad sintáctica ya ensamblada anteriormente en un estadio previo de la derivación. Así, el proceso de indización de huellas obtenidas por traslado en el modelo RL/PP se descarta en favor de la relación de identidad entre las dos (o más) posiciones que puede ocupar un mismo elemento copiado y elevado a distintas posiciones posibles a lo largo de la derivación. Se puede prescindir con ello del mecanismo de inserción de huellas como efectos del traslado, ya que estas no forman parte del grupo de elementos léxicos o funcionales con los que se construyen las derivaciones sintácticas. De una forma muy abstracta y absteniéndonos de hacer explícitos muchos detalles, se puede ilustrar lo que se propone comparando la representación sintáctica del proceso de una operación de traslado según el modelo PP/RL en (50) con la representación de los procesos de la misma operación según se propone en M/PP (51):

(50) a. $[_{SX} [_{SY} \ldots [_{SZ} SQ_i \ldots]]]$

$\rightarrow$ TRASLADO DE SQ INDIZADO (A POSICIÓN DE MANDO-C) E

INSERCIÓN DE HUELLA $\rightarrow$

b. $[_{SX} SQ_i [_{SY} \ldots [_{SZ} t_i \ldots]]]$

$\left.\begin{array}{c} \\ \\ \\ \\ \end{array}\right\}$ RL/PP

---

[31] Un caso típico de ello son los rasgos de concordancia con el sujeto que aparecen en español en un verbo flexionado. Persona y número son interpretables en el sujeto nominal, pero no en el verbo que concuerda abiertamente con estos. Otro caso obvio lo constituiría la flexión de género y número de adjetivos que modifican un SN o predican del mismo.

(51) a. $[_{SZ} SQ \ldots]$
 → ENSAMBLE (EXTERNO) DE SY →

 b. $[_{SY} \ldots [_{SZ} SQ \ldots]]$
 → COPIA, REENSAMBLE DE SQ Y ELISIÓN DE UNA DE LAS COPIAS →

 c. $[_{SX} SQ [_{SY} \ldots [_{SZ} <SQ> \ldots]]]$

$\left.\phantom{\begin{array}{c}a\\b\\c\\d\\e\end{array}}\right\}$M/PP

Ilustramos en (52 a, b), por concreción, los procesos de copia y reensamble para el ejemplo (34) anterior:

(52) a. pro/él divulgó [qué mentiras acerca del hermano de Juan]
 → COPIA →

 b. [[qué mentiras acerca del hermano de Juan] [pro/él divulgó [*<qué mentiras acerca del hermano de Juan>*]]]
 → ELISIÓN FONOLÓGICA →

 c. [[qué mentiras acerca del hermano de Juan] [pro/él divulgó [<~~qué mentiras acerca del hermano de Juan~~>]]]

Como muestran muy esquemáticamente los procesos ilustrados, la estructura sintáctica se edifica a lo largo de la derivación. A la estructura formada por [pro/*él divulgó* [*qué mentiras acerca del hermano de Juan*]] de (52a), se reensambla internamente y en una posición periférica el elemento copiado (i. e., [*qué mentiras acerca del hermano de Juan*]), como se muestra en (52b). La representación (52c) indica el proceso de elisión fonológica que afecta a todas las copias excepto una (muy en general, la copia estructuralmente más prominente)[32]. Este mecanismo permite no solo descartar la hipótesis de la emergencia de huellas por traslado en las representaciones sintácticas, con su subsecuente indización, sino obtener directamente la relación de mando-c entre la copia y la frase previamente ensamblada. Obsérvese que el proceso ejemplificado en (52a, b) permite dar cuenta de la imposibilidad de poder asignar el mismo valor referencial al sujeto pronominal pro/*él* y la expresión referencial *Juan* a la que el pronombre manda-c en el componente interpretativo (cf. [52b]). No hay, pues, necesidad de asumir mecanismos de reconstrucción. Los postulados de M/PP que se han esbozado, han afectado sustancialmente el planteamiento de hipótesis concernientes a las relaciones referenciales, proporcionando herramientas para establecer una rigurosa separación entre lo que es propiamente sintáctico (i. e., las relaciones de estricta dependencia) y las simples relaciones de correferencia que pueden tener lugar por otros mecanismos externos. Como se verá en secciones siguientes, hay actualmente dos líneas de investigación que tratan de reducir los efectos de control y ligamiento a una de las dos operaciones básicas que determina el componente computacional: bien *Ensamble Interno*, bien *Acuerdo* de rasgos, a los que hemos aludido en (49ii). Estas dos líneas de investigación, que se discutirán en sus aspectos

---

[32] Los procesos derivativos que conducen a la formación de la representación (52a, b), son obviamente mucho más parsimoniosos que lo que aparece representado tan sucintamente en estas estructuras.

más generales, se adhieren a directrices minimistas. Coinciden en el supuesto de que en la sintaxis no tiene cabida la existencia de módulos específicos para el ligamiento o el control, así como en el intento de reducir los cómputos gramaticales a operaciones básicas. Aunque, como se verá, proponen procedimientos muy distintos para dar cuenta de la dependencia referencial, no se puede descartar que ambas hipótesis puedan resultar meras variantes de un mismo mecanismo gramatical mucho más abstracto y básico, a dilucidar en un futuro próximo.

12.6. El traslado y la dependencia referencial

Si se parte del supuesto de que la operación de traslado constituye una operación ineludible (e indiscutible) en la gramática de las lenguas naturales, dar cuenta de las dependencias referenciales mediante dicha operación constituye una hipótesis plausible en el marco minimista. Las bases para su formulación resultan de una serie de razonamientos previos que se delinean seguidamente, para pasar en otras secciones de este capítulo a su aplicación específica por parte de varios autores. Los antecedentes de la aproximación a la dependencia referencial en términos de traslado se encuentran, en parte, en Lebeaux (1983) y Chomsky (1986: 175; 1993: 43). Estos autores sugieren que las anáforas léxicas (*sí mismo/uno* PREP *otro)* se elevan a una posición próxima a su antecedente en la Forma Lógica. Una serie de propuestas explotan este análisis hasta sus últimas consecuencias, observando, en primer lugar, que, si se puede dar cuenta de la distribución de las anáforas por medio de la operación de traslado, proponer un principio específico para estos elementos, como es (10 A), es una redundancia en el sistema, ya que, siendo deducible de una operación mucho más básica, el principio en cuestión deja de ser un primitivo gramatical. La deducción de (10 A) de una operación básica desencadena una serie de consecuencias que cuestionan a su vez la totalidad de la hipótesis misma en la que se cimentan todos los principios que sustentaban las teorías del Ligamiento y del Control en RL/PP. Recuérdese que la complementariedad entre los principios (10 A) y (10 B) –el primero para las anáforas y el segundo para los pronombres– en el modelo RL/PP está formulada a partir de la caracterización de un dominio local (i. e., la *categoría rectora*) en el que las primeras deben quedar ligadas y los segundos libres. En secciones anteriores se han proporcionado algunos ejemplos de dicha complementariedad, a los que se pueden añadir (53a, b), que corresponden a estructuras conocidas como de marcaje excepcional de caso. Se utilizan los índices en estos ejemplos como mera notación[33]:

---

[33] El contraste ejemplificado tiene lugar independientemente de la cliticización románica, como muestran los ejemplos del inglés (i a) y (i b), que reproducen el patrón de (53a, b):

(i) a. John$_i$ considers him$_{*i/j}$ intelligent.
   b. John$_i$ considers himself$_{i/*j}$ intelligent.

(53) a. *Juan*$_i$ *lo*$_{*i/j}$ considera *(a él)* inteligente.

    b. *Juan*$_i$ *se*$_{i/*j}$ considera *(a sí mismo)* inteligente.

El ejemplo (53a) contiene el pronombre átono *lo* y su posible doblado tónico *a él*, que formarían la secuencia discontinua [*lo* … (*a él*)] y que constituirían el argumento del predicado adjetival *inteligente*. El constituyente [[*lo* … (*a él*)] [*inteligente*]] forma lo que se denomina una 'oración reducida' (OR), es decir, una secuencia de contenido proposicional (carente de marcas temporales y con predicado no verbal) que es a su vez argumento del predicado principal. El clítico y su posible doblado tónico reciben, sin embargo, caso estructural acusativo del predicado principal *considera*. Así, la oración principal, que contiene el verbo *considera* (que rige el pronombre), constituye el dominio local mínimo en el que el argumento pronominal discontinuo [*lo* … (*a él*)] debe quedar referencialmente libre, no pudiendo ser correferente con el sujeto *Juan*, según el principio (10 B). El proceso descrito se representa en (54)[34]:

(54) [$_{SF}$ *Juan* considera [$_{OR}$ [*lo* (*a él*)] inteligente]]   (cf. [53a])

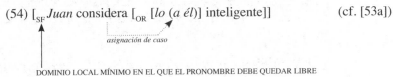

asignación de caso

DOMINIO LOCAL MÍNIMO EN EL QUE EL PRONOMBRE DEBE QUEDAR LIBRE

El caso complementario a este lo ejemplifica la anáfora [*se* … (*a sí mismo*)] de (53b), que en el mismo dominio debe quedar ligada por el antecedente *Juan*, según el principio (10 A):

(55) [$_{SF}$ *Juan* considera [$_{O.R.}$ [*se* (*a sí mismo*)] inteligente]]   (cf. [53b])

asignación de caso

DOMINIO LOCAL MÍNIMO EN EL QUE LA ANÁFORA HA DE QUEDAR LIGADA

Ahora bien, si el principio (10 A) se elimina como tal (por redundante) a favor de la hipótesis de que las anáforas se someten a traslado en la Forma Lógica, no se puede dar cuenta de una manera consistente del principio (10 B) porque no es posible expresarlo en términos de complementariedad con el principio (10 A). Descartada la posibilidad de proponer un principio gramatical de carácter universal solo para una clase específica de elementos, como son los pronombres, se impone someter a escrutinio las nociones sobre las cuales se formulaba la complementariedad entre pronombres y anáforas, es decir, las nociones de *rección* y *categoría rectora* (también conocida como *complejo funcional completo* [Chomsky 1986: 169]). Las consecuencias de la revisión radical

---

[34] En el contexto de la presente discusión consideramos que el clítico *lo* (junto con su doblado tónico) se genera en una posición temática en la oración reducida. Hay diferentes propuestas concernientes a la función y a la posición que ocupan los pronominales átonos (véanse, a este respecto, Uriagereka 1995 y Roberts 2010, con las referencias allí citadas).

de las bases en las que se había formulado la Teoría del Ligamiento en el marco RL/PP se extienden a la Teoría del Control. Como se recordará (véase sección 3), esta regula la distribución del nominal tácito PRO y su interpretación, bien como nominal referencialmente dependiente de un argumento en el dominio que subcategoriza la oración que lo contiene, bien como elemento de tipo pronominal con interpretación arbitraria en ausencia de antecedente local. Se recordará que el sujeto tácito PRO de las oraciones sin marcas temporales no estaba sometido a los principios (10 A, B, C) de la Teoría del Ligamiento en RL/PP, debido al supuesto de que PRO es un elemento no regido y, por tanto, carecía de categoría rectora o dominio local en el que PRO debía quedar ligado o libre. El hecho de poner en cuestión el concepto de dominio local en términos de rección obliga a su vez a una revisión del conjunto de supuestos bajo los que se daba cuenta de la distribución y propiedades de PRO, y aun la misma existencia de un módulo gramatical específico para este elemento. Vistas todas las consideraciones anteriores, una serie de estudios recientes proponen la reducción de los módulos del Ligamiento y del Control a la operación de traslado, como se verá en los siguientes apartados.

12.6.1. *El sistema de índices en RL/PP reducido a traslado*

Kayne (2002) explora la eliminación de índices referenciales del modelo RL/PP mediante la hipótesis del traslado, abarcando bajo esta operación sintáctica las relaciones que se subsumían bajo los mecanismos de coindización: tanto correferencia como dependencia referencial. Recordemos que, en este modelo, los índices se conciben como parte de la estructura categorial de los elementos. Kayne sugiere que las secuencias que conforman la estructura [SN, , *pronombre*] son básicas y que la configuración [SN, , *anáfora*] se construye a partir de la primera. Las estructuras básicas del tipo [SN, , *pronombre*] se originan, según Kayne, de forma similar a la propuesta por Uriagereka (1995: 81) para las estructuras de doblado en las lenguas románicas (i. e., casos como *Le di un libro a Juan*). En ejemplos como (56), donde el SN y el pronombre interpretado correferencialmente son argumentos de dos predicados distintos, los procesos involucrados en la derivación propuesta se exponen, muy sucintamente, en (57):

(56) Juan cree que *pro*/él es listo.

(57) a. cree (que) [Juan [*pro*/él]] es listo.
    b. *Juan*$_i$ cree (que) [t_i [*pro*/él]] es listo.

Esta derivación implica que una operación de traslado puede tener lugar a una posición temática. En el caso de (57b), *Juan* se trasladaría desde su posición inicial –formando un constituyente con la categoria que contiene pronombre– hasta la posición donde el predicado *creer* le asigna papel temático. Dicho supuesto, que, con diferentes matices y restricciones, adoptan todos los proponentes de la hipótesis del traslado para dar cuenta de las relaciones referenciales, no podía haberse asumido en el marco RL/PP, donde los papeles temáticos se asignaban en la estructura-D. Dado que la estructura-D no es un posible nivel de representación en el marco teórico M/PP, la elevación de un argumento a posiciones temáticas es factible, según sus proponentes. La hipótesis de Kayne, esbozada aquí en sus aspectos más generales, presenta, sin embargo, algunos problemas que otros proponentes en esta línea han tratado de resolver mediante distintos procedimientos, como se verá. Una objeción que hay que formular en este caso es que tratar de dar cuenta de todos los anteriores mecanismos generalizados de coindización por medio de traslado no permite establecer la necesaria distinción entre la mera correferencia entre dos expresiones y la estricta dependencia referencial (i. e., la interpretación ligada), que se había mostrado en el comentario de los ejemplos (44a, b), (45a, b) y (46). Otros casos problemáticos bajo esta hipótesis en particular son las secuencias en las que es posible establecer correferencia sin configuración de mando-c entre el antecedente y un pronombre (véanse ejemplos [37a, b]). A estas objeciones debe añadirse el hecho de que se debe asumir bajo esta hipótesis que un pronombre debería poder elevarse desde islas sintácticas desde las cuales las operaciones de traslado son típicamente imposibles. Esta bien conocida imposibilidad se manifiesta, por ejemplo, en el caso de extracción de frases interrogativas constituyentes de frases adjuntas. A partir de (58 a), que muestra una frase interrogativa ensamblada (por Ensamble Externo) como complemento del verbo en el adjunto temporal introducido por *antes,* la operación de extracción para formar una interrogativa directa (reensamble o Ensamble Interno) es agramatical:

(58) a. Juana había estudiado el papel de Mimí [antes de que la Scala contratara *a quién*].

　　 b. *¿*A quién* había estudiado Juana el papel de Mimí antes de que la Scala contratara <~~a quién~~>?

La diferencia entre correferencia y traslado se muestra en el contraste entre (58b) y los ejemplos (59a, b). Si los sintagmas *Ana* o *toda soprano* de (59) se hubieran generado como adjuntos al pronombre *la* en cada una de estas oraciones, para después proceder a su extracción, debería explicarse por qué esta variedad concreta de la operación de traslado es tan distinta de las 'clásicas' operaciones de traslado que están sometidas a estrictas condiciones de localidad[35]. Nótese que los ejemplos (59a, b) ofrecen, respectivamente, un caso de pronombre interpretado como simplemente correferente a un SN y un caso de pronombre interpretado como variable ligada a una frase cuantificada[36]:

(59) a. *Ana* había estudiado el papel de Mimí antes de que la Scala *la* contratara.

---

[35] Véase también la discusión acerca del ejemplo (35).

[36] Es también posible la interpretación libre del pronombre en ambos casos (i. e., *Ana/toda soprano* había estudiado el papel de Mimí antes de que la Scala *la*$_{(= \text{Montserrat Caballé})}$ contratara).

b. *Toda soprano* había estudiado el papel de Mimí antes de que la Scala *la* contratara.

El contraste entre (60a) y (60b) nos muestra un efecto parecido a los que acabamos de discutir. En (60 a) se muestra el recurso de insertar un pronombre reasuntivo *(lo)*[37], relacionado con el relativo en función de complemento directo del verbo *recordar*. El pronombre reasuntivo es un subconstituyente de un SN complejo que está, además, en posición de sujeto[38]. Este ejemplo gramatical contrasta con su paralelo agramatical (60b), en el cual se ha cambiado solo la distribución del relativo y del pronombre reasuntivo. En este último caso, el relativo se ha extraído de un SN complejo en función de sujeto, lo que convierte la construcción en agramatical (véase nota 38):

(60) a. El poema *que* [cualquier persona que *lo* memoriza] recuerda <*que*$_{REL}$> siempre.

b. *El poema *que* [cualquier persona que memoriza <*que*$_{REL}$>] *lo* recuerda siempre.

El contraste entre estas dos construcciones, así como los mostrados en los ejemplos (58b) *versus* (59a, b), cuestionan la hipótesis de que la relación de un pronombre –sea correferente o variable pronominal– con respecto a su posible u obligatorio antecedente se puede obtener por traslado de este. Tal propuesta supone, además, tener que asumir una enorme carga en la memoria computacional activa, porque el primer estadio de la derivación debe ya prever las posibles relaciones correferenciales o dependientes, anticipando ensambles posteriores en los que todo antecedente deba formar un constituyente complejo formado por todos los elementos que localmente serán interpretados como referencialmente relacionados a lo largo de la derivación. Tales operaciones hipotéticas se representan muy esquemáticamente en (62a, b, c) para la oración (61):

(61) a. *Juan* dice que *pro* cree que *pro* podrá leer tus notas antes del amanecer.

(62) a. [*Juan* [*pro* [*pro*]]] podrá leer tus notas antes del amanecer.

b. [*Juan* [*pro*]]$_i$ cree que [t_i[*pro*]] podrá leer tus notas antes del amanecer.

c. *Juan*$_j$ dice que [[t_j*pro*]$_i$ cree que [t_i[*pro*]] podrá leer tus notas antes del amanecer.

---

[37] Un pronombre reasuntivo es un recurso gramatical que se emplea en muchas lenguas para evitar una violación de las condiciones de localidad estricta a las que están sometidas todas las operaciones de traslado.

[38] Al igual que ocurre con las oraciones adjuntas, es imposible efectuar extracción de un subconstituyente de un constituyente en función de sujeto, como se muestra en (i b), o de un subconstituyente de un SN complejo, sea sujeto u objeto, como se muestra en (ii b):

(i) a. [Que *Juan* se haya disfrazado de arlequín] es lamentable.

b. *¿*Quién* es [que <*quien*> se haya disfrazado de arlequín] lamentable?

(ii) a. Pedro lamentaba [el hecho de que *Juan* se hubiera disfrazado de arlequín].

b. *¿*Quién* lamentaba Pedro [el hecho de que <*Juan*> se hubiera disfrazado de arlequín]?

En resumen, la hipótesis del traslado generalizado requiere una codificación anticipada y potencialmente ilimitada de las posibles relaciones referenciales que se pueden establecer en una estructura. Esto, unido a los problemas mencionados anteriormente, cuestiona las ventajas de trasponer todo el anterior sistema de índices a la operación de traslado.

12.6.2. *Variables pronominales y anáforas. Efectos derivados de la operación de traslado*

Hornstein (2001, 2007) aboga asimismo por la hipótesis del traslado, pero, a diferencia de Kayne (2002), aduce que la sintaxis debe codificar tan solo los casos de estricta dependencia referencial (anáforas léxicas, pronombres ligados y control), no la posible correferencia entre dos expresiones[39]. La distribución casi complementaria entre pronombres y anáforas, ya observada anteriormente, se obtendría por efecto de una condición de economía que se podría expresar bajo la restricción *'evítese el pronombre'*[40]. En el marco de M/PP, y según la propuesta objeto de la presente discusión, se formula en términos de competición entre formas accesibles. Los casos de complementariedad anáfora/pronombre adaptan la propuesta de la Teoría de la Optimidad sugerida por Prince y Smolensky en 1993 (2004)[41]. La idea general es que la forma específica que se utiliza para expresar la dependencia anafórica es relativa a las entradas léxicas que una lengua particular tiene a su disposición[42]. En otras palabras, las relaciones anafóricas locales deben recurrir a las formas más específicas de que dispone una lengua dada para expresarlas. Se aduce que la utilización de un pronombre para expresar una relación de dependencia es imposible (por más costosa) si se dispone de una forma explícitamente anafórica. La competitividad en cuanto a coste computacional entre anáfora y pronombre en un entorno local dado conlleva la importante consecuencia de que los casos de complementariedad, como por ejemplo (53), repetido seguidamente como

---

[39] Véanse, a este respecto, las referencias mencionadas en la nota 23.

[40] Esta directriz *(Avoid Pronoun Principle)* estaba formulada en la teoría clásica RL/PP para otro tipo de alternancias. Chomsky (1981: 65) la sugiere para dar cuenta de la utilización de un pronombre tácito en lugar de un pronombre fonológicamente especificado, en caso de que la disponibilidad de ambas formas sea posible y el contenido recuperable por la flexión verbal.

[41] La Teoría de la Optimidad es un modelo gramatical que propone que las formas observadas en una lengua concreta se obtienen por la interacción de restricciones distintas. La forma gramatical (óptima) es la que, entre una serie de candidatos, satisface las restricciones de una manera más adecuada siguiendo la ordenación de estas para la lengua en cuestión.

[42] Safir (2004a, b) aduce asimismo que las lenguas establecen jerarquías de formas dependientes. La aplicación de la jerarquía ANÁFORA > PRONOMBRE > EXPRESIÓN REFERENCIAL está regulada por el llamado *Principio Forma-a-Interpretación* *(Form-to-Interpretation Principle*/FTIP en inglés):

   (i) Si A manda-c a B y C no es la forma dependiente más disponible en la posición B con respecto a A, entonces B no puede ser directamente dependiente de A (Safir [2004b: 26]).

Safir aduce que el FTIP es invariable y universal, aunque la aplicación de la jerarquía es relativa a los elementos léxicos a los que puede acceder una lengua determinada.

(63), así como en (64a, b), deben constituir derivaciones comparables. Es decir, para poder evaluar dos expresiones bajo la directriz de economía estricta '*evítese el pronombre*' estas deben generarse a partir de las mismas entradas léxicas (i. e., compartir la misma numeración). Según esta hipótesis, la imposibilidad de la interpretación dependiente del pronombre en (63a) y (64a) es producto de su anti-economicidad, debida a la disponibilidad de la anáfora ejemplificada en los correspondientes (63b) y (64b):

(63) a. *Juan*$_i$ *lo*$_{*i/j}$ considera *(a él)* inteligente.
   b. *Juan*$_i$ *se*$_{i/*j}$ considera *(a sí mismo)* inteligente.

(64) a. *Juan*$_i$ *lo*$_{*i/j}$ odia *(a él)*.
   b. *Juan*$_i$ *se*$_{i/*j}$ odia *(a sí mismo)*.

Si las anáforas reflexivas son –por hipótesis– producto de una operación de elevación de una posición temática a otra posición temática que la manda-c, la relación entre un antecedente y la anáfora debe ser equivalente a la relación entre los eslabones de cualquier cadena de traslado. Dado que dicha operación se concibe en M/PP como una operación de copia y (re)ensamble, las anáforas no pueden concebirse como entradas léxicas con rasgos interpretables, sino como la realización morfofonológica (post-sintáctica) del elemento copiado: un conjunto de rasgos fonológicamente realizados pero con contenido semántico nulo[43]. Bajo esta hipótesis, la derivación de, por ejemplo, (64b) correspondería, muy esquemáticamente, a los procesos que ilustra (65):

(65) [odia Juan] $_{COPIA}$ → [Juan [odia <~~Juan~~>]] $_{FORMA FONÉTICA}$ → 'Juan se odia (a sí mismo)'

Esta hipótesis asimila los procesos de reflexivización a todos los casos de elevación de un argumento a otra posición argumental mediante la misma operación sintáctica, aunque con efectos superficialmente distintos. En los casos clásicos de elevación no se realiza la copia fonológicamente (i. e., **Pedro fue visto sí mismo / *Pedro llegó sí mismo / *Pedro parece sí mismo estar cansado*); para ello se aduce que, en los casos de reflexivización, la realización fonética de la copia se sigue de la necesidad de expresar el caso estructural del objeto de un predicado transitivo, condición esta que no tiene lugar en los casos típicos de elevación. Con respecto a los pronombres estrictamente dependientes, Hornstein (2007) propone que estos solo tienen cabida en una derivación cuando la operación de traslado –resultante, por hipótesis, en anáfora reflexiva– no se puede aplicar, recurriendo entonces al proceso más costoso de pronominalización. La no interpretabilidad que caracteriza los rasgos de una anáfora, caracteriza asimismo los rasgos formales de los pronombres ligados, que actúan como variables lógi-

---

[43] La hipótesis de que las anáforas carecen de contenido interpretativo puede ilustrarse en español con los casos anormativos de discordancias discutidos en relación a los ejemplos (47).

cas. La interpretación de variable ligada de un pronombre y la no interpretabilidad de sus rasgos se ha ilustrado anteriormente en la sección 4.3 mediante una de las lecturas del ejemplo (46), repetido como (66), seguido de la interpretación correspondiente al pronombre como variable ligada:

(66) *Todas nosotras* creemos que *pro* somos listas.
    'Cada una de nosotras cree que es lista.'

Aparentemente, la hipótesis esbozada ofrece menos cobertura empírica que el principio (10 B), por el hecho de limitarse a dar cuenta solo de los casos de pronombres referencialmente dependientes y no incluir los opcionalmente correferentes. Sin embargo, distinguir los casos de interpretaciones ligadas del resto de interpretaciones posibles que pueden adjudicarse a un pronombre (deícticas, correferenciales, libres, etc.) permite hacer distinciones entre la casuística de posibles valores pronominales y atenerse solo a las interpretaciones derivadas de la aplicación de una operación sintáctica. Se separan así los efectos propiamente sintácticos de los casos de uso de pronombres para la correferencia opcional y se proporciona a la anterior directriz descriptiva *'evítese el pronombre'* un contenido explicativo. Las consideraciones metodológicas con las que se ha iniciado esta sección y que conducían a proponer la hipótesis del traslado para elementos referencialmente dependientes, deben extenderse, por consistencia, a dilucidar las características de PRO. En la sección siguiente, se discutirá la reducción de la Teoría del Control a la operación de traslado.

12.6.3. *Control bajo traslado*

Los ejemplos (67a, b) ejemplifican casos de control obligatorio. En estos, el sujeto vacío PRO de una oración sin marcas temporales toma el valor referencial de un argumento de la oración subordinante:

(67) a. Juana$_i$ desea [PRO$_{i/*j}$ comprar una bicicleta].
    b. Juana$_i$ obligó a Ana$_j$ a [PRO$_{*i/j/*h}$ comprar una bicicleta].

Hornstein (1999, 2001, 2003), Boeckx y Hornstein (2003, 2004, 2006) y Boeckx, Hornstein y Nunes (2010) proponen que la dependencia referencial obligatoria de este tipo de sujeto tácito debe quedar subsumida también bajo el mecanismo general de traslado al que se someten otros elementos referencialmente dependientes. El análisis en estos términos se representa abstractamente en (68) para casos denominados de control de sujeto:

(68) [Juana [desea [<*Juana*> comprar una bicicleta]]]   (cf. [67 a])

Como en los casos clásicos de elevación, el eslabón más incrustado (i. e., la copia más baja) de la cadena argumental de (55) no puede realizarse fonológicamente en forma de anáfora (cf. **María deseaba sí misma conocer a Juan*), porque la posición de sujeto de una oración en infinitivo no permite recibir caso estructural. Lo que asemeja una estructura de control a las frases con anáfora léxica y lo que distingue a ambas construcciones de otras estructuras que involucran traslado (pasivas o construcciones de elevación con verbos como *parecer* + infinitivo) es, siempre según esta hipótesis, que en los casos de anáfora y control el traslado tiene lugar a una posición temática, o a varias de ellas en el segundo caso si hay una secuencia ininterrumpida de oraciones sin marcas temporales. Así, un mismo argumento puede recoger y arrastrar varios papeles temáticos $\theta_{1...n}$ por efecto de sucesivas aplicaciones de traslado, como se representa esquemáticamente en (69). La copia más elevada de la cadena así formada puede cotejar caso estructural y rasgos de Persona (Género) y Número (i. e., rasgos *Phi*) al final del proceso derivativo, cuando alcanza una posición localmente relacionada con un núcleo funcional dotado de rasgos equivalentes no interpretables:

(69) [Antonio $_{\theta 1,\theta 2,\theta 3}$ [T$_{[+T,+Conc]}$] deseaba [<*Antonio*> $_{\theta 1,\theta 2}$ intentar [<*Antonio*> $_{\theta 1}$ escribir poemas]]]

Los casos de control por objeto, como el que esquemáticamente se representa en (70a), correspondiente a (67b), reciben un análisis en términos similares. El ascenso desde la posición de sujeto incrustado a la de sujeto de la oración principal queda bloqueado en estos casos por la intervención del objeto, que crea un efecto de minimidad, como se muestra en (70b). El traslado debe efectuarse, pues, a la posición sintáctica local[44]:

(70) a. Juana [$_{Sv}$ obligó [$_{SV}$ a Ana ... a [<*Ana*> comprar una bicicleta]]]

b. *Juana [$_{Sv}$ obligó [$_{SV}$ a **Ana** ... a [<*Juana*> comprar una bicicleta]]]

El análisis esbozado cumple las condiciones de localidad que deben satisfacer los eslabones de una cadena de traslado. Para los casos de control del sujeto de una oración adjunta, esta hipótesis apela a la operación denominada 'traslado lateral' *(sideward movement)* propuesta inicialmente en Nunes (1995, 2001, 2004). Se trataría de casos como el ejemplificado en (71):

(71) Juan se compró una bicicleta antes de comprarse un ordenador.

El mecanismo de traslado lateral asume que el sistema computacional puede tener en la memoria activa más de un objeto sintáctico en construcción. En el caso ejemplificado en (71) se trata de los objetos sintácticos que consisten en el subcomponente SV de la oración princi-

---

[44] Según la hipótesis que esbozamos, el efecto de minimidad creado por la presencia del objeto no tiene lugar en los casos del tipo *prometer* (i. e., *Juan prometió a María salir temprano*) porque se aduce que tal complemento, en dativo, no manda-c la posición de sujeto de la oración en infinitivo. Para una discusión detallada de los casos de control por objeto, véase Boeckx, Hornstein y Nunes 2010: 171ss.)

pal [$_{SV}$ *se compró una bicicleta*] y el subcomponente S*v* del adjunto [$_{Sv}$ *Juan comprarse un ordenador*]. Una operación interarbórea de traslado copia y ensambla el argumento prominente del S*v* del adjunto *(Juan)* al predicado de la oración principal *(se compró una bicicleta),* como se muestra simplificadamente en (72a, b). Los procedimientos derivacionales que subsecuentemente dan lugar a la secuencia (71) se representan resumidamente en (72). Consisten en el ensamble del adjunto al complejo predicacional de la oración principal, la elevación del sujeto anteriormente copiado por traslado lateral al especificador de T y elisión en el componente fonológico de los eslabones de la cadena de traslado que manda-c el sujeto nominativo de la oración principal[45]:

(72) a. [$_{SV}$ se compró una bicicleta] [$_{S}$v̲ Juan comprarse un ordenador]

      → COPIA Y ENSAMBLE INTERARBÓREO DE *Juan* →

    b. [$_{S}$v̲ Juan [$_{SV}$ se compró una bicicleta] [$_{S}$v̲ <*Juan*> comprarse un ordenador]]

      → ENSAMBLE DEL ADJUNTO AL PREDICADO PRINCIPAL →

    c. [$_{S}$v̲ [$_{S}$v̲ Juan [$_{SV}$ se compró una bicicleta] [antes de [$_{S}$v̲ <*Juan*> comprarse un ordenador]]]]

      → ELEVACIÓN DEL SUJETO A ST →

    d. [$_{ST}$ Juan [$_{S}$v̲ [$_{S}$v̲ <*Juan*> [$_{SV}$ se compró una bicicleta] [antes de [<*Juan*> comprarse un ordenador]]]]]

      → BORRADO DE LAS COPIAS DE *Juan*, EXCEPTO LA MÁS PROMINENTE →

    e. [$_{ST}$ Juan [$_{S}$v̲ [$_{S}$v̲ <~~*Juan*~~> [$_{SV}$ se compró una bicicleta] [antes de [<~~*Juan*~~> comprarse un ordenador]]]]]

La localidad que requiere la aplicación de traslado de un elemento sometido a control referencial no se puede, sin embargo, satisfacer en ejemplos como (73). En estos, al sujeto de la oración más incrustada que va en infinitivo debe asignársele una referencia arbitraria por no poder relacionarlo localmente por traslado con la posición de sujeto de la oración principal[46]:

(73) Ana deseaba [que _pro_ fuera posible [que _pro_ fuera obligatorio [*<*Ana*> estudiar latín]]]

Se trata de casos en los que el sujeto argumental más incrustado recibe, como se ha dicho, una interpretación arbitraria. La frase (73) es aproximadamente parafraseable como *Ana deseaba que fuera posible que fuera obligatorio que se/uno estudiara latín.* Hornstein (1999,

---

[45] Boeckx, Hornstein y Nunes (2010: 83ss.) ofrecen una discusión más detallada de la derivación de casos como (71) y de otros afines. Para estructuras de control con aparente intervención del objeto entre las instancias de la cadena de traslado como *Juan besó a María sin ponerse colorado/*colorada*), véase Boeckx, Hornstein y Nunes 2010: 203 ss.

[46] Los sujetos _pro_ de las oraciones intermedias en este ejemplo son elementos expletivos, no argumentales o temáticos, y sin realización fonológica en español. El equivalente de (73) en inglés muestra fonológicamente la presencia de estos elementos:

    (i) Ann wished [that *it* would be possible [that *it* would be mandatory [to study Latin]]]

2001, 2003, 2007) y Boeckx, Hornstein y Nunes (2010) proponen analizar este sujeto tácito como un elemento pronominal tácito _pro_, al que debe recurrirse cuando el traslado es imposible. Un caso relativamente similar se ejemplifica en (74), ejemplo en el que la extracción de un SN desde una oración en función de sujeto es inaplicable porque este dominio es una isla para la extracción (véase Boeckx, Hornstein y Nunes [2010: 197] y nota 36):

(74) Juan cree [que [_pro_ aprobar el examen] es dificilísimo].

La inserción de _pro_ en las construcciones (73) y (74) sigue la directriz de economía según la cual solo se sanciona el uso del pronombre cuando el traslado es imposible.

12.6.4. *Problemas de la reducción a traslado de las dependencias referenciales*

El reducir los casos de dependencia referencial a la operación de traslado es una hipótesis simple y perspicaz que sintoniza con postulados minimistas. Ha suscitado, sin embargo, una cierta polémica. Algunos autores consideran que no satisface los criterios de adecuación empírica que toda teoría debe ofrecer, y cuestionan las ventajas últimas de tal hipótesis, alegando que precisa de una serie de supuestos ancilares que no conducen tampoco a una mejor caracterización de la operación general de traslado. También observan que algunos problemas clásicos de las estructuras de control continúan sin resolverse y que la resolución de otros requiere apelar a mecanismos subsidiarios que no se pueden deducir de la hipótesis de partida. En esta sección se examinan algunas de estas objeciones. Para una discusión mucho más extensa sobre los aspectos polémicos de la propuesta, véanse Landau (2003, 2007), Bobaljik y Landau (2009) y Safir (2004a, b), entre otros. En esta sección solo se mencionarán algunos de ellos[47]. Un aspecto de los problemas mencionados lo constituyen los casos clásicos de control dividido y control parcial que se ejemplifican en (75) y (76) respectivamente:

(75) a. Juan propuso/prometió a María [ocuparse el uno del otro].

  b. Tú le ofreciste [ayudaros el uno al otro].

(76) a. Juan decidió/votó por/sugirió [dispersarse si se acercaba la policía].

  b. El presidente lamentó [el haberse reunido sin una agenda concreta].

En los casos (75 a, b), la hipótesis del traslado requeriría postular el ascenso de un hipotético SN coordinado (*Juan y María/tú y él* [o *ella*] respectivamente) como antecedente de la correspondiente anáfora distributiva. Cada miembro de la coordinación debería trasladarse a una posición sintáctica distinta de la oración principal, con la indeseable

---

[47] Véase la respuesta a algunas de estas objeciones y en defensa de la hipótesis del control como traslado en Boeckx y Hornstein 2004, y Boeckx, Hornstein y Nunes 2010a, b.

consecuencia de que la cadena formada por tales traslados no ostentaría copias idénticas. En el caso (76a), el sujeto tácito de la oración en infinitivo exige un plural semántico seleccionado por el predicado colectivo. No puede tratarse de un caso de control (i. e., copia y traslado), dada la agramaticalidad de oraciones del tipo *Juan se dispersó*. Para casos como (76b), Hornstein (2003) y Boeckx, Hornstein y Nunes (2010) asumen la presencia de un comitativo implícito (i. e., reunido *<con X>*) en la oración subordinada. Aun admitiendo esta posibilidad, el ejemplo en español (76b) ofrece un problema adicional, porque la estructura en infinitivo en una oración nominalizada constituye una isla para la extracción (cf. *¿Sin qué lamentó el presidente el haberse reunido? / *La agenda sin la cual el presidente lamentó el haberse reunido*)[48]. Para dar cuenta de este tipo de ejemplos, podría añadirse a la hipótesis propuesta el supuesto auxiliar de que la gramática debe recurrir a la menos económica inserción de <u>pro</u>.

Un aspecto central de la hipótesis bajo consideración es que un argumento puede recibir una multiplicidad de papeles temáticos mediante aplicaciones sucesivas de elevación (Boeckx, Hornstein y Nunes [2010: 117]). Los papeles temáticos no parecen, sin embargo, viajar fácilmente de oración a oración. Considérense los siguientes ejemplos de Gallego y Picallo (2011) que muestran predicados secundarios:

(77) a. A los tenores les gusta cantar *Don Giovanni* tristes.
　　 b. Los tenores quieren cantar *Don Giovanni* tranquilos.

En (77a) y (77b), los adjetivos *tristes* y *tranquilos* se relacionan con el agente de *cantar* y no con el experimentador de *gustar* o *querer*. Muestra de ello es la incompatibilidad de estos adjetivos como predicados secundarios en construcciones como #*A los tenores (no) les gusta esto tristes* / #*Los tenores lo quieren tranquilos,* incompatibilidad debida quizá al carácter estativo de tales predicados. Parece, pues, que un argumento podría recibir más de un papel temático en un complejo oracional, pero no puede viajar interoracionalmente. De ser eso posible, las oraciones *A los tenores (no) les gusta estar tristes* o *Los tenores quieren estar tranquilos* deberían ser tan anómalas como las construcciones aludidas que muestran incompatibilidades con predicados estativos, lo que no es el caso. De hecho, tanto la oración principal como la subordinada en infinitivo pueden ostentar predicados secundarios y, además, estos pueden ser fácticamente incompatibles sin que por ello se altere la aceptabilidad de la construcción, ya que cada predicado secundario complementa un solo papel temático. Así, en el ejemplo (78), *borracho* se relaciona sólo con el Agente de *prometer*, y *sobrio* con el Tema de *volver*. Junto con los anteriores, este tipo de ejemplos también sugiere que los papeles temáticos se interpretan localmente, en la es-

---

[48] La versión no nominalizada de estas oraciones no ofrece problema alguno para la extracción:

　　(i) a. ¿Sin qué lamentó el presidente haberse reunido?
　　　　 b. La agenda sin la cual el presidente lamentó haberse reunido.

tructura oracional en la que se asignan, y que no se pueden someter a traslado:

(78) Juan prometió borracho [volver sobrio a casa].

Al discutir casos de control parcial del tipo *Juan odia reunirse/reunirnos enfadados* para los que se asume la presencia de un comitativo implícito, Boeckx, Hornstein y Nunes (2010: 187) arguyen que los efectos de la predicación secundaria quedan limitados a la oración en la que se genera (predicando así solo del conjunto formado por el sujeto y el comitativo silente). El supuesto de que el alcance de la predicación secundaria no va más allá de su propia oración, da cuenta de los casos que hemos ejemplificado en (77) y (78), pero suscita la cuestión obvia de por qué, y en virtud de qué principio gramatical, los predicados secundarios tendrían un alcance argumental limitado a su propia oración, pero los papeles temáticos asignados por predicados principales podrían arrastrarse intraoracionalmente. Independientemente de lo aducido, algunas construcciones específicas de las lenguas románicas ponen también de manifiesto la tensión entre la evidencia empírica y la hipótesis general objeto de discusión. Así, las construcciones con SE impersonal tienen la conocida característica de que pueden aparecer en una estructura de control, pero no en una estructura de elevación como muestra el contraste entre (79) y (80):

(79) a. Se decidió/intentó/quiso PRO$_{i/*j}$ estar a la altura de las circunstancias.
 b. Se$_i$ espera/desea PRO$_{i/*j}$ aprobar el examen.
 c. Se$_i$ trabaja mucho antes de/para/sin PRO$_{i/*j}$ conseguir algo que valga la pena.

(80) a. *Se pareció [<~~se~~> aprobar el examen].
 b. *Se resultó [<~~se~~> estar a la altura de las circunstancias].

Se podría argumentar que, bajo la hipótesis considerada, el contraste podría atribuirse al estatus de clítico del elemento impersonal, que, por diversas razones, no puede elevarse desde estructuras sin complementante como (80). En ausencia de justificación independiente, el contraste ejemplificado permanece problemático, de momento, para esta hipótesis. También lo son los casos de agramaticalidad mencionados anteriormente (véase nota 15) que involucran clíticos reflexivos con SSNN sometidos a elevación. Este tipo de agramaticalidad se había atribuido al efecto de intervención que produce un clítico anafórico entre un SN elevado y su posición temática, que crea la configuración (82) para ejemplos del tipo (81a, b):

(81) a. *Ellos se parecen (ser) fieles a sí mismos.
 b. *Ellos se resultaron inadecuados el uno al otro.

(82) *[SN$_i$ ... se$_i$ ...<~~SN~~>]

Las estructuras de control deberían mostrar exactamente la misma agramaticalidad si, por hipótesis, el SN estuviera sometido a traslado, lo cual no es el caso (*Ellos se obligaron (a sí mismos) a permanecer allí / Ellos se prometieron (el uno al otro) proteger a sus amigos*). Recuérdese que solo el clítico reflexivo crea este efecto de minimidad (i. e., *Ellos me/te/le/os parecen fieles a sí mismos / Ellos me/te/le/nos resultaron inadecuados el uno al otro*). Otras objeciones, tanto de tipo conceptual como relativas a la adecuación empírica de este modelo pueden encontrarse en Bobaljik y Landau (2009), Gallego (2011) y Landau (2003, 2007), entre otros.

12.7. La dependencia referencial como Acuerdo de rasgos

En la sección anterior se ha discutido una de las propuestas reduccionistas de la dependencia referencial, según la cual los módulos de Ligamiento y Control del sistema RL/PP pueden subsumirse bajo la operación de traslado. Otra hipótesis, también de corte reduccionista, adopta la vía de derivar los fenómenos de dependencia referencial (anáfora y control) de la operación (49 ii) en el marco M/PP, es decir, la relación de Acuerdo *(Agree)* entre unidades sintácticas. Recuérdese que la meta de esta hipótesis, al igual que la hipótesis del traslado, es la de dar cuenta de las relaciones de dependencia referencial con un modelo muy restrictivo del cómputo sintáctico, un modelo que no deba recurrir a los índices como rasgos constitutivos de una categoría gramatical. En este contexto, los índices se utilizan ocasionalmente a efectos de representación gráfica y como mera notación.

12.7.1. *Las anáforas léxicas*

Los patrones de variación lingüística relativos a las relaciones anafóricas y su casuística (dialectal e interlingüística) son bastante complejos, tanto desde el punto de vista de su exponencia puramente morfofonológica como de su distribución sintáctica y su interpretación[49]. Hay una serie de estudios que abordan este fenómeno, que se pueden caracterizar bajo el denominador común de considerar 'defectivo' en algún sentido el elemento anafórico, sea por carecer este de parte de los rasgos referenciales *Phi* que ostentan sus contrapartidas pronominales

---

[49] Bajo el rótulo 'anáfora' (i. e., elemento referencialmente dependiente), las lenguas naturales ofrecen un ramillete de variantes, entre ellas las que afloran como clíticos (*se,* doblado o no por un sintagma en posición argumental, como en español), las que corresponden a formas morfológicamente complejas de las lenguas anglogermánicas (*himself/zigself* y sus cognados) o formas anafóricas libres simples (como *sig/seg/zich* en las lenguas germánicas) que pueden coexistir con las formas complejas pero que ofrecen diferencias con respecto al dominio local en el que deben estar ligadas. También hay elementos anafóricos como el japonés *zibun* que no son complementarios con los pronombres y que están sometidos a condiciones de prominencia discursiva aún no bien delimitadas. Esta es tan solo una fracción de las posibilidades de variación superficial bajo un mismo patrón básico abstracto de dependencia.

(Persona o Número), sea por considerar que tales rasgos *Phi* no son interpretables o no están valorados, al contrario de los pronominales correspondientes. Bajo esta hipótesis general, los mecanismos que relacionan una anáfora léxica con su antecedente deben involucrar la compleción o la valoración de los rasgos de la anáfora mediante cadenas de concordancia. Tal mecanismo de compleción/valoración es necesario, porque sin él la expresión que contuviera un elemento léxico defectivo daría lugar a no interpretabilidad en el componente semántico que está sometido al llamado Principio de Interpretación Plena. Se pueden destacar como proponentes de esta hipótesis los estudios de Heinat (2008), Hicks (2009), Reuland (2005, 2011) y Rooryck y Van den Wyngaerd, entre otros. No se abordarán aquí los numerosos detalles técnicos de las distintas propuestas o las diferencias específicas que distinguen unas de otras, que dan cuenta de una serie de fenómenos relacionados con la anáfora en varias lenguas. Nos limitaremos a presentar la idea básica que comparten todos ellos, absteniéndonos de su ejecución concreta o de los supuestos adicionales que dan cuerpo a las propuestas. Prescindiendo, pues, de algunos aspectos de las mismas –aunque no sean triviales–, creemos que el enfoque general que se propone puede representarse como (83). El diagrama indica que la valoración de los rasgos de un elemento léxicamente dependiente por parte de su antecedente es el resultado de una cadena de relaciones de concordancia:

(83) SUJETO T ... *v*/V ... OBJETO

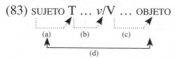

La asignación de caso nominativo y la concordancia entre el sujeto y los rasgos de Persona, (Género) y Número de la categoría funcional T(iempo) –que se manifiestan en la morfología verbal en el caso del español– se representan como la relación (a). La línea (b) indica la relación entre esta categoría funcional T y el complejo verbal con respecto a los rasgos de tiempo y aspecto. La línea (c) ilustra la relación entre el complejo verbal que aloja la categoría funcional $\underline{v}$, que asigna caso a un objeto de tipo nominal con rasgos *Phi*. Cuando el objeto es anafórico, sus rasgos *Phi* entran en la derivación sin valoración. La obtiene por transmisión de los del sujeto, como se indica en (d), gracias a la relación entre los eslabones de la cadena (a)-(b)-(c). Se ejemplifica el proceso mediante la derivación (85) para el ejemplo (84)[50]:

(84) *Juan se admira (a sí mismo).*

(85) a. [$\underline{v}_{[Phi(-int/-val)]}$/V [se – sí mismo]$_{[Phi(-val), acusativo]}$]

→ $\underline{v}$ ASIGNA CASO Y COMPARTE RASGOS (SIN VALORAR) CON EL OBJETO →

---

[50] Supondremos que el argumento discontinuo [*se – sí mismo*] se genera en la posición de complemento (véase nota 34).

b. $[\underline{v}_{[Phi(-int/-val)]}/V\ [se - sí\ mismo]_{[Phi(-val),\ \text{ACUSATIVO}]}]$

→ UNIÓN DEL SUJETO →

c. $[Juan_{[Phi(+\underline{int/+val}),\ \text{NOMINATIVO}]}\ [\underline{v}_{[Phi(-int)]}\ /V\ [se - sí\ mismo]_{[Phi(-val),\ \text{ACUSATIVO}]}]]$

→ UNIÓN DE T, ASIGNACIÓN DE CASO Y FORMACIÓN DE CADENAS DE CONCOR-
DANCIA →

d. $[T_{[Phi(-int)]\ [\pm PAS]}\ [Juan_{[Phi(+\underline{int/+val})\ \text{NOMIN}]}\ [\underline{v}_{[Phi(-int)]}\ /V\ [se - sí\ mismo]_{[Phi(+\underline{val}),\ \text{ACUS}]}]]]$

→ COPIA/ELEVACIÓN DEL SUJETO A T →

f. [Juan T [<~~Juan~~> [$\underline{v}$/V [se – sí mismo]]]]

Los complementos de tipo pronominal entran en la derivación con sus rasgos *Phi* valorados, por lo cual las operaciones de concordancia y asignación no resultan en la transmisión (o valoración) de los rasgos del sujeto al objeto.

12.7.2. *Las estructuras de control*

En la sección 6 se ha discutido una de las propuestas reduccionistas del control que afecta al sujeto tácito PRO de las oraciones sin marcas temporales. De forma similar a los casos discutidos en el anterior apartado, se ha adoptado la vía de derivar la Teoría del Control de RL/PP de la otra operación general propuesta en M/PP: la relación de Acuerdo *(Agree)*. Landau (1999, 2000, 2001, 2004, 2007) y Gallego (2011), entre otros, proponen que las restricciones de localidad y la dependencia referencial del sujeto tácito sometido a control pueden deducirse de operaciones de concordancia. Bajo esta hipótesis, PRO es un elemento léxico que forma parte de la numeración cuyas propiedades incluyen la de ser un elemento nominal inherentemente no referencial pero dotado de rasgos de caso estructural (véanse también Bobaljik y Landau 2009, San Martín 2004 y Sigurðsson 1991, 2008). El control obligatorio es el efecto de un mecanismo indirecto de comprobación de rasgos entre dos entradas léxicas. El espacio disponible no permite discutir los abundantes detalles técnicos de esta hipótesis, que aduce que se establece relación de dependencia entre un SN controlador y un PRO si la oración en infinitivo que contiene tal sujeto tácito es uno de los coargumentos de un predicado que legitima el SN controlador. En otras palabras, el SN controlador y la oración en infinitivo (que contiene el sujeto tácito) deben ocupar la posición de complemento o de especificador de una estructura predicativa, como se representa esquemáticamente en (86):

(86) [... SN_i ... v/V ... [PRO_i ...] ...]

La configuración abstracta (86) cubre tanto los casos que se ejemplifican en (87a, b), en los que el SN manda-c al elemento PRO, como los casos en que dicho SN no presenta tal configuración con respecto al elemento controlado, como en el ejemplo (87c):

(87) a. Juan$_i$ intenta [PRO$_i$ masticar despacio].

b. Juan obligó a María$_i$ a [PRO$_i$ masticar despacio].

c. [PRO$_i$ masticar despacio] es bueno para Juan$_i$.

Según la hipótesis bajo discusión, la relación entre SN y PRO se establece –como en el caso de las anáforas léxicas– por un mecanismo de concordancia asimétrica entre los rasgos no interpretables *Phi* de una categoría funcional α asociada localmente al SN controlador (v, T u otra) y los rasgos de la categoría funcional T relacionada con PRO. El control de PRO es, pues, también producto de una dependencia *indirecta* entre dos elementos léxicos mediada por los rasgos de dos categorías funcionales con rasgos de concordancia, relacionadas cada una con un argumento de predicación. Los mecanismos que se proponen para los casos ejemplificados en (87) se representan de modo abstracto en la derivación (88):

(88) a. $[_{ST}$ PRO T$_{Phi}$ $[_{Sv}$ ...]]

$\rightarrow$ COMPROBACIÓN $\rightarrow$

b. $[_{ST}$ PRO T$_{Phi}$ $[_{Sv}$ ...]]

$\rightarrow$ ENSAMBLE INTERNO ($\mathcal{F}_{Phi}$ a C) $\rightarrow$

c. $[_{SComp}$ T$_{Phi}$ $[_{ST}$ PRO $<T_{Phi}>$ $[_{Sv}$ ...]]]

$\rightarrow$ ACUERDO DOBLE $\rightarrow$

d. $[...$ T/v/α$_{Phi}$ ...SN ... $[_{SComp}$ T$_{Phi}$ $[_{ST}$ PRO $<\mathcal{F}_{Phi}>$ $[_{Sv}$ ...]]]]

$\underbrace{\qquad\qquad}_{(a)}$ $\qquad$ (b)

La derivación anterior ilustra los aspectos esenciales del aparato técnico sugerido por Landau, quien propone un proceso de acuerdo entre los rasgos –que asume anafóricos– de la categoría funcional T(iempo) del infinitivo y la entrada léxica asociada PRO, como se indica en (88b). Una operación crucial en esta derivación es la del traslado de T al C(omplementador) que se representa en (88 c), puesto que sin ella el C subordinado que domina T cerraría un estadio computacional (técnicamente, una *fase*), bloqueando así la accesibilidad de su complemento T para operaciones desde el exterior[51]. Dicho traslado, que se justifica por la relación entre T y el C que lo subcategoriza (Rizzi 1997), hace accesible el núcleo (y el especificador) de C para la ejecución de operaciones sintácticas. El control de PRO por el sujeto u objeto subordinantes se obtiene indirectamente por mando-c asimétrico entre los rasgos de concordancia *Phi* de las categorías funcionales T/v/α de la oración principal y los rasgos concurrentes *Phi* de la categoría T de la

---

[51] Esta restricción es conocida como la Condición de Impenetrabilidad de la Fase *(Phase Impenetrability Condition)* y se formula en (i):

(i) En una fase α de núcleo H, el dominio de H no es accesible a operaciones externas a α; solo H y su margen son accesibles a tales operaciones (Chomsky [2000: 108]).

oración en infinitivo elevados a C. La visibilidad de estos últimos para sus correspondientes en la oración principal se debe al 'señuelo' que constituye la naturaleza anafórica de los rasgos *Phi* infinitivos. El fenómeno del control se reduce, pues, en última instancia a la dependencia de la categoría T que los contiene. Así, PRO queda controlado por un SN de la oración subordinante por transitividad y gracias a la relación entre los rasgos *Phi* no interpretables de las respectivas categorías funcionales[52].

Esta hipótesis no está tampoco exenta de problemas. El conjunto de supuestos que se han mencionado no puede dar cuenta de la dependencia referencial de un PRO en una oración en función de sujeto como la representada en (89):

(89) Juan [T_1] cree [$_{SComp}$ que [$_{SComp}$ [PRO [T_3] aprobar el examen]] [T_2] es dificilísimo]

En el ejemplo bajo consideración, PRO está referencialmente relacionado con el sujeto de la oración principal *Juan*, pero este tipo de estructuras no permiten aplicar la operación de acuerdo de rasgos *Phi* mencionada anteriormente, porque la relación entre la categoría funcional T_1 y T_3 no es local, con lo cual PRO no puede ser identificado sintácticamente. Recuérdese que, para la hipótesis que propone la reducción de control a traslado que se ha discutido en la sección anterior, estos casos también resultaban imposibles de explicar bajo tal operación y se debía recurrir a la inserción de pro debido a que estas construcciones son islas para la extracción (cf. [74]). La hipótesis de la comprobación de rasgos (Acuerdo, para Chomsky 2000, 2001) propuesta por Landau sugiere analizar estas construcciones no como casos de anaforicidad sino de logoforicidad, siguiendo la hipótesis originalmente propuesta en Reinhart y Reuland (1993), según la cual los elementos referencialmente dependientes, pero complementarios a la clase de reflexivos, estarían legitimados por factores tales como punto de vista, perspectiva, centro de consciencia o foco[53]. Los fenómenos de control que Landau subsume bajo esta hipótesis tienen el alcance empírico de incluir no solo las oraciones de infinitivo, como las ejemplificadas en (87), sino también otro tipo de construcciones que exhiben características de control, como son los sujetos del subjuntivo balcánico y algunas formas del mismo en hebreo. Además de los mecanismos aquí esbozados, tal cobertura empírica requiere asumir una variedad de hipótesis complementarias, como son que las marcas temporales de las

---

[52] Una variante de este análisis se sugiere en Gallego 2011: 336, que no asume como necesaria la operación de traslado de T a C para el español, aduciendo que puede relajarse la condición definida en la nota anterior y apelar a la posible defectividad del Complementador de las oraciones de infinitivo para posibilitar la relación entre SN y PRO.

[53] Los elementos dependientes que tienen un antecedente remoto como (89) y otros que contienen anáforas léxicas ligadas a larga distancia parecen estar sometidos a restricciones estrictas, entre otras a la de que su antecedente debe ser siempre animado (véase Sportiche 2013, con las referencias y ejemplos allí citados).

estructuras con sujeto controlado pueden presentarse bajo las variedades [+T] o [–T] y que el elemento léxico PRO puede ostentar rasgos semánticos de grupo (i. e., [+mer]) para poder dar cuenta, entre otros fenómenos, del control parcial que se ha ejemplificado en (76) en la sección 6.

12.7.3. *Problemas de la reducción de dependencia referencial al Acuerdo*

Al igual que ocurre con la propuesta del Traslado (Ensamble Interno) presentada en la sección 6, la reducción de la dependencia referencial, bien a mecanismos de traslado, bien a mecanismos de Acuerdo y valoración indirecta, ha sido también cuestionada. Recuérdese que a la propuesta del traslado se le ha achacado el haber sacrificado la adecuación empírica en aras de la simplicidad de la hipótesis. La del Acuerdo, por su parte, ha recibido críticas por el problema opuesto, arguyendo que, para abarcar la variada casuística asociada a los fenómenos descritos, se debe recurrir a una serie de supuestos no motivados independientemente, así como a un complejo aparato técnico que, aunque con capacidad de alcanzar una importante cobertura empírica y descriptiva, adolece de adecuación explicativa. Desde el punto de vista teórico, el mecanismo de Acuerdo propuesto para la dependencia referencial cambia la orientación, el contenido y las condiciones que operan sobre las clásicas cadenas argumentales formadas por objetos sintácticos. Una cadena argumental solo relaciona posiciones por efecto de traslado, típicamente de posición de complemento a posición de especificador. Sin embargo, en el caso de las cadenas de concordancia, las relaciones se establecen entre rasgos formales de categorías funcionales con características y con funciones distintas, siendo la relación de dependencia entre argumentos (i. e., *anáfora*/PRO y su antecedente) un mecanismo subsidiario a diversas operaciones de comprobación, valoración o concordancia. La cuestión se centra en los distintos tipos de relaciones que se subsumen bajo varios mecanismos de comprobación de carácter conceptualmente distinto. Así, los eslabones de las cadenas formadas no constituyen una clase natural, pues relacionan estipulativamente rasgos no interpretables con dependencias referenciales, que sí son interpretables, por medio de mecanismos de transitividad entre argumentos, predicados y categorías funcionales. Respecto a los problemas empíricos, y centrándonos en el caso del español, hay construcciones en las que no parecen poder darse los necesarios mecanismos de concordancia. Para casos relacionados con el control, considérense estructuras como (90), en las que un argumento oracional ejerce de antecedente de PRO:

(90) [Que vendieras la casa] demostró PRO ser una fuente interminable de problemas.

Este tipo de ejemplos es equivalente a una estructura en la que el argumento controlador es un SN (i. e., *Juan demostró* PRO *ser una fuente interminable de problemas*), pero el caso de (90) puede constituir un problema para la hipótesis del Acuerdo bajo el supuesto de que las oraciones carecen de rasgos formales de caso y de rasgos *Phi* (Persona, Género o Número), como se ha sugerido en numerosas ocasiones[54]. Si ello es así,[55] no parece posible establecer mecanismos o cadenas transitivas de concordancia, ya que un argumento oracional no puede hipotéticamente relacionar rasgos de los que no es portador con rasgos formales de una categoría funcional local. Las construcciones con sujetos preposicionales como los ejemplificados en (91) son problemáticas en la misma medida, ya que también son carentes de rasgos *Phi;*

(91) [Por entre las dunas] demostró PRO ser la mejor vía de escape para los fugitivos.

Otros casos, como los de control dividido del tipo *Juan rechaza reunirse/reunirnos enfadados,* constituyen también un problema, ya que debería asumirse que PRO ostenta rasgos de plural legitimados por el predicado colectivo en esta clase de construcciones. También son de difícil solución para la hipótesis de la concordancia los casos que muestran oraciones nominalizadas de infinitivo del tipo *Juan lamentó el haber arreglado el coche,* por cuanto la presencia del Determinante debería bloquear las cadenas de concordancia entre los rasgos de la oración principal y los de la oración subordinada, y, sin embargo, se interpretan como estructuras de control.

12.8. Conclusión

En este capítulo se han presentado diversas propuestas para dar cuenta de los patrones generales que regulan la referencia gramatical. Para examinarlas, nos hemos centrado en datos del español, ofreciendo tan solo un puñado de ejemplos en otras lenguas para realzar o aclarar algunos aspectos de la discusión. Muchas lenguas naturales de familias muy distintas tienen elementos que deben, o pueden, tener un antecedente lingüístico en un dominio sintácticamente local y elementos que no pueden tenerlo. La caracterización de este dominio local ha sido objeto de muchos debates a lo largo de bastantes décadas, pero la discusión, como las páginas precedentes dejan entrever, dista de haber llegado a un consenso. Ello es debido, por una parte, a las restrictivas consideraciones teóricas y metodológicas asumidas por los analistas y, por otra, a las muchas formas y características que pueden manifestar

---

[54] Obsérvese que las oraciones coordinadas en función de sujeto no concuerdan en número con el predicado, al contrario que los SSNN coordinados, como muestra el contraste entre (i) y (ii):

    (i) [[Que vendieras la casa] y [que te compraras un coche]] demostró PRO ser una fuente interminable de problemas.

    (ii) [[Juan] y [Pedro]] demostraron PRO ser una fuente interminable de problemas.

[55] Véase, por ejemplo, Iatridou y Embick 1997.

los elementos que tienen propiedades referenciales en las pocas lenguas estudiadas con detalle.

En las secciones precedentes se ha discutido y ejemplificado en primer lugar la versión 'clásica' de las teorías del Ligamiento y del Control en el modelo de Principios y Parámetros (que hemos denominado RL/PP), para pasar seguidamente a los problemas empíricos y conceptuales que surgen bajo la aplicación de la versión 'clásica' de este modelo. Los desajustes observados, a los que se suma la revisión exhaustiva del marco teórico efectuada a inicios de los años 90 dentro de la línea general de Principios y Parámetros, afectan en su totalidad a las explicaciones anteriormente ofrecidas para los fenómenos relativos al ligamiento y al control y los postulados en los que se basaban. El Programa Minimista (al que nos hemos referido aquí como M/PP) somete a escrutinio el articulado sistema de principios y módulos gramaticales del marco anterior, reformulando algunos de los fundamentos del modelo inicial para intentar reducirlos a condiciones más elementales y de más largo alcance. Se recordará que el modelo gramatical propuesto postula únicamente la maquinaria imprescindible para realizar los cómputos gramaticales. Como se ha indicado, el formato de la computación que se ofrece es muy restringido, ya que consiste en dos operaciones básicas: (a) la unión o ensamble de unidades sintácticas para formar unidades incrementalmente más complejas y (b) una operación de Acuerdo que, o bien relaciona unidades sintácticas, o bien causa –bajo ciertas condiciones– el desplazamiento de unidades formadas por Ensamble. La restricción a estas dos operaciones conduce inevitablemente a reformular las anteriores teorías del Ligamiento y del Control en base a ellas. Es aquí donde han surgido recientemente las diversas líneas de investigación que se han esbozado y que intentan reducir los efectos y la casuística de los valores referenciales (los que se determinan por condiciones estrictamente gramaticales) a una de estas dos operaciones básicas, o a una combinación de ambas. Las últimas secciones de este capítulo ofrecen un resumen general de ellas. Como hemos dicho, el mérito de las distintas propuestas estriba en el intento de derivar fenómenos muy complejos de operaciones fundamentales. No se puede descartar que estas líneas que ahora parecen divergentes puedan resultar meras variantes de un mismo mecanismo gramatical más básico, aún por dilucidar. El descubrimiento de tal mecanismo, o un futuro análisis que pueda demostrar la mejor adecuación de una de las hipótesis propuestas, es la razón por la que creemos importante ahondar en las cuestiones gramaticales y cognitivas que plantean las condiciones que regulan los valores referenciales que atribuimos a las expresiones que usamos.

■ Bibliografía

Barss, A. (1986), *Chains and Anaphoric Dependence,* tesis doctoral, MIT.

BOBALJIK, J. D. e I. LANDAU (2009), «"Icelandic control is not A-Movement": The case from case», *Linguistic Inquiry* 28, pp. 345-356.

BOECKX, C. (2006), *Linguistic Minimalism. Origins, Concepts, Methods, and Aims,* Oxford, Oxford University Press.

— (2008), *Bare Syntax,* Oxford, Oxford University Press.

— (2010), «Defeating lexicocentrism», ms., Centre de Lingüística Teòrica UAB/ICREA [http://ling.auf.net/lingBuzz/001130].

— (2004),, «Movement under Control», *Linguistic Inquiry* 35, pp. 431-452.

— (2006), «Control in Icelandic and theories of Control», *Linguistic Inquiry* 37, pp. 591-606

— y N. HORNSTEIN (2003), «Reply to "Control is not Movement"», *Linguistic Inquiry* 34, pp. 269-280.

—, N. HORNSTEIN y J. NUNES (2010), *Control as Movement,* Cambridge, Cambridge University Press.

BOŠKOVIĆ, Ž. y H. LASNIK (2006), *Minimalist Syntax. The Essential Readings,* Oxford, Blackwell.

CHOMSKY, N. (1970), «Remarks on nominalization», en R. Jacobs y P. Rosenbaum (eds.), *Readings in English Transformational Grammar,* Waltham, Mass., Ginn, pp. 184-221 [reimpreso en Chomsky 1972, pp. 11-61].

— (1972), *Studies on Semantics in Generative Grammar,* La Haya, Mouton.

— (1973), «Conditions on Transformations», en S. Anderson y P. Kiparsky (eds.), *A Festschrift for Morris Halle,* NuevaYork, Holt, Rinehart y Winston [reimpreso en Chomsky 1977, pp. 81-160].

— (1976), «Conditions on Rules of Grammar», *Linguistic Analysis* 2, pp. 303-351. [reimpreso en Chomsky 1977, pp. 163-210].

— (1977a), *Essays on Form and Interpretation,* Amsterdam, Elsevier North Holland.

— (1977b), «On wh-movement», en P. W. Culicover, T. Wasow y A. Akmajian (eds.), *Formal Syntax,* Nueva York, Academic Press, pp. 71-132.

— (1980), «On Binding», *Linguistic Inquiry* 11, pp. 1-46.

— (1981), *Lectures on Government and Binding,* Dordrecht, Foris.

— (1986), *Knowledge of Language: Its nature, origin and use,* Nueva York, Praeger.

— (1993), «A Minimalist Program», en K. Hale y S. J. Keyser, *The View from Building 20: Essays in Honor of Sylvain Bromberger,* Cambridge, Mass., MIT Press, pp. 1-43 [reimpreso en Chomsky 1995, pp. 167-217].

— (1995), *The Minimalist Program,* Cambridge, Mass., MIT Press.

— (2000a), «Minimalist Inquiries: the Framework», en R. Martin, D. Michaels y J. Uriagereka (eds.), *Step by Step,* Cambridge, Mass., MIT Press, pp. 89-155.

— (2000b), *New Horizons in the Study of Language and Mind,* Cambridge, Cambridge University Press.

— (2002), *On Nature and Language,* Cambridge, Cambridge University Press.

— (2004), «Beyond explanatory adequacy», en A. Belletti (ed.), *Structures and Beyond,* Oxford, Oxford University Press, pp. 104-131.

— (2005), «Three Factors in Language Design», *Linguistic Inquiry* 36, pp. 1-22.

— y H. LASNIK (1993), «The Theory of Principles and Parameters», en *Syntax: An International Handbook of Contemporary Research,* Berlín, Walter de Gruyter, pp. 506-569 [reimpreso en Chomsky 1995, pp. 13-127].

EGUREN, L. y O. FERNÁNDEZ SORIANO (2004), *Introducción a una sintaxis minimista,* Madrid, Gredos.

EPSTEIN, S. (1986), «The Local Binding Condition and LF Chains», *Linguistic Inquiry* 17, pp. 187-205.

EVANS, G. (1980), «Pronouns», *Linguistic Inquiry* 11, pp. 337-362.

FERNÁNDEZ SORIANO, O. (ed.) (1993), *Los pronombres átonos,* Madrid, Taurus.

— (1999), «El pronombre personal. Formas y distribuciones. Pronombres átonos y tónicos», en I. Bosque y V. Demonte (eds.), *Gramática descriptiva de la lengua española,* vol 1, cap. 19, pp. 1.209-1.293.

FIENGO, R. y R. MAY (1994), *Indices and Identity,* Cambridge, Mass., MIT Press.

FREIDIN, R. (1986), «Fundamental issues in the theory of binding», en B. Lust (ed.), *Studies in the acquisition of anaphora,* vol. 1, Dordrecht, Reidel, pp. 151-188.

GALLEGO, Á. (2010), *Phase Theory,* Amsterdam, John Benjamins.

— (2011), «Control through multiple agree», *RRL* LVI, 4, pp. 313-346.

— y M. C. PICALLO (2011), «Theta Criterion without D-Structure», ms., Centre de Lingüística Teòrica/Universitat Autònoma de Barcelona.

HAEGEMAN, L. (1994), *Introduction to G&B Theory, 2nd edition,* Oxford, Blackwell.

HEIM, I. (1982), *The Semantics of Definite and Indefinite Noun Phrases,* Amherst, Mass., Graduate Linguistics Association, University of Massachussetts.

HEINAT, F. (2008), *Probes, Pronouns and Binding in the Minimalist Program,* Saarbrücken, VDM Verlag.

HERNANZ, M. L. (1982), *El infinitivo en español,* Bellaterra, Universitat Autònoma de Barcelona.

— (1999), «El infinitivo», en I. Bosque y V. Demonte (eds.), *Gramática descriptiva de la lengua española,* vol 2., Madrid, Espasa, cap. 36, pp. 2.197-2.356.

HICKS, G. (2009), *The Derivation of Anaphoric Relations,* Amsterdam, John Benjamins.

HIGGINBOTHAM, J. (1983), «Logical Form, Binding and Nominals», *Linguistic Inquiry* 11, pp. 679-708.

— (1985), «On semantics», *Linguistic Inquiry* 16, pp. 547-593.

HORNSTEIN, N. (1984), *Logic as Grammar. An Approach to Meaning in Natural Language,* Cambridge, Mass., MIT Press.

— (1999), «Movement and control», *Linguistic Inquiry* 30, pp. 69-96.

— (2001), *Move! A minimalist theory of construal*, Malden, Mass., Blackwell.

— (2003), «On control», en R. Hendrick (ed.), *Minimalist Syntax*, Oxford, Blackwell, pp. 6-81.

— (2007), «Pronouns in a minimalist setting», en N. Corver y J. Nunes (eds.), *The Copy Theory of Movement*, Amsterdam, John Benjamins, pp. 351-385.

—, J. Nunes y K. Grohmann (2005), *Understanding Minimalism*, Cambridge, Cambridge University Press.

Huang, C.-T. J. (1983), «A Note on the Binding Theory», *Linguistic Inquiry* 14, pp. 554-561.

Iatridou, S. y D. Embick (1997), «Apropos *Pro*», *Language* 73, pp. 56-78.

Kayne, R. (2002), «Pronouns and Their Antecedents», en S. Epstein y D. Seely (eds.), *Derivation and Explanation in the Minimalist Program*, Malden, Mass., Blackwell, pp. 133-166 [reimpreso en Kayne 2005, pp. 105-135].

— (2005), *Movement and Silence*, Nueva York, Oxford University Press.

Kempchinsky, P. (1986), *Romance Subjunctive Clauses and Logical Form*, tesis doctoral, University of California, Los Ángeles.

— (1987), «The Subjunctive Disjoint Reference Effect», en C. Neidle y R. Núñez-Cedeño (eds.), *Studies in Romance Languages*, Dordrecht, Foris, pp. 123-141.

Keshet, E. (2008), «Telescoping and scope economy», *Proceedings of the 26th West Coast Conference on Formal Linguistics*, C. B. Chang y H. J. Haynie (eds.), Somerville, Mass., Cascadilla Proceedings Project, pp. 324-331 [www.lingref.com,document#1687].

Kratzer, A. (2009), «Making a pronoun: Fake indexicals as windows into the properties of pronouns», *Linguistic Inquiry* 40, pp. 187-237.

Landau, I. (1999), *Elements of control*, tesis doctoral, MIT.

— (2000), *Elements of control: Structure and meaning in infinitival constructions*, Dordrecht, Kluwer.

— (2003), «Movement out of control», *Linguistic Inquiry* 34, pp. 471-498.

— (2004), «The scale of finiteness and the calculus of control», *Natural Language and Linguistic Theory* 22, pp. 811-877.

— (2007), «Movement-resistant aspects of control», en W. D. Davies y S. Dubinsky (eds.), *New Horizons in the Analysis of Control and Raising*, Dordrecht, Springer, pp. 293-325.

Lasnik, H. (1989), «A Selective History of Modern Binding Theory», *Essays on Anaphora*, Dordrecht, Kluwer, pp. 1-36.

Lebeaux, D. (1983), «A Distributional difference between Reciprocals and Reflexives», *Linguistic Inquiry* 14, pp. 723-730.

— (1988), *Language Acquisition and the Form of Grammar*, tesis doctoral, University of Massachusetts, Amherst.

Manzini. M. R. (1983), «On control and control theory», *Linguistic Inquiry* 14, pp. 421-446.

MAY, R. (1985), *Logical Form. Its Structure and Derivation,* Cambridge, Mass., MIT Press.

MONTALBETTI, M. (1984), *After Binding,* tesis doctoral, MIT.

NUNES, J. (1995), *The copy theory of movement and linearization of chains in the minimalist program,* tesis doctoral, University of Maryland.

— (2001), «Sideward Movement», *Linguistic Inquiry* 31, pp. 303-344.

— (2004), *Linearization of Chains and Sideward Movement,* Cambridge, Cambridge University Press.

PADILLA-RIVERA, J. (1985), *On the Definition of Binding Domains in Spanish,* tesis doctoral, Cornell University.

PIATELLI-PALMARINI, M., J. URIAGEREKA y P. SALABURU (eds.) (2009), *Of Minds and Language,* Oxford, Oxford University Press.

PICALLO, M. C. (1984), «The INFL Node and the Null Subject Parameter», *Linguistic Inquiry* 15, pp. 75-101.

— (1985), *Opaque Domains,* tesis doctoral, City University of New York.

— (1990), «Elements anafòrics i localitat», *Caplletra* 8, pp. 41-53.

PRINCE, A. y P. SMOLENSKY (2004 [1993]), *Optimality Theory: Constraint Interaction in Generative Grammar,* Oxford, Blackwell.

QUER, J. (1998), *Mood at the Interface,* LOT Netherlands Graduate School in Linguistics, La Haya, Holland Academic Graphics.

REINHART, T. (1981), «Definite Anaphora and C-Command Domains», *Linguistic Inquiry* 12, pp. 605-635.

— (1983), *Anaphora and Semantic Interpretation,* Londres, Croom Helm.

— y E. REULAND (1993), «Reflexivity», *Linguistic Inquiry* 24, pp. 657-720.

REULAND, E. (2001 a), «Revolution, discovery and an elementary principle of logic», *Natural Language and Linguistic Theory* 18, pp. 843-848.

— (2001 b), «Confusion compounded», *Natural Language and Linguistic Theory* 19, pp. 879-885.

— (2005), «Agreeing to bind», en H. Broekhuis, N. Corver, R. Huybregts, U. Kleinhenz y J. Koster (eds.), *Organizing Grammar. Studies in Honor of Henk van Riemsdijk,* Berlín, Mouton de Gruyter, pp. 505-513.

— (2011), *Anaphora and Language Design,* Cambridge, Mass., MIT Press.

RIZZI, L. (1986), «On Chain Formation», *Syntax and Semantics* 19, H. Borer (ed.), Orlando, Academic Press, pp. 65-95.

— (1990), *Relativized Minimality,* Cambridge, Mass., MIT Press.

ROBERTS, I. (2010), *Agreement and Head Movement. Clitics, Incorporation and Defective Goals,* Cambridge, Mass., MIT Press.

ROORYCK, J. y G. VAN DEN WYNGAERD (2011), *Dissolving Binding Theory,* Oxford, Oxford University Press.

RULLMANN, H. (2004), «First and Second Person Pronouns as Bound Variables», *Linguistic Inquiry* 35, pp. 159-168.

SAFIR, K. (2004a), *The syntax of anaphora,* Oxford, Oxford University Press.

— (2004b), *The Syntax of (In)dependence,* Cambridge, Mass., MIT Press.

SAN MARTÍN, I. (2004), *On Subordination and the Distribution of PRO,* tesis doctoral, University of Maryland at College Park.

SIGURÐSSON, H. A. (1991), «Icelandic case marked PRO and the licensing of lexical arguments», *Natural Language and Linguistic Theory* 9, pp. 327-363.

— (2008), «The case of PRO», *Natural Language and Linguistic Theory* 26, pp. 403-450.

SPORTICHE, D. (2013), «Binding Theory – Structure sensitivity of referential dependencies», *Lingua* 130, pp. 187-208.

URIAGEREKA, J. (1995), «Aspects of the Syntax of Clitic Placement in Western Romance», *Linguistic Inquiry* 26, pp. 79-123.

— (1998), *Ryme and reason: An Introduction to Minimalist Syntax,* Cambridge, Mass., MIT Press [ed. cast.: *Pies y cabeza: una introducción a la sintaxis minimalista,* Madrid, Machado Libros, 2005].

13 Tiempo, Aspecto y modificadores temporales[1]

Hamida Demirdache
Université de Nantes

Myriam Uribe-Etxebarria
Universidad del País Vasco - Euskal Herriko Unibertsitatea (UPV/EHU)

13.1. Introducción. Algunas cuestiones básicas en la investigación sobre la gramática de las relaciones temporales en el lenguaje natural

La gramática de las relaciones temporales (es decir, la gramática del Tiempo, del Aspecto y de los modificadores temporales) es un tema apasionante de investigación, que, sin embargo, no ha sido suficientemente estudiado hasta fechas relativamente recientes desde la perspectiva de la lingüística formal[2]. El objetivo de este trabajo es introducir al lector en dicho tema. Para ello ofreceremos primero una visión general de algunas de las cuestiones básicas que cualquier aproximación teórica ha de tener en cuenta a la hora de diseñar una teoría de las relaciones temporales que aspire a tener validez universal. A continuación, en la segunda sección, presentaremos algunas de las teorías más influyentes de los últimos años en este ámbito. Por limitaciones de espacio, nos centraremos en aquellas que abordan el tema desde el punto de vista de

[1] Queremos expresar nuestro agradecimiento a Ángel Gallego por su invitación a contribuir a este volumen, y a los evaluadores anónimos por sus constructivos comentarios. Este trabajo ha sido posible gracias a la ayuda del Departamento de Educación, Universidades e Investigación del Gobierno Vasco (Grupo de Investigación Consolidado IT769-13), el Ministerio de Ciencia e Innovación (FFI2011-29218, INTERSYNSEM), el Ministerio de Economía y Competitividad (FFI2014-53675-P, VALAL), la Universidad del País Vasco/Euskal Herriko Unibertsitatea (UPV/EHU, UFI11/14), los Fondos Aquitania-Euskadi (convocatoria 2012, *La phrase dans la langue basque et les langues voisines: une approche comparative*) y el Laboratoire de Linguistique de Nantes (LLING, EA 3827).

[2] A lo largo del artículo, para evitar confusiones, utilizaremos cuando sea necesario las mayúsculas para referirnos al Tiempo y al Aspecto de modo abstracto, y las minúsculas para referirnos a las realizaciones morfológicas de dichos elementos.

la interfaz morfosintaxis-semántica dentro de la aproximación generativa al estudio del lenguaje, o en aquellas que han tenido un papel especialmente importante en el nacimiento de las mismas. Finalmente, en la última sección presentaremos el modelo de la gramática de las relaciones temporales que las autoras de este artículo hemos venido desarrollando en nuestros trabajos.

13.1.1. *Elementos lingüísticos utilizados en la expresión de las relaciones temporales*

Las oraciones que utilizamos al comunicarnos nos ofrecen información sobre eventos y, por medio de una serie de elementos lingüísticos que sirven para expresar relaciones temporales y aspectuales, sitúan dichos eventos en la línea del tiempo y nos ofrecen un punto de vista (aspectual) sobre los mismos[3]. A continuación introducimos brevemente tres de los recursos lingüísticos más importantes en la expresión de las relaciones temporales: el Tiempo, el Aspecto y los modificadores temporales.

13.1.1.1. El Tiempo

El Tiempo (gramatical) es uno de los recursos más utilizados por las lenguas para localizar un evento (o una subparte del mismo) en la línea del tiempo. Así, por ejemplo, el uso de los tiempos *Pasado, Presente* y *Futuro* en los ejemplos en (1) nos permite localizar el evento [MARÍA VIVIR (FELIZMENTE) EN VANCOUVER] en un intervalo temporal que precede, se solapa o se sitúa con posterioridad respecto al momento presente, al que denominaremos *momento o tiempo del habla* (T-H) (también denominado *momento de la enunciación*).

(1) María vivió$_{PASADO}$ / vive$_{PRESENTE}$ / vivirá$_{FUTURO}$ felizmente en Vancouver.

Si bien en el caso del castellano actual podemos hablar de la existencia de tres tiempos gramaticales diferenciados, no todas las lenguas presentan un sistema tripartito de tiempos[4]. ¿Cómo se ubican entonces las situaciones de las que se habla en la oración en la línea del tiempo (es decir, en un intervalo en el pasado, presente o futuro en relación al tiempo del habla) en sistemas que no presentan tres tiempos diferenciados? Como veremos a lo largo de este artículo, la localización temporal de un evento (o una subparte del mismo) no depende únicamente del

---

[3] Por razones expositivas, y dado que no analizaremos en detalle la influencia de los distintos tipos de predicados en la interpretación temporal de una oración, en el texto no distinguiremos entre los diferentes tipos de eventualidades (estados, procesos, logros y realizaciones), refiriéndonos a todos ellos de modo general como *eventos*.

[4] En el caso del inglés, por ejemplo, no hay una postura uniforme sobre si esta lengua posee tres tiempos (Pasado, Presente y Futuro) o solo dos (Pasado y Presente, con *will* analizado como un verbo modal en forma presente). Hornstein (1990) defiende que *will* es tanto un marcador de tiempo Futuro como un predicado modal (véase Horstein 1990: 16-24). En los casos más extremos, hay lenguas que parecen carecer de marcas de tiempo; remitimos al lector a la nota 30 para una discusión relacionada con esta cuestión.

tiempo gramatical. Necesitamos diferenciar, por lo tanto, la interpretación de un determinado evento como presente, pasado o futuro, del uso de los tiempos Pasado, Presente o Futuro. Como veremos a continuación, las lenguas pueden apelar a estrategias alternativas que no implican el Tiempo para localizar temporalmente un evento.

13.1.1.2. El Aspecto

Otro elemento que desempeña un papel muy importante en las relaciones temporales que expresa una oración es el Aspecto gramatical (también llamado *aspecto externo,* para diferenciarlo del aspecto léxico o aspecto interno). Para ilustrar algunos de los efectos que conlleva la elección de un tipo u otro de aspecto gramatical, consideremos las oraciones de (2), ambas en tiempo pasado.

(2) a. Nora estaba arreglando la bici.
    b. Nora arregló la bici.

Si asumimos que la función del tiempo Pasado es situar el evento al que hace referencia la oración en un intervalo anterior al momento del habla, entonces esperaríamos que ambas oraciones se interpretaran de modo que el evento [NORA ARREGLAR LA BICI] precediera al momento de la enunciación. Sin embargo esta conclusión no es del todo correcta, como se desprende de las continuaciones que admiten ambas oraciones[5].

(3) a. Nora estaba arreglando la bici…   b. Nora arregló la bici
      i. … y ya ha acabado de arreglarla.   i. … y la bici ya está arreglada.
      ii. … y todavía sigue.   ii. … #y todavía sigue.

Como vemos en (3b), el uso del llamado pasado simple, al que se le suele atribuir un valor de aspecto perfectivo, ubica todo el evento en el pasado; es por esto por lo que solo admite la continuación en (3bi), compatible con esta interpretación, y no legitima la continuación en (3bii), en la que el evento todavía se está desarrollando en el momento de la enunciación. Sin embargo, si comparamos (3b) con (3a), que junto al tiempo pasado exhibe los morfemas típicos del aspecto progresivo imperfectivo, vemos que la situación es distinta en este último caso. Así, (3a) admite tanto una interpretación compatible con la lectura en la que el evento en su totalidad se localiza en un intervalo temporal pasado, como con la lectura en la que el evento aún no ha finalizado y se solapa con el momento presente. Vemos, pues, que el Aspecto (y su interacción con el Tiempo) tiene un papel fundamental en la interpretación temporal de las oraciones[6].

---

[5] El símbolo # indica que, aunque la oración está bien formada, no es adecuada en ese contexto de uso.

[6] Al igual que en el caso del Tiempo, también en el caso del Aspecto nos encontramos con una serie de problemas que no siempre son fáciles de resolver. Por un lado, las lenguas no siempre presentan las mismas distinciones aspectuales. Por otro, una distinción aspectual determinada no siempre presenta la misma interpretación en todas las lenguas.

13.1.1.3. Los modificadores temporales

Junto al Tiempo y al Aspecto hay otros elementos que desempeñan un papel fundamental en la interpretación temporal de una oración: los modificadores temporales. Consideremos el par de (4):

(4) a. Zara estuvo enferma.
    b. Zara estuvo enferma ayer por la mañana/mientras tú vivías en París.

Tanto el ejemplo de (4a) como el de (4b) sitúan el predicado [ZARA ES-TAR ENFERMA] en un intervalo temporal anterior al momento de la enunciación. Sin embargo, mientras que en el caso de (4a) no se asigna una referencia explícita al intervalo temporal pasado en el que se localiza el predicado de la oración, en el caso de (4b) los modificadores temporales *ayer por la mañana/mientras tú vivías en París* nos obligan a situar dicho predicado dentro del espacio temporal al que estos modificadores hacen referencia. Los modificadores temporales tienen así una especial importancia en la interpretación temporal de las oraciones.

13.2. ¿Qué tipo de teoría lingüística necesitamos?

Cualquier aproximación teórica a la gramática de las relaciones temporales ha de ser capaz de explicar la interacción del Tiempo, el Aspecto y los modificadores temporales. Igualmente, para que dicho modelo tenga validez universal, este habrá de ser capaz de dar cuenta de la amplia variedad de sistemas que nos encontramos. Finalmente, dicha teoría habrá de explicar cómo adquiere el niño el sistema temporal de su lengua. Todas estas cuestiones nos llevan a su vez a plantearnos las siguientes preguntas básicas: i) ¿qué es un tiempo posible? (entendiendo por "tiempo" las combinaciones temporales-aspectuales del sistema); ii) ¿cuál es el límite de la variación tipológica existente?, y iii) los principios y restricciones que rigen la gramática temporal ¿son específicos y especiales para el Tiempo y el Aspecto, o son principios generales que rigen otros aspectos de la gramática?

En la próxima sección resumiremos algunas de las teorías más influyentes de los últimos años en relación con estas cuestiones. Hemos de advertir al lector que el resumen que presentaremos no hace justicia ni a la variedad de trabajos existentes, ni a la profundidad y detalle de las propuestas que se defienden en dichos trabajos. La limitación de espacio y el objetivo de que la discusión sea accesible incluso para aquellos que no tengan un conocimiento previo del tema nos llevarán necesariamente a hacer una selección de las teorías que vamos a discutir, así como a centrarnos solo en sus aspectos más básicos y generales.

Por ello, y asumiendo que la interpretación de una oración (y, por lo tanto, su interpretación temporal) viene dada no solo por el significado propio de los elementos que la forman, sino también por el modo de combinación de los mismos, nos vamos a centrar únicamente en aquellas aproximaciones teóricas que ponen un énfasis especial en la interfaz morfosintaxis-semántica de las relaciones temporales, o en aquellos trabajos que han sentado las bases teóricas para el desarrollo de las mismas[7]. La discusión girará en torno a la gramática temporal de las oraciones matrices y finitas.

13.3. Algunos de los modelos más influyentes[8]

13.3.1. *El modelo neoreichenbachiano de Hornstein (1990)*

En el trabajo titulado *Elements of Symbolic Logic* (1947), Reichenbach ofrece una hipótesis sobre la estructura de las formas temporales que sienta las bases de muchas de las teorías sobre el tiempo que conocemos en la actualidad. Comenzaremos nuestro recorrido por las distintas teorías que presentaremos en esta sección con la reinterpretación y la extensión que del sistema de Reichenbach hace Hornstein en el libro *As time goes by* (1990). Esta obra se guía por el afán de ofrecer una respuesta a una serie de preguntas básicas, entre las cuales destacamos las siguientes: i) ¿cuál es la estructura de los tiempos en las lenguas naturales?; ii) ¿cuáles son los tiempos lingüísticamente posibles en el lenguaje natural?; iii) ¿cómo se combinan los tiempos con otros especificadores temporales (adverbios u otros tiempos)?; iv) ¿cuál es la relación entre la interpretación temporal de los tiempos y su estructura formal?, y v) ¿cómo se explica la adquisición del sistema temporal de una lengua por parte de los niños? Hornstein ofrecerá una respuesta a estas preguntas sobre la base del sistema neoreichenbachiano que desarrolla en esa obra. La teoría que defiende es la siguiente.

13.3.1.1. Descomponiendo los tiempos: tres puntos primitivos y dos relaciones de orden

Siguiendo a Reichenbach, Hornstein asume que todo tiempo está constituido por 3 puntos temporales primitivos –*S*, *R* y *E*–, que se or-

---

[7] Si bien en el trabajo nos referiremos frecuentemente al sistema aspecto-temporal del castellano, la limitación de espacio nos impide centrarnos de modo específico en esta lengua y en muchos trabajos de alto interés teórico que sobre la misma se han desarrollado en los últimos años. Véanse, entre otros, Bosque 1990, Bosque y Torrego 1995, Bosque y Demonte (eds.) 1999, Carrasco 2000, Fernández Soriano y Rigau 2009, García (ed.) 2006, García y Camus (eds.) 2004, García Serrano 2006, y Laca 2002, 2005.

Para una visión general sobre el Tiempo y el Aspecto desde diferentes aproximaciones teóricas, referimos al lector a trabajos como, entre otros, Arche (ed.) 2014, Bybee *et al.* 1994, Bull 1957, Carrasco (ed.) 2008, Comrie 1976, 1985, Enç 1981, 1986, 1987, Smith 1991, Kamp y Reyle 1993, Klein 1994, 1995, Gueron y Lecarme (eds.) 2004, 2008, Kempchinsky y Slabakova (eds.) 2005, Laca (ed.) 2002, Musan 1997, la serie de *Cahiers Chronos* y referencias allí citadas.

[8] Todas las teorías que analizaremos a continuación tienen en común su rechazo al análisis del Tiempo como un operador. Para una argumentación detallada de esta postura, véanse Enç 1981, 1986, Hornstein 1990 y Giorgi y Pianesi 1997, entre otros.

denan entre ellos por medio de dos relaciones posibles: linearidad (que representamos mediante una línea "_") y asociatividad (que representamos mediante una coma ","). Veamos con más detenimiento qué significan estos puntos y estas relaciones. E designa el tiempo del evento y S *(Speech time)* el momento del habla o momento de la enunciación[9]. Lo que es característico de la teoría de Reichenbach es que, junto a estos dos puntos, defiende que hay un tercero, R, que se concibe como un punto de referencia que media en la relación entre S y E[10]. Consideremos ahora las relaciones posibles entre los tres puntos S, R y E. Si dos puntos están separados por una línea, se entiende que el punto a la izquierda de la línea precede temporalmente al punto a la derecha de la misma. Si los dos puntos están asociados (lo que representamos mediante una coma), dichos puntos se interpretan como simultáneos.

Los valores de los puntos E y S son intuitivamente claros y no presentan dificultad, al asociarse con el tiempo del evento y el momento del habla, respectivamente. El valor del punto R no es tan intuitivamente inmediato. Para ilustrarlo, consideremos el caso del pretérito pluscuamperfecto (como en *En junio Javi (ya) había construido la casa*, por ejemplo). La interpretación que corresponde a este tiempo es que el evento [Javi construir la casa] precede temporalmente a un punto de referencia que a su vez precede al momento del habla y está situado, por lo tanto, en el pasado: este punto de referencia se corresponde con el punto R, cuyo valor temporal en la oración de nuestro ejemplo se especifica mediante el modificador *en junio*. La estructura temporal que corresponde a este tiempo sería así la siguiente:

(5) E_R_S

Otro tiempo en el que es fácil apreciar la necesidad del punto R es el del futuro perfecto (como, por ejemplo, *En junio Javi (ya) habrá construido la casa*). Esta oración legitima una interpretación en la que ubicamos a E, [Javi construir la casa], con posterioridad al momento del habla (S), pero con anterioridad a un punto de referencia situado también en el futuro: el punto R, cuya referencia temporal se asocia con *en junio*. Representamos la estructura temporal de este tiempo en (6).

(6) S_E_R

Estos dos ejemplos ilustran con claridad el valor de los puntos S, R y E y la relación de linealidad que se puede establecer entre dos de estos puntos. La relación de asociatividad la podemos ilustrar con el tiempo presente. Según Hornstein, la estructura que corresponde a una forma

---

[9] Pese a que por simplificar la discusión aquí identificamos el punto S con el momento del habla, esta no es la única interpretación posible de S. Véase Hornstein 1990 para los detalles de su propuesta.

[10] En relación al punto R, véase también Jespersen 1924: 257 y nota 13.

como *John is leaving now* sería la de (7), donde los tres puntos se interpretan como simultáneos[11]:

(7) S,R,E

La asunción de la hipótesis de Reichenbach de que los tiempos son descomponibles en tres puntos y dos relaciones posibles entre ellos ofrece una primera respuesta a una de las preguntas que formula Hornstein: ¿cuál es la estructura de los tiempos en las lenguas naturales? Igualmente, dado que los tiempos se descomponen en estos tres puntos temporales y en las dos relaciones posibles entre ellos, el número máximo de tiempos posibles es de 24. El inglés tendría los seis tiempos básicos de (8).

(8) a. S,R,E   presente   d. E__S,R   presente perfecto
    b. E,R__S   pasado   e. E__R__S   pasado perfecto
    c. S__R,E   futuro   f. S__E__R   futuro perfecto

Más adelante volveremos a estas cuestiones y matizaremos estas primeras respuestas, una vez hayamos introducido algunas extensiones al análisis de Reichenbach que Hornstein propone en su trabajo.

13.3.1.2. Modificación adverbial: Estructuras Temporales Básicas (ETBs) y Estructuras Temporales Derivadas (ETDs)

Veamos cómo integra Hornstein los adverbios temporales en su sistema[12].

El primer supuesto que adopta Hornstein es que, para que un adverbio pueda proyectarse en la estructura temporal, este debe asociarse al menos con uno de los puntos de las Estructuras Temporales Básicas (ETBs) que surgen al combinar los tres puntos mediante las dos relaciones que pueden establecerse entre ellos (asociatividad y linealidad). La necesidad de asociar los adverbios con uno de los puntos de la ETB se sigue por el hecho de que, al ser modificadores, estos deben modificar algún elemento, de otro modo su aparición en la oración ocurriría de manera vacua, violando el *Principio de la Interpretación Plena*. Defiende, además, que la asociación de los adverbios con los puntos de las ETBs está restringida: solo pueden proyectarse en la estructura temporal mediante la asociación con los puntos R o E; Hornstein argumenta de manera explícita que no pueden hacerlo con el punto S (1990: 15, n. 6). Otro aspecto crucial de su teoría es que las Estructuras Temporales

---

[11] Hornstein asume que la estructura subyacente a una oración en presente progresivo como la del ejemplo que estamos analizando, es la estructura del presente: S,R,E.

[12] Nos limitaremos a discutir solamente el caso en el que la modificación temporal se realiza por medio de adverbios o sintagmas preposicionales, dejando a un lado los casos que atañen a las oraciones subordinadas temporales. Para esta cuestión, véanse, entre otros, Hornstein 1990, Stowell 1993 y Demirdache y Uribe-Etxebarria 2004, 2005, 2012, 2013. En el texto utilizaremos ocasionalmente la expresión *adverbios temporales* como sinónima de modificadores temporales, sean adverbios o sintagmas pre/posposicionales.

Básicas (ETBs) se pueden ver alteradas por dicha modificación temporal, dando lugar a Estructuras Temporales Derivadas (ETDs). Estas ETDs pueden en ocasiones alterar la estructura inicial que los tiempos exhiben en sus ETBs. Sin embargo, no toda modificación de las ETBs es legítima, ya que existen restricciones sobre las ETDs resultantes. Sobre la base de las definiciones de (9) y (10), Hornstein define dichas restricciones como en (11).

(9) X se asocia con Y $=_{def}$ X está separado de Y por una coma.

(10) Las Estructuras Temporales Básicas (ETBs) se preservan si:

    a. No hay puntos asociados en las Estructuras Temporales Derivadas (ETDs) que no estuvieran asociados en las ETBs.

    b. El orden lineal de los puntos en las ETDs es el mismo que en las ETBs.

(11) *Restricción en las ETDs* (RETD): Las ETDs deben preservar las ETBs.

Para ilustrar cómo funciona este sistema y cuáles son las modificaciones de las ETBs permitidas y cuáles no, consideremos los siguientes ejemplos.

(12) a. John left yesterday.

    b. *John left at this very moment.

    c. *John left tomorrow.

Recordemos que los adverbios temporales modifican la interpretación temporal de la oración mediante su asociación a los puntos R y E. La modificación temporal es así un proceso que reordena los puntos R y E de acuerdo con el significado del adverbio implicado. En el caso de los ejemplos de (12) que nos ocupan, las estructuras temporales de estas oraciones, una vez que asociamos los adverbios temporales con los puntos R o E, serían las siguientes:

(13) a. E,R____S   YESTERDAY   E,R____S
                               |
                        yesterday

    b. E,R____S   NOW   E,R,S
                            |
                      now

    c. E,R____S   TOMORROW   S___R,E
                                 |
                        tomorrow

En (13a), *yesterday* puede modificar tanto a R como a E, puesto que, al ser ambos simultáneos, la asociación con uno u otro punto no afectaría a la interpretación resultante. Para simbolizar esto, representamos el adverbio asociándolo mediante una línea a la coma que separa dichos puntos. Obsérvese que la asociación con E o con R no infringe (11), puesto que cumple con las dos condiciones de (10).

Veamos ahora qué ocurre con (12b/13b). Recordemos que es ilícito asociar un adverbio temporal con el punto S. Debido a esta restricción, en el caso de (12b/13b) nos vemos obligados a asociar el adverbio *now* con los puntos R o E (que en el caso que nos atañe, son simultáneos). Sin embargo, a diferencia del caso anterior, la asociación de *now* (un adverbio que es simultáneo con el punto S) con los puntos R y E va a tener una consecuencia muy distinta para la ETD resultante en (13b): debido al valor semántico de *now* (cotemporal con S), los puntos R y E han de moverse a asociarse con el punto S. El problema que se deriva de esta operación es que en la ETD resultante en (13b) los puntos E y R terminan asociados con S, cuando inicialmente no lo estaban en la ETB correspondiente. Esto hace que (13b) no cumpla con (10a) y, por lo tanto, viole la RETD de (11), por lo que la estructura derivada no será legítima. Consideremos finalmente (13c). Al asociar *tomorrow* (que corresponde a un intervalo temporal posterior al punto S) con el punto R o el punto E, obligamos a que R y E se muevan a la derecha de S en la ETD. La consecuencia de esto es que en la ETD de (19c) no se preserva el orden lineal que los puntos SER tienen en la ETB (véase [10b]), lo que viola la RETD de (11), dando lugar a una estructura temporal ilegítima.

13.3.1.3. El punto R

Una vez hemos explicado estas cuestiones, volvamos ahora a una de las propuestas que es básica en la teoría de Reichenbach y también en la de Hornstein: el punto R. En los tiempos complejos que hemos analizado previamente en (5) y (6) –el pretérito pluscuamperfecto y el futuro perfecto, respectivamente–, la existencia del punto R quedaba plenamente justificada, siendo fácil de entender incluso desde un punto de vista teórico poco sofisticado e intuitivo. Se plantea, sin embargo, una cuestión que no es nada trivial. ¿Es necesario el punto R en la estructura de todos los tiempos, en concreto, en la estructura de los tiempos simples, como el pasado *Urko se marchó ayer/Urko left yesterday*? Hornstein afirma que sí, y defiende que la estructura correspondiente al pasado de estas oraciones es la de (14b) y no la de (14a).

(14) a. E____S   b. E,R__S

¿Por qué hemos de aceptar esta hipótesis? Hornstein argumenta que el supuesto de que el punto R está presente en todos los tiempos nos permite dar cuenta de una serie de restricciones que se observan tanto en la combinación como en el número de modificadores temporales permitidos en una oración. De modo más específico, Hornstein argumenta que, si asumimos que incluso los tiempos simples como el pasado contienen el punto R, podemos explicar la diferencia en gramaticalidad entre las dos siguientes oraciones.

(15) Yesterday, John left for Paris a week ago.

(16) *A week ago, John left for Paris yesterday.

Las configuraciones temporales que corresponden a (15) y (16) están representadas en (17) y (18), respectivamente.

(17) E,R____S $\xrightarrow{\text{YESTERDAY, A WEEK AGO}}$ E___R ___S

                                                   A week ago yesterday

(18) E,R____S $\xrightarrow{\text{A WEEK AGO, YESTERDAY}}$ *R___E ___S

                                                   A week ago yesterday

La oración de (15) contiene dos adverbiales. Dado que el punto S no admite modificación, la existencia del punto R permite que los dos adverbios de la oración se puedan proyectar en la estructura temporal de la misma asociándose cada uno a un punto primitivo, lo que permite evitar la violación del Principio de la Interpretación Plena. Este tipo de casos nos ofrece así una prueba a favor de la existencia del punto R en todos los tiempos.

El ejemplo de (15)/(17) nos permite, además, ilustrar una cuestión relacionada con la preservación de la ETB. Asumiendo que los adverbios que aparecen al principio de la oración se asocian con el punto R, y no con el punto E, la configuración temporal subyacente a (15) es la de (17). Como vemos, existe una diferencia entre la ETB y la ETD en (17). Al asociar el adverbio *yesterday* con el punto R, el modificador *a week ago* ha de asociarse necesariamente con el punto E. Puesto que estos dos adverbios no son simultáneos ni se solapan en su interpretación temporal (*a week ago* se refiere a un intervalo temporal anterior a *yesterday*), el punto E debe disociarse del punto R, por lo que dos puntos que aparecían asociados en la ETB aparecen ahora disociados en la ETD en (17). Obsérvese, sin embargo, que la ETD no viola la restricción en (11), puesto que (dadas las definiciones de [9] y [10]) la ETB se ve preservada en la ETD en (17).

Veamos ahora qué ocurre con (16)/(18). Si asociamos el modificador temporal que aparece al comienzo de la oración, *a week ago*, con el punto R, nos vemos forzados a asociar el adverbio *yesterday* con el punto E. Dado que *a week ago* es un intervalo temporal que precede a *yesterday,* en (18) se produce una operación de realineación de los puntos E y R en la ETD, que disocia el punto E del punto R y lo mueve a su derecha. ¿Es esto de por sí un problema? Acabamos de ver en (17) que la disociación de puntos no causa necesariamente un problema. El problema que nos encontramos en la ETD en (18) es que el punto E, que antes estaba linealmente a la izquierda del punto R, está ahora situado linealmente a su derecha. Esto viola (10b) e impide que se preserve la ETB de este ejemplo, dando lugar a una estructura temporal ilícita.

13.3.1.4. Órdenes lineales intrínsecos y extrínsecos: consecuencia para la estructura interna y el inventario posible de tiempos

La discusión anterior nos ofrece una muestra clara de la importancia que la linealidad entre los puntos ocupa en la teoría de Hornstein. Dejando a un lado los casos en que dos puntos están separados por medio de una línea (con lo cual están necesariamente ordenados desde un punto de vista lineal), la cuestión que se plantea es si, cuando dos o más puntos son cotemporáneos, están también linealmente ordenados entre sí o no. Si asumimos que no lo están, entonces supondríamos que están libremente ordenados desde el punto de vista sintáctico y hablaríamos de una teoría de "orden débil". Desde ese punto de vista, asumiríamos que la representación del futuro podría ser tanto S__R,E como S__E,R, que serían representaciones *equivalentes* del mismo tiempo. Si asumimos, por el contrario, que, incluso cuando son cotemporáneos, los puntos están ordenados linealmente, estamos asumiendo una teoría de "orden fuerte". Según esta teoría, las representaciones S__R,E y S__E,R *no* serían representaciones equivalentes del mismo tiempo. En este caso, además de un orden lineal *intrínseco* (el que refleja las relaciones de dos puntos separados por una línea), tendríamos un orden lineal *extrínseco*. Esto implicaría que los tiempos básicos pueden tener una estructura (que Hornstein denomina) sintáctica que no refleja la interpretación temporal del tiempo. Hornstein da argumentos de que la estructura de los tiempos está extrínsecamente ordenada, además de estarlo intrínsecamente. Su argumento está basado, entre otros, en el contraste de pares como (19-20).

(19) Yesterday, John left for Paris a week ago.

(20) *A week ago, John left for Paris yesterday.

Representamos la estructura temporal compleja de estos ejemplos en (21) y (22) respectivamente:

(21) E,R___S $\xrightarrow{\text{A WEEK AGO, YESTERDAY}}$ E ___ R ___ S
                                             | |
                                        A week ago yesterday

(22) E,R___S $\xrightarrow{\text{A WEEK AGO, YESTERDAY}}$ *R___ E ___ S
                                             | |
                                        A week ago yesterday

Hornstein argumenta que solo un orden extrínseco permite explicar el contraste entre estos ejemplos. La estructura básica del pasado en (21-22) nos indica que los dos puntos cotemporales E y R están asociados en la ETB. Si asumimos un orden débil, entonces la estructura del pasado E,R___S sería equivalente a la estructura R,E__S. Si, tal como hemos representado en (23) y (24), sustituimos esta estructura por la de (21) y (22), entonces esperaríamos que (19) estuviera mal formada y (20) bien formada, cosa que es factualmente incorrecta.

(23) R,E___S $\xrightarrow{\text{A WEEK AGO, YESTERDAY}}$ *E ___ R ___ S
                                             | |
                                        A week ago yesterday

(24) R,E___S $\xrightarrow{\text{A WEEK AGO, YESTERDAY}}$ R ___ E ___ S
$\qquad\qquad\qquad\qquad\qquad\qquad\qquad\quad$ | $\quad$ |
$\qquad\qquad\qquad\qquad\qquad\qquad$ A week ago$\quad$yesterday

Esto nos hace pensar que las estructuras E,R___S y R,E___S no son equivalentes. La conclusión es que los puntos temporales de las estructuras sintácticas de los tiempos están no solo intrínsecamente ordenados, sino que también están ordenados extrínsecamente. Tal como Hornstein señala, esto impide reducir el inventario posible de tiempos (con las 24 estructuras temporales distintas que se representan en [25]) a solo 13 estructuras temporales.

(25) presente:$\qquad\qquad\qquad$ S,R,E S,E,R R,S,E R,E,S E,S,R E,R,S
$\qquad$ pasado:$\qquad\qquad\qquad$ E,R___S R,E___S
$\qquad$ futuro:$\qquad\qquad\qquad$ S___R,E S___E,R
$\qquad$ presente perfecto:$\qquad$ E___S,R E___R,S
$\qquad$ pasado perfecto:$\qquad$ E___R___S
$\qquad$ futuro perfecto:$\qquad$ S___E___R S,E___R E___S___R E,S___R
$\qquad$ futuro distante:$\qquad$ S___R___E
$\qquad$ futuro del pasado:$\qquad$ R___S,E R___E,S R___S___E R___E___S
$\qquad$ futuro próximo:$\qquad$ S,R___E R,S___E

Sin embargo, apunta este autor, no parece en principio muy probable que existan seis formas diferentes para el presente, todas ellas temporalmente idénticas en su interpretación. Esto sugiere que debe haber algún principio de la gramática universal que actúa para reducir las configuraciones posibles en aquellos casos en que los puntos SRE no estén intrínsecamente ordenados y los puntos se interpreten como cotemporáneos. Hornstein propone que tal principio existe y funciona del modo que explicamos a continuación.

Primero, defiende que las ETBs no son primitivas, sino que se descomponen en dos relaciones diferenciadas: por un lado, tenemos la relación SR y, por otro, la relación RE. Entre los argumentos que presenta, podemos señalar los siguientes:

i) Como veremos más adelante, hay casos en los que es mejor dejar la relación SE sin especificar. Esto no sería posible si aceptamos el tipo de estructuras que hemos venido asumiendo hasta ahora, donde la relación SE siempre aparece linealmente especificada. Además, la relación entre S y E siempre se puede obtener de manera independiente a través de las relaciones establecidas entre los puntos SR y RE. Hornstein deduce que esto puede reflejar un principio de la gramática universal que prohíba que el tiempo del habla (S) especifique directamente el tiempo del evento (E) y requiera que esa relación sea indirecta[13]. Si los tiempos se pueden

---

[13] Veremos más adelante que este es un punto polémico, incluso dentro de los análisis que se mueven en la esfera neoreichenbachiana. En otros análisis, esta discusión sobre la existencia del punto R en todos los tiempos se corresponde parcialmente con el debate sobre si en todas las formas temporales hay también presente un núcleo aspectual o no.

descomponer en dos relaciones (SR y RE), tal como representamos en (26), entonces podemos reducir el inventario de tiempos de 24 a 16, al hacer equivalentes los siguientes tiempos que se especifican en (27). En cada una de las equivalencias de (27) se obtienen las mismas relaciones entre SR y RE; sin embargo, las relaciones entre S y E solo se obtienen derivativamente, con el resultado de que S y E no están ordenados entre sí[14].

(26) (El símbolo o representa composición)
    a. S,R,E = (S,R) o (R,E)
    b. S__R,E = (S__R) o (R,E)
    c. E,R__S = (R__S) o (R,E)

(27) a. S,E,R = E,S,R
    b. R,E,S = R,S,E
    c. S__R__E = S,E__R = E__S__R = E,S__R
    d. R__S,E = R__E,S = R__S__E
    e. S,E__R = E,S__R

ii) La segunda razón tiene que ver con una objeción que había presentado Comrie (1981, 1985). El problema era que, según este autor, el sistema de Reichenbach postulaba varias representaciones temporales diferentes para el futuro perfecto sin que existan pruebas a favor de dicha hipótesis, en lugar de asumir que era una forma simplemente vaga en su interpretación. Esto le hacía sospechar que dichas representaciones eran simplemente un artefacto resultante de la notación elegida en lugar de un hecho significativo del lenguaje. Hornstein defiende que, si las relaciones entre los puntos SRE se descomponen en dos relaciones distintas (SR y RE), entonces el futuro perfecto tendría la ETB (S__R) o (E__R), que nos daría las cuatro posibles relaciones entre SE que están especificadas en (27c). La nueva fórmula que propone Hornstein para el futuro perfecto, compuesta de esas dos relaciones independientes, supera el obstáculo mencionado por Comrie, dejando la relación entre S y E vaga.

iii) Una tercera razón para argumentar que las ETBs se componen de dos relaciones es que en todos los casos en los que una ETD está mal formada, se puede explicar su agramaticalidad sin tener que apelar a la relación SE.

Una vez descompuestas las ETBs en dos relaciones, SR y RE, Hornstein plantea la cuestión de cuál es la relación entre los morfemas temporales y las ETBs. Lo que este autor defiende es que dichos morfemas determinan la relación SR, y la presencia o ausencia de *have* fija la relación RE.

---

[14] Cabe preguntarse de qué se deriva esta restricción, que impide estructuras en las que se relacionen más de dos puntos temporales a la vez. Una hipótesis plausible es que esto se derive del modo en que se proyecta la estructura sintáctica temporal de la oración. Véanse la sección 4 y la nota 29.

(28) i.   Morfema de presente: asocia S y R: S,R.
   ii. Morfema de pasado: mueve R a la izquierda de S: R__S.
   iii. Morfema de futuro: mueve R a la derecha de S: S__R.
   iv. +*have:* mueve E a la izquierda de R.
   v.   –*have:* asocia E y R: E,R o R,E.

El hecho de que las relaciones entre los morfemas temporales de los tiempos tengan esta proyección tan regular que hemos especificado en (28) es, en opinión de Hornstein, una nueva muestra de que las ETBs se descomponen en dos relaciones: SR y RE (incluso cuando no hay ningún morfema específico que señale cuál es la asociación entre R y E). La presencia de R vendría determinada por un principio de la gramática universal que determina que el punto R existe incluso cuando su presencia no tiene ningún efecto interpretativo.

Finalmente, Hornstein propone los principios de (29), que él considera constriñen de modo innato la proyección de los morfemas a las ETBs y que tienen como resultado reducir el inventario posible de tiempos resolviendo posibles ambigüedades lineales.

(29) a. En una determinada ETB, si el orden lineal no está intrínsecamente determinado, asúmase que el orden lineal entre RE es idéntico al orden lineal entre SR.
   b. Los morfemas determinan de modo no ambiguo una única proyección.

Lo que (29a) quiere decir es que si, por ejemplo, el orden entre R y E no está determinado de manera intrínseca (porque R y E están asociados), entonces el orden lineal de R y E será el mismo que el orden lineal entre S y R. Esto es, si S está a la izquierda de R, entonces R también estará a la izquierda de E. Esto tiene como consecuencia reducir el número de pasados simples a uno (E,R__S) y el número de presentes a dos (S,R,E y E,R,S). El inventario posible de tiempos que resulta del sistema de Hornstein es así el siguiente:

(30) presente: (S,R) o (R,E) = S,R,E (i)
                            (R,S) o (E,R) = E,R,S (ii)
   pasado: (R__S) o (E,R) = E,R__S
   presente perfecto: (S__R) o (R,E) = S__R,E (i)
                            (R,S) o (E__R) = E__R,S (ii)
   futuro perfecto: (S__R) o (E__R)
   pasado perfecto: (R__S) o (E__R) = E__R__S
   futuro del pasado: (R__S) o (R__E)
   futuro próximo: (S,R) o (R__E) = S,R__E (i)
                            (R,S) o (R__E) = R,S __E (ii)

13.3.1.5. Conclusión

Todas las cuestiones que hemos discutido hasta ahora llevan a Hornstein a defender que el sistema temporal constituye un nivel lingüístico independiente, con su propio conjunto de primitivos, sus propias reglas de combinación y sus propias reglas de interpretación. La existencia de estos primitivos, reglas y principios innatos que sirven de guía al niño en la adquisición del sistema temporal de su(s) lengua(s) materna(s) nos ofrece una respuesta al problema de la adquisición de la gramática del tiempo, y explica también los límites que encontramos en la variedad de sistemas a través de las lenguas.

El sistema neoreichenbachiano de Hornstein, sencillo y elegante, proporciona una respuesta clara y precisa a todas las cuestiones que hemos especificado al comienzo de esta sección. Este modelo ha tenido una influencia enorme en los trabajos posteriores. Una vez explicadas sus virtudes, quisiéramos detenernos brevemente en algunas de sus carencias, que sirvieron de acicate para el desarrollo de muchos de los trabajos que le siguieron. Nos centraremos en dos de ellas.

En primer lugar, si bien nos ofrece un sistema completo y bien definido, es necesario apuntar que dicho sistema solamente se refiere al Tiempo. Así, este autor asume explícitamente que, pese a que interactúan, el Tiempo y el Aspecto pertenecen a dos módulos distintos:

> I will avoid discussing aspect. Tense and aspect are no doubt intimately related, and interact quite extensively. However, I will assume that they form separate modules rather than a single inclusive system [...] Assuming that this widely respected distinction between tense and aspect is tenable, I will concentrate on the former (Hornstein 1990: 9).

Si bien es cierto que Hornstein evita tratar el Aspecto en su obra, lo paradójico de su postura es que precisamente parte del éxito de su sistema es que es capaz de incorporar el aspecto Perfecto *(have)* y dar una explicación de su interacción con el Tiempo. En segundo lugar, pese a su intento de especificar la interrelación entre los morfemas específicos de tiempo y las ETBs, no queda claro cuál es la plasmación sintáctica de su teoría; en otras palabras, cuál es la interfaz entre la (morfo)sintaxis y la interpretación[15].

Merece también la pena destacar que en el sistema que propone Hornstein hay principios y restricciones que son operativos de modo general en las derivaciones lingüísticas –como la rección (véase la nota 15) o el Principio de la Interpretación Plena–, mientras que otros son propios únicamente de la gramática del tiempo (por ejemplo, las restricciones operativas en la preservación de las ETBs). Aunque se podría argumentar que esto no es necesariamente un problema, en las siguientes secciones veremos cómo en muchos de los trabajos posteriores sobre el tema se realiza un importante esfuerzo por conseguir que los princi-

---

[15] De alguna manera, es precisamente la imposibilidad de ofrecer una teoría de la interfaz (morfo)sintaxis-semántica lo que lleva a Hornstein a desarrollar todo un sistema de principios, restricciones y reglas específicos para el Tiempo. A pesar de esto, este autor realiza un esfuerzo notable por derivar parte de los principios y restricciones que se observan en la interpretación temporal de las oraciones de principios establecidos y aceptados independientemente dentro la teoría. Así, por ejemplo, este autor propone que las diferentes posibilidades de anclaje del punto S de una oración subordinada se derivan directamente de las relaciones de rección que existen entre el verbo matriz y la oración subordinada.

pios y restricciones que operan en la gramática del Tiempo sean principios y restricciones que operen de manera más general en las derivaciones lingüísticas y cuya necesidad haya quedado probada de manera independiente.

13.3.2. *La interfaz morfosintaxis-semántica en el modelo neorei-chenbachiano de Giorgi y Pianesi (1997)*

En *Tense and Aspect. From semantics to morphosyntax* (1997), Giorgi y Pianesi ofrecen una propuesta sobre la gramática de las relaciones temporales que, tal como el título de su obra hace explícito, tiene como objetivo dar cuenta de la interfaz semántica-morfosintaxis del Tiempo y del Aspecto. Para ello se centrarán, entre otras cuestiones, en determinar cuáles son las reglas que gobiernan esta interfaz, cuál es la variación que se observa entre los sistemas temporales de las lenguas, y cuáles son las claves que guían al niño en la adquisición del sistema temporal de su lengua. Su propuesta está basada en un detallado análisis de los sistemas temporales y aspectuales de las lenguas románicas y germánicas, y adopta como marco de referencia teórica la propuesta minimalista de Chomsky (1995). La hipótesis principal es que las diferencias que exhiben las lenguas en la interpretación temporal y aspectual de sus formas verbales se deben a diferencias en el sistema morfológico que se emplea para expresarlas. Esto permite, según estos autores, que las propiedades temporales y aspectuales de una lengua dada sean predecibles, y ayuda a comprender cómo se realiza el proceso de adquisición del dominio temporal-aspectual por parte del niño. Este punto de vista es compatible con la propuesta de que las diferencias paramétricas se derivan de diferencias en el lexicón.

Siguiendo a Chomsky (1995), Giorgi y Pianesi asumen que los ítems en la colección inicial de la enumeración son conjuntos (de conjuntos) de rasgos. Las categorías léxicas y funcionales se reducen, desde esta perspectiva, a meros conjuntos de rasgos resultantes de una agrupación determinada de valores de rasgos. Una de las tareas a las que se enfrenta el niño en el proceso de adquisición será, por lo tanto, agrupar los rasgos de manera correcta y asociar los conjuntos (de conjuntos) de rasgos presentes en su lengua con los morfemas léxicos y gramaticales de la misma. Desde esta perspectiva, Giorgi y Pianesi realizan una propuesta novedosa sobre la estructura oracional. En particular, defienden que la estructura de la oración no es de por sí universal, pudiendo variar no solo de lengua a lengua sino, incluso dentro de la misma lengua, de oración a oración[16]. Esto se debe a las distintas posibilidades que existen a la hora de asociar morfemas y rasgos. Una posibilidad es que la

---

[16] ¿Qué parte de la arquitectura oracional es entonces universal? Giorgi y Pianesi defienden que los componentes universales de la gramática son dos: i) el inventario de rasgos de entre los cuales el niño selecciona los relevantes para su lengua, y ii) el orden del cotejo de rasgos. Véase Giorgi y Pianesi 1997: 14.

asociación sea de uno en uno: es decir, que, tal como ocurre en las lenguas aglutinativas o aislantes, se asocie cada rasgo con un morfema distinto. Así, si tenemos tres rasgos R1, R2 y R3, podríamos tener tres proyecciones sintácticas (tres SXs) diferentes, con cada proyección sintáctica asociada a un rasgo. Otra posibilidad es que un morfema determinado esté asociado con más de un rasgo (dando lugar a categorías sincréticas e híbridas). Por ejemplo, sería posible que R1 y R2 se proyectaran juntos, y R3 se proyectara por separado (o que R1 se proyectara por separado y R2 y R3 juntos). Finalmente, la última posibilidad sería que R1, R2 y R3 se proyectaran los tres juntos, en el mismo nudo.

Tras esta breve introducción, ilustremos mediante algunos ejemplos el modelo temporal que defienden Giorgi y Pianesi. Estos autores adoptan el modelo neoreichenbachiano y asumen la existencia de los tres puntos primitivos S, R y E, divididos en dos relaciones distintas: una entre S y R, a la que se refieren como T1, y la relación entre E y R, a la que denominan T2. Las posibles relaciones entre estos puntos son las siguientes:

(31) T1: S__R futuro   (32) T2: E__R perfecto

           R__S pasado   R__E prospectivo

          (S,R) presente   (E,R) neutro

Veamos cómo se proyectan estas relaciones sintácticamente. Dado que T1 y T2 expresan dos relaciones distintas (T1 expresa la relación S/R y T2 la relación R/E), Giorgi y Pianesi defienden que T1 y T2 se distinguen categorialmente en la estructura de la oración: T1 proyectará una proyección máxima (ST1) y T2 otra (ST2). Tanto T1 como T2 son categorías léxicas, con un rol-T que asignar. Consecuentemente, cuando estos núcleos se proyectan, exigen la proyección de un SV que actúe como su complemento, permitiéndoles descargar su rol-T. En el caso de T2, su complemento es el SV encabezado por el verbo de la oración. En el caso de T1, su complemento verbal estaría encabezado por un verbo auxiliar[17]. Siguiendo a Chomsky (1995), asumen además que pueden existir proyecciones de concordancia, SConc. sconc1 representa el conjunto de rasgos-phi (persona y número) que se comparten con el sujeto, y sconc2 está especificado para rasgos de género y número (pero no persona). Es importante tener en cuenta que los rasgos-phi definen límite de palabra en latín, así como en las lenguas románicas y germánicas. Por lo tanto, cada vez que se proyecta un sconc dará origen a una palabra independiente. Sobre esta base, Giorgi y Pianesi proponen que la estructura temporal de una oración, cuando todas estas proyecciones están presentes, es la de (33).

---

[17] Giorgi y Pianesi defienden que los auxiliares no contribuyen semánticamente a la interpretación temporal de la oración, y su presencia se justificaría por requisitos sintácticos, bien porque i) T1 está presente, bien porque ii) se proyecta conc1 y esta necesita un apoyo morfológico para realizarse.

(33)

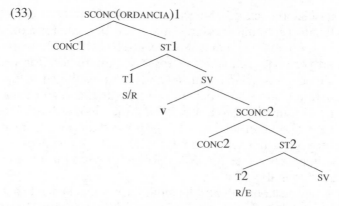

Si bien (33) representa la estructura máxima posible, ya hemos comentado anteriormente que esta arquitectura oracional no es universal, pudiendo cambiar de lengua a lengua e incluso de oración a oración dentro de la misma lengua. Parte de la variación depende de la asociación específica entre rasgos y morfemas. A esto se añade otro factor relacionado con la variación paramétrica, que viene dado por consideraciones de adquisición: solo aquello de lo que hay evidencia en la Forma Fonética (FF) –es decir, aquello que es detectable en la misma– puede ser aprendido. Esto les lleva a concluir que únicamente se proyectará sintácticamente aquella estructura sobre cuya existencia hay evidencia en la FF[18].

Para ilustrar todo esto y ver cómo funciona su sistema, a continuación analizaremos unas cuantas formas verbales del latín y del italiano. Comencemos por el presente del italiano, representado por formas como *mangio* ('(yo) como'). Si bien la interpretación temporal que corresponde a esta forma sería la de (S,R) o (R,E), al analizarla morfológicamente observamos que *mangio* carece de un morfema que exprese el Presente. Giorgi y Pianesi apuntan que este es un hecho frecuente: hay muchas lenguas que no usan ningún morfema para expresar este tiempo. Estos autores proponen que, en todos los casos en los que la relación entre dos puntos está representada por una coma (tanto en la relación S,R como en la relación R,E), no hay ningún morfema que lexicalice dicha relación, ni tampoco ninguna categoría sintáctica que la refleje a nivel estructural. De modo más específico, Giorgi y Pianesi defienden que las propiedades temporales del tiempo Presente se especifican solo en Forma Lógica (FL) (1997: 40)[19]. Dado que *mangio* solo

---

[18] Esto solo afecta a los núcleos léxicos, como T1 o T2. Si no hay evidencia en la FF de la existencia de un núcleo léxico, este no podrá proyectarse sintácticamente. Consecuentemente, no hay núcleos léxicos vacíos $\emptyset_{LÉXICO}$. Sí hay, sin embargo, categorías funcionales vacías, $\emptyset_{FUNCIONAL}$. Así, por ejemplo, se podrá proyectar el núcleo Conc, aun cuando este no tenga reflejo en FF.

[19] Si bien Giorgi y Pianesi realizan esta afirmación en distintos pasajes del libro, no especifican en qué consiste exactamente este proceso o cómo se realiza en FL. Para una propuesta específica sobre cómo se establece la relación entre puntos o intervalos temporales cuando el Aspecto (u otro núcleo temporal) no tiene expresión morfofonológica, véase la sección 4.3.4.

contiene el morfema que corresponde a la raíz verbal y el morfema de concordancia con los rasgos-phi del sujeto, la estructura que corresponde a la forma de presente *mangio* es la de (34) (que, como vemos, es muy distinta de la de [33]):

(34)

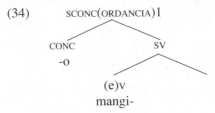

Veamos ahora la estructura que le correspondería a una forma del presente perfecto, como *ho mangiato* ('he comido' en italiano).

(35) *Ho mangiato* ((yo) he comido)

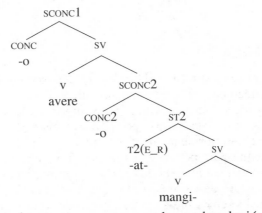

Dado que el presente se corresponde con la relación (R,S), siguiendo la hipótesis que hemos resumido anteriormente ST1 no se proyecta en la estructura sintáctica. Sí debe proyectarse sin embargo ST2, puesto que, en la relación que expresa (E__R), los puntos E y R no son simultáneos (no están relacionados por una coma). Recordemos que T2 debe descargar un rol temporal. En (42), T2 asigna su rol (temporal) al SV inferior. T2 es una categoría adjetival. Esto implica que no podría asociarse directamente con CONC1, puesto que CONC1 tiene rasgos de persona y número, y la categoría adjetival T2 necesita asociarse con rasgos de género y número. Esto fuerza la proyección de SCONC2. Los rasgos de CONC2 (-o) son masculino singular (que Giorgi y Pianesi asumen son la opción por defecto). Como hemos mencionado previamente, los rasgos-phi de CONC2 establecen un límite de palabra (*mangiato* se realizará, por lo tanto, como una palabra independiente). Finalmente, obsérvese que, dado que esta forma expresa rasgos de 1.ª persona singular, es necesario proyectar CONC1. La proyección de CONC1 forzará asimismo la proyección de un auxiliar *(avere)* para poder lexicalizar estos rasgos de concordancia (esta es la única opción posible en [35], dado que, por un lado, la incompatibilidad de CONC1 y T2 impide que estos dos elementos se asocien y, por otro, CONC2 establece límite de palabra).

Comparemos ahora (35) con (36), la forma correspondiente al pretérito pluscuamperfecto más bien anterior *ebbi mangiato*.

(36) *Ebbi mangiato* ((yo) hube comido)

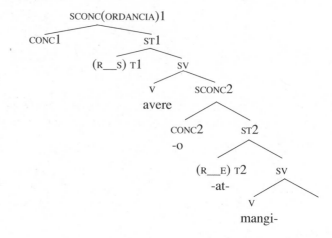

Como T1 expresa la relación (R__S), este nodo ha de proyectarse sintácticamente. T1 debe asignar su rol-T, por lo que requiere la proyección de un verbo auxiliar (el SV superior). La presencia de este auxiliar es asimismo necesaria por la proyección de CONC1 (que, como hemos visto anteriormente, no es compatible con T2 y necesita la presencia del auxiliar para poder lexicalizarse). La parte inferior de la estructura en (36) es idéntica a la de (35) y se justificaría de la misma manera. Para finalizar nuestro repaso de algunas de las formas verbales del italiano, consideremos brevemente el caso del futuro simple y del pasado simple, cuyas estructuras se reflejan en (37) y (38) respectivamente.

(37) $[_{SCONC1}$ CONC1 $[_{ST}$ T1(S__R) $[_{SV}$ V]]]   *futuro simple* (it.)

(38) $[_{SCONC1}$ CONC1 $[_{ST}$ T1(R__S) $[_{SV}$ V]]]   *pasado simple* (it.)

Dado que en estos dos casos T2 expresa una relación en la que R y E son simultáneos, este nodo no se proyecta. Sí se proyecta sin embargo T1, que expresa la relación (S__R) en (37) y la relación (R__S) en (38). T1 toma como complemento al SV que tiene como núcleo al verbo de la oración, al cual asigna un rol-T. Finalmente, se proyecta también CONC1, que contiene los rasgos-phi del sujeto (persona y número). Dado que no se proyecta CONC2 ni el SV encabezado por el auxiliar, estas formas se realizaran morfológicamente en una sola palabra.

Comparemos ahora el sistema del italiano con el sistema del latín. Una de las diferencias más llamativas es que el latín carece de auxiliares (al menos en el paradigma de las formas activas del verbo). Veamos cómo analizan Giorgi y Pianesi algunas de las formas básicas de esta lengua. Para facilitar la comparación, utilizaremos las mismas combinaciones temporales que hemos estudiado en el caso del italiano. Comencemos por el caso del presente, que ilustramos en (39) con la forma *laudo* ('(yo) alabo'). Como se representa en (39), Giorgi y Pianesi asumen que en latín las formas de presente tienen la misma representación que en italiano.

(39) $[_{SCONC1} \text{CONC1} [_{SV} V]]$ *laudo* ('(yo) alabo') (lat.)

Consideremos ahora una forma como *laudavi* ('él/ella ha alabado'), que se descompone de la siguiente manera: i) la raíz verbal *laud(a)*, ii) el morfema *-vi*, que expresaría el valor temporal de la forma, y iii) *-t*, que lexicaliza los rasgos-phi (3.ª persona singular). La estructura que corresponde a esta forma es la de (40).

(40) $[_{SCONC1} \text{CONC1} [_{ST} T2 [_{SV} V]]]$ *laudavit* ('(él/ella) ha alabado') (lat.)

El morfema *-vi-* lexicaliza la relación (E__R) y *-t* lexicaliza CONC1. Hemos visto que, en el caso del italiano, la presencia de CONC2 se justificaba por la naturaleza adjetival de T2. Sin embargo, T2 parece ser verbal en latín, puesto que CONC1 es compatible con dicho núcleo (se pueden asociar en la misma forma verbal). Si esto es cierto, ello explicaría por qué esta forma del perfecto no requiere de ningún auxiliar en latín, a diferencia del italiano. Dado que no es necesario proyectar CONC2 (lo que daría lugar a una palabra independiente), no se establece un límite de palabra en torno a T2. Por lo tanto, no es necesario insertar un verbo auxiliar en la estructura para lexicalizar los rasgos de CONC1, que se lexicalizará asociándose directamente al resto de la base verbal.

Las estructuras que Giorgi y Pianesi proponen para el pasado perfecto *(laudaveram)* y el futuro perfecto *(laudavero)* se ilustran en (41) y (42).

(41) lauda-v-er-am ('yo había alabado')

$[_{SCONC1} \text{CONC1} [_{ST1} T1_{(R\_\_S)} [_{SVAUXILIAR} V [_{ST2} T2_{(E\_\_R)} [_{SV} V]]]]]$

(42) lauda-v-er-o ('yo habré alabado')

$[_{SCONC1} \text{CONC1} [_{ST1} T1_{(S\_\_R)} [_{SVAUXILIAR} V [_{ST2} T2_{(E\_\_R)} [_{SV} V]]]]]$

La semántica que corresponde a *laudaveram* es la siguiente: T1 expresa la relación (R__S) y T2 expresa la relación (E__R). La forma *eram* correspondería a un auxiliar incorporado (la forma de pasado imperfecto del verbo *sum* [*esse* 'ser']), que realiza el pasado como una vocal larga, A. Como hemos mencionado anteriormente, *-vi* es verbal y es compatible con CONC1; no requiere, por lo tanto, de CONC2. Al estar T1 presente en la estructura, necesita un verbo al cual descargar su rol-T. Esto fuerza la proyección del verbo auxiliar (encabezando el SV superior). Se inserta así el verbo auxiliar *ser*. Puesto que no se proyecta CONC2, el auxiliar se incorpora, dado que no hay ninguna categoría funcional que impida dicha operación. La estructura del futuro perfecto en (42) se explicaría en los mismos términos, excepto por el hecho de que T1 expresa en este caso la relación (S__R) [20].

---

[20] La explicación que proponen para la diferencia entre formas simples, como el futuro *laudabo* ('(yo) alabaré') y formas compuestas con el participio en *-urus*, como *laudaturus sum* ('yo

En resumen, la diferencia entre los sistemas verbales latino e italiano (y la necesidad de utilizar verbos auxiliares en algunas formas verbales de la voz activa) se deriva de una propiedad específica de estas lenguas referente al estatus categorial de T2: este es adjetival en italiano (e incompatible con CONC1) y verbal en latín (y compatible con CONC1).

El sistema neoreichenbachiano de Giorgi y Pianesi ofrece una respuesta interesante a la cuestión de cuáles son las reglas que gobiernan la interfaz semántica-morfosintaxis. Dicho sistema, junto con la propuesta de que las diferencias en la interpretación temporal y aspectual que nos encontramos en las lenguas se deben a diferencias en los sistemas morfológicos que se utilizan para codificarlas, les permite predecir el comportamiento del sistema en una lengua dada y explicar la tipología de sistemas existentes, así como las restricciones operativas que delimitan su posible variación, ofreciendo una hipótesis plausible sobre cómo se realiza la adquisición del sistema temporal y aspectual de la(s) lengua(s) materna(s) por parte del niño[21].

13.3.3. *La proyección de la estructura argumental temporal*

En las propuestas que hemos resumido en los párrafos anteriores hemos visto cómo se asume que las diferentes combinaciones temporales/aspectuales de una lengua se pueden descomponer en dos relaciones posibles (asociatividad o linealidad) que se pueden establecer entre tres puntos primitivos (S, R y E). Si bien, desde el punto de vista sintáctico, la propuesta de Giorgi y Pianesi supone un avance respecto a la de Hornstein al proponer una proyección morfosintáctica específica para cada combinación temporal/aspectual, no se asigna a los puntos S, R y E una posición independiente dentro de la estructura sintáctica, siendo los núcleos T1 y T2 los que codifican directamente las distintas relaciones que se pueden establecer entre dichos puntos: T1 codifica las posibles relaciones entre S/R, y T2 las de R/E. Más aún, cuando S/R y RE son simultáneos, T1 y T2 ni siquiera llegan a proyectarse.

Los tres sistemas que analizaremos en lo que queda de este artículo adoptan una postura muy distinta en este sentido. En particular, lo que caracteriza parcialmente estos análisis es la propuesta de que los intervalos temporales que se ordenan (los que se corresponderían aproximadamente con los puntos S, R y E que hemos utilizado hasta ahora)

---

alabaré, yo voy a alabar'), sin correlato en italiano moderno, es la siguiente. Las relaciones temporales subyacentes a *laudabo* son las de (S__R) o (R,E), mientras que las de *laudaturus sum* son (S,R) o (R__E). La estructura que corresponde a *laudabo* solo incluye CONC1, T1 y el SV encabezado por el verbo de la oración. En el caso de *laudaturus sum*, el verbo es un participio y requiere la presencia de CONC2. La presencia de este núcleo a su vez impedirá la incorporación de CONC1 o de T1. Esto obliga a insertar un auxiliar, el verbo *ser*, que permita lexicalizar los rasgos de CONC1 y pueda recibir el rol-T de T1.

[21] Entre los detalles del análisis de Giorgi y Pianesi que omitimos en este resumen está su propuesta sobre cómo derivar las diferencias que se observan en la interpretación de las formas verbales en las diferentes lenguas.

tienen también una representación sintáctica en la estructura de la oración.

13.3.3.1. El modelo de Zagona[22]

A finales de la década de los ochenta, Karen Zagona formula una propuesta que ha tenido un gran impacto en la manera en que analizamos la estructura temporal hoy en día (Zagona 1988, 1989, 1990, 1992, 1993, 2007…). En los análisis que hemos resumido hasta ahora, los Tiempos se conciben como una relación entre tres puntos temporales primitivos. Lo que propone Zagona es que estos puntos/intervalos temporales tienen representación sintáctica. De modo más específico, Zagona propone que las oraciones expresan una estructura argumental temporal. Los puntos/intervalos temporales que relacionan los Tiempos se corresponden en la estructura sintáctica con los argumentos temporales subcategorizados por la Flexión (Flex). Desde esta perspectiva, la Flexión (T) tiene una estructura argumental y asigna dos papeles temáticos (que se representan mediante un índice): el rol E a su complemento (el SV), y el rol S a su argumento externo. Este argumento externo se generaría en el especificador de Flex (T) y se movería más tarde al especificador de Comp. Consideremos, por ejemplo, una oración como *Juan cantó*. Su interpretación temporal sería la de: E__S. La representación sintáctica de esta oración (dejando a un lado detalles irrelevantes para el análisis, como posibles sintagmas de concordancia intermedios) sería la de (43).

(43) $[_{SCOMP} ARG_i COMP [_{SFLEX} SN [_{FLEX'} FLEX [ARG_j (= VP)]]]]$ $_i$= rol S; $_j$= rol E

La estructura de las oraciones con aspecto Perfecto sería algo más compleja. La estructura que se propone para estos casos incluye un SV adicional, el que corresponde al verbo auxiliar. En este caso, Flex (T) asignaría el rol temporal R al SV encabezado por el verbo auxiliar, y este verbo auxiliar asignaría el rol temporal E al SV encabezado por el verbo de la oración[23].

(44) $[_{SCOMP} ARG_i COMP [_{SFLEX} SN [_{FLEX'} FLEX [ARG_j (= VP_{AUX}) FLEX [ARG_k (= VP)]]]]]$
$_i$= rol S; $_j$= rol R; $_k$= rol E

Zagona propone, además, que el conjunto de interpretaciones temporales de los tiempos simples se deriva no solo de esta estructura temporal, sino de las relaciones de correferencia y referencia disjunta en la que participan los argumentos temporales de la oración. Ilustramos cómo funciona su sistema con algunos ejemplos. Consideremos prime-

---

[22] Por razones de espacio no podemos resumir la teoría de la estructura y del anclaje temporal de Enç (1987).

[23] Zagona defiende que la relación entre *haber* y el participio es aspectual y no temporal. Para una discusión sobre las diferencias entre este sistema y el de Hornstein en relación con los tiempos perfectos, véase Zagona 1991.

ro el caso en que la Flex (T) tiene el rasgo [+Pasado], como en *Juan comió una manzana*. Este rasgo implica una relación de precedencia entre el argumento temporal interno (E) y S. Por lo tanto, este argumento no puede ser interpretado en una relación anafórica con S. Esto le lleva a concluir que el argumento temporal del [+Pasado] está sujeto al Principio C de la Teoría del Ligamiento (véase capítulo 12 de este volumen), como se refleja en (45a)[24]. Veamos qué ocurre cuando Flex es [–Pasado]. En el caso del [–Pasado], su interpretación no está especificada, y puede recibir cualquiera de las interpretaciones en (45b-d), dependiendo de las condiciones sintácticas de la estructura dada.

(45) a. [+Pasado] = [–Anafórico], [–Pronominal]   *María cantó.*

   b. [–Pasado] = [–Anafórico], [+Pronominal]   *María canta (siempre)/ Mary (always) sings.*

   c. [–Pasado] = [+Anafórico], [–Pronominal]   *María canta ahora/*Mary sings right now.*

   d. [–Pasado] = [–Anafórico], [–Pronominal]   i) *María canta mañana/ Mary sings tomorrow.*
   ii) *¿Qué sabe hacer? Ella canta/She sings.*

Comencemos por la lectura de (45c): *María canta ahora/*Mary sings right now*. Esta interpretación del presente simple, en la que el evento se solapa con el momento del habla, es posible con el presente simple en castellano pero imposible en inglés. ¿A qué se debe esta asimetría? Esta lectura se correspondería con el caso en el que el evento tiene una interpretación anafórica con respecto a S. Asumiendo que la anáfora tiene que estar ligada en el mismo dominio en el que está contenido su antecedente, esta autora propone que la diferencia entre las dos lenguas vendría dada por el hecho de que el ascenso del verbo a Flexión en castellano coloca el verbo (núcleo del sintagma al que se asigna el papel E) en una posición lo suficientemente cercana a su antecedente (S) como para legitimar la interpretación anafórica. Esta interpretación no es posible en inglés, porque, como es conocido, el verbo no sube a Flex en esta lengua, lo que impide que esté lo suficientemente cerca de su antecedente para poder quedar ligado en el mismo dominio de este. Las diferencias interpretativas en las formas de presente simple entre ambas lenguas se reducen, desde esta perspectiva, a una diferencia en la posibilidad de ascenso de v a FLEX. El contraste del presente simple con las formas del presente progresivo (como *Juan está cantando* o *John is singing*), que admiten la interpretación en la que el evento es simultáneo con el momento del habla (S) en ambas lenguas, se derivaría, según Zagona, del hecho de que, en este caso, el verbo sube a FLEX en las dos lenguas (recordemos que los verbos auxiliares suben a FLEX en inglés),

---

[24] Zagona (1989) asume que el pasado imperfecto *(cantaba)* satisface también el Principio C, pero parece comportarse como un indefinido que quizá esté sometido a una operación de ascenso del cuantificador en Forma Lógica, adjuntándose a SFlex.

lo que permite la interpretación anafórica del SV (al que se le ha asignado el rol temporal E).

Consideremos ahora (45b). Zagona propone que las lecturas genéricas (habituales) y deónticas del presente en (45b) *(María canta (siempre)/Mary (always) sings)* se derivarían del Principio B de la Teoría del Ligamiento: cuando el evento tiene una interpretación pronominal, se puede referir a cualquier tiempo, pero no puede referirse a S (o tendría una interpretación anafórica)[25]. Finalmente, consideremos (45d). Su interpretación sería la que correspondería a una oración como *María canta mañana/Mary sings tomorrow,* donde la interpretación de "futuro" vendría dada por el hecho de que el argumento interno está ligado-A' por un elemento modal de la oración o por un adverbio de futuro. Al estar ligado desde una posición A' (ligado-A'), el evento se interpreta como una variable, con los rasgos que se especifican en (45d). Las lecturas modales deónticas de los presentes *(¿Qué sabe hacer? Canta/ What can she do? She sings),* donde no se asevera un evento sino la habilidad del sujeto de llevar a cabo dicha actividad, se analizarían del mismo modo.

En resumen, Zagona propone que la estructura argumental del Tiempo tiene un reflejo sintáctico: los argumentos temporales ocupan un lugar en la estructura de la oración. Más aún, pueden entrar en las mismas relaciones de referencia que los argumentos nominales. Finalmente, se propone que las propiedades sintácticas de las lenguas (por ejemplo, la posibilidad o imposibilidad del ascenso de v a FLEX) pueden afectar la interpretación de una forma temporal dada. Al igual que los modelos anteriores, la propuesta de Zagona ofrece una hipótesis restrictiva de los sistemas temporales posibles (con tres primitivos temporales S, R y E), que, combinada con la Teoría del Ligamiento, la sintaxis y las propiedades sintácticas específicas de las lenguas, restringe el conjunto de los sistemas temporales posibles, así como la interpretación posible de las formas de cada sistema. También merece la pena subrayar que esta teoría nos ayuda a explicar cómo se produce la adquisición del sistema temporal de la lengua materna por parte del niño. Como punto final de esta sección nos gustaría enfatizar el esfuerzo que Zagona lleva a cabo para poder derivar la gramática del Tiempo de principios que se requieren independientemente en la gramática.

13.3.3.2. El modelo de Stowell

Este mismo objetivo es el que lleva a Stowell a diseñar una extensión del modelo de Zagona en la que muchos de los aspectos centrales de la semántica del Tiempo vienen determinados por principios teóricos mo-

---

[25] Cuando el argumento que se interpreta como un pronominal (el SV con el rol E) se predica del S (del AHORA), se produciría la interpretación asociada con la lectura genérica del presente. Cuando se predica internamente del sujeto nominal, se derivaría la lectura asociada con la lectura deóntica.

tivados independientemente (Stowell 1993, 1995, 2007). Siguiendo a Zagona, Stowell defiende que los tiempos tienen una estructura argumental. El Tiempo es un predicado diádico: toma dos argumentos temporales que denotan un intervalo temporal. Su argumento interno es el denominado Tiempo del Evento (T-EV). Su argumento externo denota un tiempo que funciona como un tiempo de referencia. Dicho argumento externo no tiene representación fonológica (es un argumento encubierto) y en las oraciones matrices se identifica con el Tiempo del Habla (el punto S de los modelos anteriores). Dado que estos argumentos hacen referencia a intervalos temporales, Stowell los denomina *Sintagmas Zeit* (SZeit). Stowell se diferencia, sin embargo, de Zagona en su definición de la naturaleza del Tiempo: a diferencia de esta considera que el Tiempo es un predicado de orden que impone un orden temporal entre sus dos argumentos. En este sentido, el Tiempo es similar a una preposición que ordena sus dos argumentos. Así, por ejemplo, defiende que el Pasado tiene un significado que se puede parafrasear como DESPUÉS *(after):* el Pasado ordena el T-H *después/detrás* del T-EV. El Presente se correspondería con EN/DENTRO *(with(in))* y ordena el T-H *en/dentro* del T-EV. Finalmente, el Futuro se corresponde con ANTES DE *(before)* y ordena el T-H *antes* del T-EV·

Al igual que Zagona, Stowell asume que el argumento externo se proyecta en el especificador del ST y que el argumento interno ocuparía la posición de complemento de T. Sin embargo, propone que la estructura del argumento interno es más compleja que la propuesta por Zagona. Esta hipótesis se sigue del hecho de que, dado que SZeit es una categoría referencial, esperaríamos que tuviera una estructura interna análoga a la de otras categorías referenciales, como la del SDet. Al igual que el SDet está encabezado por Det, el SZeit debería estar encabezado por Z(eit). De la misma manera que Det selecciona como su complemento a SN o a una proyección extendida de SN (como por ejemplo el SNúmero), así Z debería seleccionar como su complemento al SV o a una proyección extendida del SV, tal como una categoría aspectual. Finalmente, Stowell observa que del mismo modo que un SDet puede ser definido o indefinido, un SZeit debería también permitir tanto una interpretación definida como una indefinida, dependiendo de la naturaleza de su núcleo (abriendo también la posibilidad de que pudiera estar encabezado por un cuantificador). La representación básica que Stowell propone para la estructura temporal de la oración es la de (46)[26]:

---

[26] Obsérvese que esta es una característica importante entre los modelos en los que los argumentos temporales son analizados como SDet que denotan intervalos temporales, que no está presente en otros modelos temporales. Así, por ejemplo, en el modelo de Stowell, en las oraciones subordinadas el argumento externo de Tiempo puede ser correferencial con el tiempo del evento de la oración matriz. Con respecto al argumento externo de Tiempo, véanse, entre otros, Hornstein 1990, Stowell 1993, Uribe-Etxebarria 1994, Demirdache y Uribe-Etxebarria 2004, 2005, 2007, 2013, y referencias allí citadas. Stowell no discute en detalle el Aspecto, aunque en algunos de sus trabajos analiza oraciones con el aspecto Perfecto, el cual analiza también como un predicado de orden con el significado de DESPUÉS DE.

(46)

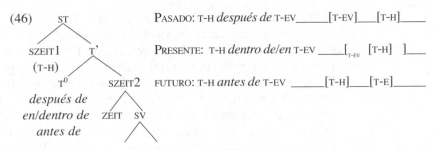

PASADO: T-H *después de* T-EV_____[T-EV]___[T-H]____

PRESENTE: T-H *dentro de/en* T-EV _____[$_{\text{T-EV}}$ [T-H]]___

FUTURO: T-H *antes de* T-EV _____[T-H]___[T-E]_____

En resumen, basándose en la propuesta de Zagona, Stowell desarrolla un sistema en el que la estructura argumental del tiempo se proyecta sintácticamente. Los argumentos temporales (SZeit) tienen una estructura interna similar a la de los SDets' y, al igual que estos, pueden
entrar en relaciones referenciales entre ellos[27]. A diferencia de Zagona,
la ordenación entre los argumentos temporales queda directamente al
cargo del núcleo temporal (T), cuyo significado básico sería análogo al de
preposiciones como *antes de, dentro de* o *después de*. Como en el caso
de los trabajos que hemos resumido anteriormente, esta propuesta permite también explicar las cuestiones básicas sobre la adquisición del
sistema temporal por parte del niño.

13.4. Los primitivos de la gramática de las relaciones temporales: el modelo de Demirdache y Uribe-Etxebarria

En las secciones anteriores hemos visto cómo las propuestas de Zagona
y Stowell abren el camino para empezar a representar la estructura argumental del Tiempo en la estructura sintáctica. Sobre esta base, y sobre
el análisis semántico del Tiempo y del Aspecto que ofrece Klein (1995),
Demirdache y Uribe-Etxebarria (en adelante D&UE) desarrollan un
nuevo modelo de la gramática de las relaciones temporales. Su objetivo
es desarrollar una teoría restrictiva de las relaciones temporales que sea
capaz de reducir la gramática del Tiempo, del Aspecto y de los modificadores temporales al mismo conjunto de primitivos universales, tanto
semánticos como sintácticos. La hipótesis de que hay una sola gramática de las relaciones temporales permite a estas autoras derivar composicionalmente la interacción del Tiempo, del Aspecto y de los modificadores temporales de un modo uniforme, dentro de una propuesta que
aspira a tener validez universal, dando cuenta de la amplia variedad tipológica de sistemas temporales que se observa en las lenguas naturales.

---

[27] Conviene destacar que la descomposición interna de los SZeit que propone Stowell abre la
puerta a representar la cuantificación dentro de la interfaz morfosintaxis-semántica de las relaciones temporales. Para un primer intento de desarrollar esta cuestión, véase Demirdache y Uribe-
Etxebarrria 2007.

Dicha teoría se basa en un paralelismo sintáctico y semántico que estas autoras establecen entre el Tiempo y el Aspecto, y que a su vez extienden a los modificadores temporales. De modo más específico, la tesis básica que subyace a este modelo es que el Tiempo, el Aspecto y los adverbios temporales son predicados diádicos que toman argumentos que denotan tiempos, intervalos temporales. Dichos predicados establecen una relación de orden/topológica (precedencia, inclusión, posterioridad) entre sus argumentos. Siguiendo a Hale (1984), D&UE proponen que dichas relaciones de orden se pueden definir semánticamente de un modo más abstracto por medio de la relación de [±coincidencia central (CC)]. Estos predicados ordenan topológicamente sus argumentos temporales al localizar y ordenar uno de ellos, que funciona como una Figura *(Figure)*, con respecto al otro, que funciona como una Base o Fondo *(Ground)*. La relación de [+CC] indica que la localización de la Figura (o su trayectoria) coincide con la Base. En castellano, este tipo de relación se expresa típicamente por medio de preposiciones como *en, sobre* o *a través de,* por ejemplo, o mediante verbos como *estar, andar, estar sentado* o *yacer.* La relación de [–CC], por otro lado, indica que la localización de la Figura (F) (o su trayectoria) no coincide con la Base (B): o bien la Figura está delante de (o se dirige a) la Base –lo que define una relación de [–CC, +Centrípeta]–, o bien la Figura está detrás de (o procede de) la Base –lo que se corresponde con la relación de [–CC, +Centrífuga]–. *Hacia, a, delante de* o *ir (a)* son predicados que expresan una relación de [–CC, +Centrípeta]. *Desde, detrás de, después de* o verbos como *venir de, arrojar fuera,* etc., son ejemplos ilustrativos de la relación de [–CC, +Centrífuga]. Las diferentes relaciones topológicas básicas a las que acabamos de aludir quedan ilustradas en (47).

(47) a. [–CC, +Centrífuga]: F *detrás de* B

$$\begin{array}{cc} B & F \\ -[---]-[---]-> \end{array}$$

b. [+CC]: F *dentro de/en* B

$$\begin{array}{c} F \\ -[--[---]--]-> \\ B \end{array}$$

c. [–CC, +Centrípeta]: F *delante de* B

$$\begin{array}{cc} F & B \\ -[---]-[---]-> \end{array}$$

D&UE defienden que estos predicados, así como sus argumentos temporales, se proyectan de un modo uniforme en la sintaxis dando lugar a proyecciones máximas. Como Stowell (1993), nos referiremos a los argumentos temporales que seleccionan estos predicados espaciotemporales (es decir, a los SDets que denotan tiempos o intervalos temporales) como Sintagmas Zeit (SZeit). A continuación exponemos brevemente los aspectos básicos de esta teoría.

13.4.1. *Los predicados de orden espaciotemporal: paralelismo semántico*

13.4.1.1. El Aspecto

Siguiendo a Smith (1991), D&UE defienden que la función del Aspecto (externo) (el llamado *viewpoint aspect*) es focalizar un subintervalo del contorno temporal del evento que se describe por medio de la oración. Pero, ¿cómo puede el Aspecto focalizar un intervalo temporal dentro del intervalo que define el evento descrito (es decir, dentro del Tiempo del Evento)? Porque, como hemos avanzado antes, el Aspecto es un predicado espaciotemporal –con un significado (abstracto) similar al de *detrás de/después, dentro de/en* o *delante de/antes de*–; este predicado ordena dos intervalos temporales (dos SZeits): el Tiempo del Evento (T-EV) y el denominado Tiempo de la Aserción (T-ASC), que se define como el tiempo al cual se confina la aserción de una oración, el tiempo sobre el cual el hablante realiza una afirmación[28].

Las relaciones de orden básicas a que da lugar el Aspecto son las de posterioridad, precedencia o inclusión (Klein 1995). La relación de *posterioridad* da lugar al aspecto Perfecto, denominado también aspecto Retrospectivo. Esto ocurre cuando el Aspecto (ASP°) ordena el T-ASC *detrás de/después* del T-EV, como se ilustra en (48a); el evento descrito se contempla así como completado antes de un tiempo de referencia (el T-ASC). La relación de *inclusión* da lugar al aspecto Progresivo: el ASP° ordena el T-ASC *dentro de/en* el T-EV, como en (48b), focalizando un intervalo del T-EV que no incluye ni su límite inicial ni su límite final; como consecuencia de esto, se contempla el evento descrito como si este no estuviera delimitado, como si estuviera ocurriendo o teniendo lugar durante el intervalo correspondiente a un tiempo de referencia (que se corresponde con el T-ASC). Finalmente, la relación de *precedencia* da origen al aspecto Prospectivo: ASP° ordena el T-ASC *delante de/antes de* el T-EV, como se recoge en (48c), por lo que el evento descrito se ve como futuro en relación a un tiempo de referencia (el T-ASC).

(48) a. *Retrospectivo* o *Perfecto*
      (T-ASC *después/detrás de* T-EV)

      $\quad$ T-EV $\qquad$ T-ASC
      —[— — —]—[— — —]—>

   b. *Progresivo*
      (T-ASC *dentro de/en* T-EV)

      $\qquad$ T-ASC
      —[— —[— — —]— —]—>
      $\quad$ T-EV

---

[28] Klein (1995), de quien tomamos la noción de Tiempo de la Aserción *(Assertion Time)*, define él mismo del siguiente modo: "The Assertion Time is the time for which an assertion is made or to which the assertion is confined, for which the speaker makes a statement".

c. *Prospectivo* T-EV
(T-ASC *antes/delante de* T-EV)

T-ASC   T-EV
$-[---]-[---]->$

13.4.1.2. El Tiempo

Al igual que el Aspecto, el Tiempo también es un predicado espacio-temporal diádico; sus dos argumentos temporales (los dos SZeit que ordena) son el T-ASC y otro intervalo temporal, un tiempo de referencia que en las oraciones matrices se identifica típicamente con el Tiempo o Momento del Habla (T-H) (Klein 1995). Como en el caso del Aspecto, la relación de orden que establece el Tiempo (T°) puede ser de posterioridad, de precedencia o de inclusión. La relación de *posterioridad,* en la que, como se representa en (49a), el T° ordena el T-H *después/detrás* del T-ASC, da cuenta del tiempo Pasado. La relación de *inclusión,* por medio de la cual T° ordena el T-H *dentro de* el T-ASC, da origen al tiempo Presente, que ilustramos en (49b). Finalmente, la relación de *precedencia,* donde T° ordena el T-H *antes del* T-ASC, da lugar al tiempo Futuro, cuyo esquema temporal representamos en (49c).

(49) a. *Pasado*
T-H *después/detrás de* AST-T

T-ASC   T-REF/T-H
$-[---]-[----]->$

b. *Presente*
T-H *dentro de* T-ASC

T-REF/T-H
$-[--[----]--]->$
T-ASC

c. *Futuro*
T-H *antes/delante de* T-ASC

REF/T-H   T-ASC
$-[----]-[---]->$

13.4.1.3. Los modificadores temporales

Como en el caso del Tiempo y del Aspecto, los adverbios/modificadores temporales se analizan también de modo uniforme como predicados espaciotemporales –esto es, como Sintagmas Preposicionales (SPs) cuyo núcleo es un predicado espaciotemporal con el significado de *después/ detrás de, dentro de/en* o *antes/delante de*–. Estos adverbios sirven para modificar, para restringir, la referencia temporal del T-EV o del T-ASC. Esta modificación se logra mediante la relación topológica, de orden, que establece el núcleo temporal entre su argumento externo (el T-EV/T-ASC) y el tiempo designado por su argumento interno –por ejemplo, en el caso de (50), por *1962*–. La relación de orden que se establece entre estos argumentos puede ser una vez más de posterioridad, de precedencia o de inclusión, como se ilustra en (50).

(50) a. T-ASC *después/detrás de* 1962

$$1962 \qquad \text{T -ASC}$$
$$-[---]-[---]->$$

b. T-ASC *dentro de/en* 1962

$$\text{T -ASC}$$
$$-[--[---]--]->$$
$$1962$$

c. T-ASC *antes/delante de* 1962

$$\text{T -ASC} \qquad 1962$$
$$-[---]-[--]->$$

Esta propuesta da lugar a la siguiente tipología de predicados espaciotemporales.

(51)

	DESPUÉS/DETRÁS (DE) *Posterioridad* [–CC, +Centrífuga]	EN/DENTRO (DE) *Inclusión* [+CC]	ANTES/DELANTE (DE) *Precedencia* [–CC, +Centrípeta]
Tiempo	Pasado	Presente	Futuro
Aspecto	Perfecto/Retrospectivo	Progresivo	Prospectivo
Adverbios de localización	*después de* SDET / SCOMP	*en, durante* SDET / *cuando* SCOMP	*antes de* SDET / SCOMP
Adverbios de duración	*Desde* SDET /SCOMP	*durante* SDET / *mientras* SCOMP	*hasta* SDET / SCOMP

13.4.2. *Los predicados de orden espaciotemporal: paralelismo sintáctico*

D&UE proponen una representación estructural uniforme para el Tiempo, el Aspecto y los modificadores temporales que capta el paralelismo semántico que estas autoras establecen entre dichos predicados espaciotemporales. De modo más específico, D&UE extienden las propuestas de Zagona (1990) y Stowell (1993), y defienden que estos predicados temporales son núcleos sintácticos; estos núcleos proyectan su estructura argumental temporal (los SZeit a los que hemos aludido en la sección anterior: T-EV, T-ASC y T-H) en la sintaxis, dando lugar a proyecciones máximas. En estas estructuras, los núcleos T°, ASP° y P° establecen cada uno una relación de orden entre sus dos argumentos temporales: un tiempo/intervalo temporal (un SZeit) que se proyecta como argumento en la posición de especificador (superior) del núcleo dado, y un tiempo/intervalo temporal (SZeit) que se proyecta en su abarque más inmediato. Como se refleja en (52a-c), esta hipótesis da lugar a una representación estructural isomórfica para el Tiempo, el Aspecto y los modificadores temporales.

(52) *La sintaxis de las relaciones temporales*
    a. *Sintaxis de Tiempo*

    b. Sintaxis de Aspecto

    c. Sintaxis de los adverbios temporales

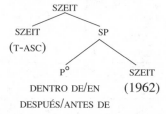

La estructura sintáctica que surge de combinar el ST y el SASP se representa en (53). (Por cuestiones de presentación, de momento omitimos la estructura de los modificadores temporales, cuestión a la que volveremos en más detalle más adelante.) En (53), el argumento externo de Aspecto (ASP°) es un tiempo de referencia (el T-ASC), y su argumento interno es el tiempo del evento denotado por el SV (el T-EV). El argumento externo de Tiempo (T°) es un tiempo de referencia (T-H), y su argumento interno es el T-ASC[29].

(53)

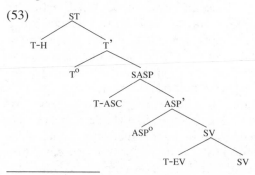

---

[29] Si asumimos que la estructura sintáctica es binaria, la estructura de (53) explicaría por qué los puntos o intervalos temporales solo se relacionan de dos en dos. Véase la discusión en la sección 3.1.4.

En las siguientes subsecciones ilustramos brevemente cómo deriva este sistema la interacción entre el Tiempo y el Aspecto y la interfaz sintaxis-semántica de algunas de las formas temporales básicas[30].

13.4.3. *La interfaz morfosintaxis-semántica de las formas temporales básicas*

13.4.3.1. El Progresivo

Como el lector recordará, D&UE analizan el Progresivo como un predicado espaciotemporal con un significado básico de EN/DENTRO DE. En (55) ilustramos la estructura que corresponde a una oración con aspecto Progresivo y con tiempo Pasado$_{\text{DESPUÉS DE}}$, Presente$_{\text{EN/DENTRO DE}}$ y Futuro$_{\text{ANTES DE}}$.

(54) a. John is building a house.
 b. John was building a house.
 c. John will be building a house.

(55) a. *Presente Progresivo*

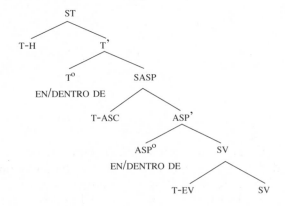

---

[30] Como hemos mencionado en la sección 1, existen lenguas que carecen de marcas de tiempo (véanse Smith 2008 y Ritter y Wiltschko 2005b, 2009, entre otros trabajos recientes). Ritter y Wiltschko (2009) proponen que esto se deriva del hecho de que los rasgos de la Flexión pueden variar de lengua a lengua. Así, por ejemplo, en el caso del inglés se corresponderían con TIEMPO, en el caso del halkomelem con LOCALIZACIÓN y en blackfoot con PERSONA, resultando en diferentes variedades de la categoría FLEXIÓN. Véanse dichos trabajos, así como Ritter y Wiltschko 2014, para una extensión del sistema de Demirdache y Uribe-Etxebarria (1997a, b, 2000) que estamos resumiendo en este trabajo, que es capaz de dar cuenta de esta variación. Para el estudio de la estrategia que presentan algunas lenguas por la que la interpretación temporal de una oración viene determinada por el uso de marcas temporales en los sintagmas nominales, como es el caso del somalí o de las lenguas salíceas, veánse, entre otros, Lecarme 1996, 2008, y Demirdache 1997a, b.

b. *Pasado Progresivo*

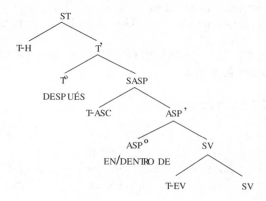

c. *Futuro Progresivo*

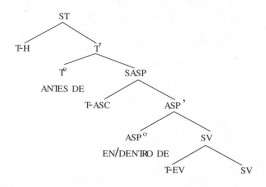

Comencemos con la oración en Presente Progresivo y veamos cómo deriva esta estructura la interpretación temporal de la misma. En (54a-55a), el Aspecto Progresivo ordena el T-ASC EN/DENTRO DE el T-EV. Selecciona así un tiempo dentro del intervalo definido por el T-EV, como se ilustra en el esquema temporal en (56a). El Tiempo Presente ordena a su vez el T-H EN/DENTRO DE el T-ASC, como se muestra en (56b). Así, (56a) focaliza un subintervalo del T-EV (el T-ASC) en el que está contenido el T-H, dando lugar a la lectura temporal propia de la combinación aspecto-temporal de (54a).

(56) a.
```
        T-EV
 ──[─────── [───────]─────]──>
          T-ASC
```

b.
```
                T-H
 ───────[─────────|────────]───────>
     T-ASC
```

La oración en Pasado Progresivo en (54b-55b) tiene exactamente la misma estructura sintáctica, excepto por el hecho de que ahora el Tiempo es el predicado espaciotemporal DESPUÉS DE. Como en (54a-55a), en (54b-55b) el Progresivo ordena el T-ASC *en/dentro de* el T-EV, como se representa en (57a). El Pasado a su vez ordena el T-H *después de* T-ASC, como se ilustra en (57b).

(57) a.
$$\overset{\text{T-EV}}{-[---[---]--]->}$$
$$\underset{\text{T-ASC}}{}$$

b.
$$\overset{\text{T-H}}{--[----]---|-->}$$
$$\underset{\text{T-ASC}}{}$$

Obsérvese que, como el T-ASC denota una subparte propia del T-EV, que no incluye ni su margen inicial ni su margen final, T^o_{PASADO} ordena el T-H *después* de un *subintervalo* del T-EV (= T-ASC). En consecuencia, el T-H se ordena respecto al T-ASC, pero no queda ordenado respecto al margen final del evento. Por lo tanto, aun cuando la oración en (54b-55b) tenga un tiempo Pasado, esta oración es compatible tanto con una lectura en la que el evento descrito puede haber culminado antes del T-H (58a), como con una lectura en la que el evento descrito aún no ha finalizado, como se representa de manera esquemática en (58b). Esto capta correctamente la interpretación de dicho tipo de oraciones, puesto que el ejemplo de (54b) admite tanto la continuación en (59a), compatible con el esquema en (58a), como la de (59b), correspondiente al esquema de (58b).

(58) a.
$$\overset{\text{T-EV}}{-[---}\ \overset{}{[---]--]}\ \overset{\text{T-H}}{--|--->}$$
$$\underset{\text{T-ASC}}{}$$

b.
$$\overset{\text{T-EV}}{-[---[---]}\ \overset{\text{T-H}}{----|---(])--->}$$
$$\underset{\text{T-ASC}}{}$$

(59) a'. John was building a house and he has already finished.
b'. John was building a house but he hasn't finished yet.

Consideremos finalmente la interpretación temporal del ejemplo en futuro progresivo, en (54c/55c). La estructura de esta oración es exactamente igual a la de los dos casos anteriores, excepto por el hecho de que ahora el núcleo Tiempo$_{FUTURO}$ se corresponde con el predicado espaciotemporal ANTES DE. Como en los dos casos anteriores, el Progresivo ordena el T-ASC *en/dentro de* el T-EV, como en (60).

(60)
$$\overset{\text{T-EV}}{-[---\ [---]--]->}$$
$$\underset{\text{T-ASC}}{}$$

A su vez, el Futuro ordena el T-H *antes/delante de* el T-ASC. Obsérvese sin embargo que, aunque el T-H se ordena respecto al T-ASC, no queda ordenado respecto al margen inicial del evento. Esto se sigue del hecho de que, con el Aspecto Progresivo, el T-ASC denota una parte del T-EV que no incluye ni su margen inicial ni su margen final. Consecuentemente, esto es compatible con una situación en la que el evento descrito podría haber comenzado antes del T-H, o podría no haberlo hecho todavía, como se representa de manera esquemática en (61a) y (61b), respectivamente.

$$(61)\ \text{a.}\quad \overset{\text{T-EV}}{-[-----}|\overset{\text{T-H}}{--}\ [---]----> $$
$$\underset{\text{T-ASC}}{}$$

$$(61)\ \text{a.} \quad -[-----|-- [---]---->$$

b.
$$-----|---[---- [---]----->$$

Esto da cuenta correctamente de la interpretación de estos ejemplos, que es compatible con ambas lecturas: i) *El año que viene John estará construyendo la casa, de hecho ya ha empezado a construirla;* ii) *Todavía no ha comenzado, pero el año que viene John estará ya construyendo la casa.*

13.4.3.2. El Perfecto

D&UE analizan el Perfecto como un predicado espaciotemporal con el significado de DESPUÉS DE/DETRÁS. En (70) hemos representado la estructura que correspondería a las oraciones con aspecto Perfecto y tiempo Pasado$_{\text{DESPUÉS DE/DETRÁS}}$, Presente$_{\text{EN/DENTRO DE}}$ y Futuro$_{\text{ANTES DE}}$, respectivamente.

(62) a. Lur had built a house.
     'Lur había construido una casa.'

    b. Lur has built a house.
       'Lur ha construido una casa.'

    c. Lur will have built a house
      'Lur habrá construido una casa.'

(63) a. *Pasado Perfecto*

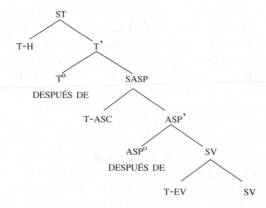

b. Presente Perfecto

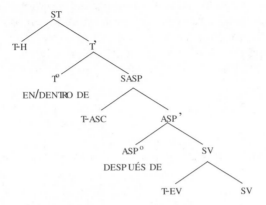

c. Futuro Perfecto

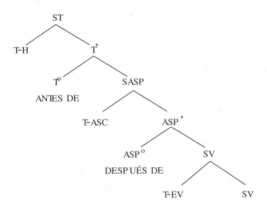

Veamos cómo derivamos la interpretación temporal de estas estructuras. Como podemos observar, en los tres casos (63a-c) el nudo Aspecto está encabezado por el predicado espaciotemporal que corresponde con la interpretación del Perfecto: DESPUÉS DE/DETRÁS DE. El Aspecto Perfecto, por lo tanto, ordena el T-ASC *después/detrás de* el T-EV, seleccionando un tiempo *posterior* al intervalo definido por el T-EV .

$$(64) \ \overset{\text{T-EV}}{—[———]}\overset{\text{T-ASC}}{—[——]}—>$$

Lo que distingue estas tres formas en (62a-c) y sus correspondientes estructuras en (63a-c) es la especificación temporal de las mismas. (62a/63a) tiene tiempo Pasado, (62b/63b) Presente y (62c/63c) Futuro. Estas diferencias se captan asignando distintos predicados espaciotemporales al nudo T°: DESPUÉS DE/DETRÁS DE al Tiempo Pasado en (63a), EN/DENTRO DE al Tiempo Presente en (63b) y ANTES/DELANTE DE al Tiempo Futuro en (63c). El Pasado en (63a) ordena el T-H *después de* el T-ASC. Puesto que el T-H se ordena *después del* T-ASC, que a su vez está ordenado *después de* el T-EV (64), el evento de construir en (63a) se interpreta como completado con anterioridad a una referencia temporal pasada (nuestro T-ASC), como se representa en (65a). A su vez, el Presente en (62b/63b) ordena el T-H *en/dentro de* el T-ASC. En consecuencia, como se ilustra en el esquema temporal en (65b), en (62b/63b) el evento de construir se interpreta como completado con anterioridad a un tiempo de referencia, el T-ASC (que, al contener el T-H, se interpreta como un tiempo de referencia presente).

$$
\begin{array}{ccc}
\text{T-EV} & \text{T-ASC} & \text{T-H} \\
\end{array}
$$

(65) a. —[————] [———]———|———]—>

$$
\begin{array}{cc}
\text{T-EV} & \text{T-H} \\
\end{array}
$$

b. —[————]—[—————|———]——>

$$
\text{T-ASC}
$$

Finalmente, veamos cuál es la interpretación que se deriva de la estructura temporal de (62c/63c). Al igual que en los dos casos anteriores, el Perfecto ordena el T-EV DESPUÉS DE el T-ASC (véase (64)). En (63c), el núcleo T°$_{\text{FUTURO}}$ se corresponde con el predicado ANTES DE, ordenando el T-H ANTES DE el T-ASC. Obsérvese que cualquiera de los siguientes esquemas temporales es compatible con esta ordenación entre los argumentos temporales de (63c).

$$
\begin{array}{ccc}
\text{T-H} & \text{T-EV} & \text{T-ASC} \\
\end{array}
$$

(66) a. ——|——[———] [———]———>

$$
\text{T-H}
$$

b. —[————|———]—[———]——>

$$
\begin{array}{cc}
\text{T-EV} & \text{T-ASC} \\
\end{array}
$$

En ambos casos, el T-ASC se ordena *después de* el T-EV, localizándose en el futuro respecto al momento del habla (T-H). Esto es compatible tanto con el esquema temporal en (66a), en el que el evento todavía no ha empezado (*No hay que preocuparse, Juan habrá construido la casa para el año que viene aunque todavía no ha comenzado*), como con el esquema temporal en (66b), que se corresponde con una lectura en la que el evento ya ha comenzado pero no ha culminado (*No hay que preocuparse, Juan habrá construido la casa para el año que viene, de hecho ya ha comenzado a construirla*). Este análisis da cuenta correctamente de las posibles interpretaciones que presenta este tipo de oraciones.

El análisis del Perfecto que hemos ofrecido capta la idea, presente desde la propuesta de Reichenbach, de que el Perfecto actúa como un Tiempo Pasado: localiza el T-EV en el pasado con respecto a un tiempo de referencia (nuestro T-ASC) al ordenar el T-ASC *después de/detrás de* el T-EV. Este análisis deriva el punto de vista aspectual del Perfecto: como el T-ASC se ordena *después de* el T-EV, el evento se presenta como completado sin tener que recurrir a rasgos como ±completado, ±perfectivo, ±terminado. El evento se ve como completado porque el Perfecto ordena un tiempo de referencia (nuestro T-AST) *después de* el

T-EV y, por lo tanto, después del tiempo que define el límite final del evento[31].

13.4.3.3. El Prospectivo

Existen muchas lenguas en las que, o bien no existe un tiempo futuro, o bien se apela a otros medios que no implican el uso del tiempo Futuro para localizar un evento con posterioridad al tiempo del habla (T-H). En (67a-c) hemos ilustrado una de estas estrategias, el uso del Aspecto Prospectivo, en castellano, francés y euskara.

(67) a. Amina va a estudiar en París.

     b. Zazie va partir en voyage (la semaine prochaine).

       Zazie va partir en viaje (la semana próxima).

       'Zazie se va de viaje (la semana que viene)/Zazie viajará (la semana que viene).'

     c. Kafe bat hartze-ra   noa.

       café det tomar-alativo voy

       'Voy a tomar un café.'

Si bien en (67a-c) las formas verbales están conjugadas en tiempo presente, el evento se interpreta en todos estos ejemplos como localizado en el futuro. ¿Cómo se logra ubicar estos eventos (o una subparte de los mismos) en el futuro respecto al T-H en estos casos? Observamos que en todos estos ejemplos aparece un verbo de movimiento, el verbo *ir*, que se combina con una forma no finita del verbo principal que describe el evento al que se refiere la oración (obsérvese que, en los ejemplos castellano de [67a] y vasco de [67c], la forma no finita aparece precedida de pre/posposiciones que sirven para expresar la dirección o punto de destino del movimiento). Bybee *et al.* (1994) mencionan explícitamente que los verbos de movimiento como *ir* son la fuente léxica más prominente en la formación de lo que ellos denominan futuros primarios. Con los verbos de movimiento, la ubicación de la Figura (F) se define por su trayectoria y se concibe, bien como acabando, bien como comenzando en la Base (B). Los verbos *ir/aller/joan* son verbos de movimiento centrípeto: indican que la Figura se desplaza hacia la Base. Los verbos que indican 'movimiento hacia' se usan típicamente en muchas lenguas para expresar el aspecto Prospectivo porque indican coincidencia no central centrípeta, bien sea en el ámbito espacial, bien en el temporal. Cuando se usa en el ámbito temporal, estos verbos especifican que la ubicación de la Figura (el T-ASC) acaba ANTES DE/EN la Base (el T-EV) –dando lugar a la interpretación de Aspecto Prospectivo, como se ilustra en (68).

---

[31] Remitimos al lector a D&UE 2002, para una explicación detallada de cómo el análisis que hemos resumido en el texto puede dar cuenta de las diferentes lecturas a las que el Perfecto puede dar lugar (lectura existencial, continuativa y resultativa).

(68) [Coincidencia – Central + Centrípeta] : Figura está DELANTE DE/ANTES DE Base.

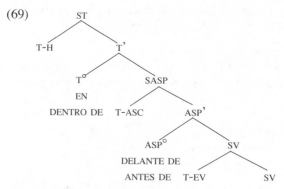

La estructura temporal que corresponde a los ejemplos de (67) es la de (69).

(69)

El núcleo aspectual *ir/aller/joan,* siendo un predicado de coincidencia no central centrípeta, ubica al T-ASC *delante de* el T-EV, como en (70a). A su vez, el Tiempo Presente (que es un predicado de coincidencia central) localiza el T-H *dentro de* el T-ASC, como se ilustra en (70b). Esto deriva de modo inmediato la interpretación de los ejemplos en (67). Estos ejemplos tienen una lectura de futuro porque, tal como se refleja en el esquema temporal de (70b), el evento se localiza después del T-H. La relevancia en el presente que se suele atribuir a este tipo de ejemplos (Smith 1991) se deriva del hecho de que el intervalo para el cual se realiza una aserción (el T-ASC) es un intervalo que contiene al T-H.

(70) (a) -------[----------][----------]----->
         T-ASC   T-EV

        T-H
(b)------[---------|-------][----------]----->
     T-ASC   T-EV

Para finalizar, obsérvese que la interpretación futura con verbos de movimiento solamente ocurre cuando estos verbos expresan movimiento *centrípeto* –es decir, cuando la trayectoria de la Figura se percibe como dirigiéndose hacia/acabando en la Base–. Bybee *et al.* (1994) enfatizan explícitamente este hecho: "[...] simple movement does not evolve into future. To derive future there must be an allative component, 'movement toward', either inherent in the semantics of the verb or explicit in the construction [...] the source meaning for movement future is that 'the agent is on a path moving towards a goal'". Esta diferencia en la interpretación de verbos de movimiento con función aspectual como *ir* o *andar* se observa claramente en castellano y en euskara.

(71) a. Amina va a estudiar francés en París.
  b. Amina anda estudiando francés en París.
  c. Alaia   kotxea   konpontzera   doa .
   Alaia-Abs coche-Abs arreglar-ALLAT va
   'Alaia va a arreglar el coche.'
  d. Alaia   kotxea   konpontze-n dabil.
   Alaia-Abs coche-Abs arreglar-INESIV anda
   'Alaia anda arreglando el coche.'

Mientras que, como hemos visto, *ir* es un verbo de coincidencia no central centrípeta, lo que permite una interpretación de valor futuro, *andar* en un predicado de coincidencia central (la ubicación o trayectoria de la Figura coincide con la Base); no es un predicado centrípeto (no tiene un punto de destino). Esto hace que su interpretación se corresponda con valores aspectuales típicos de coincidencia central (valores continuativos, progresivos, etc.), pero no con valor futuro.

13.4.3.4. El punto de vista aspectual de los tiempos simples: el Perfectivo o el Aspecto Neutro

Una de las bases de la propuesta de D&UE es que los predicados espaciotemporales (T°, ASP°, el núcleo P° de los modificadores temporales) proyectan sus argumentos en la sintaxis. Si esto es así, afirman estas autoras, la predicción es que dichos argumentos temporales (los SZeits) deberían estar sujetos a los mismos tipos de operaciones que afectan al resto de argumentos nominales (SDet). A continuación presentamos pruebas tanto a favor de la proyección sintáctica de dichos argumentos como a favor de dicho paralelismo. De modo más específico, mostraremos cómo, tal como lo hacen los SDets, también estos argumentos temporales silenciosos (SZeits) pueden entrar en relaciones anafóricas. Esta propuesta nos permitirá derivar el punto de vista aspectual de los tiempos simples, que, como veremos, puede ser perfectivo o neutro. En las siguientes secciones presentaremos evidencia adicional a favor de dicha propuesta al mostrar que los SZeits pueden ser modificados restrictivamente por sintagmas determinantes con referencia temporal (siendo este el papel que ejercen los modificadores temporales).

13.4.3.4.1. Punto de vista Perfectivo

La función del ASP° es especificar de manera explícita la relación que existe entre el tiempo del evento (T-EV) y el tiempo sobre el que se realiza una aserción (T-ASC). Pero, ¿qué ocurre cuando el ASP° no tiene una realización morfofonológica?, ¿cómo se ordenan entonces dichos intervalos temporales? D&U-E proponen que, cuando esto ocurre, la

relación entre el T-ASC y el T-EV se establece vía *anáfora,* bien mediante el *ligamiento* (semántico), bien mediante la *covaluación* (correferencia), que pasamos a explicar a continuación [32].

La diferencia entre ligamiento y covaluación (Reinhart 1997) se
puede ilustrar con las dos relaciones anafóricas de (72) –que, como
veremos ahora, no son equivalentes desde el punto de vista de sus condiciones de verdad–. En la interpretación que se recoge en (72a), *su* y
Ane están covaluadas. La covaluación consiste en la asignación de idénticos valores semánticos (referentes) a dos SDets. En el caso de (72a),
esta lectura implica que nosotros, por ejemplo, no amamos al padre de
Ane. En contraste con esto, en la interpretación correspondiente al ligamiento, *su* se interpreta como una variable ligada, como se representa en (72b). La lectura que se sigue de la resolución de la anáfora vía
ligamiento (semántico) es distinta a la que se obtiene mediante la covaluación: la lectura de (72b) implica que nosotros no amamos a nuestros
respectivos padres.

(72) Sólo Ane ama a su padre.
　　a. *Covaluación*: solo Ane λx [x ama a su padre] & <u>su</u> = <u>Ane</u>
　　b. *Ligamiento:*　solo Ane λx [x ama a x's padre]

Dentro de un modelo como el de D&UE, donde los intervalos temporales son referentes de discurso proyectados en la sintaxis como
SDets/SZeits que denotan tiempo, esperaríamos que –al igual que lo
hacen los SDets que denotan individuos (como en el caso de [72])–
fuera posible que estos SZeits también puedan entrar en relaciones de
anáfora, donde la anáfora se pudiera establecer vía ligamiento (semántico) o covaluación (correferencia).

Consideremos primero el caso de la resolución de la anáfora por
medio de la covaluación. La covaluación entre el T-ASC y el T-EV asegu-
rará que –cuando no hay un aspecto morfofonológicamente realizado
que pueda especificar de modo explícito la relación que existe entre
estos dos intervalos– dichos intervalos acaben ordenados entre sí.

Con el fin de ilustrar esta propuesta con cierto detenimiento, examí-
nemos la derivación de una oración con un tiempo pasado simple, como
el ejemplo de (73). En (73a), T°$_{\text{PASADO}}$ ordena el T-H *después del* T-ASC,
dando lugar a (73b). Siguiendo la propuesta de D&UE, como el núcleo
ASP° carece de contenido morfofonológico, la relación de orden entre

---

[32] Obsérvese que el concepto relevante de ligamiento al que nos referimos en el texto no es
sintáctico (reducido a mando-c y a coindización) sino que se corresponde con el concepto lógico
de ligamiento que, en palabras de Reinhart (1997) "es meramente el procedimiento de cerrar una
propiedad" (formando un conjunto). Bajo la implementación técnica estándar de la abstracción-λ,
esto se lleva a cabo ligando una variable libre a un operador-λ. Para una explicación más extensa
sobre la resolución de la anáfora vía ligamiento (semántico) o vía covaluación, véanse Reinhart
1997 y Heim y Kratzer 1998, entre otros. Remitimos al lector a D&UE 2014, para una explicación
pormenorizada sobre la anáfora temporal.

el T-ASC y el T-EV se establece por medio de la anáfora. En el caso que nos ocupa en (73a), la anáfora se corresponde con la covaluación/correferencia. La correferencia da lugar a una relación de orden de coincidencia exhaustiva: el T-ASC y el T-EV son cotemporales, como se recoge en (73c). Ambos denotan el mismo intervalo: el tiempo para el que se realiza una aserción es el tiempo que corresponde al tiempo del evento de ANE LLORAR. El T-EV se ordena así de modo indirecto (vía covaluación) en el pasado respecto al T-H.

(73) *Tiempo Pasado sin aspecto morfológico*

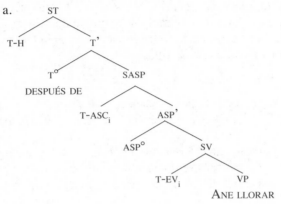

   b. T-H *después de* T-ASC

$$--[-----]---|-->$$
        T-ASC   T-H

   c. *Covaluación*

$$--[------]---|-->$$
   T-ASC = T-EV   T-H

La covaluación explica por qué el evento descrito por el pasado simple se presenta en su totalidad –el llamado Aspecto *Perfectivo* o *Aorístico*–. Se retrata así al evento como incluyendo tanto su margen inicial como final porque el T-ASC es cotemporal con el T-EV.

13.4.3.4.2. El punto de vista Neutro

Laca (2005) muestra que, si bien el pasado simple en francés tiene un punto de vista perfectivo, el presente simple y el futuro son compatibles tanto con un punto de vista Perfectivo como con un punto de vista Imperfectivo, como demuestra la posibilidad de modificación adverbial que observamos en (74-76). Con el punto de vista Perfectivo, la modificación de un verbo de actividad por medio de un modificador temporal de ubicación puntual da lugar a una lectura inceptiva o secuencial (el intervalo que denota el modificador de ubicación puntual coincide con el margen inicial del T-EV). Por el contrario, con el aspecto imperfectivo, la modificación de un verbo de actividad por medio de un modificador temporal de ubicación puntual da lugar a una lectura en la que el evento descrito se interpreta como si estuviera en desarrollo en el T-REF proporcionado por el adverbio (el intervalo denotado por el adverbio puntual coincide centralmente con un subintervalo del T-EV).

(74) *Pasado Simple*

> a. À 1h30, Cécile déjeuna.
> 'A la 1h30, Cécile comió.'
> b. Quand nous arrivâmes à la maison, Maryvonne pleura.
> 'Cuando llegamos a la casa, Maryvonne lloró.'

El pasado simple se comporta tal como esperaríamos: (74a) solo permite una lectura inceptiva y (74b) una lectura secuencial. En contraste con esto, el futuro simple y el presente son ambiguos, permitiendo tanto la lectura inceptiva/secuencial como la lectura en la que el evento descrito está en desarrollo.

(75) *Futuro Simple*

> a. À 1h30, Cécile déjeunera.
> 'A la 1h30, Cécile comerá.'   i. A la 1h30, Cécile empezará a comer.
>   ii. A la 1h30, Cécile estará comiendo.
> b. Quand nous arriverons à la maison, Maryvonne pleurera.
>   Cuando nosotros llegaremos a la casa, Maryvonne llorará
>   Cuando lleguemos a la casa, i. Maryvonne llorará.
>   ii. Maryvonne estará llorando.

(76) *Presente Simple*

> a. À 1h30, Cécile déjeune.
> 'A la 1h30, Cécile come.'   i. A la 1h30, Cécile empieza a comer.
>   ii. A la 1h30, Cécile está comiendo.
> b. Quand nous arrivons à la maison, Maryvonne pleure.
> 'Cuando llegamos a la casa, Maryvonne llora.'
>   Cuando llegamos a la casa, i. Maryvonne empieza a llorar.
>   ii. Maryvonne está llorando.

El siguiente ejemplo, que tomamos de Demirdache (2003), confirma la generalización de que el futuro simple en francés permite lecturas imperfectivas.

(77) À midi, Zoé marchera depuis vingt minutes.
> *'Al mediodía, Zoé caminará desde hace 20 minutos.'
> (A mediodía, Zoé habrá estado caminando durante 20 minutos.)

Laca concluye que el Presente y el Futuro Simples en francés tienen un punto de vista aspectual *Neutro* (en el sentido de Smith 1991): son compatibles tanto con el punto de vista perfectivo como con el imperfectivo. El reto al que D&UE han de hacer frente es el de cómo incorporar formalmente el aspecto Neutro dentro de su modelo.

   Para dar cuenta del punto de vista Neutro que se observa en formas como el Presente o el Futuro Simple en francés, estas autoras llevan su razonamiento un paso más allá y proponen que, al igual que la anáfora entre SDets que denotan individuos se puede establecer tanto mediante la covaluación como mediante el ligamiento (semántico), en el caso de la anáfora entre SZeit (entre SDets que denotan intervalos temporales), esta se puede establecer igualmente, bien por medio de la covaluación, bien por medio del ligamiento semántico. Más aún, argumentan que, al igual que en el caso de (72), ambas lecturas temporales también se podrán diferenciar en el contexto adecuado. En la sección anterior acabamos de ver que la covaluación da lugar a un orden de coincidencia exhaustiva: el T-ASC es cotemporal con el T-EV. El punto de vista resultante es perfectivo: el evento se contempla como incluyendo tanto su margen inicial como final. D&UE proponen que, cuando la anáfora se establece por medio del ligamiento (semántico), cuya representación hemos ilustrado en (78), entonces el punto de vista resultante es el neutro:

(78) Punto de vista Neutro

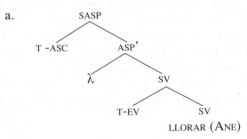

a.

b. T-ASC λi [LLORAR (ANE) (i)]

c. T-ASC $\subseteq$ T-EV

$$\underset{\text{LLORAR}}{\overset{\text{T -ASC}}{-[-[-\,-\,-]-]-\,-}>}$$

d. T-ASC $\supseteq$ T-EV

$$\underset{\text{LLORAR}}{\overset{\text{T-ASC}}{-[-\,-[-\,-\,-]-]->}}$$

Detengámonos en (78a). Los tiempos del evento y de la aserción son meramente variables temporales, que por conveniencia denominamos T-EV/T-ASC (aunque podríamos igualmente haber utilizado i para representar esas variables sobre intervalos). La abstracción-λ sobre la variable temporal del verbo en (78a) crea un predicado que toma el T-ASC como argumento externo, como se ilustra también en (78b): (78b) afirma que el T-ASC tiene la propiedad de ser un intervalo temporal en el que se cumple que ANE LLORAR es verdad. Obsérvese que la propiedad descrita en (78b) se cumplirá tanto si el T-ASC está incluido en el intervalo en el que Ane llora (punto de vista *imperfectivo* [78c]), como si el T-ASC incluye/es cotemporal con un intervalo en el que Ane llora (punto de vista *perfectivo* [78d]). El ligamiento semántico del T-EV por el T-ASC da así lugar al punto de vista *neutro* que exhiben formas como el futuro simple y el presente del francés.

En resumen, D&UE defienden que, cuando no hay un aspecto morfo-fonológicamente realizado especificando la relación de orden entre el T-ASC y el T-EV, esta relación se establece vía anáfora. Siguiendo el paralelismo establecido entre los SDets regulares (que denotan individuos) y los SZeits (que denotan intervalos temporales), los SZeits también pueden entrar en relaciones de anáfora, donde la anáfora se puede interpretar como covaluación o como ligamiento. La covaluación da lugar al aspecto Perfectivo, mientras que el ligamiento (semántico) da lugar al punto de vista aspectual Neutro[33, 34].

13.4.4. *Los modificadores temporales*

Si, como asumen D&UE, los argumentos temporales se representan en la estructura sintáctica de la oración como SDet temporales, o SZeit, la idea básica es que, al igual que cualquier otro SDet, dichos SZeit podrán ser modificados. Y esta es precisamente, defienden estas autoras, la función de los modificadores temporales. Los modificadores temporales son modificadores semánticos y sintácticos de los SZeit que se proyectan en la sintaxis como argumentos de ASP° (véase D&UE 2005, 2007a, b)[35].

13.4.4.1. Modificadores de localización temporal

Consideremos los siguientes ejemplos:

(79) a. Arantza regresó a Vitoria *en 1999*.
    b. Arantza regresó a Vitoria *después/antes de Navidades*.

La oración en pasado simple *Arantza regresó a Vitoria* describe un evento que ocurrió en un tiempo pasado. El SPrep *en 1999* o *después/antes de Navidades* sirve para restringir la referencia de dicho intervalo ordenándolo EN/DENTRO DE o DESPUÉS/ANTES DE el tiempo denotado por su argumento interno (*1999/Navidades*). Así, desde esta perspectiva, los modificadores de ubicación temporal se comportan desde el

---

[33] Dejamos para futuras investigaciones la cuestión de la variación tipológica que se encuentra en la interpretación de los tiempos simples. En particular, qué hace que el pasado simple tenga una lectura perfectiva en francés o castellano, por ejemplo, pero no en holandés, donde tiene un aspecto neutro. Véanse Laca 2003, 2005, y Van Hout 2007, para dos posibles análisis.

[34] Por limitaciones de espacio omitimos la cuestión del aspecto recursivo y las restricciones en la combinación de aspectos. Remitimos al lector a D&UE 2000, para una discusión detallada de los mismos y para una propuesta que deriva las combinaciones de órdenes posibles del aspecto recursivo sin apelar a una jerarquía universal fija de proyecciones funcionales en la que ciertos núcleos temporales o aspectuales ocupan una posición jerárquica más alta que otros, diferenciándose así de modelos como el de Cinque 1997.

[35] Véase D&UE 2005, para las restricciones que se observan en estructuras con múltiples adverbios.

punto de vista *semántico* como modificadores restrictivos, bien del T-EV, o bien del T-ASC.

Se sigue de esta hipótesis que los adverbios de ubicación temporal son también desde el punto de vista *sintáctico* modificadores restrictivos de los intervalos temporales que se proyectan en la sintaxis como argumentos de ASP° (es decir, del T-ASC o del T-EV). En el caso de los modificadores de los argumentos nominales, estos se analizan como adjuntos que se generan en una posición de adjunción al SN cuya referencia restringen, como se representa en (80a). Dicha modificación se establece por medio de una relación de predicación: el modificador se predica de su nudo hermano SN. Este último funciona como su argumento externo.

(80) *La sintaxis de la modificación nominal y temporal*

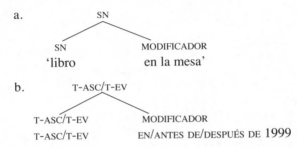

D&UE establecen un paralelismo semántico y sintáctico entre la modificación nominal y la temporal: los modificadores de los argumentos temporales se generan adjuntos al SZeit cuya referencia restringen, como en (81b). La modificación temporal, igual que la modificación nominal, se establece por medio de la predicación. El predicado espaciotemporal *en/antes de/después de 1999/Navidades* en (81a-b) se predica del T-ASC/T-EV, su argumento externo.

(81) a.

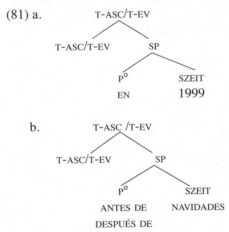

Hemos mencionado anteriormente que los modificadores adverbiales pueden modificar, o bien el T-ASC, o bien el T-EV. Veamos un caso en el que las dos lecturas son fácilmente diferenciables y se corresponden con dos lecturas temporales distintas. Un ejemplo típico de esta situación es el de la modificación adverbial del Pretérito Pluscuamperfecto (Pasado Perfecto). La estructura del mismo, que hemos explicado ya en las secciones anteriores, es la de (82). Esta estructura da lugar a la interpretación que se recoge en el esquema temporal de (82c).

(82) a. Amina and Zara had left the house.
      'Amina y Zara se habían marchado de la casa'.

b.
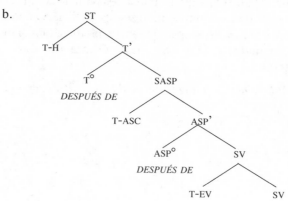

c. $-[---]--[---]--|->$
   con etiquetas T-EV, T-ASC, T-H

Puesto que el T-ASC y el T-EV son temporalmente disjuntos en su referencia, añadir un modificador temporal puede dar lugar a dos lecturas distintas, dependiendo de si dicho modificador modifica al T-EV o al T-ASC, como se ilustra en (83).

(83) a. Amina and Zara had left the house at 3 PM.
      'Amina y Zara se habían marchado de la casa a las 3.'
   b. La marcha de Amina y Zara tiene lugar a las 3 PM.
   c. La marcha de Amina y Zara es anterior a las 3 PM.

b'.
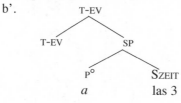

c'.
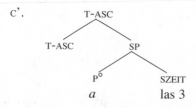

las 3

b''. $-[---]--[---]--|->$

T-EV   T-ASC   T-H

las 3

c''. $-[---]-- [---]--|->$

T-EV   T-ASC   T-H

Cuando el Sintagma Preposicional (SP) *at 3 pm* ('a las 3') se predica del T-EV, como en (83b-b'), la preposición AT/A establece una relación de coincidencia central entre el T-EV y su argumento interno (3 PM), restringiendo de este modo la referencia del T-EV al intervalo temporal designado por *3 pm*. Esto da lugar a la denominada lectura del T-EV, donde la marcha de Amina y Zara tiene lugar a las 3 PM, como en el esquema de (83b''). Cuando el SP *at 3 pm/a las tres* se predica del T-ASC, como en (83c-c'), la preposición AT establece una relación de coincidencia central entre el T-ASC y el intervalo designado por *3 pm*. Esto da lugar a la llamada lectura del Tiempo de Referencia, donde la marcha de Amina y Zara tiene lugar con anterioridad a un tiempo de referencia pasado –esto es, con anterioridad a las 3 PM, como se ilustra en (83c'')[36].

La propuesta de D&UE integra en su modelo la modificación temporal recursiva sin ningún supuesto adicional. La modificación recursiva se ilustra en (84), donde dos SP se predican del T-ASC. La preposición *at/a* restringe la referencia del T-ASC al relacionar este tiempo con el tiempo denotado por *5 pm*. Esta relación de orden es de coincidencia central. La preposición *after/después de* restringe aún más la referencia de T-ASC, al establecer una relación de coincidencia no central entre el T-ASC y el intervalo designado por *dawn/amanecer*. En un caso como el de (84), en el que (como hemos visto en la sección anterior) el T-ASC y el T-EV son cotemporales (por su aspecto perfectivo), el SP sirve de modo indirecto para localizar el T-EV, como se muestra en (84c).

(84) a. Maddi was born at 5 AM, after dawn.

'Maddi nació a las 5 de la mañana, después del amanecer.'

b.

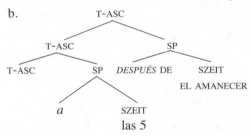

[36] Existen modificadores temporales desnudos: esto es, modificadores temporales que no tienen la sintaxis de un SP, sino simplemente de un SDet, como en *Eneritz llegó el lunes/Itziar arrived this Monday*. D&UE defienden que los modificadores temporales desnudos son SPs encubiertos –SPs encabezados por una preposición (sin realización fonológica) de coincidencia central– (véanse Jespersen 1924, Kamp y Reyle 1993). Véase D&UE 2005, 2007.

$$\text{c.} \quad -[---]-[-------]--|->$$
$$\overset{\text{T-ASC = T-EV} \qquad \text{T-H}}{}$$

AMANECER   las 5

13.4.4.2. Modificadores de duración

El análisis de los modificadores de ubicación se extiende a los modificadores de duración, los cuales, como se ilustra en (86), también tienen la sintaxis de SPs, SNs desnudos o SComps. D&UE los analizan del mismo modo en que analizan los modificadores de ubicación temporal: son SPs que se predican de SZeits proyectados en la sintaxis (bien del T-ASC o del T-EV), como se muestra en (85). Los SPs de (85) especifican bien la duración/tamaño temporal o los extremos/márgenes del AST-T/EV-T, al relacionar este intervalo temporal con el intervalo temporal denotado por su argumento interno[37].

(85) *Modificadores temporales de duración.*

PP: for three weeks/durante tres semanas, in an hour/en una hora, from 3 to 4/de tres a cuatro, until 2001/hasta el 2001, from 1924/desde 1924

NP: six months/seis meses (e. g., 'Laïla traveled six months/Laïla viajó seis meses.')

CP: since Zazy left/desde que Zazy se marchó, until Zoey arrived/hasta que Zoey llegó

(86) a.

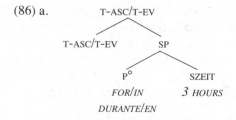

b.

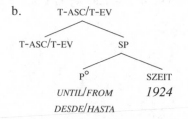

En (86a), el predicado espaciotemporal FOR/IN o DURANTE/EN mide la duración temporal, el tamaño temporal de su argumento externo, el AST-T/EV-T, al relacionarlo con el intervalo designado por su argumento interno *3 hours*; esta relación de orden es de coincidencia central. En (86b), UNTIL/HASTA especifica el margen final del AST-T/EV-T al estable-

---

[37] Para el análisis de las oraciones temporales, véase D&UE 2005, 2007, 2012, 2013.

cer una relación de coincidencia no central centrípeta entre este tiempo (que corresponde a su argumento externo) y el tiempo denotado por *1924*. Preposiciones como UNTIL/HASTA especifican que la ubicación/trayectoria de F (AST-T/EV-T) acaba en B (1924). UNTIL/HASTA hacen así visibles el margen final del AST-T/EV-T al indicar que este acaba en 1924. Por el contrario, preposiciones como DESDE/FROM delimitan su margen inicial al establecer una relación de coincidencia no central centrífuga entre el T-ASC/T-EV y el tiempo designado por *1924*. Es decir, DESDE/FROM especifica que la ubicación o trayectoria de F (T-ASC/T-EV) empieza en B (1924). DESDE/FROM hacen así visible el margen inicial del T-ASC/T-EV al indicar que este empieza en 1924.

La estructura sintáctica que corresponde a la modificación recursiva de los modificadores temporales de duración se ilustra en (87).

(87) *Recursión de modificadores temporales de duración*

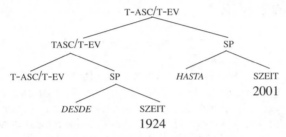

En resumen, basándose en el paralelismo semántico y sintáctico que establecen entre el Tiempo, el Aspecto y los modificadores temporales, D&UE ofrecen una hipótesis restrictiva de la gramática de las relaciones temporales que da cuenta de la interacción entre estos elementos y es capaz de explicar la interfaz morfosintaxis-semántica de las formas verbales. La hipótesis de que las relaciones de orden se pueden concebir de modo más abstracto como relaciones de [±coincidencia central] entre dos intervalos temporales, uno que actúa como una Figura y otro como una Base, explica asimismo la tipología de predicados que se utilizan en las lenguas en la expresión de relaciones temporales y aspectuales. Mediante el paralelismo que asumen entre los SDets regulares y los SZeit, D&UE son capaces de integrar en su modelo los modificadores temporales (que actúan como modificadores sintácticos y semánticos del T-EV y del T-ASC), y pueden además explicar las relaciones anafóricas que se establecen entre los SZeit de la estructura temporal: la resolución de la anáfora da como resultado el aspecto Perfectivo, y la resolución de la misma mediante el ligamiento (semántico) explica el aspecto Neutro. Finalmente, su modelo abre el camino para explicar cómo se produce el proceso de adquisición del sistema temporal de su lengua nativa por parte del niño.

13.5. Conclusión

El objetivo principal de este trabajo era introducir al lector en el estudio de las relaciones temporales, tanto desde el punto de vista empírico como teórico, y ofrecer una visión general de los avances que en dicha área se han realizado desde la lingüística formal en los últimos años. Esperamos haber convencido a nuestros lectores de que la descomposición de las relaciones temporales en sus primitivos semánticos, junto con la hipótesis de que dicha estructura semántica tiene un reflejo morfosintáctico que se rige por principios que se han probado válidos independientemente en otras áreas de la teoría, nos permite realizar un viaje no solo intelectualmente interesante sino también muy fructífero.

Bibliografía

ARCHE, M. J. (ed.) (2014), Special Volume on Aspect, *Natural Language and Linguistic Theory* 32, 1.

BYBEE, J., R. PERKINS y W. PAGLIUCA (1994), *The Evolution of Grammar: Tense, Aspect, and Modality in the Languages of the World*, Chicago y Londres, The University of Chicago Press.

BOSQUE, I. (ed.) (1990), *Tiempo y Aspecto en Español*, Madrid, Cátedra.

— y V. DEMONTE (eds.) (1999), *Gramática Descriptiva de la Lengua Española*, Madrid, Espasa.

— y E. TORREGO (1995), «On Spanish *haber* and tense», *Langues et Grammaire 1*, París, Université de Paris VIII, pp. 13-29.

CARRASCO, A. (2000), *La concordancia de tiempos,* Madrid, Arco/Libros.

— (2008), *Tiempos compuestos y formas verbales complejas,* Madrid, Vervuert-Iberoamericana, colección de Lingüística Iberoamerica.

CHOMSKY, N. (1995), *The minimalist program,* Cambridge, Mass., MIT Press.

CINQUE, G. (1999), *Adverbs and Funcional Heads: A cross-linguistic Perspective,* Oxford, Oxford Studies in Comparative Syntax.

COMRIE, B. (1976), *Aspect,* Cambridge, Cambridge University Press, 1976.

— (1981), *Language universals and linguistic typology: Syntax and morphology,* Oxford, Blackwell ([20]1989) [ed. cast.: *Universales del lenguaje y tipología lingüística*, Madrid, Gredos, 1988].

— (1985), *Tense,* Cambridge, Cambridge University Press.

DAHL, O. (1985), *Tense and Aspect Systems*, Oxford, Blackwell.

DEMIRDACHE, H. (1997a), «Predication times in St'át'imcets Salish», en *The Syntax and Semantics of Predication. Texas Linguistics Society Forum 38*, Austin, University of Austin at Texas Publications, pp. 73-88.

— (1997b), «On the temporal location of predication times: the role of determiners in Lillooet Salish», en E. Curtis, J. Lyle y G. Webster,

Proceedings of the West Coast Conference on Formal Linguistics XVI, Stanford Linguistics Association, CSLI Publications, pp. 129-143.

— y M. URIBE-ETXEBARRIA (1997a), «The Syntax of Temporal Relations: A Uniform Approach to Tense and Aspect», en E. Curtis, J. Lyle y G. Webster (eds.), *Proceedings of WCCFL XVI,* pp. 145-159.

— y M. URIBE-ETXEBARRIA (1997b), «The Syntactic Primitives of Temporal Relations», *Troisième Colloque International Langues et Grammaire,* Université de Paris VIII.

— y M. URIBE-ETXEBARRIA (2000), «The Primitives of Temporal Relations», en R. Martin, D. Michaels y J. Uriagereka (eds.), *Step by Step: Essays on Minimalist Syntax in Honor of Howard Lasnik,* Cambridge, Mass., MIT Press, pp. 157-186.

— y M. URIBE-ETXEBARRIA (2002), «Temps, Aspects et Adverbes», en B. Laca (ed.), *Temps et aspect. Syntaxe et interprétation,* París, Presses Universitaires de Vincennes, Collection Sciences du Langage, 2002, pp. 125-175.

— y M. URIBE-ETXEBARRIA (2004), «The Syntax of Temporal Adverbs», en J. Guéron y J. Lecarme (eds.), *The Syntax of Time,* Cambridge, Mass., MIT Press, pp. 143-180.

— y M. URIBE-ETXEBARRIA (2005), «Aspect and Temporal Modification», en P. Kempchinsky y R. Slabakova (eds.), *Aspectual Inquiries,* Dordrecht, Kluwer, 2005, pp. 191-221.

— y M. URIBE-ETXEBARRIA (2007a), «Economy constraints on temporal subordination», en L. de Saussure, J. Moeschler y G. Puskas (eds.), *Recent advances in the syntax and semantics of tense, mood and aspect. Trends in linguistics,* Berlín, Mouton de Gruyter, pp.169-192.

— y M. URIBE-ETXEBARRIA (2007b), «The syntax of time arguments», *Lingua* 117, pp. 330-66.

— y M. URIBE-ETXEBARRIA (2012), «Relativizing time arguments», *GIST5: Generalizing Relative Strategies,* Gante.

— y M. URIBE-ETXEBARRIA (2013), «The structure of spatial PPs and Temporal Interpretation», *23 Colloquium in Generative Grammar,* Madrid.

— y M. URIBE-ETXEBARRIA (2014), «Aspect and Temporal Anaphora», *Natural Language and Linguistic Theory* 32, 1, pp. 855-895.

DOWTY, D. (1986), «The effects of aspectual class on the temporal structure of discourse: Semantics or pragmatics?», *Linguistics and Philosophy* 9, pp. 37-61.

ENÇ , M. (1981), *Tense Without Scope: An Analysis of Nouns as Indexicals,* tesis doctoral, University of Wisconsin-Madison.

— (1986), «Towards a referential analysis of temporal expressions», *Linguistics and Philosophy* 9, 4, pp. 405-426.

— (1987), «Anchoring conditions for tense», *Linguistic Inquiry* 18, pp. 633-657.

FERNÁNDEZ SORIANO, O. y G. RIGAU (2009), « On Certain Light Verbs in Spanish: The Case of temporal *Tener* and *Llevar*», *Syntax* 12, 2, pp. 135-157.

GARCÍA, L. (ed.) (2006), *Diccionario de Perífrasis Verbales,* Madrid, Gredos.

— y B. CAMUS (2004), *El Pretérito Imperfecto,* Madrid, Gredos.

GUERON, J. y J. LECARME (eds.) (2004), *The Syntax of Time,* Cambridge, Mass., MIT Press, 2004.

— (eds.) (2008), *Time and Modality,* Springer.

GIORGI, A. y F. PIANESI (1997), *Tense and Aspect. From Semantics to Morphosyntax,* Oxford, Oxford University Press, 1997.

HALE, K. (1984), «Notes on World View and Semantic Categories: some Warlpiri examples», en P. Muysken y H. van Riemsdijk (eds.), *Features and Projections,* Dordrecht, Foris.

HEIM, I. y A. KRATZER (1998), *Semantics in generative grammar,* Malden, Mass., Blackwell.

HORNSTEIN, N. (1990), *As Time goes by: Tense and Universal Grammar,* Cambridge, Mass., MIT Press.

JESPERSEN, O. (1924), *The philosophy of grammar,* Allen & Unwin, 1924.

KAMP, H. y U. REYLE (1993), *From Discourse to Logic,* Dordrecht, Kluwer.

KEMPCHINSKY, P. y R. SLABAKOVA (eds.) (2005), *Aspectual Inquiries,* Dordrecht, Kluwer.

KLEIN, W. (1994), *Time in Language,* Londres, Routledge.

— (1995), «A Time Relational Analysis of Russian Aspect», *Language* 71, 4, pp. 669-695.

LACA, B. (1998), «Aspect-Périphrase-Grammaticalisation. A propos du "progresif" dans les langues ibéro-romanes», en W. Dahmen (ed.), *Neuere Beschreibungsmethoden der Syntax romanischer Sprachen,* Tübingen, Narr, pp. 207-226.

— (ed.) (2002), *Temps et Aspect: de la morphologie à la interprétation. Sciences du Langage,* Vincennes, Presses Universitaires de Vincennes.

— (2003), «Las catégories aspectuelles à expression périphrastique», en M. Barra (ed.), *Le français parmi les langues romanes, Langue française* 141, pp. 85-98.

— (2005), «Périphrases aspectuelles et temps grammatical dans les langues romanes», en H. Bat-Zeev Schyldkrot y N. Le Querler (eds.) (2005), *Les Periphrases Verbales,* Lingvisticae Investigationes Supplementa, Amsterdam/Filadelfia, John Benjamins, pp. 47-66.

— (2006), «Tiempo, aspecto y la interpretación de los verbos modales en español», *Lingüística* (ALFAL) 17, pp. 9-43.

LECARME, J. (1996), «Tense in the nominal system: the somali DP», en J. Lecarme, J. Lowenstamm y U. Shlonsky (eds.), *Studies in Afroasiatic Grammar,* La Haya, Holland Academic Graphic, Papers from Tenth Conference on Afroasiatic Languages, Sofia, Antinopolis, 1994.

— (2008), «Tense and Modality in Nominals», en J. Guéron y J. Lecarme (eds.), *Time and Modality,* Springer, pp. 195-226.

MUSAN, R. (1997), «Tense, predications and lifetime effects», *Natural Language Semantics* 5, pp. 271-301.

REICHENBACH, H. (1947), *Elements of Symbolic Logic*, Nueva York, The Free Press.

REINHART, T. (1997), *Strategies of Anaphora Resolution*, OTS Working Papers, TL97-007.

RITTER, E. y M. WILTSCHKO (2005a), «An exploration of tense, tenseless languages, and tenseless constructions», ms., University of Vancouver.

RITTER, E. y M. WILTSCHKO (2005b), «Anchoring events to utterances without tense», en J. Alderete, C. H. Han y A. Kochetov (eds.), *West Coast Conference on Formal Linguistics (WCCFL) 24*, Somerville, Mass., Cascadilla Proceedings Project, pp. 343-351.

RITTER, E. y M. WILTSCHKO (2009), «Varieties of INFL: TENSE, LOCATION, and PERSON», en H. Broekhuis., J. Craenenbroeck y H. van Riemsdijk (eds.), *Alternatives to Cartography*, Berlín y Nueva York, Mouton de Gruyter, pp. 153-201.

RITTER, E. y M. WILTSCHKO (2014), «The composition of INFL», *Natural Language and Linguistic Theory*, pp. 1.331-1.386.

SMITH, C. (1991), *The Parameter of Aspect*, Dordrecht, Kluwer.

— (2008), *Time with and without tense*, en J. Guéron y J. Lecarme (eds.), *Time and Modality*, Springer, pp. 227-250.

STOWELL, T. (1993), «The syntax of Tense», ms., UCLA.

— (1995a), «The phrase structure of Tense. J. Rooryk y L. Zaring (eds.), *Phrase structure and the lexicon*, Dordrecht, Kluwer, pp. 277-291.

— (2007), «The syntactic expression of tense», *Lingua* 117, 2, pp.437-463.

URIBE-ETXEBARRIA, M. (2004), *Interface Licensing Conditions on Negative Polarity Items: A Theory of Polarity and Tense Interactions*, Bilbao, Universidad del País Vasco.

VAN HOUT, A. (2007), «Optimal and Non-Optimal Interpretations in the Acquisition of Dutch Past Tenses», en A. Belikova *et al*. (eds.), *Proceedings of the 2nd Conference on Generative Approaches to Language Acquisition North America (GALANA)*, Somerville, Mass., Cascadilla Proceedings Project.

VON FINTEL, K. (2006), «Modality and Language», en D. Borchert (ed.), *Encyclopaedia of Philosophy, Second Edition*, Detroit, McMillan Reference USA.

ZAGONA, K. (1989), «On the Non-Isomorphism of Morphological Tense and Temporal Interpretation», ms., University of Washington.

— (1990), «Times as Temporal Argument Structure», *Time in Language Conference*, Cambridge, Mass., MIT Press.

— (1991), «Perfective *Have* and the Theory of Tenses», en F. Martínez-Gil (ed.), *Current Studies in Spanish Linguistics*, Washington, DC, Georgetown University Press.

— (1992), «Tense Binding and the Construal of Present Tense», en Ch. Laeufer y T. Morgan (eds.), *Theoretical Analyses in Romance Linguistics*, Amsterdam, John Benjamins.

— (1993), «Perfectivity and Temporal Arguments», Paper presented at the 23rd Linguistic Symposium on Romance Languages, Northern Illinois University.

— (ed.) (2007), *Approaches to tense and tense construal*, *Lingua* 117, 2.
— (2007), «Some effects of aspect on tense construal», *Lingua* 117, 2, pp. 464-502.

14 La interfaz sintaxis-pragmática

Manuel Leonetti
Universidad de Alcalá

Victoria Escandell-Vidal
Universidad Nacional de Educación a Distancia

14.1. Introducción[1]

Una buena parte de los capítulos que integran este volumen se ocupa de diferentes aspectos del mecanismo computacional recursivo que permite generar un conjunto potencialmente infinito de expresiones complejas a partir de un conjunto finito de elementos básicos. El sistema que hace posible esta infinitud discreta constituye la facultad del lenguaje en sentido estricto –FLE– (Hauser, Chomsky y Fitch 2002, Fitch, Chomsky y Hauser 2005). Esta maquinaria computacional, sin embargo, no es suficiente para dar cuenta de todas las múltiples facetas de la facultad del lenguaje, que necesariamente requiere la puesta en marcha de, al menos, otros sistemas cognitivos: los relacionados con la percepción y la producción del habla (sistema articulatorio-perceptivo), por un lado, y los que tienen que ver con la interpretación de los contenidos de la actividad comunicativa (sistema conceptual-intencional), por otro. Estos sistemas, junto con el mecanismo computacional, constituyen la facultad del lenguaje entendida en sentido amplio –FLA– (Hauser, Chomsky y Fitch 2002, Fitch, Chomsky y Hauser 2005).

Los desarrollos recientes de la teoría sintáctica de orientación formal tienen cada vez más en cuenta las condiciones que los demás sistemas cognitivos imponen al diseño del mecanismo computacional: en particular, se observa una acusada tendencia a ir reduciendo la complejidad de la maquinaria recursiva, que en el fondo no es sino una solución eco-

[1] Este trabajo forma parte de la investigación desarrollada en los proyectos financiados FFI2009-07456 y FFI2012-31785 (SPYCE II y III: "Semántica procedimental y contenido explícito"). Queremos agradecer a los dos revisores anónimos sus juiciosas observaciones y a Ángel Gallego su amable invitación a participar en el volumen y su paciencia infinita.

nómica para el problema de cómo satisfacer los requisitos impuestos por los mecanismos de interfaz, para así dar un mayor protagonismo a otros sistemas cognitivos cuyo funcionamiento se justifica de manera independiente.

En este capítulo queremos presentar algunos aspectos del debate actual entre las explicaciones de orientación gramatical y las basadas en el funcionamiento de mecanismos pragmáticos. La idea que defenderemos es que la interpretación de cualquier enunciado tiene siempre un aspecto gramatical y una faceta pragmática, y dar cuenta de su funcionamiento exige, en consecuencia, establecer con precisión cómo interactúan la computación sintáctica y los sistemas responsables del procesamiento, buscando un equilibrio adecuado entre los dos tipos de procesos. Tras presentar algunos conceptos básicos (sección 2), ilustraremos nuestro punto de vista con ayuda del análisis de algunos fenómenos concretos (sección 3). Concluiremos con el comentario de las principales consecuencias de nuestra propuesta (sección 4).

14.2. Bases conceptuales para la interfaz sintaxis-pragmática

Comprender cómo funcionan los mecanismos que operan más allá de la computación gramatical constituye el paso previo para articular las conexiones entre los sistemas sintáctico y pragmático. En esta sección se presentan los conceptos clave para entender los procesos de tipo pragmático y poder, así, establecer cuál es su contribución a la interpretación de los enunciados.

14.2.1. Los límites de la computación gramatical

Como es bien sabido, el mecanismo computacional de las lenguas permite explicar la existencia de correlaciones sistemáticas entre representaciones auditivas –o, en el caso de las lenguas de signos, entre representaciones visuales– y representaciones conceptuales. Este emparejamiento, sin embargo, no puede dar cuenta de todos los aspectos de la interpretación que los hablantes recuperan. Los ejemplos de (1) ilustran casos en los que la información codificada lingüísticamente no incluye toda la información que se quiere comunicar:

(1) a. Hoy no ponen nada en la tele.
  b. Deme algo bueno para los mosquitos.
  c. Los estudiantes dijeron a los profesores que necesitaban más vacaciones.
  d. Juan abandonó el partido.
  e. Todos los chicos de la clase están enamorados de una chica.

El conocimiento lingüístico por sí solo no resulta suficiente para explicar todos los aspectos de la interpretación de las secuencias anteriores. La oración de (1a) se interpreta habitualmente no en el sentido de que no hay programación, sino que esta no es de interés –es decir, añadiendo una restricción al cuantificador *nada*–. En (1b) hace falta decidir si lo *bueno* para los mosquitos es algo que los mata o, por el contrario, algo que los hace crecer y multiplicarse. En (1c) no hay nada que permita establecer de manera inequívoca la referencia del sujeto tácito de la oración subordinada, que puede interpretarse como 'los profesores', 'los estudiantes', 'los estudiantes y los profesores', o incluso otro grupo distinto como, por ejemplo, 'los administrativos'. La oración de (1d) contiene una palabra con varios significados, pero no proporciona ninguna indicación sobre cuál de las acepciones ('grupo político', 'evento deportivo', 'distrito territorial') es la que el emisor quería comunicar. Por último, en (1e) es preciso determinar si hay una única chica a la que todos aman, o si cada chico ama a una chica diferente. En (2) quedan recogidas de manera informal algunas de estas posibilidades:

(2) a. Hoy no ponen nada {interesante/divertido/que merezca la pena} en la tele.

   b. Deme algo bueno para {eliminar/alimentar a} los mosquitos.

   c. [Los estudiantes$_i$] dijeron a [los profesores$_j$] que [$\emptyset_{\{i/j/i+j/k\}}$ necesitaban más vacaciones.

   d. Juan abandonó {la organización política/el encuentro deportivo/el distrito}.

   e. [$\exists y | y$: chica] [$\forall x | x$: chico de la clase] x enamorado-de y
      [$\forall x | x$: chico de la clase] [$\exists y | y$: chica] x enamorado-de y

Para poder establecer las condiciones de verdad de las oraciones de (1) es necesario delimitar y completar algunas expresiones –como en (1a-b)–, fijar la referencia de las unidades deícticas y anafóricas –como en (1c)– y resolver las ambigüedades léxicas –como en (1d)– o de ámbito de cuantificadores –como en (1e)–. En todos estos casos, entran en juego datos contextuales, situacionales o de conocimiento del mundo.

El problema que está sobre la mesa es, en el fondo, el de que una misma expresión lingüística puede dar lugar a un abanico relativamente amplio de interpretaciones, en cuya construcción parecen intervenir de manera decisiva las informaciones de tipo extralingüístico. Esta situación plantea varias preguntas: ¿qué tipo de proceso es responsable de la obtención de las representaciones enriquecidas de (2)?, ¿cuál es el estatuto de estas representaciones?, ¿cuál es el papel de la información extralingüística? Estas preguntas remiten, en último extremo, al problema de cómo establecer la distinción entre gramática y pragmática.

Las respuestas que se han ofrecido a estas preguntas pueden agruparse en tres categorías. Una opción consiste en suponer que todos los aspectos relevantes para la interpretación están prefijados de antemano en la derivación generada por el sistema computacional. Las representaciones gramaticales contienen desde su origen la especificación completa de la interpretación; es decir, existe una derivación diferente para cada una de las interpretaciones posibles. Las propuestas de la semántica generativa iban en esta dirección. En este enfoque, el papel del contexto se limita a seleccionar, de entre todas las representaciones posibles, la que resulta adecuada.

Otra opción posible es la de postular que todas las expresiones tienen un significado básico o preferido, un significado 'por defecto', al que la interpretación accede en primer lugar; las demás interpretaciones se activan solo cuando el contexto "obliga" a cancelar la interpretación construida sobre la lectura preferida. El papel del contexto en este segundo enfoque es el de comprobar o validar las interpretaciones (Levinson 1983, 2000; Jazsczolt 1999).

Por último, se puede suponer que la representación semántica obtenida como resultado de la descodificación lingüística es 'infradeterminada', es decir, es lo suficientemente abstracta como para resultar compatible con toda la variedad de interpretaciones. No se da prioridad a una interpretación sobre las demás, y el papel del contexto es decisivo en todos los casos para construir la interpretación final (Sperber y Wilson 1986, Carston 1988, 2002, Frisson y Pickering 1999, Frisson 2009, Egg 2012, Recanati 2010).

14.2.2. *Procesos sintácticos y procesos pragmáticos*

La elección entre estas diferentes posibilidades es una cuestión tanto teórica como empírica y remite, en último extremo, a los criterios para fundar la distinción misma entre gramática y pragmática.

El debate sobre cómo establecer la frontera entre lo gramatical y lo pragmático es uno de los más amplios de la investigación contemporánea (para un panorama general, véanse Bach 1999, Carston 1999, Recanati 2004, 2010, Ariel 2008, 2010). En los enfoques clásicos, la distinción se buscaba en las propiedades de los niveles de representación del contenido. En el nivel semántico se sitúan habitualmente los aspectos del significado independientes del contexto, las representaciones evaluables en términos de condiciones de verdad o lo que se dice explícitamente. El nivel pragmático, por su parte, suele abarcar los fenómenos de dependencia contextual, el significado no veritativo-condicional y los contenidos implícitos.

Seguramente el enfoque más extendido es el que equipara la representación que se obtiene por descodificación lingüística con el contenido explícito, y lo que se obtiene por inferencia con el contenido implícito (Grice 1975) El problema de esta manera de ver las cosas está en que muchos aspectos de lo que el emisor quiere comunicar expresamente (como la identificación del referente o la selección de la acepción adecuada) forman parte de lo que se quiere transmitir expresamente, pero requieren el acceso a datos contextuales. En la determinación del contenido explícito intervienen tanto procesos de descodificación como de inferencia, de modo que el nivel del contenido explícito es un nivel híbrido; en consecuencia, los procesos de inferencia no son solo imprescindibles para determinar varios aspectos de la intención comunicativa global, sino que forman parte esencial también de la recuperación del contenido explícito.

El enfoque adoptado en este capítulo sigue un camino diferente, en el que la distinción entre lo gramatical y lo pragmático no debe buscarse en las propiedades de las representaciones producidas, sino en la naturaleza de los procesos. Ariel (2010), siguiendo las propuestas de Sperber y Wilson (1986) y Kempson (1986a), presenta con detenimiento argumentos convincentes a favor de la idea de que el único criterio que, por sí solo, permite distinguir de manera inequívoca entre lo gramatical y lo pragmático es, efectivamente, el del tipo de proceso implicado: los procesos que integran la gramática son procesos computacionales de codificación y descodificación; los otros mecanismos cognitivos implicados en el lenguaje dan lugar a procesos inferenciales. Las propiedades de ambos tipos de proceso establecen entre ellos diferencias determinantes (Ariel 2010, Recanati 2010).

La computación gramatical opera por medio de procesos con propiedades definitorias propias. En primer lugar, los procesos gramaticales son algorítmicos, es decir, las relaciones de dominio y de dependencia entre constituyentes se establecen de acuerdo con principios sistemáticos y regulares, cuyos resultados son siempre predecibles. Son, en este sentido, procesos monotónicos, en los que la validez del procedimiento derivativo garantiza la validez del resultado, con independencia de los contenidos. Los procesos gramaticales son, además, procesos locales, en los que solo interviene la información directamente presente en la misma expresión lingüística. Pueden verse, asimismo, como procesos "ascendentes" *(bottom-up)*, es decir, inducidos directamente por las propiedades de las formas lingüísticas, y encapsulados, esto es, insensibles a otras informaciones externas ajenas al sistema computacional mismo.

Los procesos pragmáticos, en contraste, presentan propiedades bien distintas. Son procesos inferenciales, de naturaleza hermenéutica, que tratan de identificar interpretaciones y explicaciones adecuadas. Son procesos de tipo "descendente" *(top-down)*, que buscan construir hipótesis interpretativas basadas en los conocimientos, las experiencias y las expectativas del sujeto. Estas hipótesis son resultado de inferencias no demostrativas, es decir, que no garantizan la validez de la conclusión obtenida: ninguna interpretación es infalible y puede ser invalidada por la adición de nuevos datos. Los procesos pragmáticos son, además, globales y no encapsulados, por lo que tienen acceso a cualquier información disponible o representable, sin establecer límites ni a las fuentes ni al tipo de información que se puede utilizar.

14.2.3. La infradeterminación semántica

En consonancia con las reflexiones anteriores sobre la distinción entre procesos gramaticales y procesos pragmáticos, en este capítulo adoptaremos la hipótesis de la infradeterminación semántica, según la cual la computación gramatical produce una representación semántica mínimamente especificada, sistemática y predecible, que ha de completarse gracias al funcionamiento de otros procesos cognitivos globales de naturaleza interpretativa: a partir de una representación codificada más simple (esto es, con menos información lingüística) se derivan inferencialmente las diferentes interpretaciones.

Este enfoque encaja de manera elegante con la visión de Chomsky (1986) sobre la noción de 'Forma Lógica' (cf. capítulo 11). El educto de la computación gramatical es un patrón abstracto de significado en el que quedan establecidas las relaciones estructurales entre los diferentes constituyentes cuyos significados básicos se combinan. Para cada expresión compleja, la computación gramatical proporciona un esquema abstracto de relaciones, que ha de ser completado usando datos contextuales, situacionales y de conocimiento del mundo. En consecuencia, la tarea de la gramática debe limitarse a especificar cuál es el conocimiento (incluido el conocimiento semántico) que un hablante posee cuando sabe una lengua; la tarea de la pragmática es explicar cómo se complementa esta representación abstracta con información extralingüística. De este modo, es posible mantener la idea de que el conocimiento gramatical es simple y abstracto, y, a la vez, explicar la diversidad de interpretaciones como resultado de la interacción de otros factores no lingüísticos: la complejidad interpretativa es resultado de la interacción de procesos sintácticos y pragmáticos.

Este enfoque representa, asimismo, una solución económica al problema de la explosión computacional (Poesio 1996): el número de interpretaciones posibles para una misma secuencia es lo suficientemente elevado (cuando no directamente infinito) como para que enumerarlas todas y darle a cada una representación explícita pueda saturar cualquier intento de implementación computacional. La infradeterminación hace innecesario generar todas las interpretaciones alternativas y descartarlas todas excepto la que encaja con el contexto. Desde el punto de vista computacional es claramente más eficiente generar una única representación infraespecificada y completarla inferencialmente a base de considerar los datos del contexto.

14.2.4. *El criterio de cancelabilidad*

A partir de estas diferencias, resulta lógico que la prueba más extendida para distinguir entre la parte de la interpretación que corresponde a la descodificación y la que corresponde a la inferencia sea la de la cancelabilidad (Grice 1975, Levinson 2000). Los significados codificados gramaticalmente no son cancelables; los contenidos inferidos, en cambio, pueden ser fácilmente impugnados sin que ello suponga incurrir en contradicción. Cualquiera de las elecciones inferenciales propuestas en (2) para desarrollar los ejemplos de (1) puede cancelarse si se aportan nuevos datos. El humor explota en ocasiones esta posibilidad. Considérese el ejemplo de (3), tomado de Ariel (2010):

(3) ¿Qué animal tiene seis patas y camina sobre la cabeza?

Quienes se ven sometidos a esta adivinanza suelen tardar en darse cuenta de que la respuesta que están intentando encontrar (sin éxito) está construida sobre un contenido inferido: que el animal utiliza la cabeza para caminar. La solución se encarga de cancelar esta interpretación, lo que muestra, por tanto, que el paso que lleva de *caminar sobre la cabeza* a 'caminar sobre su propia cabeza' es de tipo inferencial. Si la formulación, en cambio, hubiera sido la de (4) –en la que la referencia está restringida expresamente por la información lingüísticamente codificada–, no habría posibilidad alguna de impugnarla.

(4) ¿Qué animal tiene seis patas y camina sobre su (propia) cabeza?

14.2.5. *La contribución de la forma lingüística*

La distinción entre procesos gramaticales y procesos pragmáticos establece, efectivamente, una división entre dos maneras diferentes de procesar la información. La pregunta que surge ahora es cómo contribuyen las expresiones lingüísticas a estos procesos.

Puesto que las expresiones lingüísticas toman típicamente la forma de expresiones complejas (con independencia de que sean o no de naturaleza proposicional), lo esperable es que lo codificado lingüísticamente proporcione información de dos clases: representaciones de tipo conceptual e instrucciones sobre la manera en que se han de construir y se han de manejar estas representaciones conceptuales. Este enfoque retoma la distinción clásica en inteligencia artificial (y, en general, en los sistemas simbólicos) entre 'representación' y 'computación', es decir, entre los datos y las reglas que determinan las operaciones que se realizan sobre esos datos (Horgan y Tienson 1999). Y dado que las representaciones conceptuales participan tanto en los procesos sintácticos como en los inferenciales, es esperable, igualmente, que se proporcionen instrucciones tanto sobre el modo de combinar las unidades simples entre sí para formar expresiones complejas, como sobre la manera en que la información codificada encaja con respecto a otros datos de naturaleza contextual o situacional.

Encontramos, efectivamente, tres maneras en que lo codificado lingüísticamente contribuye a la interpretación (Wilson y Sperber 1993, Espinal 1996, Escandell-Vidal y Leonetti 2000). Algunas unidades codifican conceptos. Este es el caso de las llamadas 'palabras con contenido léxico', como los nombres, los adjetivos calificativos, los verbos o los adverbios en *-mente,* entre otras: su contribución fundamental es la de activar representaciones conceptuales, que son los constituyentes básicos del sistema en el que tienen lugar los procesos representacionales internos (en la línea, por ejemplo, del lenguaje del pensamiento de Fodor 1975). Estas unidades dan acceso a dos tipos de información: información enciclopédica, que incluye datos sobre las propiedades, la extensión y la denotación del concepto (es decir, datos que contribuyen a las condiciones de verdad de las expresiones complejas en las que aparecen), e información lógica, que especifica las relaciones de entrañamiento, contradicción o presuposición, que determinan los tipos de encadenamientos deductivos posibles. Además de su contenido conceptual, las palabras con contenido léxico contienen también rasgos visibles para la computación sintáctica (información categorial, rasgos de género y número), así como información fonológica relevante para los sistemas articulatorio-motores.

Otras unidades, en cambio, contienen instrucciones para el sistema computacional sintáctico: son las categorías que configuran el estrato funcional de las oraciones y contienen rasgos formales "visibles" para la computación gramatical (persona, género, número, capacidad de asignación de caso). Estos rasgos son los responsables de inducir procesos sintácticos como el movimiento de constituyentes (Chomsky 1995). La "visibilidad" de estos rasgos se limita al sistema de la computación sintáctica. Una vez que las operaciones computacionales que ellos desencadenan se han llevado a cabo, dejan de estar accesibles para otros mecanismos cognitivos. Las propiedades de los rasgos computacionales representan el centro de interés de las investigaciones sintácticas.

Existen, por último, unidades que codifican instrucciones para los mecanismos inferenciales del sistema intencional: son indicaciones que guían los procesos de interpretación. Estos rasgos están presentes en categorías como los determinantes y cuantificadores, los complementantes o las indicaciones de tiempo, aspecto, modo y evidencialidad; otros, en cambio, son unidades independientes, como los marcadores discursivos, que no aportan contenido conceptual a las representaciones, sino pistas sobre los encadenamientos inferenciales posibles. A presentar con más detalle las propiedades de este tercer tipo de rasgos y de unidades está dedicada la sección siguiente.

Las unidades lingüísticas de este tercer tipo reciben el nombre de 'procedimentales' (Blakemore 1987, 2002, Wilson y Sperber 1993, Escandell-Vidal, Leonetti y Ahern [eds.] 2011) y codifican instrucciones precisas para la fase inferencial de la interpretación, restringiendo el espacio en el que se ha de seleccionar el contexto de interpretación. Las instrucciones para la inferencia facilitan la interpretación porque acotan de manera explícita el espacio interpretativo, guiando al destinatario hacia una determinada combinación entre el contenido explícito y la información contextual. De este modo, contribuyen a la eficacia del procesamiento.

Un ejemplo clásico de unidad con significado procedimental es el de los pronombres personales. Kaplan (1989) observa que el pronombre de primera persona no puede caracterizarse como la codificación del concepto 'el hablante', porque esto da lugar a predicciones equivocadas; lo que codifica este pronombre es una instrucción de procesamiento para identificar un referente a base de identificar primero al hablante. Es necesario, pues, distinguir entre el 'carácter' de una expresión (la regla para identificar la entidad a la que se refiere) y su 'contenido' (la identificación de la representación mental concreta correspondiente a dicho referente). En otras palabras, hay que diferenciar el significado lingüístico de su especificación contextual.

Este mismo enfoque se ha aplicado con éxito al ámbito de la referencia, tanto nominal como verbal. Como vimos anteriormente, el establecimiento de la referencia es uno de los procesos que requiere la integración de la información lingüística con información contextual: el conocimiento de la lengua no es suficiente para poder fijar de manera exacta a qué entidades o a qué eventos quiere aludir el emisor. Pues bien, de acuerdo con la perspectiva procedimental, en el caso de los determinantes y los tiempos verbales es preciso distinguir también entre carácter y contenido: lo que codifica la lengua es el carácter, es decir, un conjunto de instrucciones abstractas sobre cómo acotar el espacio contextual de búsqueda en el que localizar el referente de las entidades y de los eventos. En el caso de los determinantes definidos, por ejemplo, la instrucción codificada equivale a una indicación de que la representación mental de la entidad aludida resulta inmediatamente accesible (Kempson 1986b, Gundel, Hedberg y Zacharski 1993, Leonetti 1996). El profundo paralelismo que existe entre los ámbitos nominal y verbal ha favorecido la extensión de este tipo de análisis a los indicadores de tiempo, modo, aspecto y evidencialidad en las lenguas: también en estos casos las instrucciones delimitan espacios restringidos de búsqueda y aluden a la accesibilidad, a las relaciones de dependencia entre eventos o ayudan a seleccionar mundos posibles en los que situar los eventos (Moeschler [ed.] 1998, Saussure 2003).

La modalidad representa otra categoría en la que la perspectiva procedimental ha permitido entender mejor las problemáticas relaciones entre clases oracionales y clases de actos de habla. Efectivamente, los tipos oracionales no codifican directamente y de manera mecánica tipos de actos verbales, sino que restringen expresamente las posibilidades interpretativas en lo relativo a la fuerza ilocutiva o a la actitud proposicional (Wilson y Sperber 1988, Escandell-Vidal 2012). Esto supone que los conceptos de 'acto de habla' y de 'fuerza ilocutiva', que ocupan un lugar central en otros enfoques, dejan de ser nociones básicas o primitivas, y derivan de una interacción no determinística entre la forma gramatical y los supuestos contextuales.

A los indicadores de naturaleza sintáctica se ha unido la entonación, que se ha beneficiado así de un enfoque que permite dar cuenta adecuadamente de aquellos aspectos de la prosodia que tienen estatuto lingüístico (House 1989, Escandell-Vidal 1998, 2002, Wilson y Wharton 2006). A estos ámbitos hay que añadir el de los marcadores discursivos, en el que la rentabilidad del enfoque procedimental resulta más evidente: unidades como *pero, de modo que* o *aunque* no contribuyen a las condiciones de verdad de las proposiciones en las que aparecen, sino que codifican instrucciones precisas sobre cómo relacionarlas entre sí y con el contexto (Blakemore 1988).

Todos estos casos particulares ponen de manifiesto que la codificación de instrucciones de procesamiento representa el punto central de la conexión entre la gramática y los mecanismos pragmáticos: los significados procedimentales constituyen las indicaciones que la gramática transfiere al sistema intencional para guiar explícitamente la interpretación. Ahora bien, el hecho de que ciertas unidades expresen instrucciones para los mecanismos pragmáticos no las convierte a ellas mismas en unidades pragmáticas. La distinción conceptual/procedimental no puede, en modo alguno, equipararse a la distinción semántica/pragmática. Es crucial entender que el estatuto conceptual o procedimental establece una subdivisión dentro del ámbito de la semántica, es decir, de la codificación lingüística. Esto implica postular una división entre dos tipos de teorías del significado (Blakemore 1987): por una parte, una teoría del significado representacional, que abarca los rasgos léxicos que codifican conceptos y las estructuras abstractas de significado formadas composicionalmente; por otra, una teoría del significado procedimental que se ocupa de las especificaciones semánticas que restringen los procesos inferenciales. Y, en contra de lo que ocurre con el significado léxico, que es fácilmente accesible a la introspección, no tenemos acceso consciente ni a las reglas de la computación sintáctica ni a las de la computación inferencial. Los significados procedimentales se corresponden con instrucciones cognitivas de nivel sub-personal y operan en un nivel distinto al de los conceptos.

Así pues, aunque actúen en el nivel inferencial, los significados procedimentales están codificados en la gramática, lo que significa que la asociación entre la forma y la instrucción es una asociación convencional y específica de cada lengua, y tiene que interiorizarse como parte del proceso de adquisición: los significados procedimentales son parte del conocimiento lingüístico. Lo importante, en todo caso, es subrayar que el proceso por el que se obtiene la instrucción es un proceso semántico, es decir, un proceso de descodificación algorítmico, deductivo y local. Esto implica, por tanto, que la instrucción codificada por una unidad procedimental no es cancelable y que ningún otro proceso pragmático puede anularla: el significado procedimental es rígido y debe satisfacerse a toda costa (Escandell-Vidal y Leonetti 2011).

14.3. Los límites entre gramática y pragmática: dos ejemplos

En las secciones anteriores hemos presentado las bases de la delimitación teórica entre los dominios de la gramática y de la pragmática. Esta delimitación es clara y está bien establecida. Sin embargo, cuando se analizan fenómenos específicos, no es siempre fácil decidir cómo trazarla y cómo obtener el mayor rendimiento explicativo posible de la distinción. En ocasiones, los gramáticos construyen explicaciones formales sin apenas considerar la necesidad de tener en cuenta también la perspectiva pragmática, en parte por la falta de comunicación entre los dos ámbitos de investigación –el estrictamente gramatical y el pragmático– y en parte por la tendencia a explotar al máximo las herramientas de la teoría gramatical. Dentro de la variedad de problemas de investigación que actualmente reflejan esta tensión entre dominios, hemos seleccionado dos que han destacado por el interés que les han prestado los especialistas o por las perspectivas que han abierto. En primer lugar trataremos el problema –no nuevo– de los fragmentos no oracionales, para conectarlo con el de los llamados 'constituyentes no articulados'. En segundo lugar, revisaremos brevemente los acercamientos pragmáticos a la anáfora.

14.3.1. ¿Estructura gramatical encubierta o inferencia pragmática?

14.3.1.1. Fragmentos

14.3.1.1.1. Los datos

En cualquier lengua natural es posible observar el uso de sintagmas aislados como enunciados independientes. Para englobarlos bajo un término genérico útil desde el punto de vista descriptivo, nos referiremos a ellos como *fragmentos no oracionales* –en la bibliografía en inglés se emplean términos como *fragments* o *nonsentential speech*– (cf. Brucart 1987 para el español, Stanley 2000, Stainton 2003, 2006, Barton y Progovac 2005, Merchant 2004, 2010, Fortin 2007, Hall 2009a, Progovac 2013). Los ejemplos relevantes, tomados de la bibliografía reciente, aparecen en (5):

(5) a. ¡Muy bueno!   (al escuchar un chiste)
   b. La directora.   (señalando a una mujer que acaba de entrar en una sala de reuniones)
   c. ¡A tu habitación! (a un niño que se ha portado mal)
   d. Con dos manos.   (a una niña que lleva un vaso lleno de zumo)
   e. Mañana.   (como reacción a la propuesta de salir a tomar algo)

En esta lista no aparecen los típicos fragmentos que funcionan como respuestas a preguntas previas (véase Merchant 2010, para un análisis sintacticista, y Brucart 1987: 169-182, para una propuesta que prefigura algunos aspectos de la de Merchant). Hemos preferido excluirlos de este repaso porque están asociados a un antecedente lingüístico muy claro, como se observa en el intercambio de (6):

(6) —¿De dónde viene?
   —De Francia.

Lo que nos interesa de los fragmentos de (5) es lo siguiente: a pesar de que corresponden a diversas clases de sintagmas ([5a] es un SA, [5b] es un SD, [5c] y [5d] son SSPP, [5e] es un SAdv) y de que ninguno de ellos es, por lo menos a simple vista, una oración completa, los hablantes son capaces de usarlos para expresar proposiciones y para realizar actos de habla. Con fragmentos como los de (5) se consigue comunicar contenidos proposicionales como los de (7) (entre otros):

(7) a. Eso es muy bueno.
   b. Esa es la directora.
   c. ¡Vete a tu habitación!
   d. Sostén el vaso con dos manos.
   e. Salgamos mejor mañana.

Es fácil comprobar que en los ejemplos de (5) se manifiesta el clásico fenómeno de desajuste entre lo que se codifica lingüísticamente en un enunciado y lo que se comunica por medio de él, como hemos visto en las secciones anteriores. La pregunta que el lingüista se hace, frente a los datos de (5), es cómo es posible que *Muy bueno* se pueda interpretar como *Eso es muy bueno, A tu habitación* se pueda entender como *Vete a tu habitación,* y *Con dos manos* pueda equivaler a *Sostén el vaso con dos manos,* entre otras cosas. Y no solo eso: la pregunta es también la de cómo el empleo de un simple sintagma puede comunicar contenidos proposicionales completos.

14.3.1.1.2. Enfoques sintácticos y enfoques pragmáticos

La bibliografía sobre fragmentos nos muestra dos posibles respuestas a estas preguntas: una de ellas intenta explotar la noción tradicional –sintáctica– de *elipsis* y la otra intenta hacer precisamente lo contrario y dejar que el peso de la explicación recaiga sobre los mecanismos pragmáticos.

La primera es un ejemplo sobresaliente de solución inspirada en la sintaxis: consiste en suponer que los fragmentos tienen propiedades oracionales porque desde el punto de vista de su estructura sintáctica son realmente oraciones, a las que se ha aplicado un proceso de elipsis de algún constituyente. Si se consigue aplicar la noción de elipsis de forma rigurosa, las ventajas de esta opción son claras: la explicación se basa en nociones independientemente justificadas y ya empleadas en el análisis de casos claros, no controvertidos, de elipsis sintáctica (por ejemplo, el truncamiento –*Sluicing*– en *Sé que lo aprobarán, pero no sé cuándo,* y la elipsis de SV en *Yo sé que lo aprobarán, y ella también*), y la relación entre gramática e interpretación está basada en la identidad de estructuras oracionales y estructuras proposicionales, sin necesidad de estipulaciones adicionales. La versión más elaborada de este enfoque es la que se propone en Merchant (2004, 2010).

La segunda respuesta evita el recurso a la elipsis y mantiene el supuesto de que los fragmentos no son oraciones sino simples sintagmas. En este caso, su interpretación no puede derivarse enteramente de la sintaxis, sino que ha de obtenerse por otros medios, y es aquí donde la teoría pragmática desempeña un papel primordial: la interpretación proposicional y la fuerza ilocutiva del enunciado se infieren pragmáticamente, como resultado del funcionamiento de mecanismos pragmáticos generales, que son los mismos que subyacen a la interpretación de cualquier otro enunciado. En pocas palabras, la sintaxis genera simples fragmentos (sintagmas) y la pragmática se ocupa de asignarles una interpretación proposicional. Nótese que esta postura no implica modificar o complicar el sistema gramatical ni la proyección de la sintaxis en la representación del significado. Una defensa razonada de esta postura se puede ver en Stainton (2004, 2006), Barton y Progovac (2005), Hall (2009a) y Progovac (2013).

Las dos estrategias son, evidentemente, opuestas: la solución basada en la elipsis apuesta por aumentar la cantidad de estructura sintáctica inaudible para poder preservar una relación simple y conservadora entre sintaxis e interpretación, mientras que la solución contraria opta por mantener la máxima simplicidad en la sintaxis –tanto que en este caso no hay constituyentes vacíos– para permitir que la capacidad inferencial de los hablantes dé cuenta del desajuste entre forma gramatical e interpretación. Como se ve, la polémica gira en torno a cómo satisfacer los requisitos generales de economía de la teoría lingüística. En principio, ambas estrategias son perfectamente legítimas y reflejan con claridad la tensión entre principios estrictamente gramaticales y principios pragmáticos como herramientas explicativas.

14.3.1.1.3. Las claves del debate

En lugar de repasar aquí los detalles de varias propuestas teóricas y la forma en que se entiende la elipsis en la teoría sintáctica, trataremos de resaltar los factores más significativos que los dos puntos de vista han tenido en cuenta. Para percibir mejor las dimensiones y el alcance del debate, conviene hacerse preguntas como las siguientes:

a. Si se defiende la solución basada en la elipsis, hay que suponer que los fragmentos comparten suficientes propiedades con los casos indiscutibles de elipsis, pero ¿son los fragmentos plenamente equiparables a la elipsis propiamente dicha –es decir, a la elipsis sintáctica–?

b. ¿Qué datos pueden inclinar la balanza a favor de una u otra solución?

c. ¿Corresponden los fragmentos a actos de habla genuinos? Nótese que, si no reconociéramos a los fragmentos su propia fuerza ilocutiva ni la capacidad de expresar una proposición, habría que replantear la cuestión de cómo se interpretan y cómo se usan, lo que los apartaría de los enunciados verbales "corrientes" (cf. Stanley 2000).

La pregunta c) nos remite a debates de raíz filosófica. Conviene recordar, siguiendo a Stainton (2004) y Hall (2009a), que el hecho de que los fragmentos puedan exhibir contenidos y fuerza ilocutiva indeterminados no les impide representar actos de habla genuinos –algo, por cierto, bastante común–. La razón resulta clara: la fuerza ilocutiva de un enunciado depende de las intenciones comunicativas del emisor y no es necesario que estas estén expresamente representadas en la sintaxis. Como se dijo en § 2.5, hay recursos formales que guían la interpretación, pero la interpretación procede igualmente cuando estas indicaciones no aparecen. Conviene, pues, suponer que esa indeterminación es solo una manifestación más de la infradeterminación semántica. De hecho, no es posible saber fuera de contexto cuál es exactamente el contenido que se recupera a partir de un fragmento como el de (5b), *La directora*. Puede ser 'Esa es la directora', 'Aquí viene la directora',

'Cuidado: ha llegado la directora'. En todo caso, el carácter indeterminado de muchos fragmentos constituye un argumento a favor de un enfoque pragmático: la indeterminación sugiere que no hay un antecedente para una supuesta elipsis y que no se recupera ninguna estructura oracional dada, sino que la proposición se construye a partir del contexto. Como ya hemos comentado anteriormente, la indeterminación es característica de los aspectos pragmáticos de la interpretación.

Las preguntas a) y b) merecen un tratamiento más pausado. La primera pone sobre el tapete el supuesto parentesco entre la elipsis sintáctica y los fragmentos. Es indudable que existen paralelismos: en ambos casos se comunica más de lo que se dice, se aseveran proposiciones, ya que los hablantes pueden juzgar si lo que se dice es verdadero o no, y se respetan los principios generales de la gramática. También pueden observarse diferencias. Como ha indicado Stainton (2004, 2006), las elipsis no controvertidas se caracterizan por depender de la presencia de antecedentes lingüísticos, mientras que los fragmentos se usan de forma natural en ausencia de tales antecedentes, como muestran nuestros ejemplos (la distinción remite a la que se establecía en Hankamer y Sag [1976] entre 'anáfora superficial' y 'anáfora profunda'). Esto explica que (8) sea perfectamente aceptable en posición inicial de discurso, pero la elipsis de SV en (9) no lo sea:

(8) ¡Dos cafés con leche!

(9) #María también.

No es imposible imaginar una situación en la que (9) se emplee sin antecedente lingüístico, pero se trata sin duda de un hecho marcado. La dependencia o no de un antecedente previo constituye una diferencia notable entre elipsis y fragmentos, porque es difícil que haya "control pragmático" de los casos no controvertidos de elipsis sintáctica. Sin embargo, la asimetría no es siempre tan clara. Merchant (2004: 718) menciona ejemplos como los siguientes, en los que la elipsis de SV subsiste sin antecedente lingüístico expreso:

(10) Shall we?   (en inglés, como invitación a bailar)

(11) Realmente no debería.   (como rechazo a la invitación a tomar un
                               segundo trozo de tarta)

Ciertos datos contextuales especialmente accesibles y salientes, como el encontrarse en un lugar donde se baila, en (10), o una invitación previa a tomar tarta, en (11), pueden suplir la ausencia de antecedentes lingüísticos para las expresiones anafóricas, entre ellas algunos tipos de elipsis. ¿Es así con cualquier clase de elipsis? Con toda seguridad, no. En cualquier caso, ejemplos como los de (10)-(11) no representan el funcionamiento natural de los mecanismos de la elipsis sintáctica. Algunos autores mencionan otras posibles diferencias: Elugardo y Stainton (2005: 9-10), por ejemplo, señalan que, contrariamente a lo que sucede en las estructuras con elipsis, los fragmentos pueden transmitir también contenidos no proposicionales, cuando se usan como títulos

(Últimas tardes con Teresa) o como partes de la lista de la compra *(Pan de molde)*. Parece, por lo tanto, que existen diferencias notables entre los fragmentos y los casos centrales de elipsis sintáctica.

La pregunta b) alude a los datos empíricos con los que hay que contrastar las dos hipótesis. A favor de la solución con elipsis se suelen mencionar las dependencias gramaticales –lo que se denomina 'efectos de conectividad'– que subsisten entre el fragmento y el material supuestamente elidido: estas dependencias se dan de la misma forma que cuando el fragmento aparece dentro de un contexto oracional, y, por tanto, hacen pensar que el fragmento las exhibe porque, en realidad, en algún nivel de análisis sí forma parte de una estructura oracional. Los datos más comentados han sido los de las marcas de caso. Un buen ejemplo es el de (12), citado por Merchant: al pedir un café en alemán, el SD aislado *einen Kaffee* debe aparecer en caso acusativo y es anómalo en caso nominativo (aunque no hay coincidencia absoluta entre todos los hablantes), exactamente igual que cuando está insertado en un contexto sintáctico más extenso del tipo 'Quiero un café', 'Tráigame un café' o 'Me tomaría un café', como en (13).

(12) Einen Kaffee, bitte! (cf. #Ein Kaffee, bitte!)

(13) Ich hätte gerne einen Kaffee.
    'Me tomaría un café'

Es lógico pensar, pues, que la manera óptima de explicar la necesidad del acusativo es insertar *einen Kaffee* en una estructura oracional que pueda legitimar el caso, sujeta a un proceso posterior de elisión.

Sin embargo, no todos los datos relativos al caso favorecen de igual manera el enfoque basado en la elipsis. El siguiente conjunto de ejemplos en inglés, tomado de Barton y Progovac (2005: 77), constituye un argumento en contra de la elipsis:

(14) a. Who can eat another piece of cake?
    '¿Quién toma otra ración de tarta?'
    b. ?*I / ?*We / ?*He
    c. Me / ?Us / Him / Her

En respuesta a una pregunta como la de (14a), solo los pronombres en acusativo de (14c) resultan gramaticales; por el contrario, las formas de nominativo de (14b), que son las que esperaríamos en una respuesta oracional completa como *I can eat another piece of cake,* o en una respuesta abreviada del tipo *I can*, quedan excluidas. Obviamente, las formas de acusativo serían imposibles como sujetos oracionales (cf. **Me can eat another piece of cake*). En consecuencia, no podríamos derivar las respuestas de (14c) a partir de una estructura oracional con elipsis. Barton y Progovac (2005: 78) proponen que los fragmentos no oracionales no requieren rasgos de caso, lo que establece una fractura entre el comportamiento de los fragmentos y el de los constituyentes oracionales, en contra de lo asumido en las soluciones con elipsis. El acusativo de (14c) se explicaría, por otra parte, porque se trata del caso 'por defecto' en inglés, según las autoras. Una lengua con caso morfológico como el coreano también permite que los fragmentos aparezcan en una forma sin caso, posibilidad vedada a las expresiones incluidas en una estructura oracional: esto parece confirmar la validez de la propuesta de Barton y Progovac (pero Merchant [2004] señala soluciones alternativas). Otro factor relevante es la estructura informativa: en (14) la estructura de foco de la respuesta debe coincidir con la de la pregunta y, por lo tanto, el pronombre de (14c) debe representar el foco informativo, como lo hace en *The only one is me* 'El único soy yo', donde el pronombre aparece en acusativo. En cualquier caso, los datos no apoyan una solución basada en la elipsis sintáctica. Las cuestiones de (anti) conectividad no se limitan a las marcas de caso: también se han discutido fenómenos como el *Preposition Stranding,* los efectos de las 'islas sintácticas' y la distribución de los términos de polaridad (Progovac 2013 ofrece un panorama actualizado del debate).

Stainton (2006: 116) señala, además, otro problema notable para la hipótesis sintáctica: si los fragmentos son en realidad oraciones a las que se aplica un proceso de elipsis, su distribución debería ser idéntica a la de las oraciones completas, pero no parece que sea así. Por ejemplo, en inglés los fragmentos no pueden aparecer en contextos de subordinación, en los que una oración sería esperable (cf. *Jenny told us that Barbara Partee*). Nótese que en español, sin embargo, sí son aceptables oraciones como las de (15), en las que un sintagma ocupa la posición de la subordinada completiva introducida por *que:*

(15) a. Juan dice que [la directora].
   b. Papá dijo que [a tu habitación].
   c. ¿Tengo que repetirte que [con las dos manos]?

Lo cierto es que estas oraciones presuponen un contexto previo en el que se haya formulado una pregunta (por ejemplo, *¿Quién es esa señora que acaba de entrar?*) o se haya hecho una petición (por ejemplo, *Vete a tu habitación* o *Cógelo con las dos manos*). De otra forma no serían aceptables. Esto implica que la construcción remite a fragmentos como respuestas a estímulos lingüísticos previos, pero no al uso de fragmentos sin antecedente, es decir, al tipo de fragmentos que nos interesan aquí. Los fragmentos quedan aquí legitimados si el verbo principal es un verbo de comunicación o de pensamiento (cf. *La niña {decía/aseguraba/contestaba/creía/suponía} que con las dos manos*). La diferencia entre el español y el inglés en el caso de ejemplos como (15) surge probablemente de los rasgos de los complementantes en las dos lenguas: sería, pues, sintáctica. La necesidad de distinguir los fragmentos como respuestas (es decir, con antecedente lingüístico expreso) y los fragmentos libres, sin antecedente, queda confirmada. Por lo demás, son necesarios datos más precisos y tomados de varias lenguas, pero parece que la distribución de los fragmentos no puede ser equivalente a la de las estructuras oracionales.

De lo anterior no se puede deducir, pues, que dispongamos de argumentos definitivos para zanjar el debate en todos sus aspectos, pero sí creemos que los datos esenciales para comprender las razones de ambas partes han quedado expuestos, y que hay motivos para defender un enfoque pragmático de la interpretación de los fragmentos.

14.3.1.1.4. La solución pragmática

¿Cómo se podría dar cuenta de la interpretación de los fragmentos sin elipsis? Las ideas centrales se exponen en Stainton (2004, 2006) y Hall (2009a). Hay que recordar que, debido a la indeterminación de muchos aspectos del significado, el complejo algoritmo de la gramática casi nunca permite obtener proposiciones completas como resultado de la descodificación, sino más bien obtener esquemas para la interpretación que deben enriquecerse y completarse en varios sentidos. Es la capacidad inferencial la que nos permite combinar datos lingüísticos y datos del contexto para finalmente definir, entre otras cosas, el contenido proposicional que el hablante pretende comunicar.

En el caso de los fragmentos, las cosas podrían funcionar más o menos así. La sintaxis se limita a velar por la buena formación de los sintagmas; la interpretación de estos en un contexto discursivo corresponde a los procesos pragmáticos habituales en la interpretación de enunciados. La mayor parte de los fragmentos que hemos citado representan una expresión predicativa (SN, SA, SP), que debe saturarse por medio de alguna expresión sujeto. La información correspondiente al argumento sujeto de la expresión se deberá inferir a partir de los datos manifiestos para el oyente en el contexto. La información obtenida del procesamiento de las unidades lingüísticas y la obtenida del contexto se combinan no en un nivel lingüístico, sino en el nivel de las representaciones mentales, en el "lenguaje del pensamiento", haciendo así posible la comunicación de una proposición completa. Lo característico de la comunicación suboracional es precisamente que se combina el resultado de descodificar una expresión (y enriquecerla, desambiguarla, especificarla) con otra representación no lingüística, obtenida a partir de la memoria, de la percepción, de ciertos esquemas culturales, etc. –es decir, de cualquier dato accesible y prominente–. Se alcanza así una representación proposicional (véase Vicente y Groefsema 2013, para un enfoque dinámico de este proceso interpretativo). La fuerza ilocutiva del enunciado también se infiere, como en cualquier otro caso (aunque a veces la gramática ofrezca pistas parciales sobre cuál puede ser el tipo de acto de habla ejecutado por el hablante). Nada hay en estos procedimientos que no esté independientemente justificado para explicar otros aspectos de la comunicación verbal. En definitiva, un análisis pragmático parece la mejor manera de dar cuenta de la indeterminación contextual en el uso de los fragmentos suboracionales. No hay que olvidar que, incluso en un enfoque radicalmente sintáctico, la interpretación de la elipsis dependería en parte de procedimientos inferenciales y, por lo tanto, pragmáticos (véase Kempson 2012, para el tratamiento general de los fenómenos de elipsis).

En esta sección hemos presentado un problema gramatical, el del desajuste entre forma e interpretación en los llamados *fragmentos no oracionales,* y dos formas opuestas de abordarlo, una basada en explotar la noción sintáctica de elipsis y otra orientada hacia una solución pragmática que evita el recurso a estructuras sintácticas inaudibles. Hemos revisado algunos de los datos y de los argumentos que pueden favorecer a cada uno de los enfoques, para concluir que, para los fragmentos que no funcionan como respuesta a preguntas previas –y posiblemente también para todos los demás–, un enfoque pragmático es preferible, si se tienen en cuenta la indeterminación contextual de las interpretaciones, las diferencias con respecto a los casos centrales de elipsis sintáctica, los datos de anticonectividad que no pueden explicarse a partir de la elipsis, y la conveniencia de no tener que reconstruir estructuras sintácticas complejas.

14.3.1.2. Constituyentes no articulados

14.3.1.2.1. Los datos

Claramente relacionado con todo lo anterior está el problema de los llamados 'constituyentes no articulados' *(unarticulated constituents),* que ha generado un interesante debate en la última década (cf. Stanley 2000; Recanati 2002, 2010; Martí 2006; Hall 2008; 2009b; Carston 2002, 2010). El término *constituyente no articulado* se usa para aludir a constituyentes implícitos que forman parte de la proposición expresada en un enunciado, del tipo de los vistos más arriba en (1c-d) y los que se observan en (16a) y (17a), en las paráfrasis de los ejemplos de (16b)-(17b) (*no articulado* significa simplemente 'no pronunciado y no incluido en ningún nivel de representación lingüística'):

(16) a. Está lloviendo.
    b. Está lloviendo [aquí/en algún lugar x].

(17) a. La taza se me cayó y se rompió.
    b. La taza se me cayó y [a consecuencia de ello] se rompió.

Un oyente que interprete adecuadamente el enunciado de (16a) debe suponer que lo que el hablante pretende comunicar es 'Está lloviendo en este momento en el lugar en el que se habla' o 'Está lloviendo en este momento en algún lugar (contextualmente identificable)', simplemente porque las cosas que ocurren –como la lluvia– ocurren en algún lugar; la proposición explícitamente comunicada en (16a) será, pues, algo parecido a (16b). De la misma forma, es natural interpretar (17a) como (17b), con la adición de una relación causal entre el primer acontecimiento –la caída de la taza– y el segundo –el hecho de que se rompa–.

Otros ejemplos frecuentemente citados que contienen constituyentes no articulados son los siguientes (en todos ellos la información implícita adicional, que por supuesto puede variar de un contexto a otro, aparece entre corchetes):

(18) He desayunado mucho [esta mañana].

(19) No tengo nada que ponerme [apropiado para esta ocasión].

(20) Esto llevará tiempo [más de lo esperado/más de lo deseable/más de lo que parece].

(21) Cogió el bolígrafo y anotó algo [con el bolígrafo].

14.3.1.2.2. Dos enfoques alternativos

Está fuera de discusión que el contenido aportado por los constituyentes no articulados depende del contexto en el que se use el enunciado y, por lo tanto, se obtiene por medio de inferencias pragmáticas que explotan la información contextual disponible. El problema que surge en estos ejemplos es el de explicar cuál es el origen de los constituyentes no articulados en la proposición, es decir, por qué forman parte de ella.

Hay básicamente dos respuestas posibles: o bien se trata de información que la estructura sintáctica o semántica requiere, en algún sentido, o bien es información que no está de ningún modo ligada a la representación gramatical y que el oyente infiere pragmáticamente, de forma libre, al intentar reconstruir la intención comunicativa del hablante. Solo en el segundo caso podríamos hablar realmente de constituyentes no articulados. Nos encontramos de nuevo con una situación análoga a la del debate sobre la naturaleza de los fragmentos, como veremos a continuación.

Los defensores de la primera opción, a los que, de acuerdo con Recanati 2002, se suele denominar 'minimistas' (por ejemplo, Stanley 2000) en el sentido semántico-pragmático (que no se debe confundir con el sentido gramatical), sostienen que la inferencia pragmática añade contenido veritativo-condicional a la proposición comunicada solamente en respuesta a las exigencias de ciertos elementos léxicos o gramaticales que necesitan ser "saturados" (en el sentido de que necesitan que su contenido sea determinado o elaborado contextualmente): estos elementos, ya presentes en la Forma Lógica obtenida por descodificación, aportan a la proposición variables semánticas que deben ser especificadas, y esta es, supuestamente, la única manera en la que la pragmática interviene en la determinación del nivel del contenido explícito. Si no hubiera una variable proporcionada por la gramática, argumentan, el contenido inferido sería en todo caso una implicatura conversacional, pero no sería parte del contenido veritativo. Todo se reduce, desde este punto de vista, a procesos de saturación, por lo que se intenta analizar los supuestos constituyentes no articulados como si fueran "articulados", es decir, como si estuvieran legitimados por la estructura gramatical.

Si se acepta esto, hay que suponer que la variable que se especifica por medio de la información relativa al lugar en el que llueve, en (16b), está presente en la representación gramatical de la oración, de forma que pueda activar el proceso de saturación. Para ello, un verbo meteorológico como *llover* debería poseer un argumento locativo. Sin embargo, el complemento de lugar en (16b) es claramente no argumental. El problema central que este enfoque tiene que afrontar es que no parece que haya ninguna razón sólida para justificar la presencia de una variable tácita correspondiente a un complemento de lugar –es decir, un modificador adjunto, puramente opcional y no seleccionado por ningún otro elemento– en la proposición correspondiente a (16a). En general, este enfoque lleva a multiplicar de forma injustificada el número de "huecos" argumentales que deben saturarse en una proposición, ya que obliga a postular uno por cada caso de saturación por vía pragmática que se reconozca (es el problema de los *hidden indexicals* o deícticos ocultos). Este es sin duda su inconveniente más serio.

Los defensores de la segunda opción, a los que podemos llamar 'contextualistas' (entre ellos, Recanati 2002, 2010, Carston 2002, Sperber y Wilson 1986, Hall 2008, 2009b), aceptan que la "intrusión" pragmática en el nivel del contenido explícito está mucho más extendida de lo que se solía pensar –por ejemplo, en el modelo de Grice–, y consideran que los constituyentes no articulados aparecen en virtud de un proceso pragmático denominado 'enriquecimiento libre' *(free enrichment)*. El proceso es libre precisamente en el sentido de que no está controlado por ningún elemento gramatical o léxico: se produce como resultado del intento de reconocer la intención comunicativa del hablante y de captar el sentido global del enunciado, y está determinado por las mismas consideraciones de relevancia, accesibilidad y organización de los datos del entorno que cualquier proceso inferencial. Es este proceso pragmático el responsable de dar forma a la información sobre el lugar en el que llueve en (16a) y sobre la relación causal entre los dos eventos de (17a). En (17a), por ejemplo, la existencia de un esquema prototípico bien accesible para cualquier hablante en el que la caída de un objeto al suelo provoca su rotura, hace inferir por defecto que las dos oraciones coordinadas deben entenderse como vinculadas por una relación de causalidad, en la que el primer evento precede y causa el segundo (aunque nada impide que la relación entre eventos fuera la inversa: el asa de la taza se rompe y, como consecuencia, la taza cae).

En general, el proceso consiste en añadir a la representación datos implícitos correspondientes a modificadores adjuntos o conectores. Si se elige esta perspectiva, se evita el riesgo de multiplicar el número de huecos argumentales de los predicados y se mantiene, por lo tanto, el control de la complejidad de la gramática, ya que no es necesario suponer que los constituyentes implícitos tengan que estar necesariamente legitimados por elementos gramaticales. Como en todas las soluciones pragmáticas, se libera a la gramática de la tarea de explicar todos los aspectos de la interpretación.

Sin embargo, los lingüistas y filósofos que se oponen al contextualismo han señalado desde el primer momento el mayor inconveniente al que, por lo menos a primera vista, se enfrenta la noción de enriquecimiento libre: se trata, dicen, de su naturaleza irrestricta y no sistemática, que hace que sea complicado predecir qué clase de enriquecimientos son posibles en qué contextos y por qué, y, sobre todo, predecir qué clase de enriquecimientos no son posibles. Si aceptáramos el enriquecimiento libre, argumentan los anticontextualistas, acabaríamos renunciando a la posibilidad de ofrecer una explicación sistemática de cómo los oyentes captan el contenido veritativo de los enunciados. El problema puede plantearse también con respecto a las implicaturas conversacionales genuinas, que son producto de procesos pragmáticos libres, es decir, procesos de construcción y comprobación de hipótesis. Sin embargo, la relación entre la Forma Lógica obtenida como resultado de la descodificación gramatical y el contenido explícito construido a partir de desarrollarla inferencialmente tiene que estar mucho más controlada por la gramática que la obtención de implicaturas conversacionales; y si el control lingüístico es mayor, ello parece sugerir que solo hay saturación y no enriquecimiento libre.

En respuesta a estas objeciones, Hall (2008, 2009b) ha tratado de mostrar que la propuesta contextualista puede modelarse de forma restrictiva en el marco de la Teoría de la Relevancia de Sperber y Wilson (1986); Vicente y Groefsema (2013), por el contrario, dentro del mismo marco teórico, proponen que la semántica –en particular la estructura conceptual de los predicados– permite predecir posibles constituyentes implícitos que opcionalmente aparecen en la proposición que se comunica, de forma que no es necesario considerarlos como realmente "no articulados", aunque se obtengan por inferencia pragmática. De acuerdo con esta propuesta, los supuestos constituyentes no articulados no serían tales, pero desde luego no estarían ligados a la representación sintáctica, sino a los esquemas conceptuales. Sin entrar en los detalles del debate teórico, podemos afirmar con seguridad que, en cualquier caso, el manejo de la idea de enriquecimiento libre debe ser altamente restrictivo: es preciso calibrar cuidadosamente qué se puede explicar en términos semánticos y qué debe resolverse en términos pragmáticos, como justamente se advierte en Vicente (2010). La gran pregunta que subyace al debate sobre los constituyentes no articulados es la de cuáles son las dimensiones reales de la "intrusión" pragmática en la determinación del contenido explícito de un enunciado (cf. § 2.3). Como hemos indicado anteriormente, la investigación empírica en el futuro nos ofrecerá respuestas cada vez más detalladas. Lo que hoy está ya fuera de discusión es que esa intrusión existe, que es más profunda de lo que pensábamos, y que es necesario tenerla en cuenta para explicar cómo funciona la comunicación, tanto en los fragmentos no oracionales como en los contextos en los que supuestamente hay 'constituyentes no articulados'.

14.3.2. *La anáfora*

14.3.2.1 Anáfora oracional y anáfora discursiva

Como se sabe, *anáfora* es un término muy amplio que recoge toda una variedad de datos lingüísticos en los que la interpretación de una expresión depende de la presencia de otra expresión que se denomina *antecedente*. Las relaciones anafóricas pueden clasificarse de acuerdo con diversos criterios, y uno de los criterios básicos es el que distingue la anáfora discursiva, o interoracional, de la anáfora oracional: en la primera, las expresiones relacionadas aparecen en oraciones distintas, mientras que en la segunda aparecen dentro de los límites de una misma oración.

La anáfora discursiva es un fenómeno que cae claramente fuera del ámbito de la teoría sintáctica, por lo menos en el seno de las teorías formales, y se considera que debe explicarse en términos pragmáticos (si bien puede quedar plasmada en modelos formales como la Teoría de la Representación del Discurso de H. Kamp o la Teoría de la Sintaxis Dinámica de R. Kempson: la naturaleza pragmática de un fenómeno no es incompatible con la posibilidad de formalización). La anáfora oracional, en cambio, ha sido objeto de una investigación en profundidad en el seno de la sintaxis formal (cf. capítulo 12) y, para muchos especialistas –Chomsky en primer lugar–, ha representado un dominio de especial interés para la teoría sintáctica (la *Teoría del Ligamiento* en Chomsky 1981; cf. capítulo 12 de este volumen): según esta perspectiva, las relaciones de correferencia o no correferencia entre expresiones nominales (reflexivos, pronombres personales, nombres propios, SSDD definidos e indefinidos) están controladas por principios de la sintaxis, las llamadas *condiciones del ligamiento*, y, por lo tanto, forman parte de la gramática en sentido estricto (la FLE).

La sencillez de este reparto de tareas entre sintaxis (anáfora oracional) y pragmática (anáfora discursiva) se ha puesto en tela de juicio en los últimos veinticinco años, especialmente en los trabajos de Stephen Levinson y de Yan Huang (Levinson 1991, 2000, Huang 1994, 2004): estos autores han tratado de derivar las predicciones de los principios o condiciones del ligamiento a partir de la teoría pragmática de Grice (1975), de forma que los fenómenos de resolución de la anáfora tanto discursiva como oracional queden fuera del ámbito de la sintaxis estricta. Levinson (2000: 408-415) expone algunas razones para pensar que la anáfora es en buena parte una cuestión pragmática.

La idea básica es que la interpretación de los pronombres, los SSDD definidos y otros elementos con capacidad anafórica debería estar regida por los mismos principios generales, sea cual sea el dominio en el que se satisfaga la búsqueda del antecedente: se trata de la hipótesis más simple y natural (cf. Kempson 2012, para el mismo argumento referido a la elipsis, contra la separación de casos de elipsis sintácticos y casos de elipsis discursivos). Además, no hay ningún rasgo semántico específico que convierta una expresión en anafórica: cualquier expresión semánticamente general puede serlo, según Levinson (los pronombres constituyen el ejemplo más claro) –aquí, sin embargo, habría que conceder un mayor protagonismo al rasgo de definitud como contenido procedimental–. Por otra parte, la interpretación de una expresión anafórica suele resolverse seleccionando el antecedente por inferencia pragmática, de acuerdo con los datos contextuales disponibles. No hay duda de que es así en la anáfora discursiva. En cualquier caso, un acercamiento pragmático a algunos fenómenos anafóricos no es incompatible con que se mantenga un enfoque puramente sintáctico para otros; también es posible que ciertos hechos requieran una explicación basada en la interacción de principios de diferente naturaleza.

Las propuestas de Levinson y Huang, así como la propia evolución interna de los modelos de sintaxis formal, nos obligan a preguntarnos qué parte de las condiciones sobre la correferencia en el interior de las oraciones debe ser explicada por medio de principios formales y qué parte puede ser explicada con principios pragmáticos como las máximas conversacionales. De nuevo, para un mismo dominio empírico, tenemos dos modelos explicativos opuestos: uno gramatical, centrado en el código lingüístico, y otro pragmático, basado en la capacidad de desarrollar inferencias. Y de nuevo no está de más recordar que ambos modelos pueden ser necesarios y complementarios para la explicación de algunos hechos. Ante la imposibilidad de desarrollar un panorama extenso de los méritos y de las limitaciones de ambos modelos, nos limitamos a exponer brevemente los fundamentos de una teoría pragmática de la anáfora. Dejaremos a un lado lo referente al funcionamiento de los pronombres reflexivos, a pesar del papel destacado que les ha reservado la investigación reciente, también desde la perspectiva pragmática (véanse el extenso capítulo 4 de Levinson 2000 y el capítulo 6 de Ariel 2008).

14.3.2.2. Expresiones anafóricas y escalas de accesibilidad

Si construimos una clasificación de las expresiones (definidas) potencialmente anafóricas a partir de su contenido informativo –es decir, lo que las hace más generales o inespecíficas, o, por el contrario, más ricas y específicas– y de su contenido fonológico –por lo que distinguimos entre formas más reducidas o simples y formas más complejas y prolijas–, lo que obtenemos es algo parecido a la escala o jerarquía de accesibilidad muy simplificada de (22) (cf. Levinson 2000: 412; pueden verse varias versiones de esta clase de escalas en Ariel 1990, Gundel, Hedberg y Zacharski 1993, y Figueras 2002 para el español):

(22) Pronombres implícitos > pronombres explícitos > SSDD léxicos definidos

Los pronombres implícitos, o *pro* en la terminología generativa, son obviamente las expresiones más reducidas desde el punto de vista formal, y su contenido simplemente reproduce los rasgos flexivos que los legitiman (persona y número, en español). El resto de los pronombres (átonos y tónicos) son también expresiones reducidas, aunque menos, ya que se pronuncian, y carecen de contenido léxico, por lo que su contenido se limita también a rasgos muy generales. Finalmente, los SSDD definidos léxicos –las expresiones R o 'referenciales' en la Teoría del Ligamiento– son expresiones complejas dotadas de significado léxico específico y, por lo tanto, más aptas para localizar un antecedente –es decir, un referente– y distinguirlo de otros que un simple pronombre. Al incluir una caracterización conceptual, más o menos completa, del referente, proporcionada por el contenido descriptivo del sintagma, los SSDD léxicos son herramientas lingüísticas mucho más potentes e informativas que un pronombre. Los pronombres son justamente lo contrario: al no incluir rasgos léxicos descriptivos y ser poco informativos, requieren un antecedente discursivo o bien un referente perceptible en la situación de habla para poder ser interpretados, y, además, solo pueden conectar con referentes o antecedentes altamente accesibles, es decir, fácilmente identificables por el interlocutor en el contexto. De esto se deduce que no puedan introducir referentes nuevos en el discurso, salvo en condiciones muy especiales.

La escala simplificada de (22) se deriva, pues, de las características semánticas de los tres tipos de expresiones que en ella aparecen: más específicamente, del significado procedimental del rasgo de definitud de determinantes y pronombres, y del significado conceptual expresado en el contenido descriptivo de los SSDD léxicos. Estas expresiones proporcionan a los hablantes información sobre la accesibilidad relativa de los antecedentes/referentes a los que se puede aludir: los pronombres servirán para conectar con antecedentes muy accesibles, mientras que los SSDD léxicos serán más apropiados para conectar con antecedentes menos accesibles (es decir, más lejanos, o menos salientes en el discurso, o no activados todavía en el discurso previo). De la escala de (22) se deriva a su vez lo que Levinson (2000: 408) denomina 'el patrón general de la anáfora': las expresiones reducidas y generales favorecen las lecturas correferenciales –o sea, las dependencias anafóricas–, mientras que las expresiones complejas y más informativas favorecen las lecturas no correferenciales –es decir, la referencia disjunta–. Que los pronombres reciban típicamente lecturas correferenciales se debe a su limitada capacidad para discriminar entre un referente y otro: deben asociarse, por lo tanto, a antecedentes ya dados en el discurso y relativamente prominentes para los interlocutores. Que las expresiones R –los SSDD léxicos– reciban interpretaciones de referencia disjunta, en las que no son correferenciales con sus antecedentes potenciales, se debe a que la motivación para su uso está en la necesidad de aludir a un referente menos accesible o prominente, que puede estar ya presente en el discurso o no: en pocas palabras, deben emplearse en tareas para las que un pronombre, menos informativo, no es una herramienta adecuada.

14.3.2.3 Una alternativa pragmática a las condiciones del ligamiento

Es posible aplicar este patrón a los contrastes interpretativos que la Teoría del Ligamiento chomskiana explica por medio de las condiciones B ('Un pronombre debe estar libre en un dominio local') y C ('Una expresión referencial debe estar libre'), como se observa en (23) y (24):

(23) a. Ella$_i$ dice que José conoce a la directora$_{*i/j}$.

    b. Ella$_i$ dice que José la$_{i/j}$ conoce.

(24) Ella$_i$ la$_{*i/j}$ conoce.

El primer ejemplo representa el dato básico que subyace a la condición C. El SD definido *la directora* no puede ser correferencial con el pronombre *ella* (lo mismo sucedería si su antecedente potencial fuera otra expresión R, por ejemplo, un nombre propio), pero sí puede referirse a otra entidad no mencionada. La relación entre *ella* y *la directora* es de referencia disjunta, y el SD está libre, es decir, no ligado por un antecedente. La explicación en términos pragmáticos es, en lo esencial, la siguiente: si el hablante ha optado por emplear un SD léxico en (23a), cuando podría haber usado un pronombre –una expresión más simple, más general, menos informativa– como en (23b), debe ser porque pretende comunicar algo diferente a lo que habría conseguido dar a entender con un pronombre. La lectura que corresponde a las intenciones comunicativas será, por lo tanto, la complementaria de la que se obtendría con un pronombre, es decir, la de referencia disjunta. De forma intuitiva, podría decirse que la correferencia en (23a) es imposible porque el hablante ha recurrido a una herramienta gramatical más poderosa de la que necesitaría para transmitir una interpretación correferencial (para la que habría bastado con un pronombre), y esto hace pensar que es otra la lectura que quiere dar a entender. Si en el mismo contexto se recurre a un pronombre, como en (23b), resulta posible la correferencia con cualquier antecedente saliente en el discurso, sea el sujeto *ella* u otra expresión (salvo en el caso de [24], que comentamos más adelante). Nótese que en un enfoque pragmático es importante el papel de la comparación entre diferentes opciones gramaticales para un mismo contexto; esta estrategia 'de interfaz' controlada por principios de economía es esencial también en la reinterpretación de los fenómenos de ligamiento en Reinhart (2006).

En el sistema de Levinson (1991, 2000), el principio pragmático –o mejor dicho, el patrón de inferencia por defecto– responsable de la lectura de referencia disjunta es el llamado Principio M (heredero de la máxima de Manera de Grice 1975), que establece que del uso de una expresión marcada o prolija se infiere que queda excluida la interpretación estereotipada asociada con una expresión alternativa no marcada. Según Levinson (2000: 434), el extremo más informativo de la escala de (22) implica no-correferencia por el Principio M, y esto explica el caso de (23a). En cuanto a (23b), es el Principio I (o Principio de Informatividad) el responsable de la correferencia: este principio predice que el uso de una expresión semánticamente general implica una interpretación más específica, enriquecida, ya que el hablante tiende a minimizar la información codificada con la intención de transmitir contenidos más informativos que encajen con las expectativas estereotípicas establecidas en nuestro conocimiento del mundo. De esta forma, los pronombres tienden a recibir interpretaciones correferenciales con algún antecedente, y el extremo menos informativo de la escala de (22) implica correferencia por el Principio I (Levinson 2000: 434).

El ejemplo de (24) representa un problema diferente, que la Teoría del Ligamiento chomskiana recoge con la condición B: los pronombres no pueden estar ligados por un antecedente dentro de un dominio local (supongamos que este dominio es la oración mínima en la que aparecen), y por ello el clítico objeto *la* no puede ser correferencial con el pronombre sujeto *ella*. Si para explicar este caso acudimos al Principio I de Levinson, como anteriormente, predecimos erróneamente una lectura correferencial. Sin embargo, existen alternativas pragmáticas a la condición B. Desde una perspectiva pragmática podemos seguir dos vías distintas, como se muestra en Levinson (1991, 2000).

La primera consiste en aceptar la condición A del Ligamiento como una restricción sintáctica específica que regula la distribución de los pronombres reflexivos y recíprocos, y que establece que estos elementos deben estar obligatoriamente ligados por un antecedente en un dominio local. Es lo que Levinson denomina 'enfoque A-primero': se mantiene la condición A dentro de la gramática, lo que es perfectamente legítimo en las lenguas que han gramaticalizado o automatizado el patrón básico de funcionamiento de los reflexivos, y se derivan a partir de aquí por medio de inferencias pragmáticas los efectos de la condición B (Levinson 2000: 436-440). Basta con aplicar el tercer principio pragmático invocado por Levinson, el llamado Principio Q (heredero de la Máxima de Cantidad, Quantity, de Grice): de acuerdo con este principio, el uso de una expresión que forma parte de una escala en la que contrasta con otras expresiones alternativas implica la negación del valor de cualquier otra expresión alternativa más fuerte o más informativa dentro de la escala. Es este el mecanismo por el que se obtienen las llamadas 'implicaturas escalares': por ejemplo, la interpretación de *algunos* como 'no todos'. Si se supone que reflexivos y pronombres forman un conjunto de contraste en el que los primeros son más informativos o más específicos que los segundos, el empleo de un pronombre en un contexto en el que podría haberse optado por un reflexivo, como en (24), implica, según el Principio Q, que la lectura correferencial característica de los reflexivos no se da: se consigue así obtener la misma predicción que hace la condición B de la Teoría del Ligamiento, por la que en (24) *la* no puede recibir el mismo índice referencial que el sujeto *ella*. En los contextos en los que el pronombre no contrasta con un posible reflexivo, la lectura correferencial seguirá siendo la preferida para el pronombre. El inconveniente del enfoque A-primero es que hereda todos los problemas que se han señalado para la condición A chomskiana: por ejemplo, la existencia de contextos en los que reflexivos y pronombres no se encuentran en distribución complementaria, o el fenómeno de los reflexivos ligados 'a larga distancia'. Nótese que los principios Q y M de Levinson recogen los niveles de informatividad (Q) y de complejidad formal (M) que subyacen también a las escalas de accesibilidad como la de (22). Son estos los factores decisivos que motivan los patrones anafóricos. No hay que olvidar que tales "principios" no representan leyes universales de cumplimiento obligado, sino que recogen más bien esquemas de razonamiento por defecto; estos patrones dan buenos resultados la mayor parte de las veces, pero no garantizan por sí solos que la interpretación definida por ellos sea la más adecuada en todos los casos.

La segunda vía para construir una alternativa al principio B es el 'enfoque B-primero': la condición B se toma como punto de partida, pero sin otorgarle un estatuto gramatical. Se trata más bien de asumirla como una expectativa básica acerca de la representación lingüística de las situaciones del mundo, probablemente originada en el Principio I, por la que una situación transitiva estereotipada contiene participantes disjuntos (véanse Ariel 2008: 216-219, para una presentación de la idea, y Huang 1994). Esto implica que esperamos de los argumentos de un mismo predicado que se interpreten como disjuntos, a menos que estén marcados en sentido contrario. Se obtiene así el patrón ejemplificado en (24). A partir de aquí, los efectos de las condiciones chomskianas A y C quedan reducidos a inferencias controladas por el Principio M y por las condiciones en las que el uso de una expresión contrasta con el uso de otras expresiones alternativas en un mismo contexto.

Como se ve, la idea central de las propuestas de Levinson y Huang es que la interpretación de las relaciones anafóricas se basa, por un lado, en condicionamientos gramaticales, como las escalas de accesibilidad y la semántica de los pronombres y determinantes, y, por otro, en inferencias pragmáticas construidas sobre el conocimiento de los hablantes de las opciones ofrecidas por la gramática, y las consecuencias de elegir una u otra en un contexto determinado. Hay que resaltar especialmente el papel determinante de la noción de 'competición' entre expresiones alternativas, que también es decisiva en las aplicaciones de la Teoría de la Optimidad a la semántica y la pragmática. Dejaremos a un lado la evaluación de los enfoques A-primero y B-primero y de otras propuestas (como 'B-después A' en Levinson 2000, o la teoría expuesta en Huang 2004: 304-310), no sin puntualizar que los resultados de los enfoques neogriceanos de Levinson y Huang se pueden obtener también en un enfoque más cercano a la Teoría de la Relevancia, sin necesidad de recurrir a nociones específicas como las estrategias heurísticas Q, I y M, y explotando la interacción entre la semántica procedimental de la definitud y los mecanismos generales de la inferencia. Existen, además, intentos de gran interés más ligados a la semántica formal, como Schlenker (2005), o a la definición de 'estrategias de interfaz', como el ya citado Reinhart (2006).

14.3.2.4 Ventajas de una perspectiva pragmática

¿Cuáles son las ventajas de un acercamiento basado en mecanismos inferenciales? La primera, y más evidente, parece la de la economía de recursos: por un lado, se eliminan principios supuestamente sintácticos como las condiciones del ligamiento y se sustituyen por mecanismos de interfaz, simplificando así la gramática (en línea con el espíritu del Programa Minimista); por otro, los principios pragmáticos invocados están justificados independientemente, y se han mostrado muy productivos para dar cuenta de un gran número de fenómenos lingüísticos diversos (un ejemplo significativo es el de las consecuencias que los conjuntos de expresiones alternativas tienen para fenómenos tan diversos como la interpretación de la anáfora, del foco y del ámbito de los cuantificadores; cf. la noción de *reference set computation* en Reinhart

2006); finalmente, se consigue una explicación unificada de la anáfora oracional y la discursiva, como se puede apreciar contrastando los ejemplos de (25), tomados de Levinson (2000: 408), con los anteriormente comentados:

(25) a. John came in. He sat down.   (correferencia preferida)
     b. John came in. The man sat down.   (referencia disjunta preferida)

En (25) se observa un contexto de anáfora discursiva, debido a la presencia de una frontera oracional. Sin embargo, el patrón interpretativo es exactamente el mismo que en la anáfora oracional: los pronombres (expresiones reducidas) favorecen la correferencia –como en (25a), donde *he* tiene como antecedente a *John*–, mientras que las descripciones definidas (expresiones complejas y más informativas) favorecen la interpretación disjunta –como en (25b), donde *the man* típicamente no se refiere a *John*, aunque esto puede variar según el contexto–. Si dentro de los límites oracionales los juicios sobre correferencia son mucho más estrictos, ello se debe a que la distancia entre las expresiones involucradas es menor y el impacto de los factores discursivos es más limitado, tanto que en muchas lenguas el patrón interpretativo puede llegar a cristalizar y convertirse en un mecanismo convencional y automático, es decir, pasar a formar parte de la sintaxis. En cualquier caso, las motivaciones básicas parecen las mismas dentro de las oraciones y entre oraciones.

A la ventaja de la mayor economía puede añadirse la mayor flexibilidad de la perspectiva pragmática para tratar datos que no encajan bien con las condiciones del ligamiento, como los reflexivos usados en contextos donde resultan inesperados y adquieren significados adicionales de énfasis o contraste, o las infracciones de la condición C en ejemplos como los de (26), en los que el SD definido *el muy idiota* es correferencial con el antecedente *Ernesto*.

(26) Ernesto$_i$ es tan imprudente que algún día el muy idiota$_i$ va a darnos un disgusto.

Este ejemplo muestra un hecho bien conocido: los llamados 'epítetos', los SSDD con contenido evaluativo que expresan una valoración del hablante, se comportan en ciertos aspectos como pronombres, de acuerdo con la condición B, a pesar de ser formalmente SSDD léxicos: de hecho, el epíteto de (26) podría ser sustituido por un pronombre tácito. El comportamiento de los epítetos es simplemente un resultado del hecho de que su contenido descriptivo de carácter evaluativo no contribuye a la identificación del antecedente, en el sentido de que no sirve para restringir la búsqueda de un referente; su capacidad anafórica depende básicamente de la definitud del determinante, y, por lo tanto, el funcionamiento de la expresión corresponde en lo esencial al de una expresión poco informativa, como un pronombre. La clave de la explicación está en el significado del SD y en la manera en la que instruye al receptor acerca de la accesibilidad del antecedente. Esto permite resaltar, además, que desde la perspectiva pragmática los patrones interpretativos de la anáfora se desprenden, en última instancia, del significado lingüístico de las expresiones –concretamente, del significado procedimental de pronombres y determinantes, y del contenido descriptivo de las descripciones definidas– y de su interacción con el contexto: este acercamiento parece mucho más natural y motivado que uno en el que el comportamiento de pronombres y SSDD definidos se estipula sin más, sin que haya ninguna relación con el significado de estos elementos.

Finalmente, es importante recordar una vez más que las teorías pragmáticas de la anáfora son perfectamente compatibles con las teorías de base sintáctica, en dos sentidos. Por un lado, como se muestra en el enfoque A-primero de Levinson, es posible construir una hipótesis en la que una parte de los datos corresponda a un principio sintáctico y el resto a principios pragmáticos. Por otro lado, incluso en las propuestas que no mantienen en pie ninguna de las condiciones del ligamiento, una parte de los mecanismos previstos es gramatical: como se indica explícitamente en Ariel (2008: 44-53), los elementos que forman las escalas de accesibilidad –sus propiedades sintácticas y semánticas– son una parte de la gramática, convencional y sujeta a variación interlingüística. Es gramatical el sistema que cada lengua elige para guiar la recuperación de antecedentes en las relaciones anafóricas. Es pragmática, no convencional y universal, la capacidad de explotar ese sistema en función de factores extragramaticales como las relaciones retóricas en el discurso, los conocimientos compartidos por los interlocutores o los guiones culturales estereotipados.

14.4. Consecuencias e implicaciones

El enfoque de la Pragmática presentado en las secciones anteriores integra las propuestas originales de los filósofos del lenguaje con los hallazgos que las investigaciones psicológica, neurológica y computacional han aportado al ámbito de las ciencias cognitivas. Las ideas fundamentales que queremos subrayar son esencialmente dos: en primer lugar, la distinción entre gramática y pragmática está basada en dos tipos de procesos activos en la comunicación verbal (codificación/descodificación en el dominio gramatical, inferencia en el dominio pragmático); en segundo lugar, gramática y pragmática interactúan de forma sistemática en la interpretación de cualquier enunciado lingüístico, por lo que es importante considerar la contribución que la teoría pragmática puede hacer a la explicación de los fenómenos gramaticales, en especial a la definición de los límites de la teoría gramatical. De lo que hemos expuesto se deducen, además, algunas consecuencias que deben tenerse en cuenta en la investigación gramatical.

1. La primera de ellas es que investigar la interacción entre principios gramaticales y principios pragmáticos permite obtener, por un lado, explicaciones gramaticales más simples, coherentes y econó-

micas, y, por otro, desarrollar la idea de modularidad en el funcionamiento del lenguaje, por la que en la FLA confluyen un conocimiento puramente lingüístico y un conjunto de otras capacidades que complementan los procesos interpretativos de un modo muy semejante al que explica otros sistemas como el de la percepción. El resultado es sin duda beneficioso para una comprensión del lenguaje humano y de la comunicación verbal como fenómenos complejos.

Trazar la distinción entre lo que corresponde a la computación sintáctica y lo que corresponde a la inferencia en un fenómeno determinado no es siempre fácil, ni se puede dilucidar partiendo sin más de nuestras intuiciones lingüísticas preteóricas, sino que a menudo requiere la elaboración de complicadas argumentaciones (véanse Ariel 2008 y 2010, para una revisión de numerosos casos representativos). El esfuerzo está, sin embargo, plenamente justificado si deseamos evitar uno de los errores en los que tradicionalmente hemos incurrido en el análisis gramatical, que es precisamente el de confundir contenidos codificados con contenidos contextuales (cf. Leonetti 2009: §2.1).

2. La segunda consecuencia es que en las relaciones entre sintaxis y pragmática es decisivo el predominio de las reglas de la sintaxis sobre los principios pragmáticos. La afirmación puede resultar polémica para algunos y conviene comentarla de forma un poco más extensa. Podemos traducirla a (por lo menos) dos afirmaciones más específicas:

a. No es el contexto el factor que modela las estructuras sintácticas, sino que son las estructuras sintácticas (y semánticas) las que determinan en gran medida el cálculo de la información contextual necesaria para interpretar. La información contextual disponible, por supuesto, es uno de los factores que determinan las elecciones del hablante –esto es algo que nadie discutiría–, pero las presiones del contexto no sirven para explicar cómo funciona un sistema gramatical ya establecido (sí se deben tener en cuenta, en cambio, al estudiar los procesos de cambio, gramaticalización y convencionalización de las estructuras, como muestra Ariel 2008 con datos abundantes). Por lo demás, es la gramática –sintaxis y léxico– el principal sistema que activa el recurso al contexto, por medio de las instrucciones procedimentales asociadas a palabras, morfemas y patrones estructurales (cf. § 2.5; Leonetti 2009:§2.2; Escandell-Vidal y Leonetti 2011). Si se produce algún desajuste o alguna inadecuación, es el contexto lo que ajustamos para adecuarnos a las instrucciones codificadas por la gramática, y no viceversa. La gramática "guía" el proceso interpretativo. En este sentido, la mayor parte de los fenómenos de dependencia contextual son también hechos gramaticales y semánticos. Nótese que estas afirmaciones están basadas en una noción dinámica y cognitiva de contexto –la que necesitamos para entender el proceso de interpretación–.

b. Los mecanismos inferenciales no pueden imponer una interpretación que sea incompatible con lo que codifica la sintaxis, ni tampoco "rescatar" una secuencia que no respete los principios de la sintaxis. Entre sintaxis y pragmática, es la sintaxis la que establece las condiciones de forma rígida. El reparto de tareas es, pues, el siguiente: la gramática fija un conjunto de restricciones sobre la interpretación (idea que el modelo teórico de la Sintaxis Dinámica ha explotado con instrumentos formales; cf. Kempson 2000, 2012) y la inferencia desarrolla las consecuencias de esas condiciones al combinar los datos lingüísticos con el contexto, de acuerdo con una serie de factores variables. Nuestra capacidad pragmática nos lleva incluso a modular la interpretación de las expresiones que son en algún sentido semánticamente incompatibles con el contexto hasta hacerlas compatibles (es decir, hasta resolver el eventual conflicto; cf. Escandell-Vidal y Leonetti 2011).

Lo que parece que no está al alcance de los mecanismos inferenciales es "arreglar las cosas" cuando se infringen principios sintácticos. Si la noción de 'agramaticalidad' se aplica a las infracciones de las reglas de la sintaxis y la noción más general de 'anomalía' abarca también los efectos de la combinatoria semántica y de la relación con el contexto, la distinción entre código e inferencia queda reflejada de manera estricta: no hay mecanismos pragmáticos que sean responsables de la agramaticalidad de una secuencia, aunque sí hay datos contextuales que explican la anomalía o inaceptabilidad de alguna otra. Lo que parece cierto es que, a medida que avanzamos en el estudio de la interacción entre gramática y pragmática, los casos de agramaticalidad genuina van disminuyendo y muchos de los que se consideraron así en épocas anteriores acaban revelándose más bien como anomalías resultantes de algún conflicto que involucra representaciones conceptuales e información de fondo.

Todas estas reflexiones apuntan hacia una conclusión sobre el objeto mismo de la Pragmática como disciplina. No hay temas gramaticales y temas pragmáticos (Ariel 2010). Cualquier hecho comunicativo que utilice el lenguaje pone en funcionamiento diversos subsistemas cognitivos: algunos aspectos de la comunicación se explican como resultado del funcionamiento de la FLE, mientras que otros ponen en marcha capacidades que englobamos en la FLA.

■ Bibliografía

ARIEL, M. (1990), *Accessing Noun-Phrase Antecedents*, Londres, Routledge.

— (2008), *Pragmatics and Grammar*, Cambridge, Cambridge University Press.

— (2010), *Defining Pragmatics*, Cambridge, Cambridge University Press.

BACH, K. (1999), «The semantics/pragmatics distinction: What it is and why it matters», en K. Turner (ed.), *The Semantics/Pragmatics Interface from Different Points of View*, Amsterdam, Elsevier, pp. 65-84.

BARTON, E. y L. PROGOVAC (2005), «Nonsententials in Minimalism», en R. Elugardo y R. Stainton (eds.), *Ellipsis and Nonsentential Speech*, Dordrecht, Springer, pp. 71-93.

BLAKEMORE, D. (1987), *Semantic Constraints on Relevance*, Oxford, Blackwell.

— (1988), «*So* as a constraint on relevance», en R. Kempson (ed.), *Mental Representations: The Interface Between Language and Reality*, Cambridge, Cambridge University Press, pp. 183-195.

— (2002), *Relevance and Linguistic Meaning. The Semantics and Pragmatics of Discourse Markers*, Cambridge, Cambridge University Press.

BRUCART, J. M. (1987), *La elisión sintáctica en español*, Bellaterra, Universitat Autònoma de Barcelona.

CARSTON, R. (1988), «Implicature, explicature and truth-theoretic semantics», en R. Kempson (ed.), *Mental Representations: the Interface Between Language and Reality*, Cambridge, Cambridge University Press, pp. 155-181.

— (1999), «The semantics/pragmatics distinction: a view from Relevance Theory», en K. Turner (ed.), *The Semantics/Pragmatics Interface from Different Points of View*, Amsterdam, Elsevier, pp. 85-125.

— (2002), *Thoughts and Utterances. The Pragmatics of Explicit Communication*, Oxford, Blackwell.

— (2010), «Explicit communication and "free" pragmatic enrichment», en B. Soria y E. Romero (eds.), *Explicit Communication. Robyn Carston's Pragmatics*, Basingstoke, Palgrave Macmillan, pp. 217-288.

CHOMSKY, N. (1981), *Lectures on Government and Binding*, Dordrecht, Foris.

— (1986), *Knowledge of language*, Nueva York, Praeger.

— (1995), «Language and nature», *Mind* 104, pp. 1-61.

EGG, M. (2012), «Semantic underspecification», *Language and Linguistics Compass* 4, pp. 166-181.

ELUGARDO, R. y R. STAINTON (eds.) (2005), «Introduction», en R. Elugardo y R. Stainton (eds.), *Ellipsis and Nonsentential Speech*, Dordrecht, Springer, pp. 1-26.

ESCANDELL-VIDAL, V. (1998), «Intonation and procedural encoding: The case of Spanish interrogatives», en V. Rouchota y A. Jucker (eds.),

Current Issues in Relevance Theory, Amsterdam, John Benjamins, pp. 169-204.

— (2002), «Echo-syntax and metarepresentations», *Lingua* 112, pp. 871-900.

— (2012), «Speech acts», en J. I. Hualde, A. Olarrea y E. O'Rourke (eds.), *The Handbook of Spanish Linguistics,* Oxford, Blackwell, pp. 629-651.

— y M. Leonetti (2000), «Categorías funcionales y semántica procedimental», en M. Martínez *et al.* (eds.) (2000), *Cien años de investigación semántica: de Michel Bréal a la actualidad,* Madrid, Ediciones Clásicas, pp. 363-378.

— y M. Leonetti (2011), «On the rigidity of procedural meaning», en M. V. Escandell, M. Leonetti y A. Ahern (eds.), *Procedural Meaning. Problems and Perspectives,* Bingley, Emerald, pp. 81-102.

—, M. Leonetti y A. Ahern (eds.) (2011), *Procedural Meaning. Problems and Perspectives*, Bingley, Emerald.

Espinal, M. T. (1996), «On the semantic content of lexical items within linguistic theory», *Linguistics* 34, pp. 109-131.

Figueras, C. (2002), «La jerarquía de la accesibilidad de las expresiones referenciales en español», *Revista Española de Lingüística* 32, 1, pp. 53-96.

Fitch, T., M. Hauser y N. Chomsky (2005), «The evolution of the language faculty: Clarifications and implications», *Cognition* 97, pp. 179-210.

Fodor, J. (1975), *The Language of Thought,* Nueva York, Crowell.

Fortin, C. (2007), «Some (not all) nonsententials are only a phase», *Lingua* 117, pp. 67-94.

Frisson, S. (2009), «Semantic underspecification in language processing», *Language and Linguistics Compass* 3, pp. 111-127.

— y M. J. Pickering (1999), «The processing of metonymy: Evidence from eye movements», *Journal of Experimental Psychology: Learning, Memory, and Cognition* 25, pp. 1.366-1.383.

Grice, H. P. (1975), «Logic and conversation«, en P. Cole y J. L. Morgan (eds.), *Syntax and Semantics, vol. 3: Speech Acts,* Nueva York, Academic Press, pp. 41-85.

Gundel, J., N. Hedberg y R. Zacharski (1993), «Cognitive status and the form of referring expressions in discourse», *Language* 69, pp. 274-307.

Hall, A. (2008), «Free enrichment or hidden indexicals?», *Mind and Language* 23, 4, pp. 426-456.

— (2009a), «Subsentential utterances, ellipsis, and pragmatic enrichment», *Pragmatics and Cognition* 17, 2, pp. 222-250.

— (2009b), «"Free" enrichment and the nature of pragmatic constraints», *UCL Working Papers in Linguistics* 21, pp. 93-123.

Hankamer, J. e I. Sag (1976), «Deep and surface anaphora», *Linguistic Inquiry* 7, 3, pp. 391-428.

Hauser, M., N. Chomsky y T. Fitch (2002), «The faculty of language: what is it, who has it, and how did it evolve», *Science* 198, pp. 1.569-1.579.

HORGAN, T. y J. TIENSON (1999), «Rules and representations», en R. A. Wilson y F. C. Keil (eds.), *MIT Encyclopedia of Cognitive Science*, Cambridge, Mass., MIT Press, pp. 724-726.

HOUSE, J. (1989), «The relevance of intonation?», *UCL Working Papers in Linguistics* 1, pp. 3-17.

HUANG, Y. (1994), *The Syntax and Pragmatics of Anaphora. A Study with Special Reference to Chinese*, Cambridge, Cambridge University Press.

— (2004), «Anaphora and the pragmatics-syntax interface», en L. Horn y G. Ward (eds.), *The Handbook of Pragmatics*, Oxford, Blackwell, pp. 288-314.

JASZCZOLT, K. M. (1999), «Default semantics, pragmatics, and intentions», en K. Turner (ed.), *The Semantics/Pragmatics Interface from Different Points of View*, Amsterdam, Elsevier, pp. 199-232.

KEMPSON, R. (1986a), «Ambiguity and the semantics-pragmatics distinction», en C. Travis (ed.), *Meaning and Interpretation*, Oxford, Blackwell, pp. 77-103.

— (1986b), «Definite NPs and context-dependence: a unified theory of anaphora», en T. Myers, K. Brown y B. McGonigle (eds.), *Reasoning and Discourse Processes*, Londres, Academic Press, pp. 209-239.

— (2000), «Pragmatics: Language and Communication», en M. Aronoff y J. Rees-Miller (eds.), *The Handbook of Linguistics*, Oxford, Blackwell, pp. 394-427.

— (2012), «The syntax-pragmatics interface», en K. Allan y K. Jaszczolt (eds.), *The Cambridge Handbook of Pragmatics*, Cambridge, Cambridge University Press, pp. 529-548.

LEONETTI, M. (1996), «El artículo definido y la construcción del contexto», *Signo y Seña* 5, pp. 101-138.

— (2009), «Gramática y pragmática», *Frecuencia ELE* 35, pp. 3-9.

LEVINSON, S. (1983), *Pragmatics*, Cambridge, Cambridge University Press.

— (1991), «Pragmatic reduction of the Binding Conditions revisited», *Journal of Linguistics* 27, pp. 107-161.

— (2000), *Presumptive Meanings. The Theory of Generalized Conversational Implicature*, Cambridge, Mass., MIT Press [ed. cast.: *Significados presumibles*, Madrid, Gredos, 2004].

MARTÍ, L. (2006), «Unarticulated constituents revisited», *Linguistics and Philosophy* 29, pp. 135-166.

MERCHANT, J. (2004), «Fragments and Ellipsis», *Linguistics and Philosophy* 27, 6, pp. 661-738.

— (2010), «Three Kinds of Ellipsis», en F. Recanati, I. Stojanovic y N. Villanueva (eds.), *Context-Dependence, Perspective, and Relativity*, Berlín, Mouton de Gruyter, pp. 141-192.

MOESCHLER, J. *et al.* (ed.) (1998), *Le temps des événements. Pragmatique de la référence temporelle*, París, Kimé.

POESIO, M. (1996), «Semantic ambiguity and perceived ambiguity», en K. van Deemter y S. Peters (eds.), *Ambiguity and Underspecification*, Stanford, CA, CSLI Publications, pp. 159-201.

PROGOVAC, L. (2013), «Non-sentential vs ellipsis approaches: Review and extensions», *Language and Linguistics Compass* 7, 11, pp. 597-617.

RECANATI, F. (2002), «Unarticulated constituents», *Linguistics and Philosophy* 25, pp. 299-345.

— (2004), *Literal Meaning,* Cambridge, Cambridge University Press.

— (2010), *Truth-Conditional Pragmatics*, Oxford, Clarendon Press.

SAUSSURE, L. de (2003), *Temps et pertinence. Éléments de pragmatique cognitive du temps,* Bruselas, De Boeck-Duculot.

SCHLENKER, P. (2005), «Non-Redundancy: Towards a semantic reinterpretation of Binding Theory», *Natural Language Semantics* 13, 1, pp. 1-92.

SPERBER, D. y D. WILSON (1986/1995), *Relevance. Communication and Cognition,* Oxford, Blackwell.

STAINTON, R. (2004), «The pragmatics of non-sentences», en L. Horn y G. Ward (eds.), *The Handbook of Pragmatics,* Oxford, Blackwell, pp. 267-287.

— (2006), «Neither fragments nor ellipsis«, en L. Progovac, K. Paesani, E. Casielles y E. Barton (eds.), *The Syntax of Nonsententials: Multidisciplinary Perspectives,* Amsterdam, John Benjamins, pp. 93-116.

STANLEY, J. (2000), «Context and Logical Form», *Linguistics and Philosophy* 23, pp. 391-434.

VICENTE, B. (2010), «The role of pragmatic inferencing in compositional semantics», en B. Soria y E. Romero (eds.), *Explicit Communication. Robyn Carston's Pragmatics,* Basingstoke, Palgrave Macmillan, pp. 58-74.

— y M. GROEFSEMA (2013), «Something out of nothing? Rethinking unarticulated constituents», *Journal of Pragmatics* 47, 1, pp. 108-127.

WILSON, D. y D. SPERBER (1988), «Mood and the analysis of non-declarative sentences», en J. Dancy, J. Moravcsik y C. Taylor (eds.), *Human Agency: Language, Duty and Value,* Stanford, CA, Stanford University Press, pp. 77-101.

WILSON, D. y D. SPERBER (1993), «Linguistic form and relevance», *Lingua* 90, pp. 1-25.

WILSON, D. y T. WHARTON (2006), «Relevance and prosody», *Journal of Pragmatics* 38, 10, pp. 1.559-1.579.

15 Los límites entre sintaxis y morfología

Antonio Fábregas
Universidad de Tromsø

15.1. Apertura: un mapa de las teorías actuales sobre el léxico

Uno de los temas fundacionales en lingüística es la siguiente cuestión: cuando se da cuenta del funcionamiento de las lenguas, ¿cuánto se puede derivar mediante reglas productivas, idealmente iguales para todas, y cuánto debe postularse como información listada, aprendida para cada caso concreto y, por tanto, potencialmente distinta para cada elemento? La cuestión de cómo se relaciona la sintaxis –u otro sistema de operaciones, como la fonología– con el léxico hace más concreta esta pregunta. Cuando tratamos de entender la voz pasiva, los compuestos de dos sustantivos o la espirantización, ¿cuánto de lo que observamos depende de la información arbitraria que poseen las piezas en el léxico y cuánto podemos explicar mediante reglas que no son directamente sensibles a esta información idiosincrásica?

En los últimos veinte años, la discusión acerca de la relación que se establece entre el léxico y la sintaxis se ha concentrado en una de las ramificaciones de este debate: si existe una división real entre morfología y sintaxis. Los avances analíticos que se han propuesto recientemente toman esta pregunta como trasfondo. En los años sesenta y setenta existían dos posturas enfrentadas: el LEXICISMO, que abogaba por una separación del componente generativo en dos niveles –uno para construir palabras, otro para construir sintagmas– (Halle 1973, Aronoff 1976), y una versión fuerte del transformacionalismo, que utilizaba las mismas operaciones para formar palabras y sintagmas (Lees 1960, Katz y Postal 1964, McCawley 1968). En la actualidad, este transformacionalismo se conoce como NEOCONSTRUCCIONIS-

MO[1]. Distintos desarrollos teóricos, empero, han hecho que la división ya no sea tan nítida y que muchos de los modelos actuales combinen aspectos de ambas posturas. Se consideran aspectos prototípicos de una teoría lexicista clásica los siguientes:

a. Existen dos conjuntos sustancialmente diferentes de operaciones empleadas para construir objetos lingüísticos: unas son léxicas y otras son sintácticas, y ambas operaciones difieren por su estructura interna, su interpretación semántica y su materialización fonológica.

b. El léxico define información gramatical que debe ser respetada por la sintaxis; las piezas léxicas individuales tienen información gramatical que se despliega (o proyecta) en la sintaxis. El término PROYECCIONISMO se usa para hablar de esta relación de precedencia.

c. Esta prioridad y autonomía del léxico frente a la sintaxis se manifiesta en que existe un componente morfológico independiente, entendiendo por independencia que este componente no está supeditado a lo que dicten las reglas sintácticas, semánticas o fonológicas.

El neoconstruccionismo, por su parte, se caracteriza típicamente por los siguientes rasgos:

a. No existen diferencias sustanciales entre las operaciones que producen sintagmas y las que producen palabras. Las diferencias, si existen, son superficiales –de carácter fonológico– y no afectan a su estructura interna o a su interpretación semántica; formar palabras es combinar con reglas sintácticas elementos que, por accidente, no tienen independencia fonológica y han de integrarse unos con otros.

---

[1] Usamos el término neoconstruccionismo (cfr. Levin y Rappaport 2005: 191) para evitar posibles confusiones con las hipótesis del léxico en la GRAMÁTICA DE CONSTRUCCIONES (Goldberg 1995), para la que a veces se emplea el término CONSTRUCCIONISTA. Esta teoría niega que las estructuras se formen mediante la aplicación de reglas de combinación. En ella, el léxico contiene plantillas (llamadas CONSTRUCCIONES) con distintos grados de abstracción cuyos componentes están preensamblados: una plantilla abstracta como $[_{SV} [_V] [_X]]$ permitiría formar predicados introduciendo unidades más específicas en las variables $[_V]$ y $[_X]$; otras plantillas tendrían todos sus componentes especificados en el léxico, como $[_N [_N \ montaña] [_A \ rusa]]$, lo cual daría cuenta de la existencia de una combinación no productiva de voces con un significado impredecible, 'cierta atracción'. La complejidad estructural y la recursividad se explicarían en esta teoría como el efecto de satisfacer una variable de una plantilla abstracta mediante otra plantilla abstracta: sobre el esquema $[_{SV} [_V] [_X]]$ se puede formar una construcción de subordinación como ... dice [que Luis está enfermo] insertando en $[_X]$ una plantilla correspondiente a una oración, $[_O [_{SN}] [_{SV}]]$. Crucialmente, es la plantilla la que tiene asociada información léxica, no sus piezas componentes, lo cual implica que las construcciones lingüísticas son no composicionales y las piezas individuales carecen de significado y otras propiedades hasta que no forman parte de una construcción.

b. Las piezas léxicas no determinan las operaciones que una estructura sintáctica permite. La sintaxis construye una estructura sin atender a qué piezas léxicas son compatibles con esa estructura. Posteriormente, el léxico lee estas propiedades para decidir qué pieza puede materializarlas. Consecuentemente, las piezas léxicas se introducen en la estructura para materializar objetos que ya han sido construidos, porque la información que aportan no es relevante para construir dicho objeto. Esta relación de precedencia se conoce como INSERCIÓN TARDÍA.

c. No cabe hablar de un componente morfológico independiente. Lo que se ha llamado tradicionalmente 'morfología' puede ser reanalizado como la aplicación de operaciones sintácticas a objetos con propiedades fonológicas o semánticas especiales que pueden dar una sensación superficial de irregularidad.

Ahora la división no está tan clara. Es posible que un sistema sea 'lexicista' en uno o dos de estos aspectos, mientras que el resto sea netamente neoconstruccionista, o viceversa.

Pero, antes de pasar a discutir cuatro teorías centrales en la actualidad y situarlas en el interior de este debate, debemos hacer una advertencia importante, relacionada con el significado que se le da al término 'léxico'. En cierto sentido de 'léxico' (el de 1), todos los sistemas son 'lexicistas', porque todos tienen que tener este componente:

(1) El léxico es una lista idiosincrásica en la que se codifica información impredecible sobre un elemento.

Todo sistema gramatical que crea en la arbitrariedad del signo debe tener algún espacio en el que se indique, por ejemplo, que la secuencia pronunciada como /kás-/ en español (que termina materializándose como *casa*) designa un objeto físico diseñado para que las personas lo habiten. Esta información debe estar en algún lugar de la gramática, pero no puede derivarse a partir de ninguna operación o regla: es puramente arbitraria, debe memorizarse y no conocerla no es suficiente para afirmar que alguien no habla español.

Las teorías que vamos a considerar en este apartado son cuatro: la sintaxis léxica (§1.1), la morfología distribuida (§1.2), el lexicismo estricto (§1.3) y la nanosintaxis (§1.4).

15.1.1. *La sintaxis léxica (SL)*

Se conoce como SL la línea teórica iniciada por Hale y Keyser (1993, 2002) y desarrollada en español especialmente en Mateu (2002). En este sistema se acepta una división fundamental entre dos tipos de sintaxis: la sintaxis léxica y la sintaxis propiamente dicha. En ambos casos se combinan núcleos sintácticos y se obtienen configuraciones donde se definen las relaciones sintácticas básicas núcleo-complemento y especificador-núcleo, por lo que no hay una diferencia sustantiva entre las operaciones de cada nivel. La diferencia, más bien, procede de la naturaleza de los núcleos que se pueden manipular en cada caso: la SL está restringida a la manipulación de núcleos no relacionales, que contienen información conceptual, y núcleos relacionales, que definen sobre esa información conceptual estructuras argumentales y aspectuales (cfr. Mateu 2002, especialmente el capítulo 1), pero, por ejemplo, no es el nivel en el que se definen operaciones formales sin incidencia directa en la semántica, como la concordancia o la asignación de caso nominativo o acusativo (cfr. López en este volumen).

Crucialmente, los núcleos individuales reciben una categoría gramatical esencialmente en función de la configuración sintáctica en la que aparecen insertos. Dado que lo crucial es la configuración en la que aparece X, X no es en sí mismo ni nombre, ni adjetivo, ni verbo, ni preposición, aunque su información conceptual pueda, en principio, favorecer cierta configuración sobre las demás. La sintaxis léxica categoriza los núcleos configuracionalmente: dependiendo de las relaciones de complementación y especificación que establezcan con otros núcleos, cada X es interpretada como una categoría particular. El mismo núcleo X puede tener las cuatro categorías léxicas fundamentales: un núcleo sin complemento se interpreta como un sustantivo[2], la categoría no relacional por excelencia (2a); un núcleo con complemento es un verbo (2b), y un núcleo con especificador y complemento es una preposición, es decir, la categoría relacional por excelencia (2c).

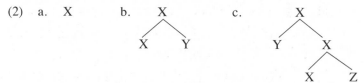

El caso del adjetivo muestra que estas estructuras siguen las reglas básicas de la sintaxis. Al igual que en la sintaxis estricta, no es posible que un núcleo tenga especificador si carece de complemento (3a): el especificador se define como el segundo complemento de un núcleo, toda vez que la estructura sintagmática no está especificada con independencia de los elementos que se introducen en la derivación sintáctica; el adjetivo es una categoría X que requiere un especificador interpretado como su sujeto de predicación (Y)[3], pero, como no toma un complemento, debe parasitar a otro núcleo (representado como h, para indicar que no es parte del propio adjetivo) para entrar en relación con un especificador, que le proporciona h (3b).

---

[2] Conforme a esta teoría, si un sustantivo deverbal tiene un complemento *(la destrucción de la ciudad)*, está heredado del verbo. En cuanto a los sustantivos relacionales *(el padre de Luis)*, esta teoría tendría que analizarlos como verbales en cierto nivel o bien argumentar, como se hace en Adger (2013), que el complemento obligatorio no es del sustantivo, sino de un predicado que toma a ambos como argumentos.

[3] Los complementos de los adjetivos *(paralelo a otra cosa, distinto de algo)* establecerían relaciones de complementación con las preposiciones, no con los núcleos adjetivales.

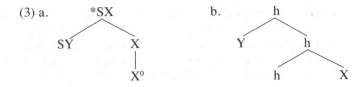

(3) a.   *SX   b.   h

Sin embargo, sigue siendo cierto que la SL impone a la sintaxis propia ciertas condiciones, lo cual se sigue del hecho de que las estructuras argumentales de (2) y (3b) se definan antes que las estructuras funcionales donde se establecen las funciones sintácticas. Simplificando algo las cosas, lo que tradicionalmente se define como un verbo que procede de un sustantivo –es decir, un núcleo que toma un complemento que, a su vez, no establece relaciones argumentales con otros constituyentes– en el nivel de la sintaxis léxica es normalmente intransitivo (4a), porque el sustantivo que toma como complemento no introduce ningún argumento propio (4b). En cambio, un verbo deadjetival es transitivo (5a) porque el adjetivo que toma como complemento requiere un especificador, que actúa como argumento interno (5b) (cfr. Mateu en este volumen). Crucialmente, la sintaxis propia no puede ignorar o reparar esta diferencia definida en la sintaxis léxica, porque implicaría deshacer o modificar estructura que ya ha sido construida[4].

(4) a. Maximilian de Winter caminó (*el parque).

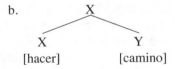

b.

(5) a. Margo Channing limpió *(el suelo).

b.

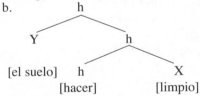

15.1.2. *La Morfología Distribuida (MD)*

En la MD (Halle y Marantz 1993), adaptada al español, entre otros, por Oltra-Massuet y Arregi (2005), hay también solo un sistema ge-

---

[4] Entre los numerosos trabajos realizados en la SL que no tendremos espacio para comentar en las páginas siguientes, considérese De Cuyper (2006) sobre el *se* aspectual, Espinall y McNally (2011) sobre la incorporación de nominales escuetos, Mateu (2002) y Zubizarreta y Oh (2007) sobre los verbos de direccionales y de manera de movimiento, Gallego (2012) sobre los objetos cognados y la naturaleza de las operaciones de desplazamiento en este sistema, y Fernández-Soriano y Rigau (2009) sobre estructuras quasi-auxiliares.

nerativo: la sintaxis. También aquí las propiedades sintácticas se definen sin atender a las propiedades léxicas; al igual que en el sistema anterior, un lexema tomado aisladamente carece de estructura sintáctica. Esto es cierto de una clase de núcleos sintácticos –las raíces (√)– que conforman el vocabulario no funcional de una lengua. La definición se efectúa cuando la pieza léxica es dominada inmediatamente por una proyección funcional, esta sí provista de información sobre la categoría: nombres (6a), verbos (6b), adjetivos (6c) y posiblemente preposiciones (6d). En (7) ilustramos la variación para la raíz *baj-*.

(6) a.   Sn   b.   Sv   c.   Sa   d.   Sp

(7) a. Irene Adler vive en un bajo.
  b. Tarzán baja del árbol cuando se lo pedimos.
  c. Shrek es bastante bajo.
  d. David el Gnomo vivía bajo una roca.

En este sistema existe la morfología en cierto sentido. Una vez que una estructura sintáctica ha sido completada combinando matrices abstractas de rasgos (cfr. Bosque en este volumen) y antes de insertar tardíamente las piezas léxicas específicas que darán sonido y semántica conceptual a la estructura, el objeto construido debe pasar a través de un nivel de adaptación en el que un componente idiosincrásico retoca la estructura para reparar las posibles discordancias que haya entre la información definida en la sintaxis y la que codifica la lista léxica de una lengua (Embick y Noyer 2001). Por ejemplo: si una lengua carece de una forma plural para un adjetivo –*tecno*–, la información de que el Sa copió el rasgo [plural], al concordar sintácticamente con el SD *las canciones,* debe ser borrada de la representación morfológica para poder materializar la secuencia *las canciones tecno;* de lo contrario, al no expresar número, ese adjetivo no podría aparecer en la secuencia. La morfología tiene como tarea resolver estos conflictos, añadiendo, quitando o modificando partes de la estructura sintáctica de una forma idiosincrásica que será distinta para cada (variedad de una) lengua.

La morfología existe, pues, pero como un nivel posterior a la sintaxis que interpreta sus estructuras (al contrario del lexicismo, donde existe como un nivel que determina sus estructuras). En la siguiente representación, tenemos los niveles ordenados que se proponen en la MD: la sintaxis combina matrices de rasgos morfosintácticos y genera estructuras que pasan directamente al componente semántico, pero que, en la rama fonológica, antes de ser materializada por exponentes morfofonológicos, sufre un proceso de adaptación en un nivel puramente morfológico. Las operaciones morfológicas, sin embargo, no tendrían repercusión en la interpretación semántica formal de la estructura sintáctica:

nótese que suceden en una rama independiente de la que lleva al procesamiento del significado[5]:

(8)

Considérese un ejemplo donde vemos la interacción entre esos sistemas; utilizaremos el fenómeno clásico de la AMALGAMA o fusión morfológica, por el que nociones tratadas independientemente por la gramática son materializadas por una misma pieza léxica no segmentable. Morfosintácticamente, hay muchas pruebas de que las nociones gramaticales 'adjetivo' y 'grado comparativo' son independientes: no todos los adjetivos son graduables *(bioquímico)* y no todos los objetos graduables son adjetivos *(querer, bien, hombre,* etc.). Esto lleva a diferenciar ambas nociones mediante dos proyecciones sintácticas distintas, aunque adyacentes (9).

(9) [SGrad   Grad   [Sa   a   [√]]]

En ocasiones, la lista léxica del español refleja estos tres elementos independientemente, como en (10a). Más frecuentemente, la raíz y el adjetivador aparecen expresados mediante la misma forma, pero el grado se diferencia (10b); ocasionalmente, los tres elementos sintácticos aparecen expresados por una sola forma léxica indescomponible conocida tradicionalmente como comparativo sintético (10c).

(10) a. $[más]_{Grad}$ $[[gener-]_{\surd}$ $oso]_a$

b. $[más]_{Grad}$ $[fácil]_{\surd+a}$

c. $[mejor]_{Grad+\surd+a}$

---

[5] Obsérvese que, en puridad, este esquema no refleja cómo se establece la correspondencia entre forma y significado en una pieza de vocabulario insertada tardíamente: si la forma se introduce tardíamente en la rama fonológica –a la izquierda–, su aportación de significado debería ser parte de la rama semántica –a la derecha–, pero las dos ramas se han separado ya cuando se produce la inserción. Este es un problema que puede ser abordado de varias formas. Embick (2000) sugiere que las raíces, como √PAPEL, que contienen información conceptual, se insertan directamente en la sintaxis, y en cada una de las dos ramas se procesarían sus propiedades por separado –/papél/ en la rama fonológica y 'cierta sustancia usada como soporte para escribir' en la rama semántica–. Otra alternativa sería suponer que, tras la inserción léxica, la rama fonológica y la semántica se asocian de nuevo, y en este punto se analizaría el significado conceptual de las raíces insertadas tardíamente.

Para resolver discordancias entre las unidades de la sintaxis y las de la morfofonología como las de (10b) y (10c), la MD propone un nivel de adaptación que, en este caso, tomaría dos núcleos sintácticos independientes y los convertiría en una sola posición morfológica donde se pueden insertar piezas léxicas específicas (FUSIÓN MORFOLÓGICA). Este nivel, como se ve, es crucial para explicar la relación entre la lista léxica y la sintaxis.

(11) Fusión ([Grad^0], [a^0], [$\sqrt{}$]) = M^0

Tanto el sistema de la MD como el de Hale y Keyser, al asociar la categoría gramatical a estructuras sintácticas y no a piezas individuales, permiten nuevas formas de aproximarse al fenómeno de la CONVERSIÓN. La conversión es un proceso que altera la categoría gramatical de un lexema sin agregar afijos adicionales, como el que se da entre *útil* como adjetivo *(una cosa útil)* y como nombre *(un útil de trabajo)*. El problema de este proceso es que su direccionalidad no es evidente, y en numerosos casos resulta arbitrario determinar cuál de las dos categorías es la forma básica y cuál la derivada (¿el sustantivo *viejo* procede del adjetivo *viejo* o viceversa?). En estos sistemas, disociar categoría gramatical de unidad léxica salva el problema: ambas formas pueden derivarse de una misma unidad, contenida en cada caso en distintas configuraciones. La MD la trataría como una raíz que puede estar legitimada bajo nP y bajo aP (12a, 12b), mientras que la sintaxis léxica definiría la pieza léxica en aislamiento como nombre y en combinación con una proyección que tiene un especificador cuando es adjetivo (13a, 13b)[6].

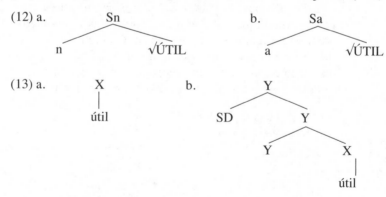

Como otra ilustración de los postulados de la MD, consideremos cómo se resuelven en esta teoría otras dos cuestiones básicas sobre la relación entre léxico y sintaxis: la estructura argumental y la estructura eventiva. Frente a lo que veremos (§1.3), esta información no es parte

---

[6] Entre los estudios de MD sobre el español que no discutiremos, cabe destacar Harris (1994) sobre los clíticos (cfr. Ordóñez en este volumen) y Harris (1998) sobre las formas de imperativo; Manzini y Savoia (2005) sobre la mesoclisis; Fábregas (2007a) sobre los adjetivos relacionales; Kornfeld y Saab (2004) sobre las desinencias y la elipsis nominal, o Kornfeld y Saab (2003) sobre la prefijación. Como se ve, la inmensa mayoría de estos trabajos tratan sobre la flexión.

de la entrada de la raíz, sino que surge por la combinación de las proyecciones funcionales que también son responsables de la categorización. Harley (1995) propone que una buena parte de las propiedades aspectuales y argumentales de un verbo deriva de cuál es el tipo de v pequeña que se combina con la raíz. En su propuesta, hay varias instanciaciones –o versiones categorialmente idénticas, pero semánticamente distintas, con requisitos de selección distintos– de este nudo, diferenciadas por sus propiedades semántico-sintácticas:

(14) a. v_{causa}: dinámico, cambio de estado, causativo
     b. $v_{volverse}$: dinámico, cambio de estado, no causativo
     c. v_{hacer}: dinámico, sin cambio de estado, no causativo
     d. v_{ser}: no dinámico, sin cambio de estado, no causativo

Cuando una raíz se combina con una de estas proyecciones, el resultado es una forma verbal con cierta información argumental y aspectual; por ejemplo, la diferencia entre la estatividad y la eventividad emerge dependiendo de si se selecciona el verbo no dinámico o cualquiera de los otros tres. La presencia de un argumento externo, un agente o causante, depende de si el verbo es causativo o no, y la cuestión de si el verbo es télico o no se deriva de si se emplea un núcleo con cambio de estado o sin él.

Para distinguir esta propuesta de las que veremos en §1.3 y §1.4, conviene destacar ahora dos de sus propiedades esenciales: las raíces, en el léxico, no contienen propiamente una estructura argumental o eventiva. Puede suceder, como en Marantz (1997), que posean cierta información conceptual (e. g., [evento de causa externa]) que fuerza a que solo sean combinables con uno de estos sabores de v, pero el léxico en sí mismo no especifica cuántos argumentos debe tener la raíz, cómo se deben instanciar sintácticamente o qué interpretación exacta recibirá. En último término, quien decide es la sintaxis al combinar la raíz con una de las v. Sin embargo, nótese también que estos cuatro tipos de verbo son sintácticamente atómicos: están listados en el léxico como cuatro valores diferentes del mismo núcleo funcional, y no es la sintaxis la que determina cuántas clases de v pueden existir en una lengua, ni cuál será su contribución. Una alternativa sería que el léxico sólo diera los rasgos [dinámico], [cambio de estado] y [causativo], cada uno un núcleo sintáctico distinto, y la sintaxis creara los cuatro tipos de v combinándolos.

15.1.3. *El lexicismo estricto*

Junto a estos modelos, siguen existiendo aproximaciones lexicistas prácticamente puras (cfr. Stump 2001, Reinhart y Siloni 2005, Williams 2007), que se han aplicado al español en trabajos como Martín García (1996), Felíu Arquiola (2003) o Alcoba (2007). Considérese, por ejemplo, el caso del prefijo *auto-* en su valor reflexivo, estudiado en Felíu Arquiola (2003). La idea es que el léxico tiene una regla morfológica, materializada en la prefijación de este afijo, que, cuando se aplica, fuerza a que dos argumentos obligatorios de un verbo con ciertas propiedades aspectuales denoten la misma entidad (*destruir > autodestruirse; regalar > autorregalarse*). Crucialmente, cuando esta operación tiene lugar, es imposible proyectar uno de estos argumentos en la sintaxis.

(15) a. George Smiley destruyó los documentos.

   b. Los documentos se autodestruyeron (*por George Smiley).

(16) a. Zenobia le regaló un ramo de petunias a Juan Ramón.

   b. Zenobia se autorregaló un ramo de petunias (*a Juan Ramón).

Un análisis como el de Felíu Arquiola es netamente lexicista: el léxico puede hacer cambios, entendidos como un nivel morfológico de formación de palabras, y la sintaxis debe aceptar estos cambios. Concretamente, la operación que combina el prefijo *auto-* con el verbo lleva aparejada una operación que identifica dos posiciones temáticas dentro de la estructura del verbo; siguiendo implementaciones técnicas de Reinhart y Siloni (2005: 401), podemos representarlo como se ve en (17):

(17) auto + destruir ($[\theta_i]$, $[\theta_j]$) → destruir ($[\theta_i - \theta_j]$), donde θ_i es un papel temático externo

Así, tras esta aplicación de una regla léxica, la sintaxis recibe un predicado *autodestruirse* que tiene solo una posición argumental disponible, que a la vez ha de interpretarse como el causante y el paciente del proceso. La sintaxis sencillamente no puede saber que ese predicado admitía una segunda posición[7]. Este acercamiento a las operaciones sobre la estructura argumental se conoce como ENDOESQUELÉTICO, porque la estructura argumental depende de la información interna del núcleo, a la que la sintaxis no accede. Se opone a los acercamientos EXOESQUELÉTICOS –propios de los sistemas neoconstruccionistas (Borer 2005 o Harley 1995, que fue presentado en el apartado anterior)–, en los que la estructura argumental se define en los sintagmas donde el predicado es insertado como núcleo y el verbo no contiene en el léxico información acerca de su estructura gramatical. Cuando la pieza léxica que corresponde a la raíz verbal es introducida tardíamente, trae consigo información conceptual que se puede emplear para determinar si, semánticamente, tiene algún sentido concebir la eventualidad expresada por ella como un proceso en el que intervienen los participantes definidos sintácticamente. Un acercamiento neoconstruccionista podría ex-

---

[7] Por extensión, se consideran lexicistas algunas teorías no generativas que privilegian el almacenamiento de unidades completas. Estas teorías suelen tener una base histórica, y en ellas desempeña un papel central la noción de analogía, que describe un proceso por el que las palabras que tienen similitudes semánticas o funcionales terminan compartiendo segmentos morfológicos o fonológicos, como sucedió, por ejemplo en la forma *tuve* (latín *TENUI*), cuyo segmento final está determinado por el de *hube* (*HABUI > haubi > hobe*), forma con la que compartía numerosos usos y valores. No cubriremos aquí estas teorías.

plicar la agramaticalidad de (14b) y (15b) mediante esta clase de incompatibilidad semántica: la entrada conceptual de *auto-* nos indica que en la eventualidad el causante debe ser idéntico a otro de los participantes; si la condición no se cumple, la estructura no es aceptable.

El lexicismo, como el lector ha entendido, hace la propuesta de que en el léxico las raíces ya contienen, especificada plenamente, su estructura argumental y aspectual. La cuestión que surge para los análisis lexicistas es cómo se codifican esas estructuras, y en esta línea han surgido algunas propuestas influyentes en los últimos años.

Quizá la más extendida es la de las ESTRUCTURAS LÉXICO-CONCEPTUALES (Jackendoff 1990, Levin y Rappaport 1995), que propone que el léxico especifica la estructura argumental mediante la combinación de primitivos semánticos que forman estructuras jerárquicas asociadas a una pieza. Los primitivos vienen en dos formas: funciones y argumentos. Las funciones son conceptos como CAUSA, VOLVERSE, IR, HACIA, EN, etc., que se encuentran categorizados semánticamente: unos designan eventos (CAUSAR, IR, VOLVERSE), otros trayectorias (HACIA), lugares (EN), propiedades, etc. Estas funciones toman argumentos, y una función puede ser el argumento de otra. Así, un verbo que expresa el evento de causar que algo sufra cierto cambio tendría la representación léxica de (18):

(18) $[_{evento}$ CAUSA $([_{cosa}$ X $], [_{evento}$ VOLVERSE $([_{cosa}$ Y$], [_{propiedad}$ $])])]$

La representación de (18) indica solamente la estructura conceptual asociada a un elemento léxico, pero no dice nada de la forma en que esos argumentos se proyectan en la sintaxis. Por eso, debe ser asociada –mediante reglas de correspondencia– a la instanciación sintáctica y categorial. La entrada completa de un verbo como *recorrer* en el léxico implicaría, pues, tres tipos de información, asociados entre sí: categorial, sintáctica y léxico-conceptual. Nótese que, aunque en su semántica este verbo toma una trayectoria como argumento, en la sintaxis la trayectoria se proyecta como un sustantivo, no como una preposición *(recorrer el parque)*. La coindización representa aquí la asociación entre niveles.

(19) *recorre-*
V(erbo)
$<SN_j>$____ $<SN_i>$
$[_{evento}$ IR $([_{cosa \, j}], [_{trayectoria}$ A TRAVÉS DE $([_{lugar}$ EN $([_{cosa \, i}])])])]$

Un análisis similar –con primitivos semánticos que se organizan jerárquicamente en la entrada léxica– es explorado en Pustejovsky (1991) para la estructura eventiva (cfr. Pustejovsky 1995 para una extensión de la propuesta a otros aspectos del significado). Un problema que se ha señalado en esta teoría es que a menudo los primitivos conceptuales que se proponen en el léxico no desempeñan ningún papel aparente en la gramática. Por ejemplo, Jackendoff (1990: 61) propone que el verbo *comprar* tiene una estructura conceptual que combina dos eventos: uno que especifica el cambio de un objeto de un posesor a otro y otro que especifica que hay cierta cantidad de dinero que pasa del comprador a quien vende. No parece, sin embargo, que este segundo evento tenga efectos perceptibles en la estructura argumental o comportamiento sintáctico del verbo; otros autores dirían que este intercambio de dinero no es parte de lo que se especifica en la gramática, sino que caracteriza nuestro conocimiento extralingüístico de qué implica hacer una compra en el mundo real.

Un problema clásico para las teorías que especifican la estructura argumental en el léxico es el de determinar cómo se instancian sintácticamente los argumentos. En la teoría de Jackendoff, este problema se resuelve por fuerza bruta: cada entrada léxica especifica, idiosincrásicamente, cómo se proyecta sintácticamente cada argumento, y la sintaxis debe respetar esto. Hay una alternativa, propuesta por Dowty (1991): la teoría de proto-papeles temáticos. Dowty propone que la estructura argumental surge como un epifenómeno de una propiedad semántica de los predicados en el léxico: dada su semántica, imponen a los elementos que seleccionan ciertas condiciones de significado, o entrañamientos. A veces, estos entrañamientos pueden agruparse y nos podemos referir a ellos mediante etiquetas, como agente y paciente, pero esas nociones no existen como primitivos: son el efecto de la acumulación de condiciones semánticas, como si ese argumento participa voluntariamente en el evento o no, si tiene control sobre él, si es afectado por él, etc. Un proto-agente es un argumento al que el predicado impone todos los entrañamientos típicos de los agentes y ninguno de los pacientes, como el primer argumento del verbo *asesinar;* un proto-paciente es el argumento contrario, que tiene todos (y solo) los entrañamientos típicos del paciente, como el segundo argumento del mismo verbo. Por esa razón, no cabe decir que los papeles temáticos se asocien a una función sintáctica: cuantos más entrañamientos de agente tenga un argumento, más esperable será que se comporte como sujeto –y cuantos más tenga de paciente, más probable es que sea objeto–, pero no existe ningún conjunto concreto de entrañamientos que garanticen, por sí solos, cuál será la proyección sintáctica.

15.1.4. *La nanosintaxis*

Por último, tenemos los sistemas donde se trata de prescindir por completo del nivel morfológico y las explicaciones se apoyan todo lo posible en la sintaxis, sin referencia a otros niveles. La teoría más clara surgida en los últimos años en esta línea es la nanosintaxis (cfr. Svenonius, Ramchand, Taraldsen y Starke 2009), que solo reconoce un nivel generativo, la sintaxis, que forma estructuras que son lexicalizadas por exponentes morfofonológicos sin la intermediación de ningún nivel de adaptación. La arquitectura de la gramática en este sistema es la representada en (20): la sintaxis forma estructuras que dan cuenta de propiedades gramaticales y de una parte de la semántica; estas estructuras son materializadas obligatoriamente por exponentes morfofonológicos. El esquema es casi idéntico al que tenemos en la Morfología Distribuida, con la diferencia de que la lexicalización sucede directamente sobre matrices de rasgos sintácticos, sin necesidad de adaptación morfológica.

(20)

La nanosintaxis, en su versión fuerte, propone la idea de que los núcleos sintácticos constan siempre de un solo rasgo, y que el único modo de formar conjuntos de rasgos es combinarlos sintácticamente en sintagmas (cfr. Bosque en este volumen). No habría, pues, matrices de rasgos en los primitivos que maneja la sintaxis[8]. Para obtener, por ejemplo, un pronombre de tercera persona, singular y masculino, la sintaxis tendría que combinar al menos tres núcleos: uno con información de persona –para diferenciarlo de elementos sin información de persona–, otro con información de número y otro con información de género; si cabe interpretar el masculino como el valor no especificado en el sistema del género, el singular como el equivalente en el número y la tercera como la persona por defecto, estos núcleos serían suficientes (21); si el valor que toman estos accidentes gramaticales es marcado, habría que introducir núcleos adicionales que marquen específicamente valores como 'femenino', 'dual' o 'primera'. Esto se debe a que la versión fuerte de la nanosintaxis rechaza la existencia de combinaciones de rasgos que no estén formadas en la sintaxis. Una estructura con un rasgo dependiente de otro, como [persona: hablante], donde el segundo rasgo se interpreta como el valor del primero, cuenta como una matriz de rasgos, y por ello debe formarse en la sintaxis. Allí plausiblemente adoptaría la forma [SHablante[SPersona]], pues el rasgo 'hablante' presupone que existe un rasgo 'persona', pero no al revés.

(21)

<hr />

[8] De hecho, parte de la crítica que esta versión fuerte de la nanosintaxis hace a la Morfología Distribuida y otras teorías con matrices de rasgos es que, en ellas, hay una ambigüedad con respecto a cuáles son las unidades mínimas sintácticas: para las operaciones morfológicas, serían los rasgos ([tiempo], [pasado], etc.), pero para la sintaxis serían las matrices de rasgos agrupadas en núcleos (e. g., un núcleo T que contenga información de pasado y concuerde con el sujeto). Esto supone, además, que –junto a las operaciones sintácticas– debe existir una operación de distinto orden que forme núcleos sintácticos con rasgos, lo cual puede interpretarse como un rasgo lexicista. Una posible réplica a esta crítica sería decir que las matrices de rasgos se forman como parte del proceso de adquisición de una lengua y la operación que las forma no es propiamente parte del sistema generativo computacional.

Este planteamiento, donde debe haber al menos tantos núcleos sintácticos como rasgos se identifican en la gramática de las lenguas naturales, hace que la nanosintaxis adopte por necesidad una APROXIMACIÓN CARTOGRÁFICA, en la que las lenguas disponen de un conjunto elevado de núcleos sintácticos, de semántica muy específica, ordenados en una jerarquía funcional detallada cuyos ejes fundamentales se consideran parte de la gramática universal. Esta jerarquía funcional es la que da el orden en el que se combinan los rasgos en el árbol de (21).

Una segunda consecuencia del rechazo a la existencia de matrices de rasgos presintácticos es que los exponentes morfofonológicos individuales que materializan más de un rasgo lexicalizan sintagmas completos. Este principio es conocido como Materialización de Sintagma (*Phrasal Spell Out;* Caha 2009) y se opone a la idea, habitualmente extendida en los sistemas lingüísticos, de que, por defecto, las piezas con las que materializamos los árboles corresponden a núcleos sintácticos (o 'nudos terminales'). En la nanosintaxis, la inmensa mayoría de los exponentes segmentados que la morfofonología trata como unidades indescomponibles lexicaliza sintagmas complejos; en el caso que nos ocupa, el exponente *él* se insertaría en el nudo no terminal SPersona, lexicalizando todos los rasgos dominados por este constituyente que no hubieran sido lexicalizados por una inserción léxica anterior.

(22)

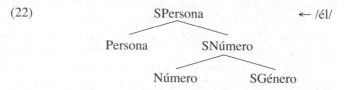

El *Phrasal Spell Out* hace que la estructura compleja de rasgos, que en un sistema estándar es interna a un nudo terminal sintáctico, sea interna a un exponente morfofonológico.

El segundo rasgo característico de la nanosintaxis es que las estructuras sintácticas no pueden ser manipuladas por operaciones no sintácticas. Si en la Morfología Distribuida un árbol sintáctico puede alterar su forma al aplicarle operaciones morfológicas, la nanosintaxis lleva a sus últimas consecuencias la idea de que toda información aportada en la sintaxis debe ser interpretada forzosamente por las interfaces fonológica y semántica, sin posibilidad –crucialmente– de eliminar o reordenar parte de esta información.

La hipótesis de que toda información sintáctica debe ser respetada en las interfaces tiene como una de sus consecuencias la idea de que, en el proceso de lexicalización, obligatoriamente todo rasgo sintáctico debe ser identificado por una pieza léxica (PRINCIPIO DE LEXICALIZACIÓN EXHAUSTIVA; Fábregas 2007b). La idea es que no son gramaticales los enunciados en los que la sintaxis tiene rasgos que no han sido 'lexicalizados', entendiendo este término como 'identificados por un exponente morfofonológico'. Aunque puede reinterpretarse funcionalmente como un principio de iconicidad –un principio que dicta que, cuando aumenta la información gramatical o semántica, este aumento se debe reflejar fono-lógicamente para permitir que el oyente lo recupere–, este principio es formal más que comunicativo, ya que no fuerza que cada rasgo sintácti-co sea identificable mediante un exponente morfofonológico explícito para facilitar la adquisición. Nótese que el *Phrasal Spell Out* permite que la misma pieza lexicalice, sin expresar separadamente, distintos rasgos, por lo que los rasgos no deben ser visibles en la superficie de manera necesaria. Este principio tiene consecuencias profundas para el tratamiento de la variación lingüística, ya que hace posible que diferen-cias en los exponentes morfofonológicos disponibles en una lengua tengan efectos sobre el movimiento o la gramaticalidad de secuencias bien formadas sintácticamente. Exploraremos estos efectos en §5.

La nanosintaxis en su versión fuerte es aún un sistema en desarrollo que no ha abordado todavía el análisis completo de algunos principios gramaticales básicos, como la concordancia, que plantea el desafío de ver cómo incluir rasgos que, aparentemente, son ignorados por la se-mántica en un sistema donde cada rasgo debe proyectar separadamente. Sin embargo, en versiones menos fuertes se permite que los núcleos tengan un solo rasgo interpretable, pero puedan formar matrices comple-jas con rasgos no interpretables que darían cuenta de la concordancia (cfr. Fábregas 2009 para un ejemplo de esto). Algunos de los principios usados en la nanosintaxis, especialmente el *Phrasal Spell Out,* han sido incorpo-rados a otros análisis que no necesariamente aceptan el resto de ideas de la teoría (cfr., por ejemplo, el análisis del pro drop radical de Neeleman y Szendroi 2007).

Veamos, como otra ilustración de las diferencias con las propuestas de §1.2 y §1.3, cómo se trata la estructura argumental y aspectual en nanosintaxis. Ramchand (2008) aborda este problema. En su propuesta, como en la MD, la sintaxis determina estas dos propiedades, pero, frente a la MD, donde eran núcleos indescomponibles los que definían los argumentos y el aspecto de un verbo, las distintas clases de verbos surgen de la combinación sintáctica de tres núcleos sintácticos, cada uno de ellos asociado a un único rasgo aspectual. Es decir: en su análi-sis, cada rasgo proyecta como un núcleo distinto.

(23) a. Inicio: designa la fase inicial de un evento, el componente que lo causa
o lo pone en marcha.

b. Proceso: designa la parte dinámica de un evento, donde se produce un
cambio, un desplazamiento o el desarrollo de una actividad.

c. Resultado: designa el estado que se alcanza como resultado de la culminación de un proceso.

Así, un verbo como *romper,* en su versión causativa *(Juan rompió una ventana en mil pedazos),* no es sintácticamente un objeto atómico, sino que se obtiene combinando los tres núcleos –ya que tiene un compo-nente de inicio, un cambio y un resultado de ese cambio– (24). Nótese que estos núcleos aspectuales también definen la estructura argumental: el iniciador, un agente o causa, es el especificador de Inicio; el pacien-te, el especificador de Proceso, etcétera.

(24)

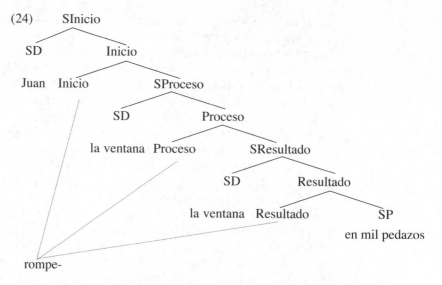

Un verbo que solo implica cambio de estado, sin componente de causa, como *cuajar* (en su versión *La nieve cuajó en un bloque*) implicaría solo Proceso y Resultado.

(25)

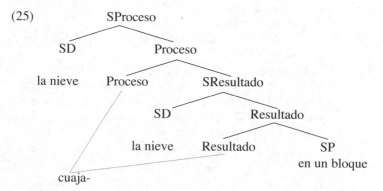

Otros verbos, puramente estativos, constarían solo de un SInicio, ya que indican la relación estática entre dos elementos, uno de los cuales es responsable –por sus propiedades internas– de que exista dicha relación. (26) representa *Juan sabe inglés*.

(26)

15.1.5. *Resumen*

La siguiente tabla resume las cuatro teorías que hemos presentado; ya que la sintaxis léxica no discute explícitamente la morfología, y dado que en principio sería compatible tanto con una teoría con operaciones morfológicas como con una sin ellas, dejamos la casilla correspondiente sin especificar.

	El léxico hace estructuras con reglas distintas a la sintaxis	Hay un nivel léxico que impone propiedades a la sintaxis	Existe la morfología
Sintaxis léxica	No	Sí	Tal vez
Morfología Distribuida	No	No	Sí
Lexicismo estricto	Sí	Sí	Sí
Nanosintaxis	No	No	No

En las páginas que siguen presentaremos los avances teóricos y analíticos más significativos que se han propuesto recientemente en este debate. Por razones de espacio, tanto los avances discutidos como los trabajos que usamos para ilustrarlos serán menos de lo que nos hubiera gustado. El lector sabrá entender que, cuando no se discute un trabajo específico sobre un tema, no se hace ningún juicio de valor implícito sobre su calidad.

15.2. Flexión

La flexión es el aspecto morfológico en el que se observa una interacción más fuerte con la sintaxis. Es más frecuente que la flexión exprese propiedades gramaticales de una palabra a las que el contexto sintáctico es sensible directamente –número, caso, modo, tiempo...–, y uno de los criterios para identificar la flexión es que es copiada en los procesos de concordancia sintáctica *(las niñas pequeñas)*. Veremos ahora cómo se ha tratado de analizar la organización de la información flexiva de la palabra en los estudios recientes.

15.2.1. *Las formas verbales en los acercamientos neoconstruccionistas: árboles y operaciones post-sintácticas*

Oltra-Massuet y Arregi (2005), dentro de la Morfología Distribuida, analizan una forma flexiva sintácticamente como un árbol (27a) a cuyos núcleos se añaden marcadores morfológicos idiosincrásicos en el componente morfológico post-sintáctico: vocales temáticas (VT) asociadas a toda proyección funcional y una posición para expresar la concordancia (Conc) (27b). Esta representación morfológica es la que es materializada mediante piezas léxicas (27c; representamos aquí el imperfecto de primera persona plural *codificábamos*).

(27) a.

REPRESENTACIÓN SINTÁCTICA

b.

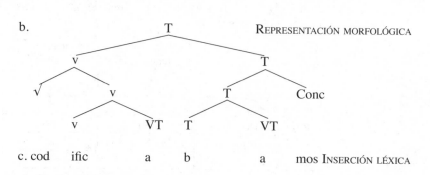

REPRESENTACIÓN MORFOLÓGICA

c. cod   ific   a   b   a   mos INSERCIÓN LÉXICA

Este análisis tiene todos los componentes típicos de la Morfología Distribuida. En primer lugar, las propiedades de la palabra son explicadas mediante la combinación de núcleos sintácticos en sintagmas (27a). Seguidamente, hay un componente morfológico post-sintáctico que modifica propiedades de este sintagma. En el árbol de (27b) han tenido lugar tres operaciones sobre los núcleos sintácticos.

A. ENSAMBLE MORFOLÓGICO *(morphological merger):* el orden jerárquico de los núcleos de (27a) ha sido invertido: en (27a), T manda-c a v y v manda-c a la raíz. En (27b), la raíz no está mandada-c por v (ya que solo la domina una rama de v; Kayne 1994) y T no manda-c a v. Lo que esto hace es dar cuenta del orden lineal entre los morfemas. Si hay mando-c de un elemento X sobre un elemento Y, muchas teorías esperan que esto se traduzca en que X aparece a la izquierda de Y cuando se linearizan los miembros del árbol. La inversión de las relaciones de mando-c tras el ensamble morfológico produce el efecto inverso: Y manda-c a X, y por ello Y precede a X linealmente. De esta manera se explica que el orden de los morfemas sea el reflejo especular de la estructura sintáctica (cfr. también Baker 1985, Brody 2000).

B. INSERCIÓN DE MORFEMAS DISOCIADOS *(dissociated morphemes):* hay núcleos que se incluyen en la representación de (27b) pero no corresponden a ninguna propiedad definida en (27a): las vocales temáticas no están representadas en forma alguna en el árbol sintáctico, pero se introducen como 'morfología ornamental' en ciertas lenguas que lo requieren idiosincráticamente, como el español.

C. FISIÓN *(fission):* el nudo T, en la sintaxis, codifica tanto rasgos de concordancia con el sujeto como información semántica acerca del tiempo. Estas dos informaciones contenidas en el mismo núcleo sintáctico se dividen en dos nudos morfológicos distintos en (27b): Conc para el primero y T para el segundo.

Existe una cuarta operación, que no ha sucedido en (27): FUSIÓN *(fusion)*. Pese a que generalmente Conc y T se expresan mediante morfemas distintos, hay algunas formas en las que de manera excepcional el mismo morfema contiene información sobre tiempo y concordancia simultáneamente (por ejemplo, *canta-ste,* donde *-ste* expresa segunda persona singular y, a la vez, tiempo pasado y perfectivo). Esto se obtiene tomando dos nudos separados (Conc y T una vez que han sufrido fisión) y fusionándolos en una sola posición.

Una vez que tienen lugar estas operaciones –cuya aplicación depende de propiedades específicas e impredecibles de lenguas y construcciones particulares–, hay inserción tardía de las piezas léxicas. Cuando la estructura morfológica es definida, se introduce una raíz determinada y un verbalizador determinado. Este segundo, crucialmente, en tanto que pieza léxica, contiene información impredecible acerca de la vocal temática *(a, e, i)* que requiere. En este caso, *-ific-*, como pieza léxica, tendrá algún diacrítico que indique que se debe combinar con *-a*. La sintaxis no tiene acceso a si el verbo requiere una marca u otra.

15.2.2. *La estructuración de las formas verbales en el lexicismo: los paradigmas*

Ambadiang, Camus y García Parejo (2008), en contraste, parten de postulados lexicistas para estudiar el paradigma. En su análisis, las formas verbales se descomponen morfológicamente en tres elementos básicos de naturaleza estrictamente morfológica: la raíz, la desinencia –término empleado para referirse a lo que Oltra-Massuet y Arregi llaman 'vocal temática'– y los morfemas funcionales de tiempo, aspecto, modo y concordancia (28a). Esta representación morfológica se asocia a un conjunto de rasgos morfosintácticos, que son los que interpreta la sintaxis (28b).

(28) a. [codific]-[á]-[ba-mos]   Morfología
     b. {imperfecto de indicativo, primera persona plural}   Sintaxis

Crucialmente, la asociación entre estos dos niveles se produce mediante un PARADIGMA. Este concepto se ha hecho central en el tratamiento lexicista de la flexión: es una estructura puramente morfológica que agrupa las formas flexivas de una (sub)categoría y les impone un ordenamiento especial y hasta cierto punto autónomo de las propiedades sintácticas que expresan.

Que existan paradigmas como objetos autónomos es inesperado o imposible en un sistema neoconstruccionista. Incluso cuando se acepta que hay un nivel morfológico, el hecho de que este nivel se aplique tras la sintaxis hace que no tenga sentido hablar de que el paradigma defina autónomamente las correlaciones entre forma y función. Lo que determina las propiedades fundamentales de las formas verbales es el árbol sintáctico (como en 27a); la representación morfológica parte de estas propiedades, añadiendo donde corresponda en cada lengua una marca formal de ellas (como en 27b), y las piezas léxicas se limitan a reflejar esas diferencias (como en 27c). El paradigma no existe, pues: es el epifenómeno que obtenemos cuando listamos las distintas combinaciones léxicas que los árboles sintácticos determinan para una categoría.

En un sistema lexicista, en cambio, se argumenta que el paradigma es necesario por varias razones. En primer lugar, cuando hay irregularidades, el paradigma determina (de forma arbitraria) cómo cada una de las formas alternantes de un verbo se reparte el espacio paradigmático. En el paradigma del verbo *tener*, la raíz *teng-* se usa en 7 formas; la forma *tuv-*, en 18; *ten-* en 10; *tend-* en 12 y *tien-* en 3 (Ambadiang, Camus y García Parejo 2008: 16). En un sistema donde el paradigma es un objeto autónomo, tales alternancias simplemente nos indican que el paradigma agrupa formas distintas bajo un mismo paraguas. Un sistema sin paradigmas puede dar cuenta de estas alternancias suponiendo una o varias formas básicas de la raíz y aplicándoles distintas operaciones morfofonológicas arbitrarias sensibles al contexto morfosintáctico. Ambadiang *et al.* aportan una prueba contra esta visión: en la adquisición de L1, los niños a veces extienden el uso de una forma 'marcada' de la raíz (*tien-o* por *teng-o*). Una extensión como *conoz-o* por *conozc-o*, donde se extiende la forma no marcada, puede explicarse como que el niño no ha aprendido aún una regla morfofonológica que altera la forma no marcada de la raíz, pero la extensión de una forma marcada por otra, para los autores nombrados, indica que el niño no ha aprendido aún a qué espacio paradigmático se asocia cada forma dentro del paradigma. Por tanto, ninguna forma irregular se derivaría de una forma regular mediante la aplicación de procesos adicionales. Las propuestas de estos autores son parcialmente compatibles con una visión de los paradigmas en la línea de Stump (2001)[9], en la que cada casilla define una serie de rasgos morfosintácticos y hay funciones paradigmáticas para cada casilla que toman el lexema y producen la forma completa (29):

(29) a. $\phi^{[\text{1sg., presente, indicativo}]}$ (TENE-) = tengo

    b. $\phi^{[\text{1sg., pasado, perfecto}]}$ (TENE-) = tuve

Este uso de las funciones paradigmáticas supone un acercamiento lexicista estricto: la morfología contiene unidades, estructuras y reglas ontológicamente distintas a la sintaxis.

---

[9] Conviene observar que no todas las teorías que asumen paradigmas suponen que la palabra pueda descomponerse en unidades menores, correspondientes a los morfemas tradicionales. Anderson (1992) y Stump (2001), de hecho, dan como una ventaja de las teorías paradigmáticas que permiten no suponer que las palabras tengan estructura interna, lo cual –en su opinión– es beneficioso, porque evitan problemas de segmentación y correspondencia entre forma, función y significado bien conocidos en la bibliografía (cfr. Stump 1998: 31-35, para un resumen). Otras teorías paradigmáticas, sin embargo, permiten la identificación de segmentos morfémicos, como la MORFOLOGÍA DE FUNCIÓN PARADIGMÁTICA GENERALIZADA (*Generalized Paradigm Function Morphology*) de Spencer (2005).

15.2.3. *Análisis del sincretismo*

El SINCRETISMO es la situación en que el mismo exponente se emplea para expresar dos o más formas de un paradigma –por ejemplo, que en tercera persona se emplee el reflexivo *se* tanto para el singular *(Juan se cayó)* como para el plural *(Los edificios se cayeron),* cuando en otros casos la diferencia de número implica exponentes distintos, como *me* y *nos* o *te* y *os–*. Las teorías lexicistas argumentan que el sincretismo se define idiosincráticamente dentro de un espacio paradigmático. En el análisis de Ambadiang *et al.* no se espera que las formas expresadas por una misma variante de la raíz en el paradigma compartan alguna propiedad sintáctica, porque el espacio morfológico se define sin atender a las distinciones establecidas por la sintaxis. En estos planteamientos paradigmáticos, el sincretismo se resuelve mediante una REGLA DE REFERENCIA *(referal rule,* Stump 1993) que define dentro de un paradigma que la forma que realiza la casilla A es la misma, sea cual sea, que realiza la casilla B –nótese que en este sistema esta regla es necesaria si se quiere dar cuenta de que dos casillas del paradigma son iguales, ya que la igualdad no puede definirse sobre morfemas, que no existen, ni sobre palabras completas, porque estas se definen a través del paradigma–. Un sistema neoconstruccionista, donde la información sintáctica asociada a cada morfema sustituye al paradigma, espera, en cambio, que dos formas sincréticas lo sean porque comparten una cantidad sustancial de información sintáctica.

Tómese como ejemplo el exponente *tuv-* en el verbo *tener*. Se emplea en el indefinido, que Oltra-Massuet y Arregi (2005) caracterizan como [perfectivo] *(tuv-e),* y en el imperfecto de subjuntivo, que estos autores caracterizan como [imperfectivo] *(tuv-ie-ra)*. ¿Por qué se extiende esta variante a solo algunas formas imperfectivas, pero no al resto? ¿Qué comparten estas formas frente a todas las demás? En un sistema lexicista, la respuesta es la siguiente: nada, se expresan con la misma raíz porque el paradigma lo define así, tal vez por razones históricas, tal vez como parte de un proceso de analogía. Estos casos en los que las formas sincréticas no comparten, al menos dadas nuestras suposiciones estándares actuales, rasgos sintácticos, se conocen como SINCRETISMO DIAGONAL (Baerman 2004), y ha sido uno de los argumentos lexicistas contra los análisis que restringen sintácticamente el sincretismo.

El procedimiento para resolver el sincretismo en la MD requiere (a) que las formas compartan información sintáctica y (b) que se apliquen operaciones post-sintácticas que eliminen los rasgos que diferencian las dos formas. Ilustrémoslo aquí mediante la coincidencia de las formas de primera y tercera persona singular en los tiempos pasados de imperfecto *(cantaba, venía)*.

   a. La sintaxis combina matrices abstractas de rasgos morfosintácticos con valores diferentes, que están almacenadas en el léxico morfosintáctico. Dadas ciertas suposiciones (Kratzer 2009), una primera persona singular se definiría sintácticamente con los rasgos [sg, hablante] y una tercera persona singular, con [sg].

b. En la morfología, dado cierto contexto, se aplica una operación idiosincrásica que borra los rasgos sintácticos que diferencian a las dos formas. Esta operación se conoce como EMPOBRECIMIENTO –*impoverishment*– (Bonet 1991). Concretamente, en español habría una regla que, en contacto directo con el tiempo pasado imperfectivo (expresado luego como -*ba*, -*ía*), borra el rasgo [hablante] de la primera persona.

c. En este punto, la tercera persona singular y la primera persona singular tienen exactamente los mismos rasgos: [sg]. Cuando se insertan piezas léxicas, se escogerá, por tanto, la misma forma, con el resultado de que *cantaba* y *venía* no diferencian entre las dos formas.

Nótese que, en la MD, el sincretismo implica eliminar en la morfología una parte de los rasgos definidos en la sintaxis, concretamente aquellos que la lista léxica no distingue. Las piezas léxicas materializan, cuando no hay una equivalencia perfecta, un subconjunto de los rasgos sintácticos originalmente presentes (PRINCIPIO DEL SUBCONJUNTO); si varios exponentes contienen subconjuntos distintos de los rasgos morfosintácticos, se emplea la que contenga el subconjunto mayor. Esto hace imposible que este análisis se utilice en nanosintaxis, ya que infringe el Principio de Lexicalización Exhaustiva. El sistema utilizado en la nanosintaxis es precisamente el opuesto: todos los rasgos de la sintaxis deben ser identificados por la pieza léxica, pero es posible que la pieza léxica esté asociada a rasgos que no están presentes en la estructura sintáctica. Las piezas léxicas, pues, pueden materializar un superconjunto de los rasgos que aporta la sintaxis (PRINCIPIO DEL SUPERCONJUNTO); si varios exponentes compiten, vence el que contenga el superconjunto más pequeño[10]. La idea que subyace a esta propuesta es que, independientemente, sabemos que los exponentes morfofonológicos introducen en la representación información que la sintaxis no tiene: mínimamente, información sobre cómo pronunciar.

Por ejemplo, supongamos que el caso acusativo sintácticamente es [dependiente] y el dativo contiene un superconjunto de esos rasgos, [dependiente, oblicuo] –los rasgos que usamos no son importantes para este argumento siempre y cuando el dativo tenga más rasgos que el acusativo–. El hecho de que el pronombre *me* sea sincrético entre los

---

[10] El principio de que, cuando no hay correspondencia perfecta entre los rasgos morfosintácticos y los que codifica el léxico, se emplea la forma léxica que más rasgos comparta con la representación morfosintáctica, se conoce como PRINCIPIO DE PANINI: si hay competición entre formas igualmente capaces de lexicalizar algo, se debe emplear la más específica –aquella cuya distribución sea más restringida–. Esto es independiente de cómo se determina el grupo de formas léxicas que pueden lexicalizar un conjunto de rasgos: las que poseen un subconjunto de rasgos o las que contienen un superconjunto.

dos casos se resolvería, mediante el principo del subconjunto, suponiendo que *me* tiene la entrada léxica [hablante, dependiente]. En un contexto acusativo puede usarse sin adaptación, pero para usarlo en el contexto de dativo, [oblicuo] tiene que borrarse de la representación sintáctica. Con el principio del superconjunto, se haría lo contrario: *me* sería [hablante, dependiente, oblicuo], es decir, estaría asociado al contexto más especificado; en el dativo, la forma casa perfectamente. En el acusativo, dado que no hay una forma idéntica, se usaría esta para materializar [hablante, dependiente], y el rasgo [oblicuo], que tiene la forma léxica en su entrada pero no la representación sintáctica, simplemente sería redundante para esa derivación y se ignoraría. Nótese que, en el primer caso, la sintaxis es manipulada por un componente adicional (la morfología), pero que, en el segundo, se conserva toda su información y lo que se ignora es parte de las especificaciones que aporta la lista léxica.

Dado que la inserción léxica sucede en la rama fonológica, cualquier rasgo adicional que la pieza léxica introduzca y no esté presente en la sintaxis será ignorado por el componente semántico, por lo que introducir rasgos extra en la pieza léxica no añade instrucciones interpretativas a la semántica (cfr. Gutiérrez-Rexach en este volumen). Mediante el principio del superconjunto, pues, evitamos que la información sintáctica sea ignorada o modificada por el componente responsable de la lexicalización, algo que sucede en Morfología Distribuida, al menos en la interfaz fonológica. El coste es que se utilizan piezas léxicas que pueden contener rasgos que en ciertas derivaciones son prescindibles; sin embargo, una propiedad en todo sistema neoconstruccionista es que la lista léxica contiene información que la sintaxis ignora, por lo que la modificación no daña el espíritu de la teoría. Véase Caha (2009) para un desarrollo detallado de esta idea en el dominio del caso nominal en numerosas lenguas.

15.3. Derivación

Dejemos la flexión y pasemos ahora a analizar la derivación morfológica. Ésta se caracteriza tradicionalmente como el conjunto de operaciones que actúan sobre una palabra para alterar propiedades que se consideran inherentes a su naturaleza: la categoría gramatical, el significado o su estructura argumental. El resultado es interpretado como una palabra distinta, más que como una variante de la base. La distinción entre flexión y derivación, como han señalado numerosos autores de los que hablaremos después, es en buena medida arbitraria. Pese a ello, algunos contrastes claros nos pueden ayudar a entenderla intuitivamente. La diferencia entre el par *comía ~ comías* es flexiva, porque tenemos dos palabras con la misma semántica, categoría gramatical y propiedades léxicas, mientras que la del par *cantar ~ cantante* es derivativa, porque las propiedades léxicas de cada miembro son distintas:

uno es verbo, el otro es sustantivo; uno designa una acción, el otro designa un individuo que hace una acción.

El tratamiento de la derivación desde una perspectiva neoconstruccionista da lugar a cuestiones que no aparecían con la flexión y que han sido consideradas cruciales por el lexicismo: (a) su productividad variable y (b) la aparición de significados impredecibles o no composicionales.

La derivación contrasta con la flexión en que, dada una categoría gramatical, salvo muy contadas excepciones, todos los miembros de la categoría aceptan las mismas marcas flexivas. En constraste, no todos los miembros de una categoría pueden sufrir el mismo proceso derivativo. Todos los verbos tienen gerundio, pero no todos pueden dar nominalizaciones que denoten eventos: del verbo *fluir,* una nominalización como *fluido* denota el objeto que fluye y una como *fluidez* la propiedad de ser capaz de fluir o el grado en que dicha propiedad se manifiesta, pero si tenemos que expresar esta acción en un contexto nominal, tenemos que utilizar la forma de infinitivo *(el fluir del tiempo),* ya que no existe derivado alguno en tal uso (*fluición, *fluimiento, etc.). Los sistemas lexicistas proponen que esta propiedad es una razón suficiente para aceptar que la formación de palabras debe suceder en el léxico, nivel en el que es posible introducir idiosincrasias impredecibles que, mediante diacríticos, marquen arbitrariamente estas limitaciones.

En cuanto a la segunda propiedad, son raros los casos en que un cambio flexivo altera el significado de la base, como el de ciertos plurales inherentes (*celos* no funciona como el plural de *celo*). Esta situación es, en cambio, habitual en la derivación. Frecuentemente se habla de SIGNIFICADO DEMOTIVADO para describir los casos en que el significado de una palabra no puede construirse como una función del de sus morfemas constitutivos dispuestos en cierta configuración estructural. Por ejemplo, una *banderilla* ya no se interpreta como 'una bandera pequeña' (como sí hace el *Diccionario de Autoridades*), pese a que su estructura morfológica incluye un diminutivo -*ill*- y los formantes del sustantivo *bander-a;* es cierta arma utilizada ritualmente en el toreo. Otro ejemplo: el verbo *recoger* admite las nominalizaciones *recogida* y *recogimiento,* pero solo la primera se refiere a la acción que expresa este verbo en *recoger firmas* y la segunda a la que se expresa en *recogerse en honda meditación.*

Los sistemas lexicistas aluden a estos casos, a menudo proponiendo que nunca se da un verdadero significado composicional, como otra prueba de la necesidad de listar (casi) todas las palabras existentes de una lengua en el léxico. Como se puede entender, si se admite esta solución, no hay razón alguna para construir las palabras mediante combinación de unidades menores, postura que adoptan las teorías lexicistas de la llamada MORFOLOGÍA AMORFA (Anderson 1992), donde no se acepta que las palabras se puedan descomponer en morfemas.

Para abordar estas cuestiones, compararemos estudios que tratan la parasíntesis verbal desde perspectivas encontradas. Por parasíntesis se entiende la situación en que un cambio categorial de una base entraña la adición simultánea de dos morfemas que en otros casos pueden aparecer independientemente, de manera típica un prefijo y un sufijo: *encarcelar* se obtiene de *cárcel* mediante parasíntesis, ya que no existen ni el sustantivo **encárcel* ni el verbo **carcelar*. Aunque con objetivos distintos, este fenómeno es tratado por Mateu (2002) desde una perspectiva neoconstruccionista y por Serrano Dolader (1995) y Cifuentes Honrubia (2006) desde el lexicismo.

15.3.1. *La descomposición de la palabra derivada en estructuras sintácticas*

El análisis de Mateu (2002) tiene las propiedades fundamentales del sistema neoconstruccionista de Hale y Keyser (2002). Aunque el estudio se concentra en determinar la estructura argumental y aspectual de los verbos locativos, su análisis tiene repercusiones inmediatas para la morfología. La propuesta parte de la idea de que un verbo como *encarcelar* ha sido construido mediante una estructura arbórea en la sintaxis léxica.

(30)

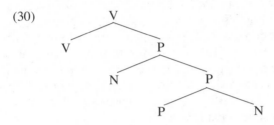

(Mateu 2002: 3, [4b])

La idea es que el comportamiento de este verbo quede explicado por la combinación estructural de elementos menores, que prototípicamente se corresponden con los ingredientes necesarios para definir el significado de la palabra, 'meter a alguien en una cárcel'. Un verbo como *encarcelar* muestra una relación locativa (manifestada por P) entre dos elementos, una cárcel y un individuo (los dos N), y expresa la acción de establecer dicha relación entre dos elementos (V). Esto es todo lo que se define en el nivel de las proyecciones léxicas. Por hipótesis, se propone que los agentes se introducen en categorías funcionales relacionadas con la diátesis verbal. Mateu (2002: 194) va más lejos aún en su análisis composicional, al sugerir que esta estructura puede dar cuenta de una triple correlación: no solamente explica la concurrencia de una estructura categorial y una interpretación semántica, sino que además explica la correlación entre los exponentes morfológicos y la estructura. No es casual que el prefijo *en-* de *encarcelar* coincida con una preposición locativa; siguiendo el espíritu del autor, se podría establecer la siguiente correlación entre morfemas y los núcleos de la estructura (marcamos en cursiva aquellos que terminan formando una palabra)[11].

---

[11] Nótese que todo lo que forma una palabra está en una estructura léxica-sintáctica, pero no todo lo que está en esa estructura termina siendo parte de una palabra. Si algo está en posición de especificador, en la teoría más restrictiva, nunca terminará incorporándose a la palabra.

(31)

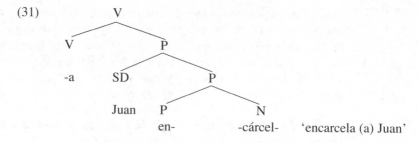

'encarcela (a) Juan'

Si en el proceso de formación de palabras solo intervienen complementos –no especificadores–, explicamos sin dificultades que solo algunos de estos constituyentes terminen formando parte del verbo *encarcelar,* porque el complemento directo es un especificador. Para obtener el orden correcto entre morfemas, Mateu tiene dos opciones fundamentales. La primera –la que adoptan Hale y Keyser– es permitir un reordenamiento fonológico de los morfemas *-a, cárcel* y *en-*; se puede estipular en la entrada fonológica de *en-* que ha de aparecer a la izquierda de un lexema, mientras que la de *-a* estipularía que debe ir a la derecha como parte de su información léxica impredecible, que la especificaría idiosincrásicamente como un sufijo (cfr. Matushansky 2002). La segunda opción podría ser obtener el orden lineal mediante diversos movimientos en la sintaxis propia, siempre que fuera posible encontrar motivaciones para dichos movimientos (ya que el movimiento sería obligatorio en esta explicación).

Cifuentes Honrubia (2006) critica las teorías que establecen esta correlación debido a la existencia de dos problemas fundamentales. El primero es que el prefijo no siempre coincide con la preposición que se requiere para dar cuenta del significado del verbo (véase también Serrano Dolader 1995: 109-113): *encarcelar* podría parafrasearse como 'llevar a alguien **a** prisión' y *empalar* como 'ajusticiar a alguien <u>con</u> un palo', en cuyo caso no se establecería la correlación deseada por Mateu, al menos en casos donde el verbo contextualmente se parafrasea de tal modo. El segundo, relacionado con este, es que descriptivamente existe un abanico de significados más amplio del que sugiere la estructura neoconstruccionista. Podemos incluir aquí relaciones en que se denota una localización sin expresar la preposición *(archivar, clasificar),* como hace Cifuentes, o añadir a estos casos que destaca otros en que la base nominal denota la disposición en que se agrupa el objeto, no propiamente el lugar que ocupa *(amontonar* no es 'meter algo en un montón', sino 'hacer un montón con algo'). El análisis de Cifuentes es lexicista en el sentido de que propone que, en lo que respecta a la sintaxis, estos verbos no tienen estructura interna, sino que son el resultado de un proceso morfológico con motivación semántica, que combina dentro de una sola palabra distintos haces de significado, algunos de ellos más frecuentes y otros más excepcionales, pero todos obtenidos por el mismo procedimiento.

Un sistema lexicista, sin embargo, también tiene herramientas para descomponer el significado interno de una forma. Recuérdense las estructuras léxico-conceptuales de las que se habló en §1.3 (cfr. Lieber 2004, para su aplicación a los morfemas; Martín García 1996 ya lo había intentado adaptar a la morfología del español), junto al problema de que a veces proponen primitivos sin incidencia directa en la sintaxis.

Cabe señalar que en el modelo neoconstruccionista de Hale y Keyser, adoptado por Mateu, la formación sintáctica de palabras solo tiene acceso a los núcleos léxicos, ya que sucede en la sintaxis léxica, cuya diferencia con la sintaxis propia es precisamente que no puede acceder a nudos propiamente funcionales. Esta restricción no existe en la MD o en la nanosintaxis, donde la distinción tradicional entre proyecciones léxicas y funcionales se desdibuja y se permite que las proyecciones tradicionalmente consideradas léxicas tomen constituyentes funcionales como complementos. Si consideramos brevemente la estructura que subyace al morfema -*ble* en la propuesta de Oltra-Massuet (2010) –simplificada en (32)–, vemos que la proyección responsable de su naturaleza adjetival (Sa) toma como complemento no un verbo léxico, sino un conjunto formado por el verbo (Sv) y algunas de sus expansiones funcionales, como una proyección de modo (SModo, responsable del valor de obligación o posibilidad de formaciones como *lamentable*, *impagable*, *elegible* o *denunciable*).

(32)

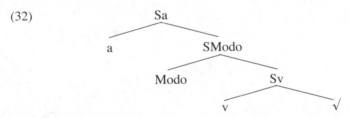

Esta posibilidad también se ha usado en el análisis de las CATEGORÍAS HÍBRIDAS –aquellas formas que pueden exhibir simultáneamente propiedades de dos categorías léxicas–, como el infinitivo, que en ciertos contextos tiene a la vez propiedades verbales y nominales (como en *este continuo pedir cosas descortésmente de mi abuelo*, donde *pedir* tiene demostrativos, adjetivos e introduce el sujeto nocional con la preposición *de*, pero al tiempo admite adverbios de manera y un complemento directo sin preposición). En los sistemas neoconstruccionistas, cabe analizar estas categorías como el resultado de subordinar a un nudo nominal Sn no solo un SV léxico, sino una serie de proyecciones funcionales del verbo (SF) lo bastante desarrolladas para legitimar un complemento directo y un adverbio de manera (33; cfr. Fábregas y Varela 2006). Conservar una parte del comportamiento de la categoría de la base quiere decir, en este sistema, que la base incluye las proyecciones funcionales responsables de este comportamiento.

(33) [Sn n   [SF F... [Sv...]]]

15.3.2. *Idiosincrasias con el significado: acercamientos neo-construccionistas*

Mateu (2002: 6-24), discutiendo otro tipo de contraste, propone una solución a la cuestión de por qué las palabras derivadas típicamente tienen una semántica 'impredecible'. El problema al que se enfrenta es la existencia de dos tipos de verbos locativos. En el primero, locatio, la base del verbo expresa el lugar que ocupa el complemento directo (*encarcelar a Juan* = 'meter a Juan en una cárcel'); en el segundo, locatum, la base del verbo expresa el objeto que se sitúa en el complemento directo (*ensillar el caballo* = 'poner una silla en el caballo'). Como muestra Mateu, el comportamiento gramatical de estos verbos es igual con respecto al aspecto léxico y otras propiedades, lo cual sugiere que la estructura sintáctica interna de los verbos debe ser la misma, con el mismo tipo de relación locativa en ambos casos. Sin embargo, si la relación gramatical debe dar cuenta de la distinta relación de significado entre la base y el resto del evento verbal, obtendríamos las siguientes estructuras:

(34) a.   Locatio   b. Locatum

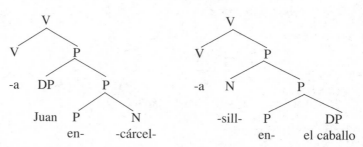

El problema es que la sintaxis permite que el complemento de un núcleo se incorpore a él, pero no que lo haga su especificador (Baker 1988). La estructura de (34b) nunca podría acabar, pues, formando una sola palabra con *-a, sill-* y *en-*, porque el N *sill-* no es complemento de ninguno de los dos núcleos. Por lo tanto, llegamos a la conclusión de que, gramaticalmente, la estructura del verbo de locatum debe ser completamente paralela a la del verbo de locatio:

(35)

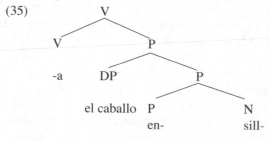

¿Cómo se expresa, entonces, la diferencia interpretativa entre las dos clases de verbos? La propuesta de Mateu implica establecer una división entre dos formas de obtener el significado: la semántica estructural y la semántica conceptual (cfr. Gutiérrez-Rexach en este volumen). La semántica estructural consta de aquellos aspectos del significado que se definen gramaticalmente en la estructura. En el caso que nos ocupa, todo verbo locativo define en la sintaxis una estructura locativa que relaciona dos elementos. En cambio, la semántica conceptual cubre todos los aspectos impredecibles del significado, como el hecho de que *papel* designa un objeto plano y ligero usado para escribir. Estos aspectos impredecibles del significado deben estar listados en las entradas léxicas. La diferencia entre locatum y locatio emergería solo en el nivel de la semántica conceptual: dada cierta combinación de piezas léxicas particulares, los hablantes recurrirían a su conocimiento del mundo o a otras cuestiones no directamente relevantes para la sintaxis para decidir que la relación locativa que se establece entre *Juan* y *la cárcel* es una en que plausiblemente Juan está en la cárcel, y la que se establece entre *el caballo* y *la silla* es una en que la silla está en el caballo. Pero esta diferencia no se obtiene hasta que no se decide qué pieza léxica corresponderá al N complemento de P, porque solo entonces sabremos qué concepto impredecible designa cada N; y para ese momento, la sintaxis ya ha terminado su tarea al formar la estructura, por lo que no es sensible a las posibles diferencias que surjan. Esta división entre semántica estructural y semántica conceptual puede existir en un sistema sin inserción tardía –por ejemplo, los exponentes de las raíces podrían estar presentes en la derivación sintáctica, pero su información conceptual solo sería accedida al final–, pero es particularmente compatible con él en tanto que, si los exponentes solo están presentes después de la sintaxis, se sigue necesariamente que la contribución conceptual que hagan debe ser independiente del significado asociado a las estructuras sintácticas donde se insertan.

Esta misma solución puede extenderse a los casos observados por Cifuentes: la gramática define una relación locativa mediante P, pero, al no saber qué nombres se insertarán en su complemento, no se tiene acceso a estas diferencias interpretativas conceptuales y, por lo tanto, no esperamos que la forma de la preposición cambie dependiendo de dichas diferencias. Si el verbo *empalar* se puede interpretar de modo que palo sea un instrumento, es en virtud de la semántica conceptual de las piezas léxicas empleadas, pero no de la de la representación gramatical. Lo mismo cabría decir de casos como *amontonar:* cuando se accede a la información conceptual de que un montón es un nombre colectivo que supone cierta disposición de sus partes constituyentes, la relación locativa estructural definida en la gramática se especifica como una en la que pertenecer al montón supone precisamente dicha disposición.

La cuestión que subyace a la pregunta de cómo dividir la semántica estructural y la semántica composicional es, esencialmente, empírica. La pregunta es si las diferencias entre las clases de palabras que analizamos tienen consecuencias gramaticales relacionadas con la organización de sus argumentos, su aspecto léxico o las marcas de caso, o, por el contrario, no tienen efectos relevantes en su comportamiento sintáctico. Solo en el segundo caso hablaremos de semántica conceptual; en el primero, trataremos de buscar diferencias estructurales.

15.3.3. *La productividad: soluciones*

Estas mismas preguntas surgen cuando analizamos la productividad de un proceso derivativo. Una opción usada en el lexicismo para explicar estos casos es la de listar todas las formaciones que existen en una lengua, pero hay otras que tratan de derivar el problema de cuestiones más básicas. Serrano Dolader (1995) explica la productividad desde una perspectiva léxico-genética: existen procedimientos léxicos para formar palabras que tienen una motivación semántica (1995: 8), y estos procedimientos son los que deciden en último término si una formación aparece o no. Si se observa con atención, el planteamiento de Serrano Dolader (1995) abre dos posibilidades para explicar la carencia de una palabra derivada mediante un procedimiento. El hecho de que una forma como *embotellar* exista, pero no una forma como **emblancurar* ('poner en la blancura'), es de distinto orden al hecho de que no tengamos **enjarrar* ('meter en una jarra'). Dado que el lexicismo asume generalmente que el léxico es accedido antes que la sintaxis, puede acceder directamente al significado conceptual, que debe ser respetado por los procedimientos combinatorios. La regla que forma verbos parasintéticos locativos en español tendría, pues, acceso al hecho de que *blancura* no expresa un objeto físico y, por lo tanto, una locación, lo cual impediría que se formara el parasintético en virtud de restricciones semánticas. En cuanto a **enjarrar*, la razón de la ausencia es más accidental en un sistema lexicista: sencillamente, los hablantes no han acuñado el término aún porque no han sentido la necesidad onomasiológica de darle nombre al proceso de poner cosas en una jarra (o, incluso, puede que la palabra haya sido acuñada por ciertos hablantes, pero no se ha extendido la lista general de lexemas del español), pero nada impide que la palabra aparezca.

¿Cómo da cuenta un sistema neoconstruccionista de estas carencias de productividad? La tendencia es a unir los dos casos que se distinguirían en el sistema de Serrano Dolader y, en cambio, distinguir un tercer caso que no está diferenciado en una perspectiva léxico-genética. La tendencia en los sistemas neoconstruccionistas, dado que el significado conceptual solo aparece al final de la estructura, es la de utilizar las limitaciones de significado como un filtro sobre estructuras gramaticales posibles (véase Borer 2005, exponente más claro de esta perspectiva). Un caso como **emblancurar* se formaría en la sintaxis, ignorando qué piezas léxicas se emplearán más adelante, como cualquier otra formación parasintética locativa (supongamos la estructura de 30), y tras la inserción tardía de las piezas léxicas particulares se accedería a su semántica conceptual, que solo en ese punto diría que, dada la configuración en que la gramática dispone esas piezas y las relaciones gramaticales que se establecen entre ellas, la palabra no tiene sentido alguno conceptualmente dado el tipo de universo en el que vivimos. Pero, crucialmente, podría imaginarse otro mundo posible en el que la blancura es un espacio metafórico, y entonces el verbo sería posible. El caso de *enjarrar* se trataría esencialmente del mismo modo: los hablantes que no acepten esa palabra son hablantes en cuyo conocimiento del mundo no hay ninguna acción de meter cosas en jarras que merezca ser distinguida de otros procesos, pero para los hablantes en cuyo contexto esto es relevante, la palabra sería perfectamente aceptable, quizá con significado próximo al de escanciar el vino.

Sea como fuere, una diferencia central entre los planteamientos lexicistas y los neoconstruccionistas es qué tipo de objeto contiene la información relevante para determinar si una formación es aceptable o no. En el lexicismo, son las propiedades gramaticales, semánticas o fonológicas de una unidad listada en el léxico; en el neoconstruccionismo, la causa de la agramaticalidad se busca en las propiedades de la configuración sintáctica completa que subyace a una forma. Considérese de nuevo la derivación con -*ble* estudiada en Oltra-Massuet (2010), ya que esta autora enfatiza este aspecto de su análisis neoconstruccionista. Los sistemas lexicistas explican la agramaticalidad de las formas de (36) por la información de la base verbal, que debe ser transitiva y eventiva.

(36) *tenible, *morible, *corrible

En el neoconstruccionismo, estas propiedades deben ser satisfechas no por una pieza léxica individual, que no tiene propiedades sustantivas de por sí, sino por la construcción sintáctica en la que está la pieza. Por lo tanto, no es sorprendente que en ciertas construcciones (37) las formas de (36), que aisladamente se rechazan, sean gramaticales: la construcción sintáctica aporta los elementos que necesita el -*ble*, crucialmente satisfaciendo los requisitos de eventividad y transitividad.

(37) a. Tras la puja, tenían todo lo tenible.
   b. Por la radiación, murió todo lo morible.
   c. En los entrenamientos, corrieron todo lo corrible.

15.3.4. *La distribución de los exponentes: alomorfía o diferencias gramaticales*

Hay un segundo sentido, más atento a la materialización de los exponentes morfológicos, en el que se habla de productividad: cuando se habla de la productividad de un morfema particular y no de un proceso derivativo. Desde el punto de vista del proceso que forma verbos locativos, *archivar* y *encarcelar* son iguales, pero desde el punto de vista de la combinatoria con los exponentes [*en-*…-*a*], no son iguales. La pregunta de la productividad puede, pues, formularse atendiendo a este segundo aspecto: ¿por qué *en-* se combina con el nombre *cárcel* para formar un verbo locativo, pero no con el nombre *archivo*? Igualmente, podríamos preguntarnos por qué el sufijo -*miento* se combina con *desplazar* (*desplazamiento*) y no con *lavar* (**lavamiento),* pero el nominalizador -*do* forma sustantivos del mismo tipo con *lavar* (*lavado*) y no con *des-*

plazar (#desplazado). En un sistema lexicista, esta segunda forma de ver la productividad se trata esencialmente como las diferencias léxico-genéticas notadas por Serrano Dolader: la combinatoria responde a propiedades meramente idiosincrásicas de las bases, que, aunque en principio podrían haber aceptado un morfema particular, no pueden combinarse con él por razones meramente accidentales, descritas mediante signos diacríticos a los que la gramática debe ser sensible.

En un sistema neoconstruccionista, se han propuesto dos explicaciones diferentes. La primera es de naturaleza idiosincrásica: cuando se produce la inserción tardía, la materialización de ciertos nudos en la estructura del árbol está sujeta a restricciones que permiten ciertas combinaciones léxicas, pero no otras. Esta explicación es esencialmente la misma que se propone en el lexicismo, con la diferencia de que en este caso las idiosincrasias no cambian la estructura gramatical. Esto permitiría a Mateu (2002) tratar el caso de *archivar* como un verbo parasintético en la gramática, cuya preposición se materializa como ø cuando sucede la inserción tardía. La predicción sería que *archivar* se comporta gramaticalmente como *encarcelar* (cfr. Serrano Dolader 1995: 68-71, donde se proponen argumentos morfológicos contrarios a un tratamiento de este tipo).

(38)

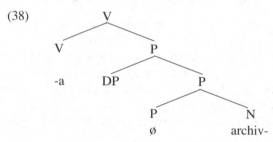

Esencialmente, este tratamiento de la productividad implica tratar las distintas formas en que se materializa un nudo de la estructura como alomorfos del mismo conjunto de rasgos gramaticales. Las piezas léxicas (*archiv-* en este caso), al ser introducidas, traerían consigo diacríticos que impondrían condiciones a las formas que han de insertarse en los nudos adyacentes. Se admitiría una tratamiento similar en casos donde compiten *-miento* y *-do*. Dada la estructura de (39) en la sintaxis, que conforme a ciertas suposiciones correspondería con una nominalización, la inserción tardía podría introducir bajo N cualquiera de las dos piezas léxicas, pero si la forma que aparece bajo V es *movi-*, idiosincrásicamente debemos introducir *-miento* bajo N por puro listado.

(39)

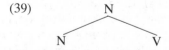

Esta propuesta predice que la alternancia entre los sufijos *-miento* y *-do* no tiene consecuencias gramaticales. Al igual que en el caso de la oposición entre semántica estructural y semántica conceptual, esta es una cuestión empírica. Si se observan diferencias gramaticales, la solución neoconstruccionista no será tratar la alternancia como alomorfía, sino proponer que cada morfema materializa nudos sintácticos gramaticalmente distintos. Un ejemplo de propuesta en la que se intenta explorar este sistema donde distintos afijos corresponden a distintos núcleos sintácticos es Fábregas (2010). Partiendo de pares mínimos como *alzado* y *alzamiento*, cuyo comportamiento gramatical y semántica estructural son diferentes, este autor propone que -*miento* es la materialización de un argumento verbal correspondiente a una trayectoria (*Path,* Ramchand 2008), por lo que las palabras que se derivan con este sufijo son las estructuras que pueden tomar dichas trayectorias como argumentos (es decir, sí los verbos de desplazamiento como *mover*, pero no los de dirección inherente como *llegar,* ya que estos incorporan la trayectoria como parte del predicado). La idea fundamental es que la competición entre dos afijos se explica en estos casos no por propiedades idiosincrásicas de selección léxica, sino a partir de diferencias gramaticales en la forma en que la nominalización se construye sintácticamente, lo cual mantiene la lista léxica como un componente interpretativo y no explicativo, en la línea de lo propuesto en los sistemas neoconstruccionistas.

15.4. Dominios y límites

Otra cuestión central es si existe una diferencia entre flexión y derivación y, en caso afirmativo, cómo debe codificarse. La propia división ha sido tomada como argumento a favor del lexicismo: la existencia de procesos de dos tipos en morfología puede deberse a que hay dos componentes con distintas reglas y distinta sensibilidad a otros procesos. La flexión podría definirse en la sintaxis, o en un nivel intermedio al que la sintaxis tiene acceso suficiente para decidir sobre procesos de concordancia, y la derivación sería el resultado de procesos léxicos invisibles para la sintaxis. Los planteamientos neoconstruccionistas han aludido a esta diferencia y han argumentado que esta división no demuestra que el léxico y la sintaxis deban estar separados. La estrategia ha sido la de negar que exista tal separación en un sentido estricto y que las propiedades típicas de cada tipo de proceso son en realidad el resultado de la interacción de las estructuras sintácticas con las FASES SINTÁCTICAS (véase Marantz 2001).

El concepto de fase sintáctica, que presentamos aquí de forma simplificada, propone que ciertos fragmentos de estructura cuyas propiedades formales –asignación de caso, fenómenos de concordancia de rasgos, etc.– ya han sido satisfechas, son eliminados del componente sintáctico y transferidos a los niveles en que se determina su forma fonológica y se procesa y enriquece conceptualmente su significado. De esta propuesta se sigue que solo los elementos que son transferidos juntos a estos niveles pueden influirse mutuamente y dar lugar a situaciones de ALOMORFÍA (materializaciones impredecibles) y ALOSEMIA (significados no composicionales). La propuesta de Marantz (2001), después elaborada en Arad (2003), es que estas dos propiedades prototípicas de la derivación se explican sin recurrir al léxico cuando se propone que en tales casos todos los morfemas son transferidos como una unidad a los niveles fonológico y semántico; la flexión –que es más regular– se explica cuando cada morfema forma parte de una fase distinta, por lo que en los niveles relevantes no forman un constituyente cuyas partes puedan influirse mutuamente.

Veamos cómo se aplica este modelo a la diferencia entre el participio *preso* y el participio *prendido*, ambos relacionados con el verbo *prender*. El primero se clasificaría como un resultado derivativo y el segundo como producto de la flexión por varios motivos. Para empezar, el primero no es parte del paradigma verbal *(*lo han preso)*, pero el segundo tiene la distribución normal del verbo *(lo han prendido)*. Segundo, el significado de *preso* no es directamente predecible de aquel del verbo; muchos hablantes pueden utilizar el participio como 'detenido' en construcciones como *llevar a alguien preso* sin saber que el verbo *prender* puede denotar 'detener'; el de *prendido* admite todos los valores del verbo *(prender fuego > el fuego prendido por el pirómano, prender un broche > un broche prendido en la ropa,* etc.). Tercero, el primero no utiliza los morfemas regulares del participio, pero el segundo sí.

Una propuesta que analice la diferencia mediante la noción de fase argumentaría lo siguiente (40): la base (materializada como *prend-*) y el morfema responsable de construir un participio (llamémosle Aspecto) forman parte de la misma estructura sintáctica. Sin embargo, solo en uno de los casos (40b) aparece entre ellos una proyección adicional (llamémosla v pequeña y tomémosla como un verbalizador que se realiza como la vocal temática *-i-*). Esta proyección adicional define una fase.

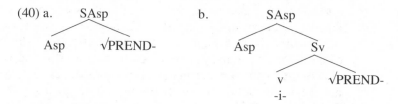

(40) a.   SAsp   b.   SAsp

    Asp   √PREND-   Asp   Sv

                                  v   √PREND-
                                 -i-

El resultado es que en (40a) el morfema de participio y la base forman parte de la misma fase, pero en (40b) están separados en fases distintas por la presencia de v. Consecuentemente, los morfemas de (40a) serán procesados fonológicamente como una unidad y podrán materializarse mediante formas idiosincrásicas condicionadas una por la otra; los de (40b), en cambio, reciben forma fonológica cada uno independientemente del otro, por lo que solo cabe que se realicen con las formas que normalmente adoptan en los casos donde no están condicionados por otra forma, y se realizarán regularmente. A esto se suma que la vocal temática está presente en (40b), porque hay una v, pero no en (40a). Confirmación adicional de la presencia de esta v es que, a *prendido* podemos añadirle complementos de agente –*prendido por la policía*– y modificadores temporoaspectuales –*prendido la semana pasada*–, pero no a preso –**preso por la policía*, **preso la semana pasada*–.

Igualmente, la forma de (40a) formará una unidad cuando se procesa su significado: en el contexto de Asp, la raíz quedará fijada en cierto significado, y por eso la combinación de los dos elementos puede recibir un significado idiomático que la raíz no toma fuera de ese contexto. En la forma de (40b), en cambio, v fija un significado para la raíz y, sobre él, Asp no podrá modificar ese significado, porque este nudo se interpreta separadamente del conjunto [v + √]; en consecuencia, el significado del participio regular será la suma del significado del verbo *prender* y el del nudo Asp. Por último, la forma de (40b) está definida como un verbo, porque contiene v, y así puede formar parte del paradigma verbal, pero no la de (40a). No hay ningún factor, por tanto, que nos obligue a construir cada forma en un componente distinto de la gramática.

Esta estrategia –que implica proponer un mayor o menor número de proyecciones sintácticas para explicar diferencias de comportamiento entre objetos que el lexicismo trata como fruto de operaciones distintas– también puede extenderse al análisis de la diferencia entre sintagmas y compuestos, que es otro de los temas clásicos en el estudio de la relación entre morfología y sintaxis. Como es bien sabido, no todos los compuestos presentan el mismo tipo de comportamiento. Unos (41a) no permiten flexión interna de cada uno de sus constituyentes –es decir, cambios en la expresión de la persona, género, número, modo, tiempo, aspecto, etc., o concordancia–; otros permiten que cada constituyente flexione por separado (41b). Ambos tipos se diferencian de los sintagmas en que no permiten que uno de sus constituyentes se desplace sin el otro (41c, 41d), mientras que, dadas ciertas condiciones –como la presencia de un nudo superior que requiera el desplazamiento de un tópico discursivo–, esto es posible con los sintagmas (41e).

(41) a. sordomudo → chicas {sordo-mudas/*sordas-mudas}

　　b. poeta pintor → varios {??poeta pintores/poetas pintores}

　　c. *Sordo-$_i$, he visto a varios h_i-mudos.

　　d. *Poetas-$_i$, he visto a varios h_i-pintores.

　　e. De historia$_i$, he visto a varios estudiantes h_i.

Teóricamente es posible explicar estos contrastes permitiendo que las estructuras que se unen en un sintagma puedan contener más o menos estructura sintáctica funcional. El contraste entre (41a) y (41b) podría derivarse de la idea de que *sordo-* es aquí un constituyente adjetival que no contiene las proyecciones sintácticas funcionales responsables de la concordancia con el sustantivo, mientras que *poeta-* en (41b) es un constituyente nominal que incluye la proyección responsable de la flexión de número y posiblemente también la de género. La ausencia de desplazamiento podría tener distintas explicaciones en este sistema; tal vez la posición a la que se produce el movimiento requiere la presencia de unos rasgos que ni *sordo-* ni *poeta-* contienen, porque les faltan las proyecciones funcionales correspondientes. Puede pensarse, alternativa- mente, que la unión de los elementos en lo que llamamos un 'compuesto' forma algún tipo de fase que actúa como una isla o que, en ausencia de proyecciones funcionales adicionales, los constituyentes internos de un compuesto tienen todas sus propiedades formales satisfechas y no nece- sitan desplazarse para satisfacerlas. Sea como fuere, la estrategia general es la de tratar los elementos que no despliegan un comportamiento gra- matical normal para los sintagmas como constituyentes sintácticos redu- cidos en los que faltan las proyecciones funcionales responsables de estos aspectos del comportamiento.

15.5. La variación y el orden de morfemas

La última cuestión que queremos tratar es qué papel desempeña el lé- xico en los fenómenos de variación sintáctica en cada teoría. Las pro- puestas lexicistas interpretan que la variación es un efecto del hecho de que el léxico de las lenguas es arbitrariamente distinto y, por lo tanto, la información gramatical asociada a cada pieza léxica puede variar entre numerosas posibilidades, que condicionan –al proyectarse estas propiedades en la sintaxis– que la sintaxis de las lenguas sea diferente. Esta es la idea tradicional sobre la morfología y el léxico: se ocupan de fenómenos no sistemáticos y a menudo no regularizables, y es posible que no se pueda hablar de verdaderos universales morfológicos, sino solo de tendencias más o menos frecuentes.

Los sistemas neoconstruccionistas no pueden recurrir a esta explica- ción, en la medida en que para ellos el léxico no determina las propieda- des de la sintaxis. Se suma a esto el hecho de que las teorías neoconstruc- cionistas se han desarrollado históricamente en paralelo al MINIMALISMO (Chomsky 1995), donde se lleva hasta sus últimas consecuencias la idea de que la sintaxis de las lenguas es esencialmente universal y se cuestio- na incluso la existencia de parámetros sintácticos que conduzcan a que una misma derivación se resuelva con operaciones distintas en distintas lenguas. Esto ha hecho que las teorías neoconstruccionistas busquen la explicación de la variación no en la sintaxis, sino en diferencias superfi- ciales relacionadas de un modo u otro con la materialización fonológi- ca.

En la MD, el nivel donde se tiende a concentrar la variación entre las lenguas es el conjunto de operaciones post-sintácticas (fusión, fisión, empobrecimiento, inserción de morfemas disociados...) que operan entre una estructura sintáctica y la inserción de exponentes. Así, la sintaxis de dos lenguas podría ser idéntica, pero la distinta aplicación de estas operaciones enmascararía el paralelismo al reordenar los nudos sintácticos, dividirlos o introducir y borrar unidades. Se podría afirmar que el verbo es sintácticamente idéntico en chino, inglés y español, con las diferencias de que: a) el español debe generar posiciones morfoló- gicas para la vocal temática y para materializar la concordancia con el sujeto *(cant-a-s)*, mientras que el inglés solo hace lo segundo, y casi siempre restringido a la tercera persona singular del presente *(sing-s)* y el chino no crea ninguna de las dos posiciones *(chàng);* b) el inglés y el español tienden a expresar el tiempo y el verbo con exponentes que terminan formando una sola palabra fonológica *(cant-a-ba; sang)*, mientras que el chino lo materializa con exponentes que son fonológicamente autónomos –el pasado suele expresarse con el exponente *le*, que no tiene que ser adyacente al verbo–; c) el exponente que materializa al verbo se introduce en distintas posiciones del mismo árbol sintáctico en cada una de estas lenguas, tal vez en T para el español y en v para el inglés, lo cual explicaría el distinto orden de palabras que los verbos muestran con respecto a los modificadores adverbiales en cada una de ellas *(Cantas a menudo* vs. *You often sing)*.

En la nanosintaxis, donde no existen estas operaciones, el factor fundamental que explica la variación es el 'tamaño' de los exponentes morfofonológicos, es decir, cuántos rasgos sintácticos puede identificar cada exponente y si existen rasgos que no tengan realización léxica autónoma. Dado el Principio de Lexicalización Exhaustiva, que fuerza a que todo rasgo sintáctico esté identificado por un exponente que lo contenga como parte de su entrada léxica, estas diferencias pueden determinar si una secuencia es gramatical o no. Considérese el contraste entre (42a) y (42b).

(42) a. Fred Astaire danced to the corner.
　　 b. *Fred Astaire bailó a la esquina.

Lenguas como el inglés (36a) se llaman 'satellite-framed' (Talmy 1985), porque un verbo que incorpora la manera puede legitimar una preposición de dirección; las que son como el español se llaman 'verb-framed', porque en ellas un verbo de manera de movimiento no puede legitimar este complemento. Mateu (2002: 151-162), en el marco de la SL, propone que esto se debe a una diferencia en las posibilidades que la sintaxis léxica de cada grupo de lenguas permite –por lo que habría diferencias estructurales entre tipos de lenguas, a la manera de un parámetro léxico–. En el segundo grupo de lenguas hay una preposición direccional incorporada al verbo, y esta incorporación impide que otro constituyente que defina el evento pueda también incorporarse a él. Si se desea expresar un componente de [manera], este debe proyectarse como un adjunto: *fue a la esquina bailando*. En el primer tipo de lenguas, el verbo abstracto toma como complemento el sustantivo *dance* 'baile', lo incorpora –ya que no ha incorporado ninguna preposición direccional–, y la estructura direccional se genera como un satélite –una estructura argumental independiente– que posteriormente se asocia al verbo.

La alternativa en nanosintaxis (Fábregas 2007b) es permitir que los dos tipos de lengua tengan la misma estructura (43).

(43) [SV V   [STrayectoria Trayectoria [SLugar Lugar [SD]]]]

El valor de manera no estaría expresado en la sintaxis, sino que sería parte de la entrada conceptual del exponente que se inserta en V. El verbo toma un complemento que indica una trayectoria hacia (STrayectoria) un lugar en el espacio (SLugar) definido por una entidad (SD). Supongamos que el exponente *a* en español no traduce *to* –que lexicaliza una trayectoria– sino que expresa Lugar, como sugieren oraciones como la de (44), donde no hay valor direccional alguno.

(44) Está a la orilla del río.

Si es así, *a* solo materializa el rasgo [Lugar], y no hay ningún lexema que materialice la trayectoria (45a), lo cual infringe el Principio de Lexicalización Exhaustiva; el inglés *to* expresa trayectoria, como se ve en la agramaticalidad de **It is to the riverside,* por lo que este exponente materializa tanto lugar como dirección (45b).

(45) [SV V   [STrayectoria   Trayectoria   [SLugar   Lugar [SD]]]]
    a. [bailar   [*   [a   [la esquina]]]]
    b. [dance   [to   [the corner]]]

Existe una parte que sigue siendo arbitraria: determinar qué rasgos sintácticos se materializan con cada exponente en una lengua, pero la estrategia es distinta. La sintaxis se mantiene estable, y las diferencias de superficie pueden capturarse por las divergencias en qué rasgos lexicaliza cada exponente.

Una posible extensión de esta estrategia puede explicar diferencias en el orden de constituyentes. Imagínese una estructura como la de (46); supóngase que, por cuestiones de selección, obligatoriamente Y debe estar introducido por X, y Z debe estar introducido por Y.

(46)

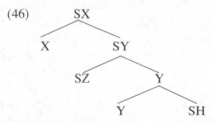

Imaginemos que una lengua tiene una pieza léxica que materializa el sintagma [SX [SY [SH]]]. Esta lengua intentará materializar la estructura introduciendo en SX la pieza y lexicalizando así todos los rasgos contenidos en SX. Pero Z, contenido en el especificador de SY, no es parte de su entrada y debe ser lexicalizado. Una posibilidad para salvar el Principio de Lexicalización Exhaustiva es la de mover SZ y sacarlo del SY (Movimiento de evacuación), como en (47). Entonces ya se puede lexicalizar el SX con la pieza léxica sin dejar rasgos sin identificar –siguiendo las suposiciones estándar de que la huella o copia de un elemento desplazado se ignora durante la lexicalización[12]–. El efecto de superficie será que SZ precede a SX en esta lengua.

---

[12] Una forma de interpretar estas operaciones es que, pese a todo, en nanosintaxis el léxico determina la sintaxis. Nótese, sin embargo, que esta conclusión no sería exacta: el léxico actúa como un filtro que marca como agramaticales ciertas construcciones que están bien formadas en

(47)

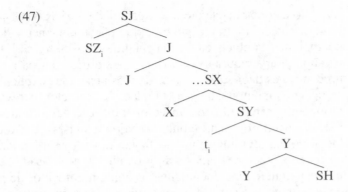

Imaginemos ahora que la lengua tiene un exponente [X], otro [Z] y otro [H]. En tal caso no es necesario ningún movimiento: el tercer exponente se introduce en SH, el segundo en el especificador SZ y el tercero en SX (dependiendo de lo que supongamos sobre la relación de identificación de rasgos entre especificador y núcleo, puede que necesitemos otro elemento para lexicalizar Y). En esta ocasión, SZ se materializará a la derecha de SX.

Imaginemos, por fin, que una lengua tiene un exponente [X, Z, Y, H]. Aquí, sin necesidad de movimiento, podemos insertar la pieza en SX para materializar el sintagma completo. La representación de superficie sería la de que esa lengua 'no materializa' Z, es decir, que aunque está presente en la sintaxis, no es visible directamente en su materialización léxica.

Naturalmente, esto es solo una hipótesis y la cuestión es si se puede dar cuenta de todos los casos de variación atestiguados exclusivamente jugando con el tamaño y composición de los exponentes.

15.6. Cierre: consideraciones metodológicas

La última cuestión que hemos nombrado no es, ciertamente, la única que está aún en desarrollo en los planteamientos neoconstruccionistas de la gramática. Desde una perspectiva metodológica, la propiedad fundamental que relaciona todas las teorías neoconstruccionistas actuales es que sus propuestas esenciales para tratar fenómenos empíricos detallados aún están en curso de ser verificadas en un abanico amplio de lenguas y, como consecuencia, convenientemente matizadas, modificadas o rechazadas. Esto no es necesariamente una desventaja (al menos en la medida en que ese estudio empírico de verificación suceda). Tal vez

la sintaxis. Dicho de otro modo: el repertorio léxico no motiva que se produzca movimiento o no –si se produce movimiento o no depende de la existencia de rasgos formales y otras propiedades puramente sintácticas–, pero puede suceder que el resultado de ese movimiento, o de su ausencia, no sea lexicalizable porque falte una pieza léxica que corresponda a esa configuración, y, en tal caso, esa construcción sintácticamente legítima es filtrada.

sea justo recordar que la propuesta central del lexicismo es la de aumentar la información arbitraria que el léxico puede contener y la de describir operaciones también en buena medida idiosincrásicas. Dado que se presupone una naturaleza idiosincrásica e irregular para estas reglas y unidades –es decir, dado que se da más peso a las explicaciones donde se listan elementos–, la especificidad y el carácter extravagante de los fenómenos estudiados es ya compatible con las propuestas teóricas. Esto ha hecho que en algunos trabajos lexicistas –no todos, y desde luego no los revisados aquí– se hayan tomado la dificultad de establecer generalizaciones empíricas y explicaciones basadas en principios independientemente documentados como argumentos de por sí a favor de la propuesta. En cambio, los modelos neoconstruccionistas –al darle más peso a las reglas y operaciones generales– hacen de las generalizaciones y las explicaciones independientes el aspecto central de su metodología, por lo que son más fácilmente falsables y deben considerar un abanico mayor de fenómenos y lenguas en sus análisis. En este sentido, el camino seguido por los sistemas neoconstruccionistas no es distinto al que siguen las teorías sintácticas, fonológicas y semánticas: todos los fenómenos han de ser analizados mediante principios mínimos, todas las excepciones deben dejar de serlo, todas las lenguas deben ser reducidas a un conjunto mínimo de patrones y todo sistema que parezca caótico debe someterse a algún tipo de sistematicidad. Esta empresa, naturalmente, es difícil de alcanzar en solo 20 años.

■ Bibliografía

ALCOBA, S. (2007), «Productividad y disponibilidad de *-aje*. Neología e imaginación», en R. Sarmiento y F. Vilches (eds.), *Neologismos y sociedad de la información,* Madrid, Dykinson, pp. 37-84.

AMBADIANG, T., B. CAMUS e I. GARCÍA PAREJO (2008), «Representación, procesamiento y uso de la morfología del verbo español», *Verba* 35, pp. 7-34.

ANDERSON, S. (192), *Amorphous morphology,* Cambridge, Cambridge University Press.

ARAD, M., «Locality Constraints on the Interpretation of Roots: The Case of Hebrew Denominal Verbs», *Natural Language and Linguistic Theory* 21 (2003), pp. 737-778.

ARONOFF, M. (1976), *Word formation in generative grammar,* Cambridge, Mass., MIT Press.

BAERMAN, M. (2004), «Directionality and (un)natural classes in syncretism», *Language* 80, pp. 807- 827.

BAKER, M. (1988), *Incorporation: a theory of grammatical function changing,* Chicago, University of Chicago Press.

—— (1985), «Mirror theory and morphosyntactic explanation», *Linguistic Inquiry* 16, pp. 373-415.

BORER, H. (2005), *In Name only* y *The natural course of events,* vols. 1 y 2 de la *Exoskeletal Trilogy,* Oxford, Oxford University Press.

BRODY, M. (2000), «Mirror theory: syntactic representation in perfect syntax», *Linguistic Inquiry* 31, pp. 29-56.

CAHA, P. (2009), *The Nanosyntax of Case*, tesis doctoral, Tromsø, Universidad de Tromsø.

CHOMSKY, N. (1995), *The Minimalist Program*, Cambridge, Mass., MIT Press.

CIFUENTES HONRUBIA, J. L. (2006), «Verbos denominales locales en español», en A. Palacios Alcaine, E. de Miguel Aparicio y A. M. Serradilla Castaño (eds.), *Estructuras léxicas y estructura del léxico*, Munich, Peter Lang, pp. 247-272.

DE CUYPER, G. (2006), *La estructura léxica de la resultatividad y su expresión en las lenguas románicas y germánicas*, Munich, Lincom.

DOWTY, D. R. (1991), «Thematic proto-roles and argument selection», *Language* 67, pp. 547-619.

EMBICK, D. (2000), «Features, syntax and categories in the Latin perfect», *Linguistic Inquiry* 31, pp. 185-230.

— y R. NOYER (2001), «Movement operations after syntax», *Linguistic Inquiry* 32, pp. 555-595.

ESPINAL, M. T. y L. MCNALLY (2011), «Bare nominals and incorporating verbs in Catalan and Spanish», *Journal of Linguistics* 47, pp. 87-128.

FÁBREGAS, A. (2005), *La definición de la categoría gramatical en una morfología sintácticamente orientada*, tesis doctoral, Madrid, Instituto Universitario de Investigación Ortega y Gasset.

— (2007a), «The internal syntactic structure of relational adjectives», *Probus* 19, pp. 135-170.

— (2007b), «The exhaustive lexicalization principle», *Nordlyd* 34, pp. 165-199.

— (2009), «An argument for Phrasal Spell Out: Indefinites and Interrogatives in Spanish», *Nordlyd* 36, pp. 129-168.

— (2010), «A syntactic account of affix rivalry in Spanish nominalizations», en A. Alexiadou y M. Rathert (eds.), *The syntax of nominalizations across languages and frameworks*, Berlín, Mouton de Gruyter, pp. 67-93.

— y S. VARELA (2006), «Verb classes with eventive infinitives in Spanish», en N. Sagarra y J. Toribio (eds.), *Selected Proceedings of the 9th Hispanic Linguistics Symposium*, Somerville, Mass., Cascadilla, pp. 24-33.

FELÍU ARQUIOLA, E. (2003), «Morphology, argument structure, and lexical semantics: the case of Spanish *auto-* and *co-* prefixation to verbal bases», *Linguistics* 41, pp. 495-513.

FERNÁNDEZ-SORIANO, O. y G. RIGAU (2009), «On certain light verbs in Spanish: the case of temporal *tener* and *llevar*», *Syntax* 12, pp. 157-179.

GALLEGO, Á. J. (2012), «A note on cognate objects: cognation as doubling», *Nordlyd* 39, pp. 95-112.

GOLDBERG, A. (1995), *Constructions. A construction grammar approach to argument structure*, Chicago, University of Chicago Press.

HALE, K. y S. J. KEYSER (1993), «On argument structure and the lexical expression of syntactic relations», en K. Hale y S. J. Keyser (eds.), *The view from building 20,* Cambridge, Mass., MIT Press, pp. 53-109.

HALE, K. y S. J. KEYSER (2002), *Prolegomenon to a theory of argument structure,* Cambridge, Mass., MIT Press.

HALLE, M. (1973), «Prolegomena to a Theory of Word-Formation», *Linguistic Inquiry* 4, pp. 451-464.

— y A. MARANTZ (1993), «Distributed Morphology and the Pieces of Inflection», en K. Hale y S. J. Keyser (eds.), *The view from building 20,* Cambridge, Mass., MIT Press, pp. 111-176.

HARLEY, H. (1995), *Subjects, events and licensing,* tesis doctoral, MIT.

HARRIS, J. W. (1994), «The syntax-phonology mapping in Catalan and Spanish clitics», en A. Carnie, H. Harley y T. Bures (eds.), *Papers on Phonology and morphology,* MITWPL 21, Cambridge, Mass., MIT Press, pp. 321-353.

— (1998), «Spanish imperatives: syntax meets morphology», *Journal of Linguistics* 34, pp. 27-52.

JACKENDOFF, R. (1990), *Semantic structures,* Cambridge, Mass., MIT Press.

KATZ, J. J. y P. POSTAL (1964), *An Integrated Theory of Linguistic Description,* Cambridge, Mass., MIT Press.

KAYNE, R. (1994), *The antisymmetry of syntax,* Cambridge, Mass., MIT Press.

KORNFELD, L. y A. SAAB (2003), «Morphology and syntax: the case of prepositional prefixes in Spanish», en G. Booij, J. DeCesaris, A. Ralli y S. Scalise (eds.), *Topics in morphology,* Barcelona, IULA, pp. 227-240.

— (2004), «Nominal Ellipsis and Morphological Structure in Spanish», en R. Bok-Bennema, B. Hollebrandse, B. Kampers-Manhe y P. Sleeman (eds.), *Romance Languages and Linguistic Theory 2002,* Amsterdam, John Benjamins, pp. 183-198.

KRATZER, A. (2009), «Making a Pronoun: Fake Indexicals as Windows into the Properties of Pronouns», *Linguistic Inquiry* 40, pp. 187-237.

LEES, R. (1960), *The Grammar of English Nominalizations,* La Haya, Mouton.

LEVIN, B. y M. RAPPAPORT HOVAV (1995), *Unaccusativity. At the syntax-lexical semantics interface,* Cambridge, Mass., MIT Press.

— (2005), *Argument realization,* Cambridge, Cambridge University Press.

LIEBER, R. (2004), *Morphology and lexical semantics,* Cambridge, Cambridge University Press.

MANZINI, R. y L. SAVOIA (2011), «Mesoclisis in the imperative: Phonology, morphology or syntax?», *Lingua* 121, pp. 1.101-1.120.

MARANTZ, A. (1997), «No escape from syntax: Don't try morphological analysis in the privacy of your own lexicon«, *University of Pennsylvania Working Papers in Linguistics* 4, pp. 201-225.

— (2001), *Words,* manuscrito inédito, MIT.

MARTÍN GARCÍA, J. (1996), *Gramática y diccionario: el prefijo re-*, Madrid, Publicaciones de la Universidad Autónoma de Madrid.

MATEU, J. (2002), *Argument structure. Relational construal at the syntax-semantics interface*, tesis doctoral, Barcelona, Universitat Autònoma de Barcelona.

MATUSHANSKY, O. (2002), *Movement of degree / degree of movement*, tesis doctoral, MIT.

McCAWLEY, J. (1968), «Lexical Insertion in a Generative Grammar Without Deep Structure», *CLS* 4, pp. 71-80.

NEELEMAN, A. y K. SZENDROI (2007), «Radical Pro Drop and the Morphology of Pronouns», *Linguistic Inquiry* 38, pp. 671-714.

OLTRA-MASSUET-MASSUET, I. (2010), *On the morphology of complex adjectives*, tesis doctoral, Universitat Autònoma de Barcelona.

— y K. ARREGI, (2005), «Stress-by-structure in Spanish», *Linguistic Inquiry* 36, pp. 43-84.

PUSTEJOVSKY, J. (1991), «The syntax of event structure», *Cognition* 41, pp. 47-81.

—(1995), *The generative lexicon*, Cambridge, Mass., MIT Press.

REINHART, T. y T. SILONI (2005), «The Lexicon-Syntax Parameter: Reflexivization and Other Arity Operations», *Linguistic Inquiry* 36, pp. 389-436.

SERRANO DOLADER, D. (1995), *Las formaciones parasintéticas en español*, Madrid, Arco Libros.

SPENCER, A. (2005), «Generalized Paradigm Function Morphology: A synopsis», *York Papers in Linguistics* 2, *Papers from the York-Essex Morphology Meeting*, pp. 93-106.

STUMP, G. (1993), «On rules of referral», *Language* 69, pp. 449-479.

—(2001), *Inflectional morphology*, Cambridge, Cambridge University Press.

SVENONIUS, P., G. RAMCHAND, T. TARALDSEN y M. STARKE (eds.) (2009), *Nordlyd* 36, 1 (special issue on Nanosyntax), Tromsø, Universitetet i Tromsø.

TALMY, L. (1985), «Lexicalization patterns: Semantic structure in lexical forms», en T. Shopen (ed.), *Language typology and syntactic description 3*, Nueva York, Cambridge University Press, pp. 57-149.

WILLIAMS, E., «Dumping lexicalism» (2007), en G. Ramchand y C. Reiss (eds.), *The Oxford Handbook of Linguistic Interfaces*, Oxford, Oxford University Press, pp. 353-383.

ZUBIZARRETA, M. L. y E. OH (2007), *On the Syntactic Composition of Manner and Motion*, Cambridge, Mass., MIT Press.

16 Acento nuclear, sintaxis y estructura informativa

María Luisa Zubizarreta
University of Southern California

16.1. Introducción

Desde hace tiempo se ha reconocido que la estructura informativa tiene un papel fundamental en la configuración de la estructura prosódica de una oración, en particular sobre las relaciones de prominencia (véanse Bolinger 1958, 1972, Halliday 1976, Chomsky 1971 y Jackendoff 1972, para una revisión de los primeros trabajos enfocados en la lengua inglesa)[1]. Sin embargo, ha seguido siendo motivo de debate determinar qué aspectos de la estructura informativa y de la prosodia caen bajo el ámbito de la gramática. Entre los primeros trabajos mencionados, Chomsky (1971) y Jackendoff (1972) reconocen que la noción de *foco* (la parte no presupuesta de la oración o, también, aquello que se afirma en ella) está representada gramaticalmente y que el Acento Nuclear (AN, *Nuclear Stress*) de la oración tiene un papel fundamental en su identificación. Esta relación puede formularse como se ve en (1), donde el AN está alineado con el núcleo entonacional de la oración, conocido como Acento Tonal Nuclear (ATN, *Nuclear Pitch Accent*)[2]:

---

[1] La investigación en fonología prosódica en diferentes lenguas (por ejemplo, Jun 2005) ha reconocido dos modalidades tipológicas para codificar la noción fonológica de prominencia: una modalidad culminativa (a través del Acento Tonal Nuclear, el cual está alineado con su contraparte métrica, la sílaba portadora de Acento Nuclear) y una modalidad demarcativa (a través de una juntura prosódica alineada con el límite de una categoría sintáctica), como sucede, por ejemplo, en coreano, japonés, bengalí y muchas lenguas bantúes; véase también Féry (2001) sobre el francés. En el presente texto, tratamos solamente de las lenguas del tipo culminativo y, en particular, de lenguas germánicas (i. e., inglés, alemán) y romances (español, italiano).

[2] La hipótesis de que el foco se identifica directamente con el AN (e. g., Jackendoff 1972, Zubizarreta 1998, Reinhart 2006) en lenguas que usan acentos tonales para definir la prominencia (véase la nota 1) no ha estado libre de críticas. Un planteamiento alternativo, propuesto por Selkirk (1984, 1995) y Gussenhoven (1984), afirma que la identificación del foco está directamente

(1) El constituyente focalizado debe contener la palabra rítmicamente más prominente, es decir, la palabra que porta el AN.

Así, en un ejemplo con foco amplio *(wide focus)* como (2a), donde todo sintagma aporta información nueva, el acento principal cae sobre el constituyente situado en el extremo derecho (es decir, sobre el sintagma preposicional dentro del complemento del Objeto). Frecuentemente, este acento se ha llamado acento "no marcado". Este acento puede identificar tanto el foco amplio como el foco estrecho *(narrow focus)*, siempre que el constituyente acentuado esté contenido en el constituyente focalizado. En ese sentido, (2a) es una respuesta adecuada para una pregunta como '¿Qué ocurrió?' (con foco amplio) y también para una pregunta como '¿Qué hizo el gato?' (con foco estrecho sobre el sintagma verbal). Cuando el foco se restringe a una parte de la oración que no contiene al acento no marcado, como, por ejemplo, el sujeto en (2b), el acento rítmicamente más prominente debe trasladarse a dicho sujeto. La oración es adecuada solamente como respuesta a una pregunta como '¿Quién leyó un libro sobre ratones?'. A este tipo de acento, que no permite la proyección del foco, se le ha llamado acento "marcado". En dichos ejemplos, que aparecen a continuación, el AN se identifica mediante un subrayado[3].

(2) a. The cat   read a   book about <u>rats</u>.   (inglés)
       el   gato leyó un libro sobre ratas
       'El gato leyó un libro sobre ratones.'
    b. The <u>cat</u>   read a   book about rats.   (inglés)
       el   gato leyó un libro sobre ratas
       'El gato leyó un libro sobre ratones.'

En este capítulo usaremos el término *no marcado* para referirnos a patrones prosódicos no afectados por factores discursivos tales como los derivados de la partición foco/presuposición o los que tienen que ver con información dada o anteriormente mencionada.

Entre los estudiosos que han reconocido el papel del acento a nivel del sintagma para la identificación del foco, se ha debatido cuál es el dominio relevante para la computación del acento sintagmático[1]. Algunos se han mostrado a favor de una computación directa del AN a partir de la estructura sintáctica (véanse Cinque 1993, Kahnemuyipour 2004, Reinhart 2006). Nos referimos aquí a este planteamiento como el *enfoque estrictamente sintáctico*. Otros han planteado que la computación del AN se realiza a partir de una estructura sintáctica métricamente interpretada, en la cual ciertos elementos de la estructura sintáctica pue-

---

relacionada con la distribución de acentos tonales en una oración y no con la noción métrica de AN de una oración. Véase también Rochemont 2006.

[3] Nos ocupamos aquí únicamente del acento primario en contextos de foco amplio; no tratamos del acento secundario, el cual recae típicamente en el sujeto en una oración transitiva. La posición del acento secundario, a diferencia de la del acento primario, está determinada, al menos en parte, por consideraciones de euritmicidad *(eurhythmicity)* y no por la estructura de la información.

den ser métricamente "invisibles" (Halle y Vergnaud 1987, Zubizarreta 1998, Zubizarreta y Vergnaud 2005, Nava y Zubizarreta 2010, Zubizarreta y Nava 2011). Llamamos a esta propuesta el *enfoque sintáctico métricamente interpretado*. Por su parte, otros investigadores han planteado, desde la fonología prosódica, que el acento sintagmático se computa sobre dominios prosódicos, en particular, sobre el así llamado sintagma fonológico o sintagma mayor (abreviado como "sintagma-p"); estos dominios se definen, a su vez, en relación con categorías sintácticas o, más precisamente, en relación con categorías léxico-sintácticas (véanse Selkirk 1995, Kratzer y Selkirk 2007, Féry 2011, entre muchos otros). Nos referimos a este planteamiento como el *enfoque de sintagma prosódico*. Truckenbrodt (2006) propone un enfoque mixto, en el cual el acento sintagmático se computa directamente sobre la estructura sintáctica y el AN se identifica como el último acento sintagmáico en el dominio del "sintagma entonacional" (abreviado como "sintagma-i").

Desde el punto de vista empírico, hay dos temas que han ido situándose progresivamente en el centro de la discusión. Uno de ellos es la variabilidad en la localización del AN en lenguas germánicas en contextos de foco amplio. El segundo es la variación de la posición del AN entre las distintas lenguas, en particular las lenguas germánicas, en oposición a las lenguas romances (Ladd 1996, Samek-Lodovici 2005, Vallduví 1995, Zubizarreta 1998). En este capítulo se analiza la forma en la que los enfoques antes mencionados tratan el tema de la variabilidad en el interior de cada lengua y entre lenguas distintas en relación con la identificación prosódica del foco.

Otra importante cuestión en debate es si dos algoritmos distintos, tal vez de naturaleza totalmente diferente, están en la base de la computación de los acentos "marcado" y "no marcado" (Rochemont 1986, 2012, Féry 2011, Selkirk 2008, Reinhart 2006, Zubizarreta y Nava 2010). Mientras que algunos autores simplemente asumen dichas distinciones (e. g., Cinque 1993, Kahnemuyipour 2004, 2009, Selkirk y Krazer 2007), otros han argüido de manera explícita en su favor (Reinhart 2006, Nava y Zubizarreta 2010). Existen, también, voces contrarias a esta postura: Bolinger (1972), Schmerling (1976), Selkirk (1984, 1995) y Gussenhoven (1984). En la sección 4 presentaremos la idea defendida por Reinhart (2006) de que los patrones prosódicos marcados se generan por un proceso de desacentuación-A(nafórica) o, en otras palabras, desacentuación-A desencadena cambios en el AN, así como la visión alternativa de Féry y Kügler (2008), quienes sugieren que nociones discursivas como *información nueva*, *información dada* o *foco estrecho* tienen un impacto directo en el rango tonal de una oración, un proceso que estos autores denominan *scaling*. Finalmente revisaremos brevemente algunos resultados que indican que, efectivamente, la prosodia del foco estrecho se genera por un mecanismo distinto que tiene acceso directo a la estructura informativa y que está sujeto a preferencias de índole dialectal e incluso idiolectal por contraposición a los patrones prosódicos no marcados, que son generados por un algoritmo gramatical encapsulado.

16.2. El dominio de la computación del acento sintagmático

En esta sección, presentamos un breve panorama de algunos de los planteamientos más recientes acerca del foco "no marcado" en contextos de foco amplio. Centramos la discusión en el modo en que estos enfoques tratan la variación en la localización del AN en lenguas germánicas.

16.2.1. *El enfoque estrictamente sintáctico vs. el enfoque prosódico*

La clásica Regla de Acento Nuclear (RAN, *Nuclear Stress Rule*) fue propuesta en Halle y Chomsky (1968). La aplicación cíclica de esta regla, junto con ciertas convenciones, predice la localización del AN en el *constituyente final* de la oración, con lo cual se captura el hecho de que, en una oración transitiva, la prominencia mayor recae sobre el objeto, como se ve en (2a)[4]. Un reto importante para la RAN clásica (ciertamente, no el único) es el hecho de que en lenguas germánicas de verbo final, dadas oraciones tales como (3a) y (3b), el AN no recae sobre el constituyente final (es decir, el verbo), sino sobre el OD y el SP de complemento, respectivamente.

(3) a. Hans hat [$_{Sv}$ [$_{SD}$ ein [Buch]] gelesen]   (alemán)
     Hans ha   un   libro   leído
     'Hans ha leído un libro.
  b. Peter hat [$_{Sv}$ [$_{SP}$ an [einem [Papier]]] gearbeitet]   (alemán)
     Peter ha   en un   artículo trabajado
     'Peter ha trabajado en un artículo.'

Cinque (1993) presenta una propuesta que intenta ir más allá del orden de palabras aprovechando al máximo la información estructural provista por la estructura sintáctica. Más específicamente, este autor propone un algoritmo que identifica la *posición del AN con el nudo más profundamente subordinado en la estructura sintáctica*. El complemento, siendo el nudo más profundamente subordinado en el SV, queda identificado como portador del acento principal, sin importar si se trata de una lengua de verbo final o de una de verbo inicial. La propuesta de Cinque también da cuenta de la distinción entre complemento y adjunto observada por Krifka (1984), si se asume que el adjunto se añade a la proyección verbal, a diferencia del complemento, que es hermano del verbo; cf. (3b) y (4). Ni adjuntos ni especificadores son parte de la "arteria principal" de la estructura sintáctica de la cláusula y, por lo tanto, su estructura interna es invisible para la computación del AN.

---

[4] La RAN también intentaba capturar la localización del acento secundario en el sujeto de oraciones como (2a). Por razones ya mencionadas en la nota 3, nos ocupamos aquí únicamente del acento primario.

(4) a. Peter hat [$_{Sv}$ an einem kleinen Tisch [$_{Sv}$ gearbeitet]]   (alemán)
  Peter ha   en una   pequeña mesa   trabajado
  'Peter ha trabajado en una pequeña mesa.'

Con la introducción de la noción de "fase" como el dominio sintáctico relevante para los componentes de interfaz de la gramática (Chomsky 2000, 2001, 2005), se presentó una nueva manera de pensar acerca de la interacción entre sintaxis y acento sintagmático. Chomsky *(ibid.)* identifica dos categorías sintácticas como definitorias de un "dominio de fase" *(phase domain),* a saber, el sintagma complementante SC y el sintagma verbal Sv ("little vP"), e identifica sus nudos hermanos, el sintagma temporal ST y el sintagma verbal SV, respectivamente, como los dominios de materialización *(spell-out)* e interpretación (i. e., los dominios de interfaz). Adger (2006) plantea la propuesta en (5):

(5) El dominio de materialización *(spell-out domain)* de una fase es el dominio para la asignación del acento sintagmático.

Por su parte, Kahnemuyipour (2004), en su intento por capturar la primacía de los objetos en oraciones transitivas tanto en lenguas de núcleo inicial como en lenguas de núcleo final, refina la propuesta como se ve en (6)[5]:

(6) Asígnese el acento sintagmático en el interior del constituyente más alto en el dominio de materialización *(spell-out domain).*

En conjunción con la suposición estándar según la cual el verbo se desplaza fuera del SV para adjuntarse al núcleo del Sv, el algoritmo presentado en (6) selecciona correctamente el OD en (3a) y el SP en (3b) como el constituyente más alto en el dominio de materialización SV. Más aún, en la medida en que el modificador locativo en (4) se ubica fuera de la fase SV, la propuesta captura correctamente la distinción entre (3b) y (4).

Kratzer y Selkirk (2007) presentan una versión modificada en términos prosódicos de la propuesta de Kahnemuyipour (que, como se vio, está basada en la noción de fase) para la asignación de acento sintagmático. En esta propuesta, el dominio de materialización para el acento en consideración es el sintagma fonológico (o sintagma mayor) y no la estructura sintáctica, aunque esta última tiene un papel fundamental en la definición del sintagma mayor (*"phonological phrase"* o *"major phrase"*), abreviado *sintagma-p;* véase (7). Se asume, además, que el núcleo prosódico del sintagma mayor lleva un acento sintagmático y que el último acento sintagmático se identifica con el AN (Nespor y Vogel 1986).

---

[5] Nótese que se necesitan supuestos adicionales acerca de la localización final del AN en un complejo SD. Kahnemuyipour (2004) propone, sobre la base de la lengua persa, que el algoritmo para la asignación de acento sintagmático en el SD es independiente del algoritmo que determina el AN en la oración. No trataremos ese asunto aquí.

(7) El sintagma más alto en el dominio de materialización *(spell-out domain)* de una fase corresponde a un sintagma prosódico mayor en la representación fonológica.

El OD en (3a) y el SP en (3b) constituyen un sintagma mayor y, por lo tanto, son un dominio para el acento sintagmático; además, puesto que son también el última *sintagma-p* dentro de un sintagma entonacional (abreviado como *sintagma-i),* son finalmente identificados como los constituyentes portadores del AN. Este marco teórico da cuenta del contraste entre (3b) y (4) en la medida en la que se considera que el SP adjunto se ubica fuera del dominio prosódico de materialización del SV (o sea, es parte de la fase SC y no de la fase Sv).

Otra versión para la asignación de acento sintágmatico es la que propone Féry (2011), que toma como base la sintagmatización prosódica y la noción de "integración de dominios prosódicos". A diferencia del análisis de Kratzer y Selkirk (2007), la propuesta de Féry (2011) está basada en el marco teórico de la Optimalidad *(Optimality-Theoretic framework),* el cual se basa, a su vez, en un *ranking* de restricciones. Omitiremos aquí esas diferencias teóricas con el fin de evaluar las similitudes y diferencias entre las dos propuestas. Al igual que en el análisis de Kratzer y Selkirk (2007), en la propuesta de Féry (2011) los sintagmas sintácticos se mapean en sintagmas prosódicos (8), el núcleo de cada dominio prosódico *(sintagma-p* y *sintagma-i)* porta un acento, y el núcleo prosódico de un *sintagma-i* es el que se ubica en el extremo derecho (9) (equivalente al constituyente portador de AN en la propuesta de la RAN). La innovación que propone Féry es que *un sintagma-p constituido por un sintagma argumental puede integrase prosódicamente con el núcleo adyacente en un sintagma-p más amplio*, lo que da lugar a casos en los que un *sintagma-p* está incluido dentro de otro *sintagma-p*. Se introduce, adicionalmente, la noción de *subordinación prosódica* para los adjuntos (10). Si el proceso de integración prosódica se limita a los argumentos, entonces este proceso puede dar cuenta de la distinción entre los ejemplos (3) y (4). El SP de complemento en (3b) se integra prosódicamente al núcleo adyacente, pero no así el SP de adjunto en (4b), el cual se analiza como "subordinado" al dominio prosódico de la relación argumento-predicado.

(8) Una proyección sintáctica máxima que incluya al menos una palabra prosódica está contenida dentro de su propio dominio prosódico.

(9) Alinéese el límite derecho de todo *sintagma-i* con su núcleo.

(10) El *sintagma-p* constituido por un adjunto está subordinado al *sintagma-p* constituido por un complejo argumento-predicado.

En la siguiente sección, se revisa con mayor detalle el sistema planteado por Kratzer y Selkirk (2007), la propuesta de Féry (2011) y el modo en que ambos sistemas tratan la variabilidad en la localización de AN en ciertos casos.

16.2.2. *La variabilidad en la localización del AN en lenguas germánicas*

16.2.2.1. El caso de los intransitivos

Como es sabido, las oraciones intransitivas de la forma "SUJETO VERBO" en lenguas germánicas muestran variabilidad en la localización del AN (Chafe 1974, Schmerling 1976, Selkirk 1984, 1995, Sasse 1987, Zubizarreta 1998, Nava y Zubizarreta 2010). En contextos de foco amplio, son posibles tanto expresiones con el AN sobre el sujeto como expresiones con el AN sobre el verbo. Algunos de estos autores (Zubizarreta 1998, Kahnemuyipour 2004, 2009, Irwin 2012) han establecido una correlación entre variabilidad en la localización del AN y la distinción entre predicados inergativos e inacusativos. Sin embargo, en un estudio de elicitación de datos con 34 hablantes nativos del inglés, Zubizarreta y Nava (2011) sostienen que dicha variabilidad es sistemática en los inergativos, mientras que se da de una manera mucho más sesgada en el caso de los inacusativos. A su vez, Sasse (1987) propone que la distinción está relacionada con la diferencia entre oraciones que expresan juicios téticos *(thetic judgments)* (las cuales denotan una eventualidad), y aquellas que expresan juicios categóricos *(categorical judgements)* (las cuales atribuyen una propiedad a un tópico).

Kratzer y Selkirk (2007) reformulan la distinción entre juicios téticos y categóricos en términos de predicados que expresan un estado temporal de un sujeto *(stage-level predicates)* y predicados que expresan una propiedad inherente o genérica de un individuo *(individual-level predicates)*. Kratzer y Selkirk (2007) proponen, además, que el sujeto de los predicados que expresan un estado ocupa la posición de especificador del Sintagma Temporal (ST) (se asume que existe un tópico espacio-temporal fonéticamente nulo en tales estructuras), y el sujeto de los predicados que expresan una propiedad inherente ocupa la posición de especificador de un Sintagma Tópico (STóp). Se dan por sentado algunos supuestos adicionales; en particular, que cuando un verbo (o grupo verbal) es el único elemento en el dominio de materialización *(spell-out domain),* se mueve fuera de la proyección de v, "vaciando" de esta manera al SV.

La materialización prosódica pasa por alto los dominios de materialización vacíos. Por lo tanto, el ejemplo (11a), en el que el AN recae sobre el sujeto, tiene la estructura que se presenta en (11b). El SV, estando vacío, no constituye un dominio de materialización prosódica. El siguiente dominio de materialización será entonces el ST[6]; la regla (7) identifica el sujeto en el especificador del ST como un sintagma mayor, i. e., el último *sintagma-p* dentro del *sintagma-i,* y, por lo tanto, lo identifica como el locus del AN.

---

[6] Se asume que el STóp (al igual que el SC) constituye una fase y que el ST es su dominio de materialización.

(11) a. Ich hab' gehört, dass <u>Mettallarbeiter</u>   gestreikt   haben
yo he oído   que metal-trabajadores ido-a-la-huelga han
'He oído que los trabajadores metalúrgicos han ido a la huelga.'

b. [$_{STóp}$ pro [$_{ST}$ Mettallarbeiter$_i$ [$_{Sv}$ t$_i$ [$_{SV}$ ~~gestreik~~] gestreik   haben]] Tóp]
metal-trabajadores   ido-a-la-huelga han
'He oído que los trabajadores metalúrgicos han ido a la huelga.'

El caso de un sujeto en el especificador del STóp se muestra en el ejemplo (12a), que está asociado con la estructura (12b). Se asume que el STóp constituye una fase y que el ST es su dominio de materialización. Adicionalmente, se postula una *Condición General* que dice que *un dominio que contiene material fonético que pueda ser acentuado debe contener un acento sintagmático mayor*. En (12b), el único elemento elegible en el dominio de materialización ST es el verbo, de modo que constituye un *sintagma-p* y, siendo el último *sintagma-p* en el dominio de entonación (o *sintagma-i*), este porta el AN.

(12) a. Ich hab' irgendwo   gelesen, dass der König von Bayern <u>spinnt</u>
yo he en-alguna-parte leído   que el rey   de Baviera está-loco
'He leído en alguna parte que el rey de Baviera está loco.'

b. ... [$_{STóp}$ der König von Bayern$_i$ [$_{ST}$ t$_i$ [$_{Sv}$ t$_i$ [$_{FV}$ ~~spinnt~~] spinnt]] Tóp]
el rey   de Baviera   está-loco
'He leído en alguna parte que el rey de Baviera está loco.'

Debe notarse que la suposición de que el verbo se mueve fuera de la proyección de *v* (cuando es el único material fonológico en el SV) tiene consecuencias no triviales. En particular, socava una posible explicación para el hecho presentado por Krifka en (4); en este caso, el verbo y el SP de adjunto ya no pertenecen a distintos dominios de materialización prosódica; ambos son parte del dominio de materialización ST. Por lo tanto, se pierde el contraste entre (3b) (con un complemento acentuado) y (4) (con un SP de adjunto no acentuado).

Para dar cuenta de la variabilidad en la localización del AN en intransitivas de la forma SV, Féry también apela al estatus de tópico del sujeto de enunciados que expresan un juicio categórico, el cual ocupa una posición distinta de la de los sujetos de enunciados eventivos que expresan un juicio tético. Féry propone que la sintagmatización prosódica y la integración prosódica son sensibles a esa distinción sintáctica. Por consiguiente, en el caso de (11b), el sintagma sujeto localizado en el especificador de T se mapea en un *sintagma-p* y se integra prosódicamente a un dominio prosódico mayor que también incluye al núcleo verbal, dando lugar así a un *sintagma-i* único. El sujeto es el núcleo del *sintagma-i* y contiene el núcleo único con acento tonal; véase (13a). Por otro lado, el tópico en (12b) constituye su propio *sintagma-i*. O sea, el sujeto y el verbo en (12b) se mapean en dos *sintagmas-i* distintos, cada uno con un núcleo con acento tonal (o sea, cada uno con un AN); véase (13b) (Sin = Sintagma).

(13) a. $(_{Sin\text{-}i}\,(_{Sin\text{-}p}$ M̲E̲T̲A̲L̲L̲A̲R̲B̲E̲I̲T̲E̲R̲) gestreikt haben)

b. $(_{Sin\text{-}i}$ der König von B̲A̲Y̲E̲R̲N̲) $(_{Sin\text{-}i}$ S̲P̲I̲N̲N̲T̲)

16.2.2.2. Sintagmas Preposicionales (SPs) locativos y direccionales

Otro dominio de variabilidad en la localización del AN en lenguas germánicas, que Féry ha traído a discusión, se encuentra en estructuras transitivas con un SP locativo (14a) o un SP direccional (14b). Kratzer y Selkirk (2007) proveen un análisis no ambiguo para tales casos, según el cual el OD, de manera inequívoca, porta un acento sintagmático (y, en último término, el AN). Recuérdese que, en este tipo de análisis, solamente el sintagma más alto en el dominio de materialización (el SV, en este caso) es tomado como sintagma mayor y, por lo tanto, se le identifica como portador de acento sintagmático; el SP siguiente y el verbo carecen de acento sintagmático.

(14) a. ... dass ein J̲U̲N̲G̲E̲ eine G̲E̲I̲G̲E̲ im Supermarkt   kaufte   (alemán)
que un chico un   violín en supermercado compró
'... que un chico compró un violín al supermercado'

b. ... dass M̲A̲R̲I̲A̲ K̲I̲N̲D̲E̲R̲ in die Schule fuhr   (alemán)
que María niños   en la escuela condujo
'... que María condujo niños a la escuela'

Féry nota que existe otro patrón prosódico disponible para las oraciones en (14), a saber, uno en el cual tanto el OD como el SP portan un acento tonal; el SP (siendo el último *sintagma-p*) es portador del AN, véase (15)[7].

(15) a. ... dass ein J̲U̲N̲G̲E̲ eine G̲E̲I̲G̲E̲ im S̲U̲P̲E̲R̲M̲A̲R̲K̲T̲   kaufte   (alemán)
que un chico un   violín en supermercado compró
'... que un chico compró un violín al supermercado'

b. ... dass M̲A̲R̲I̲A̲ K̲I̲N̲D̲E̲R̲ in die S̲C̲H̲U̲L̲E̲ fuhr   (alemán)
que María niños en la escuela condujo
'... que María condujo niños a la escuela'

Vale la pena notar aquí que, según los supuestos estándar, el SP direccional en (15b) es un "argumento", puesto que su presencia se sigue del significado léxico del verbo *fuhr*. De otro lado, el locativo en (15a) no es un argumento, igual que el locativo en el ejemplo (4) de Krifka. Esto resulta interesante, pues sugiere que la propuesta de Larson (1998) acerca de la estructura del SV está en la dirección correcta. Larson sostiene que es la sintaxis y no la semántica léxica del verbo la encargada de estructurar los diferentes sintagmas en el dominio verbal. La propuesta concreta es que un SP locativo y un adverbio temporal pueden incorporarse en una estructura de capas verbales cuando hay un

---

[7] Féry (2011) también analiza una opción menos frecuente, en la cual el verbo también porta un acento tonal. No tendremos en cuenta esa opción aquí.

objeto directo que pueda dar lugar a una estructura binaria, tal como reflejan las dos estructuras siguientes (adaptadas al orden de palabras alemán):

(16) a. $[_{vP} [_{VP} DP [_{VP} PP_{Loc} V]] v]$
    b. $[_{vP} [_{VP} DP [_{VP} PP_{Temp} V]] v]$

El SP en (15a), al igual que el de (15b), queda integrado automáticamente en el análisis sintáctico binario del SV, dado que hay un OD que puede funcionar como su especificador, como se muestra en (17). En otras palabras, sintácticamente, el SP en (4) funciona como un adjunto, pero el locativo en (15a) funciona como parte del predicado verbal, tal como ocurre con el SP en (15b).

(17) ... dass ein Junge $[_{Sv} e_i [_{SV}$ eine Geige [im <u>Supermarkt</u> V]] kaufte]
        que un chico   un violín en supermercado   compró
    '... que un chico compró un violín al supermercado'

En el análisis de Féry (2011), los patrones de (15) provienen del análisis canónico en el cual todos los sintagmas en el interior del SV constituyen *sintagmas-p* "del mismo nivel", siendo el último de ellos identificado como el núcleo del *sintagma-i* y, por lo tanto, como portador del AN; véase (18a). En cuanto a los patrones presentados en (14), Féry (2011) arguye que, en este caso, el SP está "prosódicamente subordinado" con respecto al complejo "argumento-predicado" (OD-V) por la Regla de Subordinación de Adjuntos en (10), repetida en (19). Esta subordinación prosódica se indica distinguiendo niveles en los *sintagmas-p* (p1, p2, etc.); véase (18b). (Nótese que el término "adjunto" en este caso es, técnicamente, poco apropiado; tal vez un término mejor sería "SP predicativo".)

(18) a. $(_{Sin-i} (_{Sin-P1}$ eine GEIGE) $(_{Sin-P2}$ im SUPERMARKT) kaufte)
    b. $(_{Sin-i} (_{Sin-P1}$ eine GEIGE) $(_{Sin-P2}$ im Supermarkt) kaufte)

(19) El *sintagma-p* de un adjunto está subordinado al *sintagma-p* de un complejo argumento-predicado.

La intención de (19) es clara. La regla está pensada para capturar la intuición de que, dado que un núcleo está subordinado a su sintagma argumental, un SP en una estructura transitiva puede ser analizado igualmente como "prosódicamente subordinado", a pesar del hecho de que no es un núcleo sintáctico. La "subordinación prosódica" del SP con respecto al complejo argumento-predicado, OD-V, se debe probablemente al hecho de que el SP, en estructuras transitivas, rompe la adyacencia natural entre OD y V. En una lengua de núcleo inicial como el inglés, con un orden V SDet SP en sus estructuras transitivas, el AN recae generalmente sobre el SP en estructuras de foco amplio e información nueva, como también en el caso de los SP adjuntos con verbos intransitivos.

En síntesis, en lenguas germánicas existen estructuras sintácticas que permiten variabilidad en la localización del AN en contextos de foco amplio. Dos casos prominentes son las estructuras intransitivas de la forma SV y las transitivas con un SP direccional o locativo. Un análisis adecuado ha de requerir cierta flexibilidad para capturar dicha variación. Factores extragramaticales tales como la "predictibilidad" y la "relevancia informativa" podrían influir en el uso de un patrón prosódico frente al otro, lo que da lugar a la ilusión de que "la localización del acento es predecible solo si se puede leer la mente del hablante" (Bolinger 1972).

16.3. El enfoque sintáctico métricamente interpretado

Desarrollando ideas tomadas de Halle y Vergnaud (1987), Zubizarreta (1998) propone un sistema en el cual el AN se computa a partir de estructuras sintácticas abstractas, contando, sin embargo, con la opción de ignorar ciertos elementos sintácticos, en particular las categorías funcionales. Se propone así que la *(in)visibilidad métrica de las categorías funcionales* es lo que da lugar a la variación intralingüística del tipo examinado en la sección 2 y también es el locus de la variación interlingüística, tal como la variación observada, por ejemplo, entre lenguas germánicas y romances (en particular, de la variedad del español). La versión original de Zubizarreta (1998) fue levemente revisada en Zubizarreta y Vergnaud (2005), Nava y Zubizarreta (2010) y Zubizarreta y Nava (2011). Presentamos aquí la última versión y nos vamos a referir a ella como el *enfoque sintáctico métricamente interpretado (ESMI)*[8].

En lenguas del tipo del español, el AN está siempre al extremo derecho del *sintagma-i*. Por tanto, en una estructura "SDet V" en español, el AN recae siempre en el verbo, no solo en el caso de las secuencias intransitivas SV (previamente examinadas), sino también en relativas de infinitivo; cf., en inglés, *There are problems to solve / There are problems to compute* (Bolinger 1972) y, en español, *Hay problemas que resolver / Hay problemas que computarizar*. La propuesta del ESMI apela crucialmente a dos propiedades para dar cuenta del hecho de que las lenguas germánicas, pero no las romances, tienen patrones prosódicos con el AN en posición no-final en la oración (o sea, en el interior de la oración) en contextos de foco amplio e información totalmente nueva. La primera propiedad, ya mencionada arriba, se recapitula en (20).

---

[8] Una diferencia significativa entre las dos versiones radica en la misma noción de invisibilidad métrica. Mientras que en Zubizarreta (1998) se considera que todo el contenido desacentuado es métricamente invisible, en versiones posteriores se ha defendido que la desacentuación no informa directamente acerca del estado métrico de una categoría sintáctica, sino que se propone que solo los núcleos funcionales pueden definirse como métricamente invisibles para el cómputo de la RAN

(20) En lenguas germánicas, las categorías funcionales pueden ser interpretadas como métricamente invisibles, mientras que, en las lenguas románicas, las categorías funcionales son siempre métricamente visibles.

La segunda propiedad de la propuesta del ESMI es que la RAN está formada por dos componentes: uno que es sensible a la relación "núcleo-argumento" (acerca de la definición de "argumento", véase la nota 9) y otro que se aplica en los demás casos y que es sensible a la organización lineal. La RAN propuesta para las lenguas que se investigan se presenta en (21), donde el constituyente que porta el AN está dominado únicamente por constituyentes métricos *S(trong)* 'fuertes' (Liberman 1975)[9].

(21) Dados dos nudos métricos hermanos A y B: (i) si A es el núcleo y B es el argumento, asígnese *S* a B (*RAN específica*)[10]. De otro modo, (ii) asígnese *S* al nudo constituyente ubicado al extremo derecho del sintagma *(RAN general)*.

Para ilustrar esta propuesta, considérense las estructuras métricas para secuencias intransitivas SV en (22). Si T es métricamente invisible, la primera parte de la RAN asigna S al sintagma sujeto SDet, puesto que es un argumento de su hermano métrico, es decir, el Verbo; véase (22a). El sintagma SDet, por consiguiente, es identificado como el constituyente portador del AN. Si T es métricamente visible, la primera parte de la RAN no es aplicable, porque el sintagma SDet y el V no son hermanos métricos; véase (22b). En tal caso, se aplica el componente general del algoritmo, el cual, en última instancia, asigna el AN al constituyente verbal. El mismo análisis se aplica a las intransitivas de la forma SV del alemán en (14) y se extiende a las estructuras infinitivas de relativo en (23). En (23a), el T no-finito se analiza como métricamente invisible y el núcleo de la cláusula relativa se identifica como el locus del AN. En (23b), T se analiza como métricamente visible y el verbo en la cláusula relativa se identifica como el locus del AN. En romance, por otro lado, las categorías funcionales son métricamente visibles de manera consistente; por lo tanto, se generan únicamente patrones prosódicos con el AN en posición final de oración (es decir, el AN recae sobre el V en las estructuras que aquí se analizan).

---

[9] Siguiendo a Kayne (1994), Zubizarreta (1998) sugiere que la posición "extremo derecha" es equivalente a la posición "más profundamente subordinada" en la estructura sintáctica (como en Cinque 1993). Szendrői (2001) ha puntualizado que este no puede ser el caso, puesto que hay lenguas como, por ejemplo, el húngaro en las cuales la "elsewhere condition" le asigna AN al constituyente situado en el extremo izquierdo.

[10] En realidad, la relación relevante no se da exactamente entre un núcleo y su argumento semántico, sino entre un núcleo y su argumento léxico-sintáctico (argumento l-s), donde un constituyente se define como argumento l-s solo si está contenido en la estructura léxico-sintáctica (en el sentido de Hale y Keyser 2002) del núcleo léxico. Esta precisión es importante porque permite capturar el hecho de que los adverbios estructuralmente bajos, contenidos en la proyección verbal del núcleo, atraen el AN; por ejemplo, *Hans hat ein Gedicht gut gelesen* (lit. Hans ha un poema bien leído) 'Hans ha leído bien un poema'. Véase Kahnemuyipour 2004: 117, para casos similares en persa.

(22) a. [$_{ST}$ [$_S$ a <u>barking</u>] [$_W$ barking]]
    b. [$_{ST}$ [$_S$ a glass] [$_W$ T$_{is}$ <u>barking</u>]]

(23) a. [$_{SD}$ [$_S$ <u>problems</u>] [$_W$ solve]]
    b. [$_{SD}$ [$_S$ problems] [$_W$ T$_{to}$ <u>solve</u>]]

En última instancia, la propuesta que se acaba de presentar intenta capturar una conexión entre la propiedad rítmica básica de la lengua y sus patrones prosódicos a nivel sintagmático, siendo el eje de dicha conexión el estatus prosódico de sus categorías funcionales. En lenguas germánicas, todos los tipos de categorías funcionales experimentan reducción, incluidos, crucialmente, los auxiliares que expresan el tiempo gramatical. No es este el caso en las lenguas romances, ni siquiera en catalán, una lengua que presenta reducción vocálica. En catalán, muchos determinantes y preposiciones sí experimentan reducción, pero, crucialmente, los auxiliares que expresan el tiempo nunca se reducen. La relación entre la (in)visibilidad métrica de las categorías funcionales y el estatus prosódico de las palabras funcionales es indirecta; i. e., la invisibilidad métrica de las categorías funcionales depende de la reducción generalizada de las categorías funcionales (Det, P, T, C)[11]; no se apoya en un análisis específico a cada caso. Esto es coherente en el cuadro del ESMI en la medida en que el algoritmo de asignación de AN en esa propuesta se aplica a estructuras sintácticas abstractas y no a palabras fonológicas.

Vale la pena notar que, aunque teóricamente distintos, el sistema planteado por Féry (2011) y la propuesta del ESMI sintetizada más arriba guardan una cierta similitud conceptual. Mientras el primer sistema describe (22a) y (23a) como casos de "integración prosódica", el ESMI hace lo propio en términos de "configuración métrica". Nótese, sin embargo, que el análisis de Féry apela a una posición de tópico para el sujeto en (22b), distinta de la posición canónica que ocupa el sujeto en (22a). No está claro cómo podría extenderse este análisis al paradigma en (23). En el caso de (22b), el análisis de Féry asigna dos AN, uno al sujeto en posición tópico y otro al verbo, puesto que cada uno de ellos encabeza un *sintagma-i*. Sin embargo, el análisis del ESMI asigna un solo AN a las estructuras en (22b) y (23b), a saber, al verbo. En tales casos, el SDet sujeto recibe un acento secundario de acuerdo con otras reglas rítmicas (véase la nota 3)[12]. Aun así, la posibilidad de inserción

---

[11] Por supuesto, esto no significa que las palabras funcionales no puedan ser acentuadas (y, por lo tanto, no reducidas) en ciertos contextos. Se ha encontrado que el auxiliar, que es la categoría funcional inmediatamente relevante para nuestros propósitos, puede adquirir acento en tres contextos: en posición final de oración, donde es acentuado por una regla posléxica (véase Inkelas y Zec 1993); en contextos enfáticos, donde es acentuado por la Regla de Acento Enfático (véase Zubizarreta 1998), y en casos en los que el constituyente portador del AN a su derecha es información dada y desacentuada, lo que origina un desplazamiento del AN hacia el auxiliar (acerca de la regla de desplazamiento del AN, véase la sección 4).

[12] La posibilidad de un análisis que asuma un *sintagma-p* único para casos como (22b) está sustentada por el fenómeno de retracción acentual del acento secundario en el sintagma sujeto en

de un límite de *sintagma-i* después del sujeto en una etapa posterior, con un ATN propio, no queda excluida.

Veamos ahora el caso de los sintagmas preposicionales (SPs). El contraste en alemán entre (3b) y (4) es resuelto de manera directa por la RAN en (21). Siendo el SP en (3b) un argumento de V, la primera parte de la RAN asigna el AN a dicho SP. Por otro lado, siendo el SP en (4) un adjunto, la primera parte de la RAN no es aplicable. Sí es aplicable, en cambio, el componente general del algoritmo; esta le asigna el AN al verbo. En cuanto a las estructuras transitivas con un SP locativo o direccional, la RAN asigna el AN al SP en la medida en que este es el hermano métrico de V; véase (16). El resultado da lugar a los patrones prosódicos en (15). En cuanto a los patrones en (14), se requiere algo adicional (como en el sistema de Féry). Podría apelarse a la *incorporación métrica* del SP en V, que está supeditada al estatus de invisibilidad métrica de P (de hecho, un análisis en esta línea ya fue propuesto en Zubizarreta 1998: 65). Si el SP es "métricamente incorporado" a V, el SDet objeto y el V se convierten en hermanos métricos y la primera parte de la RAN le asigna el AN al objeto.

En síntesis, la variación en la localización del AN en lenguas germánicas, al igual que otras diferencias interlingüísticas, va a favor de un acercamiento flexible a la asignación de AN. Un enfoque que compute directamente el acento nuclear exclusivamente sobre la base de la estructura sintáctica, sea de manera directa (como en el sistema de Cinque), sea de manera indirecta a través de la sintagmatización prosódica (como en la propuesta de Kratzer y Selkirk 2007), carece de la flexibilidad necesaria para tratar dicha variabilidad. La propuesta de sintagmatización prosódica de Féry y el ESMI presentado en esta sección pueden dar cuenta de tal variabilidad de una manera más apropiada. Sin embargo, los dos sistemas hacen afirmaciones fundamentalmente distintas con respecto al estatus teórico del AN. En el enfoque de la sintagmatización prosódica, la posición del AN es un subproducto del sintagma prosódico. En cambio, en el ESMI, el AN se computa independientemente de la sintagmatización prosódica y, crucialmente, determina la posición del ATN en los casos no marcados. Estando situado en el centro del contorno entonacional, el ATN tiene un papel central en la restricción del tipo de contorno entonacional que puede precederlo y sucederlo (véase Ladd 1980, 1996, para una visión de conjunto).

---

ejemplos como *Ànne Marie bícycled* (ejemplo tomado de Inkelas y Zec 1993). La retracción del acento secundario se dá únicamente cuando el sujeto y el verbo forman parte del mismo constituyente prosódico.

16.4. Información dada por el discurso y desacentuación

Nos ocupamos ahora de los patrones "marcados" de AN en lenguas germánicas; en ellas, el discurso tiene un papel clave en la determinación de la posición del AN. Se han identificado dos tipos de patrones prosódicos "marcados": uno en contextos de foco amplio y otro en contextos de foco estrecho. Estos últimos son contextos en los cuales el constituyente que porta el AN no marcado se ve desacentuado en virtud del hecho de que ha sido dado por el discurso (i. e., ha sido mencionado por el contexto o es inferible a partir de él). Dado que el AN no puede asociarse con material desacentuado, el AN se desplaza hacia la izquierda (Ladd 1980, 1996, Reinhart 2006, Zubizarreta y Nava 2012, entre otros)[13]. Nos referimos a ese fenómeno como *desacentuación-A(nafórica) y desplazamiento del AN.*

Los ejemplos que aparecen abajo, tomados de Nava y Zubizarreta (2010) (modelados, a su vez, sobre ejemplos originales de Ladd), ilustran casos de desacentuación-A y desplazamiento del AN en contextos de foco amplio. (El material posnuclear desacentuado aparece en cursiva y el contexto discursivo entre corchetes.) En (24a), el ATN recae sobre el V y la FV es el constituyente focalizado; en (24b), el ATN recae sobre el OD y toda la oración es el constituyente en foco.

(24) a. Because I collect *stamps*. [Why are you buying that old stamp?]
'Porque colecciono sellos. [¿Por qué compras ese viejo sello?]'
   b. Because I'm drawing pictures *on the covers*. [Why are those notebooks missing their covers?]
'Porque pinto en las cubiertas. [¿Por qué les faltan las cubiertas a esos cuadernos?]'

En (24) se presentan ejemplos de un patrón "marcado" de AN en los que el foco es "estrecho" (o, más específicamente, en los que el constituyente que porta el ATN coincide con el foco).

(25) a. Mary *bought that old stamp*. [Who bought that old stamp?]
'Mary compró ese viejo sello. [¿Quién compró ese viejo sello?]'
   b. I'm drawing pictures *on the cover*. [What are you drawing on the cover?]
'Pinto en la cubierta. [¿Qué pintas en la cubierta?]'

Los autores mencionados proponen que el material desacentuado (por tratarse de información dada en el discurso) da lugar a un cambio en el peso prosódico en la estructura métrica, es decir, el nudo etiquetado como *S(trong)* 'fuerte' que domina el material desacentuado es reetiquetado como *W(eak)* 'débil' y, consecuentemente, su nudo herma-

---

[13] Acerca de la entonación de información conocida o presupuesta *(givenness)* en lenguas germánicas, véase Baumann 2006.

no también es reetiquetado como *S;* véase (25). Por consiguiente, se reinterpreta el AN como correspondiente al nudo fuerte.

(26) a. ... [$_S$ [$_S$ collect] [$_w$ *stamps*]]

   b. ... [$_S$ [$_S$ Mary] [$_w$ *bought that old stamp*]]

En el caso del foco estrecho, los patrones "marcados" son la única opción posible, dada la restricción general de correspondencia entre AN y foco presentada en (1): en la medida en la que el constituyente en foco es identificado prosódicamente, este debe contener el constituyente portador del AN[14]. Si el SD sujeto se focaliza y el AN recae sobre el objeto, se transgrede dicha restricción. Los patrones "marcados" de (24) son de una naturaleza totalmente diferente. Existe, de hecho, una tendencia a desacentuar los constituyentes dados en inglés estándar. Sin embargo, esta tendencia no es enteramente sistemática: de 25 hablantes nativos de inglés (HNI) examinados por Nava y Zubizarreta (2010), un 75% desacentuó el objeto en (24a) y un 88% desacentuó el SP en (24b). Más aún, Ladd (1996) informa que existen dialectos del inglés (por ejemplo, el hawaiano) en los que la información dada no se desacentúa en contextos de foco amplio.

Adicionalmente, debe notarse que la noción de "información dada" *(given information)* es una noción discursiva, es decir, no es una noción gramatical. Por lo tanto, en el análisis del "desplazamiento del AN originado por desacentuación-A", tenemos el caso de una noción del discurso que produce directamente una alteración en la estructura métrica abstracta. Esta no es una solución óptima. Féry y Kügler (2008) y Féry (2011) proponen una alternativa deseable, en la cual las nociones discursivas pueden afectar directamente la escala por defecto de los acentos tonales: el foco estrecho eleva el FO, mientras que la condición de información dada lo hace descender en posición prenuclear y lo comprime en posición posnuclear[15]. Sea cual fuere la conclusión final sobre los detalles específicos acerca de cómo se obtienen los patrones "marcados", es importante destacar que estos se generan a través de un mecanismo distinto de aquel que genera los patrones "no marcados"

---

[14] Reinhart (2006) propone que existe una competencia entre conjuntos focales para satisfacer los requerimientos prosódicos de interfaz; el patrón acentual obtenido sin desplazamiento del AN es preferible frente al obtenido mediante desplazamiento. A modo de ilustración, el patrón en (ia) obtenido sin desplazamiento de AN tiene el conjunto focal (ib) y el obtenido con desplazamiento de AN tiene el conjunto focal (iib). La forma en (iia) solo será elegida en el caso de que su dominio focal no se superponga con el de (ia), es decir, cuando el sujeto está focalizado.

  a. Mary bought that old stamp.
  b. Conjunto focal: {IP, VP, Object}
  a. Mary bought that old stamp.
  b. Conjunto focal: {IP, Subject}

[15] Una relación directa entre tono y nociones discursivas tal como la de la información dada también fue propuesta en Zubizarreta (2009). En último término, el factor determinante entre los dos enfoques dependerá de si la noción de hermandad métrica es relevante en la determinación de la posición del AN desplazado (véase Ladd 1996, para una revisión del tema).

(analizados en la sección 2). Algunas investigaciones recientes en dialectos del español y en hablantes de inglés que tienen al español como L1 ofrecen apoyo adicional para esta conclusión.

Frecuentemente se ha dicho que las lenguas romances como el español y el italiano no desacentúan el material dado y que la posición del AN en el interior de la oración (acento interno) debe interpretarse como acento enfático en dichas lenguas; véanse Ladd (1996), Cruttenden (1997) y Zubizarreta (1998). Se ha sugerido que, en los casos de foco interno estrecho, estas lenguas emplean otras estrategias, tales como el orden de palabras, con el fin de alinear el constituyente focalizado con el AN (véanse Zubizarreta 1998, Samek-Lodovici 2005). Investigaciones más recientes sugieren que el foco estrecho en el interior de la oración no está totalmente excluido en español y que, de hecho, en algunos casos, es la opción que se prefiere. Gabriel (2010) presenta datos tomados de dialectos argentinos que revelan que un sujeto en posición final focalizado como foco estrecho (con AN en la posición final de la oración) se prefiere en el caso de oraciones intransitivas de la forma *Sujeto-Verbo* y también en las oraciones transitivas con clítico de objeto CL.*Verbo-Sujeto*; en cambio, un sujeto pre-verbal (con el AN ubicado en el interior de la oración) se prefiere en los casos de transitivas de la forma *Sujeto-Verbo-Objeto* con un SD léxico de objeto (posiblemente, debido a consideraciones relativas al "peso" de los constituyentes). Esto provee apoyo adicional a favor de la propuesta de que el AN interno surgido a partir de la desacentuación de la información dada (el "AN marcado"), como se ve en (24) y (25), es producido por algoritmos distintos de aquellos que generan el AN interno en contextos de foco amplio e información totalmente nueva (el "AN no marcado"). Estos últimos algoritmos surgen a partir de propiedades gramaticales profundamente arraigadas en la lengua, mientras que los primeros pertenecen a un componente de interfaz en el cual la elección entre "desacentuación-A" o "no desacentuación-A" es un asunto de preferencia (siempre que el resultado cumpla con el requisito expresado en [1]), y esta preferencia puede variar entre dialectos y en el interior de cada dialecto, dependiendo de las estructuras involucradas.

Las investigaciones de Nava y Zubizarreta (2010) y Zubizarreta y Nava (2011) acerca de la producción de hablantes de español como L1 e inglés como L2 apuntan a la misma conclusión. En dichos estudios se ha mostrado que a estos hablantes de L2 les resultaba significativamente más fácil producir ANs internos "marcados" que producir ANs internos "no marcados". Las autoras concluyen que la gramática del español es compatible con la "desacentuación-A y desplazamiento del AN". La importación de estos mecanismos desde la L2 no requiere "re-estructurar" ningún algoritmo ya presente en la gramática de la L1. Por lo tanto, los hablantes de español pueden incorporarlos fácilmente en su gramática del inglés como L2. Por otro lado, muy pocos hablantes de L2 produjeron (y ninguno de ellos a nivel de hablante nativo) patrones prosódicos "no marcados" con AN no final (del tipo analizado en 2.1), los cuales son generados directamente por la versión germánica del RAN.

16.5. Resumen

Tal como se mencionó al inicio de este capítulo, está hoy bien establecido que las relaciones de prominencia en el interior de una oración están íntimamente conectadas con la estructura informativa. Hemos presentado algunas de las propuestas recientes y las hemos comparado a la luz de los datos empíricos, en particular datos pertinentes a la variabilidad en la localización del AN en lenguas germánicas. Sea cual fuere el estatus final del AN en la gramática (si es un subproducto de la sintagmatización prosódica o si tiene un estatus privilegiado en la computación de la estructura métrica), un sistema que aspire a ser adecuado necesitará armonizar la localización variable del AN en lenguas germánicas con la rígida naturaleza de la localización del AN en lenguas romances (en particular, en el español). Adicionalmente, ciertas investigaciones recientes basadas en el habla de L1 y L2 apoyan la idea de que la noción de AN "no marcado" debe distinguirse de la noción de AN "marcado". Estos dos tipos de AN se originan a través de mecanismos distintos. Aquel que genera patrones "marcados" pertenece probablemente a la interfaz entre discurso y gramática, y no a la gramática nuclear (core grammar).

Bibliografía

BAUMANN, S. (2006), *The Intonation of Givenness*, Tübingen, Max Niemeyer Verlag.

BOLINGER, D. (1958), «A theory of pitch accent in English», *Word* 14, pp. 109-149.

— (1972), «Accent is predictable (if you're a mind-reader)», *Language* 48, pp. 633-644.

CHAFE, W. (1974), «Language and Consciousness», *Language* 50, 1, pp. 111-133.

CHOMSKY, N. (1971), «Deep structure, surface structure and semantic interpretation», en D. Steinberg y L. Jakobovits (eds.), *Semantics: an interdisciplinary reader in philosophy, linguistics and psychology,* Cambridge, Cambridge University Press.

— (2000), «Minimalist Inquiries: the framework», en R. Martin, D. Michaels y J. Uriagereka (eds.), *Step by Step,* Cambridge, Mass., MIT Press, pp. 89-156.

— (2001), «Derivation by phase», en M. Kenstowicz (ed.), *Ken Hale: A Life in Language,* Cambridge, Mass., MIT Press, pp. 1-52.

— (2005), «Three factors in language design», *Linguistic Inquiry* 36, pp. 1-22.

— y M. HALLE (1968), *The sound pattern of English*, Nueva York, Harper Row.

CINQUE, G. (1993), «A null theory of phrase and compound stress», *Linguistic Inquiry* 24, pp. 239-298.

CRUTTENDEN, A. (1997), *Intonation*, Cambridge, Cambridge University Press.

FÉRY, C. (2001), «Focus and Phrasing in French», en C. Féry y W. Sternefeld (eds.), *Audiatur Voz Sapientiae: A Festschrift for Arnim von Stechow*, Berlín, Akademie Verlag.

— (2011), «German sentence accents and embedded prosodic phrases», *Lingua* 121, pp. 1.906-1.922.

— y F. KÜGLER (2008), «Pitch accent scaling on given, new and focused constituents in German», *Journal of Phonetics* 36, pp. 680-703.

GABRIEL, C. (2010), «On Focus, Prosody, and Word Order in Argentinean Spanish: A Minimalist OT Account», *ReVEL* 4, pp. 183-222.

GUSSENHOVEN, C. (1984), *On the grammar and semantics of sentence accents*, Dordrecht, Foris.

JACKENDOFF, R. (1972), *Semantic interpretation in generative grammar*, Cambridge, Mass., MIT Press.

KAHNEMUYIPOUR, A. (2004), *The Syntax of Sentential Stress*, tesis doctoral, University of Toronto.

KRATZER, A. y E. SELKIRK (2007), «Phase Theory and prosodic spellout: The case of verbs», *The Linguistic Review* 24, pp. 93-135.

HALE, K. y J. KEYSER (2002), *Prolegomenon to a Theory of Argument Structure*, Cambridge, Mass., MIT Press.

HALLE, M. y J.-R. VERGNAUD (1987), *An essay on stress*, Cambridge, Mass., MIT Press.

HALLIDAY, M. (1967), «Notes on transitivity and theme in English, part II», *Journal of Linguistics* 3, pp. 199-244.

— (1970), *A Course in Spoken English: Intonation*, Oxford, Oxford University Press.

INKELAS, S. y D. ZEC (1993), «Auxiliary reduction without empty categories: a prosodic account», *Working Papers of the Cornell Phonetics Laboratory* 8, pp. 205-253.

JUN, S. (2005), «Prosodic Typology», en S. Jun. (ed.). *Prosodic Typology: The Phonology of Intonation and Phrasing*, Oxford, Oxford University Press, cap. 16.

KAYNE, R. (1994), *The antisymmetry of syntax*, Cambridge, Mass., MIT Press.

KRIFKA, M. (1984), *Fokus, Topik, syntaktische Struktur und semantische Interpretation*, tesis doctoral, Universidad de Tübingen.

LARSON, R. (1988), «On the double object construction», *Linguistic Inquiry* 19, pp. 335-391.

NAVA, E. y M. L. ZUBIZARRETA (2010), «Deconstructing the Nuclear Stress Algorithm: Evidence from Second Language Speech», en N. Erteschik-Shir y L. Rochman (eds.), *The Sound Patterns of Syntax*, Oxford, Oxford University Press, pp. 291-316.

NESPOR, M. e I. VOGEL (1986), *Prosodic Phonology*, Dordrecht, Foris.

REINHART, T. (2006), *Interface strategies: optimal and costly computation*, Cambridge, Mass., MIT Press.

ROCHEMONT, M. (1986), *Focus in Generative Grammar*, Amsterdam, John Benjamins.

— (2011), «Discourse New, F-marking, and Information Structure Triggers», *Lingua*.

SAMEK-LODOVICI, V. (2005), «Prosody Syntax Interaction in the Expression of Focus», *Natural Language and Linguistic Theory* 23, pp. 687-755.

SASSE, H. J. (1987), «The thetic/categorical distinction revisited», *Linguistics* 25, pp. 511-580.

SCHMERLING, S. (1976), *Aspects of English sentence stress*, Austin, University of Texas Press.

SELKIRK, E. (1984), *Phonology and Syntax: The Relation between Sound and Structure*, Cambridge, Mass., MIT Press.

— (1995), «Sentence Prosody: Intonation, Stress, and Phrasing», en J. A. Goldsmith (ed.), *The Handbook of Phonological Theory*, Oxford, Blackwell, pp. 550-569.

SZENDRÖI, J. (2001), *Focus and the Syntax-Phonology Interface*, tesis doctoral, University College London.

TRUCKENBRODT, H. (2006), «Phrasal Stress», en Keith Brown (ed.), *The Encyclopedia of Languages and Linguistics, 2nd edition*, Oxford, Elsevier, pp. 572-579.

VALLDUVÍ, E. (1995), «Structural properties of information packaging in Catalan», en K. Kiss (ed.), *Discourse configurational languages*, Oxford, Oxford University Press.

ZUBIZARRETA, M. L. (1998), *Prosody, focus, and word order*, Cambridge, Mass., MIT Press.

— y J.-R. VERGNAUD (2005), «Phrasal Stress, Focus, and Syntax», en M. Everaert y H. van Riemsdijk (eds.), *The Syntax Companion*, Cambridge, Blackwell.

— y E. NAVA (2011), «Encoding discourse-based meaning: prosody vs. syntax. Implications for Second Language Acquisition», *Lingua* 121, 4, pp. 652-669.

Tercera parte

La sintaxis y la ciencia cognitiva

17 El tercer factor en la sintaxis humana

José Luis Mendívil Giró
Universidad de Zaragoza

Si nuestra hipótesis trata de "cualquier cosa", y no de una o más cosas particulares, entonces nuestras deducciones constituyen las matemáticas.

Bertrand Russell

17.1. Introducción

La informal definición de las matemáticas que encabeza este capítulo pone el énfasis en la universalidad de las verdades matemáticas, en la independencia de las mismas respecto del ámbito al que puedan aplicarse. La investigación sobre el llamado 'tercer factor' en la sintaxis humana se refiere precisamente a qué aspectos o propiedades de la sintaxis de las lenguas humanas (de la sintaxis del lenguaje humano, dentro de la hipótesis de que esta sea común a todas ellas) se siguen de principios generales, esto es, no específicos del lenguaje, ni quizá de ningún otro sistema cognitivo (los factores primero y segundo se refieren precisamente a la biología y al entorno, como veremos). El estudio del tercer factor en la sintaxis incluye también la investigación de qué propiedades de la sintaxis humana serían las mismas independientemente de la evolución del cerebro humano y de los diversos sistemas cognitivos que este produce en el desarrollo normal de una persona. Este tipo de investigación es el que caracteriza centralmente el llamado *Programa*

[1] Deseo agradecer al editor del presente volumen, Ángel J. Gallego, su invitación a participar en el mismo, así como las observaciones y sugerencias de Victoria Escandell y de dos revisores anónimos que han contribuido a mejorar el texto. Mi investigación está parcialmente subvencionada por el proyecto FFI2013-45553 del Ministerio de Economía y Competitividad del Gobierno de España.

Minimalista, desarrollado esencialmente por Noam Chomsky, junto con otros autores, en los últimos veinte años.

Es cierto que Russell (cuyo retrato solía presidir el despacho de Chomsky en el MIT) también definió las matemáticas como "la disciplina en la que nunca sabemos de qué hablamos ni si lo que estamos diciendo es verdad", y el lector (especialmente si revisa parte de la bibliografía que iremos citando) tendrá ocasión de comprobar que esto también se aplica a la investigación minimalista del tercer factor en la sintaxis humana. Sin embargo, el precio que habría que pagar en términos de abstracción (y no pocas veces de especulación) está justificado si se tiene en cuenta que el premio que se obtendría nos situaría en el límite de la explicación científica del lenguaje y de la mente humanos, esto es, en el umbral de la unificación de la investigación de la mente humana con la del resto de la naturaleza.

17.2. Minimalismo y biología del desarrollo

Ante la apariencia ordenada y estructurada de los seres vivos, y ante la necesidad de eliminar la acción de un creador como su explicación última, se pensó en la adaptación al entorno por medio de la selección natural como la fuente primordial de tal orden. Esta importante propuesta, la de Darwin, llevó aparejada, con el avance de la genética, una concepción geneticista del desarrollo de los organismos, una concepción según la cual el entorno apenas tiene relevancia y el proceso está enteramente regulado por el programa genético.

Tal concepción era la imperante en la biología de los años 50 y 60 del siglo XX, precisamente el momento en que surgió la gramática generativa (Chomsky 1955/1975), y en buena parte lo sigue siendo hoy, aunque las cosas están cambiando muy deprisa en biología. El modelo geneticista del desarrollo fue especialmente atractivo para la aproximación chomskiana al lenguaje humano (esto es, una aproximación innatista, internista, naturalista y formalista), ya que se enfrentaba a un problema similar: cómo explicar la robustez y la homogeneidad del desarrollo del lenguaje humano en un entorno inestable, confuso y que proporciona evidencia muy pobre e incompleta sobre los sistemas de conocimiento finalmente obtenidos.

En consecuencia, los modelos iniciales de la gramática generativa chomskiana, que culminaron en el modelo de *Principios y Parámetros* (P&P, Chomsky 1981, Chomsky y Lasnik 1993), se centraron en un componente lingüístico innato, rico y específicamente humano como explicación al llamado *Problema de Platón* ('cómo sabemos tanto con tan poca información').

Por supuesto, la lingüística chomskiana no se orientaba al estudio de los posibles genes del lenguaje, sino que se centraba en combatir el punto de vista opuesto en las ciencias del lenguaje (esto es, el punto de vista empiricista, externalista, culturalista y funcionalista) que aún hoy defiende una concepción según la cual el desarrollo del lenguaje es un proceso basado en la imitación, la inducción y la generalización llevado a cabo por sistemas generales de aprendizaje (véase, p. e., Evans y Levinson 2009).

Si el modelo chomskiano fue eminentemente geneticista hasta los años 80-90, simplemente lo fue porque era un modelo naturalista, un modelo que defendía que el lenguaje es un fenómeno natural común a la especie y que la lingüística debía entenderse como una parte de la biología, la ciencia que estudia la forma y estructura de los seres orgánicos. Dado que la biología imperante era (y aún es) geneticista, la gramática generativa lo fue por herencia. Si se hace un rastreo en la bibliografía del momento, es posible encontrar afirmaciones de Chomsky y de otros insignes generativistas atribuyendo la Gramática Universal (GU, el estado inicial de la facultad del lenguaje) al genoma humano[2], pero no tanto porque se atribuyan ciertas propiedades de la GU a ciertos genes (cosa absurda si se trabaja con categorías sintácticas y rasgos de concordancia y no con proteínas y codones), sino porque se asumía por defecto que lo especificado naturalmente, lo "innato" o no aprendido, era lo especificado genéticamente[3].

Aunque el geneticismo en biología del desarrollo sigue siendo imperante, las cosas han cambiado mucho en los últimos decenios, y en la actualidad los llamados modelos *EvoDevo* (de "biología evolutiva del desarrollo") han transformado la biología evolutiva actual en un panorama mucho más pluralista. En pocas palabras, la nueva biología evolutiva ha mostrado que la radical opción "o Dios o la selección natural" (atribuida a los neodarwinistas) era demasiado restrictiva, en el sentido de que ni un creador ni la selección natural se bastan por sí mismos para explicar la estructura y la evolución de la vida. Como ha señalado Stuart Kauffmann, "la biología desde Darwin es impensable sin la selección, pero aun así debe de tener leyes universales" (Kauffman 1993: 25; la traducción es mía).

Como señalan Longa y Lorenzo (2012a), el modelo neodarwinista, genocentrista y basado en la noción de programa genético (que los autores califican de "preformacionista") está siendo cuestionado en los últimos decenios por el llamado *desafío del desarrollo (developmentalist challenge)*. El modelo genocentrista implica que los genes son los únicos portadores de la información esencial que guía el crecimiento y la maduración de las estructuras orgánicas. Los genes son considerados entonces como un programa autosuficiente que incluye la información sobre los patrones de organización estructural y las instrucciones para el despliegue de dichas estructuras en el tiempo y en el espacio. Esta visión se puede considerar preformacionista porque implica que las fuen-

---

[2] Veáse Benítez-Burraco y Longa (2010: 314, n. 9) para algunos ejemplos.

[3] Como señalaba humorísticamente Uriagereka, «la GU no trata de los genes, sino de las propiedades formales del lenguaje humano. La GU podría ser igualmente válida si las personas estuvieran hechas de notas musicales en lugar de genes» (Uriagereka 1998 [2005]: 100).

tes del desarrollo del organismo están contenidas ya en la información incluida en el ADN nuclear y que el proceso de desarrollo consistirá entonces en la eclosión de lo que ya está contenido en los genes.

De acuerdo con la nueva biología del desarrollo (que se centra más en la epigénesis, esto es, en la influencia del entorno bioquímico que influye a los genes), los rasgos fenotípicos (sean anatómicos, fisiológicos o cognitivos) no pueden estar contenidos o especificados en los genes. Esto implica que la noción de "programa genético" como la única fuente de información para los procesos de desarrollo es una distorsión de la visión de cómo se producen tales procesos, ya que ignora la contribución relevante de otros factores y recursos situados entre el genotipo y el fenotipo, sin los cuales el proceso de desarrollo simplemente no puede producirse.

Más bien al contrario, el modelo centrado en el desarrollo (referido habitualmente como DST, *developmental system theory,* véase Benítez-Burraco y Longa 2010, y las referencias allí citadas) plantea romper la identificación entre la forma y la codificación genética, rechazando la concepción del genoma como la fuente única de la forma orgánica y como el único (y hasta el principal) agente causal de su desarrollo.

La Teoría de Sistemas de Desarrollo (DST) es una aproximación teórica al desarrollo, la herencia y la evolución que reduce la importancia de los genes en la medida en que se rechaza la existencia de un programa genético a favor de una visión de los genes como uno más de los recursos de los procesos de desarrollo. La noción crucial en el modelo DST es la de *sistema de desarrollo,* que ha de entenderse como un conjunto de influencias diversas en el desarrollo, del que los genes son un aspecto más.

Geneticismo y adaptacionismo han ido estrechamente vinculados en la biología evolutiva y, en efecto, la nueva biología evolutiva no es ni adaptacionista ni geneticista. Como antes señalaba, la gramática generativa ha sido geneticista por pura herencia ambiental como lógico contrapunto a las teorías empiricistas y conductistas de la mente y del lenguaje, pero es oportuno señalar ahora que nunca ha sido adaptacionista. Prueba de ello es el tratamiento que Daniel Dennett ofreció a Chomsky en su libro central sobre la lógica interna de la concepción neodarwinista (Dennett 1995), en el que vincula a Chomsky y a Stephen J. Gould[4] en una especie de círculo vicioso de lealtades con el fondo común de rechazar la supuestamente "peligrosa idea de Darwin":

> En resumen, mientras Gould proclama la teoría de Chomsky de la gramática universal como un baluarte contra una explicación adaptacionista del lenguaje, y Chomsky, en recompensa, apoya la postura antiadaptacionista de Gould como una excusa de autoridad para rechazar la obvia obligación de buscar afanosamente una explicación evolucionista

---

[4] Gould es el más renombrado antineodarwnista, al que Dennett acusa repetidamente de querer sustituir las "grúas" por los "ganchos celestes". En la terminología de Dennett, un gancho celeste *(skyhook)* es una concesión al creacionismo, un rechazo de que el neodarwinismo es la única explicación posible de la vida y su estructura.

del establecimiento innato de la gramática universal, estas dos autoridades se han sostenido una a otra sobre un abismo (Dennett 1995: 646).

Dennett acusa a Chomsky de ser un buscador de "ganchos celestes" no porque sospeche (suponemos) que Chomsky sea creacionista, sino por la conocida resistencia de Chomsky (p. e., 1988) a aceptar explicaciones adaptativas de la evolución de la facultad del lenguaje[5].

Justo en los años en los que Dennett escribía su influyente libro, Chomsky (1991, 1993, 1995) estaba desarrollando el llamado *Programa Minimalista* (PM), el programa de investigación que, precisamente, va dirigido a intentar esclarecer qué aspectos de la Facultad del Lenguaje (FL) son consecuencia de la dotación biológica de la especie (susceptible, por tanto, de haber evolucionado adaptativamente y de estar genéticamente codificada) y qué aspectos de la misma son consecuencia de principios de simplicidad, de elegancia computacional o de los procesos de desarrollo del cerebro (que, por tanto, no son en sí mismos el resultado de la adaptación evolutiva, sino, si acaso, consecuencia de la propia evolución del cerebro humano o consecuencia de principios formales o físicos más profundos que rigen los sistemas de determinada complejidad).

En efecto, Chomsky (2005) señala que una cuestión fundamental que hay que resolver desde el punto de vista de la investigación biológica del lenguaje es hasta qué punto los principios que determinan el lenguaje humano son propios de dicho sistema cognitivo o si pueden hallarse disposiciones formales semejantes en otros dominios cognitivos humanos o en otros organismos, pero que "una cuestión incluso más básica desde el punto de vista biológico es cuánto del lenguaje puede recibir una explicación fundamentada, independientemente de si se pueden encontrar en otros dominios u organismos elementos análogos" (Chomsky 2005: 1; la traducción es mía). Y ese es precisamente el objetivo del PM: posibilitar una explicación fundamentada *(principled)* de los principios atribuidos a la GU.

Como señala Chomsky (2007) más gráficamente, el PM consiste en aproximarse al contenido de la GU *desde abajo,* y no *desde arriba,* cambiando la pregunta de cuánto hay que atribuir a la GU para explicar el desarrollo del lenguaje por la pregunta de cuánto podemos eliminar de la GU y aun así explicar el desarrollo de las lenguas humanas[6].

---

[5] "Pero aunque Chomsky nos descubrió la estructura abstracta del lenguaje –la grúa que es más responsable de la elevación hasta su posición [la de nuestra especie, JLMG], más que todas las otras grúas de la cultura–, nos ha desanimado enérgicamente a considerarlo una grúa. No es extraño que los que anhelan la existencia de ganchos celestes con frecuencia hayan aceptado a Chomsky como su autoridad" (Dennett 1995: 658).

[6] "En aquel tiempo parecía que la FL debía de ser rica, muy estructurada y substancialmente única. [...] A lo largo de la historia moderna de la gramática generativa el problema de determinar el carácter de la FL se ha abordado 'de arriba abajo': ¿cuánto se debe atribuir a la GU para dar cuenta de la adquisición del lenguaje? El PM busca aproximarse al problema de 'abajo arriba': ¿cuán poco puede atribuirse a la GU y a la vez dar cuenta de la variedad de lenguas-i obtenidas?" (Chomsky 2007: 2, 4; la traducción es mía).

La formulación que hizo Chomsky de esta nueva pregunta adopta su versión más radical (lo que se conoce como la *hipótesis minimalista fuerte,* SMT en sus siglas en inglés): ¿hasta qué punto el núcleo de la FL, el sistema computacional que llamamos sintaxis, está diseñado de manera "perfecta" para satisfacer los requisitos que imponen el resto de sistemas cognitivos (internos y externos a la FL) con los que interactúa[7]?

Por *diseño perfecto* Chomsky entiende el caso ideal en el que el sistema computacional tendría un diseño mínimo: el formado únicamente por las propiedades imprescindibles para que el sistema sea utilizable, esto es, accesible por los sistemas con los que interactúa[8].

La pretensión de los llamados "biólogos estructuralistas" como Brian Goodwin o Stuart Kauffmann, inspirados por la tradición de D'Arcy Thompson o Alan Turing, de fundamentar la estructura de la vida orgánica en leyes físicas más básicas y principios de autoorganización de los sistemas complejos, y no únicamente en la acumulación gradual de sucesos históricos determinados por el entorno del pasado, ha sido cuestionada y mal comprendida, en parte porque la manera en que tales principios actúan sobre los procesos de formación de los organismos no se entiende bien. Sin embargo, es un hecho que la investigación actual basada en la biología del desarrollo y en las teorías de sistemas de desarrollo cada vez se extiende más en la biología evolutiva actual.

Del mismo modo, la idea de que las leyes físicas puedan determinar la estructura de los sistemas cognitivos resulta en apariencia opaca, inabordable y (aún todavía más que en el caso de la estructura de los organismos) inquietante, cuando no mística. Tendemos a estar más cómodos con una explicación adaptativa y funcional de los órganos mentales que nos constituyen. Sin embargo, la neurociencia actual se plantea muy seriamente que, en efecto, "las leyes de la física imponen severas restricciones a nuestras facultades mentales" (Fox 2011: 16).

Así, diversos estudios recientes (véase Fox 2011, para un resumen accesible) muestran que el cerebro humano resulta de un compromiso óptimo entre la necesidad de aumentar la capacidad de procesar infor-

---

[7] Nótese que la pregunta solo tiene sentido en una concepción de la FL como la presentada en Hauser, Chomsky y Fitch (2002), quienes parten de la idea de que la investigación del lenguaje humano puede progresar más adecuadamente si se distingue, de una parte, la FL en sentido estricto (FLN en sus siglas en inglés), que sería específica del lenguaje humano, y, de otra, la FL en sentido amplio (FLB en sus siglas en inglés), que no lo sería. La FLB incluiría la FLN y los sistemas que se 'reclutan' para el lenguaje, como el sistema conceptual-intencional (CI) y el sistema sensorio-motor (SM), pero que no son específicos para el lenguaje ni específicos de la especie humana. En Hauser, Chomsky y Fitch (2002) se propone como hipótesis mínima que la FLN debe incluir al menos la capacidad de recursión del sistema computacional y los interfaces con los sistemas externos (aunque internos a la FLB): "solo los mecanismos computacionales nucleares de recursión tal como aparecen en la sintaxis estricta y las proyecciones hacia las interfaces" (Hauser *et al.* 2002: 1.573, la traducción es mía).

[8] Así lo pone Uriagereka en boca de *El Lingüista,* un trasunto de Chomsky en su obra dialógica: "dado el hecho contingente de que el lenguaje se utiliza, lo que produce ciertas condiciones que son externas al sistema ¿existe una forma perfecta (si lo quiere), conceptualmente necesaria y óptimamente económica de satisfacer esas condiciones externas?" (Uriagereka, 1998 [2005]: 140).

mación, el consumo de energía en relación al resto del cuerpo y la cantidad de ruido aceptable para un correcto funcionamiento (un compromiso que no solo se aplica en biología, sino también a las comunicaciones con fibra óptica, las transmisiones por radio o los circuitos integrados de los ordenadores)[9].

Si el propio cerebro humano, el órgano que construye y usa el lenguaje, está rígidamente constreñido por las leyes físicas, se hace razonable preguntarse hasta qué punto lo están también algunos de los órganos mentales que en él se implementan, como, por ejemplo, el lenguaje.

La investigación minimalista entronca de manera directa en este contexto de la biología actual (y de la ciencia en general) en el que el reto esencial es explicar sistemas extraordinariamente complejos a partir de principios simples, y en el que la apelación al genoma como el "programa de desarrollo" simplemente no sirve como explicación.

En efecto, el córtex cerebral, la sede de la mente y del lenguaje humanos, acoge unos cien billones de sinapsis, resultado de la conexión entre sí de unos cien mil millones de neuronas, mientras que el genoma humano contiene unos 20.000 genes, pocos más que el humilde gusano *C. elegans*. Es obvio que los genes no pueden diseñar los circuitos del cerebro humano indicando a cada neurona cómo tiene que establecer sus conexiones. El desarrollo del cerebro y de sus órganos mentales debe producirse utilizando procesos muy generales y aplicados repetidamente a lo largo del proceso. La biología y la neurociencia actuales buscan caminos para reducir la complejidad del cerebro a la simplicidad de los principios de desarrollo que lo construyen, y ese es, en términos más concretos (y modestos), el objetivo del programa minimalista de investigación de la sintaxis humana: reducir a principios básicos y elementales la complejidad de los sistemas de conocimiento que llamamos lenguas humanas[10].

---

[9] Así, un aumento del tamaño medio del cerebro humano (ignorando ahora el hecho relevante de que los neonatos tienen que pasar por el canal de parto de una hembra bípeda) implicaría un mayor número de neuronas y mayor capacidad de procesamiento, pero las neuronas consumen mucha energía y, además, cuanto más grande es el cerebro, más largos han de ser los axones que conectan unas neuronas con otras, con lo que la velocidad de procesamiento se ralentizaría. Por su parte, un aumento de los nexos neuronales aceleraría la comunicación entre las diversas partes del cerebro (lo que parece estar correlacionado con el grado de inteligencia), pero ese cableado de nuevo ocuparía demasiado espacio y consumiría demasiada energía. Otra opción posible sería aumentar la rapidez de la señalización, lo que se podría lograr aumentando el grosor de los axones, pero los axones más gruesos consumen más energía y ocupan más espacio que los finos. Por último, aumentar la densidad de neuronas sin incrementar el tamaño del cerebro podría conseguirse reduciendo el tamaño de las neuronas y de los axones (una estrategia que ha usado el ser humano profusamente), pero neuronas y axones más pequeños aún se excitarían al azar, pues la apertura aleatoria de alguno de los canales iónicos podría desencadenar una reacción en cadena inadecuada. Véase Hofman 2001, para una visión más detallada.

[10] Una versión extrema en esta dirección es la del llamado "minimalismo radical" promulgado por Krivochen: "Nuestro objetivo último es integrar el estudio del lenguaje (junto con el estudio de cualquier otra facultad mental) en el estudio del *universo físico* (o 'mundo natural')" (Krivochen 2011, énfasis original; la traducción es mía).

Un paso fundamental en ese camino es descomponer los diversos factores que intervienen en el desarrollo de tales sistemas, y el siguiente descomponer los propios sistemas en partes más simples. Abordamos esos dos pasos en las secciones siguientes.

17.3. Tres factores en el diseño del lenguaje humano (y cómo distinguirlos)

Dado que en gramática generativa una lengua (en el sentido de lengua interiorizada, lengua-i) es un órgano mental, es lógico que Chomsky (2005) aplique al desarrollo de la lengua-i, la facultad del lenguaje de las personas, la misma factorialización usual en la investigación del resto de órganos del cuerpo humano (o de cualquier otro organismo):

> Asumiendo que la facultad del lenguaje tiene las características generales de otros sistemas biológicos, deberíamos buscar los tres factores que contribuyen al desarrollo del lenguaje en el individuo (Chomsky 2005: 6; la traducción es mía).

Chomsky (2005: 6 ss.) define esos tres factores en los siguientes términos:

> *Factor 1*. La dotación genética, aparentemente uniforme en la especie humana, que interpreta parte del entorno como experiencia lingüística y que determina el curso general del desarrollo de la facultad del lenguaje.

> *Factor 2*. La experiencia, "que lleva a la variación, dentro de un estrecho margen, como en el caso de otros subsistemas de la capacidad humana y del organismo en general".

> *Factor 3*. Principios no específicos de la facultad del lenguaje.

Este tercer factor se divide en varios subtipos: (i) principios de análisis de datos que podrían usarse en la adquisición del lenguaje y otros dominios; (ii) principios de arquitectura estructural y restricciones de desarrollo que entran en la canalización, la forma orgánica y la acción, incluyendo principios de computación eficiente, que, según Chomsky, deberían ser de singular importancia para sistemas computacionales como el lenguaje y para determinar la naturaleza de las lenguas obtenibles.

Chomsky (2007: n. 6) añade a los factores del tercer tipo las propiedades del cerebro humano que determinan qué sistemas cognitivos pueden existir. Ello pone de manifiesto que la noción de 'tercer factor' es deliberadamente incoherente, en el sentido de que no se quiere decir, por ejemplo, que los principios de economía no influyan en los mecanismos de análisis de datos, o que los principios de elegancia computacional están en distribución complementaria con los demás. *Tercer factor* es una expresión que pretende abarcar cualquier aspecto relevante en el desarrollo y estructura del lenguaje que no sea específico del lenguaje. Por ello es posible que encontremos principios diferentes en el estudio de la adquisición de la morfología o en el estudio de la derivación sintáctica, aunque también es posible que principios muy generales, como el de economía, aparezcan en diversos ámbitos del desarrollo y uso del lenguaje (y, por supuesto, fuera de ellos).

Un problema crucial que salta a la vista cuando se examinan los tres tipos de factores es cómo se distinguen los factores de tipo 1 y los de tipo 3 en el desarrollo del lenguaje, puesto que ambos son, por definición, universales. No es un problema sencillo, por cuanto se trata precisamente del núcleo de la investigación científica del lenguaje: el problema de su especificidad y de su carácter biológicamente determinado.

La estrategia desarrollada en la investigación minimalista, como se ha mencionado, es la de construir la teoría "de abajo arriba", esto es, la de asumir que los principios que rigen la construcción del conocimiento del lenguaje son generales y considerar el factor 1 (la GU) como el residuo de lo no atribuible a factores de tipo 2 y 3[11].

Pero esta estrategia presenta un doble problema: (i) en un contexto no geneticista (no "preformacionista"), la atribución al genoma de la complejidad irreductible resulta una estrategia ilícita, y (ii) la atribución de principios o propiedades a factores del tipo 3 debería implicar un conocimiento independiente de tales factores, pero no siempre es el caso, de manera que se postulan los propios principios a la vez que se intenta revelar su efecto en los sistemas estudiados.

El problema (i) implica que realmente la distinción entre los factores de tipo 1 y 3 es menos clara de lo que puede parecer en principio, dado que, como hemos visto, según los modelos DST, los genes no son sino un factor, junto con otros, en el desarrollo de la estructura orgánica. De hecho, como señala Benítez-Burraco (2012), es evidente que, si nos tomamos en serio la SMT, no tiene ningún sentido hablar de posibles 'genes del lenguaje', porque los genes relacionados con el lenguaje (que sin duda existen) estarían en todo caso relacionados con los sistemas con los que la FLN interactúa, esto es, al menos los componentes CI y SM que integran la FLB (y que tienen claros homólogos en otras especies), mientras que la FLN emergería como consecuencia del desarrollo "como el resultado del emparejamiento entre tales sistemas externos" (Benítez-Burraco 2012: 256; la traducción es mía), siempre que el desarrollo tenga lugar en presencia de estímulos ambientales adecuados (entre ellos, los estímulos lingüísticos que constituyen el factor de tipo 2). Concluye igualmente Benítez-Burraco (2012) que se implicaría entonces que una considerable cantidad de lo que conside-

---

[11] El propio Chomsky define la GU como aquello que debemos postular y no es explicable en términos del tercer factor: "La GU es lo que queda cuando el vacío se ha reducido al mínimo, cuando todos los efectos del tercer factor han sido identificados. La GU consiste en los mecanismos específicos de la FL que de alguna manera surgieron en el curso de la evolución del lenguaje" (Chomsky 2007: 5; la traducción es mía).

ramos "información innata" (no derivada del entorno) no sería genética sino epigenética (determinada biológicamente por los rasgos del entorno ontogenético en el que tiene lugar el desarrollo). En tales circunstancias es inevitable contemplar la distinción entre los factores de tipo 1 y de tipo 3 como en cierto modo arbitraria o convencional. Ello no significa, en todo caso, que no sea una distinción relevante en ciertos niveles de la investigación. Nótese que, igualmente, es evidente que la posible dotación "innata" (sea genética o epigenética) que la estructura del cerebro humano aporta al proceso de desarrollo del lenguaje (y que explica en última instancia que solo las personas aprendan a hablar la lengua del entorno) sería susceptible, a su vez, de ser el producto evolutivo de la interacción de los tres tipos de factores mencionados por Chomsky[12].

Para evitar este tipo de indefinición (y de confusión) adoptaremos la estrategia de analizar (aunque someramente) la posible influencia de los llamados factores de tipo 3 en lo que el influyente modelo de la FL de Hauser, Chomsky y Fitch (2002) antes descrito considera el núcleo esencial de la FLN, el sistema computacional o sintaxis en sentido estricto (*Narrow Syntax* en su formulación), precisamente porque ese componente de la FL es el más profusamente analizado en el seno del PM.

El problema (ii) que señalábamos se pone claramente de manifiesto cuando consideramos qué criterios vamos a emplear para determinar si un principio dado (digamos P) es un principio específico del lenguaje (irreductible en cierto nivel) o es un principio de tipo general (un genuino principio del tipo 3). No hay dificultad en el caso de que P tenga origen en un factor que sea ya conocido o que sea claramente aplicable a otros ámbitos, pero no siempre es el caso, dada además nuestra ignorancia sobre cuál es la naturaleza de los requisitos que los sistemas "externos" imponen a la FLN. Así, por ejemplo, podríamos afirmar que la teoría lingüística no necesita postular la Teoría del Caso (formulable, por ejemplo, como "todo SN debe llevar caso abstracto"; Chomsky 1981) si atribuimos sus efectos a una condición de visibilidad en alguna interfaz, pero nótese que entonces estamos simplificando la teoría a costa de atribuir propiedades nuevas a los sistemas de interfaz, sin justificarlas independientemente[13].

---

[12] Veáse Longa, Lorenzo y Uriagereka 2011, para un examen del posible papel del "tercer factor" en el proceso de emergencia evolutiva de la FLN.

[13] El propio Chomsky describe esta situación: "Podemos considerar una explicación de propiedades del lenguaje como *fundamentada [principled]* en la medida en que se pueda reducir a propiedades de los sistemas de interfaz y a consideraciones generales de eficiencia computacional o de ese estilo. No hace falta decirlo, tales condiciones 'externas' solo se comprenden parcialmente: tenemos que aprender sobre las condiciones que plantean el problema a la vez que lo intentamos resolver" (Chomsky 2005: 10; la traducción es mía). En la misma línea, Narita y Fujita observan que "el programa minimalista busca signos de optimidad en el lenguaje humano solo como un paso intermedio en la atribución de los mismos a principios del tercer factor *que aún tienen que ser descubiertos*" (Narita y Fujita 2010: 367, cursiva añadida; la traducción es mía).

Aun en este caso se puede argumentar que reducir la nómina de principios específicos a favor de candidatos a principios no específicos es positivo, dado que se abre la vía de investigación (por ejemplo, en cognición comparada con otras especies, o en otros sistemas computacionales y/o de comunicación) que finalmente pueda simplificar la teoría lingüística propuesta, lo que sin duda es un avance científico.

El resto de esta aportación se dedicará a examinar en qué medida se ha producido este avance en nuestra comprensión de la compleja sintaxis de las lenguas humanas descrita en los anteriores capítulos de este volumen.

17.4. Los componentes mínimos de la sintaxis humana

De acuerdo con algunos autores, el PM tiene un componente metodológico y un componente ontológico (véase Eguren y Fernández Soriano 2004: 210 ss.). El primero no es en absoluto específico del PM (ni siquiera de la gramática generativa o de la propia teoría lingüística), sino que es tan antiguo, al menos, como la navaja de Occam[14].

El minimalismo ontológico o "sustantivo" es el que Chomsky plantea como *Leitmotiv* principal del PM en términos de la citada pregunta acerca de "cuán poco puede atribuirse a la GU y a la vez dar cuenta de la variedad de lenguas-i obtenidas" (Chomsky 2007: 7), esto es, cuánto podemos "adelgazar" la GU postulada en el modelo de P&P sin por ello, obviamente, perder en adecuación descriptiva, empírica.

Sin embargo, la idea minimalista de que la GU es biológicamente simple, mínima, no debe interpretarse como una afirmación de que el lenguaje humano o las propias lenguas son simples. En modo alguno eso es así, como se puede apreciar en otros capítulos de esta obra. La capacidad de construir sofisticados pensamientos complejos y transformarlos inconsciente y automáticamente en sonidos o en señales visuales a través de un sistema motor y de usarlos intencionalmente para dar a entender infinidad de cosas reales o irreales, pasadas o futuras, implica un variado y complejamente enmarañado conjunto de sistemas cognitivos y neurológicos que apenas empezamos a comprender.

Cuando se afirma que la GU (y en particular la FLN) es biológicamente mínima, lo que se afirma es que las diferencias biológicas, especialmente genéticas, entre el estadio evolutivo anterior y posterior a su

---

[14] Véase Friedin y Lasnik 2011, para un completo informe de cómo las raíces del PM se hallan ya en la propia evolución de la gramática generativa, especialmente en el tránsito del llamado "modelo estándar" al modelo de "Principios y Parámetros", una evolución guiada esencialmente por el minimalismo metodológico propio de toda ciencia. Para una visión más radical de la separación entre el minimalismo actual y la gramática generativa anterior, véase Longa y Lorenzo 2012b.

surgimiento en nuestra especie fueron mínimas, lo que además implica que dicho proceso probablemente fue un suceso relativamente breve y repentino, y no un proceso evolutivo gradual y dilatado en el tiempo, en escala geológica.

Una manera de compatibilizar el carácter biológicamente mínimo de la GU y la complejidad del "fenotipo" obtenido (las lenguas-i que hablan las personas, por no mencionar las lenguas como objetos sociales y culturales, las lenguas-e) es, como se ha señalado, la descomposición de la FL en diversos componentes que podrían tener una historia evolutiva independiente y una naturaleza diversa[15].

Como hemos visto, la influyente propuesta de descomposición de Hauser, Chomsky y Fitch (2002) postula una fragmentación de la FL en un componente computacional, sintáctico (la FLN), que supuestamente sería el único específicamente humano (y específicamente lingüístico), y otros componentes (al menos CI y SM) que, aunque integrados en la FL, son externos a la propia FLN (en el sentido de que intervienen en otros sistemas cognitivos y actividades humanas) y son, además, compartidos ampliamente por otras especies.

Así, la clave de la "discontinuidad" que parece haber entre el lenguaje humano y los sistemas de comunicación y de cognición de otras especies (incluyendo otras formas de comunicación humanas), no sería la improbable evolución biológica de un órgano complejo, que no habría tenido tiempo de evolucionar (y mucho menos sin "dejar rastro" en otras especies cercanas), sino un evento biológicamente mínimo que aportara el "ingrediente extra" a los sistemas preexistentes, dotando al complejo resultante de propiedades nuevas e inesperadas[16]. La SMT postula precisamente eso, que la FLN incluiría únicamente lo imprescindible para que la vinculación de un sistema conceptual y un sistema motor/perceptivo produjera un sistema de conocimiento con las propiedades que caracterizan al lenguaje humano.

Las principales propiedades que se seguirían del surgimiento en nuestra especie de la FLN serían las siguientes (de acuerdo con la selección y caracterización que hace Berwick, 2011: 69-70):

- Infinidad discreta y capacidad generativa recursiva: hay oraciones de tres o de cuatro palabras, pero no de cuatro palabras y media; las oraciones pueden ser arbitrariamente largas y novedosas.

- Desplazamiento: las lenguas humanas permiten el desplazamiento de sintagmas fuera de su lugar natural (ascenso de sujeto, etcétera).

---

[15] El problema básico de la biología del desarrollo es precisamente explicar el paso del genotipo al fenotipo. Una manera de facilitar esa explicación es, obviamente, simplificar el modelo de fenotipo, y ese es el objetivo, en el ámbito del desarrollo del lenguaje, del PM.

[16] Véase Lorenzo 2012, para una síntesis de la controversia (y de los equívocos) acerca de la evolución de la FL y una propuesta minimalista de dicho proceso evolutivo.

- Restricciones de localidad: los constituyentes desplazados no actúan en dominios no acotados, de manera que, en *¿Quién imagina Pedro que resolvió el problema?*, *quién* se puede interpretar como el sujeto de *resolvió,* pero no en *¿Quién imagina Pedro que cree Juan que resolvió el problema?* (incluso a pesar de que no hay una opción mejor).

- Relaciones gramaticales restringidas: de las numerosas relaciones lógicamente posibles que se podrían definir en las estructuras sintácticas, únicamente un puñado de ellas parecen tener relevancia en las lenguas humanas[17].

Más que una discusión de esas propiedades y su formulación, nos interesa observar ahora que, si esas propiedades o rasgos de diseño del lenguaje humano se siguen de una única propiedad, entonces no hace falta buscar explicaciones adaptativas o funcionales para cada una de ellas ni, por supuesto, postular que cada una de ellas está codificada genéticamente. Claro que para que toda la complejidad de la sintaxis humana se siga de una variación mínima en el genoma o en el proceso de desarrollo del cerebro, es necesario que el desarrollo posterior de tal sistema se siga entonces de principios generales de eficiencia computacional, esto es, del "tercer factor". Eso es precisamente lo que argumenta Chomsky en su desarrollo del PM.

Siguiendo una trayectoria bien conocida en sus ideas sobre la evolución del lenguaje, Chomsky (2007) ha planteado expresamente la hipótesis de que lo que hizo emerger el lenguaje en nuestra especie fue un pequeño cambio relacionado precisamente con el ingrediente crucial de la FLN: la operación de "ensamble ilimitado" *(unbounded merge)*:

> Como mínimo, cierto recableado del cerebro, presumiblemente una pequeña mutación o un efecto de algún otro cambio, proporcionó Ensamble *[Merge]* y RL (rasgos liminares) *[edge features]* imborrables, proporcionando un rango infinito de expresiones formadas de IL (ítems léxicos) *[lexical items]* (quizá ya disponibles al menos en parte como átomos conceptuales de los sistemas CI) y permitiendo el crecimiento explosivo de las capacidades del pensamiento, previamente restringido por los esquemas elementales y ahora abiertos a elaboración sin límites (Chomsky 2007: 14; la traducción es mía).

Nótese que lo que plantea Chomsky es que la "máquina sintáctica" proporcionada por el ensamble ilimitado, esto es, la capacidad de unir dos unidades recursivamente (y que después caracterizamos más detalladamente) sería esencialmente un "lenguaje del pensamiento", esto

---

[17] Berwick señala a este respecto que en las lenguas humanas a menudo los verbos seleccionan objetos, o los nudos funcionales demandan concordancia con los sujetos, pero la inmensa mayoría de las reglas sintácticas y relaciones lógicamente posibles no se atestiguan, de manera que, por ejemplo, no parece haber un análogo a la relación 'objeto de' que sea algo así como 'objeto-sujeto-de', en la que el sujeto y el objeto de una oración tengan que concordar entre sí.

es, una capacidad para vincular entre sí conceptos de una manera nueva e ilimitada:

> Tal cambio tendría lugar en un individuo, no en un grupo. El individuo así dotado tendría la capacidad de pensar, planificar, interpretar, etc., de maneras nuevas, obteniendo ventajas selectivas transmitidas a la descendencia y que se habrían extendido en el pequeño grupo reproductivo del que al parecer todos descendemos (Chomsky 2007: 14; la traducción es mía).

Este escenario sugiere, pues, que el sistema computacional que es la FLN (y que produce la "sintaxis interna" a la que más abajo nos referimos con más detalle) fue inicialmente (y seguiría siéndolo en la actualidad) un "lenguaje del pensamiento" independiente de la comunicación y de los sistemas de externalización: "el más ancestral estado del lenguaje habría sido precisamente ese: un lenguaje del pensamiento usado internamente" (Chomsky 2007: 13; la traducción es mía)[18].

Esto implica entonces, crucialmente, que la relación entre la FLN y los sistemas CI y SM es asimétrica. Chomsky (2007 y posteriores) argumenta que hay claros indicios de que el diseño de la FLN, de la sintaxis interna, está optimizado para su conexión e interacción con el sistema CI y no para su conexión e interacción con el sistema SM, lo que explicaría precisamente que sea en los procesos de "externalización" (y "materialización") de la sintaxis interna en los que se produce la diversidad lingüística:

> Así, varias consideraciones parecen converger de manera muy plausible en la conclusión de que el lenguaje podría estar optimizado en relación con la interfaz CI, siendo la correspondencia con SM un proceso ancilar y complejo en la medida en que SM no ha tenido ninguna adaptación previa para esos fines. En la medida en que la SMT se sostenga, la generación de estructuras proyectadas sobre CI serán óptimas para la interfaz con CI y comunes para todas las lenguas, aparte de opciones paramétricas y léxicas (fenómenos que requieren explicación), mientras que la fonología, la morfología y cualquier otra cosa que esté involucrada en la externalización sería variable, compleja y sujeta a accidentes históricos de gran escala, satisfaciendo la conexión de la mejor manera posible (Chomsky 2007: 14-15; la traducción es mía).

Según este modelo, la sintaxis interna sería mínima (en el sentido de que respondería a criterios de eficacia computacional), universal (común a todas las lenguas) e invariable (insensible al cambio histórico), sería un sistema computacional para generar conceptos a partir de conceptos. La "exteriorización" de la sintaxis interna, que daría lugar a las diversas lenguas-i que hablan las personas, implicaría, pues, que la sintaxis interna se vincula a SM, esto es, a sistemas externos a la FLN –pero internos

---

[18] Véase Hinzen 2011, para una defensa de la hipótesis de que la sintaxis interna es lo mismo que el "lenguaje del pensamiento" y argumentos en contra de propuestas que pretenden distinguirlos.

a la FLB– que deben incluir lo que habitualmente conocemos como morfología y fonología (esto es, un "léxico interno" en un sentido a precisar más adelante), además del resto de sistemas sensorio-motores que llevan a la materialización efectiva de las computaciones sintácticas.

Es obvio que hay una aparente contradicción en la afirmación de que la sintaxis *interna* se *exterioriza* en una lengua *interna* (lengua-i) dada. En este punto debemos tener en cuenta que una lengua-i, en efecto, es un órgano mental, un sistema de conocimiento (de ahí la "i"), que incluiría un componente (supuestamente) biológicamente determinado (la sintaxis interna), pero también un componente "interiorizado" del entorno, esto es, precisamente aquello que distingue entre sí las lenguas del mundo. Como ha señalado Sigurðhsson (2011), aunque usando otra terminología, hay que distinguir entre el surgimiento de la sintaxis interna, un proceso biológicamente determinado en el proceso de desarrollo del cerebro, y el posterior (aunque temprano) proceso de desarrollo del léxico y la morfología, fuertemente influido por el entorno y ayudado por recursos generales de aprendizaje (una de las subcategorías de factores de tipo 3 mencionadas por Chomsky)[19].

Una lengua-i en ese sentido implica, pues, de un lado, una sintaxis-i y, de otro, una morfología y una fonología "interiorizadas" a partir de los estímulos del entorno (el factor 2). Ello implica, entonces, que el componente SM que forma parte de la FLB es mucho más complejo y articulado de lo que lo sería de incluir únicamente los ya de por sí complejos sistemas implicados en la producción (e interpretación) de sonidos o signos visuales. En este sentido, se podría decir que la morfología y la fonología de una lengua, lo que podemos llamar el *léxico-i* específico de cada lengua-i, es un componente desarrollado en el proceso de adquisición del lenguaje, que es externo a la FLN pero interno a la FLB, o, si se prefiere, es la interfaz entre la FLN y el sistema SM.

Según la argumentación de Berwick y Chomsky (2011), la incorporación del componente SM de la FLB es ancilar o secundario con respecto a la relación entre CI y FLN, hasta el punto de que sugieren que el sistema SM ni siquiera habría evolucionado para el lenguaje (de hecho, evolutivamente es muy anterior al resto de componentes de la FLB), sino que, como hemos visto que sugería Chomsky, se conecta con él "de la mejor manera posible". Esto explicaría por qué las lenguas-i cambian y se diversifican y, sobre todo, por qué el lenguaje no parece estar optimizado para la comunicación sino para el pensamiento, lo que entra de lleno en la controversia tradicional entre formalistas y funcionalistas en relación con las funciones del lenguaje y su adaptación a las mismas (véanse Newmeyer 1998 y Mendívil 2003).

Consideraremos ese conflicto más adelante, pero antes aún debemos caracterizar más explícitamente cuáles son los componentes esenciales

---

[19] "Esto es, el desarrollo temprano del lenguaje interno es innato. En contraste, la expansión léxica y estructural posterior de la lengua externa, incluyendo la adquisición de segundas lenguas, evidentemente implica la internalización" (Sigurðhsson 2011: 374, n. 14; la traducción es mía).

de la sintaxis interna proporcionada por la FLN y en qué medida se siguen de factores del tipo 3.

17.5. La derivación de abajo arriba: ensamble y rasgos liminares

Los elementos mínimos de la sintaxis interna son dos: la operación de ensamble y los elementos a los que se aplica. Siguiendo a Chomsky (2007) y Sigurðsson (2011), vamos a dar por supuesto que la GU proporciona los elementos que el sistema computacional ensambla recursivamente. Por supuesto, esos elementos no coinciden con lo que habitualmente se entiende por léxico, pues entonces la asunción de que los proporciona la GU, más que implausible, sería absurda (lo que no implica que la GU no pudiera tener un papel crucial en la determinación de la estructura del léxico finalmente desarrollado para cada lengua).

Hemos visto que Chomsky menciona los *edge features* ('rasgos liminares', a los que nos referiremos con las siglas originales, EF) como uno de los ingredientes esenciales del lenguaje humano, junto con Ensamble. Más concretamente los postula como propiedades que los ítems léxicos (IL) deben tener para ser visibles para el sistema computacional[20].

La caracterización de Chomsky de los EF es puramente formal (son rasgos no interpretables) y se centra en la función que desempeñan (la de hacer 'ensamblables' a las unidades léxicas)[21]. Algo similar sucede con la caracterización de Boeckx (2011: 52 ss.), quien –siguiendo esta idea de Chomsky– considera los EF como un 'envoltorio léxico' *(lexical envelope)* que sería el "locus de la especificidad lingüística", ya que, si lo esencial del lenguaje humano es el ensamble ilimitado (que proporciona la recursividad), precisamente serían los EF los responsables del carácter ilimitado y recursivo del ensamble, en el sentido de que lo que hace posible el ensamble en primer lugar continúa disponible a lo largo de la derivación. Boeckx (2011: 53) afirma que las unidades léxicas dotadas de EF son "pegajosas" *(sticky)* como consecuencia de que el EF tiene como efecto convertir el ítem léxico en activo, disponible para implicarse en relaciones de ensamble, y es, por tanto, "el

---

[20] "Para que un IL sea capaz de introducirse en una computación [...] debe tener alguna propiedad que permita esa operación. A una propiedad de un IL se la denomina 'rasgo' *[feature]*, de manera que un IL tiene un rasgo que permite que sea ensamblado. Llamémoslo el 'rasgo liminar' *[edge feature]* del IL" (Chomsky 2008: 139; la traducción es mía). La denominación de 'liminar' tiene que ver con que la operación de ensamble sitúa nuevo material en el 'límite' del anterior paso de la derivación.

[21] "Si un IL carece del EF solo puede ser una expresión plena de sí mismo; una interjección. [...] El hecho de que Ensamble se itere sin límite es una propiedad al menos de los IILL y, óptimamente, solo de los IILL, como asumiré. EF articula el hecho de que Ensamble es ilimitado, de que el lenguaje es un sistema recursivo infinito de un tipo particular" (Chomsky 2008: 139; la traducción es mía).

catalizador para el ensamble recursivo" (Boeckx 2011: 54; la traducción es mía).

Sigurðhsson (2011), siguiendo la intuición de la Morfología Distribuida, identifica los EF con "rasgos funcionales categorizadores", esto es, simplificando, con las categorías gramaticales que categorizan las unidades léxicas (mínimamente N, V y A) y que constituyen las categorías funcionales propias del lenguaje humano (T, C, v, Persona, Número, etcétera)[22].

En el modelo de Sigurðhsson, la GU únicamente proporciona un Rasgo Funcional Cero, esto es, vacío y puramente formal, una especie de 'pegamento sintáctico' *(syntactic glue),* por usar sus palabras (2011: 376), que se iría dotando de "contenido funcional" conforme se desarrolla la sintaxis interna[23].

Al margen de los detalles de cada formulación, lo relevante es que se plantea que la sintaxis interna (formada por Ensamble y EF) no solo vincula entre sí ítems léxicos para formar estructuras complejas recursivas, sino que, al mismo tiempo, es la clave de la explicación de la otra propiedad esencial del lenguaje humano: la capacidad de construir un léxico mental. Esto es así porque el ensamble de una categoría sintáctica (EF) a un concepto (una "raíz" en la terminología tomada de la Morfología Distribuida) produce unidades léxicas "emancipadas" de los sistemas conceptuales modulares, esto es, unidades léxicas que, en virtud de su capacidad de combinarse, no están limitadas al aquí y ahora, a referentes externos a la mente o a un módulo mental o cognitivo específico, como parece suceder con las "palabras" usadas por otras especies, sino que pueden combinarse entre sí para producir nuevos conceptos, ideas y sofisticados pensamientos, un nuevo lenguaje del pensamiento, específicamente humano[24].

Así, Chomsky (2007) concluye:

> La propiedad de Ensamble Ilimitado se reduce a la afirmación de que los IILL tienen EF. Tal propiedad debe establecerse de alguna manera y

---

[22] Véase Mendívil (2010) para una interpretación similar según la cual los EF se ensamblan directamente a conceptos del sistema CI (y no a raíces) para crear unidades léxicas, lo que pone de manifiesto que la sintaxis no opera con palabras, sino que realmente las crea.

[23] De manera análoga, la GU también proporcionaría lo que Sigurðhsson denomina una "raíz cero", esto es, una raíz formal pero vacía, que se iría dotando de contenido ("léxico-conceptual") a partir del inventario de conceptos del sistema CI. De este modo, el desarrollo del léxico interno consistiría en un proceso de recolección de conceptos de la "mina conceptual" que el sistema computacional iría ensamblando a rasgos funcionales (categorizándolos) y ensamblándolos a su vez en estructuras más complejas.

[24] Como señala Boeckx, la adición del EF es equivalente a la creación de una moneda universal, sin fronteras: "Con los rasgos liminares y el Ensamble, la mente humana se capacitó para una auténtica cognición estilo navaja suiza. Antes de eso, las herramientas a disposición del animal estaban exquisitamente afinadas para sus tareas, pero demasiado aisladas. Sus efectos solo se podían combinar secuencialmente, no se podían integrar de manera suave y continua unos con otros. Con el lenguaje, la mente humana se desarrolló como una arandela para llaves, en la que todas las llaves (conceptos) están disponibles y se pueden combinar de inmediato gracias al aro (EF) que comparten" (Boeckx 2011: 60; la traducción es mía).

esta parece una manera óptima. Por tanto, las únicas propiedades sintácticas de la GU son que contiene Ensamble e IILL con EF imborrable, así como que las expresiones generadas deben satisfacer las condiciones de interfaz, de una manera fundamentada, en tanto en cuanto se mantenga la SMT (Chomsky 2007: 11; la traducción es mía).

Pero aún queda por explicar cómo se produce esa relación intrínseca, quizá causal, pero hasta el momento formulada vagamente, entre esos dos elementos mínimos que forman el núcleo de la sintaxis interna, los rasgos liminares o EF y la operación de ensamble; o, en otras palabras, cómo se implementa esa "liberación" de los conceptos prelingüísticos en el lenguaje del pensamiento que nos hizo humanos.

Un modelo desarrollado en esta dirección es el de Putnam y Stroik (2011), modelo que además tiene la virtud de relacionar automáticamente la noción de EF con la derivación sintáctica "de abajo arriba" en términos de ensamble, que es la típica del PM frente a la representación "de arriba abajo" característica de los modelos anteriores, basados en los sistemas de reescritura en los que el "nudo inicial" es típicamente el superior (O, SC, SN, etcétera).

Putnam y Stroik plantean que un ítem léxico está constituido de rasgos funcionales de tres tipos: rasgos categoriales, RC (N, V, etc.), rasgos de subcategorización, RSC (que seleccionan el rasgo categorial del ítem con el que se relacionan), y "rasgos de los sistemas de actuación" *(performance system features),* RSA, que incluirían rasgos interpretables (foco, tópico, qu-, cuantificación, definitud, etcétera)[25].

Al igual que los rasgos categoriales, los "rasgos de sistemas actuación" (RSA) pueden ser de dos tipos: regidos *(selected)* o regentes *(selecting);* así, el rasgo [QU] de un Complementante interrogativo sería un rasgo regente, mientras que el rasgo [QU] de una *palabra-qu*, como *qué* (en *¿Qué quieres?*) sería regido (esto es, inherente).

Lo crucial es que tales rasgos se organizarían jerárquicamente en su grado de incrustación en un ítem léxico según el siguiente esquema[26]:

RSC [RSA regentes [RC [RSA regidos]]]

---

[25] Los RSA son funcionales, aunque proceden del sistema CI (quizá a través del sistema descrito por Sigurðsson 2011). Nótese que los ítems léxicos aún deben llevar ensamblado un concepto (C), pero, dado que el contenido conceptual es invisible en la derivación, podemos asumir que está "encapsulado" en C, y que C es un conjunto de instrucciones para la interpretación en CI. Una versión más ambiciosa consideraría los rasgos categoriales como parte del inventario de los de actuación (interpretables), pero no desarrollamos aquí esa línea por mayor claridad (véanse, para propuestas en esa línea, Mendívil 2010 y Panagiotidis 2015).

[26] La motivación es clara: los rasgos regentes (tanto los categoriales como los interpretables) son externos a los regidos, porque los presuponen, mientras que los rasgos interpretables regidos, inherentes, son previos (en el sentido de que son 'prelingüísticos', conceptuales) a los categoriales. No entramos ahora en la discusión relevante de si los rasgos categoriales son analizables ellos mismos y si lo son en términos de los interpretables, como parece esperable desde el punto de vista de la SMT.

Los rasgos liminares (EF) que habíamos encontrado hasta ahora serían en este modelo aquellos rasgos que están en el límite exterior de un ítem léxico (por convención, a la izquierda).

Consideremos para ilustración, siguiendo a Putnam y Stroik (2011), la derivación simplificada de la oración *¿Qué ha comprado Luis?*.

El ítem *qué* no tiene rasgos regentes, aunque sí rasgos regidos: un rasgo categorial (CAT-D)[27], un rasgo de caso (RSA-CASO) y un rasgo QU (RSA-QU). Su jerarquía sería, por tanto, [CAT-D [RSA-CASO [RSA-QU]]]. El verbo *comprado* sí tiene rasgos regentes, pues selecciona un objeto (SUBCAT-D) y un rasgo categorial (CAT-V), lo que nos da la siguiente jerarquía: [SUBCAT-D [CAT-V]].

Como *qué* no tiene rasgos regentes, puede ser el primer elemento de la derivación[28]. Una vez que *qué* se introduce en la derivación, es el elemento único de la misma, por lo que su rasgo más externo (CAT-D) es el límite, tanto del ítem como de la derivación. Para que continúe la derivación, se debe incluir un segundo ítem, pero dicho ítem debe tener un EF propio que se corresponda con el límite de la derivación. Como el límite de la derivación es CAT-D, el siguiente ítem a ensamblar debe tener como rasgo liminar SUBCAT-D. Se ensambla, pues, el verbo con los rasgos [SUBCAT-D [CAT-V]], y tanto [CAT-D] como [SUBCAT-D] se cotejan y se eliminan (según asunciones habituales), generando el constituyente *comprado qué*. Dicho nudo tendrá como EF el rasgo más externo en la jerarquía de los remanentes de ambos ítems. Dado que *comprado* tiene el rasgo CAT-V y este está por encima en la jerarquía del siguiente rasgo de *qué*, que es RSA-CASO, el constituyente *comprado qué* tendrá como EF el rasgo categorial del verbo (CAT-V), pues es el remanente del verbo el que se ha proyectado al nuevo nudo.

Nótese que esto equivale a la práctica estándar de representar la derivación como un ensamble binario y endocéntrico, como en (1), siendo el núcleo el elemento que proyecta sus rasgos:

(1)

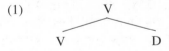

El V superior de (1) tiene como EF el rasgo CAT-V, luego se puede ensamblar el operador transitivo *v*, que presumiblemente tiene la siguiente estructura: [SUBCAT-V [CASO:ACUSATIVO [SUBCAT-D [CAT-v]]]].

Al ensamblarse *v,* se cotejan y eliminan los rasgos coincidentes (su SUBCAT-V y el CAT-V del verbo principal) y se proyecta en el *v* superior su remanente, esto es, [CASO:ACUSATIVO [SUBCAT-D [CAT-v]]], con lo que el EF de la derivación será [CASO:ACUSATIVO].

---

[27] D está por Determinante (incluyendo toscamente constituyentes referenciales, tales como pronombres o sintagmas nominales).

[28] Véase Putnam y Stroik (2011: 395 ss.) para una argumentación de por qué los ítems con rasgos regentes no pueden ser el punto inicial de la derivación, siendo la idea básica que los ítems sin rasgos regentes no implican relaciones sintácticas previas al inicio de la derivación por ser 'autosuficientes'.

Hasta ahora hemos visto procesos de Ensamble *Externo,* esto es, procesos en los que un ítem léxico se añade (de una selección) del léxico mental a la derivación en curso. El PM concibe los procesos de movimiento, tan característicos de la sintaxis humana, como procesos de Ensamble *Interno,* esto es, el ensamble de un ítem que ya está en la derivación[29]. Tal sería el caso del siguiente paso de nuestra derivación. Nótese que el rasgo liminar de *qué* (una vez eliminados los ya cotejados) es precisamente [RSA-CASO], por lo que el ítem *qué* se copia y se ensambla de nuevo, dando el constituyente *qué v comprado qué,* cuyo rasgo liminar sería el de mayor rango en el remanente que se proyecta, el de *v,* que es, por tanto, [SUBCAT-D [CAT-v]]. Dado que el EF de la derivación actual es [SUBCAT-D], únicamente procede el ensamble de un ítem con EF [CAT-D], por ejemplo el nombre *Luis* (puesto que ya no quedan D sin cotejar en la derivación). Aún queda como EF del constituyente resultante el rasgo [CAT-v] de *v,* de manera que se puede insertar el auxiliar *ha* (que asumimos es una forma de T, tiempo) con una estructura como la siguiente: [SUBCAT-v [CASO:NOMINATIVO [CAT-T]]].

Una vez ensamblado *ha,* se borra su primer rasgo, con lo que el EF actual será el caso nominativo, lo que de nuevo provoca el Ensamble Interno de *Luis*, que coteja su rasgo de caso y que da como resultado el constituyente *Luis ha Luis qué v comprado qué,* cuyo rasgo liminar es el remanente de *ha,* esto es, CAT-T (asumiendo ahora por razones meramente expositivas que T es la categoría de Tiempo). Ello permite ensamblar un complementante interrogativo C, con estructura básica [SUBCAT-T [QU]] (y sin realización fonológica en español) que forzará de nuevo el Ensamble Interno de *qué,* en este caso para cotejar su otro rasgo interpretable [QU].

En este punto, todos los rasgos introducidos en la derivación se han cotejado adecuadamente y la estructura derivada podría generar una interpretación en los sistemas CI y SM. La figura 1 ilustra este proceso.

Una vez que tenemos una visión general de la derivación por ensamble, podemos apreciar cómo se siguen de esos elementos mínimos algunas de las propiedades características de la sintaxis humana, tales como las que se mencionaban en el apartado anterior[30].

La primera de ellas, y la más relevante *(Infinitud discreta y capacidad generativa recursiva),* se sigue directamente de la propia definición de ensamble y de su mecanismo de aplicación guiado por rasgos categoriales[31]. La segunda propiedad *(Desplazamiento),* como hemos visto,

---

[29] Véase Chomsky 2008, para una argumentación en la línea de que un sistema con Ensamble Interno y Externo es más económico y menos estipulativo que uno que limite el Ensamble Interno.

[30] Véase Eguren y Fernández Soriano (2004: 218-320), para una prolija ejemplificación usando el español de la aplicación de principios de economía y de restricciones de localidad al movimiento en una sintaxis derivacional por ensamble.

[31] Como señala Chomsky (2008), la propia capacidad aritmética se sigue directamente de ensamble. Si imaginamos una lengua con el léxico más simple posible (la "palabra" *uno*), la aplicación de ensamble produce ((uno)), o sea, "dos"; una nueva aplicación produce (uno((uno))),

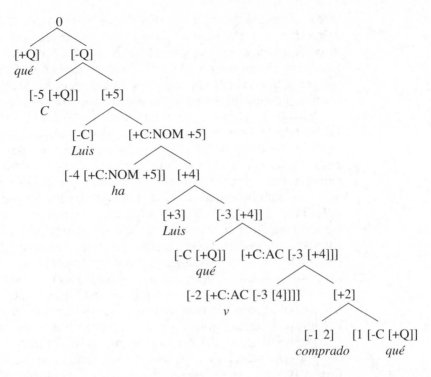

Fig. 1. Se representa gráficamente cómo procede la derivación de abajo arriba cotejando y eliminando rasgos categoriales no interpretables y emparejando rasgos interpretables no evaluados con los valores que la derivación asigna. Para mayor claridad, sustituimos los rasgos categoriales por números positivos (1, 2, 3, etc.), los rasgos de subcategorización por números negativos (-1, -2, -3, etc.), los rasgos interpretables regentes por su inicial negativa y los rasgos regidos con su inicial positiva (inicial que podemos considerar como un símbolo interpretable en CI, junto con el contenido léxico, no representado). Nótese que los RSA no se borran, sino que se cotejan en la posición estructural en la que se interpretan en concordancia con el valor asignado en dicha posición por su regente. Debajo de cada grupo de rasgos situamos palabras ortográficas para ayudar a la lectura del gráfico. Como vemos, el ensamble se sucede guiado por los rasgos y en una especie de operación de eliminación (restando e identificando hasta llegar a 0). Toda derivación con algo distinto de 0 sería rechazada por CI.

también se sigue del Ensamble Interno (cuyo bloqueo requeriría, de hecho, estipulación adicional). Y también la tercera, que alude a las restricciones de localidad al movimiento. La causa de tales restricciones estriba en que el cotejo de rasgos, como hemos visto, es estrictamente local. Lo que bloquea *¿A qué estudiante no recuerdan qué libro haber

---

o sea, "tres", y así sucesivamente: "El Ensamble, aplicado de esta manera, proporciona la función sucesor. Es natural definir la adición en términos de Ensamble (X, Y), y de manera familiar, el resto de la aritmética" (Chomsky 2008: 139; la traducción es mía), lo que sugeriría que dicha capacidad procede de una reutilización de la FLN reduciéndola al mínimo.

dado? (ejemplo de Eguren y Fernández Soriano 2004: 223) frente a *¿Qué libro no recuerdan haber dado a qué estudiante?*, es que *a qué estudiante* coteja sus rasgos en el verbo subordinado, quedando ya inactivo para ulteriores movimientos (ensambles internos), mientras que *qué libro*, que se ensambla después, aún no lo ha hecho. En la segunda oración, ninguno de esos problemas aparece y por ello es aceptable.

En lo que respecta a la cuarta propiedad, nótese que nociones estructurales básicas de modelos anteriores como mando-c *(c-command)*, que están detrás de la definición de relaciones gramaticales básicas tales como "sujeto" o "complemento directo", se estipulaban como definiciones sobre representaciones (por ejemplo, "A manda-c a B si el primer nudo ramificante que domina a A también domina a B, y A domina a B y no es igual a B"), mientras que en la derivación por ensamble se siguen directamente. En este modelo la estructura sintáctica es una sucesión temporal de ensambles, es una "historia derivacional" (Berwick 2011: 92). Así, dada una derivación como *Mi vecino compró los libros,* podemos obtener el conjunto de relaciones sintácticas posibles entre objetos sintácticos en función del progreso de la derivación. Señala Berwick que la noción de mando-c se sigue de la derivación, lo que nos permite concebirla como "A manda-c a B si A se ensambla con B". De ahí se sigue que A *(compró)* manda-c a B *(los libros),* pero ni *los* ni *libros* mandan-c a A, puesto que, cuando se ensamblaron para formar B, A aún no estaba en la derivación. Del mismo modo, *mi vecino* (A) manda-c a *compró los libros* (B), puesto que A se ensambla a B, pero *compró*, por ejemplo, no manda-c a *mi vecino*, puesto que, cuando se ensambló *compró,* el "sujeto" *mi vecino* aún no era visible. Así tendríamos una explicación directa de por qué las lenguas operan con sujetos y objetos (en función de la "visibilidad" en el momento del ensamble) y no, por ejemplo, con otras relaciones lógicamente posibles como "sujeto-objeto de" (pues nunca están conectados en el momento de aparecer en la derivación).

17.6. Eficiencia computacional y eficiencia comunicativa

La antigua idea funcionalista (y adaptacionista) de que el lenguaje puede explicarse como el resultado de la adaptación a aspectos externos al propio lenguaje (véase, p. e., Givón 2009: 336-337) tiene innegable similitud con la hipótesis minimalista fuerte (SMT); de hecho, se puede decir que el PM brinda una buena oportunidad de hacer compatibles tradiciones en el estudio del lenguaje secularmente enfrentadas[32].

---

[32] Aunque solo sea porque los funcionalistas y los cognitivistas siempre han rechazado la idea de una adaptación biológica para el lenguaje (Tomasello 2009), que es precisamente lo que la SMT trata de minimizar.

Pero hay una diferencia notable que no debemos pasar por alto. Cuando la tradición funcionalista propone explicar el lenguaje como el resultado de restricciones funcionales externas, concibe el lenguaje como un sistema de comunicación y, por tanto, las fuentes externas de estructura que se aducen como factores en el desarrollo del lenguaje (y de las lenguas) tienen que ver con el uso y el procesamiento en tiempo real del lenguaje en los actos comunicativos (véase, por ejemplo, Hawkins 2004).

Sin embargo, como hemos visto, desde el punto de vista del PM, el "tercer factor" relevante para explicar el desarrollo de la FLN no tiene que ver con la eficiencia comunicativa, sino con la eficiencia computacional. Que buena parte de las propiedades sintácticas de las lenguas se sigan de principios de simplicidad y economía computacional en la derivación es, de hecho, un argumento a favor de la visión según la cual la sintaxis interna no es un sistema de comunicación, sino un sistema de computación vinculado, quizá isomórficamente (véase Pietroski 2011), al componente CI, siendo su relación con el componente SM secundaria o ancilar.

Lo que esto significa, según la argumentación de Chomsky y Berwick (2011), es que la "externalización" de la lengua-i, que obviamente está al servicio de la comunicación, no es una tarea simple: tiene que relacionar dos sistemas diferentes, el sistema SM (que plausiblemente es el mismo de hace cientos de miles de años) y el sistema computacional que singulariza a nuestra especie. Según este punto de vista, la morfología y la fonología, que son los procesos que hacen las derivaciones sintácticas accesibles al sistema SM, deberían ser intrincadas, variadas y ciertamente sensibles al cambio histórico:

> La parametrización y la diversidad deberían, por tanto, estar restringidas mayoritariamente –quizá enteramente– a la externalización. Y eso es precisamente lo que parecemos encontrar: un sistema computacional que genera eficientemente expresiones interpretables hacia la interfaz semántico-pragmática mientras que la diversidad resulta de complejos y enormemente variados modos de externalización que, además, son susceptibles de cambio histórico (Berwick y Chomsky, 2011: 37-38; la traducción es mía).

Si esto fuera así, entonces sería erróneo situar la funcionalidad comunicativa como la base esencial de la explicación de la estructura lingüística, del mismo modo que sería un error buscar la explicación de la naturaleza y la estructura de la mano humana en su uso para teclear, por mucho que se use para ello profusa y eficazmente. Sin embargo, sí tiene sentido buscar ese tipo de presiones o de efectos en el propio proceso de externalización del lenguaje y su uso para la comunicación, lo que abre un amplio campo de intersección entre ambas posturas, y lo que nos permite concluir que la investigación minimalista, aun manteniendo una aproximación formal e internista al lenguaje, favorece integrar de manera mucho más armónica que en los modelos chomskianos anteriores las presiones funcionales externas que siempre han cautivado la atención de los funcionalistas.

Si volvemos al ejemplo de derivación sintáctica del apartado anterior (véase la Fig. 1), observamos que la derivación sintáctica produce una estructura que representamos ortográficamente como tenemos (2a), secuencia que, al margen de su estructura no reflejada, no resulta muy parecida a lo que los hablantes del español acaban pronunciando (2b):

(2) a. *qué C Luis ha Luis qué v comprando qué*
    b. *¿Qué ha comprado Luis?* /'keakom'prado'lwis/

Como hemos visto, la estructura de (2a) es enviada a los componentes CI y SM, lo que nos permite observar que está más claramente "adaptada" a los requerimientos de CI que a los de SM. Por una parte, nótese que la estructura jerárquica, crucial para la interpretación, es irrelevante para la materialización (de hecho, la estructura debe "aplanarse", "linealizarse" en SM). Por otra parte, desde el punto de vista de la comprensión y del pensamiento, la presencia de copias duplicadas de cada sintagma nominal (al menos dos veces el sujeto y tres el objeto) es útil, en el sentido de que ello permite explicar por qué interpretamos *qué* como el objeto directo del verbo (que recibirá un papel semántico) y, a la vez, como un operador que tiene alcance sobre el resto de constituyentes. Salvo pocas excepciones, las lenguas del mundo materializan (2a) como (2b), esto es, suprimiendo la pronunciación de todas las copias generadas por el movimiento (Ensamble Interno) salvo la superior[33]. Y esto es precisamente un efecto de factores de tipo 3 específicos del componente SM. Es plausible pensar que la omisión de la pronunciación de ese material es consecuencia de un principio de tipo general de economía (y aquí vemos un ejemplo de cómo el adelgazamiento de la GU por parte del PM puede "integrar" parte de la investigación funcionalista). Pero esto mismo, de manera relevante, de nuevo pone de manifiesto que el lenguaje (i. e., la sintaxis interna que lo singulariza) no está diseñado óptimamente para la comunicación. La omisión de las copias redundantes es útil para el sistema SM, pero no tanto para la tarea de procesar el enunciado, ya que ello obliga a una tarea extra de procesamiento para reconstruir el lugar original de los constituyentes desplazados, algo no esperable si el lenguaje estuviera diseñado primariamente para su uso en la comunicación interpersonal.

17.7. Conclusiones: el tercer factor y la unificación de la lingüística

El llamado modelo estándar de la gramática generativa buscaba la *adecuación descriptiva* (dar cuenta de la estructura de las expresiones lin-

---

[33] Nótese que igualmente se producen en (2b) otros ajustes no reflejados en (2a), como el ascenso de T a C y la unión del verbo auxiliar al participio verbal, que no hemos introducido en la derivación para hacerla más clara.

güísticas). El modelo de P&P aspiraba a lo que técnicamente se denominó la *adecuación explicativa* (dar cuenta de la adquisición del lenguaje), sin perder un ápice de adecuación descriptiva. El modelo minimalista pretender ir "más allá de la adecuación explicativa" (Chomsky 2004), por supuesto sin perder adecuación descriptiva y "adecuación explicativa"[34].

El tipo de adecuación ansiado en este nuevo programa de investigación se ha caracterizado como "adecuación neurológica", "adecuación biológica" o hasta "adecuación evolutiva" (véase Boeckx 2012: 29), y, en efecto, el minimalismo ontológico representa un progreso en esa dirección: un componente innato reducido y más simple es sin duda más plausible neurológica y biológicamente, y más fácil de conciliar con historias simples y creíbles acerca de su evolución. Pero la importancia que cobra el llamado tercer factor creo que nos autoriza a hablar quizá más propiamente de "adecuación computacional" y hasta de "adecuación matemática" en sentido general, lo que sin duda nos permitiría decir que el progreso real en esta dirección, esto es, el progreso en la reducción a principios de eficiencia computacional y de elegancia formal (conservando intacta, y hasta ampliada, la adecuación descriptiva y la "explicativa"), es un progreso notable en la empresa común y central de la ciencia humana, que no es otro que el de la unificación.

Tal como lo ha expresado Hinzen y hacemos nuestro para concluir,

> intentamos encontrar una razón de por qué está ahí toda esa maquinaria interna, pero lo que parecemos hallar es diseño bello y eficiente, aunque sin propósito, con 'impurezas' externas que causan variación en un arquetipo abstracto subyacente (Hinzen 2006: 276; la traducción es mía).

■ Bibliografía

BENÍTEZ-BURRACO, A. (2012), «The "language genes"», en C. Boeckx, M. C. Horno y J. L. Mendívil (eds.), *Language, from a Biological Point of View,* Newcastle, Cambridge Scholars Press, pp. 215-262.

— y V. M. LONGA (2010), «Evo-Devo – Of Course, But Which One? Some Comments on Chomsky's Analogies between the Biolinguistic Approach and Evo-Devo», *Biolinguistics* 4, 4, pp. 308-323.

BERWICK, R. C. (2011), «Syntax Facit Saltum Redux: Biolinguistics and the Leap to Syntax», en A. M. Di Sciullo y C. Boeckx (eds.), *The Biolinguistic Enterprise,* Oxford, Oxford University Press, pp. 65-99.

---

[34] Obviamente no puede haber nada más allá de la adecuación explicativa. La expresión de Chomsky "más allá de la adecuación explicativa" se refiere a un uso técnico interno como un mayor grado de adecuación que la descriptiva, concretamente integrando la explicación de cómo se adquiere, se desarrolla el lenguaje.

— y N. CHOMSKY (2011), «The Biolinguistic program: the current state of its development», en A. M. Di Sciullo y C. Boeckx (eds.), *The Biolinguistic Enterprise*, Oxford, Oxford University Press, pp. 19-41.

BOECKX, C. (2011), «Some reflections on Darwin's problem in the context of Cartesian Biolinguistics», en A. M. Di Sciullo y C. Boeckx (eds.), *The Biolinguistic Enterprise*, Oxford, Oxford University Press, pp. 42-64.

— (2012), «The I-Language Mosaic», en C. Boeckx, M. C. Horno y J. L. Mendívil (eds.), *Language, from a Biological Point of View*, Newcastle, Cambridge Scholars Press, pp. 23-51.

CHOMSKY, N. (1955), *The logical structure of linguistic theory*, ms., Harvard University (publicado parcialmente en 1975, Nueva York, Plenum).

— (1965), *Aspects of the theory of syntax*, Cambridge, Mass., MIT Press.

— (1981), *Lectures on Government and Binding*, Dordrecht, Foris.

— (1988), *El lenguaje y los problemas del entendimiento*, Madrid, Visor.

— (1991), «Some Notes on Economy of Derivation and Representation», en R. Freidin (ed.), *Principles and Parameters in Comparative Grammar*, Cambridge, Mass., MIT Press, pp. 417-454.

— (1993), «A Minimalist Program for Linguistic Theory», en K. Hale y S. J. Keyser (eds.), *The View from Building 20*, Cambridge, Mass., MIT Press, pp. 1-52.

— (1995), *The Minimalist Program*, Cambridge, Mass., MIT Press.

— (2004), «Beyond Explanatory Adequacy», en A. Belletti (ed.), *Structures and Beyond*, Oxford, Oxford University Press, pp. 104-131.

— (2005), «Three Factors in Language Design», *Linguistic Inquiry* 36, pp. 1-22.

— (2007), «Approaching UG from below», en U. Sauerland y H.-M. Gärtner (eds.), *Interfaces + recursion = language? Chomsky's minimalism and the view from semantics*, Berlín, Mouton de Gruyter, pp. 1-30.

— (2008), «On Phases», en R. Freidin, C. Otero y M. L. Zubizarreta (eds.), *Foundational Issues in Linguistic Theory*, Cambridge, Mass., MIT Press, pp. 133-166.

— y H. LASNIK (1993), «The Theory of Principles and Parameters», en J. Jacobs, A. von Stechow, W. Sternefeld y T. Vennemann (eds.), *Syntax. An International Handbook of Contemporary Research*, Berlín, Walter de Gruyter, pp. 506-569.

DENNETT, D. (1995), *La peligrosa idea de Darwin*, Barcelona, Círculo de Lectores.

EGUREN, L. y O. FERNÁNDEZ SORIANO (2004), *Introducción a una sintaxis minimista*, Madrid, Gredos.

EVANS, N. y S. C. LEVINSON (2009), «The Myth of Language Universals: Language diversity and its importance for cognitive science», *Behavioral and Brain Sciences* 32, pp. 429-448.

Fox, D. (2011), «Física de la inteligencia», *Investigación y Ciencia* 420, pp. 14-21.

Freidin, R. y H. Lasnik (2011), «Some Roots of Minimalism in Generative Grammar», en C. Boeckx (ed.), *The Oxford Handbook of Linguistic Minimalism,* Oxford, Oxford University Press, pp. 1-26.

Givón, T. (2009), *The Genesis of Syntactic Complexity,* Amsterdam/Filadelfia, John Benjamins.

Hawkins, J. A. (2004), *Efficiency and Complexity in Grammars,* Oxford, Oxford University Press.

Hinzen, W. (2006), *Mind design and minimal syntax,* Oxford, Oxford University Press.

— (2011), «Language and thought», en C. Boeckx (ed.), *The Oxford Handbook of Linguistic Minimalism,* Oxford, Oxford University Press, pp. 499-522.

Hofman, M. (2001), «Brain evolution in hominids: Are we at the end of the road?», en D. Falky K. Gibson (eds.), *Evolutionary Anatomy of the Primate Cerebral Cortex,* Cambridge, Cambridge University Press, pp. 113-127.

Kauffman, S. A. (1993), *The Origins of Order. Self-organization and selection in evolution,* Londres, Oxford University Press.

Krivochen, D. (2011), «An introduction to Radical Minimalism: On Merge and Transfer (and related issues)», manuscrito no publicado.

Longa, V. M., G. Lorenzo y J. Uriagereka (2011), «Minimizing language evolution. The Minimalist Program and the evolutionary shaping of language», en C. Boeckx (ed.), *The Oxford Handbook of Linguistic Minimalism,* Oxford, Oxford University Press, pp. 595-616.

Longa, V. M. y G. Lorenzo (2012a), «Theoretical Linguistics meets development. Explaining FL from an epigeneticist point of view», en C. Boeckx, M. C. Horno y J. L. Mendívil (eds.), *Language, from a Biological Point of View,* Newcastle, Cambridge Scholars Press, pp. 52-84.

— (2012b), «¿Reduce, completa o elimina? Sobre el estatus del Programa Minimalista en la Gramática Generativa», *Revista Española de Lingüística* 42, pp. 145-174.

Lorenzo, G. (2012), «The Evolution of the Faculty of Language», en C. Boeckx, M. C. Horno y J. L. Mendívil (eds.), *Language, from a Biological Point of View,* Newcastle, Cambridge Scholars Press, pp. 263-289.

Mendívil-Giró, J. L. (2003), *Gramática natural. La gramática generativa y la tercera cultura,* Madrid, Antonio Machado.

— (2010), «Por debajo de la palabra, silencio. La sintaxis como interfaz y la naturaleza del léxico», en M. Horno Chéliz y J. F. Val Álvaro (eds.), *La gramática del sentido. Léxico y sintaxis en la encrucijada,* Zaragoza, Prensas Universitarias de Zaragoza, pp. 181-224.

Narita, H. y K. Fujita (2010), «A Naturalist Reconstruction of Minimalist and Evolutionary Biolinguistics», *Biolinguistics* 4, pp. 356-376.

NEWMEYER, F. J. (1998), *Language Form and Language Function*, Cambridge, Mass., MIT Press.

PANAGIOTIDIS, P. (2015), *Categorial Features*, Cambridge, Cambridge University Press.

PIETROSKI, P. M. (2011), «Minimalist semantic instructions», en C. Boeckx (ed.), *The Oxford Handbook of Linguistic Minimalism*, Oxford, Oxford University Press, pp. 472-498.

PUTNAM, M. y T. STROIK (2011), «Syntax at Ground Zero», *Linguistic Analysis* 37, pp. 389-403.

SIGURÐHSSON, H. Á. (2011), «On UG and Materialization», *Linguistic Analysis* 37, pp. 367-388.

TOMASELLO, M. (2009), «Universal Grammar is Dead», *Behavioral and Brain Sciences* 32, pp. 470-471.

URIAGEREKA, J. (1998), *Rhyme and reason: An introduction to minimalist syntax*, Cambridge, Mass., MIT Press [citado por la versión española *Pies y cabeza. Una introducción a la sintaxis minimalista*, Madrid, Antonio Machado, 2005].

18 Hacia la neurosintaxis

Itziar Laka
Universidad del País Vasco - Euskal Herriko Unibertsitatea (UPV/EHU)

18.1. Gramática generativa y neurociencia cognitiva

El estudio sistemático y riguroso de la sintaxis comienza en la segunda mitad del siglo xx con la gramática generativa. Una de las premisas fundamentales de este programa de investigación es la concepción del lenguaje como una función cognitiva y biológica de la especie humana. Por ello, la gramática generativa tiene desde sus orígenes un fuerte compromiso epistemológico con el estudio de la mente/cerebro, ya que no concibe el lenguaje como una entidad platónica, externa al organismo humano, sino como un elemento constitutivo de nuestra especie, en particular de su estructura cognitiva. Muestra de este compromiso fundacional es la reseña de *Verbal Behavior* que Noam Chomsky publicó en la revista *Language* en 1959, donde el núcleo de la crítica a la concepción skinneriana del lenguaje se basa en argumentos sobre su adquisición en la infancia, un área apenas explorada en aquella época, donde Chomsky subraya especialmente el carácter de función biológica predeterminada que tiene el lenguaje en los humanos[1].

Esta hipótesis de que la estructura central del lenguaje humano estaba gobernada por factores biológicos y específicos a nuestra especie era entonces profundamente heterodoxa, dado el paradigma conceptual de las humanidades y las ciencias sociales en la época de influencia del conductismo. Sin embargo, desde una perspectiva contemporánea, la hipótesis no resulta en absoluto herética, y la evidencia obtenida de estudios sobre la adquisición del lenguaje confirma que los bebés hu-

---

[1] Para una discusión sobre diferentes concepciones del lenguaje y posiciones epistemológicas asociadas, véase Chomsky *et al.* 2002; para una defensa del lenguaje como entidad platónica, véase Katz 1981.

manos tienen capacidades enormemente especializadas que les permiten seleccionar ciertas propiedades del *input* lingüístico e interpretarlas de forma muy sofisticada para adquirir rápidamente una gramática (Yang 2006, Hochmann *et al.* 2010, Gervain *et al.* 2013, Gómez *et al.* 2014). Pocos expertos discutirían hoy que es fundamental conocer la estructura del cerebro humano y su desarrollo para obtener una visión completa de la adquisición, la representación y el procesamiento del lenguaje (Berwick *et al.* 2013). El debate actual gira en torno a la naturaleza y la especificidad de estas propiedades internas del organismo capaz de adquirir una gramática (Laka 2009).

Aunque nada de esto estaba claro en aquella fase embrionaria de la ciencia cognitiva, la relevancia del estudio del cerebro para la lingüística era ya firmemente defendida por Chomsky en sus primeros escritos. Así, por ejemplo, en un comentario sobre las propuestas del neurólogo Lashley sobre procesos de ordenación temporal de eventos mentales, Chomsky (1959) presenta el programa de investigación de la lingüística como parte del estudio de la mente/cerebro: "Pese a que la lingüística contemporánea no puede dar cuenta precisa de estos procesos integrativos, patrones impuestos y mecanismos selectivos, al menos sí puede plantearse el objetivo de caracterizarlos exhaustivamente" (pp. 55-56; la traducción es mía). Este programa de investigación que plantea Chomsky para la lingüística debería ser relevante tanto para la lingüística como para la neurociencia: "Los resultados de tal estudio podrían, como Lashley sugiere, ser de interés independiente para la psicología y neurología (y viceversa)" (p. 56; la traducción es mía). Afirmaciones de este tipo eran extrañas a la lingüística y a la psicología de la época, pero describen un panorama que se ha convertido en el hábitat natural de la ciencia cognitiva y la lingüística contemporáneas del siglo xxi[2]. Esta expectativa de relevancia mutua es nuestro presente: hay una amplísima área de investigación sobre el lenguaje donde lingüistas, psicólogos y neurocientíficos conversan y discuten hoy como no lo habían hecho en las décadas anteriores. La semilla conceptual sembrada en 1959 ha germinado y soportado el paso del tiempo: si queremos entender el lenguaje de un modo profundo, debemos saber qué es, y parte ineludible de la respuesta a esta pregunta se halla en el cerebro humano, su organización y funcionamiento. Pero, aunque resulte paradójico, junto a esta expectativa de convergencia entre la lingüística y la neurociencia cognitiva hay también una percepción muy generalizada de que aún existe un gran abismo entre la gramática generativa y la neurociencia. Marantz (2005) expresa esta situación paradójica del siguiente modo:

> La primera década del siglo xxi debería ser una época dorada para la neurociencia cognitiva del lenguaje. Cincuenta años de análisis lingüís-

---

[2] Para una excelente panorámica de los precursores europeos del estudio del lenguaje como producto de la mente, una discusión sobre la importante aportación de Lashley y otros autores anteriores a la revolución cognitiva, véase Levelt 2012.

ticos contemporáneos del lenguaje pueden verse complementados con una gran cantidad de técnicas capaces de monitorizar y extraer imágenes del cerebro para comprobar hipótesis y refinar nuestra teoría y comprensión. Sin embargo, todavía existe una distancia considerable entre la lingüística convencional dentro de la tradición generativa y la mayoría de los que realizan su investigación en la neurociencia cognitiva experimental (Marantz 2005:429-430; la traducción es mía).

La sintaxis se representa y computa en el cerebro humano, y las categorías y operaciones postuladas por la gramática generativa son hipótesis acerca de las representaciones y computaciones en las mentes y cerebros de los hablantes. Siendo esto así, si la lingüística generativa y la neurociencia cognitiva del lenguaje caminan por sendas empíricamente bien dirigidas, deberán necesariamente encontrarse a medida que avance nuestro conocimiento. Para que este encuentro se dé, es esencial que los investigadores de estos campos tengamos noticia de los hallazgos en diversas áreas; así llegaremos antes, y con menos desvíos, a una ciencia del lenguaje que comparte un espacio de discusión amplio y activo.

La investigación experimental de las últimas décadas ha ido revelando aspectos de la naturaleza neurocognitiva de la sintaxis, algunos de los cuales se recogen y discuten en este capítulo. La selección de temas, resultados e interpretación de la evidencia se ha hecho teniendo en cuenta principalmente la perspectiva de la teoría lingüística, y por ello haré más hincapié en la relevancia de algunos resultados obtenidos por la investigación en neurocognición del lenguaje sobre la sintaxis, que en los aspectos metodológicos relacionados con las técnicas de neuroimagen y el diseño experimental que se utilizan en estos trabajos. Intentaré ofrecer una visión de algunas de las contribuciones que considero más significativas en el estudio de la neurocognición de la sintaxis, visión que será necesariamente parcial e incompleta, dado el enorme número y disparidad de contribuciones que se publican actualmente en este campo. Para una presentación y defensa de la lingüística generativa dentro de la neurociencia cognitiva del lenguaje, léase Marantz (2005); para discusiones más detalladas sobre sintaxis donde se discuten también métodos y sus características, léanse Embick y Poeppel (2005), Grodzinsky y Friederici (2006) y las numerosas referencias citadas en estos trabajos.

18.2. Del lenguaje como tarea al lenguaje como conocimiento

El estudio del lenguaje en el cerebro comienza en el siglo XIX, con los estudios pioneros sobre afasia a cargo de neurólogos como Broca y Wernicke[3]. Durante muchos años, y dada la ausencia de otros modos de

---

[3] Para una excelente panorámica de los primeros estudios sobre lenguaje y cerebro, véase Levelt 2012.

obtener evidencia sobre el funcionamiento del cerebro, la única fuente de datos sobre el sustrato neurognitivo del lenguaje eran los estudios de pacientes con lesiones cerebrales que producían afasias. Con el surgimiento de las técnicas de neuroimagen no invasivas en la última mitad del siglo XX y su constante desarrollo en el siglo XXI, los estudios de pacientes con lesiones han perdido el lugar central que ostentaban, y este lugar es ocupado hoy por el estudio de hablantes sanos de diferentes edades y características, mediante el empleo de las numerosas técnicas que permiten el estudio del procesamiento del lenguaje en humanos sin lesiones cerebrales (ERPs, MRI, fMRI, MEG, TMS, movimientos oculares, registros intracraneales...). Estas técnicas se complementan con el estudio de pacientes con patologías adquiridas o no, que son ahora un elemento más de la base empírica sobre la que se asienta la investigación.

La estrategia de investigación en afasiología consistía y consiste en correlacionar las disociaciones manifestadas en los síntomas de las diversas patologías observadas con diferentes componentes del lenguaje (Ardila 2006 ofrece una extensa panorámica de la afasiología escrita en español). Estas correlaciones dieron inicialmente como resultado una caracterización neurológica del lenguaje que no convergía con la visión ofrecida por la lingüística. Así, por ejemplo, Karl Wernicke propuso un modelo del lenguaje compuesto de dos componentes neuroanatómicamente diferenciados dedicados a la percepción y la producción, debido a que estos dos aspectos parecían estar disociados en las afasias llamadas motora y sensorial. Como consecuencia, las primeras cartografías del cerebro, debidas al grupo de Wernicke, situaban la producción del lenguaje en la región de Broca y su percepción en el área de Wernicke. Por ello, durante mucho tiempo se pensó que los afásicos de Broca solo presentaban problemas de producción del lenguaje, no de comprensión, que se suponía intacta.

En la década de los setenta se comenzaron a llevar a cabo experimentos controlados de comprensión sintáctica con afásicos de Broca, y se comprobó que la comprensión también estaba afectada en estos pacientes. Caramazza y Zurif (1976), por ejemplo, mostraron que los afásicos de Broca presentaban una dificultad asimétrica en la comprensión de oraciones de relativo, que dependía de que la categoría vacía en la oración fuera sujeto u objeto. Este descubrimiento, a su vez, mostró que los modelos basados estrictamente en tareas de producción y comprensión eran inadecuados, lo que dio paso a una nueva forma de estudiar las patologías del lenguaje, más directamente relacionada con los niveles de representación lingüística (fonología, sintaxis, semántica) y, dentro de la sintaxis, más relacionada con los fenómenos de movimiento y localidad de las dependencias sintácticas estudiados en la gramática generativa (Grodzinsky 2004).

Este cambio de perspectiva supone para la neurología la constatación de que la complejidad sintáctica tiene un reflejo neurológico. Para la lingüística, supone superar la paradoja de que el cerebro organizara el lenguaje en dos módulos diferenciados (producción/comprensión) que ninguna teoría lingüística había postulado como ejes de la estructura del lenguaje. Desde entonces, gracias al empleo de nuevos métodos experimentales y a materiales lingüísticamente más sofisticados, elaborados prestando atención a las caracterizaciones del lenguaje ofrecidas por la investigación lingüística, se ha superado la visión neuroanatómica del lenguaje basada exclusivamente en actividades o tareas (hablar, escuchar, leer, escribir) y se ha comprobado que la organización cerebral es sensible a diferentes aspectos del conocimiento y procesamiento lingüístico como la fonología, la sintaxis o el léxico, aunque estemos aún muy lejos de comprender los detalles de su organización (Grodzinsky y Friederici 2006).

18.3. La sintaxis y el procesamiento

En la gramática generativa, desde sus orígenes hasta los últimos desarrollos dentro del Programa Minimalista (Chomsky 2000, 2001), se parte del supuesto de que la única vía de computación para las representaciones gramaticales es la sintaxis. Dentro de esta concepción del lenguaje, los elementos léxicos mínimos se unen mediante la operación recursiva Ensamble *(Merge)*, creando constituyentes o sintagmas estructurados de forma jerárquica. A su vez, estas estructuras son interpretadas por las interfaces sensorio/motora y conceptual en forma de percepto (fonológico o visual) y significado respectivamente[4], donde el percepto puede ser una señal auditiva o visual dependiendo de si es una lengua oral o de señas.

Esta visión de la sintaxis se asemeja mucho a un procesador en tiempo real, pero, pese a esta similitud conceptual, la visión mayoritaria tanto en lingüística como en psicolingüística es aún hoy en día que la relación entre los modelos de computación sintáctica (las gramáticas) propuestos por la teoría lingüística y los procesos implicados en el procesamiento en tiempo real del lenguaje en el cerebro son dos realidades distintas (Sanz, Laka y Tanenhaus 2013b). Esta disociación epistemológica entre gramática y procesador tiene su origen en Bever (1970), que en un artículo fundacional de la psicolingüística sostenía que la relación entre reglas gramaticales y operaciones cognitivas implicadas en el procesamiento de oraciones es muy indirecta ("la relación entre reglas gramaticales y operaciones perceptuales es 'abstracta' más que directa", Bever, 1970: 287; la traducción es mía). Como consecuencia de este posicionamiento, la gramática generativa y la psicolingüística dejaron de percibirse como áreas mutuamente relevantes y durante estos últimos cuarenta años han trabajado de forma casi totalmente diso-

---

[4] Para introducciones generales más detalladas a la concepción del lenguaje, la gramática y la computación sintáctica en el Programa Minimalista, véase "Introducción" en este volumen, a cargo del editor, Ángel Gallego, o Chomsky *et al.* 2002, y Eguren y Soriano 2004, para fuentes en español. En inglés, véase Chomsky 1995, 2000.

ciada (véanse Marantz 2005 y Phillips 2013, para perspectivas alternativas sobre la relación entre la lingüística teórica y la psicolingüística, más acordes con la asumida en este capítulo, y Sanz, Laka y Tanenhaus 2013a, para una visión amplia de diferentes perspectivas sobre la relación entre gramática y procesamiento).

La lingüística generativa de los años sesenta generó una nueva psicolingüística que intentaba interpretar la gramática como un modelo para la psicología del lenguaje (Fodor, Bever y Garrett, 1974; Levelt, 1974). En un trabajo pionero, Chomsky y Miller habían afirmado que:

> La plausibilidad psicológica de un modelo transformacional del usuario del lenguaje se vería reforzada, sin duda, si se pudiera mostrar que nuestra actuación en tareas que requieren un reconocimiento de la estructura de oraciones transformadas es una función de la naturaleza, el número y la complejidad de las transformaciones gramaticales implicadas (Miller y Chomsky, 1963: 481; la traducción es mía).

Suele sostenerse que estos primeros estudios experimentales encontraron evidencia en apoyo de las representaciones sintácticas propuestas por la gramática generativa, pero no a favor de las transformaciones que se postulaban en aquellos modelos para las derivaciones. Esta falta de correlación entre las predicciones de complejidad sintáctica que hacían las transformaciones gramaticales y los resultados experimentales se interpretó como evidencia de que las transformaciones no reflejaban procesos mentales en tiempo real; es decir, se interpretó como un fracaso de la denominada *Derivational Theory of Complexity* (DTC), que predecía una correspondencia entre la complejidad de la derivación sintáctica y la complejidad de procesamiento de una estructura lingüística. Como han argüido Marantz (2005) y Phillips (2013), la aceptación generalizada del fracaso de la DTC en los setenta se debió a una simplificación de lo que se investigó y los resultados que se obtuvieron, y, paradójicamente, la investigación en neurocognición del lenguaje ha proseguido aceptando tácitamente la DTC, ya que, en palabras de Marantz,

> [...] los lingüistas no pueden sino aceptar la Teoría Derivacional de la Complejidad (DTC), porque al final no es más que el nombre de la metodología estándar en ciencia y neurociencia cognitiva. Si no varían otros factores, cuanto más compleja es una representación (es decir, cuanto más largas y complejas son las computaciones lingüísticas que generan esa representación), tanto más tiempo debería emplear una persona para llevar a cabo cualquier tarea que implique a esa representación, y tanta más actividad debería ser observable en el cerebro de esa persona en aquellas áreas asociadas con la creación o el acceso a la representación, o con la realización de la tarea que la implica (véase, por ejemplo, Phillips *et al.* 2005 para una aplicación reciente de este razonamiento).

La investigación neurocognitiva del lenguaje asume que las computaciones mentales requieren tiempo, esfuerzo y recursos, y que, por tanto, tienen un impacto en la realización de tareas que las implican. Por ello, los estudios de neuroimagen (ERP, fMRI, etc.) asumen que, a mayor complejidad sintáctica, mayor es el tiempo, esfuerzo y cantidad de recursos que empleará el cerebro en la computación. La inmensa mayoría de trabajos sobre procesamiento sintáctico en estas áreas, como se verá, parten de esta premisa, que es la idea central de la Teoría Derivacional de la Complejidad descartada en los inicios de la psicolingüística.

18.4. La sintaxis en milisegundos

Sabemos que los procesos de computación sintáctica se producen a gran velocidad; las medidas temporales de procesamiento sintáctico se registran en milisegundos. Por ello, los métodos experimentales que nos proveen de medidas temporales muy precisas resultan especialmente valiosos para investigar el curso temporal de la computación sintáctica. Actualmente, el método que ofrece mayor resolución temporal es el registro de potenciales evocados por eventos (*Event Related Potentials,* ERP) que detectan las señales electrofisiológicas que genera la actividad cerebral. Presentaciones más extensas dedicadas a la investigación del lenguaje mediante ERPs que la que se puede ofrecer aquí se encontrarán en Kutas *et al.* (2006) y Kaan (2007); una presentación más centrada en aspectos técnicos y metodológicos se halla en Luck (2005).

La gran ventaja de la técnica de los potenciales evocados es su altísima resolución temporal y también el hecho de que los registros de procesamiento no requieren estar asociados a una tarea conductual (juicio de gramaticalidad, respuesta a pregunta u otro tipo de tarea). Principalmente, los ERPs nos permiten ahondar en procesos tempranos y automáticos de computación cognitiva como la sintaxis. Las medidas exclusivamente conductuales como el juicio de aceptabilidad obtenido de un hablante nativo implican una decisión consciente mucho más compleja que la mera computación sintáctica. Es aquí donde los ERPs aportan su máximo valor. Por ejemplo, es relativamente frecuente encontrar disociaciones entre las respuestas conductuales y electrofisiológicas: una persona puede "no darse cuenta" de que una oración de las que ha leído durante el experimento era agramatical y, por tanto, puede haber respondido "sí" a la pregunta "¿Es esta oración correcta?", mientras que, para la misma oración, el registro de potenciales habrá detectado (mediante la generación de un patrón electrofisiológico denominado componente P600) que la agramaticalidad ha sido de hecho observada e identificada por el cerebro de esa misma persona en la fase temprana de computación sintáctica, previa a la elaboración del juicio de aceptabilidad (véase Tokowicz y MacWhinney 2005, para un ejemplo con aprendices de español).

Uno de los primeros estudios que mostraron una medida electrofisiológica específica para la sintaxis, con materiales y diseño experimental inspirado en la gramática generativa, fue el de Neville *et al.* (1991).

Hasta entonces, los registros de electrofisiología aplicados al procesamiento del lenguaje solo habían dado como resultado la identificación de un componente, el N400, en respuesta a violaciones de expectativas semánticas[5], y algunos estudios habían encontrado otro componente, el P600, aunque no se había podido asociar de forma concluyente a la computación sintáctica. Neville *et al.* (1991) estudiaron las respuestas cerebrales de cuarenta adultos mientras leían oraciones presentadas a un ritmo de dos palabras por segundo. La mitad de las oraciones estaban bien formadas, pero la otra mitad contenía violaciones de expectativas semánticas o violaciones sintácticas diseñadas en referencia a la gramática generativa que se ilustran en (1).

(1) a. The man admired a sketch of the landscape.
  b. The man admired Don's sketch of the landscape.
  c. What$_i$ did the man admire a sketch of t$_i$?
  d. Was [$_{SN}$ a sketch of the landscape] admired by the man?
  e. *The man admired Don's of sketch the landscape.
  f. #The man admired Don's headache of the landscape.
  g. *What$_i$ did the man admire Don's sketch of t$_i$?
  h. *What was [$_{SN}$ a sketch of t$_i$] admired by the man?

Las oraciones en (1a, b) son gramaticales y se distinguen en que (1a) tiene un objeto indefinido *(a sketch of…),* mientras (1b) contiene un objeto definido *(Don's sketch of…).* Esta propiedad provoca restricciones en la extracción sintáctica, resultando en el contraste entre (1c) y (1g). El contraste entre (1d) y (1h) ilustra la condición de Subyacencia, que limita el movimiento sintáctico. La oración (1e) viola la estructura de frase del SN, una condición sintáctica, mientras que la oración (1f) ilustra una violación semántica pero no sintáctica.

Neville *et al.* (1991) replicaron los resultados que asociaban violaciones de expectativas semánticas con el componente N400, pero encontraron diferentes componentes temporales para los diferentes tipos de violación sintáctica, lo cual interpretaron como evidencia de que los procesos sintácticos y semánticos emplean diferentes subsistemas neurocognitivos. En particular, la violación de las condiciones de Subyacencia, Especificidad y estructura de frase generó un componente positivo alrededor de los 600 milisegundos (P600).

Los componentes electrofisiológicos más frecuentemente asociados a la computación sintáctica son la negatividad izquierda anterior (*left anterior negativity,* LAN), un componente muy temprano asociado con la categorización y la estructura de frase, y el P600, un componente tardío asociado con las violaciones sintácticas de todo tipo y la complejidad sintáctica.

Los primeros trabajos que detectaron el componente LAN en violaciones gramaticales fueron Kutas y Hillyard (1983), Friederici *et al.*

---

[5] Kutas y Hillyard (1980) observaron y nombraron este componente N400 por primera vez para oraciones semánticamente anómalas con respecto al contexto previo *(He spread the warm bread with socks).*

(1993) y Coulson *et al*. (1998). Posteriormente, se ha sugerido en algunos trabajos que hay dos tipos de negatividades tempranas: (a) una primera, en la ventana de los 100-200 milisegundos (denominada LAN temprana o ELAN), que se ha interpretado como un primer marcador neural del procesamiento sintáctico, más específicamente asociado a la computación de la información categorial y de estructura de frase (Neville *et al*. 1991; Friederici *et al*. 1993; Hahne y Friederici 1999), y (b) la LAN, que se genera entre los 300 y 500 milisegundos y se ha asociado más específicamente a la detección de violaciones de concordancia (Friederici *et al*. 2002).

El componente P600 es el que más frecuentemente se asocia a violaciones sintácticas y al procesamiento de estructuras sintácticamente complejas (Osterhout y Holcomb 1992; Hagoort *et al*. 1993). Al contrario que el componente LAN, el P600 se ha observado sistemáticamente en diferentes tareas, tipos de experimento, lenguas y tipos de estructuras sintácticas, y se observa no solo en casos de agramaticalidad, sino también cuando se comparan estructuras con o sin movimiento sintáctico. Por ejemplo, Kaan *et al*. (2000) observaron que la oración inglesa *Emily wondered who the performer in the concert had* imitated *for the audience's amusement* genera un componente P600 mayor en la posición del verbo subordinado que la oración *Emily wondered whether the performer in the concert had* imitated *for the audience's amusement*, presumiblemente porque la primera oración implica la detección del origen del elemento *qu-* desplazado que se enlaza con la posición argumental en la oración subordinada, mientras que en la segunda tal computación no se lleva a cabo. Este componente también se ha observado, por ejemplo, en el procesamiento de desplazamiento de constituyentes en la oración en euskara, una lengua de núcleo final, cuyo orden básico de palabras es SOV. En los hablantes de esta lengua, el procesamiento de oraciones de orden OSV muestra este componente P600, en comparación a la señal electrofisiológica que producen las oraciones de orden SOV (Erdocia *et al*. 2009). El componente P600 también se ha observado en violaciones de estructura argumental (asignación de papeles temáticos) en diversos estudios y en diversas lenguas como el inglés, alemán o holandés (Kuperberg 2007, Brouwer, Fitz y Hoeks 2012).

Los estudios llevados a cabo con potenciales evocados son hoy en día muy numerosos y cada vez tenemos resultados de más lenguas diferentes, lo cual permite determinar mejor qué aspectos de los componentes evocados reflejan características de la computación sintáctica generales a la facultad del lenguaje, y cuáles se deben a peculiaridades específicas de la forma morfológica de cada lengua (por ejemplo, si la morfología de concordancia se detecta en los primeros segmentos fonológicos del verbo o en los últimos, lo cual puede alterar el registro temporal de la detección de una incongruencia gramatical, y otras cuestiones que no reflejarían directamente propiedades significativas de la sintaxis). Así, por ejemplo, Zawiszewski y Friederici (2009) y Díaz *et al*. (2011) muestran que las violaciones de concordancia y caso en euskara generan señales electrofisiológicas equivalentes a las halladas para otras lenguas, lo cual sugiere que los substratos neuronales subyacentes a estas computaciones son también equivalentes (para un estado de la cuestión en estudios de electrofisiología sobre concordancia véanse Molinaro *et al*. 2011).

Como es el caso en otras medidas de la actividad cerebral, no podemos afirmar que los dos componentes principales asociados a la computación lingüística (el N400 y el P600) reflejen disociadamente procesos léxico-semánticos y procesos sintácticos respectivamente (véanse Zawiszewski y Friederici 2009, Phillips 2013, entre otros, para discusiones y evidencia a este respecto), y ni siquiera podemos afirmar que reflejen exclusivamente el procesamiento lingüístico, pero sí podemos afirmar que, cuando el cerebro detecta errores o incongruencias sintácticas en el estímulo lingüístico que procesa, se genera el componente P600, y que este componente también se genera en computaciones sintácticas complejas en comparación a otras que lo son menos. Respecto a los otros dos componentes más tempranos, el ELAN y LAN, que se han asociado en algunos trabajos con la categorización inicial de las palabras y su estructuración en sintagmas, los resultados muestran menor convergencia y estabilidad, y, por tanto, generan cuestiones sobre su replicabilidad; algunos estudios observan estos componentes, además del componente P600, mientras que otros estudios no los detectan en condiciones experimentalmente equivalentes.

18.5. Combinatorialidad y recursión

Comencemos por recordar el principal argumento de *Syntactic Structures* (1957): la estructura de frase, los constituyentes sintácticos, son una propiedad esencial de las gramáticas humanas, y la teoría lingüística ha de dar cuenta de ello. La naturaleza combinatoria y recursiva de la gramática que se ponía de manifiesto en *Syntactic Structures* se considera hoy una propiedad fundamental del lenguaje:

> Existen otros universales, que son tan básicos que están implícitos en cada teoría lingüística y resultan obvios cuando comparamos el lenguaje con otros sistemas de comunicación animal. Estos incluyen el hecho de que el lenguaje está formado por un conjunto de unidades reusables, de que estas unidades se combinan jerárquica y recursivamente, y de que hay una correspondencia sistemática entre cómo las unidades se combinan y qué significa esa combinación (O'Donnell, Hauser y Fitch 2005: 285; la traducción es mía).

Recientemente, la combinatorialidad y recursividad del lenguaje humano han recibido especial atención en algunos estudios neurocognitivos que explicaremos a continuación. En Hauser, Chomsky y Fitch (2002) se sugería la posibilidad de que la combinatorialidad recursiva fuera una propiedad del lenguaje cualitativamente distinta y evolutivamente original de nuestra especie; esta cuestión ha sido abordada en al menos tres estudios con técnicas hemodinámicas, es decir, métodos que localizan el flujo sanguíneo en el cerebro, que parecen aportar fundamento a esta posibilidad.

Musso *et al.* (2003) y Friederici *et al.* (2006) enseñaron a grupos de participantes dos tipos distintos de gramáticas: una gramática de estados finitos, sin estructura de frase ni recursión, y una gramática combinatoria y recursiva, con el objetivo de determinar cómo se procesan en el cerebro estos dos tipos de estructuras. En última instancia lo que estos dos estudios pretendían era determinar si la recursividad refleja un tipo de computación específica detectable en el sustrato neuronal.

Musso y sus colaboradores enseñaron a nativos alemanes tres estructuras/construcciones del italiano y el japonés, y tres estructuras/construcciones imposibles en un sistema combinatorio y recursivo, utilizando palabras del italiano y el japonés. Por ejemplo, en una estructura no-natural la negación se insertaba siempre después de la tercera palabra de la oración. La regla que genera oraciones negativas de oraciones declarativas en esta lengua artificial es trivial desde el punto de vista computacional, pero es una derivación imposible en el lenguaje humano, porque no se basa en la estructura de constituyentes. Los autores observaron que la detección de violaciones de las estructuras/construcciones de las lenguas naturales (italiano y japonés) que habían aprendido los sujetos, generaba una activación del área de Broca que no se observaba en las violaciones de la lengua artificial.

Friederici y sus colaboradores titularon el artículo que presentaba los resultados de su estudio de modo muy informativo: «The brain differentiates human and non-human grammars» («El cerebro diferencia gramáticas humanas y no humanas»). Lo que muestran es que las violaciones de una gramática artificial aprendida por los participantes en el estudio activan un área cerebral llamada opérculo frontal. Sin embargo, cuando los participantes detectaban violaciones a una gramática recursiva, se activaba también el área de Broca. Los autores interpretan estos resultados como indicativos de que hay una diferenciación funcional entre dos áreas cerebrales que son tanto citoarquitectónicamente como filogenéticamente diferentes dentro del córtex frontal del hemisferio izquierdo:

> La evaluación de dependencias transicionales en secuencias generadas por una gramática de estados finitos, un tipo de gramática que se demostró que podía ser aprendida por primates no humanos, activó un córtex filogenéticamente más antiguo, el opérculo frontal. Por el contrario, la computación de dependencias jerárquicas en secuencias generadas por una gramática de estructura de frase, un tipo de gramática que caracteriza al lenguaje humano, recurre además a un córtex filogenéticamente más reciente, en concreto el área de Broca (BA 44 45) (Friederici *et al.* 2006: 2.460; la traducción es mía).

Si están en lo cierto, el área del cerebro que computa estructuras recursivas del lenguaje, la sintaxis, sería evolutivamente más reciente que el área que computa simples secuencias ordenadas, lo cual sugeriría, en efecto, que la recursión del lenguaje pudiera ser una propiedad cualitativamente nueva y específica del lenguaje y de la cognición de nuestra especie.

Más recientemente, Pallier *et al.* (2011) han investigado específicamente la estructura de constituyentes de la sintaxis. Mediante la resonancia magnética funcional, que es también la metodología empleada por los dos estudios anteriores, este estudio investiga si hay un área del córtex específicamente dedicada a la computación de la estructura de frase. Para ello, parten de la hipótesis de que los grupos neuronales que computan constituyentes sintácticos aumentan en función de los niveles de recursión, es decir, de la complejidad de anidamiento. Los materiales experimentales tenían varias condiciones, pero todas ellas se componían de doce palabras presentadas a los participantes. En la primera condición, las palabras eran inconexas y no formaban constituyentes; en la segunda, las doce palabras se organizaban en seis constituyentes distintos formados por pares de palabras; en la tercera, se organizaban en cuatro constituyentes de tres palabras cada uno; en la cuarta, eran tres constituyentes de cuatro palabras; en la quinta, dos constituyentes de seis palabras, y en la última condición, las doce palabras se estructuraban hasta formar un único constituyente. Así pues, en cada condición, la complejidad estructural iba proporcionalmente en aumento. Los resultados revelan una red interconectada de regiones que implican a la circunvolución inferior izquierda, dentro del área de Broca, donde la activación se incrementa de forma paramétrica a medida que la complejidad estructural aumenta. Estos resultados convergen con los de Musso *et al.* (2003) y Friederici *et al.* (2006) en apuntar a que al menos algunas subáreas de Broca están dedicadas a la computación de la recursividad sintáctica.

18.6. El área de Broca: sintaxis y mucho más

El área de Broca recibió ese nombre en honor al famoso neurólogo francés cuando se postuló como área dedicada a la producción del lenguaje; posteriormente se concibió como un área especializada para la gramática y la fonología, pero la evidencia de que disponemos hoy muestra que son muchos y aparentemente diversos los tipos de actividades mentales que activan esta área de forma significativa, y que estamos muy lejos de tener una visión coherente de su neuroanatomía, enormemente compleja, y de las tareas que lleva a cabo. Pese a ello, la evidencia acumulada en las últimas décadas muestra que esta área de nuestro cerebro, algunas de cuyas partes son filogenéticamente recientes y características de nuestra especie, está crucialmente implicada en la computación sintáctica.

Numerosos estudios han encontrado que el área de Broca se activa en tareas tanto de comprensión como de producción de estructuras sintácticas (Caplan *et al.* 1998, Dapretto y Bookheimer 1999, Embick *et al.* 2000, Friederici *et al.* 2000, Friederici 2002, Kaan y Swaab 2002, Kang *et al.* 1999, Moro *et al.* 2001, y Musso *et al.* 2003, entre muchos otros), por lo que suele concluirse que tiene un papel privilegiado en la computación sintáctica, y suele a menudo denominarse como área de la sintaxis, o área de la gramática. Pero el hecho de que la computación sintáctica implique a esta área cerebral no significa que esté dedicada exclusivamente a la sintaxis, y hay muchos estudios que encuentran una activación significativa de Broca en tareas que no implican el procesamiento gramatical o lingüístico.

En un estudio pionero, Kang *et al.* (1999) presentaron los sujetos sintagmas verbales para leer (como *wore glasses*, *broke rules*) entre los que había algunas violaciones sintácticas *(grew heard)* y otras semánticas *(ate suitcases),* y hallaron que los dos tipos de violaciones generaban una mayor activación en el área de Broca en comparación a las frases gramaticales, y que, dentro del área Broca, el área de Brodman 44 presentaba una mayor activación para las violaciones sintácticas que para las semánticas. Moro *et al.* (2001) llevaron a cabo un estudio con método hemodinámico, donde la tarea que debían realizar los sujetos era leer en silencio y dar juicios de aceptabilidad a una batería de oraciones presentadas en orden aleatorio, pero que pertenecían a cuatro tipos de condiciones: una condición de control utilizaba oraciones bien formadas creadas con pseudopalabras (equivalente a *Jabberwocky,* por ejemplo *Il gulco gianigevale brale*) y las otras tres condiciones contenían violaciones sintácticas *(*Gulco il gianigevale brale),* morfosintácticas *(*Il gulco ha gianigiataquesto bralo)* y fonotácticas *(*Il gulco gianigzlevale brale).* La utilización de pseudopalabras tenía como objeto disociar la computación léxica de la sintáctica, para detectar específicamente esta última. La condición sintáctica generó una mayor activación en el área de Broca, el núcleo caudado y el cerebelo.

La complejidad del panorama que revelan los numerosos estudios que encuentran activación del área de Broca ha de hacernos concluir que la identificación de Broca con la computación sintáctica es excesivamente simplista y alejada de la realidad. No hay controversia al respecto de que al menos algunas computaciones necesarias para el procesamiento sintáctico se llevan a cabo en la circunvolución frontal inferior *(inferior frontal gyrus,* IFG), pero esto no necesariamente significa que toda la sintaxis se compute en esa localización. Otro aspecto que complica la interpretación de los numerosos y a menudo contradictorios resultados en torno a la función del área de Broca y su papel en la computación lingüística es el de la variabilidad del área cortical a la que se refieren diferentes autores mediante la expresión "área de Broca" y los distintos grados de precisión cortical que proveen las diferentes técnicas. Aún queda mucho por avanzar tanto en el nivel de detalle que las técnicas de neuroimagen y la neurofisiología puedan ofrecer sobre el área de Broca (Amunts *et al.* 2010), como en la comprensión de su relación con las diferentes subrutinas implicadas en el procesamiento de la sintaxis.

18.7. Cerebros bilingües: ¿dos gramáticas?

Durante los últimos años, se ha investigado intensamente cómo se organizan las lenguas en los cerebros de personas bilingües. ¿Se aloja cada lengua en un área separada del cerebro o en áreas superpuestas? Los estudios de neuroimagen con técnicas hemodinámicas muestran que en los bilingües altamente competentes en las dos lenguas se activan las mismas regiones cuando usan cualquiera de sus dos lenguas (Kim *et al.* 1997, Perani *et al.* 1998). Hernández *et al.* (2001) llevaron a cabo un estudio de fMRI con seis bilingües tempranos de español/inglés que habían adquirido las dos lenguas antes de los cinco años de edad, y observaron que las dos lenguas activaban regiones superpuestas. Estos resultados indican que, al menos dado el nivel de detalle y granularidad que permiten las técnicas hemodinámicas, los bilingües tempranos y competentes utilizan el mismo sustrato neural para las dos lenguas que conocen.

Sin embargo, cuando el bilingüe ha aprendido la segunda lengua más tarde, las tareas lingüísticas que se llevan a cabo en esta segunda lengua no-nativa tienden a activar un área más extensa que la lengua nativa, superponiéndose solo parcialmente con las regiones activadas por la lengua nativa. Kim *et al.* (1997) llevaron a cabo un estudio de fMRI que comparaba bilingües tempranos y tardíos mientras procesaban las dos lenguas que sabían. Los resultados revelaron distintas áreas de activación para la lengua nativa y no-nativa para los bilingües tardíos, pero no para los tempranos.

Dehaene *et al.* (1997) investigaron el procesamiento de un grupo de bilingües francés/ingles, que habían adquirido el inglés pasados los siete años de edad. Se observó que, mientras escuchaban oraciones en su lengua nativa, se producía una activación equivalente en el lóbulo temporal izquierdo para todos los sujetos participantes. Pero cuando escuchaban oraciones en la lengua no-nativa, las áreas de activación se daban en ambos hemisferios y eran muy variables de un individuo a otro. Son numerosos los estudios que han encontrado que el procesamiento de la lengua nativa activa más el área de Broca que el procesamiento de una lengua no-nativa (Perani *et al.* 1996, 1998). En el caso de los bilingües tempranos, cabe la posibilidad de que cada lengua emplee circuitos neuronales pequeños y especializados dentro del área de Broca, y que las técnicas de neuroimagen no puedan detectarlos. Alternativamente, y siempre en el caso de estas poblaciones que han adquirido sus dos lenguas en la primera infancia y las utilizan con frecuencia, es posible que el cerebro utilice los mismos circuitos para la computación sintáctica, independientemente de la lengua que se emplee. En el momento actual no podemos decidir entre estas dos posibilidades, dada la evidencia de la que disponemos. En todo caso, lo que sí podemos concluir de la investigación con bilingües es que la edad de adquisición de la lengua es un factor determinante para su representación neurocognitiva. Además de los estudios anteriormente citados, podemos incluir Halsband *et al.*

(2002), por ejemplo, donde estudiaron a diez adultos bilingües de finlan-
dés/ingles que habían aprendido ingles más allá de los diez años. Estos
autores observaron áreas de activación diferenciadas para el procesamiento de cada lengua, tanto dentro del área de Broca como en la circunvolución supra-marginal, entre el área de Broca y de Wernicke. War-
tenburger *et al.* (2003) investigaron tres grupos de bilingües italiano/
alemán: (i) personas que aprendieron alemán en su primera infancia y
eran altamente competentes, (ii) personas que aprendieron alemán en la
edad adulta y habían alcanzado alto nivel de competencia, y (iii) personas que aprendieron como adultos y no tenían mucha competencia
gramatical. Comprobaron que la edad de adquisición era un factor esta-
dísticamente significativo para determinar las áreas de activación en las
tareas de procesamiento sintáctico, pero que no lo era para determinar
las áreas de activación en las tareas semánticas. Estos resultados refuer-
zan la hipótesis de que el lenguaje tiene un componente biológico pre-
determinado con sus propias pautas de desarrollo y maduración. Los
resultados sugieren también, aunque la evidencia en este sentido es
menos sólida, que en la representación neurocognitiva del lenguaje la
sintaxis nativa/temprana se representa y computa en los mismos circuitos, independientemente de la lengua implicada[6].

18.8. Direcciones de futuro

Jacob (1997) nos alerta, en el primer capítulo de su delicioso *La souris,
la mouche et l'homme,* de la enorme importancia que tiene en ciencia
lo impredecible, y explica cómo, aunque la ciencia tiene como objetivo
explicaciones predictivas de los fenómenos bajo estudio, es imposible
saber, dado un momento en el tiempo científico, qué deparará el futuro
de la investigación. De hecho, una mirada al pasado nos muestra que el
futuro deparaba casi siempre algo muy distinto de lo que quienes especu-
laban sobre él proponían. Pese a ello, he creído conveniente apuntar
algunas direcciones contemporáneas de investigación que podrían traer
cambios sustanciales en el modo en que entendemos la representación
y computación de la sintaxis en el cerebro. Si estas hipótesis serán re-
futadas o si darán origen a nuevas perspectivas científicas, es imposible
de saber, ciertamente. Aun así, he considerado conveniente apuntarlas,
para conocimiento del lingüista contemporáneo.

El Programa Minimalista se articula en torno a una cuestión fundamental: ¿tiene el lenguaje humano propiedades cualitativamente diferenciadas que carecen de homólogos en otros dominios de la cognición?
Un modo de abordar esta cuestión es abordar la gramática asumiendo
que toda su arquitectura resulta de las condiciones que se le imponen
desde la interfaz perceptual y la interfaz conceptual, que constituyen

---

[6] Para una revisión más detallada de la neurocognición bilingüe, puede consultarse Laka 2012.

dos aspectos irreductibles del lenguaje (forma y significado), y es este el programa de investigación que propone perseguir el Programa Minimalista.

La pregunta central es, pues, como lo ha sido desde el inicio de la gramática generativa, cuál es la naturaleza del lenguaje. Hasta el presente, las diferentes perspectivas que emergen de la lingüística, la psicología o la neurociencia, entre otras, no han terminado de encontrar un territorio común para una interacción fértil. En los últimos años, numerosas investigaciones neurocientíficas han mostrado que las áreas tradicionalmente consideradas específicas al lenguaje no lo son, dado que también se activan para la percepción y ejecución de acciones motoras complejas, o la computación musical y matemática. Esto sugeriría que los recursos computacionales empleados para la gramática subyacen también a estas otras actividades y podrían, por tanto, no ser específicas al lenguaje. Aspectos de la fonología y la semántica de las palabras se han revelado profundamente anclados en el sistema motor en modos que no eran esperables diez años atrás (para una revisión, véase Pulvermüller y Fadiga 2010), y se explora la posibilidad de que la sintaxis también tenga una relación neurocognitiva privilegiada con el sistema motor humano, que computa acciones complejas mediante estructuras recursivas (Fazio *et al.* 2009, Fadiga y D'Ausilio 2013). Kemmerer (2012) arguye que la agrupación estructural del objeto y el verbo formando un constituyente que excluye al sujeto, considerada universal en la estructura básica de las oraciones, hunde sus raíces en la representación neurocognitiva de las acciones complejas (denominadas *goal directed actions,* aquellas que tienen un objetivo, no simples secuencias motoras). Esto se debe a que, en la representación de las acciones, la acción y el objeto tienen una estrecha relación, distinta de la del actor/ejecutor. Esta propiedad de la representación mental de las acciones, según el argumento de Kemmerer, explicaría por qué el lenguaje humano presenta una estructura jerárquica donde los objetos están más próximos a los verbos. Estas hipótesis están lejos de haber sido confirmadas, pero constituyen vías de investigación sobre el lenguaje que entroncan con dos desarrollos científicos independientes muy fructíferos de las últimas décadas: por una parte, el descubrimiento de las neuronas espejo (Rizzolatti *et al.* 1996), neuronas motoras que se activan tanto al ejecutar como al observar una acción, y que en humanos se encuentran muy concentradas en el área de Broca, y, por otra, el desarrollo de la cognición corporeizada *(embodied cognition),* según la cual no hay representaciones conceptuales independientes de las experiencias percibidas (Johnson 1987). Aunque no es intrínsecamente incompatible con la concepción del lenguaje ofrecido por la lingüística generativa contemporánea y sus varios modelos, se ha generado un vivo debate entre defensores y detractores de la identidad o similitud entre sintaxis del lenguaje y de la acción (véanse, por ejemplo, Moro 2014, Pulvermüller 2014, Boeckx y Fujita 2014).

Agradecimientos

La autora agradece los comentarios de dos revisores anónimos que han ayudado a mejorar la inteligibilidad de este capítulo, y la financiación a la investigación recibida del Gobierno Vasco (IT665-13) y del Ministerio de Economía y Competitividad (FFI2012-31360).

Bibliografía

AMUNTS K., M. LENZEN, A. D. FRIEDERICI, A. SCHLEICHER, P. MOROSAN, N. PALOMERO-GALLAGHER y K. ZILLES (2010), «Broca's Region: Novel Organizational Principles and Multiple Receptor Mapping», *PLoS Biology* 8, 9.

ARDILA, A. (2006), *Las Afasias,* manuscrito de libre disposición en la red [http://www.aphasia.org/docs/LibroAfasiaPart1.pdf http://www.aphasia.org/docs/LibroAfasiaPart2.pdf].

BERWICK, R., A. D. FRIEDERICI, N. CHOMSKY y J. J. BOLHUIS (2013), «Evolution, brain, and the nature of language», *Trends in Cognitive Sciences* 17, 2, pp. 89-98.

BEVER, T. G. (1970), «The Cognitive Basis for Linguistic Structures», en J. R. Hayes (ed.), *Cognition and the development of language,* Nueva York, Wiley and Sons, pp. 279-362. Revisado y reeditado en M. Sanz, I. Laka y M. Tanenhaus (eds.) (2013), *Language Down the Garden Path: The Cognitive and Biological Bases for Linguistic Structure,* Oxford, Oxford University Press.

BOECKX, C. y K. FUJITA (2014) «Syntax, action, comparative cognitive science, and Darwinian thinking», *Frontiers in Psychology, Language Sciences,* acceso libre [http://journal.frontiersin.org/Journal/10.3389/fpsyg.2014.00627/full].

BROUWER, H., H. FITZ y J. HOEKS (2012), «Getting real about semantic illusions: Rethinking the functional role of the P600 in language comprehension», *Brain Research* 1.446, pp. 127-143.

CAPLAN D., N. ALPERT y G. WATERS (1998), «Effects of syntactic structure and propositional number on patterns of regional cerebral blood flow», *Journal of Cognitive Neuroscience* 10, pp. 541-552.

CHOMSKY, N. (1957), *Syntactic Structures,* La Haya, Mouton.

— (1959), «Review: B. F. Skinner's *Verbal Behavior*», *Language* 35, pp. 26-58.

— (1995), *The Minimalist Program,* Cambridge, Mass., MIT Press.

— (2000), «Minimalist Inquiries: The Framework», en R. Martin, D. Michaels y J. Uriagereka (eds.), *Step By Step: Essays In Syntax in Honor of Howard Lasnik,* Cambridge, Mass., MIT Press, pp. 89-155.

— (2001), «Derivation by phase», en M. Kenstowicz (ed.), *Ken Hale: A Life in Language,* Cambridge, Mass., MIT Press, pp. 1-52.

—, N. CATALÁ, C. PIERA, I. LAKA, E. TORREGO, J. MASCARÓ, J. A. DÍEZ CALZADA, M. GARCÍA-CARPINTERO, C. J. CELA CONDE, E. CARBONELL y

J. Wagensberg (2002), *El lenguaje y la mente humana,* Barcelona, Ariel.

Coulson, S., J. W. King y M. Kutas (1998), «Expect the unexpected: Eventrelated brain response to morphosyntactic violations», *Language and Cognitive Processes* 13, pp. 21-58.

Dapretto, M. y S. Bookheimer (1999), «Form and content: Dissociating syntax and semantics in sentence comprehension», *Neuron* 24, pp. 427-432.

Dehaene, S., E. Dupoux, J. Mehler, L. Cohen, E. Paulesu, D. Perani *et al.* (1997), «Anatomical variability in the cortical representation of first and second language», *Neuroreport* 8, 17, pp. 3.809-3.815.

Díaz, B., N. Sebastián-Gallés, K. Erdocia, J. Mueller e I. Laka (2011), «On the cross-linguistic validity of electrophysiological correlates of morphosyntactic processing: A study of case and agreement violations in Basque», *Journal of Neurolinguistics* 24, pp. 357-373.

Eguren, L. y O. Soriano (2004), *Introducción a una sintaxis minimista,* Madrid, Gredos.

Embick, D., A. Marantz, Y. Miyashita *et al.* (2000), «A syntactic specialization for Broca's area», *Proceedings of the National Academy of Sciences PNAS* 97, pp. 6.150-6.154.

Embick, D. y D. Poeppel (2005), «Mapping syntax using imaging: prospects and problems for the study of neurolinguistic computation», en K. Brown (ed.), *Encyclopedia of Language and Linguistics, 2nd edition,* Oxford, Elsevier.

Erdocia K., I. Laka, A. Mestres y A. Rodríguez-Fornells (2009), «Syntactic complexity and ambiguity resolution in a free word order language: behavioral and electrophysiological evidences from Basque», *Brain and Language* 109, pp. 1-7.

Fazio *et al.* (2009), «Encoding of human action in Broca's area», *Brain* 132, 7, pp. 1.980-1.988.

Friederici, A. D. (2002), «Towards a neural basis of auditory sentence processing», *Trends in Cognitive Sciences* 6, 2, pp. 78-84.

—, A. Hahne y D. Saddy (2002), «Distinct neurophysiological patterns reflecting aspects of syntactic complexity and syntactic repair», *Journal of Psycholinguistic Research* 31, pp. 45-63.

—, B. Opitz y D. von Cramon (2000), «Segregating semantic and syntactic aspects of processing in the human brain: an fMRI investigation of different word types», *Cerebral Cortex* 10, 7, pp. 698-705.

—, E. Pfeifer y A. Hahne (1993), «Event-related brain potentials during natural speech processing-Effects of semantic, morphological and syntactic violations», *Cognitive Brain Research* 1, pp. 183-192.

—, J. Bahlmann, S. Heim, R. Schubotz y A. Anwander (2006), «The brain differentiates human and non-human grammars: Functional localization and structural connectivity», *Proceedings of the National Academy of Sciences PNAS* 103, 7, pp. 2.458-2.463.

Fodor, J. A., T. G. Bever y M. Garrett (1974), *The psychology of language,* Nueva York, McGraw Hill.

GERVAIN, J., N. SEBASTIAN-GALLES, B. DIAZ, I. LAKA, R. MAZUKA, N. YAMANE, M. NESPOR y J. MEHLER (2013), «Word Frequency Cues Word Order in Adults: Cross-Linguistic Evidence», *Frontiers in Psychology* 4, p. 689.

GÓMEZ, D. M., I. BERENT, S. BENAVIDES-VARELA, R. A. H. BION, L. CATTAROSSI, M. NESPOR y J. MEHLER (2014), «Language Universals at Birth», *Proceedings of the National Academy of Sciences* 111, 16, pp. 5.837-5.841.

GRODZINSKY, Y. y K. AMUNTS (eds.) (2006), *Broca's Region,* Oxford, Oxford University Press.

GRODZINSKY, Y. y A. D. FRIEDERICI (2006), «Neuroimaging of syntax and syntactic processing», *Current Opinion in Neurobiology* 16, pp. 240-246.

HAHNE, A. y A. D. FRIEDERICI (1999), «Electrophysiological evidence for two steps in syntactic analysis: Early automatic and late controlled processes», *Journal of Cognitive Neuroscience* 11, pp. 194-205.

HAGOORT, P., C. BROWN y J. GROOTHUSEN (1993), «The syntactic positive shift (SPS) as an ERP measure of syntactic processing», *Language and Cognitive Processes* 8, pp. 439-483.

HAUSER, M. D., N. CHOMSKY y W. T. FITCH (2002), «The faculty of Language: what is it, who has it, and how did it evolve?», *Science* 298, pp. 1.569-1.579.

HOCHMANN, J. R., A. D. ENDRESS y J. MEHLER (2010), «Word frequency as a cue to identify function words in infancy», *Cognition* 115, pp. 444-457.

JOHNSON, M. (1987), *The Body in the Mind,* Chicago, University of Chicago Press.

KAAN, E. (2007), «Event-Related Potentials and Language Processing: A Brief Overview», *Language and Linguistics Compass* 1, 6, pp. 571-591.

—, A. HARRIS, E. GIBSON y P. HOLCOMB (2000), «The P600 as an index of syntactic integration difficulty», *Language & Cognitive Processes* 15, pp. 159-201.

— y T. SWAAB (2002), «The brain circuitry of syntactic comprehension», *Trends in Cognitive Sciences* 6, 8, pp. 350-356.

KANG A., R. CONSTABLE, J. GORE *et al.* (1999), «An event-related fMRI study of implicit phrase-level syntactic and semantic processing», *Neuroimage* 10, pp. 555-561.

KATZ, J. J. (1981), *Language and Other Abstract Objects,* New Jersey, Rowman and Littlefield.

KEMMERER, D. (2012), «The Cross-Linguistic Prevalence of SOV and SVO Word Orders Reflects the Sequential and Hierarchical Representation of Action in Broca's Area», *Language and Linguistics Compass* 6, 1, pp. 50-66.

KIM, K. H., N. R. RELKIN, K. M. LEE y J. HIRSCH (1997), «Distinct cortical areas associated with native and second languages», *Nature* 388, 6.638, pp. 171-174.

KUPERBERG, G. R. (2007), «Neural mechanisms of language comprehension: Challenge to syntax», *Brain Research* 1.146, pp. 23-49.

KUTAS, M. y S. A. HILLYARD (1980), «Reading senseless sentences: brain potentials reflect semantic incongruity», *Science* 207, pp. 203-205.

KUTAS, M. y S. A. HILLYARD (1983), «Event-related brain potentials to grammatical errors and semantic anomalies», *Memory & Cognition* 11, pp. 539-550.

KUTAS, M., C. K. VAN PETTEN y R. KLUENDER (2006), «Psycholinguistics electrified II: 1994-2005», en M. A. Gernsbacher y M. Traxler (eds.), *Handbook of Psycholinguistics,* Nueva York, Elsevier, pp. 659-724.

LAKA, I. (2009), «What is there in Universal Grammar? On innate and specific aspects of language», en M. Piattelli-Palmarini, J. Uriagereka y P. Salaburu (eds.), *Of Minds and Language: A dialogue with Noam Chomsky in the Basque Country,* Oxford, Oxford University Press, pp. 329-343.

— (2012), «More than one language in the brain», en C. Boeckx, M. C. Horno y J. L. Mendívil (eds.), *Language, from a Biological Point of View: Current Issues in Biolinguistics,* Cambridge, Cambridge Scholars Publishing, pp. 184-207.

LEVELT, W. J. M. (1974), *Formal grammars in linguistics and psycholinguistics,* 3 vols., La Haya, Mouton.

— (2012), *A History of Psycholinguistics: The Pre-Chomskyan Era,* Oxford, Oxford University Press.

LUCK, S. J. (2005), *An introduction to the event-related potential technique,* Cambridge, Mass., MIT press.

MARANTZ, A. (2005), «Generative linguistics within the cognitive neuroscience of language», *The Linguistic Review* 22, pp. 429-445.

MOLINARO, N., H. A. BARBER y M. CARREIRAS (2011), «Grammatical agreement processing in reading: ERP findings and future directions», *Cortex* 47, pp. 908-930.

MORO, A. (2008), *The Boundaries of Babel,* Cambridge, Mass., MIT Press.

— (2014), «On the similarity between syntax and actions», *Trends in Cognitive Sciences* 18, pp. 109-110.

—, M. TETTAMANTI, D. PERANI *et al.* (2001), «Syntax and the brain: disentangling grammar by selective anomalies», *NeuroImage* 13, pp. 110-118.

MUSSO M., A. MORO, V. GLAUCHE *et al.* (2003), «Broca's area and the language instinct», *Nature Neurosciences* 6, pp. 774-781.

NEVILLE, H., J. L. NICOL, A. BARSS, K. I. FORSTER y M. F. GARRETT (1991), «Syntactically based sentence processing classes: Evidence from Event-Related Brain Potentials», *Journal of Cognitive Neuroscience* 3, 2, pp. 151-165.

OSTERHOUT, L. y P. J. HOLCOMB (1992), «Event-related brain potentials elicited by syntactic anomaly», *Journal of Memory and Language* 31, pp. 785-806.

O'DONNELL, T. J., M. D. HAUSER y T. W. FITCH (2005), «Using mathematical models of language experimentally», *Trends in Cognitive Sciences* 9, 6, pp. 284-289.

PALLIER, C., A.-D. DEVAUCHELLE y S. DEHAENE (2011), «Cortical representation of the constituent structure of sentences», *Proceedings of the National Academy of Sciences, PNAS* 108, 6, pp. 2.522-2.527.

PERANI D., S. DEHAENE, F. GRASSI, L. COHEN, S. F. CAPPA, E. DUPOUX *et al.* (1996), «Brain processing of native and foreign languages», *Neuroreport* 7, pp. 2.439-2444.

PERANI, D., E. PAULESU, N. SEBASTIAN-GALLES, E. DUPOUX, S. DEHAENE, V. BETTINARDI, S. F. CAPPA, F. FAZIO y J. MEHLER (1998), «The bilingual brain: Proficiency and age of acquisition of the second language», *Brain* 121, pp. 1.841-1.852.

PHILLIPS, C. (2013), «Parser-grammar relations: We don't understand everything twice», en M. Sanz, I. Laka y M. Tanenhaus (eds.), *Language Down the Garden Path: The Cognitive and Biological Bases for Linguistic Structure,* Oxford, Oxford University Press.

—, N. KAZANINA y S. ABADA (2005), «ERP effects of the processing of syntactic long-distance dependencies», *Cognitive Brain Research* 22, pp. 407-428.

PULVERMÜLLER, F. (2014), «The Syntax of Action», *Trends in Cognitive Sciences* 18, 5, pp. 219-220.

— y L. FADIGA (2010), «Active perception: sensorimotor circuits as a cortical basis for language», *Nature Reviews Neuroscience* 11, pp. 351-360.

RIZZOLATTI G., L. FADIGA, V. GALLESE y L. FOGASSI (1996), «Premotor cortex and the recognition of motor actions», *Cognitive Brain Research* 3, pp. 131-141.

SANZ, M., I. LAKA y M. TANENHAUS (eds.) (2013), *Language Down the Garden Path: The Cognitive and Biological Bases for Linguistic Structure,* Oxford, Oxford University Press.

SANZ, M., I. LAKA y M. TANENHAUS (2013), «Sentence comprehension before and after 1970: topics, debates and techniques», en M. Sanz, I. Laka y M. Tanenhaus (eds.), *Language Down the Garden Path: The Cognitive and Biological Bases for Linguistic Structure,* Oxford, Oxford University Press.

STEINHAUER, K. y J. E. DRURY (2012), «On the early left-anterior negativity (ELAN) in syntax studies», *Brain & Language* 120, pp. 135-162.

TOKOWICZ, N. y B. MACWHINNEY (2005), «Implicit and explicit measures of sensitivity to violations in second language grammar – An event-related potential investigation», *Studies in Second Language Acquisition* 27, 2, pp. 173-204.

YANG, C. (2006), *The Infinite Gift. How Children Learn and Unlearn the Languages of the World,* Nueva York, Scribner.

ZAWISZEWSKI, A. y A. D. FRIEDERICI (2009), «Processing Object-Verb agreement in canonical and non-canonical word orders in Basque: Evidence from Event-related brain potentials», *Brain Research* 1.284, pp. 161-179.